城市交通经典文丛

交 通 工 程

（原书第 5 版）

[美] 罗杰·P. 罗斯（Roger P. Roess）

[美] 埃莱娜·S. 普拉萨斯（Elena S. Prassas） 编著

[美] 威廉·R. 麦克沙恩（William R. McShane）

王文斌 译

梁康之 审校

机械工业出版社
CHINA MACHINE PRESS

《交通工程 原书第 5 版》全面、系统地讲解了在广泛领域中实践交通工程所需的基础知识和工程技能。本书分为基础概念和特性、交通调研和计划、间断流设施的设计 / 控制 / 服务水平以及不间断流设施的设计 / 控制 / 服务水平四部分，致力于使读者了解或理解交通工程专业所涵盖的规划、设计、管理、施工、运行、控制和系统优化等问题，并掌握收集、简化和分析相关数据的工具和方法。

本书为读者提供了一个清晰易懂的学习框架，正文中穿插有大量基于真实场景的例题，有利于读者理解相关概念并掌握相关实践方法；绝大多数章后均附有大量紧扣正文内容的习题，有利于读者检验与巩固所学知识和技能并举一反三。

本书既可作为高等院校交通工程专业的本科通识课程教材，或侧重于交通工程专业特定方向的研究生课程教材，也可作为交通工程师、交通研究机构研究人员、政府交通管理部门管理人员的参考书或工具书。

图书在版编目（CIP）数据

交通工程：原书第 5 版 /（美）罗杰·P. 罗斯
（Roger P. Roess），（美）埃莱娜·S. 普拉萨斯
（Elena S. Prassas），（美）威廉·R. 麦克沙恩
（William R. McShane）编著；王文斌译. -- 北京：机械工业出版社，2025. 4. --（城市交通经典文丛）.
ISBN 978-7-111-78257-5

Ⅰ . U491

中国国家版本馆 CIP 数据核字第 2025AP1156 号

机械工业出版社（北京市百万庄大街 22 号　邮政编码 100037）
策划编辑：孟　阳　　　　　　　　　　　　责任编辑：孟　阳
责任校对：颜梦璐　王文凭　杨　霞　李可意　景　飞　　封面设计：马精明
责任印制：张　博
北京新华印刷有限公司印刷
2025 年 7 月第 1 版第 1 次印刷
210mm×285mm · 50 印张 · 2 插页 · 1328 千字
标准书号：ISBN 978-7-111-78257-5
定价：299.00 元

电话服务　　　　　　　网络服务
客服电话：010-88361066　机 工 官 网：www.cmpbook.com
　　　　　010-88379833　机 工 官 博：weibo.com/cmp1952
　　　　　010-68326294　金　书　网：www.golden-book.com
封底无防伪标均为盗版　机工教育服务网：www.cmpedu.com

译者序

近 30 年来，中国机动化快速发展，民用汽车保有量增长约 40 倍，从 900 多万辆到将近 3.5 亿辆；机动车持证驾驶人增加了约 40 倍，从 1300 万人到 5 亿多人；道路总里程增加了约 5 倍，其中高速公路增加 100 多倍，从 1600km 增长到约 19 万 km。如此快速的增长，给交通工程（Traffic Engineering）行业带来了前所未有的机遇和挑战。如同世间之万物，"成长的烦恼"如影随形，快速机动化的成果与困扰都如期而至。

相比高速发展期，在沉淀期需要更多的思考和展望。何为交通工程？这是一个复杂且因时而变的问题。人类的出行从依靠自身脚力到利用畜力，进入工业革命后，机动化出行使用化石能源乃至太阳能、风能、原子能等。从专业发展过程看：

早期，交通工程伴随道路建设而出现。在进入机动化之前，交通出行的速度和强度相对较低，交通工程或许只需要考虑"车同轨"即可。工程师们将大量的时间和精力用于克服自然限制，并经济地建造道路和载具。此时，交通工程虽然已经萌芽，但还没有那么重要。随着 1886 年第一辆内燃机车的诞生，机动化进程开始，促成了 20 世纪初交通控制设施的出现。

后来，交通工程的重要性日渐显现。随着机动化的进程，交通出行的速度和强度迅速提升，这给道路建设提出了新的要求。曾经似乎不那么重要的交通控制设施，诸如标线、标志、信号灯等越来越受重视。基础设施建设已经不仅仅是更稳固的路基、更长更大的桥隧，而需要更多地思考如何让这些基础设施更好地服务于交通运输系统。与此同时，交通出行方式也呈现出前所未有的快速演变过程。多模式运输系统（MTS）、智能运输系统（ITS）、自动驾驶……各种概念接踵而至。机动化交通带来迅捷的同时也带来了风险，这从全球每年因交通事故死亡人数 100 多万，受伤人数几千万便可知晓。人们对"交通安全"的探讨日渐广泛且深入。更安全、更高效、更舒适、更环保是无止境的追求。显然，交通工程与人们的生活是如此息息相关。

于是，交通工程应该走到台前，也一定要走到台前。在这个时代，基础设施建设维护的迭代速度已经赶不上交通出行方式的演变速度，交通工程的重点也从如何建设充裕的系统，逐渐转变为如何在有限的条件下以公平为前提达成系统最优。无论过去还是现在，交通功能都是运输设施的基本属性，但有时却被遗忘在幕后。基于对更安全、更快捷的不懈追求，交通工程有必要也必须走到台前。毕竟，实现某种运输目的才是建造的初衷。

这是一个快速变化的时代，各种新兴事物方兴未艾，但是我们不能因为走得太远而忘记了当初为什么出发。正如这世界无论如何沧海桑田，太阳总是东升西落，亘古不变。万物皆是变与不变的结合体。在交通运输技术日新月异的今天，在拥抱新兴科技的同时，还应记得那些基本理论仍然是专业的基础，仍然是繁花之下的根本，厘清基本规律乃是积厚之举。

借用美国运输工程师协会（ITE）对交通工程（Traffic Engineering）的定义，**交通工程作为一个专业，是土木工程的一个分支，交通工程涉及人和货物在道路上的安全和有效的移动。在设计运输解决方案时必须考虑的元素有交通流、道路几何、人行道、自行车设施、交通标线、交通标志、交通灯等。**

本书的英文原版已经是第 5 版，是当下交通工程专业的优秀文献，可作为高等院校的教材、交通工程师的案头书、研究人员的常备文献，亦可作为行业相关人士的参考书。

交通工程并没有那么"高精尖"，但交通系统却足够庞大且繁杂，以至于任何一本书都不可能详尽其内涵。本书从总体上系统阐述了交通工程所涉及的主要内容，之于初学者，可以"**抛砖引玉**"；之于资深者，可以"**温故知新**"。

交通工程是实践性极强的应用型学科，基础理论固然重要，但应用才是目的。既要看到本书作为基础理论的价值，又要积极投身实践应用，方能融会贯通并学以致用。否则交通行业就不会有"一说就懂，一做就错"的说法了。

阅读建议。本书作为教材类文献，译者在处理专业词汇时，为了尽量保持原文的含义，并未与当下规范文件和惯用词汇完全一致，这必然会导致阅读过程中的某种"生涩"。因此，译者特别整理了附录来说明书中所涉及的一些名词，建议读者在阅读正文之前先尽览附录，以改善阅读体验。对于一些重点词汇，译者在书中注释了英文原文，在加深理解的同时，也便于读者撰写英文材料时参考。

中国和美国在地理特征、文化背景、法律法规、机动化过程等方面都存在诸多差异，然而基于"人因"（Human Factors）和"驾驶任务"（Driving Task）的交通工程，其基础逻辑是一致的。应本着"**道可相通，术宜斟酌**"的态度来阅读本书。其中的同与不同，都是可以深入探讨的内容。

囿于能力，即使在翻译过程中逐一对照本书参考文献 HCM、MUTCD、HSM、"Green Book"等，修正了原文中的一些疏漏，译文也必然存在诸多错漏，真诚期望读者不吝批评指正。

另外，有一本可以视作本书姊妹篇的文献是《交通工程手册》（*Traffic Engineering Handbook*），其简体中文版已于 2023 年由机械工业出版社出版发行，也特别建议读者对照阅读。

从开始着手翻译到最后出版历时 2 年多，颇费心力。其间离不开审稿人梁康之先生全程指导和审校，以及编辑孟阳先生的协调与操劳，还有诸多师友的鼓励和支持，在此致以衷心的感谢。当然，更要感谢家人对我的理解与支持，才使得我可以投入尽可能多的精力来完成这件事情。

王文斌

2025 年 3 月

原书前言

运输系统是国家的命脉系统。我们复杂的道路和公路系统、铁路、机场和航空公司、水路以及城市大众运输系统为人员和物资的移动提供服务，连接着国家最偏远的地区。正是运输网络使得食品、物资、能源和其他材料得以经济最优方式集中生产，因为已经建立了其所需的原材料汇集和产品分发系统。

交通工程涉及运输系统的几个关键要素：我们的街道和公路以及所支撑的运输服务。由于运输系统是我们基础设施中如此关键的组成部分，交通工程师会面临各种各样的问题，通常在一个涉猎广泛的环境里要具备广泛的技能。交通工程师必须对规划、设计、管理、施工、运行、控制和系统优化有很好的认识和理解。所有这些领域都在不同程度上需要交通工程师。

本书着重介绍了在广泛的领域中实践交通工程所需的关键工程技能。本书包含《统一交通控制设施手册》（2009年，更新至2012年5月）[一]、《道路几何设计标准》（2011年）[二]、《道路容量手册》（2016年）[三]、《道路安全手册》（2010年，2014年补充）[四] 和其他重要文件的最新标准和准则。虽然本书采用了基本参考文献的最新版本，

但读者必须意识到所有文献都会定期更新，在编写时会有新的版本发布，应该予以采用。

本书内容分为四个主要部分：

第一部分——基础概念和特性；

第二部分——交通调研和计划；

第三部分——间断流设施：设计、控制和服务水平；

第四部分——不间断流设施：设计、控制和服务水平。

本书适用于交通工程的本科通识课程，或侧重于该专业的特定方面更深入的研究生（或本科生）课程。一门通识课程可能包括第一部分的全部内容，第二部分的部分章节，以及一些侧重于信号灯设计和/或容量和服务水平分析的章节。多年来，作者将本书用于交通调研和特性、交通控制和运行，以及道路容量和服务水平分析的研究生课程。道路交通安全和几何设计的专门课程也使用了本书。

有些章节，特别是交通影响和缓解的调研，是围绕案例调研组织的。这些课程只应在更高级的课程中使用，并由熟悉众多参考工具的教师授课。

[一] Manual on Uniform Traffic Control Devices, MUTCD.
[二] A Policy on Geometric Design of Highways and Streets (Green Book).
[三] Highway Capacity Manual, HCM.
[四] Highway Safety Manual, HSM.

本版的新内容

本版相对第4版增加了大量资料，包括但不限于：

1）超过50%的课后作业习题（以及可用的解决方案）是大多数章节的新内容。

2）关于非信控交叉口、环岛（Round-abouts）、替代交叉口（Alternative Intersections）、立体交叉、设施的运行和分析等的新资料。

3）关于信控交叉口、信号灯设计和配时以及信号灯硬件材料的更新和扩展。

4）包括了关键交通工程参考文献的最新版本。

5）与一些新网站的链接，学生和教师会发现这些网站很有价值。

有一些额外的修订。本书没有关于统计学概述的章节，因为本科工程学位现在要求有统计学课程。我们在使用统计分析的应用中加入了有关统计分析的辅助资料。概述章节不可能涵盖所有内容，想必现代工程专业的学生已经接触过这些知识。本书仍然提供了关于一些容量和服务水平应用的细节。然而，2016年版HCM有3000多页的印刷和电子资料，许多复杂的分析只能以要点或概述的形式呈现。有来自HSM的资料，但完整的分析资料只包括一种类型的应用。同样，由于资料太多，只能包括其程序和应用的一个例子。

我们希望学生和教师能继续发现这本书对学习交通工程专业及其中的许多关键部分是有用的。一如既往，我们随时欢迎大家提出意见。

罗杰·P.罗斯

埃莱娜·S.普拉萨斯

威廉·R.麦克沙恩

目 录

第一部分

基础概念和特性

绪　论

1.1　交通工程是一个专业

多年来，交通工程存在多种定义。目前，美国运输工程师协会（Institute of Transportation Engineers，ITE）对它的描述如下[1]：

交通工程是土木工程的一个分支，涉及人和货物在道路上的安全和有效的移动。在设计公共和私营的运输解决方案时都必须考虑交通流、道路几何、人行道、自行车设施、共用车道标记、交通标志、交通灯等元素。

该表述代表了一个持续扩展的专业，包括多模式运输系统和选择，其中许多运输模式使用街道和公路。它还强调了安全和效率的简单目标已经变得越来越复杂。

从历史上看，交通工程始于早期的道路建设者，他们自古以来就存在。古罗马人是多产的道路建设者。其重点是道路的物理和结构设计。以物理基础设施为重点的土木工程，成为交通工程

的传统归宿。

随着汽车的出现，其对现代运输的影响越来越大，交通工程师的工作范围扩展到交通控制和运行领域。现代交通工程涉及复杂的技术，用于控制和运行道路设施和路网，并涉及几乎所有的基本工程学科。虽然相关的运输规划专业在技术上不属于"交通工程"范畴，但它仍然是不可或缺的，它侧重于人类行为的各个方面及其对出行的影响、运输需求的预测，以及开发和评估计划以适应社会的出行和流动性需求。

1.1.1　安全：主要目标

一直以来，交通工程师的主要目标是为道路交通提供一个安全系统。这并非易事。1972 年，美国交通事故的死亡人数达到了 55600 人的高峰。从 20 世纪 80 年代开始，车辆、驾驶人培训、道路设计和交通控制的改进使得这一数字大大降低。自 2008 年以来，每年的交通事故死亡人数一直低

于40000人，2014年公布的最低数字为32744人[2]。

不幸的是，2015年和2016年的统计数据显示交通事故死亡人数又在上升。

2015年，交通事故死亡人数（相比前一年）增加了8.4%，达到35485人。2016年的死亡人数进一步增加了5.6%，达到37461人[3]。国家安全委员会（National Safety Council，NSC）曾预测，2016年的实际死亡人数超过40000人[4]。NSC使用的定义交通死亡事故的基准与国家公路运输管理局（National Highway Transportation Administration，NHTSA）不同，这可能是差异的部分原因。

虽然每年的公路死亡总人数有所波动，但基于车辆行驶里程的事故率一直在下降。这是因为美国的驾驶人通常每年行驶更多的里程，但2008年和2009年除外，这两年由于经济状况不佳，里程数略有减少。每年的车辆里程数增加导致了死亡率的下降。死亡率在2014年达到了记录中的最低点，每1亿车·英里（100 Million Vehicle-Miles，MVM）有1.08起死亡事故。2015年，这项数据上升至1.15，2016年为1.18。

死亡率的改善反映了一些趋势，许多交通工程师在这项工作中发挥了作用。加大清除道路上的危险驾驶人的力度使安全取得了显著成效。对于受影响驾驶（Driving Under the Influence，DUI）和醉酒驾驶（Driving While Intoxicated，DWI）的行为更严格地执法，由于DUI/DWI的定罪、不良事故记录和/或不良违规记录，驾照更容易被暂停或吊销。车辆的设计有了很大的改进（受到国会要求若干法案某些改进的鼓舞）。今天的车辆配备了软质仪表板、可溃缩式转向柱、带肩带的安全带、安全气囊（某些车辆现在有多达8个）和防抱死制动系统（Antilock Braking Systems，ABS）。现在越来越多的车辆都有防撞系统和其他驾驶辅助设备。通过开发和使用先进的中央和路侧区域的隔离系统，公路设计得到了改善。交通控制系统的通信更好、更快，监视系统可以提醒当局注意系统中的事故和堵塞。

在过去的两年里，死亡人数的增加总体上源于"分心驾驶"（Distracted Driving）的发生率上升。尽管所有的技术进步都是为了帮助驾驶人，但现代汽车对驾驶人来说有更多的分心因素。电子设备，包括蓝牙电话和其他设备，各种各样的听觉选择，以及日益繁忙的外部环境，往往会导致驾驶人的注意力离开他/她的主要任务。每年仍有近40000人死于交通事故。安全出行的目标永远是第一位的，对交通工程师来说，并不止于此。

1.1.2　其他目标

交通工程师还需要考虑其他目标。

- 通行时间
- 舒适性
- 便利性
- 经济性
- 与环境和谐

这些大多数是出行者不言而喻的愿望。大家都希望出行快速、舒适、方便、便宜，并且与环境和谐。所有这些目标也都是相对的，必须相互平衡，并与安全这一主要目标相协调。

虽然通行速度非常值得期待，但它受到运输技术、人类特性和提供安全需要的限制。舒适和便利是通用术语，对不同的人意味着不同的内涵。舒适性涉及车辆和道路的物理特性，并受到我们的安全观念的影响。便利性更多地涉及出行的易行性和运输系统在适当时间满足我们所有出行需求的能力。经济性也是相对的。现代运输系统中几乎没有什么可以称为"便宜"的东西。公路和其他运输系统涉及大量的建设、维护和运营支出，其中大部分通过综合税和用户税费提供。然而，无论哪个行业，都要求每一位工程师提供尽可能好的系统，以节约资金。

与环境和谐是一个复杂的问题，它随着时间的推移变得越来越重要。所有的运输系统都会对环境产生一些负面影响。所有的运输系统都会产生某种形式的空气和噪声污染，并且都会占用宝贵的土地资源。在许多现代城市中，运输系统使用了多达 25% 的土地面积。当运输系统的设计能够最大限度地减少对环境的负面影响，并且系统结构能够提供与周围环境"相契合"的美观设施时，就达成了"和谐"。

交通工程师的任务是达成所有这些目标和内容，并做出适当的权衡，以优化运输系统和使用公共资金来建设、维护和运行它们。

1.1.3 交通工程中的责任、道德和义务

交通工程师与广大公众有着非常特殊的关系。相较于其他类型的工程师，或许交通工程师要更多地处理公众的大量日常安全问题。虽然说任何设计产品的工程师都有这个责任，但很少有工程师面对这样的状况——有这么多的人如此日常地、频繁地使用他们的产品，并完全依赖它。因此，交通工程师也有特殊的义务，在现有的资源范围内运用现有的知识和技术水平来提高公共安全。

在交通工程师的工作中，会遇到一些关键的参与者并不了解交通和运输问题，也不清楚这些问题如何真正影响一个特定的项目。这些人包括有决策权的民选和任命的官员、公众和其他专业人员，交通工程师与他们一起在整个项目团队中工作。由于所有人都经常与运输系统交互，许多人都高估了自己对运输和交通问题的理解。交通工程师必须有效地处理这些"单纯"的问题，诸如忽视交通运输和交通需求的假设、规划和设计，或者过于简化的分析和低估的影响。

与所有的工程师一样，交通工程师必须了解并遵守职业道德规范。交通工程师的主要道德准则是全国专业工程师协会和美国土木工程师协会（National Society of Professional Engineers and the American Society of Civil Engineers）的道德准则。两者的最新版本都可以在网上找到。一般来说，良好的职业道德要求交通工程师只在他们的专业

领域工作；完整且充分地完成所有工作；对公众、雇主和客户完全诚实；遵守所有适用的规范和标准；尽其所能地工作。在交通工程中，有时希望项目继续进行的客户和希望让客户满意的雇主会施加压力，有时会低估项目的负面影响，这是一个特别值得关注的问题。与所有的工程行业一样，对安全和可靠性的基本需求必须高于将成本降到最低的压力。

经验表明，项目的最大风险是不完整的分析。因为忽略了一个影响因素或分析过于简单会打乱主体项目。成熟的开发商和有经验的专业人员都知道，环境影响程序要求对影响因素进行公平且完整的陈述，并由审查人员做出政策性决定，在总体良好的分析报告下接受这些影响。这个过程并不要求零影响。然而，它确实要求清晰且完整地揭示影响，以便政策制定者能够做出明智的决定。主体项目是否成功几乎总是基于有缺陷的分析，而不是基于与决策者的分歧。事实上，这种分歧并不是对项目提出法律挑战的有效依据。在 20 世纪 70 年代为曼哈顿西侧提议的西环路项目中，法律挑战的依据之一是没有正确识别或披露项目建设对哈德逊河中的鱼类的影响。特别是，该项目由于忽视了对哈德逊河中鱼类的繁殖周期的影响而夭折。虽然该话题不是诉讼当事人的主要关注点，但它是导致项目终止的法律"钩子"。

交通工程师也有责任通过良好的实践来保护社会。负责交通和运输的机构可能被追究责任的因素并不少，包括（但不限于）以下方面：

- 设置的控制设施的物理设计和放置不符合其适用标准。
- 未能以确保其有效性的方式维护设备；最糟糕的情况是"黑暗"的交通信号灯，由于灯泡或其他设备的故障而没有显示。
- 在做出交通控制决策、制定设施规划或设计、进行调查时，未能应用最新的标准和指南。
- 在没有适当的法律授权的情况下，实施交

通法规（和放置适当的设备）。

　　一个历史性的标准是，在编制方案时要"适当注意"（due care），而且在该过程中做出的决定要合理，"不武断"（not arbitrary）。人们普遍认为，专业人员必须做出价值判断，而"适当注意"和"不武断"这两个词不断地受到法律的检验。

　　交通工程师的基本道德问题是通过积极的方案，良好的实践、知识和适当的程序为公众提供安全。这其中消极的一面是避免责任的问题（尽管很重要）。

1.2　运输系统及其功能

　　运输系统是国家经济的主要组成部分，对社会的形态和整个经济的效率有着巨大的影响。表1.1说明了2015年美国公路系统的一些关键统计数据[1]。

表 1.1　美国公路系统的关键统计数据

统计项	数据（2015）
公共道路里程	419万mile
车·英里（Vehicle-Miles Traveled, VMT）	3.11万亿VMT
总人口	3.21亿人
注册驾驶人	2.18亿人
注册机动车	2.56亿辆
交通事故死亡人数	35485人

　　美国"行驶"在公路上。虽然公共运输系统（Public Transportation Systems）在纽约、波士顿、芝加哥和旧金山等大型城市地区非常重要，但很明显，绝大多数的人员出行以及很大一部分的货物运输都完全依赖公路系统（Highway System）。

　　该系统本身也是一种主要的经济因素。州和地方政府每年在道路上的支出超过1500亿美元。应用于公路和街道的绝大部分费用是由州和地方政府承担的。联邦政府通过对各州的援助提供大量资金。联邦政府（的资金）直接花费在联邦所有的土地上，如军事基地、国家公园、国家森林

和印第安人（美洲原住民）保留地。

　　支持这些支出的收入有不同的来源。联邦援助由公路信托基金支付，该基金的资金来自联邦燃料和其他公路相关项目的消费税，以及联邦普通基金。州和地方的资金来自州和地方的燃料税，以及州和地方的普通基金。表1.2总结了2011年国家公路支出的收入来源[5]。

表 1.2　2011年国家公路支出的收入来源

收入/10亿美元	来源	占比（%）
41.2	州和地方燃料税	26.9
28.0	联邦燃料税及其他消费税	18.3
23.2	州注册费	15.2
12.7	过路费和地方的其他收费	8.3
105.1	*道路使用者税费小计*	68.7
30.0	州和地方普通基金分配	19.6
18.0	联邦普通基金分配和财政支付	11.7
48.0	*普通基金小计*	31.3
153.1	总计	100.0

　　美国在1956年开始建设国家州际系统（Interstate System，IS）和国防公路系统时，创建了公路信托基金，并征收一系列的联邦公路用户消费税来资助它。其理论是，这些新设施的使用者将是主要受益者，因此应支付其成本的大部分份额。

　　多年来，人们对道路使用者税的看法发生了变化。在20世纪70年代中期，许多联邦消费税被取消，如车辆、轮胎、油料和零件的消费税。自1993年以来，联邦燃油税一直没有提高。虽然对公路和运输基础设施的投资需求大大增加，但更省油的汽车实际上减少了联邦燃油税收入。关于提高税收的政治辩论已经持续了近十年。一方面，迫切需要更多的资金来投资这一关键的基础设施；另一方面，人们认识到，使用者税制度严重不足，对低收入者的影响最大。

　　自20世纪20年代以来，美国人对汽车的热爱一直在持续增长，当时亨利·福特的T型车让

普通工薪阶层也能买得起汽车。这种增长经历了战争、汽油禁运、经济萧条、衰退以及社会上发生的几乎所有事情。如图1.1所示，汽车年行驶里程在1968年达到1万亿mile大关，1987年达到2万亿mile大关，现在每年超过3万亿mile。

这种增长模式是交通工程师要面对的基本问题之一。鉴于我们公路系统的相对成熟，以及在试图增加系统容量时面临的困难，特别是在城市地区，车辆行驶里程的持续增长直接导致了我们公路的拥堵加剧。由于无法简单地构建额外容量来满足日益增长的需求，需要通过替代模式、需求模式的根本改变以及系统管理来获得最佳效果。

1.2.1 运输需求的本质

运输需求与土地使用模式以及现有的运输系统和设施直接相关。图1.2说明了这种基本关系，它是循环的、持续的。运输需求是由土地使用的类型、数量和强度及其位置产生的。例如，每天上班的行程是由工人的住所和雇主的位置以及工人上班的时间决定的。

运输规划师和交通工程师试图通过建设运输系统为观察或预测的出行需求提供容量。然而，运输系统的改善使相邻和附近的土地更容易出入，因此，对开发更有吸引力。显然，建设新的运输设施会引发土地使用开发的进一步增加，这（反过来）会导致更高的运输需求。运输需求的这种循环、自我强化的特点造成了一个核心困境：建设额外的运输容量必然会导致出行需求的逐步增加。

在许多大城市，这引出了对更有效的运输系统的探索，如公共大众运输（Public Transit）和汽车合乘计划。在一些较大的城市，在公路上提供额外的系统容量不再是一个目标，因为这些系

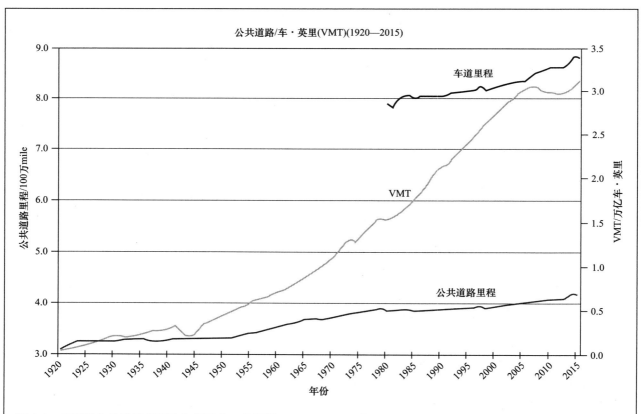

图1.1 美国的公共道路里程和年行驶车·英里数，1920—2015年

资料来源：*Highway Statistics 2015*, Federal Highway Administration, U.S. Department of Transportation, Washington, D.C., 2015, Table VMT 421C.

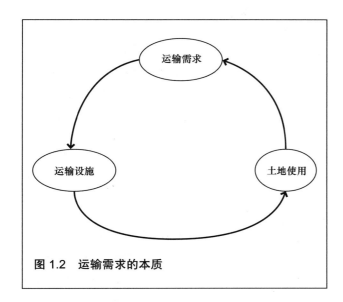

图 1.2 运输需求的本质

统已经在很大程度上非常拥堵。在这些地方，重点转移到在现有的公路用地范围内改善和消除瓶颈位置（不增加整体容量）。其他方法包括错开工作时间和工作日，以减少高峰时段的需求，甚至更激进的方法包括在中央商务区（CBD）之外发展卫星中心，在空间上分散进出市中心的高强度定向需求。

然而，并非所有城市的需求都受到容量的限制，在这些地区，随着需求的增加，试图满足需求的普通过程是可行的。同时，如果不注意管理容量和需求，使其保持在可接受范围内，那么出行/需求关系的循环性质将导致拥堵。

重要的是，交通工程师要了解这个过程。它是复杂且无休无止的。需求预测技术（本书未涉及）必须在任意的时间点上开始和停止。而真正的过程是持续的，随着设施的新建和改进，出行需求是不断变化的。规划和建议必须同时知晓这一现实，以及专业人员无法精确预测其影响。一个 10 年的交通需求预测如果在实际值的 ±20% 以内，就被视作非常成功。然而，事实上，交通工程师不能简单地用新建道路的方式来解决拥堵问题。

总体上，大多数时候我们还是低估了交通设施对土地利用发展的影响。通常，仅仅由于新设施的规划而产生的发展就会加速需求的增加。

其中一个经典案例发生在纽约州的长岛。随着长岛快速路的建设，郊区住宅社区的发展在预料中快速推进。当快速路的 7 号出口正在建设时，新的住宅正在预期的 10 号出口处建设，尽管该设施在几年内不会开放到那里。其结果是，随着快速路的逐段完工，20 年的预期需求在几年甚至几个月内就会达成。这个过程在全国各地的许多案例中都有重现。

1.2.2 流动性（Mobility）和可及性（Accessibility）的概念

运输系统为大众提供了流动性和可及性。这两个概念密切相关，但有明显不同的内容。流动性（Mobility）是指能够相对容易地前往许多不同的目的地，而可及性（Accessibility）是指能够进入一个特定的地点或区域。

流动性为出行者提供了广泛的选择，它表示可以去哪里获取特定的需求，并提供有效的途径来到达这些目的地。流动性使购物者能够从许多竞争性的购物中心和商店中进行选择。同样，流动性为出行者提供了各种出行目的的众多选择，包括休闲出行、医疗出行、教育出行，还有通勤。有效的运输网络能够在合理的时间内，以相对容易的方式和合理的成本，连接到许多可供选择的出行目的地，从而实现一系列的选择。因此，流动性不仅提供了获得许多出行机会的条件，还为所需的出行提供了相对的速度和便利。

可及性是影响土地价值的一个主要因素。当土地存在许多潜在的出行者进入时，它就更适于发展，也就更有价值。因此，土地靠近主要公路和公共运输设施是决定其价值的一个主要因素。

流动性和可及性也可以指典型行程的不同部分。流动性主要是指行程中的通过部分，并且将出行者从一个区域带到另一个区域的通过设施的有效性影响最大。可及性将出行者从运输系统转移到活动所需的特定地块上。因此，可及性在很大程度上依赖于换乘设施，包括泊车场、公共大众运输车站和货物装卸区。

大多数运输系统的结构是将流动性和可及性分开，因为这两种功能往往相互竞争，而且不一定兼容。在公路系统中，流动性是由高等级的设施提供的，如自由流公路[⊖]（Freeway）、快速路、一级和二级干道。可及性一般由地方街道网络提供。除了只为过境车辆（流动性）服务的限制接入设施外，大多数其他类别的公路在某种程度上都具有两种功能。然而，一方面，可及性（例如泊车和驶出泊位，车辆通过出入道进入和离开路外泊车场，巴士停车上下乘客，卡车停车装卸货物）延缓了通过交通的进程；另一方面，高速通过的交通往往会使这种接入（可及）功能更加危险。

好的运输系统必须同时提供流动性和可及性，并应在设计上尽可能地将这些功能分开，以确保安全和效率。

1.2.3　人、货、车

交通工程师最常使用的单位是"辆"（vehicles，简写为 veh）。公路系统的规划、设计和运行是为了将车辆安全、有效地从一个地方移动到另一个地方。然而，车辆的移动并不是目标，目标是使用车辆的人和物的移动。

当下，现代交通工程更注重人和物的移动。虽然必须在自由流公路上增加车道以增加其运载车辆的能力，但其载人容量可以通过增加平均车辆载客率来增加。考虑到自由流公路的车道容量为每小时 2000 辆（veh/h）。如果每辆车载客 1 人，那么该车道的容量就是每小时 2000 人。如果每辆车的平均载客数增加到 2 个人，那么人的容量就会增加一倍，达到每小时 4000 人。如果该车道

被指定为巴士专用车道，由于巴士与小客车相比，尺寸较大，运行特性较差，车辆容量可能会减少到 1000 veh/h。然而，如果每辆巴士载有 50 名乘客，该车道的载客量将增加到每小时 50000 人。

货物的有效流动对国家的总体经济也至关重要。只有当原材料能够有效地运往生产基地，成品能够有效地分配到全国乃至世界范围内进行消费时，各种产品的集中和专业化生产的优点才能得以发挥。虽然货物和原材料的长途运输通常是通过水路、铁路或航空运输完成的，但将货物运送到当地商店或个人消费者家中的最后一段行程通常是使用公路系统中的卡车完成的。可及功能的一部分是提供设施，使卡车能够在对交通干扰最小的情况下装载和卸载，以及人们对特定地点的可及性。

所有公路运输的媒介是车辆。公路系统的设计、运行和控制在很大程度上依赖于车辆和驾驶人的特性。然而，归根结蒂，其目的是运送人员和货物，而不是车辆。

1.2.4　运输模式

交通工程师应当将注意力集中在公路车辆的人员和货物流动上，同时必须敏锐地意识到公共运输和其他模式的作用，特别是当它们与街道和公路系统对接时。第 2 章对各种运输模式及其功能进行了深入阐述。

1.3　美国公路立法的历史

美国公路系统的发展与支持和管理该活动的联邦立法有着密切关系。下面的章节将讨论关键的历史和立法行动。

[⊖]　Freeway 惯译为"高速公路"，但"高速"在某种意义上是一种状态而非属性。此类道路的关键特征是分方向行驶、单向 2 车道以上、完全控制接入，所有出入都通过匝道以分流或合流的方式进行。这样做的目的是保障主线车流的不间断流属性（Uninterrupted Flow 或 Free-Flow），以高速度安全运行，达成高效的通过性干线运输功能。经过与审稿人的充分讨论，决定在本书中将 Freeway 译作"自由流公路"，以体现此类设施的属性。对于该问题在 TEH 中的表述为："世界各地都在使用不同术语定义来描述和分类不间断交通流设施（例如 freeway、motorway、expressway、limited-access road 和 controlled access road 等）。这些术语的使用可能因地区而异，在某些情况下，这些术语的定义可能重叠"。——译者注

1.3.1 国家"长矛"（Pike）和各州的权利问题

在19世纪之前，道路只不过是旅行家和探险家在荒野上开辟的小路而已。17世纪下半叶开始出现私人道路。这些道路的质量和长度从清扫过的小路到木板路不等。它们由私人业主建造，并对使用者收取费用。在收取费用的地方，通常是将单根横杆组成的路障安装在一根旋转的木桩上，这被称为"Pike"。收取费用后，有人会旋转收费杆，允许出行者继续前进。这个早期的过程引出了"turnpike"（旋转长矛）一词，在现代经常被用来描述收费公路。

1811年，在联邦政府的直接监督下，（美国）开始建设第一条国家公路。这条公路被称为"国家长矛"或"坎伯兰路"（"National Pike" or "Cumberland Road"），从东部的马里兰州坎伯兰到西部的伊利诺伊州范达利亚，绵延800mile。它由非铺装路段和木板路段组成，最终于1852年完工，总成本为680万美元。原有路线的很大一部分现在是美国40号公路的一部分。

然而，美国的公路发展进程由于1832年安德鲁-杰克逊总统的政府提起的最高法案而永久改变。作为各州权利的主要支持者，杰克逊政府向最高法院提出请求，声称美国宪法没有明确规定运输和道路是联邦的职能，因此，它们是各州的责任。最高法院支持了该立场，运输和公路的主要行政责任被永久分配给各州政府。

如果公路系统的规划、设计、建设、维护和运行是州机构的责任，那么联邦机构，例如美国交通部（U.S. Department of Transportation，U.S.DOT）及其组成部分，如美国联邦公路管理局（Federal Highway Administration，FHWA）、美国国家公路安全管理局（National Highway Safety Administration，NHSA）等机构在这些过程中的作用是什么呢？

联邦政府通过钱袋子的力量对公路系统进行全面控制。联邦政府为公路和其他运输系统的建设、维护和运行提供大量资金。各州可以不遵循联邦的指南和标准，但必须遵循才有资格获得联邦对项目的资助。因此，联邦政府并不强制一个州参与联邦援助的运输项目。但是，如果选择参与，就必须遵循联邦的指南和标准。因为没有一个州能够放弃这个巨大的资金来源，所以联邦政府对政策问题和标准有了强力控制。

联邦在公路系统中的角色有四个主要部分：

1）直接负责联邦所属土地上的公路系统，如国家公园和美洲原住民保留地。

2）根据现行的联邦援助运输立法提供资金援助。

3）制定规划、设计和其他相关的标准和指南，这些标准和指南是获得联邦援助运输基金所必须遵循的。

4）监督和执行对联邦标准和指南的遵守，以及对联邦援助基金的使用。

州政府对公路系统的规划、设计、建设、维护和运行负有主要责任。这些职能通常是通过州交通局（DOT）或类似的机构来完成的。赋予各州以下职责：

1）对公路系统的管理负全部责任。

2）全面负责道路系统的规划、设计、建设、维护和运行，并符合适用的联邦标准和指南。

3）有权将地方公路系统的责任下放给地方司法机构或政府机构。

根据州法律的授权，地方政府对地方道路系统负有总体责任。一般来说，地方政府负责地方道路系统的规划、设计、建设、维护和控制。通常情况下，地方政府在履行这些职能时可以得到州项目和机构的帮助。州公路与地方道路的交汇处一般由州负责控制。

负责公路职能的地方组织从完整的公路或交通部门到地方警察，再到单一的专职交通或城市工程师。

美国各地也有一些特殊情况。例如，在纽约州，州宪法赋予任何人口超过100万的城市以"自治"权力。根据该规定，纽约市对其境内的所有公路，包括州公路系统中的公路，拥有完全的管辖权。

1.3.2 主要立法里程碑

1916 年联邦援助公路法

1916 年的《联邦援助公路法》（Federal-Aid Highway Act）第一次为各州的公路建设分配联邦援助公路基金。它建立了由一级、二级和三级联邦援助公路组成的"A-B-C 系统"，并为该系统的公路建设提供 50% 的资金。联邦援助的收入来自联邦普通基金，该法案每 2～5 年更新一次（专用金额不断增加）。在长达 40 年的时间里，筹资方案没有发生重大变化。

1934 年联邦援助公路法

除了延长对 A-B-C 系统的资助外，该法案还授权各州使用最多 1.5% 的联邦援助资金进行规划研究和其他调查。它代表了联邦政府进入公路规划领域。

1944 年联邦援助公路法

该法案包含了对后来的国家州际系统和国防公路系统的初步授权。然而，由于没有拨款，该系统在 12 年内没有启动。

1956 年联邦援助公路法

1956 年，国家州际系统和国防公路系统的实施得到了授权和拨款。该法案还规定联邦对州际系统费用的分摊比例为 90%，这是自 1916 年以来筹资方式的第一次重大变化。由于对联邦资金支出的重大影响，该法案还设立了公路信托基金，并颁布了一系列道路使用者税来创造收入。这些税收包括对汽车燃料、车辆采购、机油和零配件的消费税。除联邦燃料税外，这些税收中的大部分在尼克松政府期间被取消。存放在公路信托基金中的资金只能用于当前联邦援助公路法案所授权的用途。

1970 年联邦援助公路法

该法案也被称为 1970 年《公路安全法案》（Highway Safety Act），它将联邦对非州际公路项目的补贴提高到 70%，并要求所有州配套公路安全机构和计划。

1983 年联邦援助公路法

该法案包含"州际转移支付"条款，允许各州将指定用于城市州际项目的联邦援助资金"转移支付"给替代性大众运输系统。该历史性条款是第一个允许将道路使用者税用于支付公共大众运输改善的条款。

ISTEA 和 TEA-21

1991 年通过的《多式联运地表交通效率法》（Intermodal Surface Transportation Efficiency Act，ISTEA[⊖]）和 1998 年通过的《21 世纪运输公平法》（Transportation Equity Act for the 21st Century，TEA-21），是对联邦援助公路计划最大的一次改革。

最重要的是，这些法案合并了所有运输模式的联邦援助计划，并大幅放宽了州和地方政府对分配模式的决策能力。ISTEA 的主要条款包括以下内容：

1) 大幅增加了地方在使用联邦援助的运输资金方面的选择。

2) 增加了对大都市规划组织（Metropolitan Planning Organizations，MPOs）的重视和资助，并要求每个州保持一个州运输改进规划（State Transportation Improvement Plan，STIP）。

3) 将联邦援助运输资金与遵守《清洁空气法》（Clean Air Act）及其修正案联系起来。

4) 授权 380 亿美元用于建设 15.5 万 mile 的国家公路系统（National Highway System，NHS）。

⊖ ISTEA 也称"冰茶法案"。——原书注

5）授权额外的 720 万美元来完成州际系统，并授权 170 亿美元来维护其作为国家公路系统的一部分。

6）为符合州际公路条件的项目增加 90% 的联邦资金。

7）将所有其他联邦援助系统合并为一个单一的地表运输系统，由联邦提供 80% 的资金。

8）允许（首次）使用联邦援助资金建设收费公路。

TEA-21 也是如此，增加了资金水平，进一步放宽了地方对资金分配的选择，进一步鼓励运输系统的多式联运和整合，并继续将遵守清洁空气标准与联邦运输资金联系起来。

国家公路系统的建立回答了一个争论多年的关键问题——州际系统之后是什么？新的、扩大的 NHS 不限于自由流公路设施，其规模是州际系统的三倍以上，成为 NHS 的一部分。

SAFETY-LU

2005 年 8 月 10 日，布什总统签署了最昂贵的运输资金法案，使之成为法律。该法案泛泛而谈并不深入（a mile wide），而且相比计划晚了四年多，中间的公路资金是通过每年的延续性立法来完成的，使 TEA-21 保持有效。

安全、负责、灵活、高效的运输权益法——用户的遗产（SAFETY-LU）既被赞扬，也被批评。虽然它保留了 ISTEA 和 TEA-21 的大部分项目，并增加了其中大部分项目的资金，但该法案也增加了许多新的项目和条款，以至于一些立法者和政治家将其称为"美国历史上最'有料'（Pork-filled⊖）的法案"。表 1.3 罗列了该法案所涵盖的项目。该计划授权超过 2480 亿美元的支出，包括许多代表国会议员插入的特殊利益项目的计划。

该法案承认需要为州际公路的维护提供大量资金，因为该系统不断老化，许多结构部件已远远超过其预期使用寿命。它还为新的国家公路系统提供了大量资金，该系统是州际系统在新公路方面的延续。它还保留了地方政府将更多资金用于公共运输模式（Public transportation modes）的灵活性。

表 1.3 SAFETY-LU 涵盖的项目

项目	费用 /10 亿美元
州际维护计划	25.10
国家公路系统	30.50
地表运输系统（一般指除航空外的运输）	32.40
缓解交通拥堵 / 改善空气质量计划	8.5
公路安全改善计划	5.1
阿巴拉契亚发展 / 公路系统计划	2.4
休闲步道计划	0.4
联邦陆地公路计划	4.5
国家走廊基础设施改善计划	1.9
边境基础设施协调计划	0.8
国家风景公路计划	0.20
建造渡船 / 码头	0.30
波多黎各公路计划	0.70
具有国家和地区意义的项目计划	1.80
高优先项目计划	14.80
安全上学路线计划	0.61
部署 MagLev Trans 项目	0.45
国家走廊规划 / 协调基础设施项目的发展	0.14
生命公路计划	0.45
偷逃道路使用税项目	0.12

MAP-21

目前（截至 2017 年 6 月）的运输法案是"为 21 世纪的进步而前进"（Moving Ahead for Progress in the 21st Century，MAP-21）法案，由奥巴马总统在 2012 年 7 月 12 日签署成为法律。与它的直接前身不同，MAP-21 是一个有限的 2 年过渡法案，在立法涵盖的 2 年期间将支出控制在 2012 年的水平上。它将 SAFETY-LU 下的 87 个

⊖ Pork-filled 是政治术语，指议员为自己家乡牟利的法案。——原书注

项目合并为 30 个，并在资金分配方面给予各州更大的灵活性。它为 27 个月授权 1050 亿美元。

与它的直接前身一样，MAP-21 法案还没有被取代。国会每年都会延长该法案，以提供持续的联邦运输资金。替代立法已经讨论了一段时间，现在（2017 年 6 月）正在考虑作为特朗普政府整体基础设施计划的一部分。

1.3.3 国家州际公路和国防公路系统

"州际系统"被称作人类历史上最大的公共工程项目。1919 年，年轻军官德怀特·艾森豪威尔（Dwight Eisenhower）参加了一项测试，将一个整装营的部队和军事装备从海岸运到国家公路上，以确定它们在潜在战争时期的实用性。这次旅途历时数月，使这位年轻军官对发展国家道路系统的必要性有了敏锐的认识。州际系统在德怀特·艾森豪威尔总统执政期间实施并不是偶然的，该系统现在也以他的名字命名。

第二次世界大战结束后，国家进入了一个持续繁荣的时期。这种繁荣的主要标志之一是汽车保有量的大幅增加，以及车主将汽车用于日常通勤和休闲出行的愿望不断扩大。驾驶人团体，如美国汽车协会（American Automobile Association，AAA），成立并开始大量游说工作，以扩大国家公路系统。与此同时，公路卡车运输业正在大力发展，以对抗以前铁路对城际货物运输的垄断。卡车驾驶人也为改善公路系统而大力游说。这些实质性的压力促成了 1956 年州际系统的落成。

系统概念

国家州际系统和国防公路系统于 1944 年获得授权，1956 年实施，是一个长达 42500mile 的多车道、限制接入设施的国家系统。该系统旨在用一个连续的限制接入设施系统连接所有人口在 5 万以上（当时）的标准都市统计区（Standard Metropolitan Statistical Areas，SMSAs）。将该系统 90% 的费用分配给联邦政府的理由是，它在战时可能用于军事。

系统特点

州际系统的主要特点包括以下内容：

1）所有公路每个方向至少有两条车道供车辆专用。

2）所有公路都完全控制接入。

3）系统必须形成一个闭环。所有州际公路的起点和终点必须是与另一条州际公路的交汇处。

4）南北走向的路线为奇数的一位或两位数字（如 I-95）。

5）东西方向的路线为偶数的一位或两位数字（如 I-80）。

6）作为绕行环路或作为主要州际设施连接线的州际路线是三位数的路线编号，最后两位数表示与之衔接的主要路线。

州际系统地图见图 1.3。

图 1.3   州际系统地图

状态和成本

到 1994 年，该系统已完成 99.4%。由于各种原因，大多数未完成的部分预计永远不会完成。该系统的总成本约为 1289 亿美元。这个最终的成本估算是在 1991 年发布的。据估计，以今天的美元计算，其成本将超过 5000 亿美元。

州际系统对国家的影响是不可低估的。该系统通过为工人提供从郊区家庭到城市工作的通勤途径，促进并实现了美国的快速郊区化。由于购物者成群结队地从传统的 CBD 转移到郊区的商场，城市中心的经济受到了影响。

该系统还对它所经过的一些环境产生了严重的负面影响。按照传统的效益－成本理论，城市路段往往建在社区的低收入地区，那里的土地是最便宜的。大规模的州际公路设施形成了物理分隔，分割了许多社区，使居民流离失所，并使其他人与他们的学校、教堂和当地商店分离。在县域的一些地区，社会动荡导致了对公共听证程序的重要修改，并使当地的反对者能够合法地阻止许多城市公路项目。

1944 年至 1956 年，对于州际系统是否应该建在城市地区内外，或者所有州际设施是否应该以围绕城市地区的环形公路为终点，展开了一场全国性辩论。支持环形公路方案的人 [具有讽刺意味的是其中包括罗伯特·摩西（Robert Moses），他建造了许多进出城市的公路] 认为，建造这些进出城市的道路将导致大规模的城市拥堵。争论的另一面是，通过道路使用者税为该系统付费的大多数道路使用者都居住在城市地区，应该为他们提供服务。后一种观点占了上风，不出意料，城市拥堵的快速增长也成为现实。

1.4 交通工程的要素

交通工程有一些关键要素：

① 交通调研和特性（Traffic studies and characteristics）；

② 绩效（性能）评估（Performance evaluation）；

③ 设施设计（Facility design）；

④ 交通控制（Traffic control）；

⑤ 交通运行（Traffic operations）；

⑥ 运输系统管理（Transportation Systems Management，TSM）；

⑦ 智能运输系统技术的整合（Integration of intelligent transportation system technologies）。

交通调研和特性涉及测量和量化公路交通的各个方面。调研的重点是数据收集和分析，用来描述交通的特性，包括（但不限于）交通量和需求、速度和通行时间、延误、事故、出发地和目的地、模式使用和其他变量。

绩效（性能）评估是一种交通工程师可以用相关参数对设施的独立部分和整体的运行特性进行评估的方法。这种评估依赖于对绩效质量的衡量，通常用"服务水平"来表示。服务水平以字母代表等级，从 A 到 F，描述了一个设施使用特定绩效标准的运行情况。就像课程的成绩一样，A 代表非常好，而 F 代表失效（在某种程度上）。作为绩效评估的一部分，必须确定公路设施的容量。

设施设计涉及交通工程师对公路和其他交通设施的功能和几何设计。交通工程师本身并不参与公路设施的结构设计，但应该对其结构特性有一定了解。

交通控制是交通工程师的核心职能，涉及交通法规的建立，并通过使用交通控制设施（Traffic Control Devices），如标志（Signs）、标线（Markings）和信号灯（Signals）[⊖]，将其传达给驾驶人。

交通运行涉及影响交通设施整体运行的措施，如单行道系统、大众运输运行、路缘管理以及监控和路网控制系统。

运输系统管理涉及交通工程的几乎所有方面，重点是优化系统容量和运行。TSM 的具体方面包括多乘员车辆优先系统、汽车合乘计划、管理需求的定价策略及类似功能。

智能运输系统（Intelligent Transportation Systems，ITS）是指将现代电信技术应用于运输系统的运行和控制。这类系统包括自动化公路、

⊖ 现有中文文献大多译为"信号"，但信号不仅有信号灯的含义，还有更广泛和通用的含义，而且 Signals 是用"灯"来实现的，因此本书将交通工程语境下的 Signals 译作"信号灯"。——译者注

自动收费系统、车辆跟踪系统、车载 GPS 和地图系统、交通灯和速度法的自动执法、智能控制装置等。这是一个迅速崛起的技术系列，有可能从根本上改变我们的出行方式，以及运输专业人员收集信息和控制设施的方式。在技术不断扩展的同时，社会将努力解决此类系统必然产生的大量"独角兽"（Big brother）问题。

交通工程是如此广泛而复杂的专业，本书包含了与其所有组成部分相关的材料。

1.5 交通工程师面临的现代问题

我们生活在一个复杂而快速发展的世界中。因此，交通工程师所涉及的问题也在迅速发展。

多年来，城市拥堵一直是一个主要问题。考虑到**运输需求循环**[⊖]，通过扩大容量来解决拥堵问题并不总是可行的。因此，交通工程师参与制订方案和战略，在时间和空间上管理需求，并在必要时阻止增长。真正的问题不是"需要多少容量来处理需求"而是"在指定的时间段内，可以允许多少车辆和/或人进入拥堵区域"。

增长管理是当前的一个重要问题。一些州的立法将发展许可与对公路和运输系统的服务水平影响联系起来。如果开发会导致交通服务质量的大幅恶化，那么或者不允许开发，或者开发商将负责对公路和交通进行总体改善，以缓解这些负面影响。这种政策在经济好的时候较容易处理。当经济不景气时，问题往往是减少拥堵的愿望和鼓励发展作为增加税基手段的愿望之间的冲突。

现有公路设施的重建也会引起特别的问题。整个州际系统已经老化，许多设施都需要进行重大的重建工作。部分问题是，州际设施的重建能得到 90% 的联邦补贴，而同一设施的日常维护主要由州和地方政府负责。由于多年来的联邦资金政策，推迟了对这些设施的日常维护，以支持主

要的重建工作。主体工程重建工作有一个很大的负担：维持交通，而这是设施新建时所不涉及的。在未开发的专用土地上新建设施，比在继续为每天 10 万辆或更多车辆提供服务的情况下重建它更容易。因此，长期和短期的施工绕道问题，以及交通分流到其他路线的问题，需要交通工程师的重大规划。

自 2001 年以来，运输设施的安全问题已经凸显出来。建立设施和进程对关键地点的卡车和其他车辆进行随机和系统的检查是一个重大挑战，保障铁路、机场和快速大众运输（Rapid Transit）系统等主要公共运输系统的安全也是如此。

在撰写本书时，我们正处于一个有许多未知因素的新时代。随着 2008 年燃料价格的急剧上升，车辆使用量实际上开始下降，这是几十年来的第一次。然而，随着经济条件的改善，上升的趋势又回来了。

2008 年和 2009 年的经济危机引起了经济的许多转变，即使燃料价格回到了更正常的水平。美国的主要汽车制造商 [指克莱斯勒（Chrysler）和通用（GM）] 走向破产，行业出现重大裁员和变化。政府对银行和工业的贷款带来了政府对私营工业的更多控制。美国汽车制造商开始向更小、更省油和更"绿色"的汽车转变，但对购买者是否会接纳这种转变没有明确的认识。

然而，随着经济反弹，其中一些转变又有变化。在继续强调"绿色"汽车的同时，对运动型多用途车（Sport-Utility Vehicles，SUVs）、皮卡和"肌肉车"重新产生了热点和销量。虽然他们仍然有一些问题，但美国的主要汽车制造商更加稳定。银行和其他行业开始偿还对政府的债务，回归到更正常的私人控制和管理，尽管是在更严格的监管环境下。

也许是几十年来的第一次，运输和交通需求可能在很大程度上取决于总体经济状况，而非常

⊖ 运输需求循环，指"有需求—提供服务—更多需求—更多服务……"。——译者注

规的改善流动性和可及性动机。人们是否会学习新的行为，从而减少和提高出行效率？人们是否会涌向混合动力或纯电动汽车以减少燃料成本？随着大城市的驾驶人在日常通勤中放弃私家车，公共运输是否会获得大量新客户？这是一个纷乱的时代，它将继续演变为交通和运输工程师的新挑战。然而，随着新挑战的出现，新颖和创新的能力也随之而来，这在几年前或许是不可能的。

关键是，交通工程师不能指望只在传统项目上以传统方式实践他们的专业。像任何专业人员一样，交通工程师必须准备好面对当前的问题，并在涉及运输和 / 或交通系统的任何情况下发挥重要作用。

1.6　交通工程师的标准参考文献

为了保持与时俱进，交通工程师必须通过加入和参与行业组织，定期查阅主要期刊，以及了解行业实践的最新标准和准则，来跟上发展步伐。

交通工程师的主要行业组织包括 ITE、运输研究委员会（Transportation Research Board，TRB）、美国土木工程师协会的运输组（Transportation Group of the American Society of Civil Engineers）、美国 ITS 协会等。所有这些组织都提供文献资料和维护期刊，并有地方、区域和国家会议。TRB 是美国国家工程院（National Academy of Engineering，NAE）的一个分支，是研究论文和报告的主要来源。

和许多工程领域一样，交通工程专业有许多手册和标准参考文献，其中大部分将在本书各章中提及。主要的参考文献包括：

- 交通工程手册，第 7 版 [1]（Traffic Engineering Handbook，7th Edition）
- 统一车辆法典和示范交通条例 [6]（Uniform Vehicle Code and Model Traffic Ordinance）

- 统一交通控制设施手册，2009 年（更新至 2012 年 5 月）[7][Manual on Uniform Traffic Control Devices，2009（as updated through May 2012）] ⊖
- 道路容量手册，第 6 版：多模式运输分析指南 [8]（Highway Capacity Manual，6th Edition: A Guide for Multimodal Mobility Analysis）⊜
- 道路几何设计标准（AASHTO 绿皮书），第 6 版 [9][A Policy on Geometric Design of Highways and Streets（The AASHTO Green Book），6th Edition] ⊜
- 交通信号灯配时手册，第 2 版 [10]（Traffic Signal Timing Manual，2nd Edition）
- 运输规划手册，第 4 版 [11]（Transportation Planning Handbook，4th Edition）⊜
- 出行生成，第 8 版 [12]（Trip Generation，8th Edition）
- 泊车生成，第 4 版 [13]（Parking Generation，4th Edition）

所有这些文件都会定期更新，交通工程专业人员应了解其更新时间和获取途径。

其他手册还有很多，通常与交通工程的特定方面有关。这些参考资料记录了交通工程的现状，那些经常使用的资料应该成为专业人员的个人图书库的一部分。

此外，还有各种各样的网站，对交通工程师有很大的价值。这里没有列出具体的网站，因为它们变化很快。所有的专业组织以及设备制造商都有网站。美国交通部、联邦公路管理局、美国国家公路交通安全管理局（National Highway Traffic Safety Administration，NHTSA）和私人公路相关组织都设有网站。完整的《统一交通控制设施手册》（Manual on Uniform Traffic Control Devices，MUTCD）可通过 FHWA 网站在线获取，《交通信号灯配时手册》（Traffic Signal Timing Manual，TSTM）也是如此。

⊖　译文时 MUTCD 的第 11 版已发布，2023 年。
⊜　译文时 HCM 的第 7 版已发布，2022 年。
⊜　译文时 "绿皮书" 的第 7 版已发布，2018 年。
⊜　该书简体中文版由机械工业出版社出版，名为《交通规划手册》。

由于交通工程是一个快速变化的领域，读者不能假设本书中包含的每一个标准和分析过程都是最新的，特别是随着出版时间的增加。虽然作者将继续定期更新，但交通工程师必须紧跟最新的发展，这是一种职业责任。

1.7 国际制单位与美制单位

本书采用了英制（或美制）单位。尽管美国曾多次尝试改用国际制单位，但现在大多数州在设计和控制中仍使用英制单位。

国际制单位和美制单位是不一样的。12ft 的标准车道转换为 3.6m 的标准车道，但后者比 12ft 更窄。70mile/h 的设计速度标准转换为 120km/h 的设计速度标准，两者在数值上并不等同。这是因为在这两个系统中使用的是偶数单位，而不是数字等值转换后的尴尬的分数值。这就是为什么一套用于外国汽车的国际制单位扳手与一套美制单位扳手不同。

由于采用美制单位系统的州比采用国际制单位系统的州要多（有更多的州转回美制单位），而且如果包括双单位的话，篇幅会很难控制，本书继续使用标准的美制单位来编写。

1.8 总结

交通工程是一个广泛而复杂的专业。然而，它依赖于关键的概念和分析以及基本原则，这些原则不会随着时间的推移而发生很大变化。本书既强调基本原则，也强调当前（2017 年）的标准和实践。读者必须及时了解影响后者的变化。

参考文献

[1] Wolshen, B. and Pande, A. (Ed), *Traffic Engineering Handbook*, 7th Edition, John Wiley & Sons, Institute of Transportation Engineers, Washington, D.C., January 2016.

[2] *Quick Facts 2016*, Federal Highway Administration, Washington, D.C., 2016.

[3] "2016 Fatal Motor Crashes: Overview," *Traffic Safety Facts*, National Highway Traffic Safety Administration, Department of Transportation, Washington, D.C., October 2017.

[4] *Motor Vehicle Deaths in 2016 Estimated to Be Highest in nine Years*, National Safety Council, Atasca, IL, 2017.

[5] Henchman, J., "Gasoline Taxes and User Fees Pay for Only Half of State and Local Road Spending," *Tax Foundation Fiscal Facts*, Tax Foundation, Washington, D.C., January 6, 2016.

[6] *Uniform Vehicle Code and Model Traffic Ordinance*, National Committee on Uniform Traffic Laws and Ordinances, Washington, D.C., 2002.

[7] *Manual on Uniform Traffic Control Devices*, Federal Highway Administration, Washington, D.C., 2009, as updated through May 2012.

[8] *Highway Capacity Manual, 6th Edition: A Guide for Multimodal Mobility Analysis*, Transportation Research Board, Washington, D.C., 2016.

[9] *A Policy on Geometric Design of Highways and Streets*, 6th Edition, American Association of State Highway and Transportation Officials, Washington, D.C., 2011.

[10] *Traffic Signal Timing Manual*, 2nd Edition, National Cooperative Highway Research Program Report 812, Transportation Research Board, Washington, D.C., 2016.

[11] *Transportation Planning Handbook*, 4th Edition, John Wiley & Sons, Institute of Transportation Engineers, Washington, D.C., 2016.

[12] *Trip Generation*, 8th Edition, ITE Informational Report, Institute of Transportation Engineers, Washington, D.C., 2008.

[13] *Parking Generation*, 4th Edition, Institute of Transportation Engineers, Washington, D.C., 2010.

运输模式及特性

交通工程师参与了街道和公路系统的规划、设计、运行和管理。虽然街道和公路系统主要为车辆交通服务，但实际上它在很多情况下是多模式混合运行的。

例如，考虑一条典型的城市主干道。在主干道及其交叉口的路权（红线）范围内为多种运输模式提供服务，如私人车辆的驾驶人和乘客、在主干道上运行的巴士大众运输（Bus Transit）的乘客、沿主干道行驶的卡车中的货物、使用人行道和人行横道的行人以及在车道或指定自行车道上的自行车骑行人。在一些地方，轻轨可能会共用车道。即使是快速大众运输线路，总是在隔离的路权上（隧道、高架结构、隔离的设施），也会将大量的行人安排在主干道上的车站位置以达成交互。

沿着主干道的路缘空间（Curb Space）被各种需求共用，如移动的车辆、巴士车站、卡车装载区、泊车，也许还有自行车骑行人。城市交通工程师的主要职能之一是管理路缘空间，并将其分配给相互竞争的用户群体。

在更大的区域层面上，公路系统提供了通往机场、火车站、港口和其他运输设施的接入。

因此，交通工程师必须清楚地了解影响其行业的多种运输模式，以及这些模式如何融入国家和区域的基础设施，以满足我们的总体运输需求。

2.1　运输模式的分类

运输模式的分类方法有很多种。一个重要的分类因素是被服务的运输需求是城市间的（集中地区之间）还是城市内的（集中地区内）。城际出行通常涉及较长的出行距离和通行时间，与完全在一个地区内的出行相比，发生频率较低。有些运输模式几乎只为一种类型的出行服务。几乎所有的航空出行都是城际出行；几乎所有的步行出行都是本地出行或市内出行。

第二种分类方法涉及主要功能是货物还是人员的移动。虽然大多数运输是以人员流动为主，但货物流通是经济中的一个重要功能。

人和货物都可以在城市间或城市内出行。人们使用各种各样的模式，但大多数人的出行是通过私人汽车。在大城市，公共运输（快速大众运输、轻轨、巴士）可以满足大部分人的出行需求。城市间的个人出行是通过私人汽车、飞机、客运铁路和城市间的巴士进行的。在城市中心，个人出行是通过汽车、巴士或轨道大众运输（Rail Transit）和步行来实现的。

货物在城市之间通过飞机、公路上的卡车、铁路和船舶流通。就液体而言，管道也发挥着重要作用。在城市内部，大多数货物依靠卡车流通，但有些货物可能使用各种铁路服务。人们通常不会想到城市环境中的管道，但它们在向个人消费者输送天然气和水，以及清除液体废物方面构成了城市运输基础设施的重要组成部分。

对运输模式进行分类的最后一种方式是根据该方式是由私人还是由政府经营。在城际运输中，客运汽车几乎总是由私人拥有和经营。航空公司、铁路、船舶和管道主要由私人或政府运营商拥有，他们提供、维护、管理和运行物理基础设施。所有这些都受到政府的监管。然而，人们可能认为这些模式具有"公共"性质，因为个人旅客（或货物）在服务运行中没有直接作用。

在城市地区，行人、自行车骑行人和私人车辆的驾驶人/乘客构成了"私人"运输的核心，而"公共"运输包括大众运输（Transit）和租赁汽车（出租车，Taxi）。

表 2.1 总结了所讨论的各种运输模式的类别。

表 2.1　各类运输模式

功能	人的运输	货物的流通
城际	私人汽车（私） 客运轨道（公） 客运航空（公） 城际巴士（公） 客运船舶（公）	公路货运卡车（公） 货运航空（公） 货运轨道（公） 货运船舶（公） 管道运输（公）

（续）

功能	人的运输	货物的流通
市内	行人（私） 自行车（私） 私人汽车（私） 租赁汽车（公） 大众运输（公） 客运船舶（公）	货运卡车（公） 货运轨道（公） 管道运输（公）

注："公共"模式之所以这样分类，是因为它们对用户是公共的，无论提供服务的经营者是私人实体还是公共实体。

2.2　运输基础设施及其使用

为了满足国家多样化的运输需求，必须有一个庞大的基础设施（体系）。大部分（但不是全部）的基础设施是由政府提供的。表 2.2 展示了 2014 年美国境内的运输基础设施的里程数 [1, 2]。

表 2.2　美国境内的运输基础设施里程数（2014 年）

分类	系统里程（mile）或数量
公共道路及公路（线路里程）	4177074
州际公路系统	47622
其他国家公路系统	178643
地方道路	3950809
轨道（线路里程）	127012
一级轨道	94362*
AMTRAK	21356
通勤轨道	7795
重轨	1622
轻轨	1877
航道（线路里程）	25000
管道（线路里程）	2368436
石油管道	199653
天然气管道	2168783
机场（数量）	19294
公共	5145
私人	13863
军事	286

* 很多 AMTRAK 的线路里程与一级轨道是共用的。

美国的公路系统规模庞大，服务于城市间和城市内的人员和货物运输。州际系统（正式名称是艾森豪威尔国家州际和国防公路系统）尤为重要。虽然它只占美国铺装路线里程的1.1%多一点，但它为美国所有车辆行驶里程的大约20%服务。该系统的规划、设计和重要性将在后面的章节中讨论。

"可航行的通道"包括商业上可航行的河流和内陆通道以及大湖-圣劳伦斯海道。它们不包括远洋航线，远洋航线几乎是无限的。

虽然我们可能倾向于认为管道主要是输送石油，但绝大多数的管道是专门用来输送天然气的。其中大多数位于城市化区域，它们将天然气直接输送到用户家中。

表2.3展示了2015年各种模式的年度货物运输吨位[2]。注意，表2.3只展示了国内货物运输，即完全在美国境内运输的货物，而不包括从国外进口到美国的货物或从美国出口到国外的货物。

表2.3　按吨位划分的美国国内货物运输模式（2015年）

运输模式	万t
卡车	1056800
轨道	160200
水路	88400
航空	1000
混合模式及邮件	134600
管道	332600
其他或未知	3300
总计	1799700

表2.4展示了类似的客运数据[3]，它是以客运里程为单位进行量化的。有些模式是专门针对城市间或城市内的，但也有一些跨越了两个类别。

从表2.4中可以看出，2014年美国的国民出行量接近5万亿人·mile。其中绝大部分（约86%）发生在国家的街道和公路系统中。这强调了对汽车的严重依赖，它是美国人口流动和可及的主要手段。

表2.4　美国的旅客里程数（2014年）

运输模式	乘客·10万mile（出行）
航空（国内）	6077720
公路（道路）	40925750
小客车（城市间及市内）	37318880
摩托车（城市间及市内）	215100
市际巴士（城市间）	3391770
大众运输（市内）	553210
巴士*	214290
轻轨	26750
重轨（快速轨道）	183390
通勤轨道	116000
按需运输*	8640
渡轮	4140
其他	16920
轨道AMTRAK（城市间）	66750
合计	47623430

* 大多数巴士和按需大众运输（demand-responsive transit）发生在街道和公路上，因此也可以包括在"公路"类别中。这并不是为了避免重复计算这些旅客里程。

注：航空数字不包括乘坐国际航班的2443730乘客·10万mile。

重型铁路的大部分服务和基础设施都集中在几个主要城市，如纽约、芝加哥和华盛顿特区。渡轮服务并不广泛，同样主要集中在几个地区，如纽约（斯塔滕岛渡轮，Staten Island Ferry）和西雅图周围的普吉特海湾地区。对许多人来说，城市出行的选择仅限于小客车、巴士大众运输、出租车和其他预约汽车服务。城际出行者有更广泛的选择，包括航空、铁路、城际巴士或公路。

注意，表2.4中没有显示行人的统计数据，因为几乎不可能收集到有意义的数据，即有多少行人出行，以及人们出于各种目的步行多远。

2.3　模式的属性

出行模式可以分为两个大类：

- 私人运输模式
- 公共运输模式

私人运输模式的主要特点是，出行者通常拥有出行所乘坐的"车辆"。在某些情况下，车辆可能是长期租赁或者短期租赁。在公共运输模式中，车辆通常由外部机构拥有和运营，这些机构可能是公共的或私人的。私人运输模式包括步行（不需要车辆）、骑自行车，以及驾驶或乘坐私人拥有和经营的小客车。公共运输模式包括出租车或其他出租的小型车辆、巴士、轻轨系统和快速轨道（或"重轨"系统）。

私人运输模式的主要特点是，它们提供直接的出发地到目的地的服务，并且可以根据需要随时使用。在公共模式中，出租车、租赁汽车和其他类型的按需服务近似模仿了私人模式的特点。一般来说，它们确实提供直接的起点到终点的服务。它们可以预约，但可能有等待时间和／或其他时间限制，而且有明显的自付费用。

除出租车和类似形式的公共运输模式工具外，（公共运输模式）主要根据固定时刻表在固定路线上运行。出行者必须调整他／她的出行需求以适应这些。上车和下车地点可能在，也可能不在理想的出发地和目的地附近，出行者负责在出发和上车地点以及下车和目的地点之间进行连接。根据具体的情况，这其中的一个或两个可能包括大量的通行时间和／或行程费用。

公共运输模式可以有许多子类别的特性，这改变了所提供的服务类型。例如，巴士可以在地方街道和主干道的公交线路上运行，也可以在专用公交车道或公交道路上完成部分或全部行程。快速巴士服务在规定的区域上下车，但在这些区域之间不停地行驶，以提高速度（并减少通行时间）。轻轨服务可以在街道上运行，与其他交通混合，或在隔离的车道上运行。它们也可以在有或没有地面交叉口的独立路权上运行。

表2.5总结了私人和公共运输模式的一些基本服务特性。

表 2.5　私人和公共运输模式的基本服务特性

模式类型	运输模式	提供服务类型	典型出行距离	典型平均速度	特殊性及限制
私人	步行	门到门服务； 随时可响应； 对个人环境控制有限	0 ~ 1mile	1 ~ 3mile/h	取决于健康／年龄； 距离范围有限； 安全； 天气
	自行车	门到门服务； 随时可响应（假设个人拥有自行车）； 对个人环境控制有限	0 ~ 5mile	5 ~ 15mile/h	取决于健康／年龄； 在行程的两端都需要安全的自行车存放； 大多数地区的专用自行车设施有限； 天气； 在混合交通中运行的安全性
	小客车	门到门服务； 随时可响应（假设个人拥有小客车）； 对个人环境完全控制	无限制	5 ~ 70mile/h	行程两端需要泊车； 安全（事故风险）； 购置成本、燃料、维修、保险等

（续）

模式 类型	运输模式	提供服务类型	典型出行距离	典型平均速度	特殊性及限制
公共	当地 巴士	公交车站需要可及，通常要在起讫点 0.5mile 内； 可靠的时刻表（通常是班次间隔）； 个人环境不可控	0.5～10.0mile	7～12mile/h	受当地交通条件影响； 恶劣天气是个问题； 深夜的安全问题
	快速 巴士	公交车站需要可及，在合理的距离内； 可靠的时刻表（通常是班次间隔）； 个人环境不可控	3～20mile	10～30mile/h	受混合车道的影响； 可及性的服务可能有些问题； 天气（通常）； 高峰期间的时刻表难保障
	轻轨	车站需要可及，在合理的距离内； 可靠的时刻表（通常是班次间隔）； 个人环境不可控	3～20mile	10～35mile/h	停电会影响服务； 可能必须穿越车道才能到达车站； 天气可能造成中断； 可能没有夜间服务
	重轨	车站需要可及，在合理的距离内； 可靠的时刻表（通常是班次间隔）； 个人环境不可控	5～30mile	15～45mile/h	停电会影响服务； 车站安全可能是个问题； 如果在地面上，天气会造成中断； 可能没有夜间服务
	通勤轨道	车站需要可及，在合理的距离内； 可靠的时刻表（有限范围内）； 个人环境不可控	5～50mile	30～80mile/h	若是电力驱动，停电可能会影响服务； 车站的安全和舒适度可能是个问题； 室外线路受天气影响会中断； 时刻表可能难保障； 票价通常相当高

2.4 运输模式的容量

桶有多大？如果你要运水，这是一个相当重要的特性。对运输系统来说，它也同样至关重要。桶的容量是若干加仑（gal）的液体。运输系统运送人员和货物，因此它们的"容量"涉及它们能承载多少人或多少吨货物。

虽然容量（Capacity）是一个熟识的词汇，但在第1版《道路容量手册》（HCM）[4]中，它被正式定义为道路的容量。对于道路，容量的定义是：在既定条件下，车辆或人员可以合理地预期通过一个点或道路的标准路段或车道的最大流率[5]。我们可以很容易地将这一概念扩展到其他运输模式，至少在载人能力方面如此。

这个定义中包含了四个关键概念：

1）**流率**（Rate of flow）。容量的定义不是指每小时的流量，而是指最大的流率。在大多数情况下，使用的标准时间单位是15min。统计学上认为15min是稳定的（或可预测的）交通量的最小时间单位，尽管一些调研人员在调研中使用了5min甚至1min的时间段。

2）**合理期望值**（Reasonable expectancy）。容量不是一个静态的衡量指标。一个5gal的水桶总是有5gal的容量。然而，运输系统元素的容量是一个随机变量，取决于出行者的行为，而出行者的行为在时间和空间上都不是静态的。容量的定义是可以"合理预期"在不同时间和不同地点复制的具有类似特性的值。因此，在一些运输设施上，很有可能观察到实际流率超过标定容量值。

3）**点或标准段**（Point or uniform segment）。容量取决于设施的特定部分的物理特性，以及旅客（或其车辆）和控制系统的一些特性。因此，沿着任何给定的设施，容量表征一个点或一个有限长度路段的特性，这些特性是相同的。

4）**既定条件**（Prevailing conditions）。容量是针对该地点的任何既有条件而提出的。公路的既有条件可分为三大类：

- **物理条件**（Physical conditions）。这包括路线的平面和立面几何特性以及横断面元素，如车道宽度和路侧横向净距。

- **交通状况**（Traffic conditions）。这意味着构成交通流的车辆类型（小客车、卡车、巴士等）的组合。

- **控制条件**（Control conditions）。这意味着所有的交通控制和运行规则，包括信号灯、速度限制、车道使用控制，以及其他控制措施。

这里的关键理念是，当任何一个既有条件变化时，容量也会改变。

虽然容量的概念比较容易转移到其他旅客运输模式上，但"既定条件"的问题就比较困难。路段的容量是指道路所能容纳的最大流率。这对其他模式也如是，但"既定条件"的清单会变得更长。

例如，考虑单轨快速轨道的容量，其容量（以人/h为单位）取决于以下几类问题：

- 列车的设计。一节车厢能容纳多少人？这主要取决于车厢的大小（地板尺寸）以及座位的数量和安排。快速轨道线路通常为站立的乘客提供服务，而不是坐着的乘客，因此内部布局变得至关重要。

- 一列车有多少节车厢？组成一列车的车厢数量主要受站台长度的限制。很明显，每列车有更多的车厢 = 每列车有更多的人。

- 每小时有多少列车可以使用一条轨道？这方面有两个限制：控制系统和车站的停留时间。控制系统，无论是旧的（使用固定区块信号）还是新的（使用移动区块技术），基本上都限制了列车在运行过程中可以相互靠近的程度。如果一个控制系统允许列车间隔2min运行，那么一条轨道可以处理 60/2 = 30 列车/h。

然而，控制系统有时并不是限制性因素。如果一列车需要4min的时间来减速到站，让乘客上下车，并加速回到正常速度，那么无论控制系统如何，第二列车至少需要4min才能进入车站。

时刻表。与用户基本上是自备车辆的公路运输系统不同，公共运输系统是按时刻表发车的。因此，尽管轨道和停留时间可以容纳 30 列车 /h，但如果时刻表只提供 20 列车 /h，那么容量就被限制在 20 列车 /h 所能运送的乘客数量。

这些问题共同控制着一段轨道交通线的容量。当一个快速轨道系统涉及几条支线合并成一条主干线时，问题就变得复杂得多。主干线的运力限制了所有支线的运力，因为安排的列车总数必须少于主干线的运力。支线上可能有"多余"的运力，但不能使用。从本质上讲，单一的主干线是整个系统的瓶颈。

大众运输巴士也同样受限于巴士的尺寸和内部设计、公交站的长度和数量、停留时间和时刻表。此外，巴士的运行还受到它们所使用街道的总体交通状况的限制。

容量值是根据观察到的车辆和乘客数量，以及描述各种系统要素的关键限制值的分析模型来确定的。对于公路设施，《道路容量手册》第 6 版 [5] 是标准文件，规定了各种类型的设施和设施路段的容量估算程序。对于大众运输设施，《大众运输容量手册》第 3 版 [6] 定义了现行标准。

表 2.6 展示了 HCM 规定的各种类型的公路设施容量的现行标准。所显示的数值基于"理想"条件，也就是说，当交通流中只有小客车时，所有的几何要素都是最理想的，即 12ft 的车道、足够的横向净距等，这些都是可能的最佳取值。道路容量值是以客车 / 小时 / 车道（pc/h/ln）的最大流率来表示的。车辆载客率随时间和空间的变化而变化，HCM 并没有规定一个全国性的标准。在大多数地方，汽车载客率在每辆车 1.3 ~ 1.5 人之间。

表 2.6　公路设施的理想容量

不间断流设施				
设施类型	自由流速度 /（mile/h）	车辆容量 /（pc/h/ln）	考虑载客率的人容量 /（pers/h/ln）	
			1.3 人 / 车	1.5 人 / 车
自由流公路（Freeway）	70	2400	3120	3600
	65	2350	3055	3525
	60	2300	2990	3450
	55	2250	2925	3375
多车道公路（Multilanehighways）	60	2200	2860	3300
	55	2100	2730	3150
	50	2000	2600	3000
	45	1900	2470	2950
双车道公路（Two-lanehighways）	单车道合计	1700	2210	2550
	双车道（双向）合计 *	3200	4160*	4800*

间断流设施				
设施类型	绿信比 /（g/C）	车辆容量 /（pc/h/ln）基于 1900pc/hg/ln	考虑载客率的人容量 /（pers/h/ln）	
			1.3 人 / 车	1.5 人 / 车
主干道 / 街（Arteries/Street）	0.30	570	741	855
	0.40	760	988	1140
	0.50	950	1235	1425
	0.60	1140	1482	1710
	0.70	1330	1729	1995

* 两条车道的总和，在双车道公路上，对向车流相互影响，限制了超车机动和总容量。

对于公路设施的不间断流路段（自由流公路、多车道公路、双车道公路），容量是基于设施的自由流速度来定义的。一个"不间断流"的路段是指在限制接入设施上的任何路段（没有信控或其他固定中断交通流的点）或在地面设施上的路段，距离最近的交通信号2mile或以上。这种设施的"自由流速度"是指在交通量非常小的情况下，也就是在道路上车辆很少的情况下可以达到的平均速度。最近的研究表明，自由流速度可以在很大的流率范围内存在，直到流率超过1000pc/h/ln，速度才开始下降。

在间断流设施（主干道和街道）上，理想的容量是以每小时每车道的绿灯时间（pc/hg/ln）来表示的，因为容量不仅受既有的几何和交通特性限制，也受信号灯配时限制。因此，举例来说，一条干道的容量是由相关路段的交通信号灯控制的，该信号灯分配的绿灯时间最少（或部分）。在表2.6中，粗略估计了绿灯时间与周期长度（g/C）比率为0.30、0.40、0.50、0.60和0.70的主干道和街道容量。当然，对于不同的信号灯配时，其他数值也是可能的。

表2.7展示了公共运输模式（Public transportation modes）的一般容量。公共大众运输容量（Public transit capacities）基于美国公共运输协会[7]记录的全美最高流量运行的观察结果。

就大多数类型的大众运输而言，纽约市及其周边的三州地区（包括新泽西州和康涅狄格州的部分地区）的大众运输流率最高，这并非偶然。纽约拥有世界上最大的快速轨道系统（按收益轨道里程计算），以及世界上最大的本地巴士系统。

在纽约市的皇后线（Queens Line）上，每条轨道的客流量是最高的。这条地铁的快车道上有两条线路——E和F列车——在高峰时段，一条轨道上有51000名乘客通过皇后广场（Queens Plaza）的关键车站。增加了本地轨道后，这条四轨（每个方向有两条）的地铁在每个工作日的高峰时段，每小时单向运送超过67000人次。

通勤轨道上最高的单轨客流量出现在地铁北线（Metro-North Railroad）的纽黑文牧场（New Haven ranch）。在高峰时段，每个工作日每小时有20趟列车运行，每小时运送超过15000人。通勤轨道的容量主要受时刻表的限制，但也受到比

表2.7　北美地区观察到的最高大众运输交通流

大众运输类型	路线／服务	数量 轨道／车道	每小时数量 车列／车辆	乘客数 每小时
快速轨道	Queens E, F Express（NYC）	1	29	51084
	Lexington Ave 4, 5 Express（NYC）	1	28	34059
	Queens Express & Local（NYC）	2	47	67234
	Lexington Ave Express & Local（NYC）	2	50	63234
通勤轨道	Metro-North RR New Haven Branch	1	20	15282
	Long Island RR, Babylon Branch	1	14	12980
轻轨	Green-Line Subway, Boston	1*	45	9600
	South Line, Calgary, Alberta	1	11	4950
巴士	Lincoln Tunnel（NYC, Excl Lane）	1**	735	32600
	West Transitway（Ottawa, Busway）	1***	225	11100
	Madison Avenue（NYC, Bus Lanes）	2	180	10000
	Hillside Avenue（NYC, Mixed Traffic）	—	180	10000

* 双轨车站。

** 没有站台。

*** 停靠，其他巴士可以超越停靠的巴士。

快速轨道更长的车站停留时间（由于车站的配置）和轨道信号系统的影响，这些系统的效率通常低于现代快速轨道系统。

在轻轨系统中观察到的最高小时客流率是波士顿绿线地铁（Green-Line Subway）的 9600 人次 /h。绿线地铁容纳了波士顿市中心的几条传统无轨电车线路。它每个方向有一条轨道，但有双轨车站，这降低了车站停留时间的影响。对于单轨车站的轻轨系统，观察到的最高流量在加拿大阿尔伯塔省卡尔加里市的南线（South Line, Calgary, Alberta, Canada），在典型的工作日高峰时段，每小时可运送 4950 人。

巴士系统的容量变化很大。林肯隧道（纽约–新泽西）的巴士专用道每小时可通过 735 辆巴士，每小时可运送 32600 名乘客，但隧道内没有站点。众多的巴士线路汇聚在该巴士车道上，直接连接到纽约曼哈顿的港务局巴士总站（Port Authority Bus Terminal）。在渥太华，西大众运输道（West Transitway）每小时通过 225 辆巴士，每小时运送 11100 名乘客。这是一条专供巴士使用的车行路，设有车站。巴士可超越停靠中的车辆。纽约市曼哈顿的麦迪逊大道和皇后区的希尔斯德大道的路边巴士流量最大。两者每小时都有 180 辆巴士，每小时约有 10000 名乘客。麦迪逊大道有两条紧邻路缘的巴士专用道。在希尔斯德大道，巴士在混合交通中运行。这些地方客流量非常大，代表着多条巴士线路汇聚到一条共同的线路上。巴士时刻表通常是运力的限制。一辆巴士每小时可运送 50～60 名乘客，而典型的单线服务每小时可运送几百到几千名乘客。

2.5　聚焦多模式运输

现代交通工程师在处理运输问题时，必须牢记所有的运输模式。不是每一种模式都适合每一种需求，在许多城市案例中，可行的方案可能并不相同。

归根结蒂，我们的大多数设施将为几种不同的模式服务。街道将为小客车、卡车、大众运输巴士、行人、出租车和自行车服务。此外，对交通工程师来说，各种模式的整合是一个关键问题。在泊车后，驾车人会变成行人。在离开快速轨道后，乘客会变成行人，但他们可能使用巴士或出租车继续他们的行程。模式之间的衔接与模式本身一样重要。

"多模式"是现代运输规划和设计的一个重要概念。所有模式的使用者都需要得到一套安全和有效的设施来应对他们各自的独立需求。通常情况下，最佳的方法将涉及几种运输方式。最好的规划和设计将是提供适当运输模式的组合，并将它们有效地连接和整合成一个无缝的运输系统。

参考文献

[1]   *National Transportation Statistics*, Bureau of Transportation Statistics, U.S. Department of Transportation, Washington, D.C., April 2016.

[2]   *Freight Facts and Figures*, Bureau of Transportation Statistics, U.S. Department of Transportation, Washington, D.C., 2016.

[3]   *Passenger Travel Facts and Figures*, Bureau of Transportation Statistics, U.S. Department of Transportation, Washington, D.C., 2016.

[4]   *Highway Capacity Manual*, U.S. Government Printing Office and Highway Research Board, Washington, D.C., 1950.

[5]   *Highway Capacity Manual, 6th Edition: A Guide for Multimodal Mobility Analysis*, Transportation Research Board, Washington, D.C., 2016.

[6]   *Transit Capacity and Quality of Service Manual*, 3rd Edition, TCRP Report 165, Transit Cooperative Research Program, Transportation Research Board, Washington, D.C., 2013.

[7]   *Transit Ridership Report* (Quarterly Publication), American Public Transportation Association, Washington, D.C., 2015.

习题

2-1. 哪些特性会影响街道或公路的容量？

2-2. 哪些特性会影响快速轨道线的容量？

2-3. 一条每个方向都有一条轨道的快速轨道线，使用的车厢可以容纳 50 个座位和 80 个站立的乘客。车站足够长，可以容纳 10 节车厢的列车。控制系统允许列车间隔 1.5min 运行。关键车站的停留时间为 1.8min。估计这条轨道的容量。

2-4. 一条六车道的城市自由流公路（每个方向三车道）的自由流速度为 55mile/h。交通中包括 10% 的卡车和 2% 的快速巴士。每辆卡车和快速巴士在交通流中取代 2.0 辆小客车。如果小客车的载客率为每辆车 1.5 人，而巴士每辆平均载有 50 人，那么自由流公路（单向）的载客量是多少？可以假设卡车只载一个人（驾驶人）。

2-5. 在一个不断增长的商业走廊上，已经确定了 30000 人 /h 的出行需求。可以考虑哪些方式来处理这一需求？每种方式的优点和缺点是什么（通常来说）？

道路使用者、车辆和道路特性

交通行为在很大程度上受到构成交通系统的各要素特性的影响，这些要素如下：

- 道路使用者[⊖]——驾驶人、行人、自行车骑行人和乘客
- 车辆——私人和商用车辆
- 街道和公路
- 交通控制设施
- 总体环境

本章概述了关键的道路使用者、车辆和道路的特性。第 4 章概述了交通控制设施及其在交通系统中的作用。第 27 章对道路的具体几何特性做了更详细的介绍。

总体环境对交通运行也有影响，但这在任何情况下都难以评估。天气、照明、开发密度和当地的执法政策都会不同程度地影响交通运行。这些因素通常被定性考虑，偶尔会有补充的定量信息来辅助判断。

3.1 处理多样性问题

如果交通系统的各个组成部分具有一致的特性，交通工程就会变得非常简单。如果所有的驾驶人都以完全相同的方式做出反应，那么交通控制就会很容易设计。如果所有的车辆都有一致的尺寸、重量和运行特性，安全目标就会更容易实现。

然而，驾驶人及其他道路使用者的特性有很大差异。交通工程师必须面对老年驾驶人和 18 岁的驾驶人，激进的驾驶人和谨慎的驾驶人，以及在车内和车外受到无数干扰的驾驶人。因为没有两个道路使用者是相同的，即使是反应时间、视觉特性和步行速度这样简单的课题都会变得复杂。

人的大多数特性都遵循正态分布，这将在第 11 章讨论。正态分布的特点是具有很强的中心倾向（即大多数人的特性都落在一个可界定的范围

⊖ 道路使用者（Road User），有时称"用路人"，在有些语境下也称"出行人"（Traveler）。——译者注

内）。例如，大多数行人通过道路的速度在 3.0 ～ 5.0ft/s 之间。然而，也有少数行人的行走速度要么慢得多，要么快得多。正态分布定义了人群中预计属于这些范围的比例。由于存在差异，基于"平均"特性设计系统是不妥当的。例如，如果一个信号灯的配时是为了适应过路行人的平均速度，那么大约一半的行人会以较慢的速度行走，并暴露在不可接受的风险中。

因此，大多数标准都是针对"第 85 百分位数"（或"第 15 百分位数"）的特性。一般来说，百分位数是分布中的一个值，在该分布中，所述人群百分比的特性小于或等于指定的值。例如，就步行速度而言，安全要求我们顾及较慢的步行者。我们使用第 15 百分位数的步行速度，因为只有 15% 的行人步行速度比该速度慢。在涉及驾驶人的反应时间时，使用第 85 百分位数，因为 85% 的人群的反应时间在数字上等于或小于该值。这样的设计实践和程序可以安全地满足 85% 的人群。那剩下的 15% 呢？正态分布的特点之一是分布的极端侧（最高和最低的 15%）延伸到正负无穷大。在实践中，分布中最高和最低的 15% 代表了非常极端的数值，无法有效地纳入设计实践中。从质量上讲，我们考虑到不在第 85（或 15）百分位数内的特性的道路使用者存在的可能，但大多数标准做法和标准并不直接适应他们。在可行的情况下，可以采用更高的百分位数特性。

正如道路使用者的特性不同一样，车辆的特性也有很大的不同。公路的设计必须能容纳摩托车、各种汽车和各种商业车辆，包括双挂和三挂的拖挂车组合。因此，例如车道宽度，必须满足预期使用该设施的最大车辆。

在过去的几十年中，车辆的设计已经取得很大进展，使其更加安全和高效。在此前提下，汽车越来越小，越来越轻。仍然包含大型卡车和巴士的混合交通流的安全问题，成为一个重要问题，需要新的规划和设计方法。交通从业人员必须准备好处理这个问题和其他新出现的问题，因为它们确实存在。

标准许可以及联邦和州的车辆设计和运行特性标准，对道路使用者和车辆特性的范围进行了一些控制。尽管这些都是重要的措施，交通工程师仍然必须应对广泛的道路使用者和车辆特性。

虽然交通工程师很少能对驾驶人和车辆特性予以控制，但道路系统和交通控制的设计（roadway systems and traffic controls）是其专业实践的核心。在这两个方面，都希望有一个强大且统一的方法。相似类型和功能的道路应该有一个驾驶人熟悉的"外观"；交通控制设施应该尽可能地统一。交通工程师努力以统一的方式向驾驶人提供信息。虽然这不能保证驾驶人的反应一致，但至少缩小了行为的离散范围，因为驾驶人已经习惯并熟悉了交通工程师在系统设计中的表述逻辑。

3.2　道路使用者及其特性

人是复杂的，具有宽泛的特性，可以且确实影响到驾驶任务。在一个驾驶人完全控制车辆运行的系统中，良好的交通工程需要对驾驶人的特点有敏锐的认识。交通工程师的大部分任务是寻找方法，以清晰、有效的方式向驾驶人提供信息，以引起安全和正确的反应。

最重要的两个驾驶人特性是视觉敏锐度因素和感知 - 反应过程。这两者是重叠的，因为反应需要使用视觉来获得大多数驾驶信息。了解如何接收和处理信息是设计道路和控制设施的关键因素。

还有其他重要的特性。听力是驾驶任务中的一个重要因素（即喇叭、紧急车辆警报器、制动声等）。虽然注意到这一点很重要，但没有任何交通要素可以围绕声音提示来设计，因为听觉障碍甚至聋哑的驾驶人都有驾照。体力在过去可能很重要，但转向助力和制动助力系统的发展已经消除了这个问题，卡车、巴士和其他重型车辆的专业驾驶人可能除外。

当然，影响驾驶的最重要的人因之一是驾驶人的个性和心理。然而，这一点并不容易量化，在设计中也很难考虑。它主要是通过执法和许可程序来应对的，这些程序试图取消或限制那些时常出现不合时宜行为的驾驶人，正如事故和违法数据所呈现的那样。

3.2.1 驾驶人的视觉特性

当驾驶人最初申请或更新驾照时，需要进行视力测试，测试由国家机动车驾驶培训机构或由验光师或眼科医生通过为机动车驾驶培训机构填写适当的表格执行。通过标准的读图程序进行测试，测量静态视觉敏锐度，即清楚地看到静态细节的能力。

虽然静态视力肯定是一个重要特性，但静态视力并不是驾驶任务中唯一的视觉要素。《交通工程手册》[1]对驾驶中涉及的视觉要素做了很好的总结，见表3.1。

表3.1中列出的许多要素反映了驾驶任务的动态特性，并顾及这样一个事实，即驾驶人要看的大多数物体相对于驾驶人的眼睛处于相对运动状态。

由于静态视力是众多视觉因素中唯一被作为颁发驾照的先决条件进行检查的要素，交通工程师必须预期并处理驾驶人的许多其他视觉特性的显著变化。良好的静态视力是一个关键要素，因为这是其他"良好视觉特性"的先决条件。例如，一个具有良好静态视力的驾驶人可能具有较差的动态视力、较差的深度感知、部分或完全色盲，或其他负面因素。

视野

图3.1说明了三个不同的视野，每个视野对驾驶任务都很重要[2]。

表 3.1 驾驶任务中的视觉要素

视觉要素	定义	与驾驶任务相关的示例
调节	改变晶状体的屈光度以对焦图片（物体）	将焦点从仪表板转向道路
静态视力	能看清楚事物细节的能力	阅读远处的交通标志
适应性	对不同光线照度变化的敏感性	进入隧道后适应光线的变化
角度移动	看到在视野中移动的物体	判断相交道路上的汽车的速度（横向）
景深运动	探测视觉图像大小的变化	判断车辆的接近速度（正向）
色觉	区分不同的颜色	识别交通信号灯的颜色
对比度敏感度	看到与背景亮度相似的物体的能力	探测夜间穿深色衣服的行人
深度感知（立体视）	判断物体之间的距离	在有来车的双车道公路上超车
动态视力	看到相对眼睛处于运动状态的物体的能力	在移动中视认交通标志
眼球运动	改变注视的方向	扫视道路环境中的风险
眩光敏感度	对眩光耐受并从眩光中恢复的能力	因车辆前照灯眩光而导致视力减退
周边视力	探测周边视野中的物体	看到从左边驶来的自行车
聚散度	眼睛的视轴之间的角度	从看仪表板到看路的切换

资料来源：Used with permission of the Institute of Transportation Engineers，Dewar，R，"Road Users，" *Traffic Engineering Handbook*，5th Edition，Chapter 2，Table 2-2，pg 8，1999.

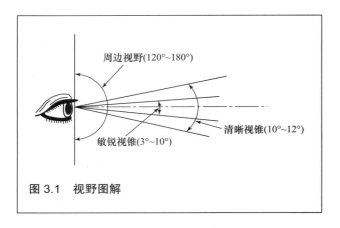

图 3.1 视野图解

- **敏锐或清晰的视锥（Acute or clear vision cone）**：视线周围 3°～10°；只有在这个狭窄的视野内人眼可阅读图文。

- **相当清晰的视锥（Fairly clear vision cone）**：视线周围 10°～12°；这个区域内人眼可识别颜色和形状。

- **周边视野（Peripheral vision）**：这个视野可以延展到瞳孔中心线左右各 90°，以及视线上方 60° 和下方 70°。在周边视野中一般看不到静止的物体，但能感知到这个视野中的运动物体。

然而，这些视野是基于静态的人所定义的。尤其需要注意，随着速度的增加，周边视野会变窄，在 20mile/h 时会缩小到 100°，在 60mile/h 时会缩小到 40°。

驾驶人的视觉景观复杂且迅速变化。接近的物体似乎在变大，而其他车辆和静止的物体对驾驶人和彼此之间都处于相对运动状态。典型驾驶人（Typical Driver）基本上是对现有的视觉信息进行采样，并选择适当的线索来做出驾驶决策。

视野影响了许多交通工程的实践和功能。例如，交通标志的设置旨在使其能够在敏锐视野内阅读，而不需要驾驶人改变其视线。因此，它们通常被放置在驾驶人预期视线的 10° 范围内，而这一范围被假定为与道路的路线一致。这就使得标志要设置在离驾驶人较远的地方才可行；反过来，这也意味着标志及其字体必须足够大，才能在这个距离上被辨识。位于清晰和周边视野范围内的物体或其他车辆可能会引起驾驶人对该范围

内发生的重要事件的注意，例如，在相交道路或出入道上有车辆接近，或一个孩子追着球跑到街上。一旦注意到，驾驶人就可能会转过头来核实情况的细节。

当驾驶人估计自己的速度时，周边视觉是最重要的因素。物体在周边视野中的移动是驾驶人衡量速度的主要因素。以前的研究已经多次证明，被剥夺了周边视觉（在实验案例中使用眼罩）和被剥夺了行驶速度表的驾驶人几乎不知道他们行驶的速度有多快。

重要的视觉缺陷

有许多视觉问题会影响驾驶人的表现和行为。除非这种问题导致严重的视觉残疾，否则存在各种视觉缺陷的驾驶人通常会继续驾驶车辆。参考文献 [3] 包含了对这些问题的全面陈述和探讨。

一些比较常见的问题包括白内障、青光眼、周边视觉障碍、眼肌不平衡、深度感知障碍和色盲。为纠正问题而接受眼科手术的驾驶人可能会经历暂时或永久的损伤。其他疾病，如糖尿病，如果不加以控制，则会对视力产生很大的负面影响。有些疾病，如白内障和青光眼，如果不加以治疗，则会导致失明。

虽然色盲不是这些疾病中最严重的，但它通常会给色盲驾驶人带来一些困难，因为颜色是传递信息的主要手段之一。不幸的是，最常见的色盲状况之一是无法辨别红色和绿色之间的区别。在交通信号灯处，这可能会对这些驾驶人的安全产生灾难性的影响。为了在一定程度上改善这种困扰，人们将一些蓝色颜料添加到绿灯中，将一些黄色颜料添加到红灯中，使色盲驾驶人更容易辨认。另外，信号灯头的颜色位置早已标准化，垂直信号灯头的红灯在顶部，绿灯在底部。在水平信号灯头上，红灯在左侧，绿灯在右侧。箭头指示要么单独设置，要么放在混合信号灯头的圆盘灯的下方或右侧。

3.2.2 感知–反应时间

第二个关键的驾驶人特性是感知–反应时间（Perception–Reaction Time，PRT）。在感知和反应过程中，驾驶人必须执行四个不同的过程[4]：

- **探测或感知（Detection or perception）。** 在这一阶段，一个值得关注的物体或状况进入驾驶人的视野，驾驶人有意识地感知到需要做出反应的物体或状况已经存在。

- **辨识（Identification）。** 在这一阶段，驾驶人已获得关于该物体或条件的足够信息，从而可以考虑做出适当的反应。

- **决策或情绪（Decision or emotion）。** 一旦对物体或条件的辨识充分完成，驾驶人就必须分析这些信息，并决定如何响应。

- **响应或决断（Response or volition）。** 在达成决断后，驾驶人才会实际执行响应。

这个过程所需的总时间被称为感知–反应时间。一些文献将其称为"PIEV"时间（Perception，Identification，Emotion，Volition），以命名这四个独立的动作过程。

设计取值

像所有的人类特性一样，不同驾驶人的 PRT 有很大的不同，并且受到其他各种因素的影响，包括所感知事件的类型和复杂性以及反应时的环境条件。

尽管如此，必须为各种应用选择设计值。美国公路与运输协会（American Association of State Highway and Transportation Officials，AASHTO）规定，根据一些研究[6-9]，在涉及制动反应的大多数计算中使用 2.5s[5]。认为该值大约是第 90 百分位数的标准（即 90% 的驾驶人的 PRT 会等于或小于 2.5s）。

对于信号灯配时的情况，美国运输工程师协会（ITE）[10] 推荐的 PRT 时间为 1.0s。由于响应的简单性和驾驶人对信号的预适应，其 PRT 时间明显小于开放公路（Open highway）⊖上的制动响应。虽然这是一个较低的值，但对于响应交通信号灯等特定情况，它仍然代表了大约第 85 百分位数。

然而，AASHTO 标准承认，在某些更复杂的情况下，驾驶人可能需要比 1.0s 或 2.5s 多得多的反应时间。表 3.2 总结了交通工程中常用的 PRT 时间。

表 3.2　建议的 PRT 时间（AASHTO，ITE）

场景	建议 PRT
在交通信号灯前正常停车	1.0s
在公路上正常停车	2.5s
规避动作：在公路上停车	3.0s
规避动作：在市区道路上停车	9.1s
规避动作：在远郊道路上改变速度 / 路径 / 方向	10.2 ~ 11.2s
规避动作：在郊区道路上改变速度 / 路径 / 方向	12.1 ~ 12.9s
规避动作：在市区道路上改变速度 / 路径 / 方向	14.0 ~ 14.5s

大多数"规避动作"（Avoidance Maneuver）涉及复杂的情况，需要驾驶人采取多种动作。驾驶人可能会遇到一辆卡车以很低的速度行驶，同时在车道上穿插。这些信息需要驾驶人花一些时间来处理，并决定采取什么规避动作是合适的。

预期（期望）

预期（Expectancy）的概念对驾驶任务很重要，对感知–反应过程和 PRT 有重大影响。简单地说，相对于那些"不期而遇"的情况，驾驶人会对"有期而遇"的情况做出更快反应。有三种不同类型的预期：

- **持续性（Continuity）。** 一般来说，人们对刚刚过去的经历的预期会延续下去。例如，驾驶人不会预期到他们所跟随的车辆在毫无理由的情

⊖　开放公路，指远离城镇的公路，通常流量较小、车速较高。——译者注

况下突然减速。

- **事件（Event）。**以前没有发生的事情不会发生。如果在一段适度的时间内，没有发现任何车辆从路侧出入道进入道路，那么驾驶人就会认为当前也不会有车辆进入。

- **时效性（Temporal）。**当事件是周期性的，如交通信号灯，观察到某一状态的时间越长，驾驶人就会认为即将发生变化。

图 3.2 说明了预期对 PRT 的影响。Olsen 等人[11] 在 1984 年进行的这项调研，是对学员驾驶人在不知道会出现类似危险的情况下做出反应的限定性观察，并再次告诉他们要寻找危险。在第三个实验中，在仪表板上增加了一个红灯来提示制动反馈。在"预期"情况下的 PRT 总是比在"意外"情况下快 0.5s。

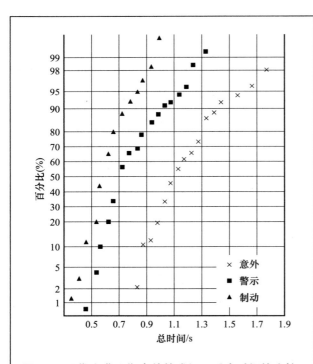

图 3.2　预期和非预期事件的感知 – 反应时间的比较

资料来源：Used with permission of the Transportation Research Board, National Research Council, Olson, P., et al., "Parameters Affecting Stopping Sight Distance," *NCHRP Report 270*, Washington, D.C., 1984.

鉴于预期对 PRT 的显著重要性，在设计时，交通工程师必须努力避免在道路系统和交通控制中产生"意外"事件。例如，如果在一条特定的自由流公路上都是右出匝道，如果可能的话，应该避免使用左出匝道。如果确实需要，则必须非常仔细地设计引导标志，以提醒驾驶人左出匝道的存在和位置，这样，当他们抵达时，就不再是"意外"了。

影响 PRT 的其他因素

通常来说，PRT 会随着一些因素的增加而增加，包括①年龄；②疲劳；③反应的复杂性；④驾驶人体内存在酒精和 / 或药物。虽然这些趋势有据可查，在推荐的设计值中一般都会考虑到这些因素，但酒精和药物的影响除外。后者主要是通过在各州执行日趋严格的 DWI/DUI 法律来应对的，目的是将这些驾驶人从系统中分离出去，特别是在反复违规致使他们成为重大安全风险的情况下。后面的章节将讨论酒精和药物以及老龄化对驾驶人特性的一些更普遍的影响。

反应距离

PRT 最关键的影响是当驾驶人经历这个过程时，车辆行驶的距离。在一个简单的制动反应的例子中，PRT 从驾驶人第一次意识到他 / 她视野中的事件或物体开始，到他 / 她的脚踩到制动踏板时结束。在这段时间内，车辆以其初始速度继续沿着其既有路线行驶。只有在驾驶人的脚踩到制动踏板后，车辆才开始减速。

反应距离是 PRT 乘以车辆的初始速度。因为速度一般以 mile/h 为单位，而 PRT 以 s 为单位，所以将速度单位转换为 ft/s 更便于使用。

$$\frac{1\,\text{mile} \times \left(\dfrac{5280\text{ft}}{\text{mile}}\right)}{1\text{h} \times \left(\dfrac{3600\text{s}}{\text{h}}\right)} = 1.466666\cdots\frac{\text{ft}}{\text{s}} = 1.47\frac{\text{ft}}{\text{s}}$$

因此，反应距离可计算为：

$$d_r = 1.47St \qquad (3-1)$$

式中 d_r——反应距离（ft）；

S——车辆的速度（mile/h）；

t——感知 - 反应时间（s）。

这个因素的重要性通过下面的例子说明。某个驾驶人以 60mile/h 的速度通过一个弯道，看到前面的道路上有一辆卡车翻倒了。在驾驶人的脚踩到制动踏板之前，他的车辆会行驶多远？采用 AASHTO 标准中的 2.5s 作为制动反应时间：

$$d_r = 1.47 \times 60 \times 2.5 = 220.5\text{ft}$$

在驾驶人踩下制动踏板之前，车辆将行驶 220.5ft（11 ~ 12 个车长）。这其中的含义是令人恐惧的。如果驾驶人注意到翻倒的卡车离自车的距离小于 220.5ft，那么驾驶人不仅会撞上卡车，还会以全速（60mile/h）撞上。车辆只有在制动时才开始减速——在感知 - 反应过程完成后。

3.2.3 行人特性

在任何公路和街道系统中，车辆和行人的交互都是最关键的安全问题之一。大量的交通事故和死亡事故都涉及行人。这也是合理的，因为在行人和车辆的任何接触中，行人都明显处于不利的境地。

几乎所有行人与车辆之间的交互都发生在行人在交叉口和街区中间的位置横过道路时。在信控交叉口建立一个适当的时间模式，为行人过路提供安全便利与车辆需求一样重要。行人在人行横道上的行走速度是在信号灯配时中考虑行人的最重要因素。

在非信控交叉口，行人的"间隙接受"行为是另一个重要考虑因素。"间隙接受"是指车辆侵占过街通道和行人"接受"并通过的行为之间的清空时段。

步行速度（Walking Speeds）

表 3.3 展示了不同年龄段的行人的第 50 百分位步行速度。应该注意的是，这些速度是从限定实验的一部分测量的[12]，而不是专门在交叉口或街区中间的人行横道上测量的。当然，结果是值得关注的。

表 3.3 不同年龄段行人的第 50 百分位步行速度

年龄	第 50 百分位步行速度 /（ft/s）	
	男性	女性
2	2.8	3.4
3	3.5	3.4
4	4.1	4.1
5	4.6	4.5
6	4.8	5.0
7	5.0	5.0
8	5.0	5.3
9	5.1	5.4
10	5.5	5.4
11	5.2	5.2
12	5.8	5.7
13	5.3	5.6
14	5.1	5.3
15	5.6	5.3
16	5.2	5.4
17	5.2	5.4
18	4.9	N/A
20 ~ 29	5.7	5.4
30 ~ 39	5.4	5.4
40 ~ 49	5.1	5.3
50 ~ 59	4.9	5.0
60+	4.1	4.1

资料来源：Eubanks, J., and Hill, P., *Pedestrian Accident Reconstruction and Litigation*, 2nd Edition, Lawyers & Judges Publishing Co., Tucson, AZ, 1999.

标准步行速度的一个问题涉及身体受损的行人。一项对有各种残障和使用辅助设备行人的调研得出结论，几乎所有类型的人的平均步行速度都低于 4.0ft/s，而该值是最近才用于信号灯配时的标准[13]。表 3.4 列出了这项调研的一些结果。这些与其他调研的类似结果表明，需要更多地考虑残障行人的需求。

表 3.4 残障行人的步行速度

残障 / 使用辅助设备	平均步行速度 / （ft/s）
拐杖 / 手杖	2.62
助行器	2.07
轮椅	3.55
膝关节固定	3.50
（腿部）膝下截肢者	2.46
（腿部）膝盖以上截肢者	1.97
髋关节炎	2.44 ~ 3.66
类风湿性关节炎（膝关节）	2.46

资料来源：Perry, J., *Gait Analysis*, McGraw-Hill, New York, NY, 1992.

基于此类调研，在涉及过街的地方，对步行速度的取值变得更加保守。对于信控交叉口的行人需求，《统一交通控制设施手册》（MUTCD）[14] 目前建议使用 3.5ft/s 的速度来计算行人清空时段的时间（"闪烁举起的手"信号灯），3.0ft/s 的总过街时间，其中包括行人的 "WALK"（行走）信号灯和行人清空时段。

在年长者或残障行人出行较多的地方，如医院、年长者公寓和类似类型的设施附近，甚至要选取更低的步行速度值。

可接受间隙（Gap Acceptance）

当行人在一个没有控制的地方（无论是信号灯、STOP 还是 YIELD 标志）穿过道路时，无论是在交叉口还是在街区中间的位置，行人必须在交通流中选择一个适当的"间隙"来穿过道路。交通流中的"间隙"是指任何车道上的两辆车侵入行人穿过路径之间的时段。当行人等待穿过道路时，他 / 她会看到间隙，并决定是"接受"还是"拒绝"这个间隙，以安全穿过道路。一些调研使用的间隙定义为行人开始穿过道路时，行人与接近的车辆之间的距离。一项早期的调研[15]采用了后一种方法，结果是第 85 百分位的距离约为 125ft。

然而，间隙接受行为是相当复杂的，并且随着其他一些因素的变化而变化，包括接近车辆的速度、街道的宽度、交通流中间隙的频率分布、等待时间及其他。尽管如此，由于它对安全有显著

影响，仍然要将它视为一个必须考虑的重要特性。例如，第 15 章提出了设置交通信号灯的依据（判断准则）。其中有一条是关于行人穿过道路的安全问题。

行人对控制设施的理解

设计有关行人控制设施的问题之一，是行人对这种设施的理解和遵守情况普遍较差。一项对 4700 名行人的问卷调查[16]详细揭示了许多误解的问题。例如，50% 的道路使用者不理解，面对闪烁的 "DON'T WALK"（或闪烁举起的手）信号的正确反应，他们认为这意味着他们应该回到出发的路缘。这个信号灯的意思是在它闪烁时不要开始穿过道路；如果行人已经开始穿过道路，则可以安全抵达对面。另一项调研[17]发现，在大多数城市中，"DON'T WALK" 常亮信号的违规率高于 50%，闪烁的 "DON'T WALK" 信号用于行人清空并没有得到很好的理解，而且大多数行人往往不使用行人感应信号灯（Pedestrian-Actuated Signals）。

大多数行人并不了解信控交叉口的行人按钮控制器的运行规则。它并不能立刻为行人提供一个 "WALK" 时段。相反，在下一个信号周期，该相位将被延长，以适应 "WALK" 时段。这可能是在行人按下按钮后的 30 ~ 120s 之间。大多数行人不会等那么久，而是试图采取一次不安全的横穿。当 "WALK" 时段终于到来时，行人往往已经离开。

为行人提供一个安全出行环境的任务并不容易。管理和控制车辆与行人之间的冲突仍然是一个困难的问题。随后的章节中将针对这些问题讨论各种形式的交通控制，包括信号灯的使用和实施。

3.2.4 毒品和酒精对道路使用者的影响

多年来，毒品和酒精对驾驶人的影响已经得到了国家应有的关注，使得酒驾 / 醉驾的法律和

执法都得到了很大的加强。然而，这些因素仍然是导致交通死亡和事故的重要因素。

分析 2015 年的 10265 起涉酒人亡碰撞事故，其中至少有 1 名驾驶人涉及血液中酒精含量（Blood-Alcohol Content，BAC）达到 0.08g/dL（法定限值）的情况，占比为 29.3%[⊖]。据估计，这些死亡事故的经济成本约为 440 亿美元。2015 年涉酒的道路交通死亡人数比 2014 年增加 3.2%。2015 年的道路交通死亡总人数比 2014 年高 7.2%。

在 2015 年涉及人亡碰撞事故的 48613 名驾驶人中，有 20% 是法定限值内的（BAC）。该比例与 2005 年的情况相同[18]。另外有 4% 的驾驶人的血液酒精含量在 0.01% 到 0.08% 之间。在法定限值内的 20% 的人中，13% 的人血液中酒精含量超过 0.15%。

酒后驾车／醉酒驾车的法律限制并没有界定酒精和／或药物对道路使用者的影响程度。认识到这一点对个人确保安全驾驶很重要，这促使许多州考虑进一步压低酒驾的法律限值。一些州已经对新驾驶人在获得驾照的头一两年实行"零容忍"标准（0.01%）。

图 3.3 是关于酒精对各种驾驶因素影响的调研总结。注意，对许多因素来说，驾驶功能的损害开始于远低于法定限值的水平——有些因素的

血液酒精水平低至 0.05%。

图 3.4 展示了 2014 年驾驶人血液酒精水平的分布情况（包括所有 BAC 超过 0.01g/dL 的驾驶人）。显然，有大量涉及人亡事故的驾驶人的酒精水平低于酒驾／醉驾的法定限值。

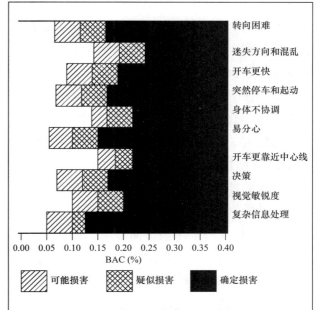

图 3.3 血液酒精含量对驾驶任务的影响

资料来源：Used with permission of Institute of Transportation Engineers, Blaschke, J., Dennis, M., and Creasy, F., "Physical and Psychological Effects of Alcohol and Other Drugs on Drivers," *ITE Journal*, 59, Washington, D.C., 1987.

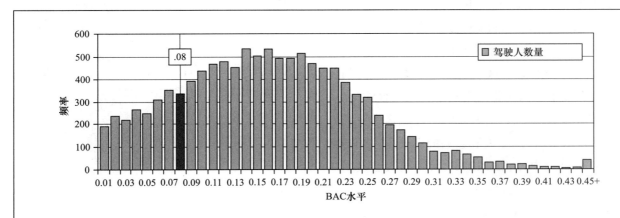

图 3.4 2014 年人亡交通事故中涉酒驾驶人的分布（BAC ≥ 0.01g/dL 的驾驶人）

资料来源：*Traffic Safety Facts：2014 Data*, National Highway Traffic Safety Administration, U.S. Department of Transportation, Washington, D.C., 2014, Fig 3.

⊖ 2015 年美国交通事故死亡人数约 38000 人，其中涉酒死亡人数 10265 人（占比 27%）。——译者注

严重涉酒（Severe Impairment）也是一个问题，在人亡碰撞事故中，65%的涉酒驾驶人（在2015年）的血液酒精浓度超过 0.15%。

毋庸置疑，涉酒驾驶人是危险的驾驶人，即使他们的 BAC 低于法律定义的影响程度。影响致使 PRT 时间更长，判断力变差，以及可能并确实导致事故的行为。由于这些因素很少能通过设计或控制来改善（尽管精心设计的控制对涉酒和未涉酒的驾驶人都有帮助），执法和教育是减少酒驾/醉驾发生率以及由此导致的事故和死亡的关键因素。

如果涉酒的驾驶人是一个威胁，那么涉酒的行人更是如此——尽管危险主要是对他们自己而言。2015年，有5376名行人在交通事故中死亡，比 2014 年增加了 9.59%。在涉及行人死亡的事故中，48%的涉事驾驶人或行人的血液酒精含量超过 0.08g/dL。在涉及这些事故的行人中，34%的人的 BAC 超过法定限值，而涉事驾驶人中只有 14%的 BAC 超过法定限值。醉酒行走显然是非常危险的[19]。

虽然美国在减少交通事故死亡人数方面取得了实质性的进展，但在减少行人死亡人数方面的成果却非常有限。2003 年至 2012 年，交通事故总死亡人数从 42884 人减少到 33461 人（22%），行人死亡人数仅从 4774 人减少到 4743 人（0.64%）。这至少有一部分可以归因于行人涉酒问题。

虽然有大量关于酒精和驾驶能力受损的调研，但关于其他药物对交通死亡和碰撞的影响的信息却少得多。然而，这正成为一个更重要的问题，因为有几个州已经将使用娱乐性大麻合法化。目前正在努力开发一种"快速测试"（就像呼气式酒精测试仪），以检测受大麻影响的驾驶人。2009年，在交通事故中死亡的 12055 名驾驶人被检测是否涉及毒品，发现其中 33%的人受毒品影响。这比 2005 年的结果有所增加，当时只发现 28%的人受毒品影响[20]。显然，这正成为交通安全的一个关键问题。

驾驶人和行人也应该意识到常见的处方药和非处方药对身心能力的影响。许多合法药物的效果与酒精和/或大麻的效果相似。药物使用者应关注所使用药物的副作用（许多药物最常见的影响是嗜睡），并谨慎考虑是否选择驾车，以做出良好的判断。一些合法的药物可以直接影响血液中的酒精含量，可以使驾驶人在不"饮酒"的情况下"合法地醉酒"。

3.2.5 老龄化对道路使用者的影响

随着国民预期寿命的不断延长，在过去的几十年里，老龄驾驶人的数量急剧上升。因此，了解老龄化如何影响驾驶人的需求和局限，以及这些情况应该如何影响设计和控制决策变得越来越重要。参考文献 [21] 是由美国国家科学院（National Academy of Sciences，NAS）主办的关于老龄驾驶人的全面论述的优秀文献。

许多视力因素会随着年龄的增长而恶化，包括静态和动态视力、对眩光的敏感性和恢复能力、夜间视力，以及眼睛运动的速度。诸如白内障、青光眼、黄斑病变和糖尿病等疾病也随着人们年龄的增长而更加普遍，这些疾病都对视力有不利影响。

老龄驾驶人越来越普遍，这给交通工程师和政府职员提出了更多的问题。一方面，在某些时候，各种能力的恶化必须引出驾驶权的取消；另一方面，在美国的大部分地区，驾车是主要的流动性和可及性手段，对于那些不能再驾车的人来说，替代方案要么有限，要么昂贵。对于老龄驾驶人群体的问题必须采取多项措施综合应对，包括适当的许可标准、考虑对老龄驾驶人的一些许可限制（例如只有白天的许可）、提供高效和可承受的运输替代方案，以及更多地考虑他们的需求，特别是在设计和实施控制设施和交通法规方面。例如，可以通过标志上的大字、更好的公路照明、更大更亮的信号灯和其他措施来帮助老龄驾驶人。更好的教育可以使老龄驾驶人更加了解他们所面临的缺陷类型以及如何更好地应对这些缺陷。对视力等关键特性进行更频繁的测试也会有帮助。

3.2.6　心理、性格及相关因素

在过去的几年里，交通工程师和公众已经熟悉了"路怒症"（RoadRage）这个词。这个问题（一直存在）通常适用于那些失去自我控制，对各种情况做出激烈、不恰当反应，而且几乎总是很危险的驾驶人，现在已经得到了应有的关注。然而，"路怒症"是一个口语化的称谓，一般指一个道路使用者对另一个道路使用者的直接身体攻击，以及各种攻击性的驾驶行为。

根据 John Larsen 博士 1997 年 7 月 17 日在众议院地表运输小组委员会的陈词（摘要见参考文献 [1] 第 2 章），下列态度是攻击性驾驶的特征：

- 急于尽快到达目的地，导致对阻碍该愿望的其他驾驶人 / 行人表示愤怒。
- 想要与其他快车竞争。
- 想要竞争性地回应其他侵犯性的驾驶人。
- 蔑视那些在道路上没有像他们那样开车、看路和行动的其他驾驶人。
- 认为他们有权"回击"那些驾驶行为威胁到他们的其他驾驶人。

"路怒症"是驾驶人对他 / 她所遇到的交通状况的心理和个人不满的极端表现。然而，它确实提醒交通工程师，由于个性和心理特性的不同，驾驶人会表现出各种各样的行为。

另外，这些因素中的大多数并不能直接通过设计或控制决策来解决，最好通过有力的执法和教育计划来解决。

3.3　机动车特性

2015 年，美国有 2.6 亿辆注册机动车。2015 年的人口为 3.2 亿，这意味着在美国每 0.82 人就有一辆注册机动车，包括儿童 [22]。这些机动车的特性与驾驶这些机动车的驾驶人的特性一样，差异很大。表 3.5 将这些机动车按类型归纳为四大类。

表 3.5　2015 年美国的注册机动车

机动车类型	注册数
小客车	112864228
巴士（校车、大众运输巴士、市际客运车）	888907
卡车	141256148
摩托车	8600936
合计	263610219

卡车和巴士一般不为个人所有，大多是各种企业拥有的商业车队的一部分，包括卡车公司、大众运输系统等。尽管如此，美国的注册机动车比有执照的驾驶人要多（2015 年为 2.18 亿人）。

通常，AASHTO[5] 将机动车（Motor Vehicles）分为四个主要类别：

- **小客车（Passenger cars）**——所有小客车、SUV、小型货车、面包车和皮卡。
- **巴士（Buses）**——市际客运车、大众运输巴士、校车和铰接式巴士。
- **卡车（Trucks）**——单体卡车、牵引车和牵引车 – 半挂车组合车。
- **休闲车（Recreational vehicles）**——房车、带有各种类型拖车的汽车（船、露营车、摩托车等）。

这种分类方法与表 3.5 的国家统计汇总有些不同。在国家统计中，休闲车通常被视作卡车。AASHTO 没有将摩托车单独列为一类，因为它们的特性通常不会限制或确定设计或控制需求。

在车行路⊖（Roadway）和交通控制的设计中，有一些关键的机动车特性必须予以考虑，包括以下内容：

- 制动和减速
- 加速
- 低速转弯特性
- 高速转弯特性

在更普遍的情况下，交通工程师也必须解决

⊖　通常，Roadway 有别于 Road，因为用于车辆通行的道路需要考虑车辆的动力特性，以确定平、纵、横参数，这有别于行人和非机动车，因此将 Roadway 译作"车行路"。绿皮书中明确 Roadway 是指机动车道 + 路肩的范围。另外，少量美国文献也会将 Roadway 等同于 Road。——译者注

与尺寸、重量和运行特性大不相同的机动车共用车行路有关的问题。

3.3.1　设计车辆的概念

鉴于使用街道和公路设施的车辆种类繁多，有必要为设计和控制目的采用标准车辆特性。对于几何设计，AASHTO 定义了 20 种"设计车辆"，每一种都有特定的特性。这 20 种设计车辆的定义如下：

- P = 小客车
- SU-30 = 两轴单体卡车
- SU-40 = 三轴单体卡车
- BUS-40 = 轴距为 40ft 的城际巴士
- BUS-45 = 轴距为 45ft 的城际巴士
- CITYBUS = 城市巴士
- S-BUS 36 = 用于 65S 的常规校车
- BUS-40 = 可容纳 84 人的大型学校巴士
- A-BUS = 铰接式巴士
- WB-40 = 中型半挂车，轴距 40ft
- WB-62 = 州际半挂车，轴距 62ft
- WB-67 = 州际半挂车，轴距 67ft
- WB-67D = "双底盘"半挂车 / 挂车，轴距 67ft
- WB-92D = 双节半挂车 / 挂车，轴距 92ft
- WB-100T = 三节半挂车 / 挂车，轴距 100ft
- WB-109D = 转盘双节半挂车 / 挂车，轴距 109ft
- MH = 房车
- P/T = 小客车和露营拖车
- P/B = 小客车和船拖车
- MH/B = 房车和船拖车

轴距尺寸是从最前面的车轴到最后面的车轴的直线距离，包括组合车辆中的拖车和挂车。

设计车辆主要用于转向车行路（Turning Roadways）和交叉口路缘的设计，并用于帮助确定适当的车道宽度，以及曲线上的车道加宽等具体设计元素。这种使用方式的关键是为各种类型的设施和场景选择一种合适的设计车辆。一般来说，设计应考虑到可能以合理频率使用该设施的最大车辆（尺寸）。

在考虑选择设计车辆时，必须记住，街道和公路网络的所有部分都必须能供紧急车辆使用，包括消防车、救护车、紧急疏散车辆和紧急维修车辆等。因此，单体卡车通常是大多数地方街道应用所选择的最小设计车辆。钩机和云梯消防车的机动性因其具有后轴转向而得到加强，这使它们能够比通常情况下的组合车辆更从容地通过急促的转弯。因此，使用单体卡车作为地方街道的设计车辆一般不会妨碍应急车辆通行。

小客车只在泊车场被用作设计车辆，即使是泊车场也必须考虑到紧急车辆的进出。对于大多数其他等级或类型的道路和交叉口，设计车辆的选择必须考虑预期的车辆组合。一般来说，所选择的设计车辆应能轻松容纳 95% 或以上的预期车辆组合。

设计车辆的物理尺寸也是重要的考虑因素。设计车辆的高度从小客车的 4.3ft 到最大卡车的 13.5ft 不等。天桥和标志支撑结构、电线和其他置顶附属物的头顶净空应足以让最大的预期车辆继续行进。由于所有设施必须容纳各种潜在的紧急车辆，对大多数设施来说，使用 14.0ft 的最小净空是妥当的。

设计车辆的宽度从小客车的 7.0ft 到最大卡车的 8.5ft 不等（不包括特殊的"宽货物"车辆，如拖车拉着预制件或房车）。这会影响车道宽度和路肩等元素的设计。对于大多数设施，最好使用标准的 12ft 车道宽度。必要时，某些类型的设施可以考虑采用更窄的车道，但考虑到现代车辆的宽度，10ft 几乎是所有应用的绝对最小值，而 11ft 是一个常用的合理最小值。

3.3.2 车辆的转弯特性

车辆转弯存在以下两种情况：

- 低速转弯（≤ 10mile/h）
- 高速转弯（> 10mile/h）

低速转弯受到车辆特性的限制，因为在这样的速度下，车辆的转向机构可以支持最小转弯半径。高速转弯受到路面与轮胎之间的动态摩擦力的限制，以及车行路超高（横坡）的限制。

低速转弯

AASHTO 根据每辆车的中心线转弯半径和最小内侧转弯半径，规定了每一种设计车辆的最小设计半径。虽然车辆的实际转弯半径是由前轮控制的，但后轮并不遵循相同的路径。它们在转弯运动中被拖动时"偏离轨迹"（off-tracking）⊖。

参考文献 [5] 包含所有 AASHTO 设计车辆的详细低速转弯模板。图 3.5 中展示了一个例子（WB-40 中型半挂车）。注意，最小转弯半径是由左前轮的轨迹定义的。然而，该半挂车展示了右后轮的相当大的"偏离轨迹"，有效地拓宽了车辆转弯时占用的"车道"宽度。右后轮的轨迹不是圆形的，其半径一直在变化。

转弯模板提供了低速转弯中涉及的各种不同尺寸的说明。在设计低速转弯时，最小设计转弯半径是最小中心线半径加上车头宽度的 1/2。

最小设计转弯半径的范围从小客车的 23.8ft 到 WB-92D 双节半挂车/挂车的 82.0ft。根据具体的设计车辆，最小内侧路缘半径通常比最小设计转弯半径小得多，这反映了右后轮轨迹的可变半径。

表 3.6 汇总了各种定义的设计车辆的最小转弯半径和最小内侧路缘半径。

在设计交叉口时，在决定将路缘石放在离行车道多远的地方时，应考虑到设计车辆的轨迹偏移（内轮差）特性。在一个好的设计中，转弯的设计车辆的外轮应该能够在转弯时不"溢出"到邻近的车道。这就要求路缘石的后退必须适应设计车辆的最大偏移量。

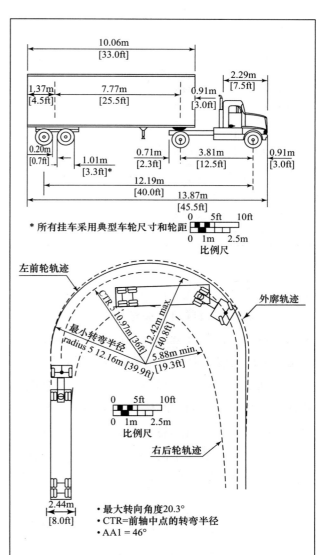

图 3.5 WB-40 中型半挂车的低速转弯模板

资料来源：*Adapted from A Policy on Geometric Design of Highways and Streets*, 2011, by the American Association of State Highway and Transportation Officials, Washington, D.C. U.S.A.

注：AA1 中的"AA"指"Articulating Angle"，或称"Tractor-Trailer Angle"，意为节间夹角，指第一个铰接处的相邻单元夹角。对于多节拖挂车，存在 AA1、AA2……多个节间夹角。

⊖ 国内通常称之为"内轮差"。——译者注

表 3.6　AASHTO 设计车辆的最小低速转弯半径

设计车辆	最小转弯半径 /ft	最小内侧路缘半径 /ft
P	23.8	14.4
SU-30	41.8	28.4
SU-40	51.2	36.4
BUS-40	41.7	24.3
BUS-45	44.0	24.7
CITYBUS	41.6	24.5
S-BUS 36	38.6	23.8
S-BUS 40	39.1	25.3
A-BUS	39.4	21.3
WB-40	39.9	19.3
WB-62	44.8	7.4
WB-67	44.8	7.9
WB-67D	44.8	19.1
WB-92D	82.0	55.6
WB-100T	44.8	9.7
WB-109D	59.9	13.8
MH	39.7	26.0
P/T	32.9	18.8
P/B	23.8	8.0
MH/B	49.8	35.0

高速转弯

当车辆在公路弯道上高速转弯时，向心力作用在车辆上，使其继续沿直线行驶。侧向摩擦力和超高会抵消这些力，使车辆保持在弯道上。

超高是指车行路的横坡，其下缘总是在曲线的方向。倾斜的路面为车辆提供了一个水平支撑力。侧向摩擦力是指车轮与路面之间的平面上提供的滑动阻力。从基本的物理定律来看，车辆在弯曲的车行路上运动的关系是：

$$\frac{e+f}{1-ef} = \frac{S^2}{gR} \qquad （3-2）$$

式中　e——车行路的超高（无单位）；

　　　f——侧向摩擦系数（无单位）；

　　　S——车辆速度（ft/s）；

　　　R——曲率半径（ft）；

　　　g——重力加速度，32.2ft/s²。

超高是横断面行车道上的总高差（ft）除以行车道的宽度（ft），以小数表示。一些出版物，包括 AASHTO，将超高表示为一个百分比。

注意到"ef"因子非常小，对于正常范围的超高和侧向摩擦系数可以忽略，简化式（3-2）。用 mile/h 来表示车速也很方便。

因此：

$$\frac{e+f}{1} = \frac{(1.47S)^2}{32.2R}$$

这就得出了用于描述车辆在曲线上运行的更传统的关系：

$$R = \frac{S^2}{15(e+f)} \qquad （3-3）$$

式（3-3）中，除了"S"是以 mile/h 为单位的速度，而不是以 ft/s 为单位的速度，所有术语都与式（3-2）的定义相同。

正常情况下，超高的范围是最小约 0.005，以支持横向排水，最大为 0.12。速度越高，超高取值越大。在预计存在结冰的情况下，最大的超高通常限制在 0.08，以防止停滞的车辆滑向曲线的内侧。

设计中的侧向摩擦系数是基于潮湿的路面条件。它们随速度变化，见表 3.7。

表 3.7　不同速度下潮湿路面的侧向摩擦系数（f）

速度 /（mile/h）	30	40	50	60	70
f	0.16	0.15	0.14	0.12	0.10

理论上，一条道路可以在不使用侧向摩擦力的情况下，仅通过横坡来完全抵消向心力。当然，这通常是不现实的，因为车辆的行驶速度是变化的，在很多情况下所需的超高会过高。在平坦路面上的高速转弯也可以完全由侧向摩擦力来支持，但这通常限制了曲率半径或可以安全通过的速度。

第 27 章更详细地讨论了平面曲线的设计以及超高、侧向摩擦力、曲线半径与设计速度之间的关系。

式（3-3）可以用在很多方面，如下面的例题所示。在设计中，根据 e 和 f 的最大值来计算最小曲率半径。

例题 3-1：估算最小曲率半径

一条车行路的设计速度为 65mile/h，最大值 $e = 0.08$，$f = 0.11$，请确定可以使用的最小曲率半径。

最小曲率半径的计算方法是：

$$R = \frac{65^2}{15(0.08+0.11)} = 1482.5\text{ft}$$

例题 3-2：估计水平曲线上的最大安全速度

如果一条半径为 800ft 的公路曲线的超高为 0.06，请估计最大安全速度。这个计算需要考虑到表 3.7 中所示的侧向摩擦系数 f 与速度之间的关系。用式（3-3）求解 S，可得：

$$S = \sqrt{15R(e+f)} \qquad (3\text{-}4)$$

对于本例，用表 3.7 中的各种 f 值对 e（0.06）和 R（800ft）的给定值进行计算。多次试算，直到计算出的速度与所选择的侧向摩擦系数相关的速度之间出现闭合。因此：

$$S = \sqrt{15\times800\times(0.06+f)}$$
$$S = \sqrt{15\times800\times(0.06+0.10)}$$
$$= 43.8\text{mile/h(假设为70mile/h)}$$
$$S = \sqrt{15\times800\times(0.06+0.12)}$$
$$= 46.5\text{mile/h(假设为60mile/h)}$$

$$S = \sqrt{15\times800\times(0.06+0.14)}$$
$$= 49.0\text{mile/h(假设为50mile/h)}$$
$$S = \sqrt{15\times800\times(0.06+0.15)}$$
$$= 50.2\text{mile/h(假设为40mile/h)}$$

正确的结果显然是在 49.0 到 50.2mile/h 之间，如果使用线性内插法的话。

$$S = 49.0 + (50.2-49.0)\times$$
$$\left[\frac{(50.0-49.0)}{(50.2-49.0)+(50.2-40.0)}\right] = 49.1\text{mile/h}$$

因此，对于所述的曲线，可安全通过的最大速度应该是 49.1mile/h。

必须指出的是，这是基于潮湿路面的设计条件，在干燥条件下可达到更高的速度。

3.3.3 制动特性

车辆的另一个关键特性是采取制动后，停止（或减速）的能力。同样，使用物理学基本关系，停止时段的行驶距离是停止时段的平均速度乘以停止所需时间，即：

$$d_b = \left(\frac{S}{2}\right)\times\left(\frac{S}{a}\right) = \frac{S^2}{2a} \qquad (3\text{-}5)$$

式中 d_b——制动距离（ft）；
S——车辆的初始速度（ft/s）；
a——减速率（ft/s²）。

这里，用 mile/h 来表示速度很方便，可以得出：

$$d_b = \frac{(1.47S)^2}{2a} = \frac{1.075S^2}{a}$$

式中 S 是以 mile/h 为单位的速度。注意，1.075

这个系数是由 mile/h 和 ft/s 之间更精确的转换系数 1.46666……得出的。用向前滚动或滑动摩擦系数 F 来表示这个方程式通常也很有用，其中 $F = a/g$（或 $a = Fg$），g 是重力加速度 = 32.2ft/s²。那么：

$$d_b = \frac{1.075S^2}{Fg} = \frac{1.075S^2}{32.2F} = \frac{S^2}{30F}$$

当考虑到坡度的影响，以及导致除"0"以外的减速制动时，该式变为：

$$d_b = \frac{S_i^2 - S_f^2}{30(F \pm G)} \qquad (3\text{-}6)$$

式中 S_i——车辆的初始速度（mile/h）；
S_f——车辆的最终速度（减速动作后）（mile/h）；
F——向前滚动或滑动摩擦系数；
G——坡度，以小数表示。

上坡时使用"+"，下坡时使用"–"。上坡时的制动距离更短，因为重力有助于减速，而下坡时的制动距离更长，因为重力导致加速。

在 AASHTO 以前的版本中，制动距离基于潮湿路面上的滑动摩擦系数，该系数随速度变化而变化。然而，在最新的标准中，采用 11.2ft/s² 的标准减速率作为设计值。这是公认的大多数车辆在潮湿路面上可以达成的减速率。此外，预计 90% 的驾驶人会以更高的速率减速。因此，这表明用于计算制动距离的标准摩擦系数为 $F = 11.2/32.2 = 0.348$，式（3-6）变为：

$$d_b = \frac{S_i^2 - S_f^2}{30(0.348 \pm G)} \qquad (3\text{-}7)$$

例题 3-3：估计制动距离

考虑以下情况。一旦制动，在坡度为 3% 的下坡路上以 60mile/h 的速度行驶到完全停止（$S_f = 0$）的距离是多少？应用式（3-7）：

$$d_b = \frac{60^2 - 0^2}{30(0.348 - 0.03)} = 377.4\text{ft}$$

制动距离公式也是事故调查员最喜欢的工具。它可以用来估计车辆的初始速度，通过使用测量的滑行痕迹和基于损害评估的估计最终速度。

在这种情况下，应该使用 F 的实际估计值，而不是 AASHTO 推荐的标准设计值，因此要使用式（3-6）。

例题 3-4：在碰撞调查中使用制动公式

某位事故调查员根据他/她对损害的评估，估计一辆车以 20mile/h 的速度撞上了桥墩。在到达事故地点之前，他/她观察到人行道上有 100ft 的滑行痕迹（$F = 0.35$），草路肩上有 75ft（$F = 0.25$），没有坡度。需要对车辆在滑痕开始时的速度进行估计。

在这种情况下，根据已知（或估计）的最终速度 S_f，用式（3-6）来计算车辆的初始速度 S_i。每段滑移必须单独分析，从草地滑行开始（根据观察到的车辆损坏情况估计最终速度）。那么：

$$d_b = 75 = \frac{S_i^2 - 20^2}{30(0.25)}$$

$$S_i = \sqrt{(75 \times 30 \times 0.25) + 20^2} = \sqrt{962.5}$$
$$= 31.0\text{mile/h}$$

这是草地滑行开始时车辆的估计速度，也是路面滑行结束时车辆的速度，那么：

$$d_b = 100 = \frac{S_i^2 - 962.5}{30 \times 0.35}$$
$$S_i = \sqrt{(100 \times 30 \times 0.35) + 962.5} = \sqrt{2012.5}$$
$$= 44.9\text{mile/h}$$

因此，据估计，在路面滑行之前，车辆的速度为 44.9mile/h。当然，这可以与速度限值进行比较，以确定超速是否是导致事故的因素之一。

3.3.4　加速特性

减速的另一面是加速。小客车能够以明显高于商用车的速度加速。表 3.8 展示了重量与马力比[一] 为 30lbs/hp（磅/马力）的小客车和重量与马力比为 200lbs/hp（磅/马力）的卡车的典型最大加速度。

　　[一]　原文的 weight-to-horsepower ratio 表述不够准确，应该是 mass-to-horsepower ratio（质量功率比），1lbs/hp ≈0.608kg/kW。

表 3.8 典型小客车与典型卡车在平地上的加速特性

速度范围 / (mile/h)	加速度 / (ft/s²)	
	典型小客车 (30lbs/hp) 18kg/kW	典型卡车 (200lbs/hp) 120kg/kW
0 ~ 20	7.5	1.6
20 ~ 30	6.5	1.3
30 ~ 40	5.9	0.7
40 ~ 50	5.2	0.7
50 ~ 60	4.6	0.3

资料来源: Used with permission from *Traffic Engineering Handbook*, 5th Edition, Institute of Transportation Engineers, Washington, D.C., 2000, Chapter 3, Tables 3-9 and 3-10.

加速在低速时最高，随着速度的增加而降低。考虑到车辆加速到目标速度所需的距离，小客车与卡车之间的差别是很大的。这个距离是加速到目标速度所需的时间乘以加速过程中的平均速度，即：

$$d_a = \left(\frac{S}{a}\right) \times \left(\frac{S}{2}\right) \tag{3-8}$$

式中 d_a——加速距离（ft）；

S——目标速度（ft/s）；

a——加速率（ft/s²）。

同样，对于以 mile/h 为单位的速度来说，转换该方程式是很有用的：

$$d_a = \left\{\frac{1.47S}{a}\right\} \times \left\{\frac{1.47S}{2}\right\} = 1.075\left\{\frac{S^2}{a}\right\} \tag{3-9}$$

式（3-9）中，S 以 mile/h 为单位。

注意，系数 1.075 是使用将 mile/h 转换为 ft/s 的更精确的系数（1.466666……）得出的。

例题 3-5：加速的影响

考虑小客车和卡车从静止状态加速到 20mile/h 的加速距离差异。由表 3.8 可以看出，小客车的加速度是 7.5ft/s²，而典型的卡车的加速度是 1.6ft/s²。

那么，对于小客车：

$$d_a = 1.075\left(\frac{20^2}{7.5}\right) = 57.3\text{ft}$$

对于卡车：

$$d_a = 1.075\left(\frac{20^2}{1.6}\right) = 268.8\text{ft}$$

可见这种差距是惊人的。如果红灯时一辆小客车位于卡车后面，卡车将给小客车带来显著延误。如果一辆卡车在队列中跟在一辆小客车后面，当它们加速时，两者之间会出现很大的差距。

遗憾的是，在设计和控制方面，对例题 3-5 中所示的差距却无计可施。然而，在道路容量的分析中，卡车和小客车在加速方面的差距以及在上坡时维持速度的能力方面的差距引出了"当量小客车"（passenger car equivalency）的概念。根据设施的类型、坡度值和坡长，以及其他因素，一辆卡车可能会消耗与 6~7 辆或更多的小客车当量的道路容量。因此，在设计中要考虑到卡车和小客车在关键运行特性上的差异，根据需要提供额外的容量。

3.3.5 总停车距离和应用

从开始注意到需要停车时起，使车辆完全停止的总距离是反应距离 d_r 和制动距离 d_b 之和。如果将式（3-1）的 d_r 与式（3-7）的 d_b 结合起来，总的停车距离就变成了：

$$d_S = d_r + d_b$$

$$d_S = 1.47S_i t + \frac{S_i^2 - S_f^2}{30(0.348 \pm G)} \tag{3-10}$$

式中，所有变量定义如前文所述。

总停车距离的概念对于交通工程中的许多应用是至关重要的。在下面的章节中，将讨论其中三个更重要的应用。

安全停车视距

公路设计的基本原则之一，是驾驶人必须能够看到足够远的距离，以避免潜在的风险或碰撞。因此，在所有路段上，驾驶人的视距必须至少相当于设计速度下的总停车距离。

从本质上讲，该要求解决了这个关键问题。当驾驶人在通过或与平面曲线和 / 或立面曲线交互时遇到一棵倒下的树，一辆翻倒的卡车，或其他一些完全阻挡车行路的情况，避免碰撞的唯一选择就是停车。设计必须在车行路沿线的每一点上提供一个安全停车距离的通视条件。通过确保这一点，驾驶人永远不会在没有足够距离的情况下面临停车需求。

例题 3-6：安全停车距离

考虑一段设计速度为 70mile/h 的远郊自由流公路。在一段平坦的地形上，必须提供多大的安全停车距离？使用式（3-10），最终速度 S_f 为零，AASHTO 标准反应时间为 2.5s：

$$d_s = 1.47(70)(2.5) + \frac{70^2 - 0^2}{30(0.348 \pm 0.0)}$$
$$= 257.3 + 469.3 = 726.6 \text{ft}$$

例题 3-6 的结果意味着在该路段的全程，驾驶人必须能够看到前方至少 726.6ft 的距离。提供这个安全的停车视距将限制平面和立面线形的各种要素，正如第 27 章所探讨的。若非如此，驾驶人就会面临看到物体挡住道路而没有足够时间停车的风险。这一点在例题 3-7 中进行了探讨。

例题 3-7：不提供安全停车视距的代价

如果例题 3-6 中描述的路段只提供 500ft 的视距，会发生什么情况？现在有可能驾驶人一开始就注意到只有 500ft 远的障碍物。如果驾驶人以 70mile/h 的设计速度驶来，就会发生碰撞。同样，假设一个反应时间和滑动摩擦力的设计值，用式（3-10）可以解出碰撞速度（即减速时段的最终速度），使用已知的减速距离为 500ft：

$$500 = 1.47 \times 70 \times 2.5 + \frac{70^2 - S_f^2}{30(0.348)}$$

$$500 - 257.3 = 242.7 = \frac{70^2 - S_f^2}{10.44}$$
$$2533.8 = 4900 - S_f^2$$
$$S_f = \sqrt{4900 - 2533.8} = 48.6 \text{mile/h}$$

如果假设条件成立，车辆就会以 48.6mile/h 的速度碰撞。当然，如果天气干燥，驾驶人的反应会比设计值更快（注意，90% 的驾驶人都是这样的），碰撞可能会以更低的速度发生，也可能会完全避免。问题是，如果视距只有 500ft，就可能会发生碰撞。

决策视距

虽然公路的每一个点和路段都必须设计成至少提供安全停车视距，但有些路段应该提供更大的视距，以使驾驶人对可能比简单停车更复杂的情况做出反应。以前，人们引用了规避碰撞情况的反应时间 [5]。

基于规避碰撞决策的反应时间的视距被称为"决策视距"。

AASHTO 建议在需要进行不寻常或意外操作的立交或交叉口提供决策视距：横断面的变化，如车道减少和增加，收费广场，以及有大量繁杂信息（如控制设施、广告、道路元素）的"视觉干扰"的需求密集区。

决策视距使用式（3-10）计算，用表 3.2 中适当的规避碰撞反应时间代替标准的 2.5s 的停车动作反应时间。

例题 3-8：假设需要停车，决策视距

考虑一个设计速度为 60mile/h 的自由流公路路段在接近一个繁忙的城市立交时所需的决策视距，该立交有许多相互竞争的信息源。该路段处于坡度为 3% 的下坡路段。在这种情况下，表 3.2 建议反应时间达 14.5s，以考虑到复杂的路径和速度变化的情况。决策视距仍然是基于最坏情况下需要完全停止的假设。因此，决策视距将是

$$d = (1.47 \times 60 \times 14.5) + \left[\frac{60^2 - 0^2}{30(0.348 - 0.03)} \right]$$
$$= 1278.9 + 377.4 = 1656.3 \text{ft}$$

AASHTO 的决策视距标准并没有假定在最复杂的情况下所需的速度 / 路径 / 方向变化的停止动作。表 3.9 所示的标准，在这些情况下用与 3.5 ~ 4.5s 的机动时间相一致的机动距离取代了制动距离。在机动时间内，假定初始速度是有效的。因此，对于在远郊、郊区或城市道路上涉及速度、路径或方向变化的机动，用式（3-11）来计算决策视距。

$$d = 1.47(t_r + t_m)S_i \qquad （3-11）$$

式中 t_r——适当规避动作的反应时间（s）；

t_m——机动时间（s）。

表 3.9 所示的决策视距标准是根据式（3-10）和式（3-11）制定的，用于五个定义的规避机动的决策反应时间。

表 3.9 由式（3-10）和式（3-11）得出的决策视距

设计速度 /（mile/h）	假设操作时间 /s	规避动作的决策视距 /ft				
		A 式（3-10）	B 式（3-10）	C 式（3-11）	D 式（3-11）	E 式（3-11）
反应时间 /s		3	9.1	11.2	12.9	14.5
30	4.5	219	488	692	767	838
40	4.5	330	688	923	1023	1117
50	4.0	460	908	1117	1242	1360
60	4.0	609	1147	1341	1491	1632
70	3.5	778	1406	1513	1688	1852
80	3.5	960	1683	1729	1929	2117

A：在远郊道路上停止

B：在城市道路上停止

C：在远郊道路改变速度 / 路径 / 方向

D：在郊区道路改变速度 / 路径 / 方向

E：在市区道路改变速度 / 路径 / 方向

例题 3-9：基于 AASHTO 标准的决策视距

考虑例题 3-8 的结果。使用 AASHTO 标准，例题 3-8 中描述的车行路需要多大的决策视距？ AASHTO 认为不需要停车。在 60mile/h 的速度下，机动时间为 4.0s，反应时间为 14.5s，那么：

$$d = 1.47(14.5 + 4.0)60 = 1631.7 \text{ft}$$

注意，在这种情况下，结果与例题 3-8 没有很大差别。

其他视距应用

除了安全停车视距和决策视距外，AASHTO 还为①双车道远郊公路⊖（Rural highways）的超车视距和②各种控制方案的交叉口视距制定了标准。交叉口视距将在第 15 章中讲述。

双车道远郊公路上的超车视距是这类设施安全设计中的一个关键问题。在多车道公路上，目标是始终为驾驶人提供至少安全的停车距离。在双车道公路上也如是。

然而，在双车道公路上出现了一个额外的问题：当有机会时，超车动作会在对向车道上发生。在这种情况下，超车车辆必须评估对向交通中是否存在安全间隙，进入对向车道，超越和超过较慢的车辆，并安全地返回到适当的车道。所有这些都必须在对向车道上的潜在车辆以很快的速度驶来之前完成。

在双车道公路上，并非所有路段都允许超车。只有在满足超车视距的情况下才允许。超车视距是指在对向车辆造成危险之前，驾驶人有足够的时间评估所需的操作并安全地完成所有操作。多年来，有许多模型可用来分析安全的超车视距。有段时间，MUTCD 中的标准与 AASHTO 中的标准相冲突。目前，AASHTO 的标准[5]与 MUTCD 的标准[14]一致。这些标准在表 3.10 中进行了汇总。

表 3.10 双车道远郊公路的超车视距

设计速度 / （mile/h）	假定行驶速度 /（mile/h）		超车视距 / ft
	被超越的车	实施超越的车	
20	8	20	400
25	13	25	450
30	18	30	500
35	23	35	550
40	28	40	600
45	33	45	700
50	38	50	800
55	43	55	900
60	48	60	1000
65	53	65	1100
70	58	70	1200

（续）

设计速度 / （mile/h）	假定行驶速度 /（mile/h）		超车视距 / ft
	被超越的车	实施超越的车	
75	63	75	1300
80	68	80	1400

资料来源：Adapted from (*A Policy on Geometric Design of Streets and Highways*)，（2011），by the American Association of State Highway and Transportation Officials, Washington, D.C. U.S.A.

注意，假设的行驶速度是有些保守的。假设被超越的车辆行驶速度比设施的设计速度低 12mile/h，而实施超车的车辆则假设以设计速度行驶。在现实中，实施超车的车辆经常以更高的速度行驶，特别是在对向车道上时。

凡是不满足上述超车视距的地方，都必须禁止超车。在这种公路上，用标志和标线来标记"禁止超车"（No Passing）的区段。

交通信号灯的转换（黄灯）和清空（全红）时段

交通信号灯的黄灯时段是为了让那些在绿灯熄灭时不能舒适停止（Comfortably Stop）的车辆合法地进入交叉口。请考虑图 3.6 所示的情况。

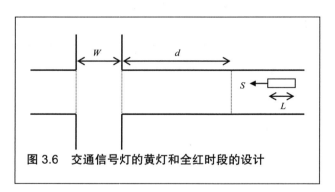

图 3.6 交通信号灯的黄灯和全红时段的设计

在图 3.6 中，d 是安全停车距离。在绿灯熄灭时，假设正常的设计值成立，距离交叉口停止线 d 或更近的车辆将无法停车。比 d 更远的车辆将能够在不入侵交叉口区域的情况下停车。黄灯的配时是为了让无法停车的车辆以接近速度（S）通过距离 d。车辆可以合法地在黄灯时进入交叉口（在大多数州）。

⊖ Rural，指人烟稀少的地区。其他文献中常译为农村、乡村，但在本书中不能准确表述此类道路的特点，甚至会与常见的"农村公路"混淆，可能导致误解，因此译作"远郊"。——译者注

在车辆合法进入交叉口后，全红时段必须允许车辆通过交叉口的宽度（W），并清除车辆的后端（L）通过远处的交叉口线（至少）。

因此，黄灯时段必须允许车辆通过安全停车距离。例题 3-10 说明了如何确定黄灯和全红时段的时长。

例题 3-10：为"黄灯"和"全红"时段配时

考虑一种情况，即进入一个信控交叉口的速度为 40mile/h。坡度是平坦的，"红灯"信号的标准反应时间是 1.0s，黄灯和全红时段应该怎样配时？

使用信号灯标准反应时间 1.0s 和平坡条件来计算安全停车距离：

$$d = 1.47 \times 40 \times 1.0 + \frac{40^2 - 0^2}{30(0.348)}$$
$$= 58.8 + 153.3 = 212.1\text{ft}$$

黄灯信号的时长是指接近的车辆以 40mile/h 的速度通过 212.1ft 的时间，即：

$$y = \frac{212.1}{1.47 \times 40} = 3.6\text{s}$$

因此，在黄灯信号的最后一瞬，车辆可以合法地进入交叉口。这样车辆必须在允许冲突车辆进入交叉口之前，安全地通过交叉口宽度（W）和车辆的长度（L）。这就是全红信号灯的目标。如果在这种情况下，街道宽度为 50ft，车辆长度为 20ft，那么就必须满足：

$$ar = \frac{50 + 20}{1.47 \times 40} = 1.2\text{s}$$

在信号灯配时应用中，黄灯信号是使用基于时间的公式和标准减速度来计算的。另外，为了更加安全，黄灯信号使用第 85 百分位速度（所有车辆中 85% 以下的速度），而不是平均速度。出于同样的原因，全红信号灯使用的是 15% 的速度。在黄灯时段计算公式中，速度在分子中，较快的车辆将面临更大的风险。在全红时段计算公式中，速度在分母中，较慢的车辆将面临更大的风险。

例题 3-10 展示了，如何将安全停车距离的概念纳入信号灯配时方法中，第 19 章和第 20 章将详细讨论。

3.4　车行路特性

车行路[一]（Roadway）是复杂的物理元素，对交通行为有重要影响。事实上，车行路是承担公路交通重量荷载的结构。此外，车行路还涉及附属结构，如桥梁、地下通道、路堤、排水系统和其他元素。本书不探讨车行路物理结构的质量。

然而，车辆的运行在很大程度上受到车行路几何特性的影响，包括平面和立面曲线，以及横断面设计元素（如车道、车道宽度、路肩）。第 27 章介绍了公路的具体几何设计元素。

本章概述了道路系统（Roadway systems）是如何组织、建造和被驾驶人所使用的。

3.4.1　道路功能和分类

车行路是交通系统的主要组成部分，其设计的具体内容对交通运行有重大影响。车行路和道路系统所提供的服务有两个主要类别[二]：

- 可及性（Accessibility）
- 流动性（Mobility）

"可及性"是指车行路所提供的与相邻土地和土地使用的直接联系。可及性以路缘泊车、出

〇　绿皮书对 Roadway 的定义是车行道 + 路肩 [traveled way + shoulder，而非 road（道路范围，right of way）]。一般来说，用 Roadway 的语境就是需要考虑机动车的运动学特征，比如妥当的半径和横坡。某些文献中也泛指道路，因此本书将特指 Roadway 的地方译作车行路，泛指的地方译作道路。——译者注

〇　我国有些文献将"Accessibility"和"Mobility"分别译作"可达性"和"机动性"，本书基于忠实原义且易于理解的原则，将两词分别译作"可及性"和"流动性"。

入道通往路外泊车场、公交车站、出租车站、装卸区、出入道通往装卸区以及类似功能的形式出现。接入功能允许驾驶人或乘客（或货物）离开运载工具，进入有关的特定土地使用。"流动性"指的是人员、货物和车辆从系统中的 A 点到 B 点的通畅流动。

交通工程师的基本问题是，提供良好接入的具体设计方案——泊车、出入道、装卸（上下客）区等——往往会延缓直行流向或流动性。因此，道路系统所提供的两个主要服务经常发生冲突。这引出了以分级方式建造道路系统的需要，不同层级的道路被专门设计用来实现特定的功能。

出行功能

AASHTO 定义了一个典型出行（Trip）中可能存在的六种不同的行程运动（Travel movements）：

- 主要行程（Main movement）
- 过渡（Transition）
- 分配（Distribution）
- 汇集（Collection）
- 接入（Access）
- 终点（Termination）

主要行程是出行的直通部分，在出发地与目的地之间建立主要联系。当车辆从行程的直通部分转移到接入和终止的其余功能时，就发生了过渡。例如，某辆车可能会使用一个匝道从自由流公路过渡到地面干道。分配功能包括为驾驶人和车辆提供离开主要交通设施的能力，并到达其目的地的大致区域。汇集功能使驾驶人和车辆更接近最终目的地，而接入和终点的功能则是为驾驶人提供一个离开车辆并进入所寻找的地块的地方。不是所有出行都会涉及所有组成部分。

出行功能（Trip functions）的层次应该与为达成这些功能而提供的车行路设计相匹配。一次典型的出行有两个终端，一个在起点，一个在终点。在出发地，接入功能为出行者提供了进入车

辆和车辆进入道路系统的机会。驾驶人可能会经过一系列的设施，通常是逐步适应更高的速度和直通的机动，直到找到一个设施或一组设施，提供主要的直通道路。在行程的目的地，情况正好相反，驾驶人会逐步走向可供接入的设施，直到到达预期的特定地块。

道路分级

所有道路系统都是按照所提供的接入和流动功能的组合进行分级。这里定义了四个主要的道路层级：

- 限制接入设施（Limited-access facilities）
- 干道（Arterials）
- 集散道路（Collectors）
- 地方街道（Local streets）

限制接入设施提供 100% 的直通运动或流动性，不允许直接进入相邻的地块。干道是地面设施，主要为直通运动而设计，但允许一些相邻的地块接入。地方街道的设计是为相邻地块的使用提供接入，即使提供，直通也只是一个次要功能。集散道路是介于干道与地方街道之间的一个类别。它提供了某种程度的流动性和接入。术语"集散道路"来自于这种设施的一般用途（功能），即从一些地方街道收集车辆，并将它们送到最近的干道或限制接入设施。图 3.7 说明了这些类别的传统分级结构。

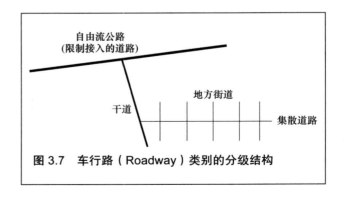

图 3.7　车行路（Roadway）类别的分级结构

典型的出行是从地方街道开始的。驾驶人寻找最近的集散道路，利用它进入最近的干道。如

果行程足够长，就会寻找自由流公路或限制接入设施。在行程终点，这个过程以相反的顺序重复。根据行程的长度和该地区的具体特点，并非每次行程都需要包括所有的设施组成类型。

表 3.11 展示了主要类别的车行路设施所提供的直通（或流动）服务的范围。许多州都有自己的分级系统，通常涉及子级别。表 3.12 提供了道路分级中经常使用的子级别的一般描述。

需要强调的是，表 3.12 中的描述是一种典型

分类。每个公路机构都会有自己的道路分级系统，而且很多都有相应惯例。交通工程师应熟悉道路分级系统，并能正确解释任何设计良好的系统。

表 3.11 各级车行路（Roadway）提供的直通服务

车行路（Roadway）分类	直通服务占比（%）
自由流公路（限制接入设施）	100
干道	60 ~ 80
集散道路	40 ~ 60
地方街道	0 ~ 40

表 3.12 典型的远郊和城市车行路（Roadway）分级系统

子类别	远郊	城市
自由流公路（Freeways）		
州际自由流公路（Interstate freeways）	所有带有州际自由流公路标识的自由流公路	所有带有州际自由流公路标识的自由流公路
其他自由流公路（Other Freeways）	所有其他完全控制接入的自由流公路	所有其他完全控制接入的自由流公路
快速路（Expressways）	有大量接入控制的道路，但有一些平面交叉或入口	有大量接入控制的道路，但有一些平面交叉或入口
干道（Arterials）		
主干道（Major or principal arterials）	服务于重要的走廊交通，通常在人口超过 25000 至 50000 的地区之间，采用高指标的设计和线形	主要服务于通过性交通，具有非常有限的地产接入功能，是流动功能的附带品，采用高指标的设计和线形
次干道（Minor arterials）	提供与重要交通发生地的联系，包括人口低于主干道范围的城镇和城市，服务于比主干道更短的出行距离	为通过性交通提供主要服务，也有中等程度的接入服务
集散道路（Collectors）		
主集散路（Major collectors）	服务于没有干线服务的县内重要交通发生地，提供与干道和 / 或自由流公路的连接	通常没有用于城市集散路的子类别
次集散路（Minor collectors）	连接当地重要的交通发生地和它们的远郊腹地，提供与主要集散路或干道的连接	在住宅区和 / 或商业 / 工业区内提供地产接入和循环服务；从当地的交通发生地收集出行，并将其引向附近的干道；将出行从干道分配到其最终目的地
地方道路（Local roads）		
居住区（Residential）	在远郊分类表中一般不使用子类别：提供通往所有类型的邻近地块的接入；为相对较短距离的出行服务	在住宅区内提供地块接入和循环
商业区（Commercial）		在商业发展区提供地块接入和循环
工业区（Industrial）		在工业发展区提供地块接入和循环

3.4.2 保障设施的功能

　　道路分级系统使交通工程师能够按功能目的对道路系统进行分级。通过设计和交通控制来加强设施的预期功能很重要。例如，图3.8说明了郊区住宅区内的街道设计和布局如何加强每个设施的预期目的。

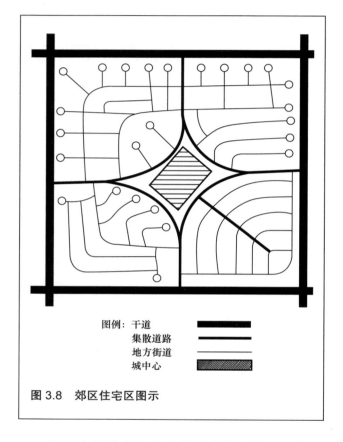

图例：干道
集散道路
地方街道
城中心

图 3.8　郊区住宅区图示

　　通过在设计中加入急促的曲线，并通过使用"死胡同"来保障地方街道的特性。区域内任何地方街道都不可以直接进入干道。集散道路是进入干道的唯一通道。通过不让任何住宅面朝集散道路来强化集散道路的属性。

　　干道通过限制车辆进入或离开主干道的点的数量来强化其功能。干道的其他方面在这里并不明显，也可以帮助强化其功能，包括以下方面：

- 禁止泊车。
- 协调的信号灯，提供以适当速度连续行进的信号灯。
- 用中间带限制街区内的左转。
- 与设施及其环境相适应的速度限制。

　　在许多老城区，由于基础设计和控制问题，很难将各种设施的功能分开。许多老城区的历史发展导致了无层级的街道系统（open-grid street systems）。在这种系统中，地方街道、集散道路和地面干道都是网格的一部分。每条街道都可以与其他街道相交，所有设施都提供了一些地块接入。图3.9说明了这种情况。在这样的系统中，唯一能区分干道的是它的宽度和提供连续行进（绿波）信号灯配时，以鼓励直行通过。

　　当开发强度增大时，这样的系统往往会遇到困难，所有级别的设施，包括干道，都要承担大量的行人流动、商业车辆的装卸、泊车及类似功能。由于地方街道与集散道路和干道平行，在干道上遇到拥堵的驾驶人往往会改道到附近的地方街道，使居民受到不必要的而且往往是危险的大量过境交通流的影响。

　　提供适合设施预期功能的设计和控制的重要性不可低估。接入和流动性运行并不能很好地结合，它们的结合往往会产生安全问题并滋生拥堵。当然，要完全分离这两种主要功能也是不可能的，

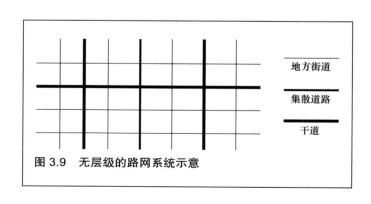

地方街道

集散道路

干道

图 3.9　无层级的路网系统示意

特别是在老城区，街道系统早在汽车时代之前就已开发。然而，在可行的范围内，交通工程师需要敏锐地意识到存在的冲突，并且需要开发系统来优化使用道路的所有元素的安全和运行：从运送货物的巨大卡车，到小客车，到行人，到自行车骑行人，以及其他道路使用者。

3.5　交通控制系统及其特性

交通系统的第四个主要组成部分是大量的控制设施，用于指引安全和有效的运行。控制设施是交通工程师与驾驶人（和其他道路使用者）沟通的手段。在我们的公路上没有安全机制：放置一个"STOP"标志并不能保证所有驾驶人都会看到并遵守它。限速并不能从物理上限制车辆以较低的速度运行。虽然现代技术正在迅速发展，许多车辆引入了避撞系统，但从根本上说，驾驶人仍然处于控制地位。只有通过提供信息和法规，以及执行这些法规，才能控制驾驶人。

第4章对交通控制设施及其使用进行了全面阐述，说明了它们如何影响道路系统的交通流。

3.6　总结

本章总结了影响道路设计和交通控制的驾驶人、行人、车辆、控制设施和车行路特性的一些关键因素。这些因素结合起来形成了交通流。交通流的特性是这些因素之间相互作用的结果。道路系统的局限与人类道路使用者、他们的车辆、他们行驶的道路和他们遇到的物理局限及其他局限直接相关。

参考文献

[1] Dewar, R., "Road Users," *Traffic Engineering Handbook*, 5th Edition, Institute of Transportation Engineers, Washington, D.C., 1999.

[2] Ogden, K.W., *Safer Roads: A Guide to Road Safety Engineering*, University Press, Cambridge, England, 1996.

[3] Allen, M., et al., *Forensic Aspects of Vision and Highway Safety*, Lawyers and Judges Publishing Co., Inc., Tucson, AZ, 1996.

[4] Olson, P., *Forensic Aspects of Driver Perception and Response*, Lawyers and Judges Publishing Co., Inc., Tucson, AZ, 1996.

[5] *A Policy on Geometric Design of Highways and Streets*, 6th Edition, American Association of State Highway and Transportation Officials, Washington, D.C., 2011.

[6] Johansson, G. and Rumar, K., "Driver's Brake Reaction Times," *Human Factors*, Vol. 13, No. 1, Human Factors and Ergonomics Society, February 1971.

[7] *Report of the Massachusetts Highway Accident Survey*, Massachusetts Institute of Technology, Cambridge, MA, 1935.

[8] Normann, O.K., "Braking Distances of Vehicles from High Speeds," *Proceedings of the Highway Research Board*, Vol. 22, Highway Research Board, Washington, D.C., 1953.

[9] Fambro, D.B., et al., "Determination of Safe Stopping Distances," *NCHRP Report 400*, Transportation Research Board, Washington, D.C., 1997.

[10] *Determination of Vehicle Signal Change and Clearance Intervals*, Publication IR-073, Institute of Transportation Engineers, Washington, D.C., 1994.

[11] *Human Factors*, Vol. 28, No. 1, Human Factors and Ergonomics Society, 1986.

[12] Eubanks, J.J. and Hill, P.L., *Pedestrian Accident Reconstruction and Litigation*, 2nd Edition, Lawyers and Judges Publishing Co., Inc., Tucson, AZ, 1998.

[13] Perry, J., *Gait Analysis*, McGraw-Hill, New York, NY, 1992.

[14] *Manual on Uniform Traffic Control Devices*, Federal Highway Administration, U.S. Department of Transportation, Washington, D.C., 2009, revised through 2012.

[15] Sleight, R.B., "The Pedestrian," *Human Factors in Traffic Safety Research*, John Wiley and Sons, Inc., New York, NY, 1972.

[16] Tidwell, J.E. and Doyle, D., *Driver and Pedestrian Comprehension of Pedestrian Laws and Traffic Control Devices*, AAA Foundation for Traffic Safety, Washington, D.C., 1993.

[17] Herms, B.F., "Pedestrian Crosswalk Study: Accidents in Painted and Unpainted Crosswalks," *Pedestrian Protection*, Highway Research Record 406, Transportation Research Board, Washington, D.C., 1972.

[18] *Traffic Safety Facts: Alcohol-Impaired Driving*, National Highway Traffic Safety Administration, U.S. Department of Transportation, Washington, D.C., December 2015.

[19] *Traffic Safety Facts: Pedestrians*, National Highway Traffic Safety Administration, U.S. Department of Transportation, Washington, D.C., April 2014.

[20] *Traffic Safety Facts: Drug Involvement of Fatally Injured Drivers*, National Highway Traffic Safety Administration, U.S. Department of Transportation, Washington, D.C., November 2010.

[21] "Transportation in an Aging Society," *Special Report 218*, Transportation Research Board, Washington, D.C., 1988.

[22] *Highway Statistics*, Federal Highway Administration, U.S. Department of Transportation, Washington, D.C., 2015.

习题

3-1. 驾驶人需要 3.5s 来对一个复杂的情况做出反应。在驾驶人对这种情况做出物理反应（即将脚放在制动踏板上）之前，车辆会行驶多远？将速度从 30～70mile/h（以 5mile/h 为单位）的结果绘制出来。

3-2. 驾驶人以 65mile/h 的速度绕过一个平坦的弯道，看到一辆卡车翻倒在车行路上，距离为 350ft，如果驾驶人能够以 $10ft/s^2$ 的减速度减速，那么车辆将以什么速度撞上卡车？将反应时间从 0.50s 到 5.00s（以 0.5s 为增量）的结果绘制出来，对结果进行探讨。

3-3. 一辆汽车以 25mile/h 的估计速度撞上了一棵树，上坡坡度为 3%。如果在干燥的路面上观察到 150ft 的滑行痕迹（$F = 0.348$），然后在草地稳定的路肩上观察到 200ft 的滑行痕迹（$F = 0.250$），估计车辆在路面滑行开始前的初始速度。

3-4. 驾驶人必须从 60mile/h 减速到 40mile/h，才能通过一条远郊公路上的急促弯道。弯道上的警告标志在 200ft 范围内清晰可见。为了保证车辆有足够的距离安全减速，该标志必须在弯道前多远的位置？使用 AASHTO 推荐的基本制动操作的标准反应时间和减速度。

3-5. 当车辆以 40mile/h 的速度在 2% 的下坡路上接近交通信号灯时，"黄灯"信号的时长应该是多少？使用 1.0s 的标准反应时间和 AASHTO 标准减速度。

3-6. 在设计速度为 80mile/h 的远郊自由流公路上，在 2% 的下坡路段，安全停车距离是多少？

3-7. 如果最大超高 e 为 0.06，最大侧向摩擦系数 f 为 0.10，为使车辆在 70mile/h 的速度下安全运行，可以设计多大的最小曲率半径？

与驾驶人沟通：交通控制设施

交通控制设施是交通工程师与驾驶人和其他道路使用者沟通的媒介。几乎所有的交通法律、法规或运行指令都必须通过使用这三大类设施来传达：

- 交通标线（Traffic markings）；
- 交通标志（Traffic signs）；
- 交通信号灯（Traffic signals）。

若要实现安全和高效的交通运行，交通工程师与驾驶人之间的有效沟通是关键环节。交通工程师无法直接控制任何驾驶人个体或群体。如果地铁驾驶员在操作时违反了红色信号灯，自动制动系统可迫使列车停下来。如果一位驾驶人违反了红色信号灯，其冲突风险会阻碍其他车流和（或）行人流的运行。因此，交通工程师在设计交通控制设施时，必须清晰地传达简洁的信息，并鼓励人们正确遵守。

本章介绍了交通控制设施的设计和布置中涉及的一些基本原则。随后的章节介绍了在自由流公路、多车道公路和双车道公路、交叉口、干道和街道上的具体应用细节。

4.1 统一交通控制设施手册

管理交通控制设施的使用、设计和布置的主要标准是当前版本的《统一交通控制设施手册》（Manual on Uniform Traffic Control Devices, MUTCD）[1]。联邦公路管理局出版了一本全国性的 MUTCD，作为最低标准和各州 MUTCD 的模版。许多州只是通过法规采用联邦手册，另一些州则制订了自己的手册。在后一种情况下，州 MUTCD 必须满足联邦手册的所有最低标准。目前的法律规定，所有州都要在联邦更新后的两年内更新其 MUTCD，以符合联邦 MUTCD 的要求。不符合规定的设施（符合以前的要求）可以在常规设施更换计划中更换，且新设施必须符合当前要求。与大多数联邦运输法规的情况一样，为了强制执行合规性，那些被判定违反联邦 MUTCD

标准的州，其部分联邦援助公路资金将被扣留。

4.1.1　历史和背景

　　MUTCD 的主要目标之一是在交通控制设施的使用、布置和设计方面建立统一性。当相同的信息在任何时候都以相同的方式和类似的情况下传递时，沟通就会大幅加强。试想，如果每个州都设计自己的"STOP"标志，并采用不同的形状、颜色和图例，就可能会导致混乱。

　　不同的设施设计并非纯粹的理论问题。早在20 世纪 50 年代初，双色（红、绿）交通信号灯在不同的州有不同的指示位置。有的把"红色"灯头放在上面；有的把"绿色"灯头放在上面。这对色盲驾驶人来说是一个特别的问题，最常见的情况是无法区分"红色"和"绿色"。将信号灯的顺序标准化是一项重要的安全措施，保证了即使是色盲驾驶人也能通过灯组中的灯头位置来解读信号灯。最近，人们将少量的蓝色和黄色颜料添加到"绿色"和"红色"灯头中，以改善色盲驾驶人对它们的辨识度。

　　早期的交通控制设施是在不同地区形成的，在设计上几乎没有协调，更不用说使用了。第一条中心线于 1911 年出现在密歇根州的一条道路上。第一个电力信号灯于 1914 年出现在俄亥俄州的克利夫兰（Cleveland, Ohio）。第一个"STOP"标志和第一个三色交通信号灯分别于 1915 年和1920 年出现在底特律。

　　为交通控制设施制定国家标准的首次尝试发生在 20 世纪 20 年代。在那一时期，两个独立的组织制订了两本手册。1927 年，美国公路协会（American Association of State Highway Officials, AASHO，美国公路与运输协会，即 AASHTO 的前身）出版了《美国标准道路标线和标志的制造、布置和安装规范手册》（*Manual and Specification for the Manufacture, Display, and Erection of U.S. Standard Road Markings and Signs*）。该手册在1929 年和 1931 年进行了修订。它只涉及远郊的

标志和标线应用。1930 年，全国街道和公路安全会议（National Conference on Street and Highway Safety）出版了《街道交通标志、信号和标线手册》（*Street Traffic Signs, Signals, and Markings*），涉及城市应用。

　　1932 年，这两个小组合并成立了"统一交通控制设施联合委员会"（Joint Committee on Uniform Traffic Control Devices），于 1935 年出版了第一本完整的 MUTCD，并于 1939 年进行了修订。该组织继续负责后续版本的修订，直到 1972 年。此后，美国联邦公路局（FHWA）正式承担了该手册的修订责任。

　　最新的官方版本 MUTCD（截至 2018 年 1 月）出版于 2009 年，并正式更新至 2012 年 5 月。关于 MUTCD 及其发展的历史，请参考 Hawkins 的系列文章[2-5]。

4.1.2　MUTCD 的总体原则

　　MUTCD 指出，交通控制设施的目的是通过为所有道路使用者在全国范围内的街道、公路、自行车道和向公众开放的私人道路上的有序通行提供保障，来促进道路的安全和效率[1]。

　　它还规定了交通控制设施有效达成这一任务的五个要求。交通控制设施必须：

　　① 满足需求（fulfill a need）；

　　② 引起注意（command attention）；

　　③ 传达清晰、简洁的信息（convey a clear, simple meaning）；

　　④ 赢得道路使用者的尊重（command respect from road users）；

　　⑤ 为做出适当的反应提供足够的时间（give adequate time for a proper response）。

　　在这些要求的显见含义外，还应仔细注意一些微妙之处。第①条强烈暗示，不应使用多余的设施。每个设施都必须有一个特定的目的，而且必须是安全和有效的交通流所需要的。第④条要求强化了这一点。只有当驾驶人有条件地预期所

有的设施都包含有意义的和重要的信息时，才能得到驾驶人的尊重。过度使用或误用设施会鼓励驾驶人忽视它们——就像频繁的"狼来了"一样。在这样的氛围中，驾驶人可能不会注意到那些真正需要的设施。

第②和③条影响到设施的设计。吸引注意力需要适当的可见度和独特的设计，以便在一个时常充满视觉干扰的环境中吸引驾驶人的注意。颜色和形状规范（Color and Shape Coding）的标准使用在吸引注意方面有重要作用。清晰和简洁的信息是至关重要的，驾驶人在高速行驶时只有短短几秒钟看向设施。进一步地，需要颜色和形状规范传递尽可能多的信息。图例是设施中最难理解的元素，必须尽可能保持简短和简单。

第⑤条影响到设施的位置。例如，"STOP"标志总是放在停止线上，但必须在至少一个安全停车距离内可见。要求驾驶人改变车道的引导标志必须在分流区之前布置，以使驾驶人有足够的距离来执行所需的操作。

4.1.3　MUTCD 的内容

MUTCD 涉及交通控制设施的三个关键方面，包括以下内容：

1）设施物理设计的详细标准，规定了形状、尺寸、颜色、图例类型和尺寸，以及具体的图例。

2）详细的标准和指南，规定了设施相对于车行道的位置。

3）判定使用某一特定设施的依据或条件。

最详细和明确的标准是关于设施的物理设计。几乎没有留下判断的余地，几乎规定了所有的设计细节。颜色由特定的颜料指定，图例由特定的字体指定。在尺寸方面，允许有一些变化，规定了最小尺寸，并提供了可选的较大尺寸，以便在需要时用于增加可视性。

放置指南也是相对明确的，但通常允许在规定的范围内有一些变化。放置指南有时会导致明显的问题。一个涉及"STOP"标志的常见问题，是当放置在规定的位置时，它们可能会位于树木

或其他障碍物后面，从而严重影响效果。图 4.1展示了这样一个案例，在规定的高度和横向偏移的停止线处放置的"STOP"标志几乎被一棵树完全遮蔽。在这种情况下，如果要保证设施的有效性，就必须运用常识。

图 4.1　部分被树木遮蔽的"STOP"标志
图片由 J. Ulerio and R. Roess 无偿提供

依据条款有不同程度的具体性和明确性。例如，信号灯依据是详细和相对精确的。这是必要的，因为信号灯的安装代表着巨大的投资，无论是初始投资还是持续的运行和维护成本。然而，"STOP"和"YIELD"标志的依据条款则较为笼统，为专业判断留下了很大余地。

第 15 章讨论了选择适当的交叉口控制形式，并详细介绍了信号灯、双向和多向"STOP"标志以及"YIELD"标志的依据。由于信号灯的成本问题，很多研究都是关于如何界定使用信号灯的依据。正确执行 MUTCD 中的信号灯和其他依据，需要进行妥当的工程调研，以确定对某个或某些设施的需求。

4.1.4　MUTCD 的法律部分

MUTCD 在以下四个不同类别中提供了指导和信息：

1）标准 / 必须条款（Standard）。标准是关于交通控制设施的要求、强制或特别禁止的做法的声明。通常情况下，标准是通过在声明中使用"应"或"不应"一词来表示（"shall" or "shall not"）。

2）指南 / 指导条款（Guidance）。指南是对典型情况下的推荐做法的说明，但不是强制性的。如果工程判断或调研表明偏离是适当的，则允许偏离。指南通常通过使用术语"宜"或"不宜"来表示（"should" or "should not"）。

3）选项 / 可选条款（Option）。选项是对实践的陈述，是一种允许的情形。它不带有要求或建议的含义。选项通常包含对标准或指南的可允许的修改。选项通常使用"可选"或"不可选"的说法（"may" or "may not"）。

4）支持 / 支撑依据（Support）。这是一个纯粹的信息表述，向交通工程师提供额外的信息。在这些表述中不出现"应""宜""可"等词（也不出现其对应的否定词）。

MUTCD 中给出的四种类型的表述对交通机构有法律意义。违反标准会使管辖机构对因违反**标准**而发生的任何事故承担责任。因此，放置一个非标准的"STOP"标志会使管辖机构对在该地点发生的任何事故负责。违反**指南**时，也会带来一些责任风险。只有在进行了工程调研并记录在案，证明了修改的合理性之后，才可以修改指南。没有这样的文件，也可能存在事故责任。**选项**和**支持**在责任方面没有任何影响。

还应知晓，交通设施的管辖权是作为每个州的车辆和交通法的一部分来认定的。该法通常指出哪些设施属于州的直接管辖范围（通常是指定的州公路和涉及这些道路的所有交叉口），并指定行使该管辖权的州机构。它还定义了哪些道路属于县、镇和其他地方政府的控制范围。这些政府实体中的每一个都将任命或以其他方式指定行使管辖权的地方机构。

许多交通控制设施必须得到适当级别政府颁布的具体法律或条例的支持，还必须规定执行这些法律和条例的程序。很多时候（如限速和泊车规定），在实施前必须举行公开听证会和 / 或通知公众。例如，若一个机构发布了禁止夜间泊车令，然后对所有泊放的车辆开出罚单或拖走，而没有事先提供足够的公共通知，则是不合法的，这通常是通过当地或地区报纸来完成的。

本章介绍了 MUTCD 的一些原则，并大致描述了设施的类型及其典型应用。第 31 章更详细地介绍了在自由流公路、多车道公路和双车道公路上使用交通控制设施的情况。第 17 章包含了关于在交叉口使用交通控制设施的更多细节。

4.1.5　与驾驶人沟通

驾驶人习惯于以明确和标准的方式接收某种信息，而且往往是冗余的。有一些机制可用于传达信息。这些机制利用了公认的人类局限性，特别是在视力方面。信息是通过使用以下方式传递的：

- **颜色（Color）**。颜色是驾驶人最容易看到的设施特性。在总体形状被感知之前，颜色是可以被识别的，在特定的图例被阅读和理解之前，颜色也是可以被识别的。交通控制设施中使用的主要颜色是红色、黄色、绿色、橙色、黑色、蓝色和棕色。这些颜色被用来对某些设施类型进行编码（归类），并尽可能地强化特定信息。最近，紫色被增补为收费站标志的特殊颜色，指定为电子收费车道。

- **形状（Shape）**。在颜色之后，设施的形状是驾驶人可识别的下一个要素。特别是在标志中，形状是信息的一个重要元素，它可以识别标志所传递的特定类型信息，或传达其自身的独特信息。

- **线形（Pattern）**。线形被用于交通标线。一般来说，会使用双实线、实线、点虚线和间断线。每种线形都传递了一种含义，驾驶人对其十分熟悉。在类似的应用中经常且一致地使用类似的线形，极大助益于其有效性和对其含义的快速辨识。

- **图例（Legend）**。驾驶人识别设施的最后一个元素是其特定的图例。例如，信号灯和标线，通过使用颜色、形状和图案来传递其全部信息。而标志则经常使用特定的图例来表达所传递信息的细节。图例必须保持简单和简短，这样驾驶人就不会将注意力从驾驶任务上转移开，但又能看到并理解所传递的具体信息。

信息的冗余性可以通过多种方式实现。例如，"STOP"标志有一个独特的形状（八角形），一种独特的颜色（红色），和一个独特的单词说明（STOP）。这三个元素中的任何一个都足以传达信息。每个元素都为其他元素提供了冗余度。

冗余也可以通过使用不同的设施来提供，每个设施都加强了相同的信息。左转车道可以通过路面上的箭头标记、"本车道必须左转"的标志和绿色箭头指示的左转保护信号灯相位来表达，以被辨识。它们同时使用，其信息是明确无误的。

MUTCD 提供了一套标准、指南和一般建议，说明了如何最好地向驾驶人传达各种交通规则和法规。然而，MUTCD 是一个持续发展的文件。交通工程师在考虑交通控制方案时，必须始终参考该手册的最新版本（包括所有适用的修订版）。最新版本的 MUTCD（在任何特定时间）可通过 FHWA 的网站在线获取。

4.2　交通标线

交通标线是被使用最多的交通设施。它们有各种不同的目的和功能，可分为三大类：

- 纵向标线（Longitudinal markings）；
- 横向标线（Transverse markings）；
- 物体标记和轮廓标（Object markers and delineators）。

纵向和横向标线是用各种材料贴在路面上的，其中最常见的是涂料和热塑性塑料。为了获得更好的夜间可视性，可以在涂料中混合微小的玻璃珠，或者在未干的路面标线上涂一层薄薄的玻璃珠。后者提供了较高的初始反射率，但顶层的玻璃珠会更快被磨损。将玻璃珠提前混合到涂料中，随着标记的磨损，会保留一定程度的反射作用。热塑性塑料是一种天然的反射材料，不需要添加任何东西来提高其在夜间的可视性。

在不存在积雪和除雪问题的地区，涂料或热塑性塑料标记可以通过带有反射器的路面植入物（凸起路标/反光道钉）来加强。这种植入物大幅改善了标记在夜间的可视性。它们在潮湿的天气里也是可见的（这往往是标线的一个问题），而且耐磨损。它们一般不用于需要经常养护（施工作业）的地方，因为它们在养护过程中可能会被移位或损坏。

物体标记和轮廓标是安装在物体上的小型反射器。轮廓标是安装在轻质立柱上的小型反射器。在恶劣的天气下，当标准的标记不可见时，用作路侧标记，帮助驾驶人正确定位。

4.2.1　颜色和线形

目前使用的标记颜色有五种：黄色、白色、红色、蓝色和紫色。一般来说，它们的使用情况如下：

- 黄色标线将相反方向行驶的车辆分开（图 4.2）。
- 白色标线将相同方向行驶的车辆分开，并用于所有横向标线。
- 红色标线划定的道路，不得进入或使用。
- 蓝色标线用于划定为残疾人预留的泊位。
- 紫色标线用于划定收费广场的电子收费车道。

在浅色路面上，黑色与其他标线结合使用。黑色标线可用于"填补"其他颜色标线的空隙，以提高其可视性。为了强调线形，黄色或白色标线之间的空隙可用黑色填充，以提供较高对比度且更容易看到。

实线禁止或不鼓励穿越。双实线表示最大限度或特殊限制。间断线表示允许穿越。点虚线使用的线段比间断线短。它提供了轨迹引导，并经常被用作冲突区域内另一种类型的线的延续。通常情况下，标线的宽度为 4 ~ 6in。宽线表示更多的强调，其宽度至少应该是正常线的两倍。间断线通常由 10ft 的线段和 30ft 的空隙组成。根据不同的交通速度和划线的需要，也可以使用类似的尺寸和类似的线段与空隙的比例。点虚线通常由 2ft 的线段和 4ft（或更长）的空隙组成。MUTCD 建议点虚线的线段与空隙比最大为 1∶3。

4.2.2 纵向标线

纵向标线是指与行驶方向平行的标线。纵向标线主要包括中心线、车道标线和边缘标线。

纵向标线为车辆在行车道横断面上的位置提供指引，并为沿设施行驶的车辆提供基本轨迹引导。纵向标线重要性的最好例子是，在新铺设的公路路段上，车道标线还没有重新涂覆，通过这些路段会比较困难。如果没有纵向标线的引导，驾驶人就不会自动形成整齐的队列；相反，他们往往会在横断面上随意行驶，进而遇到很多困难。纵向标线提供了有组织的流动和对路面宽度的最佳利用。

中心线

黄色的中心线是非常重要的，它用于分隔相反方向的交通流。MUTCD 没有强制要求在所有类型的设施上使用中心线。适用标准如下：

有铺装的城市干道和集散道路，如果行车道宽 20ft 或以上，且日均交通量在 6000veh/day 以上，都应设置道路中心线。在所有铺装的、有 3 条或更多车道的双向街道或公路上也应设置中心线[1]。

进一步的指南表明，建议在日均交通量（Average Daily Traffic，ADT）为 4000 或更多、道路宽度为 20ft 或更宽的城市干道和街道，以及宽度超过 18ft、ADT 大于 3000veh/day 的远郊公路上设置中心线。在 16ft 或更窄的路面上设置中心线时应谨慎，这可能会增加交通侵入行车道外的路侧元素的概率。

在双向双车道的远郊公路上，道路中心线辅以标志，用于规范超车机动。双黄实线表示任何方向都不允许跨越。黄实线加黄虚线表示只允许从虚线一侧跨越。在允许双向跨越的情况下，使用单黄虚线作为中心线。

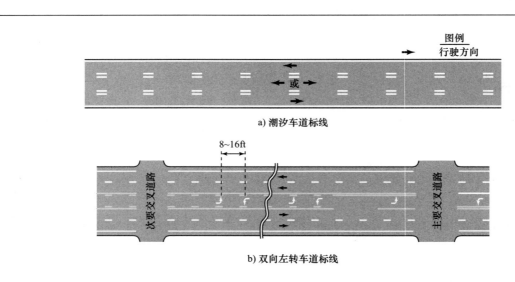

图 4.2 黄色标线的特殊用途

资料来源：*Manual of Uniform Traffic Control Devices*, Federal Highway Administration, Washington, D.C., 2009, as revised through May 2012, Figs 3B-6 and 3B-7, pgs 356 and 357.

车道标线

典型的车道标线是一条白色的虚线，将同一方向的交通车道分开。MUTCD 标准要求在所有自由流公路和州际公路上使用车道标线，并建议在所有具备两条或两条以上相邻单方向车道的公路上使用。虚线车道线表示允许变换车道。单一的白实线作为车道线表示不鼓励换道，但不违法。在禁止变更车道的地方，则使用双白实线作为车道线。

边缘标线

边缘标线是自由流公路、快速路和行车道宽度为 20ft 或以上、ADT 为 6000veh/day 或以上的远郊公路的一项必要标准。建议 ADT 大于 3000veh/day、行车道宽度为 20ft 或更宽的远郊公路使用。

在使用时，右缘标线是一条普通的白色实线；左缘标线是一条普通的黄色实线。

其他纵向标线

MUTCD 对纵向标线的使用提供了许多选择。请直接查阅手册以了解更多细节。该手册还为其他类型的应用提供了标准和指导，包括自由流公路和非自由流公路的合流和分流区域、车道减少、通过交叉口的延伸标线以及其他情况。

第 31 章包含了在自由流公路、快速路和远郊公路上应用纵向标线的额外细节。第 17 章包括对交叉口标线的补充讨论。

4.2.3 横向标线

横向标线，顾名思义，包括所有横跨部分或全部车道的标线。在使用时，所有横向标线都是白色的。

停止线和让行线（STOP and YIELD Lines）

总的来说，MUTCD 没有强制规定停止线。在实践中，停止线几乎总是用在有标记的人行横道上，以及在不清楚"STOP"标志或交通信号灯的适当位置停车的情况下。在使用时，建议该线的宽度为 12 ~ 24in。在使用时，停止线必须延伸到所有的接近段车道。但是，停止线不应与让行标志（YIELD Sign）一起使用。在这种情况下，应使用新引入的让行线（YIELD Line）。图 4.3 展示了让行线的情况。

人行横道标线

虽然 MUTCD 没有强制规定，但建议在所有车辆与行人之间存在"实质性"冲突的交叉口设置人行横道标线。在行人集中的地方，以及在行人可能不知道正确位置和 / 或路径的地方，也应该使用人行横道标线。

有标线的人行横道应该是 6ft 或更宽的。图 4.4 展示了一般使用的三种类型的人行横道标线。最经常使用的是由两条平行的白线组成的人行横道标线。这些线的宽度必须在 6 ~ 24in 之间。在行人流量大的地区，可以增加斜向填充，以提供更显著的提示。在行人流量大的地方，使用平行的横向标线来标识人行横道是另一种选择。

MUTCD 还包含了一种特殊的人行横道标线，适用于包含全行人相位的信控交叉口（包括可对角过街）。相关细节，请直接查阅 MUTCD。

泊位标线

泊位标线不是纯粹的横向标线，因为它们同时包含纵向和横向元素。然而，在 MUTCD 中，它们被明确归类为横向标线。它们总是可选的，用于鼓励有效地使用泊位。这种标线也可以帮助防止泊放的车辆侵占消防区、装卸区、出租车站和公交车站以及其他禁止泊车的特定地点。它们在有路缘泊车的干道上也很有用，因为它们也清楚地标出了泊车道，将其与行车道分开。图 4.5 展示了典型的泊位标线。

注意，最后一个标记的泊位的远端应与最近的人行横道标线相距至少 20ft（在信控交叉口接近段上为 30ft）。

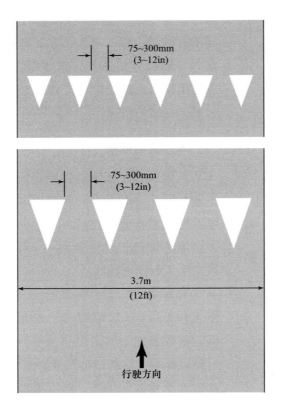
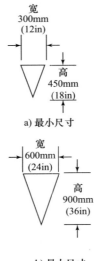

a) 最小尺寸

b) 最大尺寸

注：三角形的高度等于底边尺寸的
1.5倍。

当设置在更窄的慢速设施上时，如
共用道路上，让行线尺寸可能比建
议值更小。

图 4.3　让行线（YIELD Line）说明

资料来源：*Manual of Uniform Traffic Control Devices*, Federal Highway Administration, Washington, D.C., 2009, as revised through May 2012, Fig 3B-16, pg 382.

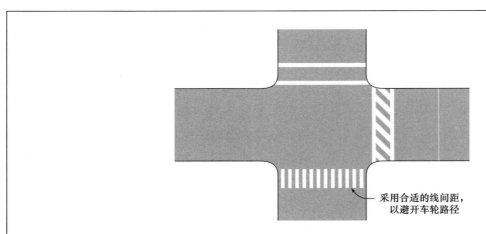

图 4.4　人行横道标线图示

资料来源：*Manual of Uniform Traffic Control Devices*, Federal Highway Administration, Washington, D.C., 2009, as revised through May 2012, Fig 3B- 19, pg 384.

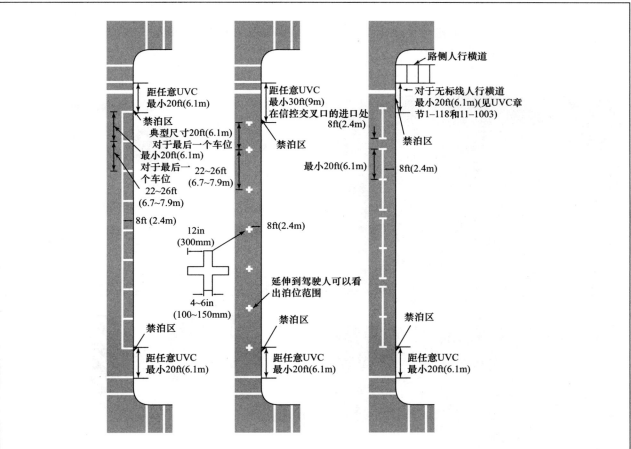

图4.5 泊位标线

注：图中"UVC"有两重含义，其一，指"Uniform Vehicle Code"这本文献；其二，指 UVC 这本文献提及的两种需要设置禁止泊车的场景。"距任意 UVC"的含义是，遇到 UVC 中提及的两种场景中的任意一种，都需要泊位退让图示距离。

资料来源：*Manual on Uniform Traffic Control Devices*, Federal Highway Administration, Washington, D.C., 2009, as revised through May 2012, Figure 3B-21, pg 386.

文字和符号标记

MUTCD 规定了一些可以使用的文字和符号标记，通常与标志和／或信号灯一起使用。其中包括表示车道使用限制的箭头标记。如果直行车道在接近交叉口处变成只允许左转或右转的车道，则这种箭头（以及相应的标志）是强制性的。

文字标记包括与车道使用箭头一起使用的"ONLY"和"STOP"，后者只能与停止线和"STOP"标志一起使用。"SCHOOL"标记经常与标志一起使用，以标明学校和学校交叉口区域。MUTCD 中列出了所有授权的文字标记，并允许在需要时酌情使用独特的信息。图4.6给出了两个例子。

其他横向标线

关于其他类型标线的例子，请直接查阅 MUTCD，包括优先车道标线、路缘标线、环岛和交通圈标线以及减速丘标线（lanemarkings, curb markings, roundabout and traffic circle markings, and speed-humpmarkings）。第17章详细讨论了在交叉口使用横向和其他标记的问题。第25章详细介绍了环岛的标线，其中包括横向和纵向标线。

4.2.4 物体标记（立面标记）

请注意，MUTCD 现在将物体标记视为标志而不是标线。然而，由于它们的功能更符合标记的要求，因此在本节中对它们进行了讨论。

a) 学校标记

b) 车道用途标记

图 4.6 地面的文字和符号标记

J. Ulerio and R. Roess 拍摄

物体标记用于表示行车道内或邻近的障碍物。根据 MUTCD 的标准和指南，物体标记被安装在障碍物上。一般来说，物体标记的下边缘安装在离最近的交通车道表面至少 4ft 的地方（对于离路面边缘 8ft 或更近的障碍物），或离地面 4ft 的地方（对于离路面边缘更远的障碍物）。

如图 4.7 所示，有四种类型的物体标记可供使用。车行道上的障碍物必须使用 1 型或 3 型标记。使用 3 型标记时，黄色和黑色交替的条纹必须以 45° 角向交通要通过障碍物的一侧倾斜下去。

当用于标记路侧障碍物时，标记物的内边缘必须与障碍物的内边缘一致。

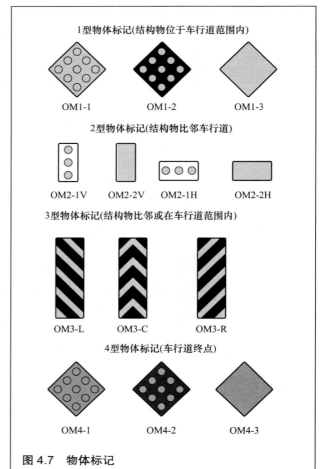

图 4.7 物体标记

资料来源：*Manual of Uniform Traffic Control Devices*, Federal Highway Administration, Washington, D.C., 2009, as revised through May 2012, Fig 3C-13, pg 135.

4.2.5 轮廓标

轮廓标是设置在车行道侧（单侧或双侧）4ft 高处的反光装置，以帮助标明其路线。在恶劣的天气下，它们特别有用，因为路面边缘标线可能不可见。当在车行道右侧使用时，轮廓标是白色的；当在车行道左侧使用时，轮廓标是黄色的。轮廓标的背面可设红色反射器，以提示（驾驶人）在单行道上的错误行驶（逆向）。

轮廓标必须在自由流公路和快速路的右侧以及立交匝道的至少一侧使用，但在所有车道线上连续使用凸起路面标记的直线段、整条路线（或其大部分）有大直线段、轮廓标用于进入所有弯道的地方除外。在立交之间有连续道路照明的情况下，也可以省略。在其他类型的道路上，可选择性地使用轮廓标。

4.3 交通标志

MUTCD 为数以百计的不同标志的使用提供了规范和指南，这些标志有多种用途。一般来说，交通标志分为三个主要类别：

- **禁令标志**（Regulatory signs）。禁令标志传达有关特定交通法规的信息。规定可能与路权、限速、车道使用、泊车或其他功能相关。
- **警告标志**（Warning signs）。警告标志用于告知驾驶人即将到来的风险，他们可能没有及时看到或发现这些风险，从而无法做出安全反应。
- **指路标志**（Guide signs）。指路标志提供有关路线、目的地和驾驶人可能寻求的服务的信息。

本章不可能涵盖所有交通标志和应用。接下来的章节将对各种类型的交通标志及其使用情况进行总体概述。

4.3.1 禁令标志

禁令标志用于告知道路使用者选定的交通法律或法规，并表明法规要求的适用性。

禁令标志应设置在法规适用的地方或附近。这些标志应清楚地表明法规的要求，其设计和安装应能提供足够的可视性（visibility）和可识性（legibility），以获得遵守[1]。

驾驶人应了解一般的交通法规，如交叉口的基本通行路权规则和州机构规定的速度限制。然而，在不能指望驾驶人了解适用法规的所有情况

下，都应使用禁令标志。

除了一些特殊的标志，如"STOP"和"YIELD"标志，大多数禁令标志都是矩形的，垂直方向是长边。有些禁令标志是方形的，它们主要使用符号而不是图例来传递信息。符号标志的使用通常符合 1971 年联合国交通安全会议最初确定的国际惯例。除少数例外情况，禁令标志的背景颜色为白色，而图例或符号为黑色。在符号标志中，一个有斜杠的红圈表示禁止该符号所描述的机动。

MUTCD 包含了许多关于禁令标志适当尺寸的标准，于此不再赘述。

影响通行权的禁令标志

这一类禁令标志有特别的设计，反映了当忽视此类标志时面临的极端风险。这些标志包括在交叉口和非信控人行横道上分配通行路权的"STOP"和"YIELD"标志，以及指示方向的"WRONG WAY"（错路/逆向）和"ONE WAY"（单向通行）标志。"STOP"和"YIELD"标志有独特的形状，它们使用红色背景颜色来表示危险。"WRONG WAY"标志也使用红色背景。图4.8展示了这些标志。

在使用多向"STOP"控制的情况下，将"All Way"（全向）面板安装在"STOP"标志的下方。

第 15 章详细介绍和讨论了在交叉口使用"STOP"和"YIELD"标志的依据。

速度限制（限速）标志

在保证交通安全和效率方面，关键问题之一是设定适当的速度限制。为确保有效，速度限制必须传达给驾驶人，并应充分执法以促成普遍遵守。有许多不同类型的速度限制可供实施。

- 沿线速度限制（Linear speed limits）
- 全区（法定）限速 [Areawide（statutory）speed limits]

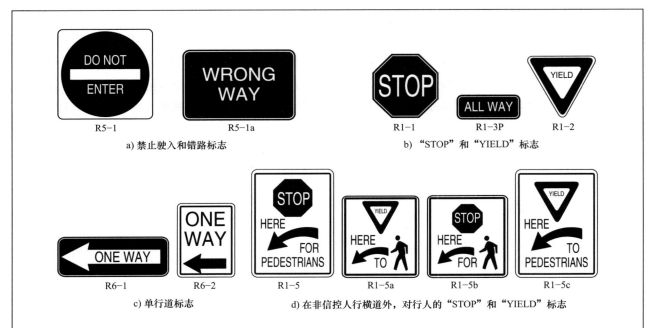

a) 禁止驶入和错路标志   b) "STOP"和"YIELD"标志

c) 单行道标志   d) 在非信控人行横道外，对行人的"STOP"和"YIELD"标志

图 4.8 影响通行路权的禁令标志

资料来源: *Manual of Uniform Traffic Control Devices*, Federal Highway Administration, Washington, D.C., 2009, as revised through May 2012, Figs 2B-1, 2B-2, 2B-11, and 2B-13, pgs 51, 55, 75, and 78.

- 夜间限速（Night speed limits）
- 卡车限速（Truck speed limits）
- 最低限速（Minimum speed limits）

速度限制通常以美制单位（mile/h）来表示，尽管有几个州继续使用米制单位（km/h）。限速必须以 5mile/h 为增量，比如说，限速 27mile/h 会违反 MUTCD 的规定。

连续速度限制适用于指定路段。标志的设置应使驾驶人在进入车行路时，在大约 1000ft 范围内看不到限速标志。这不是 MUTCD 的标准，但体现了美国的常规做法。

区域限速适用于指定区域内的所有道路（除非另有公告）。州级法定限速就是这种规定的一个例子。城市、乡镇和其他地方政府也可以颁布法令，在其管辖范围内规定速度限制。全区限速应设置在进入管辖区边界的每一个设施上，为其设立限速。这种设置是由 MUTCD 规定的。在实行区域限速的地方，应在标志的下方设置面板，说明限速适用的区域类型。

"减速"或"前方限速区"标志应在工程判断表明需要警告驾驶人降低限速以遵守规定的情况下使用。但是，在使用该标志时，必须在适用减速限制的路段的开始处设置限速标志。

请参考第 31 章关于在公路或路段上建立适当限速标准的讨论。

图 4.9 展示了各种常用的速度标志。大多数标志采用白底黑字形式，而夜间限速标志采用相反形式——黑底白字。

流向的禁令标志

在禁止右转、左转和 / 或调头，甚至是直行的地方，要使用图 4.10 所示的一个或多个流向禁令标志。在这个类别中，国际符号标志是首选。习惯上是将带斜杆的红色圆圈放在要禁止的流向的箭头上。

b) 区域限速的辅助标志牌

图 4.9　限速标志

资料来源：*Manual of Uniform Traffic Control Devices*, Federal Highway Administration, Washington, D.C., Dec. 2009, as revised through May 2012, Fig 2B-3, pg 57.

如图 4.11 所示，双向左转车道标志必须辅以此类车道的适当标记，如前所述。潮汐车道标志必须作为置顶标志（Overhead Signs）[⊖] 发布，置于潮汐车道之上。路侧标志可作为对置顶标志的补充。在标志可能不足以确保潮汐车道安全运行

的情况下，应使用置顶信号灯。

泊车控制标志

路缘泊车控制是城市路网管理中比较关键的一方面。商业区的经济活力往往取决于充分和方便的路边和路外泊位的供应。同时，路缘泊车 / 路边泊车[⊖]（curb parking）往往会干扰交通，并占用行车道的空间，而这些空间本来可以用来为流动的交通提供服务。第 12 章详细介绍了泊车问题和方案。路缘泊车的规定必须有明确标志，严格执法往往是达成广泛遵守的必要条件。

在处理泊车规定和其适当的标志时，必须理解以下三个术语：

- 泊车（Parking）。"泊车"的车辆是指位于路缘的静止车辆，发动机不运转。驾驶人是否在车内与此定义无关。
- 临停（Standing）。"临停"的车辆是指位于路缘的静止车辆，发动机运转，驾驶人在车内。

图 4.10　流向禁令标志

资料来源：*Manual of Uniform Traffic Control Devices*, Federal Highway Administration, Washington, D.C., 2009, as revised through May 2012, Fig 2B-4, pg 60.

⊖　强调标志位于车道正上方，驾驶人抬头可见。——译者注
⊖　Curb Parking，一般指在车行路的一侧泊车，译作"路缘泊车"或"路边泊车"，有别于"路侧泊车"（off-street 的一种）。——译者注

a) 标准车道使用控制标志摘选

b) 车道使用可选控制标志示例

c) 可变车道控制标志示例

d) 双向左转车道标志

图 4.11 车道使用控制标志

资料来源：*Manual of Uniform Traffic Control Devices*, Federal Highway Administration, Washington, D.C., 2009, as revised through May 2012, Figs 2B-4 and 2B-6, pgs 60 and 65.

• 停车（Stopping）。"停车"的车辆是指在路缘短暂停留以接载或放下乘客的车辆。车辆在完成接载或放下乘客后立即继续前进，驾驶人不离开车辆。

在法律方面，大多数司法管辖区都保持一个共同的禁止标准。"禁止停车"（No Stopping）是指禁止停车、临停和泊车。"禁止临停"（No Standing）是指禁止临停和泊车，但允许停车。"禁止泊车"（No Parking）是指禁止泊车，但允许临停和停车。

泊车条例也可以用禁止或允许的方式来说明。当一个标志表示禁止时，使用白底红字。如果标志显示的是允许的情况，则使用白底绿字。图 4.12 展示了各种常用的泊车控制标志。

泊车标志必须精心设计和放置，以确保大多数驾驶人能理解这些通常很复杂的规定。MUTCD 建议在泊车控制标志上按从上到下的顺序提供以下信息：

• 限制或禁止（或在使用允许性标志的情况下的允许条件）。

• 一天中适用的时间（若不是全天）。

• 一周内适用的天数（若不是每天）。

泊车控制标志应始终放在限制区的边界，并根据需要放在中间位置。在泊车限制发生变化的地方，应该在一个立柱上放置两个标志，每个标志都有一个箭头指向适用的方向。在实行全区限制的情况下，应在所有进入限制区的街道上设置限制标志。

在大多数地方管辖区，泊车条例的变化必须通过当地报纸和/或其他媒体提前报道，和/或在整个受影响的地区张贴海报，警告这一变化。例如，在没有充分的预先警告的情况下，先设置新的夜间泊车限制，然后对现在非法泊车的车辆开

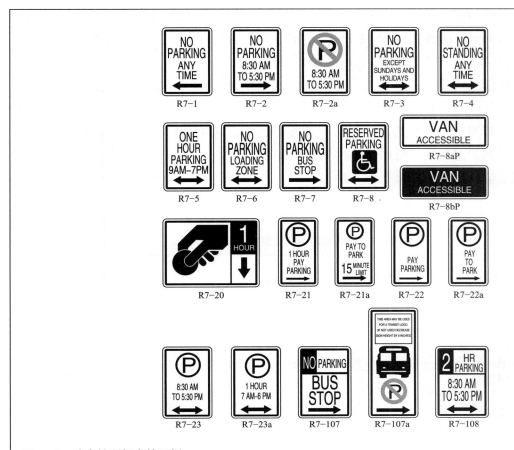

图 4.12 泊车控制标志的示例

资料来源: *Manual of Uniform Traffic Control Devices*, Federal Highway Administration, Washington, D.C., 2009, as revised through May 2012, Fig 2B- 24 and 2B-25, pgs 88 and 90.

具罚单或清理，是不合适的。

其他禁令标志

MUTCD 为 100 多个不同的禁令标志提供了标准和指南。本节已经讨论了一些最常用的标志，但它们只是众多此类标志中的一些例子。随着新类型法规的出台，新的标志也在不断发展。请直接查阅 MUTCD，了解更多的禁令标志及其应用。

4.3.2 警告标志

在公路、街道或对公众开放的私人道路上或其附近，警告标志提醒人们注意存在意外情况，以及道路使用者可能不容易发现的情况。警告标志提醒道路使用者注意可能需要降低速度或采取有利于安全和高效交通运行的行动的情况[1]。

大多数警告标志是菱形的，黄色背景上有黑色的文字或符号。人们正在将一种新的荧光绿色背景引入到涉及行人和自行车横穿道路以及学校交叉口的警告标志中。"禁止超车区"标志采用的是三角形，与双向双车道远郊公路上的超车限制一起使用。长方形用于一些箭头指示。圆形用于铁路交叉口警告。

MUTCD 规定了不同类型设施上各种警告标

志的最小尺寸。对于标准的菱形标志，最小尺寸为 30in×30in 至 36in×36in。在自由流公路上，许多标志必须是 48in×48in。在合理的情况下，可以使用 60in×60in 的超大标志。

MUTCD 指出，警告标志只能在工程调研的基础上使用，或基于工程判断。虽然这是一个相当宽松的要求，但它强调了避免过度使用这种标志的必要性。警告标志应该只用于提醒驾驶人注意通常情况下他们自己无法辨别的情况。过度使用警告标志会造成驾驶人忽视它们，这可能会导致危险情况。

在使用时，警告标志必须放置在风险出现之前足够远的地方，以使驾驶人有足够的时间进行必要的调整。表 4.1 给出了两种情况下的建议前置距离，定义如下。

表 4.1 警告标志的前置距离

发布限速或第85百分位速度	前置距离[1]									
	条件 A：在大交通流中减速或变换车道[2]	条件 B：减速到表中建议速度值（mile/h）								
		0[3]	10[4]	20[4]	30[4]	40[4]	50[4]	60[4]	70[4]
20mile/h	225ft	100ft[6]	N/A[5]	—	—	—	—	—	—
25mile/h	325ft	100ft[6]	N/A[5]	N/A[5]	—	—	—	—	—
30mile/h	460ft	100ft[6]	N/A[5]	N/A[5]	—	—	—	—	—
35mile/h	565ft	100ft[6]	N/A[5]	N/A[5]	N/A[5]	—	—	—	—
40mile/h	670ft	125ft	100ft[6]	100ft[6]	N/A[5]	—	—	—	—
45mile/h	775ft	175ft	125ft	100ft[6]	100ft[6]	N/A[5]	—	—	—
50mile/h	885ft	250ft	200ft	175ft	125ft	100ft[6]	—	—	—
55mile/h	990ft	325ft	275ft	225ft	200ft	125ft	N/A[5]	—	—
60mile/h	1100ft	400ft	350ft	325ft	275ft	200ft	100ft[6]	—	—
65mile/h	1200ft	475ft	450ft	400ft	350ft	275ft	200ft	100ft[6]	—
70mile/h	1250ft	550ft	525ft	500ft	450ft	375ft	275ft	150ft	—
75mile/h	1350ft	650ft	625ft	600ft	550ft	475ft	375ft	250ft	100ft[6]

注：1. 条件 A 的距离是按 180ft 的标志视认距离调整的。条件 B 的距离是按 250ft 的标志视认距离调整的，这对一个排列整齐的警告符号标志来说是合适的。对于条件 A 和 B，图例小于 6in 或超过 4 个词的警告标志，应在前置距离上至少增加 100ft，以提供读取警告标志的足够时间。

2. 典型的情况是，由于复杂的驾驶情况，道路使用者必须用额外的时间来调整速度和在繁忙的交通中变换车道的位置。典型的标志是合流和右车道终止。其距离是通过为驾驶人提供 14.0～14.5s 车辆机动的 PRT（2005 年 AASHTO 政策，图 3-3，决策视距，规避机动 E）减去相应标志的视认距离 180ft 来确定的。

3. 典型情况是对潜在的停车情况的警告。典型的标志是前方 STOP、前方 YIELD、前方信号灯和交叉口警告标志。这些距离是根据 2005 年 AASHTO 政策，附表 3-1，停车视距，提供 2.5s 的 PRT，11.2ft/s² 的减速度，减去 180ft 的标志视认距离。

4. 典型状况是指道路使用者必须降低速度以通过警告状况的地点。典型的标志是转向、弯道、回头弯或回头曲线。该距离是通过提供 2.5s 的 PRT，10ft/s² 的车辆减速度，减去 250ft 的标志视认距离来确定的。

5. 没有为这些速度提供建议的距离，因为设置位置取决于现场条件和其他标志。路线警告标志可以放置在从弯道点到弯道前 100ft 的任何地方。但是，线形警告标志应安装在弯道的前方，并与其他标志相距至少 100ft。

6. 最小的前置距离为 100ft，以提供标志之间的足够间距。

资料来源：*Manual on Uniform Traffic Control Devices*，Federal Highway Administration，Washington，D.C.，2009，as revised through May 2012，Table 2C-4，pg 108.

条件 A：高度依赖于判断。适用于由于复杂的驾驶情况，道路使用者必须用额外的时间来调整速度和在繁忙的交通中变换车道。典型的应用是合流的警告标志，车道减少，以及类似的情况。假设感知 – 反应时间为 6.7 ~ 10.0s，再加上每个所需机动的 4.5s。

条件 B：减速到该条件下的建议速度。适用于道路使用者必须减速到规定的建议速度才能安全通过危险地点的情况。假设感知 – 反应时间为 1.6s，减速度为 10ft/s^2。

在所有情况下，根据标志设计标准，假设标志视认距离为 250ft。

对于通过危险区域的建议速度，通过补充板表述建议速度的做法，正在被直接在警告标志上标明速度的做法取代。建议速度是通过危险区域的建议安全速度，基于对该地点的工程调研决定。虽然没有具体的指南，但通常的做法是，只要通过危险区的安全速度比发布速度或法定速度限制低（速度差≥ 10mile/h），就会设置一个建议速度。

警告标志用于告知驾驶人各种潜在的危险情况，包括以下情况：

- 平面线形的变化（Changes in horizontal alignment）。
- 交叉口（Intersections）。
- 控制设施的预告（Advance warning of control devices）。
- 交通车道合流（Converging traffic lanes）。
- 车行路狭窄（Narrow roadways）。
- 道路设计的变化（Changes in highway design）。
- 坡度（Grades）。
- 路面状况（Roadway surface conditions）。
- 铁路交叉口（Railroad crossings）。
- 出入口和横穿处（Entrances and crossings）。
- 杂项（Miscellaneous）。

图 4.13 展示了这些类别的部分警告标志示例。

虽然这里没有展示，但 MUTCD 在手册的特殊章节中包含了其他与工作区、学校区和铁路交汇处有关的警告标志。从业者宜直接查阅 MUTCD 的这些章节，以了解有关这些特殊情况的更多具体信息。

4.3.3 指路标志

指路标志向道路使用者提供有关目的地、可用服务和历史 / 休闲设施的信息。它们有一个特别目的，即熟悉或经常使用某条路线的驾驶人一般不需要使用它们；但是，它们为不熟悉的道路使用者提供关键信息。它们具有重要的安全功能：在接近路口或其他决策点时，陷入困惑的驾驶人是一个很大的风险。

指路标志是长方形的，水平方向是长边，有白色的字体和边框。底色因标志上包含的信息类型而不同。方向或目的地信息标志是绿色底板；服务信息标志是蓝色底板；文化、历史和 / 或休闲信息标志是棕色底板。包括在这个类别中的路径标识，根据路线的类型和管辖范围，有不同的形状和颜色。

MUTCD 为三种类型的设施提供了指路标志信息：普通道路、自由流公路和快速路。指路标志与其他类型的标志有些不同，除非引起混淆，否则过度使用一般不至于导致严重的问题。信息的明确性和一致性是指路标志最重要的方面。可适用的几个总体原则：

- 如果一条路线服务于多个目的地，则应列出其中最重要的目的地。因此，一条为费城和几个较小的郊区提供服务的公路应始终将费城作为主要目的地。
- 任何指路标志都不应该在一个标志上列出四个以上的目的地。到 2000 年为止，限制是三个，除非在特殊情况下，这仍应被视作一个实际的最大限值。这一点与第一条原则相结合，使得选择优先目的地成为有效指路标志的关键部分。

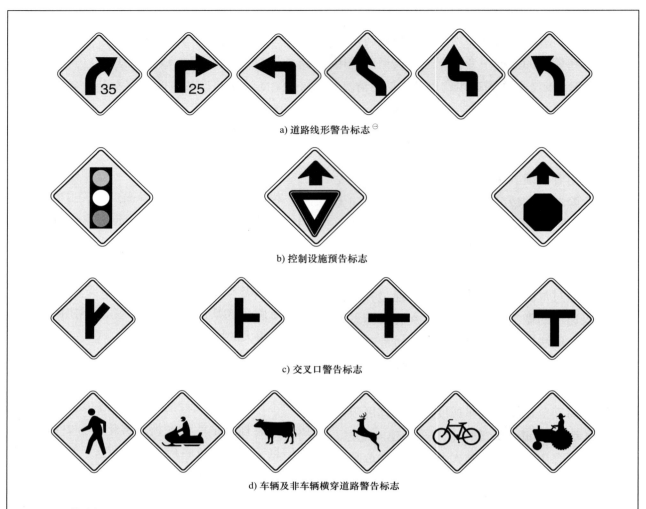

a) 道路线形警告标志 ⊖

b) 控制设施预告标志

c) 交叉口警告标志

d) 车辆及非车辆横穿道路警告标志

图 4.13　警告标志的示例

资料来源：*Manual on Uniform Traffic Control Devices*, Federal Highway Administration, Washington, D.C., 2009, as revised through May 2012, Figs 2C-1, 2C-6, 2C-9, 2C-10, and 2C-11, pgs 109, 121, 127,129, and 130.

- 如果道路同时有名称和路线编号，在空间允许的情况下，两者都应在标志上注明。在只能列出一个的情况下，路线编号优先。道路地图和现代导航系统将路线编号显示在显眼位置，而不是所有的设施名称都包括在内。因此，不熟悉的驾驶人更有可能知道路线编号而不是道路名称。

- 只要有可能，就应该提前预告重要的交汇处。这在普通道路上比较困难，因为那里的交汇可能很频繁，而且间距很小。在自由流公路和快速路上，这一点至关重要，因为接近速度高，使得提前知晓即将到来的交汇处成为重要的安全问题。

- 必须竭尽全力避免导致驾驶人困惑。标志的排序应该是合理的，应该自然地引导驾驶人选择所需的路线。应尽可能避免重叠的顺序。在左侧出口和其他不寻常的交汇设施处应该非常小心

⊖　FHWA 发布的 2023 年版 MUTCD 中，该标志又有变化，取消了建议速度。——译者注

地设置标志。

- 指路标志的大小、位置和字体有很大不同，手册中给出了许多选项的信息。一些现场的具体条件会影响这些设计元素，与其他类型的道路标志相比，有更多的自由度和选择。这些信息应直接查阅 MUTCD。

路径标识（Route Markers）

图 4.14 展示了所有编号道路上使用的路径标识标志。这些标志有特别的设计，标志着所涉及的路线类型。

州际商业环线路径标识　　州际公路路径标识　　州级路径标识　　国家公路路径标识（白盾）

县级路径标识　　国家公园和/或国家森林路径标识

图 4.14　路径标识图示

资 料 来 源：*Manual of Uniform Traffic Control Devices*, Federal Highway Administration, Washington, D.C., Dec. 2009, as revised through May 2012, Fig 2D-3, pg 143.

- 州际公路标识的标志有一个特别的盾牌形状，红色和蓝色的背景与白色的字体。同样的设计也用于指定的"商业环线"。这种环线一般是指不属于州际系统的主要公路，但从州际系统的一个交汇处为一个城市的商业区服务。

- 国家公路路径标识的标志由白色盾牌上的黑色数字组成，该盾牌放置在一个黑色背景的方形标志上（白盾公路）。

- 州级路径标识的标志由各州自行设计，因此各州之间不同。

- 县级路径标识的标志遵循标准设计，蓝色背景上有黄色字体，形状独特。将县的名称放在路径标识上。

- 国家公园和 / 或国家森林中的路线也有一个独特的形状，棕色背景上有白色字体。

路径标识可由各种方向指示或其他特殊用途的面板来补充。特殊用途的面板包括 JCT、ALT 或 ALTERNATE、BY-PASS、BUSINESS、TRUCK、TO、END 和 TEMPORARY。辅助面板与它们所补充的标志的颜色一致。

路径标识是方向指引的一个重要部分，特别是对于有编号的地表设施（Surface facilities）[⊖]。这些道路经常穿过当地的城镇和开发区，在经过时成为当地道路系统的一部分。在许多情况下，一条编号的路线可能与其他编号的路线重叠在一起，当驾驶人沿着编号的路线在发达地区行驶时，可能需要转弯。在这些情况下，用各种类型的路径标识组件（Route marker assemblies）来辅助引导驾驶人[⊜]。

⊖　这里指道路，Surface facilities 泛指除航空以外的地表运输模式。——译者注
⊜　所谓组件，是指为达成某个目的而设置的一组标志。——译者注

- **交汇处组件（Junction Assembly）**。表示即将与另一条编号路线相交的交叉口。

- **提前转向组件（Advance Turn Assembly）**。表示必须在即将到来的交叉口转向，才能继续沿着编号路线行驶。

- **方向指引组件（Directional Assembly）**。表示在编号路线的交叉口必须转向，以保持路线的连续性。

- **信息确认组件（Confirmation Assembly）**。在交叉口后使用，向驾驶人确认他／她正处于适当的路线上。

- **寻路组件（Trailblazer Assembly）**。用在通往编号路线的非编号路线上。在美国，这些类型组件的使用和其他有关编号路线系统的细节将在第 31 章中介绍。

目的地标志——常规道路

目的地标志在常规道路上用于标明与沿线重要目的地的距离，并标明关键的交叉口或立交。在常规道路上，目的地标志在绿色背景上使用全大写的白色图例。在目的地的右侧可以用英里数标明到指定目的地的距离。

目的地标志一般用于国家或州级编号路线与州际、国家、州级编号路线的交叉口，或构成通往此类编号路线一部分的交汇处。距离标志通常放置在与编号路线的主要交汇点之后离开市镇的重要路线上。

建议在所有郊区和城市路口以及远郊地区的主要路口设置地方街道名称标志。将地方街道名称标志归类为常规的道路目的地标志。

图 4.15 展示了部分此类标志。

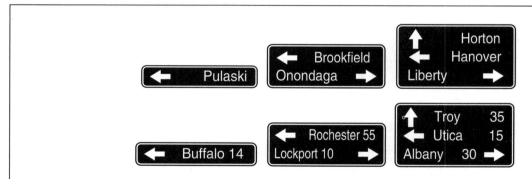

图 4.15　常规道路的目的地标志

资料来源：*Manual of Uniform Traffic Control Devices*, Federal Highway Administration, Washington, D.C., 2000, as revised through May 2012, Fig 2D-7, pg 155.

目的地标志——自由流公路和快速路

自由流公路和快速路的目的地标志是相似的，尽管在 MUTCD 中对尺寸和位置有不同的要求。它们在一些方面与常规道路指路标志不同。

- 目的地用大写字母和小写字母表示。

- 有编号的路线是通过在指路标志上加入适当的标记类型来表示的。

- 出口编号作为辅助面板，位于指路标志的右上角或左上角（表示出口在哪一侧）。

- 在主要交汇处，指路标志上可以使用图形元素。

对于常规道路，经常用距离标志来指示到沿线重要目的地的里程。快速路上的每一个立交处和每一个重要的平面交叉口都广泛使用预告标志，以及在交汇处的自身标志。

立交之间的距离对指路标志有很大影响。当立交相距甚远时，预告指路标志可以放置在离立交 5mile 或更远的地方，并且在接近立交时可能会重复几次。

在城市和郊区，立交之间的距离很近，要布

置预告标志就比较困难。预告标志通常只提供有关下一个立交的信息，以避免标识序列重叠造成的混乱。唯一的例外是表示到后续几个立交的距离标志。因此，在城市和郊区，立交间距较小时，下一个立交的预告标志应放置在前一个立交的最后一个出口匝道处。

在自由流公路和快速路的目的地标志中，使用了各种各样的标志类型，图4.16展示了其中的几种。

a) 出口预告标志　　　　b) 三角区出口标志　　　　c) 直通标志

图4.16　自由流公路和快速路目的地标志示例
资料来源：*Manual of Uniform Traffic Control Devices*, Federal Highway Administration, Washington, D.C., 2009, as revised through May 2012, Figs 2E-1, 2E-2, 2E-5, pgs 184, 196.

图4.16a展示了一个典型的出口预告标志。根据整体标志方案将这些标志放置在远离立交的不同距离上。出口预告标志的数量和位置主要取决于立交的间距。将图4.16b中的三角区出口标志放置在三角区，是与特定匝道连接相关的最后一个标志。这种标志通常安装在"碰即落"标志杆⊖上，以避免对误入三角区的车辆造成严重损害。图4.16c中的"直通"标志主要用于城市或其他有密集立交的区域。它一般安装在出口方向标志旁的置顶支架（Overhead Supports）⊜上。它为打算继续在自由流公路上行驶的驾驶人强化了方向。第31章对自由流公路、快速路和常规道路的指路标志有更详细的讨论。

服务指路标志

驾驶人需要的另一种重要信息是对各种出行服务的指示。驾驶人，特别是那些对所在地区不熟悉的驾驶人，需要能够很容易地找到燃料、食物、住宿、医疗援助及类似服务。MUTCD规定了各种标志，都使用蓝色背景上的白色图例和符号，以传达此类信息。在许多情况下，用符号来表示可用的服务类型。在自由流公路上，使用文字信息的大型标志可与出口编号辅助板一起使用。大量信息是由自由流公路标志提供的，这些标志表明了可用服务的实际品牌名称（燃料公司、餐馆名称等）。图4.17展示了一些为驾驶人提供服务信息的标志。

对于具体服务指路标志，有一些准则。不包括距离自由流公路立交3mile以外的服务。在驾驶人不能轻易在立交重新进入自由流公路的地方，不显示具体服务。

所列的具体服务也必须符合一些关于营业时间和提供的具体功能的标准。所有列出的服务也必须符合所有联邦、州和地方有关其运营的法律和法规。关于这些要求的细节，请直接查阅MUTCD。

常规道路上的服务指路标志与图4.17相似，但不使用出口编号或辅助出口编号面板。

休闲性和文化性指路标志

有关历史、休闲和／或文化兴趣区或目的地的信息是由棕色背景上的白色图例和／或符号的

⊖　"碰即落"标志杆（Breakaway sign posts），指一种具有特殊结构的标志杆，其杆体上设有"薄弱结构"，受车辆撞击时会先行屈服折断，以避免因杆体强度过高导致人员受伤或减轻人员伤害程度。

⊜　"置顶支架"指让标志位于头顶上方的支撑方式，多为门架，有时大悬臂亦可实现。——译者注

标志提供的。符号是用来描述活动类型的，但也可以使用带有文字信息的大型标志。图4.18展示了这些标志的一些例子。MUTCD列出了许多可接受的符号，应直接查阅这些符号的说明。

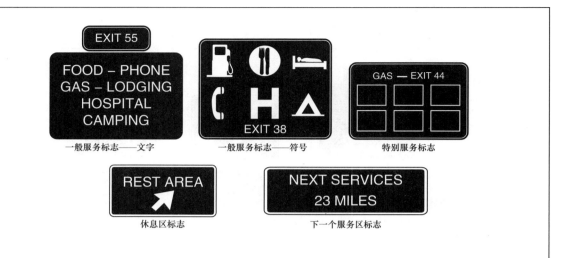

图 4.17　服务指路标志示例

资料来源：*Manual on Uniform Traffic Control Devices*, Federal Highway Administration, Washington, D.C., 2009, as revised through May 2012, Figs 2I-2, 2I-3, 2I-5, 2J-1, pgs 302, 304, 307, 314.

图 4.18　休闲和文化目的地标志

资料来源：*Manual of Uniform Traffic Control Devices*, Federal Highway Administration, Washington, D.C., 2009, as revised through May 2012, Figs 2M-1, 2M-2, pgs 333 and 334.

里程牌

里程牌是 6in × 9in 的垂直绿底白字小板，显示指定路线上的里程数。提供这些标志是为了让驾驶人估计他 / 她沿途的进程，并为事故报告和沿途可能发生的其他紧急情况提供一个定位系统。在一个州内，距离编号是连续的，"零"开始于南部或西部的州界，或在路线开始的最南端或最西端的交汇处。在路线重叠的地方，只有其中一条路线的里程牌是连续的。在这种情况下，重叠部分以外的第一个里程牌应标明未连续编号和立牌的路线的总里程数。在一些自由流公路上，每隔 0.1mile 就有一个标志，以实现更精确的定位系统。图 4.19 说明了典型的里程牌。

图 4.19　典型的里程牌

资料来源：*Manual on Uniform Traffic Control Devices*, Federal Highway Administration, Washington, D.C., 2009, as revised through May 2012, Fig. 2H-2, pg 295.

4.4　交通信号灯

MUTCD 定义了九种类型的交通信号灯。

- 交通控制信号灯
- 行人信号灯
- 紧急车辆交通控制信号灯
- 单车道、双向设施的交通控制信号灯
- 自由流公路入口匝道的交通控制信号灯
- 可开启桥梁的交通控制信号灯

- 车道使用控制信号灯
- 闪烁信标
- 车行道路面指示灯

其中最常见的是交通控制信号灯，用于繁忙的交叉口，指挥交通交替停止和通行。

4.4.1　交通控制信号灯

交通信号灯是交通工程师可利用的最复杂的交通控制设施形式。

MUTCD 规定了以下内容：

- 信号灯显示的物理标准，包括透镜尺寸、颜色（特定的颜料）、单个信号灯头内透镜的排列、交叉口内信号灯头的排列和位置、可视性要求等。
- 授权使用的各种指示的定义和含义。
- 配时和相序限制。
- 维护和运行标准。

关于交通信号灯的运行，有两个重要标准（要求）：①交通控制信号灯必须一直处于运行状态；②除非交通控制信号灯一直处于红灯闪烁状态，否则不得将"STOP"标志与之结合使用。

任何交通信号灯都不应该是"黑暗"的，也就是说，不显示任何指示。这对驾驶人来说是特别混乱的，并可能导致事故。在大多数州，信号灯处于黑暗模式时发生的任何事故，都由信号灯运行机构负法律责任。当信号灯无法使用时，应将信号灯头装袋或取下，以避免这种混乱。在停电的情况下，应该由警察或其他授权机构来指挥所有信号灯处的交通。

第二条原则沿袭惯例——在夜间关闭信号灯，并在这些时间内使用"STOP"标志控制。问题是在白天，驾驶人可能会遇到绿色信号和"STOP"标志。于是，大家认为不能再这样用，因为非常混乱。在使用"STOP"标志的同时，长时间红灯闪烁是可以的，因为红灯闪烁与"STOP"标志的法律解释是一致的。

信号灯（设置）依据

交通信号灯，如果在适当的地点正确安装和运行，就可以提供一些重要的好处：

- 通过适当的物理设计、控制措施和信号灯配时，关键交叉口的容量得以提高。
- 对于某些类型的交通事故，包括直角碰撞、转向碰撞和行人相关事故，事故的频率和严重程度都会降低。
- 如果协调得当，信号灯可以在有利的交通条件下以指定的速度沿干道提供几乎连续的交通流向。
- 在繁忙的交通流中提供了中断，以允许车辆和行人安全地通过。

同时，误用或设计不当的信号灯会造成过度的延误，违反信号灯的规定，增加事故（尤其是追尾事故），以及驾驶人会改变出行路线到不太合适的路线。

MUTCD 为交通控制信号灯的使用提供了非常具体的依据。由于信号灯的成本非常高（相对于其他控制设施而言）以及错误使用信号灯所带来的负面影响，这些依据比其他设施的依据要详细得多。因此，MUTCD 明确规定，只有在工程调研表明一个或多个特定的依据已经得到满足，并且信号灯的应用将改善交叉口的安全和/或容量的地方，才可以安装交通控制信号灯。MUTCD 还进一步指出，如果研究表明，现有的信号灯不符合任何依据，则应将其拆除，并以较弱的控制形式取代。

MUTCD 详细说明了九种不同的依据，其中任何一种依据都可能表明安装交通控制信号灯是合适的。第 15 章包含了对这些依据的详细处理及其应用，作为确定任何特定情况下适当的交叉口控制形式的整体过程的一部分。

信号灯指示

MUTCD 详细定义了每个交通控制信号灯的含义。现将这些定义的基本思路汇总如下。

- **圆形绿灯**。长亮圆形绿色信号灯允许面向圆灯的车辆进入交叉口直行，或右转或左转，除非车道使用控制或物理设计禁止。转向车辆必须将通行路权让给对向直行车辆和在冲突的人行横道上的合法行人。在没有行人信号灯的情况下，行人可在任何有法律标志或无标志的人行横道内继续横穿道路。
- **圆形黄灯**。长亮圆形黄色信号灯是圆形绿灯和圆形红灯信号之间的过渡。它警告驾驶人，相关的绿灯信号流向正在终止，或即将出现红灯信号。在大多数州，允许驾驶人在"黄灯"点亮期间合法进入交叉口。有些州只允许驾驶人确认他们能在"黄灯"终止前通过路口，才能在"黄灯"时进入。然而，这对驾驶人来说是非常困难的，因为他们并不知道"黄灯"何时结束。在没有使用行人信号灯的地方，行人不能在"黄灯"信号期间开始穿过道路。
- **圆形红灯**。长亮圆形红色信号灯要求所有面对它的交通（车辆和行人）在停止线、人行横道线（如果没有停止线）或在冲突的行人路径（如果没有人行横道或停止线）上停止。所有州都允许右转车辆在停车后谨慎行进，除非有标志或法规特别禁止。有些州允许从一条单行道转入另一条单行道的左转车在停车后谨慎行进，但这并非普遍的法规。
- **闪烁的圆形灯**。闪烁的"黄灯"允许车辆谨慎地通过路口。闪烁的"红灯"与"STOP"标志的含义相同——驾驶人在完全停止后可以谨慎地前进。禁止使用闪烁的"绿灯"，它没有任何含义。
- **箭头指示**。绿色、黄色和红色箭头信号的含义与圆形信号相同，但它们只适用于箭头所指定的流向。绿色左转箭头仅用于指示保护左转

（即在绿色箭头上进行的左转不会遇到对向直行车辆）。但是，这些车辆可能会遇到在冲突的人行横道上的合法行人，必须让行。只有当冲突的人行横道上没有合法行人时，才会显示绿色的右转箭头。黄色箭头警告驾驶人，绿色箭头即将终止。在保护左转和／或右转流向后有允许的流向时，黄色箭头后可有圆形绿灯指示。允许"左转"是在对向车辆流中进行的。允许"右转"是针对有冲突的行人流进行的。随后是一个红色箭头（或圆形红灯），该流向必须停止。

MUTCD 对如何以及何时应用各种指示的顺序和组合进行了更详细的讨论。

信号面和可视性要求

一般来说，一个信号面（Signal faces）应该有 3 ~ 5 个信号灯头，在一些例外情况下允许显示第六个。规定了两种灯头尺寸：8in 直径和 12in 灯头。MUTCD 现在强制要求所有新安装的信号灯使用 12in 的灯头，除非是作为仅供行人使用的补充信号灯，或用于间距很近的交叉口，不能有效地使用可视性防护罩。

有几个其他特殊情况也是允许使用 8in 灯头的，请直接查阅 MUTCD 的内容。现有装置的 8in 灯头可在其有用的服务年限内保持原位。如果需要更换，则必须更换成 12in 的灯头。

表 4.2 展示了信号面所需的最小视距。表 4.3 展示了在限速或第 85 百分位速度超过 45mile/h 的情况下，必须为每个接近段的主要流向提供的最小信号面数量。即使主要流向是转向流向，这些也适用。这一要求在灯泡发生意外故障时提供了某种程度的冗余。

在批准的选项中还限制了信号灯面上的灯头排列方式。一般来说，圆形红灯必须在垂直信号面的顶部或水平信号面的左侧，其次是圆形黄灯和圆形绿灯。当箭头指示与圆形指示在同一信号面上时，它们位于垂直显示的底部或水平显示的右侧。图 4.20 展示了一些最常用的灯头排列。MUTCD 中详细讨论了各种信号面设计的适用性。

表 4.2　信号面的最小视距

第 85 百分位速度 /（mile/h）	最小视距 /ft
20	175
25	215
30	275
35	325
40	390
45	460
50	540
55	625
60	715

注：本表中的距离是根据停车视距加上较短周期（60 ~ 75s）的假定排队长度得出的。

资料来源：*Manual on Uniform Traffic Control Devices*，Federal Highway Administration，Washington，D.C.，2009，as revised through May 2012，Table 4D-1，pg 461.

表 4.3　主要流向的最小信号面数量

接近段直行车道数量	接近段直行车道信号面总数	接近段置顶的直行信号面的最小数量
1	2	1
2	2	1
3	3	2*
≥ 4	≥ 4	3**

注：* 始终要求至少有两个直行信号面（见 MUTCD 第 4D.11 节）。有时信号灯面数会大于建议值。具体请参见 MUTCD 第 4D.13 节中的视锥要求。

** 如果可能的话，所有建议的主要直行信号面的数量都应该位于头顶上方（置顶，Overhead）。

资料来源：*Manual of Uniform Traffic Control Devices*，Federal Highway Administration，Washington，D.C.，2009，as revised through May 2012，Table 4D-2，pg 361.

图 4.21 展示了信号面的首选位置。除非交叉口的物理设计不允许，否则主要流向所需的信号面中至少有一个必须位于停止线的 40 ~ 150ft 之间。水平位置应在接近段中心线的 20° 以内，面向正前方。

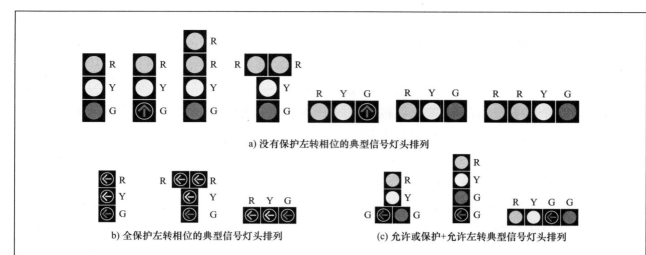

a) 没有保护左转相位的典型信号灯头排列

b) 全保护左转相位的典型信号灯头排列   (c) 允许或保护+允许左转典型信号灯头排列

图 4.20 典型的信号灯头排列方式

资料来源: *Manual on Uniform Traffic Control Devices*, Federal Highway Administration, Washington, D.C., 2009, as revised through May 2012, Figs 4D-2, 4D-8, and 4D-9, pgs 458, 469, and 470.

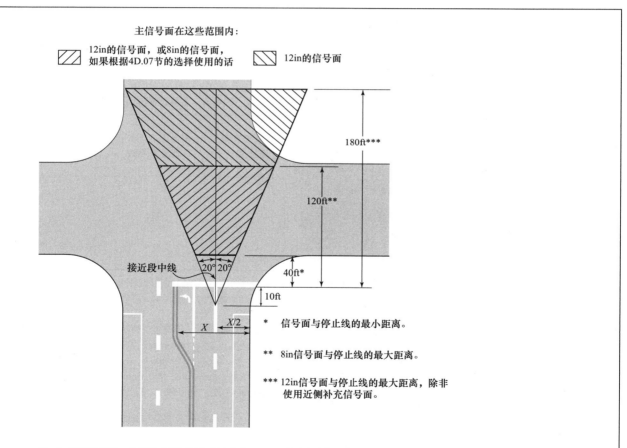

主信号面在这些范围内:

12in的信号面，或8in的信号面，如果根据4D.07节的选择使用的话   12in的信号面

180ft***

120ft**

接近段中线

20° 20°

40ft*

10ft

X   X/2

* 信号面与停止线的最小距离。

** 8in信号面与停止线的最大距离。

*** 12in信号面与停止线的最大距离，除非使用近侧补充信号面。

注: 1. 关于发布的、法定的或第85百分位速度为45mile/h或更高的接近段，见MUTCD的第4D.11节。
     2. 关于在有专用左转车道的接近段上，允许左转的信号灯面的位置显示为圆形绿色信号灯，见MUTCD的第4D.13节。

图 4.21 信号面的水平位置

资料来源: *Manual of Uniform Traffic Control Devices*, Federal Highway Administration, Washington, D.C., 2009, AS REVISED THROUGH May 2012, Fig 4D-4, pg 463.

图 4.22 说明了距停止线 40～53ft 的信号面的垂直放置标准。该标准规定了信号灯外壳顶部高于路面的最大高度。

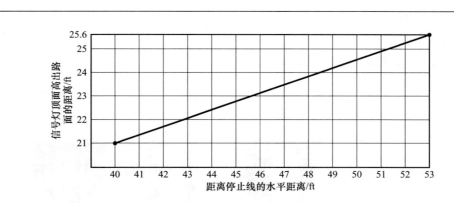

图 4.22　信号灯面的垂直位置
资料来源：*Manual of Uniform Traffic Control Devices*, Federal Highway Administration, Washington, D.C., 2009, as revised through May 2012, Fig 4D-5, pg 465.

不发光）。在夜间没有必要设置信号灯的情况下，信号灯必须以闪烁模式运行（一条街为"黄灯闪烁"，另一条街为"红灯闪烁"）。信号灯的运行也必须设计成即使在信号灯控制器进行维护或更换时也能保持闪烁运行。

在安装时，应给信号面套上袋子，使驾驶人明确感受到它们没有在运行。信号灯在安装后应尽快投入使用，这也是为了尽量减少对驾驶人可能造成的困惑。

灯泡维护是信号灯安全运行的一个关键部分，因为灯泡烧坏后会使信号灯表面在某些时段内显示为"黑暗"。必须有一个定期更换灯泡的时间表。通常在信号灯预期使用寿命的 75%～80% 时更换灯泡，以避免其烧坏的问题。其他故障可能会导致其他非标准的指示出现，尽管大多数控制器的程序是在大多数故障的情况下返回到闪烁模式。大多数信号机构与私营维修机

运行限制

交通控制信号灯的连续运行对安全至关重要。任何信号面都不应该是"黑暗"的（即灯头构签订合同，要求对任何报告的故障做出快速反应（15～30min）。该机构也可以在类似的规则下运作自己的维护小组。任何在信号灯故障期间发生的事故都会导致拥有管辖权的机构承担法律责任。

4.4.2　行人信号灯

MUTCD 现在强制要求使用符号行人信号灯，以取代旧的"WALK"和"DON'T WALK"标志设计：

- **步行的人（长亮）**。"WALK"信号是一个步行的人的符号，颜色为白色。这表示允许行人进入人行横道并开始穿过道路。
- **举起的手（闪烁）**。"DON'T WALK"信号是一只举起的手，颜色为波特兰橙色。在闪烁模式下，它表示行人不可以进入人行横道开始穿

过道路，但已经在穿过道路的人可以继续安全地通过。

- **举起的手（长亮）**。在长亮模式下，"举起的手"表示行人不可以开始穿过道路，也应该没有行人仍在人行横道上。

在 2000 年以前，闪烁的"WALK"指示的是一个选项，可以用来指示右转车辆可能与合法在人行横道上的行人发生冲突。现版 MUTCD 不允许有闪烁的"步行的人"有效地终止了这种做法。

图 4.23 展示了新的行人信号灯。注意，"举起的手"和"步行的人"这两个符号都应以实体图像形式显示。它们可以在单段式信号灯（Single-section signal）上水平排列，也可以在单段式信号灯上重叠设置，或者在两段式信号灯（two-section signal）上垂直排列。当不重叠时，"举起的手"位于左侧，或在这些显示中位于上部。在不发光的情况下，应该让人行横道远端的行人不会轻易看到这两个符号。

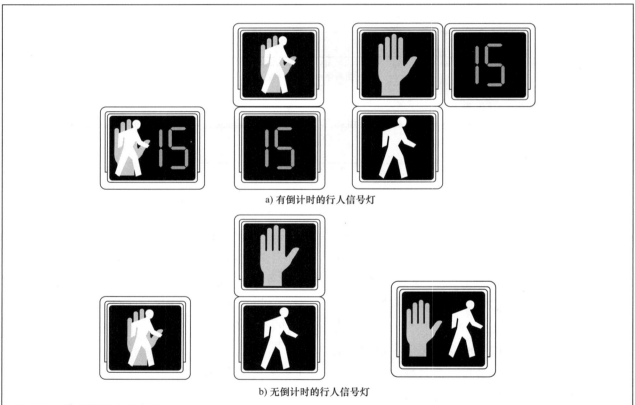

a) 有倒计时的行人信号灯

b) 无倒计时的行人信号灯

图 4.23   典型的行人信号灯

资料来源：*Manual of Uniform Traffic Control Devices*, Federal Highway Administration, Washington, D.C., 2009, as revised through May 2012, Fig 4E-1, pg 496.

行人信号灯可以使用或不使用"倒计时"。倒计时向行人显示在"WALK"和闪烁的"DON'T WALK"时段结束前还有多少秒。一般来说，它们能有效地减少在"DON'T WALK"时段内留在人行横道上的行人数量。倒计时最常与预配时机动车信号灯一起使用，因为只有知晓每个时段的结束时间才能确定还剩多少秒。

第 19 章和第 20 章讨论了行人信号灯在整个交叉口控制和运行方面的使用和应用。它们包括讨论何时何地在信控设计时必须纳入行人信号灯。

4.4.3　其他交通信号灯

MUTCD 对其他一些类型的信号灯的设计、布置和使用提供了具体的标准，包括以下几种。

- 信标灯（Beacons）
- 车行道路面指示灯（In-roadway lights）
- 车道使用控制信号灯（Lane-use control signals）
- 匝道控制信号灯（或匝道计量）（Ramp control signals（or Ramp meters））

信标灯通常用于识别危险或提醒人们注意重要的控制设施，如限速标志、"STOP"或"YIELD"标志或"DO NOT ENTER"标志。车道使用控制信号用于控制桥梁、隧道、街道和公路上的潮汐车道（Reversible lanes）。

4.4.4　交通信号控制器

现代交通信号控制器是一个复杂的硬件和软件的组合，它实现了信号灯配时，并确保信号指示按照编程的信号灯配时持续地运行。每个信控交叉口都有一个控制器，专门执行该交叉口的信号灯配时方案。此外，主控制器协调许多信号的运行，可以协调沿干线或路网的信号，以提供进程式流向／绿波（Progressive movement）和／或其他干线或路网控制政策。

单个交通控制器可以在预配时或感应模式下运行。在预配时运行中，每个信号指示的顺序和时间是预设的，并在每个信号周期中重复。在感应运行中，部分或全部绿灯指示的顺序和时间可根据检测到的车辆和行人需求，在每个周期的基础上改变。第 16 章包含了对现代信号灯硬件的完整讨论。

4.5　控制的特殊类型

虽然本章没有涉及，但 MUTCD 包含了涉及特殊控制情况的重要材料，包括以下内容：

- 学校区域；
- 铁路交叉口；
- 施工区和养护区；
- 行人和自行车控制。

这些情况总是涉及标志、标线和／或信号灯的组合，以实现充分有效的控制。请直接查阅 MUTCD，以了解有关这些和其他本文未涉及的应用的细节。

4.6　总结

本章对交通控制设施的设计、布置和使用进行了介绍和概述。

MUTCD 并非是一成不变的文件，它的更新和修订还在持续发布。因此，用户必须查阅最新版本及其所有的正式修订版。为方便起见，MUTCD 可以在线查阅。这是一种使用它的便利方法，因为所有的更新和修订都包括在内。同样的，几乎每个信号灯制造商都有网站，可以通过访问这些网站来查看控制器和其他信号灯硬件和软件的详细规格及特点。

参考文献

[1] *Manual of Uniform Traffic Control Devices*, Federal Highway Administration, U.S. Department of Transportation, Washington, D.C., 2009, as revised through May 2012.

[2] Hawkins, H.G., "Evolution of the MUTCD：Early Standards for Traffic Control Devices," *ITE Journal*, Institute of Transportation Engineers, Washington, D.C., July 1992.

[3] Hawkins, H.G., "Evolution of the MUTCD：Early Editions of the MUTCD," *ITE Journal*, Institute of Transportation Engineers, Washington, D.C., August 1992.

[4] Hawkins, H.C., "Evolution of the MUTCD : The MUTCD since WWII," *ITE Journal*, Institute of Transportation Engineers, Washington, D.C., November 1992.

[5] Hawkins, H.C., "Evolution of the MUTCD Mirrors American Progress since the 1920's," *Roads and Bridges*, Scranton Gillette, Communications Inc., Des Plaines, IL, July 1995.

习题

4-1. 定义以下术语在当前版本的 MUTCD 中的含义：标准、指南、选项和支撑依据（standard，guideline，option，and support）。

4-2. 说明颜色、形状和图例是如何用于传达和强化交通控制设施所传递的信息的。

4-3. 为什么要避免过度使用禁令和警告标志？为什么指路标志不存在这个问题？

4-4. 下列警告标志应该放在离危险点多远的地方？

1）在限速为 50mile/h 的道路上，"前方停止"的警告标志。

2）在限速 45mile/h 的道路上设置"前方有弯道"的警告标志，建议速度为 30mile/h。

3）在第 85 百分位速度的匝道上有"前方合流"的警告标志，警告速度为 35mile/h。

4-5. 在你附近选择一段 1mile 长的自由流公路，和一个朋友或同事一起驾驶调研该设施的一个方向。乘客数一数并记下遇到的交通标志的数量和类型。其中是否有信息含混的地方？提出适当的改进建议。对测试路段的标志的整体质量进行评论。

4-6. 在你附近选择一个信控交叉口和一个"STOP"或"YIELD"标志控制的交叉口。注意每个交叉口的所有设施的位置。它们是否符合 MUTCD 标准？所有设施的可视性是否足够？对每个交叉口的交通控制的有效性进行评论。

交通流特性

交通溪流[⊖]（Traffic Stream）是由个体驾驶人和车辆组成，它们相互作用，并与车行路的物理元素和总体环境相互作用。由于驾驶人的行为和车辆的特性各不相同，交通流中各辆车的行为也不完全相同。进一步，即使是在相似的情况下，也没有两个交通溪流会以完全相同的方式运行，因为驾驶人的行为会因当地的特性和驾驶习惯而异。

因此，处理交通问题涉及一个可变性因素。水流通过具有一定特性的通道和管道时，按照水力学和流体流动定律以完全可预测的方式流动。通过具有明确特性的街道和公路的特定交通流将随着时间和地点的变化而变化。因此，交通工程的关键挑战是为一个无法准确预测的对象进行规划和设计，这个对象涉及物理限制和人类复杂的行为特性。

幸运的是，尽管确切的特性各不相同，但驾驶人的行为还是相对能保持一致的，因此，交通溪流的特性也如是。在一条设计安全速度为 60mile/h 的公路上，驾驶人可能会在一个宽泛的范围内选择速度（也许是 45 ~ 65mile/h）。然而，很少有人会以 80mile/h 或 20mile/h 的速度行驶。

在定量描述交通溪流时，目的是了解其特性的内在变化性，并定义正常的特性范围。要做到这一点，必须定义和测量关键参数。交通工程师将根据这些参数和他们对正常行为范围的知识，分析、评估并最终策划交通设施的改进。

本章的重点是定义和描述用于此目的的最常用参数，以及通常在交通溪流中观察到的特性。这些参数实际上是交通工程师对现实的衡量，它们构成了描述和理解交通溪流的一种语言。

⊖ 本章中，作者在多处使用"Steam"而非"Flow"，或许是为了强调"交通流如水"，特此将"Steam"译作溪流，以体现原文在措辞上的不同。——译者注

5.1 设施的类型

交通设施[一]（Traffic Facilities）大致分为两个主要类型：

- 不间断流设施（Uninterrupted flow facility）
- 间断流设施（Interrupted flow facility）

不间断流设施对交通溪流没有外部间断。纯粹的不间断流主要存在于自由流公路上，这里没有平面交叉口，没有交通信号灯，没有"STOP"或"YIELD"标志，或对交通溪流本身以外的其他间断因素。这类设施完全控制了接入，没有平面交叉口，没有出入道，也没有任何形式相邻地块的直接接入，因此，交通溪流的特性完全基于车辆之间以及与车行路和外围环境的相互作用。

虽然纯粹的不间断流只存在于自由流公路上，但它也会出现在地面公路（Surface Highway）上，最常见的是在远郊地区，那里的固定中断之间有很长的距离。因此，不间断流可能存在于远郊双车道公路及远郊和郊区多车道公路的某些路段。作为一个通用的准则，交通工程师认为，在距离交通信号灯和/或其他重要的固定中断点超过2mile的情况下，会存在不间断流。

应该注意，"不间断流"一词指的是设施的类型，而不是该设施的运行质量。因此，自由流公路在高峰时段出现堵塞和长时间延误仍然是在不间断流的场景下运行。导致堵塞和延误的原因不是交通流的外部原因，而是完全由交通流内部的相互作用造成的。

间断流设施是指那些将固定的外部中断纳入其设计和运行中的设施。最经常和最重要的外部中断是交通信号灯。交通信号灯交替地启动和停止一个特定的交通流，形成沿着设施前进的车列（Platoons）。其他固定的中断有"STOP"和"YIELD"标志、非信控平面交叉口、出入道、路缘泊车操作和其他地块接入运行[二]。几乎所有的城市地面街道和公路都是间断流设施。

不间断流设施与间断流设施之间的主要区别在于时间的影响。在不间断流道路上，驾驶人和车辆在任何时候都可以使用物理设施。而在一条特定的间断流道路上，"红灯"信号会定期禁止车辆通行。因此，信号灯配时限制了进入道路的特定的部分时段。此外，在交通信号灯下，交通流不是持续移动，而是定期停止和重启。

因此，间断流比不间断流更复杂。尽管本章描述的许多交通流参数适用于这两种类型的设施，但主要侧重于不间断流的特性。其中，许多特性也可能适用于间断流设施上的移动车列[三]（Platoon）。第18章将详细讨论交通中断的具体特性及其对交通流的影响。

5.2 交通溪流参数

交通溪流（Traffic Stream）参数可分为两大类：宏观参数描述整个交通溪流；微观参数描述交通溪流中独立车辆或成对车辆的行为。

描述交通溪流的三个主要宏观参数是：①流量和流率；②速度；③密度。微观参数包括：①单辆车的速度；②时距；③间距。

5.2.1 流量和流率

流量/交通量（Traffic Volume）的定义是在一个特定的时段内，通过公路上某一点，或公路上某一车道或方向的车辆数量。尽管人们经常用"单位时间的车辆"来表示交通量，但有时也简化

㊀ 这里的交通设施泛指承载交通流的道路、场站等。中文文献中常用的"交通设施"的含义在英文文献中对应"Traffic Devices"。——译者注

㊁ 在路缘泊车及路侧地块的车辆出入会对交通流造成干扰。——译者注

㊂ 这里的车列（Platoon），指以队列形式成组行进的车流。队列内的车头时距较小，流量接近或超过容量。注意与"queue"（排队）"fleet vehicles"（车队）区分。——译者注

为"车辆"。当然，最经常使用的时间单位是"每天"或"每小时"。

每天的交通量用于确定一段时间内的趋势，并用于一般的规划目的。详细的设计或控制决策需要了解一天中高峰时段的每小时交通量。

流率（Rates of flow/flow rate）通常以"每小时的车辆"为单位，但代表存在于不到 1h 的时间内的流率。在 15min 内观察到的 200 辆车的流率可以表示为 $200 \times 4 = 800$veh/h，即使在整个小时内没有观察到 800 辆车。800veh/h 成为 15min 内的流率。

日交通量（Daily Volumes）

如前所述，日交通量用来记录公路使用的年度趋势。基于观察到的趋势的预测可以用来帮助规划改进或新建设施，以适应不断增长的需求。

在交通工程中广泛使用的日交通量参数有四个：

- **年平均日交通量（AADT）**。某地点在全年 365 天内 24h 的平均交通量；一年内通过某地点的车辆数量除以 365 天（闰年为 366 天）。
- **年平均工作日交通量（AAWT）**。一年 365 天中工作日发生的平均 24h 流量；一年中工作日通过一个地点的车辆数量除以工作日数量（通常为 260 天）。
- **平均日交通量（ADT）**。在不到一年的给定时段内，某地 24h 的平均流量；常见的应用是测量一年中每个月的 ADT。
- **平均工作日交通量（AWT）**。在不到一年的给定时段内，某地点的平均 24h 工作日交通量；常见的应用是测量一年中每个月的 AWT。

所有这些交通量都是以每天的车辆数（veh/day）来表示的。日交通量一般不按方向或车道区分，而是在指定地点的整个设施的总量。

表 5.1 说明了根据某个样本地点一年的计数数据编制的日交通量。表 5.1 中的数据是来自一个永久性计数地点（即自动检测交通量并将计数以电子方式传送到中央数据库）的形式。每个月的 AWT 是通过将每月工作日的总流量除以该月的工作日天数得出的（第 5 栏/第 2 栏）。ADT 是每月的总流量除以该月的天数（第 4 栏/第 3 栏），AADT 是该年的总观察量除以 365 天/年。年平均工作日交通量是工作日的总观察量除以 260 个工作日/年。

表 5.1　日交通量参数说明

1. 月份	2. 该月的工作日数（days）	3. 该月的天数（days）	4. 当月流量总计（veh）	5. 工作日流量总计（veh）	6.AWT 5/2（veh/day）	7.ADT 4/3（veh/day）
1 月	22	31	425000	208000	9455	13710
2 月	20	28	410000	220000	11000	14643
3 月	22	31	385000	185000	8409	12419
4 月	22	30	400000	200000	9091	13333
5 月	21	31	450000	215000	10238	14516
6 月	22	30	500000	230000	10455	16667
7 月	23	31	580000	260000	11304	18710
8 月	21	31	570000	260000	12381	18387
9 月	22	30	490000	205000	9318	16333
10 月	22	31	420000	190000	8636	13548
11 月	21	30	415000	200000	9524	13833
12 月	22	31	400000	210000	9545	12903
合计	260	365	5445000	2583000	—	—

注：AADT=5445000/365=14918veh/day　　AAWT=2583000/260=9935veh/day

表 5.1 的样本数据对其所测量的设施的特性进行了概括性描述。注意，每个月的 ADT 都明显高于 AWT。这表明，该设施是为休闲或度假区服务的，交通量在周末达到高峰。此外，AWT 和 ADT 在夏季都是最高的，这表明该设施为一个温暖的休闲 / 度假区服务。因此，如果需要进行详细的调研，为该设施的改进提供数据，那么需要关注的时期将是夏季的周末。

AADT 远高于 AAWT，表明周末的交通负荷很大。如果我们只关注周末，差距会更大。请考虑以下情况：

- 周末的年度交通总量 = 5445000 – 2583000 = 2862000 辆

- 一年中的周末总天数 = 365 – 260 = 105 天

- 周末的 ADT = 2862000/105 = 27257veh/day。

- 周末每天的平均交通量几乎是 AAWT 的 3 倍！任何专注于 AADT 的规划或设计都会严重低估满足该需求所需的条件。

小时交通量（Hourly Volumes）

每日交通量虽然对规划有用，但不能单独用于设计或运行分析。在一天的 24h 内，交通量有很大变化，在早上和晚上的通勤"高峰期"，交通量最大。一天中每小时交通量最大的一个小时被称为高峰小时。交通工程师对这一小时的交通量在设计和运行分析中最关注。高峰小时的交通量通常被表述为方向性的交通量（即单独计算每个方向的交通量）。

公路的设计和控制必须充分满足某方向高峰期的交通量。由于早高峰期间单向的交通在晚高峰期间通常会走向相反方向，设施的两侧通常必须设计成能满足高峰时段的高峰方向交通量。在方向差异很大的地方，潮汐车道的概念有时会有用。例如，华盛顿特区在其许多宽阔的林荫大道和一些自由流公路上广泛使用了潮汐车道（按时间改变方向）。

在设计应用中，高峰小时的交通量有时是根据 AADT 的预测来估计的。交通量预测最常见的是根据文件记录的趋势和 / 或预测模型，用 AADT 来计算。因为每天的交通量，如 AADT，比每小时的交通量更稳定，使用它们可以更有把握地进行预测。然后，AADT 被转换为交通量高峰方向的高峰小时流量。这被称为"单向设计小时交通量"（Directional Design Hour Volume，DDHV），并通过以下关系求得：

$$DDHV = AADT \times K \times D \qquad (5\text{-}1)$$

式中 K——高峰小时内的日交通量比例（小数）；
　　　D——高峰小时车流沿高峰方向行驶的比例（小数）。

对设计来说，K 系数通常代表一年中第 30 个高峰小时流量与 AADT 的比例。如果某地一年 365 个高峰小时的交通量按降序排列，则第 30 个高峰小时在列表中排在第 30 位，代表一年中只有 29h 的交通量超过了该数字。对远郊道路来说，第 30 个高峰小时的交通量可能比一年中最高峰小时要低得多，因为极端的高峰可能很少发生。在这种情况下，投入大量的资金来提供一年中只有 29h 会用到的额外容量（capacity，通行能力），在经济上是不妥当的。在城市场景下，在每天的通勤高峰时段，交通经常处于容量水平，第 30 个高峰小时往往与一年中最高的高峰小时没有实质性区别。

系数 K 和 D 是基于现有地点的地方或区域特性。例如，大多数州的公路部门不断观测这些比例，并公布适当的值供州内各地区使用。K 系数随着设施所服务地区的开发密度的增加而减小。在高密度地区，非高峰期存在大量需求。这有效地降低了一天中高峰时段的交通比例。高密度发展所产生的交通量通常比低密度地区产生的交通量大。因此，值得注意的是，在高峰时段出现的高比例交通并不意味着高峰时段的流量本身很大。

D 系数往往更多变，并受到一些因素的影响。同样，随着开发密度的增加，D 系数趋于减小。随着密度的增加，更有可能出现大量的双向需求。径向路线（即那些服务于进出中心城市或其他活动区域的交通）将比那些环形路线（即绕过中心活动区域）有更强的方向分布（更大的 D 值）。表 5.2 展示了 K 和 D 系数的一般范围。这些纯粹是示意性的。关于这些特性的具体数据应该从州或地方公路机构获得，或者在应用之前应该在当地进行校准。

表 5.2 K 和 D 系数的一般范围（示意用，并非真实值）

道路类型	一般取值范围	
	K 系数	D 系数
远郊	0.15 ~ 0.25	0.65 ~ 0.80
郊区	0.12 ~ 0.15	0.55 ~ 0.65
市区		
径向路	0.07 ~ 0.12	0.55 ~ 0.60
环形路	0.07 ~ 0.12	0.50 ~ 0.55

考虑到一条远郊公路的情况，其 20 年的预测 AADT 为 30000veh/day。根据表 5.2 的数据，在这种情况下，预计单向设计小时交通量的范围是多少？使用表 5.2 中的数值，对于一条远郊公路，K 系数在 0.15 至 0.25 之间，D 系数在 0.65 至 0.80 之间。因此，单向设计小时交通量的范围是：

$$DDHV_{LOW} = 30000 \times 0.15 \times 0.65 = 2925veh/h$$
$$DDHV_{HIGH} = 30000 \times 0.25 \times 0.80 = 6000veh/h$$

在这些标准下，DDHV 的预期范围是相当大的。因此，为有关设施确定适当的 K 和 D 值是进行这种预测的关键。

这个简单的例子指出了准确预测未来交通需求的困难。不仅交通量随时间变化，交通量变化的基本特性也可能改变。准确的预测需要确定随时间推移保持稳定的因果关系。这种关系在观察到的复杂的出行行为中是很难辨别的。在任何情况下都不能保证这些关系的稳定性，这使得需求预测充其量只是一个近似的过程。

亚小时的交通量和流率

虽然每小时的交通量构成了许多形式的交通设计和分析的基础，但在一个给定的小时内交通量的变化也是很有意义的。交通流的质量往往与交通需求的短期波动有关。一个设施可能有足够的容量来满足高峰时段的需求，但 1h 内的短期流量高峰可能超过容量，并造成堵塞。

在不到 1h 的时间内观察到的流量通常表示为每小时的当量流率。例如，在 15min 内计数的 1000 辆车可以表示为 1000veh/0.25h = 4000veh/h。4000veh/h 的流率对观察到 1000 辆车的 15min 内有效。表 5.3 呈现了流量与流率之间的区别。

表 5.3 流量和流率的说明（单位：veh/h）

时段	时段内流量（Volume）	时段内流率（Flow Rate）
下午 5:00—5:15	1000	1000/0.25 = 4000
下午 5:15—5:30	1100	1100/0.25 = 4400
下午 5:30—5:45	1200	1200/0.25 = 4800
下午 5:45—6:00	900	900/0.25 = 3600
下午 5:00—6:00	∑ = 4200	

每小时的总流量是四个 15min 的流量观测值之和，即 4200veh/h。每个 15min 时段的流率是该时段的观察量除以观察的 0.25h。在最不利的时段，即下午 5:30—5:45，流率为 4800veh/h，这是流率而非流量。该小时的实际流量只有 4200veh/h。

考虑一下，如果该地点的容量正好是 4200veh/h，会出现什么情况？虽然这足以处理表 5.3 中展示的整个小时需求，但在所述的两个 15min 时段（下午 5:15—5:30 和 5:30—5:45）的需求流率超过了容量。问题是，虽然需求在某一小时内可能有所不同，但容量是不变的。在每个 15min 时段，容量是 4200/4 或 1050 辆。因此，在所示的高峰小时内，在下午 5:15 和 5:45 之间的半小时内会出现排队。在此期间，需求超过了容量。此外，尽管在第一个 15min 时段（下午 5:00—5:15）需求小于容量，但未使用的容量不能在以后的时段使用。表 5.4 比较了每个 15min 时段的需求和容量。每个时段结束时的排队情况，可以计算为该时段开始时的排队情况加上到达的车辆减去离开的车辆。

表 5.4 对表 5.3 的数据的排队分析

时段	到达车辆 / veh	驶离车辆 / veh	时段结束时排队长度 / veh
下午 5：00—5：15	1000	1050	0
下午 5：15—5：30	1100	1050	0 + 1100 - 1050 = 50
下午 5：30—5：45	1200	1050	50 + 1200 - 1050 = 200
下午 5：45—6：00	900	1050	200 + 900 - 1050 = 50

尽管该路段在整个小时内的容量等于高峰小时的需求量（4200veh/h），但在该小时结束时，仍有 50 辆车排队等候，没有得到服务。虽然该示例显示，在高峰小时的四个 15min 时段中，有三个时段存在排队现象，但排队的动态变化可能会继续对交通产生更长时间的负面影响。

由于这些类型的影响，通常有必要在高峰小时内设计设施和分析最大流率时段的交通状况。在大多数实际情况下，15min 被视作交通状况在统计学上稳定的最小时段。尽管可以计算任何时段的流率，而且调研人员经常使用 1 ~ 5min 的流率，但更短的时段的流率往往代表着瞬时条件，无法用一致的数学方法表示。不过，近年来，5min 流率的使用有所增加，有些人认为这些流率可能足够稳定，可用于设计和分析，特别是在不间断流设施上。尽管如此，大多数标准设计和分析实践仍然使用 15min 的时段作为基准期。

每小时的流量与该小时内的最大流率之间的关系由高峰小时系数来定义，如下：

$$\text{PHF} = \frac{\text{hourly volume}}{\text{max.rate or flow}}$$

对于标准的 15min 分析期，表达为：

$$\text{PHF} = \frac{V}{4 \times V_{m15}} \qquad (5\text{-}2)$$

式中 V——每小时的流量（veh）；

V_{m15}——该小时内 15min 的最大流量（veh）；

PHF——高峰小时系数。

对于表 5.3 和 5.4 中的示例数据：

$$\text{PHF} = \frac{4200}{4 \times 1200} = 0.875$$

PHF 的最大可能值是 1.00，这发生在每个时段的交通量恒定时。对于 15min 的时段，每个时段的流量正好是全小时流量的 1/4。这表明在 1h 内几乎没有流量变化的情况。当整个小时的流量发生在一个 15min 的时段内时，最小值就出现了。在这种情况下，PHF 为 0.25，代表 1h 内流量变化的最极端情况。在实践中，PHF 通常在远郊和开发稀疏地区的 0.70 的低值与密集的城市地区的大约 0.98 之间变化。

PHF 是对出行生成模式的描述，可能适用于一个地区或街道和公路系统的一部分。当该值已知时，它可以用来估计基于全小时流量的 1h 内的最大流率。

$$v = \frac{V}{\text{PHF}} \qquad (5\text{-}3)$$

式中 v——1h 内的最大流率（veh/h）；

V——1h 的流量（veh/h）；

PHF——高峰小时系数。

这种换算方法在本书涉及的技术和方法中经常使用。

5.2.2 速度和通行时间

速度是描述交通流状态的第二个宏观参数。速度被定义为单位时间内距离的运动速率。通行时间是指通过一段确定的道路所需的时间。

速度与通行时间成反比关系：

$$S = \frac{d}{t} \qquad (5\text{-}4)$$

式中 *S*——速度（mile/h 或 ft/s）；

  d——通过的距离（mile 或 ft）；

  t——通过距离 *d* 的通行时间（h 或 s）。

在移动的交通流中，每辆车的行驶速度不同。因此，交通流并没有一个单一的特征值，而是一个离散的速度分布。交通流作为一个整体，可以用平均或典型的速度来描述。

有两种方法可以计算出交通流的平均速度：

- **时间平均速度（Time Mean Speed，TMS）**。

在某个特定的时段内，经过公路或车道上某点的所有车辆的平均速度。

- **空间平均速度（Space Mean Speed，SMS）**。

在某个特定的时间段内，占据公路或车道上某特定路段的所有车辆的平均速度。

从本质上讲，TMS 是一个点的计量，而 SMS 是描述在公路或车道的一定长度内的计量。图 5.1 展示了一个例子，说明了这两种平均速度测量方法之间的差异。

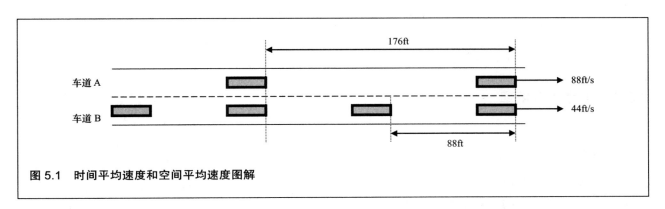

图 5.1　时间平均速度和空间平均速度图解

为了测量 TMS，观察者会站在路侧，记录每辆车经过时的速度。考虑到图 5.1 所示的速度和间距，在车道 A 上，一辆车将每 176ft/88ft/s = 2.0s 通过观察者。同样，一辆车在车道 B 上每隔 88ft/44ft/s = 2.0s 就会通过观察者。因此，只要交通流保持所示的条件，对于每 *n* 辆以 88ft/s 的速度行驶的车辆，观察者还将观察到 *n* 辆以 44ft/s 的速度行驶的车辆。因此，TMS 可计算为：

$$\text{TMS} = \frac{88n + 44n}{2n} = 66.0\text{ft/s}$$

为了测量 SMS，观察者需要一个高处，从那里可以看到该路段的全部范围。然而，同样，只要交通流保持稳态和均匀，如图 5.1 所示，B 车道上的车辆将是 A 车道上的两倍：

$$\text{SMS} = \frac{88 \times n + 44 \times 2n}{3n} = 58.7\text{ft/s}$$

实际上，SMS 说明了一个事实，即以 44ft/s 的速度行驶的车辆所需的时间是以 88ft/s 的速度行驶的车辆的两倍。根据慢车占用公路路段的时间，SMS 对慢车的平均权重更高。因此，SMS 通常低于相应的 TMS，在 TMS 中每辆车的权重是相同的。如果该路段的所有车辆都以完全相同的速度行驶，则这两种速度测量方法在理论上可能是相等的。

TMS 和 SMS 都可以通过以下关系基于一系列指定距离的测量行驶时间计算得出：

$$\text{TMS} = \frac{\sum_i (d / t_i)}{n} \qquad (5\text{-}5)$$

$$\text{SMS} = \frac{d}{\sum_i (t_i / n)} \qquad (5\text{-}6)$$

式中 TMS——时间平均速度（ft/s）；

  SMS——空间平均速度（ft/s）；

  d——通过的距离（ft）；

  n——观察到的车辆数量；

  t_i——车辆"*i*"通过该路段的时间（s）。

TMS 的计算方法是找出每一辆车的速度，并对结果进行简单平均。

SMS 的计算方法是找出车辆通过该路段的平均行驶时间，并使用平均行驶时间来计算速度。表 5.5 展示了 TMS 和 SMS 计算的一个例子。

表 5.5　TMS 和 SMS 的计算示例

车辆编号	距离 d/ft	通过时间 t/s	速度 /(ft/s)
1	1000	18.0	1000/18 = 55.6
2	1000	20.0	1000/20 = 50.0
3	1000	22.0	1000/22 = 45.5
4	1000	19.0	1000/19 = 52.6
5	1000	20.0	1000/20 = 50.0
6	1000	20.0	1000/20 = 50.0
合计	6000	119	303.7
均值	6000/6 = 1000	119/6 = 19.8	303.7/6 = 50.6

注：TMS = 50.6ft/s，SMS = 1000/19.8 = 50.4ft/s

5.2.3　密度和占用率

密度（Density）

密度是衡量交通流特性的第三个主要指标，定义为占用一定长度的公路或车道的车辆数量，一般表示为每英里车辆或每英里车道车辆。

密度很难直接测量，因为需要一个高处的有利位置，从那里可以观察到所调研的公路路段。它一般通过速度和流率的测量来计算，正如本章后面所讨论的。

然而，密度也许是三个主要交通流参数中最重要的，因为它是与交通需求最直接相关的计量。需求不是以流率的形式出现的，尽管交通工程师将这个参数作为需求的主要衡量指标。交通是由各种土地使用产生的，将一些车辆注入到一个有限的车行路空间。这个过程创造了车辆的密度。驾驶人选择的速度与他们与其他车辆的距离相协调。速度和密度结合起来就得到了观察到的流率。

密度也是衡量交通流质量的一个重要指标，因为它是衡量其他车辆距离的一个指标，这是一个影响驾驶人的机动自由和心理舒适的因素。

占用率（Occupancy）

尽管密度很难直接测量，但现代检测器可以测量占用率，这是一个相关联的参数。占用率被定义为在规定的时间段内，检测器被车辆"占用"或覆盖的时间比例。图 5.2 说明了密度和占用率。

在图 5.2 中，L_v 是车辆的平均长度（ft），而 L_d 是检测器的长度（通常是一个磁环检测器）。如果在一个给定的检测器上的"占用率"是"O"，那么密度可计算为[注]：

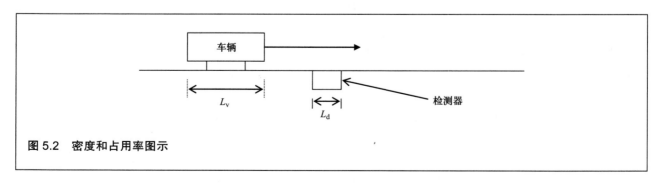

图 5.2　密度和占用率图示

[注]　式（5-7）中的 5280 是英尺（ft）与英里（mile）的换算系数。——译者注

$$D = \frac{5280 \times O}{L_v + L_d} \quad (5\text{-}7)$$

车辆平均长度与检测器的长度相加，因为检测器通常在前保险杠与检测器的前边界接触时被激活，在后保险杠离开检测器的后边界时被解除。注意，占用率的衡量指标 O 是以小数表示的，代表检测器被车辆覆盖的时间部分。

考虑一种情况，在 15min 的分析期间，检测器记录的占用率为 0.200。如果一辆车的平均长度是 28ft，而检测器是 3ft 长，那么密度是多少？

$$D = \frac{5280 \times 0.200}{28 + 3} = 34.1\text{veh/mile/ln}$$

占用率是由特定车道上的特定检测器测量的。因此，根据占用率估计的密度是以每英里每条车道的车辆为单位。如果在其他车道上有相邻的检测器，可将每条车道的密度相加，以提供几条车道上指定方向的密度（veh/mile）。

5.2.4 间距和时距：微观参数

虽然流率、速度和密度代表整个交通流的宏观描述，但它们可以与描述交通流中独立车辆或特定车辆对的微观参数相关。

间距（Spacing）

间距被定义为交通车道上连续车辆之间的空间距离，从车辆的某个共同参考点测量，如前保险杠或前轮。一条车道上的平均间距可以直接与车道的密度相关。

$$D = \frac{5280}{d_a} \quad (5\text{-}8)$$

式中 D——密度（veh/mile/ln）；
d_a——车道内车辆的平均间距（ft）。

时距/车头时距（Headway）

时距的定义是指连续的车辆沿车道经过某点的时间间隔，也是在车辆上的共同参考点之间测量的。车道上的平均时距与流率直接相关：

$$v = \frac{3600}{h_a} \quad (5\text{-}9)$$

式中 v——流率（veh/h/ln）；
h_a——车道上的平均时距（s）。

微观指标的使用

微观指标对许多交通分析是有用的。因为每对车辆都可以获得间距和/或时距，所以在短时间内可以收集的数据量相对较大。在 15min 的时间内，有 1000 辆车的交通流，在观察时产生一个单一的流率、SMS（空间平均速度）和密度值。然而，假设所有车辆对都被观察到，就会有 1000 个时距和间距的测量值。

使用微观指标还可以在交通流中分离出各种车辆类型。例如，小客车的流率和密度可以通过分离相互跟随的小客车对的间距和时距来得出。重型车辆也可以类似地被分离出来，并对其具体特性进行调研。这种方法有一些实际缺陷。附近存在的重型车辆（即使不相邻）可能会影响交通流中个体小客车的行为。

平均速度也可以从时距和间距的测量结果中计算出来，即：

$$S = \frac{d_a}{h_a} \quad (5\text{-}10)$$

式中 S——平均速度（ft/s）；
d_a——平均间距（ft）；
h_a——平均时距（s）。

例题

在一条拥挤的多车道公路车道上，观察到平均间距为 200ft，平均时距为 3.8s，估计该车道上的流率、密度和速度。

使用式（5-8）~式（5-10）求解[⊖]：

$$v = \frac{3600}{3.8} = 947\text{veh}/\text{h}/\text{ln}$$

$$D = \frac{5280}{200} = 26.4\text{veh}/\text{h}/\text{ln}$$

$$S = 0.68(200/3.8) = 35.8\text{mile}/\text{h}$$

5.3 流率、速度和密度之间的关系

衡量一个特定交通流状态的三个宏观指标——流率、速度和密度——有如下关系：

$$v = S \times D \tag{5-11}$$

式中　v——流率（veh/h 或 veh/h/ln）；

　　　S——空间平均速度（mile/h）；

　　　D——密度（veh/mile 或 veh/mile/ln）。

空间平均速度和密度是指车道或公路的特定路段的计量，而流率是一个点计量。图 5.3 说明了这种关系。SMS 和密度的计量必须对应于同一路段。在稳态流的条件下（即进入和离开该路段的流率相同；在该路段内没有形成排队），由式（5-11）计算的流率适用于该路段内的任何点。如果存在不稳定的运行（在该路段内形成排队），则计算的流率代表该段内所有点的均值。

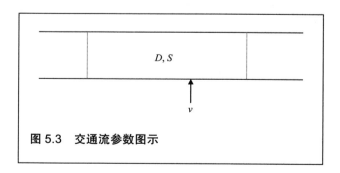

图 5.3　交通流参数图示

如果观察到一条自由流公路车道的 SMS 为 55mile/h，密度为 25veh/mile/ln，那么车道上的流率可以估计为：

$$v = 55 \times 25 = 1375\text{veh}/\text{h}/\text{ln}$$

如前所述，这种关系最常用于估计密度，而密度很难直接测量，它来自于流率和 SMS 的测量值。考虑一条自由流公路车道，测量的 SMS 为 60mile/h，流率为 1000veh/h/ln。密度可以从式（5-11）中估计出来，即：

$$D = \frac{v}{S} = \frac{1000}{60} = 16.7\text{veh}/\text{mile}/\text{ln}$$

式（5-11）表明，一个给定的流率（v）可以由无数个具有相同乘积的速度（S）和密度（D）对来实现。值得庆幸的是，这种情况并未发生，因为这将使交通流的数学解释变得难以理解。这些变量对之间存在着另外的关系，限制了在现场可能发生和确实发生的组合的数量。图 5.4 说明了这些关系的一般形式。这些关系的确切形状和校准取决于既有条件，这些条件因地点而异，甚至在同一地点随时间而异。

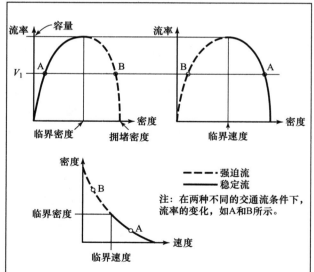

图 5.4　速度、流率和密度之间的关系

资料来源：Reprinted with permission from Transportation Research Board, National Research Council, from Highway Capacity Manual, 3rd Edition, *Special Report 209*, pg 1–7, © 1994 by the National Academy of Sciences, Courtesy of the National Academies Press, Washington, D.C.

　　[⊖]　0.68 是英尺/秒（ft/s）与英里/时（mile/h）的换算系数。——译者注

注意，"0 veh/h"的流率发生在两种截然不同的条件下。当公路上没有车辆时，流率为"0 veh/h"，因为无法观察到任何车辆通过某个点。在这种情况下，速度是无法测量的，被称为"自由流速度"（Free-flow Speed），这是一个理论值，作为速度和流率（或速度和密度）之间关系的数学延伸存在。在实践中，自由流速度可表述为，当道路上没有其他车辆，驾驶人在公路的几何形状和周围环境下，以实际可行的速度行驶时，一辆车可以达到的速度。

当道路上的车辆多到所有运动都停止时，也会出现"0 veh/h"的流率。这发生在一个非常高的密度，即"堵塞密度"（Jam Density）的情况下，没有观察到流量，因为当所有车辆都停止时，没有车辆可以通过某个点。

在关系上的这两个极端点之间，有一个峰值特性。车流的速度和密度曲线的峰值是最大流率，或道路容量$^{\ominus}$（Capacity）。该值就像这些关系的其他因素一样，取决于校准测量时间和地点的既有条件。

然而，在容量下的运行是非常不稳定的。在容量下，交通流中没有可用的间隙，由进入或变换车道的车辆引起的最轻微的扰动，或者仅仅是驾驶人踩下制动踏板，都会引起无法缓冲的连锁反应。扰动会向上游持续传播，直到交通流中有足够的间隙可以有效地消散此事件。

图 5.4 中的曲线的虚线部分代表不稳定的或强迫车流。这实际上代表了在堵塞位置后面形成的队列中的车流。当到达的流率超过设施的下游容量时，堵塞就可能会发生在任何一点。

这种常见的堵塞点包括自由流公路的入口匝道，而事故和事件以及其他不易预测的原因也会导致排队。曲线的实线部分代表稳定的车流（即可以在一段时间内保持稳定的移动交通流）。

除了容量流（饱和流），任何流率都可能存在于两种条件下：

1）相对高速度和低密度的条件（在稳态流部分）。

2）相对低速度和高密度的条件（在非稳态流部分）。

显然，交通工程师希望所有的设施都能在曲线的稳定侧运行。

因为一个给定的流量或流率可能发生在两组截然不同的运行条件下，仅靠流量不能完全描述车流状态，也不能作为交通流质量的衡量指标。然而，速度和/或密度的值将定义图 5.4 的任何关系上的唯一点，并且都描述了驾驶人和乘客可以感知的运行质量。

图 5.4 中描述的曲线是普适的。如前所述，这种曲线的具体特性因调研地点的当地既有条件而大相径庭。虽然速度 – 密度关系是最直接描述驾驶人行为的曲线，即驾驶人根据他们遇到的密度选择适当的安全速度，但最经常被校准的曲线是速度 – 流率曲线，因为速度和流率更容易直接测量。

图 5.5 展示了一条通用的速度 – 流率曲线，它代表了现代自由流公路上这种曲线的一般形式（不间断流）。

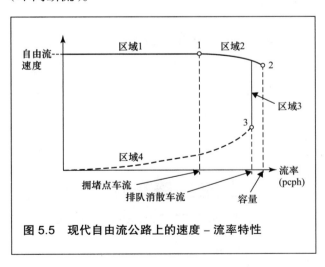

图 5.5　现代自由流公路上的速度 – 流率特性

随着时间的推移，现代自由流公路（以及其他设施）上的驾驶人变得更加激进。在自由流公

路上，这表现在图 5.5 的区域 1。自由流速度在宽泛的流率范围内保持不变，直到达到一个折点。在许多情况下，这个折点将在 1000 ~ 1600pc/h/ln 的范围内。因此在达到这个范围前，自由流公路的平均速度不受流率水平的影响。超过这个折点，速度会随着流率的进一步增加而下降。然而，这种下降并不严重。自由流公路的容量通常在平均速度为 50 ~ 60mile/h 时被观察到。因此，当流率从折点上升到容量时，平均速度的下降可能小到 5 ~ 10mile/h。这与 20 世纪 50 年代和 60 年代观察到的情况截然不同，当时的容量通常发生在平均速度为 30mile/h 的条件下。

容量是指图 5.5 中区域 2 终点处的流率。任何超过容量的需求都会迫使车流堵塞并形成排队。在队列内的速度 – 流率关系显示为区域 4。在该范围内的所有车流都是非常不稳定的，具有显著的短期可变性。

区域 3 被称为 "排队消散"（Queue Discharge）。它在图 5.5 中表示为一条垂直线，但它更像是一个大范围的点，近似图中的线。它代表了车辆驶离队列的平均流率。通常认为，排队的流率大约比拥堵前的容量少 5%，尽管在现场观察到的是一组数值。

通用曲线解释了大多数驾驶人在拥堵发生时的经历：他们以相对较高的速度行驶，开始略微减速，然后突然撞上 "砖墙"，因为车辆排队迅速形成。速度急剧下降，从容量（50 ~ 60mile/h）到排队时的速度，可能低至 10 ~ 20mile/h。

5.4 自由流公路车流数学模型的简史——交通流理论

交通流理论（Traffic Flow Theory）的最佳定义是试图将交通运动的特性相互联系起来并与基本交通参数关联起来的数学模型。交通流理论科学正式开始于 20 世纪 30 年代布鲁斯 – 格林希尔德（Bruce Greenshields）和耶鲁公路交通局（Yale Bureau of Highway Traffic）的工作。该领域继续发展，在交通工程中发挥着重要作用。

实际上，交通工程中的每一项功能，从数据收集和分析到信号灯配时以及容量和服务水平分析，都利用了各种基本情况下的交通行为分析模型。这些模型，以及它们的发展和校准，是交通流理论的本质。

本节对这一领域进行了简要介绍。参考文献 [1] ~ [4] 提供了关于现代交通流理论的全面材料的优秀来源。特别是参考文献 [1]，其中有几章涉及以下内容：

① 交通流理论的介绍；
② 交通流特性；
③ 人因；
④ 跟车；
⑤ 连续流模型；
⑥ 宏观交通流模型；
⑦ 交通影响模型；
⑧ 非信控交叉口；
⑨ 信控交叉口；
⑩ 交通仿真（模拟）。

所有与自由流公路、多车道公路、双车道远郊公路容量和服务水平分析有关的方法都是基于本章所述的不间断交通流的速度、流率和密度之间的基本关系。参考文献 [5] 的第 6 章对不间断流设施的速度 – 流率 – 密度曲线的发展进行了全面回顾。

5.4.1 历史背景

最早对不间断流特性和关系开展研究的是 Bruce Greenshields[6]。早期调研集中在不间断流的密度与速度之间的关系。Greenshields 推测速度 – 密度曲线是线性的。

后来，Ellis[7] 研究了带有不连续的两段和三段线的函数曲线。Greenberg[8] 假设了速度 – 密度的对数曲线，而 Underwood[9] 采用了指数形式。Edie[10] 将曲线的低密度和高密度部分的对数和指数形式结合。和 Ellis 一样，Edie 的曲线也包含不连续的情况。May[11] 建议使用钟形曲线（Bell-shaped curve)。

多年来，对于不间断流设施上的速度、流率和密度之间的关系，有许多建议的数学描述。尽管驾驶人的行为明显发生了变化，影响了这些曲线的形状，但没有一种形式能充分适合所有地点的数据。

5.4.2 从速度 – 密度曲线推导出速度 – 流率和密度 – 流率曲线

由于式（5-11）是速度、流率和密度的基本

关系，一旦速度与密度之间的关系建立起来，速度 – 流率和速度 – 密度曲线也就完全确定了。

以 Greenshields 的简单线性速度 – 密度曲线为例，考虑图 5.6 中的速度 – 密度关系。两个兴趣点是 Y 轴和 X 轴的截距。Y 轴截距是 65.0mile/h，被称为"自由流速度"，即密度（因此也是流率）为零时的速度。X 截距是 110veh/mile/ln，是所有运动停止时的密度，使速度为零。这通常被称为"堵塞"密度。

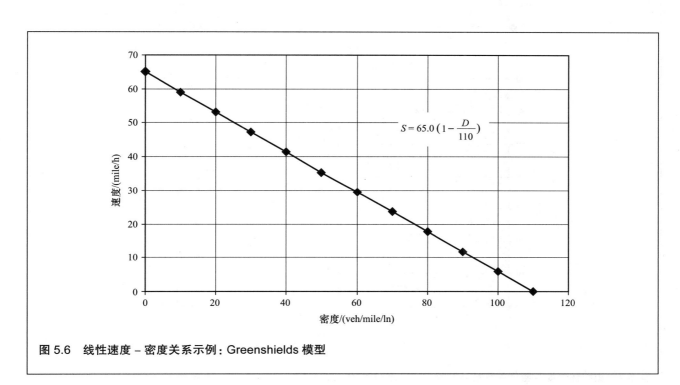

图 5.6　线性速度 – 密度关系示例：Greenshields 模型

鉴于速度与密度的关系式，并知道 $v = S \times D$[式（5-11）] 始终适用，通过将 $S = v/D$ 代入速度 – 密度方程，会发现流率与密度的关系，即：

$$S = 65.0\left(1-\frac{D}{110}\right)$$
$$\frac{v}{D} = 65.0\left(1-\frac{D}{110}\right)$$
$$v = 65D - 0.59091D^2$$

通过将 $D = v/S$ 代入速度 – 密度方程，会发现流率与速度之间的关系，即：

$$S = 65.0\left(1-\frac{D}{110}\right)$$
$$S = 65.0\left(1-\frac{v/S}{110}\right)$$
$$v = 110S - 1.6923S^2$$

如图 5.7 所示，这两条曲线都是抛物线。

式（5-11）（$v = S \times D$）始终适用。因此，校准 S 和 D、v 和 D 或 v 和 S 之间的任何一个关系，都可以定义所有三个关系。如果给出这三种关系中的一种，则其他两种关系可以用代数法推导出来。

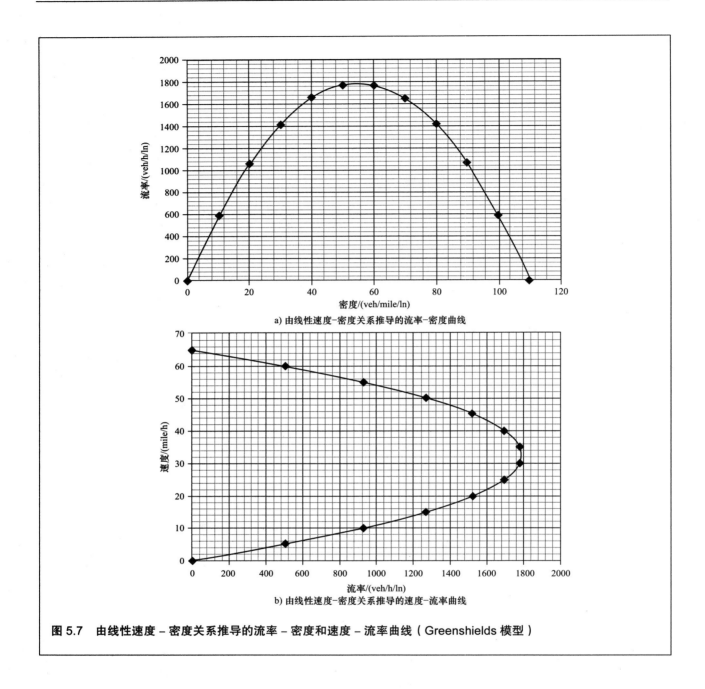

a) 由线性速度-密度关系推导的流率-密度曲线

b) 由线性速度-密度关系推导的速度-流率曲线

图 5.7　由线性速度－密度关系推导的流率－密度和速度－流率曲线（Greenshields 模型）

图 5.8 说明了由两段线性速度－密度关系产生的速度－流率曲线。它的结果是两条抛物线，不连续的速度－密度曲线的每一段都有一条。因为涉及不连续，所以才呈现出这种状况。从速度－流率曲线来看，很明显，不连续点在曲线的峰值附近，即在容量附近。

这张图来自一项久远但精彩的调研，在这项调研中，各种数学形式是用 20 世纪 60 年代初芝加哥艾森豪威尔快速路（Eisenhower Expressway）的一组数据拟合得到的。虽然这些数据不能反映现代自由流公路上的速度－流率形态，但该调研确立了一组不连续的曲线拟合数据可达成最优（并非图中的那条）。值得注意的是，图 5.7 似乎表明有两个容量：一个是从低速接近时（不稳定流），另一个是从高速接近时（稳定流）。这一特性相当复杂，将在后面的章节中进一步讨论。

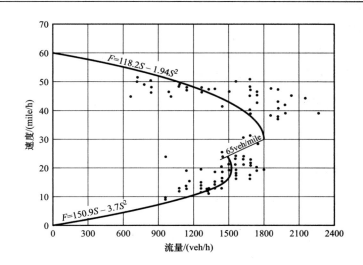

图 5.8 在容量附近有不连续的速度 – 流率曲线

资料来源: Reprinted with permission from Transportation Research Board, National Research Council, J.S. Drake, J.L, Schofer, and A.D. May Jr., "A Statistical Analysis of Speed-Density Hypotheses," *Transportation Research Record 154*, pg 78, 1967. © 1967 by the National Academy of Sciences,Courtesy of the National Academies Press, Washington, D.C.

5.4.3 根据速度 – 流率 – 密度关系确定容量

第 7 章和第 22 章详细讨论了容量的概念和它包含的许多细微差别。对容量的一个潜在理解是，容量是速度 – 流率或流率 – 密度曲线的峰值。例如，从图 5.7 可以看出，任何一条曲线的"峰值"都发生在略低于 1800veh/h/ln 的流率上（从图中的刻度很难读出准确数字）。在图 5.8 中，有两个容量："高"值也是约 1800veh/h/ln，位于曲线的高速或稳定部分；"低"值约为 1550veh/h/ln，处于曲线的低速或不稳定部分。

容量值也可以用数学方法确定。以图 5.7 的曲线为例，有必要确定发生容量时的速度和密度。在这两种情况下，当曲线的斜率（或曲线的一阶导数）为零时就会出现。

对于流率 – 密度曲线：

$$v = 65.0D - 0.59091D^2$$

$$\frac{\mathrm{d}v}{\mathrm{d}D} = 0 = 65.0 - 1.18182D$$

$$D = \frac{65.0}{1.18182} = 55.0\text{veh / h / ln}$$

对于速度 – 流率曲线：

$$v = 110S - 1.6923S^2$$

$$\frac{\mathrm{d}v}{\mathrm{d}S} = 0 = 110 - 3.3846S$$

$$S = \frac{110}{3.3846} = 32.5\text{mile / h}$$

微积分和代数证实了显而易见的事实：对于图 5.6 和图 5.7 中的线性模型，当速度正好是自由流速度的一半，而密度正好是堵塞密度的一半时，就会出现容量。然后可以得到容量是其发生时的速度和密度的乘积，即：

$$c = S \times D = 32.5 \times 55.0 = 1788\text{veh / h / ln}$$

这证实了图 5.8 中"略低于 1800veh/h/ln"的观察结果。

5.4.4 现代不间断交通流特性

"交通流理论"其实是一个谬称。交通流并非来自理论推导，它来自世界各地的真实街道、公路和自由流公路。研究人员开发的数学模型仅仅是对驾驶人行为的描述。正因如此，交通流理论是一门不断发展的科学。没有一个模型是静态的，因为驾驶人的行为会随着时间的推移而改变。这一点在不间断流的速度－流率－密度关系中体现得最为明显。

Greenshields 的线性模型和所讨论的大多数其他历史模型都有一个共同特点：速度随着流率的增加而下降。驾驶人对较高的密度（导致较高的流率）的反应是放慢速度以维持他们认为的安全运行。现代的不间断流，特别是在自由流公路上，并未体现这一特点。事实上，驾驶人在一定的流率范围内保持较高的平均速度，直到达到相对较高的流率时才会减速。图 5.9 说明了现代自由流公路上不间断流的一般特性。

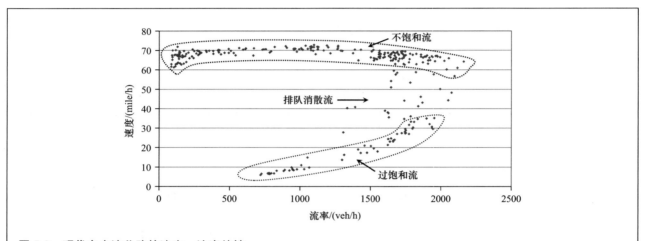

图 5.9　现代自由流公路的速度－流率特性

资料来源：Reprinted with permission from *Highway Capacity Manual*, 6th Edition：*A Guide for Multimodal Mobility Analysis*, Transportation Research Board, © 2016 by the National Academy of Sciences, Courtesy of the National Academies Press, Washington, D.C.

图 5.9 展示了三个不同的数据范围：①不饱和（稳定）流；②排队消散流；③过饱和（不稳定）流。曲线中不饱和流部分的速度非常稳定。如果通过这些点的中心画一条线，速度将从大约 71mile/h 降低到 60mile/h 的低点。

此外，在达到 1200 ~ 1300veh/h/ln 的流率之前，速度似乎没有随着流率的增加而系统地下降。容量将是这部分曲线的峰值，或大约 2200veh/h/ln，这是在大约 60mile/h 的惊人高速度下达成的。

一旦达到容量，实际上需求就超过了容量，会开始形成排队。曲线的"排队消散"部分反映了从队列前面离开的车辆。假设下游不存在额外的拥堵，这些车辆将开始加速向下游移动。曲线的过饱和部分是当需求超过某一点的容量时，在队列中存在的情况。

虽然这个点的排队消散率差别很大，但其平均数显然低于曲线的不饱和部分的容量。人们普遍认为，在稳定或不饱和流率的情况下，车辆在通过同一点时，不能以相同的速度离开队列的最前面。这是否只是对历史曲线的"两个容量"现象的另一种解释？

5.4.5　校准速度－流率－密度关系

应该如何收集数据，以校准特定不间断流路段的速度－流率－密度关系？解释旧研究的困难之一是，不清楚当时是如何或更重要的是不清楚在哪里收集的数据。

虽然速度－密度关系最能说明驾驶人的行为，但现场测量密度有时并不容易。而速度和流率或流量，则相对容易测量。因此，大多数的实地调研都集中在对速度与流率关系的校准上，并推导出其他关系。

如果要观察容量运行状态，就必须在经常发生拥堵的地点附近进行测量。大多数发生在入口匝道处，自由流公路和入口匝道的到达流率可能经常超过下游的自由流公路段的容量。在这种情况下，预计上游自由流公路和匝道上都会形成排队。图 5.10 展示了一个现场设置，用于采集数据以校准曲线的整个值域。

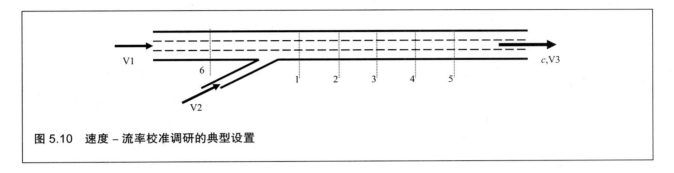

图 5.10　速度－流率校准调研的典型设置

在稳定流的情况下，将在靠近合流点的地方记录流率和速度。但在合流点的下游，足以使匝道车辆加速到环境速度（Ambient speed）。该点被标记为位置 1。测量必须发生在匝道的下游，因为 V2 是下游需求的一部分。

一旦排队开始形成，稳定流就不复存在。现在，观察地点必须转移。由于在匝道后面形成的队列中存在不稳定或过饱和流，必须在队列中进行观测，这里显示为位置 6。

在队列头部的下游，这里表示为 2～5 号地点（也许包括 1 号地点，取决于其确切位置），可以观察到驶离的车辆。假设没有额外的下游拥堵影响调研区域，这些下游地点的流率将相当稳定，而速度则随着车辆距队首的距离增大而增加。在这些地方的测量结果可以结合起来，以校准曲线的"排队消散"部分。

这些观察都不容易，必须避免下游不可见拥堵对观察的影响。在匝道和／或自由流公路上出现排队之前的最后 15min 内，最有可能存在容量运行状态。

5.4.6　曲线拟合

一旦完成数据的收集、简化和记录，就需要对数据进行数学描述。有各种的统计工具来完成该任务。使用多元线性和非线性回归技术和软件包来拟合曲线。

这些工具大多使用一个目标函数来定义"最佳"拟合，该工具试图使其最小化。一个常见的目标函数是最小化实际数据点和定义关系的曲线之间的平方差之和。曲线实际上代表了自变量的估计值（本例中为速度），将其与现场测量值直接比较，以确定结果的拟合优度。

在某些情况下，没有足够的数据可用于正式的回归分析，或者数据的分布非常离散，使回归分析变得复杂。在这种情况下，需要借助分析员的最佳专业判断进行图形拟合，以定义曲线并确定其方程。

有许多统计学著作作为回归和多元回归分析提供了详细的方法。经常使用的回归分析软件之一是 SPSS－社会科学统计软件。尽管它的标题是"社会科学统计"，但它是一款优秀的软件，许多必须进行正式曲线拟合的工程师都在使用。另一款常用的软件是 Statgraphics。

5.5　间断流的特性

间断流的主要特性是交通流在交通信号灯处以及在"STOP"或"YIELD"标志处的周期性停顿和重启。

当沿着有信号灯的街道或干道行驶时，会形成车列（群组），因为车列以一种允许它们连续通过若干信号灯的方式前进。在车列中，存在许多与不间断交通流相同的特性。车列的启动和停止的动态变化增加了问题的复杂性。

第18章"交叉口信号控制原则"中对间断流的基本概念进行了阐述。

5.6 总结

本章介绍了用于量化和描述不间断流状态的关键宏观和微观参数，以及约束它们的基本关系。第6章讨论了流量（或流率）、容量和需求之间的关键概念差异，这些通常都以相同的单位进行量化。

与任何工程领域一样，优秀的交通工程师必须了解自己工作的媒介。交通工程师的媒介是交通流。用精确的量化术语来描述它们，对容纳和控制它们的任务至关重要，以便为人们和货物提供安全和高效的运输。因此，这门专业的基础在于这些描述变量。

参考文献

[1] Traffic Flow Theory – A State of the Art Report, Oak Ridge National Laboratory, Federal Highway Administration, Washington, D.C., 1999, as revised in 2001 (available on line at www.fhwa.gov).

[2] "Traffic Flow Theory 2006," Transportation Research Record 1965, Transportation Research Board, Washington, D.C., 2006 (22 papers).

[3] "Traffic Flow Theory and Characteristics 2008," Transportation Research Record 2088, Transportation Research Board, Washington, D.C., 2008 (23 papers).

[4] "Traffic Flow Theory 2007," Transportation Research Record 1999, Transportation Research Board, Washington, D.C., 2007 (22 papers).

[5] Roess, R., and Prassas, E., The Highway Capacity Manual : A Conceptual and Research History, Vol 1, Uninterrupted Flow, Springer, Heidelberg, Germany, 2014.

[6] Greenshields, B., "A Study of Highway Capacity," Proceedings of the Highway Research Board, Vol. 14, Transportation Research Board, National Research Council, Washington, D.C., 1934.

[7] Ellis, R., "Analysis of Linear Relationships in Speed-Density and Speed-Occupancy Curves," Final Report, Northwestern University, Evanston, IL, December 1964.

[8] Greenberg, H., "An Analysis of Traffic Flows," Operations Research, Vol. 7, ORSA, Washington, D.C., 1959.

[9] Underwood, R., "Speed, Volume, and Density Relationships," Quality and Theory of Traffic Flow, Yale Bureau of Highway Traffic, Yale University, New Haven, CT, 1961.

[10] Edie, L., "Car-Following and Steady-State Theory for Non-Congested Traffic," Operations Research, Vol. 9, ORSA, Washington, D.C., 1961.

[11] Duke, J., Schofer, J., and May Jr., A., "A Statistical Analysis of Speed-Density Hypotheses," Highway Research Record 154, Transportation Research Board, National Research Council, Washington, D.C., 1967.

习题

5-1. 观察到一个交通流（单车道）的平均时距为2.6s/veh，车辆之间的平均间距为235ft。对于这条车道：

1）流率是多少？

2）密度是多少？

3）平均速度是多少?

5-2. 在高峰小时的 15min 内，观察到某自由流公路（单向）的流率为 5600veh/h。如果高峰小时系数（PHF）是（a）0.85、（b）0.90 和（c）0.95，请确定每小时的流量。

5-3. 下面的交通量数据是在一条主要的国道上的一个长期检测器位置采集的。

根据这些数据，确定（a）AADT、（b）每月 ADT、（c）AAWT 和（d）每月 AWT。请根据这些信息推断该设施的特点和它所服务的需求是什么?

1. 月份	2. 月工作日天数（days）	3. 月总天数（days）	4. 月总流量（veh）	5. 月工作日流量（veh）
1 月	22	31	120000	70000
2 月	20	28	15000	60000
3 月	22	31	125000	75000
4 月	22	30	130000	78000
5 月	21	31	135000	85000
6 月	22	30	140000	85000
7 月	23	31	150000	88000
8 月	21	31	135000	80000
9 月	22	30	120000	72000
10 月	22	31	112000	62000
11 月	21	30	105000	55000
12 月	22	31	99000	50000

5-4. 一个自由流公路检测器在 15min 内记录的占用率为 0.15。如果检测器长度为 6ft，而平均车辆长度为 20ft，那么该测量值所代表的密度是多少?

5-5. 以下是晚间高峰期在一条主要干道上的计数情况。

时间段	流量 /veh
下午 4:00–4:15	300
下午 4:15–4:30	325
下午 4:30–4:45	340
下午 4:45–5:00	360
下午 5:00–5:15	330
下午 5:15–5:30	310
下午 5:30–5:45	280
下午 5:45–6:00	240

根据这些数据，确定以下内容：

1）高峰小时。

2）高峰小时的流量。

3）高峰小时内的峰值流率。

4）高峰小时系数（PHF）。

5-6. 一条干道上的流率是 1800veh/h，均匀地分布在两条车道上。如果这些车道的平均速度是 40mile/h，那么密度是多少? 单位是 veh/h/ln 吗?

5-7. 一段郊区自由流公路的 AADT 为 150000veh/day。假设这是一条城市径向道路，预计设计小时的单向交通量在什么范围。

5-8. 在一条 2000ft 的干道路段上，对车辆的通行时间进行了测量。

车	通行时间 /s
1	40.5
2	44.2
3	41.7
4	47.3
5	46.5
6	41.9
7	43.0
8	47.0
9	42.6
10	43.3

确定这些车辆的时间平均速度（TMS）和空间平均速度（SMS）。

5-9. 在一条自由流公路的车道上观察到高峰小时的流量为 1200veh/h。如果 PHF 为 0.87，则该小时内的峰值流率是多少?

5-10. 一条干道车道上的流率为 1300veh/h。如果同一车道的平均速度为 35mile/h，那么密度是多少?

5-11. 在一个特定的自由流公路现场，对速度 – 流率 – 密度关系的调研得出了以下校准关系：

$$S = 71.2\left(1 - \frac{D}{122}\right)$$

1）确定该关系的自由流速度和堵塞密度。

2）推导出该地点的速度与流率、流率与密度的关系式。

3）用数学方法确定该段的容量。

需求、流量和容量的概念

在第 5 章中，对用于量化交通溪流的基本参数进行了定义和讨论。交通量是交通工程中最常使用的，因为它衡量的是交通设施的某一点或某一段的交通量。以运行为目标，它以每小时的车辆数或每小时每条车道的车辆数为单位。

这些单位也被用来量化另外两个重要参数：一条道路或车道的容量和使用该道路的交通需求。虽然计量单位相同（都描述为 "veh/h"），但三者有很大不同，交通工程师必须始终知晓三者之间的差异和复杂关系。

简单来说，这三个参数可以定义如下：

• 交通需求（Traffic Demand）：1h 内期望通过某点或某路段的车辆数量，以 veh/h 或 persons/h 为单位表示的小时率。

• 交通量（Traffic Volume）：1h 内实际通过某点或某路段的车辆数量，以 veh/h 或 persons/h 为单位表示的小时率。

• 容量$^{\ominus}$（Capacity）：一个设施的某一点或某一段所能容纳的最大流量（或流率），以 veh/h 或 persons/h 为单位表示。

交通需求反映了道路使用者（或其他运输设施的使用者）的出行期望。容量反映了现有或预计的设施处理交通的能力。交通量是指在某一点或某一设施的某一段上实际发生的情况。

当交通需求小于设施容量时，观察到的交通量将与需求相等。然而，当设施的容量不足以满足交通需求时，观察到的交通量将小于交通需求，从而导致出行模态迅速而长时段地变化。

6.1 当容量制约需求时

需求的主要制约因素是拥堵。当道路拥堵时，驾驶人会对他们的出行模式进行各种改变，以避免拥堵造成的延误和压力。当遇到拥堵时，

$\ominus$ 我国交通行业文献多将 "Capacity" 译作 "通行能力"，本书译作 "容量"。——译者注

驾驶人和其他出行者可以通过以下方式改变他们的出行计划：

1）**转移到其他路线**。驾驶人和其他出行者可以选择另一条路线从 A 地到 B 地，以规避期望路线上的拥堵。

2）**转移到其他时间出行**。驾驶人和其他出行者可以选择在与他们期望的通行时间相比不那么拥堵的时间进行他们期望的 A 地和 B 地之间的出行。

3）**转移到不同的目的地**。A 地和 B 地之间的理想出行可以被转移到一个不同的目的地，即 C 地，这不是所有的出行都能做到的。例如，工作出行是由出行者的工作所控制的，通常是在一个固定地点。然而，购物和其他出行可以选择不同的目的地，因此，当去往首选购物中心的道路拥堵时，出行者可以选择去往不同的购物中心。

4）**留在家里**。当交通拥堵严重到一定程度，而且范围足够大时，一些出行者会干脆取消原出行计划。

问题是，实际的现场数据只能测量数量。除了在拥堵不限制需求的情况下，需求是很难观察的。例如，在拥堵的自由流公路上进行的交通量调研并不能反映需求。真正的需求可能是以下数据的总和：

1）通过调研地点的实际交通量。

2）使用平行或替代路线的交通量，在没有拥堵的情况下通过调研地点。

3）在与调研地点不同的时间内通过调研地点的交通量，本该在不拥堵的情况下，出现在调研期间的交通量。

4）使用替代路线到达替代目的地的流量，这些替代路线将在不拥堵的情况下经过调研地点。

5）出行者因拥堵而选择放弃的出行所潜在的交通量。

第一项是唯一可以在现场轻松测量的。第二、第三和第四项可以用各种技术和复杂的实地调研来粗略估计。最后一项几乎是不可能准确评估的，因为没有办法观察到未发生的出行。

容量的正式定义是在既有条件下，车辆（或人员）可以合理地通过设施上的某一点（或标准段）的最大流率。注意，容量是一个最大值，它被表示为 15min 的高峰流量。还需要注意的是，它取决于既有条件，分为三个不同的类别：①车行路条件，只有在重大的重新设计和建设中才会改变；②交通条件，例如卡车的存在是随时间变化的；③控制条件，只有在现场的交通控制或法规发生变化时才会改变。

思考以下比喻：我有一个 2gal 的桶，我把 3gal 的水倒进去。2gal，即水桶的大小，是容量。需求量是指我试图倒入 2gal 水桶的 3gal 水。交通量是我在倒完水后能在桶里测量到的东西——它被限制在 2gal。在这种情况下，无法容纳的 1gal 就会洒在地上。过量的交通"溢出"的状况非常复杂。

6.2 需求、流量（或流率）和容量之间的关系

有很多方法可以描述需求、流量和容量之间的差异。思考图 6.1 中的情况，它将需求流率绘制出来并与道路容量进行比较。注意，流率的单位是 veh/min，而时间的单位是 min。

图中展示的情况是，从时间 30min 到时间 90min，设施的容量为 75veh/min（或 $75 \times 60 = 4500$veh/h），需求大于容量。在这段时间内，需求量为 120veh/min（$120 \times 60 = 7200$veh/h）。90min 后，需求量下降到 65veh/min（$65 \times 60 = 3900$veh/h）。

关于这种情况可能会提出几个问题：

• 在需求超过容量的时期，排队时间有多长？

• 90min 后，累积的排队需要多长时间才能消散？

• 在这个地方，观察到的交通量与时间的关系会是怎样的？

所有这些都可以通过分析图 6.1 得到答案。

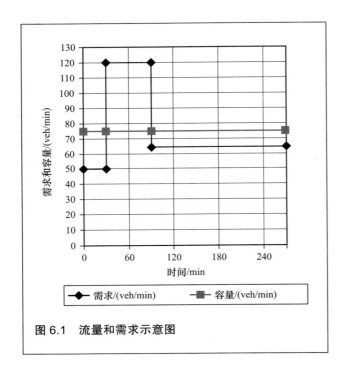

图 6.1　流量和需求示意图

该图是流率与时间的关系（单位分别是 veh/min 和 min）。在需求超过容量期间（从 30min 到 90min）形成的排队范围，只是该期间需求和容量曲线之间的面积。这个区域是：

$$Q = (120\text{veh/min} - 75\text{veh/min}) \times (90\text{min} - 30\text{min})$$
$$= 2700\text{veh}$$

90min 后，需求下降到 65veh/min，而容量仍然是 75veh/min。因此，队列可以以 75 − 65 = 10veh/min 的速度消散。综上，排队的 2700 辆车需要 2700/10 = 270min，即从 t = 90min 开始，直到 t = 360min 时才会消散。前提是假设需求率保持在 65veh/min，直到 t = 360min，这超出了图 6.1 展示的范围。

从本质上讲，在任何情况下，排队的累积都是在"需求 > 容量"的任何时期内，需求和容量曲线之间的面积。然后，通过确定紧随"需求 > 容量"的时期之后的需求和容量曲线之间的等效面积，就可以求解排队消散的时间。值得注意的是，这两条曲线都不是稳态的。需求率可能而且确实随时间变化。容量也不一定是常数，因为它取决于可能发生变化的交通特性，例如交通流中存在卡车。

图 6.1 并没有展示流量曲线。首先，存在的问题是，在 30min 发生堵塞之前和之后，人们会在哪里计算交通量。在最初的 30min 内，交通量曲线将与需求曲线完全相同，因为"需求 < 容量"。此后，当车辆离开队列时，也就是在拥堵的下游，车辆的数量将按照容量曲线计算，每分钟驶离 75 辆车。这种情况将一直持续到排队的车辆消散（360min），此后，流量曲线将再次与需求曲线吻合。

还有一种方法能展示图 6.1 中的信息。图 6.2 展示了相同数据的图表，但将 Y 轴的刻度改为"累积车辆"。在这种情况下，到达的车辆（需求）被绘制出来并与离开的车辆（数量）进行比较。因为在这两种情况下都是累积车辆，所以需求流率和流量都是各条线的斜率。

图 6.1 是需求与容量的关系。为了完成图 6.2 的绘制，必须确定流量（单位 veh/min）与时间的关系。请考虑以下情况：

• 在 0 ~ 30min 之间，需求 < 容量。在这段时间内，交通量（离开率）将等于到达率（需求）。

• 在 30 ~ 90min 之间，需求 > 容量。在这段时间内，流量（离开率）将等于容量。它不可能更高。

• 在 90 ~360min 之间，需求 < 容量。然而，排队的车辆直到 360min 才会完全消散。因此，在此期间，流量（离开率）将等于容量。

• 360min 后，排队的车辆已经消散，需求 < 容量。在这一时期，流量（离开率）将等于需求（到达率）。

图 6.2 展示了如上所述的到达和离开车辆的累积图。

该图证实，最大排队时间在 90min 时，长度为 7250 − 4550 = 2700 辆，排队时间在 360min 时消散完毕。然而，曲线之间的区域是图 6.1 中所不具有的意义。当排队存在时（30 ~ 360min），到达和离开曲线之间的区域代表了在这个地方排

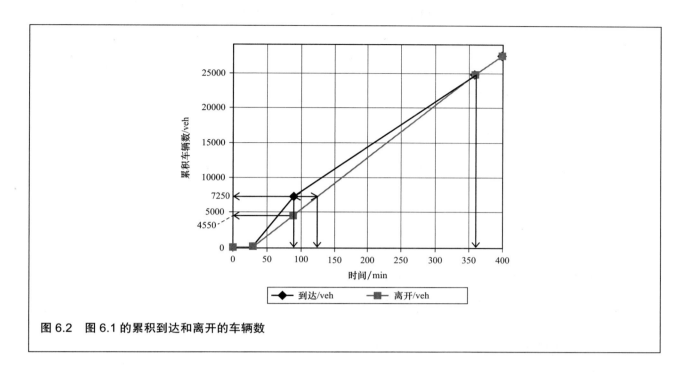

图 6.2 图 6.1 的累积到达和离开的车辆数

队造成的延误总量（以车辆分钟为单位）。

这个区域由两个三角形组成：一个是 $t = 30$ 和 $t = 90$min 之间，另一个是 $t = 90$ 和 $t = 360$min 之间。在这两种情况下，三角形的高度是 2700 辆车的最大队列。基点是由起点和终点时间决定的。因此，在这个地方形成的队列对 2700 辆汽车影响的总延误是：

$$D = \frac{1}{2}(90-30)(2700) + \frac{1}{2}(360-90)(2700)$$
$$D = 81000 + 364500 = 445500 \text{veh} \cdot \text{min}$$

总的延误是 445500veh·min，或 445500/60 = 7425veh·h。这似乎是一个非常极端的延误量。然而，它是由所有在 $t = 30$min 和 $t = 360$min 之间到达的车辆分摊的。在 30min 和 90min 之间，车辆以 120veh/min 的速度到达。此后，他们以 65veh/min 的速度到达。因此，到达的车辆中，受延误影响的车辆总数为（60×120）+（270×65）= 24750 辆。因此，每辆车的平均延误是 445500/24750 = 18min/veh。这是不可忽略的，但也不算可怕。

从图 6.2 中还可以发现单辆车的最大等待时间。这是任何特定车辆的到达和离开曲线之间的水平距离。对正好在 90min 到达的车辆来说，它

处于最大值，也就是排队最长的时刻。在这种情况下，从图中可以看出，这辆车的等待时间是 130 – 90 = 40min，至少对这辆车的驾驶人（和任何乘客）来说，这不得不说是一个极端情况。

应该承认，图 6.1 和 6.2 展示的情况是高度理想化的。需求流率不会在瞬间的阶梯函数中从 50veh/min 变化到 125veh/min，而是会随着时间的推移逐渐增加。这将产生一个更复杂的几何区域，但确定排队积聚和消散时间的原则是相同的。

图 6.3 展示的例子，虽然仍然是理想化的，但相对更现实。注意，图 6.3 中的度量已经改为小时和每小时的车辆。

同样，在需求大于容量的时期，排队的范围是两条曲线之间的面积。然而，现在必须精确地确定需求首次超过容量和最后一次超过容量的时间点。

需求率在 1.0 ~ 1.5h 之间从 1000veh/h 均匀增加到 1300veh/h，因此，它是以 300veh/h/0.5h 的速度增加的，即 600veh/h。需求率增加到 1200veh/h 的容量需要多长时间？需要 200/600 = 0.333h 来完成。因此，需求 > 容量的时间点开始于 1.0 + 0.333 = 1.333h。

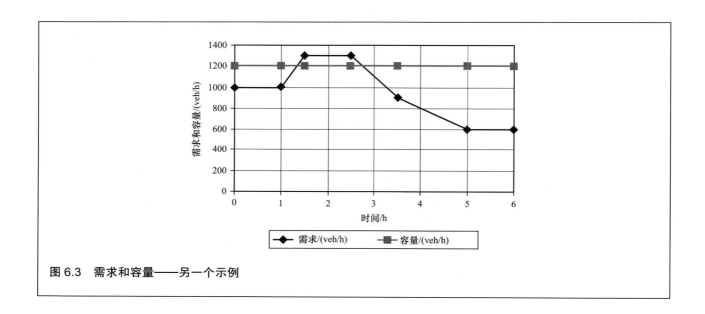

图 6.3   需求和容量——另一个示例

同样地，需求率在 2.5 ~ 3.5h 之间从 1300veh/h 均匀地减少到 900veh/h。需求率需要多长时间才能减少到 1200veh/h 的容量？需要 100/400 = 0.25h。因此，需求小于容量的时间点开始于 2.5 + 0.25 = 2.75h。

如图 6.4 所示，在需求 > 容量的时期，需求和容量曲线之间的面积是两个三角形和一个矩形的面积之和。

• 第一个三角形发生在 $t = 1.333h$ 之间，结束于 $t = 1.5h$。一个三角形的面积是 1/2 底边长 ×

高度。底边长是 1.500 − 1.333 = 0.167h，高度是 1300 − 1200 = 100veh/h。这个三角形的面积是 0.5 × 0.167 × 100 = 8.35 辆（三角形 1，图 6.4）。

• 矩形出现在 $t = 1.5h$ 和 $t = 2.5h$ 之间，矩形的高度为 1300 − 1200 = 100veh/h，面积为（2.5 − 1.5）× 100 = 100veh（矩形 1，图 6.4）。

• 最后一个三角形发生在 $t = 2.5h$ 和 2.75h 之间。该三角形的高度也是 100veh/h。因此，三角形的面积是 0.5 × 0.25 × 100 = 12.5veh（三角形 2，图 6.4）。

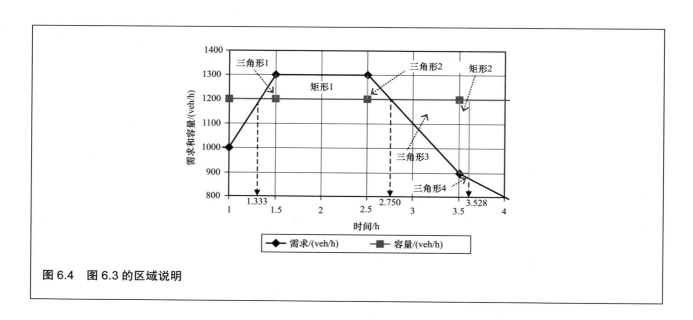

图 6.4   图 6.3 的区域说明

因此，在需求 > 容量的时期，排队的总规模为 8.35 + 100 + 12.5 = 120.85veh，即 121 辆。

要想知道排队需要多长时间才能消散，我们必须找到一个时间，在排队消散后的那段时间内，需求曲线和容量曲线之间的面积是 121 辆，这发生在 2.75h。在 2.5h 和 3.5h 之间，需求流率以 400veh/h 的速度递减。如果清除排队的时间少于 2.75h 和 3.5h 之间的 0.75h，那么我们要寻找一个三角形（三角形 3，图 6.4），其底边长为 $t - 2.75$，高为 1200 – 900 = 300，其面积为 121 辆，即：

$$121 = \frac{1}{2}(t-2.75) \times 300$$
$$121 = 150(t-2.75)$$
$$t - 2.75 = \frac{121}{150} = 0.807$$
$$t = 0.807 + 2.75 = 3.557h$$

这超过了 2.5h，因此必须考虑 3.5h 时需求流率的变化，使任务变得更加复杂。2.75h 和 3.5h 之间的三角形的曲线之间的面积是 0.5 × 0.75 ×（1200 – 900）= 112.5veh。这意味着在 3.5h，当需求率再次开始变化时，仍有 121 – 112.5 = 8.5veh 的剩余队列需要清除。虽然这几乎是一个微不足道的数量，但为了说明该过程，我们将完成计算。

在 3.5h 和 5h 之间，需求率从 900veh/h 均匀地下降到 600veh/h——下降率为 300veh/h/1.5h = 200veh/h。显然，在 3.5h 后，排队的车辆会在短时间内清空（此时排队的车辆只剩下 8 辆多一点，可以清空）。

我们现在要找的是时间 t（排队消散时）与 3.5h 之间的需求曲线和容量曲线之间的 8.5 车辆区域。然而，这个区域是由 t 和 3.5h 之间的矩形（矩形 2，图 6.4）组成的。高度为 1200 – 900 = 300veh/h，在 t 和 3.5h 之间有一个三角形（三角形 4，图 6.4），其高度取决于时间 t 的值。现在可以找到时间 t，如下所示：

$$8.5 = 300(t-3.5) + 0.5 \times (t-3.5) \times 200 \times (t-3.5)$$
$$8.5 = 300(t-3.5) + 100 \times (t-3.5)^2$$
$$t = 3.528h$$

6.3　排队的形成及其影响

在前面的章节中，我们注意到并讨论了"拥堵"（congestion）和"堵塞"（breakdowns）的问题。当到达一个点的交通量超过该点的处理容量时，就会发生"堵塞"。此时紧靠堵塞点上游的设施的容量高于堵塞点本身的容量。因此，大量的交通堵塞发生在交汇处，在那里，汇流车行路的容量超过了离开交汇的车行路的容量。这样的地点在任何交通系统中都是常见的。典型的情况包括（但不限于）以下几个。

- **入口匝道（On-Ramps）**：在限制接入设施或地面设施的不间断路段，来自自由流公路车道的交通加上来自入口匝道的交通，必须适合该设施的下游车道——通常与上游车道的数量相同。例如，在一条单向三车道的自由流公路上，单车道匝道和三条自由流公路车道合并形成三条下游的自由流公路车道——四条车道合并成三条。

- **主要合流点（Major Merge Points）**：在一个交通系统中有许多点，两个或更多的主要车行路汇流成一条单一的车行路。在许多这样的地方，到达的车道数量超过了离开的车道数量。

- **平面交叉口（Intersections）**：在平面交叉口，有一个或多个到达的接近段和一个或多个离开的接近段。当到达的车道总数超过离开的车道总数时，就有可能发生堵塞。当交叉口有信号灯时，每条接近段的到达都受到上游信号灯的限制，这可能允许更多的车辆到达下游，而不是下游信号灯能够容纳的。

每当有更多的车辆到达一个点而无法驶离时，就会形成排队现象。排队的车辆不断增加，直到到达流率小于驶离流率。

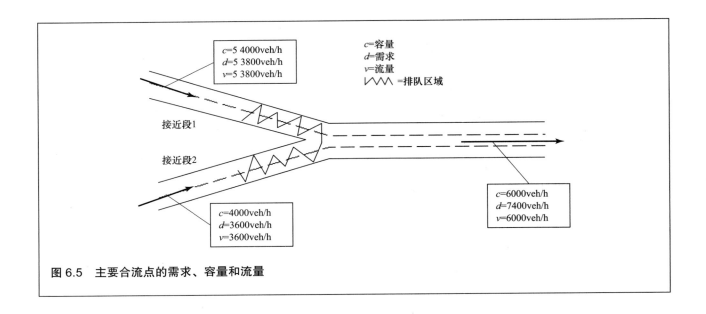

图6.5　主要合流点的需求、容量和流量

考虑图6.5所示的情况。它展示了一个主要合流点的典型案例，在这个合流点上，接近合流的上游车行路的容量高于下游设施的容量。图6.5展示了每条车行路的容量（c）、需求流率（d）和将被观察到的实际流率（流量，v）。

通过图6.5可以确定以下事实：

· 在接近段1中，容量为4000veh/h，而需求流率为3800veh/h。因此，容量足以满足需求。

· 在接近段2中，容量为4000veh/h，需求流率为3600veh/h。因此，容量足以满足需求。

· 在下游的自由流公路上，容量为6000veh/h，但需求流率包括从1号和2号接近段到达的所有车辆3800 + 3600 = 7400veh/h。这超过了容量1400veh/h。因此，排队将开始形成，只要所述的需求流率存在，就会以每小时1400辆的速率增加。

一个关键问题是，在两条到达的接近段上，以及在下游的自由流公路上，会观察到什么样的流量（或流率）。必须注意的是，从两条接近段的合流点开始，正在形成一个排队队列。排队将以1400veh/h的速度向上游传播（分列在两条接近段上）。在不断增长的队列中，任何从某地点计算出来的流量（或流率）都是不稳定的。抵达的车辆只能在队列后方的上游位置（随着时间的推移进一步向后移动）合理地进行统计。

假设到达接近段的计数位置在传播队列的上游，每条接近段上观察到的流量将等于需求，因为需求不受容量的限制。

然而，紧靠合流点下游的计数将反映出下游容量对需求的限制。观察到的流量（或流率）不可能高于容量，即等于6000veh/h。因此，观察到的下游流量（或流率）将是6000veh/h。

这里有一个微妙的问题。测量到的6000veh/h的流量（流率）是对容量的测量吗？在这种情况下，考虑到定义值，是的。然而，在一般情况下，来自堵塞地点的驶离流率可能未反映容量。容量实际上被定义为在稳定的运行条件下可以实现的最大流率。排队不是稳定的。

从技术上讲，容量将被标定为堵塞发生前的下游流率。在队列开始形成后，下游流率反映了队列消散条件时的状况。通常认为，最大排队消散率要比稳定容量小一些，尽管有一些现场调研与此相矛盾。但在实际中，最大排队消散率可能比稳定条件下的容量更有意义。后者往往反映了只存在于短时间内的瞬时状况。

6.4 瓶颈、隐性瓶颈和需求匮乏

图 6.6 展示了一段自由流公路的真实需求流（图 6.6a）和路段容量（图 6.6b），包括两个入口匝道和两个出口匝道。这种布置形成了五段不同的自由流公路，标记为 1 ~ 5，以及四个匝道。考虑一下在这五段自由流公路上观察到的流量（或流率）。

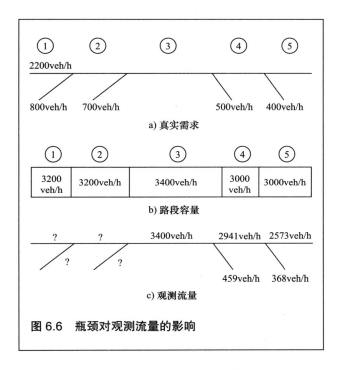

图 6.6 瓶颈对观测流量的影响

• 第 1 段，需求为 2200veh/h，而容量为 3200veh/h。通常情况下，容量不会限制需求。

• 第 2 段，进入该段的需求是 2200 + 800 = 3000veh/h，而容量是 3200veh/h。同样，容量不会限制需求。

• 第 3 段，进入该段的需求是 3000 + 700 = 3700veh/h。然而，第 3 段的容量只有 3400veh/h。这比需求小，因此需求会受限制。

• 第 4 段，需求为 3700 – 500 = 3200veh/h，高于该段的容量，即 3000veh/h。同样，需求会受限制。

• 第 5 段，需求为 3200 – 400 = 2800veh/h，低于 3200veh/h 的容量。该点的需求不会受限制。

对于所有这些观察到的流量（或流率，如果计数的时间不到 1h）意味着什么？限制路段是第 3 段，需求量为 3700veh/h，容量为 3400veh/h。在该路段的入口处，将开始形成排队，并以 3700 – 3400 = 300veh/h 的速度向上游蔓延。因此，在第 1 段和第 2 段（对需求没有限制的地方）观察到的实际流量将取决于何时进行计数。如果计数发生在车辆排队回溢到计数地点之前，那么它们将等于需求。

然而，如果计数发生在排队回溢到并经过计数位置之后，它们将是不稳定的，并将代表排队情形下的运行状态。

在第 3 段，观察到的流量将是 3400veh/h，这等于该段的容量。不可能存在更高的流量（或流率）。第 4 段的需求量为 3200veh/h。然而，这取决于 3700veh/h 流经和流出 3 号段，这是不可能的。只有 3400veh/h 会接近第一个匝道。如果我们假设第一个出口匝道和自由流公路之间的车辆分布与需求中所体现的相同，那么 3200/3700 = 0.865 接近出口匝道的车辆将继续在自由流公路上行驶。因此，在自由流公路第 4 段观察到的车流量为 3400 × 0.865 = 2941veh/h（低于该段的容量 3000veh/h）。

现在，2941veh/h 正在接近第二个出口匝道。同样，假设匝道和自由流公路之间的比例与需求相同，预计 3000/3400 = 0.882 接近第二个出口匝道的车辆将继续在自由流公路上行驶。因此，自由流公路第 5 段的观察流量为 0.882 × 2941 = 2593veh/h。

6.4.1 隐性瓶颈

目前，自由流公路第 4 段和第 5 段的交通量并没有超过这两段的容量。然而，如果第 3 段的瓶颈得到改善，容量提高到 4000veh/h，会发生什么？ 3700veh/h 的真实需求将不受限制地流经第 3 段，而 3200veh/h 将试图进入第 4 段。这确实超过了第 4 段的容量，形成了一个瓶颈。根据对交通量和排队情况的观察，在最初的方案中，第 4 段的运行似乎是可以接受的。第 4 段的潜在瓶颈被隐藏了，因为第 3 段不允许真正的需求进入第 4 段。因此，第 4 段代表了一个隐性瓶颈，被第 3 段的瓶颈所掩盖。改善第 3 段而不同时改善第 4 段，瓶颈只是向下游移动了一点。问题是，并非每一个瓶颈或容量限制都能从现场调研中明显看出。需要进行仔细的分析以确定这样的位置，进而将其纳入潜在的改善项目中。

6.4.2　需求匮乏

图 6.6 中实际发生的情况是，真正的需求无法到达第 4 段，无法观察到实际流量。实际上，第 3 段的上游瓶颈将导致下游点的需求匮乏。需求匮乏是造成隐性瓶颈的原因，尽管需求匮乏也可能出现在没有隐性瓶颈的地方。

交通工程师必须充分理解隐性瓶颈和需求匮乏的存在。它从非常实际的角度解释了为什么测量的交通量或流率不一定代表真正的需求。如前所述，真正的需求是很难测量或估计的，设计和控制措施必须考虑到潜在的大量需求，而这些需求在既有的街道和公路交通中是无法直接观察到的。

6.5　容量与排队消散

前文已经指出，容量是指在不发生堵塞的情况下可以维持的最大流率。它通常发生在很短的时间内，就在堵塞发生之前。堵塞发生后，车辆将以排队消散率离开在堵塞地点形成的排队。什么是排队消散率？它对堵塞和排队有什么影响？

虽然容量值已经相当确定，但排队消散率却不太稳定，而且没有行业标准来确定其数值。研究表明，它的数值从等于容量到比容量少 5%～10% 不等。有几项调研实际上出现了测量的排队消散率高于容量的情况，但这种情况很少发生。尽管如此，两者之间的差异对于消除拥堵后排队的时间至关重要。

有一种常见的情况。一位驾驶人早上起来，交通广播发布，在他上班的路上，三车道的自由流公路段的一条车道上有一辆卡车抛锚。抛锚发生在早上 6 时。交通播报员高兴地发布，抛锚车辆已在早上 6 时 30 分被清除了。驾驶人去上班，在早上 8 时到达现场，却被堵在几英里长的拥堵队列中。一定是交通播报员犯了个错误。然而并非如此，当驾驶人到达播报的故障车辆抛锚地点时，那里什么都没有，从那时起，交通自由通行。那么刚刚发生了什么？

考虑两个场景：①该地的容量是 2000veh/h/ln，但排队消散率只有 1800veh/h/ln（下降了 10%）；②地点的容量为 2000veh/h/ln，但排队消散率也是 2000veh/h/ln（没有下降）。在这两种情况下，从早上 6 时到 9 时，该地点的到达流率为 6000veh/h。从上午 9 时到 10 时，到达的流率减少到 5000veh/h。上午 10 时以后，在一天的剩余时间里，到达的流率减少到 4000veh/h。我们将调研两个问题，即在这两种情况下，车辆排队有多长？排队需要多长时间才能消散？图 6.7 展示了上述情况。

有两个关键内容需要考虑：①在早上 6 时至 6 时 30 分之间，只有两条车道供车辆行驶，在所有其他时间（之前和之后），有三条车道供车辆行驶；②在堵塞发生前，需求量基本等于自由流公路的容量（6000veh/h 到达，容量 = 3 × 2000 = 6000veh/h），一旦堵塞发生，立即会出现排队现象。因此，在堵塞发生时和排队消散时，排队消散率限制了可以通过该地点的车辆数量。

表 6.1 和表 6.2 说明了在两种场景下排队的最大范围和完全消散所需的时间的计算情况。在每种场景下，到达堵塞地点的车辆数量与离开堵塞地点的车辆数量相比，后者会受容量或排队消

散率的限制。在第一个小时，使用 0.5h 的时段长度，因为堵塞只存在 0.5h。对于所有随后的时间段，使用 1h 的时段长度。

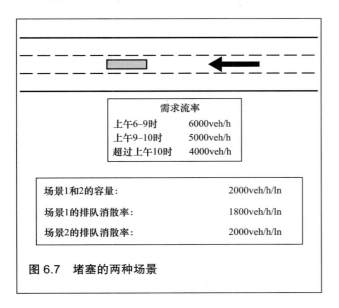

图 6.7 堵塞的两种场景

表 6.1 中的分析表明，排队的车辆在上午 9 时增加到最大长度 2700 辆。排队的车辆最终在上午 11 时 19 分消散，这时又恢复了原来的 2000veh/h/ln 的容量。可怜的驾驶人在早上 8 时到达现场，加入了 2100 辆车的队列，尽管抛锚

车辆在早上 6 时 30 分就已经撤出了。该设施上有三条车道。假设 2100 辆排队车辆平均分布，有 700veh/ln 排队。每辆汽车预计将占据 30～40ft 的长度（注意，车辆是在排队中缓行，而不是停在原地），形成大约 700×35 = 24500ft 的排队长度，或 24500/5280 = 4.64mile！

然而，如果排队消散率与容量相同，分析就会发生根本性的变化，如表 6.2 所示。

在这种情况下，排队车辆在早上 6:30 达到最大值 1000 辆，并一直保持这个长度，直到早上 9:00。整个队列在上午 9:00 至 10:00 之间的 1 小时内消散，并在上午 10:00 完全清空。在这种情况下，早上 8:00 到达的驾驶人面对的是 1000 辆车的队列，不到场景 1 中出现的长度的一半。同样，假设排队车辆分布均匀，排队的大致长度是最大（1000/3）×35 = 11667ft，或 11667/5280 = 2.21mile。

显然，排队消散率是一个关键问题。不幸的是，难以建立一个全国性的"标准"。必须进行地方和区域调研，以便为全国各地提供实用的数值，应用于具体分析。

表 6.1 排队分析（场景 1）

时间	到达率 / (veh/h)	到达车数 / veh	离开率 / (veh/h/ln)	离开车数 / veh	排队车数 / veh
上午 6:00—6:30	6000	½ × 6000 = 3000	1800	½ × 2 × 1800 = 1800	3000 − 1800 = 1200
上午 6:30—7:00	6000	½ × 6000 = 3000	1800	½ × 3 × 1800 = 2700	1200 + 3000 − 2700 = 1500
上午 7:00—8:00	6000	6000	1800	3 × 1800 = 5400	1500 + 6000 − 5400 = 2100
上午 8:00—9:00	6000	6000	1800	3 × 1800 = 5400	2100 + 6000 − 5400 = 2700
上午 9:00—10:00	5000	5000	1800	3 × 1800 = 5400	2700 + 5000 − 5400 = 2100
超过上午 10:00	4000	4000	1800	3 × 1800 = 5400	−1600/h
排队消散时间	上午 10:00 之后，排队消散率 1600veh/h，此时剩下 2100 辆车。因此排队清空时间为 2100/1600 = 1.31h，排队清空预计在（上午 10:00）+ 1h19min = 上午 11:19。				

表 6.2　排队分析（场景 2）

时间	到达率 / (veh/h)	到达车数 / veh	离开率 / (veh/h/ln)	离开车数 / veh	排队车数 / veh
上午 6：00—6：30	6000	½ × 6000 = 3000	2000	½ × 2 × 2000 = 2000	3000 − 2000= 1000
上午 6：30—7：00	6000	½ × 6000 = 3000	2000	½ × 3 × 2000 = 3000	1000 + 3000 − 3000 = 1000
上午 7：00—8：00	6000	6000	2000	3 × 2000 = 6000	1000 + 6000 − 6000 = 1000
上午 8：00—9：00	6000	6000	2000	3 × 2000 = 6000	1000 + 6000 − 6000 = 1000
上午 9：00—10：00	5000	5000	5000	3 × 2000 = 6000	1000 + 5000 − 6000 = 0
排队消散时间	排队消散在上午 10：00				

　　整个示例使用的是所谓"确定性排队"分析。它假设排队在点上形成，也就是说，排队的车辆是垂直堆积的。它在一定程度上低估了排队的形成及其规模。这是因为，在实际情况下，排队的后端正在向到达的流量移动，这加速了加入排队的到达率。然而，对许多目的来说，这是一个合理的方法。完整的排队分析涉及许多因素，在现场很难精确测量[⊖]。

6.6　总结

　　"每小时车辆数"是一个简单的单位，表示 1h 内通过某点的车辆数。尽管它很简单，但它被用来量化三个截然不同的概念：需求、容量和流量（或流率）。

　　交通工程师必须清楚地了解这三个概念，以及它们之间的关键区别。所有这些都与交通工程师的职业，以及对当前交通特性和未来潜在影响的理解有至关重要的关系。

习题

6-1. 一条自由流公路的瓶颈位置（在一个主要的匝道上）的容量为 5000veh/h。在一个典型的早高峰期间，到达瓶颈处的实际需求流率如下：

　　上午 7：00—8：00　4500veh/h

　　上午 8：00—8：30　5400veh/h

　　上午 8：30—9：30　6000veh/h

　　上午 9：30—10：00　5000veh/h

　　上午 10：00—11：00　4500veh/h

　　上午 11：00 以后　4000veh/h

1）请画出所述情况下的需求与容量关系图。

2）在上午 8：30、9：30、10：00 和 11：00，瓶颈上游的车列规模是多少？

3）在什么时间排队会消散？

6-2. 对于习题 6-1 中描述的情况，构建一个累积到达和离开与时间（min）的关系图，从早上 7：00 开始，到下午 1：00 结束，也就是说，早上 7：00 时 $t = 0.0min$，下午 1：00 时 $t = 240.0min$。从这个图中：

① 确定形成的排队的最大规模；

② 确定调研时段内车辆的最长等待时间。

6-3. 考虑下面这个在自由流公路瓶颈位置累积到达和离开的车辆图。

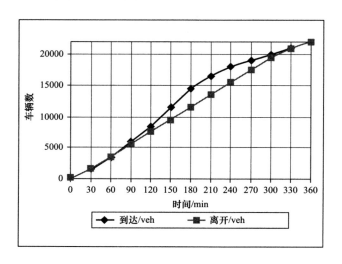

⊖　有兴趣的读者可以尝试用交通波理论估算排队长度。——译者注

根据这个图，确定以下内容：

① 瓶颈位置的容量是多少？

② 排队的最大规模是多少？

③ 在堵塞期间，所有车辆中，经历的最长等待时间是多少？

6-4. 一段八车道的城市自由流公路发生堵塞，在高峰方向上有两条车道被完全堵塞，时间为1h。该堵塞发生在上午9：00，并在上午10：00前清理完毕。该路段的容量为2100veh/h/ln，最大排队消散率为1800veh/h/ln。从上午9：00开始，该处的交通需求为：

上午 9：00—10：00   8400veh/h

上午 10：00—11：00   8000veh/h

上午 11：00—中午 12：00   7000veh/h

中午 12：00 以后 6000veh/h

1）在这种情况下，将形成的最大排队规模是多少？

2）什么时候能恢复稳定的容量值？

服务水平和
《道路容量手册》：
历史和基础概念

　　美国交通工程中使用的容量和服务水平分析的标准是《道路容量手册》（Highway Capacity Manual，HCM）的现行版本，该手册由美国国家工程院（National Academy of Engineering，NAE）运输研究委员会（Transportation Research Board，TRB）出版。其内容由 TRB 的道路容量和服务质量委员会（Highway Capacity and Quality of Service Committee，HCQSC）控制。该委员会由 34 名常务和特别委员组成，这些委员由委员会主席经 TRB 批准任命，另有 100 多名专业人员通过一系列小组委员会参与，每个小组委员会都专注于手册的特定部分。

　　该委员会于 1944 年由当时的美国公路研究委员会（Highway Research Board）组建。它继承了美国国家区域间公路委员会（National Interregional Highway Committee，NIHC）的工作，NIHC 于 1941 年由富兰克林·德拉诺·罗斯福（Franklin Delano Roosevelt）总统任命，并于 1944 年完成其工作。其目的是研究国家的公路系统，并为新建和/或改建的设施提出建议。他们首次提出的建议，最终成就了州际公路系统，且确定了国家公路的关键缺陷。

　　HCQSC 是专门为编写第 1 版 HCM 而成立的，其工作人员主要是美国公共道路局（Bureau of Public Roads，BPR）的雇员，主席是 Olaf K.Normann，他曾是 NIHC 的一名主要工作人员。他还开创了交通流测量和量化的早期工作。他继续担任委员会主席，直到 1965 年第 2 版 HCM 出版前不久去世。在整个过程中，他得到了 BPR 的另一位全职雇员 Powell Walker 的支持，他是委员会的第一位秘书。委员会的其他成员最初由 Normann 邀请，来自各种公共和私人运输机构，包括纽约港务局、纽约市交通局、加州公共工程局、芝加哥街道和交通委员会，以及当时几个著名的运输顾问。

由于意识到公路网络的快速扩张很快就会发生，而且确实已经在发生，该手册的目的是为设计提供一个全国性的标准，并在全国范围内实现一定程度的统一。

7.1 不间断流和间断流设施

从一开始，本书就涉及两类截然不同的道路设施，分别为不间断流设施和间断流设施。这些术语在第 6 章有详细的定义和讨论。

HCM 第 1 版主要涉及不间断流设施，但也包括了一些关于信控交叉口的信息。随后的版本增加了关于间断流设施的大量细节。然而，众所周知，HCM 中体现的许多基本概念是在考虑到不间断流设施的情况下制定的。因此，在某些情况下，它们对间断流设施的应用就不那么直观了。

表 7.1 展示了当前版本 HCM（第 6 版）中处理的路段或设施的类型。

表 7.1 HCM 中的不间断流和间断流设施

不间断流设施	间断流设施
	信控交叉口
自由流公路基本路段	双向 STOP 控制交叉口
多车道公路路段	多向 STOP 控制交叉口
双车道公路路段	环岛（Roundabouts）
自由流公路交织段	立交
自由流公路合流段	城市街道
自由流公路分流段	城市干道
自由流公路设施	自行车设施
	行人设施

资料来源：Reprinted with permission from *Highway Capacity Manual, 6th Edition: A Guide for Multimodal Mobility Analysis*, Transportation Research Board, © 2016 by the National Academy of Sciences, Courtesy of the National Academies Press, Washington, D.C.
注：HCM 中的"立交"（Interchanges）分析包含出口匝道下游的信控交叉口，有专门的名词"Interchange terminal ramp"，该段道路交通流运行特性与不间断流更接近。

这些分析方法中的许多，但不是全部，在本书的其他章节中都有涉及。总的来说，本文包括

最新版本 HCM 的材料。HCM（第 6 版）的副标题是《多模式运输分析指南》（A Guide for Multimodal MobilityAnalysis），已于 2016 年年底出版。

7.2 《道路容量手册》简明年表

7.2.1 1950 年版《道路容量手册》

HCM 的第 1 版 [1] 是由美国政府出版局和公路研究委员会联合出版的。由于几乎所有工作都是由 BPR 的雇员完成的，其主任 Thomas H. MacDonald 坚持将其作为一系列文章首先在 *Public Road*[2, 3] 上发表。

这是一份相对较短的文件，共有 147 页，为各种类型的交通设施提供了基本的设计标准。尽管其中的一些方法可以用于分析，但其目的是提供设计指导和一些全国性的设计标准的一致性。

它提供了第一个正式的容量定义（稍后将对此进行讨论），并初步考虑了交通流质量方面的问题。在当时，这是一份极其重要的文件，它使设计者能够统一考虑设施规模。

7.2.2 1965 年版《道路容量手册》

1950 年版 HCM 出版后，HCQSC 有几年没有活动。它于 1953 年被重新激活，开始了该手册第 2 版的修订工作。1950 年版 HCM 引发了大量的关注和讨论，随着使用的不断增加，现有知识中的一些差距变得很明显。O.K.Normann 继续担任委员会主席，但不再全职从事这项工作。

在此期间，委员会进行了两项主要工作。1954 年，对美国各地的交通政府职员进行了详细调查，收集了全国 1600 个信控交叉口的详细运行数据。这些数据构成了为信控交叉口制定更全面分析方法的基础。

1957 年，该委员会赞助出版了《公路研究公报 167》（Highway Research Bulletin 167）[4]，其

中包含六篇关于道路容量主题的基础性论文，广泛涵盖了相关研究主题。许多人将该出版物称为1.5 版 HCM。

• 第 2 版 HCM 的出版日期为 1965 年，尽管它首次出现在 1966 年年初。1965 年版 HCM[5] 标志着该领域向前迈出了一大步，引入了大量新材料。

• 引入并定义了服务水平（Level of Service, LOS）的概念，并广泛应用于交通设施和路段。

• 极大地改进和扩展了自由流公路、交织段、匝道、信控交叉口和市中心街道的相关方法，并有一些针对巴士大众运输的描述性材料。

• 大多数方法，虽然仍以设计为重点，但可以很容易地应用于现有或计划中的未来设施的分析。

该手册的篇幅增加到 411 页，其在美国和世界范围内的使用量迅速增长。

7.2.3 1985 年版《道路容量手册》

在 1965 年版 HCM 出版后不久，1985 年版 HCM 的修订工作就开始了。1965 年版 HCM 在专业领域的初步使用揭示了仍需填补的信息空白。委员会进入了新的发展阶段。O.K.Normann 去世后，委员会不再能依靠 BPR 人员的大力协助。事实上，委员会真正成为一个由志愿专家组成的机构，他们都在其他地方有全职工作。一个新的模式出现了：委员会制订了一个研究和发展计划，通过包括大学在内的各种承包机构进行的资助研究工作来实施。两个资助机构提供了大部分支持：美国国家合作公路研究计划（National Cooperative Highway Research Program，NCHRP）和美国联邦公路管理局（Federal Highway Administration，FHWA），后者是 BPR 的继承者。

第一批资助工作开始于 20 世纪 70 年代初，并一直持续到 1985 年版 HCM 问世。由于 HCM 本身的出版被推迟到 1985 年（本身就比最初的

1983 年的目标日期推迟），委员会在 1980 年发布了"运输研究通告 212：道路容量的临时材料"（Transportation Research Circular 212：Interim Materials on Highway Capacity）[6]，以使该行业能够对拟议的方法进行试验性使用。

1985 年版 HCM[7] 代表了道路容量和服务水平分析的一个重要步骤。它有 506 页，引入了许多新的方法：

• 它是第一本以活页形式出版的手册。这样做的目的是希望委员会可以根据需要逐页更新。有鉴于实际生产的原因，这被证明是一个不可行的概念，而更新实际上是以修订章节的形式进行的。

• 信控交叉口分析首次采用了关键流向（Critical Movement）方法。该方法在历史上是信号灯配时分析的基础，消除了信号灯配时和容量分析方法之间主要的不一致。

• 这是第一本包括方法的手册，在某些情况下，这些方法是很难手工操作的。这是第一本配有软件包（Highway Capacity Software，HCS，道路容量软件）的手册。该软件最初是由纽约理工大学（Polytechnic University）与 FHWA 合作开发的，后来由佛罗里达大学盖恩斯维尔分校（University of Florida at Gainesville）的 McTrans 中心修订和维护（至今为止）。

由于活页格式的目的是允许临时更新，1985 年版 HCM 在 1994 年 [8] 和 1997 年 [9] 经历了两次重大更新。

7.2.4 2000 年版《道路容量手册》

在 1985 年版 HCM 出版后，委员会正式建立了一个小组委员会的结构，并为每个小组委员会增加了成员。每个小组委员会都专注于一个特定的章节或问题，并邀请感兴趣的专业人士加入。这使得人力大幅增加，同时保持了上级委员会的工作规模。此外，还将审查具体研究和方法建议

的工作从上级委员会转移到小组委员会。上级委员会对各小组委员会的建议进行审查和投票。随着第 4 版编制工作的临近，委员会几乎处于持续编制的状态，因为相关研究的步伐和数量都在加速，成为一股洪流。

2000 年版 HCM[10] 与以前的版本相比有了很大变化，它试图满足越来越多的不同用户群体的需求。2000 年版 HCM 增加到 1100 多页，是第一本几乎没有委员会成员通读过全文的手册。

- 它是第一本着重于规划应用的 HCM。它是第一本解决走廊和路网中多种设施分析问题的 HCM，尽管这些材料大部分是描述性的。
- 它是第一本专门讨论备选工具的 HCM，主要是模拟，并试图确定更适合这些工具的应用。它还涉及模拟输出和 HCM 输出的比较。
- 由于全国都在努力转换为国际制单位，2000 年版 HCM 以两个版本出版，一个是英制单位版，另一个是国际制单位版。
- 制作了带有互动元素的 CD-ROM 与 HCM 一并发行。
- 一些旧的方法被取代，或根据新的研究进行重大更新。

2000 年版 HCM 的复杂性急剧增加。一些程序已经几乎不可能手工计算完成，于是 HCS 软件包对实施的重要性变得非常重要。委员会第一次不得不面对这样的现实：软件就是用户手册。这带来的问题是，委员会没有审查该软件，也不能证明它确实可靠地再现了 HCM 的分析过程。这个问题至今仍未得到解决。

7.2.5　2010 年版《道路容量手册》

2000 年版 HCM 的墨迹还未干，下一版的准备工作就已经开始了。研究的步伐继续升级，2000—2009 年，有九个主要的 NCHRP 项目和两个主要的 FHWA 项目。此外，委员会在其历史上首次推出了第二份出版物，即《道路容量手册应

用指南》[11]。该指南不仅介绍了涉及 HCM 方法的主要应用，还以综合方式介绍了其他工具。

2010 年版 HCM[12] 提出了广泛的新资料和应用，包括但不限于以下内容：

- 在广泛的立交类型上，对立交匝道终端（Interchange Ramp Terminals）的新方法。
- 关于环岛（Roundabouts）的新方法。
- 对一些路段和设施引入多模式运输分析。
- 一套全面的默认值，供规划应用时使用。
- 一套基于年平均日交通量的服务流量，供规划使用。
- 关于主动交通管理方法的影响的新材料，以增加容量和改善绩效（性能）。

委员会还决定，应用指南应纳入 HCM 本身，取消两个单独的文件。此外，还积累了一个用于开发 2010 年版和以前手册的研究来源的研究资料库。因此，2010 年版 HCM 的材料增加到 2000 多页。为了适应这种情况，许多资料改为以电子档案形式发布，而不是印刷文件的一部分。所有购买 HCM 的人都收到了印刷文件和访问电子档案的密码。然而，即使是印刷文件也堪称鸿篇巨制，以活页形式使用了三个活页夹。

7.2.6　2016 年版《道路容量手册》

在 2010 年版 HCM 出版后不久，SHARP 项目（Strategic Highway ResearchProgram）赞助了几个主要的研究工作，重点是通行时间可靠性和管控车道。在这些方面花费了几百万美元后，该机构希望立即将其纳入 HCM，并又提供了超过100 万美元用于制作 2010 年版 HCM 的更新 [13]。

最初设想 2016 年版 HCM 作为 2010 年版 HCM 的更新，而不是一个完整的新版本。然而，当意识到新材料的数量巨大时，委员会决定将其作为一个完整的第 6 版来制作。但这一事后行动意味着没有对概念、格式和内部一致性进行全面审查，而这通常是在制作完整的新版本之前就该

做的工作。因此，2016 年版 HCM 看起来更像是对 2010 年版 HCM 的更新，而不是一本完全重新编制的手册。

2016 年版 HCM 增加了关于通行时间可靠性、管控车道和主动交通管理策略评估（Travel time reliability，Managed lanes，and Assessment of active traffic management strategies）的新材料。委员会还制定并批准了许多其他方法的改进措施。

7.3　容量的概念

桶有多大？它能装多少东西？容量作为一个通用术语是相对简单的。一个 5gal 的桶可以容纳 5gal 的液体。如果这个桶是用膜做的呢？膜的容量可能取决于液体的特性，主要是其重量和密度。如果可以将 5gal 的液体放入桶中，但桶太重而无法移动怎么办？定义容量涉及许多微妙之处，特别是在交通设施这一主题下。

2016 年版 HCM 对容量的定义如下：

系统元素的容量是指在给定时间段内，在既定的道路、环境、交通和控制条件下，人或车辆可以合理预期通过车道或道路的某个点或标准断面的最大可持续每小时流率[1]⊖。

该定义与 1985 年以前的版本基本相同。有一些涉及文字的小改动，但概念基本上没有改变。

该定义有几个关键要素：

• 容量被定义为最大小时流率。在大多数情况下，使用的流率是分析小时的高峰 15min，通常但不总是高峰小时。在任何分析中，需求和容量都必须用相同的术语表示。

• 容量可以用人或车辆来定义。这反映了大众运输和行人、多乘员车道（HOV）和多模式运输设施的日益重要性。其中，人的容量可能比车辆的容量更重要。

• 容量是根据既有条件定义的。道路条件包括几何特性，如车道数量、车道和路肩宽度，以及自由流速度（FFS）。交通条件是指交通流的组成，包括小客车、卡车、巴士和休闲车。对于间断流设施，道路和交通条件包括交通控制，主要是信号灯。

2016 年版 HCM 增加了环境条件。虽然大多数分析都假设天气和其他条件良好，但现在手册包括了处理恶劣天气或其他从属条件影响的方法。重要的概念是，任何既有条件的变化都会导致容量的变化。

• 容量是针对一个点或一个设施的标准段来定义的。只要有一个既有条件发生变化，就必须创建一个新的区段。一个标准段在整个长度上有一致的既有条件。

• 容量指的是合理期望值这个概念有点模糊。2000 年版 HCM 包含了这个概念的定义。

合理的期望值是定义容量的基础。也就是说，一个特定设施的标定容量（Stated Capacity）是在有足够需求的高峰期可以重复实现的流量。在整个北美地区，具有类似特性的设施都可以达到标定容量[10]。

这是一个重要概念，因为容量包括一些随时间和空间随机变化的因素。容量不是在任何具有一致特性的设施上观察到的最大流率。此外，有时观察到的实际流率可能超过标定容量。

7.3.1　不间断流设施的容量

2016 年版 HCM 中，不间断流设施的基本容量值见表 7.2。这些值以或多或少的理想条件下的

⊖　译文期间 2022 年版 HCM 已经发布，其中对于容量的定义为："系统元素的容量是指在指定时间段内，在既定道路、交通和控制条件下，可以通过给定点的最大车辆数量。"借此可以体会行业对于该定义的思考和演进。——译者注

pc/h/ln 为单位。为便于应用，它们将被转换为既有条件下的 veh/h/ln。

表 7.2　不间断流设施的基本容量值——2016 年版 HCM

自由流速度 / (mile/h)	基本容量 / (pc/h/ln)		
	自由流公路	多车道公路	双车道公路
All	NA	NA	3200pc/h（双向） 1700pc/h（单向）
≥ 75	2400	NA	NA
70	2400	2300	NA
65	2350	2300	NA
60	2300	2200	NA
55	2250	2100	NA
50	NA	2000	NA
45	NA	1900	NA

对于自由流公路和多车道公路，容量取决于自由流速度（FFS）。

FFS 是当流量在速度 – 流率曲线上为 "0" 时的理论速度。在实践中，实际平均速度在低流量范围内保持在 FFS。一般来说，在流量达到 1000pc/h/ln 时，观察到的平均速度可以作为 FFS 的估计值。

容量随着 FFS 的降低而减小。自由流公路通常表现为 55 ~ 75mile/h 的 FFS，而多车道公路往往在 45 ~ 70mile/h 的范围内。这是因为多车道公路有更多的路侧干扰因素，往往会降低速度。还要注意的是，对于任何给定的 FFS，自由流公路都比类似的多车道公路有更高的容量，这也是由于自由流公路的路侧干扰较小。

对于双车道的远郊公路，容量与 FFS 没有关系。这些道路运行的关键因素是在对向交通车道上进行超车机动。这对容量的实际限制比任何其他因素都显著。

7.3.2　间断流设施的容量

影响间断流设施容量的关键因素是信号灯控制。在不间断流设施上，道路在任何时候都可以使用。在交通信号灯下，道路只在信号灯为绿灯的那段时间内可供对应流向使用。因此，对间断

流设施来说，容量既受设施的几何条件限制，也受交通信号灯配时的限制。

由于信号灯配时变化很大，间断流设施从 "饱和流率" 的概念开始。饱和流率是指假设信号灯在 100% 的时间内有效绿灯的情况下，可以流动的最大流率。在 2016 年版 HCM 中，对于人口在 25 万以上的城市地区，间断流设施的饱和流率的基准值是每小时每条车道绿灯时间 1900 辆小客车（pc/hg/ln），较小的地区是 1750pc/hg/ln。与表 7.2 的数值一样，该饱和流率基于理想条件，包括标准车道宽度、无坡度、无重型车辆、无转向车辆等。

间断流设施的容量与饱和流率之间的关系，只是基于信号灯绿灯的时间比例：

$$c = s\left(\frac{g}{C}\right) \tag{7-1}$$

式中　c——容量（pc/h 或 pc/h/ln）；
　　　s——饱和流率（pc/hg 或 pc/hg/ln）；
　　　C——周期长度（s）；
　　　g——有效绿灯时间（s）。

式（7-1）特别适用于信控交叉口的接近段。然而，就容量而言，控制间断流设施容量的是交叉口接近段的容量。因此，该式涉及与信控交叉口相关的数值，如周期长度、有效绿灯时间和饱和流率。

第 22 章和第 23 章包含了对信控交叉口及其分析的更完整讨论，内容包括对信号控制参数和问题的详细讨论。

7.4　服务水平的概念

今天的交通状况是怎样的？这是一个看似简单的问题，驾驶人每天都会问自己。在其最纯粹的形式中，服务水平是一个描述性评级，描述各种类型道路设施的交通服务质量。

虽然容量是一个重要概念，但在容量下的运行状态通常是差的。此外，容量运行往往是不稳

定的，因为交通流中很小的扰动都会导致堵塞。因此，交通工程师需要可用的某种形式的质量评级是相当重要的。

7.4.1 发端：1950 年版 HCM

1950 年版 HCM 并没有将服务水平作为一个基本概念或明确的评级。然而，在容量的结构，诸如运行质量有一些考虑。1950 年定义了三种不同级别的"容量"。

- **基本容量（Basic Capacity）**。在可能达到的最理想的车行路和交通条件下，1h 内可以通过车道或车行路上某一点的最大小客车数量[1]。
- **可能容量（Possible Capacity）**。在既定的道路和交通条件下，1h 内可以通过车道或车行路上某一点的最大车辆数量[1]。
- **实际容量（Practical Capacity）**。在 1h 内可以通过车行路或指定车道上某一点的最大车辆数量，而交通密度不会大到造成不合理的延误、危险或限制驾驶人在现有车行路和交通条件下的自由机动[1]。

就目前的用法而言，基本容量被称为"理想或基准条件下的容量"，可能容量被称为"容量"，而实际容量是与当前的服务水平 C 或 D 的运行相一致的最大流量。

1950 年版 HCM 没有正式引入服务水平，但它在定义不同类型的"容量"时奠定了概念基础。

7.4.2 引入服务水平概念：1965 年版 HCM

经过多次讨论和大量辩论，道路容量委员会决定在第 2 版中只采用一个容量值。因此，必须引入另一种机制来衡量运行流量低于容量时的交通服务质量。容量被简单地定义为 1950 年版 HCM 中的可能容量。

服务水平（Level of Service，LOS）是为了满足这一需要建立的。从概念上讲，它是一个由从 A 到 F 六个字母组成的等级，为各种服务质量的范围提供了一个标签等级。像学校的成绩一样，A 是最好的，F（在某种意义上）代表失效。其他边界点则更难确定。

1965 年版 HCM 对服务水平的定义如下：

服务水平是一个术语，从广义上讲，它指的是一个给定的车道或车行路在容纳各种交通量时可能出现的无限多的运行条件组合中的任何一种。服务水平是对一些因素影响的定性衡量，其中包括速度和通行时间、交通间断、机动自由、安全、舒适驾驶和便利以及运行成本[5]。

定义中包括的因素都是驾驶人直接感知和体验到的指标。特别是不包括流量或流率。在交通流中的驾驶人无法感知流量，必须从路侧的一个固定点观察，因为车辆经过该点。然而，1965 年版 HCM 认为，低流率与较高的服务水平直接相关。

从驾驶人的角度看，在给定的车道或车行路上的低流率或流量，比同一车道或车行路上的大流率或流量提供了更高的服务水平。因此，任何特定的车道或车行路的服务水平都与流率或流量或密度的一些函数成反比关系[5]。

遗憾的是，这种说法与定义有些矛盾，而且实际上是不正确的。低流量或流率可以反映出低密度和自由流动的交通，或非常高的密度和拥堵。仅仅是低流率的状态并不表明服务水平良好。

虽然各种服务水平的等级会随着时间的推移变化，但其意义背后的一般概念在 Wayne Kittelson[14] 的一篇论文中有所描述：

- LOS E 旨在表达在容量下的运行。
- LOS D 旨在反映当时在全国范围内观察到的最大可持续流量水平。主要是基于 Karl Moscowitz 对加州自由流公路开展的调研。
- LOS C 旨在取代城市设施的"实际容量"的概念。
- LOS B 旨在取代远郊设施的"实际容量"

的概念。

- LOS A 是一个事后的想法，被列入其中的目的是代表使用收费设施的用户可能期望的高运行质量。它是在新泽西州公路管理局（New Jersey Turnpike Authority）的建议下加入的。

LOS A 的条件在今天看来几乎是幽默的。现代收费设施的运营者既没有兴趣也没有能力在一天中的所有时间里为收费设施提供自由流的运行条件。当时人们认为，如果驾驶人直接为出行付费，他们就应该得到最高质量的体验。

事实上，对于许多类型的设施，1965 年版 HCM 并没有提供对太多运行参数进行估计的方法。对于不间断流设施，服务水平基于运行速度和流量/容量（v/c）比率。然而，所使用的模型几乎总是使得 v/c 比率成为决定性因素。

对于许多类型的设施，流量或 v/c 比率被用来确定一个大概的服务水平，而这只是口头上的定义。对于这些情况，没有提供服务水平的数值定义。

7.4.3　LOS 的发展：1985 年版 HCM 及其更新

1985 年版 HCM 在概念的定义上做了一些细微的改变，尽管它与 1965 年版很相似。具体来说，"运行成本"从与 LOS 相关的因素清单中删除。该定义还特别提到了用户的感受，强调 LOS 应该涉及驾驶人直接感受到的内容。

更重要的是，到 1997 年更新完成时，每一种类型设施的方法都包括了与可感知的质量指标的数值相关的服务水平。

也是在 1985 年版 HCM 中，LOS 的描述，甚至是容量，从整小时的流量和 LOS 的指定，调整为基于分析小时内最不利的 15min 时段的值。

7.4.4　LOS 的发展：2000 年版 HCM

尽管对 LOS 进行了大量的讨论和调研，但

2000 年版 HCM 并没有对其基本概念做出重大改变。概念定义中删除了"安全"一词，因为它甚至从未被作为一个实际因素纳入考虑。1985 年增加的"用户感知"的提法也从定义中删除，尽管在随后的段落中会有更完整的讨论。

7.4.5　引入用户感知指标：2010 年版 HCM

虽然用户感知的思路一直存在于服务水平的概念中，但在历史上，它的处理方式是尽可能确保定义的服务指标对驾驶人和其他道路使用者来说是可以直接感知的。

2000—2010 年，组建了一个研究机构，来评估用户对特定状态的实际想法。该研究基于测量用户对各种假设条件的反应，这些假设条件是在仪器测试的驾驶环境中模拟的。一个主要的 NCHRP 调研给出了有价值的结果供参考[15]。

这项研究引出了一些有趣的反常现象。它表明，通常用户不会感知到六种不同的服务水平——在某些情况下，这个数字会低至两个。研究还表明，许多用户认为通常与交通流无关的因素对他们对服务质量的感知非常重要。这些因素包括景观设计和照明等方面。行人更关注与他们交互的交通环境，而不是他们所处的行人流的动态。驾驶人认为卡车的存在对他们的出行质量是不利的。

经过大量的讨论和辩论，针对交叉口的行人和自行车骑行人引入了基于用户感知的服务水平指标。该指标可用于交叉口的汽车使用者，但不用于确定 LOS。

表 7.3 展示了用于确定 2016 年版 HCM 中包括的每种类型设施的服务水平的服务指标。

7.4.6　2016 年版 HCM 及其未来

在 2016 年版 HCM 中，LOS 及其具体定义没有重大变化。对 LOS 及其潜在的未来进行了诸多讨论，但任何重大的概念性变化都将推迟到后续版本中，也就是第 7 版 HCM，目前甚至还没有考虑。

表 7.3　2016 年版 HCM 的服务评测

分类	路段类型	服务水平评估指标
机动车间断流	城市道路	平均通行速度
	信控交叉口	控制延误
	双向 STOP 控制交叉口	控制延误
	全向 STOP 控制交叉口	控制延误
	环岛	控制延误
	立交匝道终端	控制延误
机动车不间断流	双车道公路	通行时间与平均通行速度
	多车道公路	密度
	自由流公路基本段	密度
	自由流公路交织段	密度
	自由流公路合流段和分流段	密度
	自由流公路设施	平均密度
其他道路使用者	大众运输	见表注
	行人交通	用户感受指数
	自行车交通	用户感受指数

注：大众运输服务使用几种不同的指标来定义 LOS，见《大众运输容量手册》（Transit Capacity Manual）。

然而，对于自由流公路和城市街道系统，已经提出了新方法，它与更传统的 LOS 指定截然不同。对这两者来说，通行时间的可靠性问题是联邦和州运输机构非常关注的，因为目前的联邦资金要求它成为决策中的一个核心问题。这种方法是截然不同的，因为它试图量化某条路线一整年的通行时间百分比。各种通行时间的百分位数可以作为系统整体有效性的衡量指标，而它们决不是描述某一特定的 15min 或 1h 时段的设施运行状态。此外，还在制定针对卡车的单独方法，以便更直接地评估货物流动系统的有效性。

目前的讨论范围包括取消 LOS，转而采用一系列具体的质量衡量指标，以通行时间的可靠性为基础，以及两者之间的一切。下一节将讨论现有 LOS 标准中的一些结构性问题。

7.4.7　服务水平的结构性问题

应用和解释服务水平方面的许多困难都涉及其分段函数的性质。LOS 并没有定义一个标准的运行质量，而是确定了一个运行质量的范围。

最初提出 LOS 有两个原因：①在不可能对运行结果进行数值预测的情况下，提供对服务质量的描述；②提供一种简单的语言，可以用来向决策者和公众解释复杂的情况，而他们往往不是工程师。

第一个原因已经不存在了，因为所有的 LOS 值都与数值的具体预测相关。第二个原因仍然存在。沟通的简单性与实际情况的复杂性之间的权衡是非常艰难的。

LOS 的一些具体困难如下：

1）**使用分段函数描述**：如前所述，LOS确定了一系列的运行条件。然而，用于定义LOS的变量是连续的。例如，速度是一个连续变量。如果LOS X被定义为40～50mile/h之间的范围，速度从49mile/h到51mile/h的微小变化将导致LOS的变化。在41mile/h和49mile/h之间的更大变化，不会导致LOS的变化。问题是，作为一个分段函数，LOS从根本上就可能会夸大运行状态的小变化，而掩盖更大的变化。

2）**LOS能否与复杂性相关**：一方面，因为目前的方法学引出了对多种，而且往往是复杂的运行参数和状态的预测，所以单字母的LOS很难充分描述这些状态；另一方面，由于这种复杂的结果，更需要一个简化的沟通机制。无论如何，从业人员在分析中使用所有可用的数值参数越来越重要，而不仅仅是一个LOS，它可能只基于一个或一些可用参数的子集。

3）**相对性问题**：纽约市的LOS X和皮奥里亚的LOS X应该是一样的吗？按照最初的设想，工程师们会选择一个适合他们当地情况的LOS。然而，随着时间的推移，LOS与学校评分的简单联系导致了一种不太灵活的解释。LOS E总是不好的，即使在纽约市，如果它能在整个系统的典型高峰小时内实现，则大多数驾驶人都会开个派对。事实是，驾驶人在主要城市地区能接受的拥堵程度要比在开发程度较低的地区高。

4）**法律和法规中的LOS**：许多州和地方机构当下直接在与发展相关的法律和法规中提到了LOS。开发费可以根据增加新的开发项目时LOS的变化情况来评估。如果开发计划对LOS的影响太大，则可能会被拒绝。对规划师和交通工程师来说，特别是对道路容量和服务质量委员会的成员来说，问题在于每次服务水平的定义和标准被改变时（就像他们在每版新手册或其更新中一样），法律和法规也会随之改变。这显然超出了委员会的任务范围，但委员会无法控制其他人如何使用方法论和方法。

5）**LOS的综评**：现在变得很关键的一个问题是LOS应该如何在不同的综评级别上进行解释。以往，LOS被用来描述一个点或一个标准段的运行。现在，它被扩展到涵盖整个设施的长度范围，并讨论了廊道和路网可能使用LOS的问题。HCM中的自相矛盾有些令人惊讶。对于信控交叉口，有一个明确的建议，即不要将所有接近段的延误汇总起来，以指定整个交叉口的LOS。这将掩盖单个接近段或车道组的更重要的运行。此外，LOS可以应用于自由流公路的12mile路段。

如果将LOS应用于一大段自由流公路，如果几乎没有驾驶人驾车驶过整个路段，那么LOS意味着什么？如果用户没有经历过整个设施，那么LOS与用户的感受有什么关系？如果LOS被扩展到廊道和路网，这些问题会变得更糟。这种趋势会引出一个难题，想象一下，一觉醒来，交通广播宣布："克利夫兰今天的运行状况为LOS D"。作为一个驾驶人，你会如何应对这一信息？与此同时，一个城市的规划者可能想知道这个信息，并且能够利用它。

好吧，LOS的讨论暂且打住。在这个行业中，似乎有一些趋势，要对这个概念和它的实施方法进行重大改变，或者取消它，以支持多种数字指标。这是否会转化为第7版HCM中的重大变化，我们拭目以待。

7.5 服务流量和服务流率

与LOS概念密切相关的是服务流量（Service Volumes，SV）或服务流率（Service Flow Rates，SF）的概念。SF被定义为在既有车行路、交通和控制条件下，在保持特定服务水平的情况下，一条车道或车行路上可以合理预期的最大流率。它基本上是在LOS X下可以容纳的最大流率。图7.1说明了这个概念。

图7.1还强调了LOS作为一个分段函数的问题，也就是说，在边界附近，一个小变化意味着LOS的变化，而在一个边界内的大变化却不会。还要注意，只有五个SF，而不是六个。LOS F代

表在一个队列中形成的不稳定流，因为在一个堵塞点上的到达量超过了离开量。

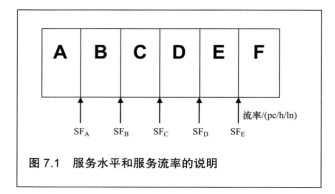

图 7.1 服务水平和服务流率的说明

对于不间断流，LOS E 的 SF，即 SF_E 等同于容量。这种关系对于许多间断流路段并不成立。事实上，对于一些间断流路段，很难或不可能精确定义 SF。

服务流量（SV）一词是 HCM 早期版本的遗留物，在当前版本中，容量和服务水平描述的是一整小时内呈现的状况，而不是 1h 内最不利的 15min 时段。SF 和 SV 之间的关系与实际流率和实际流量之间的关系相同。它们之间的关系是由高峰小时系数（PHF）决定的，SV 可以由 SF 计算出来（反之亦然），具体如下：

$$SV_i = SF_i \times PHF \qquad (7-2)$$

式中　SV_i——LOS i 的服务流量（veh/h）；

　　　SF_i——LOS i 的服务流率（veh/h）；

　　　PHF——高峰小时系数。

7.6　v/c 比率及其在容量分析中的应用

容量和 / 或服务水平分析中最重要的指标之一是 v/c 比率（饱和度）——当前或预测的需求流率与设施容量的比率。该比率用来衡量既有或拟建设施的容量是否足够。

当然，所有设施的设计都应提供足够的容量，以处理当下和预测的需求（即 v/c 比率的值应保持在小于 1.00 的水平）。

在估算 v/c 比率时，必须注意了解需求（v）值和容量（c）值的来源。在既定条件下，真正的需求是由实际到达的流率加上由于拥堵限制而转到其他设施、其他时间或其他目的地的流率。如果既有的流率观测包括从调研点离开的车辆，就不能保证这代表真实需求。此外，对离开车辆的计数不能超过该路段的实际容量（你不能在一个 4gal 的壶里放 5gal 水）。因此，如果将离开的流率与某一区段的容量进行比较，并得出 $v/c > 1.00$ 的结果，那么结论一定是：①计数不正确（太高）或②容量被低估了。后者是通常的罪魁祸首。容量的估计采用 HCM 中的方法。它们基于全国平均水平和"合理预期"的原则。实际容量可能比利用这些方法得出的估计值要大。

在处理未来情况和预测需求流率时，需求流率和容量都是估计值。超过 1.00 的 v/c 比率意味着预测需求流率将超过设施的估计容量。

当需求流率与容量的真实比率超过 1.00 时（无论是现在还是将来），就意味着将出现排队现象，并从相关路段向上游蔓延。排队的程度和消除排队所需的时间取决于许多条件，包括 v/c 超过 1.00 的时段和超过 1.00 的程度。它取决于一段时间内的需求状况，因为只有当需求流率减少到低于该段容量的水平时，排队才会开始消散。此外，排队的驾驶人倾向于寻找其他路线以规避拥堵。因此，$v/c > 1.00$ 的发生往往会导致需求模式的动态变化，这可能会严重影响该路段及其周边地区的运行。

在任何情况下，真实的需求流率与容量的比较是容量和服务水平分析的主要目标。因此，除了服务水平指标，v/c 比率也是这种分析的一个主要结果。

7.7　总结

HCM 是交通工程专业中最基本和最常用的文献之一。容量、服务水平、SF 和 v/c 比率的概念都是需要理解的，因为它们是设计和开发许多道路容量分析程序的基本要素。

参考文献

[1] *Highway Capacity Manual*, U.S. Government Printing Office and the Highway Research Board, Washington, D.C., 1950.

[2] *Public Roads*, Vol. 25 (10), Bureau of Public Roads, Washington, D.C., October 1949.

[3] *Public Roads*, Vol. 25 (11), Bureau of Public Roads, Washington, D.C., November 1949.

[4] *Highway Research Bulletin 167* (6 papers), Transportation Research Board, Washington, D.C., 1957.

[5] Reprinted with permission from *Highway Capacity Manual*, Special Report 87, Transportation Research Board, © 1965 by the National Academy of Sciences, Courtesy of the National Academies Press, Washington, D.C.

[6] "Interim Materials on Highway Capacity," *Circular 212*, Transportation Research Board, Washington, D.C., 1980.

[7] "Highway Capacity Manual," *Special Report 209*, Transportation Research Board, Washington, D.C., 1985.

[8] "Highway Capacity Manual," *Special Report 209* (as updated), Transportation Research Board, Washington, D.C., 1994.

[9] "Highway Capacity Manual," *Special Report 209* (as updated), Transportation Research Board, Washington, D.C., 1997.

[10] Reprinted with permission from *Highway Capacity Manual*, Transportation Research Board, © 2000 by the National Academy of Sciences, Courtesy of the National Academies Press, Washington, D.C.

[11] Kittelson, W., et al., *Highway Capacity Manual Applications Guidebook*, Transportation Research Board, Washington, D.C., 2003.

[12] *Highway Capacity Manual*, Transportation Research Board, Washington, D.C., 2010.

[13] Reprinted with permission from *Highway Capacity Manual*, Transportation Research Board, © 2010. by the National Academy of Sciences, Courtesy of the National Academies Press, Washington, D.C.

[14] Kittelson, W., "Historical Overview of the Committee on Highway Capacity and Quality of Service," *Transportation Research Circular E-C018: Proceedings of the Fourth International Conference on Highway Capacity*, Transportation Research Board, Washington, D.C., 2001.

[15] Dowling, R., et al., "Multimodal Level of Service Analysis for Urban Streets," *Final Report*, NCHRP Project 3-70, Transportation Research Board, Washington, D.C., 2007.

习题

7-1. 解释不间断流设施的"容量"与"服务流率"之间的区别。

7-2. 解释以下术语之间的区别。
① 理想条件下的容量
② 既有条件下的容量

7-3. 对于一条单向六车道的自由流公路，已经确定了以下服务流率（SF）：

$SF_A = 3000veh/h$

$SF_B = 4000veh/h$

$SF_C = 4800veh/h$

$SF_D = 5600veh/h$

$SF_E = 6300veh/h$

1）该路段的容量是多少？

2）确定这条自由流公路的服务流量，它的PHF 为 0.90。

7-4. 解释自由流公路、多车道公路和双车道远郊公路之间的区别。它们之间的主要区别是什么？

7-5. 一个信控交叉口的饱和流率为 1200pc/hg/ln。如果该接近段有三条车道，信号灯在 70s 的周期内有 40s 的绿灯时间，该接近段的容量是多少？

智能运输系统

几十年来，计算能力的进步和改善交通运行的愿望使交通系统在许多方面变得更加"智能"：

- 一些城市引领了发展，包括加州圣何塞、堪萨斯州奥弗兰帕克、纽约市和加拿大多伦多，用中央计算机来控制交通信号灯。

- 计算机也同样被用来计量自由流公路匝道和自由流公路匝道系统的交通参数。

- 研究人员专注于改进中度至重度，直至过饱和情况的地面街道和自由流公路上的交通控制策略。

根据各种传感器检测到的交通状况，用可变信息标志向驾驶人提供路线建议信息。

到 20 世纪 80 年代后期，业界开始讨论"智能车辆公路系统"（Intelligent Vehicle Highway Systems，IVHS）的整体方法。1991 年，IVHS America 作为一个公私合作伙伴成立，旨在规划、促进和协调 IVHS 在美国的发展和部署。其他国家也有类似的组织和举措，在美国、加拿大、日本和欧洲有广泛的活动。

术语和概念很快演变为强调智能运输系统⊖（Intelligent Transportation Systems，ITS），并聚焦多模式。与此相一致的是，IVHS America 变成了 ITS America[1]，它已经发展成一个支持标准发展的主要组织，提供了一个专业对话的论坛，并包括一个州级 ITS 组织的网络。许多国家都有类似组织，ITS 国际（ITS International）[2] 也是一个值得关注的出版物。主要会议包括 ITS 世界大会（ITS WorldCongress）、ITS 美国年会（ITS America Annual Meeting）、Intertraffic、美国运输研究委员会（TRB）年会会议、国际道路联合会（International Road Federation，IRF）会议和运输

⊖ "Intelligent Transportation Systems" 在我国多译作"智能交通系统"，考虑到本书遵循"Transportation"对应"运输"，"Traffic"对应"交通"的翻译逻辑，特将其译作"智能运输系统"。——译者注

工程师协会（ITE）年会。

重点不只是更有效地移动车辆。它延伸到提供基于实时和历史信息的路线信息、交通建议，以及寻找甚至安排泊位。它还延伸到多模式运输的换乘点、时刻表协调、当前状态和即将到达的信息，以及通过信息亭和智能手机应用程序为大众运输和出行计划提供信息。

迄今为止，对 ITS 的投资确实很大，可以用很多篇幅来介绍案例项目。但作者认为，指出概念和网络资源对读者更有利，这样才能使用最新的信息：最新的标准、规则和政策，以及倡议。

正如迄今为止所做的大量努力一样，未来几年（本文写于 2017 年年中）可能会看到 ITS 应用的加速，甚至是构成一个完整的、综合的智能系统的概念的加速。颇具影响的要素有如下方面：

• 十多年来，势头已经形成，关键标准已经建立，基础设施已经升级，经验丰富的专业人员队伍已经形成。

• 制造商正在拥抱互联和 / 或自动驾驶汽车的感知市场力量。与此同时，他们正在拥抱电动汽车和混合动力汽车的期望。创新、提前进入市场并致力于这种未来的车辆，已经爆发出一种竞争力量。

• 各机构和政府单位正在回应对道路测试、授权和法规的需求。

• 智能手机和大量的智能手机应用程序已经从根本上改变了人们可以获得的信息量，以及他们期望获得的更多信息。

• 在支持性的通信基础设施的帮助下，大量信息创造了一个数据丰富的环境。路径信息、通行时间、众包信息、大众运输绩效、出租车和租赁汽车的数据都有助于未来 ITS 的设计。

8.1 概述

ITS 的主要目标是通过使用一套工具、技术、工艺、标准和最佳实践来提高系统的效率和安全。

虽然人们经常关注的是驾驶人，但 ITS 一直

非常强调商业车辆运营（Commercial Vehicle Operations，CVO）、货运、大众运输和先进的出行者信息系统。对行人和自行车的重视程度也越来越高，安全是 ITS 的一个关键因素。

美国交通部 ITS 联合项目办公室（USDOT ITS Joint Program Office）在其 ITS ePrimer 网站上有很好的资源[3]。它包含了一套 14 个模块，提供了表 8.1 中所示的一系列主题的全面信息。

表 8.1 USDOT ePrimer 网站的 14 个模块

模块 1：ITS 简介
模块 2：系统工程
模块 3：运输管理系统
模块 4：交通运行
模块 5：个体运输
模块 6：货物、多模式运输和 CVO
模块 7：公共运输
模块 8：电子收费和定价
模块 9：ITS 技术支持
模块 10：远郊和区域 ITS 应用
模块 11：可持续运输
模块 12：制度问题
模块 13：车联网
模块 14：新出现的问题

资料来源：https：//www.pcb.its.dot.gov/ePrimer.aspx.

表 8.2 展示了模块 1"ITS 简介"的大纲，以说明每个模块的内容（几个模块中有更详细的大纲）。在列出的主题中，注意国家 ITS 架构，并参考展示该架构的图 8.1。

表 8.2 ePrimer 模块 1 的目录

引言
ITS 概述
运输方面的挑战
ITS 的好处
ITS 的历史
国家和地区 ITS 架构
• 架构层
• 区域架构
• 国家 ITS 标准
ITS 部署的增长
ITS 的未来愿景
ePrimer 概述参考文献

资料来源：https：//www.pcb.its.dot.gov/ePrimer.aspx, Module1.

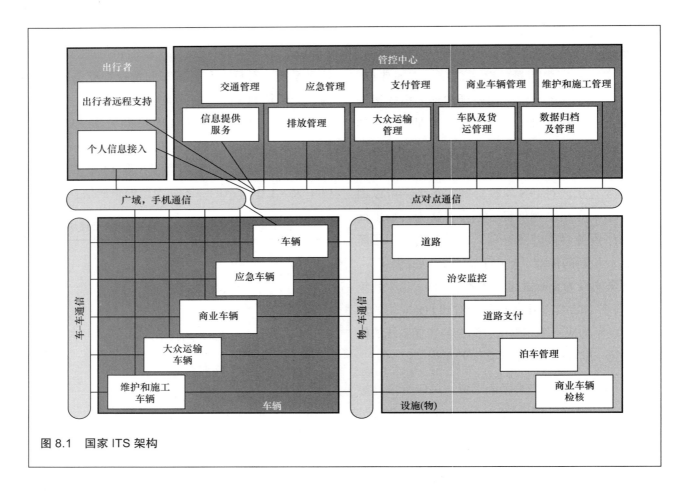

图 8.1　国家 ITS 架构

强烈建议读者：

1）关注属于 ITS 应用中共同对话的关键概念，包括：

- 系统结构
- 标准
- V 形图

2）通过访问参考文献 [3] 和检查每个模块来获得更深的知识，以便对内容有所了解。

8.2　ITS 标准

关于当前 ITS 标准的一个很好的信息来源是美国交通部（USDOT）的网站 http : //www.stan-dards.its.dot.gov/[4]。它提供了对已经制定的和现行的非常详细的标准的访问。

该网站指出

ITS 标准项目已经与标准开发组织和公共机构合作，加速开发开放的、非专有的通信接口标准[4]。

在很大程度上，关键词是"开放"和"非专有"。

这个网站是以下信息的储存库和途径：

- 现有的 ITS 标准；
- ITS 标准培训：由 49 个以上模块组成的自学系列（参考表 8.3 的说明），加上 21 个以上与大众运输有关的模块；
- 国际协调；
- 发布工具；
- 经验教训；
- 发布文件；
- 部署统计和资产查看器；
- 技术援助和培训机会。

表 8.3 参考文献 [4] 中的培训模块简介

模块序号	模块名称	模块 ID
5	ITS 标准测试介绍	T101
6	获取基于标准的 ITS 系统的细节	A201
7	当 ITS 标准没有 SEP 的内容时，识别和编写用户需求	A202
28	基于高级运输控制器（ATC）5201 标准的 ITS 基础设施建设——第 1 部分	A207a，Part1 of 2
29	基于高级运输控制器（ATC）5201 标准建立 ITS 基础设施——第 2 部分	A207b，Part2 of 2
49	将你的测试计划应用于基于 NTCIP 1209 标准 v02 的交通传感器系统（Transportation Sensor System, TSS）。	T312
50	将你的测试计划应用于基于 NTCIP 1207 标准 v02 的匝道计量控制（Ramp Meter Control, RMC）单元	T309
51	使用 ISO TS 19091 标准来实施 V2I 交叉口应用简介	CV271

这些标准是由其国家运输通信 ITS 协议（National Transportation Communications for ITS Protocol, NTCIP）编号来引用的，并适用于整个国家 ITS 架构。图 8.2 展示了 ITS 标准与系统架构的关系。

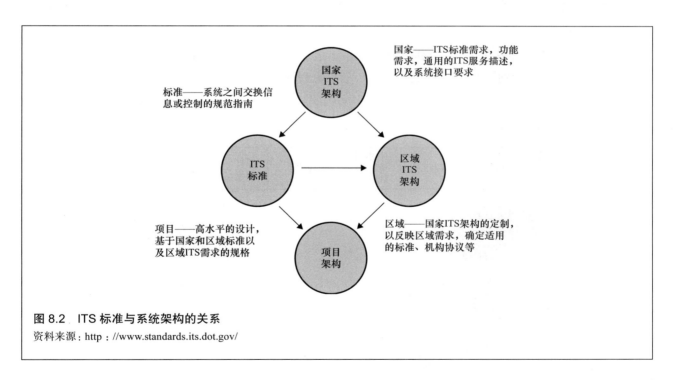

图 8.2 ITS 标准与系统架构的关系

资料来源：http://www.standards.its.dot.gov/

8.3 ITS 系统工程流程

参考文献 [3] 指出，已经为系统工程方法开发了许多流程模型，但注意到图 8.3 所示的 V 流程模型已经在标准界获得广泛认可，并且是美国交通部选择的模型 [5, 6]。

本章末尾的问题引导读者通过使用超链接进入参考网站，进一步了解更多项目的知识和细节。

具体来说，参考文献 [6] 对 V 流程模型中的每个步骤都有超链接，提供了大量信息。对于目前的目的，注意到这些步骤就足够了，这些步骤的名称也是不言自明的。参考文献 [3] 指出，

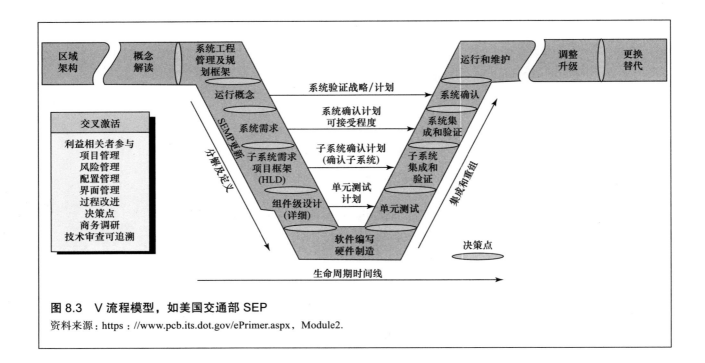

图 8.3　V 流程模型，如美国交通部 SEP

资料来源：https：//www.pcb.its.dot.gov/ePrimer.aspx，Module2.

当一个人从一个步骤转到下一个步骤时，可能会迭代回前一个步骤，特别是在 V 形图的左侧。

图 8.4 展示了与传统运输开发流程相关的 V 流程模型（或"V 形图"）。

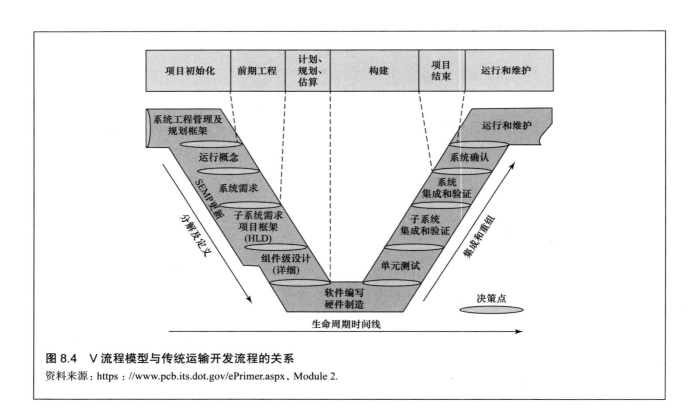

图 8.4　V 流程模型与传统运输开发流程的关系

资料来源：https：//www.pcb.its.dot.gov/ePrimer.aspx，Module 2.

8.4　与 ITS 相关的商业路径和递送

路径系统对卡车运输和服务车辆来说是非常重要的。这是一个庞大的专业市场，现有的软件可以计算长途路线、城市路线，并提供考虑到预定的取货和交货点的对策。随着途中增加新的取货点，动态重新安排路线是可行的。

如今，包裹递送服务商（联邦快递、优比速等）在其网站上向客户提供实时的包裹跟踪服务已经很普遍了。利用条形码扫描技术和无线通信，包裹从出发地到目的地被详细跟踪。在递送点，驾驶人使用平板电脑记录递送时间，通常还有收件人的签名。这些信息几乎可以实时提供给发件人。

显然，包裹递送服务找到了一个差异化的服务功能，在一个高度竞争的行业中迅速被采用。几年前的特殊服务现在已经成为预期的服务标准。

同样的数据使服务提供商能够获得有关其车辆和驾驶人的生产率（和停运时间）以及各地区的交付成本的大量数据。

8.5　通过虚拟和其他检测器感知交通

如前所述，智能手机和其他设备可以提供如此丰富的数据，交通工程师和管理人员必须担心被数据淹没，必须为这一天做好准备。

事实上，电子收费（ETC）标签，如 E-ZPass（东北走廊沿线的一些州使用）确实已经提供了采样通行时间和估计流量的机会，即使在不收费的地方，ETC 阅读器也可用于此类目的。

但这些较新的技术成为数据的主要来源的日子还没有到来。事实上，还有若干年时间，其他创新和传统的传感器将成为交通信息的主要来源。

几十年来，交通检测的主流是通过安装在路面上的电磁线圈对车辆进行磁感应。它在许多地区仍然很重要，但有些地区由于在维护过程中对路面的切割，或天气问题（如霜冻），或相对成本，已经不再使用电磁线圈。

以下是三种正在被广泛使用的替代方法：

1）在软件中生成的**虚拟检测器**（Virtual Detectors），使用标准或红外摄像机来捕捉交通图像，并生成流量、速度、排队和 / 或空间占用率的估计。请参考图 8.5 的说明。使用此类工具，运输行业人员可以"定位"许多"检测器"，基本上是在交叉口图像上画出它们，并依靠软件来处理数据。

2）**微波检测器**（Microwave Detectors），用于识别流率和点占用率。检测器可以放置在特定车道上，或以"侧射"模式覆盖若干车道。在某些应用中，一个检测器可以用来覆盖几个车道，甚至两个方向。请参考图 8.6 的说明。这种检测器可以在一个集群中使用，从集群中的一个点进行无线数据传输。

3）**埋在路面下的无线检测器**（Wireless Detectors Imbedded in Pavement），如图 8.7 所示。可用于存在或计数的模型，通常每条车道埋设一个。这些装置的尺寸大约是 3in×3in，2in 深。制造商声称，与占地面积大得多的电磁线圈相比，它安装更容易，更不容易被损坏。图 8.8 展示了由这些检测器生成的通行时间图，使用软件来识别车辆的"特征"或某辆车的行程。

这些类型有一些变化，包括使用 360° 视频图像进行"区域占用率"检测的检测器。

使用红外成像可以在各种天气条件下检测车辆。另一个演进是使用基于底层路面图像覆盖的复杂算法，可以从稳态交通以及移动交通中收集数据⊖。

⊖　稳态交通，Stationary Traffic，指稳定的交通流，时距或间距相对稳定。——译者注

图 8.5　基于软件的虚拟检测器，使用录像机

来源：纽约市交通局

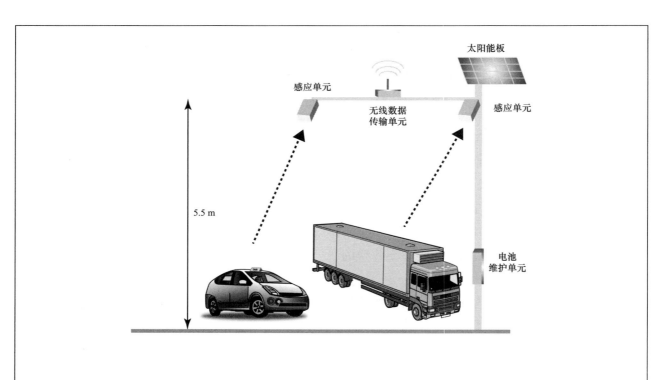

图 8.6　微波检测器的图示

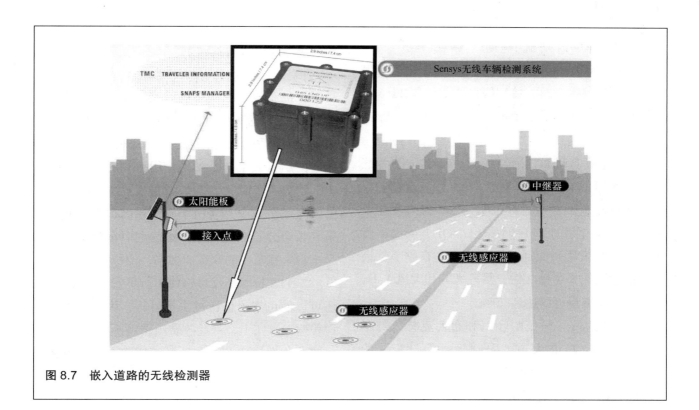

图 8.7 嵌入道路的无线检测器

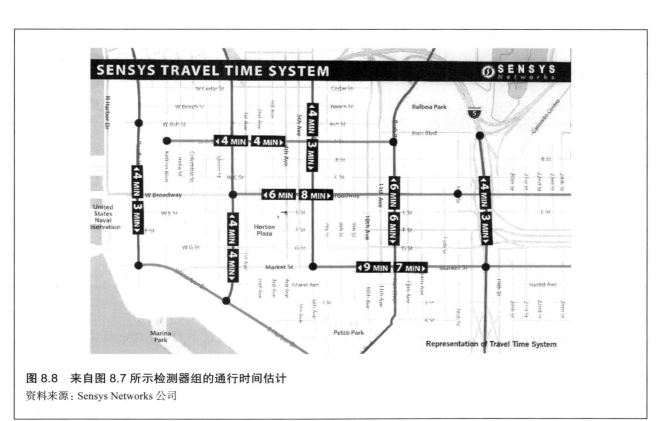

图 8.8 来自图 8.7 所示检测器组的通行时间估计

资料来源：Sensys Networks 公司

8.6　网联车试点研究

参考文献 [4] 列出了一组"热点话题"和一组"研究领域"。网联车在这两份名单中都有突出表现。在编写本章时，特别值得注意的是 2016 年9 月美国交通部授予三个地点的三个设计 / 建造 / 测试试点部署项目。

1）怀俄明州 80 号州际公路（I-80）的一些路段，使用了 75 个路侧装置，400 辆装有相关仪器的车队车辆，并通过怀俄明州 511 应用程序及其商业车辆运营商门户网站（CVOP）提供出行者信息。怀俄明州交通局网站指出，在季节性高峰和极端天气（冬季吹雪，夏季大雾和大风）下，I-80 的卡车流量可以达到 70%。

2）纽约市——曼哈顿区和布鲁克林区的三个不同区域：FDR 大道（限制接入的设施）的 4mile 路段，曼哈顿的 4 条单向走廊，以及布鲁克林 Flatbush 大道接近曼哈顿大桥的 1.6mile 路段。约 5800 辆出租车、1250 辆 MTA 公交车、400 辆商业车队送货卡车和 500 辆纽约市车辆将配备互联车辆技术。此外，还将重点利用车内行人警告和为约 100 名行人配备的个人设备，以减少车辆与行人的冲突。

3）坦帕 – 希尔斯伯勒快速路管理局试点：重点是避免高峰期碰撞和防止快速路上的错误进入；优化几个干线路段的交通流，包括一些路段的行人安全和公交车优先；有轨电车安全；交通管理。

美国交通部将这些试点视为"最复杂和最广泛的综合无线车内、移动设备和路侧技术的部署"。

8.7　可变价格

在许多地区，道路使用的可变定价已经到来，尽管是以使用 ETC 的折扣形式。

虽然在许多讨论中，拥堵定价（早期更常见的术语）被证明是极具争议性的，但在未来几年，读者将面临以下两个现实。

1）需要找到设施维护和运行的资金机制。最明显的手段是在购买点征收汽油税（每加仑多少美分），但这种历史性的机制①对一天中的时间或出行总里程不敏感，如果在后一种情况下考虑相对的燃料效率；②如果使用替代燃料，包括电力，就失去了意义；③如果里程效率提高，产生的收入就会减少；④由于政治原因很难改变，甚至⑤社会公正问题可能会因为老旧车辆、燃气动力车和家庭收入的联系而加剧，使税收负担偏斜。

2）ITS 技术不仅可以使出行更安全、更有效，还可以使可变价格比过去更可行，因为它正在变得普遍。事实上，一些收费道路已不再接受现金。一些非收费道路和许多地面街道都有智能传感器用于 ITS。

可以说，可变价格是与 ITS 完全不同的主题，两者不应混为一谈。但很显然，读者要明白，有两股强大的力量在同时发挥作用，并将影响你的职业生涯：公平地资助运输设施的需要是迫切的，必须找到一个解决方案，同时，技术的进步和 ITS 的好处正在提升基础设施，可以使一些收费方法既经济又有吸引力。事实上，人们可以说，抛开 ITS 特有的基础设施，智能手机本身就提供了所需的基础设施。

进一步阅读，请参阅参考文献 [3] 中的模块 8，标题为"电子收费和定价"，涉及定价策略、资金和融资，以及价值定价（和拥堵定价）。

8.8　总结

本章有意跳过了 ITS 系统的具体细节，因为①该领域发展迅速，任何关于其现状的"快照"（Snapshot）肯定会迅速过时，甚至可能在文本的出版日期之前，②真正的问题是让读者准备在一个高度竞争的市场中扩大他／她提供运输服务的视野，使用计算、通信和网络服务的方式不断推陈出新。

此外，公共和私人部门不断变化的角色——在某些方面，结构相对于市场反应能力——应该引起读者的注意。今天的"正确答案"可能会被技术的发展所否定。

还有一个基本问题需要读者考虑：

制造商需要设计出更具吸引力和差异化的产品（至少在短期内，直到竞争者复制成功）。在这个世界上，运输数据和信息本身并不是目的——我们行业的传统观点——而是一种产品改进，或者说是一种服务。私人部门的力量可以为运输行业人员提供一个丰富的数据环境，作为他们自己工作的副产品，并在工作和市场的驱动下以创新的速度发展。而这种步伐可以超过公共部门规划和创新的传统速度，以及标准化的有序进程。

参考文献

[1] http://itsamerica.org/

[2] http://www. ropl. com/magazines/its-international/

[3] https://www. pcb. its. dot. gov/ePrimer. aspx

[4] http://www. standards. its. dot. gov/

[5] Systems Engineering *for ITS—an Introduction for Transportation Professionals*, USDOT, September 2007, http://ops. fhwa. dot. gov/ publications/seitsguide/seguide.pdf

[6] *Systems Engineering Guidebook for ITS*, Version 3.0, FHWA and Caltrans, November 2009, https://www.fhwa.dot.gov/cadiv/segb/

习题

8-1. 阅读《智能运输系统的历史》。www.its.dot. gov/index.htm，FHWA-JPO-16-329。

8-2. 阅读参考文献 [3] 中的模块 8，并准备在课堂上讨论与运输设施使用有关的可变价格的价值和潜在需求。如果有必要，请在网上搜索，以了解过去基于车辆行驶里程（VMT）而非每加仑汽油固定税的道路使用费的工作。准备好讨论，并提供支持材料，讨论按需求水平进行可变定价是否公平。

8-3. 在网上搜索"ITS V2V"，然后将搜索范围扩大到 V2I 和 I2V。找到并提交它们的定义，相关技术的清单，以及为普通观众澄清概念的图表。一定要注明来源。

8-4. 转到参考文献 [6]，浏览 V 流程模型中每个步骤的超链接，要足够详细，以便你完全理解图 8.3 的内容。将它们汇总到一个表格中，第一栏是步骤，第二栏是你对每个步骤的总结（每个步骤 50 字以内）。

8-5. 在网上搜索"ITS 探测车"，并在习题 8-1 中引用的资料中寻找任何相关讨论。本章没有明确讨论探测车网络，因为作者认为，虽然探测车曾经很有意义，但由于智能手机、ETC 设备等的普及，对专门的探测车网络的需求已经有点过时了。要么支持该观点，要么反对该观点，使用并引用资料来说明你的观点。

8-6. 考虑到在一个大区域内，你想获得关于卡车出发地和目的地以及所载货物类型的信息（包括空载或空驶）。哪些 ITS 基础设施可用于此目的？它是否有可能已经到位？是否需要特别的调查或特别的测量？商业货物最常见的分类是什么？最好是八个或更少的类别。

8-7. 参照"网联车试点研究"一节，搜索文献，从确定的来源开始，写出所引用的三个试点研究的当前进展或结果的摘要。如果有的话，列出有哪些经验教训。

8-8. 参考本章关于"虚拟检测器"的讨论，其中涉及可以用来在视频图像上放置点和区域检测器的软件（希望是用户友好型的）。利用网络上的图片和文字，写一份关于这类检测器的技术现状的总结，要有适当的来源。考虑是否有任何现有的技术可以与红外线成像一起工作，以及该技术的局限性是什么（天气、光线等）？同样要有适当的来源。内容量限制在 5 ～ 8 页。

第二部分

交通调研和计划

交通数据的收集和简化方法

大多数交通工程的出发点是全面描述构成系统的街道和公路的现状、这些设施的当前交通需求，以及对未来需求的预测。

这就需要收集能够定量描述系统和出行需求的信息和数据。鉴于公路系统的规模和需求因时间和地点而异的现实，收集这些信息是一项庞大的任务。但仍然必须收集数据，并将其简化为某种容易解释的形式以进行分析。

事实上，在收集数据时，必须事先了解数据的预期用途和分析，以便能够适当地指定和获取数据，并在某些情况下测试各种比选方案。

此外，近年来，"交通数据"的含义已经从关注机动车扩展到更全面的方法：

• 多种模式（例如，机动车、行人、自行车，大众运输、以及传统出租车等任何租赁车辆）。

• 各种模式和用户群体的专用和／或共用空间，通常在"完整街道"的背景下，关注各种用户群体和模式的流动性、服务和安全。

现代交通工程师的思维方式不能局限于交通数量、速度和车辆容量的最大化，尽管这些因素仍然是重要的输入。重点已经发展到平衡使用公共空间，尊重（和包容）各种模式和用户，整体流动性和安全性。满足交通需求已经超越了"更多的车辆，更多的车行路"，进阶为支持一个宜居环境的需求。

对于设计和评估运行，第一个问题必须是"什么是既定的或感知到的需求？如何满足需求？如何改进？我们如何衡量目的是否已经实现和／或系统实际运行情况？"作者经常看到这样的批评："测量结果表明，这样或那样的目标没有实现。"可设计的目的从来就不是为了实现这个具体的目标——除了在事后评论者的头脑中。

交通数据的收集和简化涵盖了广泛的技法和技术（Techniques and Technologies），从简单的人工技法（通常由各种手持设备或其他设备来记录数据）到复杂的使用范围不断扩大的传感器、检测器、数据传输、智能手机和平板电脑数据应用程序，以及通行时间、出发地和目的地等第三方数据库的技术。

本章对交通工程中的数据收集和简化进行了概述。如前所述，应用技术变化很快，交通工程师需要持续跟踪该领域的最新知识。

有关交通数据技法和技术的最新信息的一些基本参考资料如下。

• 联邦公路管理局的《交通观测指南》（Traffic Monitoring Guide）[1]，大约每两年更新一次。在编写本书时，2016 年版是最新版。

• 美国运输工程师协会（ITE）的《交通工程手册》（Traffic Engineering Handbook）[2]，在编写本书时已有第 7 版。

• ITE 的《运输工程调研手册》（Manual of Transportation Engineering Studies）[3]，目前是第 2 版（2010 年）。

• AASHTO 的《道路安全手册》（Highway Safety Manual）[4] 及其 2014 年的增补内容。

此外，还有一些制造商的产品，可以在 ITE 杂志上找到，或通过网络搜索。网络搜索在追溯官方机构的做法和对数据的期望，以及适当的材料来源方面是很有用的。与所有的网络搜索一样，必须小心谨慎，不要认为所有发布的材料的价值是相等的。

9.1 数据来源

曾经有一段时间，过去的调研相对来说是无法访问的，缺乏整体的一致性，并且已经过时。在很大程度上，这种情况已不复存在：一些州和其他辖区有方便用户查阅的在线数据库，包括日均交通量（ADT）和主要道路的其他信息、施工期间为维护和保护交通（Maintenance and Protection of Traffic，MPT）所做的地方调研、为交通影响调研收集的数据等。

同样，这些网站可能包含了某机构对某个特定调研需要收集的数据量的具体要求，包括变量、分类、持续时间（每天的小时数、天数）和表述格式。

交通工程师应了解这些既有数据，根据需要加以利用，并将任何新数据放在迄今已知的场景中。

9.1.1 传统方法

人们对"交通调研"（Traffic Study）这几个词的印象是，一个工作人员在路侧对车辆进行计数，也许是按转向流向分类和/或按车辆类型分类。这些工作人员经过培训，他们身着安全背心，携带安全装备，并使用手动计数器，如图 9.1 所示。

a) 五键手动计数器

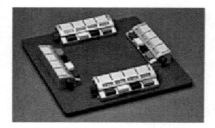
b) 集成式交叉口手动计数器

图 9.1 手动计数器示例

资料来源：a) Denominator Company Inc., b) "Traffic Counts," *Traffic Handbook*, Center for Transportation Research, Iowa State University, Fig 3-1, pg 3-2.

图 9.2 所示为传统的路侧自动交通记录仪（Automatic Traffic Recorder，ATR），其气管横在交通车道上。

图 9.2　带便携式计数器的道路气管图示
资料来源：International Road Dynamics Inc, Saskatoon, SK, CAN-ADA, www.irdinc.com.

这两种方法都是有效的，并且仍然在普遍使用。它们被广泛接受，在许多应用中具有成本效益，并且与过去的调研一致。目前已经发生了一些演变，即 ATR 不再有一卷打印的数字，而是一个数字化数据库，记录设备的 GPS 位置，具有远程下载功能。但基本原则依旧存在。本章对这些数据收集的"第一原则"给予了详细关注。

但技术正在迅速变化，重点是可靠性、成本效益，以及通过避免潜在的转录错误来提高数据质量。工作人员的培训一直是一道难题，交通工程师会发现，数据收集工作的范围、培训工作和技术，甚至可以召集的可靠工作人员的数量，将意味着使用哪种技术来收集所需的数据，这里"没有放之四海而皆准的方法"。

9.1.2　技术的变化

现在常见的情况是，按流向或分类（即车辆类型）的交通计数数据是在平板电脑上完成的，数据或以无线方式发送到中央数据库，或在收集

结束后可供下载。数据格式一般与要求的报告和数据存储格式一致。常见的是通过"csv"导出文件传输到 Excel 或其他电子表格。数据可以伴随采集点的 GPS 位置和内部时钟的时间戳，请参考图 9.3 的说明。

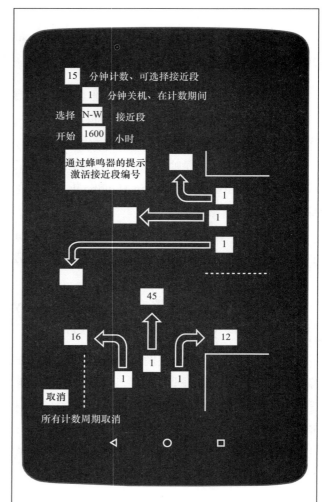

图 9.3　用于交叉口交通量计数的平板电脑应用程序
资料来源：Portable Studies by Afermas LLC, Sun Prairie, WI, www.portablestudies.com.

传统上由 ATR 完成的交通量计数，已经出现了两种替代方法。

1）**侧射或其他雷达检测器（Side-fire or other radar detectors）**，允许在不进入行驶车道的情况下进行测量。许多讨论集中在安装的便利性、一种方法比另一种方法的准确性、校准较新

技术的使用，以及在观察几年甚至几十年的长期趋势时，如何在两种数据采集技术之间"搭桥"。安装和维护人员的可持续，对传统方法的匹配度，以及最终的成本效益都是重要考虑因素。

2）贴在车道上或嵌入车道内的点式检测器（Point detectors affixed to the lanes, or imbedded into them），与地方数据收集点进行无线连接。在某些情况下，点式检测器有长效电池，在其他情况下，可以是一次性的。本地数据收集点可以被远程访问，或按计划上传。通常需要考虑匹配性、成本效益和准确性等问题。

一些司法管辖区采用某种方法而不是另一种；一些司法管辖区保持传统的 ATR，部分原因是管理层关注其他更优先的问题，对一个变化的评估可能是一项辛苦的工作，而且数据以数字形式来自各种采集源。

有趣的是，任何向非气管替代方案的转变都会产生另一个问题，有时会混淆决策（因为它是同时进行的）。为什么不将计数地点变成一个永久性设备？例如，一个司法管辖区每年进行为期一周的屏线计数，传统上使用 ATR。当考虑采用不同的技术时，直接的问题如下：为什么不干脆将它们留在那里，以获得全年的连续计数，包括季节性趋势？考虑到每年 ATR 计数的长久性，以 ATR 为基线的较新技术能否提供准确数据？既然安装好的路侧侧射装置、ATR 和人工计数在测量地面真实交通量时都有一定误差，为什么还要考虑以 ATR 为基线？例如，即使是两个或三个小组同时进行人工计数，也会得到不同结果。

这些问题都必须加以考虑。答案将因地点、时间、调研目的和考虑使用的具体技术而不同。

9.1.3　基于视频的测量

如果有利位置足够高，交通的视频记录是非常有吸引力的：记录是永久性的，必要时可以重新访问。问题是要找到有利的位置，而且基本上要从视频中手动处理。

在编写本章时，视频记录的图像处理已经开始流行起来，使用摄像机进行全交叉口计数的情况也越来越普遍。图 9.4 展示了目前的一种技术。柜子可以关闭，整个设备可以固定在电线杆或其他安全的固定装置上，伸缩的延伸部分可以用来放置摄像机。可见的区域显示给安装者。制造商提供数据处理服务，同时也提供设备。

图 9.4　用于现场工作的 Miovision 摄像机
资料来源：Miovision Technologies, Kitchener, ON, CANADA, www.miovision.com.

9.1.4　智能手机和其他设备

智能手机是一个明显的"基于平板电脑的应

用程序"的平台，它可以开展交通量计数并进行大量的专业测量，这些测量很容易编写、检查，并以安全的方式将数据传输到一个中央位置。

同时，智能手机本身也是一个数据点和数据源。虽然车主可以在某种程度上限制访问，但许多车主也确实参与了为他们提供导航指引、交通状况和其他信息的"众包"应用，并将其加入到驱动这些应用的数据中。

9.1.5 现有数据

在编写本书时，巴士有 GPS 跟踪，许多卡车车队也有 GPS 跟踪，这已经很普遍。在一些城市，出租车队配备了 GPS，并且已经提供了关于出行模式、通行时间以及潜在路线决定的信息。这样的数据库可以提供关于出租车如何使用网络的"踪迹"线索，并且可以与其他来源的交通状况数据联系起来，这些信息以前从未能日常性地提供。

在网络的基础上，电子收费（Electronic Toll Collection，ETC）标签阅读器信息的广泛使用可以提供强大的路网通行时间图，用于①交通调研；②公共信息；③适应性控制决策。图 9.5 展示了纽约曼哈顿的实时通行时间显示，用于所有这三种目的。

对于那些在本书出版之前开启职业生涯的人来说，GPS 数据和网络通行时间的普遍可用性是开创性的。

但是，即使是相对容易地提供公共数据文件，用于公共信息或专业交通调研，也是另一个重大进展。数据可能存在于存档的纸质报告中，可供转录，但电子记录的随时可得——与强大的电子表格和图形工具相结合——提供了清晰的分析功能。图 9.6 展示了这样一个案例：目前的问题是确定一个特定道路断面的容量，以估计到达需求（或排队消散）。容量的定义包括一个关键简述（注意下划线文字）：

图9.5　纽约曼哈顿的实时通行时间显示

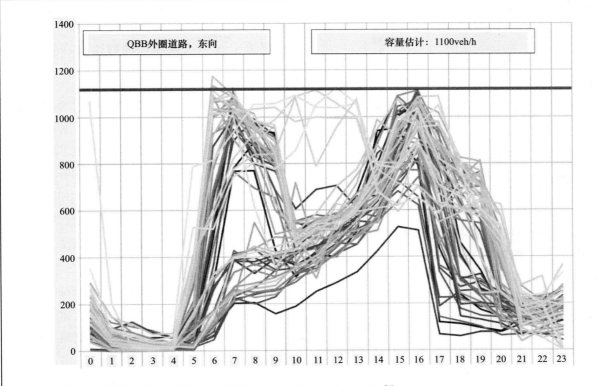

图 9.6　根据现有数据估算的容量——纽约 Ed Koch Queensborough 桥

资料来源：KLD 工程公司

在给定时段内，根据当时的道路、交通和控制条件，可合理预期人员或车辆通过某点或某车道或道路标准路段的最大流率。

图 9.6 展示了来自永久计数站点约 57 天的数据。在此基础上，大家一致认为容量可以估计为 1130veh/h，是"可以合理预期的"。在这一结论的基础上，在现有数据的支持下，调研结论和建议变得清晰起来。

9.1.6　展望

作者不会大胆地相信或断言上述讨论是全面的。每天都有新的应用程序出现，新一代智能手机提供了更大的能量，数据量不再是"流"（Flow），而是"洪"（Flood）。

交通工程师面临的挑战是如何决定哪些信息与哪个目的最相关，比如说：

- 一辆车上有三部智能手机，可能意味着必须对车辆计数进行修正。但同时，可以比以前更容易地获得网络中各段的通行时间（同样，对于车辆载客率，需要考虑一些重复计算的情况）。

- 相关指标可能不是精确的通行时间（甚至是交通量），而是"范围"或阈值，当偏离/超过这些阈值时，交通信号灯配时方案就会改变。

- 这样的通行时间信息也可以进行出行模式估计——巴士的出行特性与小客车不同，而且有停靠特性，可以深究智能手机所有者正在使用的模式（以及该模式的出行绩效）。

作者在职业生涯中一直专注于各种交通数据，真正的出发地 - 目的地数据只是一个愿望，或从其他数据中推导出来，或从有限的数据中推导出来。智能手机和电子设备的普遍使用为我们打开了一扇门：

- 起点－终点信息，至少从网络外围到网络内的地点。
- 可以与通行时间和其他因素联系起来的路线决策信息。
- 基于这些知识，有能力校准交通调研工具，如模拟模型。

与之对立的是对隐私的关注不断增加。当然，关于隐私的讨论是在一个更广泛的背景下进行的。许多人对政府机构和主要社交网络、购物和一般信息提供者收集的大量个人数据感到不安。

这里确实存在严重的隐私问题。必须解决可选退出的问题，以及即使选择加入也要进行数据脱敏的问题。但是，交通数据和交通调研的新时代已经到来，一些具体细节将超越每几年更新一次的文本。

9.2　网联车辆

在过去几年里，"网联车辆"已经从一个概念变成了一个优先事项，在其潜力和市场力量的推动下，汽车制造商和新供应商都专注于市场竞争，并满足驾驶人的期望。

车辆与环境沟通，并留下它去过哪里、经历了哪些通行时间、它的路径算法做出了哪些选择的踪迹信息（Breadcrumb Trail），这是一个意外收获的信息。车辆感知其他车辆、行人和自行车的存在，创造了关于潜在冲突、规避机动、警告、紧急制动和实际事故的新数据。

对那些刚进入交通行业的人来说，所面临的挑战将是如何使大量信息能够得到管理，确定后续的调研，并更优地利用这些信息来创造一个更安全和更有效的交通环境。

9.3　交通数据的应用

交通工程师收集和处理数据有许多原因和应用：

- **管理物理系统**（Managing the physical system）。物理交通系统包括一些必须被观测的元素，包括道路本身、交通控制设施、检测器和传感器以及照明设备。必须维护物理资产库，以了解"外面有什么"。交通信号灯和照明装置的灯泡不能烧坏；交通标线必须清晰可辨；标志必须清晰可见等。更换和维护计划必须到位，以确保所有元素都到位，正确部署并且安全。

- **构建时间趋势**（Establishing time trends）。交通工程师需要趋势数据来帮助确定未来的运输需求。交通量趋势可以确定未来可能出现拥堵的地区和具体位置。随着时间的推移，事故数据和统计资料可以确定核心安全问题和必须解决或缓解的特定地点的情况。趋势数据允许交通工程师预测问题，并防患于未然。

- **了解出行行为**（Understanding travel behavior）。一名合格的交通工程师必须了解人们（和货物）的出行方式和原因，以便提供一个有效的运输系统。对出行者如何进行模式选择、通行时间决定和目的地选择的调研，对于理解交通需求的性质至关重要。对泊车和货物运送特点的调研提供了信息，使我们能够为这些活动提供有效的设施。

- **校准基本关系或参数**（Calibrating basic relationships or parameters）。基本特性，如感知－反应时间、信控交叉口的驶离时距、自由流公路和其他不间断流设施的时距和间距关系，以及可接受间隙特性等，必须妥当量化，并根据现实条件进行校准。这些指标被纳入各种预测和评估模型中，大量的交通工程都基于这些模型。

- **评估改善的有效性**（Assessing the effectiveness of improvements）。实施任何类型的交

通改善措施时，都需要进行后续调研，以确认其有效性，并在任何目标没能达成时进行调整。

- **评估潜在的影响（Assessing potential impacts）**。交通工程的一个重要部分是预测和分析新的（地块）开发对交通的影响程度，并为空气污染模型提供交通输入。

- **评估设施或系统绩效（Evaluating facility or system performance）**。必须对所有交通设施和系统进行定期调研，以确定它们是否向公众提供了预期的数量和质量的接入和／或流动性服务。

交通调研的数据和信息为所有交通规划、设计和分析提供了基础。如果数据有误或无效，那么任何基于该数据的交通工程都必然是有缺陷的。一些涉及数据收集和处理的任务是很平凡的。然而，数据和信息是交通工程的基础。若无扎实基础，一切皆是空中楼阁。

9.4 调研[⊖]的类型

要列出现代交通工程中所有的交通调研类型是根本不可能的。最常见的调研类型包括以下11种：

1）**交通量调研（Volume studies）**。交通计数是最基本的调研，也是需求的主要衡量指标；交通工程的几乎所有方面都将需求量作为输入，包括规划、设计、交通控制、交通运行、具体的信号灯配时等。

2）**速度调研（Speed studies）**。速度特性与安全问题密切相关，需要评估现有速度规定的可行性和／或在合理的基础上制定新的规定。

3）**通行时间调研（Travel time studies）**。道路沿线的通行时间构成了对驾驶人和乘客服务质量的主要衡量指标，也是对该路段相对拥堵的衡量指标。许多需求预测和评估模型也需要以良好

和准确的通行时间作为关键输入。

4）**延误调研（Delay studies）**。延误是一个有多层含义的术语，在后面的章节中会讨论。从本质上讲，它是通行时间中用户认为特别讨厌的部分，如在交通信号灯处停车或由于中间街区的拥堵而停车。

5）**密度调研（Density studies）**。密度很少能被直接观察[⊜]。一些现代检测器可以测量"占用率"，这与密度直接相关。密度是描述不间断流设施运行质量的一个主要参数。

6）**事故和安全调研（Accident and safety studies）**。由于交通安全是交通工程师的主要责任，对事故特性的重点调研，包括整个系统的事故率，因果元素间的关系，以及具体地点的事故，这是一项极其重要的职责。

7）**泊车调研（Parking studies）**。这涉及泊车供应的库存和各种计数方法，以确定累积和总的泊车需求。访谈调研还涉及态度因素，以确定如何和何时使用泊车设施。

8）**货物流动和大众运输调研（Goods movement and transit studies）**。现有卡车装载设施和大众运输系统的清单是对运输系统的重要描述。由于这些因素可能是造成拥堵的重要原因，适当的规划和运行策略是一个重要的需求。

9）**行人调研（Pedestrian studies）**。行人是运输系统需求的一个重要部分。他们使用人行横道以及信控和非信控交叉口的特点构成了许多类型分析所需的输入。访谈技术可用于评估行为模态和获得更详细的信息。

10）**校准调研（Calibration studies）**。交通工程使用各种基础或不太基础的模型与关系来描述和分析交通。需要通过调研来校准模型中的关键值，以确保它们能合理地代表它们声称要再现的场景。

⊖ 原文为"Study"，此处译作"调研"，以区别于Research（研究），体现交通工程实地踏勘的重要性。——译者注
⊜ 无人机的广泛应用改变了这一状况。——译者注

11）观察调研（Observation studies）。需要对各种交通控制设施的有效性进行调研，以评估控制设施的设计和实施情况。观察率是评价控制措施的关键指标。

本章包括对交通量调研、速度调研、通行时间调研、延误调研、事故和安全调研以及泊车调研的详细内容。还提到了其他调研，但没有详细阐述。我们鼓励交通工程师参考其他资料，了解调研程序和方法的详细表述（例如参考文献[1]～[4]）。

9.5 手工收集数据的方法

尽管交通工程师可以利用所有现代技术，但有些调研最好还是手工进行。这些调研往往持续时间短和/或在高度集中的地点。使用自动化设备需要进行安装和拆卸工作，这对短期调研或现场观察来说可能并不实用。某些类型的信息不通过人工观察是很难获得的。车辆载客率经常被关注，通常需要直接观察。

如前所述，短期项目，准备时间短，以及对某些类型的数据的需要，必须采用人工收集数据的方法。最常见的人工采集类型包括：①在特定地点或少数此类地点进行交通计数，通常是在时间跨度小于12～24h的情况下；②在重点地点进行短期的速度或通行时间数据调研；③在特定地点进行短期的观察调研；④短期的交叉口延误调研。

9.5.1 交通计数的应用

最有可能需要采用人工调研方式的情况是交通计数。交通工程师经常面临的问题是需要对现有交通量有一些详细的了解。一个信号灯配时问题需要交叉口的高峰期流率，也许是在早高峰、晚高峰和中午。派几个人去进行这样的调研，比其他方法的后勤保障和数据处理的滞后要容易。

手工计数的主要困难是，必须定期在现场手动记录数据。这会打乱计数工作。很明显，当观察者记录数字并为下一时间段重新设置时，未计数的车辆就会经过。为了在一个共同的基础上获得连续的计数信息，在计数程序中引入了短暂的休息。这种休息时间对所有观察员来说必须是系统的、统一的。该系统围绕调研的计数期——观察和记录数量的时间单位。惯用的计数周期为5min、15min和60min，也可以使用其他时间间隔，偶尔也会迫不得已使用非常规间隔。

短暂休息一般有两种安排方式：

- 每个计数期的一部分被留作短暂的休息时间。
- 每隔一个计数期有一段休息时间。

在第一种方案中，每ymin内的xmin被计数。因此，对于5min的计数期，观察者可能在每5min内计数4min；对于15min的计数期，可能在15min内计数12或13min。为了提供一个连续的计数曲线，必须估计并增加在短暂的休息时间内预计会出现的数量。这通常是通过假设缺失的几分钟内的流量与实际计数期间的流量相同来实现的。即：

$$V_y = V_x(y/x) \qquad (9-1)$$

式中 V_y——连续计数期ymin的流量（veh）；

V_x——不连续计数期xmin的流量（veh）；

y——计数期（min）；

x——计数期减去短暂休息时间（min）。

考虑一种情况，即人工计数调查是在每5min内的4min进行车辆计数。如果获得了100辆车的计数，那么整个5min计数期的估计计数是多少？使用式（9-1）计算。

$$V_5 = 100(5/4) = 125\text{veh}$$

这种计数是以整车为单位描述的，而不是以分数为单位。

当交替时段被用作休息时间时，在交替计数时段可获得全时段计数。缺少的计数则用直线插值法估计：

$$V_i = \frac{V_{i-1} + V_{i+1}}{2} \qquad (9\text{-}2)$$

式中　V_i——缺失计数期 i 的数量（veh）；

　　　V_{i-1}——计数期 $i-1$ 的数量（veh）；

　　　V_{i+1}——计数期 $i+1$ 的数量（veh）。

同样，任何估计的数量都要四舍五入到最近的整数（车）。

在实践中，往往需要结合这两种方法。思考表 9.1 中的例子。在这种情况下，一个观察者对一条城市干道上的两条车道进行计数。观察者使用手动计数器，在每个计数期间交替使用车道。因此，对于每条车道，都可以得到交替的计数。由于观察者还必须进行短暂的休息来记录数据，每 5min 内只有 4min 进行实际计数。表 9.1 说明了本调研中涉及的三种计算方法。

表 9.1　交通量调研的数据示例

区间	时间	实际计数（4min）/veh		扩展计数（×5/4）		估计计数/veh		估计流率/（veh/h）	
		车道 1	车道 2	车道 1	车道 2	车道 1	车道 2	车道 1	车道 2
1	5:00	24		30.0		30	43	360	516
2	5:05		36		45.0	33	45	396	540
3	5:10	28		35.0		35	47	420	564
4	5:15		39		48.8	36	49	432	588
5	5:20	30		37.5		38	54	456	648
6	5:25		47		58.8	41	59	492	708
7	5:30	36		45.0		45	61	540	732
8	5:35		50		62.5	44	63	528	756
9	5:40	34		42.5		43	61	516	732
10	5:45		48		60.0	46	60	552	720
11	5:50	40		50.0		50	59	600	708
12	5:55		46		57.5	55	58	660	696
合计		192	266	240	332.5	496	659		
%（车道）		41.9	58.1	41.9	58.1	42.9	57.1		

表 9.1 展示的是实际计数，代表 4min 的观察结果。这些数据按 5/4 的系数扩大 [式（9-1）]，以估计连续 5min 计数期的流量。在这一点上，每条车道都有交替计数的时间。然后对缺失的计数进行内插 [式（9-2）]，以估计每个缺失时段的计数。

车道 2 的第一个时段和车道 1 的最后一个时段不能插值，因为它们是第一个和最后一个时段。这些时段的计数必须进行推算，这充其量是一个近似的过程。

所有结果都四舍五入到整数（车），但只在最后一步。因此，"扩展计数"带有小数点；四舍五入是由"估计计数"达成的，其中包括完成表格所需的扩展、内插和外推。"估计计数"构建了 5min 的周期。每个 5min 时段的流率通过将每个计数乘以 12 来计算（1h 内有 12 个 5min 时段）。

9.5.2　速度调研的应用

第 11 章充分讨论了速度数据的分析。由于结果中经常需要的置信度，以及在所需的时间窗口中收集不同数据点的成本，许多速度调研的样本量通常少于 100 辆。

除非在需要调研的地点有永久性检测设备，否则许多速度调研是通过下面两种方法中的一种手动进行的。

- 使用一个简单的秒表来测量一个较短路段的通过时间。
- 使用手持式或固定式雷达测速仪直接测量速度。

对于使用秒表对车辆通过一小段公路进行计时的方法 [通常被称为"陷阱"（Trap）]，有两个潜在的系统误差来源。

- 视差（观察角度）：视线（如果不是90°）在已经发生的边界之前就会产生越界现象。
- 手动操作秒表（或智能手机上的计时器）。

视差误差是系统性的，只要知道观察角度，就可以通过校正来消除其影响。

图9.7 说明了视差误差。通常情况下，观察者会选择一个可以准确看到边界的位置。由于另一个边界的观察角度，观察者实际上在车辆实际越过边界之前就已经"看到"它。观察者认为正在测量的是距离 d 的通行时间，而通行时间实际上代表的是距离 d_{eff}。

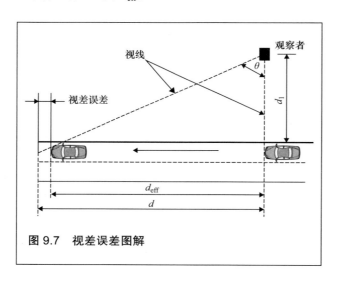

图9.7　视差误差图解

三角法可以用来调整观察者认为车辆已经通过的距离 d 和车辆实际通过的距离 d_{eff}。

$$\tan\theta = \frac{d_{\text{eff}}}{d_1}$$
$$d_{\text{eff}} = d_1\tan\theta \qquad (9\text{-}3)$$
$$S_i = \frac{d_1\tan\theta}{t_i}$$

式中　d_1——观察者到被观察车辆最近边缘的距离（ft，以 90° 角计算）；

d_{eff}——被观察到的车辆通过出口时的有效距离；

d——观察者"看到"目标车辆在被观察到越过时所通过的距离；

S_i——目标车辆 i 的速度（ft/s）；

t_i——目标车辆 i 通过调研路段的时间（s）；

θ——观察角度（度或弧度）。

当然，最好是将观察者定位在某个位置上，使视差误差最小化——这通常会导致远离路侧。无论如何，观察角度 θ 和距离 d_1 必须在现场仔细测量。

手动启动和停止秒表或计时器而产生的随机误差是潜在系统误差的另一个常见来源。在这两个动作系统地滞后于实际事件且比较接近的情况下，它们确实可以相互抵消。

然而，仍然必须考虑到人的固有的可变性。如果随机性是观察到的通行时间的重要部分，它将影响到通行时间估计值的置信区间。此外，由于通行时间是在个人速度计算的分母中，它会导致系统地偏离速度估计。

使用雷达测速仪来测量速度是获得速度数据的最常见方法。不幸的是，这种测量速度的方法也与限速执法有关。因此，驾驶人一旦发现观察站，每个人都会放慢速度，结果并不能反映出驾驶人的环境行为。因此，对设备和参与调研的人员进行隐蔽是很重要的。由于这种测量仪需要对来往车辆有清晰的视线，这种隐蔽性往往很难在相当长的时间内完成。图9.8 说明了用于收集速度数据的一种常见的雷达测速仪。

雷达测速仪使用多普勒原理来测量速度。雷达波从一个移动的物体（车辆）上反射，并以不同的频率返回。发射和反射频率的差异与速度成正比。精确的测量要求电波的方向与接近车辆保持一致，因为任何角度都会产生系统误差，与视差影响手动观察的方式相同。由于大多数雷达测量都必须从路侧或上方进行，几乎总是存在一个角度。然而，大多数雷达测速仪都有一个调整参数，可以根据电波的偏转角度来输入，结果会自动执行，并直接读取正确的速度。

a) 手持雷达测速仪　　　　b) 用雷达枪测量多车道速度

图 9.8　用来测量速度的雷达测速仪
来源：Alamy

如图 9.8b 所示，在多车道公路上使用雷达计量会产生一些有趣的问题。考虑到角度较小（对准确性来说是可接受的），发射的电波可能会从第 1、2 或 3 车道的车辆上反射出去。当电波被反射时，车辆的纵向位置会因车辆所处的车道而有很大不同。这有时会使人难以确定是哪辆车被观察到。

由于雷达测速仪发射的电波在联邦规定的频率范围内，每个雷达测速仪都必须有联邦通信委员会（Federal Communications Commission，FCC）的许可证。大多数雷达测速仪的精度为 ±2mile/h，不应该在需要非常精确和准确的地方使用。

人工测速调研特别有意思，因为有必要获得一个严格的随机样本。即使是最有经验的观察者，也不可能测量所有通过一个点的车辆的速度。因此，必须避免一些常见的问题：①避免试图测量"最快"和 / 或"最慢"的车辆；②在存在车列（Platoon）的情况下，注意实际上只有车列的第一个驾驶人在选择他 / 她的速度；③不能特别针对卡车或其他重型车辆的速度，除非调研的重点是卡车速度。虽然看起来很矛盾，但保证随机抽样通常需要非常严格的抽样过程，如"每条车道上的第 n 辆车"。

9.5.3　其他人工调研应用

除了车辆计数和简单的速度调研经常使用人工观察和记录数据的方法，还有其他一些方法，其中几个将在后续章节中详细讨论。

- **交叉口延误调研**（Intersection delay studies）：鉴于这些调研往往集中在短期的需求高峰上，最常使用人工完成。

- **通行时间调研**（Travel time studies）：这些调研最常涉及测试车辆在交通流中移动，由数据观察员 / 记录员标记各种地标或其他已知地点通过的适当时间。

- **观察调研**（Observance studies）：这通常涉及短期观察驾驶人对特定法规或控制设施的遵守情况；在"STOP"标志控制的交叉口很常见。

- **泊车和泊位存量调研**（Parking and parking inventorystudies）：这通常涉及对泊位供应和累积的人工观察。

9.5.4 人员配置和能力的考量

人工调研必须有足够的人员配置。从简单的交叉口计数（可能涉及 4~6 人）到复杂的网络调研（涉及 80 人或更多），人员配置和培训始终是人工调研的重要组成部分。

对较大规模的调研来说，组建一个仅由有经验的交通人员组成的工作组是非常困难的。最常见的选择是雇用附近大学的学生和／或使用临时机构。在这两种情况下，关键是要对所有人员进行悉心培训，使他们了解任务的重要性，以及对他们的期望。预先设计好的现场工作表应能避免错误，并应详细向所有人员说明。诸如现场人员之间的沟通、任何设备的使用，以及在数据收集结束时，如何和在哪里提供结果等问题，也必须周密计划。

对于多点计数调研，需要一个实时的通信系统，将所有观察者与监督者联系起来。在这种情况下，所有计数必须在完全相同的时间开始和停止；一个监督员对调研进行计时，并根据情况发出"开始"和"停止"的指令。

对于超过 1 或 2h 的调研，必须培训足够的人员，以允许定期更换观察员。任何大规模调研都会有"缺席"的情况，因此也需要"额外"的人员来应对这些可能发生的情况。还必须知晓实际的局限性：例如，一个没有交通调研经验的典型人员，可望对一个大流量或两个低流量的流向进行计数和分类，或在一条车道上测量速度。

9.6 使用气管和类似设备的半自动化调研

大量的交通调研是使用各种便携式交通数据收集／记录设备进行的。交通调研中最常用的便携式设备是气管。气管是一根封闭的管子，其中保持着空气压力。它横跨在车行路上，车辆碾过气管时，会产生一个空气脉冲，该脉冲穿过管子，与某种形式的数据采集装置相连。这种气管是交通计数最常用的设备，也可用于测量速度。

有各种交通计数器可与气管一起使用，最常见的类型会在预先设定的时段内记录总计数，因此可以自动记录 5、10、15、60min 的计数。

气管不是计数车辆——它计数车轴。一辆两轴客车驶过气管时，会记录两次脉冲。一辆多轴牵引车组合可能会引起多达 5 或 6 次脉冲，这些脉冲都会被记录。为了获得车辆计数的估计，必须进行人工观察以确定车辆的平均车轴数。很明显，如果必须在整个调研期间进行观察，那么使用气管就没有意义。但是，如果其他地方没有参考数据，确实必须收集有代表性的样本。

表 9.2 说明了一个分类计数样本。对车辆进行观察，并按每辆车的车轴数进行分类。该数据可用来估计调研地点车辆的平均轴数。

表 9.2　气管调研的分类计数样本

车轴数	观察到的车辆数	观察到的总车轴数
2	400	× 2 = 800
3	75	× 3 = 225
4	25	× 4 = 100
5	10	× 5 = 50
6	5	× 6 = 30
合计	515	1205

在这个调研地点，每辆车的平均轴数是 1205/515 = 2.34。如果记录设备显示某一天的轴数为 7000，那么估计的车辆计数为 7000/2.34 = 2991。在这个例子中，没有涉及由于同时产生脉冲而遗漏车辆这一复杂因素。

气管也存在一些实际问题：

• 如果没有牢靠地固定在路面上（通常用夹子和环氧树脂来实现），当车辆不断碾过时，气管会开始"鞭跳"，最终断裂。一旦断裂，气管就无法传递数据。气管也会受到破坏。因此，应定期检查气管，以确保它仍在运作。

• 如果气管被延伸到一条以上的车道上，就可能存在同时通过的情况，记录的计数可能因此而偏低。这个问题随着车道数和交通量的增加而加剧，但可以使用或内置校正系数。

图9.9说明了交通计数调研中常用的气管设置。图9.9a展示了一根横跨道路所有车道的单管。在这种配置下，可以得到双向的总车轴数。

图9.9b展示了最常见的做法——设置了两根气管，分别记录每个方向的车轴数。图9.9c展示了一种不太典型的设置，据此可以推断各车道的车辆计数。这些气管必须足够靠近，从而将检测范围内的（车辆）换道数量降至最少。

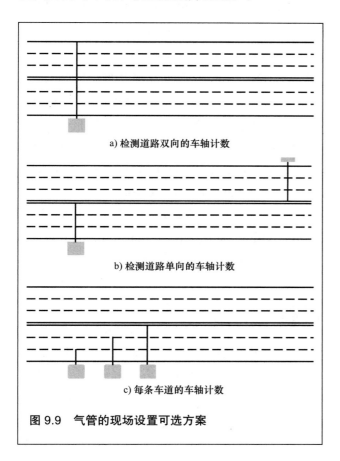

图9.9　气管的现场设置可选方案

9.7　永久性检测器及其使用

交通检测器技术的快速发展正在迅速改变交通调研的局面。检测器被用于各种类型的事情，从数据收集和传输到交通信号灯系统的实时运行。随着智能运输技术（ITS）的发展，人们对大规模的交通系统的实时观测产生了极大兴趣。这就要求在交通系统中配备大量的永久性检测器，并有能力实时观察它们提供的数据。

《交通检测器手册》[5]提供了当前检测器和传感器技术的精彩内容。它根据所使用的技术类型，将检测器和传感器分为若干大类：

- 声音（声学）
- 图像（光学、红外线、视频图像处理）
- 地磁（磁传感器、磁力计）
- 传输能量的反射（红外激光雷达、超声波、微波雷达）
- 电磁感应（电感线圈检测器）
- 振动（三相电、地动、惯性传感器）

目前使用的最普遍的检测器是电感线圈。当一个金属物体（车辆）进入电感线圈检测器所在区域时，电感线圈信号就会减少并被感应到，从而记录车辆的存在。电感线圈本质上创造了一个电磁场，当金属物体进入该场时，该场会受到干扰。设置这种检测器需要在道路表面开槽，在槽内放置一个或多个线圈。一根导线将检测器连接到电源上，然后连接到一个控制器单元上。图9.10展示了一个典型的电感线圈检测器的安装方式。

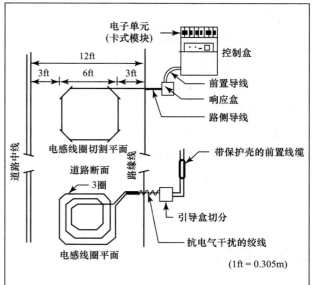

图9.10　电感线圈检测器的典型安装方式

资料来源: *Traffic Detector Handbook*, 3rd Edition, Federal Highway Administration, Publication No. FHWA-HRT- 06-108, Washington, DC, 2006, Figure 1-4, pg 1-12.

典型的电感线圈检测器尺寸为 6ft×6ft，覆盖一条车道。需要多个检测器来检测多条车道。也有更长的电感线圈，通常与需要大量检测区域的感应信号灯一起使用。在某些情况下，通过在每条车道上安装一系列 6ft×6ft 的检测器，来组成一个长检测区域。

电感线圈检测器直接测量车辆的存在和通过。其他重要的参数，如速度和密度，可以使用校准的算法来推断，但其准确性往往不足以用于调研。

有各种各样的永久性检测器，利用与手持雷达测速仪相同的多普勒原理。它们都依赖于来自车辆的反射能量，这些能量可以被探测到并用于获得各种交通参数。这些检测器包括微波雷达仪、红外传感器、激光雷达仪和超声波检测器。其区别在于发射和感应的能量的波长和频率。

也许最近在实时交通检测方面最令人激动的是视频图像处理（Video Image Processing，VIP）技术的快速发展。摄像机通常安装在悬臂杆上（数字视频），通常在信控交叉口位置。摄像机可以集中在一条车道上，也可以用来观测多条车道。该系统由摄像机、用于存储和解释图像的微处理器以及将图像转换为交通数据的软件组成。

从本质上讲，车辆在视频图像上显示为在图像上移动的像素的压缩包。该系统被校准以识别背景图像，并考虑环境和人造灯光及天气引起的变化。现有的软件可以按长度辨别和分类车辆，按车道计数，并提供速度信息。现在，VIP 在一些地方被用来操作感应信号灯，而且几乎可以肯定的是，这项技术将在近期和中期的未来迅速发展。

9.8　总结

本章尝试对交通工程调研的数据收集和简化这一复杂内容提供一个广泛的概述。后续章节将更详细地讨论特定类型的调研，并更全面地介绍如何分析特定类型的数据，以及如何得出合理的

结论。收集、存储和检索以及处理数据的技术仍在快速发展，我们鼓励读者查阅最新文献，以获得更多最新观点。

参考文献

[1] *Traffic Monitoring Guide*, Federal Highway Administration, Washington, D.C., 2016.

[2] Wolshen, B, and Pande, A. (Ed), *Traffic Engineering Handbook*, 7th Edition, John Wiley & Sons, Institute of Transportation Engineers, Washington, D.C., January 2016.

[3] Schroeder, B., et al., *Manual of Transportation Engineering Studies*, 2nd Edition, Institute of Transportation Engineers, Washington, D.C., 2010.

[4] *The Highway Safety Manual*, American Association of State Highway and Transportation Officials, Washington, D.C., 2010.

[5] *Traffic Detector Handbook*, 3rd Edition, Federal Highway Administration, Publication No. FHWA-HRT-06-108, Washington, D.C., 2006.

习题

9-1. 一条四车道的自由流公路（每个方向有两条车道）上的交通量由人工从高处（车流上方）计数，结果如下表所示。我们希望能在晚高峰的 2h 内获得自由流公路每条车道的连续 15min 的计数。

习题 1 的数据

计数时间（下午）	向东		向西	
	车道 1	车道 2	车道 1	车道 2
4:00—4:12		360		310
4:15—4:27	350		285	
4:30—4:42		380		330

（续）

计数时间 （下午）	向东		向西	
	车道 1	车道 2	车道 1	车道 2
4：45—4：57	370		300	
5：00—5：12		370		340
5：15—5：27	345		280	
5：30—5：42		340		310
5：45—5：57	320		260	

根据所示数据，确定以下内容。

1）每个时段和每个车道的连续 15min 的流量。

2）每个方向流量的高峰小时，高峰小时流量和分方向的 PHF，以及整个自由流公路的流量。

3）每个 15min 计数期间的方向流率。

9-2. 在一条远郊公路上使用气管进行 24h 的计数，产生了 11250 个脉冲计数。为了对车辆进行分类，进行了一次有代表性的抽样计数，结果如下表所示：

习题 2 的数据

每辆车的轴数	观测到的车辆数
2	157
3	55
4	50
5	33
6	8

根据该分类计数样本，在 24h 的调研中，观察到多少辆车？注意，这个问题忽略了"双车到达"的影响，这可能会导致计数偏小，通常有修正系数考虑到这一点。

9-3. 一个人工速度调研被设置为观察者离车行路（d_1）50ft（垂直）。观察者与"速度陷阱"远端的角度为 70°。

根据这些信息确定：

1）观察通行时间的有效距离是多少？

2）一辆行驶时间为 2.15s 的车辆的速度是多少？在考虑这个问题时请参考图 9.7。

9-4. 正文中对交通量计数提出了这样的意见：

有一个辖区每年进行为期一周的屏线计数，传统上使用 ATR。当考虑采用不同的技术时，直接的问题是，为什么不干脆把它们留在那里，以获取全年连续计数，包括季节性趋势？考虑到 ATR 计数的悠久历史，以 ATR 为基线，较新的技术能否提供准确的数据？考虑到安装良好的侧射装置、ATR 和人工计数在测量地面真实交通量时都有一定误差，为什么要以 ATR 作为基线？例如，即使是 2 或 3 名组员同时进行人工计数，也会得到不同结果。

请写一份观点文件（不超过 5 页），对提出的这些问题逐一进行阐述，并指定一个评估计划，以便高级管理人员能够做出明智的决定。补充你认为相关的其他问题，并加以解决。出于论文的目标，假设传统的计数一直是在 40 条地面街道上，每天 24h，连续 7 天（9 月的第三周），每个方向有 2 或 3 条车道，只计数进城的交通。

9-5. 使用搜索引擎查找你所在的州和你所在的城市是否有向公众提供历史 ADT 和其他数据的数据库。用它来查找距你的大学、办公室或家 2mile 范围内的可用计数和其他数据。汇总这些数据。

同样，使用搜索引擎查找交通影响调研报告是否可以在网上找到，以及支持数据是否也可以在网上找到，在同一个州和城市／地方管辖区。如果你需要更多关于"交通影响调研"的信息，请参阅本书第 14 章或在网上搜索。

对于该问题，不能通过向当地运输机构查询来"简化"你的工作，只能使用网上搜索。

用不超过 5 页的篇幅进行总结。

9-6. 访问 Miovision™ 的网站，探索它是如何用于按流向进行交叉口计数的，并按车辆类型分类。在网上搜索一下类似的产品。寻找有关此类技术的技术文献，特别是任何对比调研（相互之间的比较，或与收集相同数据的更传统的方法的比较）。要注意区分技术文献和营销材料。在网上搜索有关该技术的实际使用情况或其使用趋势的描述。用不超过 5 页的篇幅进行总结。

交通量调研和特性

交通工程中最基本的衡量指标是交通量：有多少车辆在一段时间内通过道路系统中的指定位置，特别是在典型一天的高峰时段。如果不了解所调研地点的现状和预测交通量，则几乎不能进行任何关于设施设计或交通控制方案的决策。

第 5 章介绍了流量和流率的概念。有四个关键变量是相关的。

- 流量（Volume）
- 流率（Rate of flow）
- 需求（Demand）
- 容量（Capacity）

描述这些参数数值的单位都是一样的：辆 / 时（veh/h）或小客车 / 时（pc/h）。它们也可以用"每车道"来表述。第 6 章详细讨论了这些变量之间的关键区别和关系。

第 9 章讨论了收集和处理交通量（和其他）数据的技术。本章介绍了交通量数据的统计分析技术，以及调研结果的解读和表述。此外，还提供了一个在大多数道路系统中获取典型交通量特性的概述。

10.1 交通量特性

如果交通量在一年中的 $365 \times 24 = 8760h$ 内均匀分布，则全国没有一个地方会出现拥堵或严重延误。当然，对交通工程师来说，问题是在典型的一天中会出现显著的高峰，主要是通勤所致。根据具体的地区和位置，一天中的高峰时段通常包含 24h 交通量的 10% ~ 15%。在偏远地区或远郊地区，该比例可能会高得多，但这些地方的交通量要低得多。

因此，交通工程师在规划、设计和运行公路系统时，必须处理好所在社会的出行偏好。在一些密集的城市地区，已经尝试了诱导分散高峰的政策，包括建立灵活的时间或日期和 / 或收费和泊车设施的可变价格政策。然而，交通工程师仍然必须面对一个基本问题：交通需求在时间上的变化是相当低效的。需求随一天中的不同时间、一周中的不同日子、一年中的不同月份或季节而变化，并对单一事件（包括计划内和计划外）做出反应，如施工绕行、事故或其他事件，甚至恶劣天气。现代智能运输系统（ITS）技术将越来越多地试图通过直接向驾驶人提供有关路线、当前通行时间和相关条件的信息，来实时管理需求。这是一个快速发展的技术领域，但其影响尚未得到很好的记录。

做交通量调研的众多原因之一是为了记录这些复杂的变化模态，并评估 ITS 技术和其他措施对交通需求的影响。

10.1.1　小时交通变化模态：高峰时段的现象

当考虑每小时的交通模态（Traffic Patterns）时，我们已经习惯于从一天中的两个"高峰时段"来考虑：早上和晚上。这些模态由早上上班的人（通常在早上 7 点到上午 10 点之间）和晚上回家的人（通常在下午 4 点到晚上 7 点之间）主导，这些模态往往是重复的，比交通需求的其他方面更可预测。这种所谓的典型模态只适用于工作日的出行，而当前证据可能表明，这种模态并不像我们惯常以为的那样典型。

图 10.1 和图 10.2 分别展示了 2016 年《道路容量手册》[1] 中记录的远郊和城市道路的小时变化模态。图 10.1 使用了华盛顿州和俄勒冈州交通局的数据；图 10.2 源自 McShane 和 Crowley 的一篇论文[2]。

在图 10.1 中，只有工作日（星期三）的交通显示出上午和下午的高峰，而且上午的高峰比下午的高峰小得多。城际交通、休闲交通和周末交通往往在下午出现单一的、更长时间的高峰，通常在下午早期。

在图 10.2 中，四个城市测点的工作日数据以单一方向展示。地点 1 和 3 与地点 2 和 4 的方向相反，但在同一地点。地点 1 和 2 与地点 3 和 4 仅相距两个街区。地点 2 和 4 展示出明显的上午高峰，但高峰之后的交通量保持相对较高，而且

在一天中的大部分时间里都非常均匀。地点 3 也展示出很多的非高峰期交通。只有地点 1 展示出显著的下午高峰，而一天中其他时间段的交通量明显较小。

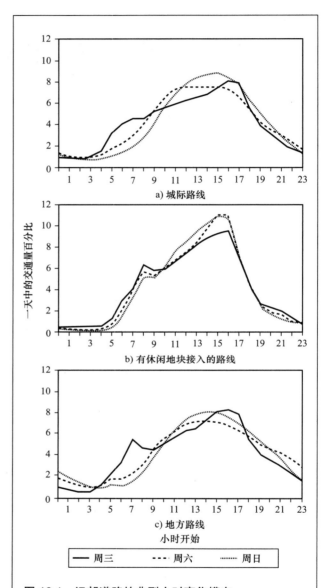

a) 城际路线

b) 有休闲地块接入的路线

c) 地方路线

小时开始

—— 周三　　---- 周六　　······ 周日

图 10.1　远郊道路的典型小时变化模态

资料来源：Reprinted with permission from *Highway Capacity Manual, 6th Edition: A Guide for Multimodal Mobility Analysis*, Transportation Research Board, © 2016 by the National Academy of Sciences, Courtesy of the National Academies Press, Washington, D.C.

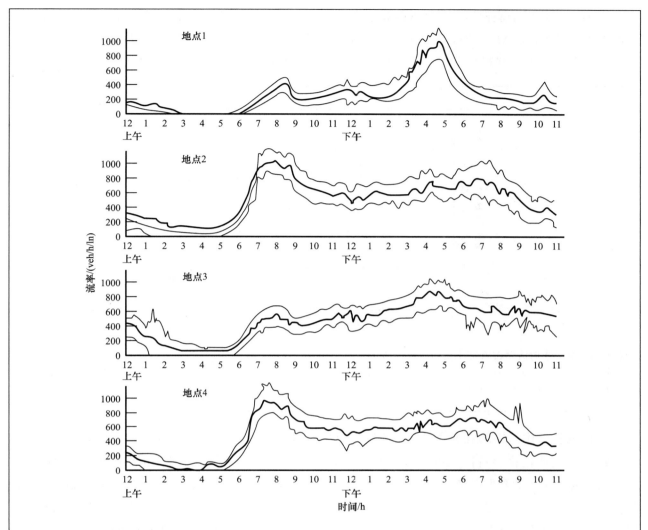

图 10.2 城市道路的典型小时变化模态

资料来源: Reprinted with permission from *Highway Capacity Manual, 6th Edition: A Guide for Multimodal Mobility Analysis*, Transportation Research Board, © 2016 by the National Academy of Sciences, Courtesy of the National Academies Press, Washington, D.C.

在许多主要城市地区，没有明显的上午和下午高峰的现象逐渐扩散。在纽约的长岛快速路（I-495）这一主要设施上，最近的一项调研表明，在一个典型的工作日，交通量数据中只有一个高峰可辨，而且每天持续 10～12h。这一特点是系统容量限制的直接结果。每个想在正常高峰期开车的人都无法得到满足。正因如此，个人开始做出出行选择，使他们越来越多地在"非高峰"时段出行。这个过程一直持续发展到非高峰期与高峰期几乎难以区分。

图 10.2 展示了另一个值得注意的特性。每幅图的包络线展示了一年内每小时交通量的 95% 置信区间。交通工程师依赖于高峰时段交通需求的基本可重复性。然而，这些交通量的变化还是显著的。在任何一年的过程中，任何地点都有 365个高峰时段，一年中的每一天都有一个。交通工程师面对的问题是，在规划、设计和运行中应该使用哪一个？

图 10.3 展示了华盛顿州各种设施的高峰小时交通量（流量）占 AADT 的百分比依次递减的情况。在所有情况下，都有一个明显的一年中"最高"的高峰小时。然而，这个最高峰与全年大部分高峰小时之间的差异，取决于设施的类型。休闲型路线的差异最大。

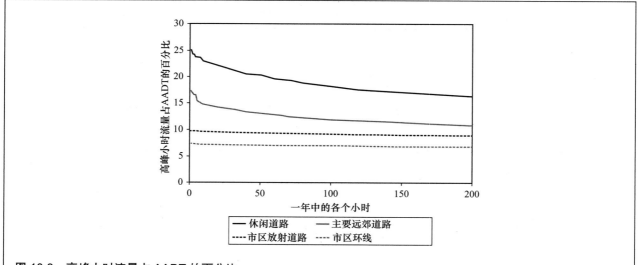

图 10.3 高峰小时流量占 AADT 的百分比

资料来源：Reprinted with permission from *Guide for Multimodal Mobility Analysis*, Transportation Research Board, © 2016 by the National Academy of Sciences, Courtesy of the National Academies Press, Washington, D.C.

这在意料之中，因为在某些季节的周末，此类路线上的交通往往会有巨大的高峰，而在"平日"的一天，交通量要少得多。远郊主要路线的差距较小，因为至少有一部分交通是由普通的通勤者组成的。城市道路显示出最高峰小时和大部分高峰小时之间的差距要小得多。

对图 10.3 所示的各类道路的各种高峰时段进行调研是很有意义的，该图代表了华盛顿州各种道路的数据。表 10.1 列出了所代表的道路类型在指定高峰小时内流量占 AADT 的百分比。

表 10.1 图 10.3 的关键值

典型设施	某高峰小时流量占 AADT 的比例			
	1st	30th	100th	200th
休闲道路	25%	22%	18%	15%
主要远郊道路	17%	14%	12%	11%
市区放射道路	10%	9%	9%	9%
市区环线	7%	7%	6%	6%

注：四舍五入到最近的整数百分比。

选择哪一个高峰小时作为规划、设计和运行的基础，对休闲道路来说是最关键的。在这种情况下，一年中最高小时的流量是一年中第 200 序位高峰小时的 1.67 倍，是一年中第 30 序位高峰小时的 1.14 倍。在两个市区案例中，一年中的最高小时分别只有第 200 序位高峰小时的 1.11 和 1.17 倍。

历史上，在远郊规划、设计和运行中，一直使用第 30 序位高峰小时。这种策略有两个主要依据：①目标需求每年只超过 29 次；②第 30 序位高峰小时通常标志着随后的高峰小时有类似的流量。后者定义了许多关系中的一个点，在该点上，曲线开始"变平"，在这个需求范围内，人们认可增加道路容量的投资是经济的。

在城市场景中，设计时间的选择远没有那

么明确，影响也小得多。典型的设计时间选择范围是第 30 序位高峰小时到第 100 序位高峰小时。对于图 10.3 中的城市道路，这一选择代表了放射路线的 9% ~ 10% 的 AADT，以及环向路线的 6% ~ 7%。以每天 80000 辆的 AADT 为例，这个范围是 800veh/h 的需求差异。虽然这并非不重要，但考虑到观察到的交通量中的随机因素，这也不是很大。

10.1.2　小时内的变化模态：流率与流量的关系

在第 5 章中，我们注意到在设计和运行中经常需要考虑高峰小时内交通量的峰值。高峰小时系数（PHF）被定义为量化高峰小时内最大流率与每小时流量之间的差异的一种手段。图 10.4 展示了明尼苏达州的一条自由流公路上 5min、15min 和高峰小时流率之间的差异。

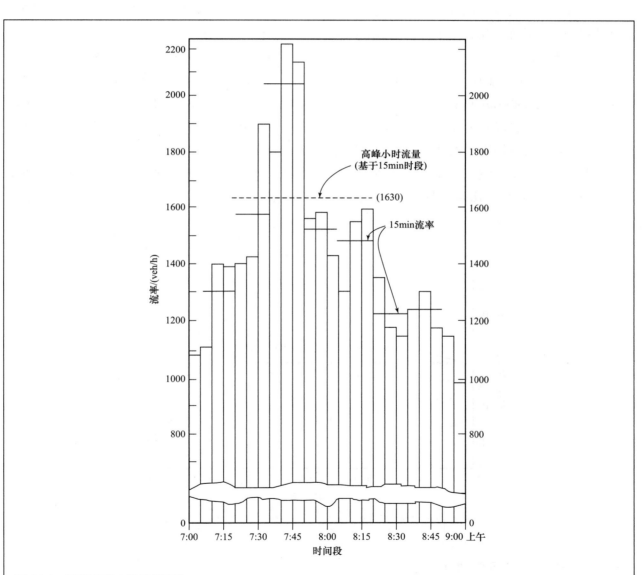

图 10.4　高峰小时内的流量变化

资料来源：Reprinted with permission from *Highway Capacity Manual, 4th Edition*, Transportation Research Board, © 2000, by the National Academy of Sciences, Courtesy of the National Academies Press, Washington, D.C.

流率可以在几乎任何时段内测量。出于调研目的，经常使用 1 ~ 5min 的时间。然而，非常小的时间增量在某种程度上变得不切实际。在 2s 的时段内，特定车道上的流量范围将被限制为"0"或"1"，而这种流率在统计学上将毫无意义。

对于大多数交通工程的应用，以 15min 作为标准时段，主要是基于这样的观点，即这是流率"统计上稳定"的最短的时段。"统计学上稳定"意味着交通流参数之间的合理关系可以被校准，如流率、速度和密度。近年来，有些人认为 5min 的流率可能符合统计学上的稳定，特别是在自由流公路设施上。然而，实践中仍然以 15min 作为流率的标准周期。

这种选择有重大影响。在图 10.4 中，最高的 5min 流率是 2200veh/h/ln；最高的 15min 流率是 2050veh/h/ln；高峰小时的流量是 1630veh/h/ln。选择 15min 基准期进行设计和分析，意味着在这种情况下，需求流率（假设没有容量限制）为 2050veh/h/ln。这个值比高峰期 5min 的流率低

7%，比高峰期的流量高 20%。在实际设计中，这些差异可能导致多一条或少一条车道的设计，或其他几何和控制特性的差异。使用 15min 的流率时长，也意味着持续时间较短的堵塞不会导致伴随着持续 15min 或更长时间的堵塞带来的各种不稳定。

10.1.3　日变化模态

交通量也存在日变化模态，这是由设施所服务的土地使用类型和出行目的造成的。图 10.5 展示了一些典型关系。

有休闲接入的路线在周六和周日有显著的高峰。这是此类路线的典型模态，因为周末的休闲性出行很普遍。周二至周四的交通需求要少得多。然而，周五的交通量也比一般的日子大，因为周末出行者早早就开始行动了。周一比其他工作日要高一些，因为一些度假者在周末后而不是在周日返回。

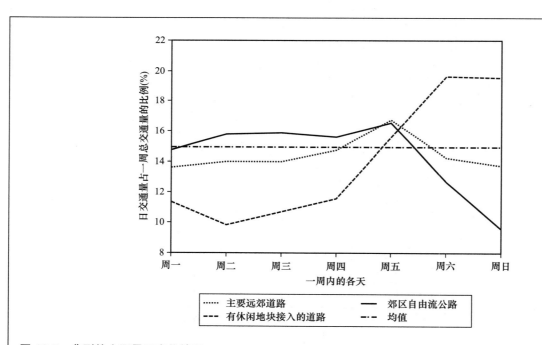

图 10.5　典型的交通量日变化情况

资料来源：Reprinted with permission from *A Guide for Multimodal Mobility Analysis*, Transportation Research Board, © 2016 by the National Academy of Sciences, Courtesy of the National Academies Press, Washington, D.C.

郊区自由流公路显然迎合了通勤者的需求。通勤者的出行几乎与休闲出行相反，高峰出现在工作日，周末的需求较低。图中的主要远郊路线的模态与休闲路线类似，但工作日相比周末的变化较小。此类路线同时为休闲和通勤出行服务，这种混合让观察到的变化不显著。

10.1.4　月度或季节性变化模态

图 10.6、图 10.7 和图 10.8 说明了各种类型的城市和远郊道路的典型月度流量变化模态。

- 图 10.6a 显示，典型的休闲路线在工作日和周末有类似的变化模态，但周末的交通量，正如预期的那样，明显高于工作日的交通量。由于每月的高峰期都出现在冬季和夏季，因此，数据中包含的公路很可能提供了各种休闲机会。

- 图 10.6b 显示，在城际路线上，工作日和周末的交通量模态几乎没有区别。城际路线通常服务于通勤、休闲和其他出行需求。数据中包括的设施显然在夏季的交通量最高。

- 图 10.7 中的远郊自由流公路有一个明显的夏季高峰，表明它是为夏季休闲目的地服务的。市区自由流公路在 12 月和 1 月（冬季）的交通量最低。这可能反映了天气引起的需求减少和 / 或人们（更愿意）在温暖的气候中度假。

- 图 10.8 很有意思。受暑期影响的干道显示出两个明显的高峰，一个在夏季（最大），另一个在冬季。市区干道在 1 月和 8 月有低点。这些模态可能是调研中的设施所服务的目的地的独特特性造成的。城市街道模态在很大程度上取决于当地条件，因此很难确定真正的"典型"条件。

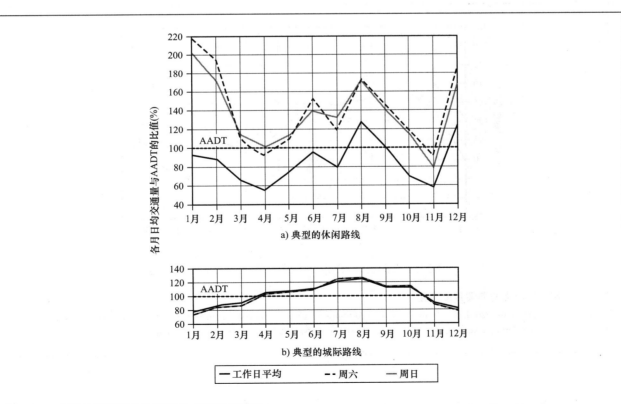

图 10.6　典型的城际和休闲道路的月度变化情况

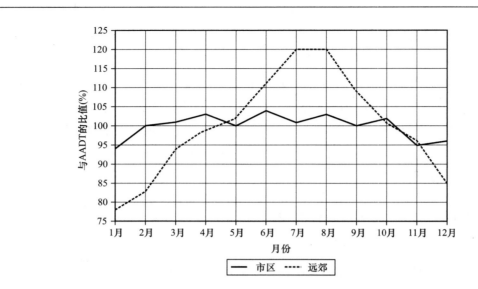

图 10.7　州际公路上的典型月度变化

资料来源: Reprinted with permission from *Highway Capacity Manual, 6th Edition: A Guide to Multimodal Mobility Analysis*, Transportation Research Board, © 2016 by the National Academy of Sciences, Courtesy of the National Academies Press, Washington, D.C.

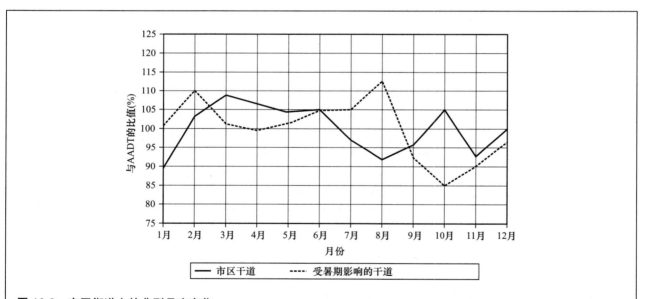

图 10.8　市区街道上的典型月度变化

资料来源: Reprinted with permission from *A Guide to Multimodal Mobility Analysis*, Transportation Research Board, Washington D.C., 2016 © 2016, by the National Academy of Sciences, Courtesy of the National Academies Press, Washington, D.C.

可以预见，通勤路线会呈现出与休闲路线相反的趋势（即如果休闲路线在夏季达到高峰，那么通勤路线在这些时期的交通量应该会减少）。图 10.6、图 10.7 和图 10.8 并没有反映这一点。问题是，很少有设施是纯粹的休闲或通勤的，总有一些是混合存在的。此外，许多休闲性出行是由该地区的居民产生的；在同一月里，同样的驾驶人可能是休闲和通勤需求的一部分。然而，在一些地区，通勤交通在夏季休闲月明显下降。这里显示的分布是示意性的。不同的分布是可能的，而且在其他地区也确实存在。

10.1.5 关于交通量变化模态的最后几点想法

交通工程中最困难的问题之一，是我们一直在为一个需求进行规划和设计，该需求代表了旺季高峰日高峰小时内的峰值流率。当我们成功的时候，所产生的设施在大多数时候都是未被充分利用的。

然而，只有通过对这些变化模态的仔细记录，交通工程师才能知道这种利用不足的影响。了解一个特定区域或地点的交通量变化模态，对于找到适当的设计和控制措施以优化运行至关重要。记录这些模态也很重要，这样就可以从较短的时间段的数据中分辨出年平均日交通量（AADT）的估计。为确定 AADT 和相关需求因素而对每个地点进行全年的计数是不切实际的。然而，如果变化模态是已知的和有据可查的，就可以对较短的时间内进行的计数进行调整，以反映全年的平均数或一年中另一部分的高峰。这些概念将在接下来的章节中说明和应用。

10.2 交叉口流量调研

在交通系统中，没有哪个地方比平面交叉口更复杂了。在一个典型的四肢交叉口，有 12 个独立的流向——每一肢的左转、直行和右转。如果需要对交叉口的交通量进行计数，并将每个流向按小客车、出租车、卡车和巴士进行分类，则每个计数周期需要观察 12×4 = 48 个独立数据。

对交叉口采用人工计数时（通常是这样），观察者必须处在适当的位置，以妥当地看到他们正在计数的流向。一个没有经验的计数员是否能同时观察到一个以上的主流向或两个次流向并对其进行分类是值得怀疑的。对于大量使用的多车道接近段，可能有必要对不同的车道安排不同的观察员。在交叉口人工调研中，短时中断和交替时期的接近段几乎总是结合在一起的，以减少所需的观察员数量。然而，很少有交叉口能在少于四名观察员的情况下进行计数，并且还要加上一名负责安排计数时段和休息时段的领队。

10.2.1 到达量与离开量：交叉口调研的一个关键问题

在大多数交叉口，是对离开交叉口的车辆进行计数。这样做既是为了方便，也是因为在车辆离开交叉口之前无法完全分解转向流向。虽然这种方法在没有容量限制（即在接近段上有不稳定的排队积压）的情况下是可行的，但在需求超过接近段容量的情况下是不可接受的。在这种情况下，有必要观察到达量，因为这能更准确地反映需求。

在信控交叉口，如果在红灯时段排队的车辆在下一个绿灯时段没有完全清空，就会检测到"不稳定的排队积压"。在非信控交叉口，"不稳定的排队积压"可以通过队列在每个连续的计数期间变得更大来识别。

直接观察交叉口的到达量是很困难的，因为队列是动态的。随着队列的增长和缩短，"到达点"会发生变化。因此，用于计数到达量的技术是定期计数出发量和排队车辆的数量。对于信控接近段，在每个红灯相位的开始，将记录排队的大小。这可以确定在前一个信号周期到达但没有得到服务的车辆的"剩余队列"。对于非信控接近段，在每个计数周期结束时进行排队计数。当采用这种方式时，到达量估计为：

$$V_{ai} = V_{di} + N_{qi} - N_{q(i-1)} \qquad (10-1)$$

式中 V_{ai}——时间段 i 车辆的到达量（veh）；

V_{di}——时间段 i 车辆的离开量（veh）；

N_{qi}——时间段 i 结束时的排队车辆数（veh）；

$N_{q(i-1)}$——时间段 $i-1$ 结束时的排队车辆数（veh）。

使用该程序对到达量的估计只确定了局部的到达量。这个程序并不能确定被分流的车辆或由于总体拥堵水平而没能通过的数量。因此，尽管到达量确实代表了当地的需求，但它并不能衡量被分流或抑制的需求。表 10.2 展示了使用该程序估计到达量的调研示例数据。

表 10.2　从离开计数中估计到达量（示例）

时间段 （下午）	离开数量 / veh	排队长度 / veh	到达流量 / veh
4：00—4：15	50	0	50
4：15—4：30	55	0	55
4：30—4：45	62	5	62 + 5 = 67
4：45—5：00	65	10	65 + 10 − 5 = 70
5：00—5：15	60	12	60 + 12 − 10 = 62
5：15—5：30	60	5	60 + 5 − 12 = 53
5：30—5：45	62	0	62 − 5 = 57
5：45—6：00	55	0	55
合计	469		469

注意，这项调研的设置是为了使第一个和最后一个计数期不存在剩余的队列。另外，总的出发和到达计数是相同的，但从出发向到达的转换导致各时段的流量分布发生了变化。根据出发计数，15min 的最大流量为 65veh，即流率为 65/0.25 = 260veh/h。使用到达计数，15min 的最大流量是 70veh，或流率为 70/0.25 = 280veh/h。这个差异很重要，因为较高的到达流率（假设调研包括高峰期）代表了一个在规划、设计或运行中有效的数值。

10.2.2　信控交叉口的特别考虑

在信控交叉口，计数程序既简化，也更复杂。对人工观察者来说，信控交叉口简化了计数，因为不是所有的流向都在同一时间流动。通常情况下，观察者一次只能计数一个直行流向，但实际上在同一个计数周期内可以计数两个这样的流向，例如选择东向和北向的直行流向。这两个流向在信号灯的不同相位内运行。

然而，在信控交叉口，计数周期必须是周期长度的整数倍。此外，实际计数时间（不包括休息时间）也必须是周期长度的整数倍。这是为了保证在一个计数周期内，所有的流向都得到相同数量的绿灯相位。因此，对于一个 60s 的信号周期，可以采用 5min 中 4min 的计数程序。然而，对于一个 90s 的周期，4min 和 5min 都不是 90s（1.5min）的整数倍。对于 90s 的周期，15min 中的 12min 的计数程序是合适的，6min 中的 4.5min 亦可。

感应信号灯（Actuated Signals）带来了特殊的问题，因为周期长度和绿灯时段都因周期而异。计数时长通常被设定为至少包含 5 个信号周期，以最大的周期长度作为基础。实际的计数顺序是任意选择的，以反映该原则，但不可能保证每个计数周期的每个流向都有相同数量的相位。这并非主要困难，因为感应信控的前提是绿灯时间应该与每个周期内的车辆需求成比例地分配。

10.2.3　交叉口交通量数据的展示

交叉口交通量数据可以通过各种方式进行汇总和呈现。简单的表格阵列可以总结出每个计数周期的流向计数。按车辆类型的细分也最容易在表格中得到描述。更详细的图形展示通常是为了描述高峰小时和 / 或全天的数量。图 10.9 和图 10.10 说明了展示高峰小时或每日数据的常见形式。前者是图形化交叉口汇总图，允许在预先设计的图形表格中简单输入数据。后者是交叉口流率图，其中，流率线的粗细是基于相对流率的。

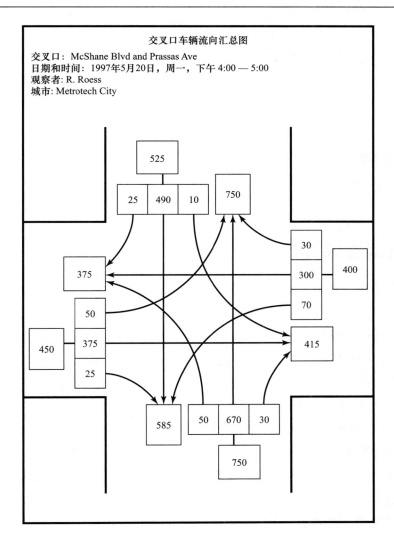

图 10.9　图形化交叉口汇总图

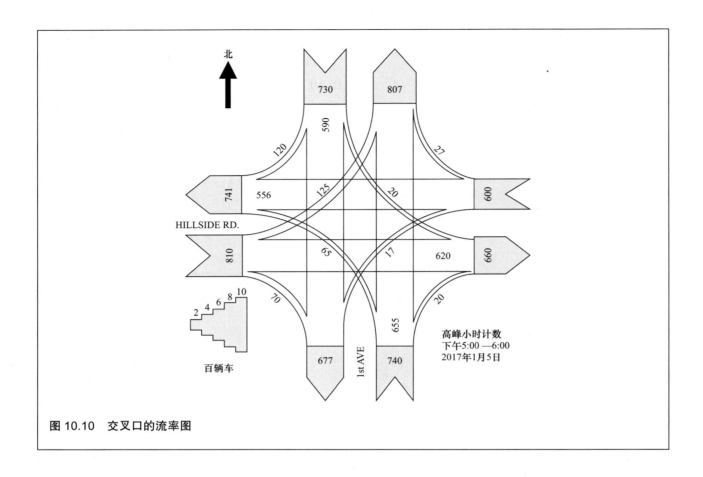

图 10.10   交叉口的流率图

10.3   有限路网交通量调研

考虑以下建议：在曼哈顿市中心的路网（即从第 14 街到第 59 街，第 1 大道到第 12 大道）中，将进行一项交通量调研，时间为上午 6：00 到午夜 12：00。虽然这是一个非常大的路网，包括 500 多条街道连接和 500 个交叉口，但它不是整个纽约市，也不是一个全州性的路网。

然而，这个路网的规模是令人生畏的，原因很简单：几乎不可能获得和培训足够的人员在同一时间对所有这些地点进行计数。此外，试图获得足够的便携式计数设备来进行计数是非常昂贵的。为了进行这项调研，有必要采用抽样技术（即在调研区域内并非所有地点都同时进行计数，甚至不在同一天进行）。基于这些样本的统计操作，需要为预定调查期的每个小时或平均高峰期的路网制作一个小时的流量图。

这样的"有限"路网既存在于小城镇，也存在于大城市，还存在于其他主要的行程产生地周围，如机场、体育设施、购物中心和其他活动中心。对这种路网的交通量调研涉及独立规划和一些基本特性的知识，例如主要产生者的位置和各种设施的交通性质（比如本地用户与过境用户）。建立一个合理的抽样方法需要根据对当地的熟悉程度来判断。

抽样程序依赖于这样的假设：整个路网或路网的可识别部分在时间上具有类似的需求模态。如果这些模态可以在少数地点测量，那么该模态就可以适用于路网中其他地点的样本测量。为了实现这样的程序，要进行两种类型的计数：

• **控制计数**（Control counts）。控制计数是在选定的有代表性的地点进行的，以测量和量化时间上的需求变化模态。一般来说，控制计数必须在整个调研期间持续进行。

• **覆盖计数（Coverage counts）**。覆盖计数是在所有需要数据的地点进行的。它们是作为样本进行的，根据预先确定的抽样计划，每个地点只在调研期间的一部分时间内被计数。

这些类型的计数和它们在流量分析中的使用将在下面的章节中讨论。

10.3.1 控制计数

由于控制计数将用于扩展和修正整个调研路网的覆盖计数结果，适当选择具有代表性的控制计数地点是至关重要的。要使采样程序准确且有意义，在控制点观察到的每小时和每天的变化模态就必须能代表路网的较大部分。应该注意，交通量的变化模态是由土地使用特性和交通类型导致的，特别是交通流中的过境车辆和当地车辆的百分比。考虑到这些原则，在选择适当的控制点时，有以下通用指导策略可用。

1）每10到20个覆盖计数点应该有一个控制计数点进行采样。

2）应该为路网中的每一类设施——地方街道、集散道路、干线道路等建立不同的控制点，因为不同类别的设施服务于不同的过境和地方交通组合。

3）对于具有明显不同的土地使用特性的路网部分，应建立不同的控制计数位置。

这些只是通用准则。交通工程师必须进行判断，并利用他／她对所调研地区的知识来确定适当的控制计数位置。

10.3.2 覆盖计数

所有要进行抽样计数的地点都称为覆盖计数。在路网调研中，所有覆盖计数（以及控制计数）都在街区中间的位置进行，以避免单独记录转向流向的困难。在调研期间，路网中的每条线路都至少被计数一次。交叉口的转向流向可以从连续的线路流量中近似推断出来，必要时，可以进行补充交叉口计数。在街区中间位置的计数可使用便携式自动计数器，尽管一些覆盖范围的计数持续时间太短，并不一定适合使用。

10.3.3 调研示例

扩展和调整样本路网计数所涉及的计算类型最好用一个简单的例子来描述。图10.11展示了一个较大路网中的一个网段，已确认该网段在时间上具有合理的统一交通模态。该网段有七条路，其中一个已被确定为控制计数点。其他六条路是覆盖计数点，将在这些地点进行抽样计数。各种

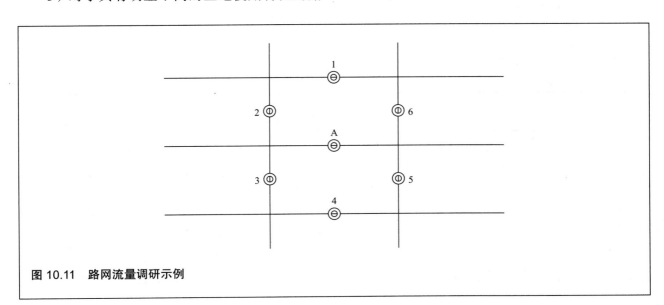

图10.11　路网流量调研示例

建议的调研程序都假定只有两名现场工作人员或两个自动计数器可以同时在这段路网中使用。需要一个调研程序来获取典型工作日中午 12：00 至晚上 8：00 之间路网中每条线路的流量。我们将讨论三种不同的方法。它们是典型的，并不是唯一可以使用的方法。然而，它们说明了此类调研中涉及的所有扩展和调整计算。

例题 10-1：一天的路网调研计划

在一天内完成调研是可能的。第一组工作人员或设备将在整个 8h 的调研期间对控制地点 A 进行计数。第二组人员或设备将对 1～6 号覆盖点的每个点进行 1h 的计数。表 10.3 展示了用这种方法得到的样本数据和分析。

表 10.3 单日路网流量调研的数据和计算方法

a）一天的调研数据

A 控制点计数数据		覆盖点计数数据		
时间（下午）	计数 /veh	位置	时间（下午）	计数 /veh
12：00—1：00	825	1	12：00—1：00	840
1：00—2：00	811	2	1：00—2：00	625
2：00—3：00	912	3	2：00—3：00	600
3：00—4：00	975	4	4：00—5：00	390
4：00—5：00	1056	5	5：00—6：00	1215
5：00—6：00	1153	6	6：00—7：00	1440
6：00—7：00	938			
7：00—8：00	397			

b）根据控制计数数据计算每小时的数量比例

时间（下午）	计数 /veh	各小时在 8h 内的占比
12：00—1：00	825	825/7067 = 0.117
1：00—2：00	811	811/7067 = 0.115
2：00—3：00	912	912/7067 = 0.129
3：00—4：00	975	975/7067 = 0.138
4：00—5：00	1056	1056/7067 = 0.149
5：00—6：00	1153	1153/7067 = 0.163
6：00—7：00	938	938/7067 = 0.133
7：00—8：00	397	397/7061 = 0.056
总计	7067	1.000

c）扩展每小时计数的覆盖点数据

地点	时间（下午）	计数 /veh	8h 流量估算 /veh	高峰小时流量估算 /veh
1	12：00—1：00	840	840/0.117 = 7179	× 0.163 = 1170
2	1：00—2：00	625	625/0.115 = 5435	× 0.163 = 886
3	2：00—3：00	600	600/0.129 = 4651	× 0.163 = 758
4	4：00—5：00	390	390/0.149 = 2617	× 0.163 = 427
5	5：00—6：00	1215	1215/0.163 = 7454	× 0.163 = 1215
6	6：00—7：00	1440	1440/0.133 = 10827	× 0.163 = 1765

注意，表 10.3 展示的是整小时的数据。这些数据反映了考虑到休息时间的实际计数的扩展。如果采用机器计数，它们也会反映出轴计数与车辆计数的转换。

在表 10.3b 中，控制计数数据用于量化观察到的小时变化模式。现在假定这种模式适用于路网中的所有覆盖点。因此，地点 1 的 840veh 的计数将代表该地点 8h 总数的 0.117（或 11.7%）。那么，8h 的总量可以估计为

840/0.117 = 7179veh。此外，高峰小时的车流量可以估计为 0.163 × 7179 = 1170veh，因为每小时的分布显示，最高车流量小时包含了 8h 车流量的 0.163（或 16.3%）。注意，这种数据扩展的结果是对 7 个计数点中每个点的 8h 和高峰小时的交通量的估计，代表了计数的那一天。这种调研技术并没有消除每日和季节性的变化。然而，它获得了整个路网一般时段的交通量估计。

例题 10-2：多日路网调研计划

在单日调研方法中，每个覆盖点都被计数了 1h。根据控制点记录的每小时变化模式，这些计数被扩展为 8h 的流量估计。然而，每小时的变化模态并不像较大时段的变化那样稳定。出于该原因，可以说更好的方法是对每个覆盖点进行整 8h 的计数。

由于人员和/或设备的限制，只能同时进行两次计数，这样的调研将在六天内进行。第一个小组将在整个调研期间观测控制点，而第二个小组将在六天中的每一天在一个覆盖点进行 8h 的计数。

表 10.4 说明了与六天调研有关的数据和计算方法。在这种情况下，不必记录每小时的模态，因为每个覆盖点在调研期间的每一小时都要进行计数。不幸的是，计数分布在六天内，在这六天内，任何给定地点的交通量都可能有很大变化。在这种情况下，用控制点数据量化潜在的每日变化模式。用记录的变化模态来调整覆盖计数。

每日流量的变化是以调整系数来校正的，其定义如下：某一天的流量乘以该系数，得出调研期间的日平均流量。用数学方法表示：

$$V_a = V_i F_{vi} \tag{10-2}$$

式中 V_a——调研期间日平均流量（veh）；
V_i——第 i 天的流量（veh）；
F_{vi}——第 i 天的调整系数。

表 10.4 六天调研方案的数据和计算方法

a）六天调研数据

| 控制点 A 计数数据 | | 覆盖计数数据 | | |
星期	8h 计数 / veh	覆盖点	星期	8h 计数 / veh
周一 [1]	7000	1	周一 [1]	6500
周二	7700	2	周二	6200
周三	7700	3	周三	6000
周四	8400	4	周四	7100
周五	7000	5	周五	7800
周一 [2]	6300	6	周一 [2]	5400

b）每日调整系数的计算

星期	8h 计数 /veh	调整系数
周一 [1]	7000	7350/7000 = 1.05
周二	7700	7350/7700 = 0.95
周三	7700	7350/7700 = 0.95
周四	8400	7350/8400 = 0.88
周五	7000	7350/7000 = 1.05
周一 [2]	6300	7350/6300 = 1.17
总计	44100	
均值	44100/6 = 7350	

c）覆盖计数的调整

位置	星期	8h 计数 /veh	调整 8h 计数 /veh
1	周一 [1]	6500	× 1.05 = 6825
2	周二	6200	× 0.95 = 5890
3	周三	6000	× 0.95 = 5700
4	周四	7100	× 0.88 = 6248
5	周五	7800	× 1.05 = 8190
6	周一 [2]	5400	× 1.17 = 6318

使用来自控制点的数据（该点的平均流量是已知的），调研中每一天的调整系数可计算为：

$$F_{vi} = V_a / V_i \qquad (10\text{-}3)$$

其中所有术语定义同前。表 10.4b 中对样本调研的系数进行了校准。使用式（10-2）调整覆盖计数。

结果代表了所有地点在调研的六天期间的平均 8h 流量。季节性变化没有考虑在内，周末也没有考虑在内，因为周末不在调研范围内。

例题 10-3：三天的调研计划

前两种方法可以结合起来。如果觉得一天的调研不合适，因为要根据 1h 的观测值来估计 8h 的流量，而 6 天的调研又太昂贵，那么可以设计一个三天的调研计划，在三天中的一天对每个覆盖点进行 4h 的计数。控制点必须在整个三天的调研期间进行计数，其结果用于校准 4h 内和一天内的交通量分布。

在这种方法中，4h 的覆盖计数必须：①扩展以反映整个 8h 的调研期；②调整以反映三天调研期的日平均值。表 10.5 说明了三天调研方案的数据和计算。

表 10.5 三天调研方案的数据和计算结果

a）控制数据和每小时变化模态的校准

时间（下午）	周一		周二		周三		8h 平均（%）
	计数 /veh	8h 平均（%）	计数 /veh	8h 平均（%）	计数 /veh	8h 平均（%）	
12：00—4：00	3000	42.9	3200	42.7	2800	43.8	43.1
4：00—8：00	4000	57.1	4300	57.3	3600	56.2	56.9
总计	7000	100.0	7500	100.0	6400	100.0	100.0

b）日变化系数的校准

星期	控制点 A 的 8h 计数 /veh	调整系数
周一	7000	6967/7000 = 1.00
周二	7500	6967/7500 = 0.93
周三	6400	6967/6400 = 1.09
总计	20900	
均值	20900/3 = 6967	

c）扩展和调整覆盖计数

点位	星期	时间（下午）	计数 /veh	8h 扩展计数 /veh	8h 调整计数 /veh
1	周一	12：00—4：00	2213	2213/0.429 = 5159	×1.00 = 5159
2	周一	4：00—8：00	3000	3000/0.571 = 5254	×1.00 = 5254
3	周二	12：00—4：00	2672	2672/0.427 = 6258	×0.93 = 5820
4	周二	4：00—8：00	2500	2500/0.573 = 4363	×0.93 = 4058
5	周三	12：00—4：00	3500	3500/0.438 = 7991	×1.09 = 8710
6	周三	4：00—8：00	3750	3750/0.562 = 6673	×1.09 = 7274

注意，在将 4h 的覆盖率计数扩展到 8h 时，每天的流量比例划分有所不同。扩展后使用了适合当天计数的比例。由于变化不大，使用所有三天的平均每小时比例也是合理的。

同样，所得到的结果代表了进行计数的特定三天期间。不考虑涉及一星期中其他日期或季节性因素的流量变化。

本节详细介绍的三种方法是示例性的。基于控制观察的覆盖计数的扩展和调整可以有许多不同的组织方式，涵盖任何路网规模和调研期。控制点的选择涉及很多判断，任何特定调研的成功都取决于设计调研时的判断质量。交通工程师必须设计每项调研，以实现项目的特定信息目标。

10.3.4　估计路网中的车辆行驶里程数

大多数有限路网交通量调研的一个输出是对相关时期内路网上的总车辆行驶里程（VMT）的估计。估计的方法是，假设被计数的车辆在这条路线上行驶了整个路线的长度。这是一个合理的假设，因为有些车辆只走了路线的一部分就会被计入，而其他车辆则未计入，这取决于它们是否通过计数点。

例题 10-4：估计车辆行驶里程数

使用例题 10-1、10-2 和 10-3 的样本路网和表 10.5 的 8h 流量结果，并假设所有路线长度都是 0.25mile，表 10.6 说明了 VMT 的估算。在这种情况下，估计是调研中三天的平均 8h VMT。如果不进一步了解全年的每日和季节性变化模式，则不能将其扩展为年度 VMT 的估计。

表 10.6　有限路网中车辆行驶里程的估算（示例）

位置	8h 计数 /veh	路线长度 /mile	路线车里程 /veh·mile
A	6967	0.25	1741.75
1	5159	0.25	1289.75
2	5254	0.25	1313.50
3	5820	0.25	1455.00
4	4058	0.25	1014.50
5	8710	0.25	2177.50
6	7274	0.25	1818.50
路网总计			10810.50

10.3.5 路网流量结果的展示

与交叉口交通量调研的情况一样，有限路网调研的更详细的结果是以表格形式呈现的，其中一些已经在此说明。对于高峰时段或每日总流量，提供路网流量图通常是很方便的。这类似于交叉口流量图，因为流线的宽度与流量成正比。图 10.12 是这种图示的一个例子。

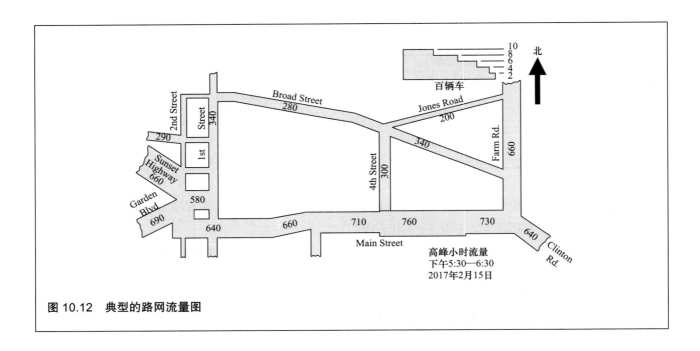

图 10.12　典型的路网流量图

10.3.6 现代可选方法

正如第 9 章所讨论的，许多主要城市地区在整个街道和公路系统中都有大量的永久性传感器。在某些情况下，在关注的地方路网中会有足够数量的检测器，以避免进行详细的人工调研。对数据的处理基本上与人工调研相同，只是基本的收集任务是自动化的。

在一些检测器不足的地方，自动数据可以用来补充人工收集的数据，在某些情况下，通过在特定的共同地点对自动和人工计数的比较来校核。

10.4 全州性的计数计划

各州通常对观察 ADT 的趋势、ADT 模式中的变化和 VMT 特别关注。这些趋势被用于全州的规划和具体的公路改善项目的规划。近年来，人们对人的里程数（Person-Miles Traveled，PMT）和其他运输模式的统计数据的兴趣显著提升。地方和 / 或区域层面的类似项目对于非州级公路系统来说是可取的，尽管成本往往过高。

遵循一些通用指导策略，例如参考文献 [3]，按照功能对州立公路系统进行分类。在每个分类中，建立一个控制 – 计数点和覆盖 – 计数点的模态，以便于观察趋势。全州项目类似于有限路网调研，只是涉及的路网是整个州公路系统，而且调研的时间框架是连续的（即每年 365 天）。

全州计划的一些通用原则如下。

1）大多数全州计划的目标是每年对州公路系统的每一个 2mile 的路段进行覆盖计数，但低流量道路（AADT<100veh/day）除外。低流量道路通常占州系统里程的 50% 左右，被归类为三级地方公路。

2）覆盖计数的目的是对每个覆盖点的 AADT 进行年度估计。

3）根据所服务地区的特点，一般每 20 ～ 50

个覆盖计数点建立一个控制计数点。建立控制点的标准类似于用于有限路网的标准。

4）控制计数点可以是永久计数，也可以是主要或次要的控制计数，这些计数使用有代表性的样本。在这两种情况下，控制计数点必须观测和校准全年365天的日变化模态和月或季节性变化模态。

5）所有覆盖计数的时间至少为24～48h，无需校准每小时的变化模态。

在永久性的计数地点，使用具有数据通信技术的固定探测设备来提供连续的流量信息。主要和次要的控制计数通常使用便携式计数器和气管进行。主要控制计数通常在一年中的每个月中进行一星期的计数。小规模控制计数一般在每个季节的一个五天（仅工作日）期间进行。

10.4.1　校准日和月变化系数的例题

例题 10-5：校准日变化系数

表10.7中的示例数据是从一个永久计数点获得的。在一个永久计数点，一年中的所有52周都有数据（52个周日、52个周一、52个周二等）（注意，在一年365天中，某个星期几会出现53次）。

表 10.7　日变化系数的校准

星期	星期几的年平均流量 /（ veh/day ）	日调整系数 DF
周一	1820	1430/1820 = 0.79
周二	1588	1430/1588 = 0.90
周三	1406	1430/1406 = 1.02
周四	1300	1430/1300 = 1.10
周五	1289	1430/1289 = 1.11
周六	1275	1430/1275 = 1.12
周日	1332	1430/1332 = 1.07
总计 AADT 估计值	10010 1430	

日变化系数是根据一星期内每天观察到的平均流量来校准的。系数校准的基准值是七个日平均数的平均值，这是对AADT的粗略估计（但不是精确的，由于某个星期几有第53个数据）。如图10.13所示，可以将系数绘制出来，并呈现出清晰的变化模态，可以应用于覆盖计数结果。

注意，七个每日调整系数的总和不等于7.00（实际总数为7.11），这源于系数的定义和计算方式。每日平均数在校准系数的分母中。实际上，平均系数与日平均量成反比，因此，预计总数不会加到7.00。

日调整系数也可以从主要和/或次要控制计数的结果中计算出来。在主要控制计数中，将有12星期的数据，一年中每个月有一星期。日平均数不是代表52星期的数据，而是反映12星期的代表性数据。但是，校准计算是完全一样的。

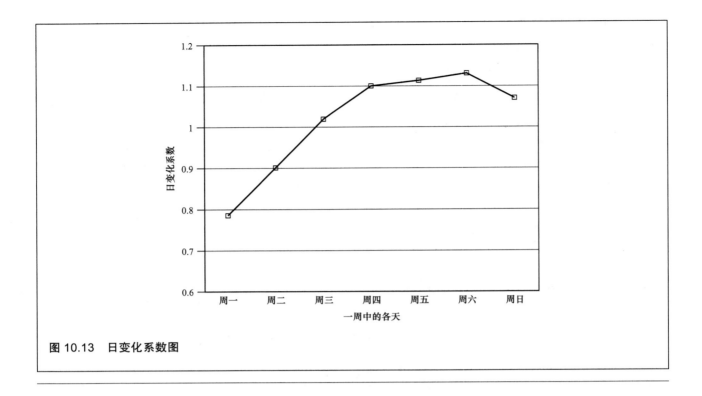

图 10.13　日变化系数图

例题 10-6：校准月变化系数

　　表 10.8 展示了从永久计数数据中校准月变化系数的情况。月变化系数是基于在永久计数点观察到的每月ADT。注意，12 个月变化模态的总和不是 12.00（实际总和是 12.29），因为每月的 ADT 在校准的分母中。

表 10.8　月变化系数的校准

月	总交通量 / / veh	每月的 ADT/ （veh/day）	月变化系数 / （AADT/ADT）
1 月	19840	/31 = 640	797/640 = 1.25
2 月	16660	/28 = 595	797/595 = 1.34
3 月	21235	/31 = 685	797/685 = 1.16
4 月	24300	/30 = 810	797/810 = 0.98
5 月	25885	/31 = 835	797/835 = 0.95
6 月	26280	/30 = 876	797/876 = 0.91
7 月	27652	/31 = 892	797/892 = 0.89
8 月	30008	/31 = 968	797/968 = 0.82
9 月	28620	/30 = 954	797/954 = 0.84
10 月	26350	/31 = 850	797/850 = 0.94
11 月	22290	/30 = 763	797/763 = 1.07
12 月	21731	/31 = 701	797/701 = 1.14
总计	**290851**	AADT = 290851/365 = 797veh/day	

　　表 10.8 基于永久计数数据，因此每月的 ADT 是直接测量的。一年中每个月的七天计数将产生类似的数值，只是每个月的 ADT 将根据一星期的数据来估计，而不是整个月。

考虑基于 12 星期数据的月变化模式，即一年中每个月有一星期被计算在内。然而，这一星期可能代表也可能不代表该月的均值。

实际上，某个月的 ADT 最有可能在月中观察到（即任何月的 14 日至 16 日）。这种说法是基于这样的假设：每个月的交通量趋势是单向的（即交通量在整个月内增长或在整个月内下降）。当月内存在峰值或低点时，这种说法是不正确的。

图 10.14 展示了 12 个校准的月变化系数，是由每个月中一星期的计数得出的。每天的变化系数与该月数据所在星期的中点作对比。

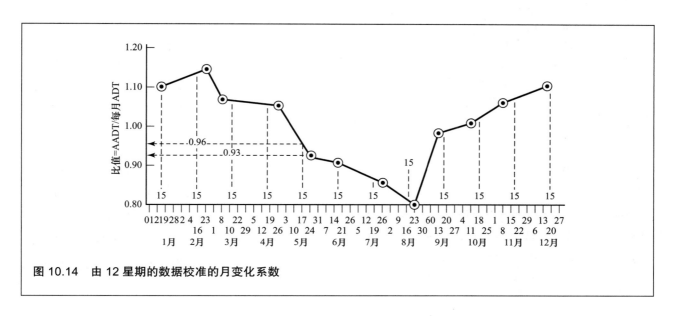

图 10.14　由 12 星期的数据校准的月变化系数

现在可以基于每个月中值（15 日）输入该图表，并从纵轴上读取调整后的系数。例如，5 月的计算系数是 0.93，而图中显示，以该月中值计算会得到系数 0.96。以这种方式调整系数的结果是基于每月中值的计算结果更具代表性。

10.4.2　对控制点的数据进行分组

在国家公路网和系统中，特别是在远郊地区，一个广泛的区域有可能有类似的，甚至相同的每日和/或每月调整系数。在这样的地区，空间上相邻的同一公路分类上的控制点可以合并成一个控制组。然后，该组的平均系数可以应用于具有类似变化模态的广泛地区。一般来说，统计标准适用于这种分组。如果单个地点的因素与该组的平均数相差不超过 ±0.10，则类似公路类型上的连续控制计数可被分组。

考虑表 10.9 中的例子。一条州公路上的四个连续控制站点的日变化系数已被校准。据推测，这四个站点代表了具有类似日变化模态的地区。因此，对这四个分组站点的平均系数进行了计算。

黑体字的系数表示违反分组统计规则的情况（即这些系数与该组的平均数之间的差异超过 ±0.10）。这表明建议的分组是不合适的。人们可能会想把 1 号和 4 号站点从组中去掉，只合并 2 号和 3 号站点。然而，妥当的技术是每次从组中删除一个站点，因为由此产生的平均系数会发生变化。在这种情况下，粗略的观察表明，4号站点并没有真正显示出与其他站点类似的每日变化模态。该站的交通高峰（DF < 1.00）发生在一星期内，而其他站点的交通高峰在周末。因此，将4号站点从建议的分组中删除，并计算新的平均数，见表10.10。

表 10.9　四个连续控制站点分组尝试，日变化系数

星期	站点的日系数（DF）				日系数均值
	1	2	3	4	
周一	1.05	1.00	1.06	0.92	1.01
周二	1.10	1.02	1.06	0.89	1.02
周三	1.10	1.05	1.11	0.97	1.06
周四	1.06	1.06	1.03	1.00	1.04
周五	1.0 1	1.03	1.00	0.91	0.98
周六	0.85	0.94	0.90	1.21	0.98
周日	0.83	0.90	0.84	1.10	0.92

表 10.10　控制站点的第二次分组尝试，日变化系数

星期	站点的日系数（DF）			日系数均值
	1	2	3	
周一	1.05	1.00	1.06	1.04
周二	1.10	1.02	1.06	1.06
周三	1.10	1.05	1.11	1.09
周四	1.06	1.06	1.03	1.05
周五	1.01	1.03	1.00	1.01
周六	0.85	0.94	0.90	0.90
周日	0.83	0.90	0.84	0.86

10.4.3　结果应用

应该注意的是，日系数的分组和月系数的分组不一定相同。但是，如果它们是相同的，那就很方便了，因为一个系数分组的站点也适合于另一个系数，这并非不可能。

州公路机构将使用其计数程序来生成整个州的基本趋势数据。它还将为每个州的公路分类的毗连部分生成一套每日和每月的变化系数，这些系数可以应用于主体控制分组影响范围内的任何覆盖计数。表10.11呈现了提供的数据类型的一个例子。

表 10.11　州公路系统连续区域的典型日和月变化系数

日系数（DF）		月系数（MF）			
星期	系数	月份	系数	月份	系数
周一	1.072	1 月	1.215	7 月	0.913
周二	1.121	2 月	1.191	8 月	0.882
周三	1.108	3 月	1.100	9 月	0.884
周四	1.098	4 月	0.992	10 月	0.931
周五	1.015	5 月	0.949	11 月	1.026
周六	0.899	6 月	0.918	12 月	1.114
周日	0.789				

使用这些表格，任何24h或更长时间的覆盖计数都可以用以下关系转换为AADT的估计值：

$$AADT = V_{24ij} \times DF_i \times MF_j \qquad (10\text{-}4)$$

式中　AADT——年平均日交通量（veh/day）；

V_{24ij}——第 j 月第 i 天24h的交通量（veh）；

DF_i——第 i 天的日调整系数；

MF_j——第 j 月的月调整系数。

考虑在表 10.11 的系数所代表的区域内的一个地点进行覆盖计数。在 7 月的一个周二，观察到有 1000 辆车的计数。从表 10.11 来看，周二的日系数是 1.121，7 月的月系数是 0.913。那么：

$$AADT = 1000 \times 1.121 \times 0.913 = 1023 veh/day$$

10.4.4　估算年度车辆行驶里程

鉴于对州系统中每一类道路（不包括低流量道路）每 2mile 路段 AADT 的估计，可以对年 VMT 进行估计。对于每个路段，年 VMT 的估计为：

$$VMT_{365} = AADT \times L \times 365 \qquad （10\text{-}5）$$

式中　VMT_{365}——该路段的年车辆行驶里程数；

　　　　$AADT$——年平均日交通量（veh/day）；

　　　　L——该路段的长度（mile）。

对于任何给定的道路分类或系统，路段的 VMT 可以相加，得到一个区域或全州的总数。这种估计的精确性或准确性问题是有趣的，因为没有计入任何一条低流量的道路，而且一个真正的全州总数需要包括该州所有非州系统的输入。通常来说，地方一级的常规计数项目远不如州级项目严格。

还有两种通常用来估计 VMT 的方法：

• 使用注册车辆的数量和报告的年度里程数，对州外出行进行调整。

• 使用按燃料类别划分的燃料税收据（与车辆类别有关），并使用不同类型车辆的平均燃料消耗率来估计 VMT。

人们关注改善全州的 VMT 估计程序，近年来在该议题上赞助了一些重要的调研工作。人们对全国范围内的 PMT 估计也会越来越关注，并有适当的模式分类。

10.5　特别的计数调研

在很多情况下，在一个点或一系列点上简单计数车辆，并不足以提供所需的信息。特别计数技术的三个主要例子是：①起点和终点计数（Origin and Destination Counts）；②围栏计数（Cordon Counts）；③屏线计数（Screen-Line Counts）。

10.5.1　起点和终点计数（O-D）

在很多情况下，正常的车辆点计数必须辅以被计数车辆的起终点信息。在主要的区域规划应用中，起点和终点调研都涉及大量的家庭访谈工作，以建立区域出行模态。在交通应用中，起点和终点计数的范围往往更有限。常见的应用包括以下方面：

• 交织区调研（Weaving-area studies）
• 自由流公路调研（Freeway studies）
• 主要活动中心调研（Major activity center studies）

正确分析交织区的运行需要将交通量分解为两个交织流和两个非交织流。总计数不足以评估绩效。在自由流公路走廊中，了解车辆进入和离开自由流公路的位置往往很重要。例如，如果不知道起点和终点的基本模态，就无法准确评估可选路线。在主要活动中心（体育设施、机场、区域购物中心等），进出的交通规划也需要了解车辆在进入开发区前从哪里来，或在离开开发区后去了哪里。

许多 ITS 技术在提供详细的起点和终点信息方面有着巨大的前景。自动收费系统可以提供有关车辆进入和离开收费设施的数据。自动车牌识别技术用于交通执法，可用于跟踪车辆在交通系统中的路径。尽管这些技术继续快速发展，但由于这种使用引起的隐私问题，它们在传统交通数据收集中的使用要慢得多。

从历史上看，最早的 O-D 计数技术之一被称为开灯调研（Lights-on Study）。这种方法经常用于交织区调研，在调研地点可以要求单程到达的车辆打开车灯。随着日间行车灯的出现，这种方法已不再可行。传统的交通起点和终点统计主要依靠以下三种方法中的一种：

- 车牌调研（License-plate studies）
- 卡片调研（Postcard studies）
- 访谈调研（Interview studies）

在车牌调研中，观察者（或自动设备）记录他们经过指定地点时的车牌号码。这是一种常用的方法，用于跟踪自由流公路匝道的入口和出口。卡片调研包括在车辆进入调研的系统时发放颜色或其他编码的卡片，并在车辆离开时收集卡片。在车牌和卡片调研中，目标是将车辆在其起点和终点进行匹配。访谈调研包括拦截车辆（在警察的批准和协助下），并询问一系列关于他们的行程，从哪里出发，要去哪里，以及将遵循什么路线的简短问题。

主要的活动中心更容易达成，因为行程的一端是已知的（所有人都在活动中心）。在这里，采访更容易进行，泊放的车辆的车牌号可以通过州机动车管理局的数据与家庭位置相匹配。

当试图匹配车牌或卡片时，抽样成为一个重要问题。如果在每个入口和出口处都记录驾驶人样本，那么找到匹配的概率就会大幅降低。如果在 2 号出口观察到 50% 的入境车辆，在 5 号出口观察到 40% 的出境车辆，那么从 2 号出口到 5 号出口的车辆的匹配数量将是 $0.50 \times 0.40 = 0.20$ 或 20%。当使用这种抽样技术时，必须保持对所有入口和出口的车辆的单独计数，以提供扩大样本数据的手段。

思考图 10.15 中的情况。它展示了本地市中心的一个小型街道网络，有四条入口车行路和四条出口车行路。因此，有 $4 \times 4 = 16$ 对可能的 O-D 的车辆进入或通过该地区。图中的数据反映了观察到的起点和终点（使用车牌样本），以及在每个入口和出口路段观察到的全流量计数。

如果将各列和各行相加，则其总和应等于观察到的总数量，假设在每个地点都获得了 100% 的车牌样本。显然，情况并非如此。因此，O-D 的数量必须扩大，以反映所计数的车辆总数。这可以通过两种方法中的任何一种来完成：①可以扩大 O-D 单元，使行的总数正确（即与测量的数量相匹配）；②可以扩大 O-D 单元，使列的总数正确。不幸的是，这两种方法将得出两套不同的 O-D 流量。

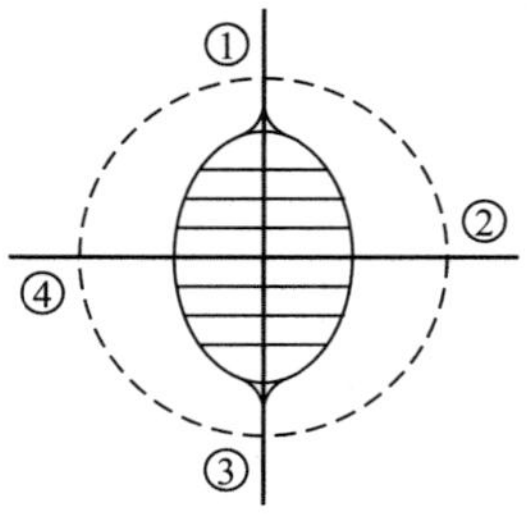

终点	起点				行求和 T_j	流量 V_j
	1	2	3	4		
1	50	8	20	17	95	250
2	10	65	21	10	106	310
3	15	12	38	15	80	200
4	13	14	18	42	87	375
列求和 T_i	88	99	97	84		
流量 V_i	210	200	325	400		1135

图 10.15 使用车牌匹配的 O-D 计数的数据

在实践中，采用这两种方法的平均值。这就产生了一个迭代的过程，因为最初的调整仍然会导致列和行的总数与测量的数量不一样。迭代是持续的，直到所有行和列的总数都在测量值的 ±10% 之内。

代表从 i 站到 j 站的匹配行程的流量，使用基于列闭合和行闭合的系数进行调整。

$$T_{ijN} = T_{ij(N-1)}\left(\frac{F_i + F_j}{2}\right) \quad (10\text{-}6)$$

式中　F_i——起点 i 调整系数 $= V_i/T_i$；

F_j——终点 j 调整系数 $= V_j/T_j$；

T_{ijN}——数据 N 次迭代后，从 i 站到 j 站的出行数量（trips）；

$T_{ij(N-1)}$——数据（$N-1$）次迭代后，从 i 站到 j 站的出行数量（trips）；

T_i——从 i 站出发的匹配数量之和（trips）；

T_j——从 j 站出发的匹配数量之和（trips）；

V_i——在 i 站观察到的总流量（veh）；

V_j——在 j 站观察到的总流量（veh）。

例题 10-10：利用起点和终点的样本数据进行估算

图 10.15 展示了为一个 O-D 调研收集的样本数据。由于没有在每个起点和终点收集 100% 的样本，必须构建一个估计的 O-D 表。

这将涉及迭代，图 10.15 的数据作为第 0 次迭代。每个调整周期都会产生 T_{ij}、T_i、T_j、F_i 和 F_j 的新值。当然，观察到的总流量保持不变。

表 10.12 展示了几次迭代的结果，当所有调整系数大于或等于 0.90，或小于或等于 1.10 时，最终的 O-D 计数可接受。在这种情况下，O-D 计数的初始扩展被迭代了两次，以获得所需的精度。

表 10.12　起点和终点数据的样本扩展

a）区域数据和系数 0 次迭代

终点	起点				T_j	V_j	F_j
	1	2	3	4			
1	50	8	20	17	95	250	2.63
2	10	65	21	10	106	310	2.92
3	IS	12	38	15	80	200	2.50
4	13	14	18	42	87	375	4.31
T_i	88	99	97	84	368		
V_i	210	200	325	400		1135	
F_i	2.39	2.02	3.35	4.76			

b）O-D 矩阵初始扩展 0 次迭代

终点	起点				T_j	V_j	F_j
	1	2	3	4			
1	125	19	60	63	267	250	0.94
2	27	161	66	38	292	310	1.06
3	37	27	111	54	229	200	0.87
4	44	44	69	191	347	375	1.08
T_i	232	251	306	346	1135		
V_i	210	200	325	400		1135	
F_i	0.90	0.80	1.06	1.16			

表 10.12　起点和终点数据的样本扩展（续）

c）O-D 矩阵第 1 次迭代

终点	起点				T_j	V_j	F_j
	1	1	3	4			
1	116	16	60	66	257	250	0.97
2	26	150	70	43	288	310	1.08
3	33	23	108	55	218	200	0.92
4	43	42	74	213	372	315	1.01
T_i	217	230	311	376	1135		
V_i	210	200	325	400		1135	
F_i	0.97	0.87	1.04	1.06			

d）O-D 矩阵第 2 次迭代

终点	起点				T_j	V_j	F_j
	1	2	3	4			
1	112	15	60	67	254	250	0.98
2	27	145	74	46	292	310	1.06
3	31	20	105	55	211	200	0.95
4	43	39	76	221	378	375	0.99
T_i	212	220	316	388	1135		
V_i	210	200	325	400		1135	
F_i	0.99	0.91	1.03	1.03			

10.5.2　围栏计数

围栏是围绕调研区域的一个假想边界。它通常是为了界定中央商务区或其他主要活动中心而设立的，在交通规划中，该区域内的车辆累积是非常重要的。区域交通量调研需要对所有穿过围栏（边界）的街道和公路进行计数，按方向和15 ~ 60min 的时段进行分类计数。在建立围栏时，应遵循以下原则：

- 围栏区域必须足够大，以界定整个关注的区域，但又要足够小，以便累积的估计值对泊车和其他交通规划有用。区域边界要在街区中间的位置穿过所有街道和公路，以避免确定转向车辆是否进入或离开围栏区域的复杂性。
- 围栏的设立应尽可能减少交叉点的数量。自然或人为的分隔物（如河流、铁路、限制接入

的公路和类似的特性）可以作为围栏的一部分。

- 围栏区域应该有相对统一的土地使用。累积估计用于估计街道容量和泊车需求。涵盖不同土地使用活动的大型区域对这些目的来说将是不够集中的。

通过汇总所有进入和离开该围栏区域的时段的计数总数，可以发现在一个围栏区域内的车辆累积量。围栏计数应该在街道几乎没有人的时候开始。由于这种情况很难实现，调研应该从估计已经在围栏区域内的车辆开始。这可以通过在该围栏内循环，计算遇到的停泊和循环车辆来实现。可以对路外泊车设施进行调查，以估计其过夜人群。

需要注意的是，如果供应不足，许多循环车辆只是在寻找泊车的地方，那么对泊车（parking）和临停（standing）车辆的估计可能无法反映

真正的泊车需求。另外，这种调研技术未能评估由于拥堵而不愿进入围栏区域的需求。

当所有进入和离开的计数相加后，在任何给定的时期内，围栏区域内的车辆累积量都可以被估计为：

$$A_i = A_{i-1} + V_{Ei} - V_{Li} \qquad (10\text{-}7)$$

式中　A_i——第 i 个时段的累积量（veh）；

　　　A_{i-1}——第 i–1 个时段的累积量（veh）；

　　　V_{Ei}——第 i 个时段进入围栏区域的总流量（veh）；

　　　V_{Li}——第 i 个时段离开围栏区域的总流量（veh）。

表 10.13 展示了一个围栏区域数量调研和围栏区域内的累积量估算的例子。图 10.16 展示了典型的累积数据，而图 10.17 展示了一个有趣的围栏交叉点信息。

10.5.3　屏线计数

屏线计数和流量调研通常是作为更大的区域 O-D 调研的一部分进行的，涉及以家庭访谈为主的方法。在这种区域规划调研中，家庭访谈的回复构建了一个小而详细的样本，用来估计调研区域内确定的运输区域之间每天（或其他特定的时段）的出行数量。

由于家庭访谈的样本较少，并且额外的数据被用来估计那些经过调研区或在调研区内只有一个行程终点的人的出行模态，有必要使用某种形式的实地观察来检查预测的运行的准确性。

屏线是贯穿调研区的便利分隔（Convenient Barriers），只有有限的交叉点。河流、铁路、限制接入的公路和其他地物都是很好的屏线。区域调研中的区与区之间的出行估计，可以以一种方式进行汇总，得出在规定时段内穿越屏线的出行预测数。然后，可以对屏线进行统计，以观察实际的穿越次数。预测与观察交叉比较提供了一种方法，可以调整预测的区与区之间的出行。

图 10.18 展示了一个已经建立了两条屏线的调研区域。预测与观察到的交叉点以图形形式呈现。观察到的和预测的交叉点的比率提供了一个调整系数，可以应用于所有区间的出行组合。

表 10.13　区域调研的累积计算结果示例

时间	驶入车辆 /veh	驶离车辆 /veh	累积车辆 /veh
上午 4：00—5：00	—	—	250*
上午 5：00—6：00	100	20	250 + 100 − 20 = 330
上午 6：00—7：00	150	40	330 + 150 − 40 = 440
上午 7：00—8：00	200	40	440 + 200 − 40 = 600
上午 8：00—9：00	290	80	600 + 290 − 80 = 810
上午 9：00—10：00	350	120	810 + 350 − 120 = 1040
上午 10：00—11：00	340	200	1040 + 340 − 200 = 1180
中午 11：00—12：00	350	350	1180 + 350 − 350 = 1180
下午 12：00—1：00	260	300	1180 + 260 − 300 = 1140
下午 1：00—2：00	200	380	1140 + 200 − 380 = 960
下午 2：00—3：00	180	420	960 + 180 − 420 = 720
下午 3：00—4：00	100	350	720 + 100 − 350 = 470
下午 4：00—5：00	120	320	120 − 320 = 270

注：* 表示估计的起始累积量。

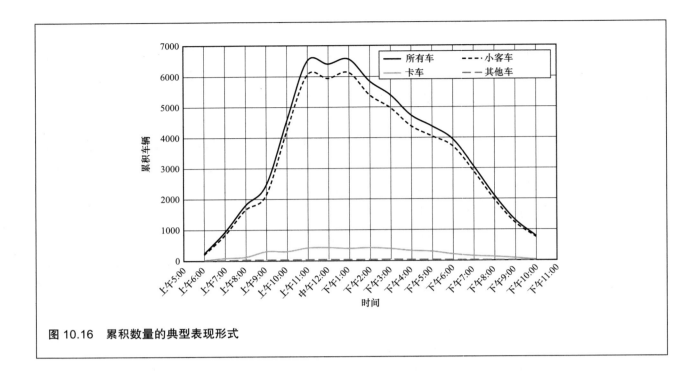

图 10.16　累积数量的典型表现形式

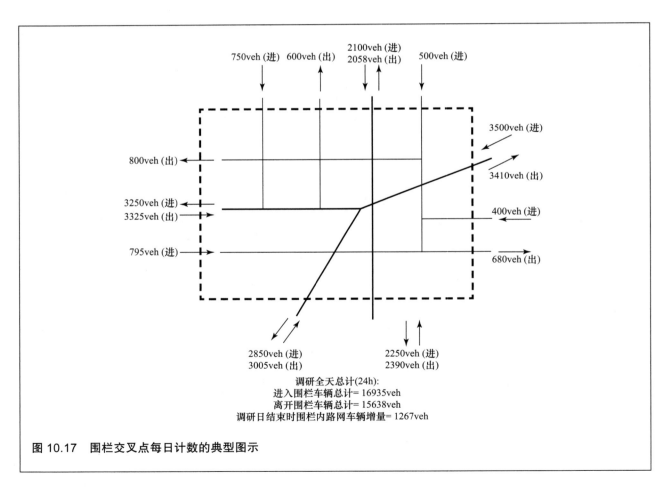

图 10.17　围栏交叉点每日计数的典型图示

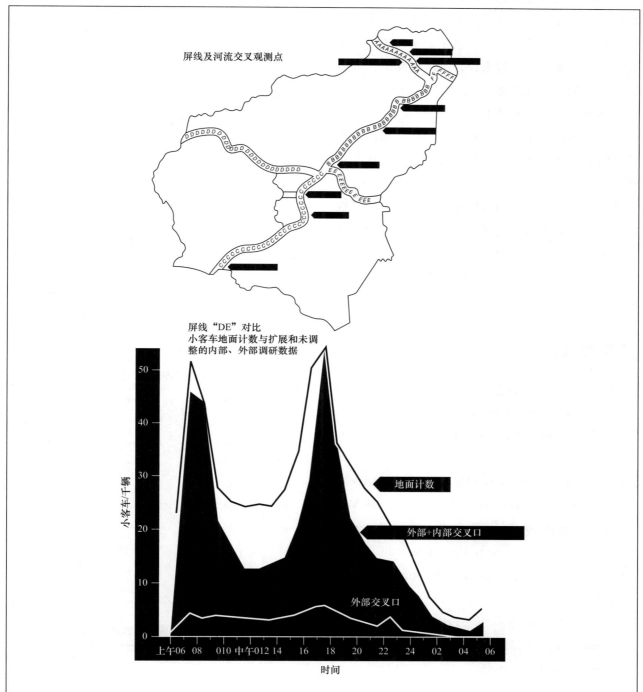

图 10.18 屏线调研的示列

资料来源：Used with permission from Institute of Transportation Engineers Box, P, and Oppenlander, J, *Manual of Traffic Engineering Studies*, Institute of TransportationEngineers, Washington D.C., 1975, Figure 3-35, pg 43.

10.6 总结

车辆计数这个概念很简单。但正如本章所回顾的，这个过程并不总是简单的，正确使用现场结果来获得所需的统计数据也不总是简单的。流量调研的现场工作相对来说是平淡乏味的，却至关重要。流量数据是所有交通工程分析、规划、设计和运行的主要基础之一。

流量数据收集必须准确。它们必须被简化为可理解的形式，并进行适当的分析，以达成调研预定的目标。然后，数据必须被清晰明确地呈现出来，供交通工程师和其他参与规划和工程过程的人使用。如果与交通量和真实需求有关的数据不正确，任何几何或交通控制设计都不会有效。因此，正确进行交通量调研的重要性是不可低估的。

参考文献

[1] *Highway Capacity Manual, 6th Edition: A Guide for Multimodal Mobility Analysis*, Transportation Research Board, Washington, D.C., 2016.

[2] McShane, W. and Crowley, K., "Regularity of Some Detector-Observed Arterial Traffic Volume Characteristics," *Transportation Research Record 596*, Transportation Research Board, National Research Council, Washington, D.C., 1976.

[3] *Traffic Monitoring Guide*, Federal Highway Administration, U.S. Department of Transportation, Washington D.C., 1985.

习题

10-1. 对下图所示的路网进行了有限路网计数调研。由于只有两套气管，调研在几天内进行，以 A 站点为控制点。

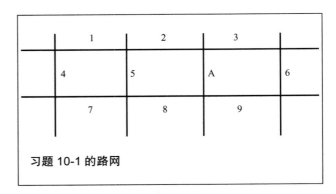

习题 10-1 的路网

使用下表所示的调研数据，估计调研期间平均每天每个站点的 12h 流量（上午 8∶00 至下午8∶00）。

控制站点 A 的车轴数（习题 10-1）

星期	时间段		
	8∶00—11∶45	12∶00—3∶45	4∶00—7∶45
周一	3000	2800	4100
周二	3300	3000	4400
周三	4000	3600	5000

覆盖站点的车轴数（习题 10-1）

站点	星期	时间	轴数
1	周一	8∶00—11∶45	1900
2	周一	12∶00—3∶45	2600
3	周一	4∶00—7∶45	1500
4	周二	8∶00—11∶45	3000
5	周二	12∶00—3∶45	3600
6	周二	4∶00—7∶45	4800
7	周三	8∶00—11∶45	3500
8	周三	12∶00—3∶45	3200
9	周三	4∶00—7∶45	4400

车辆分类计数样本（习题 10-1）

车类别（轴数）	车辆数
2 轴	1100
3 轴	130
4 轴	40
5 轴	6

10-2. 下列控制站点计数是在一个州维护的永久性计数站点进行的。根据给定的信息，校准该站点的日流量变化系数。

习题 10-2 的数据

星期	年日均流量，对应星期
周日	3500
周一	4400
周二	4200
周三	4300
周四	3900
周五	4900
周六	3100

10-3. 在一个信号周期为① 60s，② 90s，③ 120s 的交叉口，你会选择什么计数周期来进行流量调研？

10-4. 在一个城市计数站点进行了以下控制计数，以制定每日和每月的变化系数。根据下面的数据，对这些系数进行校准。

24h 日流量

某月第一星期	星期						
	周一	周二	周三	周四	周五	周六	周日
1 月	2000	2200	2250	2000	1800	1500	950
4 月	1900	2080	2110	1890	1750	1400	890
7 月	1700	1850	1900	1710	1580	1150	800
10 月	2100	2270	2300	2050	1800	1550	1010

标准月流量

某月第三星期	平均计数（24h）
1 月	2250
2 月	2200
3 月	2000
4 月	2100
5 月	1950
6 月	1850
7 月	1800
8 月	1700
9 月	2000
10 月	2100
11 月	2150
12 月	2300

10-5. 为了校准日变化系数，对所示的四个控制站点进行重新分组。分组是否合适？如果不合适，适当的分组应该是什么？适当分组的综合日变化系数是多少？这些站点是沿着一条州公路依次分布的。

单个站点的日变化系数

站点	周一	周二	周三	周四	周五	周六	周日
1	1.04	1.00	0.96	1.08	1.17	0.90	0.80
2	1.12	1.07	0.97	1.06	1.02	0.87	0.82
3	0.97	0.99	0.89	1.01	0.86	1.01	1.06
4	1.01	1.00	1.01	1.09	1.10	0.85	0.85

10-6. 估算由表 10.11 的变化系数所代表的州公路系统某段的年 VMT。该路段内的地点有以下覆盖计数。

覆盖计数数据

测点	路段长度 /mile	覆盖计数	24h 计数 /veh
1	3.0	3 月周三	9120
2	2.7	9 月周二	10255
3	2.5	8 月周五	16060
4	4.6	5 月周日	21858
5	1.8	10 月周四	9508
6	1.6	1 月周五	11344

10-7. 以下的起点和终点结果是通过对五个地点的车牌样本观察得到的。扩展和调整最初的行程表结果，以反映调研期间的全部车辆。

通过样本车牌观察得到的初始起点和终点匹配情况

终点测站	起点测站					终点计数汇总 / veh
	1	2	3	4	5	
1	50	120	125	210	75	1200
2	105	80	143	305	100	2040
3	125	100	128	328	98	1500
4	82	70	100	125	101	985
5	201	215	180	208	210	2690
起点计数汇总 /veh	1820	1225	1750	2510	1110	8415

速度、通行时间和延误调研

11.1 引言

速度、通行时间和延误都是相关的衡量指标，通常被用作交通设施的绩效指标。它们都与驾驶人最直接感受到的因素有关。从 A 地到 B 地需要多长时间？驾驶人显然希望在保证安全的前提下，用最少的时间完成他们的行程。交通设施的绩效经常被描述为实现该目标的程度。例如，在《道路容量手册》[1] 中，平均行驶速度被用于衡量干线道路、双车道远郊公路和更广泛的设施评估的有效性。"控制延误"用于衡量信号灯和"STOP"控制的交叉口以及环岛的有效性。而自由流公路以密度作为衡量有效性的主要指标，速度是评估自由流公路设施和系统运行的一个重要组成部分。

因此，交通工程师必须了解如何测量和解读关于速度、通行时间和延误的数据，以便对设施的运行质量有基本的了解，并与确定的绩效指标直接相关。速度也是评估事故高发地点以及其他与安全有关的调查的一个重要因素。

速度与通行时间成反比。测量速度或通行时间的原因和地点是完全不同的。在自由流的条件下，速度的测量通常是在车行路的某点（或某小段）进行。其目的是确定驾驶人选择的速度，不受拥堵的影响。该信息被用来确定总体速度趋势，以帮助确定合理的限速，并评估安全性。这种调研被称为"点速度调研"[注]，因为其重点是设施上的一个指定"点"（断面）。

通行时间必须在一定距离内测量。虽然现场速度确实可以用短距离的通行时间来测量，通常小于 1000ft，但大多数通行时间的测量是在某个设施的一定长度上进行的。这种调研通常是在拥

[注] 也称"断面速度调研"。——译者注

堵时期开展，专门用来测量或量化拥堵的程度和原因。

通常情况下，延误是总通行时间的一部分。它是通行时间中的一部分，特别容易识别，并且对驾驶人来说是非常烦恼的。例如，沿干道的延误可能包括信号灯、街区中间的拥堵或其他拥堵原因造成的停等时间。

在信控和"STOP"控制的交叉口，延误就显得更加重要，因为通行时间很难在一个点上定义。不幸的是，交叉口的延误，特别是信控交叉口的延误，有许多不同的定义，交通工程师必须注意使用与对应延误定义相关的测量和指标。一些最常用的交叉口延误类型如下。

- **停等延误**（Stopped-time delay）——车辆停在信控或"STOP"控制的交叉口，等待通过的时间。

- **接近延误**（Approach delay）——在停等延误的基础上增加减速和加速导致的延误。

- **排队延误**（Time-in-queue delay）——车辆在信控或"STOP"控制的交叉口加入排队的末端，到驶过停止线通过该交叉口的时间。

- **控制延误**（Control delay）——由控制设施（信号灯或"STOP"标志）引起的交叉口的总延误，包括排队延误和加速与减速导致的延误。

控制延误是1985年版《道路容量手册》[2]中提出的一个术语，用于衡量信控、"STOP"控制的交叉口和环岛的有效性。

在道路沿线，可以采用另一个延误的定义：行程延误是指通过一段道路的实际通行时间与驾驶人预期或期望的通行时间之间的差异。这更像是一种哲学方法，因为没有清晰准确的方法来确定驾驶人在特定路段的预期通行时间。有鉴于此，它很少用于评估路段的拥堵情况。

由于速度通常是在自由流条件下的点上调研的，而通行时间和延误通常是在拥堵条件下的路段上调研的，两者的调研技术大不相同。虽然有许多相似的元素，但数据的分析和结果的呈现也

有一定差异。

11.2　点速度调研

进行点速度调研是为了确定驾驶人选择的速度特性，不受拥堵的限制。因此，当自由流公路的车流量超过 750 ~ 1000veh/h/ln，或其他类型的不间断流交通设施的车流量超过 500veh/h/ln 时，一般不进行这种调研。

调研通常试图测量一个平均和 / 或其他代表性的速度，并记录驾驶人选择的速度分布。因为每个驾驶人会选择不同的速度，知道平均速度虽然很有用，但不足以完全知晓其潜在的特性。

然而，平均速度有两种不同的定义方式，而且相对于平均速度周围的个体速度分布，还有其他统计数据可能是有用的。这将涉及对速度指标的一些统计分析，本章将对此进行讨论和说明。

11.2.1　关注的速度定义

在给定的地点或位置测量个体车辆的速度时，其结果是速度的分布，因为没有两辆车会以完全相同的速度行驶。因此，调研的结果必须尽可能清楚地描述观察到的速度分布。几个关键的用于描述点速度分布的统计数据如下。

- **平均或时间平均速度**（Average or time mean speed）：在调研期间经过调研地点的所有车辆的平均速度，单位为 mile/h。

- **标准差**：简单来说，速度的标准差是调研期间观察到的个体速度与平均速度之间的平均差异。

- **第 85 百分位速度**：85% 的被观察车辆的行驶速度低于此速度，单位为 mile/h。

- **中位数速度**：平分点速度分布的速度；50% 的被观察车辆的速度高于此速度；50% 的被观察车辆的速度低于此速度，单位为 mile/h。

- **步距**（Pace）：包含最高比例的被观察速度的 10mile/h 的跨度（与其他 10mile/h 的跨度

相比）。

点速度调研的理想结果是确定这些指标中的每一项，并确定对整个观察到的分布的妥当数学描述。

11.2.2　点速度数据的用途

交通工程师将点速度调研的结果用于许多不同的目的，包括以下方面。

- 确定新的或现有的限速或执法措施的有效性。
- 确定适当的限速的应用。
- 确定地方、州和国家层面的速度趋势，以评估国家限速和执法政策的有效性。
- 具体的设计应用，如确定适当的视距，速度与公路线形之间的关系，以及与坡度和长度有关的速度性能。
- 具体的控制应用，如交通信号灯的"黄灯"和"全红"时段，标志的适当位置，以及适当的信号灯进程。
- 对事故高发地进行调查，在这些地方，速度可能是导致事故发生的原因之一。

这份清单是示意性的，并非完整的，因为有无数的情况可能需要速度数据来进行完整的分析。此类调研具有重要意义，是交通工程师最常开展的工作之一。

11.2.3　收集点速度数据

第9章讨论了点速度和其他数据的收集。很多速度数据都是通过永久性检测器来收集的。电磁线圈检测器是这些情况下最常用的形式。如果在所需的调研地点没有永久性检测器，可以使用各种技术和便携式设备。然而，大多数这样的测量是使用手持式或车载式雷达"枪"或检测器进行的。

因为单个观察到的速度将以散点分布的形式呈现，必须对其进行数学描述，所以个体速度以定义的速度组内的观察频率的形式排列。结果是"在 X 和 Y mile/h 之间观察到这么多速度"，而不是个体速度的列表。这样做便于从数据中提取统计分析和结果。

11.2.4　点速度数据的分析和展示

对典型的点速度数据进行分析的最好方法是举例说明。本节的讨论将自始至终使用一个全面的样本应用来说明。因此，将不再使用其他章节中的标准例题格式。

图 11.1 代表了一组典型的现场数据，这些数据来自在一条主要干道上的兴趣点进行的点速度调研。如前所述，这些数据被汇总为预先定义的速度组中的观察频率。

由于观察到的速度构成了一个分布，最终将用一个连续分布函数来描述它们。连续分布的数学特性不可以描述任何单个值出现的概率——在连续函数中，一个离散的速度是一个具有无限数量的此类值的分布中的一个值。进一步说，连续分布不能从数学上描述一个正好为 44.72mile/h 的速度事件。然而，它可以描述在 44.7 ~ 44.8mile/h 范围内的速度事件。因此，速度数据的统计分析基于一组定义的速度范围内的观察值的数量。

图 11.1 中展示的数据使用宽度为 2mile/h 的速度组。这是一个非常典型的实用值，即使样本量足够大，也会使用 1mile/h 的组。由于后面将解释的统计学原因，绝不使用范围超过 5mile/h 的速度组。定义的速度组的数量必须与数据的预期范围有关，并与被观察和记录的速度数量有关。例如，定义 15 个速度组而只收集 30 个速度是不符合逻辑的，因为每组平均只有 2 个观察值。通常来说，习惯上是为每个定义的速度组收集 15 ~ 20 个速度。这并非是每个组都会有 15 ~ 20 个观察值。而是观察值的总数将足以定义（显示）基本分布及其特性。

晴朗，干燥
天气条件
2017年6月26日
日期
45mile/h
发布限速值

速度组		观察到的车辆数	总计
下限/(mile/h)	上限/(mile/h)		
>30	32		0
>32	34	卌	5
>34	36	卌	5
>36	38	卌 Ⅱ	7
>38	40	卌 卌 Ⅲ	13
>40	42	卌 卌 卌 卌 Ⅰ	21
>42	44	卌 卌 卌 卌 卌 卌 Ⅲ	33
>44	46	卌 卌 卌 卌 卌 卌 卌 卌 卌 Ⅰ	46
>46	48	卌 卌 卌 卌 卌 卌 卌 卌 卌 卌 卌 卌 卌	65
>48	50	卌 卌 卌 卌 卌 卌 卌 卌	40
>50	52	卌 卌 卌 卌 卌 卌 卌 Ⅲ	38
>52	54	卌 卌 卌 卌 卌 卌	30
>54	56	卌 卌 卌 卌 卌	25
>56	58	卌 卌 卌 Ⅲ	18
>58	60	卌 卌	10
>60	62	卌 Ⅱ	7
>62	64	Ⅲ	3
>64	66	Ⅱ	2
>66	68		0

Roger P Roess
姓名
雷达
测量方法

图11.1 速度调研的现场数据示例

频率分布表

分析的第一步是将图11.1的数据放到频率分布表中，见表11.1。这个表格阵列展示了在每个速度组中观察到的车辆总数。为了方便以后使用，该表在每个极端都包括一个没有观察到车辆的速度组。第三列的"中间速度"（S）被当作速度组中的中点值。这个数值的使用将在后面的章节中讨论。

表格的第四列展示了在每个速度组中观察到的车辆数量。这个数值被称为该速度组的频率。这些数值直接取自图11.1。

在第五栏中，每个速度组的总观测值的百分比计算为：

$$\% = 100\frac{n_i}{N} \tag{11-1}$$

式中 n_i——速度组中的观察数（频率）；

N——样本中的总观察数。

对于 $38 \sim 40$mile/h 的速度组，在368个速度的总样本中，有13个观测值。因此，该组的频率百分比为 $100（13/368）= 3.53\%$。

表 11.1　速度调研的频率分布表格示例

速度组		中间速度 $S/$（mile/h）	速度组中观察到的车辆数，n	频率（%）	累积频率（%）	nS	nS^2
下限/（mile/h）	上限/（mile/h）						
>30	32	31	0	0.00	0.00	0.00	0.00
>32	34	33	5	1.36	1.36	165.00	5445.00
>34	36	35	5	1.36	2.72	175.00	6125.00
>36	38	37	7	1.90	4.62	259.00	9583.00
>38	40	39	13	3.53	8.15	507.00	19773.00
>40	42	41	21	5.71	13.86	861.00	35301.00
>42	44	43	33	8.97	22.83	1419.00	61017.00
>44	46	45	46	12.50	35.33	2070.00	93150.00
>46	48	47	65	17.66	52.99	3055.00	143585.00
>48	50	49	40	10.87	63.86	1960.00	96040.00
>50	52	51	38	10.33	74.18	1938.00	98838.00
>52	54	53	30	8.15	82.34	1590.00	84270.00
>54	56	55	25	6.79	89.13	1375.00	75625.00
>56	58	57	18	4.89	94.02	1026.00	58482.00
>58	60	59	10	2.72	96.74	590.00	34810.00
>60	62	61	7	1.90	98.64	427.00	26047.00
>62	64	63	3	0.82	99.46	189.00	11907.00
>64	66	65	2	0.54	100.00	130.00	8450.00
>66	68	67	0	0.00	100.00	0.00	0.00
			368	100.00		17736.00	868448.00

累积百分比频率（cum%）是指在该速度组中以最高速度或低于最高速度行驶的车辆的百分比。

$$cum\% = 100\left(\sum_{1-x} n_i / N\right) \qquad (11\text{-}2)$$

其中，x 是希望得到累积频率百分比的速度组的连续数字（从最低速度组开始）。

对于 38 ~ 40mile/h 的速度组，所有高速度边界为 40mile/h 或以下的速度组的频率之和为 5 + 5 + 7 + 13 = 30。那么这个速度组的累积频率百分比为 100（30/368）= 8.15%。

频率分布表的最后两列是简单的乘法，将用于后续计算。

频率和累积频率分布曲线

表 11.1 中的数据随后被用来绘制两条曲线，将数据图形化：①频率分布曲线；②累积频率分布曲线。图 11.2 展示了这两条曲线，它们的绘制方法如下。

- **频率分布曲线**。对于每个速度组，绘制观测值的百分比频率与该组中间速度（S）的曲线。
- **累积频率分布曲线**。对于每个速度组，绘制观测值的累积频率百分比与速度组上限值的曲线。

注意，这两个频率是相对于不同的速度绘制的。中间速度用于频率分布曲线。然而，累积频率分布曲线的结果是一个非常有用的速度与以指定速度或低于指定速度行驶的车辆的百分比图。出于该原因，用速度组的上限值作为绘图点。

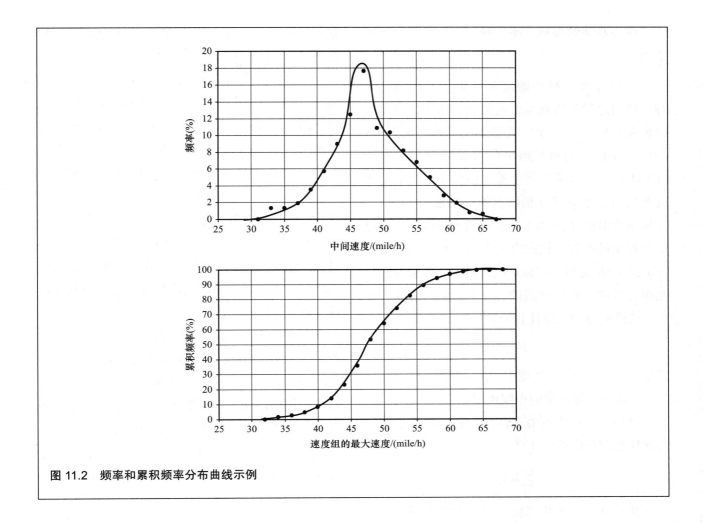

图 11.2　频率和累积频率分布曲线示例

在这两种情况下，这两张图都是由一条平滑的曲线连接起来的，该曲线使落在线上的点和落在线下的点的总距离最小化（在纵轴上）。平滑的曲线被定义为曲线的斜率没有任何断点。"最佳拟合"是近似完成的（基于目测）。一些统计软件包可自动绘制最佳拟合线。

在累积频率分布曲线的正上方绘制频率分布曲线也很方便，使用相同的水平比例。这使我们更容易通过这些曲线以图形方式提取关键参数。

常见的描述性统计

常见的描述性统计可以通过频率分布表中的数据计算出来，或者通过频率和累积频率分布曲线的图形确定。这些统计数据用于描述分布的以下两个重要特性。

- **中心趋势**（Central tendency）：描述分布的近似中间或中心的指标。
- **离中趋势**（Dispersion）：描述数据围绕分布中心的离散程度的指标。

中心趋势的指标包括平均速度、中位速度、模速度$^{\ominus}$和步距（average or mean speed, the median speed, the modal speed, and the pace）。离中趋势的指标包括第85和第15百分位速度和标准差。

$\ominus$　也称"众数速度"或"最高频速度"。——译者注

中心趋势的指标：平均数、中位数、众数和步距

一个分布的**平均速度**通常很容易得到，即观察值的总和除以观察值的数量。然而，在现场速度调研中，单个速度值可能没有被记录下来；相反，在确定的速度组中的观察频率是已知的（图 11.1）。计算平均速度需要假设在一个给定的速度组内的平均速度是该组的中间速度 S。这正是从不使用超过 5mile/h 的速度组的原因。随着速度组规模的增加，该假设的有效性在降低。对于 2mile/h 的速度组，如在示例调研中，该假设通常是很合理的。若如此假设，一个给定的速度组中所有速度的总和可以计算为

$$n_i S_i$$

式中　n_i——第 i 个速度组中的观测数；
　　　S_i——速度组的中间速度。

然后，分布中所有速度的总和可以通过对所有速度组的乘积进行计算。

$$\sum_i n_i S_i$$

然后计算出平均速度，即总和除以观察到的速度数量。

$$\bar{x} = \frac{\sum_i n_i S_i}{N} \tag{11-3}$$

式中　$\bar{x}$——样本观察的平均（时间平均）速度（mile/h）；
　　　N——记录的个体速度总量（样本量）。

对于图 11.2 和表 11.1 中的示例性调研数据，平均速度是：

$$\bar{x} = \frac{17736}{368} = 48.2\text{mile/h}$$

式（11-3）中，$\sum_i n_i S_i$ 是表 11.1 的频率分布表中倒数第二列的总和。

速度中位数被定义为将分布等分的速度（即高于中位数的速度样本量与低于中位数的速度样本量一样多）。它是一个位置值，不受极端观测值的绝对数值的影响。

中位数与平均数之间的区别最好用例子来说明。观察到三个速度：30mile/h，40mile/h，50mile/h。它们的平均数是（30 + 40 + 50）/3 = 40mile/h。它们的中位数也是 40mile/h，因为它平分了这个分布，一个速度高于 40mile/h，另一个速度低于 40mile/h。然后，观察到另外三个速度：30mile/h，40mile/h，70mile/h。它们的平均数是（30 + 40 + 70）/3 = 46.7mile/h。然而，中位数仍然是 40mile/h，有一个速度比这个观察值高，另一个速度比它低。平均值受极端观测值的大小影响；中位数只受这种观测值的数量影响。

由于在示例调研中没有记录单个速度，从表 11.1 的表格数据中不容易确定"中间值"。使用图 11.2 的累积频率分布曲线来估计中位数相对容易。根据定义，中位数平分了分布。因此，所有观察到的速度中有 50% 应小于中位数。

这正是累积频率分布曲线绘制的内容。如果曲线在纵轴上输入 50%，就可以找到速度中位数。图 11.3 说明了这一判断，同时还有其他描述性变量。

$$P_{50} = 47.7\text{mile/h}$$

式中　P_{50}——中位数或第 50 百分位速度。

步距（Pace）是一个交通工程描述指标，不常用于其他统计分析。它的定义是在 10mile/h 速度范围内观察到最高百分比的驾驶人。它也可以用图 11.2 的频率分布曲线来获得。通过求解可见，任何两个速度之间的频率分布曲线下的面积，近似于在这两个速度之间行驶的车辆的百分比，其中曲线下的总面积为 100%。

步距按以下方式获取。用一个 10mile/h 的模板在水平轴上缩放。保持这个模板的水平，将一个端点放在曲线的左下方，并沿曲线缓慢移动。当模板的右侧与曲线的右侧相交时，就找到了步距。这个程序确定了与曲线峰值相交的 10mile/h 的跨度。这包含了最多的区域，因此也包含了最高比例的车辆。在图 11.3 中，步距显示为 42.5 ~ 52.5mile/h。

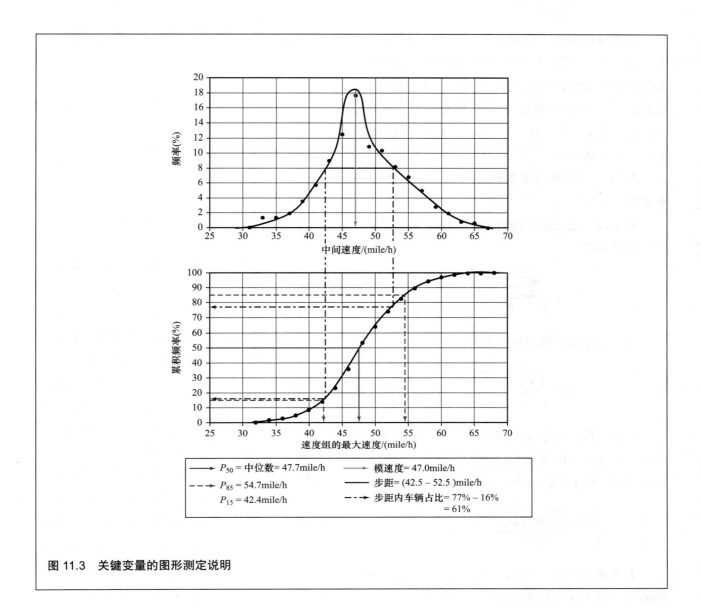

图 11.3 关键变量的图形测定说明

模速度（Modalspeed）被定义为发生概率最大的单个速度值。由于没有记录离散值，模速度也是通过频率分布曲线由图形确定的。一条垂直线从曲线的峰值开始下降，其结果会在横轴上找到。对于示例调研，模速度是 47.0mile/h。

离中趋势的指标

离中趋势中最常见的统计指标是标准差。它是针对数据在均值周围离散程度的一个指标。简单说，标准差是单个观测值与这些观测值的均值之间的差异的平均值。当一个变量的离散值可用时，计算标准差的方程如下：

$$s = \sqrt{\dfrac{\sum\limits_{i}(x_i - \bar{x})^2}{N-1}} \qquad (11\text{-}4)$$

式中　s ——标准差；

　　　x_i ——速度观测值 i；

　　　$\bar{x}$ ——平均速度；

　　　N ——观察到的样本数量。

一个给定的数据点与均值之间的差异是对离散程度的直接测量。这些差值被平方以避免正负差值抵消，并对所有数据点进行求和。然后将它们除以 $N-1$。因为分布的均值是已知的，并用于计算差异，所以减去一个统计自由度。

自由度的原理可以通过一个简单的例子来解释。如果有三个数字，并且知道前两个数字的值与平均值之间的差异是"3"和"2"，那么第三个或最后一个差异必须是"-5"，因为所有差异的总和必须是0，只有第一个"$N-1$"的差异观察值在统计上是随机的。

最后，对结果取平方根，因为开始计算时，差值是平方的。

由于没有记录速度的离散值，修改式（11-4）以反映组频率：

$$s = \sqrt{\frac{\sum n_i (S_i - \overline{x})^2}{N-1}}$$

这可以用更简单的形式表达：

$$s = \sqrt{\frac{\sum n_i S_i^2 - N\overline{x}^2}{N-1}} \qquad （11-5）$$

其中，所有变量定义同前。这种形式是最方便的，因为第一项是表11.1的频率分布表最后一列的总和。对于示例调研，标准差为

$$s = \sqrt{\frac{86448 - 368(48.2^2)}{368-1}} = 6.14\text{mile/h}$$

大多数观察到的速度分布的标准差都接近5mile/h，因为这合理地代表了大多数驾驶人的行为模态。与平均数和其他中心速度不同的是，大多数速度调研得出类似的标准偏差。

第85和第15百分位速度对大多数正常驾驶人观察到的高、低速度做了大致描述。一般认为，分布的上15%和下15%代表了对现有条件来说过快或过慢的速度。如图11.3所示，这些数值可以从累积频率分布曲线上找到。该曲线在纵轴上输入85%和15%的数值。各自的速度在横轴上找到。对于示例调研，这些速度是：

$$P_{85} = 54.7\text{mile/h}$$
$$P_{15} = 42.4\text{mile/h}$$

第85和第15百分位速度可以用来粗略估计

分布的标准差，尽管在有数据可供精确测定时不建议这样做：

$$s_{\text{est}} = \frac{P_{85} - P_{15}}{2} \qquad （11-6）$$

其中，所有术语定义同前。对于该调研示例：

$$s_{\text{est}} = \frac{54.7 - 42.4}{2} = 6.15\text{mile/h}$$

在本示例中，估计值与实际计算值6.14mile/h非常接近。

第85和第15百分位速度让人了解到分布的中心趋势和离中趋势。随着这些数值越来越接近均值，离散性越小，分布的中心趋势越强。

步距本身是对分布中心的一种衡量。在步距速度范围内行驶的车辆的百分比是中心趋势和离中趋势的一个衡量指标。在步距速度范围内行驶的车辆百分比越小，分布中的离散程度越大。

如图11.3所示，使用频率分布和累积频率分布曲线，可以发现在步距内的车辆百分比。步距速度是之前根据频率分布曲线确定的。这些速度的线被垂直对应到累积频率分布曲线上。然后可以从累积频率分布曲线的纵轴上确定以这些速度或低于这些速度行驶的车辆的百分比，即

%vehicles below 52.7 mile/h=77.0
%vehicles below 42.7 mile/h=16.0
————————————————————————————————
%vehicles in pace=61.0

即使在本调研中观察到速度在32～66mile/h之间，61%的车辆行驶速度也在42.7～52.7mile/h之间。这个百分比越高，数据越集中，也就是说，紧紧围绕着平均值分布。这个百分比越低，离散性越大。在这种情况下，离散性比预期的要多一些。一般来说，预计大约70%的车辆会在步距速度内行驶。这与标准差相关，标准差也比预期的5mile/h的值高一些，这表明比通常的离散性大。

11.2.5 点速度数据的统计分析

截至目前，所有分析都是通过对数据本身的简单算术运算来完成的。为了更好地解读和剖析数据中的信息，有必要对数据进行数学描述，然后利用数学描述来进行更多分析。

因为单个速度数据形成了一个分布，所以对数据的数学描述将采用分布函数的形式。这种函数将发生的概率定义为曲线的指定部分下的面积。根据定义，整个曲线下的面积必须是 1.0 或 100%。

像许多人类的行为特性一样，速度数据通常符合正态分布。正态分布有一个围绕均值的强烈中心趋势。数值距均值越远（在任何一边），其发生的概率就越小。在一条平均速度为 50mile/h 的道路上，将观察到许多 45 ~ 55mile/h 之间的速度。然而，很少会观察到超过 80mile/h 或低于 20mile/h 的速度。

正态分布及其特点

正态分布是描述各种人类行为特性时最常用的分布之一，图 11.4 所示为它的一般形态，其基本形式为

$$P(x) = \frac{1}{\sqrt{2\pi}\sigma} e^{-(x-\mu)^2/2\sigma^2}$$

函数 $P(x)$ 的值完全基于变量 x 的值。方程中的所有其他符号实际上都是常数：

$$\pi = 3.14159 ;$$

μ ——分布的真实均值；

σ ——分布的真实标准差；

x ——分布的统计量（在示例中为速度）。

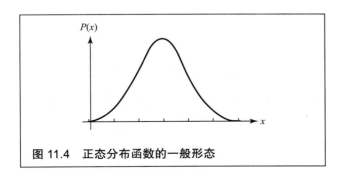

图 11.4 正态分布函数的一般形态

理论上的正态分布有一些非常有趣的特性，在后续分析中会很有用。

- 该分布围绕均值 μ 完全对称。
- 分布对 x 轴是渐近的，也就是说，统计量 x 的理论值从负无穷延伸到正无穷。
- 曲线下的面积表示面积范围内的数值的概率。以下为常用关键值：

① 在 $\mu+\sigma$ 和 $\mu-\sigma$ 之间出现的概率 = 68.3%。

② 在 $\mu+2\sigma$ 和 $\mu-2\sigma$ 之间出现的概率 = 95.5%。

③ 在 $\mu+3\sigma$ 和 $\mu+3\sigma$ 之间出现的概率 = 99.7%。

④ 在 $\mu+1.96\sigma$ 和 $\mu-1.96\sigma$ 之间出现的概率 = 95%。

第④个值特别有用，因为 95% 经常被用作目标概率，以证明一个关键统计是正确的。

另一个有趣的特性是，对于数学上的正态分布，均值、中位数和模数都是相同的数值。

这是因为均值周围的数值是对称的。图 11.5 展现了部分主要特性。

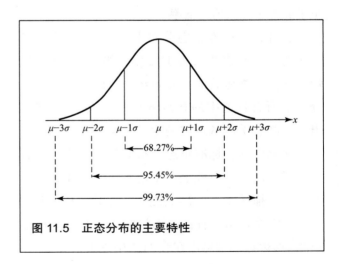

图 11.5 正态分布的主要特性

标准正态分布

正态分布完全由其均值 μ 和标准差 σ 描述。分布的方差被定义为标准差的平方（σ^2）。因为这些参数完全定义了正态分布，所以通常使用一种速记符号

$$x : N(\mu, \sigma^2)$$

来表示 x 是一个均值为 μ、方差为 σ^2 的正态分布的变量。例如，$x:N(55,25)$ 可能表示车辆速度的分布，平均速度为 55mile/h，方差为 25，这意味着标准差为 5mile/h。

为了找到正态分布上各种数值范围的概率，必须对分布函数进行积分。如果将曲线下的面积（概率）制成表格，以方便查找，会很有用。

不幸的是，根据均值和方差的概率值，存在着无限多种正态分布。然而，标准正态分布的表格确实存在，它有一个确定的均值"0"和一个确定的标准差"1"，记作：

$$z:N(0,1)$$

其中，z 是该分布的指定统计量。表 11.2 展示了一个常用的标准正态分布表的形式。

表 11.2 展示了小于 z 值的曲线下的面积（概率）。z 值在纵轴上定义为最接近的 1/10，在横轴上定义为最接近的 1/100。然后在表格中得出 z 值小于或等于输入值的概率。

例如，在标准正态分布中，z 值小于或等于 2.55 的概率是多少？表 11.2 中，纵轴为 2.5，横轴为 0.05。查得数值是 0.9946。因此，标准正态分布上所有数值中的 0.9946 将小于或等于 2.55。当然，这个 0.9946 可以表达为 99.46%。

文献中存在标准正态分布的各种形式。有的描述了上面积，也就是一个值大于或等于 z 的概率，有的描述了 $+z$ 与 $-z$ 之间的面积。因为正态分布是围绕均值对称的，而且曲线下的总面积是 1.00，所以这些都可以在表 11.2 中查得。

对于前面的例子，如果数值小于 2.55 的概率是 0.9946，那么数值大于 2.55 的概率是 1–0.9946 或者 0.0054。根据对称性，如果大于 2.55 的值的概率是 0.0054，那么小于 2.55 的值的概率也是 0.0054。因此 +2.55 与 –2.55 之间的数值的概率是 0.9946–0.0054 = 0.9892。利用该逻辑，任何标准正态分布表都可以用于获得任何所需的概率。

然而，测量的速度分布不会是标准正态分布。现在的问题是，我们如何将 $x:N(\mu,\sigma^2)$ 分布上的 x 值转换成标准正态分布上的 z 的等效——$z:N(0,1)$？图 11.6 说明了这种等效关系是如何建立的，使用 $x:[55,49]$ 的正态分布样本来寻找速度小于或等于 65mile/h 的概率。

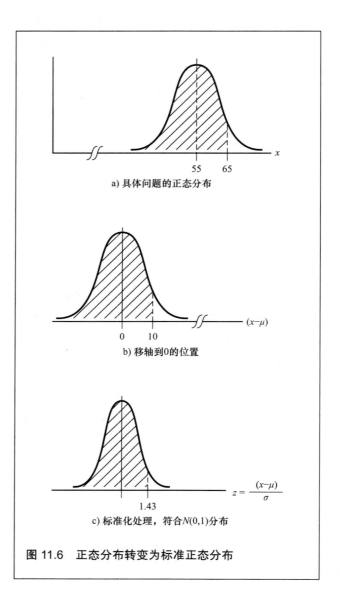

图 11.6　正态分布转变为标准正态分布

首先，所有数值必须移到均值"0"。这是通过从 x 的所有值中减去均值（本例中为 55mile/h）得到的，即

$$z = x - \mu$$

表 11.2　标准正态分布

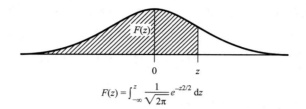

$$F(z) = \int_{-\infty}^{z} \frac{1}{\sqrt{2\pi}} e^{-z2/2}\, \mathrm{d}z$$

z	.00	.01	.02	.03	.04	.05	.06	.07	.08	.09
.0	.5000	.5040	.5080	.5120	.5160	.5199	.5239	.5279	.5319	.5359
.1	.5398	.5438	.5478	.5517	.5557	.5596	.5636	.5675	.5714	.5753
.2	.5793	.5832	.5871	.5910	.5948	.5987	.6026	.6064	.6103	.6141
.3	.6179	.6217	.6255	.6293	.6331	.6368	.6406	.6443	.6480	.6517
.4	.6554	.6591	.6628	.6661	.6700	.6736	.6772	.6808	.6844	.6879
.5	.6913	.6950	.6985	.7019	.7054	.7083	.7123	.7157	.7190	.7224
.6	.7257	.7291	.7324	.7357	.7389	.7422	.7454	.7486	.7517	.7549
.7	.7580	.7611	.7642	.7673	.7704	.7734	.7764	.7794	.7823	.7852
.8	.7881	.7910	.7939	.7967	.7995	.8023	.8051	.8078	.8106	.8133
.9	.8159	.8186	.8212	.8238	.8264	.8289	.8315	.8340	.8365	.8389
1.0	.8413	.8438	.8461	.8485	.8508	.8531	.8554	.8577	.8599	.8621
1.1	.8643	.8665	.8686	.8708	.8729	.8749	.8770	.8790	.8810	.8830
1.2	.8849	.8869	.8888	.8907	.8925	.8944	.8962	.8980	.8997	.9015
1.3	.9032	.9049	.9066	.9082	.9099	.9115	.9131	.9147	.9162	.9177
1.4	.9192	.9207	.9222	.9236	.9251	.9265	.9279	.9292	.9306	.9319
1.5	.9332	.9345	.9357	.9370	.9382	.9394	.9406	.9418	.9429	.9441
1.6	.9432	.9463	.9474	.9484	.9495	.9505	.9515	.9525	.9535	.9545
1.7	.9554	.9564	.9573	.9582	.9591	.9599	.9608	.9616	.9625	.9633
1.8	.9641	.9649	.9658	.9664	.9671	.9678	.9686	.9693	.9699	.9706
1.9	.9713	.9719	.9726	.9732	.9738	.9744	.9750	.9756	.9716	.9767
2.0	.9772	.9778	.9783	.9788	.9793	.9798	.9803	.9808	.9812	.9817
2.1	.9812	.9826	.9830	.9834	.9838	.9842	.9846	.9854	.9854	.9857
2.2	.9861	.9864	.9868	.9871	.9875	.9878	.9881	.9884	.9887	.9890
2.3	.9893	.9896	.9898	.9901	.9904	.9906	.9909	.9911	.9913	.9916
2.4	.9918	.9920	.9922	.9925	.9927	.9929	.9931	.9932	.9934	.9936
2.5	.9938	.9940	.9941	.9943	.9945	.9946	.9948	.9949	.9951	.9952
2.6	.9953	.9955	.9956	.9937	.9959	.9960	.9961	.9962	.9963	.9964
2.7	.9965	.9966	.9967	.9968	.9969	.9970	.9971	.9972	.9973	.9974
2.8	.9974	.9975	.9976	.9977	.9977	.9978	.9979	.9979	.9980	.9981
2.9	.9981	.9982	.9982	.9983	.9984	.9984	.9985	.9985	.9986	.9986
3.0	.9987	.9987	.9987	.9988	.9988	.9989	.9989	.9989	.9990	.9990
3.1	.9990	.9991	.9991	.9991	.9992	.9992	.9992	.9992	.9993	.9993
3.2	.9993	.9993	.9994	.9994	.9994	.9994	.9994	.9995	.9995	.9995
3.3	.9995	.9995	.9995	.9996	.9996	.9996	.9996	.9996	.9996	.9997
3.4	.9997	.9997	.9997	.9997	.9997	.9997	.9997	.9997	.9997	.9998

然后，x 的标准偏差，在本例中为 7mile/h，必须移到单位标准偏差 1.00。这是通过将均值和数据点之间的差值除以标准差 σ 得到的，即

$$z = \frac{x - \mu}{\sigma} \qquad (11\text{-}7)$$

对于该示例，在标准正态分布上计算 65mile/h 在 $x : [55, 49]$ 分布上的等效值为：

$$z = \frac{65 - 55}{7} = 1.43$$

如果将 1.43 输入表 11.2，会发现小于或等于该值的概率为 0.9236。尽管该值是在标准正态分布上查询得到的，但我们可以说，在均值为 55mile/h、标准差为 7mile/h 的正态分布上，速度为 65mile/h 或更小的概率为 92.36%。

应用：容差和置信区间

进行点速度调研时，会计算出平均速度的单一值。在本章的示例调研中，基于 368 个观察样本，均值为 48.2mile/h，标准差为 6.14mile/h。实际上，这个基于有限数量的测量速度的值，被用来估计在非拥堵条件下通过该点的所有车辆的基本分布的真实均值。就所有实际和统计目的而言，这些车辆的数量是无限的。所用测量值作为 μ 的估计值，必须回答的第一个统计问题是：该估计值有多好？

考虑一个有 50 名学生的教室。由于这是一个有限的样本，班级成员的平均体重可以绝对确定：只需对每个学生进行称重，然后取平均值。也许这样做会花费太多时间。我们可以随机选择 10 个人，只称他们的体重，以他们的平均体重作为对 50 名学生平均体重的估计。最极端的是，我们可以随机选择一名学生，用他或她的体重来估计所有 50 名学生的平均体重。最后一种方案通常是非常不可靠的。事实上，如果我们要使用估计值（即不测量所有 50 名学生的体重），样本量越大（10、20、30 名学生等），对均值的估计就越好。

如果我们将 48.2mile/h 的平均速度视为 368 个车辆组的许多平均速度分布的一部分呢？从统计理论中可知，如果速度的单个值的分布是 $x : N(\mu, \sigma^2)$，那么从同一群体中抽取的平均速度（$\bar{x}$）的分布，每个平均速度的样本量不变，为 368 个观察值，即

$$\overline{x_N} : N(\mu, \sigma^2 / N)$$

其中，N 为样本量。换句话说，分布的均值不会改变（想想算术，它不会改变）。然而，方差会变得小得多。如果某段自由流公路的平均速度是 60mile/h，我们就有可能发现有几辆车的速度超过 80mile/h。然而，我们不太可能找到 368 辆平均速度 >80mile/h 的车辆。因此，样本均值的分布将保持与单个观测值的原始分布相同的均值，但方差（和标准差）将随着样本量的增加而减小。

样本均值分布的标准差通常被称为均值的标准差，即

$$E = \frac{s}{\sqrt{N}} \qquad (11\text{-}8)$$

该示例的样本数据的标准差为

$$E = \frac{6.14}{\sqrt{368}} \, 0.32 \text{mile/h}$$

为了获得关于样本均值（48.2mile/h）的相对准确性的声明，作为在非拥堵条件下无限的驾驶人群体的真实平均数的估计，使用了正态分布的已知特性。一个数值在均值的 1.96 个标准差内的概率是 95%。一个数值在均值的 3.0 个标准差内的概率是 99.7%。我们测量的均值 48.2mile/h，现在被当作来自 368 辆车的样本均值分布中的一个统计值。因此：

$$\bar{x} = \mu \pm 1.96 \, E \quad 95\% \text{ 的保证率}$$
$$\bar{x} = \mu \pm 3.0 \, E \quad 99.7\% \text{ 的保证率}$$

代入示例的数据进行计算：

$$48.2 = \mu \pm 1.96（0.32）= \mu \pm 0.63$$

$\mu = 48.2 \pm 0.63 = 47.57 \sim 48.83$mile/h 95% 的保证率

$$48.2 = \mu \pm 3.0（0.32）= \mu \pm 0.96$$

$\mu = 48.2 \pm 0.96 = 47.24 \sim 49.16$mile/h 99.7% 的保证率

用语言文字表述其数学含义为：

- 速度分布的真实均值在 47.57 ~ 48.83mile/h 之间，置信度为 95%。
- 速度分布的真实均值在 47.24 ~ 49.16mile/h 之间，置信度为 99.7%。

这个百分比值被称为置信度。如果我们对 100 项不同的调研做了 100 次 95% 置信度的声明，可以预期我们有 5 次是错误的。如果我们做了 100 次 99.7% 的声明，可以预期我们会错 0.3 次——更合适的表达是，如果我们做了 333 次这样的声明，可以预期我们会错一次。

很明显，随着置信度的提高，范围也会变大。注意，对正态分布来说，结果在 100% 的情况下都会在 +∞ 和 −∞ 之间。因此，由于我们不可能 100% 正确，通常选择 95% 的置信度。如果精细的准确性很重要的话，偶尔也会使用 99.7% 的置信度。

正确度声明的容差是 ± 项，给定的符号是 e。它与声明的置信度有关，那么：

对于 95% 的置信度，$e = 1.96E = 1.96\dfrac{s}{\sqrt{N}}$

$$（11-9）$$

对于 99.7% 的置信度，$e = 3.0E = 3.0\dfrac{s}{\sqrt{N}}$

对于我们的样本数据，95% 置信度的 e 值为 0.63mile/h；99.7% 置信度的 e 值为 0.96mile/h。

应用：估计样本大小

尽管事后知道测量的样本均值的置信度和精确度很有用，但确定需要多大的样本量才能获得满足预定精确度和置信度的测量结果更有用。利用式（11-9）可以求出样本量 N：

对于 95% 的置信度，$N = \dfrac{1.96^2 s^2}{e^2} = \dfrac{3.84 s^2}{e^2}$

$$（11-10）$$

对于 99.7% 的置信度，$N = \dfrac{3^2 s^2}{e^2} = \dfrac{9.0 s^2}{e^2}$

思考以下问题：必须收集多少个速度来确定基础分布的真实平均速度在 ±1.0mile/h 之内，并有 95% 的置信度？如果将容差改为 ±0.5mile/h，置信度改为 99.7%，结果会有什么变化？

第一个问题是分布的标准差 s 不知道，因为调研还没有进行。在这里，实际使用的是大多数速度分布的标准差约为 5.0mile/h 的认知。这个值是假设的，结果见表 11.3。

表 11.3　样本量计算说明

容差 e/（mile/h）	置信水平	
	95%	99.7%
1.0	$n = \dfrac{3.84(5)^2}{(1.0)^2} = 96$	$n = \dfrac{9.0(5)^2}{(1.0)^2} = 22.5$
0.5	$n = \dfrac{3.84(5)^2}{(0.5)^2} = 384$	$n = \dfrac{9.0(5)^2}{(0.5)^2} = 900$

要达到 95% 置信度的 ±1.0mile/h 的容差，需要 96 个速度的样本量。要达到 99.7% 的置信度的 ±0.5mile/h 的容差，所需的样本量必须是 10 倍以上。对于大多数交通工程调研，±1.0mile/h 的容差和 95% 的置信度完全足够。

应用：点速度调研的事前事后

在很多情况下，需要降低某个地点的现有速度。这发生在发现事故高发和 / 或事故严重性与超速相关的情况下，也可能发生在过多驾驶人超过既有速度限制的情况下。

有许多交通工程措施可以帮助降低车速，包

括降低限速、更严格的执法措施、警告标志和安装隆声带等。然而，主要的调研问题是要证明速度确实已经成功降低。

这个问题并不容易。请思考以下情况，假设在一个特定的地点安装了新的限速设施，试图将平均速度降低 5mile/h。在实施降低的限速之前，进行了一次速度调研，在新的限速生效几个月后，又进行了一次速度调研。注意，"之后"的调研通常是在新的交通工程措施生效一段时间后进行。这样做是为了观察稳定的驾驶人行为，而不是对新事物的瞬时反应。据观察，"之后"调研的平均速度比"之前"调研的平均速度低 3.5mile/h。在统计学上，有以下两个问题必须回答：

- 观察到的平均速度的降低是真实的吗？
- 观察到的平均速度的降低是否是预期的 5mile/h？

虽然这两个问题看起来都有明显答案，但事实并非如此。有两个原因可能导致平均速度降低：①观察到的 3.5mile/h 的降低可能是因为新的速度限制导致基础分布的真实平均速度降低；②观察到的 3.5mile/h 的降低也可能是因为从基础分布中选择了两个不同的样本而实际并没有改变。在统计学上认为，前者是速度明显降低，而后者是速度降低不明显或不显著。

第二个问题同样棘手。假设发现观察到的 3.5mile/h 的速度降低在统计学上是显著的，那么就有必要确定基础分布的真实平均速度是否有可能降低了 5mile/h。要回答这两个问题，需要进行统计学检验。此外，不可能以 100% 的确定性或置信度来回答这两个问题——通常认为 95% 的置信度已经足够。

使用真值表（Truth Tables），对观察到的差异的显著性的统计检验有四种可能结果：①实际差异显著，统计检验认为它是显著的；②实际差异不显著，统计检验认为它不显著；③实际差异显著，统计检验认为它不显著；④实际差异不显著，统计检验认为它显著。前两个结果是对情况的准确评估；后两个结果是对情况的错误评估。在统计学术语中，结果③被称为 I 类或 α 错误（弃真），而结果④被称为 II 类或 β 错误（取伪）[⊖]。真值表的概念见表 11.4。

在实践中，交通工程师必须避免犯 II 类错误。在这种情况下，问题（超速）似乎已经解决了，但事实上问题并没有解决。这可能会导致在"真相"显露之前出现更多事故、伤害和 / 或死亡。如果犯了 I 类错误，将耗费额外的努力来促成更低的速度。虽然这可能涉及额外的费用，但不太可能导致任何负面的安全结果[⊖]。

表 11.4 真值表示例

实际差异	统计学显著检验结果	
	显著	不显著
显著	正确	I 类或 α 错误
不显著	II 类或 β 错误	正确

用于评估观察到的平均速度下降的重要性的统计测试是正态近似。它之所以被称为"近似"，是因为只有当"之前"和"之后"的样本量 ≥ 30 时，样本均值的差异分布（来自相同的总体）才接近正态分布。在正确开展的点速度调研中，情况总是这样的。

当观察到两个不同的样本均值时，当①两个样本来自相同的总体且②样本大小都 ≥ 30 时，观察到的差异是正态分布。差值是一个统计量，其分布为

$$(\bar{x}_1 - \bar{x}_2) : N(0, s_y^2)$$

⊖ 原文表述有误，将④称作 I 类错误，将③称作 II 类错误，译文已修改。——译者注

⊖ 原文表述有误，将前者称作 I 类错误，后者称作 II 类错误，译文已修改。——译者注

其中，

$$s_y = \sqrt{\frac{s_1^2}{n_1} + \frac{s_2^2}{n_2}} \qquad (11-11)$$

式中　s_y——样本均值差异的标准差；

s_1——样本 1 的标准差；

s_2——样本 2 的标准差；

n_1——样本 1 的样本量；

n_2——样本 2 的样本量。

通过将观察到的平均速度的降低转换为标准正态分布上的 z 值，来近似应用正态分布：

$$z_d = \frac{(\bar{x}_1 - \bar{x}_2) - 0}{s_y} \qquad (11-12)$$

用表 11.2 的标准正态分布表来求解当两个样本均值都来自同一个基础分布时，出现等于或小于 z_d 的概率。那么：

- 如果概率（$z \leq z_d$）≥ 0.95，则观察到的速度下降在统计学上是显著的。

- 如果概率（$z \leq z_d$）<0.95，则观察到的速度下降在统计学上是不显著的。

在第一种情况下，意味着假设两个样本来自相同的基础分布，观察到的样本均值的差异将超过 5% 的时间。鉴于观察到这样的数值，可以解释为观察到的差异来自同一基础分布的可能性小于 5%，而来自基础分布变化的可能性大于 95%。

注意，我们进行的是单边检验（即我们检验的是观察到的样本平均数减少的显著性，而不是观察到的样本均值的差异）。如果观察结果显示样本均值增加，则不进行统计检验，因为显然没有达到预期结果。正因如此，按照惯例，较高的速度值，通常是"之前"的样本，标记为样本 1，而"之后"的样本标记为样本 2。

如果发现观察到的降低在统计上是显著的，就可以考虑第二个问题（即目标速度的降低是否达成？）。这是仅使用"之后"分布的结果来完成的。注意，从正态分布的特点来看，分布的真实

均值有 95% 的可能性为

$$\mu = \bar{x} \pm 1.96E$$

如果目标速度在该范围内，可以说是成功实现了。

考虑表 11.5 中所示的事前和事后现场速度调研结果，该调研是为了评估旨在将该地点的平均速度降低到 60mile/h 的新限速的有效性。

表 11.5　现场速度的事前和事后调研结果

事前结果		事后结果
65.3mile/h	$\bar{x}$	63.0mile/h
5.0mile/h	S	6.0mile/h
50	N	60

进行正态近似检验，以确定观察到的样本均值的减少是否有统计学意义：

利用式（11-11）计算出集合标准差：

$$s_y = \sqrt{\frac{5.0^2}{50} + \frac{6.0^2}{60}} = 1.05\text{mile/h}$$

z_d 统计量利用式（11-12）计算：

$$z_d = \frac{(65.3 - 63.0) - 0}{1.05} = 2.19$$

由表 11.2 可以看出，z 小于或等于 2.19 的概率为

$$\text{Prob}(z \leq 2.19) = 0.9857$$

由于 98.57%>95%，结果表明，观察到的样本均值减少在统计学上是显著的。

鉴于这些结果，现在可以调查"之后"的样本是否成功实现了 60mile/h 的目标速度。基本分布的真实均值的"之后"估计的 95% 置信区间为

$$E = 6/\sqrt{60} = 0.7746$$
$$\mu = 63.0 \pm 1.96(0.7746)$$
$$\mu = 63.0 \pm 1.52$$
$$\mu = (61.48 - 64.52)\text{mile/h}$$

因为 60mile/h 的目标速度不在该范围内，所以不能说它已经成功实现。

在这种情况下，虽然实现了速度的显著降低，但尚未达成 60mile/h 的目标值。将对该地进行额外调研，并采取额外措施，以达成更多的速度降低。

应该审慎认知观察到的速度显著下降 95% 的置信度指标。如果一项事前和事后调研的结果是 94.5% 的置信度，则认为是没有统计学意义的。该决定将犯 II 类错误的概率限制在 5% 以下。然而，当我们说在这种情况下观察到的平均速度的差异没有统计学意义时，有 94.5% 的可能性是在犯 I 类错误[⊖]。在花费大量资金用于额外的降速措施之前，应该采取更大的"事后"速度样本，看看是否可以通过扩大数据基础来达到 95% 的置信度。

应用：使用 Chi-Square Goodness-of-Fit 检验（卡方检验）来检验正态程度

本节中几乎所有的统计分析都基于速度分布在数学上可以表示为正态分布这一基本假设。因此，为了完整起见，有必要进行统计检验以确认这一假设是正确的。卡方检验用于确定观察到的分布与其假定的数学形式之间的差异是否显著。对于分组数据，卡方统计量的计算式为

$$\chi^2 = \sum_{N_G} \frac{(n_i - f_i)^2}{f_i} \qquad (11\text{-}13)$$

式中　χ^2——chi-square 统计量；

　　　n_i——速度组 i 中的观察数（频率）；

　　　f_i——理论频率；

　　　N_G——分布中速度组的数量。

表 11.3 展示了这些用于说明现场速度调研的计算方法。速度组已经被指定，观察到的频率直接取自频率分布表（表 11.1）。

为方便起见，速度组从高到低排列。这是为了与标准正态分布表（表 11.2）相协调，该表给出了 $z \leq z_d$ 的概率。最高组的上限被调整为"无穷"，因为理论上的正态分布可以延伸到正、负无穷。表 11.6 的其余各列主要是确定理论频率 f_i，以及确定 χ^2 的最终值。

理论频率是指如果分布完全正常的话，在各个速度组中会出现的观察值。为了找到这些值，必须从标准正态表中确定每个速度组中出现的概率。这在表 11.6 的第 4 至第 7 列中进行，如下所示。

1）每个速度组的上限（单位：mile/h）被转换为式（11-7）。上限为 64mile/h 的计算方法说明如下：

$$z_{64} = \frac{64 - 48.2}{6.14} = 2.57$$

注意，在此计算中使用了点速度调研示例的平均速度和标准差。

2）现在从标准正态分布表（表 11.2）上查找每个计算出来的 z 值。从中找出 $z \leq z_d$ 的概率，并填入表 11.6 的第 5 列。

3）考虑表 11.6 中的 48～50mile/h 速度组。从第 5 列来看，0.6141 是正态分布上速度 $\leq$ 50mile/h 的发生概率；0.4880 是速度 $\leq$ 48mile/h 的发生概率。因此，48～50mile/h 发生的概率是 0.6141–0.4880 = 0.1261。表 11.6 的第 6 列的概率是通过连续的减法计算出来的。结果是假设正态分布的情况下，一个速度处于任何速度组的概率。

4）第 7 列的理论频率是通过样本量乘以该速度组中出现的概率得到的。理论频率允许有分数的结果。

⊖　原文表述有误，将前者称作 I 类错误，后者称作 II 类错误，译文已修改。——译者注

表 11.6 样本数据的卡方检验

速度组		观察频率 n	标准正态分布中的上限 z_d	Prob.$z \leq z_d$（表 11.2）	在速度组中的概率	理论频率 f	合并分组 n	合并分组 f	卡方分组 χ^2
上限 /（mile/h）	下限 /（mile/h）								
∞	64	2	∞	1.0000	0.0051	1.8768			
64	62	3	2.57	0.9949	0.0071	2.6128	12	10.0832	0.3644
62	60	7	2.25	0.9878	0.0152	5.5936			
60	58	10	1.92	0.9726	0.0294	10.8192	10	10.8192	0.0620
58	56	18	1.60	0.9432	0.0452	16.6336	18	16.6336	0.1122
56	54	25	1.27	0.8980	0.0716	26.3488	25	26.3488	0.0690
54	52	30	0.94	0.8264	0.0940	34.592	30	34.592	0.6096
52	50	38	0.62	0.7324	0.1183	43.5344	38	43.5344	0.7036
50	48	40	0.29	0.6141	0.1261	46.4048	40	46.4048	0.8840
48	46	65	−0.03	0.4880	0.1286	47.3248	65	47.3248	6.6015
46	44	46	−0.36	0.3594	0.1111	40.8848	46	40.8848	0.6400
44	42	33	−0.68	0.2483	0.0921	33.8928	33	33.8928	0.0235
42	40	21	−1.01	0.1562	0.0661	24.3248	21	24.3248	0.4544
40	38	13	−1.34	0.0901	0.0416	15.3088	13	15.3088	0.3482
38	36	7	−1.66	0.0485	0.0252	9.2736	7	9.2736	0.5574
36	34	5	−1.99	0.0233	0.0129	4.7472	10	8.5744	0.2370
34	− ∞	5	−2.31	0.0104	0.0104	3.8272			
					1.0000	368.0000	368.0000	368.0000	11.6669

5）只有当理论频率的所有值都是 5 或更多时，卡方检验才有效。为了达到这个目的，前三个和最后两个速度组必须合并。观察到的频率也同样被合并。

6）每个速度组的卡方值的计算方法见表 11.6。这里说明了 40～42mile/h 速度组的计算方法：

$$\chi^2 = \frac{(n_i - f_i)^2}{f_i} = \frac{(21 - 24.3248)^2}{24.3248} = 0.4544$$

这些数值相加，得出分布的 χ^2 的最终值，即 11.6669。

为了评估这一结果，必须使用卡方分布的表格，见表 11.7。概率值显示在表格的横轴上，纵轴显示自由度。对卡方分布来说，自由度的数量是数据组的数量（在它们合并产生 5 个或更多的理论频率后）减去 3。因为计算 χ^2 需要知道测量分布的均值、标准差和样本量三个特性，所以失去了三个自由度。由此，对于点速度调研示例，自由度的数量是 14−3 = 11。

χ^2 的值见表 11.7。对于示例数据，χ^2 的值介于表格中的 10.34（Prob = 0.50）与 13.70（Prob = 0.25）之间。还要注意的是，表中显示的概率代表一个值大于或等于 χ^2 的概率。

表 11.7 Chi-Square 分布的上限百分比点

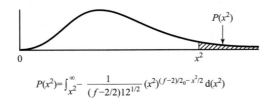

$$P(x^2)=\int_{x^2}^{\infty}\frac{1}{(f-2/2)12^{1/2}}(x^2)^{(f-2)/2}{}_0{}^{-x^2/2}\,d(x^2)$$

df	.995	.990	.975	.950	.900	.750	.500	.250	.100	.050	.025	.010	.005
1	3927×10^{-2}	1571×10^{-7}	9821×10^{-7}	3932×10^{-8}	0.01579	0.1015	0.4549	1.323	2.706	3.841	5.024	6.635	7.879
2	0.01003	0.02010	0.05064	0.1026	.2107	.5754	1.386	2.773	4.605	5.991	7.378	9.210	10.60
3	.07172	.1148	.2158	.3518	.5844	1.213	2.366	4.108	6.251	7.815	9.348	11.34	12.34
4	.2070	.2971	.4844	.7107	1.064	1.923	3.357	5.585	7.779	9.488	11.14	13.28	14.86
5	.4117	.5543	.8312	1.145	1.610	2.675	4.351	6.626	9.236	11.07	12.83	15.09	16.75
6	.6757	.8721	1.237	1.635	2.204	3.455	5.348	7.841	10.64	12.59	14.45	16.81	18.55
7	.9893	1.259	1.690	2.167	2.833	4.255	6.346	9.037	12.02	14.07	16.01	18.48	20.28
8	1.344	1.646	2.180	2.733	3.199	5.071	7.344	10.22	13.36	15.51	17.53	20.09	21.98
9	1.735	2.088	2.700	3.325	4.168	5.899	8.343	11.39	14.68	16.92	19.02	21.67	23.59
10	2.150	2.558	3.247	3.940	4.865	6.737	9.342	12.55	15.99	18.31	20.48	23.21	25.19
11	2.603	3.053	3.816	4.575	5.578	7.584	10.34	13.70	17.28	19.68	21.92	24.72	26.76
12	3.074	3.571	4.404	5.226	6.304	8.458	11.34	14.85	18.55	21.03	23.34	26.22	28.30
13	3.565	4.107	5.009	5.892	7.042	9.299	12.34	15.98	19.81	22.36	24.74	27.69	29.82
14	4.075	4.660	5.629	6.571	7.790	10.17	13.34	17.12	21.06	23.68	26.12	29.14	31.32
15	4.601	5.229	6.262	7.261	8.547	11.04	14.34	18.25	22.31	25.00	27.49	30.58	32.80
16	5.142	5.812	6.908	7.962	9.312	11.91	15.34	19.37	23.54	26.30	28.85	32.00	34.27
17	5.697	5.408	7.564	8.672	10.09	12.79	16.34	20.49	24.77	27.59	30.19	33.41	35.72
18	6.265	7.015	8.231	9.390	10.86	13.68	17.34	21.60	25.99	28.87	31.53	34.81	37.16
19	6.844	7.644	8.907	10.12	11.65	14.56	18.34	22.72	27.20	30.14	32.85	36.19	38.58
20	7.434	8.260	9.591	10.85	12.44	15.45	19.34	23.83	28.41	31.41	34.17	37.57	40.00
21	8.034	8.897	10.28	11.59	13.24	16.34	20.34	24.93	29.62	32.67	35.48	38.93	41.40
22	8.643	9.542	10.98	12.34	14.04	17.24	21.34	26.04	30.81	33.92	36.78	40.29	42.60
23	9.260	10.20	11.69	13.09	14.85	18.14	22.34	27.14	32.01	35.17	38.08	41.64	44.18
24	9.886	10.86	12.40	13.85	15.66	19.04	23.24	28.24	33.20	36.42	39.36	42.98	45.58
25	10.52	11.52	13.12	14.61	16.47	19.94	24.34	29.34	34.38	37.65	40.65	44.31	46.93
26	11.16	12.20	13.84	15.38	17.29	20.84	25.34	30.43	35.56	38.89	41.92	45.64	48.29
27	11.81	12.88	14.57	16.15	18.11	21.75	26.34	31.53	36.74	40.11	43.19	46.96	49.64
28	12.46	13.56	15.31	16.93	18.94	22.66	27.34	32.62	37.92	41.34	44.46	48.28	50.99
29	13.12	14.26	16.05	17.71	19.77	23.57	28.34	33.71	39.09	42.58	45.72	49.59	52.34
30	13.79	14.95	16.79	18.49	20.60	24.48	29.34	34.80	43.26	43.77	46.98	50.89	53.67
40	20.71	22.16	24.43	26.51	29.05	33.66	39.34	45.62	51.80	55.76	59.34	63.69	66.77
50	27.99	29.71	32.36	34.76	37.69	42.94	49.33	56.33	63.17	67.50	71.42	76.15	79.49
60	35.53	37.48	40.48	43.19	46.46	52.29	59.33	66.98	79.08	79.08	83.30	88.38	91.95
70	43.28	45.44	48.76	51.74	55.33	61.70	69.33	77.58	85.53	90.53	95.02	100.42	104.22
80	51.17	53.54	57.15	60.39	64.28	71.14	79.33	88.13	96.58	101.88	106.63	112.33	116.32
90	59.20	61.75	65.65	69.13	73.29	80.62	89.33	98.65	107.56	113.14	118.14	124.12	128.30
100	67.33	70.00	74.22	77.93	82.36	90.13	99.33	109.14	118.50	124.34	129.56	135.81	140.17
	-2.576	-2.326	1.960	-1.645	-1.28	-0.6745	0.0000	+0.6745	+1.282	+1.645	+1.960	+2.326	576

资料来源：E. L. Crow, F. A. Davis, and M. W. Maxwell, *Statistics Manual*, Dover Publications, Mineola, NY, 1960.

用插值法来确定与 11.6669 的值相关的精确概率水平，在有 11 个自由度的 Chi-square 分布上：

概率	χ^2 值
0.50	10.34
P	11.6669
0.25	13.70

$$P = 0.25 + (0.50 - 0.25)\left(\frac{13.70 - 11.6669}{13.70 - 10.34}\right)$$
$$= 0.40125$$

从这个判断来看，如果分布在统计上是正常的，那么 χ^2 值在 11.6669 以上的可能性是 40.125%。决策标准与其他统计检验相同（即要说数据和假定的数学描述有显著差异，我们必须有 95% 的信心才行）。对于产生小于或等于计算出的统计量值的概率的表格，概率必须是 95% 或更高，才能证明有显著差异。在正态近似检验中就是这种情况。使用概率大于或等于计算统计量的表格的相应决策点是，概率必须是 5% 或更少才能证明有显著的统计差异。在示例数据的情况下，11.6669 或更高的值的概率是 40.125%。这比 5% 要大得多。因此，数据和假定的数学描述没有明显差异，成功证明了数据符合正态分布。

卡方检验很少在点速度结果上进行，因为它们几乎总是符合正态分布。如果数据严重偏斜，或采取明显不同于正态分布的形状，都将是比较明显的，可以进行检验。也可以将数据与其他类型的分布进行比较。有一些分布具有与正态分布相同的一般形状，但有向分布的低端或高端倾斜的现象。也有可能一组给定的数据可以用一些不同的分布来合理地描述。当它发生时，并不否定正态分布的有效性。只要速度数据可以被描述为正态分布，这里描述的所有操作就都是有效的。如果发现一个速度分布不是正态的，那么可以用其他分布来描述它，也可以进行其他统计检验。这些在本文中都没有涉及，学生可以参考标准的统计学教科书。

应用：其他统计学检验

正态近似检验一般用于确定速度的差异或减少。它要求"前后"的样本量为 30 或更多。如果一个或两个样本量不符合该要求，正确的统计检验将使用 t-分布（t-distribution）。这个检验几乎在所有标准统计学教材中都有涉及。

注意，在所有讨论的应用中，都是将样本标准差 s 作为 σ 的估计值，即总体的真实均值。这个估计的准确性可以用 F-分布（F-distribution）来评估，所有标准统计学著作中也都会包括该内容。在实践中，这个估计值在统计学上几乎总是充分的。

11.3 通行时间调研

通行时间⊖（Travel Time）调研涉及一个设施或一组设施形成的较长路线。获取调研区域内关键点之间的通行时间信息，并用于确定那些需要改善的路段。通行时间调研通常与调研路线上的拥堵点的延误观察协同。

通行时间信息用于许多目的，包括以下方面：

- 通过长通行时间和 / 或延误来确定设施上存在问题的地点。
- 根据平均通行速度和通行时间来衡量干线道路的服务水平。
- 为交通分配模型提供必要的输入，该模型注重路线通行时间作为路线选择的一个关键决定因素。
- 为运输改善的经济评估提供通行时间数据。
- 绘制时间等值线图和其他能表述一个地区或区域的交通拥堵情况的图示。

⊖ 这里有两个相近的概念，即 Travel Time 和 Running Time，前者译作"通行时间"，包括沿途停等延误等时间；后者译作"行车时间"，仅计入车辆行驶的时间，不含停等延误等时间。——译者注

11.3.1　现场调研技术

由于通行时间的调研是在相当长的道路上进行的，很难从交通流之外远程观察个别车辆的行为。收集数据的一般方法是使用一系列的测试车辆在交通流中行驶。每辆测试车内都有一名观察者。观察者记录通过关键地点的时间，并记录任何停等的延误时间，以及在可能的情况下记录延误的原因。测试车辆可以配备自动记录设备，以替代每辆车都有一名观察者的方法。

为了确保测试车结果的一致性，一般会指示驾驶人使用以下三种具体的驾驶技术之一。

- **浮动车技术**：在浮动车技术中，驾驶人试图保持他/她在车辆流中的位置。具体方法：每观察到一辆车超过测试车，驾驶人就会超过一辆车。
- **最大车速技术**：在这种方法中，要求驾驶人在保证安全的前提下尽可能快地行驶，但不能超过车行路的设计速度（或限速）。
- **平均车速技术**：在这种情况下，要求驾驶人接近车辆的平均速度（基于驾驶人的判断）。

浮动车和平均车速技术产生通过调研路段的平均通行时间的估计。最高车速技术产生较高的速度和较低的通行时间，有时接近分布中的第85百分位速度，产生的通行时间约为第15百分位。因此，所有测试车驾驶人使用相同的驾驶技术是至关重要的。

浮动车技术很难由驾驶人来实施。它几乎从未在多车道公路上使用过，因为那里的超车数量可能很大，需要驾驶人积极行驶以超过许多车辆。在双车道设施上，它可能是一种有效的技术，因为那里很少有超车机动。

虽然测试车技术经常被用来收集通行时间数据，但必须注意避免过多使用测试车，进而导致交通流的通行时间行为发生根本性的改变。因此，测试车调研的样本量相对较低，这可能对调研结果的统计准确性和精确性带来负面影响。

还有其他技术可以用来收集通行时间数据，而无需使用测试车。一种技术是记录车牌号和在调研路线上的关键位置观察到的时间。匹配软件被用来识别个体车辆和它们在观察点之间的通行时间。这种方法有两个关键的局限性：①虽然获得了观察点之间的总通行时间，但没有关于中间条件或事件的详细信息；②采样可能很困难，因为几乎不可能在任何特定地点观察所有车辆的全部车牌。

抽样问题很简单：假设有四个观察点，在每个观察点，有50%的车牌被记录。有多少个数据集会在所有观察点都包括同一辆车？在一个点上具体观察的概率是0.50。在两个观察点上观察到相同车辆的概率是$0.50 \times 0.50 = 0.25$。在三个观察点上观察到相同车辆的概率是$0.50 \times 0.50 \times 0.50 = 0.125$。在所有四个观察点上观察到相同车辆的概率是$0.50 \times 0.50 \times 0.50 \times 0.50 = 0.0625$。因此，即使在每个点上记录了所有车辆的50%，四个点全都观察到的样本量也是6.25%。如果需要更多的观察点，那么样本量问题就变得更加困难。

车牌技术最常被用于只有两个观察点（也许是三个）的地方。此时，测试车样本量可能难以满足合理的匹配样本。然而，沿途的中间信息将无法获得。

在极少数情况下，有一个高处的有利位置，可以沿着一个相当长的调研路段实时追踪车辆。但这需要较多观察者，因为一名观察者一次只能跟踪一辆车[⊖]。

表11.8的样本数据来自林肯公路的7mile路段，这是一条位于郊区的主要的六车道公路。检查点是以里程牌来定义的。交叉口或其他已知的地理标记也可以作为标识符。在每个检查点用秒表记录时间。路段数据指的是前一个检查点与所记检查点之间的距离。因此，对于标有MP16的路段，该路段的数据是指16号与17号里程牌之间的路段。每个路段所经历的总停等延误，以

[⊖]　随着无人机技术的发展，该问题已经可以很好解决。对于这部分调研，现在已经有机会可以做得更好。——译者注

表 11.8　通行时间现场记录表示例

| 地点：林肯公路 | | 轮次：No.3 | | 起点位置：Milepost 15.0 | |
| 记录员：William McShane | | 日期：2002 年 8 月 10 日 | | 开始时间：下午 5：00 | |

| 核查点 | 沿程累积距离 /
mile | 沿程累积时间 /
（min：sec） | 各路段 | | | |
			停等延误 /s	停止次数	每一段通行时间 /（min：sec）	备注
MP 16	1.0	1：35	0.0	0	1：35	
MP 17	2.0	3：05	0.0	0	1：30	
MP 18	3.0	5：50	42.6	3	2：45	在 MP 17.2、MP 17.5、MP 18.0 遇到信号灯停车
MP 19	4.0	7：50	46.0	4	2：00	在 MP 18.5 因双泊位导致停车
MP 20	5.0	9：03	0.0	0	1：13	
MP 21	6.0	10：45	6.0	1	1：42	遇到校车停车
MP 22	7.0	12：00	0.0	0	1：15	
路段汇总	7.0		94.6	8	12：00	

及停止次数都被记录下来。在"特别说明"一栏中，包含了观察者对所指出的延误原因的判断。路段通行时间是以连续检查站的累积时间之差计算的。

在这项调研中，以 MP 18 和 MP 19 为终点的路段显示出最大延误，因此也是最长的通行时间。如果在所有或大部分的测试运行中都呈现出这种情况，则将对这些路段进行更详细的调研。由于延误主要是由交通控制信号灯引起的，将仔细检查它们的时间和协调，看看是否可以改进。其中一个路段的原因记录为双泊位⊖。将对泊车法规以及现有的合法泊位供应进行评估，并对执法行为进行评估。

11.3.2　沿干线的通行时间数据：统计分析示例

考虑到通行时间调研（Travel Time Studies）的成本和工作量（测试车、驾驶人、多次行驶、多日调研等），有一个自然的趋势，即保持尽可能小的观察数 N。这个示例考虑了一条假设的干道，在 3mile 的路段上，真实的平均行车时间（Running Time）是 196s。行车时间⊖的标准差是 15s，行车时间符合正态分布。注意，在这一点上，讨论只限于行车时间。这些时间不包括沿途遇到的停等延误，而且不等同于通行时间（Travel Time），后续会看到。

⊖ 双泊位，Double Parking，一般指违规将车辆泊放在合法泊位的车辆旁边。——译者注

⊖ 本节原文对 Travel Time 和 Running Time 进行了区分，但具体表述中存在错误和混淆。译者已经根据上下文含义予以修改。Travel Time（通行时间）含在途停等、延误时间；Running Time（行车时间）则不包含此类时间，仅为车辆行驶时间。两者的概率分布完全不同。——译者注

考虑到行车时间的正态分布，该路段的平均行车时间为196s，95%的行车时间将落在该值的1.96（15）= 29.4s 之内。因此，95%的行车时间的置信区间为 196 − 29.4 = 166.6s 和 196 + 29.4 = 225.4s 之间。

与这些行车时间相对应的速度（包括均值）为：

$$S_1 = \frac{3\text{mile}}{225.4\text{s}} \times \frac{3600\text{s}}{\text{h}} = 47.9\text{mile/h}$$

$$\dot{S}_{av} = \frac{3\text{mile}}{196\text{s}} \times \frac{3600\text{s}}{\text{h}} = 55.1\text{mile/h}$$

$$S_2 = \frac{3\text{mile}}{1666.6\text{s}} \times \frac{3600\text{s}}{\text{h}} = 64.8\text{mile/h}$$

注意，两个95%置信区间极限的均值是（47.9 + 64.8）/2 = 56.4mile/h，而不是55.1mile/h。这种差异源于行车时间是正态分布的，因此是对称的。由此产生的行车速度分布是偏斜的。如果行车时间是正态分布的，那么与行车时间相反的速度分布就不可能是正态分布的。根据3mile调研路段上观察到的平均行车时间，55.1mile/h的数值是适当的平均速度。

到目前为止，本讨论只考虑了测试车辆通过该路段的行车时间。图 11.7 展示了20辆测试车运行的实际通行时间结果。

这个分布看起来并不符合正态分布。事实上，它根本就不是正态分布，因为总通行时间（Travel Time）代表了行车时间（Running Time）（正态分布）和停等延误的总和，而停等延误完全是另一种分布。

假设停等延误分布如表 11.9 所示。

表 11.9　停等延误的假定分布

遇信号灯停车次数	发生概率	停车时间 /s
0	0.569	0
1	0.300	40
2	0.131	80

表 11.8 中的观察结果是由驾驶人随机选择的行车速度和遵循上述关系的信号灯延误效应共同造成的。

图 11.7 中观察到的实际平均通行时间为218.5s，标准差为38.3s。基于均值的95%置信区间为

$$218.5 \pm 1.96(38.3/\sqrt{20}) = 218.5 \pm 16.79,$$
$$201.71 \sim 235.29\text{s}$$

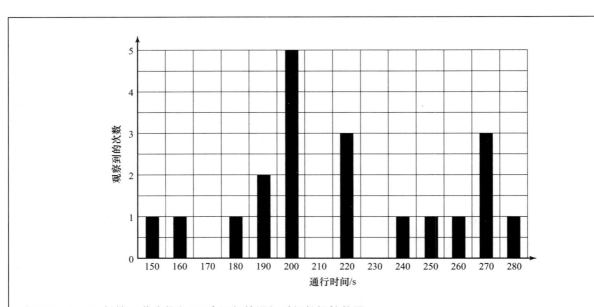

图 11.7　3mile 长的干道路段上20次运行的通行时间数据柱状图

与通行时间这些均值和上下限相关的速度为

$$S_1 = \frac{3\text{mile}}{235.29\text{s}} \times \frac{3600\text{s}}{\text{h}} = 45.9\text{mile/h}$$

$$S_{av} = \frac{3\text{mile}}{218.5\text{s}} \times \frac{3600\text{s}}{\text{h}} = 49.4\text{mile/h}$$

$$S_2 = \frac{3\text{mile}}{201.71\text{s}} \times \frac{3600\text{s}}{\text{h}} = 53.5\text{mile/h}$$

解决平均通行时间的另一种方法是将平均行车时间（196s）与平均延误时间相加，根据上述概率计算出的平均延误时间为

$$d_{av} = (0.569 \times 0) + (0.300 \times 40) + (0.131 \times 80) = 22.5\text{s}$$

那么平均通行时间预计为 196.0 + 22.5 = 218.5s，这与从测量直方图中得到的均值相同。

11.3.3 取代默认值：另一个通行时间数据统计分析的示例

图 11.8 展示的是一个地方公路管辖区为辖区内四车道干线的平均通行速度校准的默认曲线。就像所有"标准"值一样，只要有具体的现场测量结果证明可以取代标准值，就可以使用该测量值。

假设存在这样一种情况：对于一个给定的交通量 V_1，默认的通行速度值是 40mile/h。根据在 2mile 范围内的三次通行时间运行，测量的平均通行速度是 43mile/h。分析员希望用测量值代替标准值。这样做合适吗？

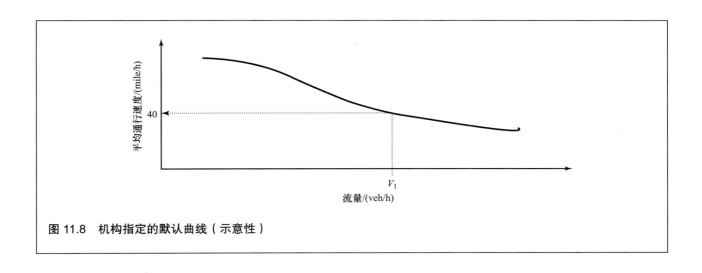

图 11.8 机构指定的默认曲线（示意性）

统计学上的问题是，观察到的标准值与测量值之间 3mile/h 的差异是否具有统计学意义。作为一个实际问题（在这个假设的情况下），从业人员普遍认为图 11.8 的标准值太低，而且经常会观察到更高的值。这表明应该使用单边假设检验。

图 11.9 展示了随机变量 $Y = \sum t_i / N$ 的可能分布，这是通过该路段的平均通行时间的估计值。根据标准和测量的平均通行速度，在 2mile 长的路段上相应的通行时间是（2/40）× 3600 = 180.0s 和（2/43）× 3600 = 167.4s。以下几点与图 11.9 有关：

- Ⅰ类和Ⅱ类错误的置信值相等，并设定为 5%（0.05）。
- 从标准正态表（表 11.2）来看，Prob.（$z \leq z_d$）= 0.95（对应于Ⅰ类和Ⅱ类错误按置信值为 5% 的单边检验）对应的 z_d 值为 1.645。
- 零假设和可选假设之间的差异是通行时间为 180.0–167.4 = 12.6，记为 Δ。

- 已知通行时间的标准差为28.0s。

从图11.9来看，要使默认假设与备选假设之间的差异具有统计学意义，$\Delta/2$的值就必须等于或大于通行时间标准差的1.645倍，记作：

$$\Delta/2 \geq 1.645\left(\frac{s}{\sqrt{N}}\right)$$

$$6.3 \geq 1.645\left(\frac{28}{\sqrt{3}}\right) = 26.6$$

在这种情况下，差异不大，不能接受以43mile/h的测量值来代替默认值。当然，这种关系可以用N来求解：

$$N \geq \frac{8486}{\Delta^2}$$

使用标准差的已知值（28）。注意，Δ是以2mile测试路线上的通行时间差异来表示的，而不是平均通行速度的差异。表11.10展示了接受各种备选平均通行速度以代替默认值的样本量要求。为了接受43mile/h的备选假设，需要有8486/（12.6）² = 54的样本量。然而，如图11.9所示，如果收集了54个样本，只要平均通行时间小于173.7s[即平均通行速度大于（2/173.7）× 3600 = 41.5mile/h]，43mile/h的备选假设就可以接受。

表 11.10　接受各种备选假设所需的样本量和决定值

默认值（平均通行速度）/（mile/h）	备选假设（平均通行速度）/（mile/h）	所需样本量 N	决策点（平均通行速度）Y/（mile/h）
40	42	≥ 115	41.0
40	43	≥ 54	41.4
40	44	≥ 32	41.9
40	45	≥ 22	42.4

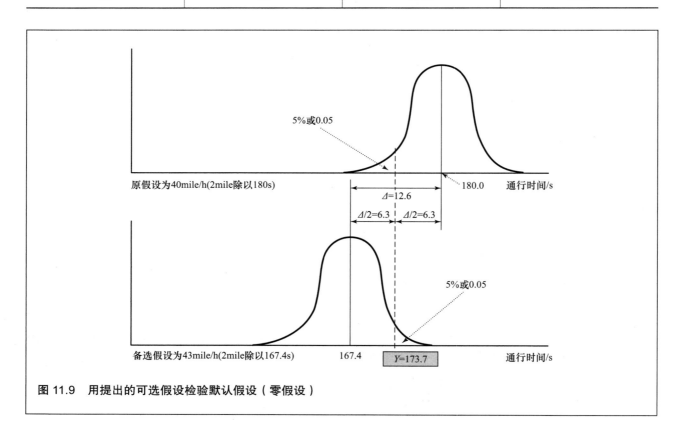

图 11.9　用提出的可选假设检验默认假设（零假设）

虽然这个问题说明了一些可以应用于通行时间数据的统计分析，但读者应该检查一下所制订的调研是否合适。Ⅱ类错误是否应该与Ⅰ类错误相等？默认值的存在是否意味着两者不应该相等？是否应该接受一个高于任何测量值的备选值？例如，如果从54个或更多的测量样本中得出的平均通行速度是41.6mile/h，大于41.5mile/h的决策值，那么是否应该接受43mile/h的备选假设？

鉴于大多数通行时间调研的样本量的实际范围，很难证明在个别情况下推翻默认值是合理的。然而，这些案例的汇编——每个案例的样本量都很小——可以而且应该促使一个机构审查正在使用的默认值和曲线。

11.3.4　通行时间的展示

通行时间数据可以用许多有趣的和信息丰富的方式来展示。用于某个地区整体交通规划的一种方法是绘制通行时间等值线图，如图11.10所示。沿着进入或离开一个中心区域的所有主要路线测量通行时间。然后绘制出时间等值线，通常以15min为单位。基于等值线的形状可以对走廊各个方向的通行时间有一个直观评估。等值线越紧密，前进任何设定距离的通行时间就越长。这种图可以用于整体规划和确定需要改进的走廊和系统路段。

沿着一条路线的通行时间也可以用不同的方式来描述。图11.11展示了沿线的累积时间图。任何给定路段的线的斜率是速度（ft/s），停止的延误用垂直线清楚地表示出来。图11.12展示了平均通行速度与距离的关系。在这两种情况下，问题区域都被清楚地指出，交通工程师可以将重点放在那些经历最拥堵的路段和地点，如最长的通行时间（或最低的平均通行速度）。

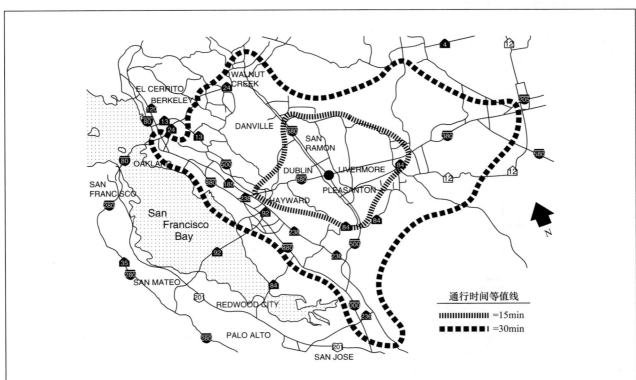

图 11.10　通行时间等值线图

资料来源：经 Prentice-Hall 公司许可，摘自 Pline, J., Editor, *Traffic Engineering Handbook*, 4th Edition, Institute of Transportation Engineers, Washington, DC, 1992, Figure 3-6, pg 69.

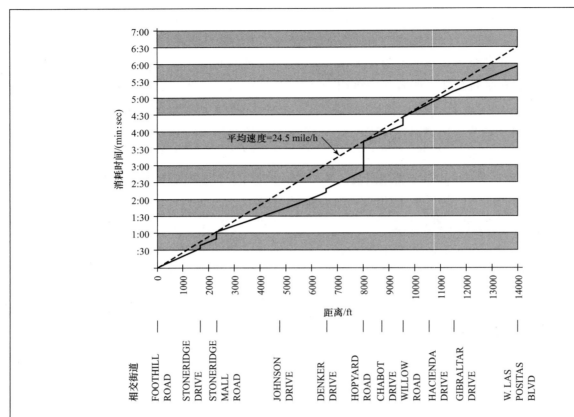

图 11.11 耗时与距离的关系图

资料来源：经 Prentice-Hall 公司许可，摘自 Pline, J., Editor, *Traffic Engineering Handbook*, 4th Edition, Institute of Transportation Engineers, Washington, DC, 1992, Figure 3-7, pg 70.

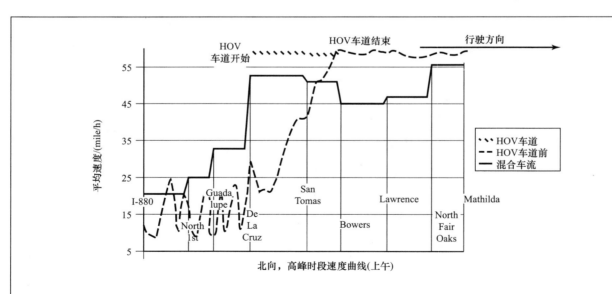

图 11.12 平均通行速度与路线分段的关系图

资料来源：经 Prentice-Hall 公司许可，来自 Pline, J., Editor, *Traffic Engineering Handbook*, 4th Edition, Institute of Transportation Engineers, Washington, DC, 1992, Figure 3-8, pg 71.

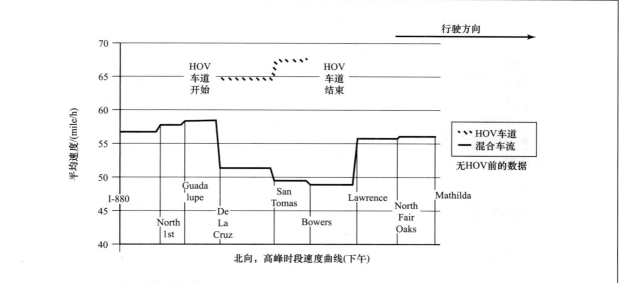

图 11.12　平均通行速度与路线分段的关系图（续）

资料来源：经 Prentice-Hall 公司许可，来自 Pline, J., Editor, Traffic Engineering Handbook, 4th Edition, Institute of Transportation Engineers, Washington, DC, 1992, Figure 3-8, pg 71.

11.4　交叉口延误调研

有些类型的延误是作为通行时间调研的一部分来测量的，在调研过程中要注意停止的位置和时间。如本章前文所述，所有延误调研的一个复杂特点是对延误的各种定义。测量技术必须符合延误的定义。

在 1997 年以前，交叉口的主要延误测量是停等延误。尽管没有任何形式的延误是容易在现场测量的，但停等延误无疑是最容易的。然而，目前衡量信控和"STOP"控制的交叉口的有效性是总的控制延误。控制延误最好定义为，排队延误加上从环境速度减速以及加速到环境速度过程所造成的时间损失。《道路容量手册》[1]定义了控制延误的现场测量技术，使用图 11.13 所示的现场表。

《道路容量手册》中推荐的调研方法是基于对排队车辆的直接观察，时段较长，至少需要两名观察员。应注意以下几点。

1）该方法适用于流量不饱和的情况，以及最大排队车辆为 20 ～ 25 辆的情况。

2）该方法不直接测量加速－减速延误，而是使用一个调整系数来估计该部分。

3）该方法还使用了一个调整系数来纠正采样过程中可能出现的误差。

4）观察者在开始详细调查前，必须对自由流速度进行估计。这是通过在绿灯和没有排队的时期，驾驶车辆通过交叉口和／或在不受信号灯影响的位置测量接近速度来获取的。

实际测量在车道组的红灯相位开始时进行。测量开始时，应该没有来自前一个绿灯相位的溢出队列。以下任务由两名观察者执行。

观察者 1：

- 通过观察每个车道上因信号灯而停止的最后一辆车，跟踪每个周期的停止队列的结束情况。这个计数包括在绿灯时到达的车辆，但在尚未开始移动的排队车辆的一个车长内停止或接近。

- 在 10 ～ 20s 之间的时段，排队车辆的数量被记录在现场表上。这些观察的定期时段应该是周期长度的整数倍。排队的车辆是指那些包括在停止的车辆队列中的车辆（如之前定义的），并且还没有驶出交叉口。对于通过的车辆，当后轮越过停止线时，即被视为"驶离交叉口"。

<table>
<tr><td colspan="13" align="center">平面交叉口延误表</td></tr>
</table>

平面交叉口延误表

总体信息		信息	
分析员 _____		交叉口 _____	
所在机构 _____		区域类型 ☐ CBD ☐ 其他	
数据采集 _____			
分析时间段 _____		分析年份 _____	

输入初始参数

车道数N _____	到达车辆总数V_T _____
	停止车辆计数V_{STOP} _____
现场计数时段I_s _____	周期长度$D(s)$ _____

填入现场数据

时间	周期编号	排队车辆数 计数时段									
		1	2	3	4	5	6	7	8	9	10
汇总											

图 11.13 信控交叉口延误调研的现场表

资料来源: Reprinted with permission from Used with permission of Transportation Research Board, *Highway Capacity Manual*, 4th Edition, © 2000 by the National Academy of Sciences, Courtesy of the National Academies Press, Washington, D.C.

- 对于转向车辆，当车辆清空了必须让行的对向车辆或行人流并开始加速时，即被视为"驶离"。

- 在调查期结束时，车辆排队计数继续进行，直到在调查期内进入排队的所有车辆都驶离交叉口。

观察者 2：

在整个调研期间，对在调查期间到达的车辆和在调查期间停车一次或多次的车辆分别计数。存在停止的车辆只计算一次，不管他们停了多少次。

为方便起见，观测期被确定为周期的整数倍，尽管也可以使用一个任意的时间长度（如15min），并且在涉及感应信号灯的情况下也是必要的。

将排队车辆计数的每一列加起来，然后将各列之和相加，得出调研期间的排队车辆总数。最后假设被计数的车辆的平均排队时间是计数之间的时段，那么

$$T_Q = \left(I_S \frac{\sum V_{iq}}{V_T} \right) \times 0.90 \qquad (11\text{-}14)$$

式中　T_Q——平均排队时间（s/veh）；

　　I_S——排队计数中的排队时段（s）；

　　$\sum V_{iq}$——所有排队车辆计数之和（veh）；

　　V_T——调研期间到达的车辆总数（veh）；

　　0.90——经验调整系数。

调整系数0.90用于调整使用这种抽样技术时通常出现的误差。这种误差通常会导致对延误的高估。

对加速－减速延误的进一步调整需要计算两个数值：①每个周期每个车道的平均停车数量；②到达的车辆中实际停车的比例。这两个值的计算方法是：

$$V_{SLC} = \frac{V_{STOP}}{N_c \times N_L} \qquad (11\text{-}15)$$

式中　V_{SLC}——每条车道上每周期停车的车辆数（veh/ln/cycle）；

　　V_{STOP}——停车的车辆总数（veh）；

　　N_c——调查中包含的周期数；

　　N_L——调查车道组中的车道数。

$$FVS = \frac{V_{STOP}}{V_T} \qquad (11\text{-}16)$$

其中，FVS是停车的车辆占比，所有其他变量定义同前。

利用每条车道、每个周期的停车车辆数量，以及有关接近段的测量自由流速度，从表11.11中找到一个调整系数。

然后，控制延误的最终估计值可计算为：

$$d = T_Q + (FVS \times CF) \qquad (11\text{-}17)$$

式中　d——总控制延误（s/veh）；

　　CF——表11.11的调整系数。

表11.12是一张现场表，汇总了一个信控交叉口接近段的调研数据。该接近段有两条车道，信号周期长度为60s。调查了10个周期，车辆在队列中的计数时段为20s。

表 11.11　加速/减速延误的调整系数

自由流速度/（mile/h）	停车车辆，每车道每周期（V_{SLC}）		
	≤ 7veh	8 ~ 19veh	20 ~ 30veh
≤ 37	+5	+2	−1
>37 ~ 45	+7	+4	+2
>45	+9	+7	+5

资料来源：Reprinted with permission from Used with permission of Transportation Research Board, *Highway Capacity Manual*, 4th Edition, © 2000 by the National Academy of Sciences, Courtesy of the National Academies Press, Washington, D.C.

表 11.12　信控交叉口延误调研的样本数据

时间（下午）	周期序号	排队车辆		
		+0s	+20s	+40s
5：00	1	4	7	5
5：01	2	6	6	5
5：02	3	3	5	5
5：03	4	6	6	4
5：04	5	5	3	3
5：05	6	5	4	5
5：06	7	6	8	4
5：07	8	3	4	3
5：08	9	2	4	3
5：09	10	4	3	5
总计		40	50	42

注：$\sum V_{iq} = 40 + 50 + 42 = 132$veh；$V_T = 120$veh（观察到的）；$V_{STOP} = 75$veh（观察到的）；FFS=35mile/h（观察到的）。

使用式（11-14）计算出平均排队时间：

$$T_Q = \left(20 \times \frac{132}{120} \right) \times 0.90 = 19.8 \text{ s/veh}$$

为了从表 11.11 中找出适当的修正系数，用式（11-15）计算出每个周期每条车道的停车数量：

$$V_{SLC} = \frac{75}{10 \times 2} = 3.75 \text{veh}$$

使用上式和测量的自由流速度 35mile/h，校正系数为 +5s。现在用式（11-16）和式（11-17）来估计控制延误：

$$\text{FVS} = \frac{75}{120} = 0.625$$
$$d = 19.8 + (0.625 \times 5) = 22.9 \text{ s/veh}$$

类似的技术和现场表也可以用来测量停等延误。在这种情况下，时段计数只包括停在交叉口排队区域内的车辆，而不包括在其中移动的车辆。不需要对加速/减速延误进行调整。

11.5　总结

时间是驾驶人和其他出行者为从这里到那里而付出的关键投入之一。出行人通常希望通过尽量缩短行程来减少这种付出。通行时间和延误调研为交通工程师提供了关于拥堵、路段通行时间和点位延误的数据。通过仔细检查，可以确定造成拥堵、过长通行时间和延误的原因，并制订交通工程措施来改善问题。

速度是通行时间的倒数。当出行人希望最大限度地提高他们的通行速度时，他们期望这样做足够安全。速度数据提供了对包括安全在内的许多因素的分析，并被用于支持确定交通信号灯的配时、设定限速、确定标志位置，以及用于其他各种重要的交通工程工作。

参考文献

[1] Highway Capacity Manual, 6th Edition : A Guide for Multimodal Mobility Analysis, Transportation Research Board, National Science Foundation, Washington, D.C., 2016.

[2] Highway Capacity Manual, 3rd Edition, Special Report 209, Transportation Research Board, National Science Foundation, Washington, D.C., 1985.

习题

11-1. 考虑下面的点速度数据，这些数据是在不拥堵的情况下在一条远郊公路上收集的。

速度组 / (mile/h)	观察到的车辆数 N/veh
15 ~ 20	0
20 ~ 25	4
25 ~ 30	9
30 ~ 35	18
35 ~ 40	35
40 ~ 45	42
45 ~ 50	32
50 ~ 55	20
55 ~ 60	9
60 ~ 65	0

1）绘制该数据的频率和累积频率曲线。

2）从曲线上确定中位速度、模速度、步距和车辆的百分比，并说明是如何计算的。

3）计算速度分布的均值和标准差。

4）在 95% 的置信度下，该分布的真实平均速度的估计置信度是多少？若采用 99.7% 的置信度又会怎样？

5）根据这项调研结果，要进行第二次，以达到 95% 置信度下的 ±0.8mile/h 容差，需要多大的样本量？

6）这些数据是否可以被充分描述为"正态分布"？

11-2. 开展了一项"前后"速度调研，以确定在接近收费广场的地方安装一系列隆声带，将接近速度降低到40mile/h的效果。

分项	安装前	安装后
平均速度	43.5mile/h	40.8mile/h
标准差	4.8mile/h	5.3mile/h
样本量	120	108

1）隆声带是否有效地降低了该地点的平均速度？

2）隆声带是否有效地将平均速度降低到40mile/h？

11-3. 在对一个信控交叉口的延误调研中，收集了以下数据。该信号灯的周期长度为60s。

时间（上午）	周期编号	排队车辆数			
		+ 0s	+ 15s	+ 30s	+ 45s
9：00	1	3	4	2	4
9：01	2	1	2	3	3
9：02	3	4	3	3	4
9：03	4	2	3	3	4
9：04	5	0	1	2	3

1）估计车辆排队的平均时间。

2）估计这个接近段每辆车的平均控制延误。

11-4. 沿着一条干道要开展一系列的通行时间运行。表明估计总体平均通行时间所需的运行次数，95%的置信度在±2min、±5min、±10min之内，标准差为5、10、15min。注意，需要一个3×3的数值表。

时间（上午）	周期编号	排队车辆数			
		+ 0s	+ 15s	+ 30s	+ 45s
9：05	6	2	1	1	2
9：06	7	4	3	3	4
9：07	8	5	5	6	4
9：08	9	2	3	4	3
9：09	10	0	3	2	2
9：10	11	1	2	3	1
9：11	12	1	0	1	0
9：12	13	2	2	1	2
9：13	14	2	3	2	2
9：14	15	4	3	3	3

$V_T = 435\text{veh}$　　$V_{STOP} = 305\text{veh}$　　$FFS = 35\text{mile/h}$

11-5. 一个通行时间调研的结果在下面的表格中进行了汇总。根据这些数据，完成下列习题：

1）将通行时间和延误运行的结果制成表格，并以图表形式呈现。显示每个路段的平均通行速度和平均行车速度。

2）注意，本题中建议的运行次数与题11-3的结果不一定一致。假设每辆车运行5次，需要多少辆测试车才能在95%的置信度下达到±3mile/h的容差？

Erin Blvd	记录人：XYZ	5轮汇总		
检核点编号	累积路段长度 /mile	累积通行时间（min：sec）	每个路段	
			延误 /s	停车次数
1	—	—	—	—
2	1.00	2：05	10	1
3	2.25	4：50	30	1
4	3.50	7：30	25	1
5	4.00	9：10	42	2
6	4.25	10：27	47	1
7	5.00	11：54	14	1

道路交通安全：概述

12.1 引言

2016 年，根据警察的报告，美国道路和公路上共发生超过 630 万起碰撞，造成 37461 人丧生。由于人们普遍认为警察报告的碰撞仅占所有碰撞的 50%，这意味着全年发生的碰撞总数超过令人震惊的 1200 万起。表 12.1[1] 展示了 2015 年的一套更完整的统计数据。在编写本书时，2016 年的完整统计数据还没有发布。

为了充分理解这些统计数据，需要一些参照信息。在美国，死于公路碰撞的人数超过了国家参与的所有战争，从"独立战争"到"沙漠风暴"。

然而，如图 12.1 所示，碰撞中的死亡率已经出现显著的下降趋势。尽管这些年车辆行驶总里程数增加了，但死亡总人数却没有大幅增加，如图 12.2 所示[2]。值得关注的是下降的比率⊖。

表 12.1　2015 年全国道路交通碰撞统计

碰撞类型	死亡 / 受伤人数	碰撞数 *	涉事车辆数
死亡	35485	32539	55661
受伤	2443000	1715000	3759000
仅物损（PDO）	NA	4548000	74530000

注：* 只包括警察报告的碰撞。

资料来源：Compiled from *Traffic Safety Facts 2015* and *Quick Facts 2016*, National Highway Traffic Safety Administration, U.S.D.O.T, Washington, D.C., 2017.

⊖　此处指死亡率和受伤率。——译者注

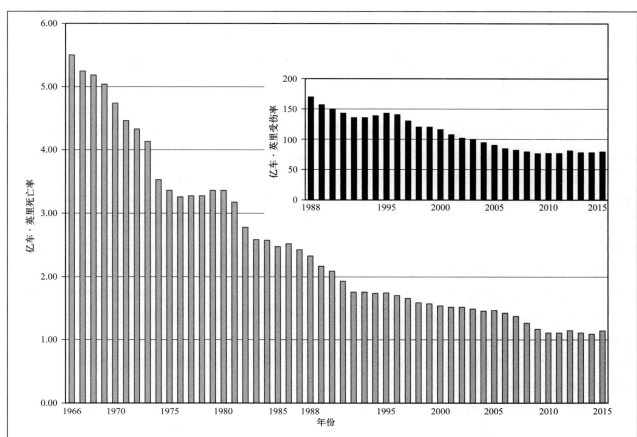

图 12.1 1966—2015 年机动车每 1 亿车·英里的死亡率和受伤率

资料来源：*Traffic Safety Facts 2015*, National Highway Traffic Safety Administration, U.S. Department of Transportation, Washington, D.C., 2017, pg 20.

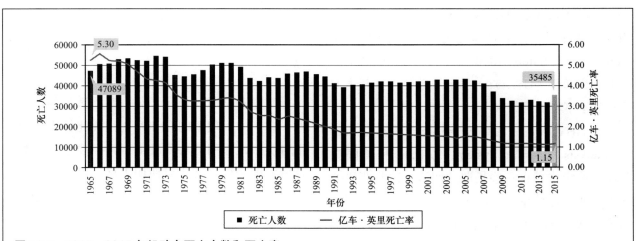

图 12.2 1965—2015 年机动车死亡人数和死亡率

资料来源："2015 Motor Vehicle Crashes：An Overview," *Traffic Safety Facts – Research Note*, National Highway Traffic Safety Administration, U.S. Department of Transportation, Washington, D.C., August 2016, Figure 2.

大家普遍认为下降的基本因素包括以下几点。

1）**车辆设计**，由安全带、儿童座椅、安全气囊（侧面以及驾驶人/乘客）、碰撞缓冲区等改进措施的贡献。

2）**道路改善**，包括隔离、标志和照明，以及适用于新建和修复的基本设计原则。

3）**教育和执法**，让更多的人使用安全带，普遍使用儿童座椅，分级驾照，以及行为改变。

一个显著的统计数字是，从1982年到2015年，酒后驾驶的死亡人数比例从48%下降到29%[1]。

在编写本书时，从2014年到2016年，死亡率和死亡人数都有明显增加。死亡人数从2014年的30056人上升到2015年的32485人和2016年的34439人，两年内增加了14.6%。在同一时期，死亡率（每1亿车·英里死亡人数）从1.08上升到1.18，增加了9.3%[1, 3]。

这是否是更多分心驾驶影响了早期预警信号所致？这仅仅是统计上的波动吗？2018年，该问题正在被全面调研，以确定长期趋势中突然转变的原因。

然而，很明显的是，几十年来已经取得了很多成就，对安全的系统性关注已经构建，并且可以继续产生巨大效益。美国国家公路交通安全局（National Highway Traffic Safety Administration，NHTSA）和联邦机动车运输安全局（Federal Motor Carrier Safety Administration，FMCSA）都是美国交通部（USDOT）的下属单位，其基本方法是基于事实的决策。

在NHTSA的死亡事故分析报告系统（Fatality Analysis Reporting System，FARS）和美国汽车抽样系统中，有一些长期的调研，这些调研被纳入其通用评估系统（General Estimates System，GES）和防撞数据系统（Crashworthiness Data System，CDS）。GES以全国警察事故报告样本为基础；CDS以小客车碰撞为基础，调查伤害机制以确定车辆设计的潜在改进。作为NHTSA数据现代化计划（NHTSA's Data Modernization Program）的一部分，GES和CDS项目已被取代，作为现代化的一部分，国家采样框架被重新定义。目前的项目是碰撞报告采样系统（Crash Report Sampling System）和碰撞调查采样系统（Crash Investigation Sampling System）。

现有的数据确实显示了整体的下降趋势，但由于同年车辆行驶里程的增加，仍然导致了大量死亡（和严重伤害）。而且还有一些持续存在的问题需要解决，可以追溯到驾驶人的特性和行为。例如，图12.3展示了按性别和碰撞严重程度划分的涉事驾驶人比率。很明显，基于性别是存在差异的[○]。

数据和文献还显示了碰撞形态在以下方面的变化：

- 一天中的时间，以及工作日与周末
- 天气
- 照明状况
- 道路类型，控制类型（如果有的话），道路状况
- 碰撞形式（角度、追尾、对向；有固定物体；无固定物体）
- 涉及的车辆类型
- 驾驶人状况（酒精、药物、无）和行为（分心、无）

数据和文献还显示了获取某些数据的能力的差异。例如，现场的详细调查往往比标准的警方报告更多地援引分心驾驶的因素。要想基于数据开展深度分析，就要对使用表格的设计和收集人的培训（重要事项）有较详细的认知。例如，第一响应者有多项职责：控制现场以保障安全运行和处理伤害，缓解风险，收集既有事实。

○ 关于性别差异，分母应该采用不同性别驾驶里程数才比较客观，但该数据难以得到；这里似乎仅仅用了碰撞次数，结论应该没有问题，但说服力不足。当然，该数据的采集是困难的。——译者注

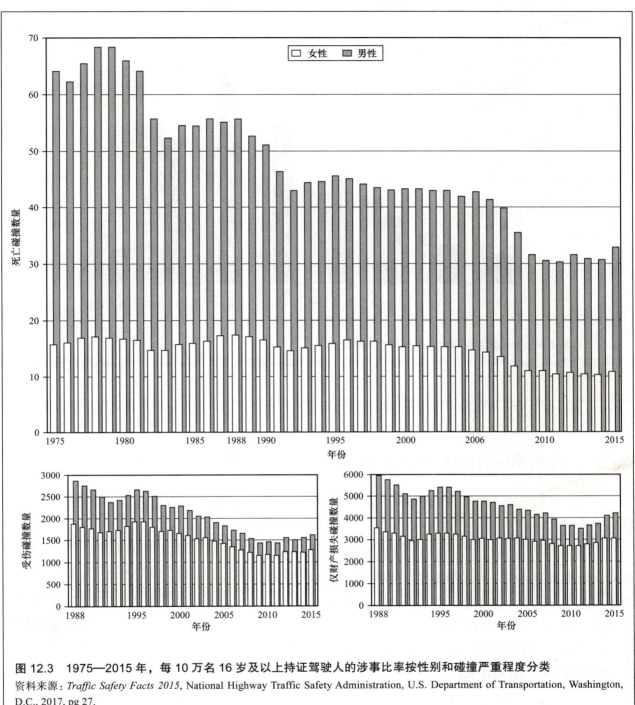

图 12.3 1975—2015 年，每 10 万名 16 岁及以上持证驾驶人的涉事比率按性别和碰撞严重程度分类

资料来源：*Traffic Safety Facts 2015*, National Highway Traffic Safety Administration, U.S. Department of Transportation, Washington, D.C., 2017, pg 27.

　　图 12.4 展示了在一定的时间范围内，在涉酒驾驶的碰撞中死亡人数比例。在午夜到凌晨 3 时的致死碰撞中，大约 60% 的情况涉及酒精影响。在上午 9 时到下午 3 时的时段内，每种情况都有大约 10%。

　　虽然这些数据引出了需要详细研究的问题，但它们不一定能提供所有需要的信息。例如，图 12.3 没有包括有关男性和女性分别驾驶多少车辆里程的信息。图 12.4 可能只反映了一天中人们最有可能外出喝酒且驾车的时间。

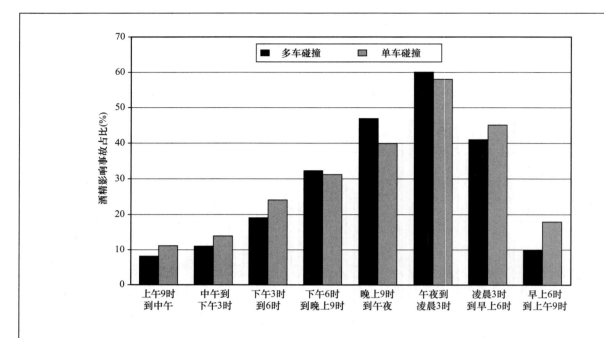

图 12.4   按时间划分的酒后驾车碰撞中的死亡人数比例
资料来源：*Traffic Safety Facts 2015*, National Highway Traffic Safety Administration, U.S. Department of Transportation, Washington, D.C., 2017, pg 111.

12.2   当前和新出现的优先事项

首先，我们必须了解本节的背景，有必要聚焦以下基础信息。

- 第 12.1 节提供了一个基于长期数据计划和对所收集数据的深入关注的概述。这种关注引出了对改进车辆设计的依据，对道路设计要素的更多关注，以及教育和执法的优先权。
- 后面的章节将确定一些在交通工程实践中经常使用的基本工具和技术：

  ◇ 碰撞图
  ◇ 现场图
  ◇ 基于暴露量、率（碰撞、事故等）、总数、实际事件和风险评估的指标
  ◇ 相关统计分析

同时，对从业者来说，显然有一些当前重要的主题。它们是现代交通工程的对话，甚至是结构的一部分。技术和实践的现状正在迅速发展，

需要交通工程师不断学习和积累。

12.2.1   碰撞，不是事故

虽然"事故"（Accidents）是一个常用的词，但专业用语正在改变，强调的是"碰撞"（Crashes），而不是事故。这种区别是根本的。事故是不可避免地发生的事情，并促进了关于此类事件的可接受程度的对话（和心态）。"碰撞"是可以通过设计、技术和有计划的努力来避免的事件。人们可以更容易地期望将碰撞事件减少到零，也许是逐级减少，但目标还是零。本章将在某些情况下使用"事故"，这源于历史原因（在上下文中），或者源于通常情况下的某些术语，例如"警察事故报告"。

12.2.2   行人和自行车骑行人

从历史上看，交通安全的重点是与其他车

辆、固定物体和非固定物体相碰撞对车内人员的伤害。在一些讨论中，行人被列为车辆碰撞的"非固定物体"。对行人的伤害当然得到了承认，但应该知晓，相对而言，行人的死亡总数只是与车辆相关的死亡的一小部分。现在，人们已经清楚地认识到，街道空间是为各种用户服务的，每种出行方式都有自己的空间权利，包括免受其他出行方式的影响。

12.2.3 交通宁静

现代交通工程师要平衡各种出行模式，为公众和注重城市环境氛围的规划者所期望的模式提供服务。移动性不仅仅是移动更多的车辆，而是为多种用途提供平衡。出行的质量可能比出行的速度更重要。安全作为一个目标，相比过去几年更多地影响决策。

城市空间的设计是为了让各种出行模式安全地同时进行，每种模式都有其各自的设计特点，并被纳入城市环境。考虑一个有趣的案例，交通信号灯进程（绿波）在历史上被当作是以最小的延误实现最大的车辆流量的一种手段。但有一个辖区对此有异议，最初是在非高峰期，主干道上较少的绿灯时间形成了车列；车列制约了超速的机会；较少的主干道绿灯时间意味着更多的行人穿越更宽的主干道的时间；使用进程以限制可以连续行驶的距离，可达成较少的超速和保持一致的车列。图 12.5 展示了一条这样的干道上的前后速度曲线。

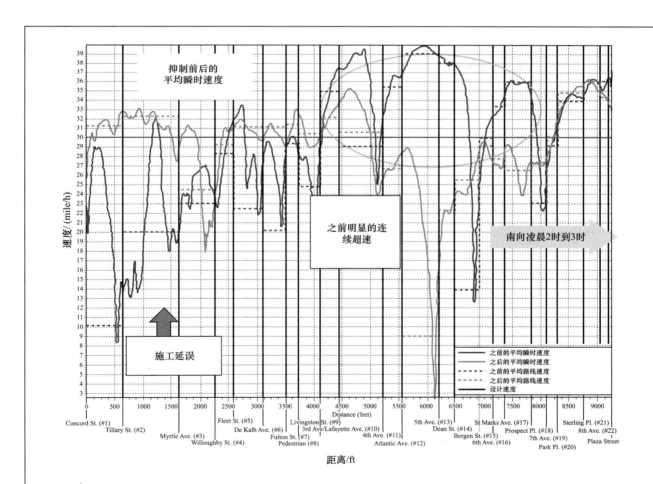

图 12.5 以纽约市布鲁克林区为例，通过信号灯进程控制速度

资料来源：KLD Engineering, P.C.

许多街道并不需要早期标准设计中提供的所有车辆容量。一个路网的容量通常由数量有限的关键（或主要）交叉口控制。大多数交叉口只要与控制节点容量相匹配即可。这样的观念为重新分配街道空间给其他出行模式，以及设计缩短行人过街距离和更好地界定行人空间打开了大门。

关于交通宁静（Traffic Calming）和交通宁静措施的最全面的信息来源是联邦公路管理局（FHWA）的 Traffic Calming ePrimer，可在线获取。它定期更新，包括最新的信息。它描述了交通宁静所涉及的各种设施和方法，以及作为整个交通宁静计划的一部分，何时、何地、如何实施这些设施的一般准则[4]。以下是用于实施交通宁静的部分设施清单：

- 横向偏移（路线）(Lateral shifts in alignment)
- 蛇形弯（曲折路）(Chicanes)
- 重新对齐交叉口（Realigned intersections）
- 交通圈和环岛（Traffic circles and roundabouts）
- 减速带、减速丘和减速台（Speed bumps, humps, and tables）
- 凸起人行横道（Raised pedestrian crosswalks）
- 颈缩口（局部收窄）和其他减小行人过街距离的方法（Chokers and other ways to narrow crossing distance for pedestrians）
- 街道关闭和导流装置（Street closures and diverters）
- 道路瘦身（Road diets）（将车行路空间分配给其他交通模式，如自行车和大众运输）

图 12.6 呈现了其中一些措施。

图 12.6a 和图 12.6b 示意了蛇形弯，该措施旨在迫使车辆偏离直线路径并降低速度。图 12.6c 是一个小交通圈，它再次迫使驾驶人离开直线路

径，以较低的速度通过交叉口。在图 12.6d 中，外展的路缘石缩短了行人过街的距离，同时也向驾驶人强调了它的存在。图 12.6e 展示了减少车辆车道以容纳自行车道的情况。图 12.6f 展示了一个防止交叉口直行的导流分隔带。这些都可以用来改造矩形网格路网，以提供交通宁静。

这些设施有助于改善行人和自行车骑行人的出行环境。因为它们也会限制小客车、卡车甚至巴士，所以只应作为整个交通宁静计划的一部分来仔细考虑，在该计划中要考虑所有影响，包括正面的和负面的。

12.2.4　分心驾驶

对驾车时发短信有明确的禁止规定，对驾车时使用"免提电话"也有要求。但是，鉴于与驾驶人分心相关的热点事件急剧增加，人们对这些措施是否足够产生了疑问。人因研究清楚地表明，人们可以完成的并发任务的数量是有限的，根据交通量、天气、照明和其他因素，有针对任务质量需求增加的风险评估。同时，科技正在提供一系列干扰，以及更多的机会让驾驶人执行多任务和接收语音信息。

12.2.5　零愿景

1997 年，瑞典议会批准了"零愿景"（Vision Zero），这是一项旨在实现无死亡或严重伤害的道路交通安全承诺。参考文献 [5] 提供了关于该项努力的国际宣传的概述。美国交通部的联邦公路局（FHWA）强调以数据为导向的跨学科方法，针对需要改进的领域，使用已验证的对策，并以"4E"⊖为基础[6]。美国国家安全委员会已经与 NHTSA、FHWA 和 FMCSA 合作开展了"Road to Zero"的工作[7]。许多地方辖区都有自己的概念演绎。

⊖　4E 是指 Education, Enforcement, Engineering, and Emergency medical/trauma services，意为教育、执法、工程和紧急医疗 / 创伤服务。——译者注

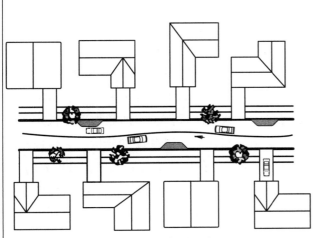

a) 用于降低交通速度的蛇形弯

b) 蛇形弯示意图

c) 交通圈示意图

d) 缘石外展以缩短过街距离

e) 道路瘦身示意图

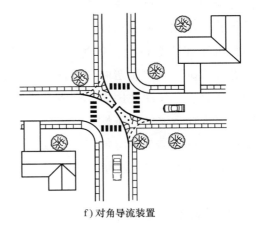

f) 对角导流装置

图 12.6　交通宁静设施图示

资料来源: *Traffic Calming ePrimer*, Federal Highway Administration, U.S. Department of Transportation, Washington, D.C., 2017, Figures 3.5.1, 3.5.3, 3.7.4, 3.16.1, and 3.16.2.

12.2.6 网联车

网联是人们非常关注的先进技术，该技术使得车辆可通过各种传感器进行相互通信（V2V）和与基础设施通信（V2I），以实现早期预警、自动响应和避免碰撞。这也延伸到了对行人和其他出行用户的感应。

• 在本书的前一版中，网联汽车是一个未来概念。在编写本书时，市场力量正在推动汽车制造商加速研究、合作和收购，并高度重视在极短的几年内将产品推向市场。

• 在此背景下，美国的联邦机构、美国 ITS 协会（ITS America，ITSA）和世界各地的类似组织一直在处理通信协议和标准。

• 显然，网联车概念是提高安全性和向零愿景目标迈进的一种手段。但是，将真正的产品推向市场的速度如此之快，竞争力量如此强大，因此在本书中记录的内容随时都会过时，建议读者阅读最新文献，核实市场渗透率和预测。

12.2.7 无人驾驶汽车

这与网联车的概念密切相关，但重点在于驾驶任务的自动化。截至目前，已经有实验性的无人驾驶汽车在路上行驶，各州也正在颁布立法，允许进行测试。汽车制造商正专注于将产品推向市场。企业正在关注使用无人驾驶车进行长距离和短距离货物运输的经济性。建议读者关注趋势和预测，并将此类车辆将如何影响安全目标、零愿景甚至道路容量纳入思考。

12.2.8 智能手机应用程序

智能手机应用程序的领域正迅速崛起，为驾驶人和行人提供导航，公交车和火车到达时间和时间表，并可以提供基于 V2I 网联车技术的警告。同时，智能手机被认为是导致分心驾驶和分心行走的因素。这是交通工程师需要关注的另一个领域。

12.2.9 数据丰富的环境

通过其他章节（例如第 8 章和第 9 章），我们注意到今天的交通工程师和公众可获得的信息是海量的。这些海量信息中的数据可以被用于交通安全调研和评估，以及详细分析。它可以被用来确定需要关注的内容的优先次序。最重要的是，鉴于数据的数量，"一图胜千言"这一真理往往是非常正确的。数据可视化成为一个特别重要的工具。

图 12.7 展示了 2017 年纽约市行人和车辆乘员与交通有关的死亡数据（截至 5 月 31 日）[8]，使用的是该市"零愿景"网站上的在线工具。注意，在这个城市环境中，全国关于车辆乘员与行人死亡的一般统计数字发生了巨大逆转：在所示期间，行人死亡人数（41）多于车辆乘员死亡人数（29）。

图 12.7 2017 年 1 月 1 日—5 月 31 日纽约市交通碰撞中行人和车辆乘员的死亡人数

12.3　道路安全手册

在 1999 年 1 月运输研究委员会（TRB）年会的一次会议上，业界做了大量努力，《道路安全手册》（HSM）[9, 10] 肇始于此。据此组织了一个由 TRB 八个委员会和 FHWA 参与的研讨会，以调查制作这样一份文件的可行性（1999 年 12 月）。它由美国国家合作公路研究计划（NCHRP）下的一系列项目资助，以制订该文件，并使其在 2010 年由美国公路与运输协会（AASHTO）出版。该文件并非标准，但包含许多有用的准则。第二版计划于 2019 年发布。

HSM 的重点是基于科学的技术方法，定量安全分析的工具，以及估计碰撞频率和严重程度的预测方法。

在整个 HSM 中，以下两个术语现在已经成为交通安全词汇的一部分。

- **安全绩效函数**（Safety Performance Function，SPF）是估计平均碰撞频率的方程，是交通量和道路特性的函数，通常针对标准的基准条件集。
- **碰撞修正系数**（Crash Modification Factor，CMF）用于估计由于应用特定的处理方法而导致的碰撞频率或碰撞严重程度的变化，或评估与估计 SPF 的基准条件不一致的条件的影响。

表 12.2 给出了 HSM 的一个结果示例，展示了在多车道道路上增加中间带的潜在影响。注意，对一条城市多车道干道来说，估计的 CMF 预测所有类型的致伤碰撞会减少 22%，但非致伤碰撞会增加 9%。专业人员在做出明智的决策时要考虑这些信息，而成本效益、优先次序和可用资金是其他因素。

表 12.2　在多车道道路上设置中间带的潜在影响示例

对策措施	场景及道路类型	交通量	事故类型（严重程度）	CMF	标准差
设置中间带	市区，多车道干道	不明确	所有类型（受伤）	0.78	0.02
			所有类型（非受伤）	1.09	0.02
	远郊，多车道道路		所有类型（受伤）	0.88	0.03
			所有类型（非受伤）	0.82	0.03

资料来源：摘自 (*Illustrative Effects of Providing a Median on Multilane Road*), (2011), by the American Association of State Highway and Transportation Officials, Washington, D.C. U.S.A.

HSM 可用于安全分析的所有方面，包括以下项目类型。

1）维护和运行：改善现有地点的安全，选择最佳对策。

2）项目规划和初步设计：确定备选方案，评估安全潜力和成本效益。

3）系统规划：确定需要的项目并确定其优先顺序。

4）设计和施工：实施项目。

为分析人员提供了开展以下工作的方法。

- 估算平均碰撞频率，无论是否有历史碰撞数据。
- 估计（或预测）改善措施的有效性。
- 评估已实施对策的有效性。

本节不可能涵盖 HSM 包含的所有信息，但包括了一些例子，以说明 HSM 所能实现的分析类型。图 12.8 为 HSM 中的一个流程图。

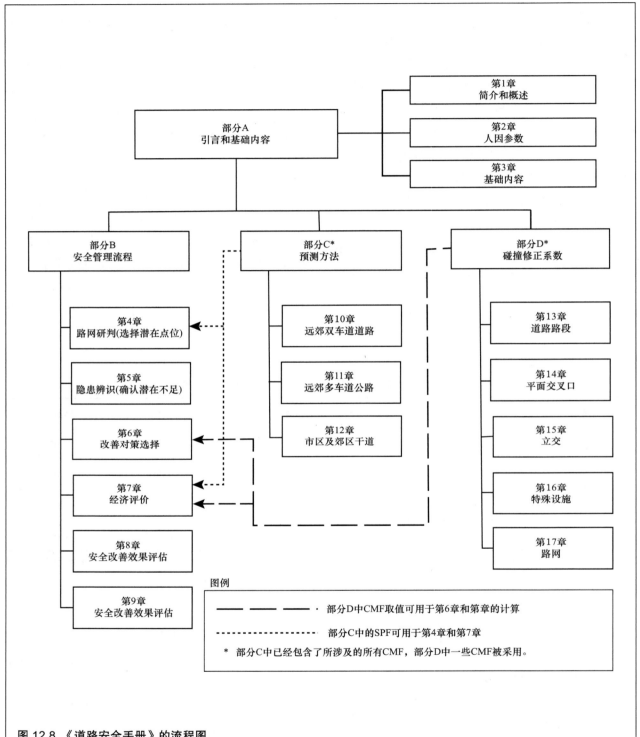

图 12.8 《道路安全手册》的流程图

资料来源：Adapted from（*Highway Safety Manual*），（2010），by the American Association of State Highway and Transportation Officials, Washington, D.C. U.S.A.

12.3.1　开展分析的步骤

本节将描述根据 HSM 对特定地点（道路和 / 或交叉口）进行安全分析所需的一般步骤。

第 1 步：收集数据

第 1 步是收集应用安全预测方法所需的所有数据。HSM 的一个补充出版物对所需数据进行了详细解释[11]。需要的数据有三类：场地特性、交通量和碰撞历史数据。

路段和交叉口都需要场地特性数据。

道路数据包括区域类型、路段长度、详细的道路横断面描述、平面和立面线形、出入道、路侧条件和照明。

交叉口数据包括详细的几何形状（如车道类型和宽度）、交通控制类型（如 "STOP" 或信控、相位和红灯右转）、执法设备（如闯红灯摄像机）、交叉口交角、视距、地形和照明。

对这些总体数据类别的更详细描述可以在文献 [12] 中查阅。

对于路段，需要年平均日交通量（AADT）。对于交叉口，需要相交道路的平均日交通量。

需要的每年碰撞数据包括以下内容：地点、严重程度（死亡、受伤、仅财产损失）、与交叉口的距离、与交叉口相关或无关。

第 2 步：开展地点研判

对现场进行研判是为了确定发生碰撞的类型和具体地点存在的安全问题。研判是要确定造成碰撞的原因。建议对三到五年的碰撞数据进行分析。

需要在以下方面提供详细信息。

1）在有关地点发生的碰撞的情况。

2）该地点现有的环境和物理条件。

3）交通量。

对这些信息的分析应该确定可能或实际导致观察到的交通事故发生的环境和物理条件。

环境和物理条件是通过适当的现场人员进行全面的现场调查来确定的。显示这些信息的两个典型工具如下。

1）碰撞图。

2）现场图。

关于如何构建和展示这些关键图表的细节将在本章后面探讨。

第 3 步：解读数据和选择对策

本章不能完全讨论和介绍所有类型的碰撞现场分析。分析碰撞、条件和交通数据的目的很直接：在设计、控制、运行和环境特性中查寻导致碰撞（观察到的）的原因。这样做几乎涉及交通工程师的所有知识，包括统计评估、经验和专业判断的应用。

HSM 列出了导致各种碰撞类型的最常见因素，NCHRP 报告 500A，AASHTO《公路安全战略计划的实施指南》[12]，可以作为参考，它们对促成因素进行了更详细的讨论。此外，HSM 还提供了可能适合的对策清单，这些对策基于上一步研判结果中的场景类型、碰撞类型和安全问题。

本章后面将对有效的应对措施进行一些讨论。

第 4 步：对考虑中的对策进行经济分析

应进行效益成本（Benefit-Cost）或成本效果（Cost-Effectiveness）分析，以确定实施这些措施在经济上是否合理。

HSM 使用碰撞频率和严重程度的变化来量化所考虑的对策措施的效益，并为确定这种变化提供了一种预测方法。

然而，还有许多其他的项目效益，分析人员可以考虑评估对策的经济效益。AASHTO《公路和巴士大众运输改进的用户效益分析手册》（A Manual of User Benefit Analysis for Highway and Bus-Transit Improvements）（红皮书）是一个可为评估其他效益提供指导的参考资料。例如，可能有燃料消耗、噪声、通行时间和 / 或某一特定对策的其他好处，这可能是需要考虑的。

第 5 步：评估安全有效性

特定对策的安全有效性是通过碰撞的严重程度和频率的变化来评估的，同时也要评估与资金使用情况有关的变化。对改善前后的碰撞统计数据进行比较。在使用观察到的碰撞数据时，必须注意调整由于使用几年的数据而产生的偏差，这些数据可能会捕捉到碰撞的随机增长。使用简单的观察数据而不考虑碰撞数据的随机性的影响，以及如何避免这种错误，称为均值回归（Regression to the Mean，RTM）的偏差，将在本章后面详细讨论。但只需考虑到，在没有实施任何改变的情况下，几年的低频碰撞可能紧随几年的高频碰撞，反之亦然，这是很正常的。

因此，如果之前的数据恰好是一个随机的高频碰撞期，那么碰撞频率的变化可能不是改善带来的。

HSM 中提供的有效性措施之一是 CMF。CMF 是改善后数据与改善前数据的比率。在HSM 中，为各种对策措施定义了 CMF 表格。前面介绍的表 12.2 是一个基于在多车道道路上提供中间带效果的 CMF 表格示例。

HSM 中的 CMF 是根据现有的最佳研究确定的。对于大多数 CMF，还提供了标准差，以使分析人员能够计算出结果的置信区间。

对于未包括在 HSM 中的对策，CMF Clearinghouse 是一个不断更新的对策和附带的 CMF 的网站数据库[13]。

12.3.2 系统规划

对于系统规划，还需要额外步骤。

第 1 步是检查路网（路网研判），以确定可能最需要安全关注的碰撞高发地点。HSM 提供了路网研判的算法，以找到碰撞高发地点，同时找到最有潜力改进的地点。

在决定了要调研的地点并完成了每个地点的第 1~5 步后，HSM 给出了如何对项目进行排序的指导，以确定实施的优先顺序。项目可以根据成本效益、增量效费比、安全效益和减少的交通事故严重程度等进行排序。

12.3.3 计算预测和预期的平均碰撞频率的 HSM 预测方法

HSM 提供了一种方法来估计各种情况下的预测和预期平均碰撞频率。预测碰撞频率方法用于在没有观察到过去或未来年份的历史碰撞数据时估计平均碰撞频率，并在使用历史碰撞数据时提高统计可靠性。当历史碰撞数据可用时，通过结合观察到的历史碰撞数据和 HSM 预测的平均碰撞频率，使用经验贝叶斯（Empirical Bayes，EB）方法对数值进行加权，从而找到预期碰撞频率。与单独的预测或观察数字相比，EB 方法对平均碰撞频率的估计在统计上更为可靠。

为了应用预测方法，将道路划分为路段和交叉口。对每个路段和交叉口都要单独进行分析。如果分析的是一个以上的交叉口，则将各段和交叉口的预期碰撞值加在一起。

预测的平均碰撞频率（碰撞数 / 年）是使用回归模型得到的，称为 SPF。SPF 利用类似地点的数据对特定的基准条件进行校准。回归模型的输入包括 AADT、几何形状和控制类型等。然后，SPF 预测值会根据当地情况进行调整。

为以下设施提供了单独的 SPF 方程：

- 远郊双车道公路
- 远郊多车道公路
- 城市和郊区主干道

然后，利用 CMF 和校准系数对 SPF 的值进行调整，以适应当地条件。CMF 针对与 SPF 制定时的基准条件不同的现场条件进行调整。修正系数调整当地条件，如气候、天气和驾驶人群体。

预测平均碰撞频率公式的一般形式如下。

$$N_{\text{pred}} = N_{\text{SPF}} \times \prod_{i=1}^{n} \text{CMF}_i \times c \qquad (12\text{-}1)$$

式中　N_{pred}——预测的平均碰撞频率；

N_{SPF}——来自相关 SPF 函数的碰撞频率预测；

CMF_i——现场的碰撞修正系数；

c——修正系数，根据当地情况进行调整。

12.3.4　城市交叉口的 HSM 模型概述

HSM 包含了所有类型的设施和情况的详细方法，在这里甚至难以提供一个充分的概述。为了说明通用格式是如何实现的，本节将提供一些关于预测城市交叉口平均碰撞频率的细节。

表 12.3 列出了一个城市信控交叉口所需的输入数据。

表 12.3　信控交叉口 HSM 分析的数据需求

5 年的碰撞历史数据，若可能
所有接近段的 AADT
交叉口的肢数
交叉口的控制类型
相位（信号灯）
红灯是否可以右转（RTOR）
是否有闯红灯拍照执法
左转车道数
右转车道数
是否有照明
对 VEH-PED（机 – 人）和 VEH-BIKE（机 – 非）值进行预测
行人流量
在交叉口 1000ft 内是否有巴士站台
在交叉口 1000ft 内是否有学校
在交叉口 1000ft 内酒类商店的数量

HSM 为城市干道上的以下四种类型的交叉口提供了估计碰撞频率的方法：

- 次路有"STOP"控制的三肢交叉口（Three-leg Intersections withSTOP，3ST）

- 三肢的信控交叉口（Three-leg Signalized，3SG）

- 四肢的交叉口，在次路的接近段上有"STOP"控制（4ST）

- 四肢的信控交叉口（4SG）

本文只介绍了四肢信控交叉口（4SG）的细节。对于其他类型的交叉口，需要查阅 HSM。

所有类型的交叉口的碰撞频率都是针对四种类型的碰撞进行预测的，每一种都有单独的应用模型：

- 多车碰撞（Multivehicle crashes）
- 单车碰撞（Single-vehicle crashes）
- 机 – 人碰撞（Vehicle-pedestrian crashes）
- 机 – 非碰撞（Vehicle-bicycle crashes）

此外，在每种类型的碰撞中，总的碰撞、受伤和死亡的碰撞以及仅有财产损失的碰撞都被分别估计。

SPF 是针对城市和郊区干道上的交叉口的以下基准条件进行校准的：

- 没有左转或右转车道
- 只有允许相位[⊖]
- 允许红灯时右转
- 没有闯红灯摄像机或其他自动执法
- 交叉口 1000ft 范围内没有巴士站台、学校或酒类场所
- 没有交叉口照明

通常来说，城市交叉口的总预测碰撞频率估计为：

$$N_{pred,int} = c_i(N_{bi} + N_{pedi} + N_{bikei}) \quad （12-2）$$

式中　$N_{pred,int}$——该交叉口在给定年份的预测碰撞频率；

c_i——特定地理区域的交叉口的修正系数；

N_{bi}——给定年份交叉口的单车和多车碰撞的 SPF；

N_{pedi}——给定年份交叉口的车辆 – 行人碰撞的 SPF；

N_{bikei}——给定年份交叉口的自行车 – 行人碰撞的 SPF。

　⊖　允许相位指信号灯同时放行可能冲突的流向，由驾驶人自行根据让行规则选择合理避让或通过。——译者注

4SG 交叉口的多车碰撞

4SG 交叉口的多车碰撞的 SPF 估计为：

$$N_{bimv} = \exp[a + b\ln(\text{AADT}_{maj}) + c\ln(\text{AADT}_{min})]$$
（12-3）

式中　N_{bimv}——SPF（基数），用于给定年份交叉口的多车碰撞；

　　　AADT_{maj}——给定年份主路双向的年平均日交通量（veh/year）；

　　　AADT_{min}——给定年份次路双向的年平均日交通量（veh/year）；

　　　a，b，c——回归的校准系数。

表 12.4 展示了用于式（12-3）的校准系数[一]。

表 12.4　4SG 交叉口的式（12-3）的校准系数

碰撞类型	a	b	c
总量（TOTAL）	−10.99	1.07	0.23
伤亡（FI）	−13.14	1.18	0.22
物损（PDO）	−11.02	1.02	0.24

资料来源：摘自 (*Highway Safety Manual*), (2010), by the AmericanAssociation of State Highway and Transportation Officials, Washington, D.C. U.S.A.

通常来说，会将总碰撞频率以及伤亡和物损碰撞的单独频率都估算出来，所有这些都使用回归的式（12-3）和表 12.4 中的校准系数。然而，当这样做时，并不能保证伤亡和物损碰撞的总和会与预测的碰撞总数相等。然后用式（12-4）和式（12-5）来调整伤亡和物损碰撞事故，以确保它们与预测的总数相等。

$$N_{bimv(FI)} = N_{bimv(TOTAL)}\left[\frac{N'_{bimv(FI)}}{N'_{bimv(FI)} + N'_{bimv(PDO)}}\right]$$
（12-4）

$$N_{bimv(PDO)} = N_{bimv(TOTAL)} - N_{bimv(FI)}$$ （12-5）

式中　FI——死亡 + 受伤；

PDO——仅财产损失（Property Damage Only，物损）；

Prime（′）——初始估计值。

4SG 交叉口的单车碰撞

单车碰撞是用式（12-6）来估计的，除了预测单车的碰撞频率（N_{bisv}）和使用回归的表 12.5 中的校准系数外，它与式（12-3）相同。

表 12.5　4SG 交叉口的式（12-6）的校准系数

碰撞类型	a	b	c
总量（TOTAL）	−10.21	0.68	0.27
伤亡（FI）	−9.25	0.43	0.29
物损（PDO）	−11.34	0.78	0.25

资料来源：摘自 (*Highway Safety Manual*, 1st Edition), (2010), by the American Association of State Highway and Transportation Officials, Washington, D.C. U.S.A.

$$N_{bisv} = \exp[a + b\ln(\text{AADT}_{maj}) + c\ln(\text{AADT}_{min})]$$
（12-6）

其中，所有变量定义同前。

与多车碰撞一样，不能保证伤亡和物损碰撞的总和与预测的总数相等。用式（12-4）和式（12-5）来纠正这一点，用单车的数值来代替多车的数值。

4SG 交叉口的车辆 – 行人碰撞

车辆与行人碰撞的频率估计如下。

$$N_{pedbase} = \exp[a + b\times\ln(\text{AADT}_{total}) +$$
$$c\times\ln\left(\frac{\text{AADT}_{minor}}{\text{AADT}_{major}}\right) + d\times\ln(PedVol) + e\times n_{lanesxl}]$$
（12-7）

式中　$N_{pedbase}$——预测的行人 – 车辆碰撞的平均碰撞频率；

　　　AADT_{total}——进入交叉口的年平均日交通量；

　　　AADT_{minor}——进入次路的年平均日交通量；

[一]　本节一些公式中的系数，存在多种英文表达形式，其含义有一定差异。译者大致按如下对应关系翻译：Regression coefficients= 回归系数；Calibration coefficients= 校准系数；Adjustment factors= 调整系数；Modification factors= 修正系数。比如，Regression coefficients 表明该系数是通过"数学回归方法"获得的；Calibration coefficients 表明该系数是基于当地数据经过校准的，有别于全州通用系数。——译者注

$AADT_{major}$ —— 进入主路的年平均日交通量；

$PedVol$ —— 所有横过道路行人流量的总和；

$n_{lanesxl}$ —— 行人横向通过的最大车道数，

a, b, c, d, e —— 校准系数。

用于式（12-7）的校准系数见表 12.6。

表 12.6　4SG 交叉口的式（12-7）的校准系数

系数	取值
a	−9.53
b	0.40
c	0.26
d	0.45
e	0.04

资料来源：摘自 (*Highway Safety Manual*, 1st Edition), (2010), by the American Association of State Highway and Transportation Officials, Washington, D.C. U.S.A.

如果没有对路口行人过街总数的精确统计，可以使用表 12.7 中的默认值。

表 12.7　式（12-7）中使用的行人流量的默认值

行人活动水平	行人流量默认值
高	3200
中高	1500
中	700
中低	240
低	50

资料来源：摘自 (*Highway Safety Manual*, 1st Edition), (2010), by the American Association of State Highway and Transportation Officials, Washington, D.C. U.S.A.

4SG 交叉口的车辆 – 自行车碰撞

对于所有类型设施和地点的车辆 – 自行车碰撞的估计，HSM 远没有对多车、单车或车辆 – 行人碰撞的估计详细。这种碰撞的频率基于多车和单车碰撞的 SPF，在前面的章节中讨论过。

一般来说，车辆 – 自行车碰撞的频率估计如下。

$$N_{bikei} = (N_{pred,mv} + N_{pred,sv}) \times f_{bikei} \quad (12-8)$$

式中　N_{bikei} —— 所选年份交叉口的车辆 – 自行车碰撞预测数；

$N_{pred,mv}$ —— 预测的多车碰撞频率（在应用所有 CMF 后）；

$N_{pred,sv}$ —— 预测的单车碰撞频率（在应用所有 CMF 后）；

f_{bikei} —— 自行车碰撞调整系数（4SG 交叉口取值 0.015）。

4SG 交叉口的碰撞修正系数

有 6 个 CMF 影响交叉口的多车和单车碰撞，3 个 CMF 影响"机 – 人"碰撞。表 12.8 汇总了这些系数。

表 12.8　4SG 交叉口的交通事故修正系数

碰撞类型	碰撞修正系数
多车或单车	交叉口左转车道（CMF_{LT}） 交叉口左转信号灯相位（CMF_{SP}） 交叉口右转车道（CMF_{RT}） 交叉口红灯右转（CMF_{RTOR}） 照明（CMF_L） 红灯相机（CMF_{RLC}）
机 – 人碰撞	巴士站台（CMF_{BUS}） 学校（CMF_{SCH}） 酒精饮品商店（CMF_{ALC}）

表 12.9 汇总了交叉口各接近段左转和右转车道的 CMF。表 12.10 展示了各接近段左转信号灯相位的 CMF。

表 12.9　4SG 交叉口的左转和右转车道的 CMF

车道类型	有专用转向车道的接近段 CMF			
	1	2	3	4
左转车道	0.90	0.81	0.73	0.66
右转车道	0.96	0.92	0.88	0.85

资料来源：摘自 (*Highway Safety Manual*, 1st Edition), (2010), by the American Association of State Highway and Transportation Officials, Washington, D.C. U.S.A

表 12.10　4SG 交叉口左转信号灯相位的 CMF

左转相位类型	有左转相位的接近段 CMF			
	1	2	3	4
允许	1.00	1.00	1.00	1.00
保护 + 允许 或者 允许 + 保护	0.99	0.98	0.97	0.96
保护	0.94	0.88	0.83	0.78

资料来源：摘自 (*Highway Safety Manual*, 1st Edition), (2010), by the American Association of State Highway and Transportation Officials, Washington, D.C. U.S.A

红灯右转的 CMF 由式（12-9）给出。道路照明的 CMF 由式（12-10）给出。

$$CMF_{RTOR} = 0.98^{n_{prohibited}} \qquad (12\text{-}9)$$

其中，$n_{prohibited}$ 是禁止红灯右转的接近段数量。

$$CMF_L = 1 - 0.38 p_{night} \qquad (12\text{-}10)$$

其中，p_{night} 是发生在夜间的基准碰撞的比例，该值对 4SG 交叉口来说是一个常数 0.235。

交叉口存在闯红灯拍照时的 CMF 比其他条件下的 CMF 要复杂一些的情况。用式（12-11）预测。

$$CMF_{RLC} = 1 - 0.26 p_{ra} + 0.18 p_{re} \qquad (12\text{-}11)$$

式中 p_{ra}——多车碰撞中直角碰撞的比例；

p_{re}——多车碰撞中追尾碰撞的比例。

前提是闯红灯拍照的存在减少了直角碰撞，增加了追尾碰撞。此外，该调整只适用于多车事故，因为这两种类型的碰撞都不可能涉及单车。由此，对于单车碰撞，根据定义，CMF_{RLC} 是 1.00。

HSM 提供了许多细节，让分析人员能够估计 p_{ra} 和 p_{re} 的值。在本文中，假设这些值是通过交叉口事故记录得知的。

一旦估计出 6 个适用的 CMF，就可以求解 4SG 交叉口的多车和单车碰撞的预测数量，如下：

$$N_{predi} = N_{bi} \times CMF_{LT} \times CMF_{SP} \times CMF_{RT} \times CMF_{RTOR} \times CMF_L \times CMF_{RLC} \qquad (12\text{-}12)$$

其中，i 是 mv 为多车相撞，是 sv 为单车相撞。所有其他术语定义同前。

已经发现有三种情况会影响车辆与行人的碰撞：①交叉口 1000ft 内的巴士站台数量；②交叉口 1000ft 内的学校数量；③交叉口 1000ft 内销售酒精饮品的商店数量。这些因素在表 12.11 中进行了汇总。

表 12.11 4SG 交叉口的车辆与行人碰撞的 CMF

条件	碰撞修正系数
交叉口 1000ft 内有巴士站台	
0	$CMF_{BS} = 1.00$
1 或 2	$CMF_{BS} = 2.78$
3 或更多	$CMF_{BS} = 4.15$
交叉口 1000ft 内有学校	
0	$CMF_{SCH} = 1.00$
1 或更多	$CMF_{SCH} = 1.35$
交叉口 1000ft 内有销售酒精饮品的商店	
0	$CMF_{ALC} = 1.00$
1~8	$CMF_{ALC} = 1.12$
9 或更多	$CMF_{ALC} = 1.56$

资料来源：摘自 (*Highway Safety Manual*, 1st Edition), (2010), by the American Association of State Highway and Transportation Officials, Washington, D.C. U.S.A

现在可以对交叉口的车辆 – 行人碰撞的预测数量进行估算，具体如下：

$$N_{pedpred} = N_{pedi} \times CMF_{BS} \times CMF_{SCH} \times CMF_{ALC} \quad （12-13）$$

其中所有术语定义同前。

通过对预测的多车和单车碰撞的估计，车辆与自行车碰撞的数量可以用前面介绍的式（12-8）确定。

归纳汇总

前面介绍的式（12-2），现在可以用来确定4SG交叉口的预期碰撞总数。式（12-2）包括一个当地校准系数 c，通过比较已知年份的实际碰撞数字和HSM算法预测的碰撞数字来确定。HSM给出了详细的说明，应该如何做。在本文中，假定该值已知。

为了节省时间和空间，我们没有详细讨论所给出的数字和数值的含义。在HSM中提出的所有数值都有广泛的调研支持，而且手册中对其重要性有很多讨论。

在现实中，人们质疑一个1000ft内有超过9家售酒商店的交叉口，需要考虑的可能不仅仅是这个事实的事故后果。

这段文字也没有涉及如何进一步修改这些预测以适应实际的碰撞数据。同样，HSM中包含了关于这一重要因素的许多细节。

例题 12-1：交叉口的 HSM 分析

要对城市干道上的一个四肢信控交叉口进行安全评估，没有可靠的碰撞历史数据。用HSM来预测预期的碰撞频率。表12.12总结了该交叉口的已知数据。

表 12.12　4SG 交叉口的 HSM 分析数据示例

条件	取值
主路 AADT	34000veh/day
次路 AADT	16000veh/day
闯红灯拍照执法	无
有左转车道的接近段数	2
有右转车道的接近段数	无
有专用左转相位的接近段数	2
禁止红灯右转的接近段数	无
交叉口照明	有
交叉口行人流量	540peds/day
行人需要横向通过的最大车道数	6
1000ft 内巴士站台数	无
1000ft 内学校数	1
1000ft 内售酒商店数	无
当地校准系数	0.94

第1步：用式（12-3）和表12.4计算多车碰撞，用式（12-6）和表12.5计算单车碰撞，用式（12-7）和表12.6计算车辆－行人（机－人）碰撞，找出多车和单车碰撞的SPF（碰撞数／年，crashes/year）。

a. $N_{bmvTOTAL} = \exp[-10.99+1.07 \times \ln(34000)+0.23 \times \ln(16000)] = 11.03$

b. $N_{bmv(FI)} = \exp[-13.14+1.18 \times \ln(34000)+0.22 \times \ln(16000)] = 3.68$

c. $N_{bmv(PDO)} = \exp[-11.02+1.02 \times \ln(34000)+0.24 \times \ln(16000)] = 7.00$

d. $N_{bsvTOTAL} = \exp[-10.21+0.68 \times \ln(34000)+0.27 \times \ln(16000)] = 0.61$

e. $N_{bsv(FI)} = \exp[-9.25+0.43 \times \ln(34000)+0.29 \times \ln(16000)] = 0.14$

f. $N_{bsv(PDO)} = \exp[-11.13+0.79 \times \ln(34000)+0.25 \times \ln(16000)] = 0.45$

g. $N_{pedbase} = \exp[-9.53+0.4 \times \ln(34000+16000)+0.26 \times \ln(16000/34000)+0.45 \times \ln(540)+0.04\times6] = 0.10$

第2步：调整mv和sv的SPF值，使FI和PDO的碰撞总和与基准总数相匹配（crashes/year），使用式（12-4）和式（12-5）。

$$N_{bmv(FI)} = 11.03\times\frac{3.68}{3.68+7.00} = 3.80$$
$$N_{bmv(PDO)} = 11.03-3.80 = 7.23$$
$$N_{bsv(FI)} = 0.61\times\frac{0.14}{0.14+0.46} = 0.14$$
$$N_{bsv(PDO)} = 0.61-0.14 = 0.46$$

第3步：计算交叉口的总预测平均碰撞频率（crashes/year）。

$$N_{bmv} = 3.80+7.23 = 11.03$$
$$N_{bsv} = 0.14+0.46 = 0.61$$
$$N_{blnt} = 11.03+0.61 = 11.64$$

注意，这些总数现在与第1步中预测的碰撞总数一致。

第4步：求解CMF。

仔细阅读表12.12，表明有三种情况不符合多车和单车碰撞的基准条件：①有两条带LT车道的接近段；②有两条带专属LT相位的接近段（完全保护相位）；③交叉口照明良好。

从表12.9来看，LT车道的CMF为0.81，而LT专属相位的CMF为0.88。照明交叉口的CMF由式（12-10）定义：

$$CMF_L = 1-0.38p_{night}$$
$$CMF_L = 1-(0.38\times0.235) = 0.911$$

根据定义，所有其他适用于多车和单车碰撞的CMF都符合基准条件，即这些条件下的$CMF_i = 1.00$。然后，应用式（12-12）：

$$N_{predi} = N_{bi}\times CMF_{LT}\times CMF_{SP}\times CMF_{RT} \times CMF_{RTOR}\times CMF_L\times CMF_{RLC}$$

$$N_{pred,mv} = 11.03\times0.81\times0.88\times1.00\times1.00 \times0.911\times1.00 = 7.162\text{crashes/year}$$

$$N_{pred,sv} = 0.61\times0.81\times0.88\times1.00\times1.00 \times0.911\times1.00 = 0.396\text{crashes/year}$$

仔细阅读表12.12，还表明只有一个CMF适用于目前的情况：一所学校位于交叉口的1000ft内。根据表12.11，CMF_{SCH}为1.35。同样，所有其他可能适用于车辆－行人碰撞的CMF根据定义都是1.00。使用式（12-13）：

$$N_{pedpred} = N_{pedi}\times CMF_{BS}\times CMF_{SCH}\times CMF_{ALC}$$
$$N_{pedpred} = 0.10\times1.00\times1.35\times1.00 = 0.135\text{crashes/year}$$

第5步：求解预测的平均车辆－自行车碰撞。
使用式（12-8）估计车辆－自行车碰撞的数量：

$$N_{bikei} = (N_{pred,mv}+N_{pred,sv})\times f_{bikei}$$
$$N_{bikei} = (7.162+0.396)\times0.015 = 0.113\text{crashes/year}$$

其中，0.015是4SG交叉口的规定调整系数。
第6步：预测交叉口的总的年碰撞量。目标交叉口的碰撞总数由式（12-2）给出。

其中，0.94 是表 12.12 中引用的当地校准系数，N_{bi} 是预测的多车碰撞与单车碰撞之和（分别为 7.162 和 0.396）。

$$N_{pred,int} = c_i(N_{bi} + N_{pedi} + N_{bikei})$$
$$N_{pred,int} = 0.94(7.162 + 0.396 + 0.135 + 0.113)$$
$$= 7.806 crashes / year$$

12.3.5　HSM 的影响

虽然本书只展示了 HSM 复杂模型的一小部分内容，但不能低估这份重要文件的影响。它汇集了一个关于道路交通安全的庞大数据库，并开发了一套预测模型，可以估计各种设施类型的碰撞频率（crashes/year），包括点位（交叉口）和路段。

通过使用当地的碰撞数据，提出了允许当地修正的技术。由此产生的模型不仅可以预测一组给定条件下的碰撞频率，还可以评估碰撞频率在各种改进方案下的变化情况。

HSM 极大地改变了公路安全分析的方式，并提供了极有价值的预测工具，极大地扩展了交通工程师比选备选设计和控制方案以改善碰撞频率的能力。

12.4　历史碰撞数据和均值回归

在任何特定地点发生的碰撞数量是一个随机变量。该数字每年都在波动，有升有降，但往往会收敛到一个长期的均值。这种向长期均值收敛的现象被称为均值回归（Regression to the Mean，RTM），在评估改善时可能导致 RTM 偏差。RTM 偏差使一个改善方法看起来比它实际更有效。在过去几年中，有碰撞高发地点使用改善"之前"的高碰撞值，没有考虑到碰撞的随机增加。因此，不考虑 RTM 的简单前后调研可能会有 RTM 偏差。

图 12.9[9] 展示了碰撞频率的自然变化。人们可以看到短期平均碰撞频率与预期平均碰撞频率之间的差异。

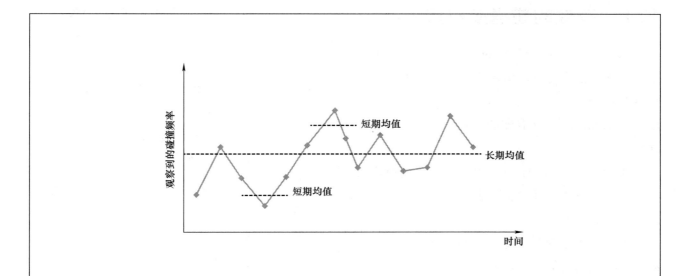

图 12.9　碰撞频率的自然变化
资料来源：摘自 (*Highway Safety Manual*, 1st Edition), (2010), by the American Association of State Highway and Transportation Officials, Washington, D.C. U.S.A.

图 12.10 展示了不对 RTM 进行调整的效果。改善效果可能被高估了，部分或全部的变化可能在没有改善的情况下发生。

为了避免 RTM 误判，最好使用能够建立长期预期平均碰撞频率的数据库进行评估。例如，依赖单一年份的数据，就有可能因 RTM 问题而引入可能的实质性错误。

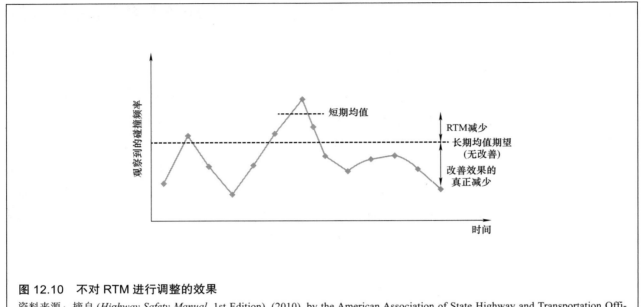

图 12.10　不对 RTM 进行调整的效果

资料来源：摘自 (*Highway Safety Manual*, 1st Edition), (2010), by the American Association of State Highway and Transportation Officials, Washington, D.C. U.S.A

12.5　有效的碰撞应对措施

术语"应对措施"（Countermeasures）在文献中出现，是指为减轻碰撞期望值或严重程度而采取的措施。一些文献，如 HSM，提到了"措施"（Treatments）及措施的"碰撞影响"（Crash effects）。

HSM 的第 3 卷讨论了一系列针对不同道路和条件的处理方法，并包括以表格形式和文字支持的 CMF 的估计。

另一份关于对策的重要文件是由 NHTSA 主办的《有效的对策》[14]。编写本书时的版本是第 8 版（2016 年）。新版本计划每半年发布一次。

《有效的对策》针对的是各州公路安全办公室（State Highway Safety Offices，SHSO），并明确指出："本指南不包括 SHSO 很少或没有权力或责任的对策，或不能由典型的公路安全拨款计划支持的对策。例如，不包括基于车辆或道路的解决方案……[或]……在每个州已经存在的对策。"

第 8 版聚焦于以下九个方面：

① 酒精和药物损伤后的驾驶；

② 安全带和儿童约束装置；

③ 超速和速度管理；

④ 分心和疲劳驾驶；

⑤ 摩托车安全；

⑥ 年轻驾驶人；

⑦ 年迈驾驶人；

⑧ 步行者；

⑨ 自行车。

表 12.13 展示了《有效的对策》呈现信息的方式。关于改善对策的信息，在涉及上述每个主题的章节中，每个改善对策都有一页左右的内容。

表 12.13　有效对策中的信息说明（例：与酒精相关的碰撞）

1. 威慑：法律

对策	效果	费用	使用	时间
1.1 ALR/ALS（吊销驾照）	★★★★★	$$$	高	中期
1.2 打开的容器（车内酒精饮料容器）	★★★	$	高	短期
1.3 加大血液酒精浓度（BAC）的处罚	★★★	$	中	短期
1.4 拒绝 BAC 测试的处罚	★★★	$	未知	短期
1.5 酒精影响驾驶的法律审查	★★★	$$	未知	中期

2. 威慑：执法

对策	效果	费用	使用	时间
2.1 公开的检查站	★★★★★	$$$	中	短期
2.2 大众可见的饱和巡逻	★★★★	$$	高	短期
2.3 初步呼吸测试装置（PBTs）*	★★★★	$$	高	短期
2.4 被动酒精传感器 **	★★★★	$$	未知	短期
2.5 综合执法	★★★	$	未知	短期

注：* 经证实可提高逮捕率
** 经证实可检测出饮酒驾驶人

3. 威慑：起诉及判决

对策	效果	费用	使用	时间
3.1 涉酒驾驶法庭 *	★★★★	$$$	低	中期
3.2 对分流和认罪协议的限制 **	★★★★	$	中	短期
3.3 法院监督 **	★★★	$	低	短期
3.4 制裁	★★	变化	变化	变化

注：* 经证实可减少累犯。
** 经证实可提高定罪率。

资料来源：Goodwin, A., et al, *Countermeasures That Work*: A Highway Safety Countermeasure Guide for State Highway Safety Offices, 8th Edition, National Highway Traffic Safety Administration, U.S. Department of Transportation, Washington, D.C., 2015, pgs 1-7.

　　FHWA 安全办公室将在安全改善方面表现出巨大成效的九个对策领域，列为已被研究证实但未在全国范围内广泛运用的确证安全对策 [15]。请参阅图 12.11。每个按钮都可以链接到额外的信息和资源。FHWA 还引用了另一个重要的信息来源 [16]，即碰撞调整参数（CMF）交流中心。

　　美国运输工程师协会（ITE）和其他来源列出了对策和可能的受益领域。例如，参考文献 [17] 是 ITE 的一个网站，列出了信控交叉口的信号灯改善对策，非信控交叉口的几何改善对策，以及与一种或两种对策有关的标志 / 标线 / 运行对策。表 12.14 给出了一个示例。

环岛 走廊和接入管理 具有逆反射边框的背板 纵向隆声带和双车道道路的隆声带 在平面曲线处加强轮廓标和路面摩擦系数

 安全边(铺装) 市区及郊区的中间带及行人过街安全岛 行人信标灯 道路瘦身

图 12.11　FHWA 引用的未充分利用的改善对策
资料来源：https://safety.fhwa.dot.gov/provencountermeasures.

表 12.14　来自 ITE 网络工具包的改善措施示例

改进类型	费用	潜在效果（减少百分比）							
		碰撞总数	直角碰撞	左转碰撞	追尾碰撞	侧边剐蹭	行人	闯红灯	高龄驾驶人
信号灯运行改进									
互联/协调交通信号灯；优化	中	15～17[1]	25～38[12]		•				
增加/修改清空时段	低	4～31[1,9,10]	1～30[1,9]		•				
改善信号灯配时（总体）	低	10～15[1]	•	•		•			
增加保护/允许左转相位	中	4～10[1,9]		40～64[1,9]					
使用绿箭头灯/保护左转相位	低	3[9]		98[9]					•
使用分离式相位（逐口放行）	低	25[11]				•			
使用行人信号先行时段	低						5[8]		
增加行人相位	中	23～25[1]					7～60[1,8]		
给现有信号增加左转相位	中	23～48[6,12]		63～70[11]			5[8]		
提供绿灯延长（提前检测）	不确定				•			•	
安装感应信号灯	不确定				•	•			
采用较慢的行人步速进行配时	低								•
在远郊信控交叉口提供信号灯转变预警	中	•	•		•			•	
取消深夜/凌晨的闪烁信号灯	低	29[9]	80[9]						
考虑限制红灯右转	低						•		
考虑安装行人信号倒计时（成本增加）	低						•		
考虑安装动画眼睛信号（成本增加）	低						•		

注：表中方括号中数字指的是 ITE 文件的来源。
资料来源：http://library.ite.org/pub/326c7e9c-2354-d714-5181-4cc79fba5459

12.6 道路安全措施

改善道路安全需要考虑影响交通运行的三个因素：驾驶人、车辆和车行路。更安全的道路——《道路安全工程指南》[18]列举了以下五类措施：

① 暴露控制（Exposure control）；
② 碰撞预防（Crash prevention）；
③ 行为矫正（Behavior modification）；
④ 伤害控制（Injury control）；
⑤ 伤后管理（Postinjury management）。

12.6.1 暴露控制

暴露控制是两份清单的共同点，涉及减少驾驶人出行的车辆里程数的策略。

减少汽车使用和出行的努力包括广泛的政策、规划和设计问题。试图减少汽车使用的政策和做法包括以下内容：

- 将出行转向公共运输模式；
- 用远程交流代替出行；
- 实施政策、税收和收费以阻止汽车的拥有和使用；
- 重新组织土地使用，以减少各种出行地点的出行距离；
- 通过许可和登记限制来限制驾驶人和车辆。

这些策略中的大多数必须在较长的时间内进行，而且许多策略需要对城市基础设施进行系统的物理改变，并对出行者行为进行改变。有些需要大规模的投资（例如提供良好的公共运输选项和改变城市土地使用结构），以及其他的还没有证明有可能影响出行行为的巨大变化。

12.6.2 碰撞风险控制／碰撞预防

碰撞风险控制和碰撞预防是相似的术语，有一些共同的特点。然而，它们并不一样。碰撞预防指的是在给定的需求水平下，减少发生碰撞

的数量的对策。碰撞风险控制不仅包含该点，还包括在碰撞发生时降低其严重性的措施。降低碰撞的严重程度与碰撞风险控制和伤害控制策略相重叠。

碰撞预防涉及一些政策措施，包括驾驶人和行人培训，移除有"不良"驾驶记录的驾驶人（通过暂停或吊销驾照），以及提供更好的公路设计和控制设施，鼓励良好的驾驶习惯，尽量减少驾驶人错误的发生。

风险控制，或降低严重性，往往涵盖路侧和中间带环境的设计和保护。适当的护栏和／或缓冲装置将减少碰撞中转移到车辆的冲击能量，并可以引导车辆的路径，远离会导致更严重碰撞的物体或区域。

12.6.3 行为矫正

这个类别在参考文献[18]中单独列出，是预防碰撞和减少风险战略的一个重要组成部分。

影响出行模式选择是一个针对行为改变的主要措施，但很难成功实现。通常，这需要提供非常高级和方便的公共运输选项，并实施政策，使公共运输成为比驾驶更有吸引力的通勤和其他类型的出行选择。这是一个昂贵的过程，往往涉及大量补贴，以保持公共运输的合理成本，再加上高额的泊车费和其他与驾驶有关的费用。使用多乘员车道和其他限制使用的车道来加速公共运输，在公共运输和私人汽车之间提供一个直观的通行时间差异，是另一个有用的策略。

如果不能成功地将驾驶人转移到其他出行方式，驾驶人和行人培训计划就是针对行为改变的一种常用策略。如果每三年完成一次基本的驾驶安全课程，许多州会提供保险折扣。然而，几乎没有统计学证据表明驾驶培训对预防交通事故有任何可衡量的效果。

针对行为改变的最后一个策略是执法。这可能是非常有效的，但也很昂贵。如果执法严格，限速将得到更严格的遵守，而且对违规行为的罚

款也很高昂。近年来，使用自动系统对违反红灯的驾驶人开罚单已经变得相当流行。利用目前的技术，自动测速执法也是可能的。目前，自动执法所涉及的问题更多是法律问题而不是技术问题。虽然闯红灯的车辆的车牌可以被自动记录，但它并不能证明谁在驾驶该车辆。在大多数州，自动开罚单的结果是罚款，但不包括在车主的驾照上"扣分"，因为不能证明车主在违规时是涉事驾驶人。现在一些现代技术还包括对驾驶人的脸部进行拍照，以解决这种情况。

12.6.4　伤害控制

伤害控制的重点是在车辆碰撞中乘员的碰撞生存能力。这主要受更好的车辆设计的影响，总的来说，"受到国会法案鼓励"。考虑到改善碰撞生存能力而实施的车辆设计特性包括以下内容：

- 安全带和肩带，以及要求使用这些安全带的法律；
- 儿童约束座椅和系统，以及要求使用它们的法律；
- 防爆门锁；
- 搪塑仪表板；
- 吸能转向柱和溃缩区；
- 侧门横梁；
- 安全气囊；
- 头枕和约束装置；
- 防碎玻璃；
- 宽容的内部配件。

12.6.5　伤后管理

交通事故死亡往往发生在三个关键时段。在碰撞发生期间，或在碰撞发生后几分钟内，死亡通常与头部或心脏外伤或失血过多有关。

在碰撞发生后 1~2h 内，死亡通常与头部或心脏创伤和/或失血有关。

入院后 30 天内，死亡通常是大脑活动停止、器官衰竭或感染造成的。

大约 50% 的交通事故死亡发生在第一时段，35% 发生在第二时段，15% 发生在第三时段。

通过确保快速的紧急医疗反应以及在现场和运送到医院设施期间的高质量紧急护理系统，可以减少碰撞后 1~2h 内的死亡。这种系统包括快速通知紧急服务，快速调配适当的设备到现场，训练有素的紧急医疗技术人员处理受害者的紧急医疗需求，以及医院的创伤中心人员和齐全设备。由于生存往往取决于迅速稳定碰撞现场的受害者和迅速运送到创伤中心，通信和调度系统必须到位，以应对各种需求。

12.7　常用的碰撞统计和分析

12.7.1　统计类型

碰撞统计一般涉及和描述三个主要信息要素中的一个：

- 碰撞的发生（Crash occurrence）
- 碰撞涉及的内容（Crash involvements）
- 碰撞的严重程度（Crash severity）

碰撞的发生与发生碰撞的数量和类型有关，通常以基于人口或车辆行驶里程的比率来描述。碰撞涉及情况包括涉及碰撞的车辆和驾驶人的数量和类型，基于人口的比率是非常流行的表达方法。碰撞的严重性通常是通过替代指标来表述的：用死亡人数和死亡率来衡量碰撞的严重性。

这三个类别的统计数据可以用几乎无限的方式进行分层和分析，这取决于分析者所关心的因素。一些常见的分析类型包括以下内容：

- 时间趋势
- 按公路类型或几何要素分类
- 按驾驶人特性（性别、年龄）分类
- 按肇事原因分类

- 按碰撞类型分类
- 按环境条件分类

这样的分析可以将碰撞类型与公路类型和特定的几何要素联系起来，识别高风险的驾驶人群体，量化酒驾/醉驾（DUI/DWI）对碰撞和死亡的影响程度，以及其他重要的判断。这些因素中有许多可以通过政策或程序化的方式来解决。护栏设计的改变源于碰撞和死亡率与特定类型的装置的相关性。法定饮酒年龄和酒驾/醉驾（DUI/DWI）的法律定义的改变，部分源于统计数字显示这一因素在致命碰撞中的涉及率非常高。联邦政府对车辆安全装备[安全气囊、安全带和安全扣（五点）、吸能转向柱、搪塑仪表板]的要求提高，部分原因是统计资料显示这些装备与碰撞严重程度有关。

12.7.2　碰撞率

简单的统计数字列举碰撞的总数、涉及人数、受伤人数和/或死亡人数可能会有很大的误导性，因为这忽略了产生这些数字的基础。在一个特定的管辖区，从一年到下一年的公路死亡人数的增加必须与人口和车辆使用特性相匹配才有意义。出于该原因，许多碰撞统计数据是以比率的形式呈现的。

基于人口的碰撞率

碰撞率（Crash Rates）通常分为两大类：基于人口的碰撞率和基于暴露的碰撞率。基于人口的碰撞率的一些常见基础包括以下内容：

- 地区人口
- 注册车辆数量
- 持证驾驶人人数
- 公路里程

这些数值是相对静态的（它们不会在短时间内发生根本性变化），并且不取决于车辆的使用或出行的总量。它们有助于在比较的基础上量化个

人的总体风险。注册车辆和持证驾驶人的数量也可以部分反映使用情况。

基于暴露的碰撞率

尝试用基于暴露的碰撞率来衡量出行的数量，作为个体暴露于潜在碰撞情况的替代。基于暴露的碰撞率的最常见的两个量：

- 行驶的车·英里（Vehicle·miles）
- 行驶的车·小时（Vehicle·hours）

两者可以有很大不同，取决于出行的速度，基于里程的比较可以产生相较于暴露时间的不同解读。对于点状地点，如交叉口，"车·英里"或"车·小时"的意义不大。这种情况下的暴露率是"基于事件"的，使用通过该点的总流量来定义"事件"。

真正的风险"暴露"涉及的不仅仅是时间或里程。容易发生碰撞的车辆或其他冲突的风险随着许多因素的变化而变化，包括交通量水平、路侧活动、交叉口频率（密度/间距）、接入控制的程度、路线和许多其他因素。数据的要求使得在定义风险时难以量化所有这些因素。交通工程师在解释基于暴露率的碰撞率时，应该认识到这些和其他因素。

碰撞率和死亡率的通用基数

在计算碰撞率时，数字应按比例计算，以产生有意义的数值。车辆行驶每英里的死亡率在产生第一个有效数字之前将有许多小数位的数字，并且难以概念化。下面列出了常用的碰撞率和死亡率的表述形式。

以人口为基数的比率通常按照以下方式表述：

- 每10万地区人口中的死亡人数、碰撞次数或涉及人数
- 每1万辆注册车辆的死亡人数、碰撞次数或涉及人数
- 每1万名持证驾驶人的死亡人数、碰撞次

数或涉及人数

- 每1000mile道路的死亡人数、碰撞人数或涉及人数

以暴露率为基数的比率通常按照以下方式表述：

- 每1亿车·英里的死亡人数、碰撞次数或涉及人数

- 每1000万车·小时的死亡人数、碰撞次数或涉及人数

⋄ 每100万驶入车辆的死亡人数、碰撞次数或涉及人数（仅适用于交叉口）。

例题 12-2：碰撞统计

以下是一个相对较小的城市辖区在2017年的粗略碰撞统计。

死亡人数：75

致命碰撞：60

受伤碰撞：300

PDO碰撞：2000

涉及的总人数：4100

行驶的车·英里：1.5亿

注册车辆：10万辆

持证驾驶人：15万人

地区人口：30万人

一般来说，所有比率的计算方法是：

$$Rate = Total \times \left(\frac{Scale}{Base} \right) \quad (12-14)$$

式中 $Total$ ——碰撞、涉及或死亡的总人数；

$Scale$ ——统计基数的规模，行驶的英里数；

$Base$ ——比率期间的总统计基数。

使用式（12-14），可以用样本数据计算出以下死亡率：

$$Rate1 = 75 \times \left(\frac{100000}{300000} \right)$$
$$= 25个亡人每10万人口$$

$$Rate2 = 75 \times \left(\frac{100000}{100000} \right)$$
$$= 7.5个亡人每1万辆注册车辆$$

$$Rate3 = 75 \times \left(\frac{100000}{150000} \right)$$
$$= 5.0个亡人每1万名持证驾驶人$$

$$Rate4 = 75 \times \left(\frac{100000000}{15000000000} \right)$$
$$= 5.0个亡人每1亿车·英里$$

类似的比率也可以计算出碰撞和涉事内容，在此不多表述。

某个县、市或其他辖区的碰撞率和死亡率应与过去几年以及分析年度的州和国家标准进行比较。这样的比率也可以按公路类型、驾驶人年龄和性别分组，并按一天中的时间以及其他有用的细目进行分析。

12.7.3 严重性指数

一个广泛使用的描述相对碰撞严重性的统计数据是严重性指数（Severity Index，SI），定义为每次碰撞的死亡人数。基于前一个例子的数据，在总共2360次碰撞中，有75人死亡。这就产生了一个SI：

$$SI = \frac{75}{2360} = 0.0318$$

死亡人数/碰撞次数（碰撞致死率）

SI作为一个统计数字，应该与前几年以及州和国家的标准进行比较，这样就可以得出关于该辖区内碰撞的总体严重程度的结论。

12.7.4 判别事故多发点

详细展示碰撞统计数据可以讲述一个令人信服的故事，确定关键的趋势，并突出特定的问题领域。在准备这种展示时应注意避免误导审查者。当交通工程师审查这类信息时，他或她必须分析数据说了什么，（更重要的是）数据没有说什么。

碰撞记录系统的一个主要功能是定期确定碰撞和/或死亡事故发生率异常高的地点。碰撞点地图是一个可以用来协助这项工作的工具。

图 12.12 展示了一个碰撞点地图的示例。将编码标记放置在地图上。用颜色或形状代码来表示碰撞的类别和/或严重程度。现代计算机技术使得这种地图以电子方式生成。为了实现这一点，该系统必须包含一个足以识别具体碰撞地点的位置代码系统。

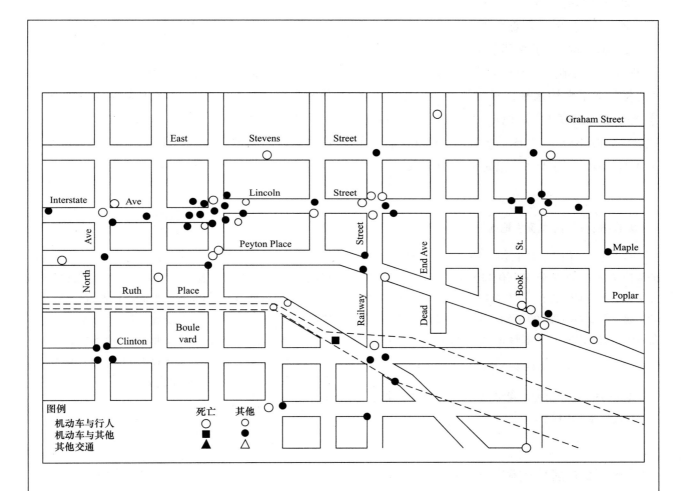

图 12.12 一个典型的碰撞点地图

资料来源：Used with permission from Institute of Transportation Engineers *Manual of Traffic Engineering Studies*, Institute of Transportation Engineers, Washington D.C., 1994, pg 400.

计算机记录系统也可以产生碰撞地点的列表，按照发生的碰撞总数或指定的碰撞率或死亡率进行排序。检查这两种类型的排序是有用的，因为它们可能产生明显不同的结果。一些具有高碰撞数量的地点反映了高交通量和相对低的碰撞率。相反，在一个需求量很小的偏远地点发生的少量碰撞，可能产生很高的碰撞率。虽然统计排序给了交通工程师一个起点，但在任何给定的预算年度，在确定和选择最需要改善的地点时，工程判断仍然是必要的。

确定哪些地点需要立即关注的一个常见方法是，确定那些碰撞率明显高于所调研的管辖区的平均水平的地点。要说某个特定地点的碰撞率"显著"高于平均水平，只有那些碰撞率在（正态）分布的最高 5% 的地点才会被选中。在单侧检验中，$\text{Prob}(z) < 0.95$ 的 z 值（在标准正态分布上）是 1.645。对于一个给定的碰撞地点，z 的实际值计算如下：

$$z = \frac{x_1 - \bar{x}}{s} \tag{12-15}$$

式中　x_1 ——调研地点的碰撞率；
　　　$\bar{x}$ ——调研辖区内的平均碰撞率；
　　　s ——调研辖区内的碰撞率的标准差。

如果 z 值必须至少为 1.645，才能达到 95% 的置信度，那么判定明显高于平均水平的最小碰撞率为：

$$x_1 \geq 1.645s + \bar{x} \tag{12-16}$$

选取碰撞率高于此值的地点，以进行具体调研和改善。需要注意的是，在比较平均碰撞率时，应对类似的地点进行分组（比如，在信控交叉口的碰撞率之间进行比较；在街区中间的碰撞率之间进行比较）。

例题 12-3：判别事故高发地点

请思考以下例子，某个小城市的一个主要信控交叉口的碰撞率为每 100 万辆车中有 15.8 起。该辖区内所有信控交叉口的数据库显示，平均碰撞率为每 100 万辆车中有 12.1 起，标准差为每 100 万辆车中有 2.5 起。这个交叉口是否应该被选出来进行调研和改善？使用式（12-16）：

$$15.8 \geq (1.645 \times 2.5) + 12.1 = 16.2$$

对于 95% 的置信度，观察到的碰撞率不符合指定为明显较高碰撞率的标准。

在统计学上，识别碰撞高发地点的一个重要因素是在任何特定年份可用于改善项目的预算。排序系统很重要，因为它可以帮助确定优先顺序。当资金不足以解决所有需要调研和改善的地点时，就需要优先考虑。某个司法辖区可能有 15 个地点被确认为具有明显高于平均水平的碰撞率。但是，如果在一个特定的预算年度内，只有 8 个地点有资金可以解决，就必须确定优先次序，以选择实施的项目。

12.7.5　改善前后的碰撞分析

在确定了碰撞问题并实施了改善措施后，工程师必须评估改善措施在减少碰撞和 / 或死亡人数方面是否有效。必须进行改善前后分析。改善前后的时间长度必须足够长，以观察碰撞发生的变化。对于大多数地方，使用的时间范围从三个月到一年。"之前"和"之后"的时间长度通常是相同的。

必须考虑到之前讨论过的"均值回归"：一个非典型的高发期可能会引起人们的注意，但也可能只是一个短期的统计波动；改善可能是真实的，也可能仅仅是因为均值回归而显得真实。

此外，大多数改善前后的碰撞分析的方式可能存在严重缺陷。通常有一个基本假设，即任何观察到的碰撞发生率（或严重程度）的变化都是由于实施了改善措施。然而，由于大多数调研涉及的时间跨度很长，这在任何特定的情况下都可能是不正确的。

如果可能的话，应该建立一个或多个控制实验。这些控制实验涉及具有类似碰撞经验的地点，这些地点没有经过纠正措施的处理。对照实验确定了由于不受纠正措施影响的一般环境原因造成的碰撞经验的预期变化。对于受试地点，无效假设是碰撞经验的变化与观察到的控制地点的变化没有明显区别。虽然从统计学的角度来看是可取的，但控制条件的建立往往是一个实际问题，需要在研究期间不对一些碰撞高发地点进行处理。由于该原因，许多改善前后的碰撞研究都是在没有这种控制条件的情况下进行的。

12.8　现场分析

交通安全最重要的任务之一，是调研和分析具体地点的碰撞信息，以确定造成碰撞的原因，并制订现场改善措施，从而提高安全性。

一旦某地被统计为"碰撞高发"地点，就需要在以下两个主要方面提供详细信息：

① 在该地点发生的碰撞的情况；

② 该地点现有的环境和物理条件。

对这些信息的分析必须确定潜在的或实际的导致碰撞发生的环境和物理条件。有了这样的分析，交通工程师就可以制订对策来缓解问题。

最理想的碰撞发生信息是通过查阅一个特定的调研周期内的所有碰撞报告来分析的。这可以通过计算机碰撞记录来完成，但最详细的数据可以从警方的实际事故报告中获得。环境和物理条件是由适当的现场人员进行彻底的现场调查来确定的。然后准备以下两个主要的图形输出：

① 碰撞图；

② 现场图。

12.8.1　碰撞图

碰撞图是对特定时期内发生在某地点的所有碰撞的示意图。根据碰撞频率的不同，"特定时期"通常从一年到三年不等。每起碰撞由一组箭头表示，每辆车都有一个箭头，示意了碰撞的类型和所有车辆的方向。箭头上通常标有代码，表示车辆类型、碰撞日期和时间以及天气状况。

箭头被放置在交叉口的示意图上（不按比例），没有显示内部细节。一组箭头代表一次碰撞。应该注意的是，箭头不一定放在地图上的确切碰撞位置。可能有几个碰撞发生在同一地点，但需要单独的一组箭头来描述它们。箭头说明了碰撞的发生，并尽可能地靠近实际的碰撞地点。

图12.13展示了编制典型碰撞图时使用的标准符号和代码。图12.14是一个交叉口的碰撞图示例。

碰撞图提供了一个重要时期内碰撞发生的有效的直观记录。在图12.14中，我们可以清楚地看到，在调研期间，该交叉口主要发生了追尾和直角碰撞，有多人受伤，但没有死亡事故。许多碰撞事故似乎都集中在夜间。该图清楚地指出了这些情况，现在必须将其与该地的物理和控制特性联系起来，以确定碰撞致因和适当的改善措施。

12.8.2　现场图

现场图描述了碰撞现场的所有物理和环境条件。该图必须展示现场的所有几何特性，所有控制设施（标志、信号灯、标记、照明等）的位置和描述，以及路侧环境的所有相关特性，如出入道、路侧物体和土地使用的位置。该图必须包括其所涉地点周围足够大的区域，以包括所有潜在的相关设施。这个范围可能从交叉口的几百英尺到远郊公路段的 $0.25 \sim 0.50$mile。

图12.15说明了一个现场条件图。它与图12.14的碰撞图在同一地点和时间段。该图包括每条接近段的几百英尺，并展示了所有出入道的位置和它们所服务的商业用地。控制细节包括信号灯的位置和时间，所有停止线和人行横道的位置，甚至还有路侧树木的位置，这些都可能影响信号灯的可见度。

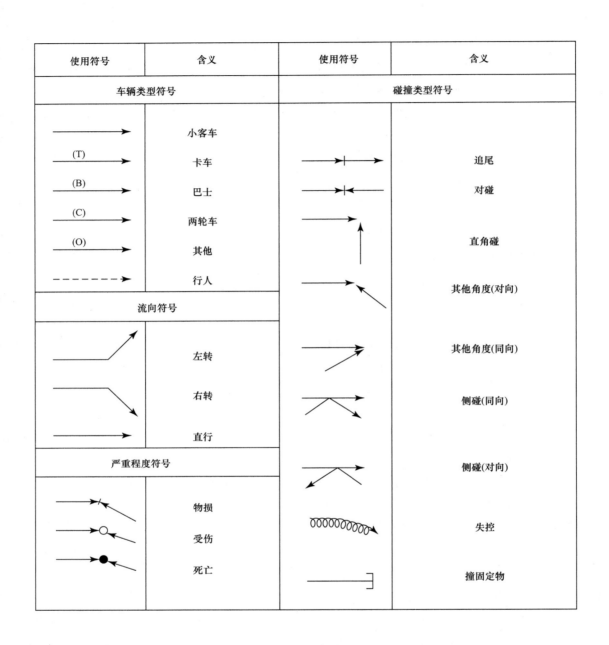

使用符号	含义	使用符号	含义
车辆类型符号		碰撞类型符号	
	小客车		追尾
(T)	卡车		对碰
(B)	巴士		直角碰
(C)	两轮车		
(O)	其他		其他角度(对向)
	行人		其他角度(同向)
流向符号			侧碰(同向)
	左转		侧碰(对向)
	右转		
	直行		失控
严重程度符号			
	物损		撞固定物
	受伤		
	死亡		

图 12.13　碰撞图中使用的符号

12.8.3　现场图和碰撞图的解读

本节不可能完全讨论和介绍所有类型的碰撞现场分析。分析碰撞图和现场图的目的很直接：在现场条件图汇总的设计、控制、运行和环境地物中，找到碰撞图中观察到的碰撞致因。这样做几乎涉及交通工程师的所有知识、经验和分析能力，以及专业判断的应用。下面是一个分析和解释的示例，重点是图 12.13 和 12.14 中描述的数据。

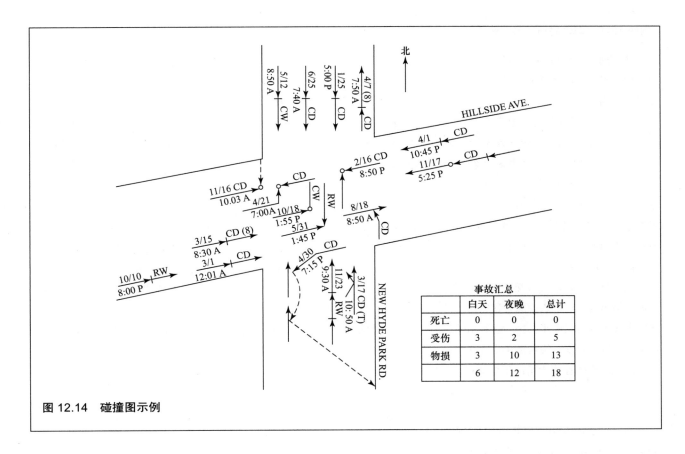

图 12.14　碰撞图示例

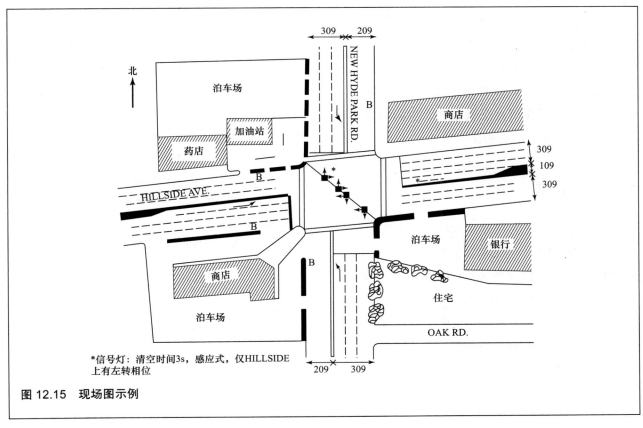

*信号灯：清空时间3s，感应式，仅HILLSIDE
　上有左转相位

图 12.15　现场图示例

例题 12-4：解读碰撞图和现场图

碰撞通常是按类型分组的。图 12.14 中展示的主要碰撞类型是追尾和直角碰撞。对于每种类型的碰撞，应提出以下三个问题。

1）哪些驾驶人的行为导致了这种碰撞的发生？

2）现场的哪些条件会导致驾驶人采取这种行动？

3）可以做出哪些改变来减少这种行为发生的机会？

当前车突然或意外停车和/或后车驾驶人在当时的速度和环境条件下跟得太紧时，就会发生追尾事故。虽然跟车驾驶人的"追尾"不容易通过设计或控制措施来纠正，但在图 12.14 和图 12.15 中可以看出，有许多因素可能导致车辆突然或意外停车。

现场条件图显示，在交叉口本身或附近有许多允许进出街道的出入道。进入或离开这些出入道的意外动作可能导致主线车辆突然停车。由于这些出入道的存在，停止线位于人行道线后方，特别是在北行方向。

因此，车辆在通常情况下非常规的位置停车[⊖]，后面的驾驶人可能会感到意外，无法及时反应以避免碰撞。潜在的改善对策包括关闭部分或所有此类出入道，并将停止线移至更接近正常位置的位置。

其他导致追尾的潜在原因包括信号灯时间（"黄灯"和"全红"时段不足），信号灯可视性（树木是否挡住了接近的驾驶人的视线），以及道路照明是否充足（鉴于大多数碰撞发生在夜间）。

直角碰撞表明信号灯的路权分配存在问题。必须检查信号灯的可视性，并检查信号灯配时的合理性。同样，如果"黄灯"和"全红"时段不足，则可能导致车辆还没来得及通过交叉口就有潜在冲突的车辆进入交叉口。如果绿灯的分配不合理，一些驾驶人会"跳过"绿灯或以其他方式忽略它。

在这里，一些原因会相互影响。例如，通过后移停止线来适应出入道，等于延长了对"全红"清空时段的要求，因此放大了这一不足因素的影响。

上述分析是示例性的。在任何给定的地点，能够影响碰撞发生和/或严重性的因素数量确实很多。然而，如果要有效地识别和处理所有相关因素，就需要一个系统方法。交通安全不是交通工程师的一个孤立的研究内容。相反，交通工程师所做的一切都与安全的主要目标有关。在本文中，我们强调了在所有交通设计、控制措施和运行计划中建立安全的重要性。

12.9　总结

本章对道路安全和碰撞调研这一重要议题进行了概要性介绍。这项议题很复杂，涵盖了大量的材料。交通工程师所做的一切，从现场调研，到规划和设计，再到控制和运行，都与提供一个安全的车辆行驶系统有关。交通工程师并不是唯一关注道路安全的人，因为许多其他专业人员，从城市规划师到律师再到政府职员，也对安全出行有着持久的兴趣。

参考文献

[1] *Quick Facts 2016*, National Highway Safety Administration, U.S. Department of Transportation, Washington, D.C., 2017.

[2] *Traffic Safety Facts Research Note*: 2016 Motor Vehicle Crashes-Overview, National Highway Safety Administration, U.S. Department of Transportation, Washington, D.C., October 2017.

[3] *NSC Motor Vehicle Fatality Estimates*, National Safety Council, Chicago, IL, accessed on www.nsc.org/NewsDocuments/2017/12-month-estimate.

[4] *Traffic Calming ePrimer*, Federal Highway Administration, U.S. Department of Transportation, Washington, D.C., 2017.

⊖　注意，这里的原文是"Stopping"而非"Parking"。——译者注

[5] http://en.wikipedia.org/wiki/Vision_Zero.

[6] http://safety.fhwa.dot.gov/tzd.

[7] http://www.nsc.org/learn/NSC-initiatives/Pages/The-Road-to-Zero.aspx.

[8] http://www.nycvzv.info.

[9] *Highway Safety Manual*, 1st Edition, American Association of State Highway and Transportation Officials, Washington, D.C., 2010.

[10] *Highway Safety Manual*, 1st Edition, Supplement, American Association of State Highway and Transportation Officials, Washington, D.C., 2014.

[11] *Highway Safety Manual Data Needs Guide*, National Cooperative Highway Research Program, Transportation Research Board, Washington, D.C., June 2008.

[12] *Guidance for Implementation of the AASHTO Strategic Highway Safety Plan*, NCHRP Report 500A, National Cooperative Highway Research Program, Transportation Research Board, Washington, D.C., 2004.

[13] *Crash Modification Factors Clearinghouse*, accessed at www.cmfclearinghouse.org.

[14] Goodwin, A., et al, *Countermeasures That Work: A Highway Safety Countermeasures Guide for State Highway and Transportation Offices*, 8th Edition, National Highway and Transportation Administration, U.S. Department of Transportation, Washington, D.C., 2015.

[15] http://www.safety.fhwa.dot.gov/provencountermeasures.

[16] http://www.cmfclearinghouse.org.

[17] http://library.ite.org/Pub/e26c7e9c-2354-d714-5181-4cc79fba5459.

[18] Ogden, K.W., *Safer Roads: A Guide to Road Safety Engineering*, Avebury Technical, Brookfield, VT, 1996.

习题

12-1. 请参考图 12.1 和图 12.2，构建一个图表，说明如果死亡率在 1966 年、1976 年和 1986 年分别停止下降，预计的死亡人数是多少。以图 12.2 的数据作为基线并进行评论。

12-2. 有人说 2014 年到 2015 年的死亡率和死亡人数都有明显的"上升"。在编写这一章时，不同的人认为这是①分心驾驶的影响的明确迹象，包括发短信、使用手机和其他设备的普遍增加；②统计学上的波动模式；③其他尚未确定的潜在因素，包括经济好转时经济活动的增加。鉴于你很可能在那段时间之后的几年才读到这个问题，请使用更多的最新数据和网络搜索文献，作为评论可能的因果关系（如果有的话）的基础。在你的评论中尽量以事实为基础，而不仅仅是推测。

12-3. 参照图 12.4 回答以下问题。

1）将单车情况下的百分比相加，百分比怎么可能超过 100%？是有逻辑的解释，还是有错误？提示：仔细阅读该图的标题，以及文中的相关词语。用一个清晰的例子来解释，用示例性的数字来说明你的观点，或者解释为什么该图是错误的。

2）如果该图是正确且合理的，它是否显示了一天中不同时间的死亡率（例如每百万车辆行驶里程的死亡人数），一天中死亡人数的分布，还是其他什么？你还需要什么数据（如果有的话）来展示一天中按时间划分的总死亡率和与酒精有关的死亡率？你还需要什么其他数据（如果有的话）来展示一天中按时间划分的死亡人数、总数和与酒精有关的死亡人数的概况？你将在哪里寻求这些数据（具体参考）？

12-4. 本章提到了"分级驾照"。这是指一些州根据年龄和/或其他因素限制驾驶执照的操作时间或其他要素的做法。利用互联网搜索美国各地的现行做法，以及关于这种做法的安全有效性的结论。

12-5. 考虑到某个小型郊区社区 2016 年的以下数据。

- 碰撞数量 360 起
  - 致命 10 起
  - 受伤 36 起
  - PDO 314 起
- 死亡人数 15 人
- 地区人口 50000 人
- 注册车辆 35000 辆
- 年车英里 120 万

- 平均速度 30mile/h

计算所有相关的基于暴露和人口的碰撞率和死亡率的数据。将这些数据与当年的国家标准进行比较（提示：使用互联网查找当前的国家标准）。

12-6. 考虑下面的碰撞图和现场图。讨论观察到的碰撞的可能原因。提出改进建议，并在改善后的现场条件图中加以说明。

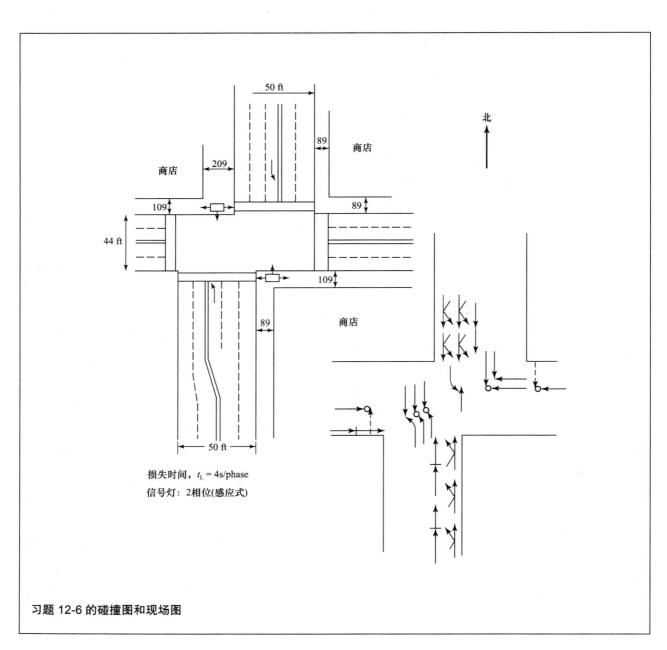

损失时间，t_L = 4s/phase
信号灯：2相位(感应式)

习题 12-6 的碰撞图和现场图

12-7. 根据以下交叉口数据，估计该四肢信控交叉口每年会发生的碰撞次数。

条件	取值
主路 AADT	60000veh/day
次路 AADT	25000veh/day
闯红灯拍照执法	每个接近段都有
有左转车道的接近段数	4
有右转车道的接近段数	2
有专用左转相位的接近段数	4
禁止红灯右转的接近段数	无
交叉口照明	有
交叉口行人流量	1800ped/day
行人需要穿越的最大车道数	6 车道
1000ft 内巴士车站数	无
1000ft 内学校数	1
1000ft 内售酒商店数	2
当地校准系数	1.04

泊车：特性、调研、计划和设计⊖

几乎每个出行者都是以行人的身份开始和结束他们的出行。对于密集的城市地区，许多出行是由公共运输提供的；一些出行完全是以行人的身份进行。对于许多密度较低的城市地区、郊区和远郊（Rural）⊜地区，机动车仍然是出行的主要方式。

除了现在出现在银行和快餐店等不同目的地的汽车穿梭设施外，汽车出行者通常是以行人身份离开出发地，以行人身份进入目的地。就使用私人汽车的出行而言，出行的行人部分开始和/或结束于泊位。在住宅行程的一端，私人汽车进入私人出入道、车库、路边泊位、附近的路侧地段或车库。在行程的另一端，泊车机会的位置和性质在很大程度上取决于土地使用功能和密度，以及各种各样的公共政策和规划问题。

为了使土地得到有效利用，它必须具有可及性。汽车的可及性取决于泊车设施的供给、便利性和成本。主要的活动中心，从区域购物中心到体育设施再到机场，都依靠大量的泊车供给来提供场地的可及性。如果没有这样的供给，这些设施就无法持续运行盈利。

因此，大多数活动中心的经济生存与泊车和其他形式的接入直接相关。泊位的供给必须与其他形式的接入（公共运输）、这种接入造成的交通状况以及活动中心的总体环境相平衡。虽然经济可行性与泊位的可用性有最直接的关联，但所产生的交通对环境的影响也可能产生负面影响。

本章对与泊车有关的问题进行概述。本章的内容并不详尽，我们鼓励读者查阅既有文献，以获得对该主题更完整和详细的策略。本章将讨论

⊖ 原文为 "Parking：Characteristics，Studies，Programs，and Design"。——译者注
⊜ 这段文字某种程度上体现了中美在地块开发、出行特点上的一些差异。相较于"乡村"，"Rural"译作"远郊"更妥当些。——译者注

四个关键的泊车问题：

- 泊车需求（Parking demand）
- 泊车调研（Parking studies）
- 路外泊车设施的设计和位置（Off-street parking facility design and location）
- 泊车管理（Parking management）

下面将逐一探讨这些议题。

13.1　泊车需求

泊车的关键问题是确定一个特定的开发项目需要多少泊位，以及这些泊位应该设在哪里。这些需求促成了基于地方的分区法规，即在开发项目时需要提供的最低数量的泊位。

对泊位的需求取决于许多因素，其中一些是难以评估的。一个开发项目中，土地使用的类型和规模是主要因素，而开发环境的总体密度和可用的公共运输的数量和质量也如是。

13.1.1　泊车生成

正如土地使用"产生"出行一样，它们也"产生"对泊位的需求。最全面的泊车生成信息来源是美国运输工程师协会的《泊车生成》（Parking Generation）[1]。这本基础参考书的第4版于2010年出版，定期提供更新，我们鼓励读者直接查阅最新版本以了解最新标准。本书中的材料是以第4版为基础的。

泊车生成将观察到的最大占用泊位数量与一个基本变量联系起来，该变量被用作相关土地利用的规模或活动水平的替代指标。根据所涉及的土地使用情况，使用最具描述性的基础变量，从建筑面积到雇员人数，或其他相关参数。历史上，基础变量的选择是基于它们在统计学上对高峰期泊车使用情况的预测程度。

参考文献[1]提供了106种不同土地用途的平均泊车生成率、范围和具体预测算法。用于开发这些数值的数据主要来自郊区的单一用途设施，这些地方很少或没有公共运输接入。

泊车生成率和关系摘要见根据参考文献[1]汇编的表13.1。表13.1只展示了《泊车生成》中泊车生成数据的一个样本。许多其他用途的数据也包括在泊车生成中，但许多类别的数据仅有小规模的样本支撑。甚至那些包括土地使用在内的，用于校准数值的站点数量也不一定很重要，R^2值往往意味着泊车生成率的显著变化。

在可行的情况下，应使用当地数据来修改全国性的典型率。许多地方规划机构会有这样的数据，尽管质量和及时性会千差万别。

注意，在某些情况下，描述土地使用环境（城市、郊区和远郊）和/或日期（工作日、周六和周日）的场景表述也纳入了表格。泊车生成也包含其他时段的信息。总体上，表13.1将高峰期的设置和时段纳入了考量。

表 13.1　典型的高峰期泊车生成率

土地用途	平均泊位率	计算基数 X	泊车计算公式 [2]	回归系数 R^2	调研样本数量
住宅：					
单户独立住房	1.83	居住单元	$3.2X - 8.6$	0.69	6
共管式公寓 / 别墅	1.38	居住单元	$1.26X + 9$	0.95	12
低层 / 中层公寓（1～4 层）工作日，城市	1.20	居住单元	$0.92X + 4$	0.96	40
高层公寓（>4 层）	1.37	居住单元	$1.04X + 130$	0.85	7
零售业：					
购物中心星期六 –12 月	4.67	1000ft^2 GFA	$4.60X + 115$	0.84	86
购物中心，周六 – 非12 月	2.87	1000ft^2 GFA	$3.38X - 116$	0.98	26

（续）

土地用途	平均泊位率	计算基数 X	泊车计算公式 [2]	回归系数 R^2	调研样本数量
零售业：					
超市，周六，郊区	3.92	1000ft^2 GFA	$4.88X - 28$	0.63	14
超市，平日，市区	2.27	1000ft^2 GFA	$2.95X - 15$	0.72	8
家装超市，周六	3.19	1000ft^2 GFA	不可用	不可用	40
药店，有汽车穿梭窗口，周六	2.18	1000ft^2 GFA	不可用	不可用	16
家具店，周六	1.04	1000ft^2 GFA	$0.87X + 4$	0.90	7
精品餐厅，周五	16.41	1000ft^2 GFA	$11.93X + 22$	0.65	11
家庭餐馆（高营业额，落座）周六郊区	13.50	1000ft^2 GFA	不可用	不可用	13
快餐店，有汽车穿梭窗口，平日	9.98	1000ft^2 GFA	不可用	不可用	27
机构：					
小学	0.17	学生	不可用	不可用	5
初中/初中部	0.09	学生	不可用	不可用	3
高中	0.23	学生	不可用	不可用	8
社区大学	0.18	学校群体 [2]	不可用	不可用	12
大学/学院，郊区	0.33	学校群体 [2]	$0.33X - 49$	0.97	8
教堂	8.37	1000ft^2 GFA	不可用	不可用	12
日间护理中心，平日	0.24	学生	$0.30X - 5$	0.72	39
博物馆，周六	1.32	1000ft^2 GFA	不可用	不可用	4
图书馆，平日，郊区	2.62	1000ft^2 GFA	$1.48X + 27$	0.63	7
医院，平日，郊区	0.81	雇员	$0.69X + 253$	0.74	15
疗养院	0.98	1000ft^2 GFA	$0.54X + 17$	0.77	13
办公区：					
办公楼 平日，郊区	2.84	1000ft^2 GFA	$2.51X + 26$	0.91	176
医疗/牙科办公大楼	3.20	1000ft^2 GFA	$0.34X - 13$	0.91	86
政府办公大楼	4.15	1000ft^2 GFA	不可用	不可用	4
旅店住宿：					
酒店 周六，郊区	1.20	客房间数	不可用	不可用	4
度假酒店	1.29	客房间数	$0.97X + 76$	0.76	5
休闲娱乐：					
高尔夫球场，周六	8.68	洞数	$9.08X - 5$	0.90	7
保龄球馆，周五，郊区	5.02	球道数	$6.63X - 35$	0.97	4
多功能电影院，周五	0.15	座位数	不可用	不可用	6
滑冰（雪）场，周六	1.31	英亩（acre）	$1.10X + 27$	0.86	4
健康/健身俱乐部（健身房）	5.27	1000ft^2 GFA	$3.35X + 38$	0.60	25

注：1. GFA = Gross Floor Area，建筑面积。

　　2. 学校群体（School Population），指学生 + 雇员 + 访客。

资料来源：Used with permission from *Institute of Transportation Engineers Parking Generation*, 4th Edition, Institute of Transportation Engineers, Washington D.C., 2010.

例题 13-1：泊车生成量估算

思考一个由 50000ft^2 的办公空间组成的普通办公楼的情况。该设施的泊车高峰负荷预计是多少？从表 13.1 中可以看出，办公楼的平均高峰泊车率为每 1000ft^2 建筑面积 2.84，或者在该案例中，2.84 × 50 = 142 个停车位。使用与设施规模有关的公式可能会得到一个更精确的估计：

$P = 2.51X+26 = (2.51 × 50) +26 = 151.5$，即 152 个车位

这为工程师提供了一个适度的范围——从 142 到 152 个泊位的需求。在这种情况下，表格中的数据是基于 176 个地点的大样本量，而且回归系数（R^2）很强——0.91。因此，可以认为这种预测是相对可靠的。

在其他情况下，小样本量或弱的 R^2 值可能会导致分析人员搜集一些当地数据进行比较。

表 13.1 包含了三种不同类型餐馆的信息——精品餐厅、家庭餐馆和快餐店。这些餐厅的泊车生成率因星期几和餐厅所在的总体环境而迥然不同。表 13.2 展示了餐厅每 1000ft^2 建筑面积的平均泊车生成率。

表 13.2　餐厅每 1000ft^2 建筑面积的平均泊车生成率

	精品餐厅	家庭餐馆	快餐店
周一到周四市区	10.60	5.55	9.98
周一到周四郊区	10.60	10.60	9.98
周五市区	16.41	5.55	9.98
周五郊区	16.41	10.60	9.98
周六市区	16.40	NA	8.70
周六郊区	16.40	13.50	8.70

资料来源：Used with permission from Institute of *Transportation Engineers Parking Generation*, 4th Edition, Institute of Transportation Engineers, Washington D.C., 2010.

通常来说，"精品餐厅"（Quality Restaurant）是指为成年人提供服务的落座式设施，包括一个酒吧。它可以是独立的设施，也可以是区域或全国连锁的一部分。"家庭餐馆"（Family restaurant）意味着更高的营业额，以及为有或没有孩子的家庭提供服务的设施。许多是全国性连锁店的一部分（Applebee's、Chili's、Ruby Tuesday's 和 Bob Evans 等），但它们也可以是独立的，或者是当地或区域性连锁店的一部分。表 13.2 中的比率是针对没有酒吧的这类设施。"快餐店"（Fast-food restaurants）显然代表了非常高的营业额，而且往往是全国性连锁店的一部分，尽管也不一定

是。表 13.2 中的比率是针对有自动取餐窗口的快餐设施。应该注意的是，《泊车生成》还包括其他几类餐馆。

对精品餐厅来说，周五和周六是泊车需求的高峰期，比一周中其他日子的需求高出约 60%。家庭餐馆在城市和郊区环境中呈现出显著不同的泊车生成率。正是由于这些变量的存在，在可能的情况下，应该收集和检核当地的泊车数据，来微调已发布的全国平均水平。

应该注意的是，这些泊车生成率的关键是在高峰期使用的最大泊位数量。从用户的角度来看，通常当 95% 的泊位被使用时，即认为泊车设施是"满"的。因此，通常的做法是，即使在需求高峰期，泊车需求也应该考虑 5% 到 10% 的余量[2]。

13.1.2　共用泊车场

表 13.1 和表 13.2 引用的泊车生成率反映了单个独立设施的泊车需求。然而，通常情况下，不同的机构位于可以方便共用泊位的位置。典型的例子是购物中心，几个（或许多）不同的商店和附属服务（餐馆、银行等）共用泊位。这样的设施组合泊车效率更高，因为一个特定的空间可以为多种土地用途服务，只要泊车需求的时间不同。

共用泊车的概念简单地说，就是用一个泊车设施来满足多个用户或多个目的地的泊车需求[3, 4]。

思考一个例子：住在公寓房子里的个人可以为邻近设施的泊位支付月费。这有两种方式可以

实现。个人可以独占某个编号的泊位，或者个人可以获得共用泊位的使用权，并保证永远有一个泊位可用。第一种选择是最低效的——必须为每个用户提供单独的空间，即使所有用户从未同时在场。第二种方法可以达成用更少的泊位来满足需求，并且可以让用户的月费更便宜。

还有许多其他可以共用泊位的情况。在不同的日子、不同的季节和/或一天中的不同时间产生高峰需求的土地使用，可以分享使用相同的泊位。表13.3展示了在不同的日子和时间产生泊车需求高峰的各种土地用途的样本。

表 13.3　各种土地用途的典型泊车高峰期

工作日	晚上	周末
银行及公共服务机构	礼堂	宗教场所
办公和其他雇员单位	酒吧及歌舞厅	公园
P+R 设施（泊车换乘）	会议厅	商店和综合商场
学校、托儿所、大学	精品餐厅	
工厂和配送中心	剧院	
医药机构	酒店	
专业服务机构		

资料来源: Used with permission from Victoria Transport Policy Institute Litman, T., *Parking Management Best Practices*, American Planning Association, Chicago IL, 2006, Table 5-1, pg 67.

表13.4展示了各种类型的购物中心的泊车需求。可见，随着购物中心的尺度和规模越来越大，泊车需求也在增加（每1000ft² GFA）。这表明，鉴于大型购物中心的商店和服务更加多样化，泊车需求的强度也更高。

对于表13.4，适用以下定义。

- 带状：<30000ft²，以小型商家为主体。
- 邻里：30000~100000ft²，以超市和/或药店为主体。
- 社区：100000~400000ft²，以普通商店或折扣零售商为主体。
- 区域：400000~800000ft²，以单个综合购物中心为主体。
- 超级区域：大于800000ft²，以多个综合

购物中心为主体。

表 13.4　购物中心每 1000ft² GFA 的泊车需求

购物中心类型	泊位 /1000ft² GFA	调研样本数量
带状	4.1	5
邻里	4.7	8
社区	4.9	51
区域	5.5	27
超级区域	5.1	22

资料来源: Used with permission from Institute of *TransportationEngineers Parking Generation*, 4th Edition, Institute ofTransportation Engineers, Washington D.C., 2010, pg 227.

其他调研甚至产生了更详细的结果。1998年的一项调研提供了关于购物中心泊车生成的额外数据[5]。对400多个购物中心进行调研，从而建立了推荐的"泊位比例"，即每1000ft² GLA（Gross Leasable Area，可租赁面积）所提供的泊位数量。购物中心按总规模（GLA）以及电影院、餐馆和其他娱乐用途占中心总 GLA 的百分比进行了分类。表13.5对结果进行了汇总。

表 13.5　1998 年调研报告中建议的泊位比例

购物中心规模（GLA）/ft²	电影院、餐馆和其他娱乐场所的使用比例				
	0%	5%	10%	15%	20%
0 ~ 399999	4.00	4.00	4.00	4.15	4.30
400000 ~ 41999	4.00	4.00	4.00	4.15	4.30
420000 ~ 439999	4.06	4.06	4.06	4.21	4.36
440000 ~ 459999	4.11	4.11	4.11	4.26	4.41
460000 ~ 479999	4.17	4.17	4.17	4.32	4.47
480000 ~ 499999	4.22	4.22	4.22	4.37	4.52
500000 ~ 519999	4.28	4.28	4.28	4.43	4.58
520000 ~ 539999	4.33	4.33	4.33	4.48	4.63
540000 ~ 559999	4.39	4.39	4.39	4.54	4.69
560000 ~ 579000	4.44	4.44	4.44	4.59	4.74
580000 ~ 599999	4.50	4.50	4.50	4.65	4.80
600000 ~ 2500000	4.50	4.50	4.50	4.65	4.80

资料来源: Used with permission of Urban Land Institute, *Parking Requirements for Shopping Centers*, 2nd Edition, Washington, D.C., 1999, compiled from Appendix A, Recommended Parking Ratios.

这些指南的制订是为了满足一年中第 20 个泊车高峰时段的需求（即一年中只有 19h 的泊车需求会超过建议值）。泊车需求要同时满足顾客和员工的需求。

如果电影院、餐馆和其他娱乐设施占总 GLA 的 20% 以上，则建议采用更详细的共用泊车方式。对购物设施和电影院、餐馆和娱乐设施的泊车需求将分别进行预测。通过当地调研确定可能发生的重合使用量。

例题 13-2：一个区域性购物中心的泊车生成（1）

思考以下情况：将建造一个总 GLA 为 100 万 ft^2 的新区域购物中心。预计电影院、餐馆或其他娱乐设施将占用约 15% 的 GLA。应该提供多少个泊位？根据表 13.4，所述中心（区域性超级购物中心）将产生每 1000ft^2 GLA 5.1 个泊位的需求。

$$P = 5.1 \times \frac{1000000}{1000} = 5100 \text{个泊位}$$

使用表 13.5，每 1000ft^2 GFA 需要 4.65 个车位，即：

$$P = 4.65 \times \frac{1000000}{1000} = 4650 \text{个泊位}$$

表 13.4 中的数据比较新，但表 13.5 更详细。两者的大致情况相同，但应调研一些当地或区域的数据，以微调分析，特别是由于这两个估计的差异是 450 个泊位，这是一个很大的数量。

参考文献 [6] 提出了一个更详细的预测高峰期泊车需求的模型。由于该模型更加详细，需要额外的输入信息。峰值泊车需求可估算为：

$$P = \frac{N \times K \times R \times A \times pr}{O} \qquad (13\text{-}1)$$

式中　P ——泊车需求，泊位；

　　　N ——以适当单位衡量的活动规模（建筑面积、职位、住宅单位或其他适当的土地使用参数）；

　　　K ——在任何时间点出现的目的地的比例；

　　　R ——每个活动单位每天（或其他时段）的人 - 目的地；

　　　A ——到达的人的比例；

　　　O ——汽车平均载客率；

　　　pr ——主要目的地在指定调研地点的人的比例。

例题 13-3：一个区域性购物中心的泊车生成（2）

考虑在中央商务区（CBD）的中心地带有一个相同的 100 万 ft^2 的零售购物中心。已经收集了以下补充信息：

- 大约 40% 的购物者由于其他原因来到 CBD（$pr = 0.40$）。

- 大约 70% 的购物者通过汽车前往该零售购物中心（$A = 0.70$）。

- 据估计，该中心的总活动量为每 1000ft^2 GLA 45 人，其中 20% 发生在泊车高峰期（$R = 45$，$K = 0.20$）。

- 前往零售购物中心的访客的平均汽车载客率为每辆车 1.5 人（$O = 1.5$）。

由于规模单位是 1000ft^2 的总 GLA，因此在本例中，$N = 1000000/1000 = 1000$。现在可以用式（13-1）来估计高峰期的泊车需求：

$$P = \frac{1000 \times 45 \times 0.20 \times 0.70 \times 0.60}{1.5}$$
$$= 2520 个泊位$$

例题 13-3 的结果比例题 13-1 和 13-2 的结果少得多。这有几个原因。该中心位于城市地区，40% 的购物者因其他原因已经到了那里（例如他们在该地区工作），30% 的人使用公共运输或直接步行到该地点。表 13.4 和表 13.5 中更通用的数据是假设大多数人是专门到该中心购物的，而且都是驾乘车来的。1.5 人/车的汽车载客率也比通常的郊区环境预期值要高一些。

虽然这种技术在分析上很有意思，但它需要对泊车活动进行一些估计。在大多数情况下，这些都是基于当地或区域内类似开发项目的数据，如果没有当地信息，则基于全国性活动信息。

问题是，所有的泊车需求估计，包括那些共用泊车的估计，都需要对当地和区域特点有一定了解。尽管全国性平均数据是一个重要的支撑，但泊车需求的大量变化与当地的具体特点相关。

13.1.3   分区法规

对重要开发项目的泊车供给的控制通常是通过区域要求来维护的。当地的分区法规通常规定了特定类型和规模的开发项目必须提供的泊位的最低数量。分区法规还经常规定残疾人泊位的需求，并为上下客区设定最低标准。

大多数分区法规要求为单个设施提供特定数量的泊位，尽管购物中心可能被列为"独立设施"。然而，对于每个独立设施的个别要求，也有一些选择。地方政策可以，而且通常应该鼓励共用泊位的方案。

Todd Litman 在《泊车管理最佳实践》（Parking Management Best Practices）[3, 4] 中提出了以下可以实现这一目标的方法。

- 可以鼓励不同场所之间达成协议，在步行距离内（对所有场所）共用一个（或多个）泊车设施。如前所述，当合作地点的主要土地用途在不同时间有高峰需求时，这种方法特别有效。

- 可以让开发商支付费用，以代替为他们的建筑物建造专用泊位。可以将这些费用集中起来，以支持为多个地点服务的公共泊车场或车库的建设。然而，这种公共场所必须提供并成为当地机构的责任。通常会建立一个特定的地方机构，以建设、维护和运营这些公共泊车设施。

- 在一个确定区域内的企业可以被置于市中心的商业改进区，并征税以提供公共泊车设施的资金。

当然，也可以同时采用上述几种方法。当提供公共泊车设施时，一般会向用户收取泊车费，以帮助支付泊车机构的运营费用。

公共泊车场的方法在密集的城市地区是最有意义的，因为在那里很难要求每个开发地块同时容纳功能建筑和足够的泊位来应对需求。在这些地区，开发的密度使得许多目的地有可能由一个泊车设施提供足够的服务。

在密度更低的郊区，通常采用更传统的方法，要求每个开发项目提供足够的泊位。

表 13.6 是对各种土地用途的泊车场的常见区域要求的汇编 [2, 7]。一般来说，每个辖区（州、县和地方）都会制定一整套的区域要求，其中包括泊车。对于任何特定的区域，在建造时将使用有效的当地要求。建议的区域要求反映了观察到的高峰需求的第 85 百分位数，加上需求高峰时段未使用的泊位的 5% 至 10% 的冗余量。

表 13.6　区域对泊车的要求示例

土地使用性质	推荐区域要求（泊位数）
住宅	
单户住宅单元	每住宅单位 2.00
多户住宅单元—单间公寓	每住宅单位 1.25
多户住宅单元—1 室	每住宅单位 1.50
多户住宅单元—2 室或 2 室以上	每住宅单位 2.00
附属住宅单元	每住宅单位 1.00
夜卧房（Sleepingroom）	每住宅单位 1.00+2 个（业主和管理人员）
老年人住房	每住宅单位 0.50
团体和疗养院	每位居民 0.33
日间护理中心	每个雇员 1.00+ 每个注册容量 1.2+1 个落客车位
商业住宿	每间房 / 单位 1.25 + 每 1000ft² 餐厅 / 休息室 10 + 每 1000ft² 会议室空间 20 + 每 1000ft² 展览 / 球室空间 30
医院 / 医疗中心	每个雇员 0.50+ 每个床位 0.33+ 每个门诊病人 0.20+ 医务人员 0.25+ 每个学生 / 医务人员 1.00（仅限医疗中心）
零售业	
一般零售业	每 1000ft² GFA 3.30
便利性零售	每 1000ft² GFA 4.00
服务零售	每 1000ft² GFA 2.40
耐用商品零售	内部销售空间每 1000ft² 2.50 + 内部存储和外部展示 / 存储空间每 1000ft² 1.50
购物中心	见表 13-7
餐饮	
精品餐厅	每 1000ft² GLA 20.0
普通餐馆	每 1000ft² GLA 25.0
家庭餐馆	每 1000ft² GLA 12.0
快餐店	每 1000ft² GLA 10.0（包括厨房、柜台、等候区）每提供一个座位 +0.50
办公室和商业服务	
普通业务	30000ft² 内，每 1000ft² GFA 3.60；此后，每 1000ft² GLA 3.00
消费者服务	30000ft² 内，每 1000ft² GFA 4.00；此后，每 1000ft² GLA 3.60
数据处理 / 电子营销 / 运营	30000ft² 内，每 1000ft² GFA 7.00；此后，每 1000ft² GLA 6.00
医疗办公室（不属于医院或医疗中心的一部分）	5000ft² 内，每 1000ft² GFA 6.00；此后，每 1000ft² GLA 5.50
医疗办公室（医院或医疗中心的一部分）	5000ft² 内，每 1000ft² GFA 5.50；此后，每 1000ft² GLA 5.00
工业	每 1000ft² GFA2.00+ 办公、销售等其他需求

（续）

土地使用性质	推荐区域要求（泊位数）
教育	
小学或中学	每间教室 1.20+ 每个超过驾驶年龄的学生 0.25
大学	由区域管理员依据对泊车需求的调研来确定
文化 / 娱乐 / 休闲	
会议中心	展览、宴会厅和会议空间每 1000ft² GLA 20.0
公共集会	在允许的容量下每人 0.25
电影院—单厅	每座位 0.50
电影院—少于 5 个厅	每座位 0.33
电影院—多于 5 个厅	每座位 0.29
剧院（现场表演）	每座位 0.50
竞技场和体育场	每座位 0.33
休闲设施	每位演出者 2.00，或在允许的容量下每人 0.33

资料来源：Used with permission from Springer Science and Business Media Chrest A., et al, *Parking Structures: Planning, Design, Construction, Maintenance, and Repair,* 3rd Edition, Springer Science and Business, New York NY. 2001, Table2-1, pgs 12 and 13 as adapted from Recommended Zoning Ordinance Provisions for Off-Street Loading Space, National Parking Association, Washington D.C., 1995.

例题 13-4：一个区域性购物中心的区域要求

考虑一个区域性购物中心，其 GFA 为 500000ft²，其中 450000ft² 是 GLA。15% 的可租赁空间用于餐馆和电影院。

峰值泊车需求可以通过表 13.4 或表 13.5 估算出来。从表 13.4 来看，一个区域性购物中心将产生每 1000ft² GFA 5.5 个泊位的峰值需求，即：

$$P = 5.5 \times \frac{500000}{1000} = 2750 个泊位$$

根据表 13.5，每 1000ft² GFA 需要 4.26 个泊位，即：

$$P = 4.26 \times \frac{450000}{1000} = 1917 个泊位$$

根据表 13.7，典型的分区法规要求每 1000ft² GFA 需要 4.0+5（0.03）= 4.15 个泊位，即：

$$P = 4.15 \times \frac{450000}{1000} = 1868 个泊位$$

表 13.7　购物中心泊车的区域要求示例（每 1000ft² GLA 的车位数）

购物中心规模 /ft²（GLA）	餐饮、娱乐和 / 或影院空间占总 GLA 的百分比		
	0% ~ 10%	11% ~ 20%	>20%
<400000	4.0		共用泊位
400000 ~ 599999	4.0 ~ 4.5 比例内插[1]		共用泊位
≥ 600000	4.5	4.5	共用泊位

注：1. 每超过 10%，每 1000ft² GLA 增加 0.03 个泊位。

资料来源：Used with permission from Springer Science and Business Media Chrest A., et al, Parking Structures: Planning, Design, Construction, Maintenance, and Repair, 3rd Edition, Springer Science and Business, New York NY. 2001, Table 2-2, pg 16.

这个数值范围很大。然而，这有助于理解这些估算中使用的表格之间的差异。表13.4产生了2750个泊位，是基于总建筑面积的峰值需求的估计。表13.7是一个区域建议，它基于第85百分位的泊车高峰数——每年有15天超过这个高峰数（想想圣诞节假期购物）。它还考虑了餐馆和电影院的部分共用泊车影响。这产生了一个更保守的数值。表13.5引用了建议的泊车比率，它更像是一个分区法规，而不是一个泊车需求估计，它也考虑到共用泊车的影响。

如前所述，这里的数据反映了全国平均水平和普遍做法。对于任何具体的场地，在本案例中是一个500000ft²的区域性购物中心，当地的问题和特点在达成最终的需求估计时必须加以考虑，或者制定当地的区域政策。

表13.6和表13.7中建议的区域要求在有良好大众运输接入的城市地区会大幅降低，有固定的顾客（在开发项目附近工作或居住的人），或有组织的汽车合乘计划。在这些地区，必须确定用户的模式划分特性，并相应减少泊位。这样的模式划分估计必须考虑当地条件，因为这可能有很大差异。在一个典型的小城市社区，大众运输可能提供10%～15%的总到访量；在曼哈顿（纽约市），主要的城市次中心和中心（midtown and downtown）的到访量只有不到5%是由私人汽车提供的。

13.1.4　残障人士泊车要求

在任何泊车设施中，都必须按照联邦和地方法律及条例的要求提供残障人士泊位。这些标准对必须提供的泊位数量和位置都有影响。美国运输工程师协会建议提供残障人士泊位的最低标准如下[6]：

- 办公室——每1000ft² GFA 0.02个泊位
- 银行——每家银行1～2个泊位
- 餐厅——每1000ft² GFA 0.30个泊位
- 零售业（GFA<500000ft²）——每1000ft²

GFA 0.075个泊位
- 零售业（GFA ≥ 500000ft²）——每1000ft² GFA 0.060个泊位

无论如何，至少要保证有一个有效的残障人士泊位。

13.2　泊车调研和特性

泊车者和泊车的一些特性对规划有很大影响。对泊车供给需求至关重要的是泊车者的泊放时间、累积量和比邻需求。泊放时间和累积量是相关的特性。如果用"泊位·小时"（space·hours）来定义泊车容量，那么泊放时间长的车辆会比泊放时间短的车辆消耗更多容量。在任何地区，或在任何特定的设施，目标是提供足够的泊位，以满足典型一天的最大累积量。

13.2.1　比邻程度：泊车者要走多远？

泊车者可容忍的最大步行距离因出行目的和城市区域大小而异。一般来说，工作出行可容忍的步行距离比其他类型的出行都要长，也许是因为涉及的时间相对较长。相对路边（或路缘）[on-street（or curb）]泊位来说，路外泊位可以容忍更长的步行距离。随着城市地区人口的增加，步行的距离也越来越长。

必须充分认知泊车者步行一定距离到达目的地（或从目的地到他们的汽车）的意愿，因为这将对必须提供泊车容量的位置产生重大影响。在任何条件下，驾驶人都倾向于寻找尽可能靠近目的地的泊位。即使在人口众多的城市（100万～200万人口），75%的驾驶人也会在离最终目的地0.25mile内泊车。

表13.8展示了城市地区泊位与最终目的地之间的步行距离分布。该分布基于对五个不同城市（亚特兰大、匹兹堡、达拉斯、丹佛和西雅图）的研究，详见参考文献[6]。

表 13.8　CBD 到泊位的步行距离

距离		步行该距离或更远 (%)	
ft	mile	均值	范围
0	0	100	
250	0.05	70	60 ～ 80
500	0.10	50	40 ～ 60
750	0.14	35	25 ～ 45
1000	0.19	27	17 ～ 37
1500	0.28	16	8 ～ 24
2000	0.38	10	5 ～ 15
3000	0.57	4	0 ～ 8
4000	0.76	3	0 ～ 6
5000+	0.95+	1	0 ～ 2

资料来源: Used with permission of Eno Foundation for Transportation, Weant, R., and Levinson, H., *Parking*, Westport, CT, 1990, Table 6-3, pg 98.

　　如表 13.8 所示，泊车者喜欢靠近他们的目的地。50% 的驾驶人将车泊在离目的地 500ft 以内。图 13.1 展示了往返于泊位的平均步行距离与城市化地区总人口的关系。

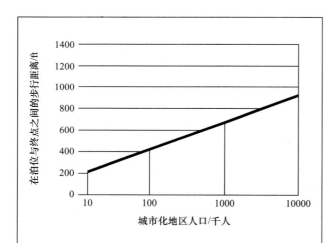

图 13.1　城市化地区人口的平均步行距离

资料来源: Used with permission of Eno Foundation for Transportation, Weant, R., and Levinson, H., *Parking*, Westport, CT, 1990, Figure 6.5, pg 98.

　　这个数据再次强调了将泊位放置在靠近目的地的必要性。即使在人口超过 1000 万的城市地区，到泊位的平均步行距离也约为 900ft。

　　出行目的和通行时间也会影响驾驶人可接受

的步行距离。对于购物或其他必须携带物品的出行，人们寻求较短的步行距离。对于短时泊车，如买报纸或外卖食品，也会寻求较短的步行距离。如果只停放 5min，驾驶人是不会走 10min 的。在确定泊车容量时，对泊车者总体特性的了解很重要，但当地调研会提供更准确的信息。然而，在许多情况下，应用常识和专业判断也是一个重要组成部分。

　　表 13.9 展示了两个较新的国外调研[8, 9]的结果，它们呈现了类似的步行特性。

表 13.9　两项国外调研的步行距离

出行目的	调研 1 荷兰	调研 2 印度尼西亚
每周购物	587ft	1174ft
非每周购物	1230ft	
工作	744ft	847ft
商业活动	NA	888ft
休闲 / 社交活动	670ft	1234ft

　　注意，在这两项调研中，步行容忍度被转换为分布的平均距离（荷兰）和步行时间（印度尼西亚）。对于后者，使用了 4.0ft/s 的步行速度。

　　无论如何，很显然，泊车者不愿走很远的路，1000 ～ 1200ft 的范围代表了一个实际的外部限制。然而，即使是这样的距离，对于许多出行目的来说也是难以容忍的。这是一个关于当地信息相当重要的问题。可采用访谈调研来收集当地信息。

　　可以在目的地快速询问泊车者，以确定他们的步行距离。另外，还可以询问他们对步行出行的接受度，以及在各种情况下愿意步行的距离。与大多数访谈调研一样，访谈必须简短且不具威胁性，而且必须知会当地警方正在进行访谈。在一些地区，在进行这种访谈调查之前，必须事先获得许可。

13.2.2　泊车资产

在任何泊车需求的总体评估中，最重要的调研之一是对现有的泊车供给进行摸底。这种资产清单包括调研泊位的数量和位置，使用泊位的时间限制，以及泊车设施的类型 [例如路边（on-street）、路外泊车场（off-street lot）和路外车库（off-street garage）]。大多数泊车调查数据都是人工收集的，调查者在一个区域内步行，计数并记录路缘泊位和适用的时间限制，以及路外泊车设施的位置、类型和容量。智能运输技术的使用已经开始提高可用信息的数量和获取信息的便利性。一些泊车设施已经开始使用电子标签（如 EZ Pass）来计费。这样的程序也可以实时跟踪泊车时间和累积的情况。智能泊车计时器可以为路缘泊位提供相同类型的信息。

为了方便记录泊位位置，通常会对调研区域进行绘图，并以系统的方式进行预编码。图 13-2 说明了街区和街区面的简单编码系统。图 13-3 说明了调查员使用的现场表。

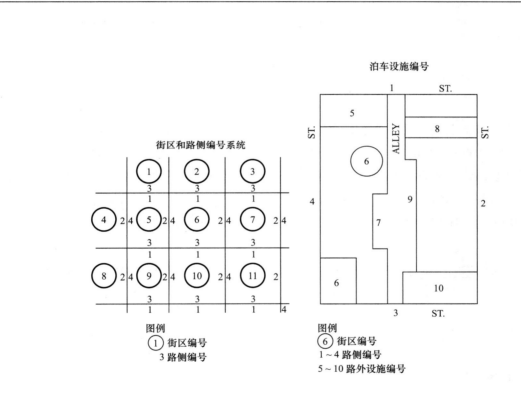

图 13.2　泊车场位置编码的系统示例
资料来源：Used with permission of Institute of Transportation Engineers, Box. P. and Oppenlander, J., *Manual of Traffic Engineering Studies*, 4th Edition, Washington, D.C., 1976, Figures 10-1 and 10-2, pg131.

路缘泊位按泊车限制和计价器泊放时间限制进行细分。当一个街区需要多行现场表时，要编制并体现小计。如果路缘泊位没有明确的标记，则用路缘的长度来估计可用泊位的数量，使用以下准则：

- 平行泊车：23.0ft/stall（英尺 / 泊位）
- 倾斜泊车：12.0ft/stall
- 垂直泊车：9.5ft/stall

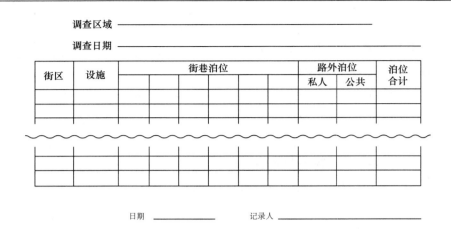

图 13.3 泊车资产调查现场表

资料来源：Used with permission of Institute of Transportation Engineers, Box P. and Oppenlander, J., *Manual of Traffic Engineering Studies*, 4th Edition, Washington, D.C., 1976, Figure 10-3, pg 133.

尽管泊位清单基本上是计算在某个关注的时段——通常是工作日的 8 ~ 11h，但泊位供给评估必须考虑到对这些泊位的监管和时间限制以及该地区的平均泊车时间。总泊位供给量可以用调研区域内有关时期内可以泊放的车辆数量来衡量：

$$P = \left(\frac{\sum\limits_{n} NT}{D} \right) \times F \qquad (13\text{-}2)$$

式中　P —— 泊位供给量（veh）；

N —— 特定类型和时间限制的泊位数量；

T —— 调研期间特定类型和时间限制的 N 个泊位的可用时间（h）；

D —— 调研期间的平均泊车时间（h/veh）；

F —— 考虑周转率的效率系数，数值范围为 0.85 ~ 0.95，随着平均时间的增加而增加。

例题 13-5：估算泊位供给

在一个例子中，对一个地区进行的 11h 调研表明，在整个 12h 内有 450 个泊位，6h 内有 280 个泊位，7h 内有 150 个泊位，5h 内有 100 个泊位。该地区的平均泊车时间为 1.4h。使用 0.90 的效率系数。该研究区域的泊位供给量计算如下：

$$P = \left\{ \frac{\begin{bmatrix} (450 \times 12) + (280 \times 6) + \\ (150 \times 7) + (100 \times 5) \end{bmatrix}}{1.4} \right\} \times 0.90$$

$$= 5548 \text{veh}$$

例题 13-5 的这一结果意味着，在调研的 11h 内，调研区域内可能有 5548 辆车泊放。这并不意味着所有 5548 辆车可以在同一时间泊放。然而，

这种分析需要知道平均泊车时间。如何确定这一重要因素将在下一节讨论。

泊车资产数据可以用表格形式展示，通常类

似于图 13.3，也可以用图形方式展示在编码地图上。地图非常适合汇总表述，但不能包含表格摘要中提供的详细信息。因此，地图和其他图形展示几乎总是附带表格。

13.2.3 累积和泊放时间

泊车累积被定义为在任何特定时间泊放的车辆总数。许多泊车调研试图建立泊车累积量在时间上的分布，以确定高峰累积量及其发生时间。当然，观察到的泊车累积量受制于泊位供给。因此，受制于供给不足的泊车需求必须用其他方法来估计。

全国范围内的调研表明，大多数城市的泊位累积量随着时间的推移而增加。然而，如图 13.4 所示，城市地区的总累积量与城市化区域的人口密切相关。

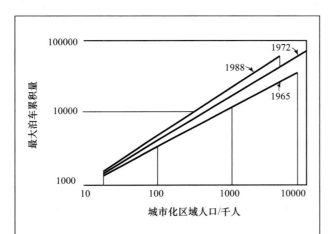

图 13.4 城市化区域的泊车累积量，与人口相关
资料来源：Used with permission of Eno Foundation for Transportation, Weant, R., and Levinson, H., *Parking*, Westport, CT, 1990, Figure 6.8, pg 100.

图 13.4 中展示的数据已经相当陈旧。然而，它代表了有关这一主题的最全面的国家数据汇编，它所揭示的趋势可能是相当有效的，尽管具体的累积值可能太老了，不可信。但揭示了以下关键特性：

- 随着城市化区域人口的增加，最大的泊位

累积量也会增加——这是一个明显的预期。

- 呈现了三年的数据：最大累积值随着数据年份的减少而增加。随着时间的推移，观察到的最大泊车累积量正在增加。

泊车时间是指个体车辆保持泊放的时间长度。因此，这个特性是独立个体值的分布，分布和平均值都是很有意义的。

如同泊车累积量一样，平均泊车时间与城市地区的规模有关，平均时间随着城市地区人口的增加而增加，如图 13.5 所示。如表 13.9 所示，平均泊放时间也随出行目的地的不同而有很大差异，该表是对多项调研资料的汇编[10]。

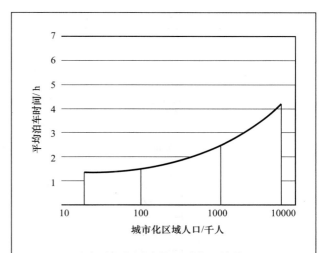

图 13.5 泊车时间与城市化区域人口的关系
资料来源：Used with permission of Eno Foundation for Transportation, Weant, R., and Levinson, H, *Parking*, Westport, CT, 1990, Figure 6-4, pg 97.

表 13.10 中汇编的一些数据相当陈旧，有些是在 1979 年收集的。与工作有关的出行所描述的时间似乎短得不合情理。最近在荷兰进行的一项调研[8]显示，与工作相关的平均泊车时间为 6.08h。与购物和商业相关的泊车时间也比表 13.10 中的数值大：购物 1.83h，商业 3.56h。

虽然常规趋势是有趣的，但很明显，泊放时间因地方不同而相去甚远。因此，对泊车时间和泊车累积的当地调研是规划和运营泊车设施的总体方法的重要组成部分。

表 13.10　几个调研中的泊车时间

人口	购物和商业	工作	其他	总体均值
≤ 50000	0.6h	3.3h	0.9h	1.2h
50000 ~ 250000	0.9h	3.8h	1.1h	1.5h
250000 ~ 500000	1.2h	4.8h	1.4h	1.9h
>500000	1.5h	5.2h	1.6h	2.6h

资料来源：Rastogi, R, *Validating Stated Parking Duration of Drivers in Kota City, India,* Paper No. 150, Indian Institute of Technology Roorkee, Uttarakhand, India, May 2014.

观察路缘泊车场和地面泊车场的泊放时间和累积特性时，最常用的技术是记录泊放车辆的车牌号。每隔 10 ~ 30min，观察者会走一条特定的路线（通常是在一个街区一侧上行，然后在对侧下行），并记录占用每个泊位的车辆的车牌号。图 13.6 展示了一张典型的现场表。

车牌检核字段调查表

城市 ________ 日期 10 MAY 1978　记录人 JONES　道路侧 W

道路 WRIGHT　在 5th　和 6th

编号：车牌最后三位数　√ 重复编号的起点；–泊位空置。

泊位与巡检	循环时间起点										
	07	07^{30}	08	08^{30}	09	09^{30}	10	10^{30}	11	11^{30}	12^{00}
5th											
X-WALK	–	–	–								
NPHC	–	–	–								
1HR M	–	713	√	√/TK							
″ M	631	√	(√)	971							
″ M	512	34L	√	019							
DRIVEWAY	–	–	–	–							
″	–	–	–	613							
1HR M	–	–	418	√							
″ M	117	220	√	989							
″ M	–	148	096	√							
FIRE HYD	–	–	–	–							
1HR M	042	–	216	√							
N PHC	–	–	–	774							
X-WALK	–	–	–	–							
6th											

图 13.6　车牌号泊车调查表

资料来源：Used with permission of Institute of Transportation Engineers, Box P. and Oppenlander, J., *Manual of Traffic Engineering Studies*, 4th Edition, Washington, D.C., 1976, Figure 10-6, pg 140.

每个规定的泊位都会在为调研准备的现场表上具体列出，以及与之相关的任何时间限制。各种特殊的标记可以用来表示各种情况，如“T”表示卡车，“TK”表示非法泊车和开罚单的车辆等。一名观察者预计每 15min 可以观察 60 个泊位。因此，必须仔细绘制调研区域，以便规划路线，实现完整的数据覆盖。

对数据的分析涉及以下汇总和计算，可以利

用现场表的信息进行（表 13.11）。

- **累积总数**。将每张现场表的每一列都加起来，以提供每名观察者路线上每个时间段内停泊车辆的总累积量。
- **时间分布**。通过观察每个泊位的车牌号记录，可以将车辆分为泊放了一个时段、两个时段、三个时段等。通过检查每张现场表的每一行，就可以得出泊放时间分布。
- **违法行为**。应注意非法泊放的车辆数量，无论是因为他们占用了非法空间，还是超过了空间的法定时间限制。

平均泊车时间的计算方法是：

$$D = \frac{\sum_x (N_x \times X \times I)}{N_T} \qquad (13\text{-}3)$$

式中　D ——平均泊车时间（h/veh）；

　　　N_x ——泊放 x 个时段的车辆数量；

X ——泊放的时段数；

I ——观察时段的长度（h）；

N_T ——观察到的泊车总数。

另一个有用的统计数值是泊车周转率 TR。这个比率表示在 1h 内平均使用一个泊位的泊车者数量。它的计算方法是：

$$TR = \frac{N_T}{P_S \times T_S} \qquad (13\text{-}4)$$

式中　TR —— 泊车周转率（veh/stall/h）（车 / 泊位 / 小时）；

　　　N_T —— 观察到的泊车总数；

　　　P_S —— 合法泊位总数；

　　　T_S —— 调研期间的泊放时间（h）。

平均泊放时间和周转率可以是每张现场调查表、调研区的各个部门和 / 或整个调研区的计算。表 13.12 展示了如何汇总各个实地调查表的数据，以获得全区的总数。

表 13.11　典型泊车现场调查表的汇总和计算结果

泊位	时间														
	8：00	8：30	9：00	9：30	10：00	10：30	11：00	11：30	12：00	12：30	1：00	1：30	2：00	2：30	3：00
1	—	—	861	√	√	—	136	—	140	√	—	—	201	√	√
2	470	√	380	—	—	412	307	—	900	√	√	√	√	—	070
3	—	211	√	√	√	400	√	√			666		855	999	
4	175	√	√	500	√	222	—	—	616	√	√	√	√		
5	333	—	—	380	√	√	420	√	707	√					
消防栓	—	—	—	—	—	—	—	242TK							
1h	—	—	484	√	909	—	811	√	√	158	√		685	√	
1h	301	—	—	525	√	√	696	√	422	—	299	√	√		892
1h	—	675	895	√	√	703	√	819	—	401	√		288		412
1h	406	—	442	781	882	√	√	√	444	—	903	√	—		
1h	—	—	115	√	618	√	818	√	√	906	√	—	—	893	√
2h	—	509	√	√	—	705	√	√	—	688	√	696	√		807
2h	—	—	214	√	√	√	209	—	248	√	797	√	√		√
2h	101	√	√	√	√	√	531	—	940	√	√	√	628		√
2h	—	392	√	√	√	251	√	772	—	835	√	√	√	—	
累积	6	7	12	13	11	12	13	10	11	10	12	11	11	8	9

注：1. 所有数据均为 61 号街区的数据。

　　2. 定时车位表示泊车收费限制。

　　3. √ = 同一车辆停在泊位内。

表 13.12 整个调研区泊车调查的汇总数据

a）现场调查表的累积总数汇总

街区编号	各时段累积量（总泊位1500个）														
	08:00	08:30	09:00	930	10:00	10:30	11:00	11:30	12:00	12:30	01:00	01:30	02:00	02:30	03:00
61	6	7	12	13	11	12	13	10	11	10	12	11	11	8	9
62	5	10	15	14	16	18	17	15	15	10	9	9	7	7	8
·	·	·	·	·	·	·	·	·	·	·	·	·	·	·	·
·	·	·	·	·	·	·	·	·	·	·	·	·	·	·	·
·	·	·	·	·	·	·	·	·	·	·	·	·	·	·	·
180	7	8	13	13	18	14	15	15	11	14	16	10	9	9	6
181	7	5	18	16	12	14	13	11	11	10	10	10	6	6	5
总计	806	900	1106	1285	1311	1300	1410	1309	1183	1002	920	935	970	726	694

b）现场调查表的时间分布汇总

街区面编号	各时段泊车量					
	1	2	3	4	5	6
61	28	17	14	9	2	1
62	32	19	20	7	1	3
·	·	·	·	·	·	·
·	·	·	·	·	·	·
·	·	·	·	·	·	·
180	24	15	12	10	3	0
181	35	17	11	9	4	2
总计	875	490	308	275	143	28

$\Sigma = 2118$ 名，观察到的泊车者总数

注意，该调查只包括调研期间。因此，在下午 3 点泊放的车辆，其泊放时间将在该时间结束，即使他们可能在调研范围之外的额外时间段内继续泊放。为方便起见，只记录车牌号的最后三位数字。在大多数州，前两个或三个字母 / 数字组合代表注册地。因此，这些字母 / 数字在许多车牌上往往是重复的。例题 13-6 说明了如何使用这些数据来生成平均泊放时间和其他统计数据。

例题 13-6：从调查中确定关键的泊车值

根据表 13.12b 的总结，调研区域的平均泊放时间：

$$D = \frac{\begin{array}{l}(875 \times 1 \times 0.5) + (490 \times 2 \times 0.5) \\ + (308 \times 3 \times 0.5) + (275 \times 4 \times 0.5) \\ + (143 \times 5 \times 0.5) + (28 \times 6 \times 0.5)\end{array}}{2119}$$

$$D = 1.12 \text{h/veh}$$

周转率为：

$$TR = \frac{2119}{1500 \times 7} = 0.20 \text{veh/stall/h}$$

观察到的最大累积量发生在上午 11:00（来自表 13.12a），为 1410 辆，这意味着使用了（1410/1500）× 100 = 94% 的可用空间。

对于路外设施，调研程序有些变化，按15min时段记录进入和离开的车辆数量。累积估计是基于设施内占用率的起始计数与进入和离开的车辆之间的差异。如果进入和离开的车辆的车牌号也被记录下来，就可以得到路外设施的泊放时间分布。

如前所述，累积和泊放时间的观察不能反映泊车供给不足所抑制的需求。然而，有以下几个发现可以表明存在供给不足的情况：

- 大量违法泊放的车辆。
- 大量车辆泊放在距主要发生地很远的地方。
- 在一天中的很长一段时间内出现最大累积存量和／或最大累积存量几乎等同于合法可用的泊位数量的情况。

即使是这些迹象也没有反映出根本没有发生的出行，或因泊车限制而被迫转移到其他地方的出行。围栏计数调研可用于估计调研区域内泊放和流通的车辆总数，但结果仍不能反映未发生的出行。

13.2.4 其他类型的泊车调研

有一些其他技术可以用来获取有关泊放车辆和泊车者的信息。泊放车辆的来源可以通过记录泊放车辆的车牌号和向州机动车管理机构申请家庭地址（假定为来源地）来获取。这种技术需要得到州机构的特别许可，经常在购物中心、体育场和其他大型出行吸引地使用。

对泊车者的访谈也很有用，在大型出行吸引地最容易进行。可以获得出行目的、泊放时间、步行距离等基本信息。此外，还可以获得泊车者的态度和背景特性信息，以便更深入地了解泊车条件如何影响用户。

13.3 泊车设施的设计要点

路外泊车设施是以①地面泊车场或②车库的形式提供的。后者可以是地上的，也可以是地下的，或者两者的结合。

13.3.1 建造成本

地面泊车场和车库的建造成本因地点和具体场地条件不同而有很大差异。一般来说，地面泊车场比车库要便宜得多。影响泊车场成本的两个重要因素如下。

- **设计效率（Design efficiency）**。每个泊位使用了多少面积。这可以从较低的 250 到 350ft^2/space。显然，提供更少的面积比提供更多的面积要便宜。具体的数值涉及主要的车辆尺寸，驾驶人的特点（年迈驾驶人可能需要更大的空间以获得便利），以及其他因素的问题。效率还受到用于循环、接入和出口的面积的影响。
- **建筑类型（Type of construction）**。地面泊车场比地上建筑便宜，而地上建筑又比地下建筑便宜。具体的地形和地理特性也会严重影响建筑成本。

表 13.13[2] 展示了建造泊车场的典型成本。Todd Litman[3] 也引用了泊位成本，见表 13.14，但只包括地面和地上结构。这些数字通常低于表 13.13 中的数字，但它们假设场地是矩形的，地质条件良好，而且泊车设施中没有特殊设施。

从表 13.13 和表 13.14（均以 2000 年的美元为单位）可以看出，路外泊位的建设成本随着各种变量的变化而变化，包括：

- 每个泊位的面积。
- 泊车场的类型（地面泊车场、地上结构、地下结构）。
- 设施的规模（整体大小，层数）。

此外，场地的具体情况，包括形状、地形和地下条件，以及结构设计细节，包括使用的材料，都是非常重要的。这里展示的成本仅仅是示例性的，像所有工程项目一样，必须为每个场地和设施准备具体的成本估算。

表 13.13　泊车场建造的每个泊位的典型成本

设施类型	250ft²/ 泊位	3000ft²/ 泊位	350ft²/ 泊位
地面泊车场	$1250 ~ $2500	$1500 ~ $3000	$1750 ~ $3500
地上车库	$5000 ~ $10000	$6000 ~ $12000	$7000 ~ $14000
地下车库	$12500 ~ $25000	$15000 ~ $30000	$17500 ~ $35000

资料来源：Used with permission from Chrest Springer Science and Business Media A., et al, *Parking Structures: Planning, Design, Construction, Maintenance, and Repair*, 3rd Edition, Springer Science and Business, New York NY, 2001, Table 2-5, pg 23.

表 13.14　泊车场建造的典型成本 / 空间：矩形场地

泊车场 / 车库规模	小规模（30000ft²）	中规模（60000ft²）	大规模（90000ft²）
一个泊位面积	350ft²	325ft²	315ft²
地面泊位	$1838	$1700	$1654
地面 +1 层	$7258	$6143	$5705
地面 +2 层	$8085	$6767	$6284
地面 +3 层	$8407	$6996	$6491
地面 +4 层	$8747	$7269	$6747
地面 +5 层	$8973	$7451	$6918
地面 +6 层	$9135	$7581	$7040
地面 +7 层	$9256	$7678	$7132
地面 +8 层	$9351	$7754	$7203

资料来源：Used with permission from Victoria Transport Policy Institute Litman, T., *Parking Management Best Practices*, American Planning Association, Chicago IL, 2006, Table 4-1, pg 55.

13.3.2　基本泊位尺寸

所有的泊位尺寸标准都基于作为模板的标准车辆。对于大多数泊车目的，目前的模板是标准的全尺寸汽车。卡车或更大的车辆的空间通常是作为装卸设施的一部分，可能（也可能不）位于泊车设施的范围内。

在 20 世纪 80 年代，道路上小型或紧凑型汽车数量的增长激发了一场运动，即在泊车设施内将"小型车泊车场"与"大型车泊车场"分开。虽然这通常会导致在一个特定的设施中容纳更多的泊位，但当泊车者的组合与假设的分布不一致时，也会导致效率低下。1987 年，美国所有售出汽车中的 52.1% 是小型汽车。到 1998 年，这一比例下降到 33.9%[11]。虽然最近的趋势表明小型汽车的销量略有恢复，但在 2016 年，小型汽车的占比几乎没有超过 20%。因此，设计中采用不同尺寸泊位的方法，现在几乎被放弃了。

虽然泊位"设计车辆"的确切尺寸因地而异，但宽度一般为 6ft7in，长度约为 17.0ft。这已经足够大，甚至可以容纳大型 SUV，如福特探险者（Ford Expedition）。

泊位宽度

泊位必须有足够的宽度来容纳车辆，并留出开门的间隙。最小的开门间隙是 20in，但在周转率高的地方应增加到 24 ~ 27in。每个泊位只提供一个开门间隙，因为泊放的车辆和其相邻车辆可以利用同一个间隙空间。

表 13.15 给出了基于周转率的泊位宽度建议，周转率与泊车目的密切相关[11]。

参考文献 [2] 建议采用服务水平法来决定车位宽度。A 级服务的宽度为 9ft，B 级服务为 8ft-9in，C 级服务为 8ft6in，D 级服务为 8ft3in。D 级服务限于拥挤的城市中心使用，如纽约市，那里的驾驶人只要能找到泊位就很开心了。另外，选择主要基于周转率，这与表 13.15 的建议很相似。

应该注意的是，泊位宽度是垂直于泊位边线测量的。

表 13.15 推荐的泊位宽度与泊车周转率的关系

典型泊车特点	泊位宽度
低周转率（雇员、学生等）	8ft 3in ~ 8ft 6in
中低周转率（办公室、区域购物中心、机场长时泊车场等）	8ft 6in ~ 8ft 9in
中高周转率（社区零售、医疗等）	8ft 9in ~ 9ft

资料来源：Used with permission from National Parking association *The Dimensions of Parking*, 5th Edition, National parking association and Urban Land Institute, 2010, Figure 7-2pg 61.

泊位的长度、宽度和投影

泊位的长度是与泊车角平行测量的。泊位长度以设计车辆的长度为基础，加上保险杠延伸的缓冲区。在现代泊车场设计中，一般采用 18ft 的统一长度。

泊位深度是设计车辆长度和 6in 保险杠间隙的 90° 投影。对于 90° 的泊位，泊位的长度和深度相等。对于其他角度的泊位，泊位的深度比长度小。泊位深度通常被称为车辆投影（Vehicle Projection，VP）。

表 13.16 展示了各种宽度的 18ft 长的泊位的车辆和宽度投影与泊车角度的关系。图 13.7 说明了表 13.16 中的各种尺寸。

表 13.16 常见泊位尺寸的长度和宽度投影

θ（°）	Sinθ	SL/ft	VP/ft	WP/ft（SW = 8.5ft）	WP/ft（SW = 8.25ft）	WP/ft（SW = 8.75ft）	WP/ft（SW = 9ft）
45	0.7071	18	12.7	12.0	11.7	12.4	12.7
50	0.7660	18	13.8	11.1	10.8	11.4	11.7
55	0.8192	18	14.7	10.4	10.1	10.7	11.0
60	0.8660	18	15.6	9.8	9.5	10.1	10.4
65	0.9063	18	16.3	9.4	9.1	9.7	9.9
70	0.9397	18	16.9	9.0	8.8	9.3	9.6
75	0.9659	18	17.4	8.8	8.5	9.1	9.3
90	1.0000	18	18.0	8.5	8.3	8.8	9.0

注：8.5ft = 8ft6in；8.25ft = 8ft3in；8.75ft = 8ft9in。

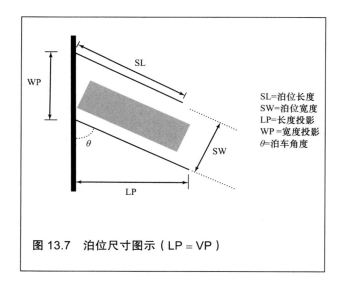

图 13.7 泊位尺寸图示（LP = VP）

表 13.17 美国典型的泊车场通道宽度

泊位角度 θ	通道宽度范围 /ft
45°	12.0 ~ 15.0
50°	12.5 ~ 16.0
55°	13.5 ~ 17.0
60°	14.0 ~ 18.0
65°	15.5 ~ 19.5
70°	17.0 ~ 20.5
75°	18.5 ~ 22.0
90°	24.0 ~ 26.0

任何泊位设计的宽度和长度投影都可以基于三角法计算：

$$LP = SL \times \sin\theta \qquad (13\text{-}5)$$

$$WP = \frac{SW}{\sin\theta} \qquad (13\text{-}6)$$

通道宽度

泊车场的通道必须足够宽，以使驾驶人能够以最少的操作安全且方便地进入和离开泊位，通常是进入时一个，离开时两个。随着车位越来越窄，通道需要更宽一些才能达到该目的。通道也承载着循环的交通，并容纳行人来回走动。通道的宽度取决于泊车的角度和通道是为单向还是双向交通服务。

当使用倾斜泊位时，通道几乎都是单向的。可以想象，双向通道可以使用在通道两侧相对倾斜的泊位，但这通常会导致进入和离开的操作很困难，因此一般会避免。在使用垂直泊位时，通道可以是单向的，也可以是双向的，但为了方便通行，双向通道是最常见的。

表 13.17 列出了美国常用的通道宽度汇总。该表假设倾斜泊位为单向通行，垂直泊位为双向通行[2, 6]。

对于较小的角度，进入和离开的操作相对容易，可以使用较窄的通道。因此，随着泊位角度的增加，典型的通道宽度也会增加。

13.3.3 泊位模块

"泊位模块"（Parking module）是指一个通道的基本布局，在通道的两侧有一组泊位。有许多潜在的方法来布置泊位模块。对于垂直泊位，几乎总是使用双向通道，因为车辆可以从任何一个方向方便地进入泊位。在使用倾斜泊位的情况下，车辆只能从一个行驶方向进入车位，并且必须从同一方向离开。在大多数情况下，倾斜泊位采用单向通道，通道两侧的泊位布置可以让车辆从同一行驶方向进入和离开。倾斜泊位也可以这样布置，即通道一侧的泊位与另一侧的泊位从相反方向进入。在这种情况下，必须提供双向通道。图 13.8 定义了泊位模块的基本尺寸。

注意，图 13.8 展示了布置模块的四种不同方式。如果两组泊位都紧靠墙壁或其他水平物理分隔，则适用一种模块宽度。另一种适用于两组泊位"互锁"（interlocked）的情况（即一个泊位模块与相邻的泊位模块互锁）。第三种情况是，一组泊位靠墙，而另一组泊位是互锁的。然而，另一个模块只反映了一组靠墙的泊位。

模块宽度（W_2），如果两组泊位都靠墙或其他实体分隔，通常是两个长度投影加通道宽度的总和。当一个通道上只有一排泊位时，模块宽度（W_1）是一个长度投影和通道宽度的总和。当一条或两条通道互锁时，模块宽度（W_3 或 W_5）可根据泊位角度（θ）减小，见表13.18。

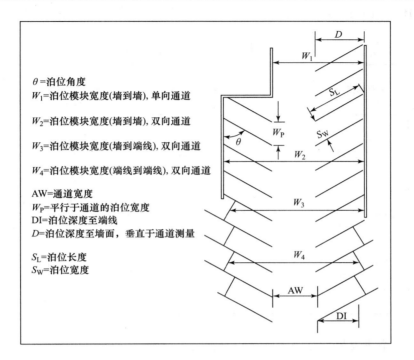

图 13.8　泊位模块的尺寸要素

资料来源：Used with permission of Institute of Transportation Engineers, *Traffic Engineering Handbook*, Prentice Hall 1965.Figure 7-1, pg 208.

表 13.18　互锁泊位模块的宽度减小

泊位角度 θ	对于单侧互锁泊位的减小值	对于双侧互锁泊位的减少值
45°	1.9ft	3.8ft
50°	1.7ft	3.4ft
55°	1.6ft	3.2ft
60°	1.4ft	2.8ft
65°	1.2ft	2.4ft
70°	1.0ft	2.0ft
75°	0.7ft	1.4ft
90°	0.0ft	0.0ft

注：所有数值都四舍五入到最接近的0.1ft。

泊位模块的宽度确定为：

$$W = n \times VP + AW - r_i \qquad (13\text{-}7)$$

式中　W——泊位模块的宽度（ft）；

　　　n——模块中的泊位排数（1或2）；

　　　VP——车辆投影（ft）（表13.16）；

AW——通道宽度（ft）（表13.17）；

r_i——泊位互锁导致的宽度减小（ft）（表13.18）。

表13.19展示了图13.8的配置（W_1，W_2，W_3，W_4）的模块宽度。在每种情况下，都使用了表13.17中的通道宽度（AW）的中间值。

表 13.19　各种模块配置的泊位模块宽度

泊位角度 θ	采用通道宽度 AW/ft	采用车辆投影 VP/ft	泊位模块宽度 /ft			
			W_1	W_2	W_3	W_4
45°	14	12.7	26.7	39.4	37.5	35.6
50°	15	13.8	28.8	42.6	40.9	39.2
55°	16	14.7	30.7	45.4	43.8	42.2
60°	17	15.6	32.6	48.2	46.8	45.4
65°	18	16.3	34.3	50.6	49.4	48.2
70°	19	16.9	35.9	52.8	51.8	50.8
75°	20	17.4	37.4	54.8	54.1	53.4
90°	24	18.0	42.0	60.0	60.0	60.0

模块的宽度是一个重要尺寸，因为它可以让设计者评估在任何给定的占地面积内可以容纳多少个模块（以及多少排泊位）。在具体做的时候，应该注意，必须提供与模块垂直的端部通道，以便车辆在寻找泊位时从一个模块行驶到另一个模块。一般来说，建议双向通行的端部通道为29ft，单向通行的端部通道为17ft，不包括结构构件所需的任何空间[2]。

13.3.4　入口和出口

路外泊车涉及进出口数量的选择。很明显，无论如何都必须对进入和离开车辆的峰值需求率进行估计。然而，其他主要因素通常涉及如何控制泊车，以及如何收取费用（如果适用）。

基准场景是不收取泊车费。在这种情况下，不需要人工或自动跟踪入口和出口，除非是为了确定泊车场何时满位，在这种情况下，需要对潜在的泊车者进行分流。所需的入口/出口车道数量完全取决于需求和入口/出口车道的物理容量，这通常受到几何形状的限制。在需要收费的地方，现在有一系列的技术和选择可以应用。可以部署以下三大类系统。

- 计费泊位/"咪表"泊位（Metered spaces）。在入口和出口处没有监控。
- 离开时付费（Payment on departure）。一般来说，在进入时发放门票（通常有一道闸，在发放门票之前阻止进入），在离开时付费。费用通常与泊放时间有关。在某些情况下，自动收费标签（如EZ Pass）可同时用于入口和出口，这会大幅提升入口和出口车道的容量。
- 徒步付费（Payment on foot）。有一些系统在整个设施中提供分散的付费机，在车辆泊放后可以进入。这种付费机可能需要预先付款（通常基于泊车时间），泊车者必须在泊车时通过风窗玻璃展示票据。有些系统允许在离开时付费，这也是在分散的自动付费机上进行的。插入票据，显示费用，然后泊车者通过插入现金或信用卡付费。这种系统有很多扩展功能，可以针对具体情况进行设计，一般来说，要避免在离开时进行冗长的交易。在大多数情况下，必须在出口处插入付费票据以证明付费。

计费泊位经常用于服务高优先级的泊车者。例如，在一个购物中心，最方便的泊位是为顾客保留的，"咪表"只允许短时和中等时间的泊车者使用。

雇员将被迫使用不太方便的泊位来泊放他们的车辆，但通常会因为不便利而得到价格上的优惠。

表13.20展示了各种出入口系统可以满足的典型设计服务率（veh/h）[2, 6]。

应该注意的是，一个单一的入口或出口车道可处理各种不同类型的业务。必须对这种情况单独估算，并按比例调整设计服务率。

表 13.20　出入口系统的典型设计服务率

进口/出口系统类型	设计服务率/(veh/h)
预付卡常客（入或出）	
插卡	435
感应车	600
自动识别车辆	800
按使用量付费的车辆入口	
按键式出票机	400
自动出卡式出票机	450
进场时支付固定费用——有闸机	200
进场时支付固定费用——无闸机	300
按使用量付费的车辆出口	
收银员收固定费用——有闸机	200
收银员收固定费用——无闸机	250
收银员收固定费用（计时收费等）	150
信用卡，需要在线核对和签名	115
信用卡和在线核对，但不需要签名	135
可享受免费停车	180
无需支付及票据，通过 EZ pass 或类似设施出入	800

注：1. 几乎所有的徒步付费方案都不涉及对入口或出口的监控，选用"无需支付"类别。

　　2. 表中的数值代表容易驶入/驶离的道路线形。如果在入口/出口车道的 100ft 内存在急弯，这些数值可能会减少 40%~45%。

一个特定的泊车设施所需的入口或出口车道的数量可以近似估计为：

$$N = \frac{S \times R}{\text{PHF} \times u} \qquad (13\text{-}8)$$

式中　N ——所需的入口或出口车道数；

　　　S ——设施中的泊位总数；

　　　R ——高峰时段到达或离开的泊位比例（小数）；

PHF ——高峰小时系数；

　　　u ——表 13.20 中的设计服务率（veh/h）。

表 13.21 展示了高峰小时车辆进入或离开的泊位比例的一般范围。

如表 13.21 所示的场景，一个特定的泊车场可能为各种类型的活动服务，数值必须按比例调整。表 13.21 的数据展示了一个大致范围，列入该表只是为了说明问题。要准确预测进出高峰期的使用情况，关于这些系数的当地数据是必不可少的。

表 13.21 典型的高峰小时车流量占总泊位的比例

典型场景	高峰小时进入	高峰小时离开
住宅	0.30 ~ 0.50	0.30 ~ 0.50
酒店 / 旅馆	0.30 ~ 0.60	0.30 ~ 0.50
医院访客	0.40 ~ 0.60	0.50 ~ 0.75
医院员工	0.60 ~ 0.75	0.60 ~ 0.75
中央商务区	0.40 ~ 0.60	0.40 ~ 0.60
零售 / 商业	0.30 ~ 0.60	0.40 ~ 0.65
机场——短时泊车	0.70 ~ 0.90	0.70 ~ 0.90
机场——中时泊车	0.90 ~ 1.00	0.90 ~ 1.00
机场——长时泊车	0.05 ~ 0.10	0.05 ~ 0.10

资料来源：Used with permission from Eno Foundation for Transportation Weant, R.A., and Levinson, H.S. *Parking*, ENO Foundation for Transportation, Westport CT, 1990, Table 9-1, pg 185.

例题 13-7：确定出入口车道数

式（13-8）的运用示例，机场的一个短期泊车场有 900 个泊位。若高峰小时系数（PHF）为 0.85，需要多少条进入和离开车道？入口系统包括 1/2 的自动收费（EZ-Pass）和 1/2 的按键式票据发放。出口系统包括 1/2 的自动收费，1/4 的计时现金支付，以及 1/4 的免签名信用卡支付。

如表 13.21 所示，一个短时机场泊车设施的高峰期到达和离开的人数将是泊位数量的 0.70 ~ 0.90 倍。本例中，我们将选择中间值，即 0.80。从表 13.20 来看，自动进出车道可按 800veh/h 处理。按键式入口可按 400veh/h 的流量。对于 50：50 的混合，将使用 600veh/h 的进入率。在出口处，自动出口可按 800veh/h 的流量，计时现金支付

可按 150veh/h 的流量，信用卡（免签名）可按 135veh/h 的流量。以 0.50：0.25：0.25 的比例划分，出口设计服务率为 0.50 × 800+0.25 × 150+0.25 × 135 = 470.25veh/h，取值 470veh/h。那么：

$$N = \frac{S \times R}{\text{PHF} \times u}$$

$$N_{\text{entry}} = \frac{900 \times 0.80}{0.85 \times 600} = 1.4 \text{ lanes}$$

$$N_{\text{exit}} = \frac{900 \times 0.80}{0.85 \times 470} = 1.8 \text{ lanes}$$

鉴于车道只能整条建造，将提供两条入口和两条出口车道（有岗亭和检测器）。

进出泊车场和车库的车道的设计相当复杂，因为它涉及许多本文没有具体表述的因素。其中包括是否需要在一个以上的地方设置出入口，出入道和附近交叉口的交通状况，主要泊车生成的位置及其他。

13.3.5 泊车库

泊车库与地面泊车场一样，需要遵守相同的泊位和模块要求，并对泊放区和通道有相同的要求。然而，泊车场的结构带来了额外限制，例如

建筑尺寸和结构柱的位置和其他元素。理想的模块和车位尺寸有时必须妥协，以绕过这些结构。无论是地上还是地下的泊车场，都有一个额外负担，那就是为车辆提供竖向和平面通行。

这涉及总体的设计和布局，包括坡道系统，至少在涉及自动泊车的地方。一些较小的代客泊车库使用电梯进行垂直移动，但这是一个缓慢且通常低效的过程。

坡道系统一般分为以下两类。

• **分离系统（Clearway systems）**。用于

楼层间循环的坡道与提供进出泊车场的坡道完全分开。

- **组合系统**（Adjacent parking systems）。部分或全部的坡道通行是在提供直接进入相邻泊位的通道上进行的。

前者提供了更便利和更安全的通行，并将延误降到最低。然而，这种系统占用了较多的潜在泊位空间，因此通常只在大型设施中使用。

在一些代客泊车场和地面泊车场，采用机械堆垛系统来增加设施的泊车容量。然而，机械系统通常很慢，最适合长期泊车，例如上班族的全天泊车需求，或居民的过夜泊车。

当然，在泊车库和地面泊车场的设计和布局中，有许多复杂细节。本文只涉及其中的几个主要考虑因素。建议读者直接查阅参考文献 [2][4][11]，以了解更多细节。

图 13.9 呈现了泊车场中竖向坡道系统的基本几何形状。

泊车库循环系统遵循螺旋线的一般几何形状，即一个连续的坡道系统，向上或向下连接车库的各个楼层，并连接到入口和出口。

如前所述，坡道可以与泊位完全分离，也可以是一体化的，从坡道直接进入泊位（或两者的结合）。当坡道设在外部时，它们实际上可以遵循弯曲的螺旋线形式。当泊车场直接设置在坡道上时，螺旋线由一连串的直线坡道构成，如图 13.9 所示。

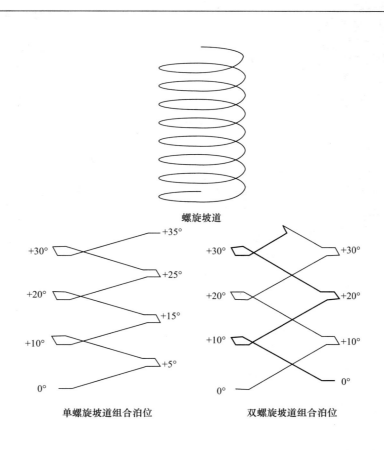

图 13.9 泊车库的基本循环系统

资料来源：Used with permission from Springer Science and Business Media Chrest, A., et al, *Parking Structures: Planning, Design, Construction, Maintenance, and Repair*, Springer Science and Business, New York NY, 2001, Figure 3-2, pg 43.

在单螺旋系统中，每条螺旋线（可能不止一条）提供与泊车设施每一层的连接。在双螺旋系统中，每条坡道提供了一个连接到其他泊车层的接口。至少需要两条坡道来提供通往所有泊车层的通道。在单螺旋系统中，螺旋线每转一圈就上升一层。在双螺旋系统中，螺旋线每转一圈上升两层。在少数情况下，也有三螺旋线坡道系统，需要三个独立的坡道才能进入所有楼层，而且坡道每转一圈就上升三层。然而，这些情况往往需要很长的坡道和/或很陡的坡度，这使它们难以实施，除非是非常大的泊车设施。

在使用外部弧形螺旋线的地方，最常见的是为上行和下行的交通提供单独的螺旋线。双向环形螺旋线是可能的，但其几何形状效率很低，而且大多数驾驶人使用起来不舒服。当使用直线坡道时，可以满足双向通行（有适当的坡道宽度）。如果是单向通行，则需要为上行和下行方向设置单独的螺旋线。

螺旋形坡道系统可以布置成各种形式，图 13.10 展示了一些形式。该图只展示了使用螺旋坡道系统的基本元素可以设计的一些形式。

图 13.11 展示了一些其他形式，说明了包括坡道泊位和水平泊位在内的组合，以及在泊车库循环设计中对通道和邻近坡道的应用。

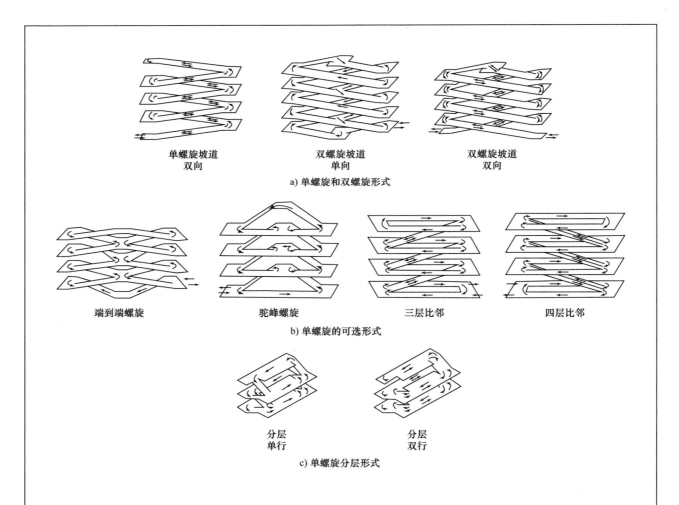

图 13.10   泊车库不同螺旋形坡道系统示例

资料来源：Used with permission from Springer Science and Business Media Chrest, A., et al, *Parking Structures：Planning, Design, Construction, Maintenance, and Repair,* 3rd Edition, Springer Science and Business, New York NY, 2001, Figures 3-9, 3-10, and 3-11, pgs 61, 62.

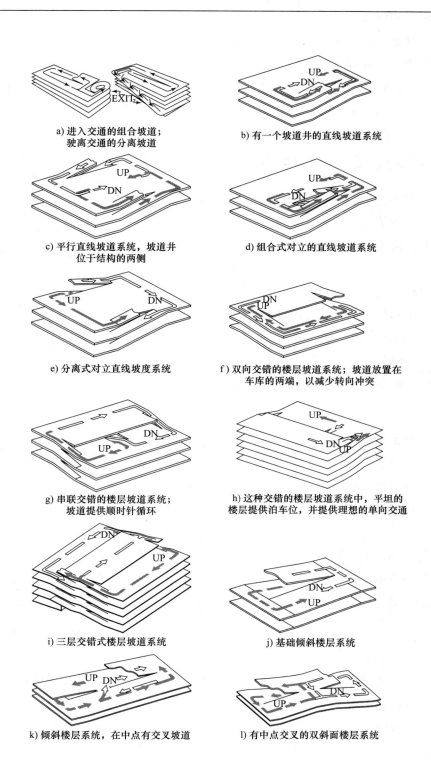

a) 进入交通的组合坡道；
驶离交通的分离坡道

b) 有一个坡道井的直线坡道系统

c) 平行直线坡道系统，坡道井
位于结构的两侧

d) 组合式对立的直线坡道系统

e) 分离式对立直线坡度系统

f) 双向交错的楼层坡道系统；坡道放置在
车库的两端，以减少转向冲突

g) 串联交错的楼层坡道系统；
坡道提供顺时针循环

h) 这种交错的楼层坡道系统中，平坦的
楼层提供泊车位，并提供理想的单向交通

i) 三层交错式楼层坡道系统

j) 基础倾斜楼层系统

k) 倾斜楼层系统，在中点有交叉坡道

l) 有中点交叉的双斜面楼层系统

图 13.11 泊车库坡道系统的其他示例

资料来源：Used with permission from Eno Foundation for Transportation Weant, R.A., and Levinson, H.S., *Parking*, ENO Foundation for Transportation, Westport, CT, 1990, Figures 9.5–9.16, pgs 188–192.

虽然泊车库循环和坡道系统的基本概念相对简单，但任何特定设施的设计都可以应用许多元素和具体方法来构建一个有效的泊车设施。参考文献 [2][5][6][11] 都包含了关于泊车场和泊车库设计的额外详细材料，应该参考具体的应用。

13.4 泊车计划、政策和管理

每个城市的政府部门都必须有一个计划来有效地处理泊车需求和相关问题。泊车问题往往是一个有争议的问题，因为它关系到整个商业社区和对泊车问题特别敏感的特定企业。此外，泊车也有巨大的财政影响。除了泊车对可及性和整个社区的财政健康的影响外，泊车设施的建设和运营是很昂贵的，泊车费的收入也是巨大的。

泊车方面的公共利益属于政府保护公民健康、安全和福利的一般责任范围。因此，政府有如下责任 [6]：

- 建立泊车计划的目标和目的；
- 制定政策和计划；
- 建立方案标准和性能标准；
- 建立泊车的区域要求；
- 规范商业泊车；
- 为特定的公共用途提供泊车服务；
- 管理和规范路边泊车和装卸；
- 执行有关泊车的法律、法规和守则，并对违法行为进行裁决。

有一些组织方法可以有效地行使公共责任。泊车可以置于政府的一个现有部门的管辖之下。在小型社区，如果没有专业的交通工程师或交通部门，公共工程部门可以负责泊车问题。在某些情况下会将该责任赋予警察部门（作为其执法责任的辅助），但这并不是一个最佳的解决方案，因为它将服从于警察部门的主要作用。在有交通部门的地方，泊车的责任可以合理地归属在那里。在较大的城市中，可以为泊车设立单独的部门。可以设立泊车委员会，由任命和 / 或选举的成员

监督这一过程。鉴于泊车所涉及的收入和成本，也可以建立单独的公共泊车管理机构。

泊车设施可以由政府单位直接经营，也可以授权给私人经营者。这通常是过程中的一个关键部分，并可能对进入公共财政的泊车净收入产生重大影响。

泊车政策因当地情况不同而大相径庭。在一些大城市，会刻意限制泊位的供给，刻意将费用保持在高位，以抑制人们开车。这样的政策只有在提供了大量公共运输以维持城市商业的情况下才有效。当泊车是交通的主要部分时，路外泊车设施的规划、开发和运营就成为一个主要问题。通常会选择私人特许经营商来建设、运营和管理泊车设施。虽然这通常提供了一定程度的专业知识，并解除了政府直接资助和运营这些设施的迫切需要，但城市必须与特许经营商谈判，并将很大一部分的泊车收入分配给特许经营商。当然，泊车场和泊车库也可以是完全私有的，尽管这类设施一般都受到管制。

收入也来自于泊车收费员的收入和违章泊车的收入。计量方案的实施有两个主要原因：调节周转率和利润。前者是通过时间限制来完成的。这些限制是结合当地的需求来制定的。例如，通勤轨道站的计量器会有长期的时间限制，因为大多数人都会在整个工作日内泊车。当地企业附近的泊位，如糖果店、理发店、快餐店、花店和类似的用途，将有相对短期的时间限制，以鼓励周转和多用户共用。收费是根据收入需求来确定的，并受到鼓励或不鼓励泊车的总体政策的影响。

无论如何组织和管理这项工作，泊车计划必须处理好以下方面。

1）**规划和政策**（Planning and policy）。必须建立总体目标，并编制规划以实现这些目标。关于泊车的总体政策必须作为规划工作的一部分来制定。

2）**路缘管理**（Curb management）。路缘

空间必须分配给路缘泊车场、大众运输车站、出租车站、上下客区和其他相关用途。必须确定分配的数量和地点，并按照适当的法规实施和设置标志。

3）**路外泊车设施的建设、维护和运营**（Construction，maintenance，and operation of off-street parking facilities）。无论是通过私人还是政府的方式，都必须鼓励和规范所需的泊车设施的建设。必须仔细规划这些设施的融资，以保证可行的运行，同时为地方政府提供收入来源。

4）**法规执行**（Enforcement）。泊车和其他路缘使用的规定必须严格执行才有效。这项任务可以分配给当地警察，或建立一个单独的泊车执法局，也可以通过一个单独的交通法庭系统或社区的常规地方法庭系统来完成裁决。

为了达到最佳效果，应该将泊车政策纳入中心区的整体无障碍计划中。提供和/或改善公共运输服务可以缓解部分泊车需求，同时保持城市中心的经济活力。

泊车是商业、医疗、零售、娱乐和其他重要功能的可及性的一个重要部分。在美国的许多地方，汽车是最主要的出行工具，因此泊车的提供和管理成为城镇、城市及其周边地区经济活力的关键功能。

Todd Litman[3, 4]指出，随着技术和方法的进步，泊车管理的范式已经随着时间的推移而发生了变化，这可能与泊车问题有关。表13.22比较了相对传统的范式和相对现代的范式。

表 13.22 泊车范式的转变

传统范式	现代范式
"泊车问题"意味着泊车供给不足	"泊车问题"可以指供给不足，管理效率低下，用户信息不足，以及与泊车设施和活动相关的其他类型的问题
更多的泊位是更好的	过多的泊车场和过少的泊车场一样有害
泊车场一般应该是免费的。只要有可能，泊车设施的建造资金应该间接来自建筑租金或租赁	尽量达成，用户应该直接支付泊车设施的费用
泊位应以先到先得的方式提供	泊车场的管理应有利于高优先级的使用，并鼓励提高效率
泊车需求应一致适用，没有例外或变化	泊车需求应反映各种情况，并灵活应用
应倾向于传统的方法。不鼓励采用新的方法，因为这些方法未经验证，没有被广泛接受	应鼓励创新，因为即使是不成功的实验也会提供有用的信息
泊车管理只应作为增加供给成本过高的最后手段来使用。运输包括驾驶。目的地的分散（城市的蔓延）是可以接受的，甚至是可取的	泊车管理计划应被广泛采用，以提高效率和预防问题。分散的依赖汽车的土地使用模式可能是不可取的

资料来源：Used with permission from Victoria Transport Policy Institute Litman, T., *Parking Management Best Practices*, American Planning Association, Chicago, IL, 2006, Table 1-1, pg 7.

对于"泊车问题"，不同的群体有不同的视角。对驾驶人来说，泊车问题意味着他或她无法在距目的地的合理距离内找到一个泊位（路边或路外）。

对居民来说，"泊车问题"可能是他们自己的汽车缺乏足够的泊位，或附近目的地的非住宅用户使用"他们的"泊位。对开发商来说，"泊车问题"可能涉及分区法规要求泊车的成本，或其他地方法规的财政负担。每个人都可能发现"泊车问题"在于泊车设施的美学或其他环境影响，以及它们所产生的交通。

由于这些有时相互矛盾的利益，地方官员在制定泊车和相关战略时经常发现争议。驾驶人、居民、游客、企业、纳税人和其他人经常提出相互矛盾的观点，地方官员在制定整体泊车管理战略时必须考虑这些观点。

地方规划委员会和类似团体有责任与所涉及的各种支持者合作，制定有效的泊车管理规划，以及其他交通规划，以使一个地区在经济和社会方面都能蓬勃发展。

这里只是介绍了泊车管理的主题。整个文本和其他书籍已经从许多不同的角度解析了这个主题。我们鼓励学生查阅文献，以获得更多、更详细的处理方法。

13.5　总结

如果在出行的两端都没有泊车的地方，汽车将是一种非常无效的运输媒介。由于我们的社会在很大程度上依赖于私人汽车的流动性和可及性，泊车需求和提供足够泊车设施的主题是运输系统的一个关键元素。

参考文献

[1] *Parking Generation*, 4th Edition, Institute of Transportation Engineers, Washington, D.C., 2010.

[2] Chrest, A., et al., *Parking Structures: Planning, Design, Construction, Maintenance, and Repair*, 3rd Edition, Springer Science and Business, New York, NY, 2001.

[3] Litman, T., *Parking Management Best Practices*, American Planning Association, Chicago, IL, 2006.

[4] Litman, T., *Parking Management: Strategies, Evaluation, and Planning*, Victoria, Transportation Policy Institute, Vancouver BC, CAN, September 2016.

[5] *Parking Requirements for Shopping Centers*, 2nd Edition, Urban Land Institute, Washington, D.C., 1999.

[6] Weant, R. and Levinson, H., *Parking*, Eno Foundation for Transportation, Westport, CT, 1990.

[7] *Recommended Zoning Ordinance Provisions for Off-Street Loading Space*, National Parking Association, Washington, D.C., 1995.

[8] van der Waerden, P. and Timmermans, H., "Car Drivers Characteristics and the Maximum Walking Distance Between Parking Facility and Final Destination, " *Journal of Transport and Land Use*, Vol 10, No 1, World Society for Transport and Land Use, Berkeley, CA, 2017.

[9] Teknomo, K, and Kaznouri, H., "Parking Behavior in Central Business District: A Case Study of Surabay, Indonesia, " *EASTS Journal*, Vol 2, No 2, 1997.

[10] Rastogi, R., "Validating Stated Parking Duration of Drivers in Kota City, India, " *Research Gate*, www.researchgate.net, May 2, 2014.

[11] *The Dimensions of Parking*, 4th Edition, Urban Land Institute and National Parking Association, Washington, D.C., 2000.

[12] *Guidelines for Parking Facility Design and Location*: A Recommended Practice, Institute of Transportation Engineers, Washington, D.C., April 1994.

习题

13-1. 计划建造一个有 600 个居住单元的高层公寓楼。假设它位于一个没有太多大众运输接入的地区，那么这样一个设施的预期峰值泊车需求是多少？

13-2. 计划建造一个总可租赁面积（GLA）为 60 万 ft² 的购物中心。预计 10% 的建筑面积（GFA）将用于电影院和餐馆。这样的开发预计会有怎样的泊车需求高峰？

13-3. 根据典型的分区法规，应要求习题 13-1 和习题 13-2 的开发商提供多少个泊位？

13-4. 一栋新的办公大楼将容纳 2000 名证券业的后台工作人员。在这栋楼里，预计很少有外部访客。每名工作人员每天将有 1.0 人次的访问。其中，85% 的人预计会在高峰时段出现。只有 7% 的人会乘坐公共运输工具到达。平均汽车载客率为 1.3 人。在这栋楼中，预计高峰期的泊车需求是多少？

13-5. 一项泊车调研发现，市中心的平均泊车时间为 35min，在 14h 的调研期内（上午 6：00—下午 8：00），以下泊位的效率系数为 90%。在一天 14h 内，调研区域内可能会有多少车辆泊放？

13-6. 考虑从早上 7：00 到下午 2：00 的调研期间的车牌数据，这些数据出现在下表中。

泊位数量	可用时间
100	6：00 AM–8：00 PM
150	12：00 Nn–8：00 PM
200	6：00 AM–12：00 Nn
300	8：00 AM–6：00 PM

对于这些数据：

1）找到泊放时间的分布，并将其绘制成柱状图。

2）绘制累积图。

3）计算出平均泊车时间。

4）总结出超时和违章泊车率。

5）计算泊车周转率。

这个街区的泊位供给是过剩还是不足？你是怎么知道的？

泊位	7:00	7:30	8:00	8:30	9:00	9:30	10:00	10:30	11:00	11:30	12:00	12:30	1:00	1:30	2:00
1h 咪表	100	√	—	150	√	√	246	385	—	691	√	√	—	810	√
1h	—	468	√	630	√	485	—	711	888	927	√	√	108	√	—
1h	848	911	√	√	221	747	922	√	—	787	√	452	√	—	289
1h	—	—	206	√	242	√	√	—	899	√	205	603	812	√	—
1h	—	—	566	665	√	333	848	√	999	—	720	—	802	√	—
1h	—	690	—	551	√	√	347	√	265	835	486	√	—	721	855
消防栓	—	—	—	—	—	—	—	777	—	—	—	—	—	—	—
2h 咪表	—	—	940	√	√	505	608	√	√	√	121	123	√	—	880
2h	636	√	√	√	√	—	582	√	√	811	919	√	711	√	√
2h	—	399	√	√	401	904	√	√	789	√	556	√	√	√	232
2h	—	416	√	√	√	√	—	658	√	292	844	493	√	√	√
2h	188	√	√	—	665	558	√	√	213	√	√	—	779	√	√
2h	—	—	—	277	√	336	409	√	884	√	√	713	895	√	431
2h	—	—	837	√	√	418	575	√	952	√	√	√	√	—	762
2h	—	506	√	√	—	786	√	√	√	527	606	√	385	√	√
消防栓	—	—	—	—	—	518	—	—	—	758	—	—	—	—	—
3h	—	079	√	√	√	√	√	√	—	441	√	611	√	√	√
3h	256	√	√	√	√	—	295	√	338	√	—	499	√	√	√
3h	—	—	848	√	√	√	√	√	√	933	√	√	√	√	√
巴士车站	—	—	—	—	740	142	—	—	—	—	—	—	—	—	—
巴士车站	—	—	—	—	915	—	—	—	—	—	—	—	—	—	—
巴士车站	—	—	—	—	—	—	—	—	—	—	—	—	—	—	—
巴士车站	—	—	—	—	—	—	—	—	—	—	—	—	—	—	818
巴士车站	—	—	—	888	—	175	755	—	—	—	—	—	—	—	397

交通影响调研和分析

在美国，随着 1970 年 1 月 1 日《国家环境政策法》（National Environmental Policy Act，NEPA）的签署，关于联邦举措的环境影响的里程碑式立法开始生效[1]。

NEPA 的程序适用于联邦政府行政部门的所有机构，通常需要一份环境评估文件（Environmental Assessment，EA），该文件引出了无重大影响的结论或环境影响声明（Environmental Impact Statement，EIS），包括其发展、提交、审查和随后的决策的详细过程。该立法还设立了环境质量委员会（Council on Environmental Quality，CEQ）。阅读参考文献 [2] 可了解更多关于 CEQ 及其作用的信息。

自 1970 年以来，行政部门的一个机构对"重大联邦举措"的定义已经包括了该机构可以禁止或监管的大多数事情[3]。这就形成了目前的做法，即只要联邦机构为项目提供任何比例的资金，有时只是审查项目，就要求项目符合 NEPA 准则。

EA 或随后的 EIS 包括对全方位的潜在环境影响的关注，当然也包括交通造成的影响。事实上，交通影响内容通常是噪声和污染影响（由于相关移动源的排放）评价的一个重要输入项。

各州一般都通过了自己的环境立法，扩展了需要开展环境影响评价的范围，其流程类似于联邦流程。例如，纽约州有其州环境质量审查法（State Environmental Quality Review Act，SEQR）[4]。

地方政府一般都有自己的立法和程序来处理本级举措。纽约市有一个 CEQR 程序[5]，在整个美国有全方位的此类立法。执业的专业人士必须了解一个司法辖区的管理法律，包括哪一级政府对某一项目有管辖权，哪个机构将是具体项目或活动的主导机构。

交通影响分析（Traffic Impact Analysis，TIA）是相关层级政府要求的 EA 和 EIS 文件的一个共同要素，也可以由拥有管辖权的机构要求作为单独的提交材料。尽管名字很简短，但 TIA 必须包含关于影响和建议的缓解措施的信息。

至于哪些重大影响需要进行评价和处理，不

同的管辖区有自己的指南。有时，它是一个交叉口的 v/c 比率的某种变化，和 / 或接近段、交叉口和 / 或干道的服务水平的变化。同样，专业人员必须了解州和地方各级以及联邦（如果适用）的具体要求。

通常来说，所有这类立法都要求使用现有技术 / 实践工具和方法来确定和估计环境影响，并在可能的范畴内调查和提出缓解措施。并不要求实现完全缓解，而是要求充分揭示影响和效果，以便法律规定的相关决策者能够就是否允许项目开展做出充分知情的决定。事实上，对一项决定的质疑往往在于是否严格遵循了程序，是否使用了适当的方法，以及是否充分揭示了影响。如果有恰当的信息并遵循有序的程序，法律明确地将决定权赋予特定的机构或指定的职位，而决定本身并不是诉讼的有效依据[⊖]。

在具体实践中，如果建议存在无法完全缓解的影响，将会引起审查过程中的激烈探讨，而当可能达成完全缓解时，审查往往会顺利些。

14.1 本章的范围

读者不应期望在读完本章，甚至整本书后，就能掌握进行全面和完整的交通影响评价的能力。

相反，本章的目标是让读者关注在开展交通影响评价时如何利用前面几章的信息，以及如何利用这些知识来创建能够减轻影响的设计概念。作者之一曾经教授过一门基于项目的以交通影响评价为中心的课程，并将 ITE《土地开发的运输影响分析》[6] 作为该课程的配套教材（这是该序列中的第二门课程，也涵盖了该教材中的几个章节，并以第一门课程中的章节为基础）。

本章概述了后面两节的过程和技术，然后提供了两个调研案例，可以作为课程项目或作为探讨基础。本章没有为这两个调研案例提供完全的解决方案，这也是有意为之。对于该议题，学习的最佳方式是在基于项目的经历中迎接挑战，与教师互动（问题已经确定，并提供了一些指导，但在设计上并没有一个明确的"正确解决方案"）。

14.2 过程概述

本节重点介绍图 14.1 所示的过程。在此基础上还有一些变化（还有更全面的版本，适用于特定地区），但它可以满足本章的目的。为方便起见，对方框进行编号，并在本节中称为"步骤"。

步骤 1 看起来相当明显，但是客户和其他专业人员的观点和偏好影响了交通工程师的工作，而且有时①对交通部分的需求（和限制）视而不见，②有竞争性的优先事项，会对交通施加某些不切实际的限制，③认为其他决定对交通部分的影响不敏感，这种情况很常见。

一些例子包括这样的项目：

• 在早期阶段，客户排除了以增加车辆使用率作为缓解或计划因素，因为可能会受到工作人员的抵制，并向自己保证，有公共监督机构肯定会提供更多的车辆密集解决方案。

• 在另一个项目中，在对交通路线进行规划后，项目建筑师随手将 50 万 ft² 的一栋高楼完全转移到另一栋高楼上，因为"它看起来更平衡"（在这一点上，它一直是"核心塔"和"地标建筑"的一部分）。在回应一声叹息时，建筑师淡淡地问道："哦，这对你们有什么改变吗？"

当然，一个团队中的每个专业都会带来他们自己特殊的专业知识、观点和价值观。然而，所有的人——包括交通工程师，都必须欣赏相互作用和协同作用。其中一位作者喜欢学习"日照调研"（shade studies），以确定在一个特定的城市项

⊖ 实际上整个段落都来自于法律和实践，但细微的差别可以由团队中的律师来更好地解释。——原书注

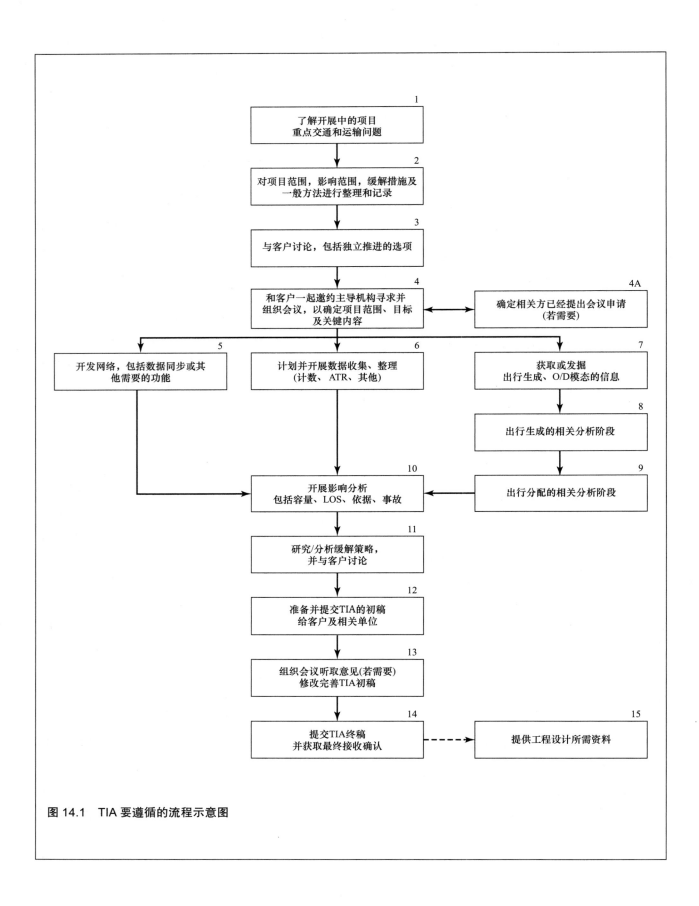

图 14.1　TIA 要遵循的流程示意图

目中哪些植被是可行的，以及建筑师如何"明显"地认为地标建筑的入口必须朝向南方。

步骤2是整个项目的工作计划，特别是为步骤4做准备。重要的问题如下。

- 当地的法规和惯常做法对数据、分析工具、所需方法[如《道路容量手册》（HCM）、关键车道流量（CLV）和Synchro]、缓解切入点等方面有什么要求？
- 当地的法规和惯常做法对场地开发有什么要求？因为它影响到交通。这可能包括退距、缓冲区、强制允许泊车和大众运输、强制强调场地内的交通宁静（traffic calming），以及其他。
- 项目或当地的法规和惯常做法需要在哪一天和哪一段时间内进行？
  - ✧ 通常需要上午、中午、下午。
  - ✧ 有些项目可能需要周末。
- 需要哪些时期分析？
  - ✧ 最常见的是既有条件、未来不建设（Future No-Build，FNB）和未来建设（Future Build，FB）。
  - ✧ 在一些项目中，施工期是如此之大和/或如此之长，以至于必须对施工期的峰值进行分析。
- 究竟什么是分析的基准场景？是现有信控的未来不建设（FNB），还是有优化信控的FNB，又或者其他？
- 当地使用的增长率是多少，如果有任何计划和批准的主要开发，有哪些？当地是否有关于出行生成率的指导（即指南或表格），或者ITE《出行生成》（Trip Generation）[7]是否足够？
- 有哪些相关的道路系统和交通设施？集中的交通流在分散到背景水平之前会扩散多远？哪些交叉口和其他关键点受到影响，需要分析？
- 存在哪些数据，以何种形式提供（计数、ATR站、事故数据和其他）？

这并不是说所有这些问题都会在步骤2中得到答案，而是说交通工程师必须掌握每一个问题，特别是关于项目区的范围和将受到影响的交叉口/设施。

步骤3很重要，客户和/或他们的团队（律师、建筑师）必须了解在这个过程中可能会遇到的困难，以及需要一个合理的项目区域。如果对交通专业人员来说，影响区域明显超越附近的交叉口，那么对审查TIA的专业人员来说，也会很明显。有些客户可能希望它更小（有时小得多），但除非他们有时间与审查机构反复探讨，否则时间和成本都决定了他们必须尽早意识到现实。

当然，这并不是说定义的项目区（即影响区）必须大。有许多项目，在交通扩散到背景水平之前，只涉及少数关键交叉口。越小越好，但合理是最好的。

步骤4与牵头的监督机构和其他相关方（如州、县、镇）的会议——是项目的决定性时刻。它通常是当地程序中的一个正式步骤，需要一个议程，并且必须寻求达成一套涵盖步骤2中提出的所有要点的行动项目，特别是以下方面。

- 就确定的影响区域（"项目区域"）达成一致，以便进行分析。
- 就支持性数据方案（要收集的数据、数量、天数等）以及要分析的关键交叉口/设施达成共识。
- 清楚地了解当地对所使用的增长率的要求，需要考虑的超出背景增长率的已批准的项目，以及所使用的标准实践文件（许多管辖区有出版物或备忘录规定这些，包括要使用的工具和技术）。

为避免浪费精力和以后的尴尬，最好（依我们说是至关重要的）由主导机构逐项确认并签字。这可以采取接受会议记录函件的形式，但在某些情况下是一封确认讨论和认可会议记录的电子邮件。口头认可并不是真正有用的，这只是因为在一个项目过程中人员会发生变化，而且人们的记忆总会略有不同。

交通专业人员必须意识到，在一些司法辖

区，只有在提交了启动程序的正式申请后，这种正式会议和协商才可能进行（**步骤4A**）[⊖]。这个申请通常涉及比交通更多的问题（包括只有客户知道的时间问题），且必须由适当的一方提交，并得到客户的批准。纽约州的 SEQR 就是这样一个过程。

在步骤4之后，项目往往会进入高速推进阶段。以下三个主要活动会同时发生。

1）将路网编码到要使用的分析工具中，无论是电子表格还是计算机程序（**步骤5**），在下一节中会详细说明。

2）收集和汇总商定的数据（**步骤6**），并为分析做好准备。

3）无论是基于当地的实践还是 ITE[7]，或者是由交通专业人员提供的信息和来源，记录已经商定的出行生成率的参考（**步骤7**），用来确定产生的出行数量（**步骤8**），然后在每个相关的时间段（例如上午、中午和下午）和每个相关时期（例如既有、FNB 和 FB）分配到路网（**步骤9**）。

下一步需要仔细工作，这略微有点扫兴，基于以上内容，**步骤10** 才是实际开展的分析，是TIA 的"影响"的核心部分。

步骤11 是整个工作中最具创造性和最需要的部分，因为设计是一个创造性的过程，也是一个有序的过程。交通专业人员必须确定一个或多个缓解策略，以解决在步骤10分析工作中明确发现的不利影响。

在步骤11中可用的几套解决方案（缓解计划）如下。

- 重新调整信号灯的配时，包括不同的相位和周期长度，以及不同的偏移配时。
- 根据交通量增加或其他因素的需要，增加信号灯。
- 在符合当地接入管理政策和维护干线流量

和功能的前提下，根据需要为项目增加出入道。出入道可能包括设计，在图14.2中展示了一个案例。在该图中，交叉口的主干道左转向冲突被移除，因此只要两个信号灯相位就足够了（进入该地的左转向没有信号灯，但排队存储空间相对充足）。

- 增加进入和离开交叉口的车道，以提高特定接近段的容量。
- 根据需要增加新的交叉口或车道。
- 使用"壶柄"（Jug-handles）[⊜]匝道和其他解决方案，以消除左转流向。
- 增加车辆平均载客率的方案。
- 其他交通需求管理的解决方案，如改变项目现场的工作时间和 / 或鼓励员工拼车和 / 或大众运输年卡计划[⊜]。

对于最后两个解决措施，申请人（客户和他们的交通专业人员）有责任明确说明这些政策和做法将如何真正付诸实施。如果缓解措施取决于这些政策和做法，那么交通影响评估的审查者就会期待这些政策和做法，并且批准可能取决于与拟议方案有关的条款。

在作者看来，必须在报告草案之前向客户介绍缓解方案，以及相关的第一轮（即粗略的）成本估算。这出于一个非常实际的原因——客户可能会为部分或全部的缓解措施支付费用，因此应该知道预计成本是多少。

在这个阶段（**步骤11**），可能会有一些关于可选缓解方案之间的权衡的有益探讨。这通常涉及成本、批准的难易程度和批准过程的速度（在某些情况下，"时间就是金钱"的说法是非常恰当的，这源于整个项目的成本和进度）。有时，会获取一些只有客户才最了解的其他因素，如雇员的工作规则，作为成本因素。

⊖ 众所周知，有些沟通只是聊聊而已，交通专业人员或客户期望这些对话具有约束力是不合理的。——原书注
⊜ 貌似是因平面形状而得名。——译者注
⊜ 大众运输年卡计划（Transit check programs），由企业与大众运输服务公司达成的某种通勤服务，以便于企业职工通勤出行。——译者注

a) 本案的目标是消除干道上的左转冲突(交叉口处)

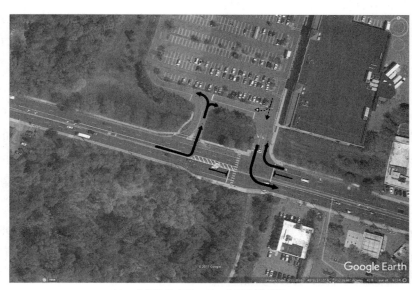

b) 一个相位是左转，另一个相位是直行

图 14.2　处理转向的创新设计示例

资料来源: Google Earth, 流向箭头叠加。

　　步骤 12 是正式准备 TIA 初稿，进行质量控制的内部审查，客户审查和建议，并由相关方提交给主导机构。该草案可能包括一张 CD，其中包含数据文件和任何使用的计算机程序的输入流，以及动画演示。

　　步骤 13 是审查和批准过程，这肯定会涉及主导机构召开的会议，很可能涉及公示和听证会，接收并记录这些意见，然后修订 TIA。

步骤 14 是提交最终的 TIA 文件，可以是另一份文件的一部分，也可以是一份独立的文件（取决于程序需求），达成最终的正式验收（如同预计的那样）。

步骤 15 是客户或其团队的内部工作。在 TIA 过程中构建的功能设计和交通负荷是对工程设计的重要输入，通常必须在 TIA 被监督机构验收采纳后进行。

关于时间框架的最后说明：这一过程并不短。上述所有步骤很容易耗费 6 到 12 个月的时间。在 TIA 中批准缓解方案后（因为这就是上文所说的验收采纳的意思），接下来的步骤是详细的工程设计，提交许可申请和相关批复，然后是施工。施工期间可能会在冬季停工，作为许可程序的一部分，一般需要制定维护和保障交通计划。对于具有合理数量的缓解措施的大型项目，这些额外的步骤在 TIA 验收后可能会增加到 15 至 18 个月。整个过程有可能会更快，但这需要评估。

14.3　工具、方法和指标

本章介绍了交通工程方面的技术现状和实践状况，重点强调了 HCM 中定义的服务水平。第 23 章介绍了交叉口容量分析的关键流向分析（Critical Movement Analysis，CMA）方法。一些州仍在使用这种方法，而不是 HCM 方法，后者比前者要复杂得多。第 22 章介绍了 HCM 方法。

但读者必须明白，是当地辖区——通常是州级辖区，决定了该辖区所要使用的确切方法。而设计实践的一些细节（包括对一些设计概念的接受）有时会被委托给当地的地区或区域办公室，因此，在一个州内也会存在差异。当道路完全由县或镇管辖时，他们的规则和程序可能占主导地位。因此，对当地的实践和规则的了解，对从业的交通专业人士来说是至关重要的。

幸运的是，这些规则通常很容易获取，并发布在州或地方辖区的官方网站上。同样幸运的是，审查过程通常涉及一个负责协调信息和需求的主导机构。

同时，有时各县的关注点和优先事项与各州不同，或者一个地区的规则和做法比其邻地更精确，这是正常的。大多数情况下，所有相关人员的良好意愿和专业精神克服了潜在的困难，但有一些协议和做法需要尊重。

为了考虑有关交叉口和干道评价的实践范围，以下内容是有参考价值的（基于事实）。

- 有些人要求用交叉口或车道组的服务水平（LOS）变化来表述影响，并引用 HCS+ 软件[8] 作为预测工具。
- 有些人希望同时给出 LOS 和 v/c 比率的变化，HCS+ 软件用于单个交叉口，Synchro[9] 用于一组交叉口和干道。
- 其他州特别规定了由州提供的 CLV 方法（如马里兰州）。"不可超过"的 CLV 是 1450veh/h。该程序源于参考文献 [10] 介绍的方法，作为早期版本的 HCM 的临时材料。它并未"过时"，而是作为一种有效和高效的工具重新出现，并且是本书第 23 章所述方法的逻辑基础。
- 一些州接受 Synchro LOS 的结果，好像它们与 HCM 的结果同样有效（而且完全相同）。
- 一些州要求交通状况的"Synchro 可视化"，尽管实际的可视化是由一个单独的工具（SimTraffic 模拟器[9]）产生的，该工具作为 Synchro 的配套产品出售⊖。
- 一些州更关注交叉口而不是干道，主要是忽略干道的影响（例如平均通行速度和干道 LOS）。
- 至少有一个州已经开始关注干道，而排除了交叉口，至少在最初的规划层面的审查中是这

　　⊖　这两个工具有时会产生截然不同的结果，特别是当涉及交叉口溢出和堵塞时。——原书注

样的。这已经发展出一个更平衡的观点，包括干道 LOS 和交叉口 LOS，以及交叉口 v/c 比率。

在交通流可视化方面，还有其他商业化的工具，包括 VISSIM[11] 和 AIMSUN[12]。

与关键流向分析的有关讨论，考虑在各种条件下可以容纳的"关键流向流量的最大总和"的数值。计算时，每相位的损失时间为 4.0s，小客车的驶离时距（Discharge headway）为 1.9s/veh（与 HCM 的饱和流率 1900pc/h/ln 一致）。对于卡车占比 5% 的情况，驶离时距则为 2.0s/veh，并在表 14.1 中使用。

表 14.1　不同条件下的最大关键流向流量总和值（veh/h），包括周期长度

驶离时距 =1.9s/veh	0% 卡车占比
驶离时距 =2.0s/veh	5% 卡车占比
相位损失时间 t_L =4.0s/phase（秒 / 相位）	

	v/c=1.00		
周期长度 /s	相位数		
	2	3	4
60	1564	1444	1323
70	1598	1495	1392
80	1624	1534	1444
90	1644	1564	1484
100	1660	1588	1516
110	1673	1608	1542
120	1684	1624	1564

	v/c=0.90		
周期长度 /s	2	3	4
60	1408	1299	1191
70	1438	1346	1253
80	1462	1380	1299
90	1480	1408	1335
100	1494	1429	1364
110	1506	1447	1388
120	1516	1462	1408

表 14.1 中的 "v/c=1.00" 组数值基于车辆对绿灯时间 100% 的利用，"v/c=0.90" 组数值则基于车辆对绿灯时间 90% 的利用。

从 "v/c=0.90" 组数值中可以发现以下规律。

- 对于一个周期长度 c=80s 的两相位信号，所显示的数字（即 1462veh/h）与上述 CLV 上限（即 1450veh/h）相当。
- 以 c=80s 为参考条件，每增加一个相位，该值就减少约 5%。
- 这可能有点夸大了，因为增加相位往往意味着更长的周期长度，所以每增加一个相位减少约 2.5% 是一个合理的经验法则。
- 从 c=80s 为参考开始，每增加 10s 的周期长度，就会增加 1% 的显示值。但我们必须记得文中的讨论，即饱和流的效率会降低，因此名义上的改善可能并不明显。
  - ✧ 还是从 c=80s 为参考开始，周期长度每减少 10s，显示值就减少 2%。但这样做的主要目的是在拥堵时进行排队管理，这是一个不同的优先事项。

最后，表 14.1 的这个小练习很有趣，但不是主要的，有两个原因：①交通专业人员在应用修正时，受当地采用的正式程序管辖，而不是该练习；②"最大关键流向流量总和"的变化容量不同，因为上面引用的名义损失可以通过绿灯时间的转移来调整（注意使用 v/c = 0.90），结果倾向于有更多车道就能通过更多车辆的解决方法，因为有些措施通常会导致流量基数降低，比如增加相位。

14.4　案例 1：出入道位置

本案例只涉及 TIA 的一个部分，即出入道位置对干道交通流质量的影响。从该练习中可以学到的经验如下。

1）新的出入道将增加 NB 和 SB 干道的流量，

而且是在"主路车列之间"[○]，从而使协调的效果降低。

2）车列中的车辆会驶入新的出入道（离开车列），从而在车列中留下空间，使他们的凝聚力降低，也使协调的效果降低。

3）新的出入道会完全扰乱过往车辆。如果新的出入道在街区内的位置不好，则会完全破坏 NB 和 / 或 SB 的绿波带。

请参考图 14.3。这种情况在第 21 章也有涉及。图 14.4 展示了一个可以作为起点的 Synchro 方案。

在 B 大道与 C 大道之间的主路东侧（图左向是北向），有一个重要的开发项目，具体内容如下。

• 该开发项目将使主路向北的交通每小时增加 X 辆，使主路向南的交通每小时增加 X 辆。这些车流都将转入提供的出入道。

• 同时，该项目每小时将产生 X 辆从主路驶出并向 SB 方向行驶的车辆，以及每小时产生 X 辆从主路向 NB 方向行驶的车辆。

• 首选出入道（一对）将采用图 14.3 所示的布置。信控交叉口位于 B 大道以北 Nft 处。

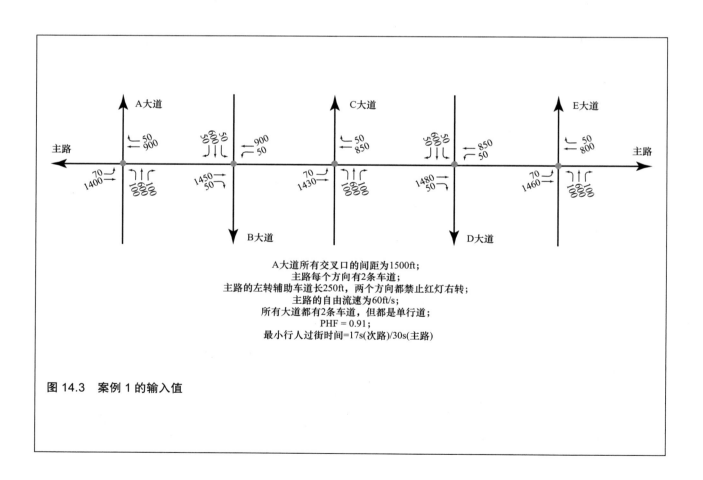

A大道所有交叉口的间距为1500ft；
主路每个方向有2条车道；
主路的左转辅助车道长250ft，两个方向都禁止红灯右转；
主路的自由流速为60ft/s；
所有大道都有2条车道，但都是单行道；
PHF = 0.91；
最小行人过街时间=17s(次路)/30s(主路)

图 14.3 案例 1 的输入值

○ 主路车列之间，Between main street platoons，这里的车列（platoons）是指路段上以组团前进的车辆，如果不受干扰可以高效运行。——译者注

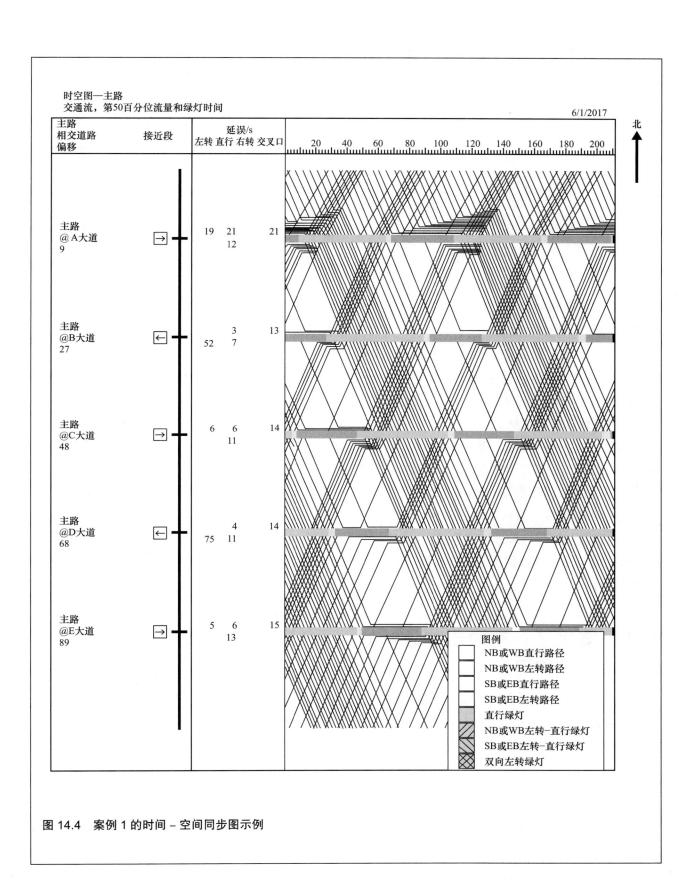

图 14.4　案例 1 的时间 – 空间同步图示例

使用 Synchro 和 SIM Traffic，要求读者/学生分析四种场景的影响，即：

		N 英尺	
		375	750
X veh/h	100	场景 1	场景 3
	200	场景 2	场景 4

在这个阶段没有必要提出缓解措施，除非导师将其作为作业的补充部分。

读者/学生可以选择使用 VISSIM 或 AIMSUN 进行可视化分析，这是可以接受的。可以根据学院或学生可用的工具进行选择（一些限制功能的学生版软件价格很低）。

读者/学生应该知道，重点是四个场景的相对影响。然而，一些工具的建模方式可能与其他工具不同，信号优化程序（即 Synchro）考虑的排队效应可能与模拟模型不同。读者/学生可能不得不对信号灯配时结果进行"微调"。另外，一些模拟模型可能比其他模型更容易给出干道通行时间等指标。

14.5 案例 2：交通影响分析的主要环节

案例 2 比案例 1 要全面得多，但与完整的交通影响调研比还相去甚远，因为①详细规定了出行分配路径，②界定了项目区域，③提供了数据，并进行了平衡，使其内部一致⊖，④提供了适用的地方规则要求。

一些读者/学生可能认为，对缓冲区、每单位活动的泊位和其他要素的具体要求是非常严格的（没有变化）。然而，这些要求是根据美国境内真实地点的真实要求制定的。大多数地方都有具体要求（即使不是全部都有）。

唯一重要的改进是要求场地允许①大众运输（Transit）接入，如 20% 的出行使用公共运输（Public Transportation），②泊车场，认为 95% 的出行将由汽车到达。虽然这在短期内是不现实的，而且可能会被一些人视为一种负担，但作者认为，这可能代表了当地政府良好的长期规划。例如，它提供有利的基础设施的一个关键部分，这将导致未来 20% 的大众运输（Transit）使用（其他部分包括一个足够完整的巴士线路系统，以实现出行，并有足够的发车频率使其具有吸引力）⊜。

有些信息没有提供。没有提供实际的出行生成率，但可以从参考文献 [6] 或 [7] 中获得，或者通过网络搜索，向读者/学生提供某些地区使用的具体数值。没有提供泊车的空间要求，但可以按照本章末尾问题 14-3 的建议找到或估算。

14.5.1 项目区域和现状条件

图 14.5 展示了项目区域，包括本案例调用中所关注的两个地块。表 14.2 提供了关于街道（车道数等）和可用红线范围的详细信息。

⊖ 一般来说，交通计数所提供的数值根本不相吻合。这可能源于泊车场或个别环节中的产生量，但也可能源于现场工作中常有的随机误差。对于后一种情况，假设有合理的变化，分析人员会对计数进行平衡，以反映更真实的现状。——原书注

⊜ 曾经有一段时间，完全无障碍运输的效费受到一些质疑，因为对实际出行来说，并不存在全套要求。这些要求包括路缘石、无障碍入口、无障碍洗手间、清晰的标志，以及无障碍巴士和轨道交通。几十年来，系统地建设这种基础设施的政策决定已经在许多地方形成了无障碍系统。——原书注

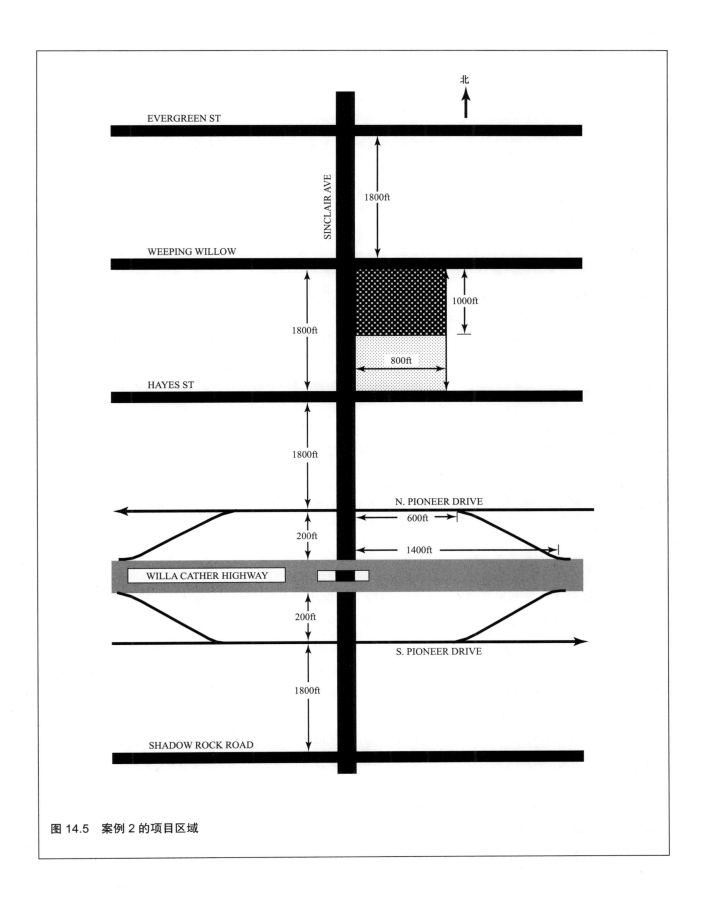

图 14.5 案例 2 的项目区域

表 14.2　案例 2 项目区域内街道的详情

	路权宽度 （用地红线）	车道
SINCLAIR AVE	100ft	每个方向 2 条 12ft 的车道；10ft 的路肩；中间带植草，包括 12ft 长的左转渠化，150ft 长（含渐变段）
EVERGREEN ST	80ft	每个方向 1 条 12ft 的车道；10ft 的路肩；中间带植草，包括 12ft 长的左转渠化，150ft 长（含渐变段）
WEEPING WILLOW	80ft	每个方向 1 条 12ft 的车道；10ft 的路肩；中间带植草，包括 12ft 长的左转渠化，150ft 长（含渐变段）
HAYES ST	80ft	每个方向 1 条 12ft 的车道；10ft 的路肩；中间带植草，包括 12ft 长的左转渠化，150ft 长（含渐变段）
N.PIONEER DR	60ft	西行 2 条 12ft 的车道，在左侧增加第 3 条 12ft 的车道作为公路出口，因此公路入口车道减少；采用最小路肩
S.PIONEER DR	60ft	西行 2 条 12ft 的车道，在左侧增加第 3 条 12ft 的车道作为公路出口，因此公路入口车道减少；采用最小路肩
SHADOW ROCK RD	80ft	每个方向有一条 12ft 的车道；10ft 的路肩；中间带植草，包括 12ft 长的左转渠化，150ft 长（含渐变段）
WILLA CATHER HWY	注 1	注 2

注：1. 公路与辅路之间的所有土地都是路权的一部分。公路每个方向有两条 12ft 的车道，10ft 的路肩，40ft 的植草中间带。在 SIN-
　　CLAIR AVE 上的公路桥是一对，每个都有 50ft 的行车路。
　　2. 所有匝道都是单车道，直接式；图中展示的测量值是到三角区或红线边界（R.O.W. boundary）。
信控相位：需要保护左转，不接受允许左转；左转可以先行或延后（lead or lag）；一般允许红灯右转（RTOR）。
距离：沿 SINCLAIR AVE 展示的所有距离都是测量到红线边界，不包括红线范围。

表 14.3 提供了可能与本项目有关的四个时段的每小时流量。其他重要信息，如 PHF，也包括在表 14.3 中。

图 14.6 展示了吸引到有关地块开发的诱发交通产生，从该地返回到这些目的地的出行。注意，在四个分析时段（上午、中午、下午和周末）交通量的大小没有具体说明，无论是到达的交通量还是离开的交通量。

讨论要点 1：读者 / 学生必须为提议的用途找到适当的出行生成率来源（见下一节）。这包括考虑每个相关时间段内进入和离开的交通。

注意，图 14.6 只适用于新增交通。可能真的（取决于有关地块的土地使用）到达该地点的交通的某些百分比是来自经过该地点的现有交通。实际的含义是，现有的前往该地的交通并没有增加影响评价的数量。然而，它确实使用了需要在场地内提供的泊位，这一点必须纳入考虑。

讨论要点 2：显然，如果使用该地的交通中有相当大的比例是从任何情况下都会通过的交通中分流出来的，那么影响就会更小（因此缓解程度也会更小）。在某些情况下，对于加油站和快餐店的早餐班，这一点是可以做到的。但对其他用途来说，该比例可能很小。读者 / 学生必须获得有关具体用途的信息和 / 或进行论证。

表 14.3　项目区域的交通量计数，现场条件（早、晚），案例 2

现场小时流量（veh/h），早高峰

PHF = 0.85　　　卡车占比 = 5.0%

	NB L	NB T	NB R	SB L	SB T	SB R	EB L	EB T	EB R	WB L	WB T	WB R
SINCLAIR AVE & EVERGREEN ST	120	960	50	60	650	50	60	270	40	80	360	40
SINCLAIR AVE & WEEPING WILLOW	40	970	60	60	660	50	80	280	60	80	320	80
SINCLAIR AVE & HAYES ST	60	990	60	60	690	80	40	320	40	40	280	40
SINCLAIR AVE & N. PIONEER DR	90	1010		100	630	100	60			60	600	100
SINCLAIR AVE & S. PIONEER DR		1040	120	100	590	60	60	550	100	60		
SINCLAIR AVE & SHADOW ROCK RD	90	1060	60	60	590	60	40	320	40	60	340	60

WILLA CATHER HWY

东端计数站

小时		
	EB	5200
	WB	4850
在匝道，去 N.PIONEER		300
自 N.PIONEER		250
去 S.PIONEER		270
自 S.PIONEER		300

现场条件，工作日中午

	NB L	NB T	NB R	SB L	SB T	SB R	EB L	EB T	EB R	WB L	WB T	WB R
SINCLAIR AVE & EVERGREEN ST	84	672	35	42	455	35	42	189	28	56	252	28
SINCLAIR AVE & WEEPING WILLOW	28	679	42	42	462	35	56	196	42	56	224	56
SINCLAIR AVE & HAYES ST	42	693	42	42	483	56	28	224	28	28	196	28
SINCLAIR AVE & N. PIONEER DR	63	707		70	441	70				42	420	70
SINCLAIR AVE & S. PIONEER DR		728	84	42	413		42	385	70			
SINCLAIR AVE & SHADOW ROCK RD	63	742	42	42	413	42	28	224	28	42	238	42

现场条件，晚高峰

东端计数站

	EB	3640
	WB	3395
在匝道，去 N.PIONEER		210
自 N.PIONEER		175
去 S.PIONEER		189
自 S.PIONEER		210

（续）

现场条件，晚高峰

	NB			SB			EB			WB		
	L	T	R	L	T	R	L	T	R	L	T	R
SINCLAIR AVE & EVERGREEN ST	40	660	80	40	960	60	50	360	120	50	270	60
SINCLAIR AVE & WEEPING WILLOW	60	670	80	80	1030	80	50	320	40	60	280	60
SINCLAIR AVE & HAYES ST	40	670	40	40	970	40	80	280	60	60	320	60
SINCLAIR AVE & N. PIONEER DR	100	650		100	1010	60				120	550	100
SINCLAIR AVE & S. PIONEER DR		650	60	60	1070		100	600	90			
SINCLAIR AVE & SHADOW ROCK RD	40	590	60	60	1060	40	60	340	90	60	320	60

WILLA CATHER HWY

	EB	WB
东端计数站　小时	4850	5200
在匝道，去 N.PIONEER	300	
自 N.PIONEER	270	
去 S.PIONEER	250	
自 S.PIONEER	300	

现场条件，周六

	NB			SB			EB			WB		
	L	T	R	L	T	R	L	T	R	L	T	R
SINCLAIR AVE & EVERGREEN ST	120	960	50	60	650	50	60	270	40	80	360	40
SINCLAIR AVE & WEEPING WILLOW	40	970	60	60	660	50	80	280	60	80	320	80
SINCLAIR AVE & HAYES ST	60	990	60	60	690	80	40	320	40	40	280	40
SINCLAIR AVE & N. PIONEER DR	90	1010		100	630	100	60	250		60	300	100
SINCLAIR AVE & S. PIONEER DR		1040	120	60	590				100			
SINCLAIR AVE & SHADOW ROCK RD	90	1060	60	60	590	60	40	320	40	60	340	60

WILLA CATHER HWY

	EB	WB
东端计数站　小时	5200	4850
在匝道，去 N.PIONEER	300	
自 N.PIONEER	250	
去 S.PIONEER	270	
自 S.PIONEER	300	

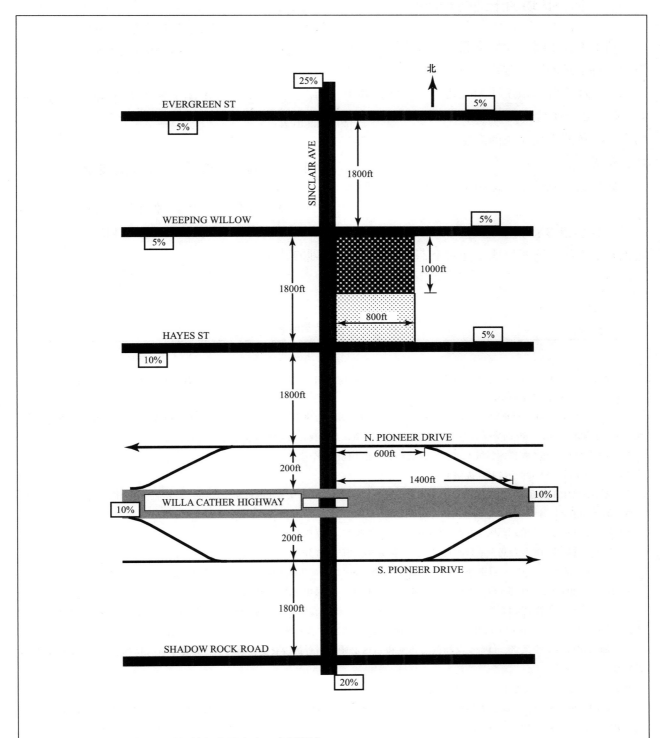

图 14.6　由于开发项目而增加的新交通产生，案例研究

14.5.2 两个地块的土地使用计划

请参考图 14.5。计划将北部地块开发为商业空间，特别是郊区的购物中心，将南部地块开发为一个多厅影院。该多厅影院将有 8 个厅，其中 4 个有 400 个座位，另外 4 个有 200 个座位。购物中心将按照当地法规的限制进行建设（下文将详细介绍）。

如果适合该计划，这两个地块可以合并起来视为一体。

讨论要点 3：稍冒进些，下一节中的地方法规要求，如果这两块地作为两个不同的地块纳入规划，则需要在它们之间设置缓冲区。这可能会使用拟用于泊车或其他用途的空间。然而，客户（即地块的所有者）可能还关注其他问题，例如，通过保持它们的不同而允许未来的灵活性，甚至是一些税收影响（作者并不知晓这方面的信息）。

14.5.3 地方法规和地方条例要求

表 14.4 包含了从各种地方法规中提取的要求，这样读者 / 学生就会对本调研案例有一套合理的设计考虑。

表 14.4 地方法规的要求

1）在这个区域中，每个地块必须至少有 5acre（英亩），并且在主干道上至少有 300ft 的临街面。建筑物的高度不得超过 35ft，建筑物的面积不得超过地块的 30%。

2）必须有 100ft 的缓冲区面对所有道路和其他地块，但如果其他地块上的用途为非住宅，则缓冲区可以减少到 50ft。如果其他地块的用途是住宅[1]，那么 6ft 的分隔墙必须由石头或厚木头建造，其外观必须与管辖区的类似建筑一致。

3）对于购物中心和类似用途，每 1000ft^2 的总建筑面积必须提供 5 个泊位。

4）对于电影院，每 3 个座位必须提供 1 个泊位。

5）设计必须允许多达 20% 的行程通过巴士大众运输接入，以应对未来几十年的预期模式转变[2]。然而，在分配出行方式时，考虑到目前的实际情况，分配给大众运输的出行方式不能超过预期的 5%。

6）必须尽量考虑接入管理原则，并在可行的最大范围内使用，与州要求一致[3]。

7）必须提供足够的货物递送和取货的装卸区，一般要与地块的访客分开。

8）货运车辆的入口 / 出口必须能容纳大型牵引车。所有入口 / 出口必须能容纳一辆钩梯式消防车。

9）任何场地的内部循环都应鼓励安全的行人和大众运输使用，并采用交通宁静原则。

10）①如果任何现有交叉口的任何方法的 v/c 比率增加超过 0.03，②如果任何现有交叉口的任何方法的 LOS 下降（变得更差）一个服务水平等级，③如果任何干道的 LOS 下降（变得更差）一个服务水平等级，则要有预期缓解计划。

11）如果建议增加交叉口，每个交叉口的交通量和 LOS 必须与附近的现有交叉口相当，并且干道的服务水平不能降低（变得更差）。

12）未来不建设和未来建设的交通水平，将被视为从现在条件（即现有）之后的 10 年。

13）影响分析应包括解决施工阶段的问题的内容。如果预计对高峰小时交通没有重大影响，这部分可以是定性的和描述性的，但应说明实现这一目标的方法。

注：1. 在本调研案例中，东边的相邻地块被划为商业区。
2. 假设主要（唯一）巴士线路在主干道上由北向南行驶。
3. 如果需要，使用佛罗里达州的指南或做法。

14.5.4 其他既定条件

关于基本的交通工程，当地的做法决定了：

- 每个相位使用 4.0s 的损失时间；
- 对于饱和流率，直行车道取值 1900pc/h/ln；
- 在信控交叉口，所有左转向都是保护相位；
- 在信控交叉口，禁止红灯右转，除非在单独的车道上有适当的渠化，至少有"YIELD"标志控制。

不包括这些地点的背景交通量增长率取每年 3.0%（并且是复合的）。没有其他计划中的或已批准的开发项目存在，或被假定纳入背景增长中。

当地的地形没有明显的高程变化（平坦）。

关于工具和参考资料，读者 / 学生在本案例调研过程中至少要使用以下工具、参考资料和实践经验。

1）既有和所有未来条件下的信号灯配时（包括备选相位方案）将使用 Synchro 完成。

2）考虑到既有的信号灯配时不可用（通常是不可用的），并且考虑到当地政府在任何情况下都安排了信号重新配时的工作，既有的信号灯配时将使用 Synchro 优化来确定最合适的周期长度（关于这一点，在下一节有详细介绍）。

3）模拟和可视化要用 SIM Traffic、VISSIM 或 AIMSUN 等工具完成。

4）交叉口和干道的服务水平和 *v/c* 比率可从 Synchro 的结果中获得[⊖]，除非模拟 / 可视化表明存在明显的不一致。

5）出行生成率将基于参考文献 [6] 或 [7] 或其他有据可查的来源。

6）泊车布局和内部循环使用相关的 ITE 或其他文件，以及或本书第 13 章的材料。

7）对于这个特定的调研案例，本书可作为参考文件使用。

如果交通专业人员使用 HCS+ 或其他此类工具进行容量分析或信号灯配时，则必须提交一份合理的论据，说明为什么这些结果比 Synchro 更有意义，因为认识到这个特定的管辖区更喜欢并习惯于接受 Synchro 结果。

> **注：**其余各节将交通影响和缓解工作分为一系列"要素"，这样就可以很容易地分块分配，随着课程的进行，产生讨论和学习。以下是一位作者使用的时间表，只是作为一个建议。我们鼓励学生小组定期展示，最后展示影响和建议的缓解措施是一个重要经验（在中期提交的工作是以学习经验为基础进行评估的，但对最后的综合汇报和陈述的期望值更高）。

要素	截至上期（以星期为单位）相对于开始案例调研的星期
1	1
2	2
3	4
4	5
5	6
6	7
7	9
8	10

14.5.5 要素 1：系统周期

考虑到信号灯间距、合理的车速、交通量和信号灯相位的数量，提出沿 SINCLAIR 大道（SINCLAIR AVENUE）的系统周期长度的建议。

⊖ 注意，干道的 LOS 基于直通车辆的平均通行速度。——原书注

14.5.6　要素2：开发商最喜欢的接入计划

考虑以下假设：开发商特别关注结合两个地块的设计方案，将开发项目集中在一起，只使用两个主要的出入道作为公共运输（Public）接入，包括大众运输（Transit），参考图14.4（泊车场和内部循环的细节没有显示，它们将由交通专业人员在整体概念中解决）。

显然，这就产生了两个需要多相位信控方案的五肢交叉口。

读者/学生要根据图14.7中建议的到达/离开情况，评估这些交叉口的运行需求和所需的交通流模式。表14.3提供了现有的流量，而且增长率是已知的。对于增加的交通量，读者/学生可能需要做一些假设（只是为了开始），或者使用已经引用的出行生成参考。

注意：①客户真的想要这种"创新"的方法，②你必须成为负责任的专业人员，有时通过创造性的设计达到预期目的，有时提出一个很好地服务于客户的现实方案，同时让他们改变最初思路。

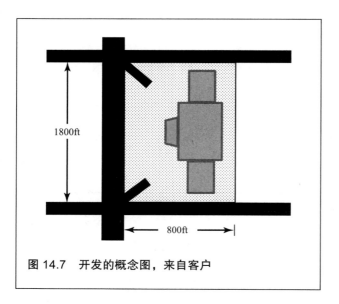

图14.7　开发的概念图，来自客户

1800ft

800ft

讨论要点4：是的，作者已经透露，考虑到交通流率和模式，他们认为五肢交叉口的运行情况会很糟糕。你的义务是找到一个成功的解决方案，或者向客户明确解释为什么这个概念不符合

他们的最佳利益。

讨论要点5：注意，在要素1中，你推荐了一个系统周期长度。该周期长度可能与拟议的五肢交叉口所需的数值不一致。

要素2工作的最终成果应该是一个Power-Point演示文稿，以你的同行和非专业人士都能理解的方式介绍你的成果，使用不超过5张幻灯片。

14.5.7　要素3：既有条件、容量和LOS分析

使用Synchro（以及其他必要工具）来估计每个交叉口、每个交叉口的每个车道组以及整个干道的既有条件和FNB状况。

以表14.5的格式汇总结果[未来建设（FB）栏将在本工作的后期完成]。

每个关注的时间段都需要一张表格。如果它少于已经提供的4个时间段的数据，则要说明因为考虑到预期用途，该时间段与分析无关。

讨论要点6：在该分析开始之前，教师必须指定课程中所有小组使用的系统周期长度。这可以在提交和讨论要素1的工作后完成。

预测仅由于"FNB"的交通水平，将需要哪些改善措施。

讨论要点7：合乎逻辑的是，仅由于交通量的年度增长，就会出现一些运行问题。在某些情况下，这些问题理所当然地需要一些关注/行动，与特定的新开发（即目前的两个地点）所带来的交通增量无关。在与当地政府的讨论中了解这一点是很好的。

鉴于你没有得到现有的信号灯配时数据，你可能想使用关键流向分析作为确定初始信号灯配时和相位的合理方法。这可以通过使用Synchro来完善。

讨论要点8：这项工作是学生作业的一部分，但现有的信控方案一般都存在，可以从当地司法部门或州政府获得。

表 14.5 要素 3 工作中使用的格式

	v/c			LOS		
	现状	FNB	FB 无缓解措施	现状	FNB	FB 无缓解措施
交叉口						

交叉口	车道组						

干道		平均通行速度 /（mile/h）			LOS		
	NB						
	SB						

注：在要素 3 中 FB 还没有得出。

讨论要点 9：本着不留太多学生作业的精神，应用州 MUTCD⊖中的交通信号灯设置依据⊖并不是这项作业的一部分。在一些应用中，由于背景增长和当前项目的结合，有一些非信控交叉口可能需要设置信号灯。也有可能因为出入道而出现新的交叉口，这些都需要进行信控评估。指导者可能希望至少要求对这些新的预期依据进行适用性分析。

讨论要点 10：同样，本着不留太多学生作业的精神，该特殊调研案例并不要求读者 / 学生获取和分析项目区的事故历史数据。

14.5.8 要素 4：出行生成

水到渠成，读者 / 学生已经进展到获取出行生成率的来源。这些数据通常以高峰时段和其他

⊖ 注意，简单地满足一个或多个交通信号灯依据（Warrants）并不意味着一定要设置信号灯。相反，MUTCD 的意思是，除非满足一个或多个依据，否则不应设置信号灯，而依据的满足只是一个触发因素，使这种评估（涉及许多因素的工程调研）得以进行。——原书注

⊖ 有些州规定，某些依据不用于确定信号灯是否合理（例如高峰小时的交通量）。——原书注

时段的每小时出行量来表示。然而，开发项目的交通"高峰小时"可能与一般高峰小时不同。这取决于拟议的用途（如超市、购物中心、多厅电影院）。交通专业人员必须注意，在出行生成源中使用的术语是指传统的高峰小时，或特定用途的高峰活动小时（和星期几）。

同样，施工阶段——如果它对交通水平有显著影响，实际上可能定义了分析的高峰小时[⊖]。

在要素4中，读者/学生应根据所需的最大建设规模，对产生的出行数量和路线进行估算。

讨论要点11：上述命题中的强调是故意的。考虑到表14.4中的当地规则，开发项目的"占地面积"显然受到可用面积的限制。这并不一定意味着场地的其他部分可以支持这个最大的开发强度。但这是一个起点[⊖]。

讨论要点12：当地关于建筑高度的规定可能会诱使建筑师或交通专业人员从两层购物中心的角度考虑，两层都有商店。然而，如果人们倾向于该方案，就必须讨论该地区有多少成功和有吸引力的商场是两层楼的设计。在编写这段文字时，许多商场的特点是大开放空间，公共区域，和一般的单层经营。这并不是说不能找到一个成功的两层设计方案，而是说这应该成为课堂上的一个讨论点。即使有这样的设计，仍然可能有大量的开放空间和公共区域，使用了部分占地面积，留下的总建筑面积（GFA）比两倍的占地面积要少。

估计所需的泊位，考虑整体属性，并开始构建可用空间是否能满足泊车需求的观点。

讨论要点13：这是一个算术练习，并且是一个重要的练习。前文和相关的注释中已经讨论了基本问题。注意，当地的规定是以每1000ft²建筑面积的车位或每座位的车位（对于影院）来表示泊车需求。总建筑面积包括公共区域、走廊等。

我们知晓，对读者/学生来说，泊位布局将是一个挑战，除非他们借鉴其他知识（即本书以外的来源）。幸运的是，这样的来源是存在的，在出版物或网络上。基于实际发展的模板也可以从谷歌地球或其他工具中获得。

讨论要点14：一个重点讨论的内容有时是场地内不同用途的平均车辆载客率。这一点因当地法规而变得毫无意义。同时，法规中使用的数字隐含着对平均车辆占用率和汽车出行百分比的假设。

随着时间的推移，如果发现最近的数据存在不一致，这些隐含假设的过时数据就可能成为讨论的基础。

判断合并地块是否存在任何优势。

讨论要点15：这一点已经被提出，但这是一个提醒读者/学生注意的逻辑点。

同样，要考虑当地对现在建设的特殊要求，以适应未来20%的大众运输使用量。

讨论要点16：注意这是一项任务，与当地管辖区的长期规划有关。其精神和意图是，在有吸引力和有效率的地区，地块提供这种大众运输服务。仅依靠当地干道上的公交车站，在本报告中是不够的。

14.5.9　要素5：确定开发规模、出行生成和内部循环

继续进行要素4中开始的工作，特别注意内部循环、泊车、大众运输、行人安全出行和货运车辆空间的需求。如果总体需求决定了建设规模要小于区域名义上允许的最大规模，那么要准备好解决这个问题。

[⊖] 对许多项目来说，施工阶段的工人将在非高峰时段到达和离开（相对于现有的高峰），并不产生强烈的负荷。在某些情况下，可能需要注意和考虑材料的运送。——原书注

[⊖] 交通专业人员必须知晓，开发商和建筑师可能会将注意力集中在可以做到的最大限度上，而交通专业人员有责任指出，当地规则规定的支持功能（例如要求的泊位、内部循环、大众运输空间和货物运送）实际上施加了限制，通过计算限制了开发规模。——原书注

当然，内部循环将取决于出入道的位置和干道上的任何特殊设计特性。虽然这些在名义上是项目的要素 6，但也有重叠之处。

14.5.10　要素 6：出入道位置、特殊干道和交叉口设计特性

在可行的范围内，考虑到接入管理的任务，制定关于出入道位置、特殊干道元素和交叉口（现有或拟议）的建议。

思考案例 1 中关于出入道位置的"经验教训"。

注意货物递送的需求，这在当地规定中得到了解决。考虑为这些送货提供单独出入道的可行性（可能性），并注意任何"在（建筑物）后面"的出入道都必须有足够的空间来转弯和 / 或操纵大型卡车 [一些卡车停放点（Truck bay）的设计也可能影响这一点]。

14.5.11　要素 7：缓解措施

返回表 14.5。完成"未来建设"（FB）部分，假设没有缓解措施，根据当地规则，将有影响的所有条目标出。

详细制定缓解措施的思路。从事该项目的团队需要有创造性，同时认识到改进需要花费资金，而且可能由客户支付。

在这个阶段，有时被忽视的一个指导原则是，缓解措施和相关的设计不仅仅为了满足当地规定的最低要求，还为了保证开发项目在未来的顺利运行，并对公众和企业的员工保持吸引力。交通专业人员与客户及其团队进行这种讨论，并制定一个最低限度的"A 计划"和"B 计划"，有时是很有用的，这样客户就可以看到交通专业人员认为可以为整体成功服务的任何改进措施的成本和效益。

在表 14.5 中增加方案 A 和 B 的栏目。准备好对所推荐的方案进行讨论。

讨论要点 17：方案 A 和方案 B 可供内部讨论，在要素 8 的最终报告草案中只保留一个方案，而在这项学生作业中，将两个方案都纳入最终报告草案。

讨论要点 18：因为这项作业的成果是提交最终报告草案，而不包括通常的下一轮机构审查和听证，所以在提交的最终报告中，删除要素 8 中的"草案"一词。

讨论要点 19：提醒读者 / 学生注意步骤 11 中列举的可能的缓解措施清单，并请他们根据具体的项目需求对清单进行补充。

14.5.12　要素 8：最终报告和汇报展示

每个小组将有 20min 的时间来介绍他们的发现和建议。要求穿着商务服装。该小组不必让每个人都发言（尽管这样做有好处），但教师可以将问题引向任何小组成员，因此，所有小组成员必须做好充分准备。

要求在上课前 24h 提交一份不超过 30 页的最终报告，以 PDF 格式通过电子邮件发给指导教师。演讲用的 Power Point 幻灯片也要同时发送。

14.6　总结

本章的目的是向读者 / 学生介绍交通影响调研的议题，包括对该过程的概述，并强调在满足与重大发展相关的缓解需求方面需要进行创造性设计（小型项目的调研可能会发现不存在重大影响，尽管仍然涉及对未来交通负荷的一些估计和许可程序）。

案例 2 被作者之一用作交通工程的第二门课程的基础。参考文献 [6] 被指定为这种模式下的必备配套文本。早期的课件涵盖了这本书的其他章节和案例 1。还包括一个关于计算机工具

的汇报和工作会议。当案例 2 开始时，课堂时间用于本书的其他章节，讨论每个部分的启动时间和截止时间，并根据学生的信息要求进行临时讨论。

案例 2 也可以作为不以项目为基础的课程中的几个课件的基础，重点是整个课程中列举的讨论要点。

参考文献

[1] http: //www.epa.gov/oecaerth/basics/nepa.html

[2] http: //nepa.gov

[3] http: //en.wikipedia.org/wiki/National_Environmental_Policy_Act

[4] http: //www.dec.ny.gov/permits/357.html

[5] http: //www1.nyc.gov/site/oec/environmental-quality-review/ environmental-quality-review.page

[6] *Transportation Impact Analyses for Site Development: An ITE Recommended Practice*, Institute of Transportation Engineers, Washington, D.C., 2010.

[7] *Trip Generation, 9th edition*, Institute of Transportation Engineers, Washington, D.C., 2012.

[8] HCS+ Release 7.2.1, distributed by the Mc-Trans Center, University of Florida, 2017; http://mctrans.ce.ufl.edu/hcs/

[9] SYNCHRO Studio 10, Synchro plus SimTraffic and 3D Viewer, 2017. http: //www.trafficware.com/synchro.html

[10] "Interim Materials on Highway Capacity, " *Transportation Research Circular 212*, January 1980, Transportation Research Board, National Academy of Sciences, Washington, D.C.

[11] VISSIM 9, PTV, 2017. http: //vision-traffic.ptvgroup.com/en-us/ products/ptv-vissim/

[12] AIMSUN 8, TSS-Transport Simulation Systems, October 2017. http: //www.aimsun.com

习题

注意：教师可能希望本章中的所有问题都以小组或团队作业的形式完成，小组成员不超过 3 人（在一个大班里可能是 4 人）。

14-1. 按照案例 1 的规定进行分析和影响评估。

14-2. 对于习题 14-1 中确定的案例 1 中较高的 X 值和较好的 N 值，建议采取任何适当的额外缓解措施，并提供辅助分析。

14-3. 对于案例 1 和较高的 X 值，制定泊车场的功能设计，允许进入和离开的 X 值，并知晓他们可能在分析的 1h 内竞争内部车行路和泊位的使用。

如果学生没有得到关于泊车要求的信息，也无法获得提供该信息的参考资料，则应该①使用搜索引擎在网上查阅资料，②使用谷歌地球等工具"访问"一个已知的郊区泊车场，并估计每辆停放车辆的空间（考虑到前往泊位所需的空间，以及泊位行列之间或末端的任何间隔）。

14-4. 对于案例 2，按照本章的时间表或教师要求执行并提交要素 1。提交对该组的分析，不超过 3 页。

14-5. 对于案例 2，按照本章计划或教师规定执行并提交要素 2。

14-6. 对于案例 2，按照本章计划或教师规定执行并提交要素 3。

14-7. 对于案例 2，按照本章计划或教师规定执行并提交要素 4。

14-8. 对于案例 2，按照本章计划或教师规定执行并提交要素 5。

14-9. 对于案例 2，按照本章计划或教师规定执行并提交要素 6。

14-10. 对于案例 2，按照本章计划或教师规定执行并提交要素 7。

14-11. 对于案例 2，按照本章计划或教师规定执行并提交要素 8。

第三部分

间断流设施：
设计、控制和服务水平

交叉口控制的层次

在任何街道和公路系统中，最复杂的独立位置是平面交叉口。在一个典型的由两条双向街道相交的交叉口，有 12 个合法的车辆流向（在 4 个入口处的左转、直行和右转）和 4 个合法的行人过街流向。如图 15.1 所示，这些流向产生了许多潜在的冲突，车辆和 / 或行人路径可能试图在同一时间占据同一物理空间。

如图 15.1 所示，总共有 16 个潜在的车流交叉冲突：4 个来自两条街道的直行流向之间；4 个来自两条街道的左转流向之间；8 个来自两条街道的左转流向和直行流向之间。此外，还有 8 个流向合流冲突，因为右转和左转车辆在完成它们所需的机动后会汇入一个直行流向。行人则增加了额外的潜在冲突。

交通工程师的关键任务是控制和管理这些冲突，以确保安全，并为驾驶人和行人提供有效通过交叉口的机会。

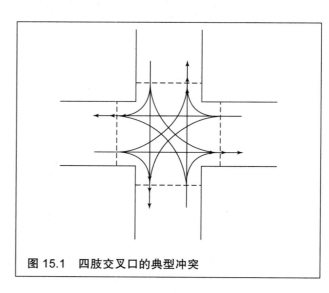

图 15.1　四肢交叉口的典型冲突

交叉口有三个基本控制等级：

- 等级 I——基于道路交通规则
- 等级 II——使用 "YIELD"（让）或 "STOP"（停）标志分配路权
- 等级 III——交通信号灯控制

在每个控制等级中也有变化。选择适当的控制等级涉及确定哪些（以及多少）冲突是驾驶人应该能够通过判断来感知和避免的。如果期望驾驶人察觉并避免某个特定冲突是不合理的，则必须实施交通控制以协助驾驶人规避冲突。

有两个因素会影响驾驶人规避冲突的能力：①驾驶人必须能够及时看到可能发生冲突的车辆或行人，以便实施规避动作；②交通量水平必须为安全运行提供合理的机会。第一个因素涉及视距和规避动作的考虑，而第二个因素涉及需求强度的评估、存在于交叉口的潜在冲突的复杂性，以及最后，主要流向中的可用间隙[⊖]。

一个由两条农场道路组成的远郊交叉口包含了图15.1所示的所有潜在冲突。然而，行人很少，车流量可能极低。任何两辆汽车和／或两名行人试图同时使用一个共同的物理点的概率很低。在两条主要城市干道的交汇处，冲突路径上的车辆或行人同时到达的概率相当高。下面将讨论如何确定适当的交叉口控制形式，强调在做出这种关键决定时需要考虑的重要因素。

15.1 控制等级Ⅰ：基于道路交通规则

道路交通基本规则适用于任何没有通过使用交通信号灯、"STOP"或"YIELD"标志明确分配路权的交叉口。这些规则在每个州的车辆和交通法中都有明确规定，驾驶人应该了解这些规则。在交叉口，所有州都遵循类似的规定。在没有控制设施的情况下，当右边的车辆以可能造成即将发生危险的方式接近时，左边的驾驶人必须给右边的驾驶人让行。从本质上讲，由左边的车辆承担避免潜在冲突的责任。大多数州的法规还规定，在无控制的交叉口，直行的车辆相对转向的车辆有优先通行权。此外，几乎普遍的情况是，合法过道路的行人相对所有车辆都有优先通行权。

基于道路交通规则运行并不意味着在交叉口或进入交叉口之前没有控制设施，尽管情况可能确实是这样的。使用街名标志、其他引导标志或交叉口预告标志并不改变基本规则的应用。但是，它们可以通过提醒驾驶人注意交叉口的存在和位置来帮助保障运行安全。

为了在道路基本规则下安全运行，处于冲突接近段的驾驶人必须能够及时看到对方，以评估是否存在"即将发生的危险"，并采取适当的行动来避免事故。图15.2是一个典型交叉口的视线三角区示意图。必须对视距进行分析，以确保它们足以让驾驶人判断和避免冲突。

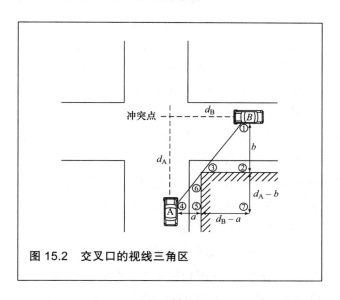

图 15.2　交叉口的视线三角区

在交叉口，视距通常受到位于角部或附近的建筑物或其他视线障碍物的限制。当然，在每个有四个接近段的交叉口都有四个视线三角区。在两位接近车辆的驾驶人第一次看到对方时，车辆 A 距离碰撞点或冲突点有 d_A 的距离，而车辆 B 距离碰撞点有 d_B 的距离。视线三角区必须足够大，以确保在任何时候，两辆车都不会以可能导致事故的距离和速度处于冲突的路径上，而没有足够的时间和距离让其中一个驾驶人采取规避动作。

注意，视线与视线障碍物的边构成三个相似的三角形：△123，△147 和 △645。利用三角形的相似性，可以建立图15.2中临界距离之间的关系：

$$\frac{b}{d_B - a} = \frac{d_A - b}{a}$$

$$d_B = \frac{a d_A}{d_A - d_B}$$ （15-1）

式中　d_A——A车到碰撞点的距离（ft）；

d_B——B车到碰撞点的距离（ft）；

a——A车驾驶人位置到视线障碍物的距离，与B车的路径平行测量（ft）；

b——B车驾驶人位置到视线障碍物的距离，与A车的路径平行测量（ft）。

因此，当一辆车的位置已知时，就可以计算出另一辆车在第一次看到对方时的位置。三角形是动态的，当达到相互可见时，一辆车的位置会影响另一辆车的位置。

美国公路与运输协会（AASHTO）建议，为了确保在没有控制的情况下安全运行，当双方驾驶人第一次看到对方时，应该能够在到达碰撞点之前停下来。换句话说，d_A和d_B都应该等于或大于在建立通视点的安全停车距离。AASHTO标准[1]建议在估计安全停车距离时使用2.5s的驾驶人反应时间，并使用相邻接近段车辆的第85百分位速度。然而，AASHTO确实建议驾驶人在接近非控制性交叉口时采用低于街区中段的速度，并建议使用假设低于设施设计速度的接近速度。根据第2章，安全停车距离由下式给出：

$$d_s = 1.47 S_i t + \frac{S_i^2}{30(0.348 \pm 0.01G)}$$ （15-2）

式中　d_s——安全停车距离（ft）；

S_i——车辆的初始速度（mile/h）；

G——纵坡（%）；

t——反应时间（s）；

0.348——停车动作的标准摩擦系数（AASHTO）。

利用式（15-2），可以用以下分析步骤来检验一个交叉口的视线三角区是否符合这些视距要求。

1）假设车辆A距碰撞点有一个安全停车距离（即$d_A = d_s$），使用式（15-2）。遵从惯例，车辆A通常被选为次路的车辆。

2）使用式（15-1），确定驾驶人第一次看到车辆B时的位置。当可见位置确定后，将其称为车辆B的实际位置d_{Bact}。

3）由于避让规则要求两车都有一个可用的安全停车距离，对d_B的最低要求是车辆B的安全停车距离，用式（15-2）计算，这就是d_{Bmin}。

4）要使交叉口基于道路交通规则安全运行（即没有控制），应有$d_{Bact} \geq d_{Bmin}$。

在历史上，也曾使用另一种方法来确保无控制的安全运行。在这种情况下，为了避免从有通视条件的点上（驶入后）发生碰撞，车辆A必须在车辆B行驶到碰撞点前12ft的相同时间内，行驶18ft通过碰撞点。这可以用分析法表示为：

$$\frac{d_A + 18}{1.47 S_A} = \frac{d_B - 12}{1.47 S_B}$$

$$d_B = (d_A + 18)\frac{S_B}{S_A} + 12$$ （15-3）

其中所有变量定义同前。这实际上提供了另一种估计最小所需距离d_{Bmin}的方法。结合前面概述的四步分析过程，它也可以作为一个标准来确保安全运行。

在任何一个交叉口，所有视线三角区都必须检核，而且必须是安全的，以保障基本的道路交通规则。如果对于任何一个视线三角区，存在$d_{Bact} < d_{Bmin}$，那么就不能允许在没有控制的情况下运行。当出现这种情况时，有以下三种可能的解决措施。

· 使用"STOP"或"YIELD"控制，或交通信号灯进行交叉口控制。

· 降低主路的限速，使之满足需要的视距。

- 消除或减少视线障碍物以提供足够的视距。

第一条是最常见的结果。进行控制的确切形式需要考虑依据和其他条件，这一点将在本章的后续部分中讨论。第二种方法是可行的，在一系列未受控制的交叉口的视距可以通过降低但仍然合理的速度限制来弥补。后者取决于障碍物的类型和归属。

例题 15-1：交叉口的视距

考虑图 15.3 所示的交叉口。它显示了一条单行次路和一条双向主路的交叉口。在这种情况下，有两个必须分析的视线三角区。图中展示了第 85 百分位接近速度。

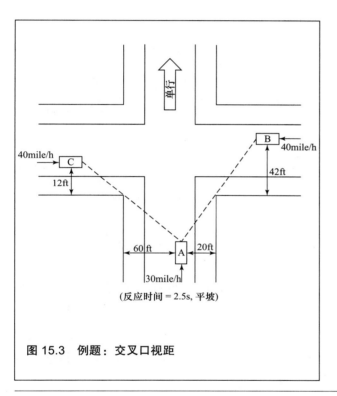

图 15.3　例题：交叉口视距

首先，假设车辆 A 离碰撞点有一个安全停车距离。

$$d_A = 1.47 \times 30 \times 2.5 + \frac{30^2}{30(0.348+0)}$$
$$= 110.25 + 86.21 = 196.46 \text{ft}$$

其中，2.5s 是用于安全停车视距计算的标准驾驶人反应时间。使用式（15-1），可以得出车辆 B 第一次被车辆 A 的驾驶人看到时的实际位置：

$$d_{Bact} = \frac{a d_A}{d_A - b} = \frac{20 \times 196.46}{196.46 - 42} = \frac{3929.2}{154.46} = 25.44 \text{ft}$$

这必须与 d_B 的最低要求进行比较，d_B 为安全停车距离 [式（15-2）] 或使用式（15-3）估计：

$$d_{Bmin} = 1.47 \times 40 \times 2.5 + \frac{40^2}{30(0.348+0)}$$
$$= 147.00 + 153.26 = 300.26 \text{ft}$$

或：

$$d_{Bmin} = (196.46 + 18)\frac{40}{30} + 12 = 297.95 \text{ft}$$

对于本案例，两个最低要求都差不多，而且都远大于 25.44ft 的实际距离。因此，车辆 A 与车辆 B 之间的视线三角区不能满足基本道路交通规则下的安全运行标准。

考虑例题 15-1 结果的实际意义。显然，如果车辆 A 距离碰撞点 196.46ft，而车辆 B 距离碰撞点只有 25.44ft，它们就不会发生碰撞。那么，为什么这种情况被定义为"不安全"？因为车辆 B 后方可能还有一辆车，虽然位于 25.44ft 以外，但在与车辆 A 碰撞的路径上，而驾驶人却无法看到对方，这是不安全的。

因为车辆 A 与车辆 B 之间的视线三角区不符合视距标准，所以没有必要检查车辆 A 与车辆 C 之间的视线三角区。如果不降低主路的速度或消除视线障碍物，该交叉口可能无法仅靠基本交通道路规则来运行。这表明，在这种情况下，宜在次路上设置"YIELD"或"STOP"标志，作为最低限度的控制形式。

即使该交叉口符合视距标准，也不意味着该交叉口宜采用道路交通基本规则（无控制）。充分的视距是采用"无控制"方案的必要条件，但不是充分条件。交通量或其他条件可能使更高水平的控制成为可取的或必要的。

15.2 控制等级Ⅱ："YIELD"和 "STOP"控制

如果对交叉口视线三角区的检查表明仅基于道路交通规则是不安全的，那么至少要实施某种形式的控制等级Ⅱ。即使视距可以满足无需控制的情况，也可能有其他原因需要实施更高等级的控制。通常情况下，这些原因涉及交通需求强度和交叉口环境的总体复杂性。

《统一交通控制设施手册》（Manual of Uniform Traffic Control Devices，MUTCD）[2] 给出了一些指南，说明在哪些情况下实施 "STOP"（停）或 "YIELD"（让）控制是合理的。然而，指南并不是很具体，它需要进行工程判断。在编写本书时，目前（2017 年）的 MUTCD 是 2009 年版⊖，修订至 2012 年 5 月。MUTCD 可在网上查阅，并应经常检查最新的版本和修订内容。

MUTCD 在指南条目⊖下给出了一些关于设置 "STOP" 标志或 "YIELD" 标志的一般建议。如第 4 章所述，"指南"包括推荐的做法。虽然允许有偏差，但应基于工程调研并做好充分记录。

从表 15.1 可以看出，应用该指南需要充分行使专业判断，特别是对第一组原则。第一个条件只是针对视线三角区不足以提供安全的情况。"STOP" 或 "YIELD" 标志也可以用来帮助构建一条主要的或直通的道路。如果一条主路的所有非信控接近段（次路）都被 "STOP" 或 "YIELD" 标志所控制，那么通过的驾驶人就有明确的路权。最后一个条件是针对一个地区或一条主路上的几乎所有交叉口都是信控的情况。如果几个孤立的地点不需要信号灯，那么它们宜设 "STOP" 或 "YIELD" 标志，因为驾驶人会期望得到某种明确的指示。

第二组原则为进入流量和碰撞记录提供了一些更明确的标准。

表 15.1　在交叉口使用 "STOP" 或 "YIELD" 控制的指南

如果存在以下一种或多种情况，宜在交叉口使用 "YIELD" 或 "STOP" 标志
A. 一条次要道路与一条主要道路的交叉口，预计基于常规的通行规则无法合理地遵从法律规定；   B. 进入被指定为直通公路⊜的那条街道，和 / 或；   C. 在一个有信号灯的区域内的非信控交叉口
此外，在两条次路或地方道路的交叉口，如果交叉口有三个或更多接近段，并且存在以下一种或多种情况，则宜使用 "YIELD" 或 "STOP" 标志
A. 从各个接近段进入交叉口的机动车、自行车和行人的总数量平均每天超过 2000 个单位；   B. 道路使用者难以看到交通冲突，不能按照常规的通行规则停车或减速，如果这种停或让是必要的，和 / 或；   C. 碰撞记录显示，在 3 年内有 5 起或更多的涉及未按常规通行规则在交叉口让行的碰撞；或在 2 年内有 2 起或更多的此类碰撞

资料来源：*Manual on Uniform Traffic Control Devices*, Federal Highway Administration, Washington, D.C., 2009, with revisions through 2012, pg50, available at www.fhwa.com.

15.2.1 双向 "STOP" 控制

控制等级Ⅱ最常见的形式是双向 "STOP" 标志。事实上，这种控制可能涉及一个或两个 "STOP" 标志，这取决于交叉口接近段的数量。这不是全向 "STOP" 控制，本章后面会讨论全向 "STOP" 控制。

同样在"指南"的标题下，MUTCD 提出了在几种情况下使用双向 "STOP" 标志是合理的。该指南见表 15.2。

A 项规定了主要道路交通的合理水平，需要使用 "STOP" 标志，以使次路的驾驶人能够在繁忙的交通流中选择一个适当的间隙。B 项只是重

⊖　翻译本书时（2024 年），MUTCD 的最新版是 2023 年出版的第 11 版。——译者注
⊖　MUTCD 的条目类别分为四类：①标准 / 必须条款（Standard），对应术语 "应" 或 "不应"；②指南 / 指导条款（Guidance），对应术语 "宜" 或 "不宜"；③选项 / 可选条款（Option），对应术语 "可选" 或 "不可选"；④支持 / 支撑依据（Support），仅为参考信息。——译者注
⊜　直通公路是给予车辆优先通行权并要求与之相交公路的车辆在入口处让行。在入口处，可以通过 "停 / 让" 或交通信号灯对交通进行控制，以明确主路、次路的通行权。——译者注

申了在发现交叉口的视线三角区不充分的情况下，有必要进行"STOP"（或"YIELD"）控制。C项规定了使用"STOP"标志来改善预期的事故问题的判断标准。

表 15.2 双向"STOP"标志的指南

在那些不需要完全"停"的交叉口，宜首先考虑使用限制程度较低的措施，如"YIELD"标志

如果工程判断表明，由于以下一种或多种情况，总是需要停止，则宜考虑在次路接近段上使用"STOP"标志

A. 直通道路或公路上的车辆交通量超过6000veh/day；
B. 存在视区受限的情况，要求次路上的道路使用者停下来，以便充分观察直通道路或公路上的冲突交通，和/或；
C. 碰撞记录显示，在12个月内有3起或更多的碰撞报告，可通过设置"STOP"标志来改善，或在2年内有5起或更多的此类碰撞报告。这类碰撞包括次路上的道路使用者未将道路通行权让给直通道路或公路上的车辆的直角碰撞

资料来源：*Manual of Uniform Traffic Control Devices*, Federal Highway Administration, Washington, D.C, 2009, with revisions through 2012, pg 52, available at www.fhwa.com.

MUTCD对"STOP"标志的不适用场景表述更明确些。在"标准"（即强制性条件）的标题下，在安装交通控制信号灯并运行的路口，不得安装"STOP"（或"YIELD"）标志，除非信号灯的运行一直是闪烁的红灯，或存在专用右转渠化。这是一种不再采用的过时做法，即一些司法管辖区在夜间关闭信号灯，在晚上留下"STOP"标志。然而，在白天，一个不熟悉情况的驾驶人在接近带有"STOP"标志的绿灯信号时，可能会变得非常困惑。MUTCD还规定不能使用便携式或分时"STOP"标志，除非是用于紧急和临时交通控制。

在"指南"的标题下，"STOP"标志不宜用于控制速度，尽管这在设计为直线形路网的地方街道上经常被使用。在现代设计中，街道布局和几何设计会被用来阻止地方街道上的过快速度。一般来说，"STOP"标志的安装方式宜尽量减少受影响的车辆数量，这通常意味着将其安装在次路上。

AASHTO[1]还为"STOP"控制的交叉口提供了视距标准。我们采用一种基于在"STOP"控制的交叉口观察到的驾驶人接受间隙行为的方法。假设次路车辆（图15.2中的车辆A）有一个标准的停止位置，到碰撞点的距离d_A有三个组成部分：

- 从驾驶人的眼睛到车辆前部的距离（假设为8ft）。
- 从车辆前部到路缘线的距离（假设为10ft）。
- 从路缘线到最右边行车道中心的距离，或从路缘线到最左边行车道的距离。

那么：

$$d_{ASTOP} = 18 + d_{cl} \quad (15-4)$$

式中 d_{ASTOP} —— A车在"STOP"控制的道路上离碰撞点的距离（ft）；
d_{cl} —— 从路缘到最近行车道中心线的距离（ft）。

对于"STOP"控制的交叉口，车辆B在主路上所需的视距按以下方法计算：

$$d_{Bmin} = 1.47 \times S_{maj} \times t_g \quad (15-5)$$

式中 d_{Bmin} —— B车在主路上接近的最小视距（非控制）（ft）；
S_{maj} —— 主路的设计速度（mile/h）；
t_g —— 次路驾驶人进入主路时接受的平均时间间隙（s）。

对于所研究的情况，所接受的平均间隙最好是在现场观察到的。一般来说，它们的范围在6.5~12.5s之间，取决于次路流向和车辆类型，以及一些现状的具体几何条件。

对于大多数"STOP"控制的交叉口，设计车辆是小客车，并采用左转流向标准，因为它们是最严格的。卡车或组合车辆只有在其占总交通量很大比例时才被考虑。在没有左转的情况下，使用右转和直行流向的数值。对于这些典型条件，AASHTO建议使用$t_g = 7.5s$。

例题 15-2：＂STOP＂控制的交叉口的视距

如图 15.4 所示，在一个设计速度为 40mile/h 的双车道干线道路的交叉口，考虑采用＂STOP＂控制方式。

使用式（15-4），可以确定停在次路的车辆的位置：

$$d_{\text{ASTOP}} = 18 + d_{\text{cl}}$$

$$d_{\text{ASTOP}}（从左侧来）= 18 + 6 = 24\text{ft}$$
$$d_{\text{ASTOP}}（从右侧来）= 18 + 18 = 36\text{ft}$$

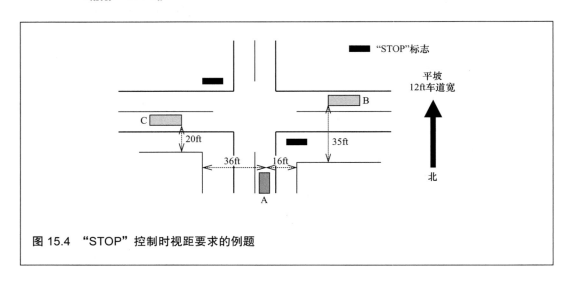

图 15.4   ＂STOP＂控制时视距要求的例题

车辆 B 和 C 的最小视距要求由式（15-5）确定，在典型情况下，使用时间间隙（t_{g}）为 7.5s：

$$d_{\text{B,Cmin}} = 1.47 \times S_{\text{maj}} \times t_{\text{g}} = 1.47 \times 40 \times 7.5 = 441\text{ft}$$

现在用式（15-1）确定当通视建立时，车辆 B 和车辆 C 距碰撞点的实际距离：

$$d_{\text{B,Cact}} = \frac{a \times d_{\text{A}}}{d_{\text{A}} - b}$$

$$d_{\text{Bact}} = \frac{16 \times 36}{36 - 35} = 576\text{ft} > 441\text{ft}$$

$$d_{\text{Cact}} = \frac{36 \times 24}{24 - 20} = 216\text{ft} < 441\text{ft}$$

在主路车辆 C 从左边驶来的情况下，没有足够的视距来满足标准。从右边驶来的车辆 B 的视距符合标准。注意，$d_{\text{B,Cact}}$ 有可能是负数，这表明在所分析的方向上没有视线障碍。

在不符合＂STOP＂标志视距标准的情况下，建议将限速降低（设置限速标志），使其与次路的视距水平相匹配。在本题中，必须将速度降低到 d_{Cmin}= 216ft 或更少。使用式（15-5）：

$$d_{\text{Cmin}} = 1.47 \times S_{\text{maj}} \times t_{\text{g}}$$
$$216 = 1.47 \times S_{\text{maj}} \times 7.5$$
$$S_{\text{maj}} = \frac{216}{1.47 \times 7.5} = 19.6\text{mile/h}$$

例题 15-2 的结果表明，要使该交叉口符合视距要求，就必须将速度限制在很低的水平，即大约 20mile/h。如果没有极高的执法强度，这样的限速不可能得到良好遵守。移除或削减视线障碍物也是一个潜在的解决方案，但这在发达地区往往是不可能的，因为建筑物是主要的障碍物，这里就是如此。

从最严格的意义上讲，逻辑表明该交叉口必须设置信号灯，因为视距甚至不能满足＂STOP＂控制要求。在现实中，人们认识到，在这种受限制的情况下，驾驶人往往会简单地缓速接近交叉口停止线以获得足够的视线。实际上，车辆 A 的假设位置会因为驾驶人向前缓行以获得视野而受影响。因此，很有可能无论如何都要设置

"STOP"标志，但在交叉口发生的任何碰撞都会迫使人们重新考虑。

15.2.2 "YIELD"控制

"YIELD"标志将优先通行权分配给未受控制的主路。它要求次路上的车辆减速，并将优先通行权让给任何以一定距离和速度驶来的主路车辆，如果次路车辆进入主路，就可能对其造成危险。大多数州的法律规定，在进入主路之前，在"YIELD"控制接近段上的驾驶人必须减速到8~10mile/h。

MUTCD对"YIELD"控制几乎没有明确的规定，只是在"选项"的标题下给出了建议，但有一个相对较新的强制性用法，汇总在表15.3中。

表 15.3 "YIELD"标志的指南和选项

在环岛的入口处，应使用"YIELD"标志来分配通行权。环岛的"YIELD"标志应用于控制接近段的车行路，而不应用于控制环路

可设置"YIELD"标志

A. 在直通道路或公路的接近段上，不需要设置"STOP"的地方；

B. 在分幅公路的第二幅路交叉点，交叉口的中间宽度为30ft或更大，在这种情况下，可在第一幅行车路的进口处设置"STOP"或"YIELD"标志，而在第二幅行车路的进口处设置"YIELD"标志；

C. 在用交通岛与相邻行车道隔开的渠化转向车道上，即使路口的相邻车道由公路交通信号灯或"STOP"标志控制；

D. 在存在特殊问题的交叉口，且工程判断表明该问题可通过使用"YIELD"标志予以改善；

E. 如果工程判断表明，由于（道路）几何形状和/或标志距离不足以支撑平稳加速的合流交通运行，就需要进行控制，标志应面向汇入车行路

资料来源：*Manual of Uniform Traffic Control Devices*, Federal Highway Administration, Washington, D.C., 2009, with revisions through 2012, pg 53, available at www.fhwa.com.

"YIELD"标志的主要应用基于其在环岛和选项B、C和E的强制使用。选项B是一种常见的应用，它用于中间带宽度足够时。如果需要第二次停车来评估是否能安全通过，则至少可以保护一辆横穿道路的车辆。选项C可在信控和非信控交叉口使用"YIELD"标志来控制渠化的右转。选项E可在入口匝道或其他合流情况下使用。后者是一种经常使用的情况，在这种情况下，足够的视距或几何形状（即加速车道的长度不足）使得不受控的合流有可能不安全。

对于在正常的交叉口使用"YIELD"标志有一些争论。因为"YIELD"标志要求驾驶人放慢速度，视线三角区可以用合法的降低的接近速度来分析。

2000年版MUTCD要求只要使用"YIELD"标志，就必须有足够的视距，以保证正常接近段速度的安全。这极大地阻碍了该标志在常规交叉口的使用。这一规定在当前版本中已被删除。

有了这一变化，对"YIELD"标志的视线三角区的分析与无控制交叉口的分析相同。然而，受控车辆的接近速度将是州法律规定的速度（8~10mile/h）。

15.2.3 多向"STOP"控制

多向"STOP"控制，即交叉口的所有接近段都用"STOP"标志控制，仍然是一种有争议的控制形式。一些机构认为值得考虑，主要是作为一种安全措施。其他人则认为，在这种控制形式下，驾驶人经常表现出混乱，否定了它可能提供的任何好处。

MUTCD关于多向"STOP"控制的指南和选项反映了这种持续的争论。多向"STOP"控制最常用于车辆与行人和/或自行车骑行人在各个方向上有明显冲突的地方，以及相交车行路上车辆需求大致相等的地方。表15.4展示了多向"STOP"控制的指南和选项。

应该指出的是，这种控制通常作为一种安全措施来实施，因为在这种地方的运行往往不是很有效。现行的《道路容量手册》[3]包括了分析多向"STOP"控制所提供的容量和服务水平的方法。

表 15.4　多向"STOP"标志的指南和选项

在多向"STOP"标志的工程调研中，宜考虑以下标准

A. 在有理由设置交通控制信号灯的情况下，多向"STOP"控制是一种临时措施，可以在安排安装交通控制信号灯时快速安装以控制交通；

B. 在 12 个月内，有 5 起或更多的交通事故报告，这些事故可能会通过安装多向"STOP"控制来改善。这些事故包括右转和左转的碰撞，以及直角碰撞；

C. 最小流量：

　　a. 从主路进入交叉口的车辆数量（两条道路之和），在均值日（an average day）的任何 8h 内的小时均值至少为 300veh/h，并且

　　b. 从次路接近段进入交叉口的机动车、行人和自行车的总数量，在同样的 8h 内平均至少为 200units/h，在最高小时内次路车辆的平均延误至少为 30s/veh，但

　　c. 如果主路的第 85 百分位接近段速度超过 40mile/h，则最低车辆流量依据为上述数值的 70%

D. 如果未满足任何单项标准，但标准 B、Ca 和 Cb 都满足到最低值的 80%，标准 Cc 不在此条件之列

工程调研中可能考虑的其他标准包括

控制左转向冲突的需要；

在产生大量行人的地点附近，需要控制行人 / 车辆冲突；

道路使用者在停车后无法看到冲突的交通，并且无法通过交叉口，除非有冲突的交叉交通也被要求停车；

两个具有类似设计和运行特性的住宅集散（直通）街道的交叉口，多向"STOP"控制将改善其交通运行特性

资料来源：*Manual on Uniform Traffic Control Devices*, Federal Highway Administration, Washington, D.C., 2009, with revisions through 2012, pg52, available at www.fhwa.com.

15.3 控制等级Ⅲ：交通信号灯控制

交通信号灯是交叉口最复杂的控制形式，因为它交替地将道路通行权分配给特定的流向，可以大幅减少交叉口冲突的数量和类型，这是其他控制形式无法做到的。

如果驾驶人遵守信号灯，那么就不需要驾驶人的判断来避免一些最关键的交叉口冲突。然而，实施交通信号灯控制并不能将所有的冲突从驾驶人的判断范围内移除。在两相位信号灯下，所有的左转都是在对向车流中进行的，驾驶人仍然必须评估和选择对向车流中的间隙，以便安全转向。在几乎所有信号灯下，一些行人－机动车和自行车－机动车的冲突仍然存在于合法运行之间，驾驶人仍然需要警惕和判断以避免碰撞。然而，在信控交叉口，驾驶人不必再去处理交叉车辆之间的关键冲突，而在提供专属左转相位的地方，左转和对向车辆之间的关键冲突也会通过信号灯控制来消除。本章将讨论是否有必要进行信号灯控制的问题。如果需要，第 18～20 章将讨论交叉口信号设计和配时的具体细节。

在 MUTCD 中，"STOP"和"YIELD"标志的依据和其他标准有些笼统，而信号灯的依据则非常详细。设置交通信号灯的费用（如电源、信号控制器、检测器、信号灯头和支撑结构等项目）比"STOP"或"YIELD"标志要高得多。对于复杂的交叉口，其费用可达数十万美元，甚至数百万美元。正因如此，以及交通信号灯给系统带来了固定的延误源，所以重要的是不能过度使用。只有在没有其他解决方案或控制形式能有效保障交叉口安全和效率的情况下，才设置交通信号灯。

15.3.1 交通信号灯控制的优点

MUTCD 对交通信号灯控制的优点说明如下。

1）为交通的有序运行提供了条件。

2）如果采用适当的物理布局和控制措施，并定期（每两年一次）审查和更新信号灯配时，以确保其满足当前的交通需求，它们可以提高交叉口的交通处理容量。

3）减少了某些类型的碰撞的频率和严重性，特别是直角碰撞。

4）通过各路口信号协调，可以在有利的条件下以一定的速度沿某一路线连续或近乎连续地行驶（绿波）。

5）用于中断繁忙的交通，以允许其他交通横过道路，如车辆或行人。

这些具体的优点表述了安装交通信号灯的主要原因：增加容量（从而提高服务水平），提高安全性，并为复杂情况下的有序通行提供条件。信号灯的协调提供了额外的好处，但并非所有信号灯都要协调。

15.3.2　交通信号灯控制的缺点

在一个设计良好的交叉口，可通过设计良好的信号灯来提高容量。信控或交叉口几何形状的不良设计会大幅降低所取得的效益或完全消耗所得效益。设计不当的交通信号灯，或在没有理由的情况下设置信号灯，会导致以下不利因素（详见 MUTCD）。

1）过多的延误。

2）过度不遵守信号灯指示。

3）由于道路使用者试图避开交通信号灯，增加了对不恰当路线的使用。

4）碰撞（尤其是追尾碰撞）的频率明显增加。

最后一项是有一定意义的。即使是正确设计和安装的交通信号灯控制，也会因为交通的周期性停顿而导致追尾事故的增加。就安全而言，信号灯可以减少直角、转向和行人／自行车事故的数量；它们可能会导致追尾事故的增加（这些事故往往不太严重）；它们对于对向碰撞或侧面剐蹭的事故，或涉及固定物的单车事故几乎没有影响。

过度延误可能源于信号灯设置不当，而如果信号灯配时不合适也会发生。通常来说，过度延误是由于周期长度对交叉口的现有需求来说过长或过短。此外，如果驾驶人经历了过长的等待，他们会倾向于认为信号灯损坏／故障，特别是在相交道路很少或没有需求的时候。

15.3.3　设置交通信号灯的依据

MUTCD 规定了九项不同的依据，以确证安装交通信号灯的合理性。第九项是最新的，包括

与铁路交叉口协调安装的信号灯。满足信控的一个或多个依据并不要求设置信控，也不证明设置信号灯的合理性。然而，该手册要求进行全面的工程调研，以确定是否有理由安装信号灯。该调研必须包括指定标准中反映的适用因素，但也可以扩展到其他因素。如果未满足任何一项依据，就不应该实施交通信号灯控制。因此，对于所提供的标准仍然需要行使工程判断。归根结蒂，如果工程调研和／或判断表明，信号灯的安装不会改善候选地点的整体安全或运行效率，就不应该安装。

虽然只是在选项标题下提供，但 MUTCD 建议在对交通信号灯需求的工程调研中包括以下数据 [2009 年版 MUTCD，第 437 页]。

1）"在平均 1 天的 12h 内，从每个接近段进入交叉口的车辆数量。所选的时间最好包含 24h 交通量的最大百分比。"

2）"在上午 2h 和下午 2h 的每个 15min 内，从每个接近段进入交叉口的车辆数量，按车辆类型分类（重型卡车、小客车和轻型卡车、大众运输车辆，以及在某些地方的自行车）。"

3）"在与上述第 2 项的车辆计数相同的时间段内，以及在行人流量最大的时间段内，对每个人行横道的行人数量进行计数。在年轻人、老年人和／或身体或视力残障人士需要特别考虑的情况下，可通过总体观察对行人及其过街时间进行分类。"

4）"关于附近为年轻人、老年人和／或残障人士服务的设施和活动中心的信息，包括残障人士对所调研地点的无障碍泊车场的要求。如果没有信号灯限制了他们的行动，这些人可能无法在行人流量计数中得到充分反映。"

5）"发布限速或法定限速或通往该地点的无控制接近段的第 85 百分位速度。"

6）"绘制物理布局细节的现状图，包括交叉口的几何形状、渠化、坡度、视距限制、大众运输站点和路线、泊车条件、路面标志、道路照明、出入道、附近的铁路交叉口、与最近的交通控制

信号灯的距离、公用设施杆件和固定装置以及邻近的土地使用等元素。"

7）"碰撞图，按类型、位置、运动方向、严重程度、天气、时间、日期和星期至少一年的碰撞事件展示。"

MUTCD 还建议在一些可能有问题的地方收集停等延误数据和排队信息。

这些数据将使工程师能够全面评估该交叉口是否满足以下一个或多个依据（Warrants）的要求。

- 依据 1：八小时车流量
- 依据 2：四小时车流量
- 依据 3：高峰小时（流量、延误）
- 依据 4：行人流量
- 依据 5：学校过街通道⊖
- 依据 6：协调的信号灯系统
- 依据 7：碰撞记录
- 依据 8：道路网络
- 依据 9：道路 – 铁路交叉口附近的交叉口

它还为行使工程判断以确定是否应在调研地点安装交通信号灯提供了一个充分的基础。下面的章节将对这些依据逐一进行介绍和讨论。

在大多数情况下，工程调研将包括现场既有条件的数据。然而，在某些情况下，对信控的考虑与未来的情况或设计有关。在这种情况下，预测的需求量可能用于与依据中的一些标准进行比较。

依据 1：八小时车流量

八小时车流量依据代表了 2000 年前 MUTCD 中三个不同依据的合并（旧的依据 1、2 和 8）。它针对的是 1 天中长时间（至少 8h）交通状况下的信控需求。解决了信控的两个最基本理由：

- 大交通量时，使驾驶人无法在不间断的交通流中选择间隙安全通过。这一要求通常被称为"最小车辆流量"条件（条件 A）。

- 主路上的车流量很大，如果没有信号灯的帮助，任何次路的车辆都无法安全地穿过主路的交通流。这一要求通常被称为"中断连续交通流"条件（条件 B）。

表 15.5 展示了这一依据的细节。对于以下情况，则符合该依据：

- 条件 A 或条件 B 满足到 100% 的水平。
- 条件 A 或条件 B 满足到 70% 的水平，如果交叉口位于一个孤立的社区，人口为 10000 人或更少，或主路的接近速度为 40mile/h 或更高。
- 条件 A 和条件 B 都满足到 80% 的水平。

注意，在应用这些依据时，主路的流量标准与两个方向的总流量有关，而次路的流量标准则适用于一个方向的最大流量。表 15.5 中的交通量标准必须在一个典型的一天里至少有 8h 达到。这 8h 不一定是连续的，通常包括早高峰的 4h 和晚高峰的 4h。但是，主路和次路的交通量必须是对应的 8h。

相交街道中的任何一条都可以被视为"主要"接近段，但在特定的应用中，其指定必须是一致的。如果"主要"街道的指定不明显，则可以依次考虑将每条街道作为"主要"街道，进行依据分析。虽然在每一次分析中，主路的指定不得改变，但次路的高峰单行线方向不需要一致。

人口在 10000 人以下的远郊社区允许减至 70%，这反映了小社区的驾驶人在拥堵情况下的驾驶经验不足。在流量水平较低时，相比那些更习惯于在拥堵情况下驾驶的驾驶人，他们更需要信控的指引。在主路的限速为 40mile/h 或更高的情况下，同样的减少也适用。因为在较高速度的主路上选择间隙比较困难，所以即使在较低的交通量下，信控也是合理的。

⊖ 学校过街通道是指学童上下学时集中过街的人行横道。——译者注

表 15.5　依据 1：八小时车流量

条件 A，最小车流量

各接近段的车道数		主路的小时车流量 （两个接近段）				流量较大的次路接近段的小时车流量 （仅一个方向）			
主路	次路	100%[a]	80%[b]	70%[c]	56%[d]	100%[a]	80%[b]	70%[c]	56%[d]
1	1	500	400	350	280	150	120	105	84
2 或更多	1	600	480	420	336	150	120	105	84
2 或更多	2 或更多	600	480	420	336	200	160	140	112
1	2 或更多	500	400	350	280	200	160	140	112

条件 B，中断连续交通流

各接近段的车道数		主路的小时车流量 （两个接近段）				流量较大的次路接近段的小时车流量 （仅一个方向）			
主路	次路	100%[a]	80%[b]	70%[c]	56%[d]	100%[a]	80%[b]	70%[c]	56%[d]
1	1	750	600	525	420	75	60	53	42
2 或更多	1	900	720	630	504	75	60	53	42
2 或更多	2 或更多	900	720	630	504	100	80	70	56
1	2 或更多	750	600	525	420	100	80	70	56

注：a. 基本最小小时流量。

b. 在充分尝试其他改善措施后，用于条件 A 和条件 B 的组合。

c. 当主路速度超过 40mile/h，或在人口少于 10000 的孤立社区，可使用。

d. 当主路速度超过 40mile/h，或在人口少于 10000 的孤立社区，在充分尝试其他改善措施后，可用于条件 A 和条件 B 的组合。

资料来源：*Manual on Uniform Traffic Control Devices*, Federal Highway Administration, Washington, D.C., 2009, revised through 2012, pg 438.

八小时车流量依据的各种要素在历史上是最古老的，最初是在 20 世纪 30 年代制定和发布的。

依据 2：四小时车流量

四小时车流量依据是在 20 世纪 70 年代引入的，以协助评估短于 8h 的时段内的车流量水平可能存在信控需求。在 2000 年版 MUTCD 之前，这是旧的依据 9。图 15.5 展示了该依据，以连续曲线图给出。由于该依据表示为主路与次路交通量之间的连续关系，它可以解决各种条件。事实上，八小时依据的条件 A 和条件 B 代表了每个配置的连续曲线中的两个点，但旧的八小时依据并没有调查或构建所有潜在条件的标准。

图 15.5a 是正常情况下的依据，而图 15.5b 适用于孤立的小社区（人口少于 10000）或主路限速为 40mile/h 或更高的地方采用 70% 流量。因为

四小时依据代表了一组连续的条件，所以没有必要包括减至 80% 的这两个离散条件的关系图。

为了检验依据，在调研期间的每个小时，双向主路的交通量与次路的最高单向交通量相比较。为了符合依据，至少有 4h 必须落在对应的决策曲线上方区域。这三条曲线代表了以下情况的交叉口：①两个街道每个方向只有 1 条车道；②一个街道每个方向只有 1 条车道，另一个街道每个方向有 2 条或更多车道；③两个街道每个方向有 2 条及以上车道。在情况②中，除附注外，哪个相交的街道每个方向有 1 条车道（主要或次要）的区别已不再重要。

依据 3：高峰小时（流量、延误）

依据 3 涉及两个关键情况，可能只存在于一个典型的一天中的 1h。第一个是流量状况，与依

据2的形式相似，如图15.6所示（旧依据11）。第二种是延误依据（旧依据10）。如果这两个条件中的任何一个成立，就符合高峰小时的依据。

流量部分的依据与4h依据相同。在调研的每一个小时，双向主路的交通量与次路的单方向高交通量进行对比。然而，对于高峰小时流量依据，只有1h必须绘制在适当的决策线以上才能满足标准。图15.6a给出了正常情况下的标准，图15.6b展示了小型孤立社区和主路高接近速度的70%标准。表15.6总结了高峰小时延误依据的情况。

重要的是要知晓，依据3的延误部分只适用于次路已经实行"STOP"控制的情况。因此，高峰时段的延误不是一个允许从无控制或"YIELD"控制直接变为信控的标准。

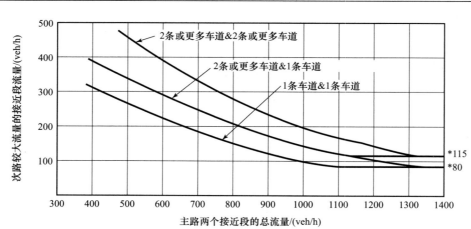

a）一般情况

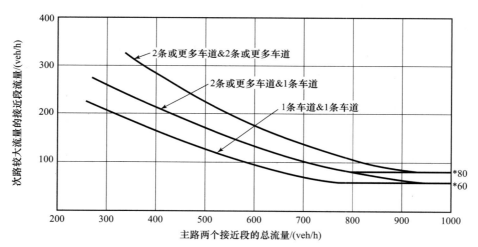

b）小社区（人口 < 10000）或主路高接近速度(≤40mile/h)的标准

图 15.5　依据 2：四小时车流量

资料来源：Federal Highway Administration, U.S. Department of Transportation, *Manual on Uniform Traffic Control Devices*, Washington DC, 2009, revised through 2012, Figures 4C-1 and 4C-2, pg 440.

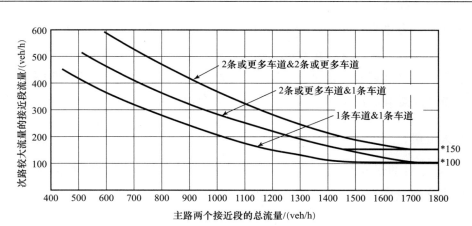

a) 一般情况

*注: 对于有2条或更多车道的次路, 150veh/h是下限阈值,
对于只有1条车道的次路, 100veh/h是下限阈值。

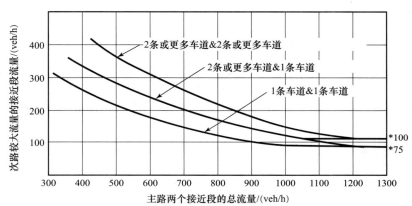

b) 小社区 (人口＜10000)或主路高接近速度(≤40mile/h)的标准

*注: 对于有2条或更多车道的次路, 100veh/h是下限阈值,
对于只有1条车道的次路, 75veh/h是下限阈值。

图 15.6 依据 3A : 高峰小时流量

资料来源: Federal Highway Administration, U.S. Department of Transportation, *Manual on Uniform Traffic Control Devices*, Washington DC, 2000, revised through 2012, Figures 4C-3 and 4C-4, pg 441.

表 15.6 依据 3B : 高峰小时延误

如果工程调研发现, 在平均一天的同一小时内 (任何 4 个连续的 15min 时段) 存在下列三种情况, 则应考虑设置信控的必要性

① 由"STOP"控制的一条次路的交通 (仅一个方向) 所经历的总停等延误等于或超过: 单车道的交通为 4veh/h; 双车道的交通为 5veh/h, 且
② 同一次路接近段 (仅一个方向) 的交通量等于或超过: 单车道 100veh/h; 双车道 150veh/h, 且
③ 对于有 3 条接近段的交叉口, 该小时内的总进入量等于或超过 650veh/h; 对于有 4 条或更多接近段的交叉口, 则为 800veh/h

资料来源: *Manual of Uniform Traffic Control Devices*, Draft. Federal Highway Administration, Washington, D.C., 2009, revised through 2012, pg 439.

MUTCD 还强调，高峰小时依据仅适用于特殊情况，如办公大楼、制造厂、工业综合体或在短时间内吸引或始发大量车辆的多乘员车辆设施。

MUTCD 还建议，当这是唯一能证明安装信号灯的依据时，通常宜采用交通感应信号灯。

依据 4：行人流量

行人流量依据针对的是车辆与行人冲突频繁，以及行人因为交通量大而无法避免冲突的情况，需要设置信号灯。在该依据下，信号灯可以设置在街区中间的位置，也可以设置在交叉口。

当任何 4h 穿越主路的行人总数和主路的车辆总数落在图 15.7a 中的曲线上方，或任何一个类似的小时图落在图 15.8a 中的曲线上方时，就符合该依据。如果该地点位于小社区（人口 <10000）的建成区，或发布或法定限速，或第 85 百分位接近速度超过 35mile/h，可使用图 15.7b 和图 15.8b。

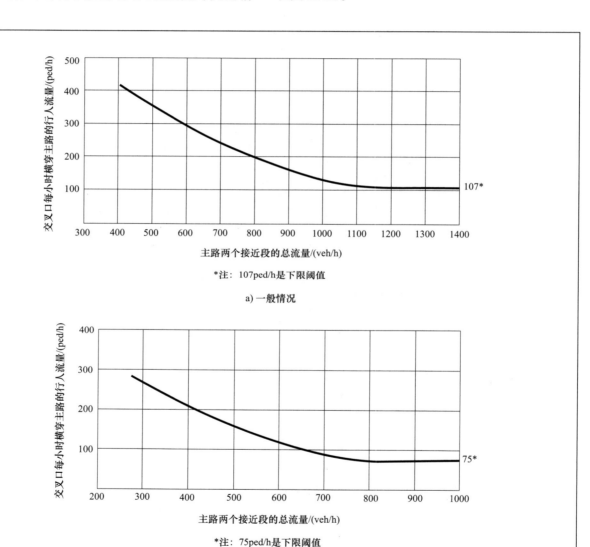

a) 一般情况

*注：107ped/h是下限阈值

b) 小社区（人口＜10000）或主路高接近速度（≥40mile/h）的标准

*注：75ped/h是下限阈值

图 15.7　四小时行人流量依据

资料来源：*Manual of Uniform Traffic Control Devices*, Federal Highway Administration, Washington, D.C., 2009, revised through 2012, Figures 4C-5 and 4C-6, pg 443.

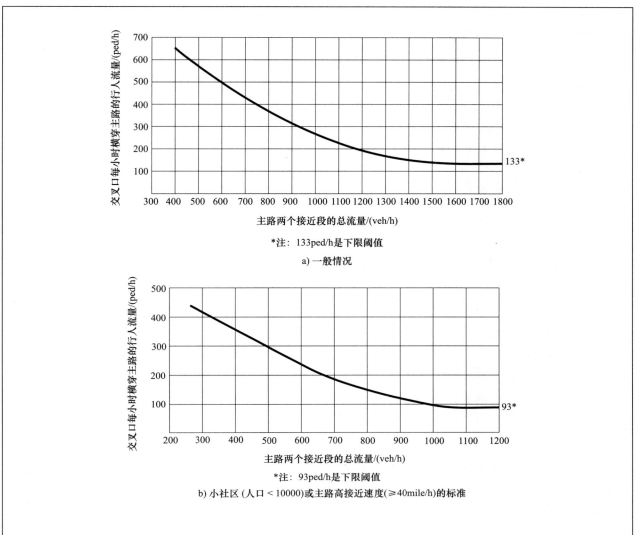

图 15.8 高峰小时的行人流量依据

资料来源: *Manual of Uniform Traffic Control Devices*, Federal Highway Administration, Washington, D.C., 2009, revised through 2012, Figures 4C-7 and 4C-8, pg 444.

这些数字涉及的情况: 4h 内较稳定的行人流量需要信控, 以及单一高峰小时的行人和车辆冲突必须进行信号控制的情况。图 15.8b 的数值采用了与依据 1、2、3 中的车辆数量标准相同的减至 70% 的标准。然而, 在这种情况下, 适用减少标准的临界速度仅为 35mile/h。

如果一个交叉口的交通信号灯仅以该依据作判断, 它通常至少采用半感应信号灯 (在一个孤立的交叉口也有可能采用全感应信号灯), 有行人按钮和信号灯供行人横穿主路。如果它在一个协调的信号系统内, 也将被协调到该系统中。如果这样的信号灯位于街区中间, 它将总是采用行人按钮式, 且应消除人行横道两侧 20ft 范围内的泊车和其他视线限制, 还应提供标准的强化标记和标志。

如果某交叉口符合该依据, 但也符合其他车辆依据, 可以根据其他条件安装任何类型的信号灯。主路的交叉口需要安装行人信号灯。除非车辆信号时间能在每个信号周期内安全地容纳行人, 否则将安装行人按钮式信号灯。

如果在该地点 300ft 范围内有另一个信号灯，则不得根据该依据安装信号灯。只有在不影响主路交通流的情况下，才允许在距另一个信号灯如此近的地方设置信号灯。

如果第 15 百分位过街速度低于 3.5mile/h（1.6m/s），行人数量标准可减少 50%，这可能是老年人、小孩或残障行人占很大比例的情况。

依据 5：学校过街通道

这个依据与行人流量依据类似，但只限于在指定的学校过街地点，无论是在交叉口还是在街区中间的位置。该依据要求调研可用的间隙，看它们是否"可接受"，以便学童通过。一个可接受的间隙将包括过街时间、缓冲时间，以及一组学童开始过街的时间。可接受的间隙的频率应不少于学童过道路时每分钟一个。在最高峰的过街时间内，横穿主路的学童人数最少为 20 人。

在该依据下，交通信号灯很少被使用。学童通常不会观察和遵守信号灯，特别是在他们年纪尚小的时候。因此，在大多数情况下，交通信号灯必须要有过路警卫来弥补。除了涉及交通繁忙主路的特殊情况外，在大多数情况下，过路警卫，也许再加上"STOP"标志，就足够了，不需要设置信号灯。在有大量学童穿过非常宽阔和交通繁忙的主路的地方，宜提供天桥或地下通道，并通过隔离措施阻止他们进入街道。

依据 6：协调的信号灯系统

本书第 21 章讨论了干道和路网的信号灯协调和进程系统。当车辆沿着干道前进时，保持车列（platoon）通过"绿波"，对协调信号灯系统的效率至关重要。如果两个相邻的协调信号灯之间的距离过大，车列就会开始离散，对进程的积极影响就会急剧衰减。在这种情况下，交通工程师可以在一个本来不需要信控的中间交叉口设置信控，否则就难以强化协调方案和保障车列的凝聚性。如表 15.7 所示，这一依据的应用不宜让信号灯间距小于 1000ft，这种信号灯在设置时通常被称为"间隔信号灯"（Spacer Signals）。

表 15.7　依据 6：协调的信号灯系统

如果工程调研发现符合以下标准之一，则应考虑设置信号灯的必要性

---

① 在单行道或以单向交通为主的街道上，相邻的信号灯相距甚远，难以保障车列的稳定；
② 在双向街道上，相邻的信号灯难以保障车列的稳定，且希望和相邻信号灯协同构建一个进程运行

资料来源：Federal Highway Administration, US Dept. of Transportation, *Manual on Uniform Traffic Control Devices*, Washington DC, 2009, revised through 2012, pg 445.

这两个标准是相似的，但不完全相同。在单行道进程上插入信号灯总是有可能的，而不会破坏进程。在一条双向街道上，并不一定能设置信号灯，使得两个方向都能保持可接受的进程。该问题在第 21 章有更详细的讨论。

依据 7：碰撞记录

碰撞记录依据针对的是设置信号灯以缓解交叉口观察到的事故高发的情况。表 15.8 汇总了这些标准。

表 15.8　依据 7：碰撞记录

如果工程调研发现符合下列所有标准，则应考虑设置信号灯的必要性

---

① 在遵守和执行情况令人满意的情况下，对可选方案进行了充分的尝试，但未能减少碰撞频率，而且
② 在 12 个月内发生了 5 起或更多的可通过信号灯改善而避免的碰撞，每起碰撞涉及的人身伤害或财产损失显然超过了应报告碰撞的适用要求，以及
③ 在 1 天中的任何 8h 中的每一个小时，该交叉口的主路和流量较大的次路上分别存在条件 A（依据 1）表中"80% 列"中的车辆 / 小时（veh/h）或条件 B（依据 1）表中"80% 列"中的车辆 / 小时（veh/h），或行人交通量不低于行人流量依据中规定要求的 80%。这些主路和次路的交通量应是相同的 8h。在次路，较高的交通量不应要求在 8h 内的每个时段都在同一接近段

资料来源：*Manual of Uniform Traffic Control Devices*, Draft, Federal Highway Administration, Washington, D.C., December2009, revised through 2012, pg 445.

对可选方案进行充分尝试的要求意味着"YIELD"或"STOP"控制已经到位并得到适

当执法。这些类型的控制也可以解决许多与信控相同的事故问题。因此，只有在这些较小的措施未能充分解决的情况下，才有理由设置信号灯。

容易通过信号灯改善的碰撞包括直角碰撞、涉及来自两条街道的转向车辆的碰撞，以及车辆与穿越车辆行驶街道的行人之间的碰撞。追尾碰撞通常会随着信号灯（或"STOP"/"YIELD"标志）的设置而增加，因为一些驾驶人可能会被诱导急速或突然停车。正面和侧面的碰撞不能通过信号灯来解决。车辆与转角处固定物体之间的碰撞也不能通过信号灯来改善。

依据 8：道路网络

该依据针对的是一种发展中的情况，也就是说，目前的交通量并不能证明信控是合理的，但新的发展预计会产生大量交通，从而证明信控是合理的。MUTCD 也允许根据适当的预测车辆和行人流量来应用其他依据。

大型交通生成地，如区域性购物中心、体育场馆和竞技场，以及类似的设施，往往建在人口稀少的地区，而现有道路的交通量较小。这类项目往往需要大量的道路改造，改变道路网络的物理布局，并产生新的或大幅扩建的交叉口，需要信控。一般来说，既有的情况与被评估的情况无关。表 15.9 描述了依据的情况。

"即刻预计"（Immediately Projected）通常是指在新设施和/或交通发生地启用的第一天，预计的交通量会产生信控的需求。

依据 9：道路 – 铁路交叉口附近的交叉口

这是在 2009 年版 MUTCD 中加入的一个新依据。它解决了一个独立的情形：一个不符合任何其他信控依据的交叉口，但因交叉口足够接近道路 – 铁路交叉口而造成危险。表 15.10 展示了该依据的详细标准。

该标准使用两个数值和几个调整系数来评估。图 15.9 适用于只有 1 条车道进入轨道交叉口的情况，图 15.10 适用于有 2 条或更多车道进入轨道交叉口的情况。

表 15.9　依据 8：道路网络

如果工程调研发现，2 条或更多主路的常规交叉口符合下列一项或两项标准，则应考虑设置信号灯的必要性

---

① 该交叉口在一般工作日的高峰小时内，既有（exiting）或即刻预计（immediately projected）的总进入量至少为 1000veh/h，而且根据工程调研，其 5 年的预计交通量在平均工作日内符合依据 1、2 和 3 中的一项或多项，或

② 该交叉口在非工作日（周六或周日）的任何 5h 内，既有或即刻预计的总进入量至少为 1000veh/h

本依据中使用的主路应具有以下一个或多个特性：
① 它是街道或公路系统的一部分，作为主要的道路网络，用于直通交通流，或
② 它包括远郊或郊区的公路，在一座城市之外，进入或穿越一个城市，或
③ 它作为一条主路出现在政府规划中，如城市当地交通和运输调研中的规划主路

资料来源：*Manual of Uniform Traffic Control Devices*, Draft, Federal Highway Administration, Washington, D.C., December2009, revised through 2012, pg 446.

表 15.10　依据 9：道路 – 铁路交叉口附近的交叉口

如果工程调研发现符合下列两项标准，则应考虑设置信号灯的必要性

---

① 道路与铁路交叉口存在于由"STOP"或"YIELD"标志控制的接近段，而且离交叉口最近的轨道中心在接近段的停止线 140ft 以内；
② 在火车使用该道口的最高交通量小时，代表主路上每小时的车辆（两个接近段的总和）和横穿轨道的次路接近段（仅一个方向）的相应车辆的绘图点高于图 15.9 或图 15.10 中适用于轨道上接近段车道和距离 D 的组合的曲线，该距离是（平交口停止线与主路的近段缘线之间）的畅通储存距离

资料来源：*Manual of Uniform Traffic Control Devices*, Federal Highway Administration, Washington, D.C., 2009, revised through 2012, pg 446.

在图 15.9 或图 15.10 中使用的次路交通量可乘以最多 3 个调整系数：①火车流量的调整系数（表 15.11）；②多乘员巴士的调整系数（表 15.12）；③卡车的调整系数（表 15.13）。图 15.9 和图 15.10 的基准条件包括每天四列火车，没有巴士，以及 10% 的卡车。

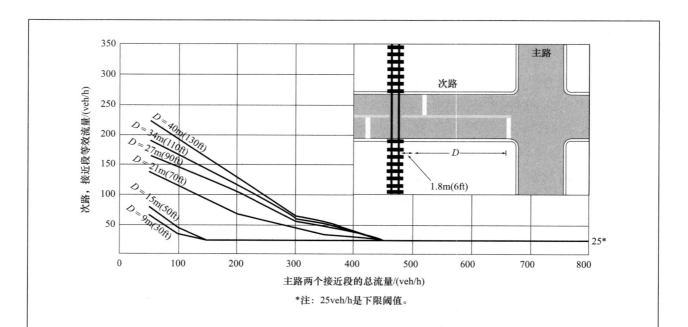

图 15.9　依据 9：单车道接近段的铁路交叉口

资料来源：*Manual of Uniform Traffic Control Devices*, Federal Highway Administration, Washington, D.C., 2009, revised through 2012, Figure 4C-9, pg 447.

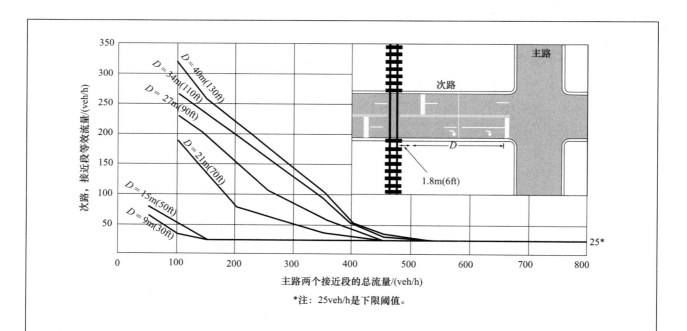

图 15.10　依据 9：双车道或多车道的铁路交叉口

资料来源：*Manual of Uniform Traffic Control Devices*, Federal Highway Administration, Washington, D.C., 2009, revised through 2012, Figure 4C-10, pg 447.

表 15.11　火车流量的调整系数

每日车列数	调整系数
1	0.67
2	0.91
3～5	1.00
6～8	1.18
9～11	1.25
12 及以上	1.33

资料来源：*Manual of Uniform Traffic control Devices*, Federal Highway Administration, Washington, D.C., 2009, revised through 2012, Table 4C-2, pg 448.

表 15.12　多乘员巴士的调整系数

次路接近段多乘员巴士占比（%）*	调整系数
0%	1.00
2%	1.09
4%	1.19
6% 及以上	1.32

注：* 表示每车 20 人或以上。

资料来源：*Manual of Uniform Traffic control Devices*, Federal Highway Administration, Washington, D.C., 2009, revised through 2012, Table 4C-3, pg 448.

15.3.4　总结

重申这些依据的基本含义是很重要的。如果工程调研表明没有满足任何一个依据，就不应该设置信号灯。满足其中一个或多个依据也不意味着必须设置信号灯。注意，每个依据都使用了"应考虑设置交通控制信号的需要"的陈述（添加了强调）。虽然"应"是一个强制性的标准，但它只是要求考虑，而不是设置信号灯（必要非充分条件）。

表 15.13　挂车（牵引卡车）的调整系数

次路接近段挂车占比（%）*	调整系数	
	D<70ft	D ≥ 70ft
0～2.5%	0.50	0.50
2.6%～7.5%	0.75	0.75
7.6%～12.5%	1.00	1.00
12.6%～17.5%	2.30	1.15
17.6%～22.5%	2.70	1.35
22.6%～27.5%	3.28	1.64
27.5% 以上	4.18	2.09

资料来源：*Manual of Uniform Traffic Control Devices*, Federal Highway Administration, Washington, D.C., 2009, revised through 2012, Table 4C-4, pg 448.

在安装信号灯之前，工程调研还必须让交通工程师确信，安装信号灯将提升交叉口的安全、增加交叉口的容量或提高交叉口的运行效率。这就是为什么建议在"工程调研"中收集的信息超过简单应用 MUTCD 中的 9 项依据所需的信息。最后，需要进行工程判断，任何专业实践都应该如此。

例题 15-3：信控依据分析

考虑图 15.11 所示的交叉口和相关数据。

注意，这些数据表格有利于与依据标准进行比较。因此，有一栏列出了主路每个方向的交通量，还有一栏列出了次路"高流量"方向的流量。行人数量被汇总为横穿主路的人数，因为这是行人流量依据中使用的标准。正如我们所看到的，不是每个依据都适用于每个交叉口，有些依据的数据没有提供。

我们将依次分析每个适用的依据。

- 依据 1：没有迹象表明 70% 的减少系数适用，因此假设条件 A 或条件 B 必须 100% 满足，或者两者都必须 80% 满足。条件 A 要求在多车道主路上双向流量 600veh/h，在单车道次路上高流量方向流量 150veh/h。虽然图 15.11 所示的主路 12h 都大于 600veh/h，但次路没有一个小时的单向流量等于或大于 150veh/h。不满足条件 A。条件 B 要求主路（双向）有 900veh/h，次路（单向）有 75veh/h。中午 12：00 至晚上 10：00 之间的 10h 符合主路的标准。同样的 10h 也符合次路的标准。因此，满足条件 B。由于一个条件是 100% 满足的，因此没有必要考虑两个条件是否都是 80% 满足的。符合依据 1。

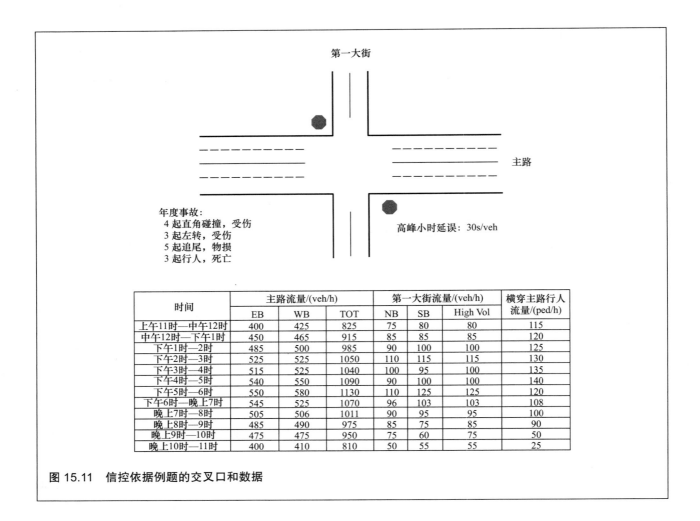

图 15.11　信控依据例题的交叉口和数据

- 依据 2：图 15.12 展示了每小时的交通量数据与四小时依据图的关系。使用的是中间决策曲线（一个多车道的街道，一个单车道的街道）。12h 的数据中只有一个高于标准。要满足依据的要求，需要 4h。不符合依据 2。

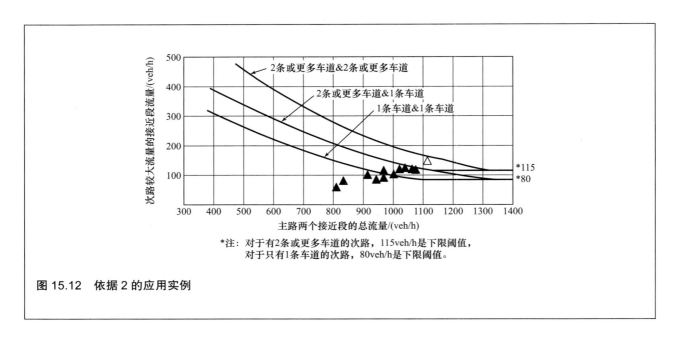

图 15.12　依据 2 的应用实例

- 依据3：图15.13展示了每小时的交通量数据与高峰小时交通量依据图的对比。同样，使用中间决策曲线。12h的数据中没有一个高于标准。流量部分不符合依据。

高峰时段的延误部分的依据要求在"STOP"控制下

的高流量方向有4veh·h的延误。交叉口的数据表明，每辆车会有30s的延误。高峰期单向交通量为125veh/h，计算得到125×30 = 3750veh·s的总延误，或3750/3600 = 1.04veh·h的延误。这比依据所要求的要少。延误部分不符合依据。

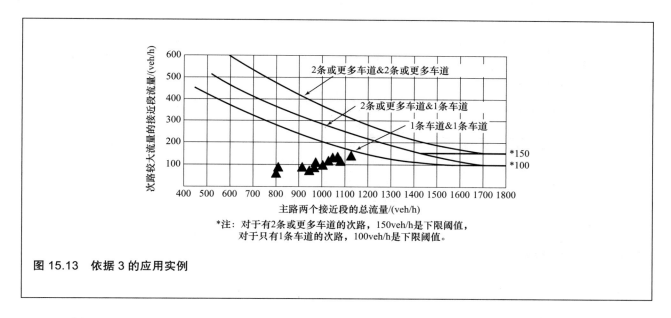

图15.13　依据3的应用实例

- 依据4：该依据包括一个四小时标准和一个高峰小时标准，只需满足其中之一即可。图15.14说明了求解过程。

符合四小时行人流量依据，但不符合高峰小时的行人

流量依据。因为只要一个条件满足就算符合条件，所以这里符合行人依据。

- 依据5：学校过街通道依据不适用。这不是一个学校交叉口。

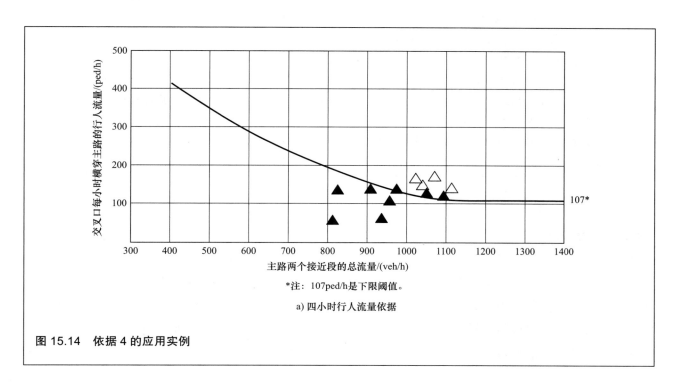

a) 四小时行人流量依据

图15.14　依据4的应用实例

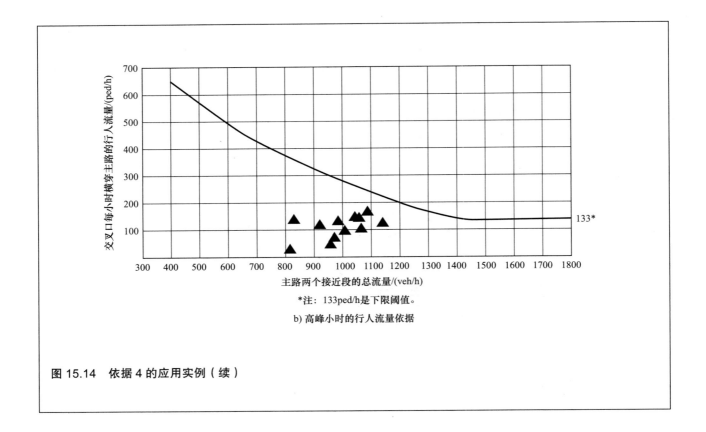

b) 高峰小时的行人流量依据

*注：133ped/h是下限阈值。

图 15.14　依据 4 的应用实例（续）

- 依据 6：没有提供信号进程的信息，因此不能适用此依据。
- 依据 7：碰撞记录依据有几个标准。是否已经尝试过较小的措施？是的，因为该次路已经采用"STOP"控制。在 12 个月内是否发生过 5 起可通过信控改善的事故？是的——4 起直角事故，3 起左转事故，3 起行人事故。依据 1A 或 1B 的标准是否达到 80% 的程度？是的，依据 1B 达到了 100%。因此，符合碰撞事件依据。
- 依据 8：没有给出关于道路网络的信息，数据反映了现有的情况。在这种情况下，该依据不适用。
- 依据 9：由于这种情况不是道路 - 铁路交叉口附近的交叉口的位置，因此该依据不适用。

综上所述，由于依据 1B（中断连续交通流）、依据 4（行人流量）和依据 7（碰撞记录）都符合标准，应考虑在该处设置信号灯。除非出现不寻常的情况，否则可以合理地预期，碰撞记录会随着信号灯的设置而改善，因此，很可能会设置信号灯。

依据 1B 得到满足的事实可能表明，应考虑设置半感应信号灯。此外，依据 4 要求使用行人信号灯，至少对横穿主路的行人而言。如果安装了半感应信号灯，它必须有一个行人按钮（用于横穿主路的行人）。左转事故的数量也可能表明要考虑保护左转相位。

15.4　总结

在为一个交叉口选择适当的控制类型时，交通工程师要考虑很多事情，包括视距和依据（准则）。通常情况下，目标是提供最低水平的控制，以确保安全和有效的运行。一般来说，提供不必要的或过度的控制会导致驾驶人和乘客的额外延误。因此，在所有的分析程序和指导原则下，仍然需要工程判断来做出明智的决定。在提出最佳控制类型的建议之前，除了评估调研结果之外，对交叉口的运行现状进行现场调研总是很有用的。

参考文献

[1] *A Policy on Geometric Design of Highways and Streets*, 5th Edition, American Association of State Highway and Transportation Officials, Washington, D.C., 2004.

[2] *Manual on Uniform Traffic Control Devices*, Federal Highway Administration, U.S. Department of Transportation, Washington, D.C., 2009, revised through 2012.

[3] *Highway Capacity Manual, 6th Edition: A Guide for Multimodal Mobility Analysis*, Transportation Research Board, National Research Council, Washington, D.C., 2016.

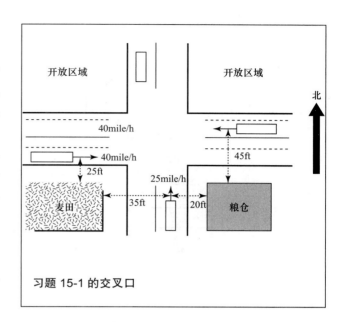

习题 15-1 的交叉口

习题

15-1. 考虑下图中的远郊交叉口。基于道路交通规则，该交叉口能安全运行吗？如果不能，你建议采取什么类型的控制措施？你可以认为在这个地方不需要设置交通信号灯。所有接近段的坡度均为零，可以使用2.5s的标准反应时间。

15-2. 对于下图中的"STOP"控制的交叉口，其视距是否足以保证安全运行？如果不是，你有什么建议？同样，你可以假设在这个地方没有必要设置交通信号灯。所有接近段的坡度均为零，可以使用2.5s的标准反应时间。东西向街道的车道宽度为12ft。

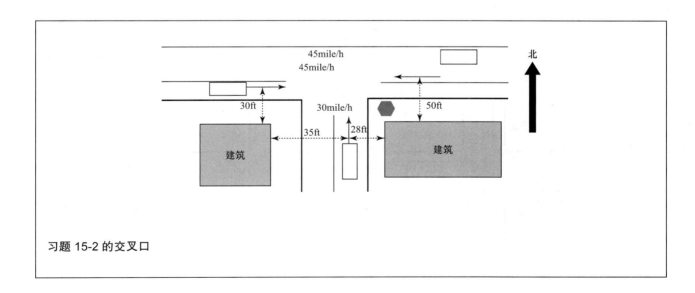

习题 15-2 的交叉口

15-3. 判断下页图所示的交叉口是否可以基于道路交通规则安全运行。如果不能，假设没

有必要设置信号灯，你会建议采取什么形式的控制？

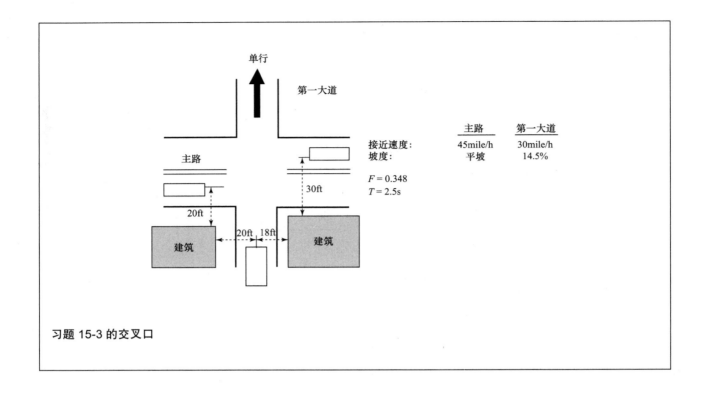

习题 15-3 的交叉口

15-4，15-5，15-6，15-7。 对于下面所示的每个交叉口，进行信号依据的分析，以确定是否应该使用交通信号灯来控制。对于每一个依据，确定该依据是否①符合，②不符合，或③不适用，或没有足够的资料来确证。对于每个交叉口，是否应该安装信号灯？如果是的话，是否可以提供任何关于要实施的信号控制类型的见解？

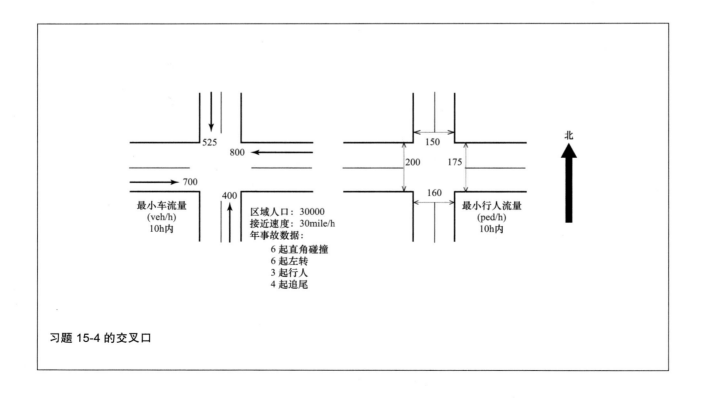

习题 15-4 的交叉口

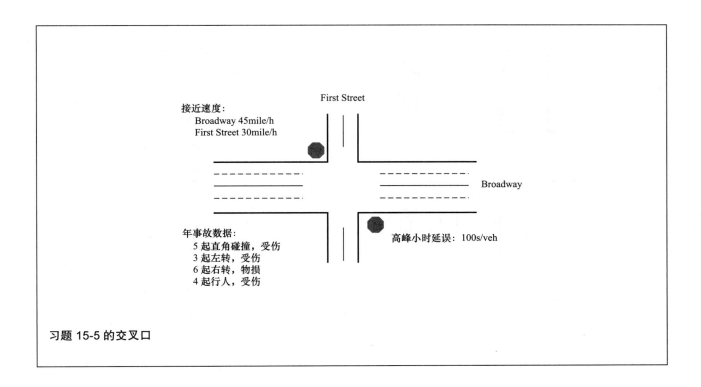

接近速度：
Broadway 45mile/h
First Street 30mile/h

First Street

Broadway

年事故数据：
　5 起直角碰撞，受伤
　3 起左转，受伤
　6 起右转，物损
　4 起行人，受伤

高峰小时延误：100s/veh

习题 15-5 的交叉口

习题 15-5 的流量数据

时间	Broadway 流量 /(veh/h)			First Street 流量 /(veh/h)			横穿 Broadway 的行人流量 /(ped/h)
	EB	WB	合计	NB	SB	较大流量	
上午 10 时—11 时	730	700	1430	300	400	400	140
上午 11 时—中午 12 时	775	700	1475	300	400	400	150
中午 12 时—下午 1 时	800	710	1510	315	410	410	190
下午 1 时—2 时	800	715	1515	325	420	420	210
下午 2 时—3 时	820	720	1540	350	450	450	220
下午 3 时—4 时	830	725	1555	360	450	450	220
下午 4 时—5 时	900	780	1680	400	480	480	200
下午 5 时—6 时	925	790	1715	410	520	520	200
下午 6 时—晚上 7 时	950	800	1750	375	510	510	230
晚上 7 时—8 时	950	800	1750	350	480	480	250
晚上 8 时—9 时	940	750	1690	320	420	420	220
晚上 9 时—10 时	880	700	1580	306	400	400	190
晚上 10 时—11 时	750	690	1440	295	390	390	140
晚上 11 时—12 时	650	630	1280	260	380	380	100

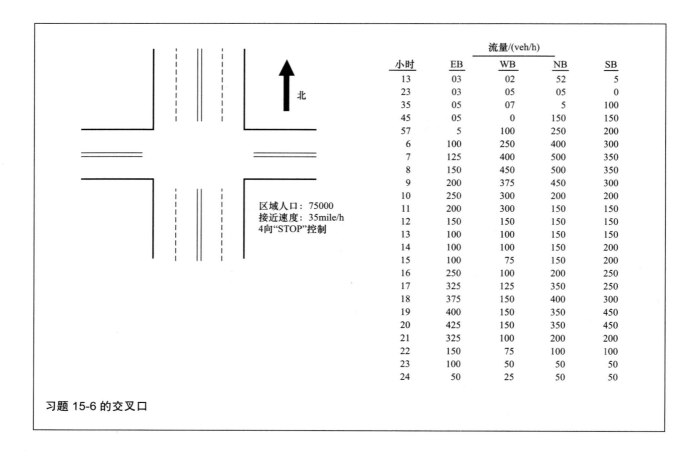

	流量/(veh/h)			
小时	EB	WB	NB	SB
13	03	02	52	5
23	03	05	05	0
35	05	07	5	100
45	05	0	150	150
57	5	100	250	200
6	100	250	400	300
7	125	400	500	350
8	150	450	500	350
9	200	375	450	300
10	250	300	200	200
11	200	300	150	150
12	150	150	150	150
13	100	100	150	150
14	100	100	150	200
15	100	75	150	200
16	250	100	200	250
17	325	125	350	250
18	375	150	400	300
19	400	150	350	450
20	425	150	350	450
21	325	100	200	200
22	150	75	100	100
23	100	50	50	50
24	50	25	50	50

区域人口：75000
接近速度：35mile/h
4向"STOP"控制

习题 15-6 的交叉口

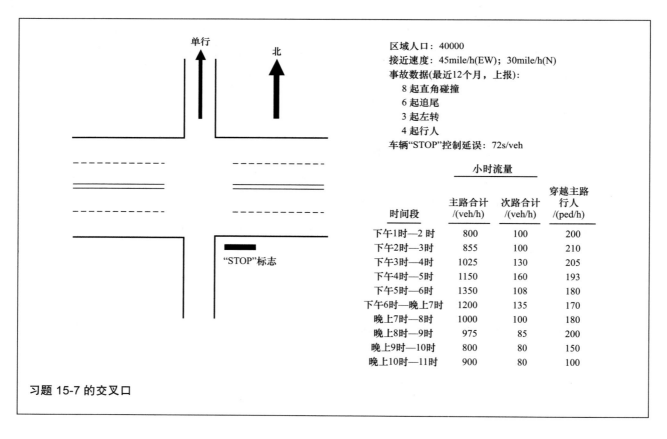

区域人口：40000
接近速度：45mile/h(EW)；30mile/h(N)
事故数据(最近12个月，上报)：
　8 起直角碰撞
　6 起追尾
　3 起左转
　4 起行人
车辆"STOP"控制延误：72s/veh

	小时流量		
时间段	主路合计 /(veh/h)	次路合计 /(veh/h)	穿越主路行人 /(ped/h)
下午1时—2时	800	100	200
下午2时—3时	855	100	210
下午3时—4时	1025	130	205
下午4时—5时	1150	160	193
下午5时—6时	1350	108	180
下午6时—晚上7时	1200	135	170
晚上7时—8时	1000	100	180
晚上8时—9时	975	85	200
晚上9时—10时	800	80	150
晚上10时—11时	900	80	100

习题 15-7 的交叉口

15-8. 下图是一个靠近公路–铁路交叉口的 "STOP" 控制交叉口。根据适用于此类 情况的新依据9，该交叉口是否应设置信号灯？

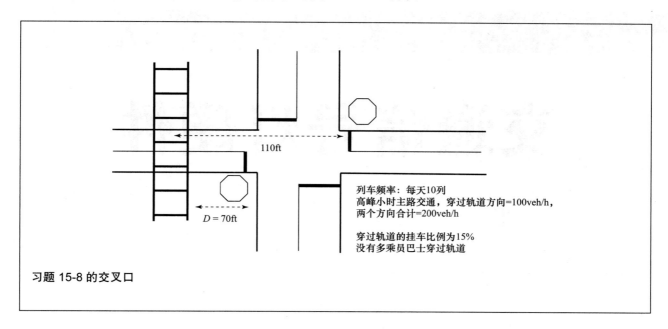

列车频率：每天10列
高峰小时主路交通，穿过轨道方向=100veh/h，
两个方向合计=200veh/h

穿过轨道的挂车比例为15%
没有多乘员巴士穿过轨道

习题 15-8 的交叉口

交通信号灯硬件

为一个交叉口设置信号灯[⊖]，以及在许多情况下协调沿干线或路网中的交叉口，是一项重要的工程任务。交通工程师具体参与信号灯的功能和它所实施的控制的设计，以及将控制信息传达给驾驶人的过程。交通工程师还必须了解实现交通信号灯控制的复杂和快速发展的硬件，尽管该技术的细节主要由电气和软件工程师设计。本章对信控所涉及的硬件和技术进行概述。

读者很幸运，本章引用的三本关键参考书中，有两本可以免费下载 PDF 版。《交通信号灯手册》第 2 版[1] 于 2015 年作为国家合作公路研究计划（NCHRP）报告 812 出版，可在 http://onlinepubs.trb.org/onlinepubs/nchrp/nchrp_rpt_812.pdf 下载，它也被称为 TSM2。《统一交通控制设施手册》[2] 可以在 https://mutcd.fhwa.dot.gov/ 下载。编写本书时，官方版本包括第 1 和第 2 次修订版，但读者应在前述网站上确认，后续的版本或修订版已经重新定义了阅读本书时的版本[⊖]。

我们鼓励读者下载这两份文件，并将其作为个人文库的一部分。这两份文件中有太多有价值的信息，本章只能提供概述。事实上，本章末尾的一些习题可能需要参考这两份文件。

第三个关键参考文献是《道路容量手册》（HCM）[3]。它是本书其他章节的核心，在这里仅是列出，因为参考文献 [1] 提到了 HCM，并指出 HCM 是参考文献 [1] 及本章所展示的"流向和相位惯例"的来源。

⊖ 国内一些文献将"Signal"译作"信号"，但"信号"这个词还有其通用含义，为避免混淆，本书将其译作"信号灯"，以体现其专属含义。——译者注

⊖ 正如本书其他地方所提到的，联邦 MUTCD 是一个示范文件，每个州都采用自己的版本作为官方文件（预计将与联邦示范文件基本一致）。许多州只是简单地采用联邦发布的版本，但也有一些州进行了补充或编辑。有一个州采用了联邦版本，但允许超过一定规模的城市做出自己的决定。——原书注

16.1 信控交叉口的功能组成

图 16.1 呈现了一个信控交叉口的设备功能组成，大多数人仅仅通过日常观察就可以知道。最明显的部分如下。

- **车辆信号灯显示**（Vehicular signal displays），其数量、位置和复杂程度取决于交叉口的几何形状和交通模态（traffic patterns）。MUTCD 非常详细地规定了这些常规做法。

- **行人信号灯**（Pedestrian signal displays），通过显示符合 MUTCD 规定的手势符号，为行人提供类似的指引。倒计时器与手势符号的配合使用很常见。并非所有交叉口都有行人信号灯，但无论如何，当有行人出现时，信号灯配时的设计都要考虑到行人横穿道路的时间。

- **自行车信号灯**（Bicyclist signal displays）未在图 16.1 中列出，但在某些潜在的冲突中会出现，例如当街道上有指定的自行车道时，直行的自行车骑行人与转向车辆的潜在冲突。一般来说，自行车骑行人受车辆信号灯的制约。

- **检测器**（Detectors）感知车辆、行人的存在，在某些情况下也感知自行车骑行人的存在。车辆检测器安置在路面上（最常见的是电感线圈）或安装在地表以上（常见的是微波和视频，多镜头摄像机通过软件可以在所有接近段上设置"虚拟检测器"，这种方式越来越普遍）。行人检测器通常是按钮式的，尽管在编写本书时现实中使用的行人检测技术是实体区域传感器。

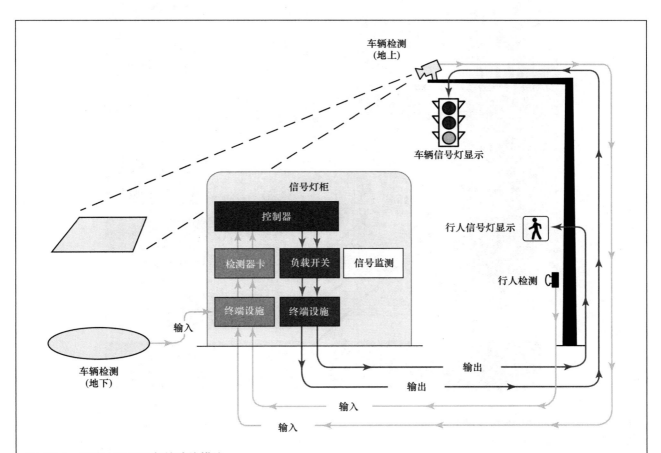

图 16.1 信控交叉口设备的功能描述

资料来源：Reprinted with permission from *Traffic Signal Manual*: Second Edition, National Cooperative Highway Research Program （NCHRP） Report 812, Transportation Research Board, © 2015 by the National Academy of Sciences, Courtesy of the National Academies Press, Washington, D.C.

- **信号灯柜**（Signal cabinet）里装有控制器、检测器卡、激活信号灯的开关[⊖]、通信设备、不间断电源（UPS）和辅助设备。

柜体通常是标准尺寸，显示硬件（和一些检测器硬件）规格由 MUTCD 和连接器标准规定。这种标准化的优点包括：①人们可以期待信息、位置和外观的一致性；②辖区不会意外地将自己"锁定"在数量有限的柜体和其他设备的供应商中；③更换损坏的设备更容易。图 16.2 展示了信号灯柜内的典型组成。注意，实际的交通信号灯控制器可能只占柜内的一小部分空间。

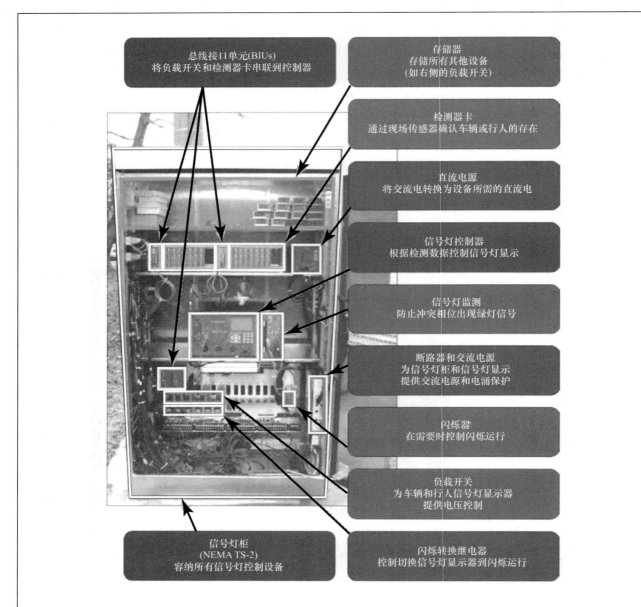

图 16.2　信号灯柜内的典型组成（NEMA TS-2）

资料来源：Reprinted with permission from *Traffic Signal Manual: Second Edition*, National Cooperative Highway Research Program （NCHRP）Report 812, Transportation Research Board, © 2015 by the National Academy of Sciences, Courtesy of the National Academies Press, Washington, D.C.

⊖　正如人们仍在谈论"拨号电话"（盘式）已经数字化，没有表盘，"开关"等术语应该理解为电子信号以及机械开关。"激活信号灯"这一短语很显然地包括向一个 LED 显示屏供电，该显示屏已经取代了由有色透镜和灯泡组成的实体信号灯。——原书注

虽然有些交叉口确实是独立于所有其他交叉口运行的（也就是说，在控制和互动方面是"独立的"），但比邻的信号灯相互影响更为常见。

图 16.3 展示了这个概念，使用有线或无线连接。

第 21 章论述了交通信号协调计划的设计开发，本章只是列举了协调的硬件。

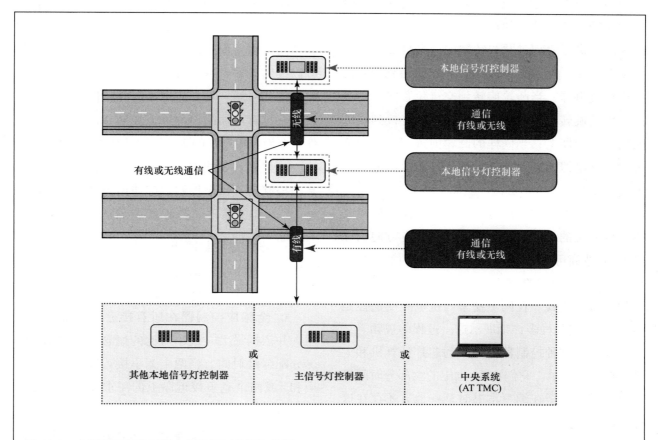

图 16.3 交通信号灯控制器之间的相互作用和协调

资料来源：Reprinted with permission from *Traffic Signal Manual.Second Edition*, National Cooperative Highway Research Program（NCHRP）Report 812, Transportation Research Board. 2015 by the National Academy of Sciences, Courtesy of the National Academies Press, Washington, D.C.

16.2 一些历史

虽然历史学家们对"第一个"交通信号灯有一些争论，但大家一般认可，第一个现代交通信号灯在 1914 年 8 月 5 日设置在俄亥俄州克利夫兰市欧几里德大道和第 105 街的交叉口。该信号灯包括一个有四个面的单头，每个面都有一个圆形红灯和一个圆形绿灯指示（没有圆形黄灯[⊖]）。"控制器"是位于交叉口的一个亭子，由警察手动改变信号灯。

几十年来，大多数交叉口都采用电动机械控制器控制，其工作方式如下：一个同步电机

⊖ 黄灯出现也有几种说法，其中一种是，1920 年留学美国的中国人胡汝鼎发现红灯与绿灯转换存在安全问题，提出增设黄灯的建议且得到有关部门的采纳。——译者注

利用电源频率达到固定的旋转速度，然后通过一个"定时齿轮"驱动一个"定时转盘"，其转速由定时齿轮的齿比决定，这成为信号灯显示所需的"周期长度"；"定时转盘"每周期旋转一次，并被分为100个槽；"定时键"放置在特定时间用于触发凸轮轴。凸轮轴上的单个塑料凸轮有一个可以断开的"键"序列，并与特定的信号灯显示相匹配（南北绿、南北黄、南北红等）；接触到凸轮的是机械继电器。当凸轮旋转到空键位置时，由于凸轮轴的旋转，继电器落入空键，并连接到相关的信号显示器上；当同样的凸轮前进到非空键位置时，继电器抬起，与相关信号灯显示器的电路连接被断开。

当然，很重要的一点是，凸轮的断开模式不允许冲突的流向同时发生（例如所有方向的绿灯）。制造商可以为控制器提供今天所谓的"默认设置"：一组凸轮在四肢交叉口被设置成一个简单的信号灯模式。在网上搜索"机电式交通控制器"，可以找到许多详细展示这一过程的视频。

注意，这种控制器比今天的芯片计算机和大部分技术都要早。它们在20世纪的大部分时间里都很常见，甚至在编写本书时某些地方还存在这样的设备。

随着对交通信号灯协调需求的增加（例如，主干道的绿灯以某种模式点亮），人们开发了机电控制器。这包括使用一个"主控制器"，向其他连接的控制器发送信号，说明何时启动主路绿灯。

机电控制器显示一个固定的计时模式，由计时盘（固定周期长度）和计时键的位置（固定每个信号模式或"相位"的持续时间）控制。由于交通模式因时间而异，机柜有时包含"多表盘"控制器，有预先确定的从一个表盘到另一个表盘的切换时间。三个表盘的控制器很常见，一个用于上午，另一个用于下午，第三个用于其他时段。

由此用那个时代的技术实现了每天的时间控制，且主控制器可以通过编程提供更多选择。

最早的大型计算机控制系统之一（纽约市）只需从一个中央位置——交通管理中心（Traffic Management Center，TMC），用今天的术语来说——向每个信号控制器发出触发信号，就可以驱动凸轮轴。由此，周期长度和相位持续时间都可以改变，并且不受特定控制器柜中的表盘数量的限制。当然，除了使用固定的相位序列，如果现场有足够可靠的检测器，如果有计算能力和软件，全面使用这样的系统可以达成自适应控制⊖。

除机电控制器外，在20世纪中期还开发出其他控制器，每个控制器都使用当时的技术进行硬接线，但有着不同类型的灵活性。

- **半感应控制器**让主路上保持绿灯，并根据车辆到达检测器的情况为次路提供绿灯（取决于主路最小绿灯时间和次路最大绿灯时间）。
- **全感应控制器**在所有接近段上都有检测器，并依据最大－最小对比的概念，根据到达情况分配绿灯时间。当两个竞争接近段上的需求相当和/或两个竞争接近段上的需求在一天内变化很大时，可使用全感应控制器。
- **流量－密度控制器**，考虑到到达者的数量和到达者的间隙模式（gap patterns）（密度的外在表现），在一个孤立的交叉口提供更复杂的、反应迅速的控制。

随着技术的进步，控制器的精密程度也在不断提高。就目前的目的而言，只要说这个行业倾向于控制器的功能标准，即控制器应该具有哪些特性，以及应该使用哪些通信和接口协议就足够了。今天的控制器是为感应控制而设计的。然而，预配时控制可以通过设置最小和最大绿灯时间来实现，以强制按照预设运行。此外，这些控制器

⊖ 随着它的发展，早期计算机控制的最大好处之一是能获取关于交叉口设备是否实际工作的信息。拥有维护日志、调度人员以及了解信号灯何时恢复运行的能力是一个真正的突破。——原书注

被设计成集成系统的一部分，并作为这些系统的一部分进行通信。

16.3 控制器和其他标准

标准化在工程设计、建筑和生活的许多方面都是一种可贵的做法。虽然可以提出一个合理的论点，即过早的标准化会在"最佳"方法确立之前限制发展，但事实上，标准化确实提供了成本效益、互通性、独立于特定的制造商，甚至是安全——想象这样一个世界：交通信号灯的颜色在不同的国家或州有不同的含义，和 / 或信号灯头的颜色顺序也不同。MUTCD[2] 规定了交通标线、标志、信号灯显示以及相关事项的标准——颜色、图案、尺寸、位置等。

本书的一位作者曾和一个班级聊起一个家庭项目，如果在一个高度可见的地方加上一张胶合板，尺寸为 5ft × 9ft，这就算项目完美达成。要求学生们去购买这样一块板。在对该问题进行了一些初步探讨之后，学生们变得活跃起来，提问变成了"这是怎么回事？这样的东西并不存在。"即使你可以特别订购它，延误和成本也将证明将这种需求纳入项目是不合理的。然后，就引出了关于标准和标准化的讨论。

在交通工程中，标准化并不局限于 MUTCD。在本章的背景下，当人们想到标准时，NEMA 和 NTCIP 是关键词：

• NEMA 是美国国家电气制造商协会（National Electrical Manufacturers Association）[4] 的缩写，它是美国最大的电气设备制造商协会，成立于 1926 年。其主要作用之一是为各种设备制定标准，包括交通信号灯、交通信号灯柜、相位图和动态信息标志的硬件。

• NTCIP 是国家智能运输系统（ITS）通信协议的缩写 [National Transportation Communications for Intelligent Transportation Systems（ITS）Protocol][5]。其重点是 ITS 的通信设备、互连和接口。

在实践中，标准通过建立共识的过程得到发展，其中包括主要的行业或商业组织、来自研究的事实、相关专业协会的参与和审查，以及批准过程。

• 例如，NTCIP 是一个联合标准化项目，包括 AASHTO、ITE、NEMA 和 USDOT 的研究和技术助理部长办公室。有一个实质性的委员会结构，审议分领域的相关标准，提交评论，并将其推进到批准程序。

• 在另一个例子中，本书的两位作者参与了 MUTCD 交通信号灯依据 9"道路 – 铁路交叉口附近的交叉口"的制定过程。这个过程开始于一些州建议美国国家合作公路研究计划（NCHRP）通过 AASHTO 寻求此类建议的过程来赞助对该主题的研究。该研究得到了资助，然后通过 NCHRP 的程序授权一个组织来进行这项工作的提案。前述两位作者领导的研究小组被选中。除了进行研究外，至关重要的是①将研究结果报告给相关方面；②根据反馈意见，起草和重新起草建议的依据。相关方面包括 NCHRP 项目咨询小组，一些运输研究委员会，一个 ITE 小组，其中有几个 ITE 委员会的代表，最后是美国国家统一控制设施委员会（NCUTCD）[6]。经过审查、评论和批准，NCUTCD 向 FHWA 推荐了拟议的依据，FHWA 在《联邦公报》（Federal Register）上发布了该依据，作为规则制定中公众评论的一部分。然后，在 FHWA 考虑了意见后，它被纳入 2009 年版 MUTCD[2]。

重点是，标准建设的过程是集中的，涉及到建立共识，正式接受，以及一个整体的结构化过程。

与其用很多篇幅介绍交通信号灯控制器和相关设备（如机柜）的标准演变历史，甚至列举这些标准，不如请读者阅读参考文献 [4]~[6] 了解当前标准。这个清单很广泛，而且在不断发展。

本章中有以下关键点。

1）NEMA 为交通信号灯控制器和相关设备制定了"TS 2"标准。相关设备包括机柜、检测器、电气总线接口单元和负载开关。该标准定义了功能、接口、电气规格、环境耐久性和一些物理规格。该标准规定了控制器的最大尺寸，但制造商可以自由制造任何更小的尺寸（和任何材料或形状）的装置，以满足标准的其他要求。

2）高级运输控制器（Advanced Transportation Controller，ATC）系列标准由 NEMA、ITE 和 AASHTO 组成的联盟维护。ATC 2070 标准规定了控制器硬件和内部子系统的每个细节，但没有规定应用软件的功能。它还规定了一些模块的形式和功能，以及标准机箱和卡槽。

3）NEMA 在参考文献中描述说 [7]"NEMA TS 2 标准和高级运输控制器（ATC）标准并不相互排斥，也不相互矛盾。一个控制器可以同时满足这两个标准……""……你会发现，交通控制器的趋势是采用 ATC 标准（因为它的额外好处）和 NTCIP 标准（因为它们的好处），同时保留它们的 NEMA 容量……为了确保这种多标准的方法，NEMA 成员公司是 ATC 标准和 NTCIP 的主要贡献者。"

4）本章后面一节提到的自适应交通控制系统（Adaptive Traffic Control System，ATCS）或自适应信号灯控制技术（Adaptive Signal Control Technology，ASCT）系统⊖现在已经广泛用于交通控制和实时信号灯协调。这类系统种类繁多，因此 NTCIP 等标准的存在具有重要意义。

我们鼓励读者，特别是那些刚入行的人，不但要熟悉各种组织（TRB、ITE 和 AASHTO），而且要积极参与这些组织及其委员会的工作。这个过程从作为嘉宾参加委员会会议开始，贡献自己在工作中获得的知识，表达自己的兴趣，并履行指定的义务。个人不仅要为专业做出贡献，还要

参与到不断发展的技术和实践中，并扩展自己的专业网络。

本节没有明确涉及国际标准或合作。然而，这种对话通过 TRB 和 ITS America 等组织存在，并且是 FHWA 的一个重点。

16.4　常用术语

在一个信控交叉口，交通流向是由 MUTCD[2] 中定义的信号灯显示来调节的，通过颜色（红、黄、绿）、指示（常亮和闪烁）和图像（圆形和箭头）来交流。最近增加的一项内容是闪烁的黄色箭头（FYA）。

一组同时出现的显示称为"信号灯相位"。有了为感应运行而设计的现代控制器设备，将为每个信号灯相位设置以下参数。

1）**最小绿灯时间**：当一个相位启动时，必须分配给它的最小绿灯时间。它是根据检测器的设计、接近速度和其他因素来确定的。

2）**最大绿灯时间**：在一个周期内可分配给某个相位的最大绿灯时间。当收到冲突相位上的服务"调用"时开始计时。

3）**通过时间**：该参数实际上提供了三种功能：①当注意到绿灯内有额外的需求时，它是增加到绿灯相位的时间；②它定义了在一条车道上连续车辆之间的最小间隙，以保留绿灯；③它必须足够长，以允许车辆以接近速度从检测器到路口停止。

4）**回调**：回调功能将自动调用指定的相位，无论是否有需求。在没有车辆出现时，回调功能会将绿灯指向到特定相位。有四种形式的回调在使用：①最小回调要求在回调的相位上分配最小绿灯时间，一旦该相位启动，回调就被取消；②最大回调将一个连续的服务请求放在指定的相位上，让该相位分配到最大的绿灯时间；③行人回调将对指定相位的行人进行连续调用服务，并

⊖ 是的，术语在不断发展。读者可能会发现这些描述词中的一个特别过时，或者可能发现两个都在使用。——原书注

分配最小的安全行人过街时间；④软回调在冲突相位没有调用的情况下，在指定相位上放置一个服务调用。大多数回调设置是在最小或软类别中实施的。为了实施预配时信控方案，所有相位都被设置为最大回调。

5）**同步间隙或强制退出**：当使用时，该功能要求所有同时由一个相位提供服务的流向在同一时间被终止。

6）**双重进入**：当启用时，该功能要求所有可由一个相位提供服务的流向同时获得绿灯，即使只有一个这样的流向存在需求。

虽然现代信号灯控制器是为感应式运行而设计的，但在许多情况下，预配时运行仍是比较好的。

表16.1提供了在独立交叉口使用预设和感应控制的情况概述。

表 16.1　选择适当的信号灯控制模式

运行类型	预设（预配时）		感应式		
	独立的	协调式	半感应	全感应	协调式
固定周期长度	有	有	无	无	无
适用条件	无检测	在交通量一致的地方，相交道路间距较小，以及人行横道一致的地方	在默认为一个流向的地方是可取的。主要道路的速度低于40mile/h，而相交道路的交通需求较小	在所有接近段都有检测的地方，孤立的地方，发布限速>40mile/h	交通量大的干道，附近有相邻的交叉口
应用实例	作业区	中央商务区，立交处	公路运行	附近没有信号灯的地点，远郊高速度地点，两条干道的交叉口	郊区干道
主要好处	临时应用保持信号灯的运行	可预测的运行，最低的设备和维护成本	降低公路维护成本	对变化的交通模式做出反应，有效分配绿灯时间，减少延误，提高安全性	降低干道延误，可能减少系统的延误，这取决于设置

资料来源：Kittelson and Associates, *Traffic Signal Timing Manual*, 1st Edition, Federal Highway Administration, Washington, D.C., June 2008, Table 5-1, pg 5-3.

16.5　流向和相位的编号惯例

图16.4展示了每个流向的定义标签，在受到保护时显示为实线箭头，在与其他通常较大的流向同时进行时显示为虚线箭头。一组同时放行的流向被定义为一个"相位"。一个相位的标准缩写是"Φ"，因此第6相位也称为Φ6，并包括流向6和16。

图16.4可以有其他变体，这取决于流向是被保护的还是被允许的（例如，有时允许左转与对向绿灯同时放行）。

注意，图16.4显示主路是垂直的。即使没有标明"北"，本文有时也会将"北"称为"垂直向上"的方向[例如，为了方便阅读，流向6可能称为北向（NB），而垂直方向称为南北向]。

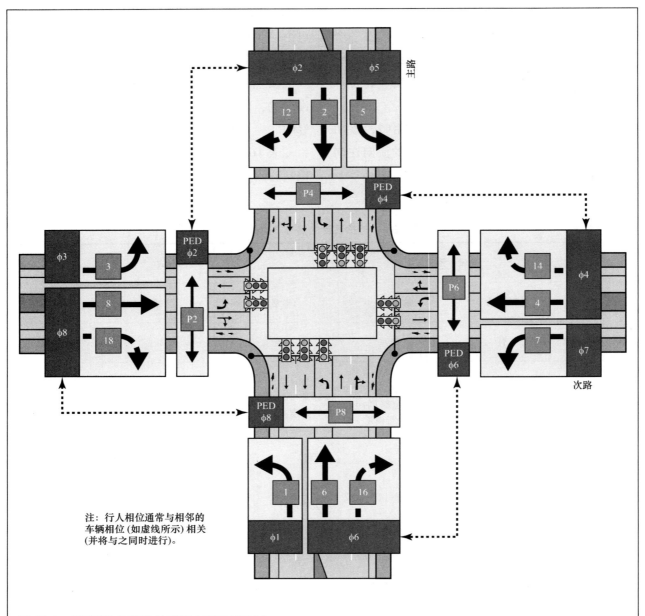

图16.4　标示流向和相位的惯例（来自 HCM）

资料来源: Reprinted with permission from *Traffic Signal Manual*: *Second Edition*, National Cooperative Highway Research Program（NCHRP）Report 812, Transportation Research Board, © 2015 by the National Academy of Sciences, Courtesy of the National Academies Press, Washington, D.C.

16.6　环－栅图

显然，图16.4中存在着禁止的组合。例如，流向2和流向4不能同时被放行。

阐明四肢[○]交叉口允许组合的一个强大工具是"环－栅图"（Ring and Barrier Diagram），图16.5呈现了它的变体。

　　[○]　类似的图在参考文献 [1] 中显示了三肢的交叉口（"T"形交叉口）和五肢交叉口的对比图。——原书注

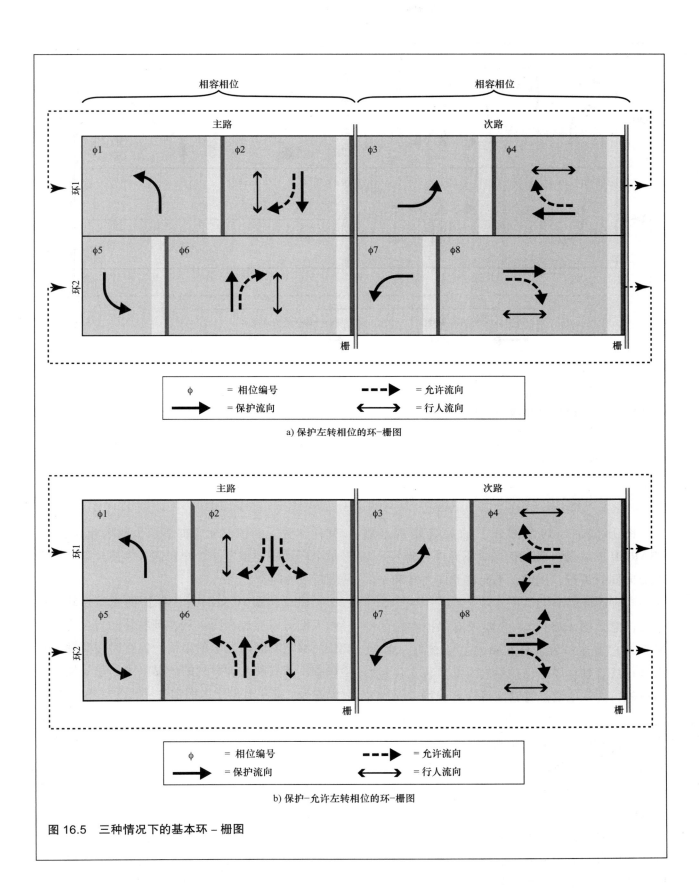

a) 保护左转相位的环-栅图

b) 保护-允许左转相位的环-栅图

图 16.5 三种情况下的基本环 – 栅图

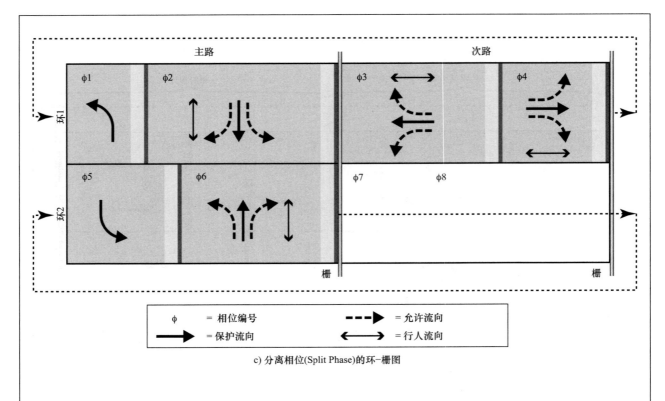

c) 分离相位(Split Phase)的环-栅图

图 16.5 三种情况下的基本环－栅图（续）
资料来源：Reprinted with permission from *Traffic Signal Manual*: *Second Edition*, National Cooperative Highway Research Program（NCHRP）Report 812, Transportation Research Board, © 2015 by the National Academy of Sciences, Courtesy of the National Academies Press, Washington, D.C.

图 16.5a（和其他部分）的关键要素是栅（BARRIER）：栅一侧的流向决不允许与栅另一侧的流向同时进行。例如，不允许北向左转和东向左转同时进行。

注意，图 16.5a 是一个要求有保护左转的交叉口，它被显示为各自方向的主导流向。注意，有些司法管辖区要求保护左转，并且规定仅左转可设先行。其他司法管辖区可设置保护－允许左转，有些司法管辖区只有允许左转 [也就是说，当机会出现时（可接受间隙），它们会穿过一个激活的对向直行流向]。请参阅图 16.5b，了解保护－允许左转的图示，以及"先行左转"（Leading lefts）。

回到图 16.5a，我们已经指出，栅将那些不允许同时进行的流向分开。然而，有些流向是允许同时进行的。按照惯例，这些流向在图 16.5a（和其他部分）的顶部和底部显示为两个独立的环。每个环不断地重复，对交通需求做出反应，以管理持续时间。

注意，图 16.5a 针对受保护的先行左转。虽然人们可以通过在图上从左到右移动直尺来解读任何给定时间内发生的事情，但有时按照现场观察者（和驾驶人）看到的情况来表达信号模式会更容易。这也有助于人们学会"阅读"环－栅图。

例如，对于图 16.5a 所示的显示，实际的信号灯显示顺序对于图 16.6b 所示的流向也是可行的。

然而，必须知晓，实际显示的情况可能有所不同，这取决于以下交通需求。

• 图 16.6a 显示，北向左转的交通需求比南向左转的交通需求大。然而，如果情况相反，那么图 16.6b 就会成为现场的显示结果。

- 如果没有检测到北向左转，就会产生图 16.6c。

同样，必须考虑当地的实践和法规：一些司法管辖区要求所有流向都要有一定的最小时间，即使没有检测到需求。

图 16.5b 与图 16.5a 很相似，只是在左转的保护部分之后，才设置允许运行部分。

图 16.5c 特别有趣，因为它显示了一种"分离相位"（Split Phase）⊖的情况，其中一个方向（这里是东西方向）的两个直行流向在不同时间移动。这种情况相当罕见，因为必须有某些相当特殊的需求模式才能证明其合理。一些司法管辖区根本不允许分离相位运行，特别是在州级道路上。

图 16.7 展示了这种特殊的分离相位运行的信号灯显示。为了与图 16.5c 保持一致，东向和西向左转显示为允许。但事实上，它们是作为保护

运行的，因为对向的直行车并不同时存在。

想象一下，在一个交叉口，东向和西向左转流量很大，与直行流量相当。虽然这种情况并不常见，但确实会发生。当我们进行第 23 章所述的关键流向分析时，最好的解决方案可能确实是分离相位运行。此外，需求模式很可能决定了至少在一条东西向接近段上有两条或更多的左转车道。

关于更复杂情况下的环 – 栅图的其他材料（包括接入交叉口的额外道路），请参见参考文献[1]，并引出对各种需求模式的思考。参考文献[1]还谈到了在设计信号灯相位时需要特别注意的情况，即以某种模式通过小间距交叉口的交通流。

还有一个非常简洁明了的案例：对于一个交叉口，所有南北方向的流向都是同时发生的，所有东西方向的流向也都是同时发生的，可以将这种运行理解为一个单环系统。

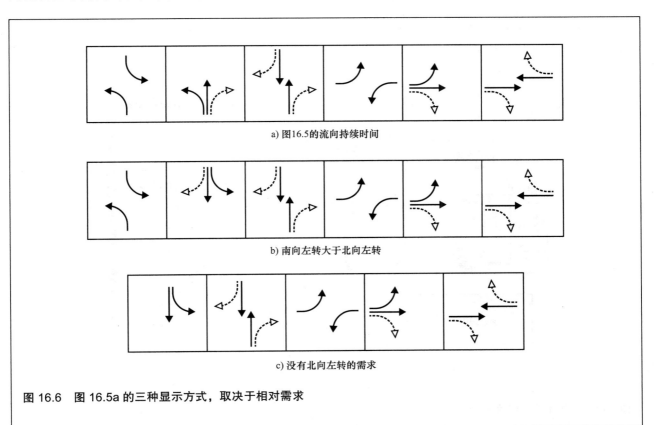

a) 图16.5的流向持续时间

b) 南向左转大于北向左转

c) 没有北向左转的需求

图 16.6 图 16.5a 的三种显示方式，取决于相对需求

⊖ 一种相位序列，其中一个相位服务于一个接近段上的所有流向，第二个相位服务于对向接近段上的所有流向。一般来说，这种方案延误较大，仅用于各流向流量严重不均衡或交叉口几何形状特殊等情况。——译者注

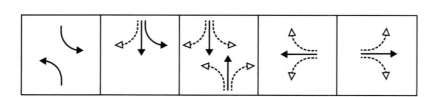

图 16.7　图 16.5c 的分离相位信号灯显示

16.7　优先放行

图 16.8 展示了一个大众运输车辆能够提出请求，要求比原计划提前启动绿灯或者延长绿灯时间。关于这类系统，以及其优点和迄今为止的结果有大量文献。非常重要的是，要清楚地定义设计目标，除了显示对交通流其他组成部分的影响的其他指标外，还要使用相关的指标来评估运行。

在某些情况下，运行的合理性部分取决于整体的系统计划。例如，优待或优先放行的目的可能是准时到达一个联运设施，而该设施的火车或渡轮出发时间是固定的。在另一种情况下，其目的可能是减少紧急服务车辆的通行时间。

大众运输（Transit）信号灯优先、巴士（Bus）优先系统等概念在本书其他部分有所涉及。

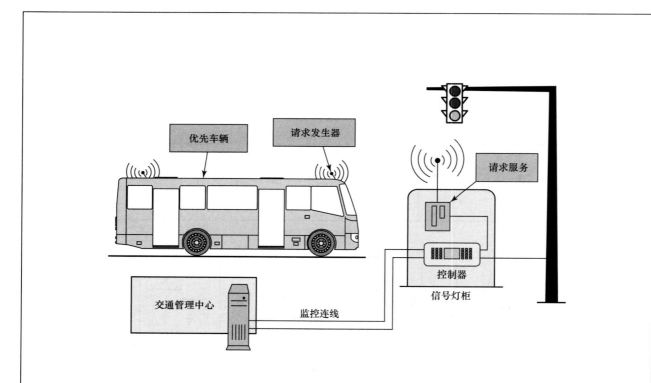

图 16.8　与巴士优先权相关的通信

资料来源：Reprinted with permission from *Traffic Signal Manual*: *Second Edition*, National Cooperative Highway Research Program（NCHRP）Report 812, Transportation Research Board, © 2015 by the National Academy of Sciences, Courtesy of the National Academies Press, Washington, D.C.

16.8 ASCT 系统的目标

一个肯定会引起读者注意的话题，特别是会影响许多刚刚进入这个行业的人的专业实践，就是 ASCT（Adaptive Signal Control Technology）系统。它聚焦于使用来自传感器系统（也许还有其他来源）的信息，数据处理（也许还有预测），以适应当前的需求来调整信号灯时间。参考文献[1] 指出，"交通响应计划选择系统，使用预先确定的配时方案"是一个与 ASCT 不同的类别。

在这种分类中，"交通响应计划"主要利用预定方案库，使用传感器数据（也许还有历史数据）来确定在给定时间段内应该使用库里的哪个方案。但这是一个连续的过程，也是一个复杂的过程。一些基于库的方案限制了它们可以被改变的频率。另一些则将一些方案库限制在一天中的某些时间。还有一些没有这样的限制。有些在关键路口或关键地点包括完全适应性的元素，甚至有一个方案库，它的系统反应极快，以至于对驾驶人和一些交通工程师来说，它们会显得很混乱，需要对其进行更多约束，以获得更高的舒适度。

尽管有上述情况，仍有一个适用于 ASCT 应用的管理规则。决定真正的目标，设计系统来实现它，然后根据设计目标来评估它，同时考虑到其他影响和指标。达成"真正的目标"可能是一个反复的过程，涉及交通从业人员、规划师、政府职员和公众（以及关注的社区和商业团体）。挑战之一是如何让所有参与的人都记住既定目标。

表 16.2 提供了一个良好的讨论起点。人们希望通过正在考虑的系统来实现什么？它是如何融入表 16.2 的模式中的？如何在这个起点的基础上达成共识？

表 16.2 ASCT 系统的目标

目标	描述	典型的目标应用	如何应用该目标
管路 Pipeline	尽量减少关键路线（从走廊的一端到另一端）上的首要流向所经历的停车次数	线性干道路线。较少应用于进程的大流量转向	维持协调阶段的分离
顺畅流 Smooth Flow	在一条关键路线上优先考虑同时进行的双向流向，以使产出最大化	郊区干道	保持协调相位的分离
平衡的接入 Equitable Access	通过增加对次路需求的强调，为走廊沿线的交通产生者提供足够的干道接入	有大量左转和次路需求的地区（如郊区的零售购物区）	适当应用分离时间，以防止次要流向（包括行人）出现长时间延误。注意，大多数 ASCT 系统不包括专门缓解排队的功能
管理排队 Manage Queues	缓解由堵塞的交叉口或流向引起的排队和拥堵	排队阻塞上游交叉口或流向的位置	对周期和相位持续时间的限制，以确保大型车列在适当的时间行进。也可能需要在关键环节的上游位置设置卡口，以储存车辆
缓解过饱和状态 Mitigate Oversaturation	阻止、延误过饱和状况的发生，或限制其持续时间，如果过饱和状况持续存在，应迅速清理溢出的排队	流向过饱和的地点。注意，ASCT 系统可以缓解一些短期容量限制造成的过饱和，但不能替代容量的提高	调整饱和相位的绿灯时间分配
适应长期可变性 Accommodate Long-Term Variability	比传统系统更频繁地更新信号灯配时，减少交通运行的长期恶化	有变化的交通模式的地区，特别是成长中的社区	虽然 ASCT 系统在交通模式发生重大变化时需要一些调整，但它们可以自动调整，以适应更多变化
管理事件和事故 Manage Events and Incidents	管理交通的激增（包括计划内和计划外的）	有经常性计划的特殊事件的地区（如音乐会、体育赛事或社区活动）	调整信号灯配时参数，以配合交通量激增的时间。但它们通常不能迅速调整，以适应大规模的激增

资料来源：Reprinted with permission from *Traffic Signal Manual: Second Edition*, National Cooperative Highway Research Program (NCHRP) Report 812, Transportation Research Board, © 2015 by the National Academy of Sciences, Courtesy of the National Academies Press, Washington, D.C.

作为一个例子，请考虑以下问题陈述草案，旨在开始讨论：

> 关注的主要领域是在一个高度发达的城市地区的一组南北单行的干道，围绕这条干道可以画一个"方框"，包括5个干道上的15~20个交叉口。
>
> 目标是让交通在方框里移动，以提高流动性。减少停车时间比彻底改善通过该方框的通行时间更重要。
>
> 另一个现实是，如果方框里的交通"冻结"了，随之而来的拥堵将迅速沿着干道向上游蔓延，首先影响到"方框"的支线，然后扰乱方框南北的东西向流动。

本章末尾的一些习题基于该陈述（习题16-4）。

16.9 传感器和数据源

在本书以前的版本中，这一节名为"检测器"，重点是传统设备——埋入路面的电磁线圈、安装在地面以上的雷达或超声波设备以及相关的变体。

今天，向TMC、本地控制器和公众提供信息的传感器的范围更广，其相对用途也在不断变化，具体范围如下。

1）**路面内的传感器**（In-pavement sensors）：最传统的是电磁线圈，埋入路面，线路通向信号灯控制器柜或路侧发射器。当车辆进入环路产生的磁场时，根据电感的变化运行。在一些应用中，信号是基于"存在"的，因此，场内车辆的存在会触发一个开/关（存在，不存在）事件。在其他应用中，信号是基于"通过"的，车辆可能被计数。埋在路面内的磁力计是这一概念的一个变体，占地面积较小，还能与路侧设备进行无线连接，该设备可以将一些此类设备的信号汇总起来。另一个变体是"路表面"的设备，它具有低矮的外形和无线连接，不需要埋入路面，

减少了安装成本和交通中断的时间。

2）**地面以上的传统传感器**（Above-ground traditional sensors）：由于公用设施（电力、天然气、电信）的挖掘、一般维修工作和天气问题（如霜冻），许多地区倾向于避免铺装内的安装。在其他情况下，地面安装更容易或更实用，因为它们可以固定在跨线桥等地方。然而，路侧的位置在现有的或特殊的杆子上是很常见的，就像放置在信号灯桅杆臂上一样。超声波、雷达，甚至红外线都在使用。无线或有线连接都在使用。有些设备有内部摄像头，主要用于在安装时对准设备，或在现场检查设备。

3）**摄像机**（Cameras）：传统上，摄像机用于交通定性评估，作为其他检测器的补充。TMC操作员将有机会看到正在发生的事情，而不是通过各种传统的检测器推断。技术的进步引出了使用适当位置的摄像机及软件来计数车辆，估计速度，并检测占用率情况。

4）**虚拟检测器**（Virtual detectors）：安装好的摄像机可以捕捉图像，软件允许交通工作人员在整个视野范围内准确定位多个虚拟检测器。这些检测器可以被配置为点状检测或区域覆盖。底层机制是处理图像的软件，将其分割成交通工作人员指定的部分。

5）**360° 摄像机**：可以作为虚拟检测器的一个变体，但被单独列出，因为现有摄像机可以放在信号灯头上或附近，查看所有方向，并为几个接近段提供定量数据，包括计数。类似的设备可以在路侧使用，以收集过去需要现场工作人员在场的交通数据。

6）**ETC阅读器、蓝牙和相关**：电子收费（Electronic Toll Collection，ETC）标签可以在任何地方被读取，有时用来估计通行时间和相对数量。它们也可以用来估计起点 – 终点（Origin-Destinations，O/D），甚至是网络内的路线。出于隐私原因，任何保留的数据都必须清除个人身份信息（Personal Identifiable Information，PII）并分配随机生成的替代信息。蓝牙设备也能以同样

的方式被读取。商业卡车车队、快递服务、巴士、出租车等都有 GPS 信息供车队所有者或相关机构使用。原则上，在获得这些数据的情况下，可以观察到所走路径的"踪迹"数据。同样，有一些隐私问题需要解决。还有一些专利问题需要解决，因为车队经营者为了在他们自己的市场上获得竞争优势而收集自有车辆的数据。

7）**智能手机和智能手机应用程序**：虽然智能手机原则上可以归入第 6 类，但其普遍存在，不断扩大的多功能性，以及私人（和公共）来源的"应用程序"的存在，使普通公众手中有了强大的工具。例如，在编写本书时，一个名为 Waze TM 的应用程序能根据其用户的位置数据（可以估计当地的通行时间）、用户的问题描述等提供路线信息。另一个应用程序可以让用户记录所走的路线、交通图像和时间戳——完整的数字记录。还有一些应用程序提醒驾驶人和行人注意潜在的冲突。

8）**其他数据源**："数据融合"和"大数据"这两个短语已经成为我们词汇的一部分。考虑到前面的项目，并考虑到更多的数据正在变得可用，我们只能感叹未来几年在感知运输系统的状态方面将遇到的机遇（和挑战）——客运车辆、卡车、巴士大众运输、租赁车辆、行人和自行车骑行人。

这些"较新"技术中的一个实质性问题，是如何满足所有这些信息的带宽需求。也许弥补措施不在于大幅增加带宽，而在于①有选择地将哪些数据或数据汇总送回决策点，这可能是 TMC，和 / 或②将一些决策转移到本地的交叉口，这样就不必将所有数据送回 TMC 或此类机构。

图 16.9 展示了一个交叉口的检测器布局。它是为讨论传统的电磁线圈检测器而建造的，但实际的检测器可以是一个无线磁力计网络，存在于摄像机图像上的虚拟检测器，以及目前市场上没有的技术。在一些车道上显示的长电磁线圈可以作为一组较小的电磁线圈来实现，这样就可以观察到排队长度。请查阅参考文献 [1] 的进一步讨论。

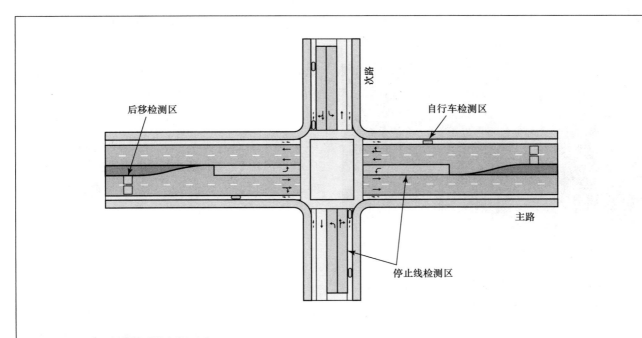

图 16.9　交叉口的检测器布置示意

资料来源：Reprinted with permission from *Traffic Signal Manual: Second Edition*, National Cooperative Highway Research Program（NCHRP）Report 812, Transportation Research Board, © 2015 by the National Academy of Sciences, Courtesy of the National Acade-mies Press, Washington, D.C.

16.10 交通信号灯的显示硬件

信息的主要来源是 MUTCD[2]。本书的第 4 章讨论了与驾驶人和出行人沟通的标准的某些方面——标线、标志和信号灯。

在本章的前面，图 16.1 展示了一个交叉口信号灯装置的功能组件，图 16.2 展示了一个典型的信号灯柜。

MUTCD 规定了实际信号灯的颜色、显示、位置、数量、尺寸和其他要求。NEMA 标准涉及电路连接、机柜本身和相关内容。NCTIP 协议也是相关的，特别是在通信方面。

图 16.10 展示了现场情况下的两个信号灯头，一个安装在立柱上，另一个安装在悬臂上。某一信号灯头的指示数量是由交叉口信控设计中的交通流向决定的，但要符合 MUTCD 的要求。交叉口还有其他信号灯头，覆盖其他接近段。为便于说明，这里只展示了两个信号灯头，覆盖一个接近段，另一个覆盖不同的接近段。根据 MUTCD 的规定，在这个地方，每个接近段都会有两个信号灯头。

图 16.10　悬臂式和立柱式信号灯共用一个支撑结构
资料来源：照片由 J Ulerio 和 R Roess 提供

图 16.11 展示了一个更复杂（更宽）的交叉口，5 个信号灯头安装在一条单跨钢索上。

图 16.11　有 5 个信号灯头的单跨钢索安装示意图
资料来源：照片由 J Ulerio 和 R Roess 提供

MUTCD 文件可以下载（见参考文献 [2] 或本章开篇），课程材料和讲座内容也有所扩展，详细介绍了信号灯配时方案在标线、标志和信号灯硬件中的实施。就目前而言，有以下几项说明指出了一些较新的项目。

- 实心"圆形"（Ball）指示（即不是箭头）在历史上一直是 8in 或 12in 的直径。然而，目前的 MUTCD 要求所有新安装的设备使用 12in。较小的 8in 圆形指示器可用于某些临时目的，并可留在原有的装置上，直到必须更换为止。但无论如何，12in 的圆形绿灯或圆形黄灯指示都不能与 8in 的圆形红灯指示一起使用。

- FYA 被引入当前版本的 MUTCD 中，以便在允许左转的地方酌情使用。MUTCD 中详细规定了包含 FYA 的信号灯头的配置。在编写本书时，在向 FHWA 申请后，FHWA 会临时授权使用另一种信号灯头配置⊖。

- 现在有 9 个交通信号灯设置依据。

特别提醒，符合一个或多个交通信号灯设置依据并不意味着强制要求或证明设置信号灯是正确的。当然，它证明了一项工程调研的合理性，该调研将利用实践状况和专业判断来评估对信号灯的需求。然而，如果没有依据符合，则不考虑

⊖　FYA 即 Flashing Yellow Arrow，黄闪箭头灯。信号灯的各种形状、颜色、闪烁/常亮都应该赋予明确的含义，因此当 FYA 纳入时，就需要妥当的程序来明确其含义，以保障其法律效力，也要确保公众的妥当认知。——译者注

设置信号灯。也就是说，符合一个或多个依据是设置信号灯的必要条件，但不是充分条件。

16.11　交通信号灯的维护

在信号灯设计中，"兴建"（Creative）部分通常都很受重视。从最初的调研到初步设计，到详细绘图，再到实际安装，甚至到制作一套交叉口及其设备的"竣工"（as built）图纸。随后，注意力往往会转移到信号灯配时和重新配时，以及关于信号灯配时方案何时会过时的讨论。

然而，这忽略了一个非常重要的现实——现场硬件必须得到维护、修理和更换。编制一份正式的设备清单，并定期检查设备是否正常工作，这一点至关重要⊖。

交通信号灯的存在是为了保障公共安全。故障或设备丢失会使公众处于危险之中。一个完整的计划的一些重要元素如下。

• 一个完整的设备清单，现在通常在一个具有用户友好界面的计算机数据库中完成。这种数据库可以包括现场安装的数码照片和查询竣工图的 CAD 图纸。

• 根据现有的资源和需求，定期检查现场设备的计划。在许多情况下，这包括从中央位置对检测器、信号灯控制器和其他设备进行自动监控，以及定期进行现场检查。

• 适当时进行相关的预防性维护，并记录查看、行动和结果。

• 一个上报系统，可以接收故障或损坏（或丢失）设备的通知，并及时对通知采取行动。辖区内有规定的响应和维修时间是很常见的。根据问题的性质，要求可能从几小时到 24h 不等，或者可能更长（采取临时措施）。不采取行动不仅会使公众处于危险之中，还会使负责设备的机构承担赔偿责任。

• 工作人员的培训计划和 / 或对工作人员和 / 或承包商的认证要求。考虑到技术的发展速度，预期复习培训和新设备培训是很合理的。

甚至在安装之前就要考虑"维护"问题，对交付的设备进行验收测试是很常见的。在某些情况下，包括在独立的测试实验室进行正式和密集的测试，以确保符合标准。一些辖区只从预先批准的符合管辖区要求的产品清单中购买。

16.12　总结

在某种程度上，本章将硬件的讨论与相关的标准、硬件中的概念（例如环 – 栅图以及流向和相位的编号惯例）以及典型的安装相融合。这是必不可少的，因为它们实际上是错综复杂的。

当然，本章不可能讲授所有内容。本章末尾的参考文献不仅提供了一个（技术）路线图，还提供了编写时（并非本书的出版日期）的详细实践知识。特别是参考文献 [1][2]，篇幅大，内容详细（有精美的彩色插图），而且可以免费下载 PDF 版。

参考文献

[1] *Traffic Signal Manual: Second Edition*, National Cooperative Highway Research Program (NCHRP) Report 812, Transportation Research Board, Washington, D.C., 2015. It can be downloaded at http: //onlinepubs.trb.org/onlinepubs/nchrp/nchrp_rpt_812.pdf

[2] *Manual of Uniform Traffic Control Devices*, Federal Highway Administration, Washington, D.C., 2009, as amended through May 2012. It can be downloaded at https: //mutcd.fhwa.dot.gov/pdfs/ 2009r1r2/pdf_index.htm

[3] *Highway Capacity Manual, 6th Edition: A*

⊖ 本章已经指出，早期计算机控制系统的突破性优势之一是简单地知道设备何时不工作。现在，高级控制器的"自我上报"已经很普遍。——原书注

Guide for Multimodal Mobility Analysis, Transportation Research Board of the National Academies, Washington, D.C., 2016.

[4]　http: //www.nema.org/About/pages/default. aspx

[5]　https: //www.ntcip.org/

[6]　http: //www.ncutcd.org/Pages/default.aspx

[7]　https: //www.nema.org/Products/Pages/Transportation-Management-Systems-And-Associated-Control- Devices.aspx

[8]　Kittelson and Associates, *Traffic Signal Timing Manual*, 1st Edition, Federal Highway Administration, Washington, D.C., June 2008.

习题

16-1. 在美国，MUTCD 不是由联邦政府强制的，但所有州都要采用参考文献中的这种手册，这些手册基本上符合参考文献 [2] 的要求。你所在的州是否采用参考文献 [2] 的全部内容，发布一个补充文件，还是发布自己的版本？如果有的话，有哪些关键区别？

16-2. 有时人们会说，ASCT 系统和交通响应系统的优点之一，是它们能在较长的时间内适应不断变化的交通模态，从而使交通计划与不断变化的现实保持同步，进而延长了需要重新配时的周期。从参考文献 [1] 及其参考文献开始，如果需要的话也可以通过网络搜索，在一篇 3 ~ 5 页的论文中对这一论断进行评论，并辅以这些资料。

提示：业界对这一论断有不同的看法，即使它看起来合乎逻辑。

16-3. 本章提及："此外，需求特征很可能决定了至少在一条东西向接近段上有 2 条或更多的左转车道。"请注意"2 条或更多的左转车道"这句话。

1）是否允许有 3 条专用左转车道（仅左转）？

2）如果允许，有哪些典型做法？有哪些经验？特别是，第三条车道是否为左转流向提供了很多额外容量？是否有任何特殊问题需要考虑？

3）如果有的话，有什么准则？

不要基于自己的直觉来回答，而是要通过网络搜索，希望能找到 FHWA 和 / 或各州的指南和讨论。

16-4. 在 16.8 节中提出了一个问题草案陈述，以"开始讨论"。我们讨论如下。

提出的建议是，如果方框里的交通因无法处理需求而"冻结"，那么问题就会向上游蔓延，并使那里的运行恶化，也许是最严重的。

1）你认为该论点是否合理和有意义？讲明理由。

2）假设你认为它是可信的和相关的（也许只是为了解决 2）的问题），是否可以这样说？

在一个非常好的日子里，方框内的交通量可能是缓慢但可控的，同时方框南北的交通流也相当好，但在方框内的糟糕日子里，可能会采取交通控制措施，改善方框内的运行，而牺牲方框外的交通流。在同一个糟糕的日子里，如果不采取行动，（干道）方框外的交通流是否会受到非常不利的影响？

注意，对方框外的居民、观察者和出行者来说，你可能看起来是在为别人做一件好事，而牺牲了他们的利益。你如何有效地说明"如果我们不采取行动，你所在地区的情况会更糟糕"？你如何支持这样的说法？

3）假设当任何给定的干道段上的通行时间下降到一定水平以下时，实施一些交通控制措施，应该用什么指标来：

❖　衡量措施对方框内交通的好处。

❖　衡量措施对接近和离开方框的交通的

好处？

提示：也许真正的问题是如何建立一个基线，来衡量不采取任何行动对上述各组的影响。

16-5. 本章有一节提到了 FYA，以及 MUTCD 中规定的所需的信号灯头布置。

1）找到参考文献 [2]，即 MUTCD，必要时通过网络搜索文献，并编写报告：

✦ 什么时候可以考虑采用 FYA。例如，当允许左转紧随保护左转时，或任何时候都有允许左转？

✦ 现场使用的确切显示方式。

2）该部分还提到了在某些情况下使用不同配置的临时批准。请在网上搜索该信息，并报告它是否仍然是临时性的，是否已经被采用，或已经停止使用。如果有任何结果，请陈述。

16-6. 在你所在的州（或相关辖区），对信号灯故障上报的响应有什么要求？规定的响应时间是否因事件的性质不同而不同？

交叉口设计和布局基础

第 15 章讨论了为交叉口选择适当控制措施的问题。无论是信控还是非信控，在交叉口实施的控制措施都必须与交叉口的设计和布局相配合。本章对几个重要的交叉口设计元素进行了概述。需要强调的是，这只是一个概述，因为交叉口设计的细节可以成为一本教材的内容。

这里处理的基本原理包括确定交叉口接近段的适当车道数和使用的技术、渠化、右转和左转处理，以及交叉口的特殊安全问题。关于这些和相关主题领域的更多细节，有许多标准参考资料，包括 AASHTO《道路几何设计标准》（AASHTO Policy on Geometric Design of Highways and Streets）[1]、《统一交通控制设施手册》（Manual on Uniform Traffic Control Devices）[2]、《交通信号设计手册》（Manual of Traffic Signal Design）[3]、《交通检测器手册》（Traffic DetectorHandbook）[4] 和《道路容量手册》（Highway Capacity Manual）[5]。

交叉口设计的其他方面则包括在其他章节中。第 16 章涉及交通信号灯硬件在交叉口的布置，第 25 章涉及非信控的交叉口，包括 "STOP" 控制的交叉口和环岛，第 26 章涉及替代（或分布式）交叉口设计⊖。

17.1 交叉口的设计目标和注意事项

与交通工程的所有方面一样，交叉口设计有两个主要目标：①确保所有用户的安全，包括驾驶人、乘客、行人、自行车骑行人和其他人；②促进所有用户（驾驶人、行人、自行车骑行人等）在交叉口的有效流动。实现这两个目标并不容易，因为安全和效率往往是相互竞争而不是相

⊖ 替代交叉口，Alternative Intersection，是指针对特殊情况的特殊设计，通常与左转处理策略有关，是将某些左转交通强度高的流向分离到附近的节点（见第 26 章）。——译者注

互促进的目标[一]。

在制订交叉口设计（方案）时，AASHTO[1]建议考虑以下因素：

- 人因（Human factors）
- 交通状况（Traffic considerations）
- 物理要素（Physical elements）
- 经济因素（Economic factors）
- 交叉口功能区（Functional intersection area）

人因是必须考虑的。因此，交叉口的设计应考虑到合理的接近速度、使用者的期望值、决策和反应时间以及使用者的其他特性。例如，设计应强化自然运动路径和轨迹，除非这样做会带来特别的危险。

交通状况包括为所有用户需求提供适当的容量；车辆类型和转向流向的分布；接近速度；大众运输车辆、行人和自行车骑行人的特殊需求。

物理要素包括相邻地产的性质，特别是这些地产带来的交通（泊车、行人、出入道流向等）。它们还包括交叉口的交角、交通控制设施的存在和位置、视距，以及具体的几何特性，如路缘半径。

经济因素包括改善的成本（建设、运行和维护）、改进对相邻地产价值的影响（无论是否被扩展的路权使用），以及改进对能源消耗的影响。

最后，交叉口设计必须包括交叉口功能区的全部。交叉口的运行区域包括完全涵盖减速区和加速区以及排队区的接近段。后者（排队区）在信控交叉口尤为关键。

17.2 一个基本的起点：确定交叉口的大小

交叉口设计最关键的方面之一是确定每个接近段所需的车道数。这不是一门精确的科学，因为其结果受交叉口的控制类型、泊车条件和需求、

路权的可用性以及其他一些并不总是由交通工程师直接控制的因素影响。此外，对容量、安全和效率的考虑都会影响理想的车道数量。就像大多数设计工作一样，没有一个正确（唯一标准）的答案，可能有许多可选方案可以提供可接受的安全和运行。

17.2.1　非信控交叉口

非信控交叉口可以在基本的道路交通规则下运行（除了警告和指路标志外没有控制设施），也可以在"STOP"或"YIELD"控制下运行。环岛是非信控交叉口的一种形式，将在第25章中介绍。

在完全没有控制的情况下，交叉口的交通量通常较小，而且很少有明确的"主要"街道涉及大量的交通量。在这种情况下，交叉口区域往往不需要比接近段车行路更多的车道。很少设置额外的转向车道。在存在高速度和 / 或通视不良的地方，可将渠化（车道）与警告标志结合使用，以提高安全性。

第15章对双向（或在 T 形交叉口或单向车行路交叉口的单向）"STOP"或"YIELD"控制的适当条件进行了处理。然而，"STOP"或"YIELD"控制方式的存在，为设计过程增加了一些新的考虑。

- 在主路上是否应设置左转车道？
- 在主路上是否应设置右转车道？
- 在次路上是否应设置右转车道（和 / 或左转车道）？
- 每条次路需要多少条基本车道？

这些问题中的大多数涉及容量方面的考虑。然而，为了方便起见，这里提出了一些总体指导原则。

当从主路的混合车道上左转时，有可能对直行的车辆造成不必要的延误，因为左转者必须在

　　⊖　安全与效率是对立统一的关系。——译者注

对向主路的交通流中寻找间隙。当左转车辆（流量）超过150veh/h时，主路的左转对所有主路接近段交通的延误的影响就很明显。这可作为总体指导原则，表明可能需要设置主路左转车道，尽管低至100veh/h的流量值也是合理的。

来自主路的右转车辆对"STOP"或"YIELD"控制的交叉口的运行没有重大影响。虽然从技术上讲，当它们从共用车道上转向时，不会与次路车辆发生冲突，但当驾驶人没有明确发出转向信号或高速度接近交叉口时，它们可能会妨碍一些次路车辆的通行。当主路的右转从专用车道进行时，他们的转向意图对次路的驾驶人来说更明显。在这种情况下，可以在距离停止线100～200ft的地方禁止泊车，从而形成一条短的右转车道。

大多数"STOP"控制的接近段都是单车道，供所有次路的车辆使用。偶尔也会设置2条车道。任何因交通需求而拟设3条车道的接近段都可能不适合采用"STOP"控制。所需车道数的近似准则可根据《道路容量手册》的非信控交叉口分析方法制定。表17.1展示了次路接近段需求与主路上的总通过交通量的各种组合，以及是否需要1条或2条车道的准则。它们基于以下假设：①所有主路的交通都是直行交通（through traffic）；②所有次路接近段都是直行交通；③各种不足和其他非理想特性将车道的容量减少至其原始值的80%左右。

表17.1 "STOP"控制的接近段的车道数指南[1]

次路接近段流量合计/（veh/h）	主路流量合计/（veh/h）			
	500	1000	1500	2000
100	1车道	1车道	1车道	2车道
200	1车道	1车道	2车道	NA[2]
300	1车道	2车道	2车道	NA
400	1车道	2车道	NA	NA
500	2车道	NA	NA	NA
600	2车道	NA	NA	NA
700	2车道	NA	NA	NA
800	2车道	NA	NA	NA

注：1. 不包括"多向'STOP'控制"交叉口。
2. NA = "'STOP'控制"不适用于这些流量。

另一个需要考虑的问题是，在次路的

"STOP"控制接近段是否应该设置右转车道。因为在"STOP"控制的接近段上，右转流向比直行和左转流向要有效得多，通常可以通过提供右转车道来实现更好的运行。这通常就像禁止在停止线200ft范围内泊车一样简单，它可以防止右转的驾驶人在很容易执行他们的机动时却被堵在队伍里。如果有相当比例的次路交通是右转的（>20%），就应该考虑提供右转车道。

注意，表17.1的车道标准是近似的。任何最终确定的设计都应使用2016年版HCM的适当程序进行详细分析。

考虑下面的例子：一条双车道的主路的车流量为800veh/h，其中10%在当地街道左转，5%右转。当地街道的两条接近段都是"STOP"控制的，车流量为150veh/h，其中50辆左转，50辆右转。请为该交叉口提出适当的设计方案。

鉴于主路上的左转（80veh/h）和右转（40veh/h）流量相对较小，不需要设置左转或右转车道，但如果有空间也可以设置。从表17.1可以看出，每条次路有1条车道就足够了。然而，相对较高的右转比例（33%）表明，在每条次路上设置1条右转车道将是有益的。

17.2.2 信控交叉口

近似计算信控交叉口所需的尺寸和布局涉及许多因素，包括对每个车道组的需求、信号相位的数量和信号周期的长度。

确定每个接近段和车道组的适当车道数不是一项简单的设计任务。像许多设计任务一样，没有绝对唯一的结果，许多不同的物理设计和信号灯配时组合都可以提供一个安全和高效的交叉口。对车道数量的主要控制是交叉口所能支持的最大关键车道数量的总和。这个概念在第18章有更深入的讨论和说明。它涉及在一个信号周期内找到承载最密集交通的单一车道，这意味着它将是所有流向中消耗最多绿灯时间来处理自身需求的车道。每个信号相位都有一个关键车道的流量，信号周期长度的设置是为了适应信控方案中每个相位的这些关键流量之和。控制最大关键车道流量之和的公式：

$$V_c = \frac{1}{h}\left[3600 - N_{t_L}\left(\frac{3600}{C}\right)\right] \qquad (17\text{-}1)$$

式中　V_c——最大关键车道流量之和（veh/h）；

　　　h——车道组或接近段既有条件下的平均饱和时距（s/veh）；

　　　N——周期中的相位数；

　　　t_L——损失时间（s/phase）；

　　　C——周期长度（s）。

表17.2给出了典型既有条件下关键车道流量的近似最大总和。使用的是2.6s/veh的平均时距，以及每相位4.0s的典型损失时间。

表 17.2　典型信控交叉口的关键车道流量近似最大总和

周期长度 /s	相位数		
	2	3	4
30	1015	831	646
40	1108	969	831
50	1163	1052	942
60	1200	1108	1015
70	1226	1147	1068
80	1246	1177	1108
90	1262	1200	1138
100	1274	1218	1163
110	1284	1234	1183
120	1292	1246	1200

考虑两主干道之间的交叉口的情况。主干道1的峰值方向流量为900veh/h；主干道2的峰值方向流量为1100veh/h。转向流量较小，预计会有一个两相位的信号。作为初步估计，需要多少条车道来容纳这些交通量？什么范围的周期长度可能是合适的？

从表17.2中可以看出，30s周期长度的最大关键车道流量之和为1015veh/h，120s周期长度为1292veh/h。两个关键车道流量分别为900veh/h和1100veh/h。如果只为每个接近段提供1条车道，那么关键车道的车流量之和为900+1100 = 2000veh/h，远超合理周期长度的最大值。表17.3展示了每个关键接近段上的车道数量，以及由此产生的关键车道数量之和的一些合理情况。

表 17.3　各种场景下的关键车道流量之和（veh/h）例题

干道 2 的车道数	干道关键车道流量 / （veh/h）	干道 1 的车道数		
		1	2	3
1	1100/1 = 1100	2000	1550	1400
2	1100/2 = 550	1450	1000[1]	850[1]
3	1100/3 = 367	1267[1]	817[1]	667[1]

注：1. 对于一些周期长度下满足 V_c 的可接受的车道设置。

在干道1上有1条车道，在干道2上有3条车道，关键车道流量之和为1267veh/h。由表17.2，这将是一个周期长度超过100s的可行方案。如果每条干道上有两条车道，关键车道流量之和为1000veh/h。表17.3中所有其他可能可行的方案也能适应30～120s之间的任何周期长度，这种情况也是可行的。

这种类型的分析并不产生最终的设计或周期长度，因为它是近似的。但它确实给了交通工程师一个基本思路，让他们知道该从哪里开始。在这种情况下，在高峰方向的每条干道上提供2条车道似乎是一个合理的解决方案。由于高峰期往往是互逆的（早上走的是一条路，晚上走的是另一条路），每条干道的非高峰期方向也要提供2条车道。

然后，应使用第19章和第20章的方法来制定信号灯配时。最后的设计和时间应使用《道路容量手册》或其他适当的分析技术进行分析（见第22章和第23章）。

当然，预期相位的数量对这种类型的一般分析至关重要。第19章给出了确定何时需要左转保护相位的建议标准。因为每个信号灯相位都有一个关键车道流量，例如，一个四相位的信号灯涉及 4 个关键车道流量。

若使用完全保护的左转相位，则必须提供专用左转车道，在使用复合左转相位（保护＋允许或反之）时，则强烈期望提供专用左转车道。

17.3 交叉口渠化

17.3.1 通用原则

渠化可以通过使用涂料标线或设置凸起的渠化岛来实现。AASHTO《道路几何设计标准》[1]给出了在交叉口考虑渠化的若干理由。

- 可限制车辆路径，以便在任何一点上没有超过两条路径的交叉。
- 可控制合流、分流或交织机动发生的角度。
- 可减少铺装面积，以降低游走的趋势，减小车辆路径之间的冲突区域。
- 可提供更清晰的正确车辆路径指示，可以优先考虑主要流向。
- 可提供行人庇护区域。
- 可提供独立的存储车道，以供转向车辆等待直行交通清空。
- 可提供空间，在更明显的位置安装交通控制设施。
- 可对禁止的转向进行物理控制。
- 某种程度上可降低车辆速度。

对一个交叉口进行渠化的决定取决于许多因素，包括是否有足够的空间来进行有效的设计。地形、通视条件、交通需求和成本等要素也是决定因素之一。渠化是对其他控制措施的补充，但有时也可用于简化其他控制要素。

17.3.2 一些例子

抽象地讨论渠化是很困难的。这里举一些例子来说明前述原则的应用。图 17.1 展示了一条主路（E-W）与一条次路（N-S）的交叉口。主路上有一个中间带。为 SB 右转提供了部分渠化，为 EB 左转提供了一条左转车道。这两个渠化的转向是互逆的，设计说明这两个转向流向很重要（大流量）。图中的设计最大限度地减少了 SB 右转与其他流向之间的冲突，并为 EB 左转提供了一条存储车道，消除了与 EB 直行流向的冲突。其他转向流向没有任何渠化，表明它们的需求不大。该设计没有提供大量的行人庇护区，除了交叉口东侧的宽阔中间带。这表明该处的行人数量相对较少。如果是这样的话，人行横道标线是可选的。这个交叉口的渠化适合于非信控或信控交叉口。

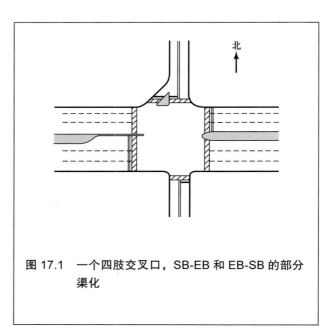

图 17.1　一个四肢交叉口，SB-EB 和 EB-SB 的部分渠化

图 17.2 展示了一个四肢交叉口，其转向流向与图 17.1 相似。然而，在这种情况下，SB-EB 和 EB-SB 方向的流量要大得多，需要更多的关注去处理。在这里，渠化被用来创建两个额外的交叉口来处理这些主要的转向。在这种设计中，各种转向流向之间的冲突被最小化。

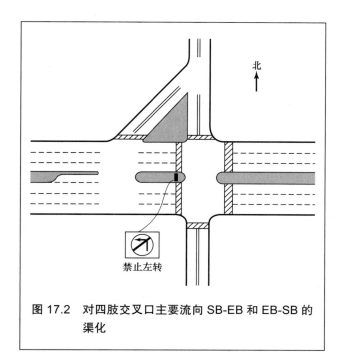

图 17.2　对四肢交叉口主要流向 SB-EB 和 EB-SB 的渠化

图 17.3 是一个类似的四肢交叉口，但更多地使用了渠化。所有右转都被渠化了，两个主路的左转流向都有一条专用左转车道。这种设计让转向流向更占优势。行人庇护区仅在右转渠化岛提供，这可能受限于岛的物理尺寸。同样，这个渠化方案适合于信控或非信控交叉口。

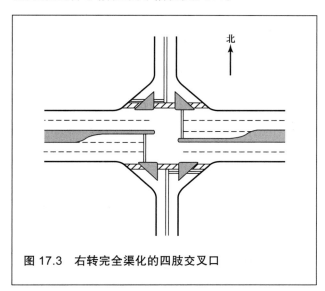

图 17.3　右转完全渠化的四肢交叉口

渠化也是许多新型的替代或分布式交叉口（Alternative or Distributed intersections）中使用的主要设计要素。这些将在第 26 章中详细介绍。

17.3.3　渠化右转

在有空间的情况下，为右转车辆提供一条渠化道大多是可取的。在信控交叉口尤其如此，这种渠化可以获得以下两个主要好处。

- 在"红灯右转"规定生效的地方，渠化的右转最大限度地减少了右转车辆在共用车道上被堵在直行车辆后面的可能性。
- 在渠化的地方，右转可以有效地从信号灯设计中移除，因为在大多数情况下，它们会被一个"YIELD"标志控制，可以连续行驶。

然而，这些好处的实现取决于渠化设计的一些细节。

图 17.4 展示了在交叉口提供渠化右转的三种不同方案。在图 17.4a 中，提供了一个简单的渠化三角形。这种设计的好处有限，原因有二：①右侧车道上的直行车辆可能在"红灯"相位排队，阻碍进入渠化右转车道；②在"绿灯"相位，高右转流量可能限制右侧车道对直行车辆的效用。

在第二种设计中（图 17.4b），为右转渠化增加了加速和减速车道。如果加速和减速车道的长度足够，这种设计就可以避免排队车辆阻碍进入渠化右转的问题。

第三种设计（图 17.4c）适用于非常大的右转车流的连续运行。接近段路段的车道减少，出口路段的车道增加，为右转车辆提供了一条连续的车道和一条无障碍通道。这种设计需要特殊的场景，在这种情况下，车道减少和车道增加适合相关的干道。为确保有效，出口路段增加的车道不能在距交叉口过近的地方取消。如有必要，在取消前应至少保留几千英尺。

渠化右转可以简化交叉口的运行，特别是在流量很大的地方。它也可以使信号灯更有效，因为渠化右转由"YIELD"标志控制，不需要绿灯时间来服务。

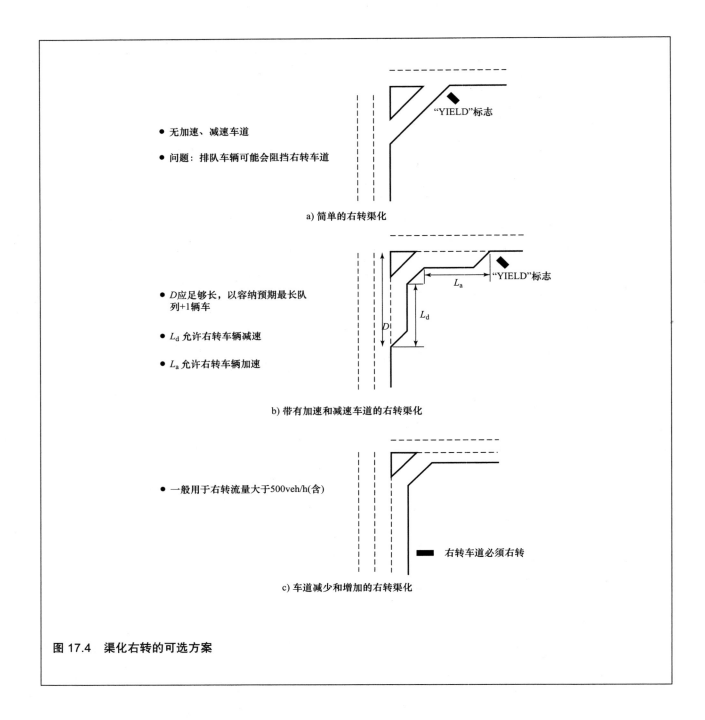

图 17.4　渠化右转的可选方案

17.4　交叉口的特殊情况

本节涉及需要注意的四种特殊的交叉口情况：①交角小于60°或大于120°的交叉口；②T形交叉口；③偏置交叉口；④对左转流量大的特殊处理。

17.4.1　斜交的交叉口

无论是信控还是非信控交叉口，当交叉口的交角为90°时，效果最好。视距更容易界定，而且驾驶人一般都预期交叉口是直角相交。然而，在许多情况下，交叉口的交角不是90°。这种角度可能会给交通工程师带来特别的挑战，尤其是当它们小于60°或大于120°时。这些情况相对来说不常发生。驾驶人通常不太熟悉它们的特殊性，特别是在视线和距离方面。

斜交的交叉口在没有控制的情况下，加上交叉口的高速度，特别危险。这种情况通常发生在远郊地区，涉及主要的州和/或县级公路。图17.5所示的情况就是一个例子。

这个例子是双车道高速度干线160号和190号公路的一个远郊交汇处。考虑到相对平缓的地形、低流量和远郊环境，两处设施的限速均为50mile/h。图17.5也说明了这两种流向代表着一种特殊的风险。160号公路上的西行车辆与190号公路上的东行车辆之间的冲突是一个重大的安全隐患。在图中的交汇处，两条车行路都有类似的设计。因此，没有视觉提示驾驶人哪条路有优先权或路权。鉴于在低流量的远郊环境中设置信号灯一般不太合理，必须考虑其他手段来改善该

交叉口的运行安全。

改善这种情况的最直接方法是改变交叉口的线形，明确哪条路线拥有（优先）通行权。图17.6展示了两种可能的线形调整方案。方案一，190号公路有明显的优先权，在160号公路东段到达或离开的车辆必须通过一个90°的交叉口来完成他们的运行。方案二，160号公路占主导地位，在190号公路东段到达或出发的车辆要通过90°交叉口。在任何一种情况下，90°交叉口都将使用"STOP"标志控制，以明确指定通行权。

虽然对高速度斜交交叉口的最佳解决方案通常是调整线形，但需要有足够的用地来实施这一改变。即使在远郊环境中，也不一定有足够的用地来重新调整交叉口。其他解决方案也可以考虑。渠化可以用来更好地规范交叉口的流向，控制装置可以用来指定通行权。图17.7展示了另一种潜在的设计，它比完全调整线形需要的用地更少。

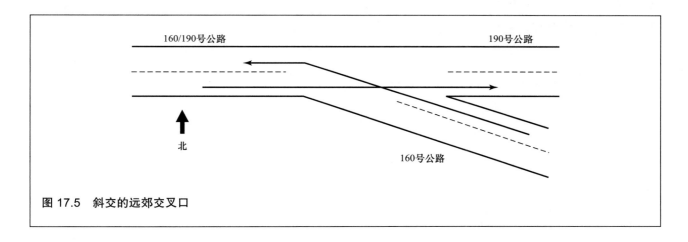

图17.5　斜交的远郊交叉口

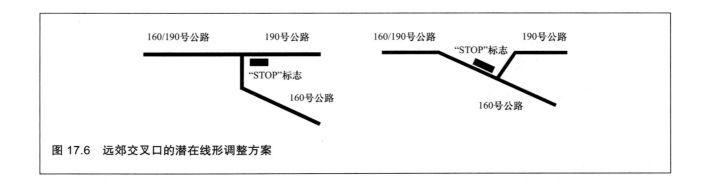

图17.6　远郊交叉口的潜在线形调整方案

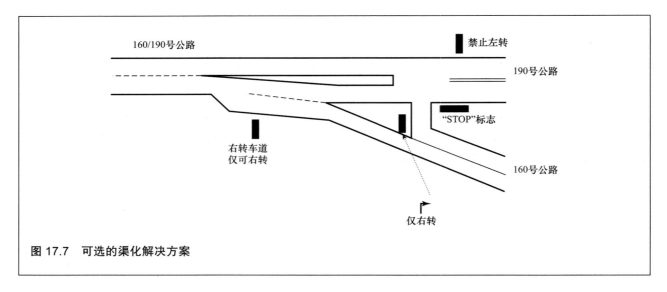

图 17.7　可选的渠化解决方案

在这种情况下，只有 160 号公路的西行方向被重新调整。虽然这仍然需要一些用地，但所需的面积远低于全面重新调整。在 160 号和 190 号公路上提供了额外的渠化来分隔东行流向。除了图 17.7 所示的禁令标志外，警告和方向指路标志将被放置在所有通往交叉口的接近段上。在该解决方案中，必须禁止从 190 号公路左转；必须提供一条替代路线，并设计和放置适当的指路标志。

图 17.7 中的交叉口实质上是一个三肢交叉口。远郊、郊区和城市环境中还有斜交的四肢交叉口，并带来类似的问题。同样，这种交叉口的完全重新改线是最理想的解决方案。图 17.8 呈现了一个交叉口和可能的重新改线，这将消除交汇处的斜交角度。然而，当涉及四肢交叉口时，重新改线的解决方案会产生两个独立的交叉口[⊖]。根据交通量和交叉口的总体交通环境，图 17.8 中建议的重新改线可能会引出信控或非信控交叉口。

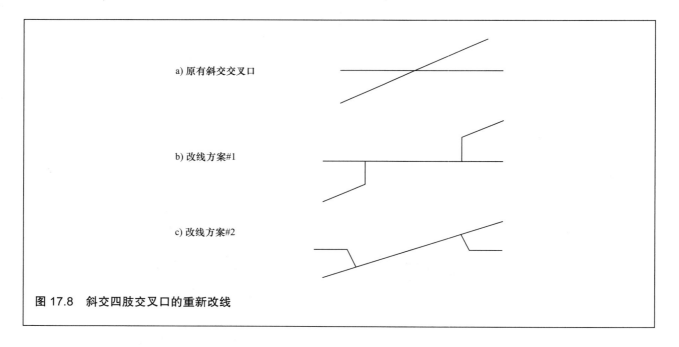

图 17.8　斜交四肢交叉口的重新改线

⊖　通过调整线形亦可达成一个十字交叉口的方案。——译者注

在城市和郊区环境中，如果用地是重新改线交叉口的一个重要障碍，则斜交交叉口的信控可以与渠化相结合，以实现安全和高效的运行。将为直角转向提供渠化的右转，并根据需要提供左转车道（和信控）。

在极端情况下，如果交通量和接近速度带来的危险无法通过正常的交通工程措施来改善，可以考虑提供一个完整的或部分的立交，将两条主路高差分离（Grade-separation）。提供分层也会涉及行车道的一些扩展，在一些郊区和城市环境中的跨线桥（Overpasses）可能涉及视觉影响和／或其他负面的环境影响。

17.4.2　T形交叉口：创意的机会

在许多方面，T形交叉口要比传统的四肢交叉口简单得多。典型的四肢交叉口包含12个车辆流向和4个行人过街流向。而T形交叉口只有6个车辆流向和3个行人过街流向。图17.9说明了这一点。

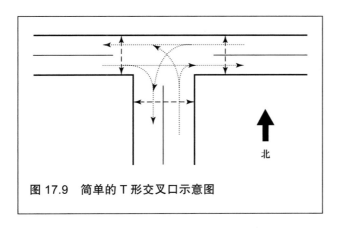

图 17.9　简单的 T 形交叉口示意图

注意，在 T 形交叉口的车辆流向中，只有一个对向的左转——本案例中的 WB 左转流向。因此，冲突更容易管理，必要时信控也更容易解决。

控制方案包括所有普遍适用的交叉口控制方案：

- 无控制（仅警告和指路标志）
- "STOP"或"YIELD"控制
- 信号灯控制

图 17.9 所示的交叉口，每个接近段都有一条车道，没有渠化流向或左转车道。如果在基本的道路规则下，视距条件不适用于无控制运行，就必须考虑"STOP"／"YIELD"控制或信号灯控制。常规依据将适用。

然而，T 形交叉口的形式呈现出一些相对独立的特性，影响到控制的应用。"STOP"控制通常适用于 T 形交叉口的竖线（字母 T 的竖线），但如果进出竖线的交通占主导地位，则有可能对相交道路（字母 T 的横线）采用双向"STOP"控制。

如果需要，图 17.9 中的交叉口所采用的信控完全取决于保护（WB）对向左转的需要。如果左转车流量超过 200veh/h，或左转车流量与每条车道对向车流量的交叉乘积超过 50000，通常建议采用保护相位。如果不需要保护左转，则采用简单的两相位信控方案。如果必须采用保护性对向左转，而且没有可用的左转车道（图 17.9），则必须使用三相位方案。图 17.10 展示了图 17.9 中 T 形交叉口的可能信控方案。三相位方案的效率相对较低，因为三条道路中的每一条都需要一个单独相位。

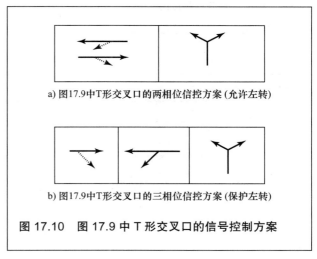

a) 图17.9中T形交叉口的两相位信控方案（允许左转）

b) 图17.9中T形交叉口的三相位信控方案（保护左转）

图 17.10　图 17.9 中 T 形交叉口的信号控制方案

对于需要保护左转相位的方案，增加一条专用的左转车道将简化信号灯的设置。要做到这一点，需要进行渠化并增加一些用地。渠化也可以用其他方式来简化交叉口的整体运行和控制。导流岛可用于为通过右转进入和离开竖线的车辆创建分离的右转通道。无论交叉口控制的主体形式是什么，这种流向都将用"YIELD"控制。

图 17.11 展示了一个 T 形交叉口，其中提供了一条左转车道给对向左转的车辆，右转也是渠化的。假设在该地需要一个带保护左转的信号灯，可以实施图中的信控方案。这个方案比图 17.10 的方案要有效得多，因为 EB 和 WB 的车流可以同时

通行。右转向或多或少地连续通过"YIELD"控制的渠化转向车行路（Turning roadways，车道 + 路肩）。然而，在对信号灯进行配时时，要考虑到排队的可能性，这会阻断进入右转车行路的通道。

如图 17.12 所示，如果交通量足以允许右转车道减少或增加，则可以从信控方案中完全取消右转。右转进入和离开 T 形交叉口的干道成为连续运行。

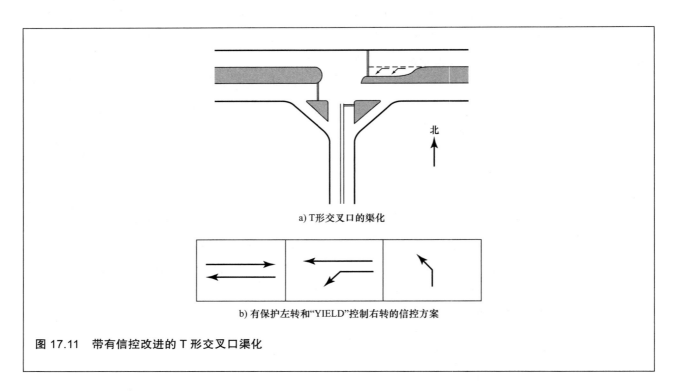

a) T 形交叉口的渠化

b) 有保护左转和"YIELD"控制右转的信控方案

图 17.11　带有信控改进的 T 形交叉口渠化

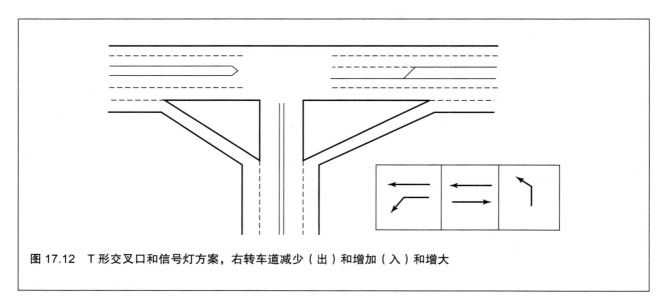

图 17.12　T 形交叉口和信号灯方案，右转车道减少（出）和增加（入）和增大

在某些情况下，可以允许一个 T 形顶部的直行流向在信号灯周期内连续运行。这是有可能的，因为这种流向只与进入干线的左转和离开干线的左转产生合流和分流冲突。如图 17.13 所示，这些冲突可以通过使用渠化进行安全管理。

只有在几乎没有行人穿越 T 形交叉口顶部，或为行人提供天桥或地下通道，并设置有效的隔离防止行人在地面上穿越时，这样的设计和信号灯配时才是可行的。

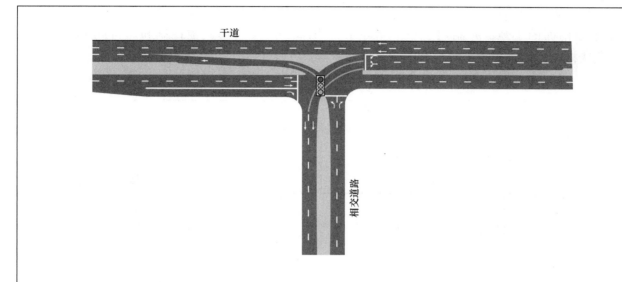

图 17.13　T 形交叉口的连续绿灯用于单向通行

资料来源: Hughes, W., Jagannathon, R., Sengupta, D., and Human, J. "Alternative Intersections/Interchanges: Informational Report," *Publication Number FHWA-HRT-09060*, Federal Highway Administration, Washington, D.C., 2009, Figure 149.

17.4.3　偏置交叉口

交通工程师面临的最困难的问题之一是大流量的偏置交叉口的安全运行。图 17.14 呈现了这样一个具有适度右偏的交叉口。在图中的情况下，驾驶人需要更多视距（与完全对齐的 90° 交叉口相比）来观察从右侧驶来的车辆。因此，建筑物造成的障碍成为一个更严重的问题。除了视距问题外，偏置的交叉口还扭曲了所有流向的正常轨迹，相比正常对齐的交叉口，造成了额外的事故风险。

偏置的交叉口很少是故意设计的。它们是由各种情况引起的，通常涉及长期的历史发展过程。图 17.14 展示了一个相对常见的偏置交叉口的情况。

图 17.14　存在视距和轨迹问题的偏置交叉口

资料来源：照片由 R. Roess 和 J. Ulerio 提供

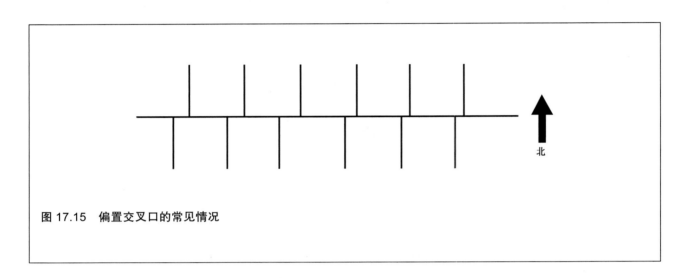

在许多老城区或郊区的发展中，地区和其他法规并不特别严格（在某些情况下，现在仍然如此）。额外的开发是一种经济利益，因为它增加了相关社区的财产税基础。因此，对地区开发的具体设计的坚定控制，并不总是由地区委员会和当局行使。

图 17.15 描述的情况：开发商 A 获得了一条主要干道南面的土地，并制定了一个循环系统，以最大限度地增加地块上可容纳的建筑用地面积。后来，开发商 B 获得了同一干道以北的土地权。同样，一个能提供最大数量开发地块的内部布局被选中。如果没有一个强大的规划委员会或其他监督小组的要求，就不能保证对向的地方街道会"对齐"。在这种情况下，偏置可能而且确实经常发生。在城市和郊区环境中，很少有可能获得足够的用地来重新调整交叉口。因此，必须考虑其他控制和运行此类交叉口的方法。

图 17.15 偏置交叉口的常见情况

如图 17.16 所示，右偏置交叉口带来了两个主要的运行问题。

在图 17.16a 中，从偏置道路左转的轨迹涉及高度的危险。与线形对齐的交叉口不同，从任何一条偏置道路左转的车辆几乎在通过停止线后立即与对面的直行车辆发生冲突。为了避免这种冲突，左转车辆必须向右转，就像对向道路的直行车辆一样，只有当它们在交叉口大约一半的时候才开始左转。当然，这是一条不自然的轨迹，在这样的交叉口经常会发生大量的左转事故。

在图 17.16b 中，突出显示了行人穿越此类道路时的危险。有两条路径是可能的，而且对行人来说都是直觉合理的。他们可以沿着有角度的过街路径从拐角处穿过，也可以垂直穿过。后者将他们过街的一端放在远离街角的地方。然而，垂直过道路可以最大限度地减少穿过道路的时间和距离。另一方面，右转车辆在几乎完成右转后，会在一个意料之外的地方遇到行人冲突。斜置的人行横道增加了行人的风险，但与右转车辆的冲突更接近正常位置。

然而，图 17.16 中没有明确呈现的偏置交叉口的另一个特殊危险是，当车辆在偏置道路之间穿过时，发生侧碰事故的风险会增加。由于所需的角度路径不一定很明显，更多的车辆会在通过时偏离其车道。

当然，有一些补救措施可以将这些额外的危险降到最低。如果路口有信号灯，可以通过在偏移方向使用完全保护的左转相位来消除左转冲突。在这种情况下，左转车辆不会与对向直行的车辆同时进入交叉口区域。但是，这需要将现有的车道之一作为专用转向车道，或者在每条偏移路上增加一条左转车道。如果这无法实现，一个更极端的补救措施是为每条偏移道路提供一个专用信号相位。虽然这将左转车辆与对向车流分开，但信控方案是低效的，如果在对向干道上需要左转相位，则可能导致四相位信号灯配时。

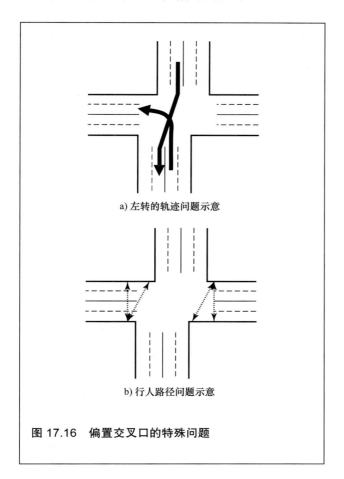

a) 左转的轨迹问题示意

b) 行人路径问题示意

图 17.16　偏置交叉口的特殊问题

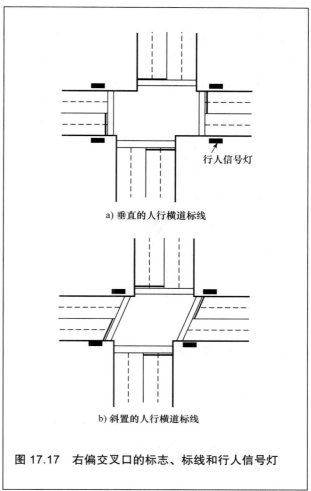

行人信号灯

a) 垂直的人行横道标线

b) 斜置的人行横道标线

图 17.17　右偏交叉口的标志、标线和行人信号灯

为了行人的安全，交通工程师绝对有必要明确指定他们要走的路径。如图 17.17 所示，这要通过正确使用标线、标志和行人信号灯来实现。

人行横道的位置影响着停止线的位置和行人信号灯的位置。信号灯必须位于行人的视线范围内（也就是步行路径）。车辆信号灯配时也受到所实施的过街通道的影响。在使用垂直人行横道的情况下，该路线上停止线之间的距离可能比斜置人行横道要长得多。这就增加了该路线上的全红时段的长度，并增加了信号周期的损失时间。

在极端情况下，当垂直人行横道的执法变得困难时，可以在正常的街角位置设置隔离，防止行人在不适当的或非预期的位置进入街道。

为了帮助车辆沿着适当的路径通过偏置的交叉口，可以增加贯通交叉口的车道虚线和中心线的标线，如图 17.18 所示。延长的中心线标线是黄色的，而车道线是白色的。

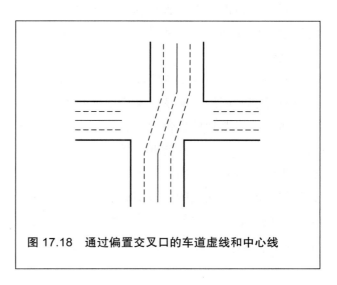

图 17.18　通过偏置交叉口的车道虚线和中心线

左偏置交叉口与右偏置交叉口有一些相同的问题。然而，左转向与对向直行车流的互动并不那么关键。行人与右转向的互动则不同，但可能同样严重。图 17.19 说明了这一点。

图 17.19　左偏置交叉口的冲突

通过偏置交叉口的左转轨迹仍然与对齐的交叉口有很大不同，但左转流向不会像右偏置交叉口那样将车辆立即推入迎面而来的直行流向。侧碰事故仍然是一种风险，可通过延长车道标线来尽量降低这种风险。

在一个左偏置交叉口，斜置人行横道更加困难，因为它使行人比在正常对齐的交叉口更快地与右转车辆发生直接冲突。因此，一般不建议在左偏置交叉口设置斜置人行横道。垂直人行横道的标志、标线和信号灯的设置与右偏置交叉口所用的类似。

在可能的情况下，应尽量避免偏置交叉口。如果有足够的用地，应认真考虑最底层的改线方案。然而，当遇到偏置情况时，这里讨论的交通工程方法可以改善一些与此相关的基本问题。交通工程师应该知晓，由于额外的信号灯相位和更长的损失时间，这里的许多措施将对接近段的容量产生负面影响。然而，这是优化交叉口运行安全的必要代价。

17.4.4　大流量左转的特殊处理方法

一些最难解决的交叉口问题涉及主干道上的大流量左转。适应这样的转向通常需要增加保护左转相位，这通常会降低处理直行的有效容量。在某些情况下，考虑到相关的容量损失，增加一个或多个专属左转相位是不现实的。

必须寻求其他处理方法来处理这种左转流向，目的是保持交叉口的两相位信控方案。有几种设计和控制方法是可行的，包括：

- 禁止左转
- 采用壶柄渠化
- 采用地面环形匝道和菱形匝道（钻石形匝道）
- 采用连续流（或分流的 LT）交叉口（前置左转）
- 采用掉头措施

对于大量的左转需求，禁止左转通常不实用。需要有其他方法来满足这一需求，而将大量的车流分流到"绕行"或类似的路径上，往往会在其他地方产生问题。

所有列出的几何方法都属于"替代"或"分布式"交叉口的范畴，这将在第 26 章详细讨论。

17.5　总结

本章概述了交叉口设计的几个重要元素。但并非详尽无遗，我们鼓励读者查阅标准的参考资料以了解更多相关主题和细节。如前所述，交叉口规划、设计和控制的其他方面将在本书的其他章节介绍。

- 第 18～21 章详细介绍了交叉口的信控。
- 第 16 章涉及交通信号灯硬件，包括控制器、检测器、街道硬件及其在交叉口的布置。
- 第 25 章涉及非信控交叉口，包括环岛。
- 第 26 章讨论立交和替代交叉口。

参考文献

[1] *A Policy on Geometric Design of Highways and Streets*, 6th Edition, American Association of State Highway and Transportation Officials, Washington, D.C., 2014.

[2] *Manual of Uniform Traffic Control Devices*, Federal Highway Administration, U.S. Department of Transportation, 2009, as amended through May 2012.

[3] Kell, J. and Fullerton, I., *Manual of Traffic Signal Design*, 2nd Edition, Institute of Transportation Engineers, Washington, D.C., 1991.

[4] *Traffic Detector Handbook*, JHK & Associates, Institute of Transportation Engineers, Washington, D.C., n.d.

[5] *Highway Capacity Manual, 6th Edition: A Guide for Multimodal Mobility Analysis*, Transportation Research Board, Washington, D.C., 2016.

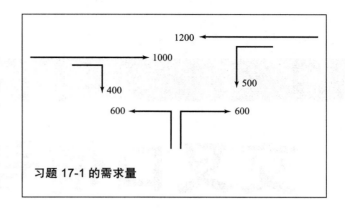

习题 17-1 的需求量

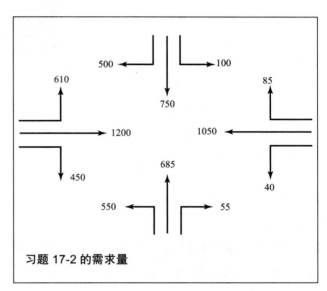

习题 17-2 的需求量

习题

17-1 和 17-2. 下图中的每一组需求都代表了由于大型新开发项目而产生的新交叉口的预期流量（已按 PHF 调整）。假设每个交叉口都有信号灯。在每种情况下，请提出交叉口的设计方案。

17-3. 在 T 形交叉口，使用信号灯为穿越 T 形交叉口顶部的直行提供连续绿灯的要求是什么？

17-4. 为什么会出现偏置交叉口？哪些技术可以用来改善偏置交叉口所带来的一些显著的风险？

交叉口信号灯控制的原则

第 15 章介绍和探讨了交叉口控制的各种选择。《统一交通控制设施手册》[1] 中提出的在交叉口实施信控的依据，为选择适当的交叉口控制形式提供了总体和具体标准。在许多交叉口，对交通量组成、潜在冲突、整体运行安全、运行效率和驾驶人的便利性等因素的综合考虑，是设置交通信控的决策依据。

信控交叉口的运行往往是复杂的，涉及竞争性的车辆和行人流向。适当的信号灯设计和配时方法以及信控交叉口的运行分析方法，需要将驾驶人和行人在信控交叉口的行为以一种易于操作和优化的形式进行建模。本章讨论信控交叉口的一些基本运行特性，以及如何有效地用分析方法来呈现它们。

随后的章节将这些和其他分析元素结合起来，应用于预配时信号灯和感应信号灯的设计和配时，信控交叉口的运行分析，以及信控交叉口的协调，以形成一个信号灯系统。

本章重点讨论信控交叉口运行的以下四个关键方面。

1）驶离时距、饱和流率和损失时间。

2）时间分配和关键车道的概念（称为"配时预估"）。

3）左转（和右转）当量的概念。

4）延误作为有效性的衡量指标。

信控交叉口运行的其他方面也很重要，《道路容量手册》[2] 的分析模型涉及其中诸多方面。然而，这四个方面是理解信控交叉口交通特性的核心。

18.1 术语和定义

交通信号灯是复杂的设备，能以各种不同的模式运行。在进行更实质性的探讨之前，应先了解一些关键术语和定义。

18.1.1　信号灯周期的组成部分

以下术语描述了信号灯周期的部分和子部分。信号灯设计和配时中最基本的单位是周期，定义如下。

1）**周期（Cycle）**。一个信号灯周期是一个完整的循环，遍历所有提供的显示。一般来说，在每个周期内，每一个合法的车辆流向都会得到一个"绿灯"指示，但也有一些例外情况。

2）**周期长度（Cycle length）**。周期长度是指完成一个完整的显示周期所需的时间（以秒计），用符号"C"表示。

3）**时段（Interval）**⊖。时段是信号灯显示没有变化的一段时间。它是一个信号灯周期内描述的最小时间单位。一个信号灯周期内有如下类型的时段。

① **转换时段（Change interval）**。转换时段是一个指定流向的"黄灯"显示。它是"绿灯"到"红灯"过渡的一部分，即将失去"绿灯"的流向会得到一个"黄灯"指示，而所有其他流向则是"红灯"指示。该时段是为了让那些在"绿灯"消失时无法安全停车的车辆能够合法地进入交叉口。转换时段的符号为"y_i"，适用于i流向（组）。

② **清空时段（Clearance interval）**。清空时段也是一个给定流向从"绿灯"到"红灯"的过渡的一部分。在清空时段，所有流向都是"红灯"指示。该时段是为了让在"黄灯"时合法进入交叉口的车辆能在冲突车流被放行之前安全通过交叉口。清空时段的符号是"ar_i"（代表"全红"），适用于i流向（组）。

③ **绿灯时段（Green interval）**。每个流向在信号灯周期内通常有一个绿灯时段。在绿灯时段，允许流向为"绿灯"，而

所有其他流向为"红灯"。绿灯时段的符号是"G_i"，适用于i流向（组）。

④ **红灯时段（Red interval）**。在信号灯周期内，每个流向都有一个红灯时段。所有不允许运行的流向是"红灯"，而那些允许运行的流向是"绿灯"。一般来说，红灯时段与交叉口中所有其他流向的绿灯时段相重叠。注意，对于给定的一个流向或一组流向，"红色"指示在清空（全红）和红灯时段都存在。

4）**相位（Phase）**。一个信号灯相位包括一个绿灯时段，以及紧随其后的转换和清空时段。它是一组时段，允许指定的流向或一组流向运行，并在相冲突的一组流向被放行之前安全终止。

18.1.2　信号灯运行的类型

单个交叉口的交通信号灯可以基于预配时来运行，也可以基于检测器感应部分或全部到达车辆或行人来运行。

1）**预配时运行（Pre-timed operation）**。在预配时运行中，每个周期长度、相位顺序和时段长度是恒定的。信号灯的每个周期都遵循相同的预设方案。现代信号灯控制器可以建立多个预配时。一个内部时钟用于激活每个定义时间段的适当配时。在这种情况下，典型的做法是至少有一个上午高峰、一个下午高峰和一个非高峰的信号灯配时，但也可以定义其他的时间段。

2）**半感应运行（Semi-actuated operation）**。在半感应运行中，检测器被放置在交叉口的次路接近段上，主路上没有检测器。主路的信号灯在任何时候都是绿灯，除非在其中一个次路接近段上出现"调用"或启动的情况。然后，在受到限制的情况下，如主路最小绿灯时间，绿灯被转换到次路。当达到次路的最大绿灯时间，或当检测器监测到次路没有进一步需求时，绿灯就会返回

⊖　有文献称 Interval 为"间隔"。——译者注

到主路。半感应运行通常用于信控的主要原因是"中断连续交通流"，参见第15章。

　　3）**全感应运行（Full-actuated operation）**。在全感应运行中，每个接近段的每条车道都必须由检测器监测。绿灯时间的分配是根据来自检测器的信息和编程的"规则"进行的，这些规则是在控制器中构建的，用于获取和维持绿灯。在全感应运行中，周期长度、相位顺序和绿灯时间的分配可能因周期而异。第20章介绍了更多关于感应信号灯运行的详细内容，以及为此类信号灯配时的方法。

　　在大多数城市和郊区的环境中，沿干线和干线路网中的信控交叉口很近，足以对相邻的信控交叉口的运行产生重大影响。在这种情况下，将信号灯协调成一个信号灯系统是很常见的。在协调的情况下，这种系统试图让车辆在尽可能长的时间内不停车地通过由独立信控交叉口组成的序列。这是通过控制相邻绿灯信号之间的"偏移"来实现的，亦即，下游信号灯的绿灯将在其上游邻居的 x 秒后启动。协调的信号灯系统必须在一个共同的周期长度上运行，因为如果每个交叉口的周期长度不同，就无法保持周期之间的偏移。协调是通过以下各种技术支持的。

　　1）**主控制器**。一个"主控制器"在一组有限的信号灯之间提供联系。大多数这样的控制器可以在一条干道或一个网络中连接 20～30 个信号灯。主控制器为连接的信号灯之间的每个偏移量提供固定的设置。设置可以在一天中的规定时间内改变。

　　2）**计算机控制**。在计算机控制的系统中，计算机作为一个"超大"的主控制器，协调大量（数百个）信号灯的时间。计算机根据放置在整个系统中的检测器的输入，选择或计算出一个最佳协调计划。一般来说，这种选择只在上午或下午的高峰期之前进行一次。因为从一个配时方案到另一个配时方案过渡时，对系统的影响很大，所以在传统系统中是避免在高峰小时进行变换的。在计算机控制的系统中，单个信号灯通常以预配时模式运行。

　　3）**感应交通控制系统（Adaptive Traffic Control Systems，ATCS）**。自20世纪90年代初以来，"感应"（adaptive）交通控制系统得到了快速发展和实施。在这样的系统中，单个交叉口的信号灯配时和偏移都是根据先进的检测系统输入来不断实时调整的。在很多情况下，这种系统在各个交叉口使用感应控制器。尽管该系统仍然需要一个固定的周期长度（可以根据检测器的输入定期改变），但在一个固定的周期长度内连续重新分配绿灯，有助于减少延误和通行时间。感应交通控制系统的一个关键部分是用于监测系统和持续更新配时模式的软件的基本逻辑。目前有许多软件系统在使用，而且产品的清单每年都在增加。

　　第16章的表16.1总结了各种类型的信号灯控制器，并对其使用提供了指导。在1990年之前，几乎所有干道和网络中的协调交通信号灯系统都完全使用预配时信号灯控制器。现在，感应控制器经常被用于协调控制，尽管因此失去了一个主要的可变要素——周期长度。为了协调信号灯，在任何给定的时间段内，周期长度必须是协调的[⊖]，这样，在每个周期内，上游交叉口的绿灯启动和相邻的下游交叉口之间的偏移是恒定的。针对预配时信号灯，由于其实施和维护成本最低，在一天中的主要时段需求相对稳定的情况下，仍然是一个受欢迎的选项。如果需求水平（和各种流向的相对需求）在一天中的所有时间里都有很大变化，感应信号灯可能是最佳选择。即使在使用恒定周期长度的协调下，在规定的相位中调配绿灯时间也能大幅减少延误。

18.1.3　左转和右转的处理

　　如果没有左转，信控交叉口的运行模式就很

⊖　周期相同或是公倍数。——译者注

简单。信控交叉口的左转有三种处理方式供选择。

1）**允许左转**（Permitted left turns）。"允许左转"是指在对向的车流中进行左转。驾驶人有机会穿过对向车流，但必须在对向车流中选择一个适当的间隙来转向。这是在信控交叉口中最常见的左转形式，用于左转流量合理且对向车流中的间隙足以安全容纳左转的场景。

2）**保护左转**（Protected left turns）。"保护左转"是在没有对向车流的情况下进行的。信号灯方案通过停止对向直行车辆来保护左转车辆。这就要求在不同的信号相位上满足左转和对向车流的需求，并导致多相位（超过两个）的信控。在某些情况下，左转是由几何布局或法规来"保护"的。例如，从T形交叉口的竖向道路上左转，由于没有对向车道，就没有对向车流。从单行道左转也同样没有对向车流。

3）**复合左转**（Compound left turns）。可以设计更复杂的信号灯配时，在信号灯周期的一部分是保护左转，而在周期的另一部分是允许左转。周期中保护左转部分和允许左转部分可以按任何顺序设置。根据顺序的不同，这种相位也被称为保护加允许或允许加保护。

允许左转的运行是非常复杂的。它涉及一个左转与一个对向的直行流向之间的冲突。其运行受左转流率和对向流率、对向车道数量、左转是来自专用左转车道还是共用车道以及信号灯配时的细节影响。对这些要素之间的相互作用进行建模是一个复杂的过程，往往需要迭代。

保护和**允许**的术语也可应用于右转。然而，在这种情况下，冲突是在右转车流与冲突的人行横道上的行人流之间。在信控交叉口，绝大多数右转是基于允许规则运行的。保护右转一般发生在为行人提供天桥或地下通道的地方。在这些地方，禁止行人在地面上横过道路。通常需要设置隔离物来达成这种禁令。

18.2　驶离时距、饱和流率、损失时间和容量

信控交叉口的基本要素是交通流的定期停止和重启。图18.1说明了该过程。当显示绿灯信号时，前一个红灯相位停下来储存的排队车辆等待被放行。随着车辆队列的移动，对时距（车头时距）的测量如下。

- 第一个时距是指从绿灯信号启动到第一辆车的前轮越过交叉口或停止线之间的时段。
- 第二个时距是指从第一辆车的前轮越过交叉口或停止线到第二辆车的前轮越过交叉口或停止线之间的时段。
- 随后的时距也用类似的方式测量。
- 只有绿灯亮起时，队列中最后一辆车及其前面的时距被当作在"饱和"条件下运行。

需要注意的是，根据当地的做法，可以在停止线或交叉口（或路缘）线上测量时距。两者都是可以接受的，而且都是常用的。然而，重要的是要记住，无论使用哪一个参考点，都必须在整个信号计时过程中使用（例如在确定"黄灯"和"全红"时段时），并且所有接近段必须一致。

如果在某一地点观察到许多车辆排队，并绘制平均车头时距与车辆队列位置（时距）的关系，就会得出与图18.1b所示类似的趋势。

第一个时距相对较长。第一位驾驶人必须经历完整的感知－反应过程，将他／她的脚从制动踏板移到加速踏板上，并加速通过交叉口。第二个时距较短，因为第二位驾驶人可以与第一位驾驶人的感知－反应和加速过程相重叠。每一个后续的时距都比上一个时距短一点。最终，时距会趋于平缓。这通常发生在排队的车辆在越过停止线时已经充分加速的时候。此时，就形成了一个稳定的移动队列[⊖]。

　　⊖　此处未考虑队列中一些车辆可能会出现迟疑的情况。——译者注

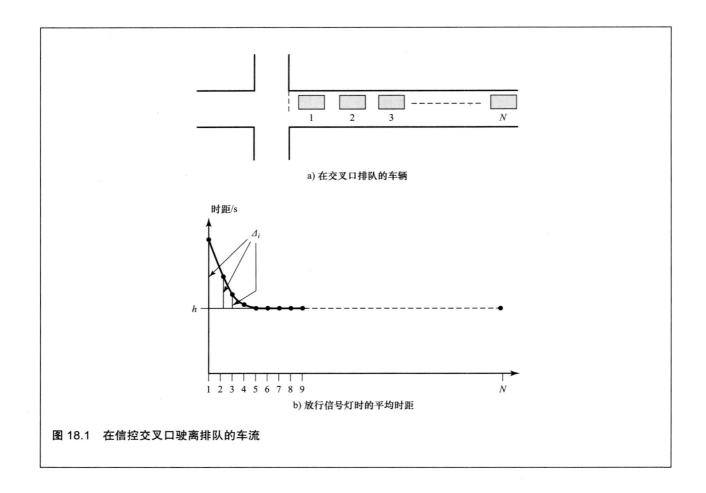

a) 在交叉口排队的车辆

b) 放行信号灯时的平均时距

图 18.1   在信控交叉口驶离排队的车流

18.2.1   饱和时距和饱和流率

如前所述，平均时距将趋于一个恒定值。通常来说，这发生在第四或第五个时距的位置。达到的恒定时距被称为饱和时距，因为它是通过信号灯的饱和、稳定行驶的车辆队列所能达到的平均时距。它的符号为"h"，单位为秒/辆（s/veh）。

假设每辆车（在给定的车道上）进入交叉口平均消耗 h 秒的绿灯时间，这样模拟信控交叉口的表现很方便。如果每辆车都消耗 h 秒的绿灯时间，并且信号灯一直是绿灯，那么每小时就有 s 辆车进入交叉口，这被称为饱和流率：

$$s = \frac{3600}{h} \qquad (18-1)$$

式中 s——饱和流率，每条车道每小时绿灯通过车辆数（veh/hg/ln）；
　　　 h——饱和时距（s/veh）。

如果一个接近段上有多条车道，通常所有车道的饱和时距和流率都不一样。因此，接近段的饱和流率将是组成接近段的各个车道饱和流率的总和。

饱和流率实际上是接近段车道或车道组的容量，如果它们一直可以使用（即如果信号灯一直是绿色的）。当然，对于任何给定的流向，信号灯并不总是绿色的。因此，必须建立一些机制（或模型）来处理各流向的周期性启动和停止的问题。

18.2.2   启动损失时间

每辆车的平均时距实际上大于 h 秒。如图 18.1b 所示，前几辆的时距实际上大于 h 秒。前三或四个时距涉及额外的时间，这源于驾驶人对绿灯信号的反应和加速。这些最初的时距所涉及的额外时间（超过 h 秒的部分）用符号 Δ_i（对于时距 i）来表示。这些额外的时间被加起来，称为启动损失时间：

$$\ell_1 = \sum_i \Delta_i \qquad (18\text{-}2)$$

式中　ℓ_1——启动损失时间（s/phase）；

　　　Δ_i——车辆 i 的增量时距（超过 h 秒）（s）。

因此，可以将放行队列的 n 辆车所需的绿灯时间量建模为

$$T_n = \ell_1 + nh \qquad (18\text{-}3)$$

式中　T_n——排队的 n 辆车通过信控交叉口所需的绿灯时间（s）；

　　　ℓ_1——启动损失时间（s/phase）；

　　　n——排队车数量；

　　　h——饱和时距（s/veh）。

虽然这个特定的模型没有很大用处，但它确实说明了饱和时距和启动损失时间的基本概念。启动损失时间被当作"损失"给车辆使用的时间段。

那么，剩余的绿灯时间，可以假定为以 h 秒/辆的速率使用。

18.2.3　清空损失时间

每次排队车辆在绿灯信号下开始移动时，都会发生启动损失时间。还有一个与在绿灯信号结束时停止排队有关的损失时间。这个时间在现场更难观察，因为它要求停等的车辆队列大到足以消耗所有绿灯时间。在这种情况下，清空损失时间 ℓ_2 被定义为从最后一辆车的前轮越过交叉口或停止线，到后续相位的绿灯信号开始之间的时段。清空损失时间发生在每次车流停止时。

18.2.4　总损失时间和有效绿灯时间的概念

如果启动损失时间发生在每次排队开始移动时，清空损失时间发生在每次车流停止时，那么

对于每个绿灯相位，有

$$t_L = \ell_1 + \ell_2 \qquad (18\text{-}4)$$

式中　t_L——每相位的总损失时间（s/phase）。

所有其他变量定义同前。

损失时间的概念引出了有效绿灯时间的概念。如前所述，实际的信号灯在每个信号相位都要经过一系列的时段，包括：

- 绿灯（Green）；
- 黄灯（Yellow）；
- 全红（All-red）；
- 红灯（Red）。

在建模方面，实际上只关注两个时间段：有效绿灯时间和有效红灯时间。对于任何给定的流向，有效绿灯时间是车辆实际进入交叉口的时间（以每 h 秒一辆车的速率）。有效红灯时间是指车辆不能进入交叉口的时间。有效绿灯时间与实际绿灯时间的关系如下：

$$g_i = G_i + y_i + ar_i - \ell_{1i} - \ell_{2i} \qquad (18\text{-}5)$$

式中　g_i——流向 i 的有效绿灯时间（s）；

　　　G_i——流向 i 的实际绿灯时间（s）；

　　　y_i——流向 i 的黄灯时段（s）；

　　　ar_i——流向 i 的全红时段（s）；

　　　ℓ_{1i}——流向 i 的启动损失时间（s）；

　　　ℓ_{2i}——流向 i 的清空损失时间（s）。

这个模型得出的有效绿灯时间可能被车辆在饱和流率下（即在平均时距为 h 秒/辆时）充分利用。

人们发现，在大多数交叉口，启动损失时间 ℓ_1 是一个相对稳定的值。在没有当地校准测量的情况下，通常使用 2.0s/phase 的默认值。然而，清空损失时间 ℓ_2 通常取决于主要相位的黄灯和全红时段的长度。在一般情况下，有

$$\ell_{2i} = y_i + ar_i - e \qquad (18\text{-}6)$$

式中　ℓ_{2i} —— 第 i 相位的清空损失时间（s/phase）；

　　　y_i —— 第 i 相位的黄灯时段（s）；

　　　ar_i —— 第 i 相位的全红时段（s）；

　　　e —— 侵占时间（s）。

侵占时间 e，是在黄灯和全红期间观察到的车辆实际进入交叉口的时间。

理论上，人们可能会认为这等于黄灯时段，黄灯时段是为了让不能停车的车辆安全进入交叉口，但情况往往不是这样。研究发现，在大多数情况下，侵占时间是相对固定的。在没有本地测量的情况下，经常使用 2.0s 的默认值。

若将式（18-6）代入式（18-5），则可得以下结果：

$$g_i = G_i - \ell_{1i} + e \qquad (18\text{-}7)$$

其中，所有术语定义同前。这个公式还产生了以下的观察结果。当使用 ℓ_{1i} 和 e 的默认值时（都是 2.0s），有效绿灯（g_i）和实际绿灯（G_i）的值相同。

18.2.5　交叉口车道或车道组的容量

饱和流率代表交叉口车道或车道组的容量，假设信号灯始终为绿灯。有效绿灯的实际时间部分由"绿信比"定义，即有效绿灯时间与信号灯周期长度的比率（g/C）。交叉口车道或车道组的容量的计算式为

$$c_i = s_i \left(g_i \middle/ C \right) \qquad (18\text{-}8)$$

式中　c_i —— 车道或车道组 i 的容量（veh/h）；

　　　s_i —— 车道或车道组 i 的饱和流率（veh/hg）；

　　　g_i —— 车道或车道组 i 的有效绿灯时间（s）；

　　　C —— 信号灯周期长度（s）。

例题 18-1：饱和时距和损失时间的概念

考虑在一个信控交叉口的一个给定流向，具有以下已知特性：

- 周期长度 $C = 60s$；
- 绿灯时间 $G = 27s$；
- 黄灯加全红的时间 $Y = y+ar = 4s$；
- 饱和时距 $h = 2.4s/veh$；
- 启动损失时间 $\ell_1 = 2.0s$；
- 清空损失时间 $\ell_2 = 2.0s$。

对于这些特性，这个流向的容量（每条车道）是多少？

这个问题将以两种不同的方法来解决。第一种方法是用 1h 来计算。一旦确定了车辆在饱和流率下每小时使用的时间量，就可以通过假设这些时间是以每 h 秒一辆车的使用速率来求解容量。由于所述的特性是以每相位为基础的，必须将其转换为以每小时为基准。如果知道 1h 内发生的信号灯周期数，就很容易做到。对于一个 60s 的周期，1h 内有 3600/60 = 60 个周期。在这些周期中，主体流向在每个周期内有一个绿灯相位。则有

- 1h 内的总时间：3600s。
- 1h 内的红灯时间：（60–27–4）× 60 = 1740s。
- 1h 内损失的时间：（2.0+2.0）× 60 = 240s。
- 剩余时间，以小时为单位：3600–1740–240 = 1620s。

1h 内剩余的 1620s 时间代表着每 h 秒一辆车的速率可以使用的时间。在这种情况下，$h = 2.4s$。这个数值是通过扣除没有车辆（在主体流向中）有效移动的时间计算得出的。这些时间段包括红灯时间以及每个信号灯周期的启动和清空损失时间。然后，该流向的容量可计算为

$$\frac{1620}{2.4} = 675\,veh/hg/ln$$

解决该问题的第二种方法是利用式（18-6）和式（18-8），其数值如下：

$$s = \frac{3600}{2.4} = 1500\text{veh/hg/ln}$$

$$g = 27 + 4 - 2 - 2 = 27\text{s}$$

$$c = 1500\left(\frac{27}{60}\right) = 675\text{veh/hg/ln}$$

意料之中，这两个结果是相同的。容量的计算方法是分离出可用于相关流向的有效绿灯时间，并假设该时间是以饱和流率（或时距）使用。

18.2.6 关于饱和时距、流率和损失时间的重要调研

为了说明基本概念，本章的后续部分将假设饱和流率（或时距）的数值是已知的。在现实中，饱和流率随各种既有条件的变化而变化，包括车道宽度、重型车辆的存在、接近段纵坡、交叉口附近的泊车条件、大众运输巴士的存在、车辆和行人流率以及其他条件。

Bruce Greenshields 在 20 世纪 40 年代对饱和车流进行了首次重要调研[3]。他的调研结果是，平均饱和流率为 1714veh/hg/ln，启动损失时间为 3.7s。然而，这项研究涵盖了具有不同潜在特性的各种交叉口。后来在 1978 年进行的一项调研[4]重新审查了 Greenshields 的假设，其结果是相同的饱和流率（1714veh/hg/ln），但启动损失时间较低，为 1.1s。

1987 年和 1988 年，对五个城市的交叉口的饱和流率进行了全面调研[5]，以确定对左转的影响。随后，它也产生了大量关于一般饱和流率的数据。表 18.1 汇总了其中的一些结果。

表 18.1 全国范围内调查的饱和流率

项目	单车道接近段	双车道接近段
接近段数量	14	26
15min 的周期数量	101	156
饱和流率 平均 最小 最大	1280veh/hg/ln 636veh/hg/ln 1705veh/hg/ln	1337veh/hg/ln 748veh/hg/ln 1969veh/hg/ln
饱和时距 平均 最小 最大	2.81s/veh 2.11s/veh 5.66s/veh	2.69s/veh 1.83s/veh 4.81s/veh

这些结果显示，饱和流率普遍低于以前的调研（和较高的饱和时距）。然而，这些数据反映了对向的左转、卡车的存在和其他一些"非标准"条件的影响，所有这些都有很大的阻碍效应。然而，这项调研最重要的结果是测量的饱和流率变化很大，无论是在同一地点还是在不同地点，随着时间的推移而变化。即使在基本条件保持相当稳定的情况下，在特定地点观察到的饱和流率的变化也高达 20%～25%。在一篇使用相同数据的博士论文中，Prassas 证明了饱和时距和流率具有显著的随机成分，这使得稳定值的校准变得困难[6]。

该研究还分离了"理想"条件下的饱和流率，其中包括全是小客车、无转向、平坡和 12ft 车道。即使在这些条件下，单车道的饱和流率从 1240pc/hg/ln 到 2092pc/hg/ln 不等，多车道的饱和

流率从 1668pc/hg/ln 到 2361pc/hg/ln 不等。在单车道和多车道上观察到的饱和流率之间的差异也很有趣。单车道接近段有许多独立的特点，这些特点在《道路容量手册》分析信控交叉口的模型中都有涉及。

目前，《道路容量手册》[1]中的标准对单车道和多车道接近段都采用了 1900pc/hg/ln 的理想饱和流率（对于人口大于 25 万的城市，其他地方为 1750pc/hg/ln）。然后根据各种既有条件对这一理想饱和流率进行调整。

该手册还提供了损失时间的默认值。启动损失时间（ℓ_1）的默认值是 2.0s。对于清空损失时间（ℓ_2），默认值随信号灯的"黄灯"和"全红"时间变化，见式（18-6）。

18.3 关键车道和配时预估的概念

在信号灯分析和设计中，"关键车道"和"配时预估"概念密切相关。配时预估，最简单的形式是通过信控将时间分配给交叉口的各种车辆和行人流向。时间是恒定的：一个小时内总有 3600 秒，所有时间都必须被分配。在任何一个小时内，时间都被"预算"给合法的车辆和行人流向以及损失时间。

"关键车道"的概念包括确定特定的车道流向，以控制特定信号相位的时间。考虑图 18.2 中的情况，一个简单的两相位信号灯控制着该交叉口。因此，在一个相位允许所有东—西方向的流向，而在另一个相位允许所有北—南方向的流向。在每个相位中，有 4 条车道同时行驶（每个方向 2 条）。需求并不是平均分配给这些车道的，其中一条车道的交通需求强度最高。信号灯的配时必须适应这条车道的交通，即该相位的"关键车道"。

如图 18.2 所示，信号灯的配时和设计必须适应 1 号和 2 号车道的总需求流率。由于这些车道的需求强度最大，如果信号灯能满足它们，也就

能满足所有其他车道。注意，关键车道是指交通需求最强的车道，而不是具有最高流量的车道。这是因为有许多变量影响交通流。例如，一条左转车辆多的车道可能比相邻的没有转向车辆但车流量较大的车道需要更多时间。

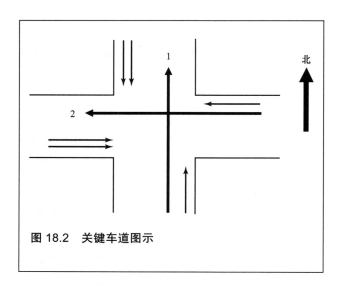

图 18.2　关键车道图示

确定一条车道的交通需求强度，需要考虑到可能影响该车道交通流的既有条件。在为图 18.2 的交叉口制定时间预估时，必须将时间分配给以下四个要素：

- 关键车道 1 上的车辆运动；
- 关键车道 2 上的车辆运动；
- 关键车道 1 上的车辆启动和清空损失时间；
- 关键车道 2 上的车辆启动和清空损失时间。

考虑如下：损失的时间不被任何车辆使用。从总时间中扣除后，剩余的时间是有效的绿灯时间，并被分配给关键车道的需求——在这种情况下，在车道 1 和 2。因此，有效绿灯时间的总量必须足以满足车道 1 和 2（关键车道）的总需求。这些关键需求必须一次满足一辆车，因为它们不能同时移动。

图 18.2 的例子是一种相对简单的情况。一般来说，以下规则适用于关键车道的识别。

1）每个独立信号灯相位都有一个关键车道和一个关键车道流量。

2）除了损失时间，当没有车辆移动时，在信号灯周期的每一秒有效绿灯时间内，必须有且只有一个关键车道在移动。

3）在有重叠相位的情况下，在保持3）项要求的前提下，产生最大关键车道流量总和的潜在车道组合可确定为关键车道。

第19章将详细讨论了如何为各种信号灯配时和设计确定关键车道。

18.3.1　关键车道容量的最大总和：信控交叉口容量的一个观点

可以考虑将最大可能的关键车道流量之和作为交叉口"容量"的一般衡量指标。这与《道路容量手册》中提出的传统容量观点不同，但它是一个有用的概念。

根据定义，每个信号相位都有且只有一个关键车道。除了周期内的损失时间，总有一个关键车道在移动。损失时间发生在每个信号相位，代表任何车道上没有车辆行驶的时间。因此，关键车道流量的最大总和可以通过确定1h内存在多少总损失时间来求解。然后用剩余时间（总有效绿灯时间）除以饱和时距。

为了简化这一推导，我们假设每个相位的总损失时间（t_L）在所有相位都是一个常数。那么，每个信号灯周期的总损失时间为

$$L = N t_L \qquad (18-9)$$

式中　L——每个周期的损失时间（s/cycle）；

t_L——每个相位的总损失时间（$\ell_1 + \ell_2$）（s/phase）；

N——周期中的相位数。

1h内的总损失时间取决于该小时内发生的周期数：

$$L_H = L\left(\frac{3600}{C}\right) \qquad (18-10)$$

式中　L_H——每小时损失的时间（s/h）；

L——每周期损失的时间（s/cycle）；

C——周期长度（s）。

1h内的剩余时间用于关键车道流向的有效绿灯时间为

$$T_G = 3600 - L_H \qquad (18-11)$$

式中　T_G——1h内的有效绿灯时间（s）。

该时间可按每h秒一辆车的速率使用，其中h为饱和时距：

$$V_c = \frac{T_G}{h} \qquad (18-12)$$

式中　V_c——关键车道流量的最大总和（veh/h）；

h——饱和时距（s/veh）。

合并式（18-8）~式（18-11），可得出以下关系：

$$V_c = \frac{1}{h}\left[3600 - N t_L\left(\frac{3600}{C}\right)\right] \qquad (18-13)$$

其中，所有元素定义同前。

例题 18-2：计算关键车道流量的最大总和

考虑图18.2的例子。如果该地点的信号灯有两个相位，周期长度为60s，总损失时间为4s/phase，饱和时距为2.5s/veh，那么最大允许的关键车道流量之和是多少？

关键车道流量的最大总和：

$$V_c = \frac{1}{2.5}\left[3600 - 2 \times 4 \times \left(\frac{3600}{60}\right)\right] = 1248 \text{veh/h}$$

该式表明，1h内有3600/60 = 60个周期。每一个周期都有 $2 \times 4 = 8$s 的损失时间，1h内总共损失 $8 \times 60 = 480$s。剩下的 3600−480 = 3120s 可按每2.5s一辆车的速率使用。

如果将式（18-12）绘制出来，可以观察到关键车道流量的最大总和 V_c、周期长度 C 和相位数 N 之间的有趣关系，如图 18.3 所示。

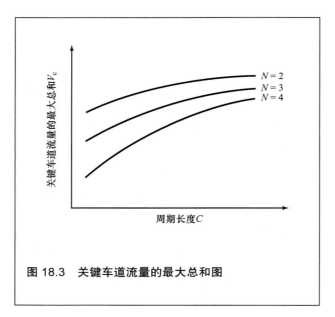

图 18.3　关键车道流量的最大总和图

随着周期长度的增加，交叉口的"容量"也会增加。这是因为每个周期的损失时间是恒定的。周期长度越长，1h 内的周期就越少。这使得 1h 内损失的时间更少，1h 内有效绿灯时间更多，关键车道流量总和更高。然而，注意，随着周期长度的增加，这种关系变得愈加平缓。一方面，作为一般规律，增加周期长度可能会使容量小幅增加。另一方面，仅通过增加周期长度很少能显著增加容量。其他措施，如增加车道数，往往也是必要的。

容量随着相位数的增加而减少。这是因为对于每一个相位，在周期中都有一整组时间损失。因此，两相位信号灯在周期中只有两组时间损失，而三相位信号灯有三组。

这些趋势提供了深度解读，但也提出了一个有趣的问题。鉴于这些趋势，似乎所有信号灯都应该是两相位的，并且在所有情况下都应该使用最大的实际周期长度。毕竟，这种组合显然会产生最高的交叉口"容量"。

除非真正需要，否则使用最大周期长度是不实际的。周期长度比需要的长得多，会增加驾驶人和乘客的延误。延误增加的原因是，有时一个接近段的车辆在等待绿灯，而冲突的接近段却没有需求。较短的周期长度产生较少的延误。此外，没有充足的理由选择最大周期长度。1h 内总会有 3600s，增加周期长度以适应随着时间推移而增加的需求是非常简单的，只需要重新设置本地信号灯控制器。最短周期长度与 0.80 ~ 0.95 范围内的 v/c 比率相一致，通常会获得最少延误。因此，对信号灯容量的看法与对路面容量的看法完全不同。当决定自由流公路（或交叉口接近段）上的车道数量时，最好预留富余的容量（即获取低 v/c 比率）。这是因为一旦建成，在 20 年或更长时间内，工程师不太可能有机会扩建设施，而邻近的地块开发可能使这种扩建无法实施。然而，1h 内的 3600s 是不可改变的，重新调整信号以分配更多的有效绿灯时间是一项简单的任务，不需要现场施工。

18.3.2　寻找适当的周期长度

如果假定一个交叉口的需求是已知的，并且可以确定关键车道，那么可以用已知的 V_c 值求解式（18-12），以找到最小的可接受的周期长度：

$$C_{min} = \frac{N t_L}{1 - \left(\dfrac{V_c}{3600/h}\right)} \qquad (18\text{-}14)$$

因此，如果在图 18.2 的例子中，确定关键车道的实际流量之和为 1000veh/h，则可行的最小周期长度为

$$C_{min} = \frac{2 \times 4}{1 - \left(\dfrac{1000}{3600/2.5}\right)} = 26.2\text{s}$$

在这种情况下，周期长度可以从给定的60s减少到30s（使用有效最小周期长度）。然而，这种计算假设需求 V_c 在整个小时内是均匀分布的，并且每一秒的有效绿灯时间都会被使用。这两个假设都不是很实际。通常来说，信号灯的时间是根据每小时高峰期的15min内的流率来确定的。式（18-13）可以通过修改 V_c 除以已知的高峰小时系数（PHF）来估计该小时内最不利的15min内的流率。同样的，大多数信号灯的实际使用时间是在80%～95%的可用容量之间。由于每个周期和每天的需求都有正常的随机变化，必须提供一些富余容量，以避免个别周期或特定一天的高峰期的失效。如果需求 V_c 也被预期的容量利用率（以小数的形式表示）所除，那么这也是可以考虑的。引入这些变化后，式（18-13）变为

$$C_{des} = \cfrac{Nt_L}{1 - \left[\cfrac{1000}{(3600/h) \times PHF \times (v/c)}\right]} \quad (18\text{-}15)$$

式中　C_{des} ——理想周期长度（s）；

　　　PHF ——高峰小时系数；

　　　v/c ——理想流量与容量比。

　　所有其他元素定义同前。

例题 18-3：确定一个理想的周期长度

再次参考图18.1的交叉口。如果PHF为0.95，希望在1h的高峰期15min内使用不超过90%的可用容量，应该使用什么周期长度？理想的周期长度如下：

$$C_{des} = \cfrac{2 \times 4}{1 - \left[\cfrac{1000}{(3600/2.5) \times 0.95 \times 0.90}\right]} = \frac{8}{0.188}$$
$$= 42.6s$$

在实践中，将采用45s的周期长度。图18.4展示了理想的周期长度、关键车道流量之和与目标 v/c 比率之间的关系，非常有趣。

图18.4说明了指定相位数、饱和时距、损失时间和高峰小时系数的典型关系。如果在任何指定的 V_c 值（关键车道流量总和）上画一条垂直线，很明显，所产生的周期长度对目标 v/c 比率非常敏感。由于每个 v/c 比率的曲线最终都渐近于垂直，不可能总是达到指定的 v/c 比率。

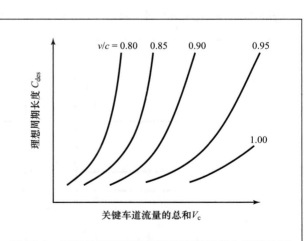

图 18.4　理想的周期长度与关键车道流量之和的关系

例题 18-4：周期长度与 v/c 比率的关系

考虑三相位信号灯的情况，t_L = 4s/phase，饱和时距为 2.2s/veh，PHF 为 0.90，V_c = 1200veh/h。将对 1.00 ~ 0.80 的目标 v/c 比率范围内的理想周期长度进行计算。

$$C_{des} = \cfrac{3 \times 4}{1 - \left[\cfrac{1200}{(3600/2.2) \times 0.90 \times 1.00}\right]}$$

$$= \frac{12}{0.1852} = 64.8 \Rightarrow 65s$$

$$C_{des} = \cfrac{3 \times 4}{1 - \left[\cfrac{1200}{(3600/2.2) \times 0.90 \times 0.95}\right]}$$

$$= \frac{12}{0.1423} = 84.3 \Rightarrow 85s$$

$$C_{des} = \cfrac{3 \times 4}{1 - \left[\cfrac{1200}{(3600/2.2) \times 0.90 \times 0.90}\right]}$$

$$= \frac{12}{0.0947} = 126.7 \Rightarrow 130s$$

$$C_{des} = \cfrac{3 \times 4}{1 - \left[\cfrac{1200}{(3600/2.2) \times 0.90 \times 0.85}\right]}$$

$$= \frac{12}{0.0414} = 289.9 \Rightarrow 290s$$

$$C_{des} = \cfrac{3 \times 4}{1 - \left[\cfrac{1200}{(3600/2.2) \times 0.90 \times 0.80}\right]}$$

$$= \frac{12}{-0.0185} = -648.6s$$

对于这种情况，合理的周期长度可以提供 1.00 或 0.95 的目标 v/c 比率。实现 0.90 或 0.85 的 v/c 比率需要很长的周期长度，超过预配时信号灯 120s 的实际限制。实现 0.90 的 v/c 比率所需的 130s 周期对一个感应信号灯的位置来说可能是可以接受的，或者在一些极端情况下，需要更长的预配时信号灯周期。然而，在任何情况下都不能达到 0.80 的 v/c 比率。负的周期长度意味着在 1h 内没有足够的时间来满足所需的绿灯时间和每个周期 12s 的损失时间。否则就成了在 1h 内必须有超过 3600s 的时间来完成该任务。

例题 18-5：使用时间预估和关键车道概念来探讨车道要求

考虑图 18.5 中所示的交叉口。这个两相位信号灯的关键流向需求与其他关键变量一起显示。使用时间预估和关键车道概念，确定每个关键流向所需的车道数以及可使用的最小理想周期长度。

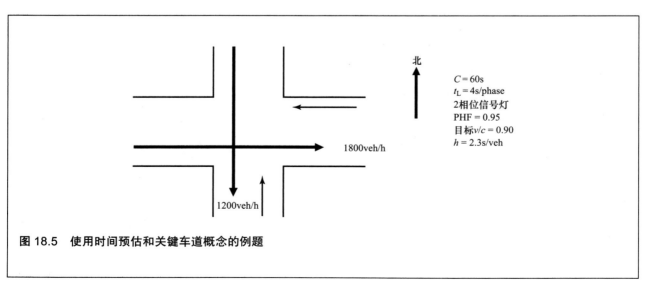

图 18.5 使用时间预估和关键车道概念的例题

假设 60s 周期的初始长度是合理的，并给定其他指定条件，可容纳的最大关键车道流量之和用式（18-13）计算：

$$V_c = \frac{1}{2.3}\left[3600 - 2 \times 4 \times \left(\frac{3600}{60}\right)\right] = 1357\,veh/h$$

SB（向南）的关键流量为 1200veh/h，EB（向东）的关键流量为 1800veh/h。现在要确定每条车道必须划分的数量。无论采用何种组合，这两个接近段的关键车道流量之和必须低于 1357veh/h。图 18.6 展示了一些可能的车道组合，以及由此产生的关键车道流量之和。从图 18.6 的情况可以看出，为了使关键车道流量之和低于 1357veh/h，SB 车道必须至少有 2 条车道，而 EB 车道必须有 3 条车道。考虑到这些需求在其他高峰时段（上午或下午）可能会发

生逆转，南北干线可能需要 4 条车道，而东西干线需要 6 条车道。

如果建立这种方案，V_c 只有 1200veh/h。原先 60s 的周期长度有可能被缩短。可根据式（18-14）计算出一个最小的理想周期长度：

$$C_{min} = \frac{2 \times 4}{1 - \left[\dfrac{1200}{(3600/2.3) \times 0.90 \times 0.95}\right]} = 77.7 \Rightarrow 80s$$

由此得出的周期长度大于预计的 60s，因为式（18-14）同时考虑到 PHF 和目标 v/c 比率。用于计算 V_c 最大值的式（18-12）则没有考虑。它假设了容量的充分利用（v/c = 1.00），并且在 1h 内没有达到峰值。亦即，2×3 车道的方案应与 80s 的周期长度相结合，以达到预期效果。

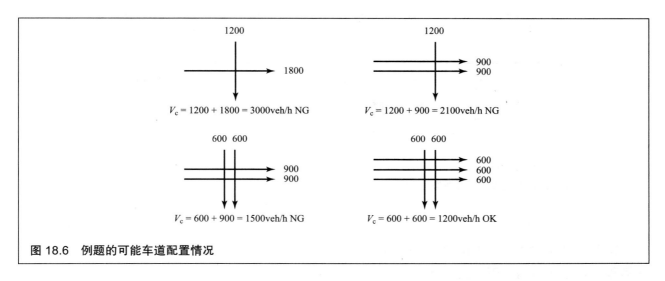

图 18.6 例题的可能车道配置情况

例题 18-5 说明了车道数量与周期长度之间的关键关系。显然，还有其他方案会产生理想的结果。可以在任何一个方向提供额外的车道，这将可以使用较短的周期长度。

不幸的是，在许多情况下，信号灯配时是在已经有固定设计的情况下考虑的。只有在有地可用或正在建设新的交叉口时，才能考虑车道数量的重大变化。为各种流向分配车道也是一个考虑因素。当物理设计和信控可以同步进行时，通常更容易找到最佳的解决方案。

例题 18-6：研究另一种潜在的解决方案

如果在图 18.5 的问题中，将 EB 和 SB 接近段的空间限制为两条车道，结果 V_c 将为 1500veh/h。是否有可能通过延长周期长度来满足该需求？采用式（18-14）计算：

$$C_{min} = \frac{2 \times 4}{1 - \left[\dfrac{1500}{(3600/2.3) \times 0.95 \times 0.90}\right]} = \frac{8}{-0.121} = -66.1s\ NG$$

负值结果表明，在这个地方没有可以容纳 $V_c = 1500\,veh/h$ 的周期长度。

18.4 左转（和右转）当量的概念

在信控交叉口最难建模的过程是左转。左转有几种不同的模式，使用不同的设计元素。左转可以与直行车辆共用的车道（共用车道运行）或以专用左转车辆的车道（专用车道运行）来运行。交通信号灯可能采用允许或保护左转，或两者的某种组合。

然而，无论如何，左转车辆在通过交叉口时，会比直行车辆消耗更多的有效绿灯时间。最复杂的情况是，允许左转的车辆从共用车道穿过对向车流。共用车道上的左转车辆必须等待对向车流中一个可接受的间隙。在等待的过程中，该车辆堵塞了共用车道，而车道上的其他车辆（包括直行车辆）则被挡在其后。一些车辆会变换车道以避免延误，而另一些车辆则无法变换车道，必须等待左转车辆成功完成转向。

许多信控交叉口的模型以"直行车当量"（Through vehicle equivalents）来等量替代（即有多少辆直行车辆在穿越停止线时消耗的有效绿灯时间与一辆左转车辆相同）。考虑一下图 18.7 中描述的情况。如果同时观察到左车道及其右侧车道（直行车道），就可以确定类似于以下表述的等量替代。

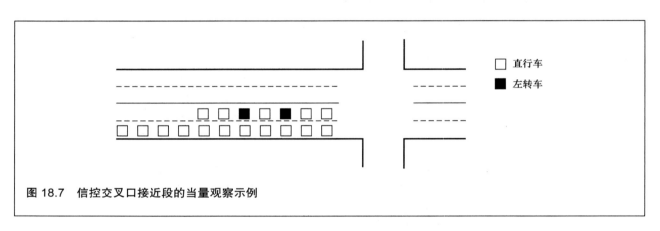

图 18.7　信控交叉口接近段的当量观察示例

在相同的时间内，左边车道驶离了 5 辆直行车辆和 2 辆左转车辆，而右边车道驶离了 11 辆直行车辆。

就所消耗的有效绿灯时间而言，该观察结果意味着 11 辆直行车辆相当于 5 辆直行车辆加上 2 辆左转车辆。若将左转当量系数定义为 E_{LT}，则有

$$11 = 5 + 2E_{LT}$$

$$E_{LT} = \frac{11-5}{2} = 3.0$$

应该注意的是，这种计算方法只适用于观察期内的运行特性。左转当量取决于许多因素，包括左转的方式（保护、允许、混合）、对向交通流和对向车道数量。图 18.8 说明了允许左转的直行车当量的一般关系形式。

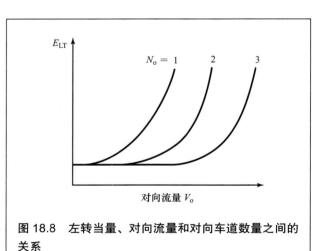

图 18.8　左转当量、对向流量和对向车道数量之间的关系

左转当量 E_{LT} 随着对向流量的增加而增加。然而，对于任何给定的对向车流，当对向车道的数量从 1 条增加到 3 条时，当量就会减少。后一种关系不是线性的，因为在多车道对向交通流中

选择一个间隙的任务，比在单车道对向交通流中选择一个间隙更难。此外，在多车道的交通流中，车辆并不会齐头并进，间隙分布也不会随着对向交通每车道流量的减少而有很大改善。为了说明左转当量在建模中的应用，请考虑例题18-7。

例题 18-7：左转当量

一个信控交叉口有 2 条车道，允许左转，10% 的左转车辆，左转当量为5.0。直行车辆的饱和时距为2.0s/veh。确定该接近段上所有车辆的等效饱和流率和时距。

左转当量可以解释为每辆左转车消耗的有效绿灯时间是直行车辆的5.0倍。因此，在所述情况下，10% 的交通流的饱和时距为 $2.0 \times 5.0 = 10.0$ s/veh，而其余车辆（90%）的饱和时距为 2.0s/veh。因此，所有车辆的平均饱和时距为：

$$h = (0.10 \times 10.0) + (0.90 \times 2.0) = 2.80 \text{ s/veh}$$

这对应的饱和流率为

$$s = \frac{3600}{2.80} = 1286 \text{veh} / \text{hg} / \text{ln}$$

一些模型，包括《道路容量手册》中的，校准了一个乘法调整系数，将理想（或直行）的饱和流率转换为既有条件（Prevailing conditions）下的饱和流率。

$$s_{\text{prev}} = s_{\text{ideal}} \times f_{\text{LT}}$$

$$f_{\text{LT}} = \frac{s_{\text{prev}}}{s_{\text{ideal}}} = \frac{(3600 / h_{\text{prev}})}{(3600 / h_{\text{ideal}})} \quad (18\text{-}16)$$

$$= \frac{s_{\text{ideal}}}{s_{\text{prev}}}$$

式中　s_{prev}——既有条件下的饱和流率（veh/hg/ln）；

s_{ideal}——理想条件下的饱和流率（veh/hg/ln）；

f_{LT}——左转调整系数；

h_{ideal}——理想条件下的饱和时距（s/veh）；

h_{prev}——既有条件下的饱和时距（s/veh）。

实际上，在开始的计算中，既有条件下的饱和时距 h_{prev} 的计算方法是：

$$h_{\text{prev}} = (P_{\text{LT}} E_{\text{LT}} h_{\text{ideal}}) + [(1 - P_{\text{LT}}) h_{\text{ideal}}] \quad (18\text{-}17)$$

结合式（18-16）和式（18-17）：

$$f_{\text{LT}} = \frac{h_{\text{ideal}}}{(P_{\text{LT}} E_{\text{LT}} h_{\text{ideal}}) + [(1 - P_{\text{LT}}) h_{\text{ideal}}]}$$

$$f_{\text{LT}} = \frac{1}{P_{\text{LT}} E_{\text{LT}} + (1 - P_{\text{LT}})} = \frac{1}{1 + P_{\text{LT}}(E_{\text{LT}} - 1)}$$

$$(18\text{-}18)$$

例题 18-8：定义左转调整系数

现在可以用左转调整系数来解决例题18-7。注意，在理想条件下的饱和时距为3600/2.0=1800veh/hg/ln。那么：

$$f_{\text{LT}} = \frac{1}{1 + 0.10(5 - 1)} = 0.714$$

$$s_{\text{prev}} = 1800 \times 0.714 = 1286 \text{veh} / \text{hg} / \text{ln}$$

结果与例题18-7相同。

了解左转当量的概念很重要。它在乘法调整系数中的使用往往掩盖了其意图和意义。然而，基本概念是不变的——当量基于这样一个事实，即左转车辆所消耗的有效绿灯时间是 E_{LT} 乘以类似直行车辆所消耗的有效绿灯时间。

类似的情况也可以用来描述右转的影响。右转通常是通过紧邻右转的人行横道上的行人冲突流进行的。与左转一样，这种相互作用导致右转车辆比直行车辆消耗更多的有效绿灯时间。当量系数 E_{RT} 用于量化这些影响，其使用方式与左转当量系数的描述相同。信控交叉口和其他交通模型也使用其他类型的当量系数。重型车辆和当地巴士的当量具有类似的含义，并引出类似的公式。其中一些已在前几章中讨论，其他将在后续章节中探讨。

18.5　延误作为衡量效率的指标

信控交叉口是地面街道网络中的点状位置。作为点的位置，用于道路路段的运行质量或效率的衡量指标是不相关的。速度在一个点上没有意义，而密度需要有一定长度的路段来测量。有许多指标用于描述信控交叉口的运行效果，其中最常见的是：

- 延误（Delay）；
- 排队（Queuing）；
- 停车（Stops）。

这些指标都是相关的。延误指的是通过交叉口所消耗的时间——到达时间与离开时间之间的差值，这些可以用许多不同的方式来定义。排队指的是在红灯相位，被迫在停止线后排队的车辆数量，常见的指标包括平均排队长度或百分位排队长度。停车指的是必须在信号灯前停车的车辆的百分比或数量。

18.5.1　延误的类型

用于描述信控交叉口运行绩效的最常见指标是延误，排队和／或停车常作为次要指标。虽然有可能在现场测量延误，但这是一个困难的过程，不同的观察者可能有不同的判断，进而产生不同的结果。因此，对许多目的来说，有一个估计延误的预测模型是很方便的。然而，延误可以通过许多不同的方式进行量化。最经常使用的延误形式定义如下。

1）**停等延误**（Stopped-time delay）。停等延误是指车辆在等待通过交叉口时停在队列中的时间，平均停等延误是指定时间段内所有车辆的平均数。

2）**接近延误**（Approach delay）。接近延误包括停等延误，但增加了从接近速度减速到停止的时间损失和重新加速到所需速度的时间损失。平均接近延误是指在特定时间段内所有车辆的平均值。

3）**排队延误**（Time-in-queue delay）。排队延误是指车辆从加入交叉口队列到驶离时越过停止线的总时间。同样，平均排队延误是指在特定时间段内所有车辆的平均延误时间。

4）**通行延误**（Travel time delay）。这是一个更加概念性的数值。它是驾驶人预期通过交叉口（或任何路段）的通行时间与实际所需时间之间的差异。鉴于建立一个"期望的"通过交叉口的通行时间的困难，该值很少被使用，除了作为一个"哲学"概念之外。

5）**控制延误**（Control delay）。控制延误的概念是在 1994 年版《道路容量手册》中提出的，并包含在当前的版本中。它是由控制设施引起的延误，可以是交通信号灯，也可以是"STOP"标志。它大约等于排队延误时间加上加速 – 减速延误时间。

图 18.9 说明了一辆车接近红灯时的三种延误类型。

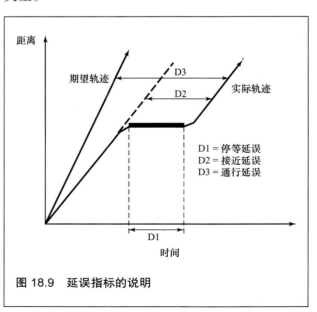

图 18.9　延误指标的说明

该车的停等延误只包括停在信号灯处的时间。它从车辆完全停止时开始，到车辆开始加速时结束。接近延误包括由于减速和加速造成的额外时间损失。它是通过延长接近车辆的速度斜线来标定的，就像没有信号灯存在一样。接近延误是假设接近速度斜线的延长和实现完全加速后的离开斜线之间的水平（时间）差。通行延误是假设的期望速度线与实际车辆斜线之间的时间差。排队延误不能用一辆车来有效显示，因为它涉及加入和离开队列的几辆车。

延误的衡量指标可以是一辆车的，也可以是特定时间段内所有车辆的平均值，或者是特定时间段内所有车辆的总和值。总的延误是以指定时间段内所有车辆的总车秒、车分或车小时来衡量的。个体平均延误一般以指定时段内的"s/veh"数表示。

18.5.2　延误的基本理论模型

几乎所有延误分析模型都是从给定信号地点的累积车辆到达和离开的时间图开始的。如图18.10所示，时间轴被划分为有效绿灯和有效红灯时期。

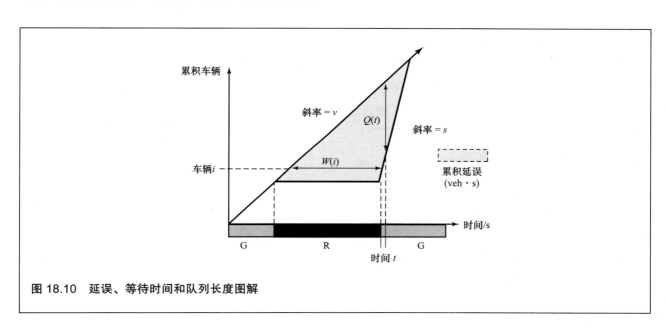

图18.10　延误、等待时间和队列长度图解

假设车辆以每单位时间（本例中为秒）v 辆的均匀流率到达。这表现在到达曲线的恒定斜率上。均匀到达假设车辆间的到达时间是一个常数。因此，如果到达流率 v 是 1800veh/h，那么每 3600/1800 = 2.0s 就有一辆车到达。

假设没有预先存在的队列，当绿灯亮起时，到达的车辆继续通过路口（即驶离曲线与到达曲线相同）。然而，当红灯亮起时，车辆继续到达，没有车辆驶离。因此，在红灯时段内，驶离曲线与 X 轴平行。当下一个有效绿灯开始时，在红灯时段排队的车辆会驶离路口，现在的饱和流率是 s，单位是 veh/s。对于稳态运行，这里描述的是，在下一个红灯时段开始之前，驶离曲线"赶上"到达曲线（即在有效绿灯结束时，没有剩余的或尚未服务的队列）。

这种对信号灯到达和驶离的简单描述可以对以下三个关键参数进行估计。

- 任何车辆 i 在队列中等待的总时间 $W(i)$，是由到达时间与驶离时间之间的水平时间刻度差给出的。
- 在任何时间 t 排队的车辆总数 $Q(t)$，是到达的车辆数量与驶离的车辆数量之间的垂直车辆刻度差。

- 所有通过信号灯的车辆的总延误是到达与驶离曲线围合的面积（车辆 × 时间）。

注意，由于该图展示的是车辆到达排队和驶离排队的情况，这个模型最能代表被定义为排队时间的延误。然而，在构建这个简单的延误描述时，有许多简化的假设。了解以下两个主要简化是很重要的。

- 统一到达率的假设是一种简化。即使在一个完全独立的地方，实际到达也是随机的，也就是说，随着时间的推移，会有一个平均速率，但车辆之间的到达时间会围绕着平均速率变化，而非恒定的。而且，在协调的信号灯系统中，车辆以车列形式到达。

- 假设排队是在一个点上建立的（就像车辆竖向堆积在一起）[⊖]。在现实中，随着队列的增长，车辆到达终点的速率是车辆的到达率（在一个点上），加上一个代表队列在空间中向后增长的部分。

这两种情况都会对实际结果产生重大影响。现代模型对前者的考虑方式将在后面讨论。然而，"点状队列"（Point queue）的假设已被嵌入许多现代应用中。

图 18.11 扩展了图 18.10 的范围，展示了一系列的绿灯相位，并描述了三种不同类型的运行。它还允许到达函数 $a(t)$ 的变化，同时保持之前描述的驶离函数 $d(t)$。

图 18.11a 展示了整个描述期间的稳态流。没有一个信号灯周期是"失效"的（即在前一个红灯期间有一些车辆排队，但尚未服务）。在每个绿灯相位，驶离函数"赶上"到达函数。这个时期的总延误是到达与驶离曲线之间所有三角形区域的总和。这种类型的延误通常被称为"统一延误"（Uniform Delay）。

在图 18.11b 中，一些信号相位"失效"。在第二和第三个绿灯时段结束时，一些车辆没有得

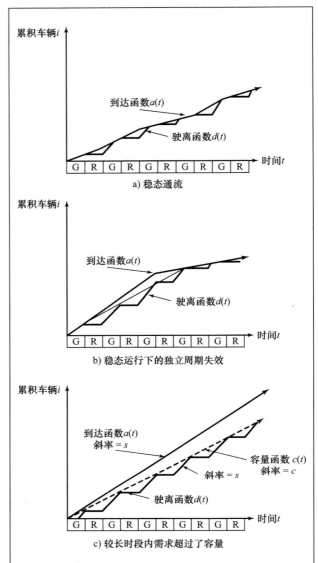

图 18.11　三种延误情形

资料来源：Adapted with permission of Transportation Research Board, National Research Council, Washington, D.C., from V.F. Hurdle, "Signalized Intersection Delay Model: A Primer for the Uninitiated," *Transportation Research Record 971*, 1984, pgs 97, 98.

到服务（即必须等待第二个绿灯时段才能驶离交叉口）。然而，当整个时间段结束时，驶离函数已经"赶上"到达函数，没有剩余的队列尚未得到服务。该例子代表了一种情况，即整个分析期是稳态的（总需求不超过总容量）。然而，期间内的

⊖ 指这里没有考虑车流排队的"波效应"。——译者注

个别周期失效已经发生。对于这些时段，除了统一延误外，还有第二个延误成分。它由到达函数与虚线之间的区域组成，虚线代表交叉口放行车辆的容量，其斜率为 c。这种延误称作"溢出延误"（Overflow Delay）。

图 18.11c 展示了最不利的情况。在相当长的一段时间内，每个绿灯时段都"失效"了，累积的，或者说没有得到服务的车辆队列在整个分析期内持续增长。在这种情况下，溢出延误部分会随着时间的推移而增长，很快就会使统一延误部分相形见绌。

后一种情况说明了一个重要的实际运行特性。当需求超过容量时（$v/c>1.00$），延误取决于该状况存在的时间长度。在图 18.11b 中，该条件只存在于两个相位。因此，队列和由此产生的溢出延误是有限的。在图 18.11c 中，状况存在的时间很长，延误在整个过饱和期持续增长。

延误的组成部分

在预测延误的分析模型中，对以下三种不同的延误进行区分。

* **统一延误**（Uniform Delay）是基于均匀到达和稳态流的假设，没有周期失效的延误。
* **随机延误**（Random Delay）是超出统一延误的额外延误，因为流量是随机分布的，不是在独立的交叉口均匀分布的。
* **溢出延误**（Overflow Delay）是指当单个相位或一系列相位的容量小于需求或到达流率时发生的额外延误。

此外，车列流（Platoon flow）（非均匀或随机）的延误影响被视为对统一延误的调整。许多现代模型将随机延误和溢出延误合并为一个函数，称为"溢出延误"，尽管它包含这两个部分。

图 18.12 说明了均匀（Uniform）、随机（Random）和车列（Platooned）到达之间的区别。如前所述，大多数延误模型的分析基础是假设均匀到达，如图 18.12a 所示。然而，即使在孤立的交叉口，到达也是随机的，如图 18.12b 所示。在随机到达的情况下，到达的基本速率是一个常数，但到达的时段是围绕一个均值的指数分布。在大多数城市和郊区的场景下，信控交叉口很可能是协调信号灯系统的一部分，到达的车辆将是有组织的车列，在干道上成队移动，如图 18.12c 所示。一个车列到达下游信号灯的确切时间对延误有巨大的潜在影响。一个车列在红灯开始时到达，迫使大多数车辆在红灯相位的整个过程中停下来。同样的一个车列在绿灯相位开始时到达，可能会在没有任何车辆停止的情况下通过交叉口。在这两种情况下，到达的流率 v 和交叉口的容量 c 都是一样的。然而，由此产生的延误将有很大的不同。因此，车列到达的存在需要对基于理论中均匀或随机流率的模型进行很大修正。

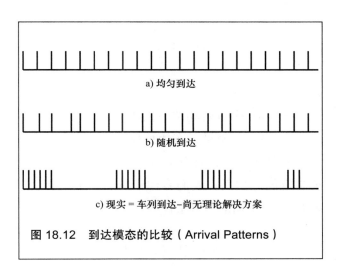

图 18.12　到达模态的比较（Arrival Patterns）

Webster 的统一延误模型

几乎所有的延误模型都是从 Webster 的统一延误模型开始的。这个模型最初发表于 1958 年 [7]，它从图 18.13 中描述的简单的延误图开始，假设是稳态流和简单的均匀到达函数。如前所述，总延误可以估计为图中到达与驶离曲线围合的面积。因此，Webster 的统一延误模型是由到达和驶离函数形成的三角形的面积。为了清楚起见，再次将这个三角形呈现在图 18.13 中。

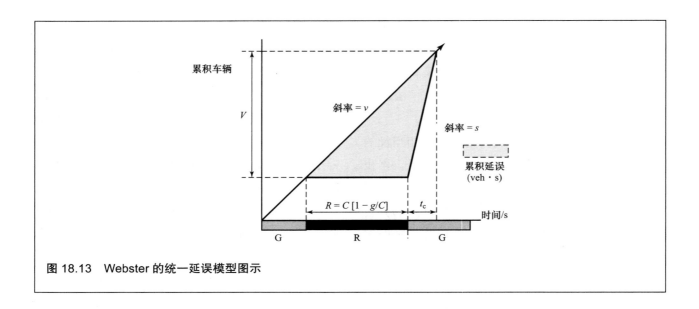

图 18.13　Webster 的统一延误模型图示

延误总和三角形的面积是 1/2 底边长乘以高度，或

$$UD_a = \frac{1}{2}RV$$

式中　UD_a——统一延误合计（veh·s）；

　　　　R——红灯相位的长度（s）；

　　　　V——排队的车辆总数（veh）。

按照惯例，交通模型不是以红灯时间为标准来制定的。相反，人们专注于绿灯时间。因此，Webster 用下面的当量来代替红灯相位的长度：

$$R = C[1 - (g / C)]$$

式中　C——周期长度（s）；

　　　　g——有效绿灯时间（s）。

即，红灯时间是周期长度中非有效绿灯的部分。

三角形的高度 V 是排队的车辆总数。实际上，它包括在红灯相位到达的车辆，加上那些在排队驶离交叉口时加入队尾的车辆（即在图 18.13 中的时间 t_c）。因此，确定排队消除的时间 t_c 是模型的一个重要部分。这是通过设定 $R + t_c$ 期间到达的车辆数量等于 t_c 期间驶离的车辆数量来实现的，那么：

$$v(R + t_c) = st_c$$

$$R + t_c = \left(\frac{s}{v}\right)t_c$$

$$R = t_c\left[\left(\frac{s}{v}\right) - 1\right]$$

$$t_c = \frac{R}{\left[\left(\dfrac{s}{v}\right) - 1\right]}$$

然后，代入 t_c 得

$$V = v(R + t_c) = v\left[R + \frac{R}{\dfrac{s}{v} - 1}\right] = R\left(\frac{vs}{s - v}\right)$$

而对 R 来说，

$$V = C[1 - (g / C)]\left[\frac{vs}{s - v}\right]$$

那么，延误合计可以表示为

$$UD_a = \frac{1}{2}RV = \frac{1}{2}C^2[1 - (g / C)]\left[\frac{vs}{s - v}\right] \quad (18\text{-}19)$$

其中所有变量定义同前。

式（18-19）估计了一个信号灯周期的统一延误总量，单位为"veh·s"。为了得到每辆车的平均统一延误（Average Uniform Delay）的估计值，将总量除以周期内到达的车辆数，即 $v \times C$，则

$$\text{UD} = \frac{1}{2}C\frac{[1-g/C]^2}{[1-v/s]} \qquad (18\text{-}20)$$

式（18-20）的另一种形式是使用容量 c，而不是饱和流率 s。注意到 $s = c/(g/C)$，得出：

$$\text{UD} = \frac{1}{2}C\frac{[1-(g/C)]^2}{[1-(g/C)(v/c)]} = \frac{0.50C[1-(g/c)]^2}{1-(g/C)X} \qquad (18\text{-}21)$$

式中 UD——每辆车的平均统一延误（s/veh）；

　　　C——周期长度（s）；

　　　g——有效绿灯时间（s）；

　　　v——到达流率（veh/h）；

　　　c——交叉口的容量（veh/h）；

　　　X——v/c 比率，或饱和度。

该平均值包括绿灯期间到达和驶离的车辆，不产生延误。这是很恰当的。信控的目标之一，是尽量减少必须停车的车辆的数量或比例。任何有意义的绩效评测都必须包括没有延误的车辆的积极影响。

在式（18-21）中，必须注意到 X 的最大值（v/c 比率）是1.00。由于统一延误模型假设没有溢出，v/c 比率的值不会超过1.00。

随机延误模型

统一延误模型假设到达的车辆是均匀的，并且没有信号相位失效（即在分析期间的每个信号灯周期内，到达的流量都小于容量）。

在独立的交叉口，车辆的到达更可能是随机的。一些随机模型已经被开发出来，包括 Newall[8]、Miller[9, 10] 和 Webster[7]。这些模型假设车辆间的到达时间是按照泊松分布的，基本的平均到达率为"v 辆车 / 单位时间"。这些模型既考虑了到达的潜在随机性，也考虑了在一个需求周期内一些 v/c<1.00 的单个周期可能由于这种随机性而失

效的事实。这种额外的延误有时被称为"溢出延误"，但它不涉及整个分析周期内 v/c>1.00 的情况。本书将随机性导致的额外延误称为"随机延误"（Random Delay, RD），以区别于 v/c>1.00 时的真正溢出延误。最经常使用的随机延误模型是 Webster：

$$\text{RD} = \frac{X^2}{2v(1-X)} \qquad (18\text{-}22)$$

式中 RD——每辆车的平均随机延误（s/veh）；

　　　X——v/c 比率。

人们发现式（18-22）在一定程度上高估了延误，韦伯斯特建议将总延误（统一延误和随机延误的总和）估计为

$$D = 0.90(\text{UD} + \text{RD}) \qquad (18\text{-}23)$$

其中，D 是统一延误和随机延误之和。

溢出延误模型

"过饱和"用于描述一个较长的时间段，在此期间，到达车辆超过了交叉口引导驶离车辆的容量。在这种情况下，队列增长，除了统一延误外，还会产生溢出延误。由于溢出延误包括了一系列扩展相位的失效，它也包含了一部分随机延误。

图18.14说明了 v/c > 1.00 的一个时间段。同样，在统一延误模型中，假设到达函数是均匀的。在过饱和期间，延误包括统一延误（在容量和驶离曲线围合的三角形中）和溢出延误（在到达和容量曲线围合的增长三角形中）。在这种情况下，统一延误部分的公式可以简化，因为 v/c 比率（X）是统一延误部分的最大值1.00，那么：

$$\begin{aligned}
\text{UD}_o &= \frac{0.50C[1-(g/C)]^2}{1-(g/C)X} \\
&= \frac{0.50C[1-(g/C)]^2}{1-(g/C)1.00} = 0.50C[1-(g/C)]
\end{aligned}$$
$$(18\text{-}24)$$

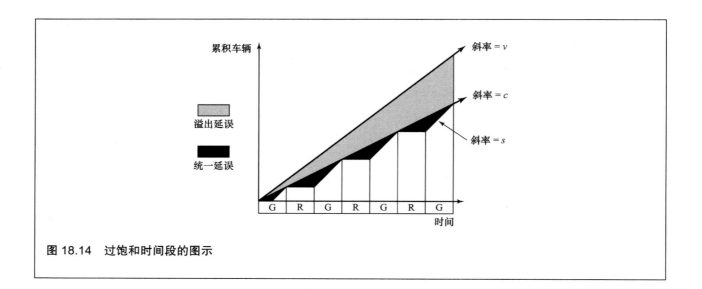

图 18.14   过饱和时间段的图示

在此基础上，必须加上溢出延误。图 18.15 说明了如何估计溢出延误。溢出延误的累积量和平均值可以估计为

$$OD_a = \frac{1}{2}T(vT - cT) = \frac{T^2}{2}(v-c)$$

$$OD = \frac{T}{2}[X - 1] \qquad (18\text{-}25)$$

式中 OD_a——累积溢出延误（veh·s）；

　　　OD——每辆车的平均溢出延误（s/veh）。

　　　其他参数定义同前。

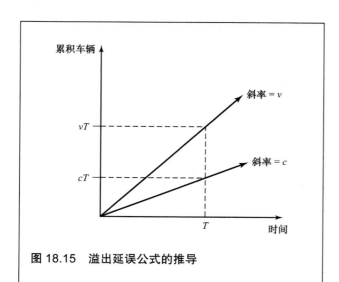

图 18.15   溢出延误公式的推导

在式（18-25）中，平均溢出延误是通过将总延误除以在时间 T 内消散的车辆数量 cT 得到的。与统一延误的表述不同，在一个周期内到达的车辆数量和消散的车辆数量是相同的，溢出延误三角形包括在时间 T 内到达的车辆，但在时间 T 内没有驶离的车辆。因此，延误三角形只包括车辆在时间 T 内累积的延误，而不包括时间 T 后仍"卡在"队列中的车辆将经历的额外延误。

式（18-25）可以使用任何时间单位来表示 T。由此产生的溢出延误OD，将与 T 的单位相同，以每辆车为单位。

式（18-25）是随时间变化的（即过饱和期越长，延误越大）。然而，这掩盖了一个重要的问题：在时间 T 内较早到达的车辆比在时间 T 内较晚到达的车辆经历的延误要少得多。可以建立一个 T_1 到 T_2 时间段的平均溢出延误模型，如图 18.16 所示。注意，形成的延误区域是一个梯形，而不是一个三角形。

由此得出的 T_1 到 T_2 时间段内每辆车的平均延误模型为

$$OD = \frac{T_1 + T_2}{2}(X - 1) \qquad (18\text{-}26)$$

其中所有变量定义同前。注意，在 $T_1 + T_2$ 的表述中，延误区域的梯形结果，强调了随着过饱

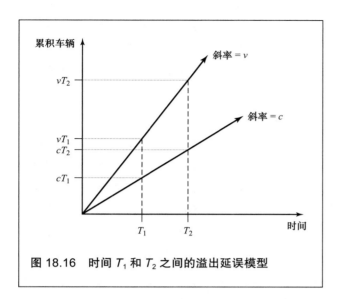

图 18.16　时间 T_1 和 T_2 之间的溢出延误模型

值的增加而均匀增加。

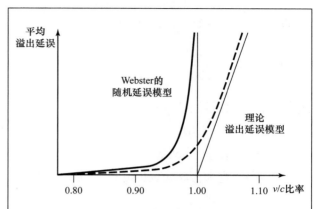

图 18.17　随机与溢出延误模型的比较

资料来源：Adapted with permission of Transportation Research Board, National Research Council, Washington, D.C., from Hurdle, V.F. "Signalized Intersection Delay Model: A Primer for the Uninitiated, *Transportation Research Record 971*, 1984, pg101.

和状态的持续时间延误的增长。另外，式（18-26）预测的是在指定的时段内，即 T_1 到 T_2 期间，每辆车发生的平均延误。因此，在 T_1 时间之前到达但在 T_1 之后驶离的车辆的延误，只包括其在指定时间内的延误程度，而不是他们在 T_1 之前排队时可能经历的任何延误。同样的，在 T_2 之后驶离的车辆在 T_2 之后确实有一个延误部分，但没有包括在该式中。

这三种延误——统一延误、随机延误和溢出延误——可以用相对简单的参数建模，只要在到达和驶离流量以及排队的性质方面做出简化假设，特别是在过饱和期间。下一节开始考虑直接使用这些简化模型所带来的一些复杂问题。

18.5.3　随机与溢出延误的不一致之处

图 18.17 说明了前面讨论过的随机和溢出延误模型中的一个基本不一致之处。当 v/c 比率（X）在 1.00 附近时，就会出现这种不一致。当 v/c 比率低于 1.00 时，使用随机延误模型，因为这种情况下没有溢出延误。然而，Webster 的随机延误模型 [式（18-22）] 在分母中含有（$1-X$）项。因此，当 X 接近 1.00 时，随机延误渐进式地增加到一个无限的值。当 v/c 比率（X）大于 1.00 时，就会采用溢出延误模型。而式（18-25）的溢出延误模型，当 $X=1.00$ 时，溢出延误为 0，此后随着 X

这两个模型在紧邻 $v/c=1.00$ 的地方都不准确。延误在 $v/c=1.00$ 时不会变得无限大。在 $v/c=1.00$ 时没有真正的溢出，尽管由于随机到达而使个别周期失效确实发生了。同样，在 $v/c=1.00$ 时，溢出延误 $=0.0$s/veh 的溢出模型也是不现实的。由于到达的随机性，使单个周期失效的额外延误并没有反映在这个模型中。

在实践中，大多数研究证实，当 v/c 比率为 0.85 或更低时，统一延误模型是一个有效的预测工具（除了车列到达的问题）。在该范围内，随机延误的真实值是微不足道的，而且没有溢出延误。同样，当 $v/c \geqslant 1.15$ 时，简单的理论溢出延误模型（当加入到统一延误中）是一个合理的预测器。问题是，最有趣的情况属于中间范围（$0.85<v/c<1.15$），这两个模型都不充分。最近在延误建模方面的许多工作都试图弥补这一空缺，建立一个模型，在低 v/c 比率时沿用统一延误模型，在高 v/c 比率（$\geqslant 1.15$）时接近理论上的溢出延误模型，在两者之间产生"合理的"延误估计。图 18.17 中的虚线说明了这一点。

最常用的弥合这一空缺的模型是由 Akcelik 为澳大利亚道路研究委员会（Australian Road Research Board）的信控交叉口分析程序开发的[11,12]：

$$OD = \frac{cT}{4}\left[(X-1) + \sqrt{(X-1)^2 + \left(\frac{12(X-X_o)}{cT}\right)}\right]$$

$$X_o = 0.67 + \left(\frac{sg}{600}\right) \qquad (18\text{-}27)$$

式中　T——分析周期 h；

　　　X——v/c 比率；

　　　c——容量（veh/h）；

　　　s——饱和流率（veh/sg）（每秒绿灯的车辆）；

　　　g——有效绿灯时间（s）。

唯一相对较新的调研是由 Reilly 等人[13] 在 20 世纪 80 年代初进行的，以校准 1985 年版《道路容量手册》中使用的模型，在现场进行了大量的延误测量。该调研的结论是，式（18-26）大幅高估了现场测量的延误值，并建议在模型中加入 0.50 的系数来调整。1985 年版《道路容量手册》中的延误公式版本最终没有遵循这一建议，而是对理论方程进行了其他经验性调整。

18.5.4　HCM 中的延误模型

自 1985 年以来，《道路容量手册》一直使用某种形式的延误作为效率的衡量指标。但是，多年来，在估计延误的具体模型和方法上发生了许多变化，实际上，在所使用的具体延误指标上也发生了变化。

1985 年，直接使用停等延误。统一延误是使用 Webster 统一延误方程的一个版本来估计的，而溢出延误是使用 Akcelik 方程的一个版本来估计的，该方程被修改为适合大量的延误数据库。1994 年，停等延误被放弃，转而采用控制延误，并修改公式以体现这一点。到 2000 年，许多详细的变化被纳入其中。2010 年，Webster 的统一延误模型被增量队列累积模型取代。这个模型在整个信号灯周期内以非常小的时间单位分解到达和驶离曲线。Akcelik 模型的一个版本仍然被用来估计溢出延误（尽管有很大修改）。到 2016 年，又做了一些修订，但基本方法保持不变。

在最后的分析中，所有延误模型都基于在累积车辆与时间的关系图上确定到达曲线和驶离曲线围合的面积。随着到达和驶离函数的使用，问题变得更加复杂，随着将速率在信号灯周期内各子部分的变化纳入考虑，模型也变得更加复杂。

18.5.5　延误估计的例题

例题 18-9：延误估计（1）

考虑以下情况，一个交叉口的接近段流率为 1000veh/h，饱和流率为 2800veh/h，周期长度为 90s，g/C 比率为 0.55。在这些条件下，预计每辆车的平均延误是多少？

求解

首先，必须计算出该交叉口的容量和 v/c 比率。这将决定什么模型最适合这个案例：

$$c = s(g/C) = 2800 \times 0.55 = 1540\text{veh/h}$$

$$v/c = X = \frac{1000}{1540} = 0.649$$

由于这是一个相对较低的数值，可以直接应用统一延误模型 [式（18-20）]。在这样的 v/c 比率下，几乎没有随机延误，也没有溢出延误需要考虑，因此：

$$d = \left(\frac{C}{2}\right)\frac{[1-(g/C)]^2}{1-(v/s)} = \left(\frac{90}{2}\right)\frac{(1-0.55)^2}{1-\left(\frac{1000}{2800}\right)}$$

$$= 14.2\text{s/veh}$$

注意，这个求解假设车辆随机到达接近段，未考虑车列效应。

例题 18-10：延误估计（2）

如果在 1h 内需求流率增加到 1600veh/h，上述结果将如何变化？

求解

在这种情况下，v/c 比率现在变成了 $1600/1540 = 1.039$。这是在 $0.85 \sim 1.15$ 的困难范围内，简单的随机流量模型和简单的溢出延误模型都不准确，需使用式（18-26）的 Akcelik 模型。然而，总延误包括统一延误和溢出延误。当 $v/c > 1.00$ 时，统一延误部分由式（18-24）给出：

$$UD = 0.50C[1 - (g/C)] = 0.50 \times 90 \times (1 - 0.55) = 20.3 s/veh$$

使用 Akcelik 溢出延误模型需要选择或任意设定分析周期。按照规定，使用 1h 的时间段，则有：

$$OD = \frac{cT}{4}\left[(X-1) + \sqrt{(X-1)^2 + \left(\frac{12(X-X_o)}{cT}\right)}\right]$$

$$X_o = 0.67 + \left(\frac{sg}{600}\right) = 0.67 + \left(\frac{0.778 \times 49.5}{600}\right) = 0.734$$

$$OD = \frac{1540 \times 1}{4}\left[(1.039 - 1) + \right.$$
$$\left. \sqrt{(1.039-1)^2 + \left(\frac{12 \times (1.039 - 0.734)}{1540 \times 1}\right)}\right]$$
$$= 39.1 s/veh$$

其中，$g = 0.55 \times 90 = 49.5 s$；$s = 2800/3600 = 0.778 veh/sg$

在这种情况下，即使"溢出"相当小（约占需求流量的 4%），其造成的额外平均延误也是相当大的。因此，总的预期延误是统一延误和溢出延误项的总和，即

$$d = 20.3 + 39.1 = 59.4 s/veh$$

注意，和例题 18-9 一样，该计算假设车辆随机到达。

例题 18-11：延误估计（3）

如果在 2h 内需求流率增加到 1900veh/h，结果将如何变化？

求解

这种情况下的 v/c 比率现在是 $1900/1540 = 1.23$。在该范围内，简单的理论溢出模型是适当的。与例题 18-10 一样，统一延误部分也必须包括在内。该计算方法的结果与例题 18-10 相同（20.3s/veh）。

溢出延误部分可以用式（18-25）来估计：

$$OD = \frac{T}{2}(X-1) = \frac{7200}{2}(1.23 - 1) = 828.0 s/veh$$

由于过饱和期为 2h，而需要以秒为单位的结果，T 被输入为 $2 \times 3600 = 7200 s$。一般驾驶人所经历的总延误是统一延误和溢出延误之和，即

$$d = 20.3 + 828.0 = 848.3 s/veh$$

这是一个非常大的数值，但代表了整个 2h 过饱和期的平均值。式（18-25）可以用来研究在过饱和的前 15min 到达的车辆与在过饱和的最后 15min 到达的车辆的平均延误：

$$OD_{first15} = \frac{T_1 + T_2}{2}(X-1)$$
$$= \frac{0 + 900}{2}(1.23 - 1) = 103.5 s/veh$$
$$OD_{last15} = \frac{6300 + 7200}{2}(1.23 - 1) = 1552.5 s/veh$$

如前所述，过饱和期间经历的延误在很大程度上受过饱和运行时间的影响。每种情况下的总延误还包括 20.3s/veh 的统一延误。与例题 18-9 和例题 18-10 一样，假设随机到达。

这些简单的问题只应用了最基本的理论延误模型来说明基本方法，以及延误对评估信控交叉口运行质量的重要性。可以进行更详细的分析，以考虑增量排队分析和进程对估计延误的影响。

18.6　总结

本章回顾了理解信控交叉口运行的四个必要的关键概念：

① 饱和流率和损失时间；

② 配时预估和关键车道；

③ 左转（和右转）当量；

④ 延误作为效率的衡量指标。

这些基本概念也是信控交叉口分析模型的关键组成部分。在第 19 章和第 20 章中，其中一些概念在信号灯配时的简单方法中得以实现。在第 22 章中，所有这些概念都被用作信控交叉口的 HCM 分析程序的一部分。

参考文献

[1] *Manual of Uniform Traffic Control Devices*, Millennium Edition, Federal Highway Administration, U.S. Department of Transportation, Washington, D.C., 2003.

[2] *Highway Capacity Manual, 6th Edition: A Guide for Multimodal Mobility Analysis*, Transportation Research Board, National Research Council, Washington, D.C., 2016.

[3] Greenshields, B., "Traffic Performance at Intersections," *Yale Bureau Technical Report No. 1*, Yale University, New Haven, CT, 1947.

[4] Kunzman, W., "Another Look at Signalized Intersection Capacity," *ITE Journal*, Institute of Transportation Engineers, Washington, D.C., August 1978.

[5] Roess, R., et al., "Level of Service in Shared, Permissive Left-Turn Lane Groups," *Final Report*, FHWA Contract DTFH-87-C-0012, Transportation Training and Research Center, Polytechnic University, Brooklyn, NY, September 1989.

[6] Prassas, E., "Modeling the Effects of Permissive Left Turns on Intersection Capacity," *Doctoral Dissertation*, Polytechnic University, Brooklyn, NY, December 1994.

[7] Webster, F., "Traffic Signal Settings," *Road Research Paper No. 39*, Road Research Laboratory, Her Majesty's Stationery Office, London, UK, 1958.

[8] Newall, G., "Approximation Methods for Queues with Application to the Fixed-Cycle Traffic Light," *SIAM Review*, Vol. 7, 1965.

[9] Miller, A., "Settings for Fixed-Cycle Traffic Signals," *ARRB Bulletin 3*, Australian Road Research Board, Victoria, Australia, 1968.

[10] Miller, A., "The Capacity of Signalized Intersections in Australia," *ARRB Bulletin 3*, Australian Road Research Board, Victoria, Australia, 1968.

[11] Akcelik, R., "Time-Dependent Expressions for Delay, Stop Rate, and Queue Lengths at Traffic Signals," *Report No. AIR 367-1*, Australian Road Research Board, Victoria, Australia, 1980.

[12] Akcelik, R., "Traffic Signals: Capacity and Timing Analysis," *ARRB Report 123*, Australian Road Research Board, Victoria, Australia, March 1981.

[13] Reilly, W. and Gardner, C., "Technique for Measuring Delay at Intersections," *Transportation Research Record 644*, Transportation Research Board, National Research Council, Washington, D.C., 1977.

习题

18-1. 考虑下表所示的时距数据。这些数据取自一个三车道交叉口的中间车道，总共有 10 个信号灯周期。就本分析而言，可以认为这些数据是在理想条件下收集的。

1）绘制所显示数据的平均时距与排队位置的关系图。通过数据画出一条近似的最佳拟合曲线。

2）使用 1）中构建的近似最佳拟合曲线，确定数据的饱和时距和启动损失时间。

3）该数据的饱和流率是多少？

习题 18-1 的数据

排队车辆	各周期的时距									
	1	2	3	4	5	6	7	8	9	10
1	3.6	3.7	3.5	3.6	3.4	3.3	3.6	3.7	3.5	3.7
2	2.6	3.0	2.4	2.6	2.2	2.2	2.7	2.8	2.7	2.8
3	2.0	2.4	2.0	2.1	1.8	2.0	2.4	2.4	2.3	2.4
4	1.7	2.0	2.0	2.0	1.7	2.0	2.0	2.0	2.0	2.0
5	1.6	1.9	2.0	1.9	1.7	1.8	1.9	2.1	2.0	1.8
6	1.7	1.8	1.9	1.9	1.6	1.7	1.8	1.8	1.8	1.7
7	1.7	1.8	1.8	1.8	1.7	1.7	1.7	1.9	1.9	1.9
8	1.6	1.7	1.8	1.8	1.7	1.7	1.8	1.8	1.9	1.9
9	x	1.8	x	1.6	x	1.7	1.7	x	x	1.7
10	x	1.7	x	1.8	x	x	1.7	x	x	1.7

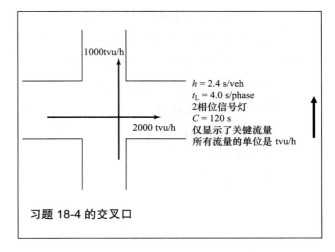

$h = 2.4$ s/veh
$t_L = 4.0$ s/phase
2相位信号灯
$C = 120$ s
仅显示了关键流量
所有流量的单位是 tvu/h

1000tvu/h
2000 tvu/h

习题 18-4 的交叉口

18-2. 一个信控交叉口的接近段有两条车道，没有专用的左转或右转车道。在 90s 的周期中，该接近段有 50s 的绿灯。如果启动损失时间为 2.0s/phase，清空损失时间为 1.5s/phase，在既有条件下，饱和时距为 2.25s/veh，那么，该交叉口接近段的容量是多少？

18-3. 一个有三个相位的交叉口，周期长度为 90s，饱和时距为 2.2s/veh，每相位的总损失时间为 4.0s，该交叉口可提供的最大关键车道流量之和是多少？

18-4. 对于下图的交叉口，求解每个车道组所需的适当车道数。假设所有显示的交通量已被转换为所示条件下兼容的"直行车当量"（Through Vehicle Units，TVU）值。假设在其他日高峰小时内，关键车道流量会发生逆转。

18-5. 对于习题 18-4 的交叉口，考虑一种情况，即 E-W 干线在每个方向有 3 条车道，N-S 干线也在每个方向有 3 条车道。对于这种情况：

1）可以使用的绝对最小周期长度是多少？

2）如果 PHF 为 0.98，在最不利的 15min 内，需要多少周期长度来提供 0.92 的 v/c 比率？

18-6. 在一个信控交叉口，观察到一条车道在同一时间内驶离 40 辆直行车辆，而左边车道驶离 10 辆直行车辆和 20 辆左转车辆。对于这种情况：

1）左转车辆的直行车当量 E_{LT} 是多少？

2）对于所述情况，左转调整系数 f_{LT} 是多少？

18-7. 一个交叉口的接近段流量为 800veh/h，包括 20% 的左转车，每辆左转车的直行车当量为 2.5tvu。该接近段上的总等效直行流量是多少？假设接近段上所有其他车辆的当量为 1.00。

18-8. 对于 N 辆汽车通过一个特定的信号相位所需的时间，已经校准了一个公式：

$$T = 2.04 + 2.35 N$$

1）该公式表明存在多少启动损失时间？

2）该公式表明了什么饱和时距和饱和流率？

18-9. 一个交叉口的接近段流量为 1350veh/h，包括 8% 的左转车，其通过车辆的当量为 2.7tvu/ 左转。该接近段上的总等效直行流量是多少？

18-10. 一个交叉口的需求流量为 500veh/h，饱和流率为 1450veh/h，周期长度为 80s，有效绿灯时间为 50s。在这些条件下，预计每辆车的平均延误是多少？

18-11. 在每天晚上 30min 的高峰期，一个信控交叉口的 v/c 比为 1.05。如果该接近段的 g/C 比率为 0.60，周期长度为 75s。

1）整个 30min 期间的平均控制延误是多少？

2）高峰期前 5min 的平均控制延误是多少？

18-12. 一个信控交叉口每天有 1h 经历严重的过饱和状态。在这段时间内，车辆以 2000veh/h 的流量到达。该接近段的饱和流率为 3250veh/h，周期为 100s，有效绿灯时间为 55s。

1）整个小时内每辆车的平均控制延误是多少？

2）在高峰期的前 15min，每辆车的平均控制延误是多少？

3）在高峰期的最后 15min，每辆车的平均控制延误是多少？

信号灯配时和设计基础：预配时信号灯

预配时信号灯是指在每个信号灯周期中，所有时段的时间保持不变。因此，相位顺序、所有绿灯时间和周期长度在应用配时方案的时间段内是固定的。黄灯和全红时段也是固定的，它们在感应控制器中也是固定的。

现代信号灯控制器对预配时控制和感应控制方式来说基本上是相同的。预配时控制通过控制器设置来实现，它消除了可变的时段长度。以前，老式的电动机械信号灯控制器，通常被称为三表盘控制器，将可以实施的不同预配时信控方案的数量限制在三个。这可以提供早高峰、晚高峰和平峰的配时方案。现代控制器可以实施多达20种不同的预配时方案。这些方案与控制每个模式生效时间的日期和时间设置相关联。

19.1　引言

信号灯配时和设计涉及几个重要的组成部分，包括交叉口本身的物理设计和布局。物理设计在第 17 章有详细介绍。本章的重点是交通控制信号灯的设计和配时。

以下是信号灯设计和配时中涉及的关键步骤：

1）制定一个安全有效的相位方案和顺序

2）确定车辆信号灯需求：

① 确定每个信号灯相位的"黄灯"（转换，y_i）和"全红"（清空，ar_i）时段；

② 确定关键车道的总流量（V_c）；

③ 确定每个相位（t_{Li}）和每个周期（L）的损失时间；

④ 确定适当的周期长度（C）；

⑤ 将有效绿灯时段分配给相位方案中定义的各个相位——通常被称为绿灯时间"分配"（Splitting）。

3）确定行人信号灯需求：

① 确定最小行人"绿灯"时间；

② 检查车辆绿灯是否满足行人最低需求；

③ 如果车辆信号灯时间不能满足行人需求，则调整时间和/或增加行人按钮信号灯以确保行人安全。

虽然大多数信号灯配时是为车辆制定的，并对行人的需求进行检查，但至关重要的是，信号灯配时设计要为这两个群体提供安全和相对效率。接近段随相对的车辆和行人流量而变化，而每一个信号灯配时都必须考虑并提供这两个群体的要求。

信号灯配时的许多方面都与第18章和本书其他部分讨论的原则有关。然而，该过程并不精确，也没有哪个单一的交通控制信号灯的"正确"设计和配时。因此，信号灯配时确实涉及判断因素，并以最基本的方式代表真正的工程设计。

本章对信号灯配时的所有关键因素进行了详细讨论，并提供了各种说明。然而，注意，当使用2016年版HCM分析模型或其他分析模型或模拟来分析配时方案时，几乎不可能（一次性）制定一个完整的、最终的信号灯配时，而不需要后续的微调。因为任何特定情况下都可能存在诸多潜在的复杂性，不可能寄希望于任何一个直接的信号灯设计和配时过程包括并完全解决这些问题。因此，最初的设计和配时往往是使用更复杂的模型进行分析的一个起点。本书第22章和第23章讨论了两个分析模型：一个是基于关键车道分析的模型，它基本上是信号灯逆向配时（第23章）；第二个是HCM分析模型（第22章）。第23章基于2016年版HCM中的规划层级模型。

19.2 制定信号灯相位方案

信号灯设计和配时最关键的方面是制定一个

适当的相位方案。一旦确定好，信号灯配时的许多其他方面就能以一种确定的方式进行分析处理。相位方案和顺序涉及工程判断的应用，同时应用一些常用的准则。在任何特定的情况下，可能有许多可行的方法会有效地发挥作用。

19.2.1 对左转的处理：一个决定性因素

推动相位制定的一个最重要因素是对左转的处理。正如第18章所讨论的，左转可以作为允许流向（有对向的直行车流），作为保护流向（对向直行流向停止），或作为两者的结合（复合相位）来处理。最简单的信号灯相位方案有两个相位，两条相交道路各一个。其中，所有左转都是允许的。可以增加额外的相位，为部分或所有左转提供保护，但额外的相位会增加周期内的时间损失。因此，在考虑对左转的保护时，必须权衡增加相位的低效率和对周期的时间损失，以及从保护中获得的对左转和其他车辆的运行效率的提高。

多年来，人们制定并使用许多准则，以帮助初步确定某一特定的左转流向是否需要完全或部分保护。各种准则都考虑了左转车流量、左转车流与对向直行车流之间的冲突、对向直行车的接近速度、左转车道数、对向直行车道数、左转车可视距离、左转车事故发生率以及其他条件等问题。这里介绍的准则是例子。美国各地的交通机构都在使用这些准则和其他准则的不同版本。

实施左转相位的最常见原因包括对交通量的两个考虑：总的左转交通量和冲突交通量。如果超过以下两个标准中的任何一个，通常的做法是实施某种形式的保护左转：

$$v_{LT} \geq 200 veh/h \qquad (19-1)$$

$$xprod = v_{LT} \times (v_o/N_o) \geq 50000 \qquad (19-2)$$

式中 v_{LT}——左转流率（veh/h）；

v_o——对向直行流率（veh/h）；

N_o——对向直行车道数。

式（19-2）通常被称为"交叉乘积"（Cross-product）规则。不同的机构可能会使用这个特定准则的不同形式。

《交通信号灯配时手册》（Traffic Signal Timing Manual）[2] 提出了一些其他条件，会引出某种形式的保护左转。表19.1汇总了这些情况。

与左转流量和交叉乘积标准一样，这些并不是绝对的准则。它们有助于决定是否在信号灯的初始相位方案中为特定的左转流向包括保护左转（无论是部分还是全部）。随着设计和后续分析的进行，总是可能引入一些变化。

如果视距标准是保护左转的唯一原因，首先应考虑改善视距。

还有其他的考虑。例如，当左转车流量少于每周期2辆时，很少提供保护左转。一般认为，在最不利的情况下，即对向车流流量很大，没有

左转可以通过，每个周期平均有2辆车会在交叉口等待，直到对向车流停止，然后完成转向。这种车辆通常被称为"潜行者"（Sneakers）[⊖]。

在需要为一个左转车流提供保护相位的情况下，为对面的左转车提供保护相位通常是很方便的，即使它不符合任何常规准则。有时，不符合任何准则的左转会存在特别的问题，在信号灯配时或以后的分析中发现，会增加保护。

在一个典型的四肢交叉口，有四个相对的左转流向。根据所讨论的标准和/或其他有效的当地准则，对每一个保护左转做出独立决策，然后在制定相位方案时考虑整体的保护模式。

除了表19.2中与左转相关的碰撞标准外，没有任何准则有助于确定保护左转应该是全部还是部分。使用复合相位（保护+允许或允许+保护）是相当复杂的，当地的政策和指南往往制约这些

表 19.1　潜在的保护左转的其他标准

项	若满足，则设保护左转
主接近段的左转车道数量	≥ 2 车道
对向直行车道数量	≥ 4 车道
对向交通流的第 85 百分位速度	> 45mile/h
与左转相关的临界碰撞数量	见表 19.2
左转驾驶人与对向交通间的视距	见表 19.3

表 19.2　保护左转的与左转相关的临界碰撞计数标准

主体道路上的左转流向	考虑历史碰撞的时间跨度 / 年	与左转相关的临界碰撞数量	
		考虑用完全保护	考虑用部分保护
1	1	≥ 6	≥ 4
1	2	≥ 11	≥ 6
1	3	≥ 14	≥ 7
2	1	≥ 11	≥ 6
2	2	≥ 18	≥ 9
2	3	≥ 26	≥ 13

资料来源：Extracted from *Traffic Signal Timing Manual*, Federal Highway Administration, Washington, D.C., Figure 4-11, pg 4-13.

   ⊖　国内有个称谓是"拖尾"，但该名词尚无严格定义。若直接使用或许会出现理解上的不一致，故用"潜行者"。——译者注

表 19.3　保护左转的最小视距标准

对向交通的限速值（mile/h）	如果与对向车的视距值如下，则设保护相位
25	< 200ft
30	< 240ft
35	<280ft
40	<320ft
45	< 360ft
50	< 400ft
55	< 440ft
60	< 480ft

资料来源：Extracted from *Traffic Signal Timing Manual*, Federal Highway Administration, Washington, D.C., Figure 4-11, pg 4-13.

决策。一般来说，全面保护为驾驶人提供了最大的安全性和清晰度，因为所有潜在的左转与对向直行车辆的冲突都被消除了。然而，全面保护通常会增加平均延误，并增加信号灯周期长度。

复合相位通常比完全保护产生更少的平均延误，而且还可能增加受控流向的左转容量。然而，这对驾驶人来说更加复杂，而且不能消除与对向车辆的所有左转冲突。

基于复合相位对延误和容量的好处，一些司法管辖区会尽可能使用复合相位。另一些司法管辖区则几乎完全避免使用，以提供最大的安全性和清晰度。

《交通工程手册》（Traffic Engineering Handbook, TEH）[3] 确实对通常需要使用完全左转保护的条件提供了一些指导。当满足以下任何两个条件时，建议采用完全保护：

① 左转流率大于 320veh/h；

② 对向流率大于 1100veh/h；

③ 对向限速大于或等于 45mile/h；

④ 有 2 条及以上的左转车道。

对于关键条件组合提供了额外的指南。当存在以下任何一种组合时，也建议采用完全保护相位：

① 有 3 条对向车道，且对向速度（第 85 百分位）为 45mile/h 或更高；

② 左转车流量大于 320veh/h，且重型车辆（在左转流率中）的比例超过 2.5%；

③ 对向流率超过 1100veh/h，且左转车的占比（在主流向中）超过 2.5%；

④ 在复合相位运行的三年内发生过 7 起或更多的左转相关事故；

⑤ 左转交通的平均停等延误对完全保护的相位方案来说是可以接受的，而且工程师判断在复合相位方案下会发生更多的左转事故。

第⑤项显然为交通工程师提供了很大的自由度，并要求行使工程判断。

所讨论的准则主要是指出什么时候不应该实施复合相位。这意味着，当需要左转保护但又不符合这些准则时，可以考虑采用复合相位。

在极端情况下，可能有必要完全禁止左转。然而，这样做必须非常谨慎。必须为希望左转的车辆提供替代路线，并且不会给受影响的驾驶人带来不必要的麻烦。此外，对替代路线的额外需求不应使得附近交叉口的问题恶化。第 25 章和第 26 章也讨论了对左转的特殊设计处理。

19.2.2　信号灯相位的总体考虑因素

在制定相位方案时，应牢记以下几个重要的考虑因素。

1）相位划分可以通过分离相互冲突的流向来减少事故风险。交通信号灯总是能消除交叉口的基本交叉冲突。增加左转保护也可以消除部分或全部左转流向与其对向的直行流向之间的冲突。额外的相位通常会导致额外的延误，这必须与受保护的左转的安全和效率提高进行权衡。

2）尽管增加相位数会增加周期内的总损失时间，但得到提升的好处是增加左转饱和流率。

3）所有相位方案必须按照 MUTCD[4] 的标准和准则实施，而且必须有必要的标志、标线和信号灯硬件来标识适当的车道使用。

4）相位方案必须与交叉口的几何形状、车道使用分配、交通量和速度以及行人过街要求一致。

例如，在没有专用左转车道的地方提供完全保护的左转相位是不现实的。如果在共用车道上实施这样的相位，排队的第一辆车可能是直行车辆。当受保护的左转绿灯启动时，该直行车辆会阻止所有左转车辆使用该相位。因此，受保护的左转相位需要专用左转车道才能有效运行。

19.2.3　相位图和环流图

以下介绍和探讨了一些典型的和一些非典型的相位方案。信号灯相位方案通常使用相位图（Phase diagram）和环流图（Ring diagram）来表示。在这两种表达方式中，每个相位中允许的流向都用箭头表示。这里只展示了每个相位允许的流向。在一些文献中，不允许的流向也在箭头的前端用一条直线表示，说明该流向在该相位被停止。图 19.1 说明了这些图表中使用的一些基本符号。

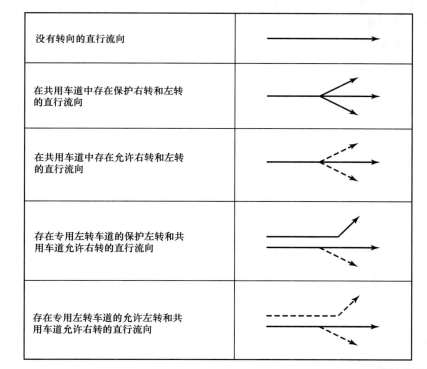

没有转向的直行流向	
在共用车道中存在保护右转和左转的直行流向	
在共用车道中存在允许右转和左转的直行流向	
存在专用左转车道的保护左转和共用车道允许右转的直行流向	
存在专用左转车道的允许左转和共用车道允许右转的直行流向	

图 19.1　相位图和环流图中使用的符号

以下是对这些符号的使用和解释的更完整的定义和讨论。

1）实心箭头表示一个没有对向冲突的流向。根据定义，所有的直行流向都是无冲突的。无冲突左转，指的是没有对向直行车流。在右转所经过的人行横道上，无冲突的右转，是没有冲突的行人。

2）有冲突的左转和／或右转流向显示为虚线。

3）从共用车道上转向的流向显示为箭头，与共用该车道的直行流向相连。

4）从专用车道转向的流向显示为单独的箭头，不与任何直行流向相连。

虽然在图19.1中没有展示，但行人流向也可以在相位图或环流图中展示。它们通常表示为带双箭头的虚线，代表在人行横道上的两个方向的流向。

在相位图的一个单元格内显示特定相位的所有流向。环流图显示了哪些流向是由信号控制器的哪个"环"控制的。一个控制器的"环"通常控制一组信面。"环"的概念源于电动机械控制器，它使用定时气缸来控制信号时段的长度。从字面上看，"环"是指控制一个接近段或车道组交

通的周期的一部分。因此，尽管一个相位涉及两个对向的直行流向，会显示在一个相位图的一个单元格中，但每个流向会单独显示在一个环流图中。环流图的信息量更大，特别是在涉及重叠的相位序列时。第16章更详细地描述了信号灯硬件和信号灯控制器的运作。

19.2.4 常规相位方案及其使用

简单的两相位信控是最常规的配时方案。如果指南或专业判断表明需要完全或部分保护一个或多个左转车流，则有多种选择可以达成。以下章节说明并讨论了一般情况下最常见的相位方案。

简单的两相位信控

图19.2说明了基本的两相位信控。每条街道接受一个信号灯相位，所有左转和右转都基于"允许"运行。可以使用左转和／或右转的专用车道，但不是两相位信控的必要条件。这种形式的信控适合于左转和对向直行流向的混合，不会因左转（和／或）而造成不合理的延误或不安全的状况。

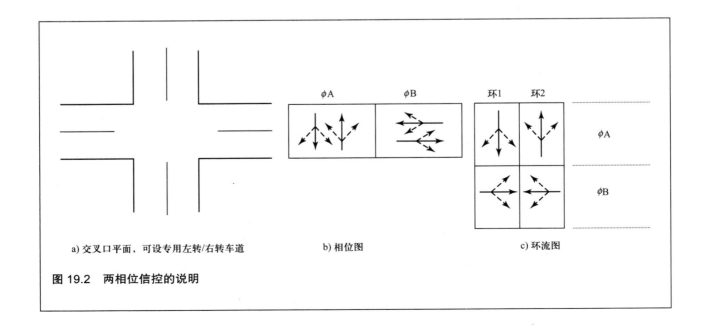

a) 交叉口平面，可设专用左转/右转车道   b) 相位图   c) 环流图

图19.2 两相位信控的说明

在这种情况下，相位图显示所有 N-S 流向发生在 A 相位，所有 E-W 流向发生在 B 相位。环流图显示，在每个相位，每组流向都由信号控制器的一个独立环控制。由于基本的信控比较简单，相位图和环流图都很相似，而且都比较容易解释。但对于更复杂的信号灯相位方案，情况就不同了。

注意，所有相位变化都跨越控制器的两个环，也就是说，所有过渡都在两个环的相同时间发生，这被称为"相位边界"（Phase boundaries）。另外，哪些流向出现在哪个环中区别也很小。所示的组合可以很容易地被逆转，而不影响信号的运行。

专用左转相位

当准则或专业判断表明需要左转保护时，最简单的方法是采用专用左转相位。为两个对向的左转流向同时提供专用左转绿灯，在此期间，该街道上的两个直行流向将停止。专用左转相位可以在该街道的直行 / 右转相位之前或之后提供，但最常见的做法是在直行相位之前提供。因为这是最常用的顺序，所以驾驶人已经更适应左转相位设置在对应直行相位之前的顺序。

当使用专用左转相位时，必须提供足够长的专用左转车道，以满足预期的排队需求。如果在一条街上实施专用左转，而另一条街没有，就会出现三相位信控方案。如果两条相交的街道都实施了专用左转相位，就会形成四相位信控方案。图 19.3 说明了在东西向街道上使用专用左转相位，而在南北向街道上不使用，该方向的左转是允许的。

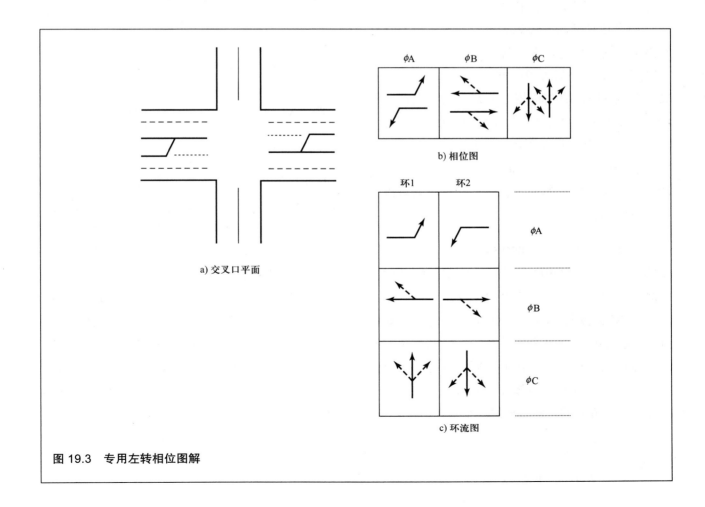

图 19.3　专用左转相位图解

图 19.3 的相位图可以进行修改，以便在 E-W 街道上提供保护＋允许的左转。通常来说，当左转和对向交通的组合非常多，以至于提供完全保护的相位会导致过长或不可行的周期长度时，就会使用复合相位。复合相位对驾驶人来说更难理解，也更难显示。

专用或受保护的左转流向是通过使用绿色箭头灯指示的。只有在无对向直行的情况下才可以使用箭头灯指示。在受保护＋允许的复合相位中，绿色箭头灯之后是黄色箭头灯。在该相位的允许部分，黄色箭头灯之后是圆形绿灯指示。

先行和延后的绿灯相位

当使用专用左转相位时，会有潜在的低效率。如果两个左转流向的需求流率差异较大（基于每车道），那么为它们提供同等长度的保护左转相位，就会出现两个左转流向中较小的那个会有多余的绿灯时间未被使用的情况。

如果这种低效率导致了过长或不可行的周期长度和／或过长的延误，就应考虑采用将对向的左转保护相位分开的相位方案。如果 NB 保护左转相位与 SB 保护左转相位分开，则可根据各自的需求流率为两者分配不同的绿灯时间。

历史上有一种方法可以做到这一点，称为"先行和延后"（Leading and Lagging）的绿灯时段。一条特定街道的先行和延后绿灯序列有以下三个组成部分。

- **先行绿灯（Leading green）**。一个方向的车辆获得绿灯，而相反方向的车辆则停止。因此，"绿灯"方向的左转车辆受到保护。

- **重叠直行绿灯（Overlapping through green）**。最初，绿灯方向的左转车辆被停止，而两个方向的直行（和右转）车辆被放行。一个选项是，在该相位的这一部分，可以在允许的基础上允许两个方向的左转，形成一个复合相位方案。

- **延后绿灯（Lagging green）**。初始方向的车辆（所有流向）被停止，而对向的车辆继续拥有绿灯。因为相对方向的车辆被停止，所以在相位该部分是保护左转。

先行和延后的绿灯顺序不再是国家电子制造协会（NEMA）支持的标准相位，该协会为信号灯控制器和其他电子设备制定标准。然而，这样的控制器仍然可用，而且这种顺序在一些司法管辖区仍然使用。这种类型的主要问题是，绿色箭头灯在对向直行流向完成后出现。当代驾驶人一般都预期在直行前出现受保护的流向[⊖]。

在单行道与双向道路交汇的交叉口，或存在 T 形交叉口时，只有一个相对的左转需要考虑。如果它需要保护，将提供一个先行绿灯，但没有延后绿灯。

图 19.4 说明了在 E-W 方向的先行和延后绿灯顺序。类似的顺序也可以用在 S-N 方向上。同样，在实施先行和延后绿灯时，必须提供专用左转车道。

先行和延后的绿灯相位方案涉及"重叠"的相位。EB 直行在 A1 和 A2 相位行驶，而 WB 直行则在 A2 和 A3 相位行驶。在这种情况下，出现了一个关键问题——这个方案有几个相位？可以说，有四个不同相位。也可以说，A1、A2、A3 和 B 相位形成了一个重叠相位，因此该方案只涉及两个相位。事实上，这两个答案都不正确。在分析重叠相位方案时，环流图是至关重要的。在 A1 相位结束时，只有环 1 经历了一个过渡，将绿灯从 EB 左转过渡到 WB 直行和右转流向。在 A2 相位结束时，只有环 2 经历了一个过渡，将绿灯从 EB 直行和右转流向过渡到 WB 左转。因此，在一个周期内，每个环都要经历三个过渡。实际上，这是一个三相位信控方案。环流图使部分相位与全相位之间的区别很清楚，而相位图则很容易掩盖这一重要信息。

⊖　应该是美国的信控相位顺序习惯所致，中国的习惯顺序尚无定论。——译者注

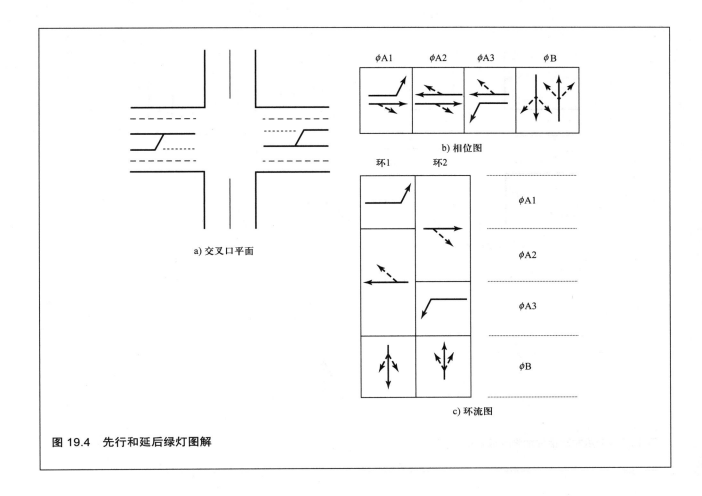

a) 交叉口平面

b) 相位图

c) 环流图

图 19.4　先行和延后绿灯图解

这种区别对于后续的信号灯配时计算至关重要。对于每个相位转换，都会经历一组损失时间（启动加清空）。如果每相位的损失时间（t_L）之和为 4.0s，那么两相位信号每周期的损失时间（L）为 8.0s，三相位信号每周期的损失时间为 12.0s，四相位信号每周期的损失时间为 16.0s。每个周期的损失时间对所需的周期长度有很大影响。

环流图也使时段的指定变得容易理解。E-W 相位被标记为 A1、A2 和 A3，而不是 A、B 和 C。这是因为 E-W 流向只有一个相位边界——在 A3 的末端。只有当一个完整的相位边界存在时，时段的字母名称才会改变。

如果需要，可以在 S-N 街道上增加某种形式的左转保护。然而，它不一定是先行或延后的绿灯。

专用左转相位的先行绿灯

如前所述，NEMA 没有一套控制器规格来实施先行和延后的绿灯相位方案。NEMA 的标准相位顺序是提供不相等的保护左转相位，采用一个专用左转相位，然后在左转需求强度最大方向上采用先行绿灯相位。实际上，这种顺序提供了与先行绿灯和延后绿灯相同的好处，但它允许所有受保护的左转流向在对向直行流向被放行之前进行。图 19.5 展示了 E-W 街道的这种相位方案。

在上述案例中，由于两个左转需求流中较多的是 EB 左转流向，因此获得了先行绿灯。如果 WB 左转需要先行绿灯，则通过颠倒 A1 和 A2 相位以及 A2 和 A3 相位之间的部分界线位置很容易实现。

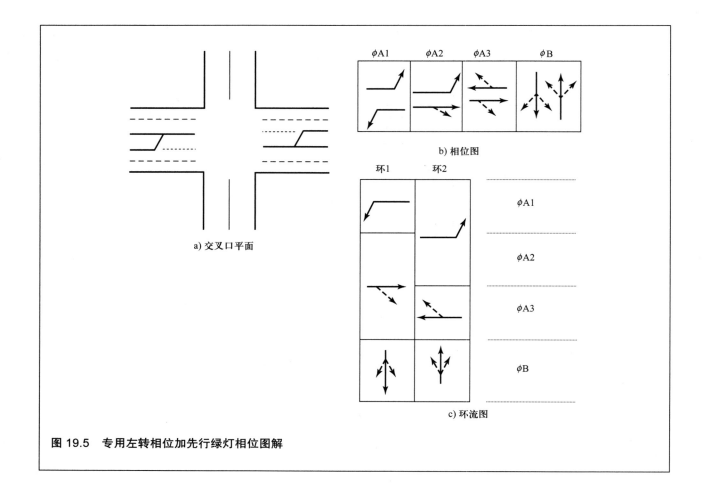

b) 相位图

a) 交叉口平面

c) 环流图

图 19.5　专用左转相位加先行绿灯相位图解

注意先行和延后绿灯相位方案与专用左转加先行绿灯相位方案之间有相似之处。在这两种情况下，每个环内的部分过渡是在受保护左转与对向直行和右转流向之间，或者反之亦然。几乎所有的重叠相位序列都涉及这样的转换。

一个复合相位可以通过在 A3 相位允许 EB 和 WB 的左转流向来实现。在这两种情况下，就会形成一个保护＋允许的相位序列。然而，需要注意的是，其中一个左转在该相位的保护和允许部分之间有一个中断。对于该流向（通常是左转的较小流量），引入了一个额外的时间损失，因为它在周期内实际上是启动和停止了两次。由于该原因，NEMA 的相位方案通常避免使用复合相位。

如果需要的话，类似的相位也可以在 N-S 街实施，只要提供一个专用的左转车道即可。

在这个相位方案中，相位数的问题也很关键。图 19.5 的相位方案涉及三个不连续的相位和每个环上的三个相位转换。

八相位的感应控制

前文的任何一个相位方案都可以在预配时或感应模式下实施（有检测器存在）。然而，感应控制提供了额外的灵活性，当没有检测到需求时可以跳过相位。这通常是针对左转流向而言的。

在检测器显示没有左转需求的任何周期中，保护左转相位都可以跳过。最灵活的控制器遵循专用左转相位加先行绿灯的相位顺序。图 19.6 展示了这种控制器的感应相位方案。

在这种情况下，两条街道都有专用左转相位和先行绿灯，而且两条街道都有专用左转车道。

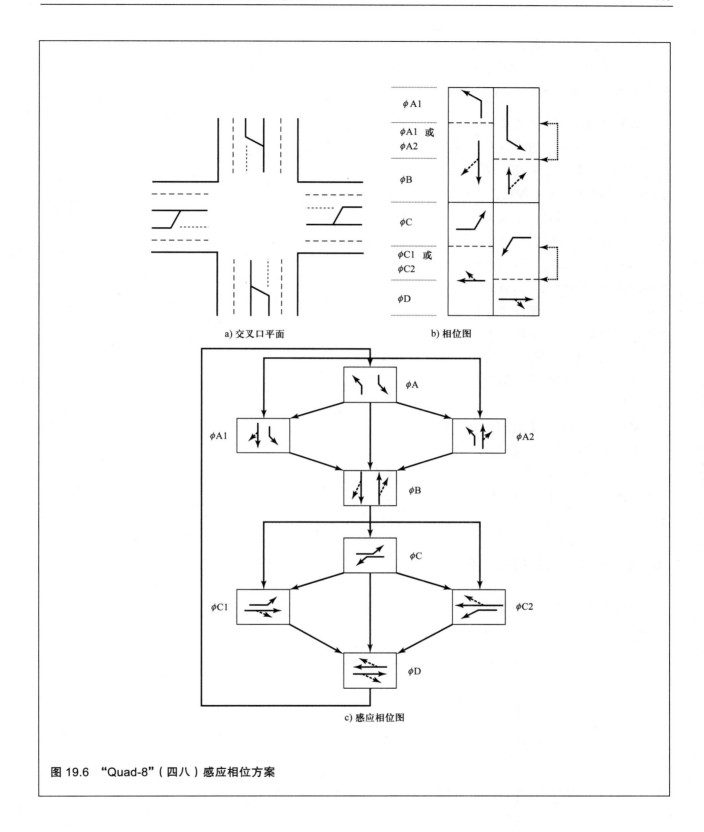

a) 交叉口平面

b) 相位图

c) 感应相位图

图 19.6 "Quad-8"（四八）感应相位方案

这种感应信控系统在相位顺序和每个相位的时间安排上都非常灵活。根据需求，每条街道可以用三种方式之一开始其绿灯相位。

- 如果两个方向都有左转需求，则两个方向都有专用左转相位。

- 如果只有一个方向有左转需求，则为先行绿灯相位（在适当方向）。

- 如果任何一个方向都没有左转需求，则在两个方向上都有一个直行和右转的混行相位。

如果选择了第一种方案，如果一个方向仍有左转需求，而另一个方向没有，则下一相位可能是先行绿灯；如果在专用左转相位，两个左转需求同时得到满足，则可能是直行和右转混行相位。

环流图假设需要一个完整序列，需要专用左转相位和先行绿灯相位（针对一个方向）。部分相位的边界显示为虚线，因为它们的相对位置可能在不同的周期中切换，这取决于哪个左转需求流率更大。如果需要完整序列，在任何一个环中都含有四个相位（最多）的转换，那么这就是一个四相位信控方案。因此，即使控制器定义了八个潜在相位，在任何给定的周期内，最多只可以激活四个相位。

感应控制通常用于信控交叉口相对孤立的地方，或者现代信号灯系统中，人们认为协调感应信号灯的成本是值得的。在一天中左转需求变化很大的情况下，八相位感应控制所提供的灵活性是最有效的。

19.2.5 特殊情况和相位方案

虽然大多数交叉口都可以使用上一节介绍的方法来有效地设置信号灯，但有许多特殊情况可能会出现，因此需要更多的创新相位方法。这里探讨了其中的一些情况，但应该注意的是，确实存在这里没有具体探讨的其他情况。

专用行人相位

行人是任何信控中都需要解决的一个关键因素。在某些情况下，大量或主要的行人流量需要特别注意。

最初由纽约市交通工程师 Henry Barnes 在 20 世纪 60 年代为曼哈顿开发的专用行人相位是作为一种新的方法来处理这种情况的。这种类型的相位通常被称为"Barnes Dance"（巴恩斯之舞）。

图 19.7 展示了这种相位。在专用行人相位，允许行人从任何方向通过交叉口，包括对角方向。在行人专用相位期间，所有车辆流向都停止。在需要两个以上的车辆相位时，几乎不使用专用行人相位。

专用行人相位有两个主要好处：行人通行与车辆不冲突，车辆相位的右转流向没有行人干扰。

专用行人相位也有几个缺点，主要是整个行人相位必须被视为车辆信控的损失时间，因此车辆的延误会大幅增加，车辆的容量也会大幅减少。

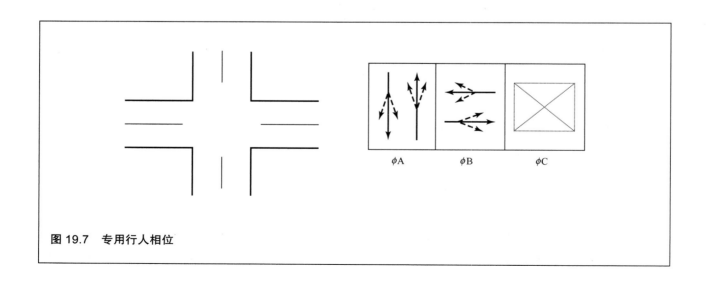

图 19.7 专用行人相位

专用行人相位在其诞生的城市中从未发挥过作用。在行人流量极大的地方，如曼哈顿，在行人相位结束时，将行人从交叉口清空是一个主要的执法问题。在纽约，行人占据交叉口的时间远远超过预期，对车辆通行的负面影响是无法接受的[⊖]。

专用行人相位在小型远郊或郊区中心效果最好，因为那里的车流量不是非常大，而且行人流量不足以在行人相位结束时出现清空问题。在这种情况下，它可以在驾驶人不习惯应对车辆和行人之间冲突的环境中，为行人提供额外的安全。

独特的几何形状和信号灯相位

典型的交叉口涉及两条街道以接近90°的角度相交。然而，有些交叉口涉及非典型几何形状，给信号灯相位设计带来了特殊问题。在某些情况下，几何形状实际上可以帮助提供一个更有效的信号灯相位方案。然而，在所有非典型几何形状的情况下，信号灯相位方案必须考虑到几何形状的特点。

T形交叉口简化了信号灯的设置，因为它消除了一组车辆流向。在这种交叉口一般只有一个对向左转。如果该转向可以安全地作为允许左转，就会产生一个简单的两相位信号。在对向左转需要保护的地方，可以利用几何元素来制定一些创新和有效的相位方案。

图19.8展示了这样一种情况以及几种可选的解决方案。在图19.8a中，没有提供转向车道。在这种情况下，为WB（对向）左转提供保护相位，需要三个接近段中的每一个都有自己的专用信号灯相位。

虽然实现了对向左转所需的保护相位，但这种相位效率不高，因为每个流向只使用三个相位中的一个。所有车辆的延误往往比可以实施更有效相位的情况下更长。

如果为WB左转车辆提供专用的左转车道，并且在T形纵线上为左转和右转提供单独的车道，就可以实施更有效的相位。在该方案中，交叉口的几何形状允许车辆在三个相位中的两个内运行，包括来自一条街的右转和来自另一条街的选定流向之间的一些重叠。这在图19.8b中有所呈现。

如果为WB左转设置的左转车道能与隔离WB直行流向与所有其他车辆路径的导流岛相结合，就可以采用WB直行流向永不停止的信控方案。图19.8c呈现了这种方法。注意，只在没有行人的情况下，或者在为穿越E-W向干道的行人提供天桥或地下通道的情况下，才可以采用这种特殊方法。

在图19.8所示的每个案例中，都使用了三相位信控方案。然而，利用几何元素，可以在每个信号灯相位增加额外流向，提高信控的整体效率。随着信控方案变得更有效率，驾驶人和乘客的延误将减少，每个流向的容量将增加。

偏移的交叉口带来了独特的挑战，因为车辆通过交叉口的路径在车辆路径之间，以及车辆和行人路径之间产生了明显不同的冲突点。相位方案必须进行调整，以考虑到这一特点，这对驾驶人来说往往是难以辨别的。图19.9展示了一个偏移的交叉口。

以下三种特殊的冲突发生在交叉口的非典型位置，每一种都可能是非常危险的。

• NB左转车在进入交叉口时几乎立即与对向直行车辆发生冲突。因为左转的轨迹立即与对向交通发生冲突，而对向交通是以一个角度进入的。

• 行人穿过E-W向街道（两侧）时，会在非常规位置遇到车辆冲突——驾驶人和行人都会感到意外。

⊖　上海市南京路的某些交叉口在行人流量巨大的情况下，依靠多人维护秩序以达成有效清空。这是此类情形在特殊场景下的一个案例。——译者注

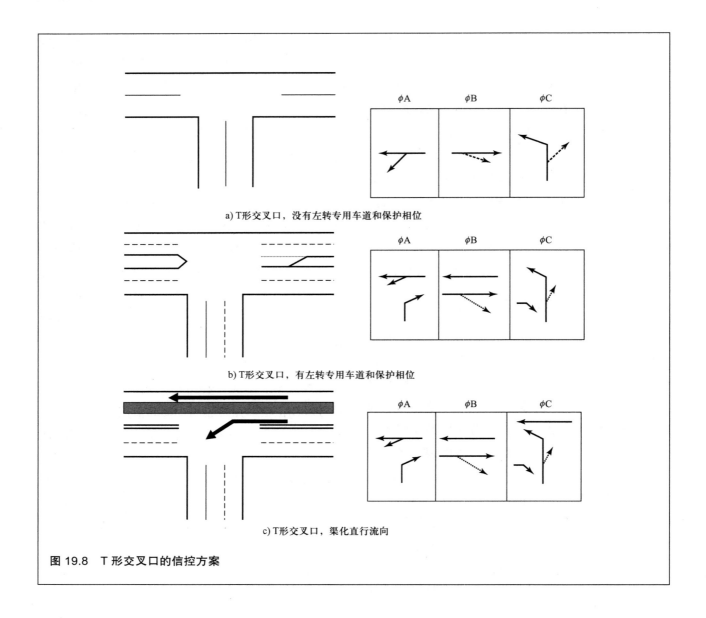

a) T形交叉口，没有左转专用车道和保护相位

b) T形交叉口，有左转专用车道和保护相位

c) T形交叉口，渠化直行流向

图 19.8　T 形交叉口的信控方案

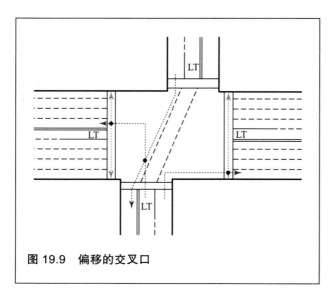

图 19.9　偏移的交叉口

左转的冲突很关键。虽然左转的驾驶人应该以向右转的方式开始通过交叉口（以避开对向车道），但这并非典型交叉口的正常路径。许多，如果不是大多数，驾驶人会遵循典型路径，于是在一个意外的地方存在冲突的危险。避免这种冲突的唯一方法是为 NB 左转提供一个完全保护的左转相位，即使这样做并不符合常规准则。

专用的 NB 左转相位（为了提高效率，可能会有一个 SB 左转相位）也可以避免西侧人行横道上意外的左转 - 行人冲突。NB 的右转与行人的冲突更加困难。右转驾驶人在有效完成右转后会遇到行人冲突。行人在横过道路时通常不会去看从左边直接驶来的冲突车辆。警告标志将有助于让驾驶人和行人提高警惕。另一个选择是将人行横道倾斜，使其与车行路径平行。相当于将右转－行人冲突放到一个更正常的位置。然而，这也增加了行人横过道路的时间，并会影响信号灯的配时。

这些问题的严重性涉及许多因素，包括交叉口的实际偏移距离。较小的偏移量相对容易处理，问题会随着偏移量的增加而增加。这还取决于偏移是向右还是向左的。图 19.9 是一个右偏移。向左偏移会改变轨迹的相对关系，仍然会带来类似问题，必须解决。

多肢交叉口（超过四肢）是交通工程师的噩梦。虽然数量不多，但这类交叉口不时地存在确实足以给信号灯网络带来重大问题。在最坏的情况下，一个交叉口可能涉及三条双向街道。即使所有左转都能在允许的基础上进行，也会产生三个相位。每一个对向左转都需要保护，就会增加一个相位。因此，若在这样一个六肢交叉口，所有左转都需要保护相位，就会有六个相位，这是一个不折不扣的低效方法，在信号灯周期内会有很大的损失时间。

在这种情况下，几乎总是需要简化交叉口的流向。将一条或多条相交街道改为单行道，将大幅简化必须设置信号灯的合法流向的数量，但这并不总是一个实用的解决方案。禁止一些左转也会有所帮助，但需要有替代路径，并且是可行的。

图 19.10 展示了一个五肢交叉口，在这种情况下，它是由一个直接进入信控交叉口的限制接入的出口匝道构成的。

在图 19.10 所示的例子中，需要一个四相位信控方案来为 E-W 向干道提供一个保护左转相位。如果 N-S 干道也需要一个保护左转相位（必须提供一个专用左转车道），就可能会产生一个五相位的信控方案。增加第五相位，甚至可能增加第六相位，会造成过多的时间损失，增加延误，并降低关键接近段和车道组的容量。

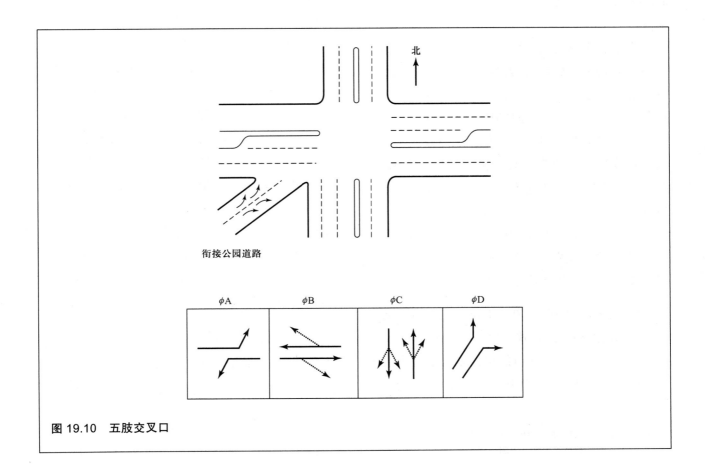

图 19.10　五肢交叉口

在可能的情况下，应考虑其他可选的设计方案，以消除五肢和六肢交叉口。例如，在图19.10所示的情况下，应考虑重新设计匝道，以创建另一个独立的交叉口。匝道可以与T形交叉口中的任何一条相交的干道相连。从新的交叉口到主要交叉口的距离将是一个关键因素，应该安排好，以避免排队，因为排队将阻碍匝道的出口。可能还有必要对新的交叉口设置信号灯。

在曼哈顿，百老汇（Broadway）在交通控制方面造成了一个主要问题。曼哈顿大部分地区的街道系统是一个完美的网格，N-S大道（城郊/城中）之间的距离统一为800ft，E-W街道（穿城）之间的距离平均约为400ft。这样一个规则的网格，特别是当与单行道系统相结合时（始于20世纪60年代初），相对来说更容易设置信号灯。然而，百老汇斜着穿过网格，形成了一系列主要的多肢交叉口，涉及三条主要的相交干道。其中一些"主要"交叉口包括时代广场（Times Square）和先驱广场（Herald Square），而且都涉及主要的车辆和主要的行人流量。

为了利用单行线、统一网格街道系统的信控优势，在这些交叉口中，大多数都禁止百老汇的直行。这有效地将百老汇变成了一条地方街道，几乎没有直行交通。直行交通被迫回到网格上（正交路网）。渠化的设置迫使在百老汇路上行驶的车辆加入大道或街道，消除了对多相位信号灯的需求。此外，工程师们也在这些交叉口用渠化岛创造了独特的行人环境。

多肢交叉口的纯信控解决方案很少是有效的，但可能会是无奈之举。在这种情况下，通常需要考虑对设计进行更彻底的改变。

- 在华盛顿特区，在L'Enfant的经典径向设计上叠加的网格街道模式导致了大量多肢交叉口。在许多情况下，地下通道的设计是为了将主要干道的直行交通引入交叉口下，而不设置信号灯。

- 在土地充足的地方，可以使用环岛来消除对信号灯的需求。然而，环岛所能处理的总交通量是有限制的。

右转相位

尽管保护左转的使用很普遍，但绝大多数信控交叉口都是在允许的基础上处理右转，大部分来自共用车道。只有在行人数量极多的情况下，才会使用保护性右转相位。现代研究表明，人行横道上1700ped/h的人流量会有效地阻止所有绿灯下的右转。然而，这样的行人流是极其罕见的，只存在于主要的城市中心。

虽然在这种情况下使用保护性右转相位可能会帮助驾驶人，但也可能会使街角和临近的人行道上的行人拥堵情况恶化。在极端情况下，研究人行天桥或地下通道的可行性通常是有用的。这些通常会与防止行人在街角进入街道的隔离物相协调。然而，应该注意的是，人行天桥和/或地下通道对行人来说是不方便的，而且可能带来安全风险，主要是在晚上[一]。

复合右转相位通常只与相交街道上的专用左转相位一起通行。例如，在EB和WB专用左转相位，NB和SB右转可能没有行人干扰。然后，允许右转将在NB和SB直行相位继续。

专用右转车道在右转交通量大的情况下很有用，特别是在允许红灯右转的情况下。在允许路缘泊车的街道上可以很容易地构建这种车道。在距离停止线几百英尺的范围内可以禁止泊车，然后路缘车道可以作为专用右转车道使用。也可以提供渠化右转道。渠化右转一般由"YIELD"标志控制，无需纳入信控方案。第17章对专用右转车道和渠化右转处理有更详细的探讨。

红灯右转（RTOR）

1937年，加利福尼亚州首次允许"红灯右转"（Right-Turn-On-Red，RTOR）[二]，但必须有

〇 这里应该是指治安问题。——译者注
〇 关于红灯右转的规则，美国各州规定不同。显然明确红灯右转的规则并统一协调是信控交叉口的一个重点。——译者注

授权该流向的标志[5]。近年来，几乎所有州都允许 RTOR，除非有标志明确禁止。联邦政府在 20 世纪 70 年代鼓励这种做法，将 RTOR 的实施与获得联邦援助的公路资金挂钩。在一些城市地区，如纽约市，一般仍禁止红灯右转。在进入该地区的所有车行路上必须设置表明这种普遍禁止的标志。所有的 RTOR 法律都要求驾驶人在执行红灯右转动作前停车⊖。

当存在共用右转直行车道时，RTOR 的作用受到使用该车道的直行车辆比例的影响。

当一辆直行的车辆到达停止线时，它会阻止随后的右转车辆使用 RTOR。因此，提供专用的右转车道能大幅增强 RTOR 的有效性。

有关 RTOR 的主要问题仍然是①为右转车辆节省的延误，②这种运行导致的事故风险增加。ITE 的一项实践[6]指出，在中央商务区（CBD），右转车辆的平均延误减少了 9%，在其他城市地区减少了 31%，而在远郊地区减少了 39%。另一项关于 RTOR 安全的早期调研[7]发现，所有交叉口事故中只有 0.61% 涉及 RTOR 车辆，而且这些事故往往比其他交叉口事故要轻。

由于存在涉及 RTOR 的潜在安全问题，在使用和应用时要仔细斟酌。禁止 RTOR 的主要原因如下。

1）右转驾驶人的视距受限。

2）相互冲突的直行车辆高速行驶。

3）相互冲突的直行车辆流量大。

4）在右转车辆正前方的人行横道上的行人流量大。

这些情况中的任何一种都会使驾驶人在 RTOR 操作过程中难以辨识及规避冲突。

19.2.6　总结和结论

相位设置的主题以及选择适当的相位方案是交叉口信控效率的一个关键部分。虽然已经提出了通用准则来帮助设计过程，但没有什么明确的标准。交通工程师必须理解各种相位选择的知识，以及它们如何影响信控的其他关键方面，如容量和延误。

相位的决定是针对相交道路上的每个接近段做出的。例如，E-W 街道有可能使用专用左转相位，而 N-S 街道则使用先行和延后的绿灯和复合相位。因此，整个交叉口潜在的组合数量是很大的。

最终的信控也应使用综合信控交叉口模型或模拟来分析。这样可以在试错的基础上对信控方案进行微调，并对更多的备选方案进行快速评估。

19.3　确定信号灯设计和配时的车辆需求

一旦确定了候选相位方案，就有可能确定信号的"配时"，以最有效地满足现有的车辆需求。

19.3.1　转换和清空时段

尽管不是很直观，但配时过程是以确定黄灯（转换）和全红（清空）时段开始的。这是因为其他关键因素，如周期长度和有效绿灯时间，都需要用到损失的时间——这些时间从根本上与转换和清空时段的长度有关。

在文献中，"转换"（Change）和"清空"（Clearance）时段这两个术语有不同的使用方式。它们分别指的是**黄灯**和**全红**指示，标志着每个信号灯相位从绿灯到红灯的过渡。全红时段是指所有信号灯面（Signal faces）都显示红色信号的时期。MUTCD 明确禁止使用黄灯信号来指示从红灯到绿灯的过渡，这种做法在许多欧洲国家很常见。

各州对黄灯和全红时段的使用情况各不相同。所有州都要求有黄灯时段，但其法律意义不同。允许性黄灯法律（Permissive Yellow Law）意味着驾驶人可以在整个黄灯时段进入交叉口，在全红时段也可以在交叉口，只要他／她在黄灯时

⊖　相当于通过立法确定规则来实现，而非通过设置"STOP"标志等控制设施来实现。——译者注

段进入。在黄灯的允许性法律生效的地方，必须提供一个全红时段。

限制性黄灯法律（Restrictive Yellow Law）更难解释，特别是因为全国各地有两种不同的版本。有一种情况是，驾驶人只能在确定黄灯结束前可以驶离交叉口，那么他/她可以在黄灯时段进入。这让驾驶人很为难，因为在决定进入交叉口时，并不知道黄灯结束时间。在一个更加困难的法律版本中，除非不安全或不可能停车，否则驾驶人不得在黄灯时段进入交叉口。当限制性黄灯法律生效时，是否使用全红时段是可选的。

由于现行法律的多样性，MUTCD并没有严格要求全红时段。ITE建议所有信号灯都使用黄灯和全红时段[⊖]。ITE对它们的定义如下。

- **转换时段（黄灯）**。这个时段允许在绿灯撤消时，距停止线有一段安全距离的车辆继续以接近速度行驶，并在黄灯时合法进入交叉口。"进入交叉口"应理解为前轮越过交叉口的路缘线。
- **清空时段（全红）**。假设车辆刚刚在黄灯时段合法进入交叉口，那么在与之相冲突的车辆获得绿灯通行权之前，全红必须提供足够的时间让车辆通过交叉口且后保险杠也通过远端（出口）的路缘线（或人行道横线）。

ITE建议采用以下方法来确定黄灯或转换时段的长度[8]：

$$y_i = t + \frac{1.47 S_{85i}}{2 \times (a + 32.2 G_i)} \qquad (19\text{-}3)$$

式中　y_i——第 i 相位黄灯时段的长度（s）；
　　　t——驾驶人反应时间（s，标准默认值为 1.0s）；
　　　S_{85i}——第 i 相位接近交通流的第85百分位速度，或速度限制，视情况而定（mile/h）；

　　　a——车辆的减速率（ft/s²，标准默认值为 10ft/s²）；
　　　G_i——第 i 相位的接近段坡度，以小数表示。

另外，注意 32.2ft/s² 是重力加速度。下坡时 G 取负值。

式（19-3）是基于车辆以其接近速度通过一个安全停车距离所需的时间得出的。

ITE还建议采用以下方法来确定全红时段的长度[8]。

- 对于没有或很少有行人交通的情况：

$$ar_i = \frac{w + L}{1.47 S_{15i}} \qquad (19\text{-}4)$$

- 对于存在大量行人交通的情况：

$$ar_i = \frac{P + L}{1.47 S_{15i}} \qquad (19\text{-}5)$$

式中　ar_i——第 i 相位全红时段的长度（s）；
　　　w——被穿过的街道的宽度，从缘石到缘石（ft）；
　　　P——从近端缘石到远端人行横道远侧的距离（ft）；
　　　L——标准车辆的长度，通常为 18～20ft；
　　　S_{15i}——第 i 相位接近交通流的第15百分位速度，或速度限制，视情况而定（mile/h）。

ITE还允许在有明显但不多的行人存在的情况下有第三种选择。但是，一般来说，最好是根据是否需要在全红时段内考虑行人的情况，使用上述两种方法中的一种[⊜]。

如前所述，在限制性黄灯法律生效的地方，不需要全红时段。然而，当仅使用黄灯时段时，其长度必须包括足够的时间来清空交叉口。因此，在这些情况下，黄灯时段将是式（19-3）和式（19-4）或式（19-5）的总和，视情况而定。

⊖　在妥当设置了黄灯和全红时段后，不应该设置绿灯倒计时，这只是无故增加了混乱度。而红灯倒计时则有其积极的一面，比如设置5~9s的红灯倒计时。——译者注

⊜　显然，全红时段的长度与交叉口的几何尺寸息息相关，因此紧凑配置交叉口的机动车道、非机动车道、人行道宽度，对于减小"信控延误"来说非常重要。当下国内有不少大尺度交叉口（宽松而不紧凑）的优化空间很大。——译者注

图 19.11 说明了在式（19-4）或式（19-5）之间的选择。这种选择基于每种情况下的行人安全。

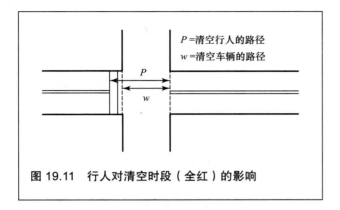

图 19.11　行人对清空时段（全红）的影响

当使用式（19-4）时，全红时段允许车辆在时段内穿越车行路宽度加一个车长。这就保证了在下一个绿灯相位，当冲突的车辆被放行时，通过的车辆将不存在于可能冲突的直行流向路径上。式（19-5）允许车辆在全红时段内通过到远端人行横道的远端边缘加上一个车长。这保证了当与之冲突的车辆在下一个绿灯相位被放行时，它们已离开冲突车辆和冲突行人的路径。

在行人数量较少的情况下，期望他们在该相位的最后阶段避免与相交车辆发生冲突是合理的；在行人数量较多的情况下，仅依靠行人和驾驶人的判断来避免潜在的冲突可能是不明智的。

为了提供最佳的安全，黄灯和全红时段的公式使用不同的速度：分别为第 85 百分位速度和第 15 百分位速度。由于速度出现在黄灯判定的分子和全红判定的分母中，为了安全地容纳大多数驾驶人，需要使用不同的百分位速度。如果只知道平均接近速度，百分位速度可以估计为：

$$S_{85} = S_{av} + 5$$
$$S_{15} = S_{av} - 5 \qquad （19-6）$$

式中　　S_{85}——第 85 百分位速度（mile/h）；
　　　　S_{15}——第 15 百分位速度（mile/h）；
　　　　S_{av}——平均速度（mile/h）。

在没有测量接近速度而使用限速的情况下，黄灯和全红时段将使用相同的速度值来确定。然而，这并不是理想的做法。

使用这些 ITE 政策来确定黄灯和全红时段，可以确保驾驶人不会遇到"困境区"（Dilemma Zone），即当转换和清空时段的总长度，不足以让在黄灯启动时无法安全停车的驾驶人在这些流向放行之前通过交叉口，并离开冲突的车辆和 / 或行人路径时，就会出现这种情况。如果黄灯和全红时段的时间不对，造成了困境区的局面，机构就会面临承担因此而发生事故的责任。

例题 19-1：确定转换（黄灯）和清空（全红）时段的长度

计算具有以下特性的信控交叉口的适当转换和清空时间：

- 平均速度 =35mile/h
- 纵坡 = −2.5%
- 从停止线到最远车道的距离 =48ft
- 从停止线到最远的人行横道的距离 =60ft
- 标准车辆长度 =20ft
- 反应时间 =1.0s
- 减速率 =10ft/s²
- 有一些行人存在

为了应用式（19-3）和式（19-4）/（19-5），需要估计

第 15 和第 85 百分位速度。使用式（19-6）：

$$S_{85} = 35 + 5 = 40 \text{mile} / \text{h}$$
$$S_{15} = 35 - 5 = 30 \text{mile} / \text{h}$$

使用式（19-3），转换或黄灯时段的长度是：

$$y = t + \frac{1.47 S_{85}}{2 \times (a + 32.2G)}$$
$$y = 1.0 + \frac{1.47 \times 40}{2 \times [10 + (32.2 \times -0.025)]}$$
$$= 1.0 + 3.2 = 4.2 \text{s}$$

式（19-5）用于计算清空或全红时段的长度，因为有一些行人流量存在。这是一个判断，因为对于少量的行人，也可以使用式（19-4）。谨慎起见，清空时段的长度为：

$$ar = \frac{P+L}{1.47 S_{15}}$$

$$ar = \frac{60+20}{1.47 \times 30} = 1.8s$$

19.3.2 确定损失时间

《道路容量手册》[1]指出，损失时间随信号灯配时中黄灯和全红时段的长度而变化。因此，像历史上许多信号灯配时方法那样，对损失时间使用一个恒定的默认值并不合适。HCM 现在建议使用以下默认值来确定。

- 启动损失时间，$\ell_1 = 2.0s/phase$。
- 驾驶人使用（占用）黄灯和全红的时间，$e = 2.0s/phase$。

使用这些默认值，每个相位的损失时间和每个周期的损失时间可按以下方式估算：

$$\ell_{2i} = y_i + ar_i - e$$
$$t_{Li} = \ell_{1i} + \ell_{2i}$$

（19-7）

式中　ℓ_{1i}——第 i 相位的启动损失时间（s）；

　　　ℓ_{2i}——第 i 相位的清空损失时间（s）；

　　　t_{Li}——第 i 相位的总损失时间（s）；

　　　y_i——第 i 相位的黄灯转换时间（s）；

　　　ar_i——第 i 相位的全红清空时间（s）。

例题 19-2：确定损失时间

在例题 19-1 中，黄灯时段被计算为 4.2s，全红时段被计算为 1.8s。分别使用推荐的 ℓ_1 和 e 的默认值，确定信号周期中的损失时间。

启动损失时间是标准值 2.0s/phase。清空损失时间的

计算方法是：

$$\ell_2 = 4.2 + 1.8 - 2.0 = 4.0s$$
$$\ell_L = 2.0 + 4.0 = 6.0s$$

注意，当使用 HCM 推荐的 ℓ_1 和 e 的默认值（都是 2.0s）时，每个相位的损失时间 t_L 总是等于黄灯和全红时段的总和 Y。由于每个相位的损失时间可能不同，基于不同的黄灯和全红时段，每个周期的总损失时间只是每个相位的损失时间之和，即：

$$L = \sum_{i}^{n} t_{Li}$$

（19-8）

式中　L——每个周期的总损失时间（s）；

　　　t_{Li}——第 i 相位的总损失时间（s）；

　　　n——周期中的离散相位数。

19.3.3 确定关键车道流量之和

为了估计适当的周期长度，并将周期分成每个相位的适当绿灯时间，有必要找到周期中每个离散相位或部分的关键车道流量。

正如第 18 章所探讨的，关键车道流量是控制特定相位所需长度的每条车道流量。例如，在一个简单的两相位信号的情况下，在一个特定的相位，EB 和 WB 流向同时行驶。这些每车道流量中的一个代表最大需求强度，用于确定该相位的妥当长度。

做出这种判断有以下两个因素很复杂。

- 不能仅对流量进行简单比较。卡车比小客车需要更多时间，左转和右转比直行车辆需要更多时间，在下坡接近段上的车辆比在平坡或上坡接近段上的车辆需要更少时间。因此，需求强度不能简单地用流量来准确衡量。
- 在相位方案涉及重叠部分的情况下，必须

仔细检查环流图，以确定哪些流量构成关键车道的流量。

理想情况下，需求流量将被转换为基于所有可能影响强度的交通和车行路因素的等效参数。然而，对于最初的信号灯配时，这是一个很复杂的过程。为了反映影响强度，需求流量可以被转换为最重要的影响因素：左转和右转。这是通过将所有需求流量转换为直行车当量（through vehicle units，tvu）来实现的。

表19.4和表19.5分别展示了左转和右转的直行车当量。

表19.4　左转车辆的直行车当量 E_{LT}

对向直行车流 v_o/（veh/h）	对向直行车道数		
	1	2	≥ 3
0	1.1	1.1	1.1
200	2.5	2.0	1.8
400	5.0	3.0	2.5
600	10.0*	5.0	4.0
800	13.0*	8.0	6.0
1000	15.0*	13.0*	10.0*
≥ 1200	15.0*	15.0*	15.0*

所有保护左转的 E_{LT} 系数 =1.05

注：* 对于这些情况，很可能所有左转都被看作"潜行者"（Sneakers）。

表19.5　右转车辆的直行车当量 E_{RT}

对存在冲突人行横道的行人流分类	行人流率默认值/（ped/h）	当量系数
无	0	1.18
低	50	1.21
中	200	1.32
高	400	1.52
严重	800	2.14

这些数值实际上是《道路容量手册》分析模型中对信控交叉口更复杂方法的简化，它们构成了信号灯配时和设计的妥当基础。在使用这些表格时，应注意以下几点。

- 对向交通量 V_o，仅包括对向交通的直行流量，单位为 veh/h。
- 表19.4中的对向交通量可以用内插法取值，但数值应四舍五入到最接近的1/10。
- 对于右转，"冲突人行横道"是右转车辆必须通过的人行横道。
- 表19.5中的行人流率代表了中等规模社区的典型情况。在大城市，如纽约、芝加哥或波士顿，行人流率可能要高得多，而且所使用的相对术语（低、中、高、严重）与这种情况没有很好地关联。
- 如果有准确的人行横道计数，则表19.5中的内插法允许到最近的0.01。如果只提供行人活动的粗略估计，则不建议进行内插。

一旦选择了 E_{LT} 和 E_{RT} 的适当值，所有右转和左转的数量就必须转换为"直行车当量"的单位。随后，确定每个接近段或车道组的每条车道需求强度。

$$V_{LTE} = V_{LT} \times E_{LT}$$
$$V_{RTE} = V_{RT} \times E_{RT} \qquad (19\text{-}9)$$

式中　V_{LTE}——LT 的当量直行交通量（tvu/h）；

V_{RTE}——RT 的当量直行交通量（tvu/h）。

其他变量定义同前。

这些当量与可能存在于某一接近段或车道组中的直行车辆相加，以求得各接近段或车道组的总当量和各车道的当量：

$$V_{EQ} = V_{LTE} + V_{TH} + V_{RTE}$$
$$V_{EQL} = V_{EQ} / N \qquad (19\text{-}10)$$

式中　V_{EQ}——车道组或接近段的总等效交通量（tvu/h）；

V_{EQL}——车道组或接近段每车道总等效交通量（tvu/h/ln）；

N——车道组或接近段的车道数量。

通过方案确定关键路径，来找到信号灯相位方案的关键车道容量（即控制信号灯配时的路径）。这是通过信号灯相位方案找到路径，以达成潜在的最高关键车道流量之和。

由于大多数信控方案涉及两个"环"，替代路径必须处理相位方案中每个离散部分的两个潜在环。还必须注意的是，关键路径可能会在任何全相位栅（即穿过两个环的相位边界）"切换"环。这个过程最好用一个例题来解读。

例题 19-3：通过环流图确定关键路径

图 19.12 展示的是一个有重叠相位的信号灯环流图。相位图中的每个流向都显示了车道流量，即 V_{EQL}。

为了找到关键路径，必须为周期的每一部分找到控制（最大）的等效流量，在全相位转换界线之间工作。对于图 19.12 中的复合相位 A，控制 A1、A2 和 A3 总长度的流量是在环 1 或环 2 上。如图 19.12 所示，最大的总量来自于环 2，产生的总关键车道流量为 800tvu/h。对于 B 相位，选择就简单多了，因为没有重叠的相位。因此，环 1 的总量为 300tvu/h，被确定为关键车道。现在，通过环的关键路径由星号表示，关键车道流量的总和为 800 + 300 = 1100tvu/h。从本质上讲，如果将交叉口看作是一些车辆在单车道上寻求通过一个共同的冲突点，在这种情况下，信号灯必须有一个足够的时间来处理 1100tvu/h 通过这个点。在本章最后一节中的完整信号灯配时例题中进一步说明了关键车道流量的确定问题。

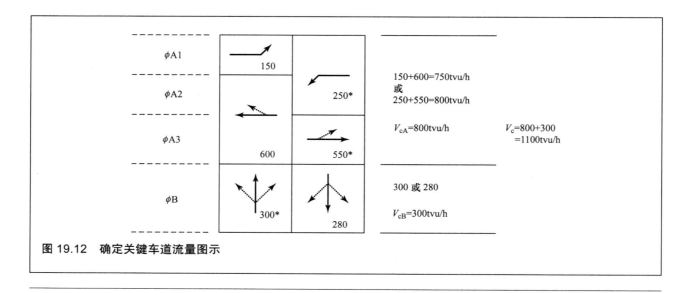

图 19.12 确定关键车道流量图示

19.3.4 确定期望周期长度

在第 18 章中，描述信号灯可处理的最大关键车道流量总和的公式用于计算期望周期长度。用该公式计算期望周期长度，基于流量（单位 tvu/h）和饱和流率的默认值。默认的饱和流率，即绿灯 1700tvu/h，假定了车道宽度、重型车辆的存在、纵坡、泊车、行人和自行车数量、当地巴士、区域类型、车道利用率和其他条件的典型情况。文献中常见的饱和流率默认值从 1500 到 1700tvu/h 不等，但这些值有时也考虑了典型的左转和右转比例。这里介绍的方法通过将需求转换为等效直行车辆单位来进行这些调整。

将饱和流率的默认值代入该关系中时，所需的周期长度计算为：

$$C_{des} = \frac{L}{1-\left[\dfrac{V_C}{1700 \times PHF \times (v/c)}\right]} \quad (19-11)$$

式中 C_{des}——期望周期长度（s）；

L——每个周期的总损失时间（s）；

PHF——高峰小时系数；

v/c——交叉口中关键流向的目标 v/c 比率。

使用高峰小时系数可确保信号灯配时适合于设计小时的高峰 15min。目标 v/c 比率一般在 0.85~0.95 之间。过低的 v/c 值会增加延误，因为

车辆将被迫等待，而未被充分利用的绿灯相位会出现空等时间。v/c 值 >0.95 表示可能出现频繁的单个相位或周期失效的情况，从而增加延误。

例题 19-4：确定适当的周期长度

考虑先前在图 19.12 中所述的例题 19-3。这种情况下的关键车道流量之和显示为 1100veh/h。如果每个周期的总损失时间为 4s/phase × 3phases/cycle=12s/cycle，高峰小时系数为 0.92，目标 v/c 值为 0.90，那么这个三相位信号的期望周期长度是多少？使用式（19-11）：

$$C_{des} = \frac{12}{1 - \left[\frac{1100}{1700 \times 0.92 \times 0.90}\right]} = \frac{12}{1 - 0.781} = 54.8s$$

对于一个预配时信号灯，周期长度一般在 30s 到 90s 之间以 5s 为单位实施，在 90s 到 120s 之间以 10s 为单位实施。因此，在这种情况下，将采用 55s 的周期。

19.3.5 分配绿灯（时间）

一旦确定了周期长度，就必须将周期内可用的有效绿灯时间分配给各个相位。从周期长度中减去每个周期的损失时间，就可以得出周期内可用的有效绿灯时间：

$$g_{TOT} = C - L \quad (19-12)$$

式中 g_{TOT}——周期内总的有效绿灯时间（s）；C、L 定义同前。

然后，总的有效绿灯时间按照每个相位或子相位的关键车道容量比例分配给信控方案的各个相位或子相位：

$$g_i = g_{TOT} \times \left(\frac{V_{ci}}{V_c}\right) \quad (19-13)$$

式中 g_i——i 相位的有效绿灯时间（s）；
V_{ci}——i 相位或子相位的关键车道容量（tvu/h）；
V_c——关键车道流量之和（tvu/h）。

例题 19-5：确定绿灯时间

回到图 19.12 所述例题 19-3 和 19-4 的案例，由于存在重叠相位，情况变得有些复杂。对于关键路径，得到的关键车道流量如下：

- A1 和 A2 相位之和为 250veh/h/ln
- A3 相位为 550veh/h/ln
- B 相位为 300veh/h/ln

注意，所需的 55s 周期长度包含 12s 的损失时间，周期内的总有效绿灯时间可以用式（19-12）计算：

$$g_{TOT} = 55 - 12 = 43s$$

使用式（19-13）和刚才提到的关键车道容量，估计信号灯的有效绿灯时间为：

$$g_{A1+A2} = 43 \times \left(\frac{250}{1100}\right) = 9.8s$$

$$g_{A3} = 43 \times \left(\frac{550}{1100}\right) = 21.5s$$

$$g_B = 43 \times \left(\frac{300}{1100}\right) = 11.7s$$

这些时间之和（9.8+21.5+11.7）必须等于 43.0s，而且确实如此。加上周期中损失的 12.0s 时间，55s 的周期长度现在已经全部分配完毕。

如案例所示，存在相位重叠，信号灯的配时仍未完成。A1 和 A2 相位之间的分配问题仍然必须解决。这只能通过考虑 A 相位的非关键环 1 来完成，因为这个

环包含这两个子相位之间的过渡。A 相位的总长度为
9.8+21.5=31.3s。在非关键环（环 1）上，A1 相位的关键
车道流量为 150veh/h/ln，A2 和 A3 相位之和为 600veh/h/
ln。使用这些关键车道的流量：

$$g_{A1} = 31.3 \times \left(\frac{150}{150+600} \right) = 6.3s$$

判断一下，现在计算 g_{A2} 为，相位 A 的总长度 31.3s，
减去 A1 和 A3 相位的有效绿灯时间，这两个相位现在已
经确定（分别为 6.3s 和 21.5s），即：

$$g_{A2} = 31.3 - 6.3 - 21.5 = 3.7s$$

本章最后一节中完整的信号灯配时例子将充
分说明实际绿灯时间的确定。

一般来说，应该避免非常短的相位。在这
种情况下，重叠的 A2 相位的有效绿灯时间只有
3.7s。这种短的重叠时段可能难以提供足够的效
率，以适应驾驶人的潜在混乱。在 A2 相位过短
的情况下，可能有理由使用一个共同的专用左转
相位来简化相位方案。

19.4 确定行人信号灯需求

在这个过程中，信号灯设计已经考虑了车辆
需求。然而，信号灯的配时也必须适应行人。问
题出现了，因为行人需求与车辆需求的差异通常
很大。思考一条宽阔的主干道和一条地方小集散
道形成的交叉口。主干道上的车辆需求比小集散
道的车辆需求强度高，而车辆的绿灯分配通常会
使主干道获得较长的绿灯，集散道获得相对较短
的绿灯。

不幸的是，这与行人的需求正好相反。在短
的集散道绿灯期间，行人正在穿越宽阔的主干道。
在长的主干道绿灯期间，行人正在穿越较窄的集
散道。亦即，行人在较短的车辆绿灯时段需要较
长的绿灯，而在较长的车辆绿灯时段需要较短的
绿灯。

行人需要最少的时间来开始过街，并安全地

除了将有效绿灯时间转换为实际绿灯时间外，信号灯
配时现在已经完成。

$$G_i = g_i + \ell_1 - e \qquad (19\text{-}14)$$

式中 G_i——第 i 相位的实际绿灯时间（s）；
g_i——第 i 相位的有效绿灯时间（s）；
e——车辆使用的黄灯和全红时段之和（s）；
ℓ_1——第 i 相位的总损失时间（s）。

因为该例子没有提供黄灯和全红时段的时间信息，所
以这个步骤无法完成。然而，如果 ℓ_1 和 e 使用的是标准默
认值（都是 2.0s），那么 G 值就与 g 值相同。

完成过街。最小行人绿灯时段需求由下式给出：

$$G_{pi} = PW_{\min i} + PC_i \qquad (19\text{-}15)$$

式中 G_{pi}——第 i 相位的最小行人绿灯时间（s）；
$PW_{\min i}$——最小行人通行（WALK）时段，行人
可以开始过街的一段时间（s）；
PC_i——行人清空时段（闪烁"DON'T
WALK"），合法开始过街的行人走
完人行横道长度的时间（s）。

行人通行时段（Pedestrian WALK interval, PW）
的长度取决于使用受控人行横道的行人数量。现
代信号灯显示在这个时段内显示一个白色的步行
者图案。《交通信号灯配时手册》[2] 根据对行人
交通强度的一般描述，建议采用表 19.6 所示的
数值。

表 19.6 最小行人通行时段（PW）建议

场景	行人通行时段长度 /s
行人大流量区域（例如：学校、CBD、运动场馆）	10 ~ 15
典型行人流量 + 长周期（≥ 60s）	7 ~ 10
典型行人流量 + 短周期（<60s）	7
行人低流量区域	4
行人中存在老年群体	到路中线的距离除以 3ft/s

资料来源：*Traffic Signal Timing Manual*, Federal Highway Administration, Washington, D.C., Table 5-8, pg 5-15.

行人清空时段的计算方法是：

$$PC_i = \frac{L}{S_p} \quad (19\text{-}16)$$

式中　PC_i——行人清空时段（s）；

　　　L——人行横道的长度（ft）；

　　　S_p——行人的平均步行速度。

许多机构使用的标准步行速度是 4.0ft/s。然而，越来越多的人支持使用 3.5ft/s 的步速，一些机构已经在使用该数值。在老年人或残障行人较多的地方，使用低至 3.0ft/s 的速度通常是合适的。

注意，行人有一个白色灯（"WALK"）时段和一个清空时段（闪烁的"DON'T WALK"）。后者显示为一个闪烁的波特兰橙色举起的手。但没有行人转换（或黄灯）的时段。这是因为行人几乎可以在瞬间停止，而车辆则需要相当长的时间和距离才能完成停止。

根据地方策略，有三种协调行人和车辆时段的一般方法。这些策略在车辆黄灯和全红时段对行人的处理上有所不同。MUTCD[4] 允许行人在车辆黄灯和全红时段完成过街，但并非所有机构都遵循该策略。使用的三种策略是：

- MUTCD 策略。行人可以在车辆黄灯和全红时段完成过街。在这种情况下，当全红时段结束时，行人的通行时段也相应结束（选项1）。
- 行人可以在车辆黄灯时段完成过街，但不能在车辆全红时段完成。在这种情况下，行人的通行时段在黄灯时段结束时结束（选项2）。
- 行人必须在车辆绿灯时段内完成过街。在这种情况下，行人清空时段在绿灯时段结束时结束（选项3）。

通行时段可能比行人的最小时段建议值要长。通行时段的实际长度取决于采用哪种行人清空方案。

$$PW_i = G_i + y_i + ar_i - PC_i (\text{选项 1})$$
$$PW_i = G_i + y_i - PC_i (\text{选项 2}) \quad (19\text{-}17)$$
$$PW_i = G_i - PC_i (\text{选项 3})$$

其中，PW_i 是行人通行（"WALK"）时段的实际长度，所有其他变量定义同前。

为了使信号灯配时对行人可行，每个相位的最短行人过街需求 G_{pi} 必须与行人可能在人行横道上的时间相比较，后者随实际采用的策略而变化。

$$G_{pi} \leqslant G_i + y_i + ar_i (\text{选项 1})$$
$$G_{pi} \leqslant G_i + y_i (\text{选项 2}) \quad (19\text{-}18)$$
$$G_{pi} \leqslant G_i (\text{选项 3})$$

如果没有达到所选择的条件，就不能安全地容纳行人通行，必须做出改变以满足他们的需求。如果在某一相位不能满足最低的行人条件，可以采取以下两种方法。

- 可以提供行人按钮信号灯。在这种情况下，当感应激活时，下一个绿灯相位被延长，以提供所需的绿灯时间。额外的绿灯时间将从预配时信号灯的其他相位中减去，以保持周期长度，而周期长度必须保持不变。当提供行人按钮装置时，必须使用行人信号灯。
- 对信号灯进行重新配时，以便在所有周期内提供最低行人需求（时长）。这样做必须同时保持绿灯时间的车辆平衡，并将导致更长的周期长度。

第一种方法的效果有限。当行人在大多数周期中出现时，可能因为感应器总是被激活，而破坏车辆的信号灯配时方案。在这种情况下，方法应该是对信号灯进行重新配时，以满足每个周期的车辆和行人需求。行人按钮在行人相对较少或使用感应信号灯控制器的情况下很有用。

在第二种情况下，任务是提供最小行人过街时间，同时保持适应车辆所需的有效绿灯的平衡。

例题 19-6：重新平衡绿灯时间以考虑行人的需求

考虑表 19.7 中所示的两相位车辆信号灯配时情况。为便于比较，还显示了最小的行人需求。

在这种情况下，A 相位服务于主要干道，因此有较长的车辆绿灯，但行人要求较短。B 相位服务于相交的次要街道，但有较长的行人要求。行人要求必须与车辆信号灯时间进行比较，使用式（19-18）。在这种情况下，我们将采用最宽松的策略，即允许行人在 G、y 和 ar 期间处于人行横道上。

$$G_{pi} \leqslant G_i + y_i + ar_i$$
$$G_{pA} = 20.0 \leqslant 40.0 + 3.0 + 2.0 = 45.0 \text{s OK}$$
$$G_{pB} = 30.0 \leqslant 15.0 + 3.0 + 2.0 = 20.0 \text{s NG}$$

注意，由于损失的时间等于黄灯和全红时段之和，有效绿灯时间 g，等于两个相位的实际绿灯时间 G。

也要注意，在这种情况下，周期长度为 40 + 3 + 2 + 15 + 3 + 2 = 65s。

如果每个周期都有行人，使用行人按钮就会破坏车辆信号灯的时间。因此，B 相位的长度必须增加，以提供 30s 的时间来满足行人的需求。由于黄灯和全红时段是固定的，绿灯必须从 15.0s 增加到 25.0s 才能完成。那么 25 + 3 + 2 = 30s，就能满足行人的需求。

如果我们增加 B 相位的绿灯长度，就必须增加 A 相位的绿灯长度，以保持它们之间目前的平衡（比例为 40/15）。有几种方法可以在计算上完成这个任务。

然而，这是一个预配时信号灯，所产生的周期长度必须是 5s 的倍数（或者对于周期长度超过 90s 的情况下，是 10s）。最简单的方法是将周期长度增加 25.0/15.0 的系数，即所需 B 相位绿灯与实际 B 相位绿灯的比率。那么：

$$C = 65 \times \left(\frac{25}{15}\right) = 108.3 \text{s，取 110s}$$

现在周期中总共有 110 − 5 − 5 = 100s 的有效绿灯时间，在这种情况下，这也是实际绿灯时间的长度。它应该按照绿灯时间的原始比例分配，A 相位 40s，B 相位 15s。

$$G_A = 100 \times \left(\frac{40}{40+15}\right) = 72.7 \text{s}$$
$$G_B = 100 \times \left(\frac{15}{40+15}\right) = 27.3 \text{s}$$

这样调整后，信号灯配时符合所有车辆和行人的需求。然而，这样做的"代价"是周期长度明显延长，这将导致驾驶人和乘客的延误增加。当然，行人的安全则不再受影响。

表 19.7　信号灯配时示例

相位	绿灯时间 G/s	黄灯时间 y/s	全红时间 ar/s	损失时间 t_L/s	最小行人时间 G_p/s
A	40	3.0	2.0	5.0	20.0
B	15	3.0	2.0	5.0	30.0

图 19.13 说明了车辆和行人时段关系的几个关键特性。

- 当车辆绿灯开始时，行人通行（"WALK"）时段开始。

- 当车辆红灯结束时，行人不得通行（"DON'T WALK"）。

- 行人清空时段是一个基于人行横道长度的常数。行人清空时段的结束时间取决于所采用的选项。在选项 1 中，它发生在车辆红灯的开始处；在选项 2 中，它发生在车辆全红的开始处；在选项 3 中，它发生在车辆黄灯的开始处。

- 如果周期长度足够长，行人的通行时段可以延长到最低要求之外，延长的最小值是"0"。

- 注意，在复合左转的绿色箭头和圆形绿灯之间会有"黄灯"，因为该相位从保护到允许（或反之）。这个黄灯算作左转绿灯时间。

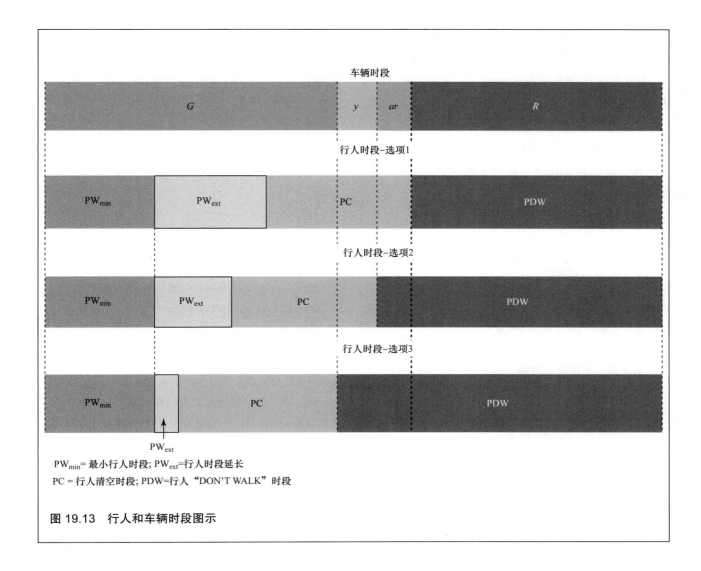

PW_min= 最小行人时段；PW_ext=行人时段延长
PC =行人清空时段；PDW=行人"DON'T WALK"时段

图 19.13 行人和车辆时段图示

19.5 复合信号灯相位

尽管我们建议大多数初始信号灯时间配置应避免复合相位（保护＋允许或允许＋保护），但如果需要的话，本章的方法可以很容易地调整到这一点。为了估计复合相位，分析人员必须预先确定有多少左转的目标将在该相位的允许部分进行，有多少将在该相位的保护部分进行。一旦选择如此，就可以通过调整本章的方法来估计时间。通常，该相位的允许部分和保护部分被当作独立的相位来处理。

19.6 信号灯配时例题

本章介绍的程序将在一系列的信号灯配时示例中予以说明。应遵循以下步骤。

1）根据这里讨论的原则，制定一个合理的相位方案。使用式（19-1）和式（19-2），表 19.1 至表 19.3 的标准，以及任何适用的地方机构指南，初步确定是否需要保护左转流向。在初步的信号灯配时中不要包括复合相位，这可以作为以后更全面的交叉口分析环节来尝试。

2）将所有左转和右转流向分别转换为直行

车当量（tvu），使用表19.4和表19.5的当量系数。

3）绘制拟议相位方案的环流图，导入每组流向的等效直行车单位（tvu）。确定直行信号灯相位的关键路径，以及关键路径的关键车道流量（V_c）之和。

4）确定每个信号灯相位的黄灯和全红时段。

5）使用式（19-7）和式（19-8）确定每个周期的损失时间。

6）使用式（19-11）确定理想的周期长度 C。对于预配时信号，四舍五入以反映可用的控制器周期长度。应使用适当的 PHF 和合理的目标 v/c 比率。

7）按关键车道流量比例将周期内可用的有效绿灯时间分配给相位方案。

8）检查行人需求，并根据需要调整信号灯配时。

例题 19-7：简单的两相位信号灯

考虑图 19.14 中所示的交叉口布局和需求量。它展示了两条街道的交叉口，每个方向有一条车道，转向流量相对较小。存在适度的行人活动，并规定了 PHF 和目标 v/c 比。

求解

第 1 步：制定相位方案。 鉴于每个接近段只有一条车道，甚至不可能考虑在相位方案中包括保护左转。但是，应该对式（19-1）和式（19-2）的标准进行检查。

左转车流量 [式（19-1）]：

$V_{LTEB} = 10 < 200 \text{veh/h}$ 不符合

$V_{LTWB} = 12 < 200 \text{veh/h}$ 不符合

$V_{LTNB} = 10 < 200 \text{veh/h}$ 不符合

$V_{LTSB} = 10 < 200 \text{veh/h}$ 不符合

交叉乘积 [式（19-2）]：

$xprod_{EB} = 10 \times (315/1) = 3150 < 50000$ 不符合

$xprod_{WB} = 12 \times (420/1) = 5040 < 50000$ 不符合

$xprod_{NB} = 10 \times (400/1) = 4000 < 50000$ 不符合

$xprod_{SB} = 10 \times (375/1) = 3750 < 50000$ 不符合

该交叉口的任何一个左转向都不符合表 19.1 至表 19.3 的标准。因此，在给定的条件下，简单的两相位信控方案适合该交叉口。

第 2 步：将流量转换为直行车当量。 表 19.8 说明了流量与 tvu 的转换。等效值取自表 19.4 和表 19.5，它们是对流量的中间值的插值。注意，所有直行车辆都相当于 1.0tvu。

第 3 步：确定关键车道流量。 通过信号灯相位方案的关键路径如图 19.15 所示。作为一个两相位信号灯，这个决策相对简单。对于 A 相位，EB 或 WB 是关键。因为 EB 接近段的车道流量较大，为 470tvu/h，所以它是 A 相位的关键流向。对于 B 相位，NB 或 SB 接近段是关键流向。SB 接近段的流量较大（454tvu/h），因此它是 B 相位的关键流向，470 + 454 = 924tuv/h。

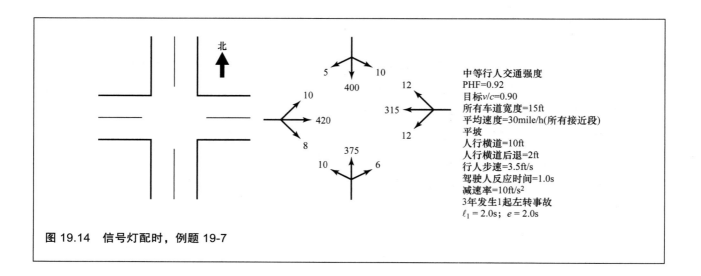

图 19.14 信号灯配时，例题 19-7

中等行人交通强度
PHF=0.92
目标v/c=0.90
所有车道宽度=15ft
平均速度=30mile/h（所有接近段）
平坡
人行横道=10ft
人行横道后退=2ft
行人步速=3.5ft/s
驾驶人反应时间=1.0s
减速率=10ft/s²
3年发生1起左转事故
ℓ_1 = 2.0s；e = 2.0s

表 19.8　例题 19-7 的流量与 tvu 的转换

接近段	流向	流量 / (veh/h)	当量系数 (表 19.4、19.5)	当量流量 / (tvu/h)	车道组流量 / (tvu/h)	车道数	关键车道流量 / (tvu/h)
EB	L	10	*3.90*	39			
	T	420	1.00	420	470	1	470
	R	8	1.32	11			
WB	L	12	*5.50*	66			
	T	315	1.00	315	397	1	397
	R	12	1.32	16			
NB	L	10	5.00	50			
	T	375	1.00	375	433	1	433
	R	6	1.32	8			
SB	L	10	*4.70*	47			
	T	400	1.00	400	454	1	454
	R	5	1.32	7			

注：斜体字表示表 19.4 中的内插值。

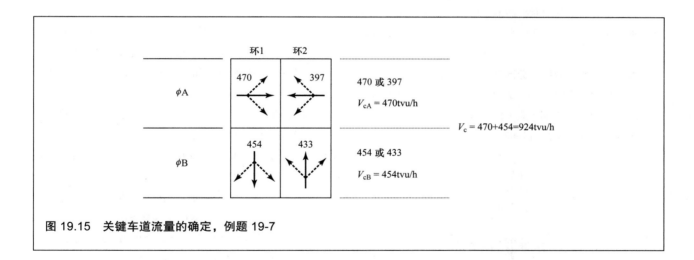

图 19.15　关键车道流量的确定，例题 19-7

第 4 步：确定黄灯和全红时段。黄灯和全红时段分别用式（19-3）和式（19-5）计算。所有接近段的平均接近速度为 30mile/h。因此，$S_{85} = 30 + 5 = 35$mile/h，而 $S_{15} = 30 - 5 = 25$mile/h。由于存在适量的行人，全红时段将用式（19-5）计算，允许车辆在远端的人行横道线外清空。在全红时段，需要通过的距离是两条 15ft 的车道和一条 10ft 的人行横道的总和，再加上人行横道的 2ft 退距，即 $P = (15 \times 2) + 10 + 2 = 42$ft，则：

$$y = t + \frac{1.47 \times S_{85}}{2 \times (a + 32.2G)}$$

$$y_{A,B} = 1.0 + \frac{1.47 \times 35}{(10 + 32.2 \times 0)} = 3.6\text{s}$$

$$ar = \frac{P + L}{1.47 \times S_{15}}$$

$$ar_{A,B} = \frac{42 + 20}{1.47 \times 25} = 1.7\text{s}$$

因为两条街道的宽度、人行横道宽度和接近速度都相同，所以信号灯 A 相位和 B 相位的 y 和 ar 值都相同。

第 5 步：确定损失时间。 损失时间一般用式（19-7）和式（19-8）来计算。在这种情况下，使用推荐的 2.0s 的启动损失时间（ℓ_1）和有效绿灯延伸到黄灯和全红的默认值（e）。当使用这两个默认值时，总的损失时间与总的黄灯和全红时间相同，有效绿灯时间等于实际绿灯时间。因此：

$$L = 3.6 + 1.7 + 3.6 + 1.7 = 10.6s$$

注意，在信控方案中，每个独立的相位都有一组损失时间。在这种情况下，有两个相位，两个黄灯时段和两个全红时段。

第 6 步：确定理想周期长度。 式（19-11）用于确定理想周期长度：

$$C_{des} = \frac{L}{1 - \left[\dfrac{V_c}{1700 \times PHF \times (v/c)}\right]}$$

$$C_{des} = \frac{10.6}{1 - \left[\dfrac{V_c}{1700 \times 0.92 \times 0.90}\right]}$$

$$= \frac{10.6}{1 - 0.656} = 30.8, 取35s$$

由于这是一个预配时控制器，将使用 35s 或 40s 的理想周期长度。在这个信号灯配时示例中，将使用 35s 的最小值。

第 7 步：将有效绿灯分配给每个相位。 鉴于 35s 的周期长度和每个周期 10.6s 的损失时间，需要分配的有效绿灯时间为 35.0 − 10.6 = 24.4s[式（19-12）]。

使用式（19-13）进行分配：

$$g_i = g_{TOT}\left(\frac{V_{ci}}{V_c}\right)$$

$$g_A = 24.4\left(\frac{470}{924}\right) = 12.4s$$

$$g_B = 24.4\left(\frac{454}{924}\right) = 12.0s$$

周期长度可以检查为有效绿灯时间的总和加上每个周期的损失时间，即 12.4 + 12.0 + 10.6 = 35s。有效绿灯时间可以用式（19-14）转换为实际绿灯时间：

$$G_i = g_i + \ell_1 - e$$
$$G_A = 12.4 + 2.1 - 2.0 = 12.4s$$
$$G_B = 12.0 + 2.0 - 2.0 = 12.0s$$

再次注意，当使用启动损失时间的默认值（2.0s）和将有效绿灯扩展为黄灯和全红（2.0s）时，实际绿灯时间在数值上与有效绿灯时间相同。

第 8 步：检查行人需求。 式（19-15）用于计算每个相位的最低行人绿灯需求。因为两条街道的宽度相等，人行横道的宽度也相等，而且在所有的人行横道上，行人交通强度都是"中等"，所以每个相位的需求是一样的：

$$G_p = PW_{min} + PC$$

从表 19.6 来看，对于"典型的"行人流量和短周期长度，PW_{min} 的值应该是 7.0s。PC 的值用式（19-16）来计算：

$$PC = \frac{L}{S_p} = \frac{30}{3.5} = 8.6s$$

因此，每个相位必须容纳最少 7.0+8.6=15.6s 的行人时间。最严格的行人策略只允许行人在绿灯时段出现在人行横道上。车辆信号灯时间对行人的充分性取决于具体的行人方案。表 19.9 说明了这一点。

从表 19.9 可以看出，只有在使用选项 1 或 2 的情况下，车辆信号灯时间对行人在两个相位才是安全的。选项 1 允许行人在黄灯和全红时段内进入人行横道；选项 2 允许行人在黄灯时段内进入人行横道。选项 3 只允许行人在绿灯时段进入人行横道，而这种情况下的绿灯时间不足以满足最低需求。因此，如果行人策略遵循选项 1 或 2，则该交叉口对行人是安全的。然而，如果当地政策要求是选项 3，则这两个相位都不足以保证行人安全。

表 19.9 例题 19-7 的行人安全分析

相位	G/s	y/s	ar/s	G_p（选项 1）	G_p（选项 2）	G_p（选项 3）
A	12.4	3.6	1.7	*17.7*	*16.0*	12.4
B	12.0	3.6	1.7	*17.3*	*15.6*	12.0

注：斜体字表示数值等于或超过上面计算的 15.6s 的最低要求。

如果执行选项 3 的策略，那么 A 相位和 B 相位的绿灯时间都需要增加到至少 15.6s。B 相位的绿灯时间较短，将控制需要多少时间。将采用一个增加的周期长度，以适应 G_B 从 12.0s 增加到 15.6s，增加 15.6/12.0=1.3。因此，周期长度将增加到 $35 \times 1.3=45.5s$，这将增加到 50s 的预配时信号灯时间。绿灯时间将像以前一样用式（19-13）重新分配。周期中的总损失时间仍为 10.6s，新的 $g_{TOT} = 50.0 - 10.6 = 39.4s$，则：

$$g_i = g_{TOT}\left(\frac{V_{ci}}{V_c}\right)$$

$$g_A = 39.4\left(\frac{470}{924}\right) = 20.0s$$

$$g_B = 39.4\left(\frac{454}{924}\right) = 19.4s$$

两个新的绿灯时间都足以在车辆绿灯时段内完全容纳行人通行。此外，也维持了车辆绿灯时段的平衡。

总的来说，如果在当地认可行人选项 1 或 2，将执行原来的 $C=35s$ 的信号灯时间。如果采用选项 3，将采用更大的周期长度 50s。

如果使用行人信号灯（在这种情况下，并非强制性的），且行人被限制在绿灯时段内（选项 3），8.6s 的行人通行时段将在绿灯结束时结束。那么实际的通行（"WALK"）时段将是：

$$PW_A = 20.0 - 8.6 = 13.4s$$
$$PW_B = 19.4 - 8.6 = 12.8s$$

实际的 PW 时段也可以在选项 1 和 2 中计算出来，尽管两者都以 35s 的周期长度为基础。对于选项 1，PC 被对应到全红时段的结束；对于选项 2，PC 被对应到黄灯时段的结束。

例题 19-8：主要干道的交叉口

图 19.16 展示了 2 条四车道主干道的交叉口，需求量很大，每条道都有专用左转车道。

第 1 步：制定相位方案。 每个左转流向都应对照式（19-1）和式（19-2）的标准进行检查，以确定是否需要保护。为此应检查表 19.1 至表 19.3 的标准，以确定是否需要保护。

EB 左转：

$$V_{LT} = 35 < 200veh / h$$
$$xprod = 35 \times (500/2) = 8750 < 50000$$

不符合表 19.1 至表 19.3 的标准。
不需要保护。

WB 左转：

$$V_{LT} = 25 < 200veh / h$$
$$xprod = 25 \times (601/2) = 7625 < 50000$$

不符合表 19.1 至表 19.3 的标准。
不需要保护。

NB 左转：

$$V_{LT} = 220 > 200veh / h$$

需要保护。

SB 左转：

$$V_{LT} = 250 > 200veh / h$$

需要保护。

鉴于 NB 和 SB 的左转需要一个保护相位，下一个问题是如何提供保护。两个对向的左转车流量，即 220veh/h（NB）和 250veh/h（SB），在数值上没有很大差别。因此，似乎没有理由将 NB 和 SB 的保护相位分开。在 N-S 干道上将使用一个专用的左转相位。E-W 干道将使用允许左转的单一相位。除非在信号灯配时方面出现困难，否则将不考虑在 N-S 干道上采用复合相位。

第 2 步：将交通量转换为直行车当量。 直行车当量分别从表 19.4 和表 19.5 中获得，用于左转和右转。计算结果在表 19.10 中说明。

注意，LT 专用车道必须作为单独的车道组建立，其需求量也要单独计算，见表 19.10。所有保护左转（表 19.5）的当量为 1.05。

第 3 步：确定关键车道流量。 如第 1 步所述，信号灯相位方案包括 N-S 干道的专用 LT 相位和 E-W 干道的允许左转的单一相位。图 19.17 展现了这一点以及关键车道容量的确定。

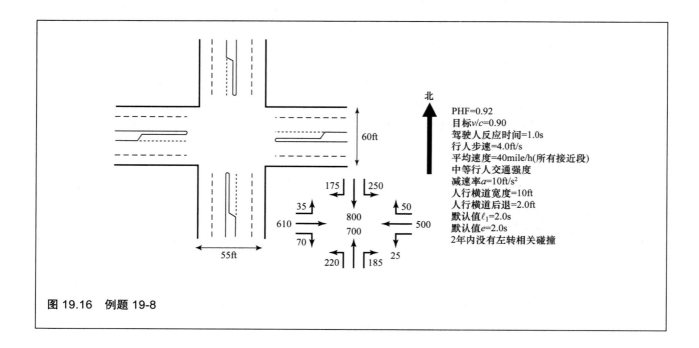

图 19.16　例题 19-8

表 19.10　例题 19-8 的流量与 tvu 的转换

接近段	流向	流量 / (veh/h)	当量系数 (表 19.4、19.5)	当量流量 / (tvu/h)	车道组流量 / (tvu/h)	车道数	关键车道流量 / (tvu/h)
EB	L	35	*4.00*	140	140	1	140
	T	610	1.00	610	702	2	351
	R	70	1.32	92			
WB	L	25	*5.15*	129	129	1	129
	T	500	1.00	500	566	2	283
	R	50	1.32	66			
NB	L	220	1.05	231	231	1	231
	T	700	1.00	700	944	2	472
	R	185	1.32	244			
SB	L	250	1.05	263	263	1	263
	T	800	1.00	800	1031	2	516
	R	175	1.32	231			

注：斜体字表示表 19.4 中的内插值。

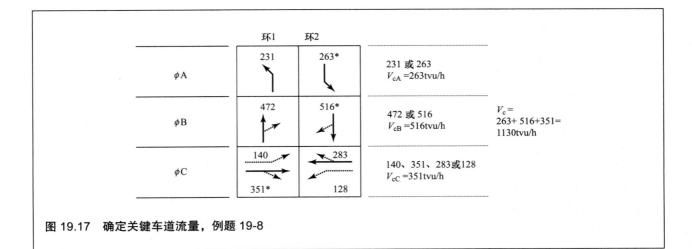

图 19.17　确定关键车道流量，例题 19-8

A 相位是专用的 N-S LT 相位。该相位中最大的流向是 SB 左转的 263tvu/h。在 B 相位，最大的流向是 SB 直行和右转，为 516tvu/h。在 C 相位，E-W 左转车道组和直行 / 右转车道组同时运行。最大的交通量是 EB TH/RT 车道，有 351tvu/h。因此，关键车道流量的总和 V_c 为 263 + 516 + 351 = 1130tvu/h。

注意，每个"环"在 C 相位处理两组流向。当然，这是有可能的，因为它是同一个信号面，控制特定方向的所有流向。由于涉及车道使用限制，左转车道的交通量不能与直行 / 右转车道的交通量进行平均。所有左转都必须在左转车道上，不能在直行 / 右转车道上。

第 4 步：确定黄灯和全红时段。 式（19-3）用于确定黄灯时段的长度；式（19-5）用于确定全红时段的长度。在所有接近段的平均速度为 40mile/h 的情况下，S_{85} = 40 + 5 = 45mile/h。由于所有接近段都存在相同的平均接近速度，使用式（19-3）计算所有接近速度的黄灯时段：

$$y = t + \frac{1.47 S_{85}}{2(a + 32.2G)}$$

$$y_{A,B,C} = 1.0 + \frac{1.47 \times 45}{2(10.0 + 32.2 \times 0)} = 4.3s$$

全红时段将反映出需要清空街道的全部宽度，加上远处人行横道的宽度和人行横道的退距，因为有"中等"的行人流量（大约 200peds/h/xwalk）。N-S 街道的宽度为 55ft，E-W 街道的宽度为 60ft，人行横道的宽度为 10ft，人行横道退距为 2ft。因此，对于 A 相位，需要清空的距离 P 是 60 + 10 + 2 = 72ft；对于 B 相位，也是 72ft；对于 C 相位，需要清空的距离是 55 + 10 + 2 = 67ft。因此：

$$ar = \frac{P + L}{1.47 S_{15}}$$

$$ar_{A,B} = \frac{72 + 20}{1.47 \times 35} = 1.8s$$

$$ar_C = \frac{67 + 20}{1.47 \times 35} = 1.7s$$

其中，20ft 是一个典型车辆的假定长度。

第 5 步：确定损失时间。 注意，在 ℓ_1 和 e 的默认值都是 2.0s 的情况下，每个相位的损失时间 t_L 与黄灯加全红时段之和相同。因为有三个相位，所以有三个黄灯时段和三个全红时段组成了损失的时间：

$$L = (4.3 + 1.8) + (4.3 + 1.8) + (4.3 + 1.7) = 18.2s$$

第 6 步：确定理想周期长度。 使用式（19-11）可以计算理想周期长度。

$$C_{des} = \frac{L}{1 - \left[\dfrac{V_c}{1700 PHF(v/c)}\right]}$$

$$C_{des} = \frac{18.2}{1 - \left[\dfrac{1130}{1700 \times 0.92 \times 0.90}\right]}$$

$$= 92.4s，取 100s$$

由于这是一个预配时信号灯控制器，将选择 100s 的周期长度。超过 90s，预设周期长度以 10s 为增量步长。

第 7 步：将有效绿灯时间分配给各相位。 在 100s 的周期长度中，每个周期有 18.2s 的损失时间，必须分配给三个相位的有效绿灯时间是 100 − 18.2 = 81.8s。使用式（19-13），有效绿灯时间按各相位关键车道流量的比例分配：

$$g_i = g_{TOT}\left(\frac{V_{ci}}{V_c}\right)$$

$$g_A = 81.8\left(\frac{263}{1130}\right) = 19.0\text{s}$$

$$g_B = 81.8\left(\frac{516}{1130}\right) = 37.4\text{s}$$

$$g_C = 81.8\left(\frac{351}{1130}\right) = 25.4\text{s}$$

注意，0.1s 被添加到 g_A，以确保分配的总绿灯时间（19.0 + 37.4 + 25.4）等于 81.8s 的总有效绿灯时间。由于相位时间通常被四舍五入到最接近的 0.1s，有时有必要从相位中增加或减少 0.1s，以考虑累积的舍入误差。还应注意，当使用 ℓ_1 和 e 的默认值（都是 2.0s）时，实际绿灯时间 G 等于有效绿灯时间 g。

第 8 步：检查行人需求。 行人需求是用式（19-15）估计的。在这种情况下，注意行人只允许在 B 相位穿越 E-W 干道，行人将在 C 相位穿越 N-S 干道。

从表 19.6 来看，"典型"的行人流量和较长的周期长度的最小行人绿灯时间是 7 ~ 10s。这将成为一个基于具体场地考虑的判断。对于该案例，将使用 8s 的值。那么：

$$G_{pi} = PW_{\min i} + PC_i = PW_{\min i} + \left(\frac{L_i}{S_p}\right)$$

$$G_{pB} = 8.0 + \left(\frac{60}{4.0}\right) = 23.0\text{s}$$

$$G_{pC} = 8.0 + \left(\frac{55}{4.0}\right) = 21.8\text{s}$$

由于 B 相位的实际车辆绿灯时间为 37.4s，C 相位为 25.4s，无论哪种行人方案都能满足这些最低要求。

由于有一个左转相位，适度的行人活动，以及需要穿越的多车道，很可能会设置行人信号灯。然而，PW 时段的实际长度将取决于所采用的行人通行方案。假设采用最严格的策略——选项 3，行人通行时段（B 相位为 15s，C 相位为 13.8s）在车辆绿灯结束时结束，那么：

$$PW_B = 37.4 - 15.0 = 22.4\text{s}$$

$$PW_C = 37.4 - 15.0 = 22.4\text{s}$$

如果采用选项 1，PW 时段的长度将增加黄灯和全红时段的总和。如果采用选项 2，PW 时段的长度将按黄灯时段的长度增加。

例题 19-9：另一个主干道的交叉口

图 19.18 展示了另一个主干道的交汇处。在这种情况下，E-W 干道有 3 条直行车道，加上每个方向上的一条专用 LT 车道和一条专用 RT 车道。实际上，E-W 干道上的每一个流向都有自己的车道组。N-S 干道每个方向有两条车道，没有专属的 LT 或 RT 车道。该交叉口的行人数量可忽略不计（Negligible），但偶尔会有行人出现。

第 1 步：制定相位方案。 相位方案由左转保护的需要决定。使用式（19-1）和式（19-2）的标准以及表 19.1 至表 19.3 的标准，对每个左转流向进行检核。

- EB：$V_{LT} = 300\text{veh/h} > 200\text{veh/h}$

需要保护相位。

- WB：$V_{LT} = 150\text{veh/h} < 200\text{veh/h}$

$xprod = 150 \times (1200/3) = 60000 > 50000$

需要保护相位。

- NB：$V_{LT} = 50\text{veh/h} < 200\text{veh/h}$

$xprod = 50 \times (400/2) = 10000 < 50000$

不符合表 19.1 至表 19.3 的标准。

不需要保护相位。

- SB：$V_{LT} = 30\text{veh/h} < 200\text{veh/h}$

$xprod = 30 \times (500/2) = 7500 < 50000$

不符合表 19.1 至表 19.3 的标准。

不需要保护。

注意，EB 和 WB 接近段也符合表 19.1 和表 19.2 中的两个额外保护标准。第 85 百分位速度（50 + 5 = 55mile/h）超过 45mile/h，左转相关的碰撞数量超过 11 起 / 年。后者足以要求对这些转向进行全面保护。

幸运的是，在 N-S 干道上不需要保护 LT。如果 NB 和 SB 接近段需要保护相位，由于这些接近段上缺少专用的 LT 车道，就导致需要建立一个可能非常低效的相位方案。

E-W 接近段有 LT 车道，两个接近段都需要有保护左转。由于左转车道的车流量在 EB 与 WB 差异较大（300veh/h 与 150veh/h），最好采用将左转车道的保护相位分开的相位方案。在 E-W 干道上将采用 NEMA 相位方案，即在 EB 方向上使用一个专用的 LT 相位，然后是一个先行绿灯。

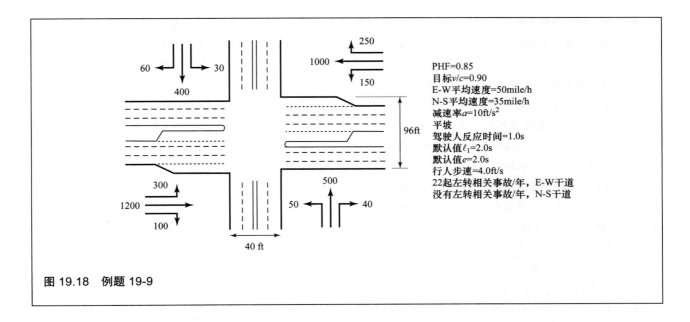

图 19.18　例题 19-9

第 2 步：将交通量转换为直行车当量。 表 19.4 和表 19.5 分别用于查找左转和右转交通量的直行车当量。在表 19.5 中，"可忽略不计"（Negligible）的行人活动对应行人活动强度"低"。表 19.11 展示了转换的计算方法。

注意，EB 和 WB 接近段的每个流向都有一个独立车道组，而 NB 和 SB 接近段则有个单车道的车道组，适用于共用车道的所有流向。

表 19.11　例题 19-9 的交通量转换为 tvu

接近段	流向	流量 / (veh/h)	当量系数 (表 19.4、19.5)	当量流量 / (tvu/h)	车道组流量 / (tvu/h)	车道数	关键车道流量 / (tvu/h)
EB	L	300	1.05	315	315	1	315
	T	1200	1.00	1200	1200	3	400
	R	100	1.21	121	121	1	121
WB	L	150	1.05	158	158	1	158
	T	1000	1.00	1000	1000	3	334
	R	250	1.21	303	303	1	303
NB	L	50	3.00	150			
	T	500	1.00	500	698	2	349
	R	40	1.21	48			
SB	L	30	*4.00*	120			
	T	400	1.00	400	593	2	297
	R	60	1.21	73			

注：斜体字表示从表 19.4 内插的数值。

第 3 步：确定关键车道流量。图 19.19 展示了第 1 步中讨论的相位方案的环流图，并说明了关键车道流量的选择。

该相位涉及重叠。对于合并后的 A 相位，关键路径是环 1，其关键车道流量之和为 649tvu/h。对于 B 相位，选择更简单，因为没有重叠相位。环 2 为 NB 接近段服务，其关键车道流量为 349tvu/h。所有关键车道流量的总和（V_c）为 649 + 349 = 998tvu/h。

还应注意，重叠的相位有一个特点。在该示例中，对于重叠相位 A，最大的左转流向是 EB，最大的直行流向也是 EB。有鉴于此，重叠相位方案产生的关键车道流量之和将小于对两个左转车流使用专用左转相位方案。若最大的左转和直行流向是来自对向的接近段（这种情况不常发生），则关键车道的流量之和对重叠序列和单独的专用左转相位来说是一样的。换言之，当左转及其对向的直行（直行加右转）流向是较大的流向时，使用重叠相位的好处不大。

第 4 步：确定黄灯和全红时段。式（19-3）用于确定适当的黄灯转换时段长度。注意，该信号灯采用三相位设计，周期内有三个过渡期。由于相序重叠，受保护的 EB/WB 左转结束时的转换，发生在环 1 和环 2 的不同时间点。为简单起见，我们假设来自 EB 和 WB 接近段的左转车辆穿过 N-S 干道的整个宽度。由于行人很少，使用式（19-4）确定全红时段。

百分位速度根据测量的平均接近速度估计：

$$S_{85EW} = 50 + 5 = 55 \text{mile} / \text{h}$$
$$S_{15EW} = 50 - 5 = 45 \text{mile} / \text{h}$$
$$S_{85NS} = 35 + 5 = 40 \text{mile} / \text{h}$$
$$S_{15NS} = 35 - 5 = 30 \text{mile} / \text{h}$$

那么：

$$y = t + \frac{1.47 S_{85}}{2(a + 32.2G)}$$
$$y_{A1,A2,A3} = 1.0 + \frac{1.47 \times 55}{2(10 + 32.2 \times 0)} = 5.0 \text{s}$$
$$y_B = 1.0 + \frac{1.47 \times 40}{2(20 + 32.2 \times 0)} = 3.9 \text{s}$$
$$ar = \frac{w + L}{1.47 S_{15}}$$
$$ar_{A1,A2,A3} = \frac{40 + 20}{1.47 \times 45} = 0.9 \text{s}$$
$$ar_B = \frac{96 + 20}{1.47 \times 30} = 2.6 \text{s}$$

其中，20ft 是假定的典型车辆平均长度。

第 5 步：确定损失时间。由于问题陈述中规定了启动损失时间和有效绿灯延伸到黄灯和全红时段的默认值各为 2.0s，每个相位的总损失时间 t_L 等于黄灯和全红时段之和。还要注意，信号的关键路径有三个相位。有三组黄灯和全红时段将纳入总损失时间计算，其中两组与 E-W 街道相关，一组与 N-S 街道相关。因此：

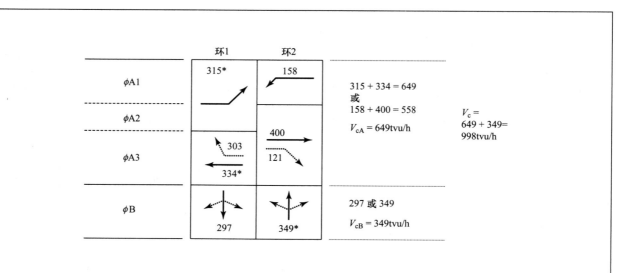

图 19.19　确定关键车道流量，例题 19-9

$$L = (y_{A1/A2} + ar_{A1/A2}) + (y_{A3} + ar_{A3}) + (y_B + ar_B)$$
$$L = (5.0 + 0.9) + (5.0 + 0.9) + (3.9 + 2.6) = 18.3s$$

从图 19.19 中可见，第一个相位转换发生在 A1 相位的末端，但只发生在环 2 上。一个类似的过渡发生在 A2 相位结束时，但只发生在环 1 上。另外两个过渡，即 A3 和 B 相位结束时，发生在两个环上。

第 6 步：确定理想周期长度。 使用式（19-11）可以求解理想周期长度：

$$C_{des} = \cfrac{L}{1 - \left[\cfrac{V_c}{1700\,PHF(v/c)}\right]}$$

$$C_{des} = \cfrac{18.3}{1 - \left[\cfrac{998}{1700 \times 0.85 \times 0.90}\right]}$$

$$= \frac{18.3}{1 - 0.767} = 78.5s，取\ 80s$$

由于这是一个预配时控制器，将选择 80s 的周期长度。

第 7 步：将有效绿灯分配给每个相位。 对于 80.0s 的信号灯周期，其中包括 18.3s 的损失时间，有 80.0 – 18.3 = 61.7s 的有效绿灯时间，需要根据式（19-13）进行分配。注意，在为关键路径分配绿灯时，A1 和 A2 相位被视为一个单独相位。随后，必须确定 A1 相位和 A2 相位之间的环 2 过渡位置。

$$g_i = g_{TOT}\left(\frac{V_{ci}}{V_c}\right)$$
$$g_{A1/A2} = 61.7\left(\frac{315}{998}\right) = 19.5s$$
$$g_{A3} = 61.7\left(\frac{334}{998}\right) = 20.6s$$
$$g_B = 61.7\left(\frac{349}{998}\right) = 21.6s$$

A1 和 A2 相位的具体长度是通过确定它们之间的环 2 过渡点来确定的。这需要考虑通过复合相位 A 的非关键路径，它发生在环 2 上。复合相位 A 的总长度是 $g_{A1/A2} + g_{A3} = 19.5 + 20.6 = 40.1s$。环 2 的过渡基于 A1 相位和复合相位 A2/A3 的车道流量的相对值，即：

$$g_{A1} = 40.1\left(\frac{158}{158 + 400}\right) = 11.4s$$

判断一下，A2 相位是合并后的 A 相位的总长度减去 A1 相位和 A3 相位的长度，即：

$$g_{A2} = 40.1 - 11.4 - 20.6 = 8.1s$$

现在，信号灯已经完全根据车辆的需要进行了配时。假设 ℓ_1（2.0s）和 e（2.0s）为默认值，实际绿灯时间与之前计算的有效绿灯时间相等。

第 8 步：行人需求。 虽然该交叉口的行人很少，但他们确实存在，必须检查信号灯的时间，看是否能安全地适应他们。

从表 19.6 来看，在行人流量可以忽略不计的情况下，最短的 PW 时段是 4.0s，PC 时段取决于所穿越的街道宽度。注意，行人在 A3 相位穿过 N-S 街道，在 B 相位穿过 E-W 街道，那么：

$$PC = \left(\frac{L}{S_p}\right)$$
$$PC_{A3} = \left(\frac{40}{4.0}\right) = 10.0s$$
$$PC_B = \left(\frac{96}{4}\right) = 24.0s$$

和：

$$G_{pi} = PW_i + PC_i$$
$$G_{A3} = 4.0 + 10.0 = 14.0s$$
$$G_B = 4.0 + 24.0 = 28.0s$$

A3 相位的实际绿灯时间为 20.6s，超过了所需的最短时间，B 相位为 21.6s，这并不够。因为行人很少，所以采用选项 1 的策略是合适的。如果将 B 相位的黄灯和全红时段加到绿灯上，行人在人行横道上的时间就会延长到 21.6 + 3.9 + 2.6 = 28.1s，这就勉强够了。

作为比较，如果采用选项 3 的策略，B 相位的绿灯时间将必须增加到 28.0s。为此，周期长度将增加到 80.0(28.0 / 21.6) = 103.7s，从实际情况看，这需要 110s 的周期长度。然后，重新分配绿灯，使用先前说明的相同过程，但周期长度更长。

由于行人流量强度是"可忽略不计"的，这可能是一个考虑将行人按钮用于预配时信号灯的情况。然而，在没有确证高峰期可能出现的行人流量的情况下，是不会这样做的。

例题 19-10：T 形交叉口

图 19.20 是一个典型的 T 形交叉口，各种流向都有专用车道。注意，在 WB 方向上只有一个相对的左转（有冲突）。

第 1 步：制定相位方案。 在这种情况下，只有一个相对的左转需要检查是否需要保护相位。由于 WB 左转流向 >200veh/h，应提供保护左转相位。由于几何形状的原因，没有 EB 或 SB 左转，而 NB 左转是没有对向车流的。提供必要相位的标准方法是在 WB 方向使用先行绿灯，而在 EB 方向没有延后绿灯。

第 2 步：将流量转换为直行车当量。 表 19.12 展示了分别使用表 19.4 和表 19.5 中给出的左转和右转的当量值。

注意，严格来说，NB 左转并不是一个保护转向。有三种可能的方法来处理这个流向，每一种都会产生不同的当量值。

• 可以将 WB 方向的 LT 视为保护的 LT，使得表 19.4 中的当量系数为 1.05。

• 可以将 WB 方向的 LT 视为允许的 LT，V_o=0veh/h，使得表 19.4 中的当量系数为 1.1。

• 可以将 WB 方向的 LT 视为类似于右转，因为主要的"对向"流是左边人行横道上的行人。相当于从表 19.5 中选择（低行人流量），使得当量系数为 1.21。

当地机构的政策将决定使用哪一种。为了说明问题，这里使用了中间选项。

第 3 步：确定关键车道流量。 图 19.21 展示了第 1 步中描述的分相位的环流图，并表述了如何确定关键车道流量之和。

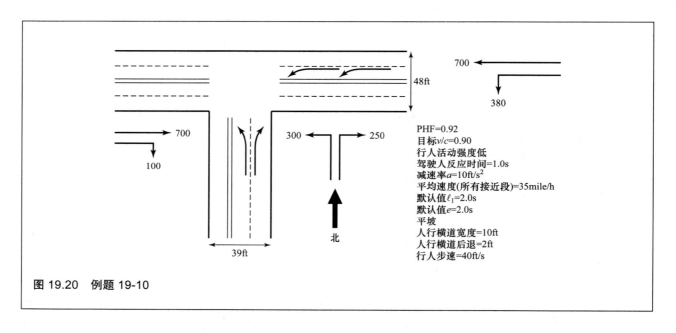

图 19.20　例题 19-10

表 19.12　例题 19-10 的流量与 tvu 的转换

接近段	流向	流量 / (veh/h)	当量系数（表 19.4、19.5）	当量流量 / (tvu/h)	车道组流量 / (tvu/h)	车道数	关键车道流量 / (tvu/h)
EB	T	700	1.00	700	821	2	411
	R	100	1.21	121			
WB	L	380	1.05	399	399	1	399
	T	700	1.00	700	700	1	700
NB	L	300	1.10	330	330	1	330
	R	250	1.21	303	303	1	303

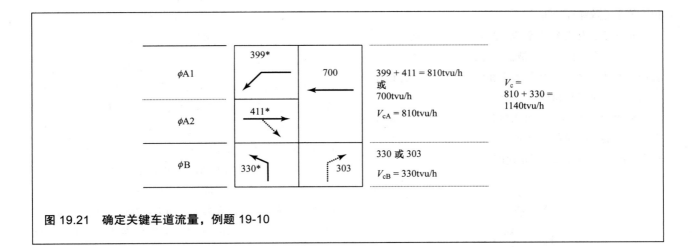

图 19.21　确定关键车道流量，例题 19-10

于此，直行复合相位 A 的关键路径选择很有趣。环 1 经历了两个相位，环 2 只经历了一个相位。在这种情况下，关键路径通过环 1，总共有三个相位。如果 A 相位的关键路径通过环 2，信号灯就只有两个关键相位。在这种情况下，最高的关键车道总量并不能单独决定关键路径。因为其中一个路径有一个额外的相位，所以有一组额外的损失时间，即使它的关键车道总量较低，它也可能是关键的。在这种情况下，将使用每条路径计算周期长度，产生最大的理想周期长度的路径将是关键路径。在这种情况下，产生三个相位的路径具有最高的关键车道流量总和，因此只需要计算一个周期长度。

第 4 步：确定黄灯和全红时段。 两条街道的黄灯和全红时段都将使用式（19-3）式（19-4）（行人活动少）以及两条街道的平均速度 35mile/h 计算。对于相位 A1 和 A2，将假设来自 E-W 街道的左转和直行流向都穿过 N-S 街道的整个 39ft 宽度。

同样，在 B 相位，将假设这两种流向都穿过 E-W 街道的整个 48ft 宽度，那么：

$$y = t + \frac{1.47 S_{85}}{2(a + 32.2G)}$$

$$y_{A1,A2,B} = 1.0 + \frac{1.47 \times (35 + 5)}{2(10 + 32.2 \times 0)} = 3.9\text{s}$$

$$ar = \frac{w + L}{1.47 S_{15}}$$

$$ar_{A1,A2} = \frac{39 + 20}{1.47(35 - 5)} = 1.3\text{s}$$

$$ar = \frac{48 + 20}{1.47(35 - 5)} = 1.5\text{s}$$

第 5 步：确定损失时间。 再次使用 2.0s 的默认值作为启动损失时间（ℓ_1）和有效绿灯延伸到黄灯和全红时段（e），因此每个相位的总损失时间等于黄灯加全红时段的总和：

$$L = (y_{A1} + ar_{A1}) + (y_{A2} + ar_{A2}) + (y_B + ar_B)$$
$$L = (3.9 + 1.3) + (3.9 + 1.3) + (3.9 + 1.5) = 15.8\text{s}$$

第 6 步：确定理想周期长度。 再次使用式（19-11）来确定理想周期长度，使用关键车道流量的总和 1140tvu/h：

$$C_{des} = \frac{L}{1 - \left[\dfrac{V_c}{1700 PHF(v/c)}\right]}$$

$$C_{des} = \frac{15.8}{1 - \left[\dfrac{1140}{1700 \times 0.92 \times 0.95}\right]}$$

$$= \frac{15.8}{1 - 0.767} = 67.8\text{s}, \text{取70s}$$

第 7 步：将有效绿灯分配给各相位。 该信号灯的有效绿灯时间为 70.0 − 15.8 = 54.2s，按各相位关键车道容量的比例分配。

$$g_i = g_{TOT}\left(\frac{V_{ci}}{V_c}\right)$$

$$g_{A1} = 54.2\left(\frac{399}{1140}\right) = 19.0\text{s}$$

$$g_{A2} = 54.2\left(\frac{411}{1140}\right) = 19.5\text{s}$$

$$g_B = 54.2\left(\frac{330}{1140}\right) = 15.7\text{s}$$

由于使用了常规的默认值 ℓ_1 和 e，实际绿灯时间在数值上等于有效绿灯时间。

第 8 步：检查行人需求。虽然该交叉口的行人活动不多，但行人通行仍必须被信号灯相位所安全容纳。我们将假设行人只在 A2 相位穿过 N-S 街道，而穿过 E-W 街道的行人将使用 B 相位。

从表 19.6 来看，在行人数量"可忽略不计"的情况下，最短的 PW 时段为 4.0s。PC 时段取决于所使用的人行横道的长度和行人的行走速度。

$$PC = \frac{L}{S_P}$$
$$PC_{A2} = \frac{39}{4.0} = 9.8s$$
$$PC_B = \frac{48}{4.0} = 12.0s$$

因此，最小行人绿灯时间是：

$$G_{pi} = PW_i + PC_i$$
$$G_{pA2} = 4.0 + 9.8 = 13.8s$$
$$G_{pB} = 4.0 + 12.0 = 16.0s$$

A2 相位的实际车辆绿灯时间为 19.5s（足够了），B 相位为 15.7s，刚好低于最小行人绿灯时间。行人策略再次进入决策范围。根据选项 1，行人可以使用黄灯和全红时段，使 B 相位的可用时间达到 15.7 + 3.9 + 1.5 = 21.1s，这将足以满足行人需求。在选项 2 下，只需增加黄灯时段，产生 15.7 + 3.9 = 19.6s，这也是足够的。

只有在选项 3 下，即只允许行人在绿灯时段进入人行横道，时间不符合行人需求。如果是这样的政策，那么周期长度就必须增加 16.0/15.7 = 1.02 的系数，得出的周期长度为 70.0 × 1.02 = 71.4s。对于预配时信号灯，周期长度将被推到 75s，绿灯时间的重新分配如前。

总结一下，对于选项 1 和选项 2，车辆信号灯时间足以满足行人需求。对于选项 3，周期长度将增加到 75s，并重新分配绿灯时间。

参考文献

[1] *Highway Capacity Manual, 6th Edition: A Guide for Multimodal Mobility Analysis*, Transportation Research Board, Washington, D.C., 2016.

[2] Kittelson and Associates, *Traffic Signal Timing Manual*, 1st Edition, Federal Highway Administration, Washington, D.C., 2008.

[3] Pusey, R., and Butzer, G., "Traffic Control Signals," *Traffic Engineering Handbook*, 5th Edition, Institute of Transportation Engineers, Washington, D.C., 2000.

[4] *Manual of Uniform Traffic Control Devices*, Federal Highway Administration, Washington, D.C., 2009, as updated through 2012.

[5] McGee, H., and Warren, D., "Right Turn on Red," *Public Roads*, U.S. Department of Transportation, Washington, D.C., June 1976.

[6] "Driver Behavior at RTOR Locations," ITE Technical Committee 4M-20, *ITE Journal*, Institute of Transportation Engineers, Washington, D.C., April 1992.

[7] McGee, H., "Accident Experience with Right Turn on Red," *Transportation Research Record 644*, Transportation Research Board, Washington, D.C., 1977.

[8] "Recommended Practice: Determining Vehicle Change Intervals," ITE Technical Committee 4A-16, *ITE Journal, Institute* of Transportation Engineers, Washington, D.C., May 1985.

习题

19-1. 沿着一条主要的远郊干道，正在为三个交叉口安装信号灯并进行配时。如下表所示，该干道在这三个交叉口的一些相关数据已经具备。

交叉口	方向	V_{LT}/ (veh/h)	V_o/ (veh/h)	对向车道数量	对向交通流的平均速度	3年内左转相关碰撞	左转车道数量
1	EB	100	1200	3	50mile/h	5	1
	WB	120	1400	3	50mile/h	8	1
2	EB	250	1800	3	40mile/h	8	2
	WB	220	2000	3	40mile/h	10	2
3	EB	85	1000	3	50mile/h	3	1
	WB	90	1000	3	50mile/h	4	1

可以假设，在所有情况下，左转车辆的视距都是足够的。哪些流向可能需要保护的LT，为什么？

19-2. 对于一个平均接近速度为35mile/h，纵坡为−2%，相交道路宽度为50ft，10ft的人行横道与路缘相距2ft的交叉口，建议采用什么样的转换和清空时段？假设标准车辆长度为20ft，驾驶人反应时间为1.0s，减速率为10ft/s²，且有大量行人通过。

19-3. 对一个信控交叉口的行人需求进行了分析。有关行人需求和现有车辆信号灯时间的重要参数在下表中给出。该信号灯配时是否能安全容纳行人通行？如果不能，应该采取什么样的信号灯配时？假设启动损失时间和有效绿灯延长到黄灯和全红时段（各2.0s）的标准默认值是有效的。

相位	G/s	y/s	ar/s	G_p/s
A（地方集散道路）	21.5	3.0	1.5	30.0
B（主干道）	60.0	3.0	1.0	15.0

19-4. 为下图所示的交叉口制定一个信号灯配时方案。

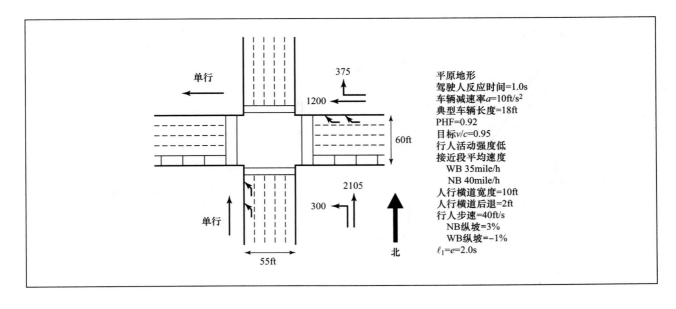

平原地形
驾驶人反应时间=1.0s
车辆减速率a=10ft/s²
典型车辆长度=18ft
PHF=0.92
目标v/c=0.95
行人活动强度低
接近段平均速度
    WB 35mile/h
    NB 40mile/h
人行横道宽度=10ft
人行横道后退=2ft
行人步速=40ft/s
    NB纵坡=3%
    WB纵坡=−1%
$\ell_1=e$=2.0s

19-5. 为下图所示的交叉口制定一个信号灯配时方案。

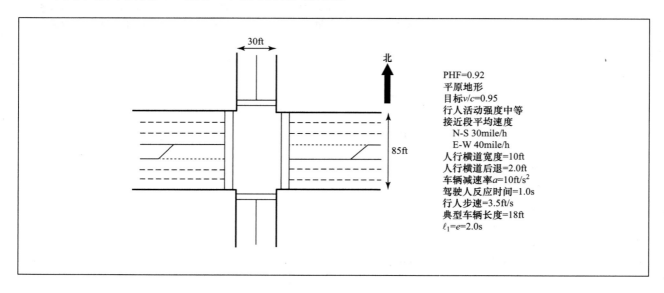

PHF=0.92
平原地形
目标v/c=0.95
行人活动强度中等
接近段平均速度
　N-S 30mile/h
　E-W 40mile/h
人行横道宽度=10ft
人行横道后退=2.0ft
车辆减速率a=10ft/s²
驾驶人反应时间=1.0s
行人步速=3.5ft/s
典型车辆长度=18ft
$\ell_1=e$=2.0s

30ft

85ft

北

习题 19-5 的需求流量（单位：veh/h）

接近段	左	直	右
EB	200	800	120
WB	160	1050	100
NB	10	420	10
SB	12	400	8

19-6. 为下图所示的交叉口制定一个信号灯配时方案。

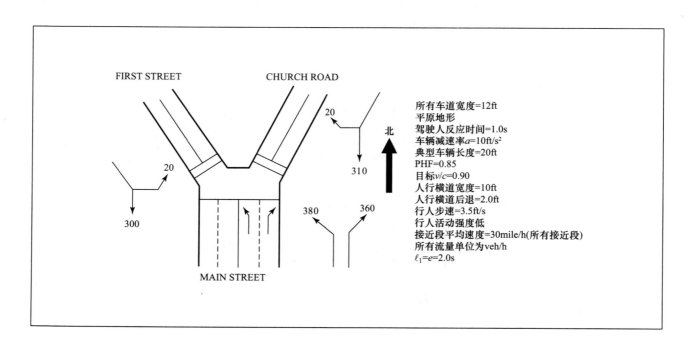

FIRST STREET　　　CHURCH ROAD

20

20

310

300

380　　360

MAIN STREET

北

所有车道宽度=12ft
平原地形
驾驶人反应时间=1.0s
车辆减速率a=10ft/s²
典型车辆长度=20ft
PHF=0.85
目标v/c=0.90
人行横道宽度=10ft
人行横道后退=2.0ft
行人步速=3.5ft/s
行人活动强度低
接近段平均速度=30mile/h(所有接近段)
所有流量单位为veh/h
$\ell_1=e$=2.0s

19-7. 为下图所示的交叉口制定一个信号灯配时方案。

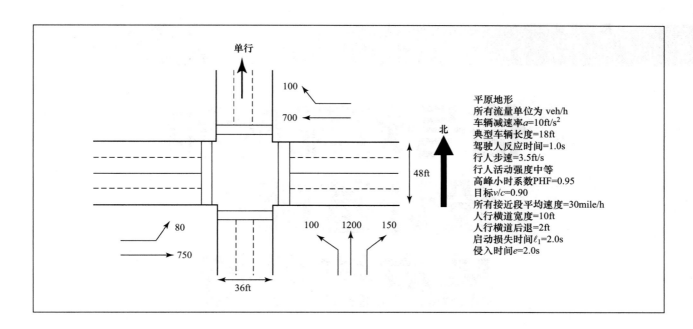

19-8. 为以下两个繁忙的郊区干道的主要交叉口制定信号灯配时和设计方案。

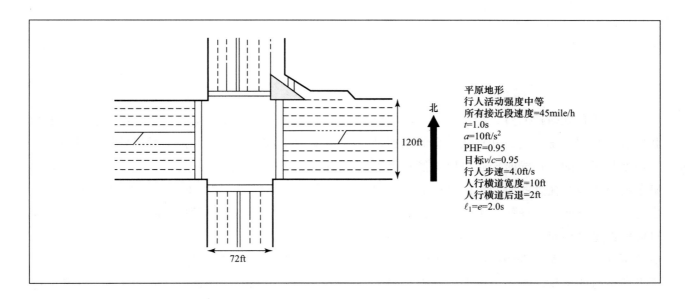

习题 19-8 的流量

接近段	LT 左转 / (veh/h)	TH 直行 / (veh/h)	RT 右转 / (veh/h)
EB	500	1600	75
WB	120	1200	350
NB	100	1000	35
SB	90	900	40

信号灯配时和设计基础：感应信号灯

若采用预配时信号灯，相位顺序、周期长度和所有时段都是统一的，并且从一个周期到另一个周期是不变的。预配时控制可以提供几个预先确定的时间段，在这些时间段内可以应用不同的配时方案。然而，在任何一个时间段，每个信号灯周期都是其他每个信号灯周期的精确复制。感应控制基于从交叉口内的检测器获得的关于当前需求和运行的信息，在一个周期的基础上改变信号灯配时的一个或多个方面，可以编程感应控制器以适应：

- 可变的相位顺序（例如可选的保护左转相位）。
- 每个相位的绿灯时间是可变的。
- 由可变绿灯时段引起的可变周期长度。

这种可变性使得信号灯可根据当前的需求和运行来分配绿灯时间。预配时信号灯的时间是为了适应高峰期 15min 内的平均需求流率。然而，即使在该时间段，需求也是逐周期变化的。因此，至少在概念上，让信号灯的时间以相应的规律变化是更有效的。

考虑图 20.1 中的情况。图中展示了五个连续的周期，包括每个周期的容量和需求。注意，在图中所示的五个周期中，信号灯有容量放行 50 辆车，五个周期的总需求也是 50 辆车。因此，在所示的五个周期中，总需求等于总容量。

然而，五个周期的实际运行，预配时运行导致了未服务车辆的排队。在第 1 个周期中，有 10 辆车到达，10 辆车被放行。在第 2 个周期中，有

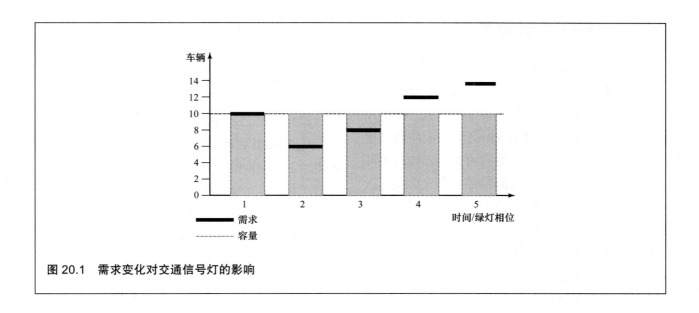

图 20.1　需求变化对交通信号灯的影响

6 辆车到达，6 辆车被放行。在第 3 个周期中，有 8 辆车到达，8 辆车被放行。注意，从第 2 个和第 3 个周期开始，有尚未使用的容量可供额外的 6 辆车使用。在第 4 个周期中，有 12 辆车到达，只有 10 辆被放行，留下 2 辆排队等候的车辆。在第 5 个周期中，有 14 辆车到达，只有 10 辆被放行，又留下 4 辆未获服务的车辆。因此，在五个周期结束时，有 6 辆车未得到服务。尽管在整个周期内需求与容量相等，但还是出现了这种情况。

预配时运行的困难在于，第 2 个和第 3 个周期未用的 6 辆车容量不能被第 4 个和第 5 个周期到达的多余车辆使用。如果该信号灯是一个正确配时的感应信号灯，那么在没有需求的时候，第 2 个和第 3 个周期的绿灯就可以终止，而第 4 个和第 5 个周期可以增加绿灯时间，以容纳更多车辆。信号灯配时对到达需求的短期变化做出反应的能力使整个信号灯的运行更加有效。即使在五个周期内分配的绿灯时间总量没有变化，从第 2 个和第 3 个周期"节省"未使用的绿灯时间来增加第 4 个和第 5 个周期的绿灯时间的能力将大幅减少延误，并避免或减少在五个周期结束时未得到服务的车辆的剩余队列。

感应信号灯配时的另一个主要优点是，单个编程配时模式就可以灵活地处理全天不同的需求期，包括高峰期和非高峰期以及各流向平衡的变化。

如果允许信号灯配时基于每个周期变化的优势是显著的，为什么不是所有信控交叉口都是感应式的呢？主要问题是信号灯系统的协调和成本。为了有效地协调信号灯网络，使车辆在系统中有序前行，所有信号灯必须以统一的周期长度运行。因此，当信号灯必须相互连接以实现渐进式移动时，在不同的交叉口不能允许周期长度的变化⊖。

感应信控通常用于孤立的信控交叉口，通常距离最近的相邻信号至少有 2.0mile。然而，在过去的 20 年里，在协调信号灯系统中使用感应信号控制器的情况大幅增加。在这种系统中，周期长度必须保持不变，但它可以在短至 15min 内改变具体时段的长度，而且周期内的绿灯时间分配可以在每个周期的基础上改变。

成本仍然是一个问题，因为感应信号灯涉及更多的街道硬件（检测器和通信），因此实施起来比预配时信号灯要昂贵得多。

⊖　这一点并不绝对，只是比单一交叉口感应控制有更多限制条件。——译者注

20.1　感应控制的类型

感应控制有以下两种基本类型。

1）**半感应控制**（Semi-actuated control）。这种控制形式用于次路与主要干道或集散道路相交的地方。当信号灯依据 1B 是支持信控的主要原因时，就应考虑这种控制方式。半感应信控几乎都是两相位的，所有转向都是基于允许规则运行的。检测器只放置在次路上。除非注意到次路的"调用"，否则绿灯一直都在主路上。次路绿灯的数量和持续时间以不干扰沿集散道路或干道的渐进式信号灯配时模式为原则，以此作为次路信号灯配时的限制条件。

2）**全感应控制**（Full-actuated control）。在全感应运行中，所有接近段的所有车道都由检测器监控。相位顺序、绿灯时间分配和周期长度都是可以变化的。这种形式的控制对两相位和多相位的运行都很有效，并能适应可选相位。

大多数感应控制器有额外的功能，若使用得当则可达成，例如可变的最小绿灯时间，可变的通过时间，以及优先通行车辆控制。这些将在本章后面讨论。这些选项通常被称为"流量–密度"功能。

计算机控制的信号灯系统不一定构成单个交叉口的感应控制，尽管感应控制经常存在。在这样的系统中，计算机扮演着大型主控制器的角色，为整个网络或一系列干道进程建立和维持偏移量，这些偏移量可以是预配时信号灯，也可以是感应信号灯。

20.2　检测器和检测

检测车辆的硬件正在迅速发展。20 世纪 70 年代和 80 年代流行的压力板检测器，在现代交通工程中已经很少使用。大多数检测器依靠创造或观察磁场或电磁场的变化，当金属物体（车辆）通过这种场时，就会发生这种变化。

一般情况下，有以下两种类型的检测系统。

- **通过式或点式检测**（Passage or Point Detection）：车辆通过一个短的检测器会产生一个脉冲。这种脉冲的数量不会被记录或储存，但脉冲的存在表明至少有一辆车（在设置检测器的接近段和车道上）需要服务。

- **存在或区域检测**（Presence or Area Detection）：在检测区内有车辆存在，就会产生一个连续的脉冲。该脉冲在车辆进入检测区时开始，在车辆离开检测区时终止。因此，检测器可以辨别检测区域内存储的车辆数量。

检测器以两种模式之一与信号灯控制器相连：锁定或非锁定。当"锁定"时，检测器的启动会产生一个连续的服务请求，直到目标车道的绿灯启动。通过式或点式检测器总是以锁定模式连接。对于"非锁定"，当车辆进入检测区时，服务请求就会启动，当车辆离开检测区时，服务请求就会终止。存在或区域检测器几乎总是以非锁定模式连接，除非检测区的前端距离停止线超过 2～3ft。

存在或区域检测为信号灯控制器提供了大量信息，并允许在设计信号灯配时中有更大灵活性。它还可以达成像 RTOR 这样的允许性流向清空检测区，而不留下一个有效的服务调用。

《交通工程手册》[1] 和《交通信号灯配时手册》[2] 描述了使用磁场或电磁场技术的主要检测器类型。

- **感应线圈**（Inductive loop）。线圈组件被安装在路面内，通常是通过剖开既有的路面。线圈以各种形状铺设在剖切处，包括方形、矩形、梯形或圆形。剖口被重新填上环氧树脂密封剂。线圈连接到一个低压电源上，产生一个电磁场，每当金属物体（车辆）在线圈上移动时，就会受到干扰。这是目前使用的最常见的检测器类型。

- **微型线圈**（Microloop）。这是一个小型圆柱形无源传感器，感应地球磁场的垂直分量的变化，并将其转换为可识别的电子信号。该传感器为圆柱形，长约 2.5in，直径为 0.75in。传感器被放置在车行道面的一个钻孔中。

- **磁感线圈（Magnetic）**。这些检测器测量地球磁场的磁通量的变化，并将这种变化转换为可识别的电子信号。传感器单元包含一个小电磁线圈，放置在车行道面以下。

对于所有磁性类检测器，每条车道上必须使用一个或多个检测器。缺点之一是所有检测器都必须放置在路面内或下面。在路面状况问题严重的地区，这些检测器可能会被损坏或无法使用。

大多数感应线圈的面积约为 $6ft^2$，或者是直径约为 6ft 的圆形。车道上的单个感应线圈用于实施通过式或点式检测。存在或区域检测可使用单个长环（约 6ft 乘以 30～40ft），或每个车道上的多个线圈（长度约为 6ft）来实现。

另一类检测器使用声波或超声波，可以从高空或路侧的高处发射出来。这类检测器依靠波（超声波）的反射原理或多普勒效应，波（声波）从移动物体反射回来时其频率会变化。发出的波以圆锥状扩散，因此，根据检测器的实际位置，一个检测器单元可以覆盖一条以上的车道。

还有其他类型的检测器，如雷达、光学检测器，甚至更老的压力板系统。绝大多数检测器都属于上述类型。

一种迅速兴起的技术是视频影像，其中，交叉口或其他交通地点的实时视频与计算机化模式识别软件相结合。在视频屏幕内定义虚拟检测器，通过软件编程记录虚拟检测器位置的像素强度变化。现在普遍用于数据和远程观察，这种检测系统近年才被用于实时运行的信号灯。

感应信号灯的配时在很大程度上受到所采用的检测器类型的影响。近年来，存在检测器的使用量大幅增加，而点式和存在检测器的使用在整个美国都很普遍。

20.3　感应控制的功能和运行

感应信号灯控制器是按照两种标准中的一种制造的。最常见的是国家电子制造商协会（NEMA）的标准。NEMA 标准规定了所有的特性、功能和配时时段，配时软件作为硬件的内置功能提供（通常称为"固件"）。另一套标准针对 170 型控制器，主要由加利福尼亚州交通局和纽约州交通局使用。170 型控制器不带内置软件，一般可通过第三方供应商获得。NEMA 的软件不能被机构修改，而 170 型的软件可以被修改。美国的信号灯控制器制造商包括 Control Technologies、Eagle、Econolite、Kentronics 和 Naztec 等。大多数制造商都有最新的网站，请读者查阅他们对硬件、软件和功能的最新描述。

20.3.1　感应控制器的功能

无论控制器的类型如何，几乎所有感应控制器都提供相同的基本功能，尽管实现这些功能的方法可能因类型和制造商而异。对于每个感应相位，必须在控制器上设置以下基本功能。

1）**最小绿灯时间（Minimum Green Time, G_{min}）**。每个感应相位都有一个最小绿灯时间，作为启动相位时可能分配给该相位的最小绿灯时间（单位为 s）。

2）**通过时间（Passage Time, PT）**。这个时间实际上有三个不同的作用：①它代表了在单个检测器上保持绿灯所需的最大间隙；②它是在单位扩展范围内收到额外的感应时，在绿灯相位增加的时间；③它必须有足够的长度，以允许车辆从检测器到停止线的行驶。

3）**最大绿灯时间（Maximum Green Time, G_{max}）**。每个感应相位都有一个最大绿灯时间，它限制了绿灯相位的长度，即使有持续的检测信号要求保留绿灯。当竞争相位出现"调用"（或检测器感应）时，"最大绿灯时间"开始。

4）**回调设置（Recall Settings）**。每个感应相位都有一些回调设置。回调设置决定了在没有需求或系统故障时，显示什么信号灯。

5）**黄灯和全红时段（Yellow and All-Red Intervals）**。黄灯和全红时段提供了从"绿灯"到

"红灯"的安全过渡。它们是固定的时间，不受（交通流）变化的影响，即使是在一个感应控制器中，其求解方式也与预配时信控相同（参考第19章）。

6）行人通行（"Walking Man"）、清空（"Flashing Up-raised Hand"）和不许通行（"Up-raised Hand"）时段。行人时段也必须设置。但对于感应信号灯，绿灯信号的总长度是未知的。因此，行人时段是根据每个相位的最小绿灯时间来设定的。

为了确保足够的过街时间，通常需要设置行人按钮，但并非总是如此。流量－密度功能增加了其他几个功能。它们一般用于接近速度高（≥45mile/h）的交叉口，并与存在检测器一起使用。除了一般感应式控制器的正常功能外，流量－密度功能还包括以下两个重要功能。

1）可变的最小绿灯（Variable Minimum Green）。由于存在检测器能够"记录"排队车辆的数量，最小绿灯时间可以改变，以反映在下一个"绿灯"时段内必须处理的排队车辆数量。

2）间隙减少（Gap Reduction）。若使用标准功能，单位或车辆延长是一个常数。流量－密度功能允许保留绿灯所需的最小间隙随时间而减少。这样做使得在某一相位保留绿灯的难度随着相位的延长而增加。实施间隙减少功能通常需要确定以下四个参数。

1）初始通过时间 PT_1（单位为 s，最大值）。

2）最终通过时间 PT_2（单位为 s，最小值）。

3）进入绿灯后，间隙减少的开始时间 t_1（单位为 s）。

4）进入绿灯后，间隙减少的结束时间 t_2（单位为 s）。时间 t_1 从竞争相位的"调用"时开始。

一些控制器包含可以实现的额外功能。然而，这里提到的这些功能，几乎对所有控制器和控制器类型都是通用的。

20.3.2 感应控制器的运行

图 20.2 展现了基于三个关键设置的感应相位的运行：最小绿灯、最大绿灯和通过时间。

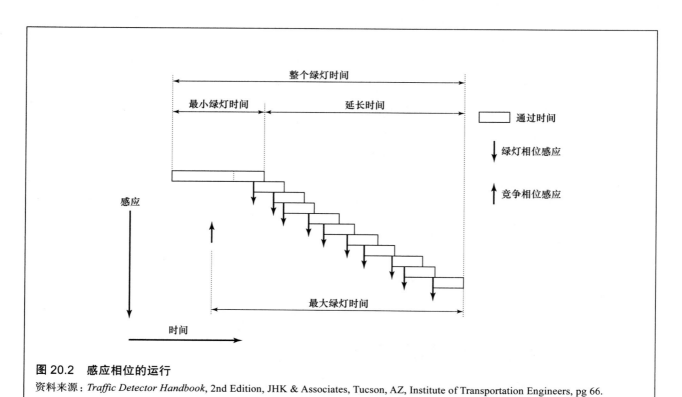

图 20.2 感应相位的运行

资料来源：*Traffic Detector Handbook*, 2nd Edition, JHK & Associates, Tucson, AZ, Institute of Transportation Engineers, pg 66.

当一个相位的绿灯启动时，它将至少保持最小绿灯时间 G_{min} 的长度。控制器将最小绿灯时间分为初始部分和相当于一个通过时间的部分。如果在最小绿灯时间的初始部分收到一个额外的"调用"，则该相位不增加时间，因为在最小绿灯时间内有足够的时间来通过停止线（黄灯和全红时段负责清空交叉口）。如果在最小绿灯时间的最后 PT 秒内收到一个本相位的"调用"，则该相位将增加 PT 秒的绿灯。此后，每当在 PT 秒的单位延长时间内收到一个额外的本相位的"调用"，就会有一个额外的 PT 秒的绿灯时间被添加到绿灯信号中。

注意，额外的 PT 秒时间是从启动或"调用"的时间开始添加的。它们不是加到前一个单位延长的末尾，因为这将在每个单位延长中累积未使用的绿灯时间，并将它们包括在总的"绿灯"时间内。

"绿灯"通过以下两种方式之一终止。

1）一个单位延长的 PT 秒过后，没有本相位的额外的感应需求。这种终止方式通常被称为"空档退出"（Gap out）。

2）达到最大绿灯时间。这样的终止被称为"最大退出"（Max out）。当接收到一个竞争相位的"调用"时，最大绿灯时间开始计时。然而，在流量最拥挤的时期，可以假设所有相位的需求或多或少地持续存在。因此，在这种情况下，最大绿灯时间在绿灯期的开始就开始计时。

假设所有相位的需求都持续存在，绿灯时间将被限制在 G_{min} 到 G_{max} 的范围内。在流量较小的时期，由于竞争相位没有需求，任何绿灯期的长度都可以是无限的，这取决于回调功能的设置。

在大多数情况下，接近段上的平行车道是相互平行运行的。例如，在一条三车道的接近段上，将有 3 个检测器（每条车道一个）。如果 3 条车道中的任何一条在 PT 秒内收到一个本相位的额外"调用"，绿灯将被延长。当多个检测器串联在一起，使用一根导引电缆时，间隙可能反映出先行的车辆穿过一个检测器，随后的车辆穿过另一个检测器。虽然这种类型的运行不太理想，但其安装成本较低，因此经常使用。

图 20.3 说明了感应信号灯控制器的"间隙减少"功能的运行。注意控制器上必须设置的四个关键时间。根据所选择的制造商和型号，有许多不同的协议来实现这四个时间。

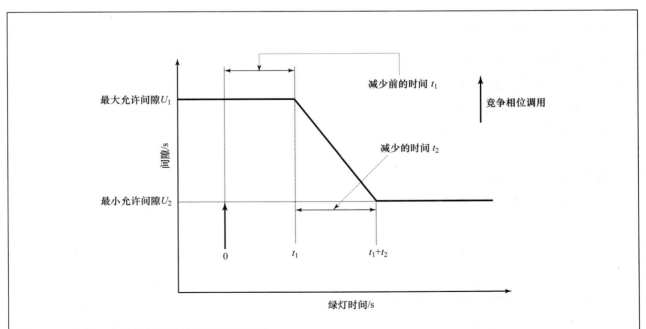

图 20.3 流量 – 密度控制器上的间隙减少功能

资料来源：*Traffic Detector Handbook*, 2nd Edition, JHK & Associates, Tucson AZ, Institute of Transportation Engineers, pg 68.

20.4　感应信号灯的配时和设计

在感应信号灯设计中，交通工程师并不提供准确的信号灯配时，而是建立一个相位方案，设置最小值和最大值，以及根据车辆在检测器上的运行来确定极限值之间的绿灯时间的程序规则。

20.4.1　相位方案

相位方案（Phase Plans）的制定与预配时信号灯的考虑类型相同（见第19章）。最主要的区别是感应控制器所提供的相位排序更具灵活性。

左转保护相位可以在较低的左转流率下设置，因为这些相位可以在没有左转需求的任何周期内被跳过。对于感应信号灯的最小左转需求和 / 或交叉乘积没有精确的指南，因此交通工程师在确定最佳相位方案时有很大灵活性。

20.4.2　最小绿灯时间

必须为感应信号灯的每个相位设定最小绿灯时间，包括半感应控制器的非感应相位。感应相位的最小绿灯时间是基于检测器的类型和位置。

点式检测（Point Detection）

点式检测器只提供一个指示，表明在该相位收到了一个"调用"。经历的和 / 或服务的调用数量不被保留。因此，如果一个点式检测器位于距离停止线 d 英尺的地方，必须假设车辆的队列完全占据了 d 距离。

因此，最小绿灯时间必须足够长，以清空完全占据 d 距离的车辆队列，即：

$$G_{\min i} = \ell_1 + 2.0 \times Int\left[\frac{d}{25}\right] \qquad (20\text{-}1)$$

式中　$G_{\min i}$——第 i 相位的最小绿灯时间（s）；

　　　ℓ_1——启动损失时间（s）；

　　　d——检测器与停止线之间的距离（ft）；

25——假设排队车辆之间的间距（空间距离）（ft）；

2.0——假设车辆之间的时距（时间间隔）（s）。

取整函数要求 $d/25$ 的值被四舍五入到下一个最大整数值。实质上，它要求通过检测器的车辆在最小绿灯时间内得到服务。不同的机构会根据当地的政策来设定 ℓ_1 的值。最常使用的是 2.0 ~ 4.0s 之间的数值。

《交通信号灯配时手册》[2] 建议使用 3.0s 的值，也可以使用 2.0s 以外的时距值，尽管这是在现代实践中最经常使用的值。

存在检测（Presence Detection）

在使用存在检测器的地方，最小绿灯时间可以是可变的，基于绿灯启动时感应到的排队车辆的数量。通常来说：

$$G_{\min} = \ell_1 + 2n \qquad (20\text{-}2)$$

式中　ℓ_1——启动损失时间（s）；

　　　n——检测区内储存的车辆数量。

然而，只有当检测器的前缘位于停止线时（或非常接近于 2ft 内），这才是真的。如果检测器的前缘距停止线更远，最小绿灯时间必须假设检测器前缘和停止线之间的距离内是停满车的。使用式（20-1），d 等于检测器前缘和停止线之间的距离，最小绿灯时间就变成了：

$$G_{\min} = \ell_1 + 2.0 Int\left[\frac{d}{25}\right] + 2.0n \qquad (20\text{-}3)$$

驾驶人的期望（Driver Expectation）

式（20-1）至式（20-3）根据检测器的设计和位置的运行要求确定了最小绿灯时间。虽然一般的做法是使最小绿灯时间尽可能小，但经验表明，在各种情况下，驾驶人对最小绿灯时间有基本期望。比如，如果最小绿灯时间意外得短，可能会导致追尾事故增加。

《交通信号灯配时手册》[2] 为驾驶人对最小绿灯时间的期望提供了指南。表 20.1 展示了这些准则。

表 20.1 驾驶人预期最小绿灯时间的典型值

相位类型	设施类型	符合驾驶人期望的最小绿灯时间 /s
直行	主干道，限速 > 40mile/h	10 ~ 15
	主干道，限速 ≤ 40mile/h	7 ~ 15
	次干道	4 ~ 10
	集散道路，地方街道，出入道	2 ~ 10
左转	所有道路	2 ~ 5

资料来源：Kittelson and Associates, Traffic Signal Timing Handbook, 1st Edition, Federal Highway Administration, Washington, D.C., June 2008, Table 5-3, pg 5–8.

在任何情况下都应考虑驾驶人对最小绿灯时间的期望，但必须与一天中非高峰时段的低流量期间可能出现的未使用绿灯时间相权衡。

20.4.3 通过时间

如前所述，通过时间有三个不同的目的。在信号灯运行方面，它既是保留绿灯信号的最小允许间隙，又是在最小允许间隙内检测到额外的感应时延长绿灯时间的增量。

通过时间的选择要考虑以下三个准则。

- 通过时间应足够长，以便随后的车辆在密集的交通中以安全的速度运行，能够保留绿灯信号（假设尚未达到最大绿灯时间）。
- 通过时间不应过长，以致于为一些零散的车辆保持绿灯，或使绿灯时间过长（超过一辆车在绿灯下越过停止线所需的合理时间）。
- 通过时间不应长到允许绿灯经常被延长到最大限度。

通过时间有一个最小值，基于点式检测器的位置，或存在检测器的前缘。通过时间必须至少足够大，使得以第 15 百分位接近速度行驶的车辆能够通过检测器（或检测器的前缘）到停止线之间的距离，即：

$$PT_{min} = \frac{d}{1.47 S_{15}} \tag{20-4}$$

其中，S_{15} 是第 15 百分位接近速度，可以估计为平均接近速度减去 5mile/h。

存在检测（Presence Detection）

图 20.4 说明了存在检测器的关键变量之间的关系。关键变量是最大允许时距（Maximum Allowable Headway，MAH）或间隙，它可以为单车道上的检测器保留绿灯。该图可以用于推导以下公式：

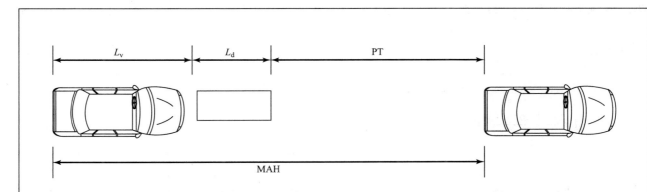

图 20.4 通过时间、检测区长度和车辆长度以及最大允许间隙之间的关系

资料来源：Kittelson and Associates, *Traffic Signal Timing Manual*, 1st Edition, Federal Highway Administration, Washington, D.C., June 2008, Figure 5-4, pg 5–5.

$$PT = MAH - \frac{L_v + L_d}{1.47 S_a} \quad (20\text{-}5)$$

式中　PT——通过时间（s）；

　　　MAH——最大允许时距（s）；

　　　S_a——平均接近速度（mile/h）；

　　　L_v——车辆长度（ft，使用默认值20ft）；

　　　L_d——检测区长度（ft）。

如图20.4所示，通过时间PT被测量为检测器未被占用的时间。这是控制器上的设置，将决定是否保留绿灯。因此，如果设置了最大允许时距，通过减去以平均接近速度行驶的车辆通过车辆长度和检测器长度所需的时间，就可以得出通过时间。

所使用的最大允许时距一般在2.0~4.0s之间。较大的数值往往导致高延误。通常的做法是，在不使用间隙减少功能时，采用MAH=3.0s，而在使用间隙减少功能时，采用MAH=4.0s（最大值）。

点式检测（Point Detection）

对于点式检测，检测器的长度基本上是"0"英尺。因为通过车辆只记录了0.10~0.15s的脉冲，车辆的长度是不相关的。因此，对点式检测来说，PT等于最大允许时距MAH。

20.4.4　检测器位置

最小绿灯时间和检测器位置在数学上是相关的。设置存在检测器的地方，检测器的前缘通常在停止线的2ft范围内，或者就在停止线上。式（20-2）描述了这种关系，根据检测区内存储的车辆数量，产生一个可变的最小绿灯时间。

设置点式检测器的地方，或存在检测器距离停止线2ft以上的地方，点式检测器（或存在检测器的前缘）的位置要产生一个预先选择的最小绿灯时间。

由于许多感应信号灯位于非高峰期需求相当低的地方，通常希望尽可能地保持最小绿灯时间，从而最大限度地减少车辆在竞争相位的等待时间，因为在该相位没有需求。一个实用的最小绿灯时间限制是假定的启动损失时间 $\ell_1 + 2.0$s。这是处理一辆车所需的时间，其范围在4.0~6.0s之间，取决于假定的启动损失时间。

当使用这种策略时，用式（20-1）来计算所选最小绿灯时间的适当检测器位置。

例题 20-1：估计检测器的位置

在接近一个感应信号灯时，最小绿灯时间为6.0s，假设启动损失时间为4.0s。检测器的位置距离停止线有多远？

根据式（20-1）：

$$G_{min} = 6.0 = 4.0 + 2.0 Int\left[\frac{d}{25}\right]$$

$$Int\left[\frac{d}{25}\right] = \frac{6.0 - 4.0}{2.0} = 1.0$$

由于取整函数，检测器可能位于距离停止线0.1~25.0ft之间的任何地方。注意，在使用存在检测器的情况下，该位置指的是检测器的前缘。

检测器的设置必须遵守一些实际限制：必须使任何车辆在不通过检测器的情况下都无法到达停止线。现实中，这意味着任何检测器都不能放置在车辆可以从位于检测器和停止线之间的出入道或路缘泊车位进入交通流的地方。在许多城市和郊区场景中，这就要求检测器的位置要距离停止线相当近。

存在检测器更加灵活，因为它们可以检测到

从侧面进入检测区域的车辆。因此，如前所述，只是区域检测器前缘的位置受到了限制。

在实际操作中，点式检测器最常位于靠近停止线的地方。较长的退距需要较长的最小绿灯时间，这往往导致在非高峰期的低流量期间浪费了绿灯时间。如果需要超过 30 ~ 40ft 的退距，目前的实践中几乎都是使用存在检测器来避免这一问题。

20.4.5　黄灯和全红时段

黄灯和全红时段的确定方法与预配时信号灯的方法相同：

$$y = t + \frac{1.47 S_{85}}{2(a + 32.2G)} \quad (20\text{-}6)$$

$$ar = \frac{w + L}{1.47 S_{15}} \text{ 或 } \frac{P + L}{1.47 S_{15}} \quad (20\text{-}7)$$

式中　y——黄灯时段（s）；

　　　ar——全红时段（s）；

　　　S_{85}——第 85 百分位速度（mile/h）；

　　　S_{15}——第 15 百分位速度（mile/h）；

　　　a——减速率（10ft/s²，默认值）；

　　　t——驾驶人反应时间（1.0s，默认值）；

　　　G——道路纵坡（用小数表示）；

　　　w——被横穿的街道宽度（ft）；

　　　P——从近路缘到远处人行横道的距离（ft）。

与预配时信号灯的情况一样，必须知道黄灯和全红时段，以确定周期内的总损失时间 L，这是确定最大绿灯时间所需要的。为了方便起见，这里重复罗列黄灯和全红时段与损失时间之间的关系。

$$L = \sum_i t_{Li}$$
$$t_{Li} = \ell_{1i} + \ell_{2i}$$
$$\ell_{2i} = y_i + ar_i - e \quad (20\text{-}8)$$
$$t_{Li} = \ell_{1i} + y_i + ar_i - e$$

式中　L——周期内的总损失时间（s/cycle）；

　　　t_{Li}——第 i 相位的总损失时间（s）；

　　　ℓ_{1i}——第 i 相位的启动损失时间（s，测量值或 2.0s 的默认值）；

　　　ℓ_{2i}——第 i 相位的清空损失时间（s）；

　　　e——第 i 相位的有效绿灯延伸到黄灯和全红时段（s，测量值或2.0s的默认值）；

　　　y_i——第 i 相位的黄灯时段（s）；

　　　ar_i——第 i 相位的全红时段（s）。

注意，当使用 ℓ_1 和 e 的默认值时，每个周期的总损失时间 L 等于周期内与关键流向相关的黄灯和全红时段的总和，有效绿灯时间 g 等于实际绿灯时间 G。

20.4.6　最大绿灯时间和关键周期

全感应信号灯的"关键周期"是指每个相位达到最大绿灯时间的周期。对半感应信号灯来说，"关键周期"包括次路的最大绿灯时间和主路的最小绿灯时间，后者没有检测器，也没有最大绿灯时间。

感应相位的最大绿灯时间和 / 或半感应信控的主路的最小绿灯时间，是通过确定周期长度和基于高峰分析期间的平均需求的初始绿灯分配来实现的。该方法与确定预配时信号灯周期长度和绿灯时间的方法相同：

$$C_i = \frac{L}{1 - \left[\dfrac{V_c}{1700 \times \text{PHF} \times (v/c)} \right]} \quad (20\text{-}9)$$

式中　C_i——初始周期长度（s）；

　　　V_c——关键车道流量之和（veh/h）；

　　　PHF——高峰小时系数；

　　　v/c——期望达到的 v/c 比率。

由于感应信控的目标是在高峰小时几乎没有未被使用的绿灯时间，在大多数应用中，本决定所选择的 v/c 比率达到 0.95 或更高。

知道了周期长度，绿灯时间就可以确定为：

$$g_i = (C - L) \times \left(\frac{V_{ci}}{V_c}\right) \qquad (20\text{-}10)$$

式中　g_i——第 i 相位的有效绿灯时间（s）；

　　　V_{ci}——第 i 相位的关键车道流量（veh/h）。

所有其他变量定义同前。

注意，对于感应信号灯，初始周期长度 C_i 并不像预配时信号灯那样，被四舍五入到下一个最高的 5s 增量（或 10s 增量）。计算出的周期长度，以最接近的 0.1s 为单位，直接采用。

这些计算得出的周期长度和绿灯时间可以满足分析小时内高峰期 15min 的平均周期需求。然而，它们不足以处理在需求高峰期 15min 内发生的扰动，当单个周期的需求超过了周期的容量。因此，为了在控制器中提供足够的灵活性，以充分满足分析期间逐个周期的峰值需求，从式（20-10）中确定的绿灯时间要乘以 1.25 和 1.50 之间的系数。其结果将作为每个相位的最大绿灯时间和/或半感应信号灯下主路的最小绿灯时间。

然后，"关键周期长度"等于实际最大绿灯时间（和/或半感应信号灯处主路的最小绿灯时间）加上黄灯和全红转换时间的总和。

$$C_c = \sum_N (G_i + y_i + ar_i) \qquad (20\text{-}11)$$

式中　C_c——关键周期长度（s）；

　　　G_i——感应相位 i 的实际最大绿灯时间，或半感应信号灯下主路的最小绿灯时间。

所有其他变量定义同前。

感应信号灯的配时涉及一些实际考虑，可能会推翻所述的计算结果。特别是在次路需求较低的半感应信号灯位置，最大绿灯时间 G_{max} 的计算值可能小于最小绿灯时间 G_{min}。虽然这种情况较少发生，但在全感应位置的某一相位也可能发生，特别是在涉及左转保护相位时。在这种情况下，G_{max} 被判断为 $G_{min}+nU$，其中，n 是单个绿灯相位

的最大车辆数，U 是单位延长。通常认为 n 的值是每周期 2~4 辆车。然后，为了保持所有相位之间的适当平衡，必须调整其他相位的 G_{max} 值，以保持与每个相位的关键车道流量平衡的比率。

20.4.7　行人对感应信号灯的需求

与预配时信号灯一样，行人需要以下的时间来安全通过道路：

$$\begin{aligned}G_{pi} &= PW_{min\,i} + PC_i \\ PC_i &= L/S_p\end{aligned} \qquad (20\text{-}12)$$

式中　G_{pi}——相位 i 行人所需的最小绿灯时间（s）；

　　　$PW_{min\,i}$——相位 i 的最小行人通行时段（s，表 19.6）；

　　　PC_i——相位 i 的行人清空时段（s）；

　　　L——人行横道的长度（ft）；

　　　S_p——行人的步行速度（ft/s）。

必须检查行人的安全，这取决于以下策略的实施。

- 选项 1：在 G、y 和 ar 时段，行人可以在人行横道上。
- 选项 2：在 G 和 y 时段，行人可以在人行横道上。
- 选项 3：只有在 G 时段，行人可以在人行横道上。

当式（20-13）得到满足时，行人是安全的：

$$\begin{aligned}G_{pi}（\text{选项}1） &\leqslant G_{min\,i} + y_i + ar_i \\ G_{pi}（\text{选项}2） &\leqslant G_{min\,i} + y_i \\ G_{pi}（\text{选项}3） &\leqslant G_{min\,i}\end{aligned} \qquad (20\text{-}13)$$

式中　G_{pi}——相位 i 行人安全所需的最小时间（s）；

　　　$G_{min\,i}$——相位 i 最小车辆绿灯时间（s）。

所有其他变量定义同前。

需要注意的是，对于感应信号灯，行人的需求必须与最小车辆绿灯时间相比较，因为不能保证任何绿灯相位都会超过该值。

对于预配时信号灯，当不能保证行人安全通过道路时，必须增加周期长度，以满足行人和车辆的需求，或者必须安装由行人操作的按钮和行人信号灯。为了避免破坏车辆绿灯的平衡，最常见的做法是增加周期长度[⊖]。

对于感应信号灯，基于最小绿灯时间的安全通过道路往往是不提供的。在每个周期内增加最小绿灯时间以容纳行人不可行，因为这将对车辆造成低效率，而安装感应信号灯就是为了避免这种情况。因此，只要最小绿灯时间不能提供安全过道路，几乎都会安装一个行人按钮，而且必须使用行人信号灯。

在这种情况下，行人信号灯停留在禁止通行（DON'T WALK）的指示上。当行人按钮被启动时，在下一个绿灯相位，最小绿灯时间会增加，以满足式（20-13）的要求。不幸的是，行人往往不了解行人信号灯的工作原理。他们往往认为在按下行人按钮后会立即得到"走"（WALK）的显示。而事实却并非如此，因为延长的行人时间要到下一个周期才会提供。有鉴于此，在密集的行人环境中，如果有大量的行人过路流量，通常尽可能避免使用感应信号灯。

20.4.8　双重进入功能

双重进入功能，指启动时，即使只有一个相位被调用，也可以同时开始调用的相位。例如，如果 NB 和 SB 直行相位通常是同时进行的，那么其中任何一个相位的服务调用都会启动两个相位。当该功能未被使用时，只有被"调用"的相位会运行。通常的做法是，对于通常被当作同时运行的一对相位，启用这一功能。

它通常不用于左转流向，因为在这种情况下，通常只在一个方向（或两个方向都没有）提供保护相位。

20.4.9　同步强制关闭功能

当对向道路上的同时运行流向必须在同一时间结束时，该功能就会发挥作用。因此，将绿灯转到另一条街时，冲突街的所有绿灯必须同时终止。对于对向的保护左转流向，有可能设置一个相位方案，其中一个左转在另一个之前终止。在这种情况下，不使用该功能。

20.4.10　回调功能

回调设置决定了当一个或多个接近段车道组上没有需求时，信号控制器将做什么。每个相位的回调设置可以是"关闭"或"启动"。当"启动"时，有以下几种回调选项。

- **最小回调（Minimum Recall）**。启用时，即使没有需求存在，最小回调功能也会在指定相位进行"调用"。如果交叉口的任何流向都没有需求，将迫使信号机在指定相位启动绿灯，持续时间至少为最小绿灯时间。通常的做法是，在主路直行流向中使用最小回调功能。

- **最大回调（Maximum Recall）**。启用时，即使没有需求，该功能也会导致指定相位的连续"调用"。这将迫使每个指定的绿灯相位延长到最大绿灯时间。该功能不经常使用，但如果没有检测到车辆服务需求，或需要预配时的运行，则是合适的。

- **行人回调（Pedestrian Recall）**。启用时，控制器在指定的相位上进行连续服务调用。它强制在每个绿灯相位执行最小行人绿灯时间。它最常用于无行人启动按钮的地方，或者在有大量行人存在的时段。

- **软回调（Soft Recall）**。启用时，当没有竞争性调用存在时，控制器将"调用"放在指定相位。这最常用于主路直行相位的需求小的时段，

　⊖　维持各相位的绿灯时间比例不变。——译者注

以确保信号灯停留在主要直行流向上，特别是对非协调信号。

最小回调是最经常使用的回调设置。如果在没有需求的情况下，所有相位都被设置为最小回调，那么信号灯将使用最小绿灯时间在其相位中循环。如果在此期间所有回调功能都是"关闭"的，那么绿灯将停留在最后一个收到调用的相位，并且不会转换，直到另一个相位发起调用。在通常情况下，回调功能将只设置在主路的直行流向上，以保证在没有任何需求的情况下，绿灯停留在主路的直行相位上。

20.5　感应信号灯设计和配时的例题

与预配时信号灯相比，感应信号灯的配时没有那么明确，需要工程师进行更多判断。在任何特定的情况下，有可能有几种不同的信号灯配时和设计可以接受。一些相关的考虑因素在例题中得到了最好的呈现。

例题 20-2：半感应信号灯配时

图 20.5 展示了一个将使用半感应控制器的信控交叉口。为方便起见，图中所示的需求流量已经被转换为直行车当量（tvu）。这种转换与预配时信号灯的转换相同（见第 19 章）。

第 1 步：相位

由于这是一个半感应信号灯，只有两个相位，如下所示：

- A 相位——First Ave. 的所有流向（次路）
- B 相位——Main St. 的所有流向（主路）

第 2 步：最小绿灯时间和检测器位置

对半感应信号灯来说，只有次路相位是感应的，而且仅次路接近段有检测器。

在这种场景下，几乎总是使用点式检测器。对于半感应信号灯，目标通常是只提供清理次路车辆所需的绿灯时间，尽可能减少未被使用的绿灯时间。因此，First Ave. 的最小绿灯时间应尽可能地少。

使用 4.0s 的启动损失时间，可分配的最小绿灯时间为 6.0s。如果 G_{min} 被设定为 6.0s，那么检测器的位置就可

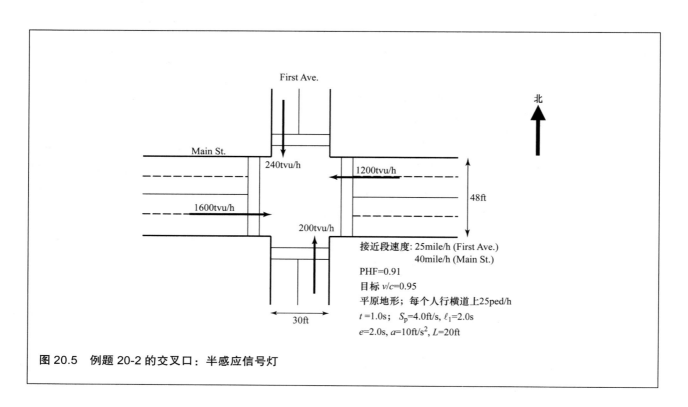

接近段速度：25mile/h (First Ave.)　40mile/h (Main St.)
PHF=0.91
目标 v/c=0.95
平原地形；每个人行横道上25ped/h
t=1.0s；S_p=4.0ft/s, ℓ_1=2.0s
e=2.0s, a=10ft/s², L=20ft

图 20.5　例题 20-2 的交叉口：半感应信号灯

以通过求解式（20-1）中的 d 来确定。

$$G_{\min} = 6.0 = 4.0 + 2.0 \, Int\left(\frac{d}{25}\right)$$

$$Int\left(\frac{d}{25}\right) = \frac{6.0 - 4.0}{2.0} = 1.0$$

检测器将被放置在距离停止线 0.1~25.0ft 之间的任何地方。检测器的放置应使任何车辆必须经过检测器才能进入接近段。

第3步：通过时间

对于点式检测器，通过时间等于最大允许时距（MAH），推荐值为 3.0s。这必须大于从检测器到停止线的通过时间，假设最大退距为 25.0ft，即：

$$PT_{\min} = \frac{d}{1.47 \times S_{15}} = \frac{25}{1.47 \times (25-5)}$$
$$= 0.85s < 3.0s \quad OK$$

3.0s 的延长增量是安全的，将被采用。

第4步：关键车道流量之和

图 20.5 中的所有需求流量都已被转换为直行车当量（tvu）。

SB 方向的交通量高于 NB 方向的交通量（两个方向都有一个车道）。因此，A 相位的关键车道流量为 240tvu/h/ln。第二相位的 EB 交通量为 1600tvu/h，但被划分为两条车道。因此，B 相位的关键车道流量为 1600/2 = 800tvu/h/ln。关键车道流量之和 V_c 为 240 + 800 = 1040tvu/h/ln。

第5步：黄灯和全红时间

为了确定其他信号灯配时参数，必须选择一个初始周期长度。然而，这需要知道周期内的所有损失时间，因此要确定黄灯和全红时段。

每个相位的黄灯时段是用式（20-6）估算的，而全红时段是用式（20-7）估算的。Main St. 和 First Ave. 的平均接近速度已经给出。第 85 百分位速度可以估计为比平均速度高 5mile/h，而第 15 百分位速度则估计为比平均速度低 5mile/h。

$$y = t + \frac{1.47 S_{85}}{2(a + 32.2G)}$$

$$y_A = 1.0 + \frac{1.47(25+5)}{2(10 + 32.2 \times 0)} = 3.2s$$

$$y_B = 1.0 + \frac{1.47(40+5)}{2(10 + 32.2 \times 0)} = 4.3s$$

$$ar = \frac{w + L}{1.47 S_{15}}$$

$$ar_A = \frac{48 + 20}{1.47(25 - 5)} = 2.3s$$

$$ar_B = \frac{30 + 20}{1.47(40 - 5)} = 1.0s$$

注意，全红的时间使用 w 而不是 P，因为行人的流量（25ped/h）相对较少。

第6步：每个周期的损失时间

在 ℓ_1 和 e 的默认值为 2.0s 的情况下，每个周期的损失时间等于周期内的黄灯和全红时间之和，即：

$$L = 3.2 + 2.3 + 4.3 + 1.0 = 10.8s/cycle$$

第7步：最大绿灯时间（A 相位）和最小绿灯时间（B 相位）

作为一个半感应信号灯，关键周期是由次路（First Ave., A 相位）的最大绿灯时间，主路（Main St., B 相位）的最小绿灯时间，以及每条街道的黄灯和全红时段组成的。初始周期长度用式（20-9）估算：

$$C_i = \frac{L}{1 - \left[\dfrac{V_c}{1700 \, PHF(v/c)}\right]}$$
$$= \frac{10.8}{1 - \left[\dfrac{1040}{1700 \times 0.92 \times 0.95}\right]} = \frac{10.8}{1 - 0.700} = 36.0s$$

对半感应信号灯来说，该值不需要四舍五入。基于这个周期长度的绿灯分配是用式（20-10）确定的：

$$g_i = (C - L) \times \left(\frac{V_{ci}}{V_c}\right)$$

$$g_A = (36.0 - 10.8) \times \left(\frac{240}{1040}\right) = 5.8s$$

$$g_B = (36.0 - 10.8) \times \left(\frac{800}{1040}\right) = 19.4s$$

在 ℓ_1 和 e 的默认值为 2.0s 的情况下，有效绿灯时间和实际绿灯时间是相等的。标准做法是将次路的最大绿灯时间和主路的最小绿灯时间定为上述数值的 1.50 倍，即：

$$G_{\max A} = 5.8 \times 1.5 = 8.7s$$
$$G_{\min B} = 19.4 \times 1.5 = 29.1s$$

8.7s 的 $G_{\max A}$ 比之前确定的 6.0s 的 $G_{\min A}$ 要大，尽管不是很大。在 8.7s 时，最多可以有两辆，也许是三辆车通过一个次路绿灯。如果认为这种灵活性不够，可设置一个更大的 $G_{\max A}$，并调整 $G_{\min B}$，以保持与原始配时相同的绿灯时间比例。

第8步：行人需求

行人在 B 相位横过次路，在 A 相位横过主路。行人过街需求必须与最小绿灯时间（选项 3）、最小绿灯时间加黄灯（选项 2）或最小绿灯时间加黄灯和全红时段（选项 1）进行比较，则：

$$G_{pi} = PW_{min\,i} + PC_i$$
$$PC_i = L / S_p$$

从表 19.6 来看，最小行人"WALK"时段为 4.0s，其中 25ped/h 的行人流量可被视作"可忽略的"。

那么：

$$G_{pA} = 4.0 + 48/4 = 16.0s$$

$$G_{pB} = 4.0 + 30/4 = 11.5s$$

对于 B 相位，行人在每个周期都是安全的，因为 29.1s 的 G_{minB} 大于 11.5s 的最小需求，不需要使用任何黄灯或全红时间。然而，对于 A 相位，行人需要 16.0s，但 G_{minA} 只有 6.0s。即使加上黄灯和全红时间（选项 3），也只能提供 6.0 + 3.2 + 2.3 = 11.5s。

因为这是一个半感应信号灯，增加每个相位的最小绿灯时间是不现实的。无论如何都需要在次路设置行人按钮，因为当次路没有车辆"调用"服务时，绿灯总是在主路上。在没有车辆的情况下到达的行人将需要一个按钮，无论最小绿灯时间是否足够。在这种情况下，它们是不充分的，按钮不仅提供了对次路的"调用"服务，还将实施（对于该周期）最小绿灯时间，这取决于所采用的行人通行策略。

如果采用选项 1，行人启动的最小绿灯时间为 16.0 - 3.2 - 2.3 = 10.5s。如果采用选项 2，只能扣除黄灯时间，行人启动时的最短车辆绿灯为 16.0 - 3.2 = 12.8s。如果采用选项 3，行人可以只使用绿灯时间，在行人"调用"时将分配 16.0s。

由于最小绿灯时间为 B 相位的次路安全过道路提供了足够的时间，因此不需要行人按钮，行人信号灯也是可选的。然而，在 A 相位，主路的横穿进程需要按钮和行人信号灯。

第9步：双重进入，同步强制关闭，以及回调

由于采用两相位方案，对向的接近段必须同时获得绿灯和失去绿灯。因此，两个相位的双重进入和同步强制关闭开关将被"开启"。回调开关将被设置为使绿灯停留在主路上，除非次路上有调用。在实际操作中，B 相位将建立一个最小回调或软回调。

例题 20-3：例题 20-2 的演化

如果次路的关键需求量只有 85veh/h，而不是例题 20-2 中的 240veh/h，会有什么变化？

检测器布置的细节不会改变，黄灯和全红时段的长度也不会改变。因此，以下数值已经确定。

- $G_{minA} = 6.0s$
- $y_A = 3.2s$
- $ar_A = 2.3s$
- $y_B = 4.3s$
- $ar_B = 1.0s$
- $L = 10.8s/cycle$

唯一显著的变化是关键车道的流量。对于次路（First Ave.，相位 A），现在的关键流量是 85veh/h。主路（Main St.，相位 B）的关键车道流量不变：1600/2 = 800tvu/h。因此，关键车道流量的总和是 800 + 85 = 885tvu/h。这将改变初始周期长度以及由此产生的 G_{maxA} 和 G_{minB} 的值。

$$C_i = \frac{10.8}{1 - \left[\dfrac{885}{1700 \times 0.92 \times 0.95}\right]} = \frac{10.8}{1 - 0.596} = 26.7s$$

$$G_A = (26.7 - 10.8) \times \left(\frac{85}{885}\right) = 1.5s$$

$$G_B = (26.7 - 10.8) \times \left(\frac{800}{885}\right) = 14.4s$$

$$G_{maxA} = 1.5 \times 1.5 = 2.2s$$
$$G_{maxB} = 14.4 \times 1.5 = 21.6s$$

这个时间是不合理的，因为 G_{maxA}（2.2s）小于 G_{minA}（6.0s）。必须找到另一种建立合理的 G_{maxA} 的方法。G_A 的最小时间是 6.0s，考虑到启动时的损失时间，可能会容纳一辆车。我们希望在 A 相位允许多少辆车（最多）？作为一条低流量的次路，我们可能会增加足够的绿灯时间来容纳 1~3 辆额外的车。在大约 2.0s/veh 的情况下，这将在 6.0s 的最短绿灯时间上增加 2.0~6.0s，使 G_{maxA} 在 8.0~12.0s 之间。为了说明问题，我们将 G_{maxA} 定为 8.0s。现在，

必须增加 G_{minB} 的值，以保持与 G_{maxA} 相同的平衡，就像原来的配时方案一样，那么：

$$G_{minB} = 21.6\left(\frac{8.0}{2.2}\right) = 78.5s$$

由于次路的需求较小，绿灯时间的平衡发生了很大变化，主路得到的 G_{min} 明显较长，而次路得到的 G_{max} 则比原方案小一些（例题20-2）。

例题20-4：两条主干道的全感应信控

两条主干道的一个孤立的郊区交叉口将使用全感应控制器进行信控。除了 LT 车道将由点式检测器检测外，其余都将使用存在检测。该交叉口如图20.6所示，为方便起见，所有交通量已被转换为 tvu。每条接近段都提供了250ft 长的左转渠化道。tvu 转换假设所有接近段都有一个保护左转相位。对于所有直行接近段，提供60ft 的检测器。对于 LT 车道，一个点式检测器位于距停止线4ft 处。

第1步：相位

如题干所述，所有接近段都将实施左转保护相位。Monroe 街的左转不符合任何预配时信控的正常保护标准。这是一个感应信控的例子，允许更多的灵活性，为更多的需求提供左转保护。注意，Kennedy 大道每个方向都有两条左转车道，Monroe 街每个方向都有一条左转车道。

在这样一个使用率很高的交叉口，"四八"（quad-eight）相位是可取的。每条街都会有一个专用左转相位，然后是左转流量较大的方向的先行绿灯和直行/右转相位。

如第19章所述，这种相位设计提供了很大的灵活性，因为左转相位始终是可选的，在没有左转需求的任何周期内都可以跳过。由此产生的信控方案在任何给定的周期中最多有四个相位，最少有两个相位。它被视为四相位信号，因为这个选项导致了最大的损失时间。

"四八"相位涉及重叠（见第19章），如果这是预配时信号灯，就会被考虑在内。然而，作为感应信号灯，最不利的情况下的周期将发生在没有重叠的时期。这将发生在对向的左转流量相等时。因此，信号灯配时将被视为是一个没有重叠的简单的四相位运行。然而，控制器可以让一个保护左转在对向保护左转之前终止，形成一个先行的绿灯相位。如果没有需求，它也可以让一个保护左转在没有另一个的情况下开始。最后，如果两个方向都没有左转，则在该周期内不会应用左转相位。在控制器上，设置了双重进入和同步强制关闭的开关来完成这个任务。

这四个相位是：

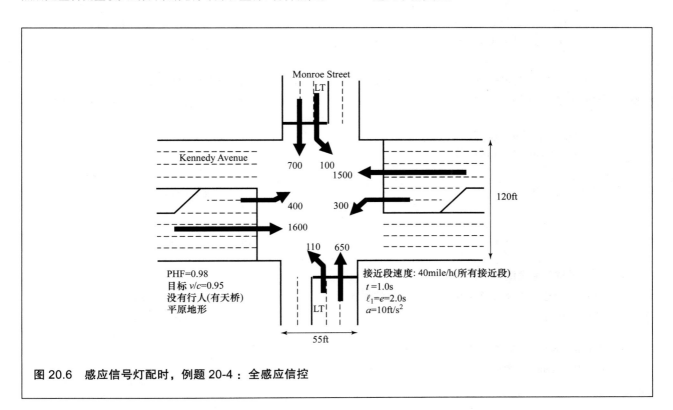

图20.6　感应信号灯配时，例题20-4：全感应信控

- A 相位——Kennedy 大道的保护左转
- B 相位——Kennedy 大道的直行 / 右转
- C 相位——Monroe 街的保护左转
- D 相位——Monroe 街的直行 / 右转

第 2 步：通过时间

由于该交叉口不使用间隙减少，最大允许时距 MAH 为 3.0s。这对所有接近段都是一样的，包括左转相位。

左转相位（A 和 C）使用点式检测器。在这种情况下，PT 等于 MAH，或 3.0s。直行 / 右转相位（B 和 D）使用 60ft 的存在检测器。这些情况下的 PT 可以用式（20-4）计算：

$$PT = MAH - \frac{L_v + L_d}{1.47 S_a}$$

$$PT = 3.0 - \frac{60 + 20}{1.47 \times 40} = 1.6s$$

第 3 步：最小绿灯时间和检测器的放置

检测器的设计已被指定。对于区域检测，最小绿灯时间是可变的，基于绿灯启动时检测区内感应到的车辆数量。该值可以从为 1 辆等待车提供服务所需的时间到为 $Int(60/25) = 3$ 辆等待车提供服务所需的时间不等。使用式（20-2），可以确定 B 相位和 D 相位的最小绿灯时间范围。

$$G_{min} = \ell_1 + 2n$$

$$G_{min,low} = 2.0 + (2 \times 1) = 4.0s$$

$$G_{min,high} = 2.0 + (2 \times 3) = 8.0s$$

A 相位和 C 相位使用距离停止线 4ft 的点式检测器。这些相位的最小绿灯时间由式（20-1）计算：

$$G_{min} = l_1 + 2.0 Int(d/25)$$

$$G_{min} = 2.0 + 2.0 Int(4/25) = 4.0s$$

最小绿灯时间汇总如下：

$$G_{min\,A/C} = 4.0s$$

$$G_{min\,B/D} = 4.0 \sim 8.0s$$

第 4 步：关键车道流量

由于给出的交通量已经转换为 tvu，每个相位的关键车道交通量很容易确定：

- A 相位（Kennedy 大道，LT）= 400/2 = 200tvu/h/ln
- B 相位（Kennedy 大道，TH/RT）= 1600/4 = 400tvu/h/ln

- C 相位（Monroe 街，LT）= 110/1 = 110tvu/h/ln
- D 相位（Monroe 街，TH/RT）= 700/2 = 350tvu/h/ln
- $V_c = 200 + 400 + 110 + 350 = 1060tvu/h/ln$

第 5 步：黄灯和全红时间

黄灯时间用式（20-6）计算，全红时间用式（20-7）计算。在所有流向的平均接近速度为 40mile/h 的情况下，可将 S_{85} 估计为 40 + 5 = 45mile/h，S_{15} 估计为 40 - 5 = 35mile/h。由于没有行人，全红时段将使用被穿越的宽度。车辆的标准长度取 20ft，那么：

$$y = t + \frac{1.47 S_{85}}{2(a + 32.2G)}$$

$$y_{A,B,C,D} = 1.0 + \frac{1.47 \times 45}{2(10 + 32.2 \times 0)} = 4.3s$$

$$ar = \frac{w + L}{1.47 S_{15}}$$

$$ar_{A,B} = \frac{55 + 20}{1.47 \times 35} = 1.5s$$

$$ar_{C,D} = \frac{120 + 20}{1.47 \times 35} = 2.7s$$

第 6 步：总损失时间

最不利情况下的周期有四个相位。由于 ℓ_1 和 e 使用的是标准默认值，总损失时间等于周期中黄灯和全红时段的总和：

$$L = (4.3 + 1.5) + (4.3 + 1.5) + (4.3 + 2.7)$$
$$+ (4.3 + 2.7) = 25.6s$$

第 7 步：最大绿灯时间和关键周期

用于确定最大绿灯时间的初始周期长度由式（20-9）计算：

$$C_i = \frac{25.6}{1 - \left[\dfrac{1060}{1700 \times 0.98 \times 0.95}\right]} = \frac{25.6}{1 - 0.670}$$
$$= 77.6s$$

绿灯时间用式（20-10）计算：

$$g_i = g_{TOT}(V_{ci}/V_c)$$

$$g_{TOT} = 77.6 - 25.6 = 52.0s$$

$$g_A = 52.0(200/1060) = 9.8s$$

$$g_B = 52.0(400/1060) = 19.6s$$

$$g_C = 52.0(110/1060) = 5.4s$$

$$g_D = 52.0(350/1060) = 17.2s$$

因为采用标准的默认值，所以有效绿灯时间 g 等于实际绿灯时间 G。最大绿灯时间是通过将上述平均绿灯时间乘以 1.50 得到的：

$$G_{maxA} = 9.8 \times 1.5 = 14.6s$$
$$G_{maxB} = 19.6 \times 1.5 = 29.4s$$
$$G_{maxC} = 5.4 \times 1.5 = 8.1s$$
$$G_{maxD} = 17.2 \times 1.5 = 25.8s$$

关键周期长度是每个周期的最大绿灯和损失时间之和，即：

$$C_c = 14.6 + 29.4 + 8.1 + 25.8 + 25.6 = 103.2s$$

所有最大绿灯时间都与前面计算的最小绿灯时间相容。

第 8 步：行人

由于为行人提供了跨线桥，不允许有地面人行横道，该信控也不需要对行人进行检查。

第 9 步：双重进入、同步强制关闭和回调设置

该感应信号灯将以可选的左转相位运行，这些相位可以①在同一时间开始，在不同时间结束，②在一个方向开始，而不是另一个，或者③完全跳过。因为可采取先行的绿灯相位，所以直行流向可以同时开始，也可以不同时开始。然而，直行流向必须在同一时间结束，因为绿灯会被转移到冲突的街道上，没有延后绿灯。

图 20.7 展示了信号灯的环流图，并标明了双重进入、同步强制关闭和回调等设置。

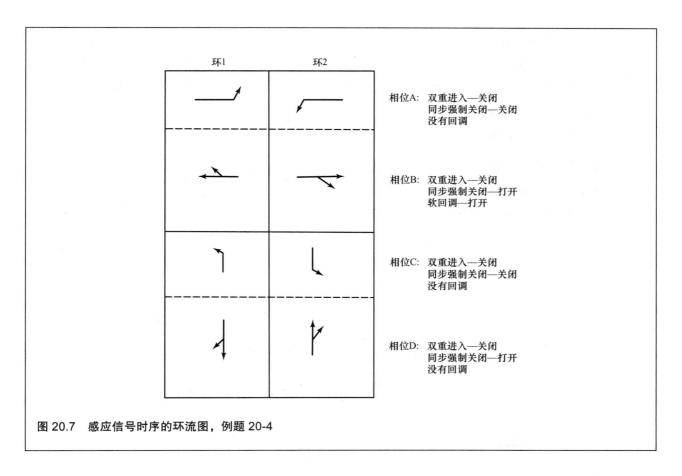

图 20.7 感应信号时序的环流图，例题 20-4

参考文献

[1] Pusey, R.S. and Butzer, G.L, "Traffic Control Signals," *Traffic Engineering Handbook*, 5th Edition, Institute of Transportation Engineers, Washington, D.C., 1999, pp. 453–528.

[2] Kittelson and Associates, *Traffic Signal Timing Handbook*, Federal Highway Administration, Washington, D.C., June 2008.

习题

除非另有说明，对于以下每个感应信号灯的配时问题，请使用以下默认值：

- 驾驶人反应时间 $t = 1.0$s
- 车辆减速度 $a = 10$ft/s^2
- 车辆的长度 $L = 20$ft
- 启动损失时间 $\ell_1 = 2.0$s
- 侵占时间 $e = 2.0$s
- 平原地形
- 所有地点的行人活动都不多（每个交叉口有 50ped/h）
- PHF = 0.90
- 目标 v/c 的感应范围 = 12ft
- 车道信号 = 0.95
- 人行横道宽度 = 10ft，退距 2ft
- 行人过街速度 = 4.0ft/s
- 所有交通量以 veh/h 为单位

如果需要任何其他假设，请在答案中具体说明。

20-1. 将在图中所示的位置安装一个半感应信号灯并进行配时。由于次路的需求量较小，因此需要一个 6.0s 的最小绿灯时间。将使用点式检测器。对于所示的条件：

1）次路检测器应设在距停止线多远的地方？

2）推荐一个通过时间。

3）计算黄灯和全红的时间。

4）推荐一个次路最大绿灯时间和一个主路最小绿灯时间。

5）关键周期长度是多少？

6）行人横过主路时是否需要行人信号灯和/或按钮？次路？

20-2. 全感应式控制器必须在所示的交叉口上重新配时。检测器的位置是以前安装时固定的，不能移动。对于所示的条件：

1）推荐一个合适的信号灯相位方案。

2）应该使用什么样的最小绿灯时间？

3）推荐一个通过时间。

4）计算黄灯和全红的时间。

5）推荐每个相位的最大绿灯时间。

6）关键周期长度是多少？

7）任何相位是否需要行人信号灯和/或按钮？

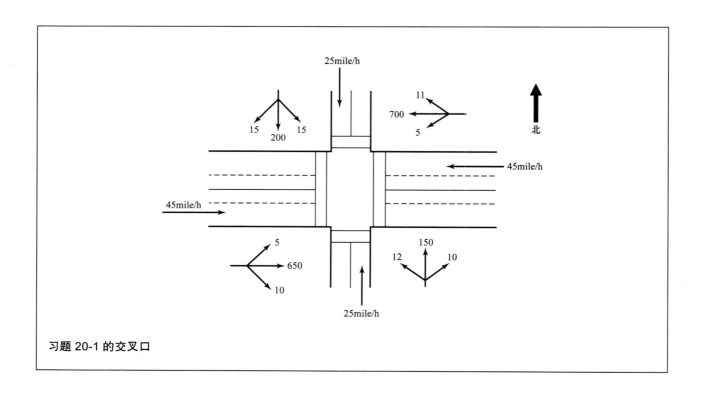

习题 20-1 的交叉口

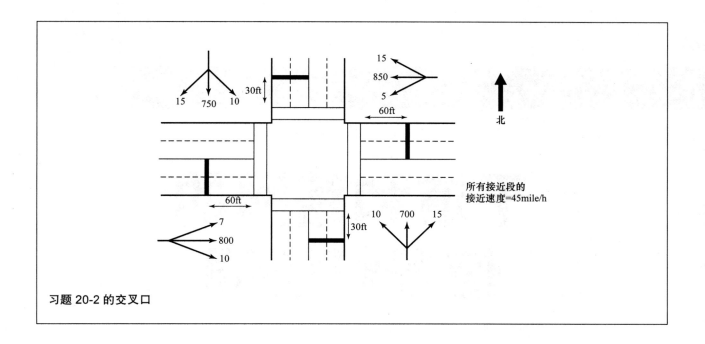

习题 20-2 的交叉口

20-3. 在图示的主要交叉口将安装一个全感应信
号灯。将使用 40ft 的存在检测器，其前缘
位于停止线。对于这个位置和所示的条件：

1）推荐一个合适的信号灯相位方案。

2）推荐最小绿灯时间。

3）推荐通过时间。

4）计算黄灯和全红的时间。

5）推荐每个相位的最大绿灯时间。

6）关键周期长度是多少？

7）如何设置双重进入和同步强制关闭的
开关？

8）任何相位是否需要行人信号灯和/或按钮？

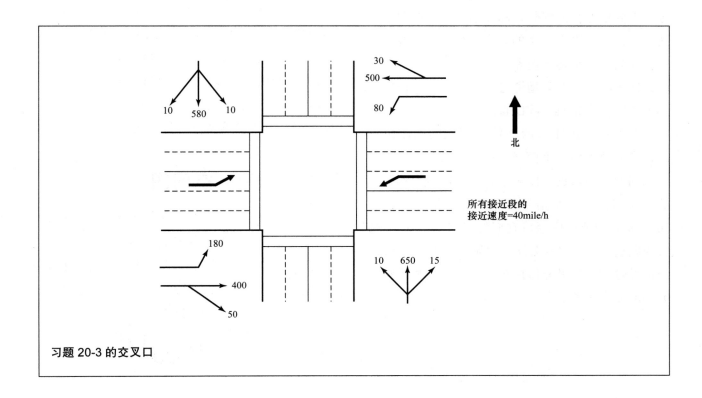

习题 20-3 的交叉口

干道和路网的信号灯协调

在信号灯距离足够近的情况下，最好是将信号灯的时间安排好，使车辆以车列（Platoon）形式到达下游的交叉口。让驾驶人在一个信号灯下等待下游信号灯的绿灯，却在信号灯变红时才到达，这样做是没有意义的。为了让车辆在绿灯相位以车列形式到达下游路口，有必要协调绿灯时间，使车辆可以有效地通过一组信号灯，以减少停车和延误（Stops and Delay）。

在某些情况下，两个信号灯之间的距离很近，应该被视为一个信号。在其他情况下，信号灯之间的距离很远，以至于它们可以被当作孤立的交叉口。从一个信号灯放行的车辆通常会在2000 多 ft 的范围内保持它们的组团（车列）。通常的做法是在主路和公路上协调相距不到 0.5mile的信号灯 [1]。如果能保持车列，可以对相距超过0.5mile 的信号灯进行协调。

21.1 关键要求：相同的周期长度

在协调系统中，所有信号灯必须有相同的周期长度。这是必要的，以确保绿灯开始的时间与上游和下游交叉口的绿灯时间相同。也有一些例外情况，例如一个关键的交叉口流量很大，可能需要双倍的周期长度，但这是极少的情况，只在没有其他可行的解决方案时才会这样做。若如此，周期长度必须是常规周期长度的倍数。

21.2 时间 – 空间图

时间 – 空间图（时空图）是两个或多个信号灯的信号指示与时间的函数关系图。该图是相对距离而言的，因此可以很容易地绘制出车辆位置与时间的关系。图 21.1 是两个交叉口的时空图。

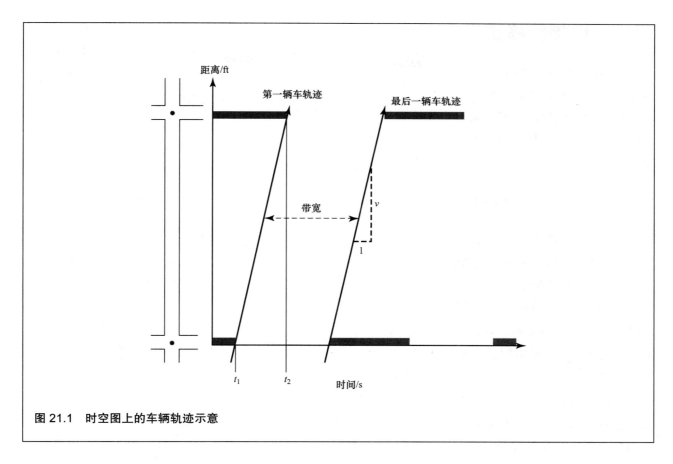

图 21.1　时空图上的车辆轨迹示意

图中采用标准惯例。绿色时间指示用空线（blank line）表示，红色时间用粗实线表示。该图说明了车辆随着时间的推移所走的路径（轨迹）。在 $t = t_1$ 时，第一个信号灯变成绿灯。车辆在绿灯亮起时通过交叉口，并沿道路行驶。在某个时间 $t = t_2$ 时，它到达第二个交叉口。在图 21.1 中，车辆在绿灯开始时到达下游，在不停车的情况下通过下游的交叉口。第一辆可以不停车通过整个系统的车辆和最后一辆可以在给定速度下不停车通过的车辆之间的时间差被定义为带宽，单位为秒。

两个绿灯启动时间的差值（即上游路口变绿和下游路口变绿的时间差），被称为信号灯偏移量，或简称偏移。在图 21.1 中，偏移被定义为 $t_2 - t_1$。偏移量通常表示为零和周期长度之间的一个正数。偏移量可以定义为相对于前一个交叉口或相对于主时钟零点。主时钟是控制器逻辑的一个总体计时装置。每个交叉口的主干道绿灯的启动都将参考主时钟的零点（主时钟运行一个完整的周期，等于周期长度）。

在实践中还有其他偏移定义。一些信号机硬件使用的"偏移量"是以红灯初始，而不是以绿灯初始来定义的；有些硬件则使用绿灯结束作为参考点。有些硬件使用以秒为单位的偏移量；有些硬件则使用周期长度的一个百分比作为偏移量。

例题 21-1

如果图 21.1 中的周期长度是 60s，t_1 相对于主时钟零点是 10s，$t_2 - t_1$ 是 30s，那么，相对主时钟和相对前一个交叉口，下游交叉口的偏移是多少？

求解

下游交叉口的偏移：

相对主时钟的偏移 = 10+30 = 40s

相对前一个交叉口的偏移 = 40 − 10 = 30s

21.3　理想偏移量

"理想偏移量"被定义为：使车列的第一辆车在到达下游时，下游绿灯正好亮起时的信号灯偏移量。通常假设该车列在通过上游交叉口时正在移动。如果是这样，理想的偏移量由以下公式给出：

$$t_{ideal} = L / S \qquad (21\text{-}1)$$

式中　　t_{ideal}——理想偏移量（s）；

　　　　L——信控交叉口之间的距离（ft）；

　　　　S——平均速度。

如果车辆在上游交叉口停止，并在一些初始启动延误后不得不加速，理想偏移量就可以增加第一个交叉口的启动时间，这通常会增加 2 ~ 4s。

一般来说，启动时间只包括一系列需要协调的信号灯中的第一个，而且通常连第一个信号灯也未包括。通常，这将反映出最大带宽、最小延误和最少停车所需的理想偏移。即使车辆在第一个交叉口处停车，它也会在系统的大部分时间内行驶。

图 21.1 也说明了带宽的概念。带宽是指连续行驶的车列通过一系列交叉口时可以使用的绿灯时间。在图 21.1 中，带宽是两个交叉口的全部绿灯时间，因为有以下几个关键条件：

- 两个交叉口的绿灯时间是一样的。
- 展示了理想的偏移量。
- 只有两个交叉口。

在大多数情况下，带宽将小于，一般是明显小于整个绿灯时间。

图 21.2 说明了车列离开一个交叉口并通过另一个交叉口时，偏移量对停车和延误的影响。在该例子中，理想偏移量是 25s，因为它产生最小的延误和最少的停车次数。不合理的偏移被清楚地呈现出来：每辆车的延误可以攀升至 30s，每周期的停车次数可以达到 10 次。注意，偏离理想偏移量的损失通常在正负偏移中是不相等的。一

个 (25 + 10) = 35s 的偏移比一个 (25 − 10) = 15s 的偏移造成的影响要大得多，尽管两者偏离理想偏移量都是 10s。图 21.2 是示意性的，因为每种情况都会有类似但不同的特性。

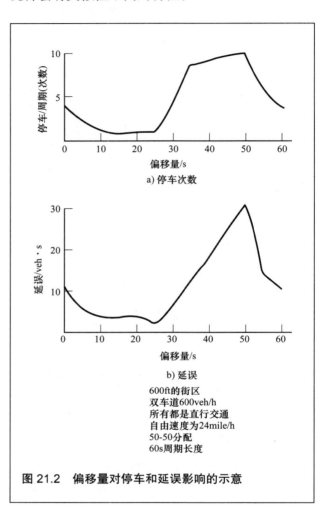

600ft的街区
双车道600veh/h
所有都是直行交通
自由速度为24mile/h
50-50分配
60s周期长度

图 21.2　偏移量对停车和延误影响的示意

21.4　单行街道上的信号灯进程

单行街道上的信号灯进程相对简单。在本节中，我们假设已经选择了一个周期长度，并且每个信号灯的绿灯分配已经确定。

21.4.1　确定理想偏移量

考虑图 21.3 所示的单行干道，并标明路线长度。假设没有车辆在信号灯处排队，如果知道车列速度，就可以确定理想偏移量。为了说明问题，

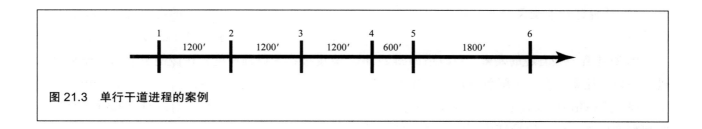

图 21.3　单行干道进程的案例

将使用理想的车列速度，即 60ft/s。周期长度为 60s，每个交叉口的有效绿灯时间为周期长度的 50%，即 30s。理想偏移量使用式（21-1）计算，并列在表 21.1 中。

表 21.1　该案例的理想偏移量

信号灯	理想偏移量 （相对于前一个交叉口）	理想偏移量 （相对于主时钟）
6	= 1800/60 = 30s	40s
5	= 600/60 = 10s	10s
4	= 1200/60 = 20s	60s = 0s
3	= 1200/60 = 20s	40s
2	= 1200/60 = 20s	20s
1	0	0s

为了看到所产生的模态，应根据以下规则构建时空图。

1）垂直方向应按比例调整，以适应干道的尺寸，水平方向应适应至少 3~4 个周期的长度。

2）开始的交叉口（本例中为 1 号）应首先按比例排列，在 $t = 0$ 时启动主路绿灯（Main Street Green，MSG），然后是绿灯和红灯时段（为精确起见可显示黄灯），见图 21.4 中的 1 号点。

3）下游相邻信号灯的主路绿灯（或其他偏移位置，如果不使用 MSG）应该位于下一个位置，相对于 $t = 0$，与第一个交叉口有适当的距离。找到这个点后（图 21.4 中的 2 号点），填写这个信号灯的有效绿灯和红灯的时间。

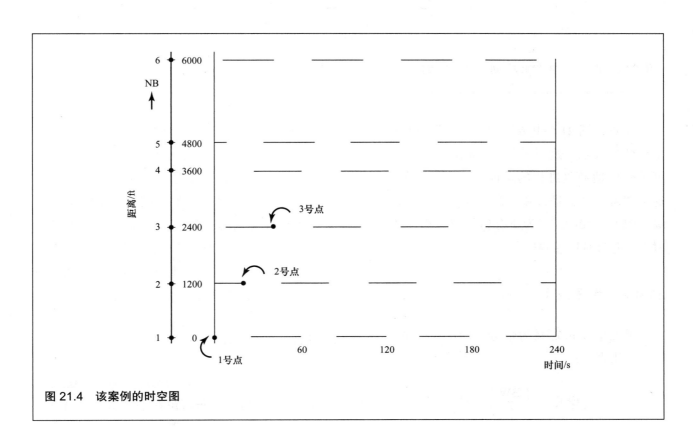

图 21.4　该案例的时空图

4）对所有其他交叉口重复这个程序，一次只做一个。

图 21.4 有一些有趣的要素，可以借助图 21.5 进行探讨。注意，有一个绿色窗口，看起来像一个"绿波"（Green wave），在信号灯 1 处，静止的观察者可以看到。信号灯按顺序变绿，与车列的预计速度相对应，给人的视觉效果是在驾驶人面前打开了一道绿波。这个绿波在干道上推进的速度被称为进程速度。在该例子中，进程速度是 60ft/s。如果一辆车（或一个车列）以 60ft/s 的速度行驶，它将在每个信号灯绿灯亮起时到达，这在图 21.5 中用实线轨迹表示。

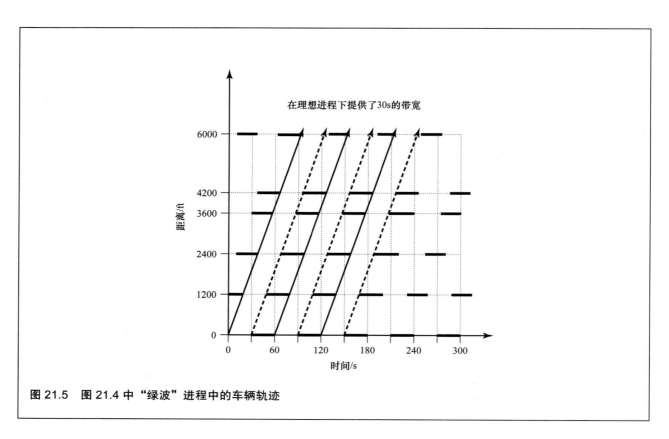

图 21.5　图 21.4 中"绿波"进程中的车辆轨迹

注意，图 21.5 中绿灯的"窗口"，其终点由虚线轨迹表示。这也是最后一辆能以 60ft/s 的速度不停歇地通过进程的车辆的轨迹。如前定义，这个"窗口"就是带宽。在这种情况下，它等于绿灯时间（30s），因为所有信号都有相同的绿灯时间，并且有理想偏移量。

21.4.2　带宽效率

带宽效率被定义为带宽与周期长度的比率，以百分比表示：

$$EFF_{BW} = \left(\frac{BW}{C}\right) \times 100\% \qquad (21\text{-}2)$$

式中　EFF_{BW}——带宽效率（%）；

　　　　BW——带宽（s）；

　　　　C——周期长度（s）。

带宽效率在 40% ~ 55% 之间是良好的。注意，尽管所有被协调的信号灯的周期长度必须相同（或呈倍数关系），但每个交叉口的分配可能是不同的。带宽受关注方向的最小绿灯限制。图 21.5 中的干道的带宽效率是 50%。

21.4.3　带宽容量

对那些可以在不停车的情况下通过系统的车辆而言，带宽容量是指可以在不停车的情况下通过一系列指定信号的车辆数量。带宽容量可以用以下公式描述：

$$c_{\mathrm{BW}} = \frac{3600 \times \mathrm{BW} \times L}{C \times h} \qquad (21\text{-}3)$$

式中 c_{BW}——带宽容量（veh/h）；

BW——带宽（s）；

L——表示直行车道的数量；

C——周期长度（s）；

h——饱合时距（s）。

式（21-3）不包含任何考虑车道利用不均匀的因素，只是为了表示某种极限，超过这个极限，偏移方案就会退化，肯定会导致停车和内部排队。还应注意的是，带宽容量不等于车道组容量。当带宽小于全部绿灯时间时，在带宽之外还有额外的车道组容量。

在图 21.5 的干道上，假设饱和时距为 2.0s/veh，带宽可以在每个周期的不间断路径中承载 30/2=15 辆车，通过该系统。因此，如果车辆在通过该系统时被组织成 15 辆的车列，干道就可以非常有效地处理 15veh/cycle × 1cycle/60s × 3600s/h= 900veh/h/ln。

21.4.4 潜在的问题

思考一下，如果该案例中车列的实际速度是 50ft/s，而不是预期的 60ft/s，会发生什么？绿波仍将以 60ft/s 的速度前进，但车列的到达将滞后于它。这对带宽的影响是巨大的，如图 21.6 所示。现在只有一个小窗口可以让车列连续通过所有 6 个信号灯而不停留。

图 21.7 展示了车辆行驶速度超过预期的影响，在图中为 70ft/s。在这种情况下，车辆到达的时间有些早，并被延误；必须停等，以便让"绿波"追上车列。对带宽的影响没有图 21.6 中那么严重。在这种情况下，低估车列速度（60ft/s 而不是 70ft/s）对带宽的影响没有高估车列速度（60ft/s 而不是 50ft/s）的后果那么严重。

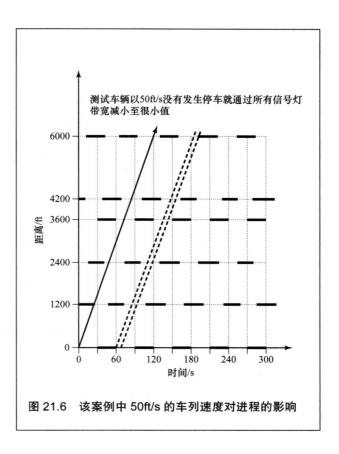

图 21.6 该案例中 50ft/s 的车列速度对进程的影响

21.4.5 信号灯下排队车辆的影响

截至目前，我们一直都假设，当上游信号灯的车列到达时，下游交叉口没有排队的车辆。一般来说，该假设并不合理。在车列间汇入交通流的车辆会向下游信号灯前进，而下游信号灯往往是"红灯"。他们形成排队，部分阻挡了到达车列的进程。这些车辆可能包括从上一个车列游离出来的车辆，从非信控交叉口或出入道转入街区的车辆，或从泊车场或泊位出来的车辆。必须调整理想偏移量，以考虑到这些车辆，从而避免不必要的停车。图 21.8 描述了没有这种调整的情况，可以看出，当排队的车辆开始加速通过交叉口时，到达的车列被阻挡在排队车辆的后面。

为了调整排队的车辆，理想偏移量调整如下：

$$t_{\mathrm{adj}} = \frac{L}{S} - (Qh + \ell_1) \qquad (21\text{-}4)$$

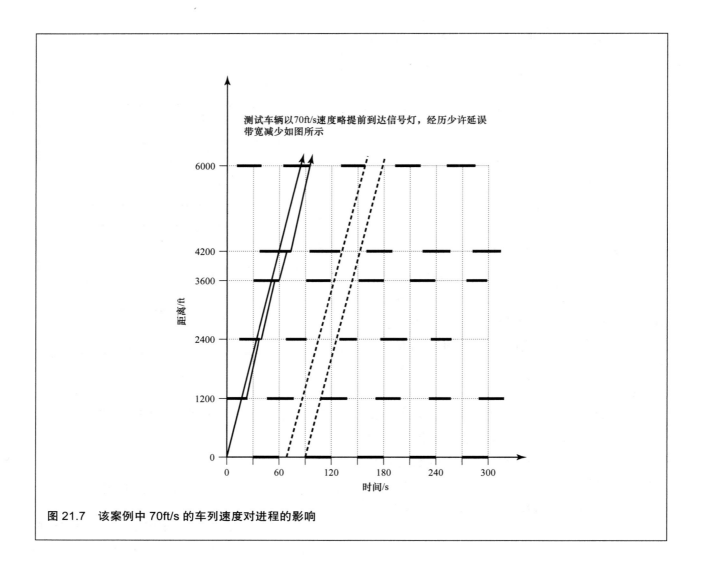

测试车辆以70ft/s速度略提前到达信号灯，经历少许延误
带宽减少如图所示

图 21.7　该案例中 70ft/s 的车列速度对进程的影响

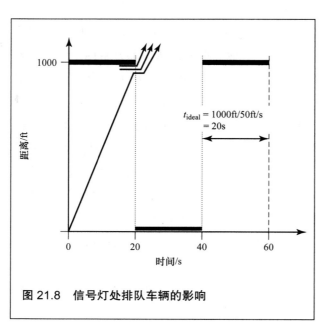

t_{ideal} = 1000ft/50ft/s
= 20s

图 21.8　信号灯处排队车辆的影响

式中　t_{adj}——调整后的理想偏移量（s）；

　　　L——信号灯之间的距离（ft）；

　　　S——速度（ft/s）；

　　　Q——每条车道上排队的车辆数（veh）；

　　　h——排队车辆的驶离时距（s/veh）；

　　　ℓ_1——启动损失时间（s）。

　　损失的时间最多只在第一个下游交叉口计算。如果前一个交叉口的车辆本身是静止的，他们的启动就会导致一个偏移，自动匹配到后续交叉口的启动。

　　可以对偏移量进行调整，以便在上游交叉口的车列到达之前清空排队。图 21.9 展示了使用调整后的理想偏移量公式的情况。

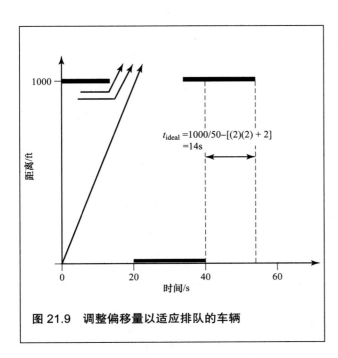

$t_{ideal} = 1000/50 - [(2)(2) + 2]$
$= 14s$

图 21.9　调整偏移量以适应排队的车辆

图 21.10 展示了图 21.5 调研案例的时空图，考虑到所有环节中每条车道有两辆车排队。注意，到达的车列有平稳的流动，头车（Lead vehicle）有 60ft/s 的行驶速度。然而，"绿波"的视觉形象要快得多，因为需要在车列到达之前清空排队。

"绿波"，或者称之为进程速度更恰当，在干道上推进速度不一。"绿波"看起来会在车列的前面移动，清空它前面的排队车辆。如表 21.2 所示，每个路段的进程速度都可以计算出来。

然而，应该注意的是，现在的带宽以及带宽容量要小得多。因此，通过在车列前清空排队，更多的绿灯时间被排队的车辆使用，而供行驶车列使用的时间更少。

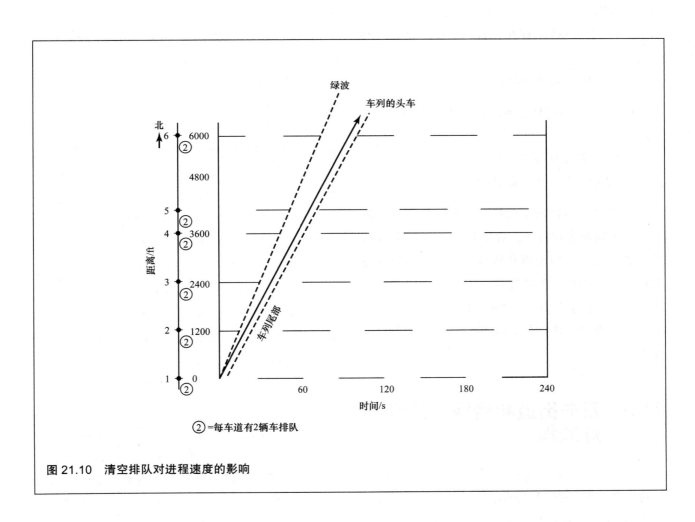

图 21.10　清空排队对进程速度的影响

表 21.2　图 21.10 中的进程速度

信号灯	道路偏移 （相对于前一个交叉口）	进程速度 / （ft/s）
信号灯 5 → 6	= 1800/60 − 4 = 26s	1800/26 = 69.2
信号灯 4 → 5	= 600/60 − 4 = 6s	600/6 = 100
信号灯 3 → 4	= 1200/60 − 4 = 16s	1200/16 = 75
信号灯 2 → 3	= 1200/60 − 4 = 16s	1200/16 = 75
信号灯 1 → 2	= 1200/60 − (4+2) = 14s	1200/14 = 85.7
1	= 0s	n/a

前面的讨论假设每个信号灯的排队情况是已知的。事实上，该数值并不容易知晓。然而，如果我们知道有一个排队，并且知道它的大致规模，那么，比起无视排队存在，就可以更好地设置路段的偏移。

考虑排队车辆的来源：

- 在绿灯期间从上游次路转入的车辆（此时主路是红灯）。
- 离开泊车库或泊位的车辆。
- 从前一个车列中游离出来的车辆。

虽然可以估计出平均排队规模，但实际排队规模在各周期之间可能会有很大变化。即使如此，排队估算也是一项困难和费神的任务。甚至调整偏移量的操作也会影响排队规模。例如，来自次路的车辆的到达模态（Arrival pattern）可能会被改变。因此，排队估算在实际中是一项重要的任务。

21.5　双向街道和路网的信号灯进程

如前所述，对于单行街道上交通进程的任务相对简单。为了强调双向街道问题的本质，假设图 21.5 中的干道是双向街道，而不是单行街道。

图 21.11 展示了该干道上一辆南行车辆的轨迹。第一辆车很幸运地直到 2 号信号灯才停住，但在 1 号信号灯前又被截停，总共停了 2 次，延误了 40s。没有带宽，也就是说，不可能让一个车列沿着干道不发生停车地全程通过。

当然，如果偏移量或通行时间不同，则可能会有一个南向带宽通过所有 6 个信号灯。

图 21.12 展示了另一个信号灯配时方案的带宽。北行的效率可以估计为 (17/60) × 100% = 28.3%，北行的带宽容量为 17/2 × 1/60 × 3600 = 510veh/h/ln（假设时距为 2s）。南行的带宽显然很糟糕——没有通过该系统的带宽。北行的效率只有 28.3%。至少从带宽目标来看，这个系统有必要重新配时。仅仅看一下时空图，我们可以想象将 4 号信号灯的模态向右滑动，将 1 号信号灯的模态向左滑动，从而使南行的车辆得到一些协调。然而，如果每条车道的北行需求量等于或小于 510veh/h/ln，如果车流组织良好（而且没有内部排队现象），系统在北行方向将运行良好，即使可能获得更好的配时方案。

带宽的概念在交通工程实践中非常流行，因为绿灯窗口对于工作中的专业人员和公众演示都是很容易理解的视觉形象。在达成带宽最大化的偏移方案设计中，最重要的不足是，在带宽方法中往往不考虑内部排队。

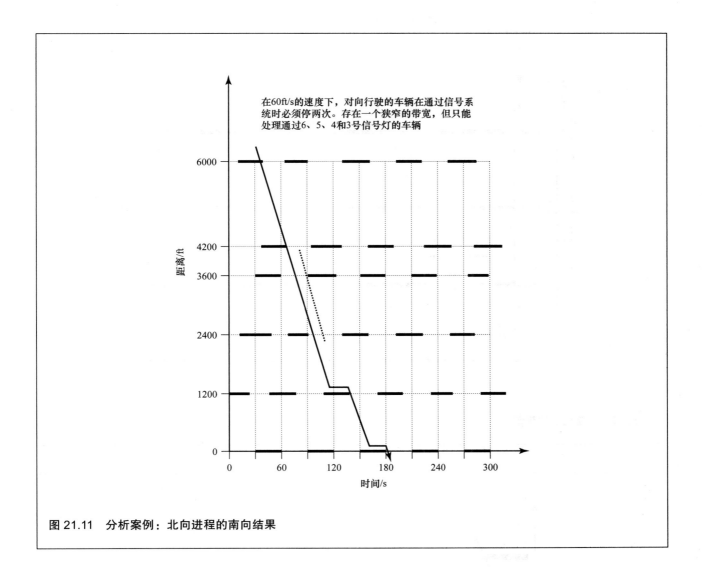

在60ft/s的速度下，对向行驶的车辆在通过信号系统时必须停两次。存在一个狭窄的带宽，但只能处理通过6、5、4和3号信号灯的车辆

图 21.11　分析案例：北向进程的南向结果

有一些确定偏移量的计算机程序，寻找超越历史公式的最大带宽方案，如 PASSER[2] 和 Tru-Traffic[3]。还有一些优化程序寻找能使延误和停车最小化的偏移量，如 Transyt-7F[4] 和 Synchro[5]。

21.5.1　双向街道上的偏移量

在图 21.11 所示的调研案例中（对北行方向的完美进程进行了配时，但忽略了南行方向），如果改变任何偏移量以适应南行车辆，那么北行带宽将受到影响。例如，如果 2 号信号灯的北行偏移量减少 20s，那么该信号灯的模态将向左移动 20s，导致北行的绿灯"窗口"只有 10s，而不是图 21.5 中原始显示的 30s。

双向街道上的偏移量是相互关联的，该事实引出了信号优化的最基本问题之一。注意，检查一个典型的时空图可以得到一个明显的结论，即两个方向的偏移量加起来是一个周期的长度，如图 21.13a 所示。然而，对于较长的街区，偏移可能会增加到两个（或更多）周期长度，如图 21.13b 所示。

图 21.13 同时说明了实际的偏移量和通行时间，这与通行时间不一样，并非都如此。一旦在一个方向指定了偏移量，就会在另一个方向自动设置。双向街道上一个路段的两个偏移量的一般表达式可以写为：

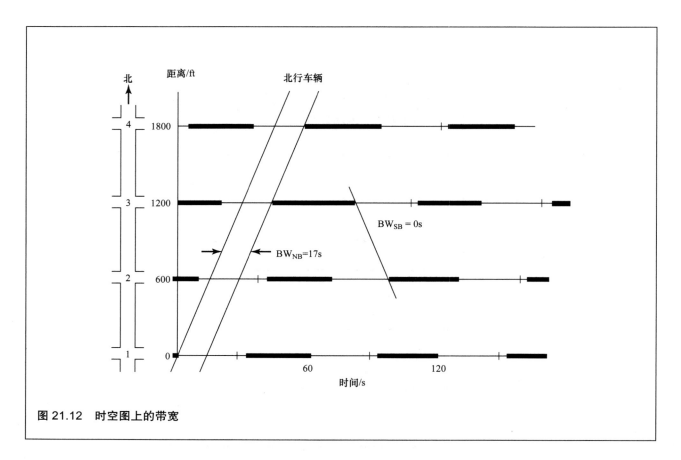

图 21.12　时空图上的带宽

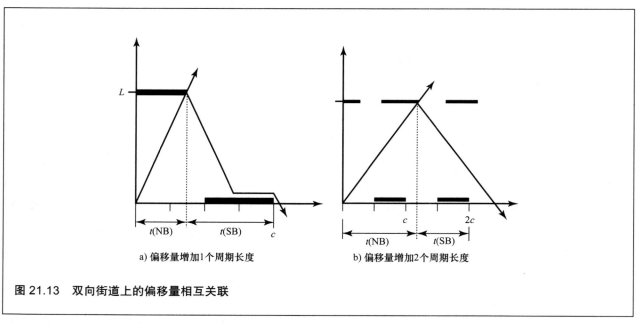

a) 偏移量增加1个周期长度　　　　　b) 偏移量增加2个周期长度

图 21.13　双向街道上的偏移量相互关联

$$t_{1i} + t_{2i} = nC \qquad (21\text{-}5)$$

式中　t_{1i}——方向 1（路段 i）的偏移（s）；

t_{2i}——方向 2（路段 i）的偏移（s）；

n——整数值；

C——周期长度（s）。

对应 $n = 1$（图 21.13a），$t_{1i} \leqslant C$；对应 $n = 2$（图 21.13b），$C < t_{1i} \leqslant 2C$。

任何实际偏移都可以表示为所需的"理想"偏移，加上一个"误差"或"差异"项。

$$t_{\text{actual}(i,j)} = t_{\text{ideal}(i,j)} + e_{ij} \qquad (21\text{-}6)$$

其中，j 代表方向，i 代表路段。在一些用于双向干道的信号优化程序中，目标是使实际偏移与理想偏移之间的差异最小化的一些函数。

21.5.2　路网闭合

与单向街道相比，在双向街道上寻找进程相对困难，可能会让人得出结论，最好的办法是建立一个单行街道系统来避免这个问题。单行街道系统有很多优点，其中最重要的是消除了对向交通的左转。单行街道简化了路网信号的设置，但并不能消除闭合问题，而且还有其他的实际缺点，如出行路程较长。

图 21.14 说明了路网闭合的要求。在任何一组 4 个信号灯中，可以在一个方向的三肢上设置偏移量。然而，设置 3 个偏移量就可以固定所有 4 个信号灯的时间。因此，设置 3 个偏移量可以固定第四个。

图 21.15 将其扩展到单向街道的路网中，其中所有南北向街道的偏移都是独立指定的。指定一条东西向街道后，就可以"锁定"所有其他东

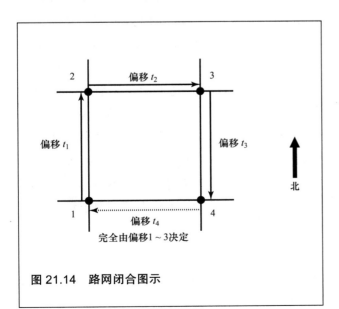

图 21.14　路网闭合图示

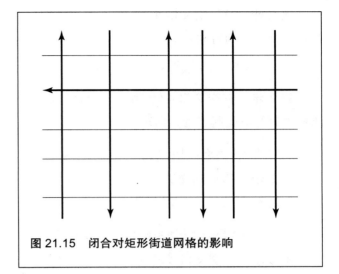

图 21.15　闭合对矩形街道网格的影响

西向的偏移量。注意，关键问题是，一个单向街道的开放树可以完全独立地设置，而正是开放树的闭合或"封闭"对一些路段产生了约束。

要建立约束方程，请参考图 21.14，完成以下步骤，在所有步骤中都要用到关键绿灯。

第 1 步。从交叉口 1 开始，考虑绿灯开始的时间为 $t = 0$。

第 2 步。移动到交叉口 2，注意路段偏移量 t_1 限定了该交叉口的绿灯启动时间，相对于其上游交叉口。因此，在交叉口 2 朝北的绿灯开始时间为：

$$t = 0 + t_1$$

第 3 步。由于西向车辆在南北向绿灯结束后被放行，绿灯在 2 号交叉口面向西开始的时间是：

$$t = 0 + t_1 + g_{\text{NS},2}$$

第 4 步。移动到交叉口 3，路段偏移限定了交叉口 3 相对于交叉口 2 的绿灯启动时间。因此，绿灯开始于交叉口 3，向西：

$$t = 0 + t_1 + g_{\text{NS},2} + t_2$$

第 5 步。与第 3 步类似，绿灯在交叉口 3 开始，但向南，在东西向绿灯结束后，时间为：

$$t = 0 + t_1 + g_{\text{NS},2} + t_2 + g_{\text{EW},3}$$

第6步。移至交叉口4，在加入偏移量 t_3 后，绿灯开始，向南行驶：

$$t = 0 + t_1 + g_{NS,2} + t_2 + g_{EW,3} + t_3$$

第7步。在交叉口4转向时，是南北向绿灯被添加到绿灯的起点处，向东：

$$t = 0 + t_1 + g_{NS,2} + t_2 + g_{EW,3} + t_3 + g_{NS,4}$$

第8步。移动到交叉口1，在朝东绿灯的起点处，是 t_4：

$$t = 0 + t_1 + g_{NS,2} + t_2 + g_{EW,3} + t_3 + g_{NS,4} + t_4$$

第9步。在交叉口1转向，在东西向绿灯结束后，绿灯将向北开始：

$$t = 0 + t_1 + g_{NS,2} + t_2 + g_{EW,3} + t_3 + g_{NS,4} + t_4 + g_{EW,1}$$

这将使我们回到开始的地方。因此，这要么是 $t = 0$，要么是周期长度的一个倍数。

结果是以下关系：

$$nC = 0 + t_1 + g_{NS,2} + t_2 + g_{EW,3} + t_3 + \\ g_{NS,4} + t_4 + g_{EW,1} \tag{21-7}$$

其中唯一要注意的是，g 值应包括转换（黄灯）和清空（全红）时段。

式（21-7）所示的相互关系是对自由设置所有偏移量的约束。在这些公式中，人们可以在绿灯分配和偏移之间进行权衡。为了在路段4中获得更好的偏移量，也可以调整分配其他偏移量。

虽然有时有必要考虑整个路网，但在可能的情况下，将路网分解为非联锁干道（Noninterlocking）是交通工程的普遍做法。图21.16 说明了这个过程。

在可以确定一个明确的活动中心，并且预计很少有车辆会不停止（或开始）在中心或附近的情况下通过中心，分解的效果很好。由于所有进程的不连续性都发生在已确定的中心内和中心周边，大量的车辆通过会在这样的方案中产生重大问题。

总之，如果在一条双向街道上，在一个方向上设置了偏移量，那么反方向就是固定的。在一个路网中，你可以设置任何"开放树"（Open tree）的路段，但"闭合树"的路段已经指定了它们的偏移量。

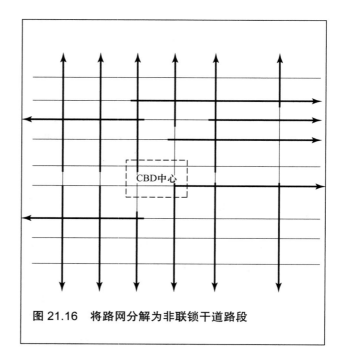

图 21.16 将路网分解为非联锁干道路段

21.5.3 寻找折中方案

工程师经常希望在两个方向的带宽之间存在某种关系的情况下，在一个方向上设计出最大带宽。有时，一个方向会被完全忽略。更常见的是，两个方向的带宽被设计成与两个方向的流量成相同比例。

如前所述，有一些计算机程序可以进行最大带宽的计算，这是交通工程师通常使用的。因此，没必要在此给出一个详尽的手工技术。然而，为了感受基本技术和权衡，我们将展示一个小型的"手工"例子。

请参考图21.17，它展示了4个信号灯和两个方向的妥当进程。为了说明问题，假设给定一个 50∶50 的信号灯必须位于2号和3号交叉口的中间位置。图21.18 展示了在系统中插入新信号灯的可能效果。似乎没有办法在不破坏一个或另一个带宽，或将两个带宽减半的情况下加入这个信号灯。

为了解决该问题，工程师必须移动偏移量，直到形成一个更令人满意的配时方案，甚至可能需要改变周期长度。

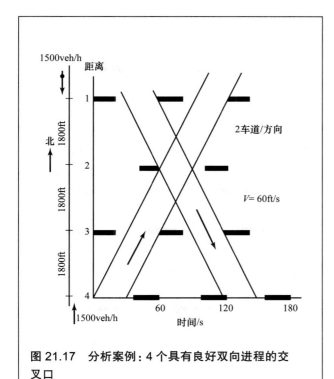

图 21.17　分析案例：4 个具有良好双向进程的交叉口

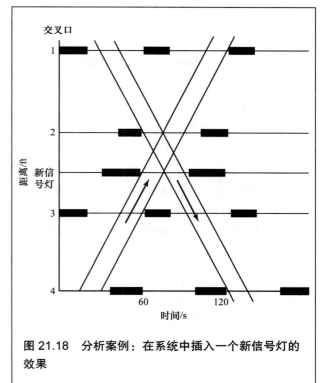

图 21.18　分析案例：在系统中插入一个新信号灯的效果

注意，在图 21.17 中，北行车辆从 4 号交叉口到 2 号交叉口需要 3600ft/60ft/s=60s，或者说单个周期长度（鉴于 C=60s）。如果周期长度 C = 120s，那么车辆将在 C/2 时到达 2 号交叉口，或者说是周期长度的 1/2。如果我们尝试 120s 的周期长度，又会产生一个解决方案。

图 21.19 展示了该问题的一个解决方案，对于 C = 120s，该方案在两个方向都有 40s 的带宽，效率为 33%。40s 的带宽可以处理（40/2.0）= 20veh/cycle/h。因此，如果需求量大于 3600(40)(2)/(2.0 × 120) = 1200veh/h，就不可能通过该系统持续地处理车辆。

如原始资料所示（图 21.17），北行需求量为 1500veh/h。因此，会出现车列车辆过剩的困难。他们可以进入系统，但不能不停地通过 2 号信控交叉口。他们将在车列结束时被"砍掉"，并成为下一个周期的排队车辆。他们将在周期的初期部分被放行，并在红灯开始时到达信号灯 1。图 21.20 呈现了这一点，显示这些车辆会干扰下

一个北向直行车列。

图 21.20 说明了当内部排队出现时，带宽方法的局限性扰乱了带宽。该图还展示了南行的车列模态，表明如果需求量正好是 1200veh/h，可能会在 3 号和 4 号信号灯处产生类似的小问题。

如果要继续试探性地尝试一个好的解决方案，应该注意以下问题。

• 如果 1 号交叉口的绿灯提前启动，以帮助北行的主车列避开排队的车辆，那么南行的车列就会提前放行，并在 2 号交叉口被截停或中断。

• 同样地，调整 2 号交叉口的绿灯不能有益于北行进程而不损害南行进程。

• 调整 3 号交叉口的绿灯不能有益于南行进程而不损害北行进程。

• 一些绿灯时间可以从次路转移给主路。

该图展示了通过对时空图的简单检查，利用带宽、效率和可以持续处理需求量的上限概念，可以获得一些认知。

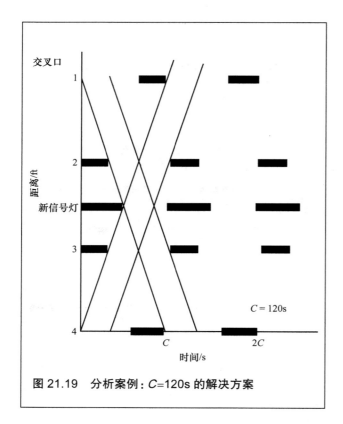

图 21.19　分析案例：C=120s 的解决方案

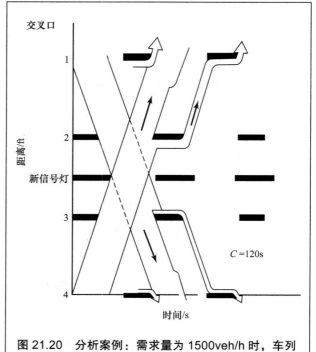

图 21.20　分析案例：需求量为 1500veh/h 时，车列的影响

21.6　进程的类型

21.6.1　进程术语

简单进程（Simple progression）是指所有信号灯都被设置为从第一个交叉口放行的车辆将在所有下游信控交叉口启动绿灯时到达所有下游交叉口的行进过程。也就是说，每个偏移量都是理想偏移量，由式（21-4）设定，排队车辆为零。必要时，简单进程只在单行街道或逆向流量较小或被忽略的双向街道上有效。

因为简单进程的结果是绿波随着车辆前进，所以它通常被称为**正向进程**（Forward progression），得名于绿灯在街道上推进的视觉形象。

可能发生的情况是，简单进程在一天内要修改两次或更多次，以符合主要流量的方向或流量水平（因为车列的期望速度可能随交通需求而变化）。有鉴于此，该方案可被称为**灵活进程**（Flex-ible progression）。

在某些情况下，内部排队足够大，理想偏移量是负值。也就是说，下游信号必须在上游信号之前变成绿灯，以便有足够的时间在车列到达之前，使排队车辆开始移动。图 21.21 的路段长度为 600ft，车列速度为 60ft/s，每个交叉口的内部排队平均为每条车道 7 辆车。这种模态的视觉形象是绿灯向上游车列的驾驶人行进。因此，它被称为**逆向进程**（Reverse progression）。图 21.21 也说明了这么多内部排队车辆的一个不幸的现实情况。该车列的头车在 4 号信号灯就遇到了红灯。当车列通过 3 号信号灯时，只有 12s 的绿灯可以容纳它，结果是所有超过第六辆的车辆（即 12/2=6）在 3 号信号灯处被截停。

接下来的几节将介绍在双向干道和街道上可以非常有效运行的常见进程系统。正如我们所看到的，这些系统依赖于统一的街区长度，以及街区长度、进程速度和周期长度之间的适当关系。

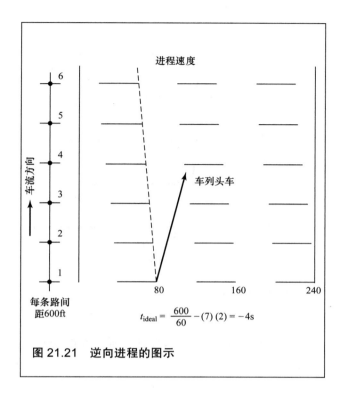

$$t_{ideal} = \frac{600}{60} - (7)(2) = -4s$$

每条路间距600ft

图 21.21　逆向进程的图示

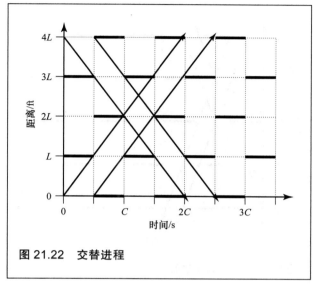

图 21.22　交替进程

21.6.2　交替进程

对于某些统一的街区长度和全部有效绿灯时间为50∶50的交叉口，有可能选择一个可行的周期长度如下：

$$\frac{C}{2} = \frac{L}{S} \tag{21-8}$$

式中　C——周期长度（s）；

　　　L——街区长度（ft）；

　　　S——车列速度（ft/s）。

在这种情况下，可以得到图 21.22 所示的进程。进程中包括的信号灯数量可能没有限制。这种模态得名于信号显示的"交替"外观。位于信号灯 1 的观察者向下游看时，信号灯交替出现——红灯、绿灯、红灯、绿灯，依此类推。

式（21-8）的关键是，任何一个方向的理想偏移量都是 L/S（内部排队为零）。也就是说，每个车列的行进时间正好是周期长度的 1/2，因此，两个通行时间相加就是周期长度。

交替系统的效率在每个方向上都是50%，因为所有的绿灯都是在每个方向上使用。使用式（21-3）求出交替进程的带宽容量，并注意到带宽 BW 等于 1/2 周期长度 C，假设饱和时距为 2.0s/veh，则：

$$C_{BW} = \frac{3600 \times BW \times L}{h \times C} = \frac{3600 \times 0.5C \times L}{2.0 \times C} = 900L$$

其中所有变量定义同前。这是一个基于假定的 2.0s/veh 的饱和时距的近似值。

注意，如果某些信号灯的分配不是 50∶50，那么①如果分配有利于主路，它只是代表多余的绿灯时间，适合容纳散发车辆，②如果分配有利于次路，带宽就会减少。

21.6.3　双交替进程

对于某些具有 50∶50 分配的统一街区长度，不可能满足式（21-8）的要求，但可以选择一个可行的周期长度：

$$\frac{C}{4} = \frac{L}{S} \tag{21-9}$$

在这种情况下，可以得到图 21.23 所示的进程。关键是，两个街区的任何一个方向的理想偏移量都是一个周期长度的 1/2（内部排队为零），

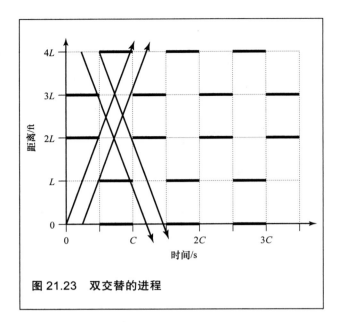

图 21.23   双交替的进程

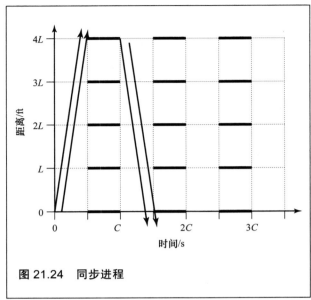

图 21.24   同步进程

因此，两个这样的通行时间（每个方向一个）加起来就是一个周期长度。这个系统所涉及的信号灯数量没有限制，就像比选系统（前一个）没有限制一样。

该模式得名于信号显示的"双交替"外观。也就是说，在信号灯1的观察者向下游看时，信号灯成对交替出现——绿灯、绿灯、红灯、红灯、绿灯、绿灯、红灯，依此类推。

双交替信号灯系统的效率是每个方向25%，因为每个方向只使用一半的绿灯。带宽容量的上限可以通过假设2.0s/veh的饱和时距和注意到BW是C的1/4来近似计算。与交替系统一样，如果在某些信号灯下的分配不是50：50，那么①如果分配有利于主路，它只是代表多余的绿灯时间，适合容纳散发车辆，②如果分配有利于次路，带宽会减少。

$$C_{BW} = \frac{3600 \times BW \times L}{h \times C} = \frac{3600 \times 0.25C \times L}{2.0 \times C}$$
$$= 450L$$

21.6.4   同步进程

对于间距很近的信号灯或相当高的车速，最好让所有信号灯同时变绿，这称为同步系统。图21.24说明了同步进程的情形。

一个同步系统的效率取决于所涉及的信号灯数量。对于 N 个信号灯：

$$EFF(\%) = \left[\frac{1}{2} - \frac{(N-1) \times L}{S \times C} \right] \times 100\% \quad (21\text{-}10)$$

对于4个信号灯，$L = 400ft$，$C = 80s$，$S = 45ft/s$，效率为16.7%。对于相同数量的信号灯，$L = 200ft$，效率为33.3%。

同步系统只在有限的特殊情况下才是有利的。这些特殊情况中最重要的是街区长度非常短。然而，同步系统还有一个从带宽分析中完全看不出来的优势：在极大流量的条件下，它可以防止堵塞和回溢。这是因为①它允许下游交叉口有车辆清空时间，在大流量时不可避免地存在排队现象；②它以一种通常防止交叉口堵塞的方式截断车列。这对（横向）相交的交通是有利的。

21.6.5   关于信号灯间距和周期长度重要性的启示

显然：

- 所有进程都源于对理想偏移的期望。
- 对于周期长度、街区长度和车列速度的某些组合，可以实现一些非常令人满意的双向进程。

- 其他进程可以根据个别情况设计，使用理想偏移和排队清空的概念，基于带宽的试错方法或基于计算机的算法。

接近一个系统的合乎逻辑的第一步是简单地通行该系统并检查它。当你坐在一个信号灯前时，你是否看到下游信号灯是绿色的，但没有车辆在使用绿灯？你是否到达了那些有排队等待的信号灯，但在你的车列到达之前没有配时让他们被放行？你是否在某些信号灯下到达时是红灯？另一个方向的流量是否很大？或者交通真的是单向模式，即使街道是双向的？

勾勒出系统中有多少可以被当作单向路段的"开放树"，是非常有用的。这可以通过一张当地地图和对交通流模态的理解来完成。参照图 21.16，应该对以下方面进行区分。

- 单行街道。
- 由于实际或期望的交通流模态，可以被视为单行街道。
- 必须被视为双向街道。
- 较大的网格，其中的街道（单向和双向）相互影响，因为它们不可避免地形成了"封闭树"，它们各自都很重要，不能为了建立一个"主网格"的开放树而忽略它们。
- 较小的网格，其中的问题不是协调，而是当地的土地接入和循环，因此可以区别对待（市中心的网格很可能属于后一种类型，至少在某些情况下是这样的）

接下来最重要的问题是由信号灯间距和车列速度决定的周期长度。必须关注周期长度、街区长度和车列速度的组合，如本章前文所述。

图 21.25 展示了前面几节的三种进程——交替、双交替和同步——在同一比例上。基本的"信息"是，随着平均信号灯间距的减少，最适合任务的进程类型也会改变。

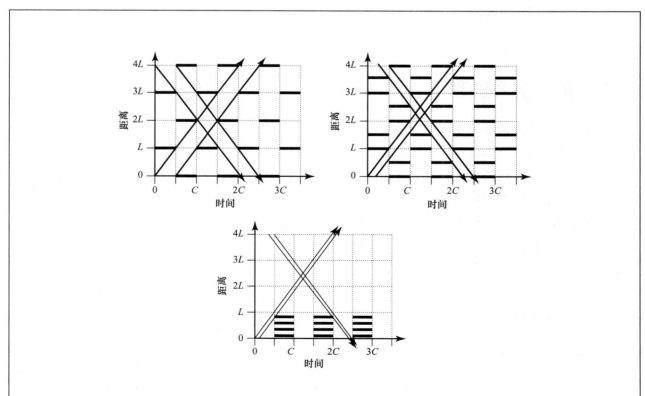

图 21.25　标准模态的同比例对比

图 21.26 展示了一条假想的干道，它来自一个信号灯间距较大的低密度郊区环境，进入一座城市的外围区域，最后经过该城市的一个 CBD。随着干道的变化，所用的进程也可以改变，以适应空间尺度。

注意，这里的基本经验是，有时将一个系统分解成几个较小的系统，可以得到最好的处理。这在更小的系统上也能取得很好的效果，比如 10

个连续的信号，其中连续的 6 个是统一间距的，另外 4 个也是统一间距的，但有不同的街区长度。注意，如果街区长度不可能完全均匀，这些方案可以作为一个基础，可以进行调整。还要注意的是，周期长度的适宜性一直很重要。令人诧异的是，周期长度的设置与系统目标之间往往不匹配。

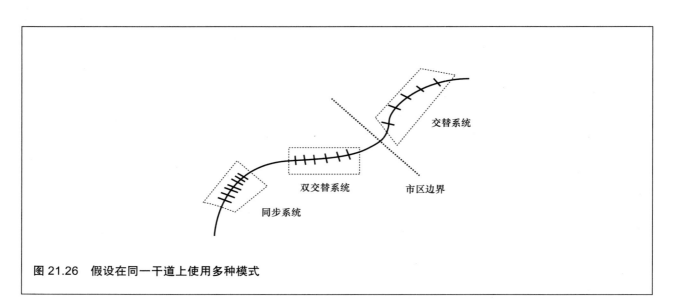

图 21.26　假设在同一干道上使用多种模式

21.7　用于信号进程设计的软件

有各种软件包可用于确定进程。两个常用的程序是：TruTraffic 和 Synchro。TruTraffic 是基于带宽的方法。基于带宽的解决方案数据密集度较低，在许多应用中非常适用，而且易于管理，但没有考虑到内部排队问题。Synchro 专注于延误或停车优化的信号设置，因此考虑了内部排队问题。

21.7.1　TruTraffic

基于带宽的解决方案是一个重要工具，特别是在需求相对较小和 / 或流量方向性强的非高峰期。带宽解决方案也可用于在一组带宽中沿相对较长的干道移动的车列，带宽之间的间隔发生在

符合逻辑或适合停止并重新组成车列的地方，例如就在一组小间距信号的上游，这样可能溢出短街区间距的车列就不会在干道的这一段停止。带宽解决方案也被有效地用于阻止超速行驶，鼓励遵守限速，并确定可以分配给增加行人步行时间的绿灯[9]。

图 21.27 展示了图 21.11 中的干道的 TruTraffic 输出，这是一条双向干道，如果可能的话，我们希望在两个方向上实现相同带宽（16s）。由于输出的方式是打印出来的（通常是在长条纸上），方向与之前的时空图是相反的。为了强调时间和距离增加的方向，加入了箭头。从图中可以看出，带宽是以秒为单位显示的，在需要中断的时候会显示部分带宽。在这种情况下，所传递的信息是，车列只能行驶这么多街区而不停止。

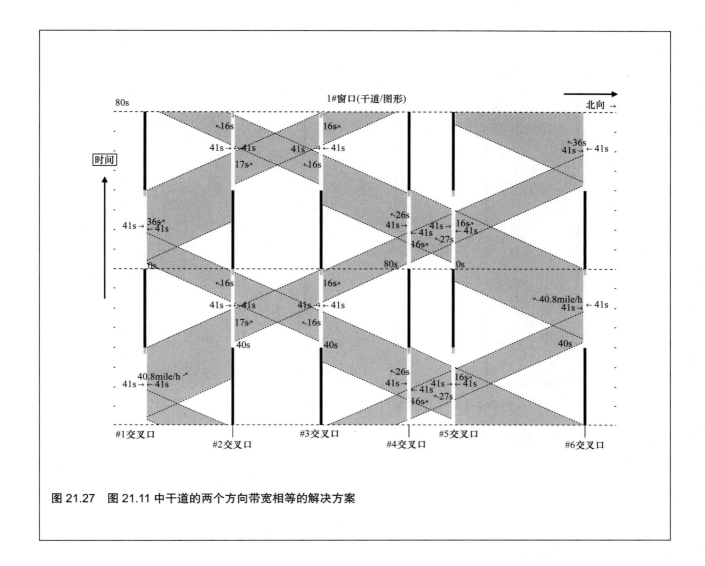

图 21.27   图 21.11 中干道的两个方向带宽相等的解决方案

图 21.28 展示了同一条干道，目标是获得 NB 方向至少 20s 的带宽，SB 方向"尽可能的好"。注意，为了使用 TruTraffic，不需要需求量、行人、重型车辆百分比等细节。

21.7.2 Synchro

Synchro 通过尝试最小化停车和延误来优化干线。与 TruTraffic 不同，每个交叉口的细节都必须输入。考虑图 21.29 所示的输入。东西向道路（主路）是需要协调的方向。

图 21.30 展示了一个周期长度为 100s 的 Synchro 解决方案示例。东行方向（从时空图的顶部到底部）有一个通过所有 4 个交叉口的带宽，只在干道的起点（与 A 大道的交叉口）有一个排队。在西行方向（从时空图的底部到顶部，没有通过所有 4 个交叉口的带宽）。在 E 大道排队的车辆可以在不停车的情况下通过 D 大道，但在 C 大道必须再次停车，然后在 A 大道再次停车。在 A 大道，东行车辆会比西行车辆经历更多延误。一旦排队的车辆放行完毕，东行车辆就可以不停车地通过其余交叉口。

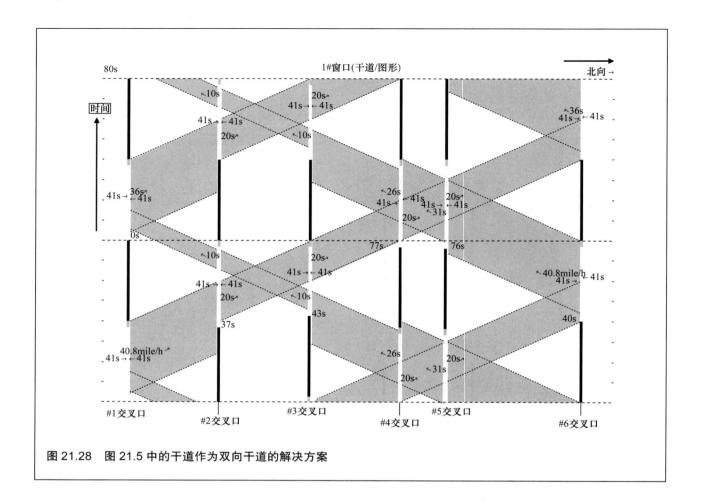

图 21.28   图 21.5 中的干道作为双向干道的解决方案

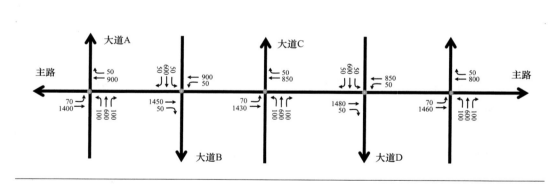

- 所有交叉口的间距为1500ft
- 主路每个方向的2条车道
- 主路的左转渠化车道，250ft，两个方向都有
- 全部都禁止RTOR(红灯右转)
- 主路的自由流速为60ft/s
- 所有大道都有2条车道，但都是单行道
- PHF=0.91
- 最小行人过街时间=次路17s；主路30s

图 21.29   Synchro 输入内容示例

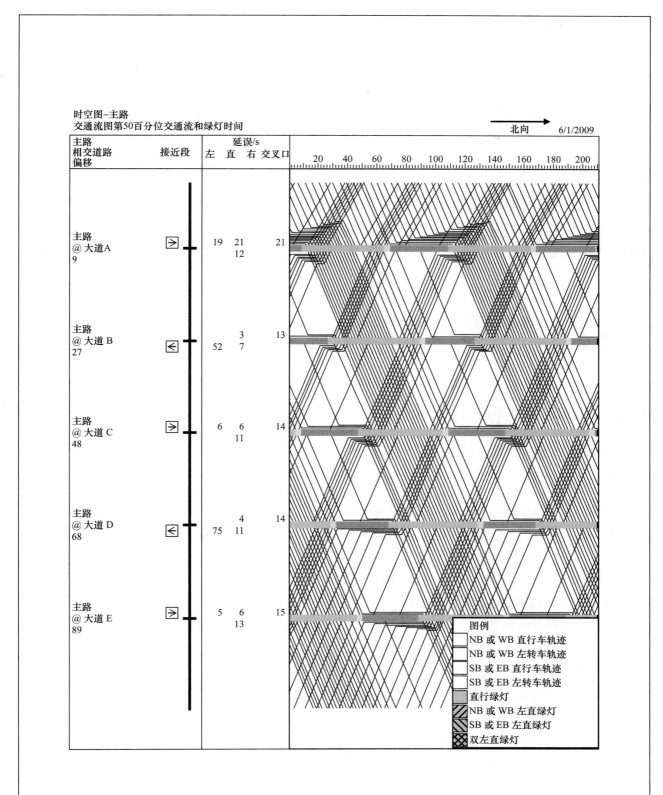

图21.30　Synchro 时空图示例

21.8　用于过饱和路网的信号灯协调

众所周知，过饱和交通环境与不饱和交通环境有着本质的区别。在不饱和路网中，容量是足够的，各个接近段的排队长度一般都能很好地控制。而过饱和交通环境的特点是需求超过了容量（$v/c>1.00$），因此不稳定的排队往往随着时间的推移而扩大，有可能实际阻塞交叉口（堵塞，溢出），从而抑制排队的释放速度，实际上在最需要的时段容量却被降低。因此，过饱和路网的控制策略侧重于维持和充分利用容量，通过控制排队增长的内在不稳定性，使系统的生产力（车辆通行量）最大化。

接下来将介绍处理过饱和条件的一般方法。参考文献 [6] ~ [11] 对过饱和交通环境的信号灯配时进行了更完整的讨论。

21.8.1　过饱和条件下的系统目标

当路网拥堵时，明确将目标从最小化延误和停止变为：

- **最大化系统的通行量**。这是首要目标。它通过以下方式实现：①避免排队溢出，因为它阻塞了交叉口，浪费了绿灯时间；②避免匮乏，即交通迟迟不能到达停止线，浪费了绿灯时间；③管理排队形成，以产生跨越停止线的最高服务速率。

- **充分利用存储容量**。这一目标旨在通过在"前馈"（Feed forward）系统中管理排队的形成，将拥挤状况限制在一个有限的区域内。

- **提供公平的服务**。这一目标旨在为相交道路交通和左转者分配服务，从而使所有出行者得到充分服务，并遵从交通安全的需求。

由于交叉口堵塞会使路网（通行）质量下降，消除交叉口堵塞必须是交通工程师的首要目标。大体上可以用以下逻辑步骤来说明[8]：

- 解决拥堵的根本原因——首先，最重要的，而且是持续的。

- 更新信号灯系统，因为糟糕的信号灯系统常常是导致问题貌似无法解决的原因。

- 如果问题仍然存在，使用新的信号灯系统来减少极端拥堵的影响和空间范围。

- 通过使用转向渠化和泊车限制提供更多空间。

- 考虑禁令和执法实效——它们是否是徒劳的，只会转移问题？

- 采取其他可利用的措施，如红灯右转⊖，要知晓其好处通常不如信控或更多的空间那么显著。

- 在目标相互冲突的情况下，例如在决策不明确的情况下，提供当地的泊位与移动交通，制定具体地点的评估。明确考虑经济方面的解决方案。

最后一步的目的是（例如）通过量化效果和权衡，将辩论的重点放在空间的使用上，例如用于货运、巴士车道或泊车。

21.8.2　计量方案（Metering Plans）

一种短期的需求管理策略是计量（Metering）。注意，计量概念并没有明确地将延误和停车（次数）降到最低，而是以最大限度地提高拥挤系统的生产力的方式来管理排队形成。在拥挤的交通环境中，可以采用三种形式的计量：

① 内部（internal）；
② 外部（external）；
③ 放行（release）。

内部计量（Internal metering）是指在拥挤的路网中使用控制策略，以影响到达或离开关键地点的车辆的分布。所涉及的车辆被储存在作为拥堵系统一部分的路段上，以便消除或大幅限制上游或下游交叉口堵塞的发生。

⊖　美国各州对于红灯右转的规则并不完全统一。这里的红灯指的是圆盘红灯。——译者注

图 21.31 和图 21.32 展示了可能使用内部计量的情况。在图 21.31a 中，在 CI（Critical Intersection，关键交叉口）上游的交叉口放行的流量被控制，从而在上游环节形成"移动存储"（Moving storage）的情况。在图 21.31b 中，来自相交道路的转向流量受到限制，从而维护了干道的直行车流。在图 21.32 中，面对来自"外部"的拥堵，进行计量。

外部计量（External metering）指的是对确定的系统的主要接入口进行控制，这样，如果系统已经过于拥挤（或有变得拥挤的危险），流入系统的流率就会受到限制。外部计量在概念上是简单的，因为存蓄问题属于系统外的"其他人"。然而，在不给"其他"地区造成重大问题的情况下，可以进行多少计量可能是有限的。图 21.33 展示了一个在接入点进行计量的路网。

作为一个实际问题，一定有数量有限的主要接入点（如过河点、三面环水的市中心、从数量有限的径向干道接收交通的系统等）。如果不对接入进行有效控制，则驾驶人有可能选择其他路线绕过控制点。

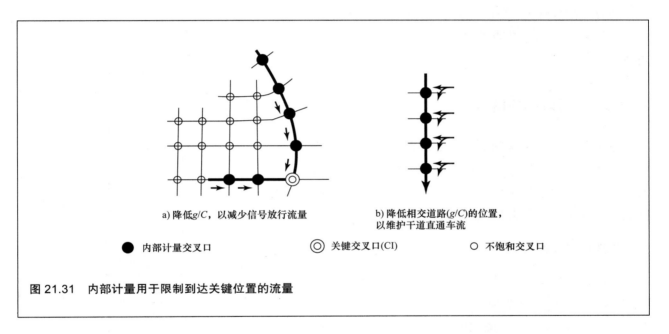

a) 降低 g/C，以减少信号放行流量　　　　b) 降低相交道路(g/C)的位置，以维护干道直通车流

● 内部计量交叉口　　　　◎ 关键交叉口(CI)　　　　○ 不饱和交叉口

图 21.31　内部计量用于限制到达关键位置的流量

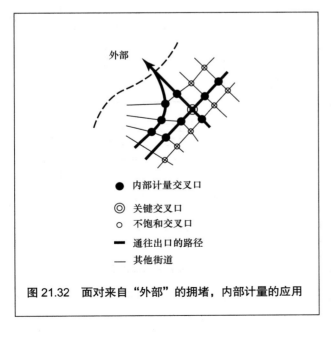

外部

● 内部计量交叉口
◎ 关键交叉口
○ 不饱和交叉口
━ 通往出口的路径
─ 其他街道

图 21.32　面对来自"外部"的拥堵，内部计量的应用

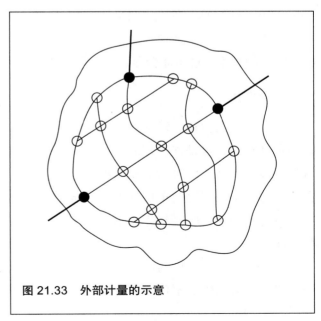

图 21.33　外部计量的示意

放行计量（Release metering）指的是车辆被存放在车库和泊车场等地方的情况，它们的放行可以被控制（至少在原则上）。这些车辆被存放在"路外"的事实，也使交通工程师不必担心它们的存储和潜在的回溢。

放行计量可用于购物中心、巨型中心、主要建筑工地和其他集中地。虽然在公众（和业主）接受方面存在实际问题，但这甚至可以是，而且已经是开发商的策略，以降低设施的放行率，从而避免不利影响（因为交通影响通常需要通过开发商的成本来缓解）。当相关的道路系统将交通分配到出口路线或沿着严重拥堵的干道时，这种策略特别有意义。

21.8.3　信号灯弥补措施

过饱和路网的基本问题往往是信控不佳，这一点怎么说都不过分。一旦信控通过合理的短周期长度、适当的偏移（包括排队清空）和适当的分配得到改善，可能就不再需要其他选项。

快速调整分配

快速调整分配用于满足短期的相对需求变化（即在竞争方向）。有些地方，如大学的入口处，有短时间的流入，然后是短时间的流出（都在15～25min），与他们的上课时间直接相关。在这种情况下，控制必须适应快速变化的需求，以避免过饱和的积累，这可能会导致传递和持续。

平衡偏移

主干道上的偏移量通常被设定为沿主干道平稳地移动车辆，这是很合理的。不幸的是，当排队长度接近街区长度时，这样的进程就失去了意义，因为排队和到达的车辆都不太可能在下游的交叉口得到处理，所以到达的车辆在任何情况下都会被截停。

同时，由于交叉口的堵塞，上游交叉口的相交道路车辆可能服务不佳。平衡偏移是用来避免

这些问题的。

考虑下面这种情况，如图21.34所示。让拥挤的干道在上游交叉口拥有绿灯，直到车辆刚刚开始移动，然后切换信号，使这些车辆驶离交叉口，但没有新的车辆继续进入。这就给了相交道路的车辆一个机会，让他们通过一个清空的交叉口。

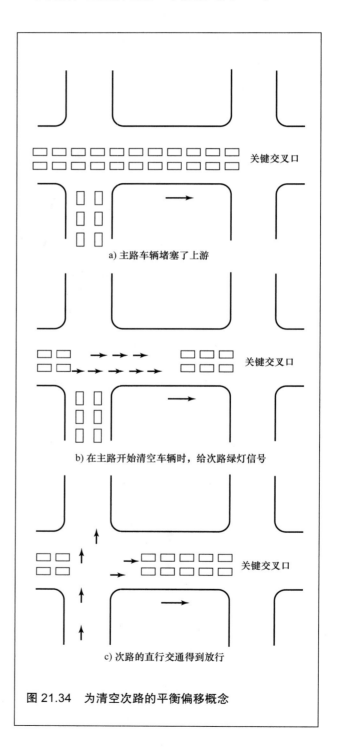

图 21.34　为清空次路的平衡偏移概念

这个概念被定义为平衡偏移，可以表达为：

$$t_{\text{equity}} = g_i C - \frac{L}{S_{\text{acc}}} \qquad （21-11）$$

其中，g_i 是上游主干道（即拥挤的交叉口）的绿信率（Green Fraction），S_{acc} 是图 21.35 中所示的"加速波"的速度。

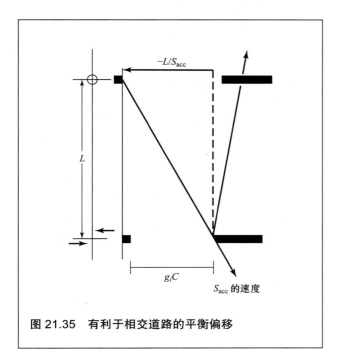

图 21.35 有利于相交道路的平衡偏移

加速波的一个典型值是 16ft/s。从图 21.35 中可以看出，在这种情况下，当"正常"的偏移会使上游信号灯转为绿灯时，平衡偏移会使上游信号灯转为红灯。这并不奇怪，因为其目的是不同的——平衡偏移的目的是对相交道路交通的公平（即平衡）。

使用微观模拟模型的模拟测试表明了使用平衡偏移的价值。拥堵不会像其他情况下那样快速蔓延，可能根本不会影响到相交道路。

图 21.36a 展示了一个用于测试平衡偏移概念的测试路网。路段 2 在 CI 的上游。对于所显示的需求和信号灯分流，它可能会积累车辆，并可能溢出到其上游交叉口。如果发生这种情况，路线 1 的放行将被阻断，其队列将增长。在极端情况下，拥堵会蔓延。

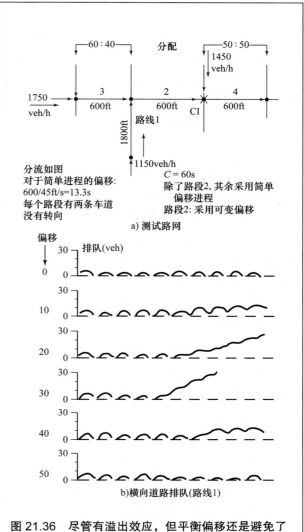

a) 测试路网

b) 横向道路排队（路线1）

图 21.36 尽管有溢出效应，但平衡偏移还是避免了相交道路的拥堵

平衡偏移的计算方法是：

$$t_{\text{equity}} = (0.60)(60) - \frac{600}{16} = -1.5\text{s}$$

使用式（21-11）。将其与交通进程的理想偏移量进行比较。在每辆车 25ft 时，全路段可以容纳 600/25=24 辆车。某个车列速度为 50ft/s 时，计算理想偏移量，并对排队进行调整，将得到 $t_{\text{ideal}}=(600/50) - (24)(2) = -36\text{s}$。显然，当有 24 辆车排队时，交通进程是一个很傻的目标。

图 21.36b 显示了相交道路的排队情况（即路段 1 的排队情况）与干道偏移量的关系。注

意，当 $C = 60s$ 时，$-36s$ 的偏移与 $+24s$ 的偏移是一样的。该图显示，当平衡偏移量（偏移量 $=-1.5s$）生效时，获得相交道路通畅的最佳结果，而在这种情况下，当排队调整的"理想偏移量"（偏移量 $=24s$）生效时，结果最差。

上述讨论假设相交道路的交通不会转入拥堵干道上的空间。如果大量的相交道路车辆确实转入干道，那么就要调整偏移量，以确保拥堵干道的上游交通也有公平份额。

当一条干道从关键交叉口中回溢时，平衡偏移的概念被用于保持相交道路的流动。它也可以用于保持干道的运行，当横穿干道的街道从它们的关键交叉口回溢时。

相位复用

术语"相位复用"（Phase Reservice）是指在一个周期内为重要的相位服务一次以上，通过返回这些相位，通常对其他相位上的相交道路运行不利。该技术用于清空受保护的左转和饱和接近段上的排队，但通常需要在交叉口有不饱和的相位，以便在必要时可以在未来的周期内为它们提供"补偿"服务。相位复用可以帮助实现最大化通行量和排队管理的基本目标。这确实需要驾驶人和行人熟悉这种运行，以便所有相关人员意识到不能期待"常规"的相位顺序[⊖]。

不平衡的分配

对于拥挤的车流，可以使用按相对需求比例分配可用绿灯的标准规则，但这并没有解决一个重要的问题。思考图 21.37 所呈现的内容。如果主要关注的是避免影响 347 号公路和第一大道（但很少关注中间的次要道路，如果有的话），那么使用 50∶50 的分配是不合理的。

考虑到在一个方向上可用的相对存储量为 750ft，在另一个方向上为 3000ft，而且我们希望

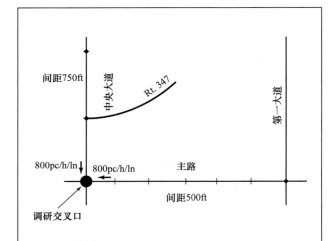

图 21.37　确定分配的示意
资料来源：*Traffic Signal Timing Manual*, 1st Edition, Federal Highway Administration, Washington, D.C., June 2008, Figure6-2.

两者都不会受到不利影响，因此可以通过使过剩车辆的队列按其可用存储量的比例增长，将影响延误到最长时间。两个关键车道的放行流率 f_i 按如下设置：

$$\frac{d_1 - f_1}{d_2 - f_2} = \frac{L_1}{L_2} \tag{21-12}$$

和：

$$f_1 + f_2 = CAP \tag{21-13}$$

其中，d_i 是需求量（veh/h/ln），L_i 是存储量，CAP 是关键车道流率的总和。

对于例题，使用 CAP = 1550veh/h/ln，由式（21-12）和式（21-13）得出 $f_1 = 954$veh/h/ln 和 $f_2 = 759$veh/h/ln，其中方向 1 是较短的距离，比例为 56∶44。

注意，在极端情况下，如果只有一个方向有一条不应受影响的相交道路，为了达成该目的，大部分绿灯可以给这个方向（除了其他相位的一些最低限度）。

⊖　对于非常规策略，需要慎之又慎，否则其带来的混乱不仅会抵消效益，还可能会带来其他问题，比如"规则退化"。——译者注

行人按钮

在行人流量相对较少的地区，满足所有方向的行人最小过街时间可能会导致各相位浪费绿灯时间，并导致比必要的周期长度更长。在这种情况下，交通工程师考虑只有当行人实际操作行人按钮时，才调用最小行人过街时间。

21.8.4　为什么较短的周期长度是重要的

随着周期长度的增加，存储的排队长度和放行的车列长度也会增加，然后到达下游交叉口，这些交叉口的周期长度可能更短，不能轻易存储或处理。因此，交叉口堵塞的可能性增加，对系统容量产生重大不利影响。当涉及路段长度较短时，这种情况尤其严重。考虑到每个周期名义上放行的车辆是 $v_i C/3600$ 辆。如果每辆车需要 D 英尺的存储空间，那么在拥挤的环境下，下游路段的长度是（假设下游信号灯可以在一个周期内处理队列，但它将被迫停止）：

$$L \geqslant \left(\frac{v_i C}{3600}\right) \times D \qquad (21-14)$$

其中 L 是可用的下游空间（ft）。这个"可用"空间可能是整个路线的长度或某个更小的值，也许比真正的长度少 150ft（以使排队远离放行路口，或允许转入）。

式（21-14）可以重新表达为：

$$C \leqslant \left(\frac{L}{D}\right)\left(\frac{3600}{v_i}\right) \qquad (21-15)$$

在这种情况下，v_i 是每个下游车道的放行量，它可能与需求量不同，特别是在所考虑的"系统"的边缘。请参考图 21.38 对这种关系的说明。从图中可以看出，只有很高流量（ $\geqslant$ 800veh/h/ln）和短街区（$L/D = 10$）才会对周期长度产生非常

严重的限制。然而，这些只是对极端拥堵的条件充分关注的情况。注意，下游的放行量 v_i，取决于上游的需求和（g/C）分配，这种分析确实有必要沿干道进行。

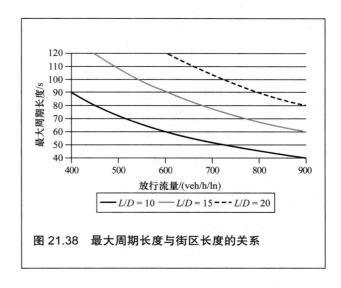

图 21.38　最大周期长度与街区长度的关系

从图 21.38 中得到的重要经验是，较短的周期长度对于管理到达下游路段的排队规模不仅是好的，而且是必要的。

这个分析假定下游路段本身能在一个周期内放行到达的排队。为了实现这一点（例如在一个关键交叉口），可能有必要允许下游的容量来决定上游的放行，这将必须通过重新分配绿灯时间（给小的流向）或强加一个全红（即计量）来实现。如果做不到这一点，下游的排队会越来越多，需要采取其他措施来避免溢出。

21.8.5　过饱和状况的小结

拥挤与饱和的问题是广泛存在的，而且往往没有任何可用的统一处理方式。可以采取明确的措施，但必须高度重视解决根本原因的预防措施。在可能的措施中，那些与信控有关的措施通常可以产生最大的影响。非信控的缓解措施绝不能被低估，特别是那些提供空间的措施，无论是直接提高能力，还是消除影响主要车流的因素。

参考文献

[1] *Traffic Signal Timing Manual*, 1st Edition, Federal Highway Administration, Washington, D.C., June 2008.

[2] *PASSER II-90 Microcomputer User's Guide*, distributed by the McTrans Center, Gainsville, Fl, 1991.

[3] Tru-Traffic 10.0, www.tsppd.com

[4] *TRANSYT-7F Users Guide, Methodology for Optimizing Signal Timing* (MOST) Volume 4, USDOT, Federal Highway Administration, Washington, D.C., 1991.

[5] *Synchro Users Guide*, Trafficware LTD, www.trafficware.com

[6] McShane, W.R., et al. "Traffic Control in Oversaturated Street Networks," National Cooperative Highway Research Program, (NCHRP) Report 194, Transportation Research Board, National Research Council, Washington DC, 1978.

[7] Hajbabaie, A. et al., "Traffic Signal Coordination and Queue Management in Oversaturated Intersection," *Final Report*, Purdue University, 2011.

[8] *Signal Timing Under Saturated Conditions, Literature Review*, Federal Highway Administration, Washington DC, 2009.

[9] Lieberman, E.B., Chang, J., Prassas, E.S., "Formulation of Real-Time Control Policy for Oversaturated Arterials," *Transportation Research Record 1727*, TRB, National Research Council, Washington DC, 2000.

[10] "Signal Timing for Congested Conditions," ITE Professional Development Program, October 11, 2007 webinar, presented by Woody Hood, Maryland DOT.

[11] TRB Traffic Signal Systems Committee (TRB Committee ANB25) website, http://www.signalsystems.org.vt.edu/

习题

21-1. 在一条城市干道上，两个信号灯的间距为1000ft。希望能确定这两个信号灯之间的偏移量，只考虑一个方向的主要流率。希望的进程速度是40mile/h，周期长度是60s，饱和时距是2.0s/veh，启动损失时间是2.0s。

1）假设在绿灯开始时，到达上游路口的车辆已经在进程中（即移动的车列），那么两个路口之间的理想偏移量是多少？

2）假设上游的信号灯是进程中的第一个信号灯（即车辆从排队等待开始），两个交叉口之间的理想偏移量是多少？

3）假设在绿灯开始时，下游交叉口每条车道平均有3辆车排队，那么理想偏移量是多少？假设有（a）部分的基本条件。

4）考虑（a）部分的偏移。在相反方向（非高峰期）产生的偏移是多少？这对相反方向的交通会产生什么影响？

5）考虑（a）部分的偏移。如果进程速度估计不当，驾驶人的实际期望速度为45mile，这将对主要方向的进程产生什么影响？

21-2. 考虑下图关于这个问题的时空图。对于所示的信号灯。

1）NB的进程速度是多少？

2）NB的带宽和带宽容量是多少？假设饱和时距为2.0s/veh。

3）在与NB进程速度相同的期望速度下，SB方向的带宽是多少？在这种情况下，SB方向的带宽容量是多少？

4）某个新的开发项目引入了一个主要的出入道，该出入道必须在2号和3号交叉口之间设置信号灯。在60s的系统周期中，它需要15s的绿灯时间。假设你对新出入道的确切位置有完全的处置灵活性，你会将它放在哪里？为什么？

21-3. 某市中心的路网沿其主干道有750ft的等长街区。希望提供30mile的进程速度，为沿主干道的两个方向的交通提供同等服务。

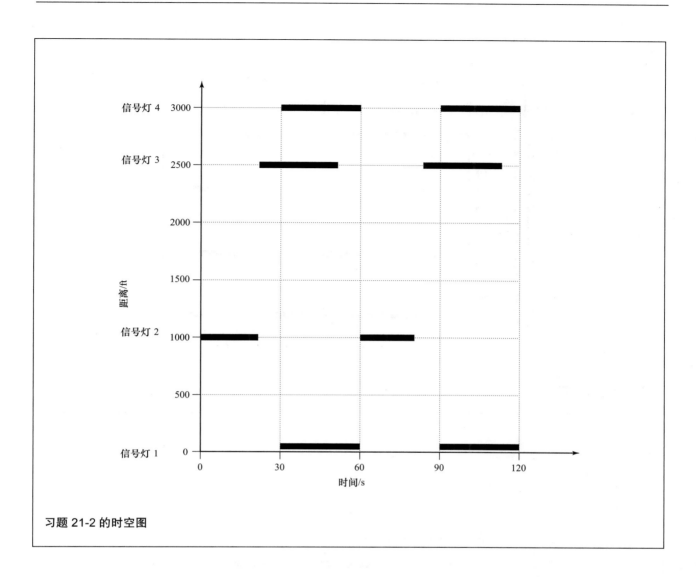

习题 21-2 的时空图

你建议采用交替式或双交替式的进程方案吗？为什么？

21-4. 如下图所示的时空图。在这个系统中追踪 NB 的头车。对 SB 的头车做同样的事情。使用 50ft/s 的车列速度。估计每辆车的停车次数和延误秒数。

21-5. 如下图所示的时空图。找到 NB 和 SB 的带宽（以秒为单位）。确定每个方向上的系统效率和带宽容量。每个方向上有 3 条车道，进程速度为 50ft/s。

21-6.

1）如果车辆在郊区道路上以 60ft/s 的速度行驶，信号灯相距 2400ft，你建议采用什么周期长度？你建议的偏移量是多少？

2）如果在 1200ft 处（中间）插入一个非信控交叉口，你会建议什么？是否有更好的位置？

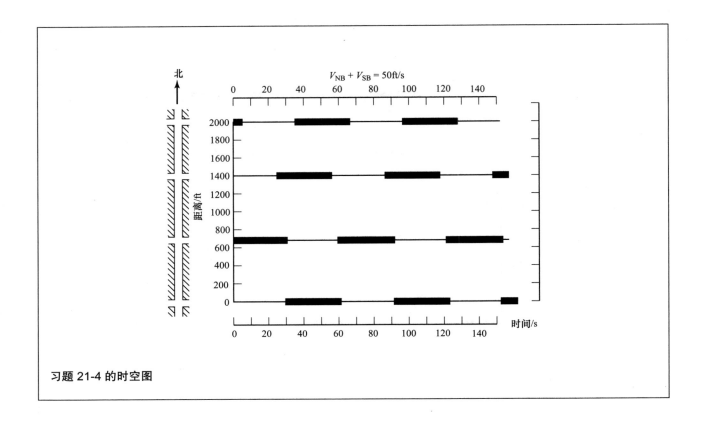

习题 21-4 的时空图

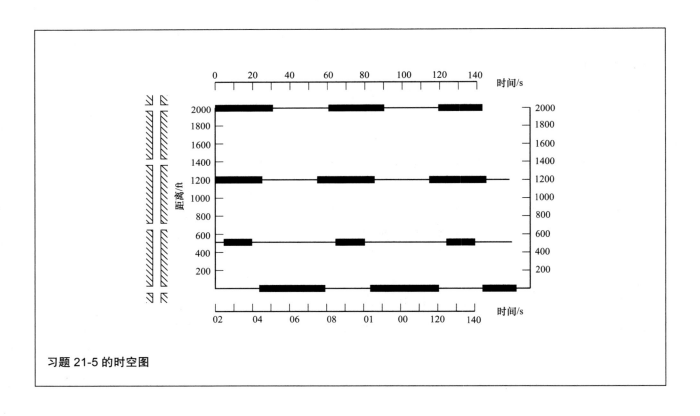

习题 21-5 的时空图

21-7.

1）根据以下信息构建一个时空图，并估计以 50ft/s 的速度行进的车列的北行带宽和效率。

习题 21-7 的数据

信号灯编号	偏移量 /s	周期长度 /s	分配 （主街绿灯在前）
6	52	60	50∶50
5	36	60	60∶40
4	20	60	60∶40
3	52	60	60∶40
2	24	60	50∶50
1	0	60	60∶40

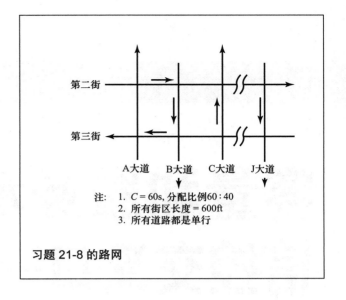

注：1. $C = 60s$，分配比例60∶40
　　2. 所有街区长度 = 600ft
　　3. 所有道路都是单行

习题 21-8 的路网

所有偏移量都相对于主时钟零点。所有信号灯都是两相位。每个方向有两条车道。所有街区的长度为 1200ft。

2）估计可以持续处理北向和南向车列的车辆数量。

21-8. 参照图。第二街是东行，连续的信号灯之间有 +15s 的偏移。第三街是西行，连续的信号灯之间有 +10s 的偏移。A 大道是北向的。A 大道与第三街的交叉口和 A 大道与第二街的交叉口之间的偏移是 20s。鉴于这些信息，请找出沿 B 大道到 J 大道的偏移量。方向交替，所有的分配比例都是 60∶40，主路（第二和第三街）是 60。周期长度 =60s。

21-9. 参照图。求解未知的偏移量 X，周期长度为 80s，分配比例是 50∶50。

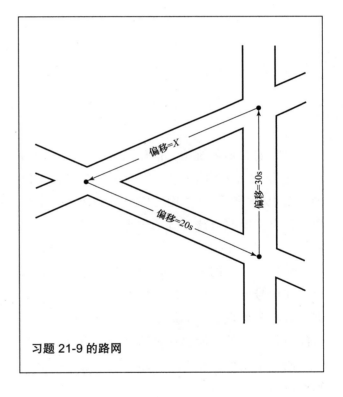

偏移=X

偏移=30s

偏移=20s

习题 21-9 的路网

容量和服务水平分析：
信控交叉口——HCM 方法

在所有交通系统中，信控交叉口是最复杂的位置。第 18 章介绍了一些关键运行特性的简单模型。第 19 章和第 20 章用这些模型创建了一个简单的信号灯配时方法，分别用于预配时和感应信号灯。

信控交叉口的分析在概念上与信号灯配时相反。在信号灯配时中，信号灯设置是为了提供足够的容量来处理已知的需求流。在分析中，信号灯配时是已知的，而容量是估计的。理论上，若使用同一个模型，那么一个过程应该是另一个过程的逆向。

信号灯配时方法涉及一些简化的假设，其中包括反映"典型"条件的饱和流率的默认值。对任何信控交叉口的完整分析需要使用更复杂的模型，以解决影响交叉口运行的所有变量，以及各部分流量之间更复杂的相互作用。

在美国，最常用的信控交叉口分析模型是《道路容量手册》（HCM）中的模型[1]。该模型首次出现在 1985 年版 HCM 中，并在随后的版本中进行

了修订和更新（1994 年、1997 年、2000 年、2010 年和 2016 年）。该模型已经变得越来越复杂，涉及几个迭代的元素。除了最简单的问题之外，几乎不可能用这个模型手工开展完整的问题求解。因此，实践中主要是通过计算机软件再现该模型（HCS）。

从 2010 年版 HCM 开始，该模型被提出用来处理信控交叉口的感应控制器。然而，该模型方法基本还是针对预配时控制的，用一个迭代的外壳来计算给定时间段内感应控制器的平均信号灯配时。2016 年版 HCM 方法通过在假设的感应控制器上加入使其在预配时模式下运行的设置来分析预配时信号灯。

本章第一节将重点介绍预配时信号灯的分析，因为介绍这些信号灯的基本建模理论更为直接。第二节将对感应信号灯分析方法的实际需求进行总体概述。

还有其他模型也在其他地方使用。SIDRA[2,3]模型和相关的计算机软件包是由澳大利亚公路研究委员会（Australian Road Research Board）开发

的，供澳大利亚使用。它的一些要素，特别是在延误估计方面，已被改编并应用于HCM中。加拿大也有一个模型[4]。所有这些模型都是"确定性"分析模型。在确定性模型中，每次应用时，相同的输入参数会产生相同的结果。

也有一些仿真模型可用于分析单个交叉口和路网。最常用的是SIMTRAFFIC、VISSIM、AIMSUN和CORSIM。仿真引入了随机元素。这意味着每次仿真运行时，相同的输入参数不会产生相同的结果。由于这一特点，大多数随机仿真模型都是用一组给定的输入参数运行多次，用这些运行的平均结果评估交叉口。

本章试图描述HCM方法的总体概念和一些细节。本章指出了一些复杂的问题，但没有进行全面的详细说明，鼓励学生直接查阅HCM，了解有关这些问题的更多信息。

第1部分：预配时信控交叉口的分析

22.1 基础概念

2016年版HCM信控交叉口分析方法中使用了六个基础概念，在考虑模型的任何细节之前，应先了解以下概念：

- 车道组概念
- 需求衡量指标 v/s 比率
- 容量与饱和流率的概念
- 服务水平的概念和标准
- 有效绿灯时间和损失时间的概念
- 分析时间段

22.1.1 车道组概念

第19章的信号灯配时方法依赖于关键车道和关键车道的流量。在HCM模型中，使用的是一组车道的总需求，也就是说，不是确定一组"关键车道"，而是确定一个"关键车道组"。一个车道组可以是单条车道或一组车道，不存在妨碍驾驶人选择车道的车道使用限制。

当几条车道在平衡状态下运行时（即没有车道使用限制去约束驾驶人选择使用哪条车道），车道组被视为单个实体。

并非所有方法论都如此。澳大利亚和加拿大的模型都侧重于单条车道，并将车道的不平衡使用纳入考虑。HCM也通过对饱和流率的调整过程来考虑车道的不平衡使用。

22.1.2 需求衡量指标 v/s 比率

在第19章中，信号灯配时方法基于将需求量转换为"直行车当量"。这使得在确定"关键车道"时，可以直接比较右转和左转车辆比例显著不同的交通量。其他可能影响流量等效的条件（重型车辆、纵坡、泊车条件等）没有纳入考虑。

在HCM模型中，需求流率没有被转换。在既有条件下，它们被表述为"veh/h"。如果不转换为某种共同的基数，需求流率就不能直接比较。HCM模型没有对需求流率进行转换，而是将所有调整系数应用于饱和流率。因此，该方法产生的饱和流率和容量是根据既有条件确定的。

HCM模型包括对各种既有条件的调整，包括左转和右转车辆的存在、重型车辆、泊车和其他将在本章后面讨论的情况。然后将这些数据与反映相同既有条件的需求量进行比较。

为了得到一个能够直接比较每个车道组的需求强度的单一参数，需求流率 v 除以饱和流率 s，构建"流率比" v/s。由于每个车道组的既有条件都反映在流率与饱和流率值中，这个无量纲的数字可以用来代表每个车道组的需求。

22.1.3 容量与饱和流率的概念

HCM模型不计算整个交叉口的容量值，而

是单独考虑每个车道组，并对每个车道组的容量进行估计。

为什么不简单地将所有车道组容量相加，以找到整个交叉口的容量？因为这样做可能会忽略一个事实，即交通需求不会在同一时间在所有接近段上达到高峰。除非每个车道组的需求与容量的分配相匹配，否则不可能成功地满足与如此确定的容量相同的总需求。实际上，整个交叉口的"容量"并不是一个有用或恰当的概念。信控的目的是为各个车道组和流向分配足够的时间来满足需求。容量是提供给特定的流向以满足运行需求。

在 HCM 分析模型中，饱和流率、容量和流量 – 容量比（v/c）等概念都是相互关联的[一]。

饱和流率

在第 19 章和第 20 章中，假定反映既有条件的饱和时距或饱和流率是已知的。HCM 模型的一个关键部分是根据已知的既有交通参数估计任何车道组的饱和流率的方法。该算法的表达式为：

$$s_i = s_0 N \prod_i f_i \qquad (22\text{-}1)$$

式中　s_i——既有条件下车道组 i 的饱和流率（veh/hg）；

　　　s_0——基准条件下每条车道的饱和流率（pc/hg/ln）；

　　　N——车道组的车道数；

　　　f_i——每个既有条件 i 的乘法调整系数。

HCM 当前提供了 13 个调整系数[二]，涵盖了各种潜在的既有条件。每个调整系数都涉及一个单独模型，其中有些模型相当复杂。本章后面将详细介绍这些内容。

注意，该算法包括用基准饱和流率乘以车道组中的车道数 N，从而得出该车道组的总饱和流率。

车道组的容量

饱和流率与容量之间的关系基本上与第 18 章的内容相同。饱和流率是对一个车道组容量的估计，如果信号灯 100% 的时间都是绿灯。事实上，信号灯只有部分时间是有效绿灯，因此：

$$c_i = s_i(g_i/C) \qquad (22\text{-}2)$$

式中　c_i——车道组 i 的容量（veh/h）；

　　　s_i——车道组 i 的饱和流率（veh/h）；

　　　g_i——车道组 i 的有效绿灯时间（s）；

　　　C——周期长度 s。

然而，式（22-2）可能不适用于有允许相位的车道组。这种车道组有其他影响容量的机制，将在后面介绍。

v/c 比率

在信号灯分析中，v/c 比率通常被称为"饱和度"，并以"X"作符号。这很方便，因为"v/c"一词出现在许多方程式中，而这些方程式可以用一个单变量 X 来简化表达。

v/c 比率，或称饱和度，是分析信控交叉口的主要输出指标。它是一个衡量可用容量是否足以处理现有或预测需求的指标。很明显，v/c > 1.00 的情况表明处理需求的容量不足。然而，在解释这种情况时必须小心，这取决于 v/c 值是如何确定的。

在现场很难直接观察到的容量，常使用式（22-2）来估计。测量的需求通常是对驶离流率进行计数的结果。对驶离车流进行计数，是因为当他们离开交叉口时，比较容易按流向进行分类。然而，真正的需求必须以到达车流为基础。有几种不同的情况，使 v/c 比率可能超过 1.00。

- 使用式（22-2）将驶离计数与容量估算进行比较。理论上，驶离车流的计数不可能超过该车道组的真实容量。在这种情况下，获得 >1.00

的 v/c 比率估计值（假设驶离计数准确）说明低估了车道组的容量。由 HCM 模型得出的估计饱和流率低于实际获取的数值。

- 使用式（22-2）将到达计数与容量的估计进行比较。在这种情况下，到达计数（假设是准确和完整的）表征现有需求。超过 1.00 的 v/c 比率表明可能会有排队现象。如果事实上没有观察到排队现象，就说明模型低估了容量。需要注意的是，到达计数并不能体现被转移到其他路线的交通或被抑制的需求等需求因素。

- 使用式（22-2）将预测的未来需求与估计的容量进行比较。在这种情况下，预测需求总是一个到达需求流率，而超过 1.00 的 v/c 比率表明，根据容量的估计值，可能会发生排队。

在所有情况下，关键点是容量是基于全国观察到的基准和平均数的估计。在任何情况下，实际容量都可能高于或低于估计值。事实上，实际容量有随机因素，在任何给定的地点都会随时间变化，在不同但类似的地点会随空间变化。

从分析上看，任何给定车道组的 v/c 比率可以直接通过需求流率除以容量得到。然而，可以通过插入容量的式（22-2）得出另一个表达式：

$$X_i = \frac{v_i}{c_i} = \frac{(v/s)_i}{(g/C)_i} \qquad (22\text{-}3)$$

式中　X_i——车道组 i 的饱和度（v/c 比率）；
　　　v_i——车道组 i 的需求流率（veh/h）；
　　　c_i——车道组 i 的容量（veh/h）；
　　$(v/s)_i$——车道组 i 的流率比率；
　　$(g/C)_i$——车道组 i 的绿灯比率。

在 HCM 模型中，由于需求最终以 v/s 比率表示，式（22-3）中的后一个表达式有时便于理解这些关系。

虽然 HCM 没有定义整个交叉口的容量，但它确实为交叉口定义了一个关键的 v/c 比率。它被定义为关键车道组的需求之和除以关键车道组的容量之和，即：

$$X_C = \frac{\sum_i v_{ci}}{\sum_i \left(s_{ci} \times \dfrac{g_{ci}}{C} \right)} = \frac{\sum_i (v/s)_{ci}}{\sum_i (g_{ci}/C)} \qquad (22\text{-}4)$$

式中　X_C——交叉口的关键 v/c 比率；
　　　v_{ci}——关键车道组 i 的需求流率（veh/h）；
　　　s_{ci}——车道组 i 的饱和流率；
　　　g_{ci}——关键车道组 i 的有效绿灯时间（s）；
　　　C——周期长度（s）。

分项 $\sum_i (g_{ci}/C)$ 是指所有关键流向组的有效绿灯周期长度的总比例。由于关键流向组的定义是在所有相位必须有一个且只有一个这样的车道组在移动，关键流向不移动的唯一时间是在周期的损失时间，$\sum_i (g_{ci}/C)$ 也可以表示为：

$$\frac{C-L}{C}$$

其中，L 是每个周期的总损失时间，将其代入式（22-4），可得：

$$X_C = \frac{\sum_i (v/s)_{ci}}{\left(\dfrac{C-L}{C} \right)} = \sum_i (v/s)_{ci} \times \left(\frac{C}{C-L} \right) \qquad (22\text{-}5)$$

由于 X_C 的值随周期长度而变化，它很难应用于信号灯配时尚不明确的未来情况。因此，为了开展分析，HCM 根据最大可行周期长度定义了 X_C 的值，从而得出 X_C 的最小可行值。对于预配时信号灯，通常认为 120s 是最大可行周期长度，但在特殊情况下有时会超过这个时间。对于感应信号灯，较长的周期长度并不少见，通常将 150s 作为实际最大值。式（22-5）可变为：

$$X_{Cmin} = \sum_i (v/s)_{ci} \times \left(\frac{C_{max}}{C_{max} - L} \right) \qquad (22\text{-}6)$$

式中　X_{Cmin}——最小可行 v/c 比率；
　　　C_{max}——最大可行周期长度（s）。

$\dfrac{C_{\max}}{C_{\max}-L}$在比较未来的备选方案，特别是物理设计方案时更有用。周期长度被假定为最大，实际上对所有比较的情况都保持不变。使用最大周期长度可以看出，在物理设计和指定的相位方案下，通过信号灯配时可以实现的"最佳"关键v/c比率。

应该注意的是，1997年以后版本的 HCM 已经放弃了这个概念。然而，在信号灯配时尚不明确的情况下，它仍然是一个有用的概念。

在分析中，关键v/c比率X_C，是一个重要的容量充分性指标。如果$X_C \leqslant 1.00$，那么建议的物理设计、周期长度和相位方案就足以处理所有关键需求。这并不意味着所有车道组将在$X_i \leqslant 1.00$时运行。然而，它确实表明，所有关键车道组可以通过在现有周期和相位方案内重新分配绿灯时间来实现$X_i \leqslant 1.00$。当$X_C > 1.00$时，只有通过采取以下一项或多项措施才能提供足够的容量。

- 延长周期长度。
- 设计一个更有效的相位方案。
- 在一个或多个关键车道组中增加一条或多条车道。

增加周期长度可以增加些许容量，因为每小时损失的时间会减少。设计一个更有效的相位方案通常意味着考虑额外的左转保护，或将完全保护左转变成保护+允许左转。这也可能意味着考虑更复杂的相位，如先行和延后的绿灯和/或专用 LT 相位，然后在左转流率最大的方向上有一个先行绿灯。第19章和第20章包含了对各种相位选择的充分讨论。

在许多情况下，只有在关键车道组中增加一条或多条车道才能弥补显著的容量不足。这将增加这些车道组的饱和流率和容量，而需求是不变的。

22.1.4 服务水平的概念和标准

服务水平在 HCM 中是以车道组中每辆车的总控制延误来定义的。"总控制延误"基本上是第11章中定义的排队延误时间，加上加速 - 减速延误。服务水平标准见表22.1。

表 22.1 信控交叉口的服务水平标准

控制延误 / （s/veh）	LOS 当 $v/c \leqslant 1.0$	LOS 当 $v/c > 1.0$
$\leqslant 1.0$	A	F
$> 10 \sim 20$	B	F
$> 20 \sim 35$	C	F
$> 35 \sim 55$	D	F
$> 55 \sim 80$	E	F
> 80	F	F

资料来源：Reprinted with permission from *Highway Capacity Manual, 6th Edition: A Guide for Multimodal Mobility Analysis*, Transportation Research Board, the National Academy of Sciences, Courtesy of the National Academies Press, Washington, D.C., 2006.

注意，任何车道组以大于 1.00 的 v/c 比率运行，也被记作 LOS F。实际上，任何信控交叉口车道组的平均延误大于 80s/veh 或 $v/c > 1.00$，就属于 LOS F 运行。

由于延误很难在现场测量，而且无法对未来的情况进行测量，要用分析模型来估计延误，其中一些模型在第18章讨论过。然而，延误并不是一个简单的衡量指标，它与以下衡量指标不同（按重要性排序）：

- 进程的质量
- 周期长度
- 绿灯时间
- v/c 比率

正因如此，必须仔细考虑服务水平的结果。例如，有可能得到一个延误大于 80s/veh（LOS F）的结果，而 v/c 比率却小于 1.00。因此，在某个信控交叉口，LOS F 并不一定意味着存在容量不足。这样的结果对于长周期中的短相位（如 LT 相位），或绿灯分配与需求严重不协调的情况下是比较常见的。

然而，相反的情况则是明确的。如果短时间内 $v/c > 1.00$，例如 15min 的时段，延误可能小于 80s/veh，但仍然必须被记作 LOS F。

解读信控交叉口的分析结果，需要同时考虑每个车道组的服务水平和 v/c 比率。只有这样，才能从所提供的容量的充分性和道路使用者所经历的延误的可接受性方面来解读结果。

22.1.5 有效绿灯时间和损失时间的概念

第 18 章详细讨论了有效绿灯时间与损失时间之间的关系。在容量分析方面，任何给定的流向都有有效绿灯时间 g_i 和有效红灯时间 r_i。图 22.1 说明了这些数值与 HCM 中实际的绿灯、黄灯和红灯时间的关系。

有效绿灯和有效红灯时间可按以下方法求得：

$$g_i = G_i + y_i + ar_i - \ell_1 - \ell_2$$
$$g_i = G_i + e - \ell_1 \qquad (22\text{-}7)$$
$$r_i = C - g_i$$

式中　g_i——相位 i 有效绿灯时间（s）；

$\quad\quad G_i$——相位 i 实际绿灯时间（s）；

$\quad\quad y_i$——相位 i 黄灯时间（s）；

$\quad\quad \ell_1$——启动损失时间（s/phase）；

$\quad\quad \ell_2$——清空损失时间（s/phase）；

$\quad\quad e$——有效绿灯延伸至黄灯和全红（s）；

$\quad\quad r_i$——相位 i 有效红灯时间（s）。

如果有重叠相位，在应用损失时间时必须注意。当一个流向持续到下一个相位时，启动损失时间在流向开始的相位评估，而清空损失时间则在流向结束的相位评估。对于这样的流向，在为各流向服务的各相位之间的边界没有损失时间。

图 22.2 展示了一个先行和延后的绿灯相位，有保护加允许左转的情况。东行（EB）流向在 1a 相位开始，在 1b 相位继续。启动损失时间只适用于 1a 相位，清空损失时间在 1b 相位结束时适用。然而，西行（WB）流向在 1b 相位开始，并在那里应用其启动损失时间。因此，在 1b 相位，WB 流向的启动损失时间是 EB 流向的有效绿灯时间的一部分。由于 1c 相位没有流向启动，这里没有评估启动损失时间，但有清空损失时间适用于 WB 流向。所有北向 / 南向（NB/SB）流向在相位 2 运行，他们的损失时间在此相位评估。亦即，三组损失时间被应用于 4 个子相位。由于有效绿灯时间会影响容量和延误，必须遵循一种系统的方法来正确计算损失时间。

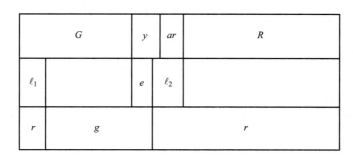

图 22.1　HCM 模型中的有效绿灯时间和损失时间

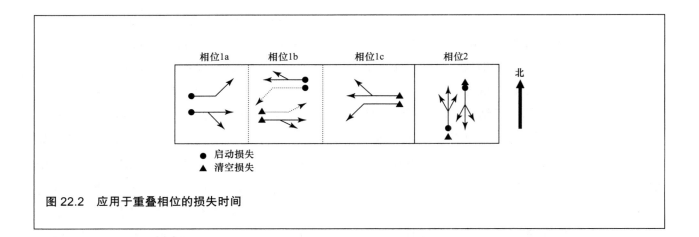

图 22.2 应用于重叠相位的损失时间

22.1.6 分析时间段

HCM 推荐的基本分析时间段仍然是分析小时内的 15min 高峰期，这通常是（但不一定是）一天中的一个高峰时段。从 2000 年版开始，到 2010 年版和 2016 年版，HCM 在这方面给出了一些灵活性，认识到延误对分析期特别敏感，特别是在存在过饱和的情况下。

有三个基本的分析时间选项：

① 分析小时内的高峰 15min；

② 整个 60min 的分析时间；

③ 1h 或更长时间的分析期的连续 15min 时段。

第一个选项适合不存在过饱和的情况（即没有车道组的 $v/c > 1.00$）。这将注意力集中在分析小时内最不利的时期，15min 仍然是被认为存在稳态交通流的最短时期。第二个选项允许对整个分析小时的平均状况进行分析。然而，它可能会掩盖 $v/c > 1.00$ 的较短时期，即使整个小时内有足够的容量。

第三个选项是最全面的。可是，它要求以 15min 为单位测量或预测需求流率，这通常是困难的。但它可以对过饱和状况进行最准确的分析。选定的 15min 初始分析期，要求所有车道组都以 $v/c \leqslant 1.00$ 的状况运行，并在所有排队消散后的 15min 内结束。在每个 15min 期间，将预估未得

到服务车辆的残余排队，并将用于预估在随后的时段中由于分析期开始时存在队列而产生的额外延误。借此，可以预估残余排队对每个连续时期的延误和服务水平的影响。

22.2 预配时信号灯的模型结构

HCM 模型的基本结构是比较简单的，包括第 18 章提出的许多概念性对策。然而，当涉及允许或复合左转和 / 或一个流向可以在两个车道组之间选择时，例如当一个接近段有一条共用的左转 / 直行车道和一条仅直行的车道时，该模型就会变复杂。这就导致了具有许多变量和若干迭代过程的算法。当分析感应信号灯时，它变得特别复杂，因为必须找到研究时间段内的平均信号灯配时。为了简单明了，我们首先讨论该模型在预配时信号灯中的应用。

本节将描述和说明 HCM 程序的概念性组件。在介绍基本方法时，不涉及一些更冗长的详细计算，如服务于一个以上流向的车道组和感应信号灯。本章后面的内容会讨论这些细节。图 22.3 展示了 HCM 模型的结构。

22.3 模型中的计算步骤

如图 22.3 所示，分析步骤描述如下。

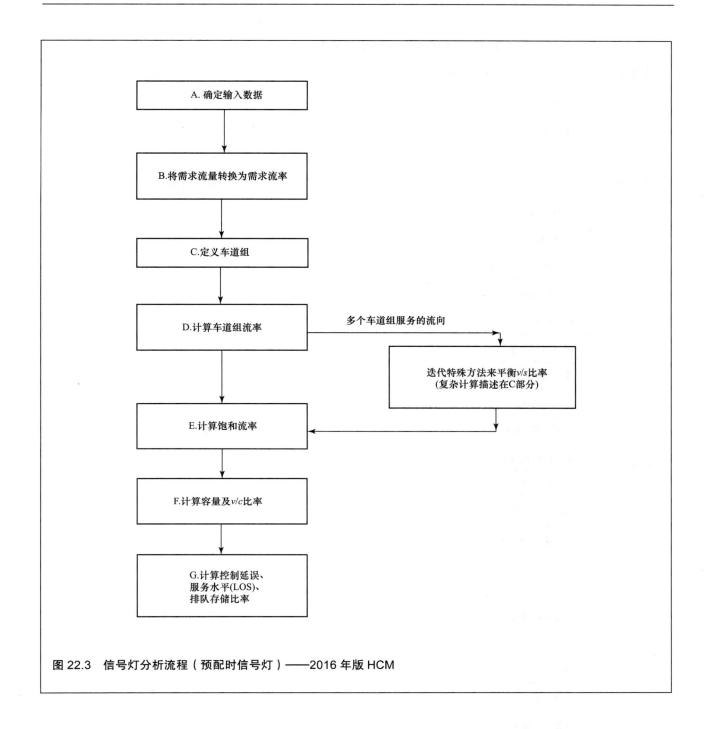

图 22.3　信号灯分析流程（预配时信号灯）——2016 年版 HCM

22.3.1　确定输入数据

在进行任何分析步骤之前，必须提供所有输入数据。这些数据包括对交通特性、道路几何和信控的完整描述。对于预配时信号灯，必须指定信号灯周期和所有时段。对于感应信号灯，控制器的设置是指定的，该方法直接将这些设置纳入计算给定条件下的平均信号灯配时。

表 22.2 汇总了对一个信控交叉口进行全面分析所需的所有输入数据。表 22.2 中的大多数变量都是以前定义过的。其他变量需要一些额外的定义或讨论。HCM 还提供了默认值的建议，在没有特定特性的现场数据的情况下可以使用。在使用这些值时应多加注意，因为它们会影响 v/c、延误和服务水平预测的准确性。

表 22.2　信控交叉口分析的数据需求——预配时信号灯

条件类型	参数	默认值
几何条件	车道数 N	必要
	车道宽度 W/ft	12
	接收车道数	必要
	纵坡 G (%)	平缓 (0)，中等 (3)，较陡 (6)
	现有的 LT 或 RT 车道	必要
	LT 或 RT 车道的存储长度 /ft	必要
	泊车条件（是 / 否）	必要
交通状况	分流向的需求流量（或流率）V/(veh/h)	必要
	RTOR 流率 /（veh/h）	0
	基准饱和流率 s_0/(pc/hg/ln)	1900（城市人口 ≥ 25 万），其余 1750
	重型车辆比例 P_T(%)	3
	冲突人行横道上的人流量 v_p/(ped/h)	必要
	交叉口附近的巴士停靠（巴士站）N_B/(bus/h)	12（CBD），2（非 CBD）
	泊车活跃度 N_m(maneuver/h)	见表 22.4
	绿灯时车辆到达比例 P	若有
	到达类型，若 P 未知	3
	限速值 /（mile/h）	必要
	自行车流率 v_{bic}/(bicycle/h)	必要
	高峰小时系数 PHF	小时数据及 15min 分析时段： 总驶入流量 ≥ 1000veh/h 为 0.92； 总驶入流量 <1000veh/h 为 0.90； 其余情况为 1.00
信控条件	周期长度 C/s	必要
	相位方案	必要
	每相位绿灯时间 G/s	主路直行 50s；次路 30s；左转相位 20s
	黄灯 + 全红清空时间	4s
	每相位行人按钮信号（是 / 否）	必要
	每相位最小行人绿灯时间 G_p/s	基于 3.5ft/s 的步速
其他	分析时间段 /h	0.25
	区域类型	必要

资料来源：Reprinted with permission from *Highway Capacity Manual, 6th Edition: A Guide for Multimodal Mobility Analysis*, Transportation Research Board, the National Academy of Sciences, Courtesy of the National Academies Press, Washington, D.C., 2016.

几何条件

必须对交叉口进行全面描述，见表22.2。必须确定每条接近段的泊车条件。对于一条典型的双向街道，每条接近段要么有路缘泊位，要么没有。在单向道上，右侧和/或左侧可能有泊位。对交叉口来说，只有当路缘泊位存在于该接近段的停止线250ft范围内时，才会被计入。大多数其他必须指定的几何条件是常用的变量，已在本书其他章节定义。

在存在宽车道（Wide lanes）的地方，应该对其使用情况进行一些观察。18～20ft宽的车道在需求强度高时往往会变成两条车道，特别是当它是一条可用作直行车道的路缘车道加上一条狭窄的RT车道时。分析师应尝试按照车道的使用情况描述车道，而不一定按照车道的划分情况。当然，在大多数情况下，他们是相同的。

交通状况

有许多有趣的变量被用于描述交通状况。绿灯时车辆到达的比例P，只有在现场测量获取的情况下才会被输入。在绿灯时到达的车辆比例对延误预测影响很大，但对方法的其他部分影响不大。如果P值未知，那么可以输入到达类型（Arrival Type，AT）的一般描述，这将被用于估计P值。

"到达类型"用于描述在每个接近段上到达车辆的进程质量。定义了1～6六种到达类型，其中，AT1表征进程质量最差，AT6表征进程质量最好。表22.3给出了定义。

表 22.3 到达类型的定义

到达类型	典型信号灯间距 /ft	到达类型可能发生的条件
1	≤ 1600	主体方向未获得良好进程的双向街道协调运行
2	> 1600 ～ 3200	不太严重的到达类型1
3	>3200	孤立信号灯或大间距协调信号灯
4	> 1600 ～ 3200	主体方向获得良好进程的双向街道协调运行
5	≤ 1600	主体方向获得良好进程的双向街道协调运行
6	≤ 800	在密集路网和CBD的单向街道上实施协调运行

资料来源：Reprinted with permission from *Highway Capacity Manual, 6th Edition: A Guide for Multimodal Mobility Analysis*, Transportation Research Board, the National Academy of Sciences, Courtesy of the National Academies Press, Washington, D.C., 2016.

使用式（22-8）从AT中计算出在绿灯时到达的车辆比例。

$$P=\frac{AT\times(g/C)}{3}$$ （22-8）

式中 P——车辆在绿灯时到达的比例（小数）；
    g——有效绿灯时间（s）；
    C——周期长度（s）。

如果没有现场数据，可以使用表22.3中的描述和信号灯间距的信息来对到达类型进行粗略的默认估计。

鉴于到达类型对延误估计有重大影响，在对比不同的交叉口设计和配时中，必须使用相同的到达类型。高延误不应该被简单地否定，也不应该通过假设改善进程质量来缓解。

在信控交叉口分析中，必须明确冲突人行横道的行人流量。"冲突人行横道"是指右转车辆通过的人行横道。

泊车活动是以每小时进入和离开泊位的次数（N_m）来衡量的，这些泊位位于相应接近段到停止线250ft内。泊车会影响相邻的车道组。单向道上的接入段的两个侧边都可能存在泊车。

进出泊位会对运行产生额外的负面影响，与在泊车道相邻的车道上行驶所产生的摩擦影响相比，进出泊位的影响更大。这源于每次进行这样的操作时，与泊车道相邻的车道会被干扰一段时间。泊车活动应在现场观察，但往往不容易得到。HCM 建议在这种情况下使用表 22.4 中的默认值，即假设 25ft 的泊位和 80% 的占用率。

表 22.4　建议的泊车活动默认值

道路类型	在停止线 250ft 内的泊位数	泊车时限 /h	周转率 /(veh/h)	每小时进出次数（N_m） 建议默认值
双向	10	1 2	1.0 0.5	16 8
单向	20	1 2	1.0 0.5	32 16

资料来源：Reprinted with permission from *Highway Capacity Manual, 6th Edition: A Guide for Multimodal Mobility Analysis*, Transportation Research Board, National Academy of Sciences, Courtesy of the National Academies Press, Washington, D.C., 2016.

当地巴士的定义是在交叉口的范围内（距停止线 250ft）停靠站，以上客和 / 或下客，无论是在交叉口的近端还是远端。在重型车辆百分比中，不在交叉口停靠的当地巴士被当作重型车辆。

如前所述，只要有当地的实测数据或预测，就应避免使用默认值。每使用一个默认值来代替交叉口的特定数据，预测运行状况的准确性就会变得更不可靠。

信控条件

该分析方法使用一种算法来确定行人过街合理时间。它与第 19 章的方法在原则上相似，但在具体细节上有些不同。

$$G_p = 3.2 + 0.27 N_{ped} + \left(\frac{L}{S_p}\right), \text{当 } W_E \leqslant 10\text{ft 时}$$
$$G_p = 3.2 + 2.7\left(\frac{N_{ped}}{W_E}\right) + \left(\frac{L}{S_p}\right), \text{当 } W_E > 10\text{ft 时}$$
（22-9）

式中　G_p——行人安全过街的最小绿灯时间（s）；

　　　L——人行横道的长度（ft）；

　　　S_p——行人步行速度（ft/s）；

　　　N_{ped}——在一个绿灯时段内过街的行人数量（ped/cycle）；

　　　W_E——人行横道的宽度（ft）。

对于预配时信号灯，HCM 会根据这些最小值检查绿灯时间。如果根据这些准则，行人横过道路不安全，则会给出警告提示。然而，无论信控是否满足最低行人绿灯条件，分析都可以继续进行。

还应注意的是，许多地方和州政府机构对什么是行人的安全过街有自己的政策。

22.3.2　将需求流量转换为需求流率

最理想的做法是通过使用现场数据的实际计数或高峰小时系数（PHF）=1.0 的预测来指定需求流率。然而，如果需求流量被指定为每小时的数量，它们就必须被转换为流率。用式（22-10）计算整个交叉口的 PHF，用式（22-11）计算需求流率。

$$\text{PHF} = \frac{v_{60}}{4v_{15}} \quad （22\text{-}10）$$

$$v = \frac{V}{\text{PHF}} \quad （22\text{-}11）$$

式中　PHF——高峰小时系数；

　　　v_{60}——进入交叉口（所有接近段）的所有车辆的整小时流量（veh）；

　　　v_{15}——进入交叉口（所有接近段）的所有车辆的 15min 峰值流量（veh）；

　　　v——需求流率（veh/h）；

　　　V——需求流量（veh/h）。

22.3.3　定义车道组

在一个交叉口接近段上可能存在以下六种不同类型的车道组：

- 单车道接近段，所有 3 个流向（LT、TH、RT）都由一条车道完成。
- 专用 LT 车道（一条或多条）；多条 LT 车道构成一个车道组。
- 专用 RT 车道（一条或多条）；多条 RT 车道构成一个车道组。
- 专用 TH 车道（这些车道不能转向）构成

一个车道组。

- 共用的 LT/TH 车道。
- 共用的 RT/TH 车道。

对这些车道组中的每一个都进行单独分析，并计算每一个的饱和流率、容量和延误。

22.3.4　分配需求流率

当一个流向只由一个车道组提供服务时，向该车道组分配需求流率是直接的。下面的例题展示了这些条件下的过程。

例题 22-1：分配需求流率（1）

定义车道组并为如下接近段分配车道组流率，PHF=1.0。

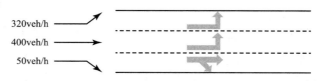

例题 22-1 图

表 22.5 呈现了需求流率的分配情况。

表 22.5　例题 22-1 的需求流率分配　　　（单位：veh/h）

流向	流率	车道组	车道组的车道数	车道组流率
LT	320	LT	2	320
TH	400	RT/TH	1	450
RT	50			

例题 22-2：分配需求流率（2）

如果同一条接近段有一条专用右转车道和一条直行车道，车道组的流率是多少？

例题 22-2 图

表 22.6 呈现了需求流率的分配情况。

表 22.6   例题 22-2 的需求流率分配　　　　　　　　　　　　　　（单位：veh/h）

流向	流率	车道组	车道组的车道数	车道组流率
LT	320	LT	2	320
TH	400	TH	1	400
RT	50	RT	1	50

　　这些例题是直接的案例，车辆不需要在车道组之间进行选择。然而，2016 年版 HCM 中的一个复杂问题是，当一个流向由两个车道组提供服务时，将需求流率分配给车道组的过程，例如有一个左/直共用车道和一个直/右共用车道的接近段。每条车道都是一个独立的车道组，直行车辆可以选择进入任意车道组。HCM 提出了一种迭代方法，通过均衡车道组的 v/s 比率，在两个车道组之间划分目标量。该方法将在本章后面讨论。

　　对于许多变量，HCM 指出，车道组需求流率的现场测量值优于估计程序，该方法允许车道组需求流量或流率被指定为输入。

22.3.5　估计每个车道组的饱和流率

　　HCM 中最详细的计算是估算交叉口中每个定义的车道组的饱和流率。饱和流率的计算方法是：

$$s = s_0 N f_{\mathrm{w}} f_{\mathrm{HVg}} f_{\mathrm{p}} f_{\mathrm{bb}} f_{\mathrm{a}} f_{\mathrm{LU}} f_{\mathrm{RT}} f_{\mathrm{LT}} f_{\mathrm{Rpb}} f_{\mathrm{Lpb}} f_{\mathrm{wz}} f_{\mathrm{ms}} f_{\mathrm{sp}}$$
$$（22\text{-}12）$$

式中　　s——车道组的饱和流率（veh/h）；

　　　　s_0——基准饱和流率（pc/hg/ln，城市人口 ≥ 250000，采用 1900pc/hg/ln，否则为 1750pc/hg/ln，或当地校准值）；

　　　　N——车道组的车道数；

　　　　f_i——既有条件 i 的调整系数（w = 车道宽度，HVg = 重型车辆及纵坡$^{\ominus}$，p = 泊车，bb = 当地巴士堵塞，a= 区域类型，

LU= 车道利用率，RT= 右转，LT= 左转，Rpb= 行人和自行车对右转的干扰，Lpb= 行人和自行车对左转的干扰，wz= 交叉口存在工作区，ms= 下游车道堵塞，sp= 持续回溢）。

车道宽度的调整系数

　　虽然信控交叉口的标准车道宽度为 12ft，但研究[5]表明，只要车道宽度在 10 ~ 12.9ft 之间，就不会对饱和流率或容量产生影响。因此，车道宽度调整系数只有以下三个值：

$f_{\mathrm{w}} = 0.96$　　车道宽度 < 10ft

$f_{\mathrm{w}} = 1.00$　　10ft ≤ 车道宽度 ≤ 12.9ft

$f_{\mathrm{w}} = 1.04$　　车道宽度 > 12.9ft

　　建议车道宽度不小于 10ft。

重型车辆及纵坡的调整系数

　　对重型车辆和纵坡的调整考虑了卡车与小客车在运行上的差异，以及纵坡对车辆运行的影响。对于下坡（$G < 0\%$），使用式（22-13）。对于所有其他情况，使用式（22-14）。

$$f_{\mathrm{HVg}} = \frac{100 - 0.79 P_{\mathrm{HV}} - 2.07 G}{100} \quad （22\text{-}13）$$

$$f_{\mathrm{HVg}} = \frac{100 - 0.78 P_{\mathrm{HV}} - 0.31 G^2}{100} \quad （22\text{-}14）$$

　　$\ominus$　原文中将 HV（Heavy Vehicles）与 g（grade）分开罗列，且在式（22-12）中有 f_{HV} 系数，但并没有分别予以探讨。译者核对了 2016 年版 HCM 后确定仅有 f_{HVg} 而无 f_{HV}，即 2016 年版 HCM 将重型车辆与纵坡综合在一个系数内考虑。这也说明该系数的算法和标定过程曾有变化。——译者注

式中[注] P_{HV}——车道上重型车辆的百分比（%）；

　　　　G——车道组的接近段纵坡（%）。

"重型车辆"是指在正常运行时有 4 个以上车轮接触地面的任何车辆。重型车辆没有被划分为不同等级。因此，它们包括卡车、休闲车和不在交叉口范围内停靠的巴士。在交叉口范围内停靠的巴士被视为一个单独的车辆类别：当地巴士。

注意，在上述公式中，P_{HV} 以百分比形式表示。而在其他公式中，它通常以小数形式表示。

泊车条件的调整系数

泊车调整系数涉及两个变量：泊车条件和流向，以及车道组中的车道数。如果车道组附近没有泊位，根据定义，该系数为 1.00。如果车道组附近有泊位，则对直接与泊位相邻的车道的影响是，由于泊车的路侧影响而损失 10% 的容量，加上在停止线 250ft 范围内进出泊位的每个流向都会造成 18s 的阻断。因此，对相邻车道的影响是：

$$P = 0.90 - \left(\frac{18N_m}{3600}\right)$$

式中　P——仅适用于与泊车道相邻的车道的调整系数；

　　　N_m——停止线 250ft 范围内每小时进出泊位的次数（mvts/h）。

然后，假设对车道组中其他车道的调整为 1.00（不受影响），即：

$$f_p = \frac{(N-1)+P}{N}$$

式中　N——车道组中的车道数。

上述两式结合在一起，得出泊车调整系数的最终公式：

$$f_p = \frac{N - 0.1 - \left(\frac{18N_m}{3600}\right)}{N} \geqslant 0.05 \quad (22\text{-}15)$$

该式有几个外部限制条件：

- $0 \leqslant N_m \leqslant 180$；若 $N_m > 180$，则使用 180mvts/h。
- f_p（最小）= 0.05。
- f_p（无泊车）= 1.00。

在单车道单向道上，两边都有泊位，N_m 是右侧和左侧泊车操作的总次数。

当地巴士堵塞的调整系数

当地巴士堵塞系数体现了当地巴士在交叉口近端或远端停止线 250ft 范围内的近端或远端巴士车站停车上客和 / 或下客的影响。同样，主要的影响是对巴士停靠的车道（或对邻近的车道，在提供港湾巴士车站的情况下）。它假定每辆巴士阻碍车道 14.4s 的绿灯时间，因此：

$$B = 1.0 - \left(\frac{14.4N_B}{3600}\right)$$

式中　B——调整系数，仅适用于被当地巴士堵塞的车道；

　　　N_B——每小时停靠的当地巴士数量。

与泊车调整系数的情况一样，假设对车道组中其他车道的影响为零，调整系数取 1.00，那么：

$$f_{bb} = \frac{(N-1)+B}{N}$$

式中　N——车道组中的车道数。

将上述两式结合起来就可以得出：

$$f_{bb} = \frac{N - \left(\frac{14.4N_B}{3600}\right)}{N} \geqslant 0.05 \quad (22\text{-}16)$$

[注] 原文中孤立出现 f_{HV} 系数注解，但与上下文没有关联，这里已经删除，理由见式（22-12）的注释。——译者注

该式也有几个限制条件：

- $0 \leqslant N_B \leqslant 250$；若 $N_B > 250$，使用 250b/h。
- $f_{bb}(min) = 0.05$

如果涉及的巴士车站是一个终点站和/或停靠点，可能需要进行实地调研，以确定每辆巴士阻碍多少绿灯时间。在这种情况下，式（22-16）中的 14.4s 就可以用现场测量的数值替代。

区域类型的调整系数

如前所述，信控交叉口位置被定性为"CBD"（中央商务区）或"其他"，调整系数基于该分类：

- CBD 位置：f_a=0.90。
- 其他位置：f_a=1.00。

该调整系数考虑了 CBD 通常更为复杂的驾驶环境，以及驾驶人在这种环境下通常会格外小心的情况。在应用该调整系数时，应做出判断。并非所有 CBD 都有如此复杂的环境，以至于仅仅因为该原因就会增加行车时距。如果一些非 CBD 的地点可能有当地环境因素的组合，则可能会用到该调整系数。

车道利用率的调整系数

车道利用率的调整系数体现了在有一个以上专用车道的车道组中车道的不平衡使用。在可以逐条车道观察需求量的情况下，调整系数可直接计算为：

$$f_{LU} = \frac{v_g}{v_{g1} N} \qquad (22\text{-}17)$$

式中　v_g——车道组的需求流率（veh/h）；

　　　　v_{g1}——流量最大的一条车道的需求流率（veh/h/ln）；

　　　　N——车道组的车道数。

当以这种方式应用时，该系数调低了饱和流率，从而使所产生的 v/c 比率和延误实际上代表了车道组中最不利车道的状况。HCM 规定，"当交通分布均匀时"，可使用 1.00 的车道利用系数。

表 22.7 列出了车道利用率调整系数的建议默认值。

表 22.7　车道利用率调整系数的建议默认值

流向组	流向组的车道数	最繁忙车道的交通量（%）	车道利用率调整系数 f_{LU}
专用直行	1	100.0	1.000
	2	52.5	0.952
	3[a]	36.7	0.908
专用左转	1	100.0	1.000
	2[a]	51.5	0.971
专用右转	1	100.0	1.000
	2[a]	56.5	0.885

资料来源：Reprinted with permission from *Highway Capacity Manual, 6th Edition: A Guide for Multimodal Mobility Analysis*, Transportation Research Board, the National Academy of Sciences, Courtesy of the National Academies Press, Washington, D.C., 2016.

注 a：如果一个流向组的车道多于本表所示，建议进行实地调查或使用该类型流向组的最小 f_{LU} 值。

右转的调整系数

右转调整系数是考虑到这类车辆的饱和时距比直行车的更长，因为它们在一个紧凑的半径上转向，需要降低速度且更加谨慎。该系数并不考虑行人对右转车辆的干扰。

考虑以下三种不同的右转情况：

- 来自专用 RT 车道
- 来自 TH/RT 共用车道
- 来自单车道接近段

对于来自专用 RT 车道的右转，右转的调整系数（f_{RT}）是一个常数 0.85，计算公式为：

$$f_{RT} = \frac{1}{E_R} \qquad (22\text{-}18)$$

式中　E_R——右转车辆的直行车当量 =1.18。

对于来自 TH/RT 共用车道或单车道接近段的右转车，其直行车当量 E_R，由行人和自行车对右转的干扰系数调整。右转的调整系数（f_{RT}）的计算方法为：

$$f_{RT} = \frac{1}{1 + P_R \left(\dfrac{E_R}{f_{Rpb}} - 1 \right)} \qquad （22-19）$$

式中　P_R——共用车道上右转车的比例；

　　　f_{Rpb}——行人和自行车对右转的干扰系数。

由于此处已将行人和自行车干扰的调整纳入共用车道允许相位的右转系数中，在计算式（22-12）中调整后的饱和流率时，需将其从基准饱和流率的乘法系数中去除。f_{Rpb} 系数的计算方法将在本节后面探讨。

左转的调整系数

左转考虑以下六种基本情况。

- **情况 1**：有保护相位的专用 LT 车道
- **情况 2**：有允许相位的专用 LT 车道
- **情况 3**：有复合相位的专用 LT 车道
- **情况 4**：有保护相位的共用车道
- **情况 5**：有允许相位的共用车道
- **情况 6**：有复合相位的共用车道

所有这些选项都是在现场经常遇到的，但情况 4 除外，它主要存在于没有对向车流的单行道。

与右转的情况一样，左转车辆的饱和流率比直行车辆低，因为他们在受限的半径上执行转向动作。

对于从有保护相位的专用 LT 车道左转，左转的调整系数（f_{LT}）是一个常数 0.95，计算公式为：

$$f_{LT} = \frac{1}{E_L} \qquad （22-20）$$

式中　E_L——左转车辆的直行车当量 =1.05。

保护左转车辆的饱和流率降低幅度小于保护右转车辆，因为机动车的曲率半径更大，也就是说，右转车辆的转向比左转车辆更急促。（比较

$f_{LT} = 0.95$ 和 $f_{RT} = 0.85$）在有保护相位的共用车道上进行左转的调整系数（f_{LT}）的计算方法是：

$$f_{LT} = \frac{1}{1 + P_L (E_L - 1)} \qquad （22-21）$$

允许相位的左转，其饱和流率按式（22-22）计算。

$$s_p = \frac{v_o e^{-v_o t_c / 3600}}{1 - e^{-v_o t_f / 3600}} \qquad （22-22）$$

式中　v_o——对向流量；

　　　t_c——临界时距（或临界间隙）是左转车辆为完成其动作所能接受的最小时间间隔（= 4.5s）；

　　　t_f——跟进时距（Follow-up headway）是指一辆车驶离与下一辆车紧随驶离之间的时间间隔（= 2.5s）。

在单向道上转入单向道的左转被视作右转进行分析，因为转向半径与右转流向一致。

行人和自行车对转向车辆干扰的调整系数

这两个调整系数在 2000 年被添加到 HCM 中，以考虑行人和自行车对信控交叉口的右转和左转车辆的干扰。左转的干扰系数 f_{Lpb} 只考虑左转与行人的相互作用，而不考虑自行车（尽管该系数的标签显示并非如此）。这里有个例外是在与单向道相交的单向道上，左转被视作右转来分析。

图 22.4 说明了转向车辆、行人和自行车之间的冲突。

单向道上的右转车辆和左转车辆几乎一开始就会遇到行人和自行车（仅限右转）的干扰。来自双向街道的左转车辆在允许相位下，在对向排队清空后会遇到行人的干扰。

基本的建模方法是估计行人－车辆冲突区和自行车－车辆冲突区被车辆阻挡的时间比例（因为它们被拥有通行权的行人和／或自行车骑行人占据）。只有当这些冲突区的阻挡解除时，车辆才能通过。

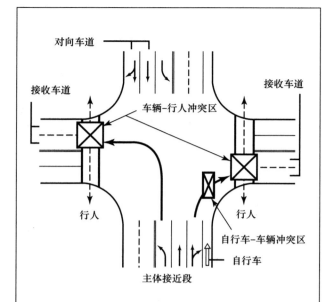

图 22.4　行人和自行车对转向车辆的干扰

资料来源：Reprinted with permission from *Highway Capacity Manual, 6th Edition: A Guide for Multimodal Mobility Analysis*, Transportation Research Board, National Academy of Sciences, Courtesy of the National Academies Press, Washington, D.C., 2016.

遵循以下计算步骤。

第 1 步：估计绿灯相位的行人流量（左转和右转）

这是绿灯相位的实际行人需求流率。调整该比率以反映行人只在信号灯的绿灯相位移动的事实。

$$v_{\text{pedg}} = v_{\text{ped}}\left(\frac{C}{g_{\text{ped}}}\right) \leqslant 5000 \qquad (22\text{-}23)$$

式中　v_{pedg}——绿灯相位的行人流率（ped/hg）；

　　　v_{ped}——分析期间的行人需求流率（ped/h）；

　　　C——周期长度（s）；

　　　g_{ped}——行人绿灯相位（s）。

g_{ped} 的值是指存在行人通行和清空时段的总和，或者是不存在行人信号灯的车辆有效绿灯的时长。注意，该参数有两个计算值，一个是人行横道上与右转车辆冲突的行人，另一个是与左转车辆冲突的行人。

如果左转是在允许或"保护 + 允许"相位进行的，则 g_{ped} 用允许相位的有效绿灯来替代。

第 2 步：估计冲突区的平均行人占用率（左转和右转）

"占用率"指标代表了行人和 / 或自行车出现在某一特定区域的绿灯时间的比例，该指标是为该区域定义的。在人行横道的冲突区域内，行人的占用率估计为：

$$OCC_{\text{pedg}} = \frac{v_{\text{pedg}}}{2000}，当\ v_{\text{pedg}} \leqslant 1000\ 时$$

$$OCC_{\text{pedg}} = 0.40 + \left(\frac{v_{\text{pedg}}}{10000}\right) \leqslant 0.90 \qquad (22\text{-}24)$$

，当 $1000 < v_{\text{pedg}} \leqslant 5000$ 时

式中　OCC_{pedg}——行人在冲突区的占用率。所有其他变量定义同前。

考虑到步行速度和平行过街的可能性，式（22-24）中的第一个表达式假设每个行人阻碍人行横道冲突区约 1.8s。在较高的需求流率下，平行过街的可能性要高得多，每增加一个行人，阻挡人行横道冲突区的时间会额外多 0.36s。

如果左转有允许或"保护 + 允许"的相位，则左转必须等到对面的队列清空后才能进行。上面计算的平均行人占用率必须根据左转车辆与行人之间冲突的这一缩短时间进行调整，使用式（22-25）。

$$OCC_{\text{pedu}} = OCC_{\text{pedg}}\left(1 - \frac{0.5g_q}{g_{\text{ped}}}\right) \qquad (22\text{-}25)$$

式中　OCC_{pedu}——对向队列清空后的行人占用率；

　　　g_q——对向排队服务时间。

计算 g_q 的方法将在本章后面描述。

第 3 步：估计绿灯相位的自行车流率（仅右转）

绿灯相位的自行车流率与绿灯相位的行人流率的估算方法相同。

$$v_{\text{bicg}} = v_{\text{bic}}\left(\frac{C}{g}\right) \leqslant 1900 \qquad (22\text{-}26)$$

式中　v_{bicg}——绿灯相位的自行车流率（bic/hg）；

　　　v_{bic}——分析期间的自行车需求流率（bic/h）；

C——周期长度（s）；

g——车辆行驶的有效绿灯时间（s）。

第4步：估计冲突区的平均自行车占用率（仅右转）

自行车占用率可估算为：

$$\text{OCC}_{\text{bicg}} = 0.02 + \left(\frac{v_{\text{bicg}}}{2700}\right) \qquad (22\text{-}27)$$

其中，OCC_{bicg} = 自行车在冲突区的占用率。所有其他变量定义同前。

第5步：估计相关冲突区的占用率（左转和右转）

在第2步和第3步中计算的占用率分别对行人和自行车进行处理。此外，假设转向车辆在绿灯相位的所有部分都存在阻碍。

式（22-28）用于估计没有自行车的右转和单向道左转的冲突区占用率：

$$\text{OCC}_{\text{r}} = \left(\frac{g_{\text{ped}}}{g}\right)\text{OCC}_{\text{pedg}} \qquad (22\text{-}28)$$

式中　OCC_{r}——冲突区的占用率。

对于右转车辆，如果同时存在行人和自行车流，则使用式（22-29），因为两个干扰流重叠，简单地将两个占用率值相加会导致过大的调整。行人和自行车对右转车辆的重叠影响用式（22-29）进行量化。

$$\text{OCC}_{\text{r}} = \left(\frac{g_{\text{ped}}}{g}\text{OCC}_{\text{pedg}}\right) + \text{OCC}_{\text{bicg}} - \left(\frac{g_{\text{ped}}}{g}\text{OCC}_{\text{pedg}}\text{OCC}_{\text{bicg}}\right) \qquad (22\text{-}29)$$

其中所有变量定义同前。

允许左转的相关冲突区取决于对向队列清空后对向车流中的间隙。可用式（22-30）来计算。

$$\text{OCC}_{\text{r}} = \left(\frac{g_{\text{ped}} - g_{\text{q}}}{g_{\text{p}} - g_{\text{q}}}\right)(\text{OCC}_{\text{pedu}})e^{-5.00v_{\text{o}}/3600} \qquad (22\text{-}30)$$

式中　g_{p}——允许的绿灯时间（s）；

v_{o}——对向的需求流率（veh/h）。

第6步：估计该相位的无阻碍部分，A_{pbT}（右

转和左转）

一旦确定了冲突区的占用情况，冲突区的阻碍解除时间（一个是右转，另一个是左转）就按以下方法计算。

$$\begin{aligned} A_{\text{pbT}} &= 1 - \text{OCC}_{\text{r}} &, \text{若 } N_{\text{rec}} = N_{\text{turn}} \\ A_{\text{pbT}} &= 1 - 0.6\text{OCC}_{\text{r}} &, \text{若 } N_{\text{rec}} > N_{\text{turn}} \end{aligned} \qquad (22\text{-}31)$$

式中　N_{rec}——接收车道（右转或左转的车道）的数量；

N_{turn}——转向车道的数量（转向流向的车道）。所有其他变量定义同前。

当接收车道的数量与转向车道的数量相等时，驾驶人几乎没有能力避开冲突区。当接收车道的数量超过转向车道的数量时，驾驶人可以在有限的范围内绕过行人和自行车。

第7步：确定调整系数

行人和自行车对左转和右转流向的干扰调整系数可按以下方式确定。

行人和自行车对右转的干扰调整系数 (f_{Rpb})

- 如果没有冲突的行人或自行车，$f_{\text{Rpb}} = 1.0$。
- 如果右转是以保护相位进行的，$f_{\text{Rpb}} = 1.0$。
- 如果右转是以允许相位进行的，$f_{\text{Rpb}} = A_{\text{pbT}}$。
- 如果右转为复合相位，则允许相位部分的 $f_{\text{Rpb}} = A_{\text{pbT}}$，保护相位部分的 $f_{\text{Rpb}} = 1.0$。

行人对左转的干扰调整系数（f_{Lpb}）

- 如果无冲突的行人，$f_{\text{Lpb}} = 1.0$。
- 如果左转作为保护相位，$f_{\text{Lpb}} = 1.0$。
- 如果从单向道上的专用车道左转，$f_{\text{Lpb}} = A_{\text{pbT}}$。
- 如果左转作为允许相位，$f_{\text{Lpb}} = A_{\text{pbT}}$。
- 如果从单向道上的专用车道左转，并采用复合相位，则该相位的允许部分 $f_{\text{Lpb}} = A_{\text{pbT}}$，该相位的保护部分 $f_{\text{Lpb}} = 1.0$。

交叉口存在工作区的调整系数

对交叉口存在工作区的调整是指在停止线上游250ft范围内，由于工作区的存在而关闭一条

或多条车道，该系数计算如下：

$$f_{wz} = 0.858 f_{wid} f_{reduce} \leqslant 1.0 \quad (22\text{-}32)$$

$$f_{wid} = \frac{1}{1 - 0.0057(a_w - 12)} \quad (22\text{-}33)$$

$$f_{reduce} = \frac{1}{1 - 0.0402(n_o - n_{wz})} \quad (22\text{-}34)$$

式中[○] f_{wz}——交叉口存在工作区的调整系数；

    f_{wid}——接近段宽度的调整系数；

f_{reduce}——在工作区出现车道减少情况的调整系数；

    a_w——施工期间的接近段车道宽度（=所有开放的左转、直行和右转车道的总宽度）（ft）；

    n_o——正常运行时开放的左转和直行车道数（ln）；

    n_{wz}——在工作区开放的左转和直行车道数（ln）。

计算的交叉口存在工作区调整系数适用于接近段的所有车道组。

下游车道堵塞和持续回溢的调整系数

对饱和流率的最后两项调整是基于 HCM 程序对城市街道路段的分析。在分析单个交叉口时，很少使用它们，这里不作讨论。

总结和例题

估算每个定义的分析车道组的饱和流率可能需要进行许多计算。了解每个因素的基本关系和概念是很重要的。

例题 22-3：估算饱和流率 (1)

求解下图所示的 EB 接近段上车道组的饱和流率，周期长度 =90s，$g = g_{ped} = 35s$

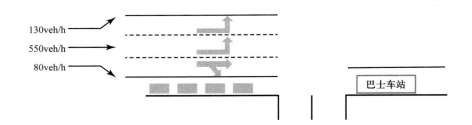

- 有保护左转相位
- 在有冲突的人行横道上，每小时有 200 个行人
- 11ft 的左转车道
- 13ft 的直行 / 右转车道
- 3% 的重型车辆
- 1% 的纵坡
- 右侧路缘泊车，在分析期间没有车辆进入或离开泊位
- 当地巴士车站位于接近段的远端，每小时有 15 辆巴士停靠
- 非 CBD 位置
- 没有自行车

求解

该接近段有两个车道组需要检查：两条左转车道组成一个车道组，而直行 / 右转车道是一个单独的车道组。

从前面介绍的公式、表格和讨论中可以找到调整系数，具体如下：

$f_{wLT} = 1.00$；$f_{wTR} = 1.04$

$$f_{HVg} = \frac{100 - 0.78 P_{HV} - 0.31G}{100}$$
$$= \frac{100 - (0.78 \times 3) - (0.31 \times 1)}{100} = 0.974$$

$$f_{pTR} = \frac{N - 0.1 - \left(\dfrac{18 N_m}{3600}\right)}{N} = \frac{1 - 0.1 - \left(\dfrac{18 \times 0}{3600}\right)}{1} = 0.90$$

$$f_{bbTR} = \frac{N - \left(\dfrac{14.4 N_B}{3600}\right)}{N} = \frac{1 - \left(\dfrac{14.4 \times 15}{3600}\right)}{1} = 0.94$$

$$f_a = 1.0 \text{（非CBD位置）}$$

$f_{LULT} = 0.971$（表22.7）；$f_{LURT} = 1.000$

确定行人/自行车干扰系数包括以下步骤：

$$v_{pedg} = v_{ped}\left(\frac{C}{g_{ped}}\right) = 200\left(\frac{90}{35}\right) = 515 \text{ped/hg} \text{ [式(23-17)]}$$

$$OCC_{pedg} = \frac{v_{pedg}}{2000} = \frac{515}{2000} = 0.257 \text{ [式(24-18)]}$$

$$OCC_r = \frac{g_{ped}}{g} \times OCC_{pedg} = \frac{35}{35} \times 0.257$$

$$A_{rpb} = 1 - 0.6 OCC_r = 1 - (0.60 \times 0.257) = 0.85$$

$$f_{rpbTR}(EBRT) = A_{rpb} = 0.85$$

$$f_{RT} = \frac{1}{1 + P_R[(E_R / f_{Rpb}) - 1]} = \frac{1}{1 + (80/630)[(1.18/0.85) - 1]} = 0.953$$

$$f_{LT} = 0.95 \text{（有保护相位的专用LT）}$$

所有其他因素都不适用于这种情况，根据定义，都是1.0。注意，由于EB直/右行人–自行车干扰调整系数被纳入右转调整系数，该车道组的 f_{Rpb} 值从表中删除。表22.8展示了车道组饱和流率的结果。

表22.8　例题22-3的饱和流率计算

车道组	s_0	f_w	f_{HVg}	f_p	f_{bb}	f_a	f_{LU}	f_{RT}	f_{LT}	f_{Lpb}	f_{Rpb}	$s/$(veh/h/ln)	$s/$(veh/h)
东向左转	1900	1.00	0.974	1.00	1.00	1.00	0.971	1.00	0.95	1.00	1.00	1707	3414
东向直/右	1900	1.04	0.974	0.90	0.94	1.00	1.00	0.953	1.00	1.00	—	1551	1551

例题22-4：估算饱和流率(2)

在下图所示的交叉口，求解EB车道组的饱和流率。

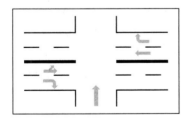

- EB和WB接近段的需求流率：直行（TH）300veh/h，右转（RT）50veh/h
- 允许的左转相位
- 无泊车，无巴士，无行人，无自行车
- 12ft车道
- 5%的重型车辆
- CBD位置

求解

在主体EB接近段上有两个车道组：一条LT/TH共用车道和一条右转车道。

对于共用车道，使用式（22-22），计算出允许左转相位的饱和流率。

$$s_p = \frac{350 e^{-350 \times 4.5/3600}}{1 - e^{-350 \times 2.5/3600}} = 1047 \text{veh/h}$$

重型车辆的饱和流率调整用式（22-14）计算。

$$f_{HVg} = \frac{100 - 0.78 \times 5 - 0.31 \times 0^2}{100} = 0.96$$

- 对CBD位置的调整，$f_a = 0.90$
- 对专用右转车道的调整，$f_{RT} = 0.85$。表22.9展示了EB车道组的结果。

表22.9　计算例题22-4的饱和流率

车道组	s_0	f_{HVg}	f_a	f_{RT}	$s/$(veh/h/ln)	$s/$(veh/h)
左/直（LT/TH）	1047	0.96	0.9	1.00	904	904
右转（RT）	1900	0.96	0.9	0.85	1395	1395

22.3.6 确定车道组容量及 *v/c* 比率

分析至此，车道组已经建立，每个车道组的需求流率 *v* 已经确定，每个车道组的饱和流率 *s* 也已预估。因此，每个车道组的需求流率和饱和流率都已调整，以反映相同的既有条件。每个车道组的 *v/s* 比率可以计算出来，并可作为表示每个车道组的相对需求强度的变量。

现在可以完成如下几个重要的分析步骤：

1）计算出每个车道组的 *v/s* 比率。

2）使用相对的 *v/s* 比率来确定相位方案中的关键车道组。

3）使用式（22-2）计算车道组容量：$c_i = s_i (g_i / C)$。该式不能用于允许或"保护 + 允许"相位的左转车道组。在允许左转的情况下，通行容量受到其他因素的影响，例如在对向交通流中寻找间隙。本章后面将介绍允许左转的方法。

4）计算车道组 *v/c* 比率 [式（22-3）]：$X_i = v_i / c_i = (v/s)_i / (g/C)_i$

5）计算交叉口的关键 *v/c* 比率 [式（22-5）]：

$$X_C = \sum_i (v/s)_{ci} \times \left(\frac{C}{C-L} \right)$$

例题 22-5：估算容量及 *v/c* 比

对于如下数值，求解 LT 和 TH/RT 车道组的 *g/C* 比率、容量和 *v/c* 比率。

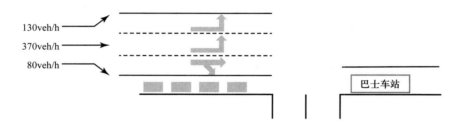

- 周期长度 =90s
- 左转先行相位 =20s
- 直行 / 右转相位 =35s
- $\ell_1 = 2s$，$e = 3s$，$Y = 4s$
- $s_{LT} = 1707$veh/hg；$s_{TH/RT} = 1354$veh/hg
- 每小时 200 个行人
- 3.5ft/s 的步行速度
- 68ft 的过街长度

检查这一相位的配时是否满足行人需求。

求解

1）检查配时是否符合行人所需的最小时间：

$$n_{peds} = \frac{200}{3600} \times 90 = 5ped/cycle$$

$$G_p = 3.2 + 0.27 \times 5 + \left(\frac{68}{3.5} \right) = 24s$$

TH/RT 相位是 35s，满足最低要求。

2）计算有效绿灯时间。

LT 车道组：20 + 4 - 2 - (4 - 3) = 21s

TH/RT 车道组：35 + 4 - 2 - (4 - 3) = 36s

东行车道组的计算结果见表 22-10。

3）表 22.11 展示了该交叉口所有其他接近段和车道组的结果。根据这些结果，求解该交叉口的关键 *v/c* 比率 X_C。NB 和 SB 相位同时发生。

为了计算关键 *v/c* 比率，需要识别关键车道组。在第 16 章中，确定关键车道的方法是通过信号灯环流图找到关键路径，从而获得最高的关键车道流量总和 V_c。这里的方法完全相同，只是没有加入关键车道的数量，而是加入了关键 *v/s* 比率。

表 22.10 例题 22-5 的计算结果

车道组	*s*/(veh/h)	*v*/(veh/h)	*v/s*	*g/C*	*c*/(veh/h)=*s* × *g/C*	*v/c*=*v/c*
左转（LT）	1707	130	0.08	0.23	393	0.33
直行 / 右转（TH/RT）	1354	450	0.33	0.40	542	0.83

表 22.11　例题 22-5 的结果

车道组	v/s	g/C	C	v/c
东向（EB）LT	0.08	0.23	322	0.33
东向（EB）TH/RT	0.33	0.36	481	0.83
西向（WB）LT	0.11	0.19	797	0.45
西向（WB）TH/RT	0.26	0.36	541	0.64
北向（NB）LTR	0.18	0.36	281	0.71
南向（SB）LTR	0.12	0.36	262	0.48

这个交叉口的关键流向是在每个相位具有较高的 v/s 比率的流向。对于左转相位，WB 左转有较高的 v/s 比率。

对于 EB/WB 的 TH/RT 相位，EB 流向是最高的。对于 NB/SB 相位，NB 的流量最大。因此，关键 v/s 比率的总和是：

WBLT + EB TH/RT + NB LTR = 0.11 + 0.33 + 0.18 = 0.62

损失时间 / 相位 $=\ell_1+(Y-e)=2+(4-3)=3$ s/phase 总损失时间，$L=3 \times 3=9$s

关键 v/c，X_C：

$$X_C = \sum_i (v/s)_{ci} \times \left(\frac{C}{C-L} \right) = 0.62 \times \frac{90}{90-9} = 0.69$$

例题 22-6：确定关键流向

对于图 22.5 所示的交叉口，请找出关键流向。

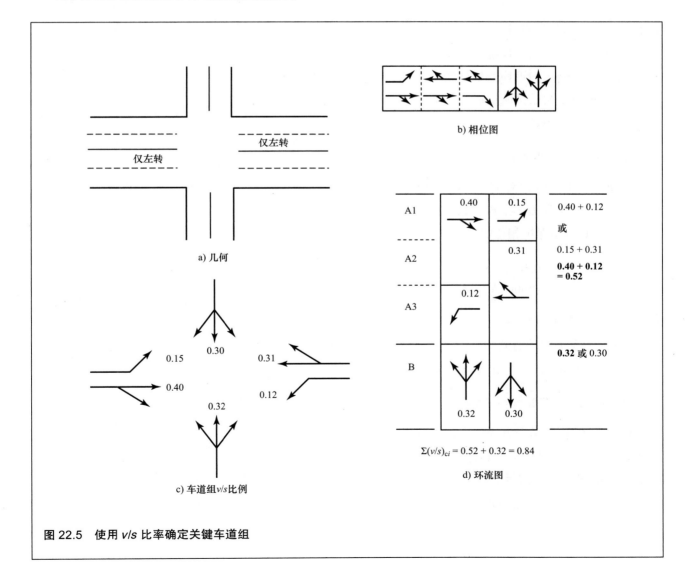

图 22.5　使用 v/s 比率确定关键车道组

图中展示了一个在东西向干线上有先行和延后绿灯相位的信号灯，而南北向干线则是单相位的。

求解

通过 A1 至 A3 相位的关键路径是由哪个环的 v/s 比率之和最高决定的。在这种情况下，对于 A 相位，左边的

环有最高总和，得出 v/s 比率之和为 0.52。

B 相位的关键流向是对两个环的直接比较，这两个环有同时存在的相位。总数最高的还是在左环，v/s=0.32。

因此，通过信号的关键路径完全是沿着左环的，关键车道 v/s 比率之和是 0.52 + 0.32 = 0.84。

22.3.7 估算延误和服务水平

如前所述，服务水平是以控制延误为基础的。

具体标准在表 22.1 中给出。在容量分析中，每个车道组的 v/c 比率值是已知的。利用这些结果和其他信控信息，每个车道组的延误可以计算为：

$$d = d_1 + d_2 + d_3 \qquad (22\text{-}35)$$

式中　d——每辆车的平均控制延误（s/veh）；

d_1——每辆车的平均统一延误（s/veh）；

d_2——每辆车的平均增量延误（s/veh）；

d_3——由于初始排队造成的每辆车的额外延误（s/veh）。

统一延误（Uniform Delay）

正如第 18 章所讨论的，统一延误可以用 Webster 的统一延误方程 [式（22-36）] 得到。这个方程只在有专用保护相位的专用车道是准确的。

$$d_1 = \frac{0.5C[1 - g/C]^2}{1 - [\min(1, X) \times g/C]} \qquad (22\text{-}36)$$

式中　C——周期长度（s）；

g——车道组的有效绿灯时间（s）；

X——车道组的 v/c 比率（最大值是 1.0）。

进程的影响（Effect of Progression）

Webster 的统一延误方程假定，在分析时间段内到达是均匀的。事实上，到达充其量是随机的，最常见的是基于协调信号灯系统形成的车列。信号灯协调或进程的质量会对延误产生巨大影响。

请考虑以下情况。在一个信控交叉口，在 60s 的周期中，有 30s 的有效绿灯时间。一个由 15 辆车组成的车列，以 2.0s 的时距接近该交叉口。注意，这 15 辆车将正好消耗掉 30s 的有效绿灯时间（$15 \times 2.0=30$）。因此，对于该信号周期，v/c 比率为 1.0。

由于提供了完美的进程，车列到达信号灯时正好是绿灯亮起。这 15 辆车在通过路口时，没有任何车辆受到延误。然而，在最糟糕的情况下，该车列在红灯亮起时到达。整个车列停了 30s，每辆车几乎都经历了整个 30s 的延误。当绿灯亮起时，车列通过，完全清空了交叉口。在这两种情况下，整个周期的 v/c 比率为 1.0。然而，延误可能从 0s/veh 到近 30s/veh 不等，这完全取决于车列到达的时间（即进程的质量）。

因此，在使用 webster 时，必须用一个考虑到进程影响的进程系数来调整它。这是通过用方程式（22-37）求解的进程系数来调整方程中计算的统一延误来实现的。

$$\begin{aligned} PF &= \frac{1-P}{1-g/C} \times \frac{1-y}{1-\min(1,X)P} \times \left[1 + y\frac{1-PC/g}{1-g/C}\right] \\ y &= \min(1, X) \times g/C \end{aligned} \qquad (22\text{-}37)$$

式中　PF——进程系数；

y——流率比 v/s；

P——绿灯时段到达车辆的比例，

$$P = (AT/3)(g/C);$$

g——有效绿灯时间（s）；

C——周期长度（s）。

例题 22-7：估算统一延误

求解具有以下特点的一条只允许直行的车道的统一延误。

- $C = 90s$
- $g = 40s$
- $v = 700veh/h$
- $s = 1800veh/h/ln$
- 到达类型 $= 4$

求解

- $g/C = 40/90 = 0.44$
- $v/s = 700/1800 = 0.389$
- $X = 0.389/0.44 = 0.875$
- $P = (4/3) \times 0.444 = 0.59$

计算 PF：

$$PF = \frac{1-0.59}{1-0.44} \times \frac{1-0.389}{1-0.875\times0.59} \times$$
$$\left[1+0.389\frac{1-0.59\times90/40}{1-40/90}\right] = 0.716$$

计算 d_1。

$$d_1 = \frac{0.5C[1-g/C]^2}{1-[\min(1,X)]\times g/C} \times PF$$
$$= \frac{0.5\times90(1-0.44)^2}{1-0.875\times0.44} \times 0.716 = 16.28s/veh$$

计算统一延误 d_1 的增量队列累积法

Webster 方程只能准确预测拥有保护相位，且只服务于一个流向的车道组的统一延误，例如仅直行的车道组或拥有保护相位且具备专用车道的左转或右转车道组。对于所有其他车道组，统一延误是使用队列累积多边形和增量队列累积（Incremental Queue Accumulation，IQA）方法计算的，如参考文献 [6][7] 所述。IQA 方法并没有将队列累积图的形状限制在一个简单的三角形，而是可以描述所有类型的复杂相位。然后通过将多边形分解成可以计算面积的三角形和梯形分块，来计算所产生的多边形的面积。

当使用 IQA 方法计算统一延误时，进程的影响被纳入方法论。为了做到这一点，有必要将车道组的到达流率分为有效绿灯时到达的流率和有效红灯时到达的流率。参数 P（绿灯时段到达车辆的比例）是通过现场测量估计的，或者使用式（22-38）对已知到达类型进行估计。

$$P = (AT/3)(g/C) \qquad (22-38)$$

分析开始于构建一个队列累积多边形，在这个多边形中，为相位的有效红灯部分和相位的有效绿灯部分构建到达和离开曲线。这种图示通常

从有效红灯开始，因为对于非饱和分析来说，并没有排队的时间。

注意，每个多边形处理三个队列：

- $q_1 =$ 有效红灯相位开始时的队列大小，由前一个红灯相位未满足的需求造成，对于不饱和交叉口来说通常为零。
- $q_2 =$ 有效红灯相位结束（和有效绿灯相位开始）时的排队规模。
- $q_3 =$ 有效绿灯相位结束时（和下一个有效红灯相位开始时）的排队规模。

在一系列的相位中，第一个计算周期结束时的 q_3 成为下一个计算周期开始时的 q_1。

以下步骤确定使用 IQA 方法计算的统一延误。

1）有效红灯时段的到达率由以下公式给出：

$$v_r = \frac{(1-P)VC}{r} \qquad (22-39)$$

式中　v_r——有效红灯时段的到达流率（veh/h）；

　　　　P——绿灯时段到达车辆的比例；

　　　　V——平均到达流率（veh）；

　　　　C——周期长度（s）；

　　　　r——有效红灯时段（s）。

假设有效红灯开始时的队列为零，$q_1 = 0$。

2）有效红灯时间结束时的排队情况通过以下方式计算：

$$q_2 = q_1 + \left(\frac{v_r - s}{3600}\right) \times r \qquad (22\text{-}40)$$
$$q_2 \geq 0$$

式中　q_1——有效红灯开始时的队列（veh）；
　　　q_2——有效红灯结束时的队列（veh）；
　　　v_r——红灯时段平均到达率（veh/h）；
　　　s——红灯时段平均饱和流率，s=0veh/h；
　　　r——有效红灯时间（s）。

3）可以用式（22-41）求出有效红灯时段内的统一延误：

$$d_r = r \times \left(\frac{q_1 + q_2}{2}\right) \qquad (22\text{-}41)$$

式中　d_r——有效红灯时段的统一延误（s）。

注意，这不包括初始队列造成的延误，也不包括剩余队列中车辆的延误。

4）必须重复同样的步骤来计算有效绿灯时间内的统一延误。然而，起点是有效红灯时段结束时的队列 q_2。有效绿灯时间内的到达率通过以下方法计算：

$$v_g = \frac{VP}{(g/C)} = \frac{VPC}{g} \qquad (22\text{-}42)$$

式中　v_g——有效绿灯期间的平均到达率（veh/h）；
　　　g——车道的有效绿灯时间（s）；
　　　P——绿灯时段到达车辆的比例。

5）求解有效绿灯时段结束时的排队情况。

$$q_3 = q_2 + \left(\frac{v_g - s}{3600}\right) \times g \qquad (22\text{-}43)$$

6）对于不饱和的情况，用式（22-43）计算出的队列往往是负数，因为队列会在有效绿灯时段结束前清空。在队列清空后，到达的车辆不会有延误。因此，为了找到有效绿灯时段的延误，有必要找到队列完全消散的时间，也就是 q_3=0 的

时间。这是排队的车辆数量等于驶离数量的时候。队列中的车辆数量由有效红灯时间结束时的队列加上在完全处理前加入队列的车辆组成。

为了找到 $q_3 = 0$ 的时间，有效绿灯开始时的队列加上在 $q_3 = 0$ 之前的时间内加入队列的车辆数量被设定为等于驶离的数量：

$$q_2 + \left(\frac{v_g}{3600}\right) \times \Delta t_2 = \left(\frac{s}{3600}\right) \times \Delta t_2 \qquad (22\text{-}44)$$

式中　Δt_2——有效绿灯期间内排队车辆数成为零时的时间。

式（22-44）的左边表示在有效绿灯期间要处理的车辆（等于有效红灯结束时的队列 q_2，加上在有效绿灯期间到达并加入队列的车辆，在时间 Δt_2 被清除）。式（22-44）的右边表示在有效绿灯期间的驶离数量，即排队车数为零时的 Δt_2 时间段内。有效绿灯时段的驶离率是该车道组的调整饱和流率 s。因此，直到排队车数为零的驶离车数为 $s/3600 \times \Delta t_2$。求解式（22-45）的 Δt_2：

$$\Delta t_2 = \frac{3600 q_2}{s - v_g} \qquad (22\text{-}45)$$

用式（22-46）计算 Δt_2 期间的延误：

$$d_g = \Delta t_2 \times \left(\frac{q_2 + q_3}{2}\right) \qquad (22\text{-}46)$$

式中　d_g——有效绿灯时段内的统一延误（s）。
所有其他变量定义同前。

7）统一延误（s/veh）是在有效红灯和有效绿灯相位产生的统一延误之和除以周期内车辆到达的总数量：

$$d_1 = \frac{(d_r + d_g)}{(q_2 + n_a)} \qquad (22\text{-}47)$$

式中　n_a——有效绿灯期间的车辆到达数 = $(v_g/3600) \times g$。
所有其他变量定义同前。

注意，统一延误是指周期内所有车辆经历的平均延误，包括那些在排队清空后到达的没有经历延误的车辆。

对于更复杂的相位，对整个多边形的每个组成部分重复这些相同的步骤。多边形的组成部分是通过将相位划分为到达率和离开率为常数的多边形来确定的。到达率可能因车列效应而改变。当然，离开率会因该相位从红灯转换为绿灯而发生变化，且当绿灯时间被不同的流向使用时也会发生变化，例如当左转车辆为允许相位时。在保护＋允许（或允许＋保护）相位的情况下，相位的允许部分和保护部分的饱和流率是不同的。然而，虽然多边形的形状可能变得非常复杂，但基本原则是相对简单的。参考文献 [8][9] 对 IQA 的内容有进一步讨论。

例题 22-8：使用 IQA 方法确定统一延误

使用 IQA 方法求解与例题 22-7 中相同的仅直行车道组的统一延误。为方便起见，这里重复一下特性。

- $C = 90\text{s}$
- $G = 40\text{s}$
- $\ell_1 = 2\text{s}$
- $e = 2\text{s}$
- $v = 700\text{veh/h}$
- $s = 1800\text{veh/h/ln}$
- 到达类型 $= 4$

求解

a. 计算有效绿灯时间。
$$g = G - \ell_1 + e = 40 - 2 + 2 = 40\text{s}$$

b. 计算有效红灯时间。
$$R = 90 - 40 = 50\text{s}$$

c. 画出队列累积图。

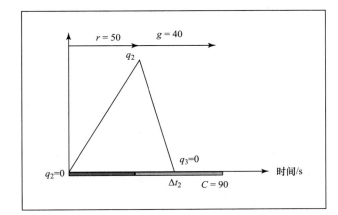

d. 计算绿灯时段到达车辆的比例：
$$P = (AT/3)(g/C) = (4/3)(40/90) = 0.59$$

e. 计算红灯时的到达率：
$$v_r = \frac{(1-P)VC}{r} = \frac{(1-0.59)700 \times 90}{50} = 515\text{veh/h}$$

f. 计算有效红灯结束时的排队情况，假设有效红灯开始时没有排队情况：
$$q_2 = q_1 + \left(\frac{v_r - s}{3600}\right) \times r = 0 + \left(\frac{515 - 0}{3600}\right) \times 50 = 7.16\text{veh}$$

g. 计算有效红灯时段的延误：
$$d_r = r \times \left(\frac{q_1 + q_2}{2}\right) = 50 \times \left(\frac{0 + 7.16}{2}\right) = 178.9\text{veh} \cdot \text{s}$$

h. 计算绿灯时的到达率：
$$v_g = \frac{VPC}{g} = \frac{700 \times 0.59 \times 0.90}{40} = 931\text{veh/h}$$

i. 计算有效绿灯结束时的排队情况：
$$q_3 = q_2 + \left(\frac{v_g - s}{3600}\right) \times g = 7.16 + \left(\frac{931 - 1800}{3600}\right) \times 40 = -2.5\text{veh}$$

这是一个负数，因为队列在有效绿灯结束前就已清空。

j. 计算有效绿灯时段排队清空的时间：
$$\Delta t_2 = \frac{3600 q_2}{s - v_g} = \frac{3600 \times 7.16}{1800 - 931} = 29.6\text{s}$$

k. 计算有效绿灯时段的延误。
$$d_g = \Delta t_2 \times \left(\frac{q_2 + q_3}{2}\right) = 29.6 \times \left(\frac{7.16 + 0}{2}\right) = 106.1\text{veh} \cdot \text{s}$$

l. 计算有效绿灯时段到达的总车数。

$$n_a = \frac{v_g}{3600} \times g = \frac{931}{3600} \times 40 = 10.3\text{veh}$$

m. 计算平均统一延误：

$$d_1 = \frac{(d_r + d_g)}{(q_2 + n_a)} = \frac{(178.9 + 106.1)}{(7.16 + 10.3)} = 16.28\text{s/veh}$$

对于这个简单场景，即在保护模式下仅为一个流向服务的车道组，答案将与例题 22-7 相同（16.28s/veh）。然而，IQA 方法的优点是它不限于简单的三角形，即在整个周期内只有一个到达率和一个离开率。它还可以为所有类型的相位方案和车道组类型建立延误模型。这方面的例子将在本章后面讨论。

有时，在有效绿灯结束时会有剩余队列。在这种情况下，需要迭代该程序，将残余队列作为有效红灯开始时的队列，而不是零。这些步骤反复进行，直到计算结果队列等于计算初始队列。

增量延误（Incremental Delay）

增量延误方程基于 Akcelik 方程（见第 18 章），包括两种类型的延误。因为车辆不是像 d_1 项中假设的那样均匀到达，d_2 项包括车辆逐个周期随机到达造成的延误，造成一些周期过饱和的

可能性（周期失效）。d_2 项还包括当整个分析期过饱和时，即 $v/c > 1.00$ 时，溢出（过饱和）造成的延误。增量延误估计为：

$$d_2 = 900T \times \left[(X-1) + \sqrt{(X-1)^2 + \left(\frac{8kIX}{cT}\right)} \right] \tag{22-48}$$

式中　T——分析时间段（h）；

X——车道组的 v/c 比率；

c——车道组的容量（veh/h）；

k——控制器类型的调整系数；

I——上游过滤/计量调整系数。

对于预配时控制器，或半感应控制器中的非感应流向，k 系数始终为 0.50。上游过滤/计量调整系数只用于主干道分析。在对单个交叉口的所有分析中，假设值为 1.00。

例题 22-9：确定增量延误

对于例题 22-7 和 22-8 中的相同问题，求增量延误。

求解

$$d_2 = 900 \times 0.25 \times \left[(0.875-1) + \sqrt{(0.875-1)^2 + \left(\frac{8 \times 0.5 \times 1 \times 0.875}{1800 \times 0.44 \times 0.25}\right)} \right] = 12.8\text{s/veh}$$

初始队列延误（Initial Queue Delay）

初始队列延误 d_3，表示由于前一时间段没有完全处理的队列而增加的延误，也就是说，它是前一时间段的平均未满足需求。初始队列的存在会影响之前计算的统一延误，需要进行调整。这里不包括计算初始队列和调整统一延误的公式，读者可以参考 HCM 第 19 章。

控制延误和服务水平（Control Delay and Level of Service）

控制延误 d，是统一延误、增量延误和初始队列延误之和。依据该值查表 22.1 来确定服务水平。

例题 22-10：确定总控制延误和服务水平

当 $d_1 = 16.28$，$d_2 = 12.8$，$d_3 = 0.0$（单位均为秒）时，求控制延误和服务水平。

求解

$$d = d_1 + d_2 + d_3 = 16.28 + 12.8 + 0.00 = 29.08 \text{s/veh}$$

从表 22.1 来看，LOS=C。

流向组（Movement Groups）

HCM 将某些车道组合并为所谓的流向组来呈现结果。流向组用于城市街道的分析。专用转向车道组是车道组，也是流向组。共用车道组和 TH 专用车道组被合并为一个流向组，以显示结果。表 22.12 展示了流向组的一些可能组合。

容量、v/c 比率、延误和服务水平也可以按流向组进行分析。在城市街道方法中，更多使用流向组。

延误汇总

为了汇总延误，平均延误按经历延误的车辆数量进行加权。在 HCM 中，可将延误按照接近段和整个交叉口分别进行汇总，如下所示：

$$
\begin{aligned}
d_A &= \frac{\sum_i d_i v_i}{\sum_i v_i} \\
d_I &= \frac{\sum_A d_A v_A}{\sum_A v_A}
\end{aligned}
\tag{22-49}
$$

式中 d_i——车道组 i 每辆车的总控制延误（s/veh）；

        d_A——接近段 A 每辆车的总控制延误（s/veh）；

        d_I——整个交叉口的每辆车的总控制延误（s/veh）；

        v_A——接近段 A 的需求流率（veh/h）；

        v_i——车道组 i 的需求流率（veh/h）。

表 22.12   流向组和车道组

车道组	车道组中的车道数	流向组	流向组中的车道数
LT	1	LT	1
TH	2	TH/RT	3
RT	1		
LT	1	LTR	2
TR	1		

服务水平可以应用于车道组、流向组、接近段和整个交叉口。

22.3.8   估算队列服务比

排队存储比是分析期内平均最大排队后方使用的存储空间与可用的总存储长度的比值。排队的车辆包括在红灯时到达的车辆，以及在绿灯开始后加入队列并完全停止的车辆。加入队列的车辆，放慢速度，但没有完全停止，不包括在后一部分队列的计算中。图 22.6 描述了到达和通过交叉口的车辆。

每条线代表一辆车，轨迹的斜率是速度。因此，完全停止的车辆是那些在其轨迹上有一条水平线（速度 =0）的车辆。从其轨迹的水平部分看，前 5 辆车在交叉口完全停止。第 6 辆车只经历了部分停车，也就是说，它在减速和加速时确实经历了延误。因此，该周期的排队车辆为 5 辆。分析期间的平均排队用于计算排队存储比。如式（22-50）所示，排队等候的车辆包括三部分。

$$Q = Q_1 + Q_2 + Q_3 \qquad (22\text{-}50)$$

式中　Q——排队合计（veh/ln）；

Q_1——排队的第一部分（veh/ln）；

Q_2——排队的第二部分（veh/ln）；

Q_3——排队的第三部分（veh/ln）。

图 22.6 中描述的是排队的第一部分。排队的第二部分计算随机周期失效对排队的影响，也计算持续过饱和的影响（在分析期间需求大于容量）。排队的第三部分计算了初始排队对排队的影响。

这里没有介绍这三个排队的计算公式，读者可以参考 2016 年版 HCM，了解这些细节。

排队存储比用式（22-51）计算。

$$R_q = \frac{L_h Q}{L_a} \qquad (22\text{-}51)$$
$$L_h = L_{pc}(1 - 0.01P_{HV}) + 0.01L_{HV}P_{HV}$$

式中　R_q——队列存储比；

L_a——可用的队列存储长度（ft/ln）；

Q——排队长度（veh）；

L_h——队列中的平均车辆空间（ft/veh）；

L_{pc}——存储小客车的车道长度 =25ft；

L_{HV}——存储重型车辆的车道长度 =45ft；

P_{HV}——重型车辆的百分比（%）。

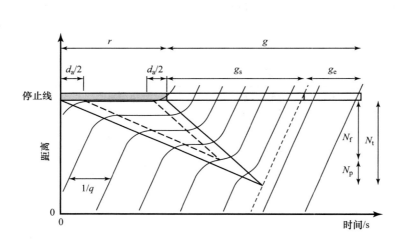

图 22.6　交叉口接近段车辆轨迹的时空图

资料来源：Reprinted with permission from *Highway Capacity Manual, 6th Edition: A Guide for Multimodal Mobility Analysis*, the National Academy of Sciences, Courtesy of the National Academies Press, Washington, D.C., Exhibit 31- 20, pgs 31-64.

如果队列存储比小于 1.0，因排队存储长度不足而导致堵塞的情况就不会发生。当排队存储比大于或等于 1.0 时，因排队存储长度不足而导致堵塞的情况就会发生。

22.4 解读信控交叉口分析的结果

在完成 HCM 的分析程序后，交通工程师可以得到以下结果供评估：

- 每个流向组的 v/c 比率 (X)
- 每个接近段的延误和服务水平
- 整个交叉口的延误

所有这些结果都必须加以考虑，以获得对信控交叉口预测运行条件的完整综述，分析揭示的相关问题，并思考如何解决。

v/c 比率和延误值没有紧密联系，可能会出现一些有趣的组合。然而，各车道组的 v/c 比率代表了对该组容量供给是否充足的绝对预测。此外，关键 v/c 比率代表了对所有关键车道组的总容量充足性的绝对预测。可能会出现以下情况：

- **情形 1**：$X_C \leq 1.00$，所有 $X_i \leq 1.00$。这些结果表明，任何车道组都不存在容量不足的问题。如果没有初始排队，那么在分析期结束时，任何车道组都不会有剩余排队。分析员可能希望考虑各车道组之间 X 值的平衡，特别是关键车道组。通常的策略是为所有关键车道组提供平衡的 X 值比率。当所有关键车道组的 $X_i \approx X_C$ 时，这是最佳方案。
- **情形 2**：$X_C \leq 1.00$，一些 $X_i > 1.00$。只要 $X_C \leq 1.00$，所有的需求都可以在所提供的相位方案、周期长度和物理设计内处理。通过将绿灯时间从 X_i 值较低的车道组重新分配到 $X_i > 1.00$ 的车道组，所有 X_i 值可以减少到小于 1.00 的值。本章后面将介绍重新分配绿灯时间的建议程序。
- **情形 3**：$X_C > 1.00$，部分或全部 $X_i > 1.00$。在这种情况下，只有通过改变相位方案、周期长度和 / 或交叉口的物理设计，才能为所有关键车道组提供足够的容量。提高相位方案的效率包括在没有左转相位的情况下考虑保护左转，或者在有完全保护相位的情况下考虑保护 + 允许相位。这可能有很大的好处，取决于左转需求的大小。延长周期长度将增加少量的容量。如果周期长度

已经很长，或者容量缺陷很严重，则可能不实用。为关键车道组增加车道将对容量影响最大，并可以创造更有效的车道使用分配。

延误也必须仔细考虑，但应通过对当地情况的了解加以调整。服务水平的指定基于延误指标，但对各种延误水平的接受程度可能因地而异。例如，小型远郊 CBD 的驾驶人难以接受大城市的驾驶人所能接受的延误水平。

如前所述，LOS F 可能存在于 v/c 比率小于 1.00 的地方。这种情况可能意味着信号灯设置不当（应考虑重新设置），也可能反映出在一个相对较长的周期内有一个短的保护转向相位。后者可能不容易补救。事实上，在繁忙的城市或郊区交叉口，对一个相对较小流向的长时间延误有时是有意为之。

接近段的总体服务水平，特别是交叉口的服务水平，可能会掩盖一个或多个流向组的问题。必须考虑单个流向组的延误和服务水平，并且必须与总体措施一起考虑。当顾问或其他工程师仅描述接近段延误和服务水平时，往往是一个严重的问题。

在流向组延误差异很大的情况下，一些绿灯时间的重新分配可能有助于平衡这种情况。然而，当改变绿灯时间的分配以实现车道组延误的更好平衡时，必须仔细观察重新分配对 v/c 比率的影响。

22.5 方法论的复杂性

本章前几节讨论了 HCM 模型中用于分析预配时信控交叉口的部分，这些交叉口有简单的相位方案，可以手动计算。本节将讨论一些更复杂的模型。有些内容将不甚详细，对于这些情况，读者应直接查阅 HCM 以获取更全面的描述。

将讨论该模型的以下方面：

- 允许左转的延误和容量模型
- 复合相位的分析
- 由多个车道组提供服务的流向

本章第 2 部分将介绍对感应信号灯的分析。

22.5.1 允许左转的延误和容量建模

允许左转的建模必须考虑允许左转与对向车流之间的复杂交互。这些交互涉及绿灯相位的几个离散时段，必须分别处理。

图 22.7 呈现了绿灯相位的这些部分。它展示了一个有对向 EB 车流的主体接近段（WB 接近段）[⊖]。当绿灯相位开始时，两个接近段的车辆开始移动。对向接近段上的车辆在饱和流率（s_{op}）下通过交叉口，没有可用间隙。因此，在对向车辆排队通过交叉口的时间内，不能从主体接近段左转。如果左转车辆在这段时间内到达该接近段，就必须等待，堵在最左边的车道上，直到对向的排队清空完毕。在对向排队清空完毕后，对向不饱和车流中存在可用间隙，从主体接近段左转的车辆可以利用这些间隙左转。左转的速度以及它们对目标接近段运行的影响，取决于左转的数量以及对向车流和车道分布。

另一个基本概念是，在第一辆左转车到达之前，左转车对主接近段的运行没有影响。绿灯相位有三个不同的部分，可以定义如下：

$g_{q,opp}$ = 清空路口对向排队车辆所需的平均绿灯时间（s）；

g_f = 第一辆左转车到达主体接近段前的平均绿灯时间（s）；

g_u = 主体方向的对向转向车辆排队清空后的平均时间（s）。

图 22.7 呈现了这些关键变量之间的关系。g_u 的值取决于 g_f 和 $g_{q,opp}$ 的相对值。如果第一辆左转车在对向排队清空前到达，那么不饱和时间就发生在对向排队清空之后。如果第一辆左转车在对向排队清空后到达，那么不饱和时间就发生在第一辆左转车到达后。

$$g_u = g - g_{q,opp}，当 \ g_{q,opp} \geqslant g_f \ 时 \atop g_u = g - g_f \quad，当 \ g_{q,opp} < g_f \ 时} \quad (22\text{-}52)$$

式中　g——该相位总的有效绿灯（s）。

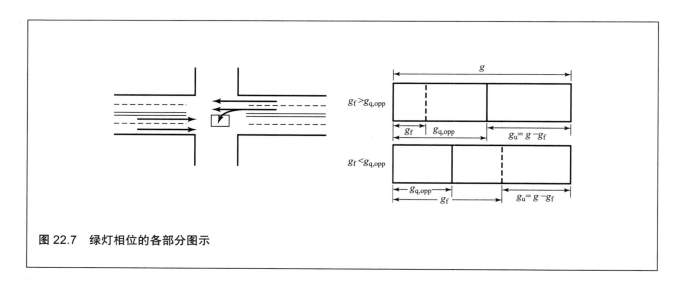

图 22.7　绿灯相位的各部分图示

当以这种方式定义时，g_u 代表了左转可能通过不饱和对向车流的实际时间（每相位）。

最后，左转可以像"潜行者"一样在清空损失时间内移动。

⊖　这里的"主体接近段"指的是进行分析的主体，相对于其他相互影响的元素而言，它是主体。——译者注

允许的左转是用 IQA 方法分析的。在绿灯相位的每个部分，使用上述绿灯相位的关键部分的定义，计算到达率和离开率。因此，左转的模型必须考虑在一个给定的绿灯相位的不同时间内，发生了什么类型的左转运行。有以下五个独立的信号灯配时部分可以被识别。

- **时段 1-r**：红灯相位。
- **时段 2-g_f**：第一辆左转车到达前的绿灯时间。
- **时段 3-g_{diff}**：对向排队和第一辆左转车到达之间的时间。
- **时段 4-g_u**：通过对向不饱和车流进行左转的绿灯时间。
- **时段 5-"潜行者"**（sneakers）。

时段 1：r

与保护相位模型一样，从有效红灯时间开始，假设排队为零，并计算红灯相位结束时的排队情况。

时段 2：g_f

在第一辆左转车到达主体接近段之前，左转车辆对左车道的运行没有影响。因此，在此期间，车辆以 v_g，即绿灯时的到达率到达，并以饱和流率 s，即没有左转车辆的车道的饱和流率驶离。在允许从专用车道左转的情况下，g_f 为 0.0，因为根据定义，排队的第一辆车是左转车。

估算 g_f 的算法取决于主体接近段是多车道还是单车道。当同一队列中有左转和右转的车辆时，排队的驶离状态会有一定改变。

$$g_f = Ge^{-(0.86LTC^{0.717})} - \ell_1 \quad \text{共用多车道接近段}$$
$$g_f = Ge^{-(0.882LTC^{0.629})} - \ell_1 \quad \text{共用单车道接近段}$$
$$g_f = 0 \quad \text{专用左转车道}$$

$$(22-53)$$

式（22-53）的最小值为 0，最大值为式（22-54）的计算值。

$$g_{f,max} = \frac{(1-P_L)}{0.5P_L}[1-(1-P_L)^{0.5g_p}] - \ell_1 \quad (22-54)$$

式中　g_f——主体接近段上第一辆左转车到达前的绿灯相位比例（s）；

　　　G——车道组的实际绿灯时间（s）；

　　　ℓ_1——允许相位的启动损失时间（s）；

　　LTC——每个周期的左转（veh/cycle，$v_{LT} \times C/3600$）；

　　$g_{f,max}$——g_f 的最大值；

　　　P_L——共用车道上左转的比例；

　　　g_p——允许相位的有效绿灯时间。

时段 3：g_{diff}

对向排队清空时间与主体方向第一辆左转车到达之间的时间为 $g_{diff} = g_{q,opp} - g_f$。如果主体方向上的第一辆左转车在对向排队清空前到达（$g_q > g_f$），则该车必须等待，在此时段内堵塞左车道。在左转车辆等待期间，没有车辆可以在左车道上通行。

因此，饱和流率为 0.00。当 $g_f \geq g_q$ 时，该时间段不存在。

当对向接近段只有一条车道时，就会出现左转车的独特情况。位于对向停车排队中的左转车辆在离开时将在对向排队中产生间隙。相对方向的左转车辆可以利用这些间隙来实施转向。因此，当对向只有一条车道时，在时间段（g_{diff}）内可以从主体接近段上进行一些左转，饱和流率将使用直行车当量 E_{L2}[定义在式（22-57）中]进行调整。

时段 4：g_u

在该时间段内，从主体接近段的左转过滤了不饱和的对向交通流。在这段时间内，饱和流率将使用直行车当量 E_{L1}[定义在式（22-59）中]进行调整，以反映对向交通流的阻抗。

为了计算 g_u，必须首先找到对向排队清空时间。式（22-55）用于求出 $g_{q,opp}$，即对向排队清空时间，以排队清空时间最长的车道计算。因此，用式（22-55）计算每个对向的车道，然后在式（22-56）中使用最大值来求解 g_u。

$$g_{q,opp} = \frac{v_{r,opp} \times r}{s_0 - v_{g,opp}} \quad (22\text{-}55)$$

式中 $g_{q,opp}$——清空交叉口对向排队车辆的平均时间（s）；

$v_{r,opp}$——有效红灯期间的对向流率 = $v_{opp} \times (1 - P) \times C/r$(veh/h)；

$v_{g,opp}$——绿灯期间的对向到达流率 = $v_{opp} \times P \times C/g_o$(veh/h)；

r——有效红灯时间；

s_0——对向排队的调整饱和流率；

g_o——对向接近段有效绿灯时间（s）。

$$g_{u,sub} = G_{perm} - \ell_{1,opp} - g_{q,opp} - \ell_{1,sub} + e_{sub} \quad (22\text{-}56)$$

式中 $g_{u,sub}$——主体接近段的不饱和绿灯时间（s）；

G_{perm}——对向接近段的实际绿灯时间（s）；

$\ell_{1,opp}$——对向接近段的启动损失时间（s）；

$\ell_{1,sub}$——主体接近段的启动损失时间（s）；

e_{sub}——主体接近段的有效绿灯延长时间。

时段5："潜行者"

在结束或清空损失时间 ℓ_2 期间，左转可以作为"潜行者"通过。"潜行者"的数量取决于车道组中左转的比例 P_L，每个周期的"潜行者"数量被估计为（$1 + P_L$）。

允许左转的排队累积多边形

考虑图22.8所示的只允许左转的共用车道的排队累积多边形。因为在 g_q 时间（Q_q 点）对向的排队清空之前，没有车辆驶离，所以排队会再次增长。在对向的排队清空后，剩下的绿灯时间就是不饱和的绿灯时间，即 g_u。如果交叉口没有完全饱和，也没有过饱和，则主体进口道的排队将在非饱和时间内清空，即 Q_p 点。

允许左转相位的五个时段的饱和流率

· **时段1：r**，红灯时间。当该相位实际为红灯时，车辆继续到达，但驶离率为零，排队增长到 Q_r。

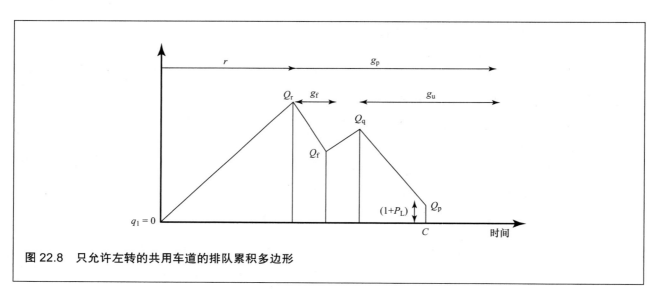

图22.8 只允许左转的共用车道的排队累积多边形

· **时段2：g_f**，第一辆左转车到达前的时间。当有效绿灯开始时，排队开始消散，直到第一辆左转车在 g_f 时间到达并堵塞车道。这期间的饱和流率是调整后的直行饱和流率 s_{TH}。g_f 结束时的排队情况为 Q_f。

· **时段3：g_{diff}**，在 $g_{diff} = g_{q,opp} - g_f \geq 0$ 期间，有以下两种可能情况。

a. 如果对向接近段有一条以上车道，则饱和流率为零。

b. 如果对向接近段只有一条车道，则可以通过对向车道上由对向左转车辆造成的间隙进行左转。g_{diff} 期间的饱和流率为：

$$s = s_{\text{TH}} \times \frac{1}{1 + P_{\text{L}}[(E_{\text{L2}} / f_{\text{Lpb}}) - 1]}$$

式中　E_{L2}——在 $g_{\text{q,opp}} - g_{\text{f}}$ 期间直行车的左转当量。

当量值 E_{L2} 用一个概率模型来确定，该模型考虑的是在主体接近段的左转车辆，需要等待对向接近段的左转车辆在对向交通流中打开一个间隙的时间。

$$E_{\text{L2}} = \frac{1 - P_{\text{THo}}^n}{P_{\text{LTo}}} \qquad (22\text{-}57)$$

式中　P_{THo}——对向单车道上的直行车辆比例；
　　　P_{LTo}——对向单车道上的左转车辆比例；
　　　n——在 g_{f} 之后且 g_{u} 之前到达的对向车辆的最大数量（veh），估计为 $0.278 \times (g_{\text{q}} - g_{\text{f}})$，0.278 为对向共用车道饱和流率的大致估计（s）。

- **时段 4：g_{u}**，左转过滤未饱和对向车流的时间。

在 g_{u} 期间，饱和流率为：

$$s = s_{\text{TH}} \times \frac{1}{1 + P_{\text{L}}[(E_{\text{L1}} / f_{\text{Lpb}}) - 1]} \qquad (22\text{-}58)$$

式中　E_{L1}——g_{u} 期间左转车的直行车当量；
　　　P_{L}——左转车道上的左转车辆比例。

使用式（22-58）可以求解左转车辆在 g_{u} 期间的直行车当量。它是允许左转的饱和流率与基准饱和流率的比率。

$$
\begin{aligned}
E_{\text{L1}} &= \frac{s_0}{s_{\text{p}}} \\
s_{\text{p}} &= \frac{v_o e^{-v_o t_c / 3600}}{1 - e^{-v_o t_{\text{fh}} / 3600}}
\end{aligned}
\qquad (22\text{-}59)
$$

式中　s_0——基准饱和流率；
　　　s_{p}——允许左转的饱和流率；
　　　t_c——临界时距 $= 4.5\text{s}$；
　　　t_{fh}——跟进时距 $= 2.5\text{s}$。

- **时段 5："潜行者"**

在清空损失时间内，"潜行者"可以按如下速率行进：

$$s = (3600 / C) \times n_{\text{s}}$$

式中　n_{s}——估计的每周期"潜行者"数量 $= (1 + P_{\text{L}})$。

使用允许绿灯的部分、到达率与饱和流率，现在可以计算出容量和统一延误。

例题 22-11：允许相位的左 / 直车道

计算具有允许相位的共用左 / 直车道的统一延误和容量，其特性如下：

- 周期长度 90s
- 绿灯相位 45s
- 到达类型 = 2
- $\ell_1 = e = 2\text{s}$
- 左转车 80veh/h，直行车 300veh/h
- $V_{\text{opp}} = 500\text{veh/h/ln}$（一条对向的仅直行车道，到达类型为 4）
- $s_{\text{TH}} = 1750\text{veh/h/ln}$

求解统一延误

a. 计算有效绿灯时间：

$$g = G - \ell_1 + e = 45 - 2 + 2 = 45\text{s}$$

b. 计算有效红灯时间：

$$r = 90 - 45 = 45\text{s}$$

c. 画出队列累积图。

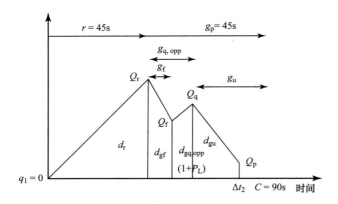

d. 计算绿灯时段到达车辆的比例：

$$P = \left(\frac{AT}{3}\right)(g/C) = \left(\frac{2}{3}\right)(45/90) = 0.33$$

e. 计算红灯时的到达率：

$$v_r = \frac{(1-P)VC}{r} = \frac{(1-0.33)380 \times 90}{45} 505\text{veh/h}$$

f. 假设有效红灯开始时没有排队，计算有效红灯结束时的排队情况：

$$Q_r = q_1 + \left(\frac{v_r - s}{3600}\right) \times r = 0 + \left(\frac{505 - 0}{3600}\right) \times 45$$
$$= 6.3\text{veh}$$

g. 计算有效红灯期间的延误：

$$d_r = r \times \left(\frac{q_1 + Q_r}{2}\right) = 45 \times \left(\frac{0 + 6.3}{2}\right) = 142.1\text{veh} \cdot \text{s}$$

h. 计算绿灯时段的到达率：

$$V_g = \frac{VPC}{g} = \frac{380 \times 0.33 \times 90}{45} = 255\text{veh/h}$$

i. 计算直到第1辆左转车到达的时间：

$$\text{LTC} = \frac{v_{LT} \times C}{3600} = \frac{80 \times 90}{3600} = 2$$
$$g_f = Ge^{-(0.86\text{LTC}^{0.717})} - \ell_1 = 45e^{-(0.86 \times 2^{0.717})} - 2$$
$$= 8.95\text{s}$$

j. 计算 g_f 结束时的排队：

$$Q_f = Q_r + \left(\frac{v_g - s_{TH}}{3600}\right) \times g_f = 6.3 + \left(\frac{255 - 1750}{3600}\right) \times 8.95 = 2.6\text{veh}$$

k. 计算 g_f 期间的延误：

$$d_{gf} = g_f \times \left(\frac{Q_r + Q_f}{2}\right) = 8.95 \times \left(\frac{6.3 + 2.6}{2}\right) = 39.9\text{veh} \cdot \text{s}$$

l. 计算直到对向排队清空完毕的时间（到达类型=4）：

$$v_{r,opp} = \frac{(1-P)VC}{r} = \frac{(1-0.66)500 \times 90}{45}$$
$$= 333\text{veh/h}$$
$$g_{q,opp} = \frac{v_{r,opp} \times r}{s_0 - v_{g,opp}} = \frac{333 \times 45}{1750 - 667} = 13.9\text{s}$$

m. 计算（$g_{q,opp} - g_f$）期间的主体排队：

$$Q_q = Q_f + \left(\frac{v_g - s}{3600}\right) \times (g_{q,opp} - g_f)$$
$$= 2.6 + \left(\frac{255 - 0}{3600}\right) \times (13.9 - 8.95) = 2.95\text{veh}$$

n. 计算（$g_{q,opp} - g_f$）期间的延误：

$$d_{gq,opp} = (g_{q,opp} - g_f) \times \left(\frac{Q_f + Q_q}{2}\right)$$
$$= (13.9 - 8.95) \times \left(\frac{2.6 + 2.95}{2}\right) = 13.6\text{veh} \cdot \text{s}$$

o. 计算非饱和绿灯时间 g_u：

$$g_u = g_p - g_{q,opp} = 45 - 13.9 = 31.2\text{s}$$

p. 计算 g_u 期间的饱和流率：

$$s_p = \frac{v_0 e^{-v_0 t_c/3600}}{1 - e^{-v_0 t_h/3600}} = \frac{500 e^{-500 \times 4.5/3600}}{1 - e^{-500 \times 2.5/3600}} = 912\text{veh/h}$$
$$E_{L1} = \frac{s_0}{s_p} = \frac{1750}{912} = 1.92$$
$$P_L = \frac{80}{380} = 0.21$$
$$s = s_{TH} \times \frac{1}{1 + P_L[(E_{L1}/f_{lpb}) - 1]}$$
$$= 1750 \times \frac{1}{1 + 0.21[(1.92/1) - 1]} = 1467\text{veh/h/ln}$$

q. 计算 g_u 结束时的排队：

$$Q_{qu} = Q_q + \left(\frac{v_g - s}{3600}\right) \times g_u$$
$$= 2.92 + \left(\frac{255 - 1467}{3600}\right) \times 31.2 = -7.54\text{veh}$$

* 这是一个负数，因为在不饱和绿灯时间结束之前，排队的车辆就已经清空完毕。

r. 计算 g_u 期间排队清空的时间：

$$\Delta t_2 = \frac{3600 Q_q}{s - V_g} = \frac{3600 \times 2.95}{1750 - 255} = 7.10 \text{s}$$

s. 计算非饱和绿灯期间的延误 d_{gu}：

$$d_{gu} = \Delta t_2 \times \left(\frac{q_{gq,opp} + q_{\Delta t_2}}{2} \right)$$
$$= 7.10 \times \left(\frac{2.95 + 0}{2} \right) = 10.46 \text{veh} \cdot \text{s}$$

t. 计算有效绿灯期间到达的总车数：

$$n_a = \frac{v_g}{3600} \times g = \frac{255}{3600} \times 45 = 3.2 \text{veh}$$

u. 计算平均统一延误：

$$d_1 = \frac{(d_r + d_{gf} + d_{gq,opp} + d_{gu})}{Q_r + n_a}$$
$$= \frac{(142.1 + 39.9 + 13.6 + 10.46)}{(6.3 + 3.2)} = 21.7 \text{s/veh}$$

求解车道组容量

车辆在 g_f 和 g_u 期间驶离。鉴于已知这两部分绿灯的有效绿灯时间和饱和流率，可以用 $c = s \times (g/C)$ 计算每一部分的容量。此外，一些车辆作为"潜行者"驶离。那么车道组的总容量就是这三个量的总和。

a. 计算 g_f 期间的容量：

$$c_{gf} = s_{gf} \times \left(\frac{g_f}{C} \right) = 1750 \times \left(\frac{8.95}{90} \right) = 174 \text{veh/h}$$

b. 计算 g_u 期间的容量：

$$c_{gu} = s_{gu} \times \left(\frac{g_u}{C} \right) = 1467 \times \left(\frac{31.2}{90} \right) = 508 \text{veh/h}$$

c. 计算"潜行者"的容量：

$$c_{sneakers} = \frac{3600 \times (1 + P_L)}{C}$$
$$= \frac{3600 \times (1 + 0.21)}{90} = 48 \text{veh/h}$$

d. 计算车道组的总容量：

$$c = c_{gf} + c_{gu} + c_{sneakers} = 174 + 508 + 48 = 730 \text{veh/h}$$

22.5.2　建立复合相位模型

保护 + 允许或允许 + 保护相位是信控交叉口运行中最复杂的分析模型。估计饱和流率、容量和延误的方法与前文所述相同，但需要一个更复杂的多边形。

在饱和流率和容量方面，HCM 所采取的一般方法是简单的。该相位的保护部分和允许部分是分开的，分别计算每一部分的饱和流率和容量。适当的绿灯时间与该相位的每一部分相联系。例如，左转相位的保护部分按照完全保护相位分析，而该相位的允许部分按照完全允许相位分析，使用上一节所述的左转模型。

然而，在分析该相位的允许部分时，必须修改用于预测 g_f、g_q 和 g_u 的算法，以反映允许相位的时间不一定从绿灯相位开始的现状。在复合相位中，g_f、g_q 和 g_u 的值必须调整以反映这一点。例如，g_f 是允许相位内到主相位内第一辆左转车到达的时间。它的起点是在主体接近段的绿灯开始时。如果该接近段有一个保护 + 允许相位，则 g_f 的预测值将与绿灯的开始时间相对应——这是该相位保护部分的开始。所需的数值必须与绿灯的允许部分的开始相联系，这就需要进行调整。

根据复合相位的顺序和类型，有许多不同的情况需要对 g_f、g_q 和 g_u 的预测进行不同的调整。所有这些在 HCM 中都有详细说明，请读者参考 HCM 的第 31 章。

22.5.3　由一个以上车道组服务的流向

如果一个流向组由两个或多个车道组构成，至少有一个流向必须选择它将进入哪个车道组。例如，如果一个接近段有一条左/直车道和一条直/右车道，如图 22.9 所示，直行车可以选择进入任一车道。驾驶人会尽量选择他们认为服务耗时短的车道。

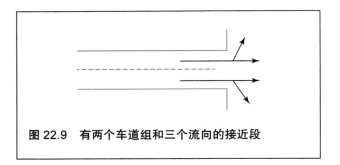

图 22.9 有两个车道组和三个流向的接近段

HCM 中用来估计每个车道组的交通量的方法包括均衡相关车道组的 v/s 比。

虽然这里没有详细说明该方法所使用的所有公式，但对其过程有一个非常概略的描述。

第 1 步： 从对共用车道的需求流率的初步估计开始。

第 2 步： 计算专用车道组的流率。

第 3 步： 计算共用车道的车道组中的转向比例。

第 4 步： 计算车道组的饱和流率。

作为这种方法的一部分的估计饱和流率与分析的其他部分计算的饱和流率有些不同。在均衡 v/s 比率时，可能需要对左转和右转当量系数（E_L、E_R、E_{L1}、E_{L2}）进行调整，以考虑变换车道的概率。

第 5 步： 使用式（22-60）计算主体流向组的流率比。

$$y^* = \frac{\sum_{i=1}^{n} v_i N_i}{\sum_{i=1}^{n} s_i N_i} \qquad (22\text{-}60)$$

式中　y^*——主体流向组的流率比；

　　　v_i——流向组中车道组 i 的流率；

　　　N_i——车道组 i 的车道数；

　　　s_i——车道组 i 的饱和流率。

第 6 步： 用式（22-61）修正专用车道组的流率。

$$v_i = s_i y^* \qquad (22\text{-}61)$$

式中　v_i——车道组 i 的需求流率；

　　　s_i——车道组 i 的饱和流率。

第 7 步： 用式（22-62）计算共用车道组的流率，方法是用专用车道的流量减去流向组中各车道组的总流量。

$$v_{sh} = v_t - v_e \qquad (22\text{-}62)$$

式中　v_{sh}——共用车道中的流率；

　　　v_t——流向组中可能选择车道组的总流量；

　　　v_e——专用车道的需求流率。

第 8 步： 比较在第 6 步和第 7 步中计算的修正需求流率和初始流率。如果它们之间的差异超过 0.1veh/h，就用第 6 步和第 7 步中计算的流率作为初始流率来迭代这些步骤。迭代直到初始流率与最终流率之间的差异小于 0.1veh/h。

第 2 部分：感应信号灯的分析

HCM 为感应信号灯提供了一个详细模型，用于估计分析期间的平均信号灯配时，给定控制器和检测器参数。这是一个需要迭代的算法，不可能手动计算。

确定感应相位持续时间，首先假设相位持续时间等于输入的最大绿灯时间。使用输入的流量和设置，计算新的相位持续时间并与初始值进行比较。如果计算结果的相位时间和初始的相位时间不相等，就重新进行计算，从上一次迭代的最终相位时间开始计算。

一个感应相位由 5 个时段组成，如式（22-63）所示。

$$D_p = \ell_1 + g_q + g_e + y + ar \qquad (22\text{-}63)$$

式中　D_p——一个感应相位的时间（s）；

　　　ℓ_1——启动损失时间（s）；

　　　g_q——队列清空时间（s）；

　　　g_e——绿灯延长时间（s，根据最大允许时距 MAH 和最大绿灯时间，为排队的车辆延长绿灯时间）；

　　　y——黄灯转换时段（s）；

　　　ar——全红清空时段（s）。

除了表 22.2 中提供的用于预配时分析的输入外，全感应控制分析所需的输入见表 22.13。

表 22.13 全感应信号灯分析的额外数据需求

条件类型	参数	默认值
感应控制参数	通过时间	2.0s（存在检测器）
	最大绿灯时间	主路直行流向：50s 次路直行流向：30s 左转流向：20s
	最小绿灯时间	主路直行流向：10s 次路直行流向：8s 左转流向：6s
	相位回调	不回调
	双重进入	未启用（比如使用单一入口）
	同步间隙跳出	启用
	停止线检测长度	40ft，存在检测模式

用于计算平均相位配时的公式在本文中没有详细说明，读者可参阅 2016 年版 HCM 第 31 章中对该方法的完整描述。

第 3 部分：校准问题

HCM 模型基于默认的基准饱和流率 1900pc/hg/ln 或 1750pc/hg/ln（基于都市区人口）。该值由多达 13 个调整系数进行调整，以预测一个车道组的现场饱和流率。HCM 为现场饱和流率的测量提供了指南，虽然它允许用当地校准的基准流率值来代替，但没有提供这样做的方法。它也没有提供一个在现场测量损失时间的程序。

快速审查如何解决各种类型的调整系数的校准问题也是有用的，即使这在许多情况下是不切实际的。第 9 章详细介绍了在现场测量延误时间的调研程序。

22.6 测量现场饱和流率

正如第 18 章所定义的，饱和流率是指在启动损失时间耗尽后，停在排队中的车辆可能通过绿灯相位的最大平均流率。它以车道为基础，通过观察车辆通过交叉口接近段的停止线时的时距来测量。第一个时距从绿灯启动时开始，到排队的第一辆车越过停止线（前轮）时结束；第二个时距从第一辆车（前轮）越过停止线时开始，到排队的第二辆车（前轮）越过停止线时结束。随后的时距也是这样测量的。

HCM 认为，在大多数情况下，前四个时距包括损失时间的因素，因此，不包括在饱和流率的观察中。于是，饱和流率从排队的第五个时距开始，到停在排队中最后一辆车越过停止线时结束（同样是前轮）。后续的时距不一定代表饱和流率。

22.7 测量基准饱和流率

基准饱和流率假设了一组"理想"条件，包括 12ft 车道、无重型车辆、无转向车辆、无当地巴士、平坡、非 CBD 位置等。通常不可能找到一个具备所有这些条件的地点。

在标定基准饱和流率时，要寻找一个物理条件接近理想条件的地点。建议采用有三条或更多车道的方法，因为中间的车道可以提供观察，而不受转向流向的影响。重型车辆是无法避免的，但重型车辆少的地方能提供最好的数据。即使是在接近理想的客观条件下观察到的数据，在考虑基准流率时，也必须舍弃在第一辆重型车之后观察到的所有时距。

22.8　测量启动损失时间

如果前四个时距含有启动损失时间的成分，那么这些时距就可以用来测量启动损失时间。如果数据的饱和时距被确定为 h s/veh，那么前四

个时距中每个时距的损失时间成分是 $(h_i - h)$，其中 h_i 是观察时距总数排在 $1 \sim 4$ 的车辆。启动时的损失时间是这些增量的总和。饱和流率和启动损失时间都是在每个信号周期内对特定时距的观察。用于分析的校准值将是这些观察结果的均值。

在基准条件下的启动损失时间，也可以通过选择符合无转向车辆的几何尺寸基准条件的位置和车道，以及消除对第一辆重型车到达后观察到的任何时距的考虑来观察。

例题 22-12：测量饱和流率和启动损失时间

这些原则的应用最好通过实例来说明。表 22.14 展示了一个三车道接近段的中间车道（无转向车辆）的 6 个信号灯周期的数据，该车道在几何学上是理想的。一般来

说，校准将涉及更多的周期和几个地点。然而，为了保持合理的规模，将使用表 22.14 的有限数据。

表 22.14　测量饱和流率和启动损失时间的示例

排队位置	观察到的各周期时距						饱和时距合计	饱和时距个数
	1	2	3	4	5	6		
1	3.5	2.9	3.9	4.2H	2.9	3.2	0.0	0
2	3.2	3.0	3.3	3.6	3.5H	3.0	0.0	0
3	2.6	2.3	2.4	3.2H	2.7	2.5	0.0	0
4	2.8H	2.2	2.4	2.5	2.1	2.9H	0.0	0
5	2.5	2.3	2.1	2.1	2.2	2.5	13.7	6
6	2.3	2.1	2.4	2.2	2.0	2.3	13.3	6
7	3.2H	2.0	2.4	2.4	2.2	2.3	14.5	6
8	2.5	1.9	2.2	2.3	2.4	2.0	13.3	6
9	4.5	2.9H	2.7H	1.9	2.2	2.4	12.1	5
10	6.0	2.5	2.4	2.3	2.7H	2.1	12.0	5
11		2.8H	4.0	2.2	2.4	2.0	9.4	4
12		2.5	7.0	2.9H	5.0	2.3	7.7	3
13		5.0		4.1		6.0	0.0	0
14		7.5					0.0	0
15							0.0	0
合计							96.0	41

注：H = 重型车辆。
单下划线：饱和时距的开始。
双下划线：排队清空结束，饱和时距结束。
斜体字：基准条件下的饱和时距。

注意，只有在信号灯变绿时，第五个时距与排队车辆中最后一辆车的时距之间，才称得上饱和状态。只有发生在这些限制之间的时距可以用来校准饱和流率。每个队列中的前四个时距随后将被用来确定启动损失时间。有关车道的饱和流率是代表饱和条件的所有观测流率的平均值。如表 22.14 所示，有 41 个观察到的饱和时距，共计 96.0s。

从该数据来看，该地点的平均饱和时距（在既有条件下）是：

$$h = \frac{96.0}{41} = 2.34\text{s / veh}$$

由此，该车道的饱和流率可计算为：

$$s = \frac{3600}{2.34} = 1538\text{veh / hg / ln}$$

如果一个车道组有多条车道，则每条车道的饱和时距和流率都要分别测量。车道组的饱和流率就是每条车道的饱和流率之和。

测量该地点的基准饱和流率包括消除重型车辆的影响，假设该车道的所有其他元素符合基准条件。由于重型车辆可能会影响排在它后面的任何车辆的行为，唯一可以用于这种校准的时距是第一辆重型车到达之前的时距。同样，饱和时距只从第五个时距开始。见表 22.14，只有 8 个时距在第一辆重型车到达之前可以作为饱和时距：

- 周期 2 的第 5~8 个时距
- 周期 3 的第 5~8 个时距

这 8 个时距的总和为 17.4s，基准饱和时距和流率可计算为：

$$h_0 = \frac{17.4}{8} = 2.175\text{s / veh}$$

$$s_0 = \frac{3600}{2.175} = 1655\text{pc / hg / ln}$$

启动损失时间是相对于基准饱和时距进行计算的。它使用每个队列中的前四个时距进行校准，因为除了基准饱和时距外，这些时距还包含启动损失时间的成分。然而，由于损失的时间是相对基准条件而言的，只有在第一辆重型车到达之前发生的时距可以使用。队列中前四个位置中的每个位置的平均时距是由其余的测量值决定的。然后将前四个排队位置中每个位置的启动损失时间分量取为（$h_i - h_o$）。

这种计算方法见表 22.15，它消除了第一辆重型车到达后发生的所有时距。该车道的启动损失时间为 2.255s/cycle。

如果车道组中存在一个以上的车道，启动损失时间将为每个车道单独标定。车道组的启动损失时间将是这些数值的平均值。

显然，对于实际校准，需要更多的数据，并应涉及一些不同的地点。然而，确定实际和基准饱和流率的理论和数据处理并不因数据量的多少而改变。

表 22.15　根据表 22.14 数据校准启动损失时间

排队位置	观察到的各周期时距						平均时距 / s	$(h_{avg} - 2.175)$/s
	1	2	3	4	5	6		
1	2.5	2.9	3.9	H	2.9	3.2	3.080	0.905
2	3.2	3.0	3.3	H	H	3.0	3.125	0.950
3	2.6	2.3	2.4	H	H	2.5	2.450	0.275
4	H	2.2	2.4	H	H	H	2.300	0.125
合计								2.255

注：H = 第一辆重型车到达后出现的时距。

22.9　校准调整系数

在 HCM 模型应用于基准饱和流率的 13 个调整系数中，有些是相当复杂的，需要进行重大调研以进行本地化校准。这一组中包括左转和右转的调整系数以及行人和自行车干扰的调整系数。一些调整系数相对简单，至少在理论上不难在本地进行校准。要找到具有所需特性的适当地点进行校准通常是很困难的。以下三个调整系数只涉及一个变量：

- 车道宽度（基准条件 12ft）
- 纵坡（基准条件 0%）
- 地区类型（基准条件非 CBD）

以下两个调整系数涉及两个变量：

- 泊车（基准条件无泊车）
- 当地巴士堵塞（基准条件无巴士）

重型车辆/纵坡因素涉及一些考虑因素，而车道利用率系数在任何情况下都应在本地测量，并使用式（22-17）计算或采用默认值。

对所有这些系数进行校准时，只有一个变量涉及不符合基准条件的情况，对饱和时距进行有控制的观测。顾名思义，调整系数就是将基准饱和流率转换为代表特定通行条件的流率，即：

$$s = s_0 f_i \qquad (22\text{-}64)$$

其中，f_i 是条件 i 的调整系数。因此，根据定义，调整系数必须被校准为：

$$f_i = \frac{s}{s_0} = \frac{(3600/h)}{(3600/h_0)}\frac{h_0}{h} \qquad (22\text{-}65)$$

其中所有参数定义同前。

例如，为了校准一系列车道宽度调整系数，必须在代表不同车道宽度但所有其他基本特性都符合基准条件的地点确定一些饱和时距。

例题 22-13：校准调整系数

以下是不同车道宽度的数据。请为该数据校准车道宽度调整系数。

$h_{10} = 2.6\text{s/veh}$

$h_{11} = 2.4\text{s/veh}$

$h_{12} = 2.1\text{s/veh（基准条件）}$

$h_{13} = 2.0\text{s/veh}$

$h_{14} = 1.9\text{s/veh}$

然后可以用式（22-65）对各种观察到的车道宽度的调整系数进行校准：

$$f_{w10} = \frac{2.1}{2.6} = 0.808$$

$$f_{w11} = \frac{2.1}{2.4} = 0.875$$

$$f_{w12} = \frac{2.1}{2.1} = 1.000$$

$$f_{w13} = \frac{2.1}{2.0} = 1.050$$

$$f_{w14} = \frac{2.1}{1.9} = 1.105$$

宽于 12ft 的车道的调整系数大于 1.000，表明宽车道（>12ft）的饱和流率比基准值有所增加。对于窄于 12ft 的车道，调整系数小于 1.000。

例题 22-13 的结果与 2016 年版 HCM 有些不同，2016年版 HCM 对 10.0～12.0ft 的所有车道宽度都使用 1.00 的系数。

类似的校准类型可用于任何较简单的调整系数。如果对于任何给定的系数都可以获得大量的时距测量数据库，则可以使用回归分析来确定描述这些系数的适当关系。

校准重型车辆系数（或重型车辆的小客车当量）要复杂一些，在例题 22-14 中予以呈现。

例题 22-14：重型车辆调整系数

请参考对现场和基准饱和流率进行校准的例题 22-12。在该情况下，所有条件都符合基准，除了有重型车辆存在。在观察到的 41 个饱和时距中，有 6 个是重型车辆，代表了 (6/41)×100=14.63% 的数据。校准适当的重型车辆/纵坡调整系数。

这种情况的实际调整系数很容易校准。校准后的基准饱和时距为 2.175s/veh，而当时既有条件下的饱和时距（代表除重型车辆存在以外的所有基准条件）为 2.34s/veh。

调整系数为：

$$f_{HV} = \frac{2.175}{2.34} = 0.929$$

然而，这个校准只适用于现有纵坡（未知）及14.63% 重型车辆占比条件。需要在有不同重型车辆存在的时间和地点进行额外观察，以获取一个更完整的关系。

还有另一种方法来看待这种情况，以构建更通用的校准。如果 41 个都是小客车时距，那么这些时距的总和为 $41 \times 2.175 = 89.18$s。实际上，41 个时距的总和为 96.0s。因此，6 辆重型车的存在造成 $96.00 - 89.18 = 6.82$s 的额外时间消耗。

如果将所有的额外时间消耗分配给 6 辆重型车，则每辆重型车占了 $6.82/6 = 1.137$s 的额外时距时间。如果基准饱和时距是 2.175s/veh，那么重型车辆的饱和时距将是 $2.175 + 1.137 = 3.312$s/veh。因此，一辆重型车消耗的时距时间与 $3.312/2.175 = 1.523$ 辆小客车相同。这实际上是这种情况下的小客车当量，即 E_{HV}。

这可以用式（22-14）转换为调整系数：

$$f_{HV} = \frac{1}{1 + 0.146(1.523 - 1)} = 0.929$$

应该注意的是，2016 年版 HCM 在确定重型车辆/纵坡调整系数时没有明确使用 E_{HV} 的数值。

22.10　信控交叉口分析的标定

在许多情况下，校准信控交叉口分析所涉及的个别系数是很困难的，或者成本过高。然而，在某些情况下，HCM 的分析结果显然不适合当地情况。当分析结果与现场测量结果有明显差异时，就会出现这种情况。

通过观察完全饱和的信控交叉口接近段上的驶离流量，有可能"标定"HCM 程序，这意味着容量运行的条件。请看下面的例子。

例题 22-15：HCM 分析的标定

考虑一个三车道的交叉口接近段，在 60s 的周期内有 30s 的有效绿灯相位。进一步假设适用于既有条件的所有 13 个调整系数的乘积为 0.80。分析师如何用现场观察结果标定计算结果？

求解

计算结果是：

$$s = s_0 NF = 1900 \times 3 \times 0.80 = 4560\,veh/hg$$

$$c = 4560 \times \left(\frac{30}{60}\right) = 2280\,veh/h$$

这是使用 HCM 模型对该车道组的预测容量。

尽管有这样的结果，但根据现场观察，该车道组 15min 的峰值驶离流量（在完全饱和条件下）为 2400veh/h。

测量值代表了对车道组实际容量的本地校准，因为它是在完全饱和的条件下观察到的。因为它超过了估计值，所以结论一定是使用 HCM 模型的估计值过低。困难的是，它可能因为多个不同的原因而过低：

- 1900pc/hg/ln 的基准饱和流率过低。
- 一个或多个调整系数过低。
- 13 个调整系数的乘积不是对车道组中存在的既

有条件组合的准确预测。

所有这些都假设测量值是准确观察到的。后一点是该方法的一个重要困难。调整系数的校准调研集中在单一条件的孤立影响上。在一条 11ft 宽的车道上，20% 的重型车辆对 5% 的上坡的影响与 3 个适当的调整系数的乘积 $f_{HV} \times f_w \times f_g$ 相同吗？这个前提，特别是有 13 个单独校准系数，从来没有用现场数据进行过充分的检验。

当地的交通工程师没有资源来检查 HCM 模型中涉及的每个参数的准确性，更遑论用于构建容量估计的算法了。

此外，可以调整基准饱和流率的值，以反映现场测量的容量值。首先将测得的容量值转换为车道组的现场饱和流率的当量：

$$s = \frac{c}{(g/C)} = \frac{2400}{0.50} = 4800\,veh/hg$$

使用式（22-12），所有调整系数的乘积为 0.80，可标定基准饱和流率：

$$s_0 = \frac{s}{NF} = \frac{4800}{3 \times 0.80} = 2000\,pc/hg/ln$$

这个标定的数值现在可用于该交叉口的后续分析。如果在不同地点进行的这种"标定"调研显示出一个共同的全局值，就可以推广应用。

但是，必须记住，这个过程并不意味着实际的基准饱和流率是 2000pc/hg/ln，而且假定饱和流率的值与 g/C 无关。如果直接看该数值，可能会有很大不同。然而，它反映了一个调整值，它对整个模型一些潜在的当地条件进行

标定，使模型中使用的一些基准值不准确。

例题 22-15 说明了一个单一交叉口或交叉口接近段的"标定"过程。2016 年版 HCM 建议对当地的整体情况进行本地校准。关于这一过程的指导，参见 2016 年版 HCM 第 30 章。然而，这里呈现的标定，可以用来调整个别地点的测量值与预测容量值之间的差异。

22.11　总结

用于分析信控交叉口的 HCM 模型很复杂，包含了许多子模型和算法，其中一些在本章中没有详细介绍。本文的介绍侧重于关键概念和方法论的内容，让学生直接查阅 HCM 的更多细节。尽管 HCM 方法非常复杂，但它是由一个相对简单的模型概念产生的，可以处理信控交叉口可能存在的各种不同情况。

参考文献

[1] *Highway Capacity Manual, 6th Edition: A Guide for Multimodal Mobility Analysis*, Transportation Research Board, National Research Council, Washington, D.C., 2016.

[2] Akcelik, R., "SIDRA for the Highway Capacity Manual," *Compendium of Papers*, 60th Annual Meeting of the ITE, Institute of Transportation Engineers, Washington, D.C., 1990.

[3] Akcelik, R., *SIDRA 4.1 User's Guide*, Australian Road Research Board, Australia, Aug. 1995.

[4] Teply, S., *Canadian Capacity Guide for Signalized Intersections*, 2nd Edition, Institute of Transportation Engineers, District 7— Canada, June 1995.

[5] Zegeer, J.D., *Field Validation of Intersection Capacity Factors*, Transportation Research Record 1091, Transportation Research Board. 1986.

[6] Strong, D., Rouphail, N., and Courage, K., "New Calculation Method for Existing and Extended HCM Delay Estimation Procedures," Proceedings 85th Annual meeting TRB, Washington, D.C., Jan 2006.

[7] Strong, D. and Rouphail, N., "Incorporating the Effects of Traffic Signal Progression into the Proposed Incremental Queue Accumulation (IQA) Method," Proceedings 85th Annual TRB Meeting, Washington, D.C., Jan 2006.

习题

22-1. 下图所示的东向接近段是一条单向道，与一条双向道相交（每个方向有两条车道）。求出东向接近段的饱和流率和容量，该接近段有以下特点：

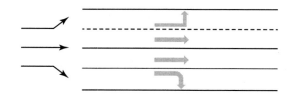

- 60s 的有效绿灯时间和 100s 周期内的步行时间
- 4 条 11ft 宽的车道
- 10% 的重型车辆
- 3% 上坡
- 单侧泊车，在停止线 250ft 内有 15mvts/h 活动量
- 每小时 20 辆本地巴士

- 8% 从专用 RT 车道右转
- 12% 从专用 LT 车道左转
- 每个人行横道上有 100ped/h
- 没有自行车
- CBD 位置

22-2. 参照下图所示的交叉口，计算 v/c 比率和 X_c。每个车道组的饱和流率在下表中给出。PHF = 0.92，$\ell_1 = 2s$，$e = 2s$。

22-3. 对于习题 22-2 中的交叉口，只计算西向接近段的延误和 LOS。WB 的到达类型为 5，EB 的到达类型为 2。

22-4. 根据下表的车道组延误计算结果，估算每个车道组的 LOS，以及每个接近段的延误和 LOS 与整个交叉口的延误和 LOS。该交叉口运行良好吗？为什么？

习题 22-2 的饱和流率

车道组	N（车道数）	s/(veh/hg/ln)
EB TH	2	1680
EB RT	1	1500
WB LT	1	774
WB TH	1	1697
NB LT	1	1676
NB RT	1	1500

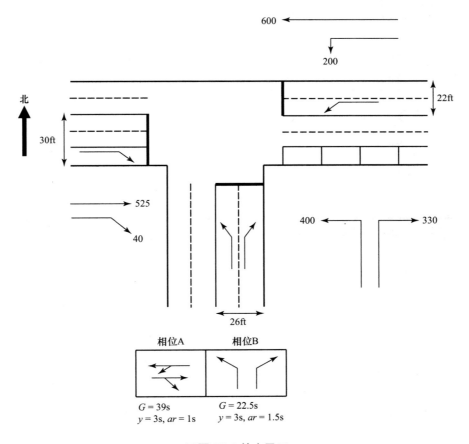

习题 22-2 的交叉口

习题 22-4 的表格

项	车道组					
	EB T	EB R	WB LT	WB TH	NB LT	NB RT
C	80	80	80	80	80	80
X	0.941	0.159	0.359	0.627	0.960	0.886
d_1	17.3	13.4	0.6	0	4.35	4.21
T	0.25	0.25	0.25	0.25	0.25	0.25
c	607	271	605	1040	453	405
d_2	24.5	1.2	1.7	2.9	33.5	23.7
d_3	0	0	0	0	0	0
d	41.8	14.6	2.2	2.9	37.8	27.9

22-5. 利用下表中的数据，确定现场和基准饱和时距及饱和流率。

排队车	周期 1	周期 2	周期 3	周期 4	周期 5
1	2.8	2.9	3.0	3.1	2.7
2	2.6	2.6	2.5	3.5H	2.6
3	3.9L	2.3	2.2	2.9	2.5
4	10.2H	2.1	2.0	2.5	2.0
5	8.7	4.0L	1.9	2.2	1.9
6	3.0	9.9L	2.2	2.0	1.9
7	<u>2.9</u>	9.8	2.9H	1.9	3.6H
8	5.0	3.3	2.6	<u>1.8</u>	9.0
9	7.1	2.8	<u>2.1</u>	7.0	<u>4.0</u>
10	9.0	2.2	4.0	8.0	4.9
11		<u>1.9</u>	5.0		9.0
12		5.5			
13		4.0			

注：H = 重型车辆；L = 左转；下划线 = 排队的最后一辆车。

信控交叉口在规划层面的分析

第 22 章介绍了分析信控交叉口的详细且复杂的方法。本章将介绍一种相对简单的分析方法。该方法是 2016 年版《道路容量手册》（HCM）[1] 中对信控交叉口的规划方法，它是基于关键流向分析的方法（Critical Movement Analysis，CMA）。

1980 年，美国运输研究委员会（TRB）在预计的 1985 年版 HCM 之前，发布了一套初步的容量和服务水平（LOS）分析方法（道路容量过渡材料）[2]。它包括一个相对简单的信控交叉口分析方法，称为"关键流向分析"[3]。该方法很容易在合理的时间内手动分析，并以"关键车道流量之和"为基础确定 LOS。虽然每个 LOS 的总体延误估计是通过表格提供的，但没有试图估计单个流向或接近段的平均延误。

最早的信控交叉口关键车道分析工作可以追溯到 Bruce Greenshields 提出的饱和时距和损失时间的原始概念。它的应用分析最初出现在 1961

年 Capelle 和 Pinell 的一篇论文中 [4]。Messer 和 Fambro[5] 在 1977 年提出了一个明确的方法，该方法被改编为过渡材料。然而，到 1985 年版 HCM 出版时，Messer 已经将基本程序建成一个更为复杂的分析方法。随后的修订使该方法进一步复杂化。

因此，有些交通机构（在编写本文时）仍在使用过渡材料的方法来分析信控交叉口，包括加州交通局。由于 HCM 方法非常复杂，人们经常呼吁回归到一个更简单的方法。

23.1 TRB 212 号通告的方法

TRB 212 号通告（道路容量过渡材料）的方法提供了两个层次的分析：规划和运行/设计。第一个层次是完全以混合"veh/h"为单位进行的，几乎没有调整。假设平均或"典型"条件。规划方法尽可能地接近于"粗略快速的估计"（back of the envelope）方法。最复杂的信控交叉口可以在几分钟内分析完毕。运行和设计模型为重型车辆的存在、当地巴士的存在、车道宽度、泊车条件和其他既有条件提供了更详细的调整。即使包括这些调整，最复杂的交叉口也可以在 15min 内手动完成分析。

与第 22 章介绍的 HCM 操作方法不同，关键车道或 CMA 将所有调整系数应用于需求流量或流率。因此，以"veh/h"为单位的流量被调整系数放大，以反映"直行小客车当量"（through passenger car units，tpc），就像或部分像信号灯配时的做法。

212 号通告的方法仍然有一些应用，而本章介绍了 2016 年版 HCM 的两级规划方法，该方法基于类似的概念，但增加了一些额外的细节，以体现更多基本条件对分析的影响。

23.2 2016 年版 HCM 规划方法

虽然在概念上与 212 号通告的方法相似，但 2016 年版 HCM 规划方法增加了以下几项考量。

- 增加了额外的调整系数，涵盖了更广泛的现场既有条件。
- 理论延误模型被应用于估计延误和 LOS。
- HCM 的详细分析程序将所有调整应用于饱和流率，而本方法将所有调整应用于需求流率，如以前的 CMA 方法。
- 该方法分为两个不同的部分。
  - ❖ 第 1 部分是一个 CMA 方法，需要最少的数据量。第 1 部分的输出是交叉口 v/c 比率（X_c），它是基于关键流向（如第 22 章所定义），以及交叉口与容量的关系的一般描述（低于、接近或超过）。
  - ❖ 第 2 部分是延误和 LOS 方法。如果不需要延误和 LOS，用户可以在第 1 部分之后结束分析。

23.2.1 方法论的第 1 部分

第 1 步：指定输入数据

对于方法论的第 1 部分，输入需求如下。

- 关于车道数和车道使用（专用或共用）的完整信息。
- 每条车道的每小时需求流率（以既有条件下的"veh/h"计）。
- 可以输入以下额外的可选数据或提供默认值：
  - ❖ 指定每个流向的需求特性的数据，包括重型车辆的百分比，泊车条件和活动强度，以及行人流量。如果流向特性未知，可使用默认值。
  - ❖ 基准饱和流率。
  - ❖ 周期长度。
  - ❖ 有效绿灯时间（当有保护 / 允许左转相位时需要）。

该方法的第 2 部分需要额外的输入，进程质量。

第 2 步：定义左转处理和相位顺序

如果左转的运行模式是已知的，则直接输入方法中。如果未知，可以使用以下准则。注意，这些准则与第 19 章和第 20 章中给出的信号灯配时准则不同。

有三项检核来确定左转流向是否应该是保护相位：

① 左转流量大于或等于 240veh/h。

② 左转流量与对向总直行流量的交叉乘积大于或等于表 23.1 所示的阈值。

③ 如果该接近段上有一条以上的专用左转车道。

如果符合这三项检核中的任何一项，就应该提供保护左转，而不考虑其他两项检核。选择提供保护左转还有其他考虑因素，这些因素不是规划方法的明确组成部分，参见第 19 章说明。

表 23.1 左转相位检查的交叉乘积阈值

对向车道数	交叉乘积阈值
1	≥ 50000
2	≥ 90000
3	≥ 110000

该规划方法只能用于以下类型的左转相位。

• 仅有保护左转，包括一起移动的对向左转，先行 – 延后保护相位，或分离相位（Split Phasing）[注]。

• 仅有允许左转相位。

• 保护 – 允许左转相位 [注意，对于保护 / 允许相位（也称复合相位），必须规定相位的每一部分的有效绿灯时间]。

当只有一个对向左转受到保护时，不能使用该方法。如果一个左转需要保护，而对向的左转不需要保护，则该方法假定两者是保护相位。

第 3 步：定义车道组

在车道组中分析流向，其定义与运行方法不同。有以下两种类型的车道组。

• 专用转向车道。只有左转或只有右转的车道是单独的车道组。

• 其余所有车道都是组合的，包括所有仅直行车道和共用车道。

注意，当转向流率较高或受到对向车流阻碍时，共用车道可能表现为专用转向车道。在这种情况下，共用车道应被定义为实质上的专用转向车道。

第 4 步：将现场条件下的需求流量转换为基准条件下的直行小客车当量的需求流率

如前所述，所有 CMA 方法都是调整需求方面，而不是像 HCM 操作方法那样调整容量方面。这种转换是通过式（23-1）完成的。表 23.2 展示了式（23-1）中每个当量系数的值。

$$v_{adj} = V \, E_{HV} \, E_{PHF} \, E_{LT} \, E_{RT} \, E_p \, E_{LU} \, E_{other} \quad (23-1)$$

式中 v_{adj}——每小时直行小客车当量的流率（tpc/h）；

V——既有条件下的每小时需求量（veh/h）；

E_{HV}——重型车辆当量系数；

E_{PHF}——高峰小时当量系数；

E_{LT}——左转当量系数；

E_{RT}——右转当量系数；

E_p——泊车活动当量系数；

E_{LU}——车道利用率当量系数；

E_{other}——其他当量系数。

第 4a 步：求解保护 / 允许左转的左转当量系数

复合左转的情况，即相位方案中既有保护左转部分，也有允许左转部分，是比较复杂的。第 22 章的 HCM 方法将复合相位的两部分分开处理。

此处的 CMA 方法使用了一个更简单的方法。定义了一个单一的左转当量，适用于整个复合相位，将其视为一个单一的时间段。如式（23-2）所示，它按每一部分的有效绿灯时间比例，对该相位的保护和允许部分的各当量进行加权。注意，只有复合左转相位的绿灯时间必须在方法的第 1 部分中知道。

$$E_{LTC} = \frac{(E_{LTPT} \times g_{LTPT}) + (E_{LTPM} \times g_{LTPM})}{g_{LTPT} + g_{LTPM}} \quad (23-2)$$

式中 E_{LTC}——复合 LT 相位的左转当量；

E_{LTPT}——复合 LT 相位保护部分的左转当量，E_{LTPT}=1.05；

E_{LTPM}——复合 LT 相位允许部分的左转当量（表 23.2）；

g_{LTPT}——复合 LT 相位保护部分的有效绿灯时间（s）；

g_{LTPM}——复合 LT 相位允许部分的有效绿灯时间（s）。

[注] 一种相位序列，其中一个相位服务于一个接近段上的所有流向，另一个相位服务于对向接近段上的所有流向。——译者注

表 23.2　转换为直行小客车当量的调整系数

调整项	当量
重型车辆调整系数 E_{HV} 替换（或等代）一辆重型车的直行小客车数量 $E_T = 2$	$E_{HV} = 1 + 0.01 P_{HV}(E_T - 1)$ 其中，P_{HV} 为重型车比例，默认值 $P_{HV} = 3\%$
高峰小时调整系数 E_{PHF} 调整流量，以考虑高峰时段内的波动； 分析高峰时段内的 15min 高峰期	$E_{PHF} = 1/PHF$ 默认值 PHF = 0.92

左转调整系数 E_{LT}

仅保护相位 $E_{LT} = 1.05$
仅允许相位

对向流量，veh/h = 对向直行 + 右转	E_{LT}
< 200	1.1
200 ~ 599	2.0
600 ~ 799	3.0
800 ~ 999	4.0
≥ 1000	5.0

右转调整系数 E_{RT}（基于行人活动强度）

保护 – 允许左转相位，见第 4a 步

行人活动强度	行人流量	E_{RT}
无 或 低	0 ~ 199	1.2
中	200 ~ 399	1.3
高	400 ~ 799	1.5
很高	≥ 800	2.1

泊车活动强度调整系数 E_p

泊车活动强度	车道组的车道数	E_p
无泊车		1.00
相邻车道组		
允许泊车	1	1.20
	2	1.10
	3	1.05

车道利用率调整系数 E_{LU}

车道组	车道组的车道数	E_{LU}
直行或共用	1	1.00
	2	1.05
	≥ 3	1.10
专用左转	1	1.00
	≥ 2	1.03
专用右转	1	1.00
	≥ 2	1.13

其他条件调整系数 E_{other}	用户决定对上述因素未予考虑的其他因素进行调整，例如巴士、纵坡或地区类型等

第 5 步：将流率分配到车道组中

在第 4 步中计算的调整后的流量被分配到适当的车道组，然后除以该车道组中的车道数，用式（23-3）求出每个车道组的流率。

$$v_i = \frac{v_{\text{adj},i}}{N_i} \qquad (23\text{-}3)$$

式中　v_i——车道组 i 的每条车道的流率（tpc/h/ln）；

$v_{\text{adj},i}$——车道组 i 的直行小客车当量的流率；

N_i——车道组 i 的车道数。

在继续进行第 6 步之前，检查现场是否有实质转向车道。共用左转 / 直行车道或共用直行 / 右转车道都可以作为事实上的专用转向车道。如果转向车流的流量（veh/h）大于共用车道上的直行小客车当量的流率（tpc/h/ln），则可以认为该共用车道表现为实质专用转向车道。

第 6 步：寻找关键车道组

必须确定控制信号灯配时的关键车道组。用于寻找关键车道组的过程与第 19 章中描述的基本相同。然而，还要考虑一个额外动态。如图 23.1 所示，当右转车辆可以在相交道路的左转保护相位继续行驶时，右转车辆的流率会因左转相位潜在的数量而减少。在图 23.1 中，南向右转的流向与东向保护左转流向同时进行。因此，南向流率的减少量与东向左转流率相同。

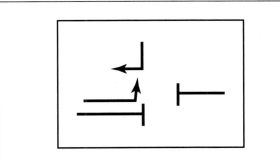

图 23.1　在相交街道保护左转期间允许右转的相位

一旦确定了关键路径，就可计算出关键车道的流率之和（单位：tpc/h）。

第 7 步：计算周期长度

如果周期长度已知，则进入第 8 步。如果周期长度未知，则应考虑当地政策或行人需求。在没有任何此类信息的情况下，建议通过假设每个关键相位需要 30s 来拟定周期长度。

第 8 步：计算交叉口容量

CMA 将所有转换应用于公式的需求侧，因此容量不作调整，在同等基准条件下以"tpc/h/ln"表示。基准饱和流率由分析人员作为输入，通常使用 HCM 的默认值：1900pc/hg/ln 用于人口 ≥ 25 万的都市地区，或 1750pc/hg/ln 用于人口 < 25 万的地区。

然后用式（23-4）和式（23-5）求出交叉口容量。

$$c_I = s_0 \frac{C - L}{C} \qquad (23\text{-}4)$$

$$L = n_c \times l_p \qquad (23\text{-}5)$$

式中　c_I——交叉口容量（tpc/h/ln）；

s_0——基准饱和流率（tpc/h/ln）；

C——周期长度（s）；

L——每个周期的总损失时间（s）；

n_c——关键相位的数量；

l_p——每相位的损失时间（默认为 4s/phase）。

注意，交叉口容量是以关键车道流量的最大总和表示的。操作方法（第 22 章），产生每个车道组的容量，单位为"veh/h"。

第 9 步：计算交叉口流量 / 容量比 X_c

使用式（23-6），根据关键车道的流率之和，计算出整个交叉口的 v/c 比率。

$$X_C = \frac{\sum_i v_{ci}}{c_I} \qquad (23\text{-}6)$$

式中　X_C——交叉口的关键流量 / 容量比；

$\sum_i v_{ci}$——关键车道流率之和（tpc/h/ln）；

c_I——交叉口容量[tpc/h/ln，依据式（23-11），关键车道流率的最大总和]。

第 10 步：确定交叉口充分性

交叉口的充分性是指交叉口处理给定需求的能力。交叉口的充分性基于交叉口的关键 v/c 比率（X_C），即超过、接近或低于容量。表 23.3 给出了基于 X_C 的交叉口充分性的定义。

第 2 部分继续进行步骤 11 ~ 13，确定车道组延误和服务水平的结果。

表 23.3　交叉口充分性的容量评估水平和描述

关键 v/c 比（X_C）	容量评估	描述
< 0.85	低于	所有需求均可得到处理，低于中度延误
0.85 ~ 0.98	接近	需求接近容量，且一些车道组的需求超过了交叉口单周期清空能力。但是在分析期内，所有需求均能得到处理。中等或高延误
> 0.98	超过	需求可能要多个周期才能清空。延误很大，排队很长

资料来源：*A Guide for Multimodal Mobility Analysis*, Transportation Research Board, Washington, D.C., 2016, modified from Exhibit 31-37.

23.2.2　方法论的第 2 部分

第 11 步：计算有效绿灯时间

如果信号灯配时已知，则跳过此步，进入第 12 步。如果信号灯配时未知，则按第 19 章所述，通过将周期内可用的有效绿灯时间分配给各关键相位，求解有效绿灯时间。使用式（23-7），通过从周期长度 C 中扣除每个周期的总损失时间 L，可以得到周期内的可用绿灯时间。

$$g_{\text{TOT}} = C - L \qquad (23\text{-}7)$$

式中　g_{TOT}——周期内总的有效绿灯时间（s）；

　　　C——周期长度（s）；

　　　L——周期的总损失时间（s/phase）。

然后用式（23-8）将总的有效绿灯时间分配给各个关键相位。

$$g_{ci} = g_{\text{TOT}} \times \frac{V_{ci}}{V_c} \qquad (23\text{-}8)$$

式中　g_{ci}——关键车道 i 的有效绿灯时间（s）；

　　　V_{ci}——关键车道 i 的流率（tpc/h/ln）；

　　　V_c——关键车道流量总和（tpc/h/ln）。

如果有保护/允许相位，则非关键车道组可以根据它们与关键车道组的关系来分配有效绿灯时间，如第 19 章所述。

第 12 步：容量和 v/c 比

使用式（23-9）和式（23-10）计算每个车道组的容量和 v/c 比。在式（23-9）中，基准饱和流率（对于人口 ≥ 25 万的大都市，通常默认为 1900tpc/hg/ln，否则为 1750pc/hg/ln）乘以 g/C 比率，以考虑车道组没有整小时绿灯时间的事实，然后乘以车道数，得到车道组的容量。

$$c_i = s_0 N_i \frac{g_i}{C} \qquad (23\text{-}9)$$

$$X_i = \frac{N_i v_i}{c_i} \qquad (23\text{-}10)$$

式中　c_i——车道组 i 的容量（tpc/h）；

　　　s_0——基准饱和流率（tpc/hg/ln）；

　　　N_i——车道组 i 的车道数；

　　　g_i——车道组 i 的有效绿灯时间（s）；

　　　C——信号灯周期长度（s）；

　　　X_i——车道组 i 的 v/c 比率；

　　　v_i——车道组每车道的流率（tpc/h/ln）。

交叉口容量和交叉口 v/c 比用式（23-11）和式（23-12）计算。

$$c_{\text{sum}} = s_0 \frac{\sum_{i=1}^{n_{\text{cp}}} g_{\text{c},i}}{C} \qquad (23\text{-}11)$$

$$X_{\text{C}} = \frac{V_{\text{C}}}{c_{\text{sum}}} \qquad (23\text{-}12)$$

式中　c_{sum}——交叉口每车道容量（tpc/h/ln）；

　　　X_{C}——交叉口 v/c 比。

第13步：延误和服务水平

212 号通告的 CMA 方法的基本缺陷是不预测延误值，而是假设，给定关键车道流量的估计总和，对应某些延误范围会成立。

问题是，关键车道流量的总和，或实际上是 v/c 比，与延误的相关性并不好。低 v/c 值意味着大量绿灯时间未被使用，这将导致延误增加。低 v/c 比可能是问题所在，但很少是问题的解决方案。因此，有时有必要对延误进行估计，以适当地评估信控交叉口的运行。

多年来，HCM 估算延误的方法已经变得越来越复杂。这里采用了一种更简单的方法，以简单的理论方程为基础，对进程质量进行简化调整。此外，这里采取的方法还假设在分析期开始时没有预先存在的排队。

考虑到这些简化，延误的计算方法为：

$$d_i = d_{1i}\text{PF} + d_{2i}$$
$$d_{1i} = \frac{0.5C[1-(g_i/C)]^2}{1-[\min(1,X_i)(g_i/C)]} \qquad (23\text{-}13)$$
$$d_{2i} = 225[(X_i-1) + \sqrt{(X_i-1)^2 + \frac{16X_i}{c_i}}\,]$$

式中　d_i——车道组 i 中每辆车的平均延误（s/veh）；

　　　d_{1i}——平均统一延误（s/veh）；

　　　d_{2i}——车道组 i 每辆车的平均溢出延误（s/veh）。

所有其他变量定义同前。

统一延误项 d_1 是 Webster 方程，其形式在 2000 年版 HCM 中使用。溢出延误项来自参考文献 [3] 中的 Akcelik 方程，其形式在 2016 年版 HCM 中仍然使用，并有一定的假设值：

- 分析时长 =0.25h
- 控制器类型的调整 =0.50
- 上游过滤的调整 =1.0

推荐的进程调整系数见表 23.4。它们从 2000 年版 HCM 中简化出来，定义了三个一般的进程类别：良好、随机和不佳。对于进程"良好"，各车列在绿灯时段内到达，和 / 或大多数车辆在绿灯时段到达。随机到达描述了信号灯不协调的情况，或孤立的情况。车辆在绿灯时到达的比例大约等于该车道组的 g/C 比率。在进程不佳的情况下，车列在红灯时段到达和 / 或大多数车辆在红灯时段到达。

表 23.4　进程调整系数

进程质量	进程系数 PF
良好	0.70
随机	1.00
不佳	1.25

虽然这里没有展示，但可以对各接近段和整个交叉口的延误进行汇总。这个过程与第 22 章的 HCM 模型中使用的过程相同。延误值可与表 23.5 中的标准进行比较，以确定车道组、接近段和 / 或整个交叉口的服务水平。如果任何 v/c 比率大于 1.0，那么无论延误值是多少，都被记作 LOS F。

表 23.5　信控交叉口车道组和进程的服务水平

服务水平	延误 /(s/veh)
A	$\leqslant 10$
B	$> 10 \sim 20$
C	$> 20 \sim 35$
D	$> 35 \sim 55$
E	$> 55 \sim 80$
F	> 80

资料来源：Reprinted with permission from *Highway Capacity Manual, 6th Edition: A Guide for Multimodal Mobility Analysis*, National Academy of Sciences, Courtesy of National Academies Press, Washington, D.C., Exhibit 31- 20, pgs 31–64.

例题 23-1：使用 2016 年版 HCM 规划级交叉口分析方法

第 1 步：指定输入数据

图 23.2 展示的是两条双向干道的交叉口。东 / 西接近段每个方向有两条车道，一条共用左转车道，一条共用右转车道。北 / 南接近段每个方向有 4 条车道，2 条仅直行车道，1 条共用直右车道，以及 1 条专用左转车道。所有相关信息都展示在图中。

第 2 步：确定左转处理和相位顺序

对左转进行检核，以确定该交叉口是否可以在没有专用左转相位的情况下容纳左转。有 3 个左转检核。

- 检核 #1：在任何一个接近段上是否有超过一条专用左转车道？
- 检核 #2：是否有 240 辆（每小时）以上的左转？
- 检核 #3：将左转流量和对向直行流量的交叉乘积与表 23.1 中的数值进行比较。

表 23.6 给出了左转检核的结果。可以看出，根据这三项检核结果，只有南向接近段需要左转保护相位。然而，规划方法并不处理对向左转非同步保护相位的情况。因此，在这种情况下，认为北向接近段有保护相位，与南

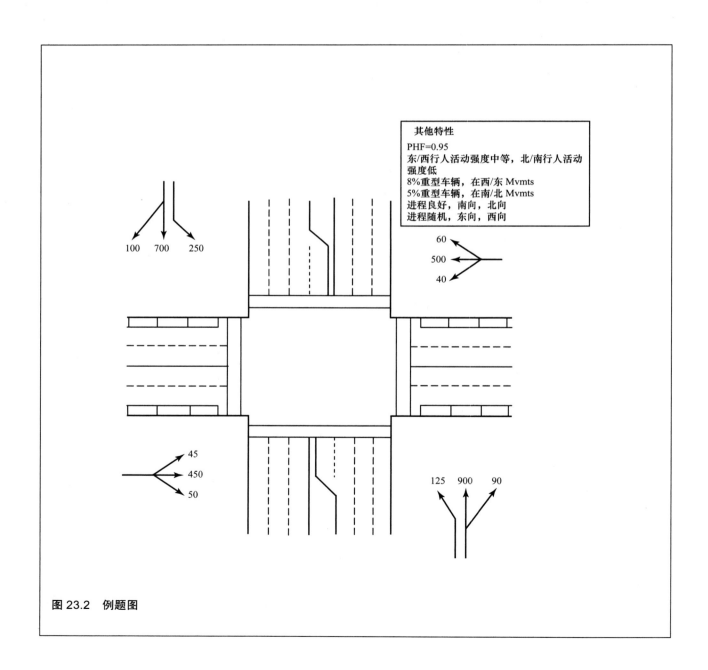

图 23.2　例题图

表23.6　左转检核结果

左转检核编号	东向	西向	北向	南向
检核 #1	No	No	No	No
检核 #2	No	No	No	Yes
交叉乘积	45×500=22500	40×450=18000	125×700=87500	250×900=225000
阈值	>90000	>90000	>110000	>110000
检核 #3	No	No	No	Yes
最后决策	允许左转	允许左转	保护左转（基于南向左转）	保护左转

向左转车辆同时行驶。注意，只需满足其中一项检核，就可以要求设置左转保护相位。

第3步：定义车道组

车道组要么是单独的专用转向车道，要么是与直行车道一起分析的共用车道。东向和西向接近段分别作为一个车道组分析，即左/直/右（LTR）车道组。北向和南向接近段作为两个车道组进行分析。左转专用车道是一个车道组，所有其他车道被合并为第二个车道组。

第4步：将既有条件下的需求流量转换为基准条件下的直行小客车当量的需求流率

使用表23.2中的当量值，将每小时的车辆需求流量转换为每小时的直行小客车当量的需求流率。在这种情况下，求解出重型车辆、高峰小时系数、右转、左转和车道利用率的当量值。需求流率是需求流量与每个当量系数的乘积，使用式（23.1）。表23.7展示了结果。

表23.7　需求流量的调整

	东向			西向			北向			南向		
	L	TH	R	L	TH	R	L	TH	R	L	TH	R
需求流量 /（veh/h）	45	450	50	40	500	60	125	900	90	250	700	100
E_{HV}	1.08	1.08	1.08	1.08	1.08	1.08	1.05	1.05	1.05	1.05	1.05	1.05
E_{PHF}	1.05	1.05	1.05	1.05	1.05	1.05	1.05	1.05	1.05	1.05	1.05	1.05
E_{RT}	1	1	1.3	1	1	1.3	1	1	1.2	1	1	1.2
E_{LT}	2	1	1	2	1	1	1.05	1	1	1.05	1	1
E_{P}	1	1.1	1.1	1	1.1	1.1	1	1	1	1	1	1
E_{LU}	1.05	1.05	1.05	1.05	1.05	1.05	1	1.1	1.1	1	1.1	1.1
E_{Other}	1	1	1	1	1	1	1	1	1	1	1	1
调整流率 /（tpc/h）	107	589	85	95	655	102	145	1094	131	290	851	146
车道组流率 /（tpc/h）		782			852		145	1226		290	997	
车道组每车道流率 /（tpc/h）		391			426		145	409		290	332	
关键车道					X			X		X		

第5步：将流率分配到车道组

调整后的流率被分配到车道组，并使用式（23-3）计算单条车道的车道组流率。

第6步：寻找关键车道

对于每个相位，关键车道是具有最高流率的车道。该车道控制着某一相位所需的时间长度。

东向和西向的车辆同时进入交叉口，每个方向都是一个相位和一个车道组。比较东向 LTR 车道组每车道的流率（391tpc/h/ln）和西向 LTR 车道组每车道的流率（426tpc/h/ln），两者中较高的车道是关键车道。这里，西向 LTR 车道组是关键车道组。

北向和南向的车辆分两个相位进行服务。北向和南向的左转在一个仅有左转保护相位进行。直行和右转的车辆在一个单独的相位中获得服务。对于左转保护相位，北向左转车道的流率（145tpc/h/ln）与南向左转车道的流率（290tpc/h/ln）进行了比较。南向左转车道的流率是两者中较高的，因此是关键车道。北向和南向的直行和右转车辆在一个单独的车道组和一个单独的相位获得服务。北向直行/右转车流率（409tpc/h/ln）高于南向直行/右转流率（332tpc/h/ln），因此是关键车道。表 23.7 汇总了第 4、5 和 6 步的所有计算结果。

第7步：计算周期长度

周期长度未知，需要通过假设每个关键相位需要 30s 来估计。本例中，有 3 个关键相位，周期长度被估计为 90s。

第8步：计算交叉口容量

使用 1900pc/hg/ln 的基准饱和流率和每相位 4s/phase 的损失时间，用式（23-4）和式（23-5）计算交叉口容量。

$$L = n_c \times l_p = 3 \times 4 = 12$$

$$c_I = s_0 \frac{C-L}{C} = 1900 \frac{90-12}{90} = 1647 \text{tpc/h/ln}$$

其中所有变量定义同前。

第9步：计算交叉口流量/容量比 X_C

式（23-6）用于计算整个交叉口的流量/容量比，所有变量定义同前。

$$X_C = \frac{\sum_i v_{ci}}{c_I} = \frac{426+409+290}{1647} = \frac{1125}{1647} = 0.68$$

第10步：确定交叉口充分性

交叉口充分性是由关键流率之和与交叉口容量的关系来定义的。从表 23.3 来看，由于 $X_C < 0.85$，该交叉口被定义为"低于容量"。

这就是规划方法的第 1 部分的结束。分析员可以在此停止，也可以继续计算延误和 LOS。

第11步：计算有效绿灯时间

周期中可用的有效绿灯时间必须在各信号灯相位之间进行分配。可用的绿灯时间可以用式（23-7）来计算。每个相位的有效绿灯时间用式（23-8）来计算。计算结果如下，所有变量定义同前。

$$g_{TOT} = C - L = 90 - 12 = 78\text{s}$$

$$g_{ci} = g_{TOT} \times \frac{V_{ci}}{V_c}$$

$$g_{E/W} = 78 \times \frac{426}{1125} = 30\text{s}$$

$$g_{NSL} = 78 \times \frac{290}{1125} = 20\text{s}$$

$$g_{NSTR} = 788 \times \frac{409}{1125} = 28\text{s}$$

式中 $g_{E/W}$——东向/西向相位的有效绿灯时间；

g_{NSL}——北向/南向左转相位的有效绿灯时间；

g_{NSTR}——北向/南向相位直行/右转的有效绿灯时间。

第12步：容量和 v/c 比

使用式（23-9）和式（23-10）计算出每个车道组的容量和 v/c 比。由于 CMA 将所有转换应用于方程的需求侧，容量是未经调整的，并以同等基准条件下的"pc/h"表示。使用的基准饱和流率为 1900pc/hg/ln，因此容量乘以 g/C 比率和车道数。

$$c_i = s_0 N_i \frac{g_i}{C}$$

$$c_{EB} = c_{WB} = 1900 \times 2 \times \frac{30}{90} = 1267$$

$$c_{NBL} = c_{SBL} = 1900 \times 1 \times \frac{20}{90} = 422$$

$$c_{NBTR} = c_{SBTR} = 1900 \times 3 \times \frac{28}{90} = 1773$$

然后计算车道组的 v/c 比，见表 23.8。交叉口容量和 v/c 比的计算方法如下。

$$c_{sum} = s_0 \frac{\sum_{i=1gc,i}^{n_{ep}}}{C} = 1900 \times \frac{30+20+28}{90} = 1647$$

$$X_C = \frac{V_c}{c_{sum}} = \frac{426+409+290}{1647} = 0.68$$

第13步：延误和服务水平

使用式（23-13）对延误进行计算。东向和西向的进程系数是 1.00，因为到达是随机的。对于北向和南向，使用的进程系数是"良好"的进程，查表 23.4 得 0.70。然后用表 23.5 来查询服务水平。延误和 LOS 的计算结果呈现在表 23.8 中。

表23.8 第12步和第13步的结果

车道组	EB LTR	WB LTR	NB		SB	
			Left	TR	Left	TR
车道组流率 /（tpc/h）	782	852	145	1226	290	997
车道组的车道流率 /（tpc/h/ln）	391	426	145	409	290	332
关键车道		X		X	X	
车道组容量	1267	1267	422	1773	422	1773
v/c 比例	0.62	0.67	0.34	0.69	0.69	0.56
统一延误 d_1/（s/veh）	25.2	25.8	29.5	27.2	32.1	25.9
进程系数	1.00	1.00	0.70	0.70	0.70	0.70
增量延误 d_2/（s/veh）	2.3	2.9	2.2	2.2	8.8	1.3
控制延误 /（s/veh）	27.4	28.7	22.8	21.3	31.3	19.4
车道组服务水平（LOS）	C	C	C	C	C	B
接近段延误 /（s/veh）	27.4	28.7	21.5		22.1	
接近段 LOS	C	C	C		C	
交叉口延误 /（s/veh）	24.1					
交叉口 LOS	C					
交叉口容量 /（tpc/h/ln）	1647		交叉口 v/c		0.68	

23.3 总结

本章介绍的2016年版HCM规划级方法在方法上与预配时信号灯的HCM模型相似，但有许多默认值，信号灯配时、相位和延误计算则简单得多。这里的车道组（Lane groups）对应操作方法中的流向组（Movement groups）。

虽然相对简单明了，但该方法还没有达到"粗略计算"的水平，优点是可以在合理的时间内手动完成（10～15min以内，取决于是否知道配时）。可以用电子表格编程，使这个过程完全自动化。

得益于直截了当的方法，它比操作性强的HCM方法更容易理解，因为对许多用户来说，HCM是一个"黑匣子"。然而，需要注意的是，HCM操作方法和这种规划方法从根本上说都是两种预测。这两种方法的 v/c 输出都基于容量的估计，而容量的估计直接来自于饱和流率的预测。已经有一段时间没有收集饱和流率和延误的大量数据并与任何模型进行比对了。

参考文献

[1] *Highway Capacity Manual, 6th Edition: A Guide for Multimodal Mobility Analysis*, Transportation Research Board, Washington, D.C., 2016.

[2] *Highway Capacity Manual*, Special Report 209, Transportation Research Board, Washington, D.C., 1985.

[3] *Interim Materials on Highway Capacity*, Circular 212, Transportation Research Board, Washington, D.C., 1980.

[4] Capelle, D.G. and Pinell, C., "Capacity Study of Signalized Diamond Interchanges," Highway Research Bulletin 291, Transportation Research Board, Washington, D.C., 1961.

[5] Messer, C.J. and Fambro, D.B., "A New Critical Lane Analysis for Intersection Design," 56th Annual Meeting of the Transportation Research Board, Washington, D.C., January 1977.

[6] *Traffic Engineering Handbook*, ITE, John Wiley and Sons, 2016.

习题

23-1 分析下图所示的交叉口。该交叉口信息如下：①进程质量 = 良好（EB）/ 不佳（WB）/ 随机（NB）；②所有流向的 HV 为 5%；③主街每个人行横道上有 300ped/h 过街，400ped/h 过街；④高峰小时系数 =0.88。该交叉口的配时已知，如图所示。

23-2 分析下页图中的交叉口是否充分。可利用的数据极少，因此应使用可选数据的默认值。

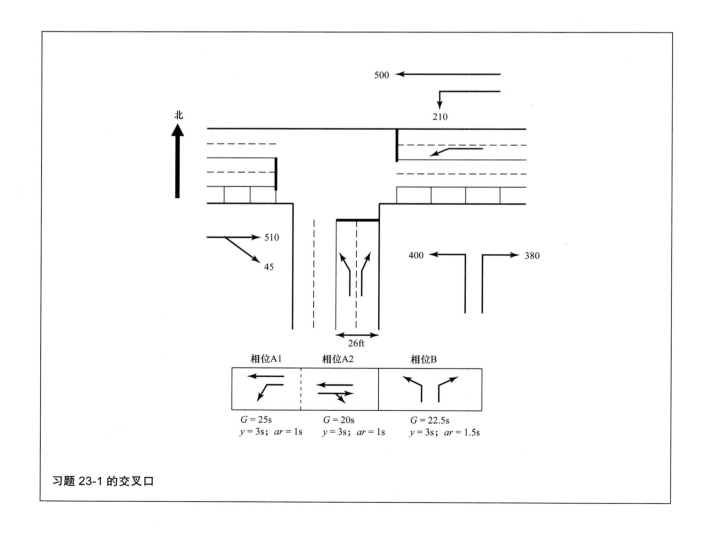

习题 23-1 的交叉口

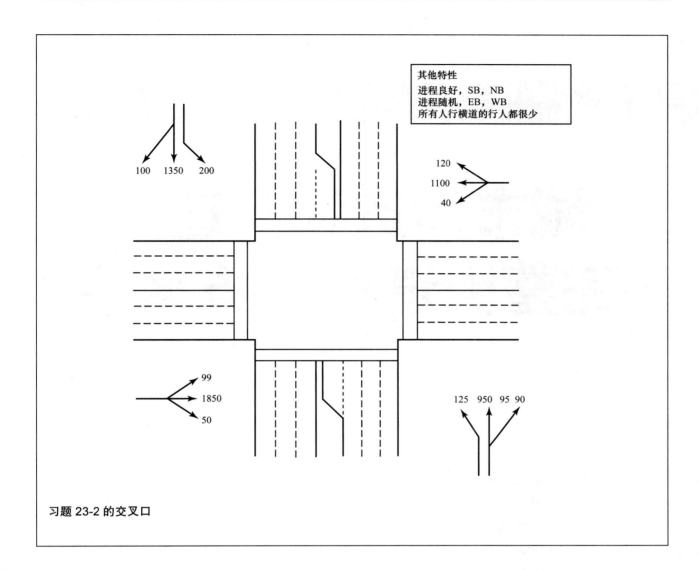

习题 23-2 的交叉口

城市街道和干道：完整街道和服务水平

完整街道（Complete Streets）[一] 是多模式街道。这些街道的设计旨在确保所有用户都能安全、舒适和高效地出行。确保用户平等地使用运输工具，可以创造更宜居的城市和社区。完整街道提供多种运输选择，公平地考虑所有运输方式。公平是完整街道的一个重要元素。这意味着车辆（私人和公共）、行人和自行车骑行人，无论年龄和 / 或能力如何，都可以平等地使用安全的运输工具。

《美国的智能增长》（Smart Growth America）[1] 将完整街道定义为一条可以方便安全地过街、步行去商店、步行去大众运输站和骑自行车上班的街道，同时允许巴士准时运行。完整街道允许所有人平等地使用交通工具，无论他们住在哪里、收入水平如何和 / 或是否残疾。

实现这些目标意味着以不同于以往运输规划者和机构的方式来考虑街道。通常来说，街道的设计首先是为了汽车，其次才是大众运输和行人，而没有考虑到自行车。今天，运输系统的优先次序已经改变，许多城市和社区已经采用了完整街道理念和零愿景计划。零愿景的目标是零死亡事故。这是通过适当的设计和执法来实现的。零愿景计划始于瑞典，目前已被美国许多城市采纳，还有许多城市正在考虑[2]，但零愿景只是完整街道的一个方面。完整街道确实促进了安全，同时有其他好处。

完整街道的好处包含如下几点[3-5]：

- 更安全的街道
- 公平的流动性
- 促进锻炼，从而提高健康水平
- 经济发展。事实证明，完整的街道通过为商店、餐馆和工作场所提供更好的接入（可及

[一]　本章有较多新名词，有一些尚未形成固定的中文译文，甚至在英文语境中的表达方式都尚未达成一致，故而保留较多的英文对照，以便读者更好地理解其含义。——译者注

性），激活了社区经济。这提高了地产价值，鼓励了更多的私人投资，提供了更多的就业机会。

- 连通的路网
- 降低运输成本
- 改善空气质量
- 改善景观和照明，从而鼓励步行和骑行。

24.1　设计城市街道

有许多手册为设计对所有用户都安全的多模式运输街道提供指导。国家城市运输协会（National Association of City Transportation Officials，NACTO）《城市街道设计指南》[6]、"行人"[7] 和"自行车"[8] 安全指南以及《行人和自行车信息中心》[9]，都为规划和设计完整街道提供了指导。各个州、城市和地方都创建了自己的指导手册，以制定最适合其特定地区的政策。新泽西州[10]、田纳西州[11] 和波士顿[12] 这几个地方制定了自己的指南和手册。

图 24.1 是完整街道设计的一个例子[12]，有

四种运输模式共用街道：行人、自行车、机动车和大众运输（pedestrians, bicycles, motor vehicles, and transit）。

要想在街道上和交叉口为行人、自行车和大众运输提供安全且有效的流动性，就需要这些要素。本节将讨论一些可用于使街道对每个用户更加安全的措施。选择最佳措施将因地制宜（对环境敏感的规划），其依据是土地使用、碰撞数据、预期目标、现有设施清单等要素，重要的是与利益相关者（例如附近居民、受影响的企业以及地方、城市、州运输机构的各个部门）的讨论。一个重要的元素是管理车辆速度（交通宁静，Traffic calming），特别是对附近街道的行人和自行车的安全。

改善措施的数量很多，本书不可能全部罗列，但在后续章节中会讨论一些比较常用的改善措施。前面提到的指南手册[6-12] 以及联邦公路管理局出版的《确证的安全对策》[13] 和《道路瘦身指南》[14] 提供了一个更完整的清单。行人[7] 和自行车[8] 安全指南提供了应对措施的预估成本。

图 24.1　完整街道的设计实例

资料来源：Boston Complete Streets Guidelines, Boston Transportation Departments, Boston MA, 2013, Figure 13, available at www.bostoncompletestreets.org.

24.1.1 行人（Pedestrians）

为行人创造一个更安全的环境，一些比较常见的建议如下。

- 连续的人行道（Continuous sidewalks），用至少4ft的隔离或缓冲带与机动车交通分开，有铺面的路肩，宽度足以容纳轮椅。
- 良好的照明（Good lighting），使行人感到更安全。
- 邻里慢行区（Neighborhood slow zones），在住宅区使用交通宁静措施来降低速度。
- 先行的行人时段（Leading pedestrian intervals），在车辆信号灯变为绿灯前几秒先启动行人通行时段。这使行人能够率先进入人行横道，从而更容易被转向车辆看到。
- 优先区（Senior zones），为移动速度较慢的行人创造一个环境，使其更安全地进行正常的通行。
- 用于穿越宽阔街道的行人中间带。
- 改善通视（Daylighting），取消靠近转角的泊车位，以改善通视条件。
- 外展路缘石（Curb extensions），以缩短行人的过街距离。

24.1.2 自行车（Bicycles）

为自行车创造一个更安全的环境，一些比较常见的建议如下。

- 自行车车道（Bike lanes），最好用某种类型的隔离或路肩与机动车分开。
- 自行车信号灯（Bicycle signals）。
- 自行车道路（Bicycle boulevards），有自行车和机动车共用空间的街道。
- 改善路面。
- 更多的自行车泊车站。

- 采用水平自行车格栅（Grates）而不是垂直格栅，因为车轮可能被卡在垂直格栅中⊖。

24.1.3 大众运输（Transit）

创造一个更安全且更有效的大众运输环境的常见措施包括以下内容。

- 舒适的大众运输站，有座位和防雨设施。
- 改善大众运输站的照明。
- 方便且安全地进入大众运输站和乘坐大众运输车辆。
- 大众运输信号灯优先（Transit Signal Priority，TSP），为巴士创造更快的行程；TSP允许巴士、交通管理中心和信号灯控制器之间进行沟通，可以延长绿灯时间，让巴士在不停车的情况下通过交叉口，或者提前回调绿灯，减少巴士的延误。

24.1.4 交通宁静（Traffic Calming）

交通宁静措施改善了行人和自行车的服务质量。一些用于降低车速的常用措施包括以下内容。

- 减速带（Speed bumps），降低车辆速度。
- 道路瘦身（Road diets），减少车辆行驶的车道，为自行车道、更宽的人行道等增加空间。
- 蛇形弯/曲折路（Chicanes），这是一种街区中段的速度控制，将机动车的路径从直线上偏移（形成曲线）以降低速度，如图24.2所示。
- 带标志的测速仪，告知驾驶人在测速。
- 街道设施和景观美化（更明确地将行人与车辆分开）。
- 执法。

表24.1列出了交通宁静措施的一些优点和缺点[14]。

⊖ 这里指的是路面排水口水平格栅。——译者注

图 24.2　用于交通宁静的蛇形弯

表 24.1　从业人员回馈的效果

道路 瘦身项	主要／预期影响	次要／额外影响	
		正面	负面
自行车道	• 增加自行车使用者的流动性和安全性，提高自行车流量； • 得益于与机动车分离，骑行人的舒适度提高	• 提升地产价值	• 可能减少泊车设计依据
减少机动车道	• 让出空间另作他用	• 便于行人横穿道路，降低复杂程度； • 更容易辨识交通流中的可横穿间隙； • 可获得更宽的车道宽度	• 邮政卡车和过境车辆在停车时可能会阻塞交通； • 可能会降低道路容量； • 在一些地区，维护资金与车道里程数挂钩，因此减少车道数会对维护预算产生不利影响； • 同时，一些联邦基金也可能被减少； • 如果行车道被拓宽，会鼓励更快的速度
双向左转车道	• 提供专用左转车道	• 更有效的使用有限的车行路资源	• 如果左转需求过大，可能导致驾驶人很难进入左转车道
行人庇护岛	• 提升步行安全水平	• 让行人过街更安全且更容易； • 防止非法使双向左转车道（TWLTL）超越较慢车辆或进入上游的转向车道	• 可能会对除雪有影响； • 可能会因为限制了一些机动而增加交通拥堵
缓冲（植草、混凝土中间带、塑料轮廓标）	• 在各种通行模式间提供分隔及空间	• 通过分隔，提升骑行舒适度； • 分隔可以阻止车辆进入其他运输模式的空间	• 植草和护栏需要持续维护

资料来源：Knapp, et al, *A Road Diet Guide*, Federal Highway Administration, Washington D.C., November 2014, Table 2, pg 1.

24.2 多模式街道路段的服务水平分析

《道路容量手册》（HCM）[15] 提供了对城市街道上四种运输模式的评估方法。为四种模式中的每一种计算服务水平（LOS）：机动车、行人、自行车和大众运输。这些水平可以进行比较，以确定设施上每种模式的服务质量，但不能将它们组合在一起来构建一个总体 LOS。

每种模式的计算方法在本章中没有详细说明，因为它们复杂而冗长。本章简述了确定每种模式的 LOS 的一般概念。读者可参阅 HCM 第 16、18、29 和 30 章，了解每种模式的计算方法的完整描述。本章讨论了 HCM 的方法，因为它适用于分析城市街道单一路段上的机动车、行人、自行车和大众运输。一个路段包括一段路和下游的交叉口，通常是一个信控交叉口。HCM 还提供了一种考虑一系列相邻路段的方法。这种类型的分析被看作是一种设施分析⊖。

24.2.1 机动车评估方法

确定路段上机动车 LOS 的方法包括计算路段上的平均通行时间和下游交叉口的直行流向的 v/c 比。只考虑直行流向，因为干道的主要目的是让车辆沿着设施（道路）移动。下游交叉口的 v/c 比是用第 22 章中描述的信控交叉口的方法评估的。机动车分析方法所需的输入数据相当多，见表 24.2。

表 24.2 城市街道路段的机动车 LOS 分析所需的输入数据

数据需求及单位	潜在数据源	建议默认值
交通特性数据		
边界交叉口流向组的需求流率 /（veh/h）	现场数据，通过该点的计数	必须输入
接入点流向组的流率 /（veh/h）	现场数据，通过该点的计数	见文字说明
路段流率 /（veh/h）	现场数据，通过该点的计数	在下游的边界交叉口，使用需求流率估算
几何数据		
边界交叉口流向组的车道数	现场数据，道路照片	必须输入
上游交叉口宽度 / ft	现场数据，道路照片	必须输入
交叉口接近段转向车道渠化长度 / ft	现场数据，道路照片	必须输入
路段的直通车道数	现场数据，道路照片	必须输入
接入点的车道数——接近段	现场数据，道路照片	①接近段直行车道数 = 路段直行车道数；②无右转车道；③如果有中间带，每个接近段有一条左转车道，否则没有左转车道
接入点的车道数——接入点的接近段	现场数据，道路照片	一条左转和一条右转车道
接近段接入点处转向渠化道长度 /ft	现场数据，道路照片	接入点间距的40%，其中间距 = $2 \times (5280)/D_a$，单位为 ft，但不超过 300ft，也不低于 50ft
路段长度 /ft	现场数据，道路照片	必须输入
限制性中间带长度 /ft	现场数据，道路照片	必须输入

⊖ 这里的设施（facility）指的是某种类型的道路，注意与中文惯用的"设施"的含义予以区别。——译者注

（续）

数据需求及单位	潜在数据源	建议默认值
有路缘石的路段部分（小数）	现场数据，道路照片	1.0（路段两边都有路缘石）
接入点的接近段数量	现场数据，道路照片	见文本中的讨论
有路边泊车的路段比例（小数）	现场数据	必须输入
其他数据		
分析时段长 /h	分析者确定	0.25h
限制速度 /（mile/h）	现场数据，道路资产数据	必须输入
绩效评估数据		
边界交叉口的直行控制延误 /（s/veh）	HCM 方法输出	必须输入
边界交叉口停车的直行车辆 / veh	HCM 方法输出	必须输入
边界交叉口直行车辆的第二和第三项排队车辆 /（veh/ln）[Q2、Q3]	HCM 方法输出	必须输入
边界交叉口各流向组的容量 /（veh/h）	HCM 方法输出	必须输入
路段延误 /（s/veh）	现场数据	0.0s/veh
路段停车次数 /（stops/veh）	现场数据	0.0stops/veh

资料来源：Reprinted with permission from *Highway Capacity Manual, 6th Edition – A Guide for Multimodal Mobility Analysis*, Transportation Research Board, the National Academy of Sciences, Courtesy of the National Academies Press, Washington, D.C., 2016.

对于不同的基准自由流速度，城市街道路段的 LOS 阈值是不同的。基准自由流速度是指在流率较低时自由选择的速度，因此在较长路段内不会干扰驾驶人对速度的选择。通过使用基准自由流速度来改变 LOS 阈值，以体现用路人对不同类型的干线的判断是不同的。在一条基准自由流速度为 25mile/h 的干道上，与在一条基准自由流速度为 50mile/h 的干道上相比，用路人期望的行驶速度不会相同。

表 24.3 展示了机动车的 LOS 阈值。LOS 基于平均通行速度，它描述的是城市街道在运行方面的绩效，而不是用户感知的服务质量。因此，单独计算的 LOS 评分更能代表用户对服务质量的感知。

表 24.3 HCM 对干线路段机动车 LOS 的标准（平均通行速度，mile/h）

LOS	基准自由流速度 /（mile/h）							下游边界交叉口的 v/c 比率
	55	50	45	40	35	30	25	
A	> 44	> 40	> 36	> 32	> 28	> 24	> 20	≤ 1
B	> 37	> 34	> 30	> 27	> 23	> 20	> 17	≤ 1
C	> 28	> 25	> 23	> 20	> 18	> 15	> 13	≤ 1
D	> 22	> 20	> 18	> 16	> 14	> 12	> 10	≤ 1
E	> 17	> 15	> 14	> 12	> 11	> 9	> 8	≤ 1
F	≤ 17	≤ 15	≤ 14	≤ 12	≤ 11	≤ 9	≤ 8	> 1

资料来源：Reprinted with permission from *Highway Capacity Manual, 6th Edition-A Guide for Multimodal Mobility Analysis*, Transportation Research Board, the National Academy of Sciences, Courtesy of the National Academies Press, Washington, D.C., 2016.

研究表明，驾驶人对出行质量的感知主要是基于他们必须停车的次数[16]。因此，一个单独的方法计算出 1~6（A~F）的汽车出行者感知评分，该评分基于驾驶人将出行评为某种 LOS 的概率。概率是通过回归方程计算出来的，其自变量是停车次数 / 英里和该路段的左转车道或渠化道（left-turn lanes or bays）的比例（在任何非信控交叉口和下游信控交叉口）。

24.2.2　行人评估方法

HCM 城市街道段行人方法评估了交叉口、路段（不包括交叉口）和整个路段（路段加交叉口）的行人服务质量。表 24.4 展示了行人分析所需的输入。

表 24.4　HCM 对行人分析的输入

数据需求及单位	潜在数据源	建议默认值
交通特性数据		
路段机动车流率 * /（veh/h）	现场数据，昔日计数，预测	必须输入
路段行人流率 /（ped/h）	现场数据，昔日计数	必须输入
路侧泊车占用比例（小数）	现场数据	0.5（若有泊车道）
几何数据		
下游交叉口宽度 * /ft	现场数据，道路照片	必须输入
路段长度 * /ft	现场数据，道路照片	必须输入
路段直通车道数	现场数据，道路照片	必须输入
外侧直行车道宽度 /ft	现场数据，道路照片	12ft
自行车道宽度 /ft	现场数据，道路照片	5.0ft（若有）
外侧有铺装的路肩宽度 /ft	现场数据，道路照片	必须输入
平行泊车道宽度 /ft	现场数据，道路照片	8.0ft（若有）
是否有路缘石（有 / 无）	现场数据，道路照片	必须输入
是否有路侧人行道（有 / 无）	现场数据，道路照片	必须输入
步行道全宽 /ft	现场数据，道路照片	9.0ft（商业 / 办公），11.0ft（居住 / 工业）
固定物体影响宽度 /ft	现场数据	内外各 2.0ft（商业 / 办公），内外各 0.0ft（居住 / 工业）
缓冲宽度 /ft	现场数据，道路照片	0.0ft（商业 / 办公），6.0ft（居住 / 工业）
缓冲带物体的间距 /ft	现场数据，道路照片	必须输入
其他数据		
与最近信控交叉口的距离 /ft	现场数据，道路照片	信控交叉距离的 1/3
合法的路段行人过街（合法 / 不合法）	现场数据，当地交通法	必须输入
路侧人行道比邻窗户、建筑、护栏的比例（小数）	现场数据	0.0（非 CBD）；0.5 建筑，0.5 窗户（CBD）
绩效评估数据		
机动车路段行车速度 * /（mile/h）	HCM 方法输出	必须输入
边界交叉口的行人延误 /（s/ped）	HCM 方法输出	必须输入
路段信号过街处的行人延误 /（s/ped）	HCM 方法输出	2s/ped（若有）
路段无控制过街处的行人延误 /（s/ped）	HCM 方法输出	必须输入
交叉口处人服务水平打分（小数）	HCM 方法输出	必须输入

注：* 也使用机动车评估方法计算。

资料来源：Reprinted with permission from *Highway Capacity Manual, 6th Edition – A Guide for Multimodal Mobility Analysis*, Transportation Research Board, the National Academy of Sciences, Courtesy of the National Academies Press, Washington, D.C., 2016.

交叉口行人 LOS 是根据行人延误和机动车需求及速度来预测行人感知的服务质量的评分。虽然不是 LOS 计算的一部分，但也会计算转角处和人行横道上的通行区域的绩效指标。

路段的行人路径 LOS 得分是根据平均行人自由流动的行走速度计算的，这是没有其他行人干扰时行人行走的平均速度，平均行人空间，以及路口的行人延误。

路段评分的计算依据是人行道宽度、车速和车流量、外侧直行车道的有效宽度、自行车道、路肩宽度和缓冲区宽度。影响路段评分的一个重要因素是行人与机动车的分离，以及这些机动车在路段上的行驶速度。

全路段行人 LOS 基于平均行人空间（ft²/ped）、行人交叉口评分、行人路段评分和道路穿越难度系数。表 24.5 展示了行人 LOS 的阈值。

表 24.5 行人 LOS 评分

行人服务水平评分	行人的人均面积服务水平 /（ft²/ped）					
	> 60	> 40 ~ 60	> 24 ~ 40	> 15 ~ 24	> 8.0 ~ 15*	≤ 8.0*
≤ 2.00	A	B	C	D	E	F
> 2.00 ~ 2.75	B	B	C	D	E	F
> 2.75 ~ 3.50	C	C	C	D	E	F
> 3.50 ~ 4.25	D	D	D	D	E	F
> 4.25 ~ 5.00	E	E	E	E	E	F
> 5.00	F	F	F	F	F	F

注：* 在交叉流的情况下，LOS E/F 的阈值是 13ft²/ped。第 4 章（2016 年版 HCM）描述了"交叉流"的概念和应该考虑的情况。
资料来源：Reprinted with permission from *A Guide for Multimodal Mobility Analysis*, Transportation Research Board, the National Academy of Sciences, Courtesy of the National Academies Press, Washington, D.C., 2016.

24.2.3 自行车评估方法

HCM 自行车（Bicycle）绩效评估方法考虑了下游交叉口、路段和全路段（路段和下游交叉口）的自行车服务质量。表 24.6 展示了自行车 LOS 分析所需的输入。

交叉口的自行车 LOS 评分是根据交叉口的自行车延误、自行车道容量、自行车道与交通的缓冲以及是否有自行车道来计算的。

决定路段自行车得分的一些影响因素是自行车行驶速度、机动车需求流率和行车速度、重型车辆比例、路面状况和外侧直行车道的有效宽度。机动车需求流率、机动车行车速度、重型车辆百分比以及与机动车的缓冲距离影响着自行车骑行人的安全感。缓冲距离由外侧的有效宽度表示，其中包括自行车道、路肩和泊车道的宽度。

该路段的自行车评分是用一个回归方程计算的，该方程使用交叉口的自变量评分、路段、非信控交叉口的冲突系数以及该路段的接入点数量。表 24.7 展示了自行车分析的 LOS 阈值。

表 24.6 自行车分析所需的输入数据

数据需求及单位	潜在数据源	建议默认值
交通特性数据		
路段机动车流率 * /（veh/h）	现场数据，昔日计数，预测	必须输入
重型车辆比例（%）	现场数据，昔日计数	必须输入
路侧泊车占用比例（小数）	现场数据	0.5（若有泊车道）

（续）

数据需求及单位	潜在数据源	建议默认值
几何数据		
路段长度[1]/ft	现场数据，道路照片	必须输入
路段直通车道数[1]	现场数据，道路照片	必须输入
外侧直行车道宽度[2]/ft	现场数据，道路照片	12ft
自行车道宽度[3]/ft	现场数据，道路照片	5ft（若有）
外侧有铺装的路肩宽度[3]/ft	现场数据，道路照片	必须输入
平行泊车道宽度/ft	现场数据，道路照片	必须输入
中间带类型（分幅/不分幅）	现场数据，道路照片	必须输入
是否有路缘石（有/无）	现场数据	必须输入
接近段处接入点数	现场数据，道路照片	见文字说明
其他数据		
道路铺装条件[4]（FHWA 5点标定）	现场数据，铺装条件数据	3.5（好）
绩效评估数据		
机动车路段行车速度[1]/(mile/h)	HCM方法输出	必须输入
边界交叉口处自行车延误/(s/bicycle)	HCM方法输出	必须输入
边界交叉口处自行车服务水平评分（小数）	HCM方法输出	必须输入

注：1. 也使用机动车评估方法计算。
2. LOS对默认值选择具有高度敏感性（±2个LOS字母）。
3. LOS对默认值选择具有中等程度敏感性（±1个LOS字母）。
4. 敏感性反映了2~5的路面状况。非常差的路面（即1）通常导致LOS F，而不考虑其他输入值。

资料来源：Reprinted with permission from *Highway Capacity Manual, 6th Edition – A Guide for Multimodal Mobility Analysis*, Transportation Research Board, the National Academy of Sciences, Courtesy of the National Academies Press, Washington, D.C., 2016.

表24.7 自行车服务水平的评估

服务水平（LOS）	服务水平评分
A	≤ 2.00
B	> 2.00 ~ 2.75
C	> 2.75 ~ 3.50
D	> 3.50 ~ 4.25
E	> 4.25 ~ 5.00
F	> 5.00

资料来源：Reprinted with permission from *Highway Capacity Manual, 6th Edition-A Guide for Multimodal Mobility Analysis*, Transportation Research Board, the National Academy of Sciences, Courtesy of the National Academies Press, Washington, D.C., 2016.

24.2.4 大众运输评估方法

HCM的大众运输（Transit）绩效评估方法考虑了在路段上运行的大众运输的服务质量。评分的计算基于大众运输在路段上的行车速度、交叉口的延误、整个路段的通行速度、预期等待时间和预期通行时间的评分（称为大众运输等待-乘坐评分）以及行人路段LOS。表24.8展示了大众运输分析所需的输入。

大众运输的行车时间包括在不停车的情况下驶过该路段所需的时间，以及因停车上下乘客而造成的延误时间。停车造成的延误时间包括加速/减速，为乘客服务，以及重新汇入交通流。

表 24.8　HCM 对大众运输分析的输入

数据需求及单位	潜在数据源	建议默认值
交通特性数据		
停站时间 /s	现场数据，AVL 数据[1]	60s（市中心站，运输中心，干线换乘点，主要的 P + R），30s（主要的外围站），15s（典型的外围站）
超出的等待时间 /min	现场数据，AVL 数据[1]	见文字说明
乘客行程长度 /mile	国家大众运输数据	3.7mile
时间频率 /（veh/h）	大众运输时刻表	必须输入
上座率 /（pass/seat）	现场数据，APC 数据[2]	0.80pass/seat
几何数据		
路段长度[3]/ft	现场数据，道路照片	必须输入
其他数据		
500 万人口以上都市的 CBD（是 / 否）	普查数据	必须输入
交通信号灯绿信比（小数）	现场数据或 HCM 方法输出	必须输入（若有）
交通信号灯周期长度 /s	现场数据或 HCM 方法输出	必须输入（若有）
有候车亭的大众运输站点比例（小数）	现场数据或大众运输资产数据	必须输入
有长椅的大众运输站点比例（小数）	现场数据或大众运输资产数据	必须输入
绩效评估数据		
机动车路段行车速度[3]/（mile/h）	HCM 方法输出	必须输入
路段上行人服务水平评分（小数）	HCM 方法输出	必须输入
再入延误 /（s/veh）	HCM 方法输出	必须输入
环岛 v/c 比例（小数）	HCM 方法输出	必须输入（若有）

注：1. AVL = 自动车辆定位。
　　2. APC = 自动乘客计数器。
　　3. 也使用机动车评估方法计算。
资料来源：Reprinted with permission from *Highway Capacity Manual, 6th Edition – A Guide for Multimodal Mobility Analysis*, Transportation Research Board, the National Academy of Sciences, Courtesy of the National Academies Press, Washington, D.C., 2016.

大众运输的等待 – 乘坐评分试图反映乘客对等待时间和通行时间的感受。影响这种感受的一些因素是车站的长椅和候车亭，车辆上每个座位的乘客，大众运输车辆之间的时距，以及由于晚到而导致的额外等待时间。

表 24.9 展示了大众运输分析的 LOS 阈值。注意，这些阈值与自行车分析的阈值相同。

表 24.9　大众运输服务水平的评分

服务水平（LOS）	服务水平评分
A	≤ 2.00
B	> 2.00 ~ 2.75
C	> 2.75 ~ 3.50
D	> 3.50 ~ 4.25
E	> 4.25 ~ 5.00
F	> 5.00

资料来源：Reprinted with permission from *Highway Capacity Manual, 6th Edition-A Guide for Multimodal Mobility Analysis*, Transportation Research Board, the National Academy of Sciences, Courtesy of the National Academies Press, Washington, D.C., 2016.

24.2.5　汇总

虽然 2016 年版 HCM 允许分析城市街道上各种道路使用者群体的 LOS，但它并不包括一个统一的多模式运输的 LOS 方法。事实上，HCM 这样做可能并不妥当。在任何特定情况下，各种模式的相对重要性取决于许多因素，包括模式使用者的相关组合、可及性和流动性问题以及当地的优先事项。这些在全国或世界范围内都不会相同。

目前的 LOS 方法为机动车提供了一个基于运行的 LOS，而其他模式（行人、自行车、大众运输）则是基于估计的用户感知级别。为机动车提供了一个用户感知级别，但不能用来确定 LOS。

24.3　设施服务水平分析

设施（道路）服务水平结合了各路段及各模式的结果，计算出对每种运输模式的设施服务水平。按模式计算的每一路段的结果，通过计算该路段所计算的各个有效性措施的加权平均数来合并。设施的 LOS 阈值与路段的相同，即分别在表 24.2、表 24.4、表 24.6 和表 24.8 中对机动车、行人、自行车和大众运输的路段 LOS 定义。

24.4　总结

完整街道设计和理念已经在美国 1100 多个地方生效，而且还在不断增加[17]。这是因为街道的功能已经超越了简单地提供机动车进出和通行的范畴。在考虑设施（道路）的目的和服务质量时，现在也意识到机动车以外的其他模式同样重要。关键是，要看所有用户所经历的 LOS。比较每种运输模式的服务水平，可以使分析人员确定一种模式的变化可能会影响其他模式。

参考文献

[1] Smart Growth America, https://smartgrowthamerica.org/program/ national-complete-streets-coalition/

[2] Vision Zero Network, http://visionzeronetwork.org/resources/ vision-zero-cities/

[3] Complete Streets Fundamentals, https://smartgrowthamerica.org/ tag/complete-streets-fundamentals/

[4] Benefits of Complete Streets, University of Delaware Institute of Public Administration, http://www.ipa.udel.edu/healthyDEtoolkit/completestreets/benefits.html

[5] National League of Cities, Sustainable Cities Institute, http:// www.sustainablecitiesinstitute.org/topics/transportation/completestreets

[6] Urban Street Design Guide, National Association of City Transportation Officials, https://nacto.org/publication/urban-streetdesign-guide/street-design-elements/

[7] Zegeer, C., et al., PEDSAFE, Pedestrian Safety Guide and Countermeasure Selection System, 2013, http:// www.pedbikesafe.org/pedsafe/guide_background.cfm

[8] Zegeer, C., et al., BikeSafe, Bicycle Safety Guide and Countermeasure Selection System, http://www.pedbikesafe.org/ bikesafe/

[9] Pedestrian and Bicycle Information Center, www.pedbikeinfo.org/ planning/facilities.cfm

[10] Making Complete Streets a Reality, New Jersey DOT, http:// www.state.nj.us/transportation/eng/completestreets/pdf/ cspolicydevelopmentguide2012.pdf

[11] Complete Streets Design Guidelines, Tennessee DOT, http:// www.knoxtrans.org/plans/ complete_streets/guidelines.pdf

[12] Boston Complete Streets Guidelines, 2013 http:// bostoncompletestreets.org/pdf/2013/ BCS_Guidelines_LowRes.pdf

[13] Office of Safety Proven Safety Countermeasures, USDOT Federal Highway Administration, https://safety.fhwa.dot.gov/provencountermeasures/

[14] FHWA Road Diet Informational Guide, 2014, https:// safety.fhwa.dot.gov/road_diets/info_guide/

[15] *Highway Capacity Manual, 6th Edition: A Guide for Multimodal Mobility Analysis*, Transportation Research Board, Washington, D.C., 2016.

[16] Vandehey, M. et al, *Measuring and Predicting the Performance of Automobiles Traffic on Urban Streets*, Final Report NCHRP Project 3-79, Kittelson and Associates, Portland OR.

[17] Complete Streets Policies Nationwide, Smart Growth America, https://smartgrowthamerica. org/program/national-complete-streetscoalition/ policy-development/policy- atlas/

习题

24-1. 讨论城市街道设计如何变化以及这些变化的好处。

24-2. 影响行人服务水平的因素有哪些？为什么这些因素很重要？

24-3. 影响自行车服务水平的因素有哪些？为什么这些因素很重要？

24-4. 影响大众运输服务水平的因素有哪些？为什么这些因素很重要？

24-5. 如何定义机动车的服务水平？为什么对机动车的服务质量有一个单独的衡量指标？它与服务水平的衡量指标有什么不同？

非信控交叉口和环岛

非信控交叉口（Unsignalized intersections）是一个涵盖四种基本类型交叉口的术语，每一种交叉口都完全或部分没有交通控制信号灯控制。这四类交叉口如下：

- 无控制（Uncontrolled）的交叉口
- 双向"STOP"控制（Two-way STOP-controlled, TWSC）的交叉口（包括一些"YIELD"控制的交叉口）
- 多向"STOP"控制（Multiway STOP-controlled）的交叉口⊖
- 环岛（Roundabouts）

完全无控制交叉口没有任何控制设施来指定任何确定流向的通行路权。通行路权遵循现行的通用路权法，该法在 50 个州是统一的。左侧驾驶人必须给右侧接近且距离足够近、可能造成危险

的任何车辆让路。此外，直行的车辆拥有比转向车辆更高的通行路权，当两者接近到足以造成潜在危险时。通过这些统一的驾驶法规，左边的驾驶人有责任避免与右边的车辆发生危险冲突，而转向的驾驶人必须避免与直行的车辆发生危险冲突。"无控制"的交叉口可能有警告或指路标志，因为这些标志不影响通行路权规定。

本章没有对完全无控制交叉口的细节进行陈述。它们通常存在于低流量的情况下，并且通常不涉及高延误或重大事故风险。《统一交通控制设施手册》（MUTCD）[1] 包含了帮助交通工程师选择交叉口恰当控制水平的依据。这些以及视距方面的考虑在第 15 章有详细介绍。

TWSC 交叉口包括许多可能的布局，包括在双向次路的两个接近段设置"STOP"标志，在 T 形交叉口的次路上设置"STOP"标志，以

⊖ 早期 MUTCD 存在 2-way、3-way、4-way 等多向"STOP"的控制策略，后来发现这种方式会导致驾驶人混乱，在 2023 年版 MUTCD（11th）中，明确规定了要么没有补充面板、要么设置"ALL WAY"补充面板。——译者注

及在单向次路的一个接近段处设置"STOP"标志。"YIELD"标志也可以放在这些配置中，并包括在这个大类中。多向"STOP"控制（Multiway STOP-controlled）或全向"STOP"控制（AWSC）交叉口是在所有接近段上都设置"STOP"标志。在这种布置中，不得使用"YIELD"标志。

环岛（Roundabouts）在欧洲已经使用了几十年。在过去的20年里，环岛在美国的普及度和使用量稳步上升，它们通常被当作交叉口信控的替代方案。环岛从根本上不同于交通圈（Traffic Circle），因为在环岛上，环内车辆比进环车辆拥有更高路权，即使它们在左边。在所有接近段上都有"YIELD"标志，以强调这个优先级别。在老式交通圈中，通用路权（ROW）规则是适用的，这意味着环内车辆会给进环车辆让行，因为后者总是在右边。除了在交通量非常小的情况下，交通圈很少被使用，尽管它们仍然存在[⊖]。

本章概述了 TWSC 交叉口、AWSC 交叉口和环岛，主要聚焦此类交叉口的设计和容量。

第 1 部分：
双向"STOP"控制的交叉口

双向"STOP"控制（TWSC）交叉口是一种常见的非信控交叉口形式。早期，无论在设计还是在容量分析中，都未将这种交叉口当作是一个主要问题。1965 年版《道路容量手册》（HCM）[2]指出：

从某种意义上说，非信控交叉口的容量和较大的服务量可能被认为只有学术意义。在实践中，当重要的交叉口达到这样的水平时，通常都会安装信号灯。

1965 年版 HCM 为 TWSC 交叉口提供了一个简单的分析程序，假设它们是简单的两相位运行

的信号灯。

1980 年出版的《道路容量过渡材料》[3]中首次出现了分析 TWSC 交叉口的具体方法。所提出的方法基于欧洲的出版物[4]，而该出版物本身又基于德国的出版物[5]。该方法随着 HCM 的每一个连续版本而不断更新，但该模型的基本结构仍未改变。

25.1 双向"STOP"控制交叉口运行：基本建模方法

驾驶人试图从双向"STOP"控制（TWSC）交叉口的控制路段穿过主路，基本上是在实施间隙接受的机动。停车的驾驶人必须观察主路交通流中的间隙，并选择一个间隙来安全地完成所需的机动动作。有以下三个基本变量控制着这种机动。

- **冲突交通流中的间隙分布**：在冲突的交通流中，受控车辆一定能通过的间隙的实际分布。
- **临界间隙或临界时距 t_c**：受控驾驶人会选择通过的间隙的平均大小。虽然许多文献将该值称为临界间隙（Critical Gap），但 HCM 现在将其称为临界时距（Critical Headway）。
- **跟进时间（Follow-Up Time）t_f**：假设间隙足够大，可以容纳两辆或更多车辆，那么在第一位驾驶人离开后，紧接的第二位驾驶人使用间隙的平均时间。

对这三个变量的预测是应用于 TWSC 交叉口的分析方法的核心。

问题的复杂之处在于，在 TWSC 交叉路口处有几种不同的车辆在寻找间隙，并且每种车辆必须穿越的车流也不同。主路的左转和调头以及次路的右转、直行和左转机动都在寻找间隙。其中，有些流向是相互冲突的。当出现间隙时，如果有超过一辆车试图通过该间隙，那么间隙的使用就有严格的优先顺序：

⊖ 中国的环路通行规则一直是环外让环内。——译者注

① 从主路左转；

② 从次路右转；

③ 从主路调头；

④ 从次路直行；

⑤ 从次路左转。

如果主路的调头车没有单独标识，则假定它们是主路左转车流的一部分。

例如，如果有一辆来自主路的左转车和一辆来自次路的直行车正在等待，并且出现了一个间隙，则主路左转车将首先使用它。次路上的直行车将被迫等待另一个间隙——假设最初的间隙不够大，无法依次容纳两者。分析结构将此优先级系统视为完全严格的，无任何例外。虽然这种假设在大多数情况下都是好的，但应该注意的是，激进的驾驶人有时并不遵守它，特别是存在一些拥堵和长时间延误时。

TWSC 交叉口的分析方法有以下基本步骤，每个步骤都严格按照控制流向的优先级顺序执行。

1）**用流率来表示每个流向的需求。** 与所有分析一样，必须提供关于需求流量的基本数据。如果只有完整的高峰小时流量，它们将被转换为流率，如下所示：

$$v_i = \frac{V_i}{PHF} \qquad (25\text{-}1)$$

式中 v_i——流向 i 的需求流率（veh/h）；

V_i——流向 i 的需求流量（veh/h）；

PHF——高峰小时系数。

整个交叉口使用一个 PHF。然而，这种换算方式假设路口的所有流向都在同一时间达到高峰，而通常这并非事实。最好是以 15min 为单位收集所有流向的流量，这样就可以直接确定需求强度最高的时期。采用这个方法时，不需要用 PHF 进行调整。

需要注意的是，这里没有对重型车辆进行转换，整个分析方法是以每小时混合车辆进行的。

2）**确定每个流向的冲突流率。** 每种寻求间隙的主体流向都是通过不同的冲突交通流来实现的：

• 从主路左转和调头的车辆通过主路对向直行和右转车辆寻求间隙。

• 从次路的右转车在主路最右边的车道上寻找间隙。

• 从次路的直行车在主路所有流向中寻求间隙。

• 从次路的左转车在主路所有流向和次路对向直行中寻求间隙。

3）**确定临界间隙（时距）和跟进时间。** 不同的主体流向将需要不同的间隙大小，通过这些间隙进行他们所需的机动，这取决于机动的复杂性。

4）**确定潜在的容量。** 潜在容量的假设是，每个主体流向都有①一条可供运行的专用车道②充分利用所有可用的间隙，即没有更优先的流向存在。

5）**确定流向容量。** 潜在容量被调整，以考虑寻求间隙的更高优先级流向的存在。这个过程被称为"阻抗"。

6）**确定共用车道的容量。** 流向容量被进一步调整，以考虑受控流向之间共用车道的情况。

7）**确定延误和服务水平。** 分析的结果是确定交叉口中每个流向、车道和接近段的平均控制延误。然后用延误来确定服务水平（LOS）。可以计算整个交叉口的延误，但不给出交叉口层级的 LOS，因为许多车辆是经历"0"延误的，这使整个交叉口的平均值相对没有意义。

随后的章节将更详细地逐个讨论和呈现这些步骤。

25.2 双向"STOP"控制交叉口分析的计算步骤

第 1 步：将需求流量表示为高峰小时内 15min 内的流率。

需求流量应使用相关交叉口的现场数据来确定。因为分析方法使用了严格的优先级，使用了标准的流向编号方案，如图 25.1 所示。

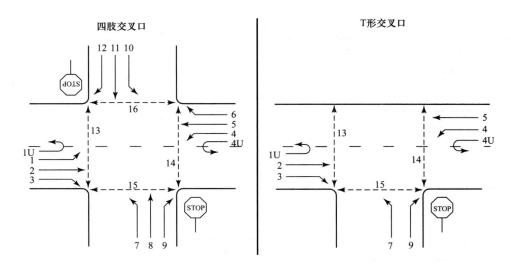

图 25.1　TWSC 交叉口的流向编号方案

资料来源：Reprinted with permission from *Highway Capacity Manual, 6th Edition – A Guide for Multimodal Mobility Analysis*, Transportation Research Board, the National Academy of Sciences, Courtesy of the National Academies Press, Washington, D.C., 2016.

注意，主路的流向被标记为 1～6，而次路的流向被标记为 7～12。行人流向被标记为 13～16。当然，T 形交叉口的流向组合要比典型的四肢交叉口简单得多。另外，编号方案与方位无关。严格遵守编号规定将简化后续计算。

如前所述，若需求流量是基于每小时的数据，则应使用式（25-1）将其转换为流率。如果是直接输入流率，就不需要转换。

第 2 步：确定每个流向的冲突流率

必须为每个寻求间隙的主体流向确定冲突流率。然而，冲突流率取决于寻求间隙的流向。

两种流向——次路的直行和左转流向——可能面临两种场景之一。如果主路上没有足够大的中间带来储存至少一辆车，这两种流向就会在一个阶段内进行，也就是说，它们会一次穿过所有冲突流。然而，如果存在一个可以安全地储存一辆或多辆车的中间带，那么次路的直行和左转流向就可以分两个阶段执行他们想要的机动。在这种情况下，驾驶人从左幅穿过车行路，然后在中间带停下来或再次暂停，以选择来自右幅的交通间隙。对于这些流向的单阶段和两阶段机动（One-stage and Two-stage maneuvers）[⊖]，冲突流率的估计略有不同。

对冲突流率的估计是按照前面定义的流向优先顺序进行的。优先级 1 的流向不面对冲突流，因此没有冲突流率。优先级 2、3、4 的流向面对越来越难的冲突。

图 25.2 说明了每个主体流向所面临的冲突流向。这些图示被用来开发表 25.1 中所示的冲突流率的估算公式。

⊖　单阶段是指一次可以横穿相交道路，两阶段是指利用相交道路的中间非行车空间等待，分别横穿相交道路的两幅车行路。
——译者注

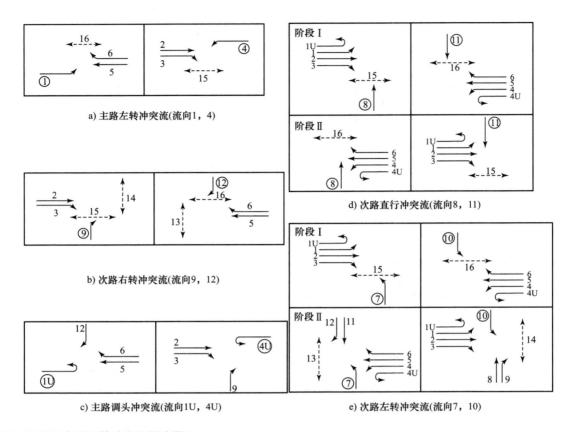

图 25.2　TWSC 交叉口的冲突交通流图示

资料来源：Reprinted with permission from *Highway Capacity Manual, 6th Edition – A Guide for Multimodal Mobility Analysis*, Transportation Research Board, the National Academy of Sciences, Courtesy of the National Academies Press, Washington, D.C., 2016.

应该注意的是，图 25.2d、e 显示的是两阶段间隙接受公式。只存在一个阶段时，总的冲突流率是阶段Ⅰ与阶段Ⅱ的和。

根据多年来的实地调研和验证，这些公式中包含了大量细节。例如，从主路驶来的右转在技术上与其他流向没有冲突。然而，它们被包括在一些公式中，因为这些车辆可能未使用转向灯，而次路的驾驶人可能认为他们会造成冲突。然而，如果在主路上有指定的右转车道，这些车辆就可以从表 25.1 的冲突流率计算中扣除。

从技术上讲，来自次路的右转只与主路临近的右侧车道上的直行流发生冲突。因此，对于四车道和六车道的主路，在计算冲突流率时，在某种程度上要扣除这些流率。

最后，当一条次路的右转流向有一条专用车道被物理三角岛隔离，并有"STOP"或"YIELD"标志单独控制时，它可以从冲突流率计算中扣除。

表 25.1 TWSC 交叉口冲突流量（率）公式

流向编号	流 向	公 式
1, 4	主路左转	$v_{c1} = v_5+v_6+v_{16}$ $v_{c4} = v_2+v_3+v_{15}$
9, 12	次路右转 在 2 车道的主路上	$v_{c9} = v_2+0.5v_3+v_{14}+v_{15}$ $v_{c12} = v_5+0.5v_6+v_{13}+v_{16}$
9, 12	次路右转 在 4 或 6 车道的主路上	$v_{c9} = 0.5v_2+0.5v_3+v_{14}+v_{15}$ $v_{c12} = 0.5v_5+0.5v_6+v_{13}+v_{16}$
1U, 4U	主路调头 在 2 车道的主路上	对于本例，无数据 将主路调头视作主路左转的一部分
1U, 4U	主路调头 在 4 车道的主路上	$v_{c1U} = v_5+v_6$ $v_{c4U} = v_2+v_3$
1U, 4U	主路调头 在 6 车道的主路上	$v_{c1U} = 0.73v_5+0.73v_6$ $v_{c4U} = 0.73v_2+0.73v_3$
8, 11	次路直行 *	阶段 I $v_{c8I} = 2(v_1+v_{1U})+v_2+0.5v_3+v_{15}$ $v_{c12I} = 2(v_4+v_{4U})+v_5+0.5v_6+v_{16}$ 阶段 II $v_{c8II} = 2(v_4+v_{4U})+v_5+v_6+v_{16}$ $v_{c12II} = 2(v_1+v_{1U})+v_2+v_3+v_{15}$
7, 10	次路左转 * 在 2 车道的主路上	阶段 I $v_{c7I} = 2v_1+v_2+0.5v_3+v_{15}$ $v_{c10I} = 2v_4+v_5+0.5v_6+v_{16}$ 阶段 II $v_{c7II} = 2v_4+v_5+0.5v_6+0.5v_{12}+0.5v_{11}+v_{13}$ $v_{c10II} = 2v_1+v_2+0.5v_3+0.5v_9+0.5v_8+v_{14}$
7, 10	次路左转 * 在 4 车道的主路上	阶段 I $v_{c7I} = 2(v_1+v_{1U})+v_2+0.5v_3+v_{15}$ $v_{c10I} = 2(v_4+v_{4U})+v_5+0.5v_6+v_{16}$ 阶段 II $v_{c7II} = 2(v_4+v_{4U})+0.5v_5+0.5v_{11}+v_{13}$ $v_{c10II} = 2(v_1+v_{1U})+0.5v_2+0.5v_8+v_{14}$
7, 10	次路左转 * 在 6 车道的主路上	阶段 I $v_{c7I} = 2(v_1+v_{1U})+v_2+0.5v_3+v_{15}$ $v_{c10I} = 2(v_4+v_{4U})+v_5+0.5v_6+v_{16}$ 阶段 II $v_{c7II} = 2(v_4+v_{4U})+0.4v_5+0.5v_{11}+v_{13}$ $v_{c10II} = 2(v_1+v_{1U})+0.4v_2+0.5v_8+v_{14}$

注：* 对于只有单个阶段的场景，将阶段 I 和阶段 II 的冲突相加，得出冲突流率。

第3步：确定临界间隙（时距）和跟进时间

必须为在冲突交通流中寻求间隙的每个流向确定临界间隙 t_{ci} 和跟进时间 t_{fi}，即主路左转和调头、次路右转、次路直行和次路左转流向。用公式来估计这些数值：

$$t_{ci} = t_{cbase} + f_{cHV}P_{HV} + f_{cG}G - f_{3LT} \quad （25\text{-}2）$$

$$t_{fi} = t_{fbase} + f_{fHV}P_{HV} \quad （25\text{-}3）$$

式中 t_{ci}——流向 i 的临界间隙 / 时距（s）；

　　 t_{fi}——流向 i 的跟进时间（s）；

t_{cbase}——基准临界间隙（s，表25.2）；

t_{fbase}——基准跟进时间（s，表25.2）；

　f_{cHV}——重型车辆临界间隙的调整系数（表25.3）；

　f_{fHV}——重型车辆跟进时间的调整系数（表25.3）；

　f_{cG}——纵坡临界间隙的调整系数（表25.3）；

　f_{3LT}——交叉口几何形状的调整系数（表25.3）；

　P_{HV}——重型车辆比例（小数）；

　　G——纵坡（百分比）。

第4步：计算潜在容量

潜在容量是指每条主体流向上都有一条或多条专用车道，并且没有更高优先级的流向来利用间隙。因此，所有可用的足够长的间隙都被假定为被该流向所使用。随后的计算步骤将对更高优先级的流向和共用车道（如果存在）的阻抗进行调整。

表 25.2　TWSC 交叉口的临界间隙和跟进时间的基准值

车辆流向	基准临界间隙 t_c/s			基准跟进时间 t_f/s		
	2 车道主路	4 车道主路	6 车道主路	2 车道主路	4 车道主路	6 车道主路
从主路左转	4.1	4.1	5.3	2.2	2.2	3.1
从主路调头	NA	6.4(宽)* 6.9(窄)*	5.6	NA	2.5(宽)* 3.1(窄)*	2.3
从次路右转	6.2	6.9	7.1	3.3	3.3	3.9
从次路直行	阶段Ⅰ：6.5** 阶段Ⅱ：Ⅰ-5.5**，Ⅱ-5.5**			4.0	4.0	4.0
从次路左转	阶段Ⅰ：7.1 阶段Ⅱ：Ⅰ-6.1，Ⅱ-6.1	阶段Ⅰ：7.5 阶段Ⅱ：Ⅰ-6.5，Ⅱ-6.5	阶段Ⅰ：6.4 阶段Ⅱ：Ⅰ-7.3，Ⅱ-6.7	3.5	3.5	3.8

注：NA = 不详；将调头作为主路的 LT。

* 狭窄的调头处的中间带宽度 <21ft，宽大的调头处的中间带宽度 ≥ 21ft。

** 数值仅是对 6 车道主路的粗略估计，使用时要谨慎。

资料来源：Reprinted with permission from *Highway Capacity Manual, 6th Edition-A Guide for Multimodal Mobility Analysis*, Transportation Research Board, the National Academy of Sciences, Courtesy of the National Academies Press, Washington, D.C., 2016.

表 25.3　TWSC 交叉口的临界间隙和跟进时间的调整系数

调整系数	取值 /s
f_{cHV}	1.0 用于每个方向有一条车道的主路； 2.0 用于每个方向有两条或三条车道的主路
f_{fHV}	0.9 用于每个方向有一条车道的主路； 1.0 用于每个方向有两条或三条车道的主路
f_{cG}	0.1 用于流向 9 和 12； 0.2 用于流向 7、8、10 和 11
f_{3LT}	0.7 用于三肢交叉口的次路左转， 否则为 0.0

潜在容量的公式基于理论上的间隙接受理论，以及冲突流量（在第 2 步中估计）、临界间隙和跟进时间（在第 3 步中估计）。

$$c_{pi} = v_{ci} \left[\frac{e^{-v_{ci}t_{fi}/3600}}{1 - e^{-v_{ci}t_{fi}/3600}} \right] \qquad (25\text{-}4)$$

式中　c_{pi}——流向 i 的潜在容量（veh/h）；

　　　v_{ci}——流向 i 的冲突流量（veh/h）；

　　　t_{ci}——流向 i 的临界间隙（s）；

　　　t_{fi}——流向 i 的跟进时间（s）。

式（25-4）假定所有冲突流是随机分布的，也就是说，冲突流中没有车列现象。这通常是不正确的。最初，1985 年版 HCM[6] 中引入了一种方法来调整车列现象。这只是总体上的，最多只是一个非常粗略的估计。在随后的手册中，该方法变得越来越复杂。在 2016 年版 HCM[7] 中，几乎难以厘清是如何进行调整的。各个章节都提到了其他章节，而这些章节随后又将读者引向其他地方。结果是，目前的方法在 HCM 中基本上没有明确记录。算法直接被纳入了计算软件，但却是一个虚拟的黑盒子。

2015 年，M.Kyte 等人的一篇论文 [8] 表明，应用目前对车列流的调整并不能有意义地或逻辑地改变结果，并质疑是否应该包括它。由于该调整没有很好的文件证明，而且对其价值亦有质疑，这里不包含这部分内容。

第 5 步：确定流向容量

流向容量是对潜在容量的第一次调整：流向容量考虑了因较高优先级流向的存在而造成的阻抗，这些流向将消耗一部分可用的间隙，使较低优先级的流向无法使用。

每个车辆流向（排序 2 ~ 4）都有可能被更高优先级的流向所阻碍。他们可能会被更高优先级的车辆流向以及行人流向所阻碍。2016 年版 HCM 的观点是，行人的阻抗通常是相当小的，在大多数情况下可以忽略。然而，当分析人员认为有必要时，它仍然提供了考虑行人阻抗的可能。下面将介绍处理车辆和行人阻抗的方法，但后者现在是可选的。

表 25.4 汇总了在 TWSC 交叉口的每个主体流向可能存在的潜在阻抗。

显然，阻抗的问题相当复杂。在次路左转的情况下，可能有多达 4 个阻抗车流和 2 个阻抗行人流。为每一个阻抗流向 y 确定一个阻抗系数 P_y。通过使用这些系数，每个流向的潜在容量被调整为流向容量。

表 25.4　TWSC 交叉口的潜在阻抗

主体车流	阻抗车流	阻抗行人流
1（主路左转）	None	16
4（主路左转）	None	15
1U（主路调头）	12	None
4U（主路调头）	9	None
7（次路左转）	1，4，11，12	15，13
8（次路直行）	1，4	15，16
9（次路右转）	None	15，14
10（次路左转）	1，4，8，9	16，14
11（次路直行）	1，4	15，16
12（次路右转）	None	16，13

从理论上讲，阻抗系数的确定是相对简单的。对于一个被阻碍的车流向：

$$P_y = 1 - \frac{v_y}{c_{my}} \qquad (25\text{-}5)$$

式中　P_y——阻抗流向的阻抗系数 y；
　　　v_y——阻抗流 y 的需求流率；
　　　c_{my}——阻抗流向 y 的容量。

例如，如果一个阻抗流向的需求值为 50veh/h，流向容量为 150veh/h，那么它将利用 50/150=0.333 的可用间隙。这将留下（1−0.333）或 0.667 的间隙仍可用于低优先级的流向。

存在一个小问题：我们正在使用阻抗系数来估计容量，但需要用容量计算阻抗系数。因此，流向容量的计算必须从高优先级的流向到低优先级的流向进行。

对于行人的阻抗：

$$P_j = 1 - \frac{v_j(w/S_p)}{3600} \qquad (25\text{-}6)$$

式中　P_j——行人流 j 的阻抗系数；
　　　v_j——行人流 j 的阻抗流率（ped/h）；
　　　w——受阻车流的车道宽度（ft）；
　　　S_p——步行速度（ft/s）。

应该注意的是，式（25-6）还假设行人流或多或少是随机的。行人流可能是成队的。2016 年版 HCM 提供了一种方法来调整这一点，用 v_y 作为每小时横过道路的行人"组"或"队"的数量。

潜在容量的最终调整系数的计算方法是：

$$f_i = \prod_{\substack{y=0-4 \\ j=0-2}} P_y P_j \qquad (25\text{-}7)$$

其中，f_i 是流向 i 的阻抗调整系数，所有其他变量定义同前。那么：

$$c_{mi} = c_{pi} f_i \qquad (25\text{-}8)$$

其中所有变量定义同前。

根据主体流向的类型，阻抗车流的数量可能在 0～4 之间变化，阻抗行人流的数量在 0～2 之间变化。

如前所述，流向容量的估计必须从较高优先级的流向到较低优先级的流向进行。接下来的章节总结了所遵循的顺序，以及任何可能需要的特殊调整。注意，排序 1 的流向，即来自主路的直行和右转流向，不受任何车辆或行人流向的阻碍。

该方法并不计算这些流向的潜力或容量。

表 25.5 按计算容量的顺序列出了主体流向，以及将使用的具体阻抗系数。这些是最初的计算结果。有些会有额外的修正，下文将对此进行解释。

表 25.5　调整前的容量计算（TWSC 交叉口）

$c_{mi} = c_{pi} f_i$		
流向	流向编号	$f_i =$
主路左转	1	P_{16}^*
主路左转	4	P_{15}^*
次路右转	9	$P_{14}^* \times P_{15}^*$
次路右转	12	$P_{13}^* \times P_{16}^*$
主路调头	1U	P_{12}
主路调头	4U	P_9
次路直行	8	$P_1 \times P_4 \times P_{15}^* \times P_{16}^*$
次路直行	11	$P_1 \times P_4 \times P_{15}^* \times P_{16}^*$
次路左转	7	$P_1 \times P_4 \times P_{11} \times P_{12} \times P_{15}^* \times P_{13}^*$
次路左转	10	$P_1 \times P_4 \times P_8 \times P_9 \times P_{14}^* \times P_{16}^*$

注：* 可选的行人流向阻抗。如果经验表明行人对车辆运行的影响不大，则可取 1.00。

有四种情况必须修正表 25.5 的公式。

1）当主路的左转是从与主路的直行车辆共用的车道上进行的，或是从短的专用车道上进行的，预计会有溢出的队列，必须调整这些流向的阻抗值。

2）对于所有单阶段次路左转的情况，有些阻抗系数是重叠的，必须进行调整以避免高估其不利影响。

3）当次路的直行流向是两阶段运行时，必须分别考虑每个阶段的阻抗，并估算总的容量。

4）当次路的左转流向是两阶段运行时，必须分别考虑每个阶段的阻抗，并估算总的容量。

下面对这些情况分别进行讨论。

主路左转的调整（从共用车道或短的专用车道）

所有因从主路左转而受阻的流向都假定有一

条足够长的专用车道来容纳该流向中所有排队的车辆。在这种情况下，阻抗系数 P_1 和 P_4 必须由修正后的数值 P_1' 和 P_4' 代替：

$$P_1' = 1 - (1 - P_1) \left[\sqrt[(n_L + 1)]{1 + \frac{X_{m1}^{n_L + 1}}{1 - X_{m1}}} \right]$$

$$X_{m1} = \frac{v_2}{s_2} + \frac{v_3}{s_3} \qquad (25\text{-}9)$$

$$P_4' = 1 - (1 - P_4) \left[\sqrt[(n_L + 1)]{1 + \frac{X_{m4}^{n_L + 1}}{1 - X_{m4}}} \right]$$

$$X_{m4} = \frac{v_5}{s_5} + \frac{v_6}{s_6} \qquad (25\text{-}10)$$

式中　P_1', P_4' —— 流向1和4的调整阻抗系数；

　　　P_1, P_4 —— 流向1和4的未修正阻抗系数；

　　　X_{m1} —— 服务于流向1和2的共用车道的 v/c 比率；

　　　X_{m4} —— 服务于流向5和6的共用车道的 v/c 比率；

　　　v_i —— 流向 i 的需求流率（veh/h）；

　　　s_i —— 流向 i 的饱和流率（veh/hg）；

　　　n_L —— 可完全储存在主路转向车道的车辆数量。

在这些公式中，当 n_L 变大时，P' 的值迅速接近 P。在主路不存在专用左转车道的特殊情况下，n_L 成为"0"，式（25-9）和式（25-10）简化为：

$$P_{1/4}' = 1 - \frac{1 - P_{1/4}}{1 - X_{m1/4}} \qquad (25\text{-}11)$$

实施这些调整需要知道主路的直行和右转饱和流率。这可以在现场测量，但2016年版HCM建议在大多数分析中使用默认值：

$$s_{2,5} = 1800 \text{veh/hg/ln}$$
$$s_{3,6} = 1500 \text{veh/hg/ln}$$

对次路左转的调整：所有单阶段转向

单阶段次路左转有可能被4个更优先的车辆流向和2个行人流向所阻碍。具体来说，在车辆阻碍方面，流向7受到流向1、4、11和12的阻碍。流向10被流向1、4、8和9所阻碍。由于这些阻碍流向之间存在着相互依存的关系，简单地将所有适用的单个阻抗系数相乘，可能会导致总的阻抗效应被夸大。在每一种情况下，都要调整主路左转和对向的次路直行的单个阻抗系数的乘积。对于流向7，令 $P'' = P_1 P_4 P_{11}$；对于流向10，令 $P'' = P_1 P_4 P_8$。即：

$$P_{1/4/11} \text{ 或 } P_{1/4/8} = 0.65 P'' - \frac{P''}{P'' + 3} + 0.6\sqrt{P''} \qquad (25\text{-}12)$$

在计算流向7和10的总阻抗系数时，这些综合阻抗系数取代了单个阻抗系数：

$$\begin{aligned} f_7 &= P_{1/4/11} P_{12} P_{15}^* P_{13}^* \\ f_{10} &= P_{1/4/8} P_9 P_{14}^* P_{16}^* \end{aligned} \qquad (25\text{-}13)$$

其中所有变量定义同前，星号表示可选的行人阻抗系数。

两阶段次路直行流向（流向8和11）和两阶段次路左转流向（流向7和10）的调整

当主路被一个足够宽的中间带分隔，以提供一辆或多辆车的存储空间时，就会发生来自次路的两阶段流向（直行和左转流向）。在这种情况下，驾驶人将执行两个独立的动作，一个是穿越第一幅车行路，另一个是穿越第二幅车行路。这样的情况会影响到流向7、8、10和11。

其中各个场景，过程都是一样的：

- 假设它是一个单阶段的流向，估计流向容量。如表25.5所示，这个过程利用了总的冲突流率和所有潜在的阻碍车辆流率。

- 分别估算阶段I和阶段II的容量。这是用每个阶段的单独冲突流率和只影响该阶段的阻抗来完成的。

这个过程将产生三个结果：

　　c_{m1i} —— 流向 i 的容量，假设它是单阶段的流向（veh/h）；

　　c_{1i} —— 流向 i 的阶段1的容量（veh/h）；

　　c_{11i} —— 流向 i 的阶段2的容量（veh/h）。

确定每个两阶段流向的这三个容量值，需要根据不同的冲突流率，求解相应的潜在容量值。对于两阶段流向，先基于各阶段的正常阻抗流进行分类，据此将潜在容量转换为流向容量。表25.6展示了在两阶段流向的每个阶段都要考虑的阻抗流向。

表 25.6　两阶段流向的阻抗因素

主体流向	阻抗流阶段 I	阻抗流阶段 II
次路直行——流向 8	1,15*	4,16*
次路直行——流向 11	4,16*	1,15*
次路左转——流向 7	1,15*	4,11,12,13*
次路左转——流向 10	4,16*	1,8,9,14*

注：* 可选的行人阻抗。如果认为行人流对车流的影响不大，可取 1.00。

一旦确定了①假设为单阶段流向的容量，②两阶段流向的阶段 I，以及③两阶段流向的阶段 II，就可以确定每个主体流向的总容量。两个中间变量计算为：

$$a = 1 - 0.32 e^{-1.3 \sqrt{n_m}} \quad n_m > 0 \tag{25-14}$$

$$y_i = \frac{c_{\mathrm{I} i} - c_{m1i}}{c_{\mathrm{II} i} - v_{\mathrm{L}} - c_{m1i}}$$

式中　a——两阶段流向的调整；

y_i——流向 i 的中间变量；

v_{L}——主路的左转和调头率（veh/h，$v_1 + v_{1u}$ 或 $v_4 + v_{4U}$）；

n_m——可储存在中间带的车辆数量，如果 n_m 为 0，则存在单阶段流向，本程序不适用。

所有其他变量定义同前。

即：

当 $y \ne 1$ 时：

$$c_{mi} = \frac{a}{y_i^{(n_m+1)} - 1} [y_i (y_i^{n_m} - 1)(c_{\mathrm{II} i} - v_{\mathrm{L}}) + (y_i - 1)c_{m1i}]$$

当 $y = 1$ 时：$c_{mi} = \frac{a}{n_m - 1} [n_m (c_{\mathrm{II} i} - v_{\mathrm{L}}) + c_{m1i}]$

$$\tag{25-15}$$

其中所有变量定义同前。

在这一步结束时，间隙被更高优先级的流向利用引发的容量调整已经完成，下一步将解决共用车道的问题。

第 6 步：确定共用车道的容量

在两种情况下，多个交通流向可以共用一条车道。主路上的专用左转车道可由左转和调头共用。次路的车道可由两个甚至三个流向共用。在这种情况下，共用车道的容量计算如下：

$$c_{\mathrm{SHx}} = \frac{\sum_i v_i}{\sum_i (v_i / c_{mi})} \tag{25-16}$$

式中　c_{SHx}——共用车道 x 的容量（veh/h）；

v_i——共用车道 x 的流向 i 的流量（veh/h）；

c_{mi}——共用车道 x 的流向 i 的流向容量。

式（25-16）在概念上非常简单。一个单车道次路接近段有 3 个流向（LT、TH、RT）。这些车道的流向流率和流向容量为：

流向	流率 v	流向容量 c_m	v/c_m
LT	100veh/h	400veh/h	0.250
TH	200veh/h	500veh/h	0.400
RT	50veh/h	800veh/h	0.063

基本上，LT 使用了 0.250 的容量，TH 使用了 0.400 的容量，而 RT 则使用了 0.063 的容量。如果所有这三种流向都合并在一条车道上，则合乎逻辑的假设是，0.250 + 0.400 + 0.063 = 0.713 的容量将被使用。因此，车道的总流率为 100 + 200 + 50 = 350veh/h，相当于该车道容量的 0.713。因此，容量为 350/0.713 = 491veh/h（四舍五入为整数）。

一旦估算出共用车道的容量，就可以估算出每条车道的延误。

注意，HCM 还包括一个有点复杂的调整，即对次路上的展宽车道的调整。这些情况下，右转车辆可以使用展宽段，就像短的专用 RT 车道一样。关于这种调整，请直接查阅手册。

第 7 步：估计排序 2、3、4 流向的延误情况

可对排序 2、3、4 流向的每条车道进行延误估算。估算公式为：

$$d_x = \frac{3600}{c_{mx}} + 900T \left[\frac{v_x}{c_{mx}} - 1 + \sqrt{\left(\frac{v_x}{c_{mx}} - 1\right)^2 + \frac{\left(\frac{3600}{c_{mx}}\right)\left(\frac{v_x}{c_{mx}}\right)}{450T}} \right] + 5$$

（25-17）

式中 d_x —— 车道 x 中每辆车的延误（s/veh）；

　　　v_x —— 车道 x 的需求流率（veh/h）；

　　　c —— 车道 x 的容量（veh/h）；

　　　T —— 分析时间段（h，通常为 0.25h，即 15min）；

　　　5 —— 假定的加速 / 减速延误（s/veh）。

下标 x 可能是指专为第 i 流向服务的车道，也可能是指处理两个或三个不同流向的共用车道。在后一种情况下，需求流率和流向容量都是针对共用车道的。

HCM 还提供了预测排序 1 流向（主路上的 TH 和 RT）延误的模型，当主路的 LT 在共用车道上运行时，可能会出现这种情况。然而，它指出，这些延误通常可以忽略不计。关于这一方法，请直接查阅 HCM。

一旦估算出每条车道的控制延误，就可以计算出有一条以上车道的接近段的平均数：

$$d_A = \frac{\sum_i (d_i v_i)}{\sum_i v_i}$$

（25-18）

其中所有变量定义同前。

整个交叉口的平均延误也可以根据每条接近段的平均延误计算 [式（25-18）]。通常情况下，在计算该平均数时，所有排序为 1 的流向的延误被视为 "0"。如前所述，HCM 包含了一种估计排序为 1 的流向的延误的方法，但并不经常使用。

一旦计算出每个车道（包含排序 2、3 和 / 或 4 的流向）的平均控制延误，并再次对每个接近段进行平均，就可以使用表 25.7 的标准评估每个车道和接近段的 LOS。

表 25.7　TWSC 交叉口的服务水平标准

控制延误 /（s/veh）	由流量 / 容量比确定的 LOS	
	$v/c \leqslant 1.00$	$v/c > 1.00$
0 ~ 10	A	F
> 10 ~ 15	B	F
> 15 ~ 25	C	F
> 25 ~ 35	D	F
> 35 ~ 50	E	F
> 50	F	F

资料来源：Reprinted with permission from *Highway Capacity Manual, 6th Edition – A Guide for Multimodal Mobility Analysis,* Transportation Research Board, the National Academy of Sciences, Courtesy of the National Academies Press, Washington, D.C., 2016.

HCM 不建议给整个交叉口指定 LOS，因为大量没有延误的主路车辆会使平均数失真。更重要的是 "STOP" 控制的车道以及接近段的延误和 LOS。

25.3　结果解读

用于 TWSC 交叉口的 HCM 方法非常详细，包括许多复杂的调整，其中一些没有在本书中涉及。然而，在该过程的最后，主要的问题只是 "这个 TWSC 交叉口是否可接受地运行？" 除了在受控接近段上增加车道和 / 或在受控流向上重新分配车道外，几乎没有什么可以改善 TWSC 交叉口的方法。

如果它不起作用，就需要考虑其他控制方案。

- 信控是一种可能性，但应仔细考虑信号灯设置依据。信号灯设置依据在第 15 章中介绍。第 22 章和第 23 章对信控交叉口的分析方法进行了阐述。

- 环岛也是一个潜在的控制选项。本章后面将介绍设计和分析的方法。

• 在"替代交叉口"（Alternative Intersections）这一总标题下的其他几何布局也可以考虑。参见第 26 章对这些方案的总体概述。

还应注意的是，TWSC 交叉口的"失效"并不一定会导致长排队和过度延误。LOS F 表示受控接近段没有按照该方法所假设的严格的优先权方案运行良好。失效的表现可能是许多受控车辆在冲突的交通中选择了过小的间隙，这对安全是不利的，可能会导致更高的事故率。在这种情况下，主路的车辆可能被迫给次路的车辆让路。

例题 25-1：TWSC 交叉口的分析

考虑图 25.3 中所示的 TWSC 交叉口。分析该交叉口，确定使用冲突交通流中间隙的每条车道以及接近段的平均控制延误和 LOS。

图中的交叉口是一条双向的主路和一条单向的次路。

因此，次路只有一条受控接近段需要分析。由于是单向道，主路的左转只存在于 EB 方向，而且是从共用车道行进的。该交叉口没有调头车辆。

该求解过程将遵循前文概述的步骤。

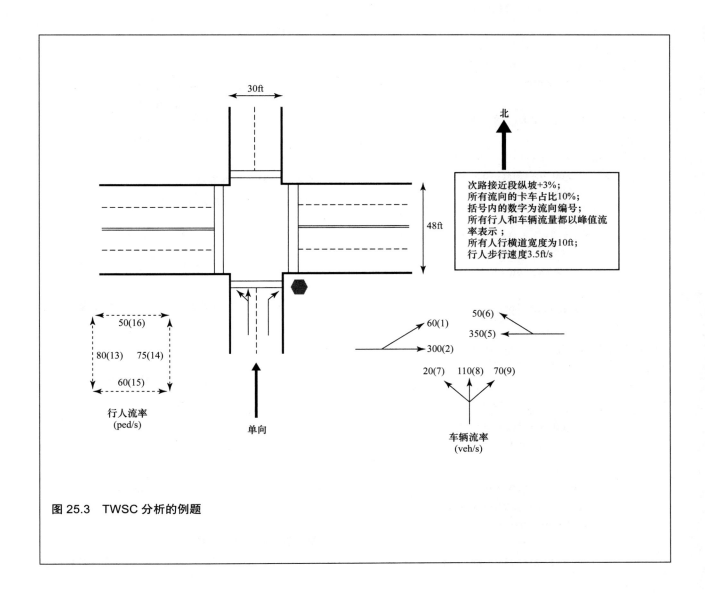

次路接近段纵坡+3%；
所有流向的卡车占比 10%；
括号内的数字为流向编号；
所有行人和车辆流量都以峰值流率表示；
所有人行横道宽度为 10ft；
行人步行速度 3.5ft/s

30ft

北

48ft

50(16)

80(13) 75(14)

60(15)

行人流率
(ped/s)

单向

50(6)

60(1)

350(5)

300(2)

20(7) 110(8) 70(9)

车辆流率
(veh/s)

图 25.3 TWSC 分析的例题

第 1 步：将需求表示为 15min 高峰分析期的流率

这在问题陈述中已经达成。还要注意的是，源自图 25.1 的流向编号标注在括号里，以使公式的使用更加直接。在对 TWSC 交叉口的任何分析中，都应明确分配流向编号以避免混淆。

第 2 步：确定每个流向的冲突流率

图 25.2 展示了冲突流，其计算公式取自表 25.1。注意，由于这是一条单向的次路，一些次路流向不存在，即它们的值是 0veh/h。

对于主路 LT（流向 1）：

$$v_{c1} = v_5 + v_6 + v_{16} = 350 + 50 + 50$$
$$= 450 冲突/时(conflict/h)$$

对于进入四车道主路的次路 RT（流向 9）：

$$v_{c9} = 0.5v_2 + 0.5v_3 + v_{14} + v_{15}$$
$$= (0.5 \times 300) + (0.5 \times 0) + 75 + 60$$
$$= 285(conflict/h)$$

对于次路 TH（流向 8），是单阶段流向：

$$v_{c8I} = 2(v_1 + v_{1U}) + v_2 + 0.5v_3 + v_{15}$$
$$= 2(60 + 0) + 300 + (0.5 \times 0) + 60$$
$$= 480(conflict/h)$$

$$v_{c8II} = 2(v_2 + v_{4U}) + v_5 + v_6 + v_{16}$$
$$= 2(0 + 0) + 350 + 50 + 50$$
$$= 450(conflict/h)$$

$$v_{c8} = 480 + 450 = 930(conflict/h)$$

对于次路 LT（流向 7），它与四车道的主路是单阶段流向：

$$v_{c7I} = 2(v_1 + v_{1U}) + v_2 + 0.5v_3 + v_{15}$$
$$= 2(60 + 0) + 300 + (0.5 \times 0) + 60$$
$$= 480(conflict/h)$$

$$v_{c7II} = 2(v_4 + v_{4U}) + 0.5v_5 + 0.5v_{11} + v_{13}$$
$$= 2(0 + 0) + (0.5 \times 350) + (0.5 \times 0) + 80$$
$$= 255(conflict/h)$$

$$v_{c7} = 480 + 255 = 735(conflict/h)$$

注意，在这种情况下，次路 LT 的冲突流率低于次路 TH 流向。这主要源于 LT 被假定为进入主路的左车道，从而避开了 1/2 的 WB 主路直行流向。

第 3 步：确定临界间隙（时距）和跟进时间

临界间隙使用式（25-2）计算，而跟进时间使用式（25-3）计算。表 25.2 列出了基准临界间隙，表 25.3 列出了调整系数。

临界间隙的计算：

$$t_{ci} = t_{cbase} + f_{cHV}P_{HV} + f_{cG}G - f_{3LT}$$
$$t_{c1} = 4.1 + (2.0 \times 0.10) + (0 \times 0) - 0.0 = 4.3s$$
$$t_{c7} = 7.5 + (2.0 \times 0.10) + (0.2 \times 3) - 0.7 = 7.6s$$
$$t_{c8} = 6.5 + (2.0 \times 0.10) + (0.2 \times 3) - 0.0 = 7.3s$$
$$t_{c9} = 6.9 + (2.0 \times 0.10) + (0.1 \times 3) - 0.0 = 7.4s$$

跟进时间的计算：

$$t_{fi} = t_{fbase} + f_{fHV}P_{HV}$$
$$t_{f1} = 2.2 + (1.0 \times 0.10) = 2.3s$$
$$t_{f7} = 3.5 + (1.0 \times 0.10) = 3.6s$$
$$t_{f8} = 4.0 + (1.0 \times 0.10) = 4.1s$$
$$t_{f9} = 3.3 + (1.0 \times 0.10) = 3.4s$$

第 4 步：计算潜在容量

潜在容量的计算采用式（25-4）：

$$c_{pi} = v_{ci} \left[\frac{e^{v_{ci}t_{ci}/3600}}{1 - e^{-v_{ci}t_{fi}/3600}} \right]$$

应使用电子表格来实现这一公式，以避免错误。结果如下：

$$c_{p1} = 450 \left[\frac{e^{-450 \times 4.3/3600}}{1 - e^{-450 \times 2.4/3600}} \right] = 1014veh/h$$

$$c_{p9} = 285 \left[\frac{e^{-285 \times 7.4/3600}}{1 - e^{-285 \times 3.4/3600}} \right] = 672veh/h$$

$$c_{p8} = 930 \left[\frac{e^{-930 \times 7.2/3600}}{1 - e^{-930 \times 4.1/3600}} \right] = 216veh/h$$

$$c_{p7} = 735 \left[\frac{e^{-735 \times 7.6/3600}}{1 - e^{-735 \times 3.6/3600}} \right] = 305veh/h$$

第 5 步：确定流向容量

这是过程中最复杂的一步，因为它必须遵循严格的优先顺序规定。流向容量需要较高优先级流向的阻抗系数，在知道较高优先级流向的流向容量之前，无法估计这些阻抗系数。因此，计算从排序 2 的流向开始，接着是排序 3 和 4 的流向。排序 1 的流向只面临行人阻碍，这可以直接计算出来。因此，流向容量的计算将按以下顺序进行：

- 主路 LT（流向 1）
- 次路 RT（流向 9）
- 次路 TH（流向 8）
- 次路 LT（流向 7）

该问题是针对一条单向次路，一些阻抗被简化，因为在这种情况下有一些阻抗车流不存在。从表 25.4 来看，这些流向面临以下潜在的阻碍流向：

- 主路 LT（流向 1）只受到行人流的阻碍。
- 次路 RT（流向 9）只受到行人流 15 和 16 的阻碍。
- 次路 TH（流向 8）被车流 1（车流 4 不存在）和行人流 15 和 16 阻碍。
- 次路 LT（流向 7）被车流 1（车流 4、11、12 不存在）和行人流 13、15 阻碍。

由于不存在这么多潜在的阻碍流向，阻抗系数 P_y 的计算相对简单。只有一个修正或调整是需要的——主路 LT（流向 1）的阻抗系数必须调整，以考虑其在主路的共用车道上的运行。

需要对行人流向 13、15 和 16 的阻抗系数进行调整。用式（25-6）计算：

$$P_j = 1 - \frac{v_j\left(\frac{w}{s_P}\right)}{3600}$$

$$P_{13} = 1 - \frac{80\left(\frac{10}{3.5}\right)}{3600} = 0.9365$$

$$P_{15} = 1 - \frac{60\left(\frac{10}{3.5}\right)}{3600} = 0.9524$$

$$P_{15} = 1 - \frac{50\left(\frac{10}{3.5}\right)}{3600} = 0.9603$$

流向容量用式（25-7）和式（25-8）来估计：

$$f_i = \prod_{y,j} P_y P_j$$

$$c_{mi} = c_{pi} f_i$$

我们必须按照流向的优先顺序进行。流向 1，次路 LT，被行人流向 16 阻碍。因此：

$$c_{m1} = 1014 \times 0.9603 = 974 \text{veh/h}$$

流向 9，次路 RT，被行人流向 15 和 16 阻碍。因此：

$$c_{m9} = 672 \times 0.9524 \times 0.9603 = 615 \text{veh/h}$$

流向 7 和 8，次路 LT 和 TH，被行人流和车流 1 阻碍。因此，必须计算出车辆流向 1 的阻抗系数。初始阻抗系数（P_1）用式（25-5）计算：

$$P_y = 1 - \frac{v_y}{c_{my}}$$

$$P_1 = 1 - \frac{60}{974} = 0.9384$$

因为主路 LT（流向 1）与直行车辆共用一条车道，该初始阻抗系数必须用式（25-11）和式（25-9）来调整：

$$P_1' = 1 - \frac{1 - P_1}{1 - X_{m1}}$$

$$X_{m1} = \frac{v_2}{s_2} + \frac{v_3}{s_3}$$

采用默认值 s_2（1800veh/hg/ln）和 s_3（1500veh/hg/ln），那么：

$$X_{m1} = \frac{300}{1800} + \frac{0}{1500} = 0.1667$$

$$P_1' = 1 - \frac{1 - 0.9384}{1 - 0.1667} = 1 - \frac{0.0616}{0.8333} = 0.9261$$

现在，所有相关的阻抗系数都是已知的，可以计算出流向 7、8 的流向容量：

$$c_{m8} = c_{p8} P_1' P_{15} P_{16} = 216 \times 0.9261 \times 0.9524 \times 0.9603$$
$$= 183 \text{veh/h}$$

$$c_{m7} = c_{p7} P_1' P_{13} P_{15} = 305 \times 0.9261 \times 0.9365 \times 0.9524$$
$$= 252 \text{veh/h}$$

第 6 步：确定共用车道的容量

在该例题中，次路 LT 和 TH 共用一条车道。该车道的共用车道容量由式（25-16）给出：

$$c_{SH7,8} = \frac{v_7 + v_8}{\left(\dfrac{v_7}{c_{m7}}\right) + \left(\dfrac{v_8}{c_{m8}}\right)} = \frac{20+110}{\left(\dfrac{20}{252}\right) + \left(\dfrac{110}{183}\right)}$$

$$= \frac{130}{0.0794 + 0.6011} = \frac{130}{0.6805} = 191\text{veh/h}$$

次路 RT 在专用车道上运行，主路没有调头车辆。因此，没有其他共用车道的情况需要分析。

第7步：估算排序 2、3、4 流向的延误

使用式（25-17）计算延误，该式适用于每个车道：

$$d_x = \frac{3600}{c_{mx}} + 900T\left[\frac{v_c}{c_{mx}} - 1 + \sqrt{\left(\frac{v_c}{c_{mx}} - 1\right)^2 + \frac{\left(\dfrac{3600}{c_{mx}}\right)\left(\dfrac{v_x}{c_{mx}}\right)}{450T}}\right] + 5$$

以 15min 作为分析期长度 T，在公式中输入 0.25h。由于公式中经常使用，计算所调研的每条车道的 v/c 比率是有价值的：

- $v_1/c_{m1} = 60/974 = 0.0616$

- $v_{7/8}/c_{SH7,8} = (20+110)/191 = 0.6806$

- $v_9/c_{m9} = 70/615 = 0.1138$

有两条车道的次路的平均延误也可以用式（25-18）计算。

现在可以用表 25.7 的标准来评估服务水平。表 25.8 展示了每个车道和接近段的估算延误和由此产生的服务水平，则：

$$d_1 = \frac{3600}{974} - 1 + (900 \times 0.25)\left[(0.0616-1) + \sqrt{(0.0616-1)^2 + \frac{\left(\dfrac{3600}{974}\right)0.0616}{450 \times 0.25}}\right] + 5$$

$$d_1 = 2.575 + 225\left[-0.9384 + \sqrt{(-0.9384)^2 + \frac{0.2277}{112.5}}\right] + 5 = 7.8\text{s/veh}$$

$$d_{7/8} = \frac{3600}{191} - 1 + (900 \times 0.25)\left[0.6806-1 + \sqrt{(0.6806-1)^2 + \frac{\left(\dfrac{3600}{191}\right)0.6806}{450 \times 0.25}}\right] + 5$$

$$d_{7/8} = 17.848 + 225\left[-0.3194 + \sqrt{(-0.3194)^2 + \frac{12.8281}{112.5}}\right] + 5 = 55.5\text{s/veh}$$

$$d_9 = \frac{3600}{615} + (900 \times 0.25)\left[(0.1138-1) + \sqrt{(0.1138-1)^2 + \frac{\left(\dfrac{3600}{615}\right)0.1138}{450 \times 0.25}}\right] + 5$$

$$d_9 = 5.854 + 225\left[-0.8862 + \sqrt{0.7853 + \frac{0.6661}{112.5}}\right] + 5 = 11.6\text{s/veh}$$

$$d_{7/8/9} = \frac{(55.8 \times 130) + (11.6 \times 70)}{130 + 70} = \frac{8066}{200} = 40.3\text{s/veh}$$

表 25.8 例题的延误和服务水平

车道 / 接近段	流向	控制延误 /（s/veh）	LOS(查表 25.7)
主路左转	1	7.8	A
次路左转	7,8	55.5	F
次路右转	9	11.6	B
次路接近段	7,8,9	40.3	E

次路左转和直行车辆共用一条车道，延误时间过长，必须将其列为 LOS F。即使与次路的 RT 车道平均起来，延误时间仍然相当长，LOS（E）并不理想。

有一些小的调整可尝试用来改善状况。首先，允许次路的车辆使用左边或右边的车道将是明智的，但预计不会改善 LOS 超过 E。如果有空间在次路上提供第三条车道，则将带来更大的改善，因为每个流向都有自己的车道。考虑到 30ft 的街道宽度，这是有可能的，在 30ft 上布置 3 条车道是可行的。如果能多出 6ft 的路权（用地），那么 3 条 12ft 的车道将是更好的选择。

虽然这里没有显示，但对三车道次路方案的分析将很容易，因为它将使用最初分析的大部分结果。没有共用车道需要分析，每个次路流向的延误，现在有自己的车道，都可计算出来。也可以考虑环岛方案，并可以使用本章后面介绍的方法进行分析。

当交通量并没有达到安装信号灯的要求时，信控并不是一个明智的选择。如果有较多的事故发生，则可能会满足信号灯设置的碰撞依据。

第 2 部分：全向"STOP"控制的交叉口

全向"STOP"控制（AWSC）交叉口的 HCM 分析方法很烦琐，需要进行多次（有时超过 100 次）迭代才能得到最终结果。这是因为停在这样一个交叉口的驾驶人可能会面临许多场景，而每一种情况都涉及不同的冲突，驾驶人必须通过交互来完成所需的机动动作。

该方法的重点是估计 AWSC 交叉口的每条接近段的容量，同时保持对向和冲突接近段的需求组合不变。被分析的接近段被称为主体接近段。对向接近段是指与主体接近段直接相对的接近段。冲突接近段是指处理来自主体接近段右侧或左侧的车辆的接近段。

图 25.4 说明了停在主体接近段上的驾驶人可能面临的一些场景。

如图 25.4 所示，车辆在 AWSC 交叉口面临五种场景之一，每一种场景下都有不同的潜在冲突和驾驶决策。

- 场景 1：仅主体接近段有车，对向或冲突的接近段上无车。
- 场景 2：主体接近段及对向接近段有车，相冲突的接近段上无车。
- 场景 3：主体接近段及相冲突的接近段有车，对向或其他冲突的接近段上无车。
- 场景 4：主体接近段及另外 2 个接近段有车，对向或冲突接近段有一个无车。
- 场景 5：所有接近段均有车，包括主体、对向和两个冲突接近段。

很明显，随着从场景 1 到更高的场景，主体驾驶人面临的复杂程度增加。复杂程度因对向和冲突接近段流向的混合而进一步复杂化。更加复杂的是，AWSC 交叉口的路权优先级并没有明确的定义，很多时候，驾驶人并不是很确定究竟"谁先走"。

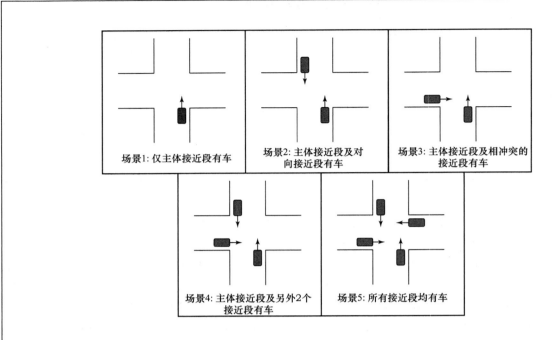

图 25.4　在 AWSC 交叉口，驾驶人在主体接近段上面临的各种场景
资料来源: Reprinted with permission from *Highway Capacity Manual, 6th Edition – A Guide for Multimodal Mobility Analysis*, Transportation Research Board, the National Academy of Sciences, Courtesy of the National Academies Press, Washington, D.C., 2016.

　　实地观察表明，AWSC 交叉口以四种信号模式运行，这取决于基本的几何结构。对于每个接近段只有一条车道的 AWSC 交叉口，驾驶人的行为往往就像两相位信号灯一样，车辆在东西向和南北向街道之间交替行驶。当 AWSC 交叉口的每个接近段都有两条车道时，驾驶人的行为就像四相位信号灯一样，各条接近段的通行路权以顺时针方向旋转。这些机制呈现在图 25.5 中[⊖]。

　　应该注意的是，三车道的接近段很少有"STOP"控制，因此它们不在该方法的范围内。任何超过三车道的接近段都不应该用"STOP"标志来控制。

　　该分析方法基于三个主要变量：

　　• **饱和时距（Saturation headway）(h_{si})**: 假设存在连续的车辆排队，场景 i 的连续车辆离开接近段的时间（s/veh）。

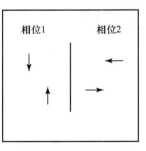
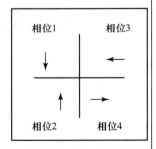

a) 两相位机制（单车道接近段）　　b) 四相位机制（多车道接近段）

图 25.5　AWSC 交叉口的运行机制
资料来源: Reprinted with permission from *Highway Capacity Manual, 6th Edition – A Guide for Multimodal Mobility Analysis*, Transportation Research Board, the National Academy of Sciences, Courtesy of the National Academies Press, Washington, D.C., 2016.

___

⊖　图 25.5b 的中相位顺序似乎与文字表述不一致，译者检核 2016 年版 HCM 中的图，发现也是这样。——译者注

- **驶离时距（Departure headway）（h_d）**：考虑到每个潜在场景存在的概率，一个接近段上连续车辆驶离的平均时间。

- **服务时间（Service time）（t_s）**：在队列第一位置上等待出发的平均时间。它等于驶离时距减去从队列第二位置上移到队列第一位置上的时间（称为前移时间 m）（s/veh）。

然而，这会导致分析结构变得复杂，因为饱和时距对每个潜在的案例都是不同的。驶离时距必须考虑到每个潜在案例随着时间的推移而发生的概率。然而，概率并不局限于每种场景的 1/5。当一个接近段存在多条车道时，每个接近段的每条车道都需要考虑存在的各种可能场景的概率。事实上，在一个所有接近段都有 2 条车道的 AWSC 交叉口，有 64 种不同的场景可能存在，每种场景都有不同的饱和时距以及不同的概率。

在这个方法中，AWSC 交叉口的每条车道的容量是计算出来的。然而，其计算过程非常复杂，涉及两级迭代（每一级都可能涉及大量迭代）。

- 驶离时距（h_d）取决于对向车道和冲突车道的利用程度，这取决于它们的驶离时距。计算从所有车道的假设出发，继续迭代，直到所有计算的驶离时距都在假设值的 ±0.1 以内。在每次迭代中，都会假定前一次迭代计算出的时距。在某些情况下，可能需要 100 次以上的迭代才能闭合。

- 每个接近段的每条车道的容量也是迭代的（一旦计算出驶离时距）。容量是通过增加主体车道的流率来求解的，直到利用率达到 1.00 的数值。

显然，实际计算将依赖于软件，例如道路容量软件包（Highway Capacity Software, HCS）。该过程将在后面的章节中定义，并将使用一个简单的例题（两个单向道，各一条车道）来说明。

25.4　计算步骤

第 1 步：将流向需求转换为流率，并确定车道流率

与 TWSC 交叉口的分析一样，用于分析的交通量被表述为混合流率 veh/h。最好是以 15min 为单位实地测量的需求流率，这样就可以选择最不利的时段进行分析。在这种情况下，流率将根据现场数据计算。如果只知道每小时的需求流量，则使用整个交叉口的单一 PHF 将其转换为流率[见式（25-1）]。

如果一个接近段上有多条车道，则必须为每条车道分配需求流率。通常来说，所有左转都被分配到左车道，所有右转都被分配到右车道，而直行流向则在可用的车道上均匀分配⊖。

第 2 步：确定交叉口的几何组

许多参数随 AWSC 交叉口的具体几何布局而变化，基于每个接近段上的车道数量。表 25.9 用于确定所调研的交叉口的几何组。

第 3 步：确定每种冲突场景的饱和时距

如前所述，对于一个有 4 条双车道接近段的 AWSC 交叉口，有 64 种可能的场景，必须为每种场景确定饱和时距（h_{si}）。每个饱和时距的计算方法是：

$$h_{si} = h_{basei} + h_{adj} \qquad (25\text{-}19)$$

式中　h_{si}——场景 i 的饱和时距（s/veh）；

h_{basei}——场景 i 的基准饱和时距（s/veh）；

h_{adj}——对基准饱和时距的调整（s/veh）。

表 25.10 中给出了基准饱和时距。

⊖ 这里的"均匀"应该是指按照各车道的饱和度一致来均匀。——译者注

表 25.9　AWSC 交叉口几何组的确定

交叉口配置	主体接近段	对向接近段	冲突接近段 [a]	几何组
四肢或 T 形	1	0 or 1	1	1
四肢或 T 形	1	0 or 1	2	2
四肢或 T 形	1	2	1	3a/4a
T 形	1	2	2	3b
四肢	1	2	2	4b
四肢或 T 形	1 1 2 3 3 3	0 or 1 3 0, 1, or 2 0 or 1 0 or 1 2 or 3	3 1 1 or 2 1 2 or 3 1	5
四肢或 T 形	1 1 1 2 2 3	3 2 3 3 0, 1, 2, or 3 2 or 3	2 3 3 1, 2, or 3 3 2 or 3	6

注 a：如果冲突接近段的车道数不同，则应采用两者中较多的车道数。

资料来源：Reprinted with permission from *Highway Capacity Manual, 6th Edition-A Guide for Multimodal Mobility Analysis*, Transportation Research Board, the National Academy of Sciences, Courtesy of the National Academies Press, Washington, D.C., 2016.

表 25.10　AWSC 交叉口的基准饱和时距

场景冲突维度（Degree-of-Conflict Case, DOC）	车辆数 [a]	几何组的基准饱和时距 h_{base}/（s/veh）							
		1	2	3a	3b	4a	4b	5	6
1	0	3.9	3.9	4.0	4.3	4.0	4.5	4.5	4.5
2	1 2 ≥ 3	4.7	4.7	4.8	5.1	4.8	5.3	6.4 7.2	6.0 6.8 7.4
3	1 2 ≥ 3	5.8	5.8	5.9	6.2	5.9	6.4	6.4 7.2	6.6 7.3 7.8
4	2 3 4 ≥ 5	7.0	7.0	7.1	7.4	7.1	7.6	7.6 7.8 9.0	8.1 8.7 9.6 12.3
5	3 4 5 ≥ 6	9.6	9.6	9.7	10.0	9.7	10.2	9.7 9.7 10.0 11.5	10.0 11.1 11.4 13.3

注 a：在对向和冲突的接近段上的车辆数量。

资料来源：Reprinted with permission from *Highway Capacity Manual, 6th Edition-A Guide for Multimodal Mobility Analysis*, Transportation Research Board, the National Academy of Sciences, Courtesy of the National Academies Press, Washington, D.C., 2016.

对基准饱和时距的调整计算如下：

$$h_{adj} = h_{LT}P_{LT} + h_{RT}P_{RT} + h_{HV}P_{HV} \qquad (25\text{-}20)$$

式中　h_{adj}——基准饱和时距的调整值（s/veh）；

　　　h_i——场景 i 的调整系数（LT = 左转，RT =

右转，HV = 重型车辆）；

　　P_i——车辆 i 在主体接近段的比例（LT = 左转，RT = 右转，HV = 重型车辆），以小数表示。

调整系数 h_i 见表 25.11。

表 25.11　基准饱和时距的调整系数

调整项	几何组饱和时距调整							
	1	2	3a	3b	4a	4b	5	6
LT	0.2	0.2	0.2	0.2	0.2	0.2	0.5	0.5
RT	−0.6	−0.6	−0.6	−0.6	−0.6	−0.6	−0.7	−0.7
HV	1.7	1.7	1.7	1.7	1.7	1.7	1.7	1.7

资料来源：Reprinted with permission from *Highway Capacity Manual, 6th Edition-A Guide for Multimodal Mobility Analysis*, Transportation Research Board, the National Academy of Sciences, Courtesy of the National Academies Press, Washington, D.C., 2016.

当然，这个过程的复杂性在于识别在任何特定情况下存在多少种场景，然后从表 25.10 和 25.11 中为每一种场景选择适当的数值。

在最不利的情况下，所有接近段都有 2 条车道，在对向和两个冲突的接近段上总共有 6 条车道。这些方案必须涵盖这些车道上有（或无）车辆的每一种可能性。从本质上讲，这个概念很简单：对于每条对向和冲突的接近段，要么有 0 辆车存在，要么有 1 辆车存在。

对于 6 个对向和冲突的接近段，在主体接近段上的车辆可能面临多少种潜在情况？请考虑以下情况[译注]。

- 对于 DOC 1（对向或冲突接近段上都没有车辆），只有一种可能的场景。所有 6 个对向和冲突接近段都是空的。

- 对于 DOC 2（对向接近段上有车辆，冲突接近段上无车辆），有 3 种可能的场景，一种是车道 1 有 1 辆车，另一种是车道 2 有 1 辆车，还有一种是对向接近段的车道 1 和 2 都有车辆。

- 对于 DOC 3（仅在一个冲突的接近段上有

车辆），有与 DOC 2 相同的 3 种场景，但在两个冲突的接近段上各有一种场景，因此，有 6 种可能场景。

- 对于 DOC 4（车辆在两个对立和冲突的接近段上，但其中一个接近段仍然是空的），情况就比较复杂了。有 2 种、3 种或 4 种车辆出现在这些接近段上的场景。只有 3 种场景，即 4 辆车出现在三条对向和冲突的接近段中的 2 条上——每个接近段中都有一条车道是空的，而且只有 3 条。如果有 3 辆对向/冲突的车辆出现（在两条接近段上），则有 12 种可能场景——在一条接近段上必须有 2 辆车，在另一条接近段上有 1 辆车。只有三种可能性，即在一条接近段上有 2 辆车。对于每一种场景，都有 4 条车道可供第三辆车停放。因此，有 3 × 4 = 12 种场景下有 3 辆车。如果只有 2 辆车，我们就会遇到与 3 辆车相反的情况——其中一条接近段必须是空的，而这只有三种场景可以发生。对于这些场景中的每一种，都必须有 1 辆车在其他接近段上，而且每个接近段有 2 条车道，产生了 2 × 2 = 4 种可能性。因此，2 辆车

　　㊀　本节中的 DOC，是 Degree-of-Conflict（冲突维度）的简称。——译者注

的场景总数为 $3 \times 4 = 12$。综上所述，对 DOC 4 来说，有 3 种场景会出现 4 个对向 / 冲突的车辆，12 种场景会出现 3 个对向 / 冲突的车辆，12 种场景会出现 2 个对向 / 冲突的车辆。DOC 4 总共有 27 种场景。

- 对于 DOC 5（所有对向 / 冲突的接近段上都有车辆），情况变得更加复杂。出现这种情况的选项可能涉及至少 3 辆车（每条对向 / 冲突接近段上各有 1 辆车），至多 6 辆车（所有 6 条对向 / 冲突车道上都有 1 辆车）。只有一种选择，即 6 辆车出现。如果有 5 辆车存在，则 6 条对向 / 冲突车道中的一条是空的。这有 6 个选项。如果有 4 辆车，两条对向 / 冲突的接近段将有 1 辆车，另一条将有 2 辆。有 2 辆车的接近段有三种场景。对于这些场景中的每一种，在只有 1 辆车的情况下，有 4 种可能的车道占用率组合。这导致了 $3 \times 4 = 12$ 种有 4 辆车出现的场景。如果是 3 辆车，每条接近段上必须有 1 辆，每种场景下都有两种选择，导致 $2 \times 2 \times 2 = 8$ 种场景。DOC 5 的场景总数为 $1 + 6 + 12 + 8 = 27$。

因此，每个接近段有 2 条车道的 AWSC 交叉口的场景总数为 64 种。表 25.12 总结了这 64 种可能的场景。该方法要求对这些场景中的每一种都要估计出饱和时距，交叉口的 4 个接近段，每个都有 64 种场景，总共有 256 种饱和时距需要估计。

当然，其他几何形状的情况更简单。在一个有 2 条单向道、每条接近段只有一条车道的 AWSC 交叉口中，只有两种场景需要考虑：要么冲突的那条车道有车辆，要么没有。没有对向接近段，也没有第二个冲突接近段。因此，每个主体接近段只有两种场景，总共需要估计 4 种饱和时距。

对于一个有 4 个单车道接近段的 AWSC 交叉口的最正常情况，场景也明显简单。在不考虑所有逻辑的情况下，4 个接近段中的每一个都有 11 种场景。

很明显，还有其他几何布局可能存在：3 条接近段的 T 形交叉口，一些接近段有 1 条车道，另一些有 2 条车道的交叉口等。对于每一种情况，都必须确定可能的场景。

在任何情况下，一旦确定了场景，就必须使用式（25-19）和式（25-20），以及表 25.10 和表 25.11 来估计每个场景的饱和时距。考虑下面的例子。

一个有 4 条双车道接近段的 AWSC 交叉口在场景 42（表 25.12）中的饱和时距是多少？该接近段有 10% 的右转和 8% 的左转，并有 5% 的重型车辆。

从表 25.9 中可以看出，对于主体接近段上的 2 条车道，对向接近段上的 2 条车道，以及每个冲突接近段上的 2 条车道，几何组为 5。第 42 种场景是 DOC 5，在对向 / 冲突车道上有 3 辆车。

从表 25.10 中可以看出，基准饱和时距 h_{si} 为 9.7s。从表 25.11 中可以看出，这种情况下的调整系数 LT 为 0.5，RT 为 –0.7，HV 为 1.7。则：

$$h_{adj} = h_{LT} P_{LT} + h_{RT} P_{RT} + h_{HV} P_{HV}$$
$$h_{adj} = (0.5 \times 0.08) + (-0.7 \times 0.10) +$$
$$(1.7 \times 0.05) = 0.055$$
$$h_{s42} = h_{base42} + h_{adj} = 9.7 + 0.055 = 9.755 \text{s / veh}$$

虽然对一个场景的饱和时距的每一个估计都是相对直接的，但有许多这样的估计要做。因此，计算任务是困难且烦琐的，最好用软件来完成。

第 4 步：确定驶离时距 h_d

驶离时距，至少在概念上，估计为：

$$h_{dx} = \sum_{i=1}^{N} P_i' h_{si} \qquad (25\text{-}21)$$

式中 h_{dx} ——车道 x 的驶离时距（s/veh）；

P_i' ——场景 i 发生的调整概率；

h_{si} ——场景 i 的饱和时距（s/veh）；

N ——可能发生的场景数量（2 ~ 64）。

表 25.12 AWSC 交叉口的车道占用情况，每个接近段有 2 条车道

i	冲突维度（DOC）	车辆数	对向接近段		冲突左接近段		冲突右接近段	
			车道 1	车道 2	车道 1	车道 2	车道 1	车道 2
1	1	0	0	0	0	0	0	0
2	2	1	1	0	0	0	0	0
3		1	0	1	0	0	0	0
4		2	1	1	0	0	0	0
5	3	1	0	0	1	0	0	0
6		1	0	0	0	1	0	0
7		1	0	0	0	0	1	0
8		1	0	0	0	0	0	1
9		2	0	0	1	1	0	0
10		2	0	0	0	0	1	1
11	4	2	0	0	0	1	0	1
12		2	0	0	1	0	0	1
13		2	0	0	1	0	1	0
14		2	0	0	0	1	1	0
15		2	0	1	0	1	0	0
16		2	1	0	1	0	0	0
17		2	0	1	0	0	1	0
18		2	1	0	0	1	0	0
19		2	0	1	1	0	0	0
20		2	0	1	0	0	0	1
21		2	1	0	0	0	1	0
22		2	1	0	0	0	0	1
23		3	0	0	0	1	1	1
24		3	0	0	1	1	0	1
25		3	0	0	1	1	1	0
26		3	1	0	1	1	0	0
27		3	1	1	1	0	0	0
28		3	1	1	0	0	1	0
29		3	1	1	0	0	0	1
30		3	0	1	1	1	0	0
31		3	1	0	0	0	1	1
32		3	0	0	1	0	1	1
33		3	1	1	0	1	0	0
34		3	0	1	0	0	1	1
35		4	1	1	0	0	1	1
36		4	0	0	1	1	1	1
37		4	1	1	1	1	0	0

（续）

i	冲突维度（DOC）	车辆数	对向接近段		冲突左接近段		冲突右接近段	
			车道 1	车道 2	车道 1	车道 2	车道 1	车道 2
38	5	3	0	1	0	1	0	1
39			1	0	0	1	1	0
40			0	1	1	0	1	0
41			0	1	0	1	1	0
42			0	1	1	0	0	1
43			1	0	1	0	0	1
44			1	0	0	1	0	1
45			1	0	0	1	1	0
46		4	1	0	0	1	1	1
47			0	1	1	1	1	0
48			0	1	1	1	0	1
49			1	0	1	0	1	1
50			1	0	1	1	1	0
51			0	1	0	1	1	1
52			1	1	1	0	0	0
53			1	0	1	1	0	1
54			0	1	1	0	1	1
55			1	1	0	1	1	0
56			1	1	0	1	0	1
57			1	1	1	0	1	0
58		5	1	0	1	1	1	1
59			1	1	0	1	0	1
60			1	1	1	0	1	1
61			0	1	1	1	1	1
62			1	1	1	1	1	0
63			1	1	1	1	0	1
64		6	1	1	1	1	1	1

注：DOC = Degree-of-Conflict；车辆数 = 对向和冲突接近段的车辆总数。

资料来源：Reprinted with permission from *Highway Capacity Manual, 6th Edition-A Guide for Multimodal Mobility Analysis*, Transportation Research Board, the National Academy of Sciences, Courtesy of the National Academies Press, Washington, D.C., 2016.

从本质上讲，驶离时距的估计是潜在情况下的饱和时距之和乘以该情况发生的概率。为了实现这个公式，必须估计每个潜在场景发生的概率。问题是，这些概率取决于对向和冲突接近段的饱和程度（X_j），而饱和程度又取决于这些车道的驶离时距。因此，整个过程是迭代的，一直持续到最初假设的驶离时距值在计算值的 ±0.1 以内。在第二部分的最后，我们将通过一个非常简单的例子来介绍和说明这个过程。

这个过程首先是计算每个对向和冲突车道的

占用率的初始值：

$$X_j = \frac{v_j h_{dj}}{3600} \qquad (25\text{-}22)$$

式中　X_j——对向/冲突车道 j 的饱和度；

$\quad\quad v_j$——对向/冲突车道 j 的需求流率（veh/h）；

$\quad\quad h_{dj}$——对向/冲突车道 j 的驶离时距（s/veh）。

迭代开始时，假设所有对向和冲突车道的驶离时距为 3.2s。在随后的迭代中，前一次迭代产生的驶离时距被当作初始值。迭代继续进行，直到所有 h_{dj} 值都在迭代初始假设值的 ±0.1 以内。

然而，在任何迭代开始之前，都必须估计每种可能情况的发生概率。对于每个定义的场景，各种对向/冲突的车道要么有 1 辆车出现，要么有 0 辆车出现。一条车道 j 被占用的概率是 X_j，一条车道 j 未被占用的概率是（$1 - X_j$）。因此，任何给定场景存在的概率是任何给定车道被占用或未被占用概率的乘积。

考虑表 25.12 中的场景 22。在这个有 4 个双车道接近段的 AWSC 交叉口中，对向接近段的第一车道有 1 辆车，右侧冲突接近段的第二车道有 1 辆车，所有其他车道上没有车辆：第二车道对向，第一和第二车道左侧冲突，第一车道右侧冲突。为了简化，我们假设所有 6 条对向和冲突车道的饱和度为 0.25。场景 22 发生的概率是第 1 条对向车道和第 2 条右侧冲突车道被占用，而所有其他车道都未被占用的概率的乘积，即：

$$P_{22} = (X_{O1}) \times (1 - X_{O2}) \times (1 - X_{CL1}) \times \\ (1 - X_{CL2}) \times (1 - X_{CR1}) \times (X_{CR2})$$

式中　O1——对向车道 1；

$\quad\quad$ O2——对向车道 2；

$\quad\quad$ CL1——冲突的左车道 1；

$\quad\quad$ CL2——冲突的左车道 2；

$\quad\quad$ CR1——冲突的右车道 1；

$\quad\quad$ CR2——冲突的右车道 2。

有 6 个对向/冲突的车道。因此，每条车道

被占用或不被占用的概率有 6 个（如场景所限）。那么，对于场景 22：

$$p_{22} = 0.25 \times (1 - 0.25) \times (1 - 0.25) \times \\ (1 - 0.25) \times (1 - 0.25) \times 0.25 = 0.0198$$

通用表达式：

$$P_i = \prod_{j=1}^{n} P(a_j) \qquad (25\text{-}23)$$

式中　P_i——场景 i 发生的概率；

$\quad\quad a_j$——对向/冲突车道 j 是否被占用的指示参数，被占用时 $a_j = 1$，未被占用时 $a_j = 0$；

$\quad\quad j$——对向/冲突车道；

$\quad\quad n$——对向/冲突车道的数量（2~6）。

式（25-23）假设可能情况的各种概率之间没有相关性。实际上，每个概率都有一些与以前的概率计算有关的序列依赖性。HCM 提出了一种方法来调整这些依赖性。

首先，将潜在场景按 DOC 分组。在表 25.12 中，DOC 1 只包括场景 1；DOC 2 包括场景 2~4；DOC 3 包括场景 5~10，DOC 4 包括场景 11~37，DOC 5 包括场景 38~64。显然，在几何形状不太复杂的情况下，存在的场景会更少，分组也会改变。

每个 DOC 场景发生的概率被计算为产生该 DOC 的场景的概率之和：

$$P_{DOCz} = \sum_{i=x}^{y} P_i \qquad (25\text{-}24)$$

式中　P_{DOCz}——DOC z 存在的概率（$z = 1 \sim 5$）；

$\quad\quad P_i$——场景 i 存在的概率；

$\quad\quad x$——DOC z 中的第一个场景；

$\quad\quad y$——DOC z 中的最后一个场景。

例如，在表 25.12 中，P_{DOC3} 将是场景 5~10 的概率 P_i 之和。

然后，为每个 DOC 计算调整系数，并应用于该 DOC 中的所有场景概率：

$$\text{Adj}P_{\text{DOC1}} = 0.01\,[P_{\text{DOC2}} + 2P_{\text{DOC3}} + 3P_{\text{DOC5}}]/1$$

$$\text{Adj}P_{\text{DOC2}} = 0.01\,[P_{\text{DOC3}} + 2P_{\text{DOC4}} + 3P_{\text{DOC5}} - P_{\text{DOC2}}]/3$$

$$\text{Adj}P_{\text{DOC3}} = 0.01\,[P_{\text{DOC4}} + 2P_{\text{DOC5}} - 3P_{\text{DOC3}}]/6$$

$$\text{Adj}P_{\text{DOC4}} = 0.01\,[P_{\text{DOC5}} - 6P_{\text{DOC4}}]/27$$

$$\text{Adj}P_{\text{DOC5}} = -0.01\,[10P_{\text{DOC5}}]/27 \qquad (25\text{-}25)$$

其中，$\text{Adj}P_{\text{DOC}z}$ 是适用于 DOC z 内所有场景概率的调整，所有其他参数定义同前。那么，每种场景的调整概率计算为：

$$P'_i = P_i + \text{Adj}P_{\text{DOC}z} \qquad (25\text{-}26)$$

其中所有参数定义同前。

在这个明显复杂的计算过程结束时，将对 AWSC 交叉口的每个对向和 / 或冲突车道估计出驶离时距 h_d。

第 5 步：确定 AWSC 交叉口各接近段的容量

现在要计算每个接近段的容量。必须依次考虑每条接近段的车道。考虑到每条对向 / 冲突车道的需求流率是固定的，容量被定义为该车道可承受的最大通行量。

问题还是在于，这样做需要一个复杂的迭代过程。主体车道的饱和度（X_i）已算出，作为第 4 步中确定驶离时距的一部分。如果该值低于 1.00，则该车道的需求流率会增加。如果该值高于 1.00，则该车道的需求流率会减少。其目的是反复进行这一过程，直到饱和度正好为 1.00。现在重新进行第 4 步，在目标车道上采用新的需求流率，而所有对向 / 冲突车道的需求保持不变。依次对每条主体车道进行上述操作，直到饱和度达到 1.00，即确定了它的容量。

同样，由于计算的复杂性，在这个过程中几乎总是使用软件。

第 6 步：确定每个车道、接近段和交叉口的控制延误和服务水平

为 AWSC 交叉口的每条车道计算平均控制延误。然后取其平均值，以获得每个接近段的类似值，并再次计算交叉口的值。服务水平与平均控制延误直接相关，并与表 25.7 所示的 TWSC 交叉口的服务水平相同。

每条车道的平均控制延误估计为：

$$d_x = t_{sx} + 900T\left[(X_x - 1) + \sqrt{(X_x - 1)^2 + \frac{h_{dx}X_x}{450T}}\right] + 5 \qquad (25\text{-}27)$$

式中　d_x——车道 x 的控制延误（s/veh）；

t_{sx}——车道 x 的服务时间（s/veh，$t_{sx} = h_{dx} - m$，$m = 2.0\text{s/veh}$ 用于几何组 1～4，$m = 2.3\text{s/veh}$ 用于几何组 5～6）；

T——分析期的长度（h）；

X_x——车道 x 的饱和度（$X_x = v_x h_{dx}/3600$）；

h_{dx}——车道 x 的驶离时距（s/veh）。

每个接近段和整个交叉口的平均延误由每条车道和接近段上的需求流率加权计算。这些计算与 TWSC 交叉口的计算类似，只是对于 AWSC 交叉口，交叉口的平均数更有意义，因为所有车道都是受控的。

25.5　评述

上述方法有一个明显的问题：对 AWSC 交叉口来说，如此复杂的分析过程是否有必要？AWSC 交叉口的流量一般不高，因此基本问题是在特定情况下它们是否能发挥作用。可以说，对个别车道状况和具体延误的详细分析，可能只是对一个相对简单的控制形式的过度分析。这始终是运行分析中的问题：需要多少细节来回答待解决的基本问题？然而，即使这个过程可以用软件来实现，重要的是，使用这种软件的专业人员要理解所应用的基本原则。不必要的复杂性往往会令人费解。

例题 25-2：AWSC 交叉口分析

只有最简单的问题才可以用人工充分进行分析。考虑图 25.6 所示的交叉口。它展示了有 2 条单向道的 AWSC 交叉口，每个接近段都有一条车道。

注意，需求已经用流率表示，不需要进行 PHF 转换。基本上，问题陈述中已经完成了解决方案的第 1 步。

在开始计算之前，重要的是确定 NB 和 WB 接近段存在的场景数量，每个场景将依次作为主体接近段处理。在每种情况下，只有两种场景需要处理：一种是冲突接近段被占用，另一种是没有被占用。表 25.13 描述了这四种情况。

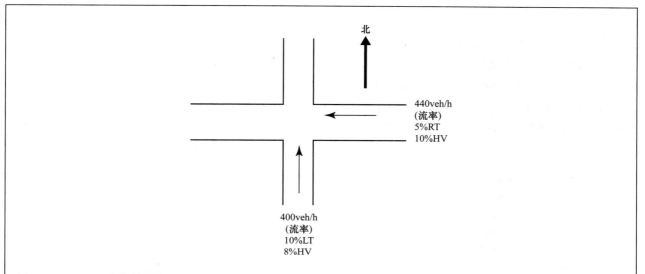

北

440veh/h
（流率）
5%RT
10%HV

400veh/h
（流率）
10%LT
8%HV

图 25.6 AWSC 分析的例题

资料来源：Reprinted with permission from *Highway Capacity Manual, 6th Edition-A Guide for Multimodal Mobility Analysis*, Transportation Research Board, the National Academy of Sciences, Courtesy of the National Academies Press, Washington, D.C., 2016.

表 25.13 AWSC 分析例题中的场景

主体接近段	场景	车辆在冲突车道	几何组（见表 25.9）	冲突维度（DOC）
WB	1	0	1	1
	2	1	1	3
NB	1	0	1	1
	2	1	1	3

第 2 步：确定交叉口的几何组

如表 25.13 所示，表 25.9 表明，该交叉口可归入几何组 1。

第 3 步：确定每种场景下的饱和时距

对于 2 个主体接近段，总共有 4 个场景，每条主体接近段有 2 个场景。使用式（25-19）和式（25-20）估计每种场景下的饱和时距：

$$h_{si} = h_{basei} + h_{adj}$$
$$h_{adj} = h_{LT}P_{LT} + h_{RT}P_{LT} + h_{HV}P_{LT}$$

基准饱和时距（h_{basei}）从表 25.10 中查得。调整系数（h_j）从表 25.11 中查得。P_{LT}、P_{RT} 和 P_{HV} 的数值在问题陈述中给出，但必须以小数表示，以便使用。从表 25.10 中可以看出，场景 1（2 条接近段）的基准饱和时距为 3.9s/veh（DOC 1，第 1 组）。对于场景 2（2 个接近段），该值为 5.8s/veh（DOC 3，第 1 组，冲突接近段上有 1 辆车）。从表 25.11 来看，$h_{LT} = 0.2$，$h_{RT} = -0.6$，$h_{HV} = 1.7$。从问题陈述中，$P_{LT} = 0.10$（NB）和 0.00（WB），$P_{RT} = 0.00$（NB）和 0.05（WB）。重型车辆的比例 $P_{HV} = 0.08$（NB）和 0.10（WB）。则：

$$h_{adjNB} = (0.2 \times 0.10) - (0.6 \times 0.00) + (1.7 \times 0.08)$$
$$= 0.156$$
$$h_{adjWB} = (0.2 \times 0.00) - (0.6 \times 0.05) + (1.7 \times 0.10)$$
$$= 0.140$$
$$h_{sNB1} = 3.9 + 0.156 = 4.056 s/veh$$
$$h_{sNB2} = 5.8 + 0.156 = 5.956 s/veh$$
$$h_{sWB1} = 3.9 + 0.140 = 4.040 s/veh$$
$$h_{sWB2} = 5.8 + 0.140 = 5.940 s/veh$$

第4步：确定每个接近段的驶离时距

在这种情况下，每个接近段（NB 和 WB）都有两种情况。驶离时距取决于每种情况下冲突接近段的饱和程度 X。这个过程是反复进行的，但开始时假设所有 h_d 值都是 3.2s/veh。然后，使用式（25-22）：

$$X_j = \frac{v_j h_{dj}}{3600}$$
$$X_{NB} = \frac{400 \times 3.2}{3600} = 0.356$$
$$X_{WB} = \frac{440 \times 3.2}{3600} = 0.391$$

这些值设定了冲突车道为空或被占用的概率。对于 NB 接近段，车道被占用的可能性为 0.356，而（1 - 0.356）= 0.644 的可能性为空。对于 WB 接近段，车道被占用的可能性为 0.391，而（1 - 0.391）= 0.609 的可能性为空。场景 1 中都存在"空"的状态，而场景 2 中都存在"占用"的状态。因为每种场景下只有一条冲突的车道需要考虑，所以没有多个概率需要相乘。因此，每种场景存在的概率如下：

$$P_{NB1} = 0.609$$
$$P_{NB2} = 0.391$$
$$P_{WB1} = 0.644$$
$$P_{WB2} = 0.356$$

注意，WB 接近段是 NB 主体接近段的"冲突接近段"，反之亦然。

必须用式（25-25）来调整这些计算。DOC 1 存在的概率是每个场景 1——冲突接近段为空的概率。DOC 3 存在的概率是每个场景 2——冲突车道被占用的概率。所有其他 DOC（2、4 和 5）的概率均为 0.0，因为这些都不可能发生。

对初始场景概率的调整使用式（25-25）估计：

$$AdjP_{DOC1} = 0.01[P_{DOC2} + 2P_{DOC3} + 3P_{DOC4}]/1$$
$$AdjP_{DOC1-NB} = 0.01[0.0 + (2 \times 0.391) + (3 \times 0)]/1$$
$$= 0.00782 s/veh$$
$$AdjP_{DOC1-WB} = 0.01[0.0 + (2 \times 0.356) + (3 \times 0)]/1$$
$$= 0.00712 s/veh$$
$$AdjP_{DOC3} = 0.01[P_{DOC4} + 2P_{DOC5} - 3P_{DOC3}]/6$$
$$AdjP_{DOC3-NB} = 0.01[0.0 + (2 \times 0.0) - (3 \times 0.391)]/6$$
$$= -0.0020 s/veh$$
$$AdjP_{DOC3-WB} = 0.01[0.0 + (2 \times 0.0) - (3 \times 0.356)]/6$$
$$= -0.0018 s/veh$$

对 DOC 1 的调整适用于场景 1，而对 DOC 3 的调整则适用于场景 2，即：

$$P'_i = P_i + AdjP_i$$
$$P'_{NB1} = 0.609 + 0.00782 = 0.6182$$
$$P'_{NB2} = 0.391 - 0.00200 = 0.3890$$
$$P'_{WB1} = 0.644 + 0.00712 = 0.6511$$
$$P'_{WB2} = 0.356 - 0.0018 = 0.3542$$

现在可以用式（25-21）计算出驶离时距：

$$h_d = \sum_i P'_i h_{si}$$
$$h_{NB} = (0.6182 \times 4.056) + (0.3890 \times 5.956)$$
$$= 2.507 + 2.317 = 4.802 s/veh$$
$$h_{WB} = (0.6511 \times 4.040) + (0.3542 \times 5.940)$$
$$= 2.630 + 2.104 = 4.734 s/veh$$

通常情况下，最终驶离时距被四舍五入到最接近的 0.1s/veh。在这种情况下，NB 接近段四舍五入为 4.8s，WB 接近段驶离时距四舍五入为 4.7s。

然而，这并不是最终的结果。计算出来的值（4.8 和 4.7s/veh）与最初假设的 h_d 值（3.2s/veh）差值过大。现在必须对结果进行迭代，直到假设值和计算值在 ±0.1 范围内一致。每个连续的迭代都从上一次迭代的结果开始。对于 NB 和 WB 主体接近段，这些迭代的结果（每个迭代的步骤与初始计算相同）展示在表 25.14 中。可以看出，闭合发生在初始计算后的两次迭代。

最终的结果是，NB 接近段的驶离时距 h_d 为 5.1s/veh，WB 接近段的驶离时距为 4.1s/veh。

第5步：确定受控接近段的容量

乍一看，该问题的答案似乎很明显：如果 NB 和 WB 接近段的驶离时距分别为 5.1s/veh 和 4.1s/veh，那么每个接近段的容量应该是：

表 25.14 AWSC 交叉口的驶离时距迭代求解示例

北向求解				西向求解			
迭代次数	1	2	3	迭代次数	1	2	3
需求流率，NB	400	400	400	需求流率，NB	400	400	400
需求流率，EB	440	440	440	需求流率，EB	440	440	440
初始 h_d	3.2	4.8	5.1	初始 h_d	3.2	4.7	4.1
h_{base}（场景 1）	3.9	3.9	3.9	h_{base}（场景 1）	3.9	3.9	3.9
h_{base}（场景 2）	5.8	5.8	5.8	h_{base}（场景 2）	5.8	5.8	5.8
h_{LT}	0.20	0.20	0.20	h_{LT}	0.20	0.20	0.20
h_{RT}	−0.60	−0.60	−0.60	h_{RT}	−0.60	−0.60	−0.60
h_{HV}	1.70	1.70	1.70	h_{HV}	1.70	1.70	1.70
P_{LT}	0.10	0.10	0.10	P_{LT}	0.00	0.00	0.00
P_{RT}	0.00	0.00	0.00	P_{RT}	0.05	0.05	0.05
P_{HV}	0.08	0.08	0.08	P_{HV}	0.10	0.10	0.10
h_{adj}	0.156	0.156	0.156	h_{adj}	0.140	0.140	0.140
h_s（场景 1）	4.056	4.056	4.056	h_s（场景 1）	4.040	4.040	4.040
h_s（场景 2）	5.956	5.956	5.956	h_s（场景 2）	5.940	5.940	5.940
X_j	0.391	0.579	0.507	X_j	0.356	0.535	0.565
P（场景 1）	0.609	0.421	0.493	P（场景 1）	0.644	0.465	0.435
P（场景 2）	0.391	0.579	0.507	P（场景 2）	0.356	0.535	0.565
P（DOC 1）	0.609	0.421	0.493	P（DOC 1）	0.644	0.465	0.435
P（DOC 3）	0.391	0.579	0.507	P（DOC 3）	0.356	0.535	0.565
$AdjP$（DOC 1）	0.008	0.008	0.010	$AdjP$（DOC 1）	0.007	0.011	0.011
$AdjP$（DOC 3）	−0.002	−0.017	−0.015	$AdjP$（DOC 3）	−0.002	−0.161	−0.170
P'（场景 1）	0.617	0.430	0.503	P'（场景 1）	0.652	0.475	0.446
P'（场景 2）	0.389	0.561	0.492	P'（场景 2）	0.354	0.375	0.396
h_d	4.8	5.1	5.0	h_d	4.7	4.1	4.2

$$c_{NB} = \frac{3600}{5.1} = 706\,veh/h$$

$$c_{WB} = \frac{3600}{4.1} = 878\,veh/h$$

不幸的是，这种方法没有考虑到这两条接近段的相互依存关系。在主体接近段（容量）上有更高的流量，两个接近段的驶离时距都会受到影响。因此，该问题又一次需要迭代。

表 25.14 展示了为确定两条接近段的驶离时距所需的三次迭代的结果。现在，每条接近段的需求流率（分别）

都在逐步增加——同时保持冲突接近段的需求不变。对于每一个需求流率，都需要一组新的迭代来产生一个驶离时距。主体接近段的需求流率增加，直到产生的饱和度（$vh_d/3600$）达到 1.000。现在这是一个独立解的迭代，每个求解本身都是迭代的。显然，我们无法展示所有相关计算。说明一下，每次迭代都会产生一个类似表 25.14 的表格，迭代持续到饱和度达到 1.000。

对于该例题，以这种方式确定了以下容量：

$$c_{NB} = 722\,veh/h$$

$$c_{WB} = 863\,veh/h$$

在该场景下，两个受控接近段的最终容量要比建议的简单方法大一些。在大多数求解场景中都会出现这种情况。

第 6 步：确定每个接近段的控制延误和 LOS

用式（25-27）来估计每个接近段的平均控制延误：

$$d_x = t_{sx} + 900T\left[(X_x - 1) + \sqrt{(X_x - 1)^2 + \frac{h_{dx}X_x}{450T}}\right] + 5$$

在每种情况下，数值都取自表 25.14 中求解的第三次迭代。注意，每种情况下的服务时间 t_{sx}，都是驶离时距（Departure headway）减去前移时间（Move-up time），对于几何组 1，其默认值为 2.0s/veh，那么：

$$t_{sNB} = 4.5 - 2.0 = 2.5\text{s}/\text{veh}$$
$$t_{sWB} = 4.5 - 2.0 = 2.5\text{s}/\text{veh}$$
$$T = 0.25\text{h}$$

$$X_{NB} = 400 \times 5.1 / 3600 = 0.567$$
$$X_{WB} = 440 \times 4.1 / 3600 = 0.501$$
$$h_{dNB} = 5.1\text{s}/\text{veh}$$
$$h_{dWB} = 4.1\text{s}/\text{veh}$$

和：

$$d_{NB} = 2.5 + 900 \times 0.25\left[(0.567 - 1) + \sqrt{(0.567 - 1)^2 + \frac{5.1 \times 0.567}{450 \times 0.25}}\right] + 5$$
$$= 13.4\text{s}/\text{veh}$$

$$d_{WB} = 2.5 + 900 \times 0.25\left[(0.501 - 1) + \sqrt{(0.501 - 1)^2 + \frac{4.1 \times 0.501}{450 \times 0.25}}\right] + 5$$
$$= 12.0\text{s}/\text{veh}$$

从表 25.7 中可以看出，这两个接近段都是在 LOS B 的状态下运行，这显然是可以接受的，AWSC 交叉口预计会运行良好。

第 3 部分：环岛

对美国来说，环岛（Roundabout）是一种相对较新的交叉口形式，而随着时间的推移，这种形式正在迅速发展。1995 年，美国大约有十几个真正的环岛，到 2016 年已经有接近 5000 个，而且没有放缓的迹象。正如前文指出的那样，环岛与交通圈（Traffic circles）或转盘（Rotaries）不同，后两者在美国已经存在多年。在交通圈和转盘中，进入车辆的优先通行权比环内车辆高；而在环岛中，环内车辆的优先通行权更高，所有进入的车行路都有"YIELD"标志和标记控制。

美国第一个已知的交通圈是 1905 年在纽约市建造的——哥伦布环形路。它如今仍在运行，但有交通信号灯辅助。交通圈给予进入的车辆路权，因此鼓励高速进入。到了 1950 年，交通圈显然经历了高碰撞率和拥堵。现代环岛是在英国发展起来的，1966 年，英国对所有交通圈发布了强制性的"让行"规则——要求进入的车辆给循环的车辆让行。这种运行的好处很快就显现出来，并在欧洲、其他大陆和（最后）美国得到采用[9]。

与其他形式的交叉口控制相比，环岛的首要好处主要涉及安全。与信控交叉口相比，它的好处还包括减少车辆的延误，改善行人和自行车骑行人（以及驾车人）的安全，有时还能提高容量。一项对美国 11 个用环岛取代信号灯或其他控制措施的研究表明，总事故减少了 37%，受伤/死亡事故减少了 51%，仅财产损失（PDO）事故减少了 29%[9]。

虽然人们普遍认为环岛通常能提高安全性并减少延误，但它们仍然存在争议，因为许多美国驾驶人在交互中遇到困难。也有一些反例，常规的优点并没有得到有效实现。

2011 年，佛罗里达州威尼斯（Venice，Florida）的贾卡兰达大道（Jacaranda Boulevard）与威尼斯大道（Venice Avenue）的交叉口实施了全美最具争议的环岛之一。它几乎立即成为整个萨拉索塔县（Sarasota County）的事故高发交叉口。作为一个信控交叉口，2008 年和 2009 年共发生了 11 起事故。实施环岛后，2012 年有 52 起事故，2013 年有 57 起，2014 年有 50 起。还有其他附带的影响。作为 2007 年的信控交叉口，每天有 60000 辆汽车穿过。自 2011 年以来，通过该交叉口的交通量已经减少到 33000veh/day[10, 11]。现在，驾驶人们试图寻找其他路线以避免通过环岛，从而增加了附近其他交叉口的交通量。

该交叉口有许多独特的方面，这无疑是造成这种经历的原因。威尼斯有大量的老年人口，平均年龄为 67 岁。该交叉口为通往 75 号公路的一个主要交汇点，产生了大量的卡车需求。由于靠近海湾海滩地区，有许多不熟悉情况的驾驶人使用该交叉口。在 2015 年和 2016 年，这个环岛进行了重大的设计修改，以缓解一些事故问题。在编写本书时，没有新的碰撞统计数据来评估这些改造成功与否。

环岛的使用量将继续增长，因为大多数新建环岛确实达到了预期效益。考虑一个特定地点的所有特性是明智的，因为有些情况可能与常规趋势相反。

25.6 环岛的类型和一般特性

AASHTO 绿皮书[12] 定义了三种类型的环岛：迷你环岛（Mini-Roundabouts）、单车道环岛（Single-lane Roundabouts）和多车道环岛（Multilane Roundabouts）。应该注意的是，在本文中，"多车道"环岛包括两条循环车道。对于拥有两条以上循环车道的环岛，几乎没有经验。表 25.15 总结了这几类环岛的关键特性。

注意，所有形式都是为相对低的驶入速度设计的，这也是安全性普遍提高的主要原因之一。迷你环岛相对较小，通常用在居民区的地方道路的交叉口。迷你环岛仅限于单车道通行。对于需求量大的主要交叉口（ > 20000veh/day），多车道环岛是最常选择的方案。然而，容量和运行的细节与高峰小时流量有关，必须仔细研究。

25.7 环岛的标志和标线

合理的标志和标线对环岛的安全和有效运行至关重要。最重要的是，驾驶人要知晓他们必须怎样做才能在环岛中达成他们所期望的机动。

MUTCD[1] 包含了许多在环岛上应用标志和标线的例子。最复杂的情况是双车道环岛与双车道的入口车行路。图 25.7 展示了一套典型标线。

在图 25.7 中，也允许双车道的出口。这就使进入环岛的驾驶人有可能不得不穿过从两条环内车道上驶出的车辆的路径。在双车道环岛中，这始终是最重要的冲突，也是驾驶人最难应对的冲突。短短的虚线车道线指定了驾驶人可以穿越环内车道线的唯一区域。

表 25.15 不同环岛的主要特性

特性	迷你环岛 Mini-Roundabouts	单车道环岛 Single-lane Roundabouts	多车道环岛 Multilane Roundabouts
设计最大驶入速度	15 ~ 20mile/h	20 ~ 25mile/h	25 ~ 30mile/h
每个接近段最大驶入车道数	1	1	2 +
内切圆直径典型取值	45 ~ 90ft	90 ~ 150ft	140 ~ 250ft
中间交通岛构造	可跨越（Mountable）	凸起（Raised）	凸起（Raised）
四肢道路环岛的典型日交通量	0 ~ 15000veh/day	0 ~ 20000veh/day	20000 + veh/day

资料来源：Adapted from *A Policy on Geometric Design of Highways and Streets*, 6th Edition, American Association of State Highway and Transportation Officials, Washington, D.C., 2011.

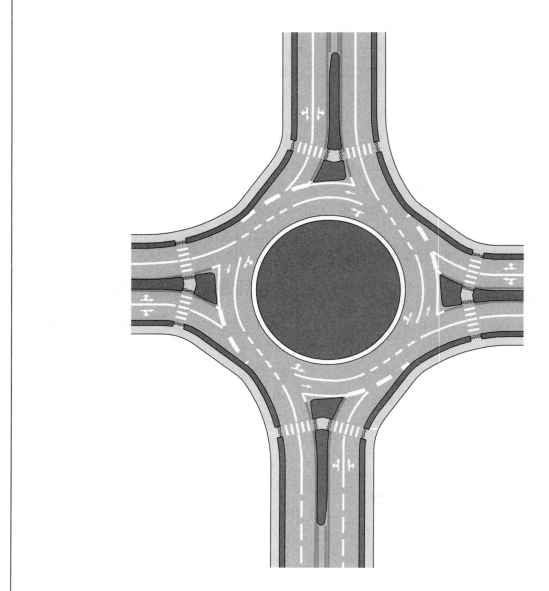

图 25.7　双车道入口的双车道环岛的典型标线

资料来源：*Manual of Uniform Traffic Control Devices (MUTCD)*, Federal Highway Administration, Washington, D.C., 2009, as amended through May 2012, Figure #C-6, pg 404.

在环岛设计中有许多选择。一个典型的环岛可以有一条或两条循环车道，单车道或双车道入口（或两者的某种组合），以及单车道或双车道出口（或两者的某种组合）。图 25.8 展示了一个双车道入口的环岛，所有入口都是双车道，而所有出口都是单车道。一些交叉冲突被消除了，但在

该方案中，需要驾驶人在任何时候都知道他们必须在哪条车道上，以及他们必须在哪里进入他们想去的车道。

在这种场景下，右侧循环车道上的车辆必须在每个出口驶出。为了继续行驶，他们必须进入左侧车道，在通过出口后，变换到右侧车道。这

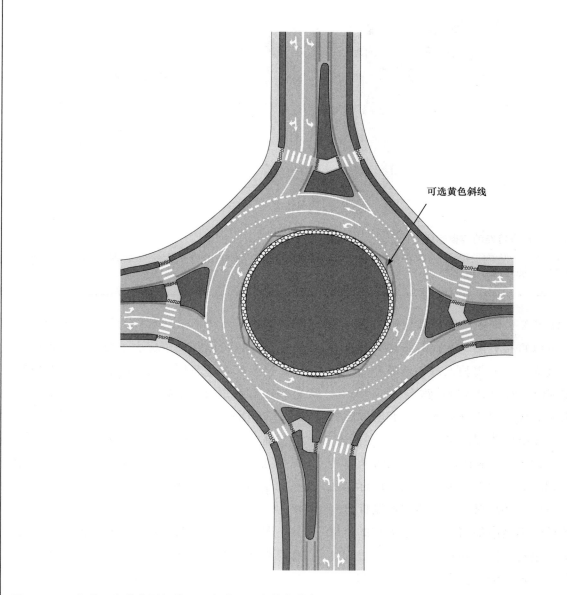

可选黄色斜线

图 25.8 双车道环岛的典型标线，双车道入口和单车道出口

注：本图所示的标线配置要求调头驾驶人在循环道内变换车道。

资料来源：*Manual of Uniform Traffic Control Devices (MUTCD)*, Federal Highway Administration, Washington, D.C., 2009, as amended through May 2012, Figure 3C-5, pg 403.

在一定程度上减少了冲突，但需要驾驶人更加警惕，随时保持在合适的车道上。

图 25.9 展示了环岛接近段车行路的典型标线。"YIELD"文字常常与标准的"YIELD"线同时出现，以强调进入的交通必须让行于环内的交通。当然，这些标记是对"YIELD"标志的补充，"YIELD"标志必须设置在每个入口。人行横道距离循环车行路边缘至少 20ft，这样行人冲突就不会发生在驾驶人做出换道或驶出决定的同一时间（和同一地点）。

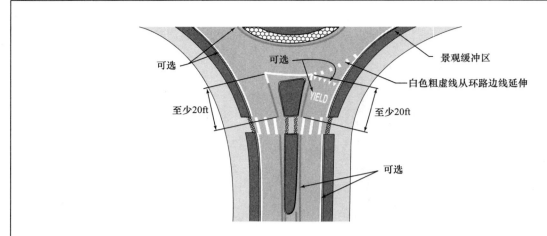

图 25.9　环岛入口车行路的典型标线

资料来源：*Manual of Uniform Traffic Control Devices (MUTCD)*, Federal Highway Administration, Washington, D.C., 2009, as amended through May 2012, Figure 3C-1, pg 399.

　　MUTCD 包含了许多关于环岛标记的额外图示和讨论，可以直接查阅。标线对于环岛的安全和有效运行极为重要。驾驶人需要清晰和简明的指引，以实现他们所期望的机动路径。

　　两种类型的标志对于环岛的安全和有效运行至关重要："YIELD"标志和车道使用控制标志。如前所述，MUTCD 要求在进入环岛的每条车行路上设置"YIELD"标志。车道使用控制标志也非常重要。在接近环岛时，车道使用控制标志应明确指出接近的车辆应如何完成四个潜在的机动动作：调头、左转、直行和右转。这是通过为每个进入的车道设置一个或多个车道使用控制标志来达成的。双车道入口可以为每个车道设置单独的标志，也可以在一个标志上显示两条车道的使用。这些标志是典型的禁令标志，使用图形箭头来表示每条车道的正确使用。使用的箭头符号如图 25.10 所示。

　　在每个人行横道上，也应使用行人过街警告标志。MUTCD 将这些标志归为可选标志，但除了行人极少的地点外，设置这些标志是明智的。

　　图 25.11 描述了一个有两条车道的环岛接近段的典型标志。当然，标志的具体内容必须与环岛几何形状的具体内容相协调。

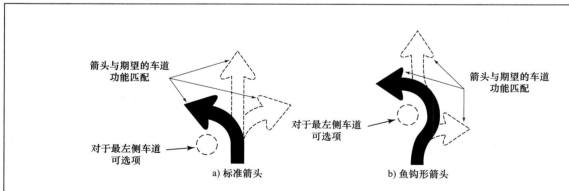

图 25.10　在环岛接近段使用的车道功能控制箭头

资料来源：*Manual of Uniform Traffic Control Devices (MUTCD)*, Federal Highway Administration, Washington, D.C., 2009, as amended through May 2012, Figure 2B-5, pg 62.

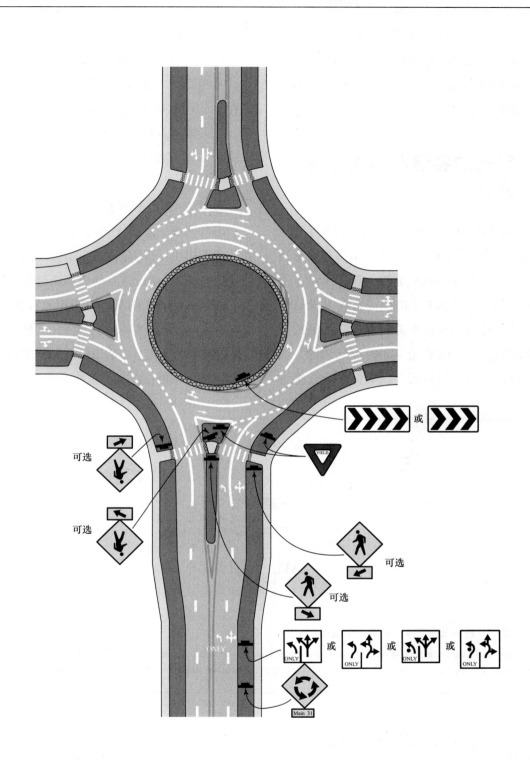

图 25.11 双车道环岛入口车行路的典型标志

注：1. 只显示一个接近段的标志。

2. 关于环岛的指路标志，参见 MUTCD 第 2D.38 节。

3. 关于环岛的标线，参见 MUTCD 第 3C 章。

资料来源：*Manual of Uniform Traffic Control Devices (MUTCD)*, Federal Highway Administration, Washington, D.C., 2009, as amended through May 2012, Figure 2B-23, pg 87.

由于环岛的复杂性，以及可能存在的大量可选几何方案，这里不可能涵盖所有标志和标线的方案。关键的一点是，几何形状、标线和标志必须仔细协调和明确指示，使驾驶人能够安全地实现他们所期望的机动。

25.8 环岛的容量和服务水平分析

2016 年版 HCM[7] 提供了一个详细的方法来评估环岛的容量和 LOS。它包括单车道和双车道的环岛，以及单车道和双车道的入口和出口。不包括三车道的环岛或入口／出口。它侧重于每个入口，并引出对每个入口车道的容量和车辆的平均控制延误的估计。LOS 是基于控制延误的。该方法还检查每个出口的容量，以确保不会发生排队进入环岛的情况。图 25.12 说明了对每个车行路接近段进行分析的三个需求参数。

该方法以小客车当量（pce）为单位。因此，它包括对需求流率的调整，以反映重型车辆的存在。它也适用于代表高峰期 15min 的需求流率。这可能涉及也可能不涉及对 PHF 的调整，这取决于需求流被确定为每小时的流量还是实际的 15min 流率。

最重要的问题是确定每个交汇点的循环流率 v_c 和出口流率 v_{ex}。这些都是根据每个接近段的驾驶人的期望机动计算出来的。例如图 25.12 中所示的接近段 NB，假设该点的循环流量将包括 WB 调头、SB 左转、SB 调头、EB 直行、EB 左转以及 EB 调头，则驶出流率将包括 EB 右转、SB 直行、WB 左转和 NB 调头。表 25.16 展示了用于计算四肢环岛每个接近段的循环流率和出口流率的公式。

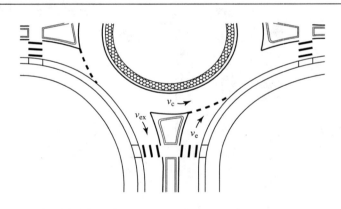

图 25.12 用于分析环岛接近段的关键需求流率

资料来源：Reprinted with permission from *Highway Capacity Manual, 6th Edition-A Guide for Multimodal Mobility Analysis*, Transportation Research Board, the National Academy of Sciences, Courtesy of the National Academies Press, Washington, D.C., 2016.

表 25.16 计算四肢环岛接近段的循环流率和出口流率

接近段	循环流率 v_c	出口流率 v_{ex}
NB	$v_{cNB} = v_{WBU} + v_{SBL} + v_{SBU} + v_{EBT} + v_{EBL} + v_{EBU}$	$v_{exNB} = v_{EBR} + v_{SBT} + v_{WBL} + v_{NBU}$
SB	$v_{cSB} = v_{EBU} + v_{NBL} + v_{NBU} + v_{WBT} + v_{WBL} + v_{WBU}$	$v_{exSB} = v_{WBR} + v_{NBT} + v_{EBL} + v_{SBU}$
EB	$v_{cEB} = v_{NBU} + v_{WBL} + v_{WBU} + v_{SBT} + v_{SBL} + v_{SBU}$	$v_{exEB} = v_{SBR} + v_{WBT} + v_{NBL} + v_{EBU}$
WB	$v_{cWB} = v_{SBU} + v_{EBL} + v_{EBU} + v_{NBT} + v_{NBL} + v_{NBU}$	$v_{exWB} = v_{NBR} + v_{EBT} + v_{SBL} + v_{WBU}$

注意，所有这些计算都将使用以"pce/h"为单位的流率，即在对重型车辆的存在和峰值进行转换后开展计算。

确定接近段车行路容量和 LOS 的计算程序如下。

第 1 步：将流向需求流量转换为流率

与 AWSC 交叉口的情况一样，每小时的需求流量用式（25-1）转换为代表该小时内最不利的 15min 的流率：

$$v_i = \frac{V_i}{\text{PHF}}$$

其中所有参数定义同前。

最好直接测量流率。这要求以 15min 为间隔观察和记录需求。流率的最不利组合将决定分析周期的选择。如果只记录每小时的需求，那么所有需求都要除以该交叉口的一个平均 PHF。这是计算了最不利的情况，假设所有流向的高峰期正好是同一个 15min。

第 2 步：将需求流率转换为小客车当量

环岛方案确实考虑了重型车辆的存在，但只是一种非常普遍的方式。所有重型车辆的小客车当量为 2.0pce/ 重型车辆，那么：

$$v_{\text{pce}} = \frac{v}{f_{\text{HV}}}$$

$$f_{\text{HV}} = \frac{1}{1 + P_T(E_T - 1)} = \frac{1}{1 + P_T(2 - 1)} = \frac{1}{1 + P_T}$$

$$(25\text{-}28)$$

式中　v ——需求流率（veh/h）；

　　　v_{pce} ——需求流率（pc/h）；

　　　E_T ——重型车辆的小客车当量，2.0pce/ 重型车辆；

　　　P_T ——交通流中重型车辆的比例（小数）。

通常来说，任何在地面上有 4 个以上车轮的车辆都会被当作"重型车辆"。这将包括大多数卡车（四轮皮卡除外）、巴士、带拖车的小客车和休旅车。

第 3 步：确定循环流率和出口流率

用表 25.16 的公式，计算出环岛所有接近段的循环流率和出口流率。

第 4 步：确定各车道的入口流率

如果只有一条入口车道，则所有入口流率（L、TH、R）都分配给该车道。如果有两条入口车道，则入口需求流率必须分配给适当的车道。一般来说，左转被假定在左车道进入，右转被假定在右车道进入，而直行车辆按照观察到的或假定的模式分配到两个车道。然而，有五种不同的分配情况可能发生。

1）L/TR：在某些情况下，有许多左转，以至于左车道成为事实上的左转车道。此时，所有直行和右转都在右车道。这种情况发生在 $v_U + v_L > v_T + v_R$ 时。

2）LT/R：在某些情况下，有许多右转，以至于右车道成为事实上的右转车道。此时，所有直行和左转都在左车道。这种情况发生在 $v_R > v_U + v_T + v_L$ 时。

3）LT/TR：这是普遍的情况。既不存在事实上的左转车道，也不存在事实上的右转车道。直行车辆根据现场观察或假设被分配到某条车道上。作为一种默认情况，可将直行车辆分配到两条车道上，使其总流量相等。

4）L/LTR：这是一种相当罕见的情况，可能会出现左转需求明显大于直行和右转需求的现象。最好进行现场观察，但作为默认情况，可以分配左转，以平衡两条车道的总流率。

5）LTR/R：这是另一种相当罕见的情况，可能会出现右转需求明显大于直行和左转需求的现象。现场观察是首选，但作为默认情况，可以分配右转，以平衡两条车道的总流率。

应该注意的是，有些环岛包括物理渠化的右转旁路车道（Bypass lanes）。在这种情况下，使用旁路车道的右转不包括在进入环岛的流量中。

第 5 步：确定每个入口车道和每个旁路车道的适当的小客车当量容量

每个入口的容量是用表 25.17 所示的一系列

公式估算的。使用的公式取决于：

- 入口车道的数量（1，2）
- 循环车道的数量（1，2）

任何现有的右转旁路车道的容量也必须进行估算。有两种类型的旁路车道可能存在：非让行式和让行式。图25.13展示了这些类型的旁路车道。

对于非让行旁路车道，右转会在环岛出口下游汇入驶出的交通流。让行旁路车道则在驶出环岛时汇入车流。由于距离较近，这些右转仍将使用"YIELD"标志来控制。在美国，没有研究过非让行右转旁路车道的容量。因此，没有包括这种类型的车道容量的估算公式。其容量预计会很高，因为合流是在两个速度相近的车流之间进行的。出于分析目的，下游的总交通量（合流后）应与下游干道的几何形状和交通控制一起考虑。

对于让行旁路车道，容量基于由环岛和旁路车道供给的出口车道数量，那么：

$$c_{bypass} = 1130e^{(-0.001v_{ex})} \quad 对于1出口车道$$
$$c_{bypass} = 1130e^{(-0.007v_{ex})} \quad 对于2出口车道 \tag{25-29}$$

式中 c_{bypass} ——旁路车道的容量（pce/h）；

v_{ex} ——出口交通的需求流率（pce/h）。

行人可能对入口的容量有影响。在大多数情况下，行人穿过排队等待进入环岛的车辆，对运行没有什么影响。在某些情况下，如果有较大的行人流量和相对较小的车辆流量，其影响可能会更加显著。HCM提供了一个调整系数f_{ped}，可用于接近段车道容量影响的估计。表25.18提供了估计这一系数的公式。

表 25.17   估计环岛入口车行路容量的公式

入口车道数	单车道环岛	双车道环岛
1	$c = 1130e^{(-0.001v_c)}$	$c = 1130e^{(-0.0007v_c)}$
2	$c_R = 1130e^{(-0.001v_c)}$ $c_L = 1130e^{(-0.001v_c)}$	$c_R = 1130e^{(-0.0007v_c)}$ $c_L = 1130e^{(-0.00075v_c)}$

注：c = 单入口车道容量；c_R = 右车道容量（双车道入口）；c_L = 左车道容量（双车道入口）；v_c = 循环交通量。所有单位均为 pce/h。

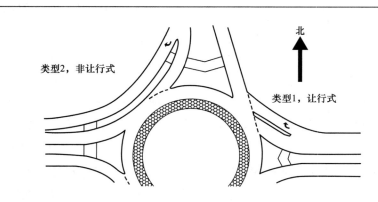

图 25.13   环岛的让行与非让行右转旁路车道
资料来源：Reprinted with permission from *Highway Capacity Manual, 6th Edition-A Guide for Multimodal Mobility Analysis*, Transportation Research Board, the National Academy of Sciences, Courtesy of the National Academies Press, Washington, D.C., 2016.

表 25.18　环岛的行人干扰调整系数

场景	公式
单车道入口	
$v_c > 881\text{pce/h}$	$f_{ped} = 1.00$
$v_c \leqslant 881\text{pce/h}$ 和 $n_{ped} \leqslant 101\text{pce/h}$	$f_{ped} = 1.00 - 0.000137n_{ped}$
$v_c \leqslant 881\text{pce/h}$ 和 $n_{ped} > 101\text{pce/h}$	$f_{ped} = \dfrac{1119.5 - 0.715v_c - 0.644n_{ped} + 0.00073v_c n_{ped}}{1086.6 - 0.654v_c}$
双车道入口	
$n_{ped} < 100\text{ped/h}$	$f_{ped} = 1 - \dfrac{n_{ped}}{100}\left[1 - \dfrac{1260.6 - 0.329v_c - 38.1}{1380 - 0.5v_c}\right]$ $f_{ped} \leqslant 1.00$
$n_{ped} \geqslant 100\text{ped/h}$	$f_{ped} = 1 - \dfrac{n_{ped}}{100}\left[1 - \dfrac{1260.6 - 0.329v_c - 0.381n_{ped}}{1380 - 0.5v_c}\right]$ $f_{ped} \leqslant 1.00$

注：n_{ped} = 在有冲突的人行横道上每小时通过的行人数量。

关于出口车道本身的容量的信息很少。联邦公路局建议将 1200veh/h 作为出口车道的大致默认容量。超过该数值的出口流量可能表明需要一个双车道出口。

使用这些公式计算的容量是以"pce/h"为单位的。通常情况下，使用适当的重型车辆调整系数 f_{HV}，将其转换为以"veh/h"为单位的容量。HCM 确实推荐这样做，并提供了一个使用加权平均调整系数的公式，其中重型车辆的存在对使用环岛的每个流向都是不同的。在此，我们使用以"pce/h"为单位的容量，并将这些容量与已经转换为以"pce/h"为单位的需求流率进行比较。

第 6 步：估计每个接近段车道的平均控制延误并确定 LOS

每个接近段车道的平均控制延误估计为：

$$d = \frac{3600}{c} + 900T\left[(X-1) + \sqrt{(X-1)^2 + \frac{\left(\dfrac{3600}{c}\right)X}{450T}}\right] + [5 \times \min(X,1)]$$

（25-30）

式中　d——平均控制延误（s/veh）；

　　　c——接近段车道的容量（pce/h）；

　　　X——接近段车道的 v/c；

　　　T——分析周期（默认 = 0.25h）。

对于 TWSC 和 AWSC 交叉口，延误在每个接近段道的车道上取平均值，以获得接近段延误。也可以在所有接近段车道上取平均值，以获得总平均延误。注意，后者不考虑车辆在环岛内循环时的延误。

LOS 的确定采用 TWSC 和 AWSC 交叉口的相同标准，见表 25.7。

例题 25-3：环岛的分析

建议用一个单车道或双车道的环岛取代现有的 Main 街（四车道干道）和 Franklin 路（双车道干道）的交叉口。该交叉口目前在 Franklin 路使用"STOP"标志控制，已经观察到明显的延误和排队现象。确定单车道和双车道环岛在这种情况下的入口容量，并比较由此产生的 LOS。应该采用哪种方案（如果有的话）？目前的交叉口如图 25.14 所示。

为了便于分析，我们做如下假设：①两个环岛方案有完全的单车道或完全的双车道循环；②进入车道的数量将与进入目前交叉口的车道数量相同。

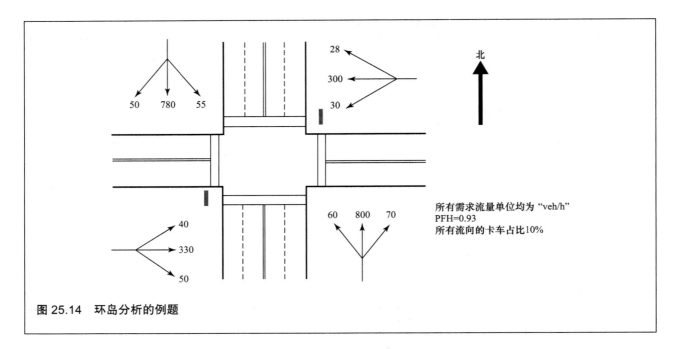

图 25.14　环岛分析的例题

第1步和第2步：将需求流量转换为流率，单位为 "pce/h"

这两个步骤很容易合并。所有流向都有一个共同的 PHF 和一个共同的 10% 的卡车占比。将这两个计算结合起来：

$$v = \frac{V}{\mathrm{PHF} \times f_{\mathrm{HV}}}$$

其中，使用式（25-28）：

$$f_{\mathrm{HV}} = \frac{1}{1 + P_{\mathrm{T}}} = \frac{1}{1 + 0.10} = 0.909$$

以 NB 的直行流量为例：

$$v_{\mathrm{NB}} = \frac{800}{0.93 \times 0.909} = 946\,\mathrm{pce/h}$$

表 25.19 汇总了所有需求流率，单位为 "pce/h"。

表 25.19　需求流量与流率的换算

接近段	流向	V/(veh/h)	PHF	f_{HV}	v/(pce/h)[*]
NB	L	60	0.93	0.909	71
	TH	800	0.93	0.909	946
	R	70	0.93	0.909	83
SB	L	55	0.93	0.909	65
	TH	780	0.93	0.909	923
	R	50	0.93	0.909	59
EB	L	40	0.93	0.909	47
	TH	330	0.93	0.909	390
	R	50	0.93	0.909	59
WB	L	30	0.93	0.909	35
	TH	300	0.93	0.909	355
	R	28	0.93	0.909	33

注：* 四舍五入到最近的整数。

第3步：确定每个接近段的循环流率和出口流率

使用表25.16中的公式，可以确定每个接近段的循环流率 v_c 和出口流率 v_{ex}。注意，输入的数值是表25.19中的 pce/h，结果以"pce/h"为单位。在问题陈述中没有指出调头。表25.20给出了计算方法。

表25.20　例题中各接近段的循环流率和出口流率　　　（单位：pce/h）

接近段	循环流率 v_c	出口流率 v_{ex}
NB	$v_{cNB} = v_{WBU} + v_{SBL} + v_{SBU} + v_{EBT} + v_{EBL} + v_{EBU}$ $v_{cNB} = 0 + 65 + 0 + 390 + 47 + 0 = 502$	$v_{exNB} = v_{EBR} + v_{SBT} + v_{WBL} + v_{NBU}$ $v_{exNB} = 59 + 923 + 35 + 0 = 1017$
SB	$v_{cSB} = v_{EBU} + v_{NBL} + v_{NBU} + v_{WBT} + v_{WBL} + v_{WBU}$ $v_{cSB} = 0 + 71 + 0 + 355 + 35 + 0 = 461$	$v_{exSB} = v_{WBR} + v_{NBT} + v_{EBL} + v_{SBU}$ $v_{exSB} = 33 + 946 + 47 + 0 = 1026$
EB	$v_{cEB} = v_{NBU} + v_{WBL} + v_{WBU} + v_{SBT} + v_{SBL} + v_{SBU}$ $v_{cEB} = 0 + 35 + 0 + 923 + 65 + 0 = 1023$	$v_{exEB} = v_{SBR} + v_{WBT} + v_{NBL} + v_{EBU}$ $v_{exEB} = 59 + 355 + 71 + 0 = 485$
WB	$v_{cWB} = v_{SBU} + v_{EBL} + v_{EBU} + v_{NBT} + v_{NBL} + v_{NBU}$ $v_{cWB} = 0 + 47 + 0 + 946 + 71 + 0 = 1064$	$v_{exWB} = v_{NBR} + v_{EBT} + v_{SBL} + v_{WBU}$ $v_{exWB} = 83 + 390 + 65 + 0 = 538$

第4步：确定各车道的进入流率

EB和WB接近段只有一条车道，因此全部的进入流率都在该车道上。

NB和SB接近段有两条车道，必须将需求分配给每条车道。

第一个问题是检查这些接近段上是否存在事实上的左转或右转车道。如果 $v_U + v_L > v_T + v_R$，则存在一个事实上的左转车道，那么：

　　NB接近段：$0 + 71 > 946 + 83$？不存在。

　　SB接近段：$0 + 65 > 923 + 59$？不存在。

因此，在这两个接近段上都不存在事实上的左转车道。如果 $v_R > v_U + v_T + v_L$，则存在事实上的右转车道，那么：

　　NB接近段：$83 > 0 + 946 + 71$？不存在。

　　SB接近段：$59 > 0 + 923 + 65$？不存在。

因此，在这两个接近段上都不存在事实上的右转车道。

正常的默认情况是，所有左转车辆（和调头车辆）都在左车道，所有右转车辆都在右车道，直行车辆被分配到每个车道的总流率相等，那么：

NB接近段：

$$v_{NB} = 71 + 946 + 83 = 1100 \text{pce/h 总量}$$
$$v_{NBL} = 71 + 479 = 550 \text{pce/h}$$
$$v_{NBR} = 83 + 467 = 550 \text{pce/h}$$

SB接近段：

$$v_{SB} = 65 + 923 + 59 = 1047 \text{pce/h 总量}$$
$$v_{SBL} = 65 + 458 = 523 \text{pce/h}$$
$$v_{SBR} = 59 + 465 = 524 \text{pce/h}$$

第5步：确定每个入口车道和旁路车道的容量

注意，在两个建议解决方案中都不存在旁路车道。每个入口车道将有两个容量计算，一个是单车道环岛，另一个是双车道环岛。由于有6个入口车道，将有12个容量使用表25.17中的公式计算。每个都将使用表25.20中计算的适当的循环流率。作为一个例子，单车道环岛的EB车道的容量计算如下：

$$c_{EB} = 1130 e^{(-0.001 v_{cEB})} = 1130 e^{(-0.001 \times 1023)}$$
$$= 522 \text{pce/h}$$

表25.21汇总了所有情况下的这些容量计算结果。

表25.21　入口车道的容量

接近段	车道	v_c	$c(1)^{*}$	$c(2)^{**}$
NB	L	502	684	795
	R	502	684	775
SB	L	461	713	818
	R	461	713	800
EB		1023	406	552
WB		1064	390	537

注：* 单车道环岛的入口容量。

　　** 双车道环岛的入口容量。

这些容量都不需要进一步修正。问题陈述中没有给出行人流量。出口车道的容量粗略估计为 1200pce/h。本例的出口流率（无论是单车道还是双车道环岛）都没有超过该数值。NB 和 SB 接近段的出口流量接近 1200pce/h，但这些接近段也有两条出口车道来处理这些交通。

应计算每个接近段的饱和度 X，以评估每个接近段是否有足够的容量。这在表 25.22 中进行。

从表 25.22 可以看出，单车道环岛方案不成立。EB 和 WB 接近段不够，需求流率超过了可用容量。双车道环岛至少在最小程度上是可行的，但 EB 和 WB 接近段的 v/c 比率仍然相当高。因此，排除了单车道环岛方案。必须分析双车道环岛的入口车道的 LOS。

第 6 步：确定每条接近段车道的控制延误和 LOS

使用式（25-30）估计每个接近段车道的控制延误。EB 车道的计算结果见表 25.23，所有结果汇总在表 25.23 中。

$$d = \frac{3600}{c} + 900T\left[(X-1) + \sqrt{(X-1)^2 + \frac{\left(\frac{3600}{c}\right)X}{450T}}\right] + [5 \times \min(X,1)]$$

$$d_{EB} = \frac{3600}{552} + 900 \times 0.25\left[(0.899-1) + \sqrt{(0.899-1)^2 + \frac{\left(\frac{3600}{552}\right) \times 0.899}{450 \times 0.25}}\right] + [5 \times 0.899]$$

$$d_{EB} = 6.52 + 225[(-0.101) + \sqrt{(-0.101)^2 + 0.052}] + 4.50$$

$$d_{EB} = 6.52 + 33.44 + 4.50 = 44.46s/veh$$

表 25.22 入口车道的需求流率与容量比较

接近段车道	需求流率	单车道环岛		双车道环岛	
		容量/（pce/h）	$X = v/c$	容量/（pce/h）	$X = v/c$
NBL	550	684	0.804	795	0.692
NBR	550	684	0.804	775	0.710
SBL	523	713	0.734	818	0.639
SBR	524	713	0.735	800	0.655
EB	496	406	**1.222**	552	0.899
WB	423	390	**1.085**	537	0.788

表 25.23 入口车道的控制延误和 LOS

接近段车道	容量/（pce/h）	X	控制延误 d/（s/veh）	LOS（见表 25.7）
NBL	795	0.692	17.5	C
NBR	775	0.710	18.7	C
SBL	818	0.639	15.0	C
SBR	800	0.655	15.9	C
EB	552	0.899	44.5	E
WB	537	0.788	31.2	D

所有 NB 和 SB 车道都运行在 LOS C。车道延误可以被平均化，以确定接近段延误和 LOS，但两种情况下的结果相似，NB 和 SB 接近段的 LOS 仍为 C。EB 接近段的 LOS 为 E，而 WB 接近段的 LOS 为 D。整个环岛的加权平均（按需求流率计算）延误时间可计算为：

$$d = \frac{\begin{array}{l}(550 \times 17.5) + (550 \times 18.7) + (523 \times 15.0) \\ + (524 \times 15.9) + (496 \times 44.5) + (423 \times 31.2)\end{array}}{(550 + 550 + 523 + 524 + 496 + 423)}$$

$$d = 23.3 \text{s/veh(LOS C)}$$

虽然可以说整个环岛在 LOS C 下运行，但这掩盖了一个事实，即 EB 接近段在 LOS E 下以 89.9% 的容量运行，

WB 接近段道在 LOS D 下也遇到了一些困难。

结论应该是什么？很明显，现有的 TWSC 交叉口可能不适合目前的需求水平。将该交叉口作为一个环岛进行分析提供了更多见解。

作为一个环岛，EB 和 WB 接近段上的高 v/c 比率（X）将延误推到很高的水平，导致 LOS 不佳。最明显的解决方案是在这些接近段上各增加一条车道，使其成为双车道接近段。这将大幅增加这些接近段的容量，同时减少延误和改善 LOS。

该交叉口也可以考虑设置信号灯，这需要通过进行容量和 LOS 分析来考量。

25.9 总结

本章介绍了三种主要类型的"非信控"交叉口的内容：TWSC 交叉口、AWSC 交叉口和环岛。TWSC 和 AWSC 交叉口提供了一定程度的通行路权控制，在这种情况下，没有控制显然是不合适的，但没有必要设置信号灯。环岛的应用范围更广，在某些情况下，根据当地的情况，环岛是信控交叉口的合理替代方案。

第 26 章概述了通常被归类为"替代交叉口"的情况。这意味着更复杂的设计，可与交通信号灯或其他类型的控制结合使用。几何形状主要用于简化流向的组合——最常见的是简化左转的方式，以使整体运行更安全和更有效。

参考文献

[1] *Manual of Uniform Traffic Control Devices*, Federal Highway Administration, Washington, D.C., 2009, as amended through May 2012.

[2] Reprinted with permission from *Highway Capacity Manual, 6th Edition-A Guide for Multimodal Mobility Analysis*, Transportation Research Board, the National Academy of Sciences, Courtesy of the National Academies

Press, Washington, D.C., 2016.

[3] "Interim Materials on Highway Capacity," *Circular 212*, Transportation Research Board, Washington, D.C., 1980.

[4] *Capacity of At-Grade Junctions*, Organization for Economic Cooperation and Development, Paris, France, 1974.

[5] "Merkblatt for Lichtsignalanlagen an Landstrassen, Ausgabe 1972," *Forschungshasellschaft fur das Strassebwesen*, Koln, Germany, 1972.

[6] "Highway Capacity Manual," *Special Report 209*, Transportation Research Board, Washington, D.C., 1985.

[7] *Highway Capacity Manual, 6th Edition: A Guide for Multimodal Mobility Analysis*, Transportation Research Board, Washington, D.C., 2016.

[8] Kyte, M., Enas, A., and Troutbeck, R., "The Effect of Upstream Signals on the Capacity of a Downstream TWSC Intersection, *Transportation Research Record 2483*, Transportation Research Board, Washington, D.C., 2015.

[9] Robinson, B, et al, *Roundabouts: An Informational Guide*, Federal Highway Administration, Contract No. DTFH61-97-R-00038, Washington, D.C., June 2000.

[10] Womack, C., "Go Around-Go Around, " *Sarasota Herald Tribune*, Sarasota FL, August 16, 2015.

[11] Kimel, E., "Safety Changes Eyed for Venice Roundabout, " *Sarasota Herald Tribune*, Sarasota FL, March 14, 2016.

[12] *A Policy on Geometric Design of Highways and Streets*, 6th Edition, American Association of State Highway and Transportation Officials, Washington, D.C., 2011.

习题

25-1. 确定 TWSC 交叉口的容量和服务水平，如下图所示。

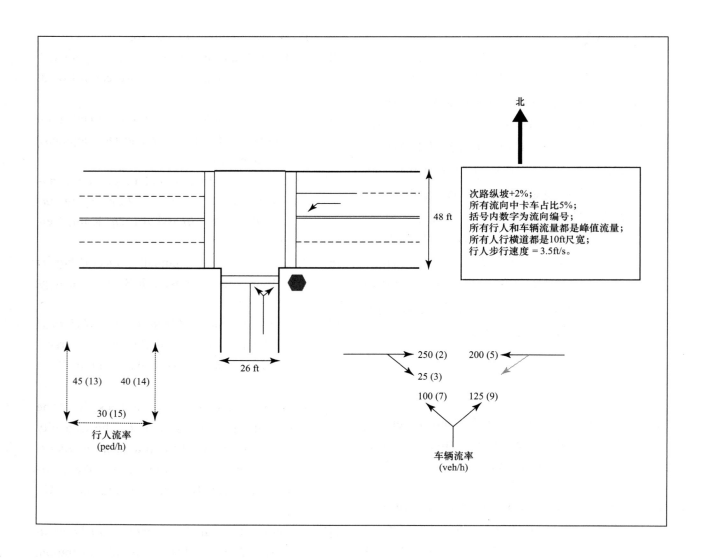

25-2. 以下 AWSC 交叉口的服务水平预计会如何?

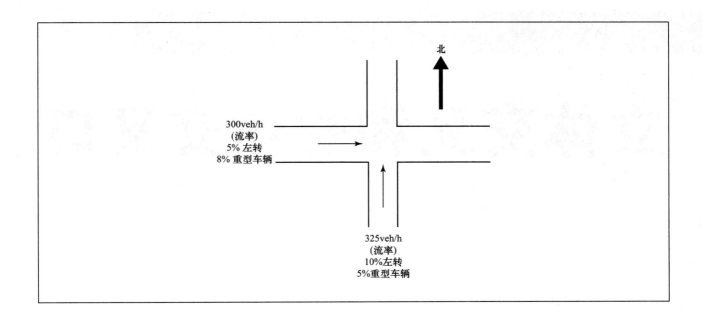

300veh/h
(流率)
5% 左转
8% 重型车辆

325veh/h
(流率)
10%左转
5%重型车辆

北

25-3. 计划用一个有 4 个单车道入口和 4 个单车道出口的单车道环岛来取代一个繁忙的交叉口。行人和自行车很少,因此在分析中基本可以不考虑这些因素——尽管具体的设计必须为他们提供足够的安全。

对于下面的需求,单车道环岛的容量是否足够? 环岛的服务水平会是怎样的?

在不画出整个环岛的情况下,你会在环岛设计中加入哪些关键的控制设施和安全功能?

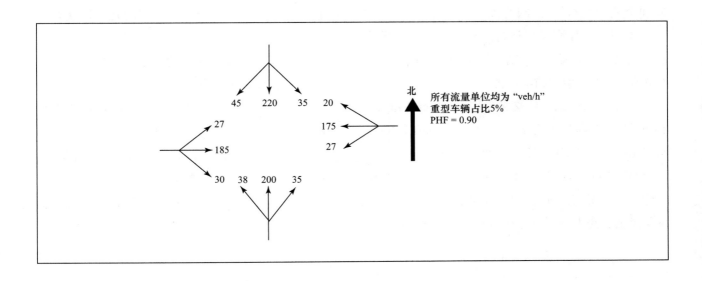

北

所有流量单位均为 "veh/h"
重型车辆占比5%
PHF = 0.90

立体交叉和替代交叉口

本书的许多章节都涉及交叉口这一复杂主题，包括其设计、分析和控制。第 18 ~ 20 章讨论了信控交叉口交通信号灯配时的基础知识。第 17 章讨论了交叉口设计的基本几何要素。第 25 章介绍了关于非信控交叉口的内容，包括双向和全向"STOP"控制交叉口和环岛。第 23 章讨论了用于信控交叉口运行分析的简化的关键流向分析方法，而第 22 章则概述了用于信控交叉口分析的 2016 年版 HCM 方法。

本章重点讨论立体交叉 / 立交（Interchanges）和通常所说的"替代交叉口"（Alternative Inter-sections）[⊖]。立交被定义为一个高差分离的交叉口，几个或所有的转向流向都使用匝道。通常，其中一个或两个设施是自由流公路或快速路，但在任何类型的公路上都可以存在高差分离的交叉口。

替代交叉口是具有独特设计的平面交叉口，旨在减少转向冲突和 / 或简化信控。它们可能涉及建立附属的交叉口，有些设计可能分布在相当长的距离内。立交和替代交叉口的基本目标是有效地处理重要的转向流向，否则会导致复杂的信控和过度延误。实际上，非常规的几何形状是为了减少转向冲突。

本章概述了目前使用的基本几何形状，以及这些几何形状如何影响交通流。

此类设施的容量和服务水平分析依赖于交叉口的每一部分的独立方法，以及由于几何设计而可能出现的额外通行时间。虽然没有详细介绍，但也介绍了这种方法的概要。

关于立交和替代交叉口的信息有以下三个主要来源。

⊖ Alternative Intersection，是指有别于典型交叉口的特殊交叉口类型，通常涉及对左转流向的特殊处置。可以考虑译作"替代交叉口""非常规交叉口""备选交叉口"等，本书译作**"替代交叉口"**。需要注意的是，此类特殊形式交叉口有其特殊应用场景，要坚持"非必须不使用"的原则。——译者注

1）2016 年版 HCM[1] 提供了详细分析信息，用于一个或多个平面交汇处的立交和替代交叉口，这些交汇点可能是信控或非信控的。HCM 没有专门处理包含无控制平面交叉口的立交的内容⊖。涉及合流和分流的匝道连接，采用 HCM 对匝道交汇处的分析程序进行处理，该程序在本文第 30 章中有所阐述。

2）AASHTO《道路几何设计标准》第 6 版[2] 详细说明了各种类型的立交和替代交叉口的几何标准。

3）FHWA 出版了一份关于立交和替代交叉口的信息报告，可在网上查阅[3]。它包含各种信息，包括关于这些设施的评估方法。

这些资料提供了对该主题的全面表述。其他资料也可用于解决此类设施的设计和分析的具体方面。

26.1　立体交叉

26.1.1　立体交叉的类型

高差分离立交（Grade-separated interchanges）有许多可能的几何布局。遗憾的是，并不是所有文献都以相同的方式对它们进行分类。一般来说，高差分离立交的大类如下。

• 全苜蓿叶式立交（Full cloverleaf，CLO）：在 CLO 中，每个转向流向都使用一条单独的匝道，所有这些流向都通过合流和分流的方式完成。左转流向在"环形匝道"上处理。

• 部分苜蓿叶式立交（Partial cloverleaf，PARCLO）：在 PARCLO 中，至少有一个左转流向没有环形匝道。PARCLO 通常被描述为单象限、双象限或三象限，这取决于提供多少个环形匝道。没有环形匝道的左转流向由某种形式的平面交叉口提供服务。

• 菱形 / 钻石形立交（DIAMOND）：菱形立交在每个象限都有一条匝道，在同一条匝道上处理右转和左转（在某些布局中处理直行流向）。这种立交总是包含至少一条地面街道或干道，与这些街道或干道的匝道连接可由信号灯、"STOP"标志或"YIELD"标志控制。

• 直连式立交（Directional，DIRECT）：在直连式立交中，所有右转和左转都由直接右转或左转的匝道处理，即没有环形匝道。

• 单点城市立交（Single-point urban interchange，SPUI）：常用于城市地区，因为这些地方的用地受到严格限制，匝道的设计是为了让所有左转都通过一个信控交叉口，并获得有效的信号灯时间。

• 分流式菱形立交（Diverging diamond interchange，DDI）：在传统的菱形立交中，大量左转车流通常会造成运行问题和延误。这种相对较新的方法在匝道和街道连接之间提供平面交叉口，基本上允许所有转向（右转和左转），没有对向车流。这使得两相位信号更有效。

• 单象限立交（One quadrant，ONEQUAD）：这种立交只用于涉及两条干道或街道的地方。所有交通都在一条匝道上处理，该匝道由每条干道上的信号灯、"STOP"标志或"YIELD"标志控制。

图 26.1 展示了 CLO 和 DIRECT。它们的关键元素是所有主线连接都是匝道合流或分流。如前所述，这些都可以用合流和分流的方法进行分析，而不属于 HCM"立交方法"的范畴。

CLO 占地较多，而 DIRECT 则涉及四层结构，造价高昂，而且会造成视线阻隔。CLO 所需的土地面积主要取决于环形匝道上使用的曲率半径。更平缓的半径有利于运行，但会大幅增加立交的占地面积。

图 26.2 展示了部分 PARCLO 立交的情况。注意，每一个（所示的例子）都涉及两个平面交叉口，将由信号灯、"STOP"标志或"YIELD"标志控制。

⊖　HCM 中的立交分析包含出口匝道下游的信控交叉口。这里要表达的应该是，没有探讨立交出口匝道下游交叉口无控制（信控、"STOP"标志等）的情况。——译者注

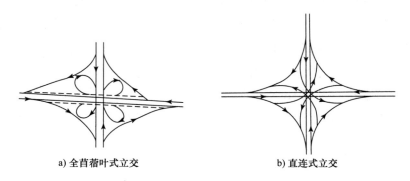

a) 全苜蓿叶式立交   b) 直连式立交

图 26.1 全苜蓿叶式和直连式立交图示

资料来源: Adapted from *A Policy on Geometric Design of Highways and Streets*, American Association of State Highway and Transportation Officials, Washington, D.C., 2011.

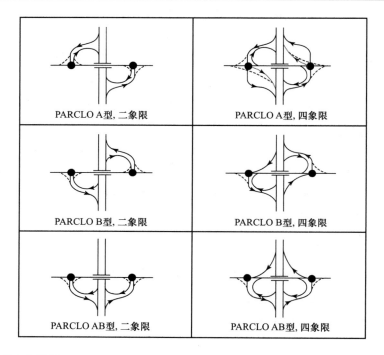

图 26.2 部分苜蓿叶式立交图示

资料来源: Reprinted with permission from *Highway Capacity Manual, 6th Edition: A Guide for Multimodal Mobility Analysis*, Transportation Research Board, National Academy of Sciences, Courtesy of the National Academies Press, Washington, D.C., 2016.

部分苜蓿叶式立交（PARCLO）的命名方式很有意思：在 A 型 PARCLO 中，两个环形匝道都位于相交道路之前。在这种构形中，它们为驶入自由流公路或主要干道的交通服务。所有匝道都在两个象限内。非环形匝道可以被添加到另外两个象限，以简化转向流向。在 B 型 PARCLO 中，两个环形匝道都位于相交道路之后，也就是说，它们为驶离自由流公路或主要干道的交通服务。同样，在其他两个象限可以增加非环形匝道以简化转向流向。在 AB 型 PARCLO 中，两个环形匝道都在相交道路的同一侧，也就是说，一个处理驶入自由流公路或主要干道的交通，而另一个处理驶离的交通。同样，直连匝道可以被添加到其他象限，以简化转向流向。

图 26.2 中所示的所有 PARCLO 都有两个环形匝道。PARCLO 也可以有一条环形匝道或多达 3 条环形匝道的类型。

图 26.3 展示了各种形式的菱形立交。菱形立交是相当普遍的，特别是在低密度地区，因为它很简单，建造成本较低，而且通常能有效地使用

路权（道路用地）。此外，其各种形式也经常在城市地区使用。

传统的菱形立交使用 4 个直线匝道，与连接的街道或干道形成两个平面交叉口。这些交叉口可以是信控的，也可以由"STOP"或"YIELD"标志控制。"受限"和"市区紧凑"型菱形立交具有相同的基本几何形状，但根据所形成的两个平面交叉口之间的距离进行分类。后两种类型在郊区或城市地区更为典型。

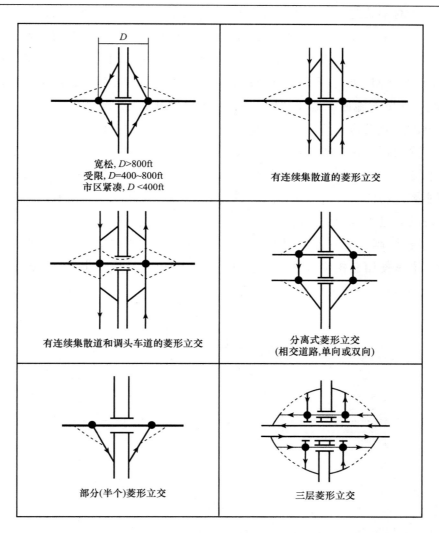

图 26.3 菱形立交图示

资料来源：Reprinted with permission from *Highway Capacity Manual, 6th Edition: A Guide for Multimodal Mobility Analysis*, TransportationResearch Board, National Academy of Sciences, Courtesy of the National Academies Press, Washington, D.C., 2016.

许多城市和郊区都为自由流公路提供连续的服务道路。在这些场景下，由钻石匝道连接这些服务道路。这样形成的平面交叉口更复杂，因为服务道路是当地街道网络的一部分，有时承载着极大的交通量，而这些交通量与使用立交匝道的流向没有具体关联。在这种情况下，可以提供也可以不提供指定的调头车行路（U-turn road-ways）。

分离式菱形立交利用两条通常间隔较近的相交道路（可能是单向或双向）来分离一些转向流向。在这种情况下，会产生四个地面交叉口，并提供一条连接这两个交叉口的短的辅助道路。三层菱形立交是一种相对罕见的布局，从自由流公路上提供一组短的车道来处理所有匝道与自由流公路的连接。

图 26.4 展示了一个 SPUI。这种立交一般用于城市或郊区环境。主要设施通常是自由流公路，也可能是其他类型的主要设施，只要为主要设施提供一个上跨或下穿通道。相交的主要街道可能在立交的上层或下层。

驶入和驶离主要设施的右转流向是通过匝道合流或分流来处理的。进入地面街道的匝道通常使用"YIELD"标志控制。所有左转都要通过一个信控交叉口，通常使用三相位配时：一个相位用于驶离主要设施的左转，另一个相位用于驶入设施的左转，第三个相位用于地面街道上的直行流向。这种设计避免了出现两个间隔很近的交叉口，如果采用典型的紧凑型城市菱形立交，通常必须进行信控协调。Jones 和 Selinger 对 SPUI 与紧凑型城市菱形立交进行了详尽的比较，可在文献 [4] 中查阅。Messer 等人编写了一份关于 SPUI 设计和运行的总体概述 [5]。

DDI 是立交设计中较新的成果之一，在全国范围内迅速有了越来越多的使用。这些立交有时被称为双交叉式菱形立交。

当大量左转车辆出现时，传统菱形立交的运行效率会降低。在地面街道上，左转车辆在红灯相位积聚成队，有时会溢出到上游的交叉口。存在大量左转车辆的两个平面交叉口，往往涉及复杂的多相位信号系统，这可能导致较长的周期长度，反过来又加剧了交叉口之间的排队。

DDI 通过提供两个交叉来改善这些问题。实际上，在这两个交叉口之间，定向车流是在左边而不是右边。图 26.5 展示了如何实现。

通过使用交叉，所有转向流向都变得没有对向车流，这意味着不需要单独的转向相位来保障安全。两个平面交叉口仍然存在，但可以使用有效的重叠相位系统进行安全配时。

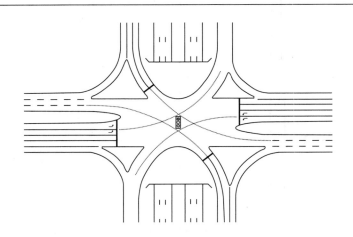

图 26.4　单点城市立交（Single-point urban interchange，SPUI）图示

资料来源：Reprinted with permission from "A Comparison of the Operations of Single-Point and Tight Urban Diamond Interchanges," *Transportation Research Record 1847*, Transportation Research Board, National Academy of Sciences, Courtesy of the National Academies Press, Washington, D.C., 2003.

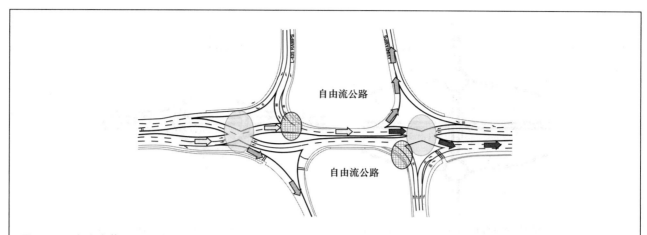

图 26.5　分流式菱形立交（Diverging diamond interchange，DDI）图示
资料来源：Hughes, W., Jagannathon, R., Sengupta, D., and Human, J., "Alternative Intersections/Interchanges: Informational Report," *Publication Number FHWA-HRT-09-060*, Federal Highway Administration, Washington, D.C., 2009, Figure 154.

美国第一个已知的 DDI 于 2009 年 6 月 22 日在密苏里州的 Springfield 启用[2]。到 2015 年年底，已经有 60 个这样的立交投入使用，还有 40 多个处于规划和设计阶段。几乎所有的美国 DDI 都是作为现有的传统菱形立交的替代而建造的，这些立交正经历着严重的拥堵、延误和事故。

单象限立交最常用于低密度或远郊地区，在那里，所有流向都可以通过一条匝道来有效地处理，容纳两个方向的流量。这种类型的立交只能在两条公路都是地面干线或街道的情况下使用，并且只有在两个交叉口设施是高差分层的情况下才会被归类为"立交"。图 26.6 展示了一个单象限立交。

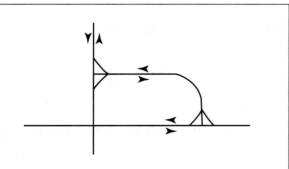

图 26.6　单象限立交（One-quadrant interchange）图示
资料来源：Adapted from *A Policy on Geometric Design of Highways and Streets*, American Association of State Highway and Transportation Officials, Washington, D.C., 2011.

所形成的两个交叉口可由信号灯、"STOP"标志或 "YIELD"标志控制。单象限方法的适用性有限，因为它不能有效地服务于大流量转向，两条相交的街道必须是地面设施，而且密度应该相对较低。该方法的好处包括最大限度地减少结构成本，并占用最少的土地。

26.1.2　带环岛的立交

多年来，随着环岛使用的增加，已经开发了许多创新的立交设计，其中包括一个或多个环岛作为整个立交的一部分。图 26.7 呈现了已经开发的两种主要设计。

在图 26.7a 中，两个环岛取代了由匝道 – 街道交汇处形成的两个交叉口。鉴于这些环岛的进出点数量简化（两个入口和两个出口），环岛的形状有时被改变，形成"水滴"形，即沿地面街道的轴线拉长环岛。

在图 26.7b 中，环岛形成了入、出口匝道流向的一部分。在需求量适合于环岛的情况下，这可能是一种非常有效的方法。

在这两种情况下，每个单独的环岛都必须使用第 25 章中介绍的方法进行运行评估。

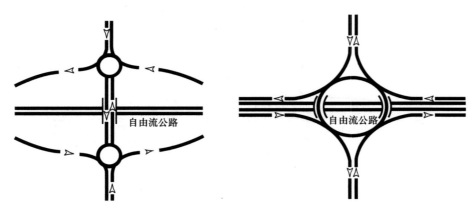

a) 环岛匝道终端(Roundabout ramp terminals)   b) 单点环岛立交(Single-point roundabout interchange)

图 26.7   使用环岛的立交示例

资料来源：Reprinted with permission from *Highway Capacity Manual, 6th Edition: A Guide for Multimodal Mobility Analysis*, Transportation Research Board, National Academy of Sciences, Courtesy of the National Academies Press, Washington, D.C., 2016.

26.1.3   立交类型的影响和选择适当的立交

在为任何情况下选择合适的立交类型时，必须考虑许多因素。这些因素包括但不限于以下方面：

- 路权的可用性和成本（用地）
- 结构成本（桥梁和隧道等结构）
- 美学考量
- 社会因素
- 运行效率
- 安全问题

如前所述，成本问题与获得足够的路权（用地）和结构有关。有些形式的立交涉及复杂的多层结构，而其他的则是用简单的上跨或下穿通道将两条相交道路分开。然而，使用结构有利于最大限度地减少土地使用，并可用来提高立交的运行效率。

对运行影响最大的是转向流向和转向方式，特别是左转流向。在两条道路之间的任何立交，有 4 个可能的起点和 4 个可能的终点。图 26.8 说明了这个概念。

如果考虑调头，可能有 $4 \times 4 = 16$ 个起点 - 终点的流向，即 4 个调头、4 个直行、4 个右转和 4 个左转。根据所选择的立交类型，转向流向可能采取大相径庭的路径。在大多数情况下，直行流向不受所选立交类型的影响。

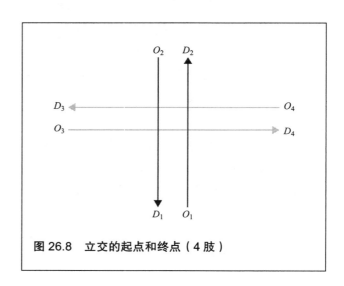

图 26.8   立交的起点和终点（4 肢）

图 26.9 说明了四种不同类型的立交如何影响 O_1 至 D_3 的左转流向。

在所示的 PARCLO 中，主体左转使用一条环形匝道，汇入目标交通流。然后，这些车辆在一个交叉口以直行方式行驶，该交叉口可能有也可能没有信号灯。在菱形立交中，同样的流向在一个交叉口左转，并作为直行车辆通过第二个交叉口。任何一个交叉口都可能有信号灯或其他控制。

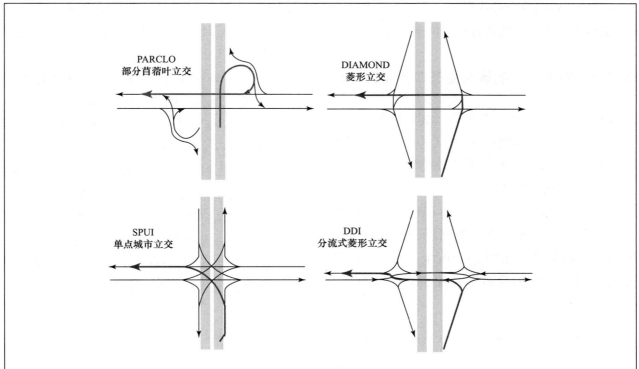

图 26.9 立交类型对转向路径的影响图示

资料来源：Reprinted with permission from Base figure from *Highway Capacity Manual, 6th Edition: A Guide for Multimodal Mobility Analysis*, Transportation Research Board, National Academy of Sciences, Courtesy of the National Academies Press, Washington, D.C., 2016.

在 SPUI 中，该左转只通过一个平面交叉口，该交叉口通常是信控的。在 DDI 中，该主体流向汇入目标车流，然后作为直行车流通过交叉口。交叉口和合流处可能有信号灯。

可以在其他布局的立交上绘制类似的图示。然而，关键是在考虑立交类型时，必须仔细考虑每个流向的路径，并结合其他形式的交叉口控制，以实现最佳的解决方案。

HCM[1] 包含了一个详细的程序，用于根据设计和规划阶段的一般信息选择适当的立交类型。应直接查阅 HCM 第 34 章"立交匝道端部 – 补充材料"（Interchange Ramp Terminals—Supplemental），以了解该方法。然而，应该注意的是，该方法只涉及有信控交叉口的立交。它不考虑非信控交叉口的立交，或涉及环岛的立交⊖。

26.2 替代交叉口

除了传统的环岛外，通常使用的替代交叉口有四大类，具体如下：

- 限制交叉的调头交叉口（Restricted crossing U-turn intersections，RCUT）
- 中间带调头交叉口（Median U-turn intersections，MUT）
- 移位左转交叉口（Displaced left-turn intersections，DLT）
- 象角或壶柄交叉口（Quadrant or jug-handle intersections）

所有这些都是平面交叉口，没有上跨或下穿。所有转向流向都在地面上进行。这些交叉口

⊖ 这里所说的信控和非信控是指立交匝道终端处。所谓匝道终端（Ramp Terminals），是指从自由流公路离开到地面普通公路时的终点，通常是指出口匝道鼻端到接入地面的第一个交叉口处这一段。——译者注

都试图简化转向流向和冲突，并通过改变左转和（在某些情况下）次路的直行流向来实现。

26.2.1　限制交叉的调头交叉口（RCUT）

在 RCUT 交叉口，次路直行和左转车辆要通过主路的调头车道绕行。这种交叉口可以有或没有信号灯。图 26.10 展示了两种类型的 RCUT 交叉口，一种有信控，另一种无信控。

在图 26.10a 中，主交叉口和调头车行路都由交通信号灯控制。在某些情况下，只有主交叉口会有信号灯。在图 26.10b 中，所有流向都是通过较高速度的合流和分流机动来实现的。

这种方案用于相交道路横穿主路车辆较少的场景，且次路大多数车辆都是右转或左转时效果最好。

显然，实施这种交叉口的第一个要求是在主路上有一个较宽的中间带。在图 26.10a 中，每个方向都有双转向车道，占用了中间带的空间。因此，至少需要 $4 \times 12 = 48$ft，这还不包括对向转向车道之间的缓冲区。通常需要 $50 \sim 60$ft 的空间。如前所述，次路的直行流量应该很低，以避免大量车辆调头造成拥堵。从左转或次路直行车辆进入主路到调头车道的起点之间的距离必须足够大，以使这些车辆能够安全有效地换道。关于 RCUT 的其他详细信息可参见参考文献 [1] ~ [8]。

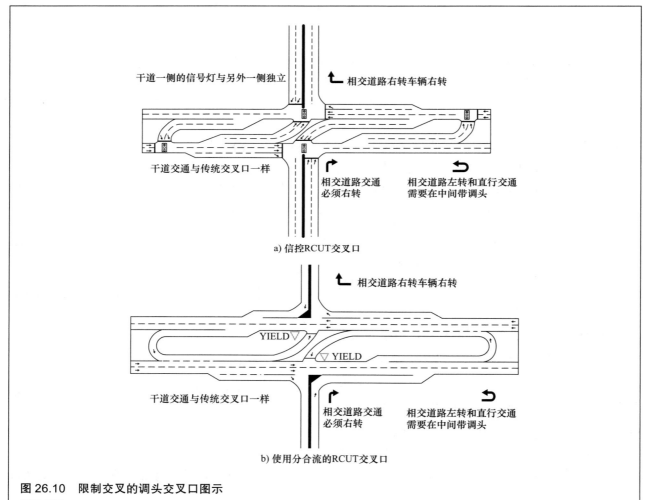

图 26.10　限制交叉的调头交叉口图示

资料来源: Reprinted with permission from *Highway Capacity Manual, 6th Edition: A Guide for Multimodal Mobility Analysis*, Transportation Research Board, National Academy of Sciences, Courtesy of the National Academies Press, Washington, D.C., 2016.

26.2.2　中间带调头交叉口（MUT）

在许多方面，MUT 与 RCUT 相似，主要的区别是 MUT 没有分流直行流向。在 MUT，来自次路和 / 或主路的左转车被分流到交叉口下游的调头车道。图 26.11 展示了一个 MUT，调头车道和主交叉口均采用信控。

当用信号灯控制 MUT 或 RCUT 的调头车道时，配时必须避免队列溢出到直行车道上。根据现有的交通状况，可以在不对调头车道进行信控的情况下建立一个 MUT。

26.2.3　移位左转交叉口（DLT）

DLT 自 20 世纪 90 年代开始使用，最初被称为"连续流交叉口"（Continuous flow intersections）。这个概念相对简单：为了避免在一个交叉口出现大量的对向左转车流，在交叉口上游位置将左转转移到道路左侧。在主交叉口，这些转向没有对向车流，并且可以和直行流向在同一相位处理。图 26.12 展示了一个 DLT。

如图 26.12 所示，这些交叉口通常可以使用简单的两相位信号控制。然而，在交叉口也会产

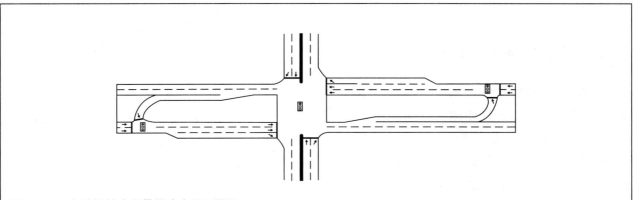

图 26.11　有信控的中间带调头交叉口图示

资料来源：Reprinted with permission from *Highway Capacity Manual, 6th Edition: A Guide for Multimodal Mobility Analysis*, Transportation Research Board, National Academy of Sciences, Courtesy of the National Academies Press, Washington, D.C., 2016.

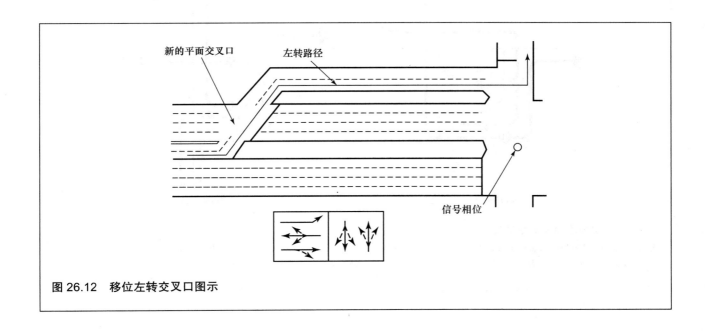

图 26.12　移位左转交叉口图示

生第二个交叉口。它可能需要也可能不需要设置信号灯，这取决于交通需求。如果需要信号灯，则同样采用简单的两相位配时。

交叉口的后退是至关重要的。不能接受来自主交叉口的队列向后蔓延并阻挡交叉口的运行。当交叉口有信号灯时，这一点比较容易做到，因为交通法通则规定"堵塞交叉口"是非法的。虽然图 26.12 显示交叉口后有 2 条左转车道，但一条可能就足够了。对于流量过大的情况，可以提供 3 条左转车道。

图 26.12 展示了交叉口一个象限的 DLT。只要提供足够的用地，四个象限都可以用这种方式设计。

26.2.4　象角或壶柄交叉口

象角或壶柄交叉口并非是新形式。壶柄交叉口的形式已经被广泛使用，特别是在新泽西州已经超过 50 年。这个概念很简单：所有左转都由位于交叉口一个或多个象限的地面连接车行路来处理。一个单象限连接可以处理所有左

转流向，但它必须是一个双向连接，这将形成两个额外的交叉口，每个交叉口的街道 / 干线都有一个。图 26.13 ~ 图 26.16 呈现了象角交叉口的几种形式。

注意，图 26.14 中只展示了来自干道的左转。如果两条连接车行路是双向的，那么来自相交道路的左转亦可得到处理。然而，在所有象角交叉口，被分流的左转车仍然必须至少进行一次左转，以驶入和 / 或驶离连接车行路。不过，得益于他们与主交叉口的分离，主交叉口的信号灯配时可以更高效。

图 26.15 展示了一个单象角交叉口的双向连接车行路的示例性设计。主交叉口是信控的，大多数情况下，双向连接车行路交叉口可能也必须是信控的。排队是一个关键问题。不能接受来自主交叉口的队列溢出并堵塞连接道路交叉口。通常来说，主干道和连接道路交叉口之间的最小间距为 500ft，在用地许可的情况下，最好有更长的后退距离。在连接道路的交叉口，连接车行路的绿灯时间保持在最低限度，配时上有利于直行。这也有助于减少排队。

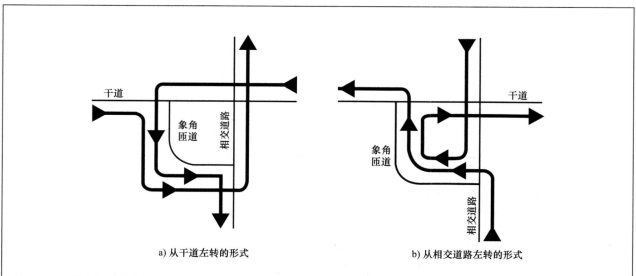

a) 从干道左转的形式　　　b) 从相交道路左转的形式

图 26.13　单象限的象角交叉口
资料来源：Hughes, W., Jagannathan, R., Segupta, D., and Hummer, J., "Alternative Intersections/Interchanges: Informational Report," *Publication Number FHWA-HRT-09-060*, Federal Highway Administration, Washington, D.C., 2009, Figure 126.

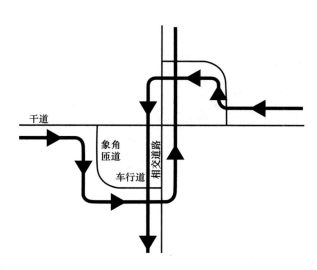

图 26.14　双象限的象角交叉口

资料来源：Hughes, W., Jagannathan, R., Segupta, D., and Hummer, J., "Alternative Intersections/Interchanges: Informational Report," *Publication Number FHWA-HRT-09-060*, Federal Highway Administration, Washington, D.C., 2009, Figure 127.

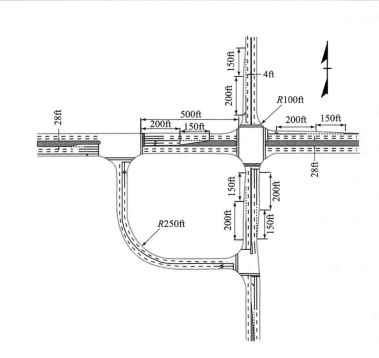

图 26.15　带有双向连接车行路的单象角交叉口的设计示意

资料来源：Hughes, W., Jagannathan, R., Segupta, D., and Hummer, J., "Alternative Intersections/Interchanges: Informational Report," *Publication Number FHWA-HRT-09-060*, Federal Highway Administration, Washington, D.C., 2009, Figure 128.

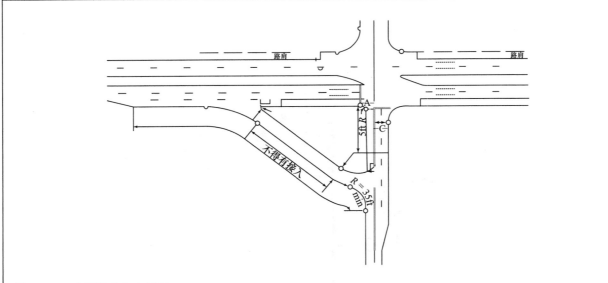

图 26.16　典型的壶柄交叉口

（资料来源：Hughes, W., Jagannathan, R., Segupta, D., and Hummer, J., "AlternativeIntersections/Interchanges: Informational Report," *Publication Number FHWA-HRT-09-060*, Federal Highway Administration, Washington, D.C., 2009, Figure 143.）

图 26.16 展示了一个典型的壶柄交叉口的设计。壶柄（Jug-handle）是一个允许左转分流的地面匝道（由新泽西州交通局定义）。在大多数情况下，壶柄是单向连接的，而且通常只分流来自主路的左转。

26.2.5　左转的管理

替代交叉口的目的是简化复杂的交叉口的流向和冲突，尤其是左转流向相关。总的来说，非常规的几何形状都是用来消除主交叉口的所有或部分左转（和／或调头）的。然而，这样做往往会产生额外的信控交叉口。

这样做的好处是，在这样的布局中，主交叉口通常可以用简单的两相位信号灯来控制。目的是，通过替代交叉口设计，使得所有信控单元都能用两相位信号灯进行高效控制。

在规划和设计过程中，必须考虑从主叉口到新的连接车行路的交叉口的排队问题，以及任何涉及交通信号灯配时的问题。

在信控和非信控交叉口，左转总是最难满足的因素。它们通常比其他流向涉及更多的潜在冲突，它们的存在可能导致复杂的多相位信号灯，延长了周期长度，增加了延误，并增加了红灯时段的排队规模。从本质上讲，替代交叉口试图用创新的几何形状取代复杂的信号灯系统。然而，这样做的代价是，一些车辆会偏离他们所期望的路径，并在遵循替代交叉口设计所规定的间接路径时经历额外的行驶时间。

26.3　服务水平分析

HCM[1] 为分布式交叉口（Distributed intersections）提供了详细的服务水平分析程序，其中包括立交和替代交叉口，这些交叉口包括一个或多个由交通信号灯或 "STOP" 标志控制的交叉口。这些程序很复杂，也很详细，但它们不包括只需要匝道合流和分流机动的交汇。虽然 HCM 包括分析合流和分流交汇处的方法，但没有将这些纳入整个立交分析的方法中。

本章没有详细介绍整个立交和替代交叉口的分析程序，但阐述了基本概念及其关键要素。

26.3.1　立交和替代交叉口的服务水平分析框架

立交和替代交叉口的服务水平分析基于通过立交或替代交叉口的各个流向的经历通行时间（Experienced Travel Time，ETT）。通常来说，一个流向的 ETT 包括在其路径上由控制设施（信号灯、"STOP" 标志）引起的所有延误，以及由流向路径的改变导致的额外通行时间，当然，这在简单的平面交叉口也是存在的。

$$\text{ETT} = \sum d_i + \sum \text{EDTT} \qquad (26\text{-}1)$$

式中　　ETT ——经历通行时间（s/veh）;

d_i ——主体流向经过的每个交汇处 i 的控制延误（s/veh）;

EDTT ——额外距离通行时间（s/veh）。

额外距离通行时间（Extra Distance Travel Time，EDTT）是根据起点和终点之间的通行时间与假设的通行时间进行评估的，如果该流向在平面交叉口以直角进行，则会出现这种情况。由于延误是单独计算的，这些通行时间是以自由流速度评估的。在大多数情况下，直行流向不会经历 EDTT。然而，有些设计（如 RCUT），确实分流了直行流向，并且会有 EDTT。

26.3.2　额外距离通行时间（EDTT）

在某些情况下，EDTT 至少在理论上是明显的。然而，在许多情况下，它并不明显，在评估时必须谨慎。思考图 26.17 所示的菱形立交。

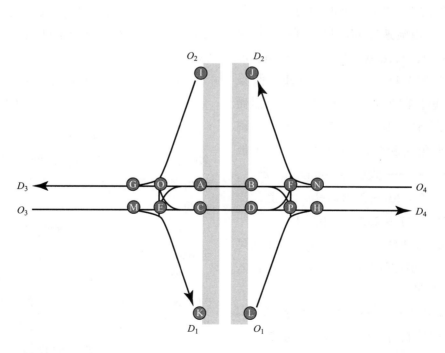

图 26.17　菱形立交的 EDTT 示意

资料来源：Reprinted with permission from *Highway Capacity Manual, 6th Edition: A Guide for Multimodal Mobility Analysis*, Transportation Research Board, National Academy of Sciences, Courtesy of the National Academies Press, Washington, D.C., 2016.

考虑一下从 O_1 到 D_3 的左转流向。

- 这个左转的实际路径是 L→P→B→A→O→G。

- 如果有一个假设的平面交叉口（自由流公路将是地面的），实际路径将是 L→B→A→O→G。

- 两条路径的最后部分是相同的。因此，路径 A→O→G 所涉及的通行时间是没有影响的，可以忽略不计。

- 那么，这个流向的 EDTT 将是：

$$EDTT_{1,3} = TT_{LPB} - TT_{LB} \qquad (26\text{-}2)$$

式中　　$EDTT_{1,3}$——流向 1～3 的额外距离通行时间（s/veh）；

TT_{LPB}——以自由流速度，沿路径 LPB 的通行时间（s/veh）；

TT_{LB}——如果有一个直角平面交叉口，同样以自由流速度，沿路径 LB 的假设通行时间（s/veh）。

显然，要评估这个参数，就必须有关于这些点之间的距离和自由流速度的信息。例如，如果距离 LPB 为 1000ft，自由流速度为 25mile/h，那么 TT_{LPB} 将是 1000/(1.47 × 25) = 27.2s/veh。假设的路径 LB 会更短，因为要完成该路径，只需做一个简单的直角左转。对于这个例子，假设距离是 700ft。出于直角左转的动力学原因，自由流的速度可能会低一些——假设为 20mile/h。那么，TT_{LB} 将是 700/(1.47 × 20) = 23.8s/veh。综上，流向 1～3 的 EDTT 是 27.2–23.8 = 3.4s/veh。

在某种意义上，EDTT 可以被视作"几何延误"，即由几何形状引起的延误，它迫使流向进入一个较长的通行路径。

当一个几何布局为一个给定的流向提供了一个较短的行驶路径时，EDTT 也可能是负数。考虑右转流向 O_1 到 D_4。

- 流向 1～4 的实际路径是 L→H。

- 如果有一个直角平面交叉口，路径将是 L→D→P→H。

- 流向 1～4 的 EDTT 是 $TT_{LH} - TT_{LDPH}$。

在这种情况下，TT_{LH} 将小于 TT_{LDPH}。如果菱形立交从 L 到 H 的距离是 950ft，自由流速为 25mile/h，那么 TTLH 将是 950/(1.47 × 25) = 25.9s/veh。如果有一个假设的平面交叉口，L 与 H 之间的距离会更长，鉴于需要直角的右转，自由流速度会更低。如果距离是 1100ft，自由流速度是 20mile/h，那么 TT_{LDPH} 将是 1100/(1.47 × 20) = 37.4s/veh。综上，$EDTT_{1,4}$ 是 25.9–37.4 = –11.5s/veh。

在右转的情况下，与平面交叉口相比，钻石匝道使车辆更接近他们期望的目的地。这个几何布局减少了该流向的通行时间。

ETT 的本质是一个服务水平指标，用于立交和替代交叉口。几何延误被加入到一个流向所经过的每个交汇处的控制延误中。各种立交和替代交叉口的形式影响着这两个组成部分：特定的几何形状改变了许多流向的出行距离，而且每个流向必须通过的交汇处的数量也有可能改变。在信控的情况下，各种几何形状产生不同的信控交叉口流向，这将对每个交汇处的控制延误产生重大影响。

表 26.1 给出了服务水平的确定标准。这些标准与信控交叉口的标准相似，但不相同。

- 立交的标准比信控交叉口的标准要高得多。这反映了一个事实，即在很多情况下，车辆可能需要通过一个以上的交叉口来完成其机动。

- 替代交叉口的标准与信控交叉口的标准完全相同。这反映了一个事实，即主交汇处仍然是一个单一的交叉口。即使非常规设计产生了额外的交叉口，这些交叉口也可能是信控的，其绩效也应符合典型信控交叉口的要求。

- 环岛的标准与信控交叉口相似，但不相同。由于环岛的目的是通过取消信号灯来减少延误，其允许的最大延误要比信控交叉口小一些。

表 26.1 立交和替代交叉口的服务水平

a）有信控交叉口的立交的服务水平标准

ETT/（s/veh）	条件		
	$v/c \leqslant 1$ 和 $R_Q \leqslant 1$ 每个车道组	$v/c > 1$ 任何车道组	$R_Q > 1$ 任何车道组
≤ 15	A	F	F
> 15 ~ 30	B	F	F
> 30 ~ 55	C	F	F
> 55 ~ 85	D	F	F
> 85 ~ 120	E	F	F
> 120	F	F	F

b）替代交叉口的服务水平标准

ETT/（s/veh）	条件		
	$v/c \leqslant 1$ 和 $R_Q \leqslant 1$ 每个车道组	$v/c > 1$ 任何车道组	$R_Q > 1$ 任何车道组
≤ 10	A	F	F
> 10 ~ 20	B	F	F
> 20 ~ 35	C	F	F
> 35 ~ 55	D	F	F
> 55 ~ 80	E	F	F
> 80	F	F	F

c）有环岛的立交的服务水平标准

ETT/（s/veh）	条件		
	$v/c \leqslant 1$ 和 $R_Q \leqslant 1$ 每个车道组	$v/c > 1$ 任何车道组	$R_Q > 1$ 任何车道组
≤ 15	A	F	F
> 15 ~ 25	B	F	F
> 25 ~ 35	C	F	F
> 35 ~ 50	D	F	F
> 50 ~ 75	E	F	F
> 75	F	F	F

资料来源：Reprinted with permission from *Highway Capacity Manual, 6th Edition: A Guide for Multimodal Mobility Analysis*, Transportation Research Board, National Academy of Sciences, Courtesy of the National Academies Press, Washington, D.C., 2016.

注意，在任何情况下，如果一个车道组交汇处以 $v/c > 1.00$ 运行，则所有通过该交汇处和车道组的流向都被定性为 LOS F，包括该流向涉及的路段，否则可能被描述为一个更好的 LOS。

同样，如果任何车道组的路段运行的排队比率（R_Q）大于 1.00，那么该流向的所有路段都被定性为 LOS F。排队比率是在所述需求下路段上排队的车辆数量，除以物理限制可用的最大排队车辆数量。

在所有情况下，这些标准适用于立交和替代交叉口的每一个流向（O-D 对）。按需求流率的加权平均数，可以计算出各接近段和立交或交叉口作为一个整体的服务水平。然而，建议用户谨慎行事，因为单个元素的堵塞可能会影响整个区域的运行。

26.3.3　立交：饱和流率估算的变化

对于替代交叉口的几何布局，与交叉口的信控元素相关的饱和流率计算没有变化。也就是说，每个信控元素的每个车道组的饱和流率遵循第 22 章所述的信控交叉口的常规程序。

然而，对有信控元素的立交来说，这不一定正确。有信控的立交有几个独特的方面，需要对估计饱和流率的常规程序进行调整。对于有信控立交的车道组，饱和流率的估算方法是：

$$s = s_0 N f_w f_{HVg} f_p f_a f_{RT} f_{LT} f_{Rpb} f_{Lpb} f_v f_{LU} f_{DDI}$$
（26-3）

在上述 11 个调整系数（f_i）中，有 2 个是某些类型的有信控立交所特有的，还有 3 个是在某些立交处从常规的信控交叉口的引用中修改的。式（26-3）的参数定义如下：

- s ——车道组的饱和流率（veh/hg）；
- s_0 ——车道组的基准饱和流率（pc/hg/ln），取自第 22 章；
- N ——车道组中的车道数；
- f_w ——车道宽度调整系数，取自第 22 章；
- f_{HVg} ——重型车辆和纵坡调整系数，取自第 22 章；
- f_p ——泊车活动调整系数，取自第 22 章；
- f_a ——区域类型调整系数，取自第 22 章；
- f_{RT} ——右转调整系数，取自第 22 章或按本章规定修改；
- f_{LT} ——左转调整系数，取自第 22 章或按本章规定修改；

- f_{Rpb} ——行人和自行车干扰右转的调整系数，取自第 22 章；
- f_{Lpb} ——行人和自行车干扰左转的调整系数，取自第 22 章；
- f_v ——对于有信控立交，交通压力的调整系数；
- f_{LU} ——车道利用率的调整系数，取自第 22 章或按本章规定修改；
- f_{DDI} ——分流式菱形立交（DDI）的调整系数。

交通压力的调整系数 f_v

交通压力对饱和流率的影响已在信控交叉口的背景下得到证实[9]。这种调整反映了在高需求和拥堵期间，驾驶人变得更加积极。这表现在受影响车道组的饱和流率高于正常水平。尽管许多交通工程师认为这种现象存在于所有信控交叉口，但在立交环境之外，这种现象还没有得到充分记录。该系数的计算方法如下：

$$f_v = \frac{1}{1.07 - P \times \min(v_i', 30)}$$
（26-4）

式中　f_v ——交通压力调整系数；
　　　P ——交通压力参数（左转为 0.00672，直行和右转为 0.00486）；
　　　v_i' ——流向 i 的交通流率（veh/cycle/ln）。

当一个车道组由左转和直/右流向共用时，该系数被视为基于各种流向的相对流率的加权平均值。但需要注意的是，参数 v_i' 反映了车道组的总流率。

左转比直行或右转受交通压力的影响更大。该系数可以大于、等于或小于 1.00，这取决于适用的流率。

考虑一个双车道左转车道组的例子，其需求量为 2200veh/h，由一个周期为 60s 的信号控制。对于这个车道组，f_v 的适当值是多少？

使用式（26-4），$P = 0.00672$（左转）。在 60s 的周期长度下，1h 内有 3600/60 = 60 个周期。鉴

于有两条车道，v_i' 的值为 2200/（60×2）= 18.3，即 18veh/cycle/ln，则：

$$f_v = \frac{1}{1.07-0.00672\times18} = \frac{1}{1.07-0.12} = 1.05$$

在这种情况下，交通强度足以对饱和流率产生积极影响。式（26-4）适用于有信控立交的所有立交接近段的车道组。

车道利用率调整系数 f_{LU}

对于在干道上有两个信控交汇处的有信控立交的外部干道接近段的车道利用率系数的调整，已经开发了特别模型。具有这种属性的立交类型是菱形立交、某些 PARCLO 和 DDI。对于所有其他接近段和立交类型，f_{LU} 的计算方法如第 22 章所述。

一般来说，f_{LU} 的计算方法如下：

$$f_{LU} = \frac{1}{P_{L\max}N} \tag{26-5}$$

式中　f_{LU}——车道利用率调整系数；
　　　$P_{L\max}$——流量最大的车道上的接近段流量比例（小数）；
　　　N——车道组中的车道数。

HCM 提供了估算双交叉口立交外部干道接近段的车道分配的两个公式，一个用于菱形立交和 PARCLO，另一个用于 DDI。对于菱形立交和 PARCLO：

$$P_{Li} = \frac{1}{N} + a_1\left(\frac{v_R}{v_L+v_T+v_R}\right) + a_2\left(\frac{v_L}{v_L+v_T+v_R}\right) + a_3\left(\frac{D\times v_L}{10^6}\right) \tag{26-6}$$

式中　P_{Li}——外部干道接近段的第 i 条车道的交通比例；
　　　N——车道组中的车道数；
　　　a_i——流向 i = 1~3 的系数（见表 26.2）；
　　　v_R——在第一个交叉口直行并在第二个交叉口右转的 O-D 需求流率（如果

外部接近段有专用 RT 车道则为 0）（veh/h）；
　　　v_L——在第一个交叉口直行并在第二个交叉口左转的 O-D 需求流率（veh/h）；
　　　v_T——在第一个交叉口直行并在第二个交叉口直行的 O-D 需求流率（veh/h）；
　　　D——立交处两个交叉口间的距离（ft）。

式（26-6）仅在 $D < 800$ft 时有效，否则使用第 22 章所述的 f_{LU}。

系数 a_i 取决于立交类型（只包括那些有两个信控交叉口的立交），见表 26.2。

注意，系数只提供给车道组中最左侧车道和最右侧车道。如果车道组中只有两条车道，则只为最左侧车道提供系数。假设车道 1 是最左侧车道，车道 n 是最右侧车道，所有车道的使用比例按以下方式计算：

$$\begin{aligned}&\text{当 }N=2\text{ 时：}P_{L2}=1-P_{L1}\\&\text{当 }N=3\text{ 时：}P_{L2}=1-P_{L1}-P_{L3}\\&\text{当 }N=4\text{ 时：}P_{L2}=P_{L3}=\frac{1-P_{L1}-P_{L4}}{2}\end{aligned} \tag{26-7}$$

这保证了车道组所有车道上的车辆比例之和为 1.00。在式（26-5）中使用时，$P_{L\max}$ 是高使用率车道上的交通比例，见式（26-7）。

思考一个具有以下特点的菱形立交的三车道外部接近段（无专用车道）：

- 接近段总流率 = 2000veh/h。
- 交叉口之间的距离 D 为 600ft。
- 在该车道组的外部接近段流率中，30% 将在第二个交叉口左转，0% 将在第二个交叉口右转（在菱形立交的第二个交叉口没有右转），70% 将继续通过第二个交叉口。

对于这个外部接近段车道组，应该使用什么车道利用率调整系数？使用式（26-6）来求出车道组中最左侧（第 1 车道）和最右侧（第 3 车道）的交通比例。

表 26.2　菱形立交和 PARCLO 的式（26-6）的系数 a_i

立交类型	车道组的车道数	最左侧车道 L_1			最右侧车道 L_n		
		a_1	a_2	a_3	a_1	a_2	a_3
菱形	2	−0.154	0.187	−0.181	—	—	—
	3	−0.245	0.465	0	0.609	−0.326	0
	4	−0.328	0.684	0	0.640	−0.233	0
PARCLO A-2Q	2	0	−0.527	0	0	—	—
	3	0	−0.363	0	0	0.605	0
	4	0	−0.257	0	0	0.747	0
PARCLO B-2Q，B-4Q，AB-4Q（WB）	2	0.387	−0.344	0	—	—	—
	3	0.559	−0.218	0	−0.429	0.695	0
	4	0.643	−0.103	0	−0.359	0.794	0
PARCLO A-4Q，AB-2Q（EB），AB-4Q（EB）	2	−0.306	−0.484	0	—	—	—
	3	−0.333	−0.289	0	0.579	0.428	0
	4	−0.233	−0.237	0	0.703	0.641	0
PARCLO AB-2Q（WB）	2	0.468	0	0	—	—	—
	3	0.735	0	0	−0.308	0	0
	4	0.768	0	0	−0.202	0	0

资料来源：Reprinted with permission from *Highway Capacity Manual, 6th Edition: A Guide for Multimodal Mobility Analysis*, Transportation Research Board, National Academy of Sciences, Courtesy of the National Academies Press, Washington, D.C., 2016.

$$P_{Li} = \frac{1}{N} + a_1\left(\frac{v_R}{v_L + v_T + v_R}\right) + a_2\left(\frac{v_L}{v_L + v_T + v_R}\right) + a_3\left(\frac{D \times v_L}{10^6}\right)$$

对于主体问题：

$N = 3$ 条车道

$v_L = 2000 \times 0.30 = 60\text{veh/h}$

$v_R = 2000 \times 0.00 = 0\text{veh/h}$

$v_T = 2000 \times 0.70 = 1400\text{veh/h}$

$D = 600\text{ft}$

系数 a_i 是从表 26.2 中得出的，适用于三车道外部接近段的菱形立交，见表 26.3。

表 26.3　计算案例的系数

车道	a_1	a_2	a_3
最左侧车道（车道 1）	−0.245	0.465	0.000
最右侧车道（车道 3）	0.609	−0.326	0.000

那么：

$$P_{L1} = \frac{1}{3} - 0.245\left(\frac{0}{600+1400+0}\right) + 0.465\left(\frac{600}{600+1400+0}\right) + 0.000\left(\frac{600 \times 600}{10^6}\right) = 0.193$$

$$P_{L3} = \frac{1}{3} + 0.609\left(\frac{0}{600+1400+0}\right) - 0.326\left(\frac{600}{600+1400+0}\right) + 0.000\left(\frac{600 \times 600}{10^6}\right) = 0.235$$

$$P_{L3} = 1 - 0.193 - 0.235 = 0.572$$

从这个预测分布可以看出，$P_{Lmax} = 0.572$（车道 2），车道利用率调整系数可以用式（26-5）计算：

$$f_{LU} = \frac{1}{P_{Lmax}N} = \frac{1}{0.572 \times 3} = 0.583$$

HCM 还根据一项调研[10]，提供了估计 DDI 的 f_{LU} 的模型。车道分布（在外部干道上）的公式为：

$$P_{LiDDI} = a_1\text{LTDR} + a_2 \qquad （26-8）$$

式中 $P_{Li,DDI}$——DDI 处第 i 车道组流率比例；

a_i——系数（图 26.18）；

LTDR——左转需求比，第二个交叉口的左转需求除以车道组总需求流率。

注意，与菱形立交和 PARCLO 的情况一样，主体车道组是外部干道的接近段，左转是在第二个或下游交叉口进行的。

图 26.18 展示了 DDI 中出现的五种不同的车道使用配置，以及式（26-8）中每种情况下使用的系数 a_i。

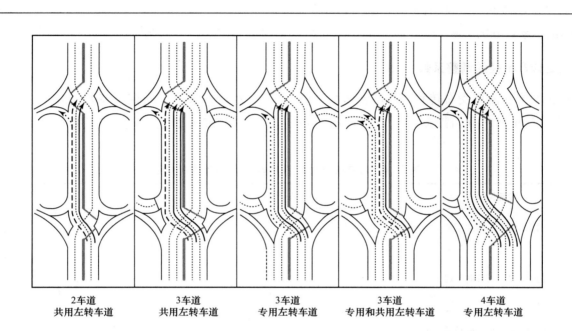

| 2车道
共用左转车道 | 3车道
共用左转车道 | 3车道
专用左转车道 | 3车道
专用和共用左转车道 | 4车道
专用左转车道 |

车道布置	交通状态	车道	a_1	a_2
2车道，共用	I（LTDR ≤ 0.35）	左	0.2129	0.5250
	II（LTDR > 0.35）	左	0.5386	0.4110
3车道，共用	I-1（LTDR ≤ 0.13）	中	−0.1831	0.3863
	I-2（0.13 < LTDR ≤ 0.43）	最左侧	0.2245	0.3336
	II（LTDR > 0.43）	最左侧	0.6460	0.1523
3车道，专用	I（LTDR ≤ 0.33）	中	−0.5983	0.5237
	II（LTDR > 0.33）	最左侧	0.9695	0.0096
3车道，共用和专用	I（LTDR ≤ 0.50）	中	−0.2884	0.5626
	II（LTDR > 0.50）	最左侧	0.4903	0.1761
4车道，专用	I（LTDR ≤ 0.35）	中 − 左	−0.5432	0.5095
	II（LTDR > 0.35）	最左侧	0.9286	−0.0071

图 26.18 DDI 的系数 a_i

资料来源：Reprinted with permission from *Guide for Multimodal Mobility Analysis*, Transportation Research Board, National Academy of Sciences, Courtesy of the National Academies Press, Washington, D.C., 2016.

图 26.18 只预测了每种情况下一条车道的占用率。表中数据经校准后，该车道是最大流量车道，其他车道的占用率不需要。

DDI 的调整系数 f_{DDI}

研究表明，菱形立交的模型高估了 DDI 的饱和流率[11]。DDI 两个交叉口的所有接近段均采用恒定的调整系数 0.913。

立交转弯半径的调整系数 f_{LT} 和 f_{RT}

立交的饱和流率受右转和左转的转弯半径的影响[12]。因此，在有信控立交，通常采用右转（f_{RT}）和左转（f_{LT}）的调整系数进行调整。

考虑到转弯半径的影响，调整系数的计算方法是：

$$f_R = \cfrac{1}{1+\left(\cfrac{5.61}{R}\right)} \qquad (26\text{-}9)$$

式中 f_R——中间调整系数，考虑到有信控立交处转弯半径的影响；

    R——转弯半径（ft）。

然后，这个中间调整系数被用来修正 f_{LT} 和 f_{RT}，如第 22 章所述。具体修正见表 26.4。

表 26.4　对有信控立交左转和右转调整系数的修正

转向类型	左转	右转
保护相位专用转向车道	$f_{LT} = f_R$	$f_{RT} = f_R$
保护相位共用转向车道	$f_{LT} = \cfrac{1}{1+P_{LT}\left(\cfrac{1}{f_R}-1\right)}$	$f_{LT} = \cfrac{1}{1+P_{RT}\left(\cfrac{1}{f_R}-1\right)}$
允许相位的专用或共用转向车道	$f_{LT} = f_{LT}$　不修正	$f_{RT} = f_{RT}$　不修正

26.3.4　立交：信控交叉口分析的其他修正

HCM 的信控立交分析方法对正常的信控交叉口模型（第 22 章）进行了各种额外的修正，以解决立交运行对所纳入的独立信控的影响。

这些修正主要涉及对损失时间的估计，从而影响有效绿灯时间。这些修正在此不作详细说明，涉及以下三个基本条件。

- 由于下游交叉口存在排队现象，一些接近段的放行会被阻断或阻碍。
- 如果需求受到上游信号的限制，则下游交叉口的绿灯时间可能未被充分利用（需求匮乏）。
- 重叠的信号灯序列会影响 DDI 的有效绿灯时间。

关于这些修正系数的细节，请直接查阅 HCM[1]。

26.4　总结

本章介绍了常用的立交和替代交叉口的概况。这些代表了有助于简化单个流向控制的几何设计方案，特别是在包含交通信号灯的情况下。服务水平分析的一般过程已经讨论过，尽管必须直接查阅 HCM 以了解这些复杂方法的所有组成部分。

很少有立交或替代交叉口是手动分析的，通常会使用 HCM 的计算软件或各种适用的模拟软件包来实现这一目的。

不过，交通工程师应该了解立交或替代交叉口设计所涉及的基本问题，以便在有需要时能够合理地考虑这些备选方案。

参考文献

[1] *Highway Capacity Manual, 6th Edition: A Guide for Multimodal Mobility Analysis*, Transportation Research Board, Washington, D.C., 2016.

[2] *A Policy on Geometric Design of Highways and Streets*, 6th Edition, American Association of State Highway and Traffic Officials, Washington, D.C., 2011.

[3] Hughes, W., Jagannathan, R., Sengupta, D., and Hummer, J., "Alternative Intersections/Interchanges: Informational Report," *Publication Number FHWA-HRT-090060*, Federal Highway Administration, Washington, D.C., April 2009.

[4] Jones, E., and Selinger, M., "A Comparison of the Operations of Single Point and Tight Urban Diamond Interchanges," *Transportation Research Record 1847*, Transportation Research Board, Washington, D.C., 2003.

[5] Messer, C., Bonneson, J., Anderson, S., and McFarland, W., "Single Point Urban Interchange Design and Operations Analysis," *NCHRP Synthesis 345*, Transportation Research Board, Washington, D.C., 1991.

[6] Hummer, J., Ray, B., Daleiden, A., Jenior, P., and Knudsen, J., "Restricted Crossing U-Turn Informational Guide," *Publication Number FHWA-SA-14-070*, Federal Highway Administration, Washington, D.C., 2014.

[7] Hummer, J., "Proposed MUT and RCUT HCM Procedure Inputs, U-Turn Crossover Saturation Flow Adjustment Factor," *Draft Technical Memo*, Wayne State University, Detroit MI, June 21, 2014.

[8] Hummer, J., Blue, V., Cate, J., and Stephenson, R., "Taking Advantage of the Flexibility Offered by Unconventional Designs," *ITE Journal*, Vol. 82, No. 9, Institute of Transportation Engineers, Washington, D.C., September 2012.

[9] Elefteriadou, L., Fang, C., Roess, R., Prassas, E., Yeon, X., Kandyli, K., Wang, H., and Mason, J., "Capacity and Quality of Service of Interchange Ramp Terminals," *Final Report*, NCHRP Project 3-60, Pennsylvania State University, University Park PA, March 2005.

[10] Yeom, C., Schroeder, B., Cunningham, C., Vaughan, C., Rouphail, N., and Hummer, J., "Lane Utilization at Two-Lane Arterial Approaches to Double Crossover Diamond Interchanges," *Transportation Research Record 2461*, Transportation Research Board, Washington, D.C., 2014.

[11] *EDC-2 Intersection and Interchange Geometrics Web-Site*, Federal Highway Administration, Washington, D.C., www.fhwa.dot.gov/everydaycounts/edctwo/2012.

[12] Messer, C. and Bonneson, J., "Capacity of Interchange Ramp Terminals," *Final Report*, NCHRP Project 3-47, Texas A & M Research Foundation, College Station TX, April 1997.

习题

26-1. 在自由流公路与主干道之间的一个城市立交，主要交通流向涉及来自自由流公路两个方向的大流量左转车流。如果现有的建筑使其难以获得大量增加的用地，你会推荐哪种类型的立交？为什么？

26-2. 讨论有两条单向干道的分离式菱形立交与有一条双向干道的标准菱形立交相比的优势。

26-3. 考虑以下有两条单向干道的分离式菱形立交，相关路段长度如下。

- 匝道 1 至 3，7 至 11，6 至 2，12 至 10 = 1000ft
- 路段 3 至 7，4 至 8，9 至 5，10 至 6 = 1200ft
- 路段 6 至 5，4 至 3，7 至 8，9 至 10 = 200ft
- 自由流公路路段 1 至 4，2 至 5，7 至 11，9 至 12 = 980ft
- 干道路段 5 至 4，8 至 9 = 240ft

现场测量表明，所有通过该立交的车辆在其经过的每个信控交叉口都会经历 24.6s/veh 的控制延误。现场测量还表明，匝道上的自由流速度为 30mile/h，干道上的自由流速度为 40mile/h。

为 O_1 至 D_4 和 O_1 至 D_3 流向提供的服务水平是什么？

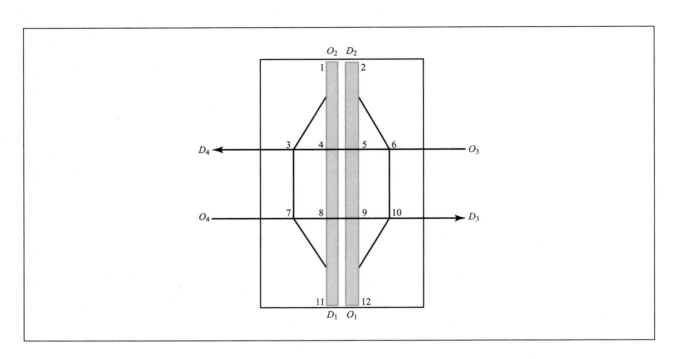

26-4. 考虑以下 RCUT 交叉口：

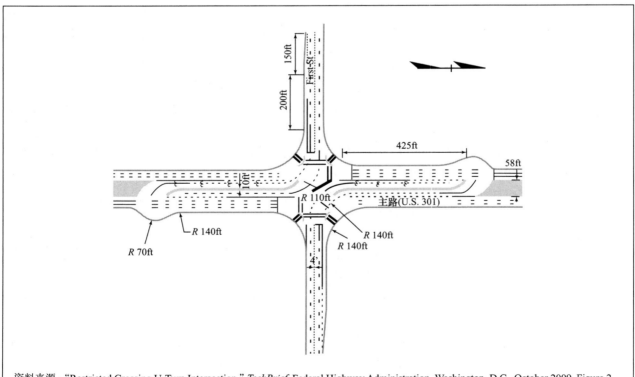

资料来源："Restricted Crossing U-Turn Intersection," *TechBrief*, Federal Highway Administration, Washington, D.C., October 2009, Figure 2.

除了图上显示的信息外，还知道以下情况：

- 主要交叉口有信号灯。First St 右转车辆的平均控制延误为 22.0s/veh。主路直行车辆的平均延误为 10.0s/veh，右转车辆为 11.5s/veh。

- 这条主路从路缘到路缘有 112ft 宽。

- 调头车道没有设置信号灯。车辆完成调头的平均行驶时间为 8.2s/veh。

- First St 的自由流速度为 30mile/h，主路为 45mile/h。提供给 First St 直行和左转车辆的服务水平是什么？

26-5. 一个双交叉口 PARCLO B-2Q 的双车道外部接近段，其需求流率为 1300veh/h，将继续到第二个交叉口。其中 40% 将在第二个交叉口左转，60% 将继续通过第二个交叉口。这两个交叉口之间的距离是 850ft。对外部交叉口将采用什么车道利用率调整系数？

26-6. 一个 DDI 有 3 条车道，其中的左车道专门用于内部交叉口的左转。外部交叉口的总接近段需求为 2800veh/h。其中，1200veh/h 是在内部交叉口左转的。请问外部交叉口的车道利用率应采用什么调整系数？

26-7. 在 SPUI 中的一条匝道车流量大，其峰值流量为 1000veh/h。右转和左转有单独的车道。右转是用 "YIELD" 标志控制的。左转当然是信控的，而且半径为 250ft。哪种左转调整系数适用于有信号灯的左转车道？

第四部分

不间断流设施：
设计、控制和服务水平

道路几何设计概述

27.1　道路设计要素介绍

道路是复杂的物理结构，涉及压实的土壤、集料的基层、路面铺装、排水结构、桥梁结构和其他物理元素。然而，从运行的角度看，主要影响交通流和运行的是道路的几何特性。以下三个主要元素定义了道路路段的几何特性：

- 平面线形（Horizontal alignment）；
- 立面线形（Vertical alignment）；
- 横断面元素（Cross-sectional elements）。

几乎所有道路几何设计的标准做法都由美国国家公路运输协会（AASHTO）在当前版本的《道路几何设计标准》（*A Policy on Geometric Design of Highways and Streets*）[1] 中规定。这本重要参考书的最新版本于 2011 年出版（在本书编写时），由于封面的主体颜色，它通常被称为"绿皮书"。

本章是道路几何学的内容概述，尽管包括了重要方面，但读者仍应直接查阅 AASHTO 标准以了解更多细节。

27.1.1　平面线形

平面线形指的是道路的平面图。平面线形包括直线段和水平曲线以及连接它们的其他过渡元素。

道路设计一般是通过在设计范围的地形图和开发图上布置一组直线来启动的。选择适当的路径以及布置具体的线形涉及很多方面的考虑，是一项复杂的任务。其中一些比较重要的考虑因素如下：

- 预测的需求流量，已知或预测的起点 – 终点形态；
- 开发状况；
- 地形条件；
- 自然屏障；

- 地质条件；
- 排水方式；
- 经济因素；
- 环境因素；
- 社会因素。

前两项涉及对设施的预期需求和要服务的具体起点和终点。接下来的四项是必须考虑的重要工程因素。最后三项是至关重要的。成本始终是一个重要因素，但它必须与可量化的效益相比较。

几乎所有公路项目都需要进行环境影响评估，并为对环境不可避免的负面影响提供补救措施而投入大量精力。社会方面的考虑也很重要，涵盖了广泛的问题。特别重要的是，道路的建设不能破坏当地社区，无论是分割社区、吸引不必要的开发，还是造成特别有害的环境影响。尽管本文没有详细论述这一复杂的决策过程，但读者应该意识到它的存在以及它对国家道路项目的影响。

27.1.2　立面线形

立面线形是指设施在剖面图上的设计。直线纵坡由竖曲线连接，为相邻纵坡之间提供过渡。"纵坡"是指设施的纵向坡度，以每"纵向英尺"的道路长度的"上升或下降英尺"来表示。作为一个无量纲量，纵坡可以用小数或百分数（小数乘以 100）来表示。

在立面设计中，应尽可能尝试符合地形，以减少昂贵的开挖和填筑，并保持美观。竖曲线的主要设计标准包括以下内容：

- 在沿线各点提供足够的视距；
- 提供足够的排水容量；
- 维持舒适的运行状态；
- 维持合理的美观性。

立面设计的具体内容通常是在平面布局和具体的平面设计之后。然而，通常需要对平面布局进行局部调整或设定，以尽量减少立面设计中的问题。

27.1.3　横断面元素

道路设计必须明确的第三个物理维度或角度，是横断面。横断面是在道路平面上的一个横切面。在横断面内，车道宽度、超高（横坡）、中间带、路肩、排水、路堤（或路堑）[lane widths, superelevation（cross-slope）, medians, shoulders, drainage, embankments（or cut sections）] 以及类似的要素都被确定下来。由于横断面可能沿某一特定设施的长度变化，通常沿设施长度每 100ft 设计一次，并在任何其他形成过渡或横断面特性变化的位置给出设计。

27.1.4　测量和放线

在现场，路线测量员通过每 100ft "标出"（Staking）路线的平面和立面位置来确定道路的几何形状。横断面也是每 100ft 标出一次。

虽然本文不涉及路线测量（Surveying）的细节，但了解在此过程中使用的"放线"（Stationing）惯例是很有用的。新建或重建的路线，一般以项目的西端或北端为起点桩号。每 100ft 设立一个"桩号"（Stations），并使用"xxx + yy"的表示形式。"xxx"表示从原点到该地点的百英尺数量。"yy"表示小于 100ft 的中间距离。

每 100ft 设立一个常规桩号，编号为 0 + 00、100 + 00、200 + 00 等。道路的各种要素由测量人员在这些桩号上"定桩"（staked）。如果关键的过渡点出现在整桩号之间，也要将它们标定出来，并赋予一个桩号，如 1200 + 52，这意味着从原点到 1252ft 的位置。在本章的后续内容中，这种符号被用来描述沿平面或立面方向的点。

参考文献 [2] 是一篇路线测量方面的文章，可以查阅有关这一主题的更多详细信息。还有很多关于这个主题的其他文件。

27.2　道路平面线形

道路平面线形是指其在周围地形的平面图中的路径。需要充分认知平曲线的一些关键几何属性和特性。它们也受制于 AASHTO 或地方和国家公路机构制定的设计标准。

27.2.1　量化平曲线的曲度：半径和曲率

所有平曲线都是圆形的，即由一个半径恒定的圆弧形成⊖。复合平曲线可能是由不同半径的连续平曲线形成的。在高速度、高等级的设施上，平曲线和切线（直线）段通常由螺旋曲线过渡连接，这是一条半径变化的曲线，在与切线段的连接处以 ∞ 为起点，在与曲线的连接处以圆弧半径为终点。

圆曲线的曲度由半径或曲率来衡量，两者是一对相关的衡量指标。曲率是最常用的，因为较大的数值描述了更急促或更弯曲的曲线。反之，较大的半径表示较不急促的曲线。

图 27.1 说明了两种定义曲率的方法。弦定义如图 27.1a 所示。曲率被定义为圆曲线上 100ft 弦长所对的圆心角。弧定义如图 27.1b 所示，是最常用的。在该定义中，曲率被定义为 100ft 弧长所对的圆心角。

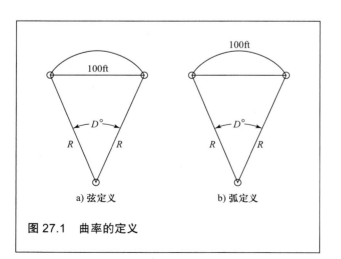

a) 弦定义　　　　　b) 弧定义

图 27.1　曲率的定义

利用弧定义，可以推导出半径 R 与曲率 D 之间的关系。圆的周长与 360° 的比率被设定为等于 100ft 与 $D°$ 的比率，那么：

$$\frac{2\pi R}{360} = \frac{100}{D}$$

$$D = \frac{360 \times 100}{2\pi R} = \frac{18000}{\pi R}$$

注意到 $\pi = 3.141592654\cdots\cdots$，那么：

$$D = \frac{18000}{3.141592654R} = \frac{5729.58}{R} \qquad (27\text{-}1)$$

式中　　D——曲线曲率；

R——曲线半径（ft）。

因此，举例来说，一条半径为 2000ft 的圆曲线，其曲率为 $D = 5729.58/2000 = 2.915°$。

应该注意的是，对于 4° 以下的曲线，弧和弦对曲率的定义几乎没有区别。但本文将只使用图 27.1b 所示的弧定义。

27.2.2　三角函数的回顾

平曲线的几何学是用三角函数进行数学描述的。我们简要回顾一下这些函数，帮助可能已经有一段时间没有使用三角函数的读者复习相关内容。

图 27.2 展示了一个直角三角形，三角函数的定义就是从这个三角形中得出的。

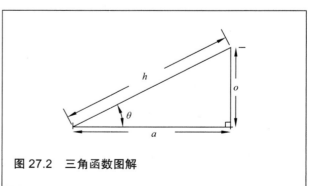

图 27.2　三角函数图解

⊖　原文这里好像忽略了缓和曲线。——译者注

在图 27.2 中：

- "o" 是直角三角形对边的长度；
- "a" 是直角三角形邻边的长度；
- "h" 是直角三角形斜边的长度。

任何时候，长度的单位必须保持一致。

利用直角三角形的边，可以定义以下三角函数：

- $\sin \theta = o/h$
- $\cos \theta = a/h$
- $\tan \theta = o/a$

从这些初级函数中，还定义了几个导出函数：

- $\cot \theta = 1/\sin \theta = h/o$
- $\sec \theta = 1/\cos \theta = h/a$

- $\cot \theta = 1/\tan \theta = a/o$
- $\mathrm{exsec}\ \theta = \sec \theta - 1$
- $\mathrm{versin}\ \theta = 1 - \cos \theta$

三角函数在许多数学课本中都有表格，而且一般都包含在大多数计算器和几乎所有电子表格软件中。当使用电子表格软件或计算器时，用户必须确定角度是以度数还是以弧度输入。在一个完整的圆中，有 2π rad 和 360°。因此，1rad 等于 360/2(3.141592654) = 57.3°。

27.2.3　平曲线的关键特性

图 27.3 描述了一条连接两条切线的圆曲线，以下是点的定义：

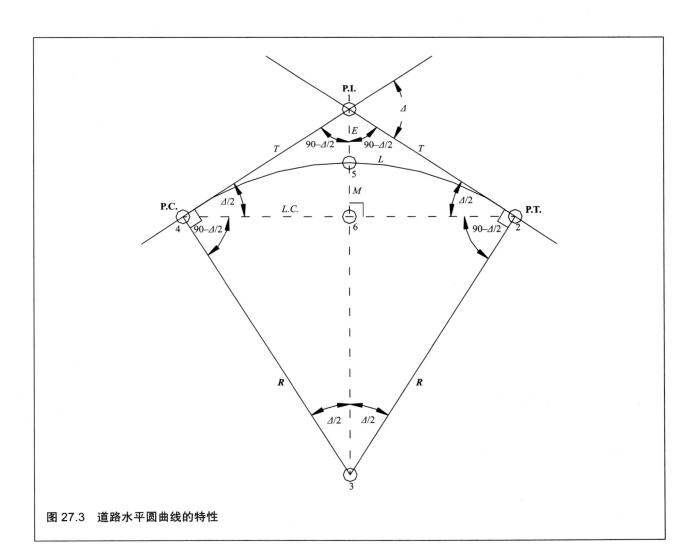

图 27.3　道路水平圆曲线的特性

- P.I.——交点，两条切线的延伸交点；
- P.C.——曲点，水平圆曲线的起点；
- P.T.——切点，水平圆曲线的终点；
- T——切线长度，从 P.C. 到 P.I. 和从 P.I. 到 P.T. 的长度（ft）；
- E——图 27.3 中 5 点到 P.I. 的外侧距离（外距）（ft）；
- M——图 27.3 中 5 点到 6 点的中间距离（中距）（ft）；
- L.C.——弦的长度（弦长），从 P.C. 到 P.T.（ft）；
- Δ——曲线的角度，有时被称为偏转角（°）；
- R——圆曲线的半径（ft）。

在推导重要的关系时，圆曲线的一些几何特性是有意义的：

- 半径在 P.C. 和 P.T. 处以直角（90°）连接切线。
- 从 P.I. 到圆曲线中心所画的直线将 ∠412 和 ∠432 平分（图 27.3）。
- ∠412 = 180 − Δ，因此 ∠413 和 ∠312 必须是该数字的一半，即 90 − $\Delta/2$，如图 27.3 所示。
- △412 是一个等腰三角形，因此 ∠142 = ∠124，两者之和加上 ∠412（180 − Δ），一定是 180°，因此 ∠142 = ∠124 = $\Delta/2$。
- ∠346 和 ∠326 一定是 90 − $\Delta/2$，而圆心角 ∠432 等于 Δ。
- 弦线（L.C.）与从 1 点到 3 点的直线垂直相交（90°）。

基于图 27.3 所示的特性，可以推导出平曲线的一些关键关系。这里没有罗列这些推导结果，但在每一本测量学和许多几何设计的教科书和手册中都有。表 27.1 汇总了这些结果。

表 27.1　确定道路平曲线的关键值

变量	定义	等式
T	切线长	$T = R\tan(\Delta/2)$
L	弧长	$L = 100(\Delta/D)$
M	中距	$M = R[1-\cos(\Delta/2)]$
E	外距	$E = R\left[\left(\dfrac{1}{\cos(\Delta/2)}\right)-1\right]$
LC	弦长	$LC = 2R\sin(\Delta/2)$

注：Δ 和 D 的单位是（°）；T、R、L、M、E 必须为兼容单位，通常是 "ft" 或 "m"。

例题 27-1：说明平曲线特性的例子

两条切线在 3200 + 15 桩号相交。曲率半径为 1200ft，偏转角为 14°。求曲线的长度 L，P.C. 和 P.T. 的点，以及曲线的所有其他相关特性（LC、M、E）。图 27.4 说明了这个案例。

使用式（27-1）和表 27.1 中的公式，可求解图 27.4 所示曲线的所有关键参数：

$$D = \frac{5729.58}{R} = \frac{5729.58}{1200} = 4.77°$$

$$L = 100(\Delta/D) = 100(14/4.77) = 293.5\text{ft}$$

$$\begin{aligned} T &= R\tan(\Delta/2) = 1200\tan(14/2) \\ &= 1200 \times 0.1228 = 147.4\text{ft} \end{aligned}$$

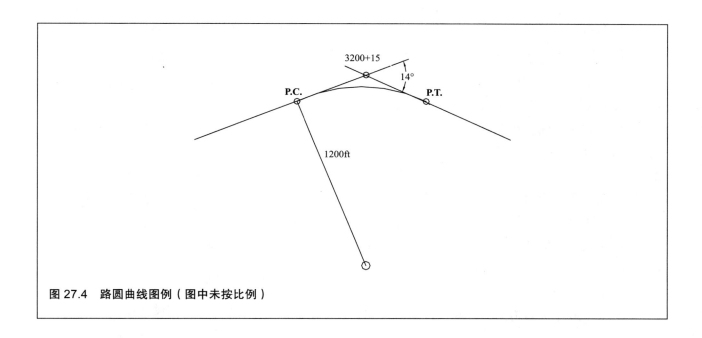

图27.4 路圆曲线图例（图中未按比例）

$$M = R[1-\cos(\Delta/2)] = 1200[1-\cos(14/2)]$$
$$= 1200[1-0.9925] = 9.0\text{ft}$$

$$E = R\left[\frac{1}{\cos(\Delta/2)}-1\right] = 1200\left[\frac{1}{\cos(14/2)}-1\right]$$
$$= 1200\left[\frac{1}{0.9925}-1\right] = 9.1\text{ft}$$

$$LC = 2R\sin(\Delta/2) = 2\times1200\sin(14/2)$$
$$= 2\times1200\times0.1219 = 292.6\text{ft}$$

很明显，这是一条很短的曲线，因为偏转角度小（14°）。问题还要求提供 P.C. 和 P.T. 的桩号，计算出的特性被用来求解这些值。P.I. 的桩号是 3200 + 15，这表明它距离工程的起点有 3215ft 远。

P.C. 等于 P.I. − T，即 3215 − 147.4 = 3067.6，求得桩号 3000 + 67.6。P.T. 的桩号为 P.C. + L，即 3067.7 + 293.5 = 3361.2，求得桩号 3300+61.2。所有桩号的单位都是英尺。

27.2.4 平曲线的超高

大多数道路的曲线段都是有"超高"的，或者说是倾斜的，以帮助驾驶人抵御离心力的影响。用小数或百分数度量超高，计算方法如下：

$e =$（路面从边缘到边缘的总高差）/（路面的宽度）

如第3章所述，使车辆保持在道路曲线上的两个因素是轮胎与路面之间的侧向摩擦力，以及由倾斜或"超高"路面提供的水平支撑。车辆的速度和曲率半径与超高 e 和侧向摩擦系数 f 有关，其公式为

$$R = \frac{S^2}{15(e+f)} \qquad (27\text{-}2)$$

式中　R——曲线半径（ft）；
　　　S——车辆的速度（mile/h）；
　　　e——以小数表示的超高值；
　　　f——侧向摩擦系数。

在设计中，这些数值成为限制：S 是设施的设计速度；e 是允许的最大超高值；f 是侧向摩擦系数的设计值，代表轮胎在潮湿路面上的合适状态。由此得出的 R 值是这些条件下允许的最小曲率半径。

最大超高

AASHTO[1]建议使用的最大超高为4%~12%。在设计中，只使用2%的增量。根据气候、地形、开发密度和慢车比例等因素，各地区采用的最大比率有所不同。在设定这一范围时，以及在选择适当的比率时，涉及的一些实际考虑因素如下。

- 12%是目前使用的最大超高。驾驶人在较大超高的路段上感到不舒适，因为当在这样的弯道上降低速度时，保持横向位置很困难。一些地区将10%作为最大实际限制。

- 在冰雪较多的地方，一般采用8%的最大值。由于雨水或泥浆对道路的影响，许多机构都将此作为上限值。

- 在城市地区，由于拥堵，速度可能会经常降低，通常使用的最大值为4%~6%。

- 在低速的城市街道或交叉口，可以不设超高。

应该注意的是，对于开放道路断面（Open highway sections）⊖，通常会保持最小超高，即使是在直线路段。这是为了在有下水道或排水沟的地方将水横排到适当的路侧，以便于纵向排水。该最小值通常在1.5%的范围内，高等级路面可到2.0%，低等级路面可到2.5%⊖。

侧向摩擦系数 f（横向力系数）

侧向摩擦系数的设计值随设计速度变化。设计值代表潮湿的路面和处于合适但非最优状态的轮胎。该值也代表可以舒适地实现的摩擦力。它并不代表在打滑前瞬间达成的最大侧向摩擦力。

表27.2说明了常用的侧向摩擦系数f。请直接查阅参考文献[1]，了解关于侧向摩擦系数的更全面的讨论。实际的侧向摩擦系数随着一些变量的变化而变化，包括超高。

确定超高的设计值

一旦设定了最大超高和设计速度，就可以用式（27-2）找到最小半径。这可以用式（27-1）表示为最大曲率。

思考一条设计速度为60mile/h的道路，选择的最大超高为0.06。该设施可采用的最小半径和/或最大曲率是多少？

对于60mile/h的设计速度，表27.2显示侧向摩擦系数f的设计值为0.12，那么：

$$R_{min} = \frac{S^2}{15(e_{max}+f_{des})} = \frac{60^2}{15(0.06+0.12)} = 1333.3ft$$
$$D_{max} = \frac{5729.58}{R_{min}} = \frac{5729.58}{1333.3} = 4.3°$$

表27.2 设计使用的侧向摩擦系数

设计速度/(mile/h)	f	设计速度/(mile/h)	f	设计速度/(mile/h)	f
10	0.35	35	0.17	60	0.12
15	0.32	40	0.16	65	0.11
20	0.26	45	0.15	70	0.10
25	0.23	50	0.14	75	0.09
30	0.20	55	0.13	80	0.08

⊖ 开放道路断面（Open highway sections），这里指不设侧石（Curb）的道路断面，其排水构造和理念与设置侧石的道路断面不同。——译者注
⊖ 这里的高低等级是指路面铺装的类型，高等级路面指水泥路面和沥青路面，低等级路面指渗透面层和压实土等。——译者注

虽然这将设施的曲率限制在最大 4.3°，但并没有确定曲率小于 4.3°（或半径大于 1333.3ft）的适当超高。任何小于最大曲率（或大于最小半径）的曲线的实际超高，都是通过将设计速度 S 和 f 的适当设计值代入式（27-2）求得的：

$$e = \frac{S^2}{15R} - f_{\text{des}} \qquad (27\text{-}3)$$

对于上述道路，半径为 1500ft 的曲线应使用什么超高？使用式（27-3）：

$$e = \frac{60^2}{15 \times 1500} - 0.12 = 0.04$$

因此，虽然该设施的最大超高被设定为 0.06，但对于半径为 1500ft 的曲线，将使用 0.04 的超高，这比为该设施规定的最小半径要大。AASHTO 标准[1] 包含了许多曲线和表格，可查询对各种特定约束条件的分析结果，以便于设计中使用。

实现超高

从具有正常排水超高的直线段到超高水平曲线的过渡分两个阶段进行。

- **直线渐变段（Tangent Runoff）**：曲线的外侧车道在旋转到水平曲线的完全超高之前，必须有一个从正常排水超高到水平或平坦状态的过渡。这个过渡的长度称为直线渐变段，记为 L_{t}。

- **超高渐变段（Superelevation Runoff）**：一旦曲线外侧车道达到平坦的横断面，就必须（与其他车道一起）旋转到水平曲线的完全超高。这个过渡的长度称为超高渐变段，记为 L_{s}。

对于大多数不分幅的道路，旋转是围绕车行路的中心线进行的，尽管旋转也可以围绕车行路的内侧或外侧边缘实现。对于分幅道路，每个方向的车行路都是单独旋转的，通常是围绕车行路的内侧或外侧边缘。

图 27.5 说明了不分幅的双车道、四车道和六车道道路围绕中心线的旋转，为了清晰起见，图中的坡度被夸大了。旋转分以下三步完成。

第 1 步：外侧车道从其正常横坡旋转到平坦状态。

第 2 步：外侧车道从平坦位置旋转，直到与内侧车道的正常横坡相等。

第 3 步：所有车道从第 2 步的状态旋转到平曲线的完全超高。

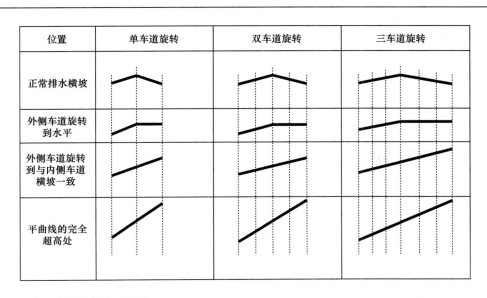

图 27.5 通过绕中心线的旋转实现超高

直线渐变段是完成第 1 步的距离，而超高渐变段是完成第 2 步和第 3 步的距离。当然，直线和超高渐变段是为从直线到平曲线的过渡，以及从平曲线到直线的反向过渡实施的。

实际上，从正常横坡到完全超高段的过渡，是通过在旋转轴和路面边缘线之间创造一个坡度变化来完成的。为了实现安全和舒适的运行，对可接受的变化值的大小有限制。

推荐的超高渐变段的最小长度是

$$L_s = \frac{wne_d b_w}{\varDelta_m} \qquad (27\text{-}4)$$

式中　L_s——超高渐变段的最小长度（ft）；

　　　　w——车道的宽度（ft）；

　　　　n——被旋转的车道数；

　　　　e_d——设计超高（小数）；

　　　　b_w——旋转车道数的调整系数；

　　　　$\varDelta_m$——最大相对坡度（小数）。

AASHTO 推荐的最大相对坡度 $\varDelta$ 的值见表 27.3。调整系数 b_w 取决于被旋转的车道数量，见表 27.4。

表 27.3　超高渐变段的最大相对坡度 $\varDelta$

设计速度 /（mile/h）	最大相对坡度（小数）	设计速度 /（mile/h）	最大相对坡度（小数）
15	0.0078	50	0.0050
20	0.0074	55	0.0047
25	0.0070	60	0.0045
30	0.0066	65	0.0043
35	0.0062	70	0.0040
40	0.0058	75	0.0038
45	0.0054	80	0.0035

资料来源：Adapted from *A Policy on Geometric Design of Highways and Streets*, 6th Edition, American Association of State Highway and Transportation Officials, Washington, D.C., 2011.

表 27.4　旋转车道数的调整系数 b_w

被旋转车道数量	调整系数 b_w
1	1.00
2	0.75
3	0.67

资料来源：Adapted from *A Policy on Geometric Design of Highways and Streets*, 6th Edition, American Association of State Highway and Transportation Officials, Washington, D.C., 2011.

考虑一个四车道公路的例子，通过围绕中心线旋转两条 12ft 的车道来实现 0.04 的超高。道路的设计速度为 60mile/h。适当的超高渐变段的最小长度是多少？从表 27.3 来看，60mile/h 的最大相对坡度是 0.0045；从表 27.4 来看，旋转两条车道的调整系数是 0.75。因此

$$L_s = \frac{wne_d b_w}{\varDelta_m} = \frac{12 \times 2 \times 0.04 \times 0.75}{0.0045} = 160\text{ft}$$

注意，虽然是四车道的横断面被旋转，但 $n = 2$，因为是围绕中心线旋转。当分幅道路上的独立路面围绕边缘旋转时，将使用路面上的全部车道数。

直线渐变段的长度与超高渐变段的长度有关，即

$$L_t = \frac{e_{NC}}{e_d} L_s \qquad (27\text{-}5)$$

式中　L_t——直线渐变段长度（ft）；

　　　　L_s——超高渐变段长度（ft）；

　　　e_{NC}——正常横坡（小数）；

　　　e_d——设计超高值（小数）。

如果在前面的例子中，正常排水横坡是0.01，则直线渐变段长度为

$$L_t = \frac{0.01}{0.04} \times 160 = 40\text{ft}$$

正常横断面到完全超高横断面之间的总过渡长度是超高和直线渐变段的总和，或者（在该例子中）160 + 40 = 200ft。

为了给驾驶人提供最舒适的运行，总渐变长度的60%到80%是在直线段上实现的，其余的渐变段在曲线上实现。绝大多数机构使用的是直线上总渐变长度的67%这一固定值。

如果在直线和平曲线之间使用螺旋线过渡（见下一节），则超高完全在螺旋线上实现。在可能的情况下，直线和超高渐变段应在螺旋线上完成。

27.2.5　螺旋过渡曲线（缓和曲线）

虽然并非不可能，但驾驶人很难立即从直线段到半径恒定的圆形曲线。螺旋过渡曲线（spiral transition curve）从直线（曲度 $D = 0$）开始，逐渐均匀地增加曲度（减小半径），直至达到预定圆曲线的曲度。

使用螺旋线的过渡方式有以下优点：

• 为驾驶人提供了一条舒适的路径，使离心力和向心力逐渐增加；

• 为超高渐变段提供了一个理想的布置；

• 为曲线上的路面加宽提供了一个理想的布置（通常是为了适应商用车辆的内轮差）；

• 改善道路外观。

后者（螺旋线过渡）在图27.6中得到了呈现，螺旋线过渡的视觉效果很明显。因为施工困难，也不会总是使用螺旋线过渡，而且施工成本通常比简单的圆曲线要高。在曲率超过3°的大流

图27.6　螺旋线的视觉效果

资料来源：Used with permission of Yale University Press, C. Tunnard and B. Pushkarev, *Manmade America*, New Haven CT, 1963.

量场景中推荐使用。螺旋线过渡的几何特性很复杂，如图 27.7 所示。

图 27.7 中的关键变量被定义为：

T.S.——从切线到螺旋线的过渡点；

S.C.——从螺旋线到圆曲线的过渡点；

C.S.——从圆曲线到螺旋线的过渡点；

S.T.——从螺旋线到切线的过渡点；

Δ——不设螺旋线时原始圆曲线的偏转角（圆心角）；

Δ_s——设螺旋线时圆曲线的偏转角（圆心角）；

δ——螺旋线的偏转角；

L_{SP}——螺旋线的长度（ft）。

图 27.7 中包括的许多术语的详细推导不再赘述，一些关键的变量在表 27.5 中展示。

确定的关键是螺旋线的适当长度 L_{SP}，因为其他变量取决于该起点。根据对车辆在平曲线上安全舒适运行的各种研究，常用的方法是确定最小值和最大值。

假设该值落在最小和最大限值之间，一种方法是使螺旋线的长度等于直线渐变段 L_t 和曲线渐变段 L_s 之和。另一种方法是使螺旋线的长度仅等于曲线渐变段。如果这些或其他方法超出了最小和最大推荐长度，建议采取以下方法：

- 如果期望长度 < 最小值，则使用最小螺旋线长度；

- 如果期望长度 > 最大值，则使用最大螺旋线长度；

AASHTO 提供了用于设计的推荐值，见表 27.6。

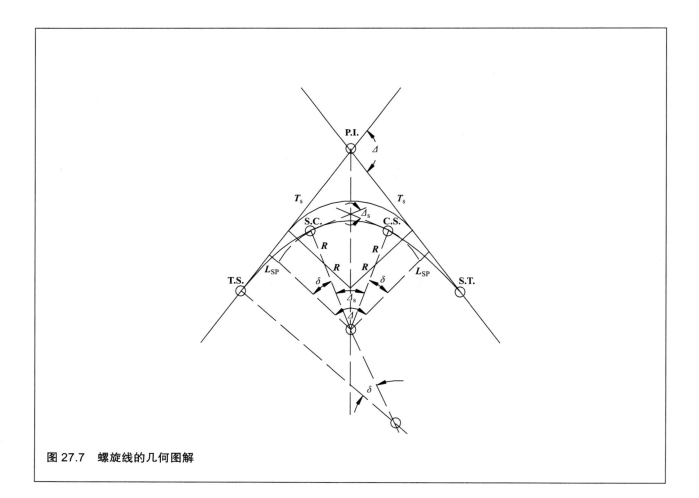

图 27.7　螺旋线的几何图解

表 27.5 定义螺旋线的关键变量

变量	定义	公式
L_{SPmin}	螺旋线最小长度	取二者的小值： $L_{SPmin} = \sqrt{15.84R}$ $L_{SPmin} = 0.7875\dfrac{S^3}{R}$
L_{SPmax}	螺旋线最大长度	$L_{SPmin} = \sqrt{79.2R}$
δ	螺旋线偏角	$\delta = \dfrac{L_{SP}D}{200}$
Δ_s	设螺旋线时的圆曲线偏角	$\Delta_s = \Delta - 2\delta$
T_s	切线段长度	$T_s = \left[R\tan\left(\dfrac{\Delta}{2}\right) \right] + \left[\left(R\cos(\delta) - R + \dfrac{L_{SP}^2}{6R} \right) \times \tan\left(\dfrac{\Delta}{2}\right) \right] + \left[L_{SP} - R\sin(\delta) \right]$

注：所有变量定义同前。

表 27.6 AASHTO 推荐的螺旋线长度

设计速度 /（mile/h）	螺旋线长度 /ft	设计速度 /（mile/h）	螺旋线长度 /ft
15	44	50	147
20	59	55	161
25	74	60	176
30	88	65	191
35	103	70	205
40	117	75	220
45	132	80	235

资料来源：Adapted from *A Policy on Geometric Design of Highways and Streets*, 6th Edition, American Association of State Highway and Transportation Officials, Washington, D.C., 2011.

例题 27-2：螺旋线

思考以下情况：在一段有两条 12ft 车道、设计速度为 60mile/h 的道路上设计一条 4° 的曲线。已确定最大超高为 0.06，从表 27.2 中查询 60mile/h 适用的侧向摩擦系数为 0.12。切线上的正常排水横坡为 0.01。要使用螺旋过渡曲线。确定螺旋线的长度，以及 T.S.、S.C.、C.S. 和 S.T. 的适当桩号。原始切线的偏转角为 38°，P.I. 的桩号是 1100 + 62。该段有一个双车道横断面。

从曲度可知曲线的圆形部分的曲线半径为 [式（27-1）]：

$$R = \frac{5729.58}{D} = \frac{5729.58}{4} = 1432.4\text{ft}$$

对于 60mile/h 的设计速度，表 27.6 建议采用 176ft 的螺旋线。必须使用表 27.5 中的公式来检查它是否符合最低和最高要求：

$$L_{SPmin} = \sqrt{15.84R} = \sqrt{15.84 \times 1432.4}$$
$$= \sqrt{22689.2} = 150.6ft，\quad 或$$

$$L_{SPmin} = 0.7875\frac{S^3}{R} = 0.7875\frac{60^3}{1432.4} = 118.8ft$$

采用 118.8ft

$$L_{SPmax} = \sqrt{79.2R} = \sqrt{79.2 \times 1432.4}$$
$$= \sqrt{113446.1} = 336.8ft$$

推荐的 176ft 螺旋线长度位于所述曲线的最小和最大推荐值之间，因此采用该值。

螺旋线的理想长度也可以确定为超高渐变段的长度，或超高加直线渐变段的长度。对于 60mile/h 的设计速度和 1432.4ft 的半径，超高用式（27-3）来计算：

$$e = \frac{S^2}{15R} - f = \frac{60^2}{15 \times 1432.4} - 0.12 = 0.048$$

超高和直线渐变段的长度分别由式（27-4）和式（27-5）计算。对于 60mile/h，Δ 的设计值为 0.0045（表 27.3）。旋转两条车道的调整系数为 0.75（表 27.4），那么：

$$L_s = \frac{wne_d b_w}{\Delta_w} = \frac{12 \times 2 \times 0.048 \times 0.75}{0.0045}$$
$$= \frac{0.864}{0.0045} = 192ft$$

$$L_t = \frac{e_{NC}}{e_d}L_s = \frac{0.01}{0.048} \times 192 = 40.0ft$$

推荐的曲线长度 191ft，与超高渐变段的长度契合很好。如果政策是螺旋线应该包括所有渐变段长度，即 192 + 40 = 232.0ft，那么会采用这个较长的长度，因为它仍然小于之前计算的最大值。我们将使用推荐值 191ft 进行后续计算。

剩余的数值用表 27.1 和表 27.5 中详述的公式计算。螺旋线的偏转角为

$$\delta = \frac{L_{SP}D}{200} = \frac{191 \times 4}{200} = 3.8°$$

圆曲线的偏转角为

$$\Delta_s = \Delta - 2\delta = 38 - (2 \times 3.8) = 30.4°$$

圆曲线的长度 L_c 为

$$L_c = 100\frac{\Delta_s}{D} = 100 \times \frac{30.4}{4} = 760.0ft$$

螺旋线的切线距离 T_s 是

$$T_s = \left[R\tan\left(\frac{\Delta}{2}\right)\right] + \left[\left(R\cos(\delta) - R + \frac{L_{SP}^2}{6R}\right) \times \tan\left(\frac{\Delta}{2}\right)\right] + [L_{SP} - R\sin(\delta)]$$

$$= \left[1432.4\tan\left(\frac{38}{2}\right)\right] + \left[\left(1432.4\cos(3.8) - 1432.4 + \frac{191^2}{6 \times 1432.4}\right) \times \tan\left(\frac{38}{2}\right)\right] + [191 - 1432.4\sin(3.8)]$$

$$= [1432.4 \times 0.3443] + [(1432.4 \times 0.9999 - 1432.4 + 4.2447) \times 0.3443] + [191 - 1432.4 \times 0.00663]$$

$$= 493.2 + 1.4 + 181.5 = 676.1ft$$

根据这些结果，现在可以将曲线确定下来：

T.S. = P.I. − T_s = 1162 − 676.1 = 485.9 或桩号 400 + 85.9

S.C. = T.S. + L_{Sp} = 485.9 + 191 = 676.9 或桩号 600 + 76.9

C.S. = S.C. + L_c = 676.9 + 760 = 1436.9 或桩号 1400 + 36.9

S.T. = C.S. + L_{sp} = 1436.9 + 191 = 1627.9 或桩号 1600 + 27.9

27.2.6　平曲线上的视距

所有道路设施最基本的设计标准之一，是必须在车行路沿线的每一点上提供相当于安全停车距离的最小视距。

在平曲线上，视距受到路侧物体（在曲线内侧）的限制，这些物体阻挡了驾驶人的视线。路侧的物体，如建筑物、树木和自然屏障，会阻挡驾驶人的视线。图27.8展示了平曲线上的视线限制。

图27.8　平曲线上的视线限制
照片由 J. Ulerio 和 R. Roess 无偿提供

图27.9说明了平曲线对视距的影响。视距是以内侧车道的中心线为基准，沿着车行路的曲线测量的。中距 M 是指从内侧车道中心线到最近的路侧视线障碍的距离。在目前的标准中，AAS-HTO 将中距称为"平面视线偏移"（Horizontal Sight Line Offset，HSO）。为了保持一致，这里继续使用 M 来表示该值。

表27.1给出了中距的计算公式：

$$M = R\left[1 - \cos\left(\frac{\Delta}{2}\right)\right]$$

表27.1还定义了圆曲线的长度。但在这种情况下，曲线的长度被设定为等于所需的停车视距，

因此有

$$L = d_s = 100\left(\frac{\Delta}{D}\right)$$

$$\Delta = \frac{d_s D}{100}$$

代入 M 的计算公式有

$$M = R\left[1 - \cos\left(\frac{d_s D}{200}\right)\right]$$

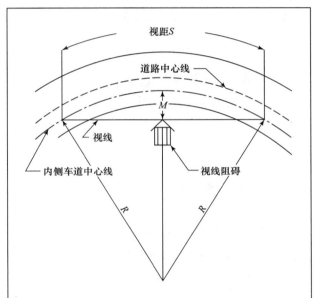

图27.9　平曲线对视距的影响
资料来源：Adapted from *A Policy on Geometric Design of Highways and Streets*, 4th Edition, American Association of State Highway and Transportation Officials, Washington, D.C., 2001.

该公式可以用曲度 D 或曲线半径 R 统一表示：

$$M = \frac{5729.28}{D} = \left[1 - \cos\left(\frac{d_s D}{100}\right)\right]$$

$$M = R\left[1 - \cos\left(\frac{28.65 d_s}{R}\right)\right] \qquad (27\text{-}6)$$

注意，在上述公式中使用的安全停车距离可以计算为（见第3章）：

$$d_s = 1.47St + \frac{S^2}{30(0.348 \pm G)}$$

式中 d_s ——安全停车距离（ft）；

S ——设计速度（mile/h）；

t ——反应时间（2.5s 是 AASHTO 对停车反应视距的规定）；

G ——纵坡（小数）。

例题 27-3：平曲线上的视距

思考以下情况：正在为一条设计速度为 70mile/h 的道路设计一条 6° 的曲线（在内侧车道的中心线上测量）。坡度为零，驾驶人的反应时间为 2.5s，这是 AASHTO 规定的在道路上行驶时的制动反应标准。任何路侧的物体距车行路内侧车道中心线的最近距离是多少？

安全停车距离 d_s 计算为

$$d_s = 1.47 \times 70 \times 2.5 + \frac{70^2}{30(0.348 + 0.000)}$$
$$= 257.3 + 469.3 = 726.6\text{ft}$$

视距为 726.6ft 时，路侧的最小净距由中距给出：

$$M = \frac{5729.58}{D}\left[1 - \cos\left(\frac{d_s D}{200}\right)\right]$$
$$M = \frac{5729.58}{6}\left[1 - \cos\left(\frac{726.6 \times 6}{200}\right)\right]$$
$$M = 879.93[1 - \cos(21.798)]$$
$$M = 879.93(1 - 0.9285) = 62.9\text{ft}$$

因此，对于该曲线，内侧道路上的任何物体或其他视线障碍物距内侧车道中心线的距离都必须大于 62.9ft。

27.2.7 平面复曲线

平面复曲线由两段或多段的单一方向连续平曲线组成，这些平曲线的半径不同。图 27.10 呈现了这种曲线。

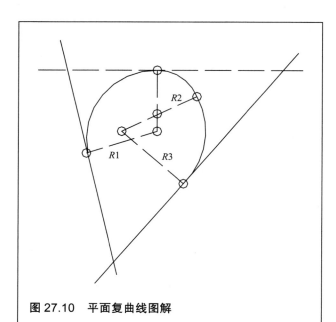

图 27.10　平面复曲线图解

这种曲线的一些通用标准包括以下内容：

• 复曲线的使用应限于实际条件需要的情况；

• 当两条连续的曲线在道路上连接时，较大的半径不应超过较小的半径的 1.5 倍，一个类似的标准是，曲度的差异不应超过 5°；

• 当同一方向的两条连续曲线被一条短直线（≤ 200ft）分开时，应将它们合并为一条复曲线；

• 复曲线只是一系列简单的平曲线，其标准与孤立的平曲线相同；

• AASHTO 对匝道上的复曲线放宽了其中的一些标准。

27.2.8 平面反向曲线

反向曲线由两个方向相反的连续平曲线组成，如图 27.11 所示。两个方向相反的平曲线应始终以至少 200ft 的直线相隔。在反向曲线上使用螺旋线过渡有助于驾驶人与其交互。

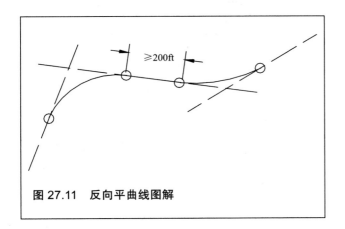

图 27.11 反向平曲线图解

27.3 道路立面线形

道路立面线形是指设施在竖直面上的线形设计。立面线形由一系列立面直线组成，由竖曲线连接。竖曲线是抛物线形状。这提供了从直线到曲线部分的自然过渡，是曲线特性的一部分。因此，没有必要研究或提供过渡曲线，如平曲线的螺旋线。

公路的纵向坡度被称为纵坡，一般以百分数表示。

在竖向设计中，尽可能尝试与地形保持一致，以减少开挖和填筑的高昂代价，并保持美观。竖曲线的主要设计指标包括以下内容：

- 在沿线各点提供足够的视距；
- 提供足够的排水容量；
- 保持舒适的运行；
- 保持合理的美观。

27.3.1 纵坡

立面直线的特性是其纵向坡度（纵坡）。当以百分数表示时，纵坡表示设施在竖向上的相对上升（或下降），占所研究路段长度的百分比。因此，2000ft 的 4% 纵坡就是 2000 × 4/100 = 80ft 的竖向高差。上坡表示为正的坡度和纵坡百分数，而下坡表示为负的坡度和纵坡百分数。注意，虽然传统上纵坡是以百分数表示的，但在本章前面的大多数公式中，纵坡（G）是以小数表示的。在本节涉及纵坡的公式中，其表示为百分数。

在设计中使用的最大推荐纵坡取决于设施的类型、所处的地形和设计速度。AASHTO 为各种不同的设施和情况推荐了最大坡度。表 27.7 列出了其中一些建议的摘要。

纵坡对运行的主要影响是，卡车在纵坡（路段）上行驶时将被迫减速。这就造成了交通流中的间隙，无法通过简单的超车机动来有效填补。图 27.12 说明了上坡对重量功率比为 200lb/hp（磅/马力）⊖ 的卡车运行的影响，这是大多数道路上重型卡车的典型运行情况。它描述了假设初始速度为 70mile/h 的减速情况。

由于卡车在纵坡上运行，简单的最大坡度标准对设计来说是不够的。图 27.12 展示了一个例子。卡车进入一个假设速度为 70mile/h 的上坡路段时，开始减速。上坡的长度决定了减速的程度。例如，一辆卡车以 70mile/h 的速度驶入 6% 的上坡路段，在 2000ft 后减速到 45mile/h。最终，卡车达到其"爬坡速度"（Crawl speed）。爬坡速度是指卡车在任意长度的坡度（给定的坡度）都能保持的恒定速度。对于该例子，卡车在 6% 的纵坡上的爬坡速度为 23mile/h，在大约 5000ft 后达到。

因此，卡车对一般道路运行的干扰不仅与坡度有关，也与有坡度道路的长度（坡长）有关。就大多数设计目的而言，坡长不应长于"临界长度"。对于以 70mile/h 驶入的坡道，临界长度通常被定义为卡车速度比驶入坡道时的速度低 15mile/h 的长度。当卡车以较慢的速度进入上坡路段时，可以使用 10mile/h 的速度降低来定义坡长的临界值。

⊖ 这里的重量功率比，200lb/hp ≈ 120kg/kW，是比功率的倒数。——译者注

表 27.7　最大坡度（百分数）标准（目前的做法）

设施类型	地形	设计速度 /（mile/h）						
		20	30	40	50	60	70	80
当地远郊道路	平原	8	7	7	8	5	NA	NA
	丘陵	11	10	10	8	6	NA	NA
	山地	16	14	13	10	NA	NA	NA
当地居住区街道	所有	15	15	NA	NA	NA	NA	NA
远郊集散道路	平原	7	7	7	6	5	NA	NA
	丘陵	10	9	8	7	6	NA	NA
	山地	12	10	10	9	8	NA	NA
城市集散道路	平原	9	9	9	7	6	NA	NA
	丘陵	12	11	10	8	7	NA	NA
	山地	14	12	12	10	9	NA	NA
远郊干道	平原	NA	NA	5	4	3	3	3
	丘陵	NA	NA	6	5	4	4	4
	山地	NA	NA	8	7	6	5	5
城市干道	平原	NA	8	7	6	5	NA	NA
	丘陵	NA	9	8	7	6	NA	NA
	山地	NA	11	10	9	8	NA	NA
城市和远郊自由流公路	平原	NA	NA	NA	4	3	3	3
	丘陵	NA	NA	NA	5	4	4	4
	山地	NA	NA	NA	6	6	5	NA

注：NA = 不适用，表示不推荐这种设施、地形和设计速度的组合。

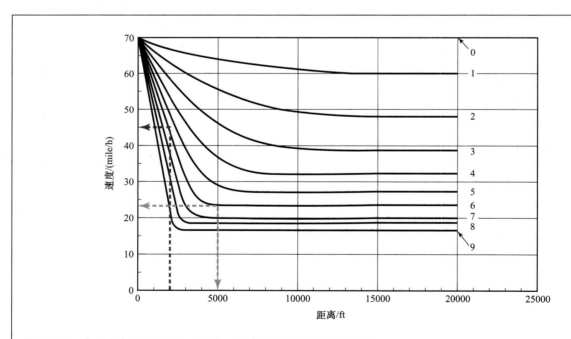

图 27.12　典型卡车（200lb/hp, 120kg/kW）在上坡时的减速情况

资料来源：Adapted from *A Policy on Geometric Design of Highways and Streets*, 6th Edition, American Association of State Highway and Transportation Officials, Washington, D.C., 2011.

图 27.13 展示了 200lb/hp 卡车以 70mile/h 的速度进入坡道时，坡道长度、坡度百分比和速度降低之间的关系。这些曲线可用于确定坡长的临界值。应该注意的是，地形可能导致无法将坡度限制在临界长度或更短。

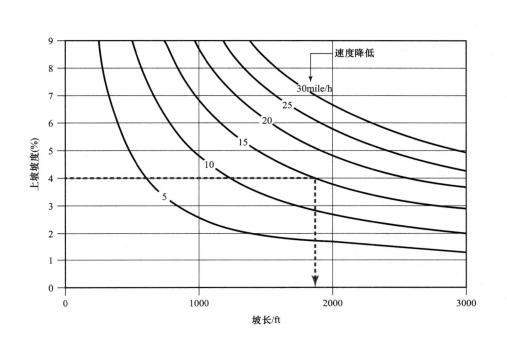

图 27.13　典型卡车的临界坡长（200lb/hp，120kg/kW）

资料来源：Adapted from *A Policy on Geometric Design of Highways and Streets*, 6th Edition, American Association of State Highway and Transportation Officials, Washington, D.C., 2011.

例题 27-4：立面纵坡的例子

思考以下情况：一条位于丘陵地形的远郊自由流公路的设计速度为 60mile/h。该设施应包括的最长和最陡的坡度是多少？

根据表 27.7，对于设计速度为 60mile/h 的丘陵地形的自由流公路设施，最大允许坡度为 4%。根据图 27.13，纵轴为 4%，移动到 "15mile/h" 的曲线上，可以看到坡长的临界值约为 1900ft。

必须再次强调的是，地形有时会使人无法完全遵循最大坡度设计标准。对理想的最大坡长来说尤其如此。当地形抬升到相当长的距离时，道路的立面也必须这样做。然而，大于临界长度的坡长通常会导致运行不良，在这种情况下，可能需要增加一条爬坡车道，这是无法回避的事实。

27.3.2 竖曲线的几何特性

如前所述，竖曲线的形状为抛物线。一般来说，有两种类型的竖曲线：

- 凸曲线（Crest vertical curves）；
- 凹曲线（Sag vertical curves）。

对于凸曲线，入口切线坡度大于出口切线坡度，在沿凸曲线行驶时，坡度不断减小。对于凹曲线，情况正好相反，入口切线坡度小于出口切线坡度，在沿凹曲线行驶时，坡度不断增大。图 27.14 展示了各种类型的竖曲线。

图 27.14 中使用的术语定义如下：

VPI ——垂直交点；

VPC——曲线的垂点；

VPT——切线的垂点；

G_1——进入坡度（%）；

G_2——离去坡度（%）；

L ——竖曲线的长度（ft）。

竖曲线的长度和所有控制点是在平面图上测量的（即沿水平轴）。另一个有用的变量定义如下：

$$A = |G_2 - G_1| \qquad (27\text{-}7)$$

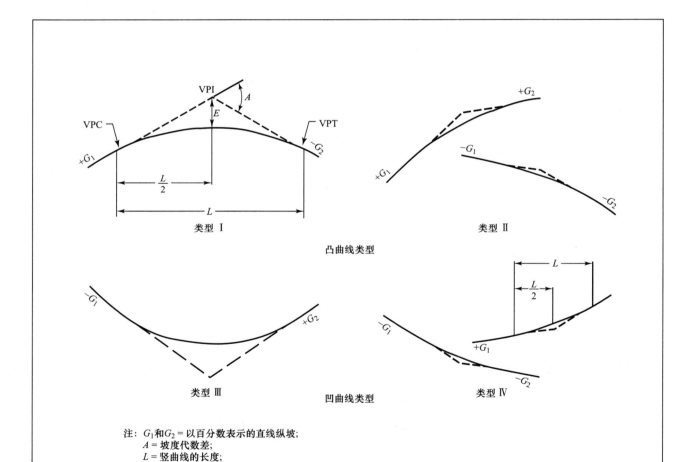

注：G_1和G_2 = 以百分数表示的直线纵坡；
　　A = 坡度代数差；
　　L = 竖曲线的长度；
　　E = 在VPI处的垂距。

图 27.14　竖曲线图解

资料来源：Adapted from *A Policy on Geometric Design of Highways and Streets*, 6th Edition, American Association of State Highway and Transportation Officials, Washington, D.C., 2011.

其中，A 是坡度的代数差（%）。

如前所述，竖曲线的几何形状是抛物线。抛物线的通用公式为

$$y = ax^2 + bx + c$$

为了描述一条竖曲线，令

$y = Y_x =$ 距离 VPC "x" 点的道路高程（ft）；

$x =$ 距 VPC 的距离（ft）；

$c = Y_0 =$ VPC 的高程，发生在 $x = 0$ 的地方（ft）。

则

$$Y_x = ax^2 + bx + Y_0$$

另外，考虑到在任何一点 x 的曲线斜率是这个方程的一阶导数，即

$$\frac{dy}{dz} = 2ax + b$$

当 $x = 0$ 时，斜率等于进入坡度 G_1。注意，在这些方程中，坡度 G 必须以小数表示。因此，以百分数表示的坡度要除以 100，即

$$\frac{dy}{dx} = \frac{G_1}{100} = 2a(0) + b$$
$$b = \frac{G_1}{100}$$

另外，该方程的二阶导数等于坡度沿途的变化率，即

$$\frac{d^2y}{dx^2} = 2a = \frac{\left(\dfrac{G_2 - G_1}{100}\right)}{L}$$
$$a = \frac{G_2 - G_1}{200L}$$

因此，竖曲线方程的最终形式为

$$Y_x = \left(\frac{G_2 - G_1}{200L}\right)x^2 + \left(\frac{G_1}{100}\right)x + Y_0 \quad （27\text{-}8）$$

高点（凸曲线上）或低点（凹曲线上）的位置是在斜率（或一阶导数）等于零的一点。对最终曲线求一阶导数：

$$\frac{dY_x}{dx} = 0 = \left(\frac{G_2 - G_1}{100L}\right)x + \frac{G_1}{100}$$

$$x_{high,low} = \frac{-G_1 L}{G_2 - G_1} \quad （27\text{-}9）$$

在所有这些方程中，必须注意处理坡度的符号。负坡度有一个负号（−），必须在方程中加以说明。双重负数在方程中成为正数。如果两个坡度都是负数（下坡），则曲线上的低点是 VPT，高点是 VPC。如果两个坡度都是正数（上坡），则曲线上的低点是 VPC，高点是 VPT。

例题 27-5：竖曲线

思考以下情况：一条 600ft 的竖曲线连接了一个 +4% 的坡度和一个 −2% 的坡度。VPC 的高程是 1250ft。找出 VPI 的高程，即曲线上的高点，以及 VPT 的高程。

根据 VPC 的高程、进入坡度和竖曲线的长度，可以找到 VPI 的高程。

VPI 位于驶入坡度的延长线上，位于曲线的 1/2L 处，即：

$$Y_{VPI} = Y_{VPC} + \left(\frac{G_1}{100}\right)\left(\frac{L}{2}\right) = 1250 + \left(\frac{4}{100}\right)\left(\frac{600}{2}\right)$$
$$= 1250 + 12 = 1262\text{ft}$$

注意，因为坡度是以百分数表示的，所以必须除以 100（转换为小数）才能用于该计算。

按照式（27-8）的格式，这条特定竖曲线的方程为：

$$Y_x = \left(\frac{-2 - 4}{200 \times 600}\right)x^2 + \left(\frac{4}{100}\right)x + 1250$$
$$Y_x = -0.0005x^2 + 0.04x + 1250$$

VPT 的高程是指曲线在其长度为 600ft 的终点处的高程，即 $x = 600$ 处：

$$Y_{PVT} = -0.00005(600^2) + 0.04(600) + 1250$$
$$Y_{PVT} = -18 + 27 + 1250 = 1256\text{ft}$$

曲线的高点出现在一个点上，即

$$x_{high} = \frac{-G_1 L}{G_2 - G_1} = \frac{-4(600)}{-2 - 4} = \frac{-2400}{-6} = 400\text{ft}$$

那么

$$Y_{high} = -0.00005(400^2) + 0.04(400) + 1250$$
$$= -8 + 16 + 1250 = 1258\text{ft}$$

27.3.3　竖曲线的视距

　　竖曲线的最小长度受视距条件的制约。在竖曲线上，视距是从假定的视点高度 3.5ft 和物体高度 2.0ft 开始测量的。图 27.15 展示了一种视距受竖曲线限制的情况。

凸曲线

　　对于凸曲线，白天视线控制竖曲线的最小长度。表 27.8 展示了确定竖曲线最小长度的公式。公式取决于停车视距 d_s 是大于还是小于竖曲线的长度 L，当 $d_s = L$ 时，两个方程的结果相同。

图 27.15　竖曲线对视距的限制
照片由 J. Ulerio 和 R. Roess 无偿提供

表 27.8　确定竖曲线的最小长度

	凸曲线	凹曲线
$d_s > L$	$L = 2d_s - \dfrac{2158}{A}$	$L = 2d_s - \dfrac{400 + 3.5d_s}{A}$
$d_s < L$	$L = \dfrac{Ad_s^2}{2158}$	$L = \dfrac{Ad_s^2}{400 + 3.5d_s}$

注：d_s = 安全停车距离（ft）；L = 竖曲线长度（ft）；A = 坡度代数差的绝对值 = $|G_2 - G_1|$（%）。

凹曲线

对于凹曲线，视距受夜间行驶条件下的车灯照射范围限制。同样地，有两个方程，取决于 d_s 是大于还是小于竖曲线的长度 L，这些方程也展示在表 27.8 中。与凸曲线一样，当 $d_s = L$ 时，这两个方程的结果相同。

虽然从技术上讲，凹曲线方程基于夜间的车灯照射范围，但安全要求这个距离至少要等于安全停车距离 d_s。因此，安全停车距离通常被用于方程中。

例题 27-6：竖曲线上的视距

思考以下情况：在设计速度为 60mile/h 的道路上，将 +5% 的坡度与 +2% 的坡度连接起来，必须提供的最小竖曲线长度是多少？驾驶人的反应时间是 AASHTO 标准的 2.5s，用于简单的道路停车反应时间。

这条竖曲线是一条凸曲线，因为驶离坡度小于驶进坡度。安全停车距离的计算是假设车辆在 2% 的坡度上。这是一个保守的假设，因为 5% 坡度的停车距离比 2% 坡度的停车距离要小。那么"最不利情况"下的停车距离为：

$$d_s = 1.47St + \frac{S^2}{30(0.348 + G)}$$

$$= (1.47 \times 60 \times 2.5) + \frac{60^2}{30 \times 0.368}$$

$$= 220.5 + 326.1 = 546.6\text{ft}$$

对该数值进行四舍五入，将使用 547ft 的停车视距要求。第一次计算是假设停车视距大于所产生的曲线长度。如果结果是 $L > d_s$，则需要重新计算。从表 27.8 可知

$$L = 2d_s - \frac{2158}{A} = 2(547) - \left(\frac{2158}{|2-5|}\right)$$

$$= 1094 - 719.3 = 364.7,\text{取值} 365\text{ft}$$

在这种情况下，$d_s > L$，与假设一致，因此 365ft 就是结果。

对于凹曲线，AASHTO[1] 根据①驾驶人的舒适度，②天桥横跨梁在夜间影响车灯的情况，给出了最小长度的替代标准。它还提供了类似表 27.8 的超车视距公式。

27.3.4 竖曲线的一些设计准则

AASHTO 给出了一些关于道路竖曲线设计的常识性准则，汇总如下。

1）渐变的平滑纵坡线形比有许多折点和短坡的线形要好。

2）立面应避免出现"过山车"式外观，以及线路中的"隐蔽低洼"（Hidden dips）。

3）对于涉及相当长的势能（下行）坡度的起伏线，应仔细评估卡车的运行情况。

4）应尽可能避免纵坡断背线形（Broken-back grade lines）（在同一方向上的两个连续的竖曲线被一段短直线段分开）。

5）在长坡上，最好将最陡的坡度放在底部，减小上段坡度。如果这样做有困难，则应定期插入较小坡度的短坡以改善运行。

6）在有中度至陡峭坡度的路段上出现平面交叉口时，应降低或拉平交叉口区域的坡度。

7）除非提供充裕的排水容量，否则应避免在路堑段设置凹曲线。

27.4 道路横断面元素

道路横断面包括一些对设施设计至关重要的元素。道路横断面视图是一个从设施的路侧到路侧的 90° 的切面。横断面包括以下要素：

- 行车道（Travel lanes）；
- 路肩（Shoulders）；
- 边坡（Side slopes）；
- 路缘石（Curbs）；
- 中间带和中央隔离（Medians and median barriers）；
- 护栏（Guardrails）；

- 排水渠（Drainage channels）。

一般的设计做法是在每个桩号（即在相隔 100ft 的点和横断面设计发生变化的中间点）指定横断面。重要的横断面要素将在下文简要讨论。

27.4.1　行车道和铺面

铺面行车道为行驶（有时也包括泊放）的车辆在正常运行时提供了空间。行车道的标准宽度为 12ft（米制 3.6m），但必要时允许更窄的车道。建议的最小车道宽度为 9ft。有时在曲线上会提供比 12ft 宽的车道，以考虑到大型卡车的内轮差（Off-tracking）。狭窄的车道将对道路的容量和运行产生负面影响 [3]。一般来说，应尽可能避免 9ft 和 10ft 的车道。9ft 车道仅在低流量、低速的远郊或居住区道路上可用，而 10ft 车道仅在低速设施上可用。

所有路面都有横坡，以①提供足够的排水，②在曲线上提供超高。对于高等级路面（水泥和沥青路面），正常的排水横坡范围为 1.5% ~ 2.0%。对于低等级路面（渗透面层、压实土等），排水横坡的范围在 2% ~ 6% 之间。

如何制定排水横坡取决于道路的类型和其他排水设施的设计。路面可以向两侧排水，也可以向一侧排水。当水被排到道路两侧时，两侧必须有排水沟或涵洞和管道。在某些情况下，排到路侧的水只是被吸收到土里。在采用这种方法之前，必须进行研究，测试土壤是否足以处理最大预期排水负荷。当一条以上车道的水被排到路侧时，每条相邻的车道的横坡应该比前一条车道陡 0.5%。图 27.16 展示了一个四车道路面的典型横坡。

在有超高的路段，横坡通常足以满足排水的需要，相邻车道之间不需要有坡度差。当然，超高路段必须向水平曲线的内侧排水，排水设施的设计必须适应这一点。

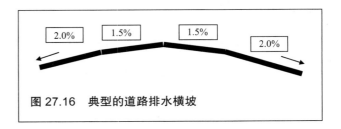

图 27.16　典型的道路排水横坡

27.4.2　路肩

AASHTO 对路肩的定义："路肩是车行路中与行车道相邻的部分，可容纳停靠的车辆⊖，紧急使用，以及（道路结构的）底基层、基层和表面层的横向支撑"。路肩在尺寸和外观上都有很大不同。

通常，路肩宽度从 2ft 到 12ft 不等。大多数路肩是"稳定的"（即用某种材料处理，为车辆提供合理的表面）。其范围从完全铺设的路肩到用渗透或稳定碎石的路肩，或者简单地在压实的土上铺草。为了安全起见，行车道和路肩之间的衔接处必须保持良好⊖。

一般认为，在具有重要流动功能的远郊道路、所有自由流公路以及某些类型的城市道路上，路肩是必要的。在这些情况下，一般采用 10ft 的最小宽度，因为这可以使停放的车辆与行车道间有大约 2ft 的净宽。最窄的 2ft 路肩只用于最低等级道路。即使在这些情况下，8ft 也是可取的。

路肩有多种功能，包括以下几点：

- 为抛锚或临停的车辆提供一个庇护所；
- 为事故恢复提供一个缓冲区；
- 有助于提高驾驶的便利性和驾驶人的信心；
- 增加平曲线的视距；
- 提高大多数道路的容量和运行水平；
- 为维护作业和设备提供空间；
- 为除雪和储存提供空间；
- 为标志、护栏和其他路侧物体提供横向

⊖　注意这里的原文是"Stopped"，而不是"Parking"。——译者注
⊖　这里指不要存在影响安全的陡坎或沟槽等，避免车轮驶入时发生危险。——译者注

净距；

- 改善行车道上的排水状况；
- 为路基提供结构支撑。

参考文献 [4] 对路肩的用途提供了一个很好的调研。表 27.9 展示了基于表面类型的路肩的推荐横坡。任何路肩的横坡都不应超过 7:1，因为车辆进入坡度较大的路肩时，翻滚的概率会大幅增加。

表 27.9　路肩横坡的建议值

表面类型	推荐横坡（%）
沥青	2.0 ~ 6.0
砾石或石材	4.0 ~ 6.0
草皮	6.0 ~ 8.0

27.4.3　路堑和路堤段的边坡

当道路位于路堑或路堤段时，必须仔细设计边坡以保障安全运行。在城市地区，通常没有足够的用地来提供自然边坡，因此经常使用挡土墙。

在提供自然边坡的地方，必须考虑以下限制：

- 3:1 的边坡是维护和修剪设备安全运行的最大限度；
- 4:1 的边坡是事故安全所能接受的最大坡度。应使用隔离（Barrier）来防止车辆进入坡度较大的边坡区域。
- 2:1 的边坡是可以种草的最大坡度，而且只有在气候良好的情况下才可以。

- 6:1 的边坡是在沙质土壤为主的情况下结构稳定的最大坡度。

表 27.10 展示了不同地形和开挖和 / 或填筑高度的推荐边坡。

27.4.4　护栏（Guardrail）

任何横断面设计中最重要的组件之一是护栏的使用和布置。使用护栏是为了防止车辆在发生事故或打算采取行动时进入路侧或中间带的危险区域。

路侧护栏（Roadside guardrail）用于防止车辆进入陡于 4:1 的横坡，或与树木、涵洞、照明杆件、标志杆等路侧物体发生碰撞。如果车辆撞上护栏，物理设计也会引导车辆进入一条更安全的轨迹，通常是在交通流的方向。

中央护栏（Median guardrail）主要用于防止车辆侵入对向车道。它还可以防止车辆与中间带内的物体发生碰撞。对中央护栏的需求取决于中间带本身的设计。如果中间带是 20ft 或更宽，如果中间带没有危险物体，通常不设护栏，而且中间带没有缘石。宽的中间带可以有效地作为侵入驾驶人的事故回复区。

较窄的中间带一般需要某种类型的隔离，因为侵入的车辆有可能穿过整个中间带，进入对向交通车道。

图 27.17 列出了目前常用的护栏（Guardrail）类型。

表 27.10　路堑和路堤段边坡的建议值

填挖高度 /ft	地形		
	平原和丘陵	中度坡	陡坡
0 ~ 4	6:1	4:1	4:1
4 ~ 10	4:1	3:1	2:1
10 ~ 15	3:1	2.5:1	1.75:1*
15 ~ 20	2:1	2:1	1.5:1*
> 20	2:1	1.5:1*	1.5:1*

注：* 避免在土壤易受侵蚀的地方使用。

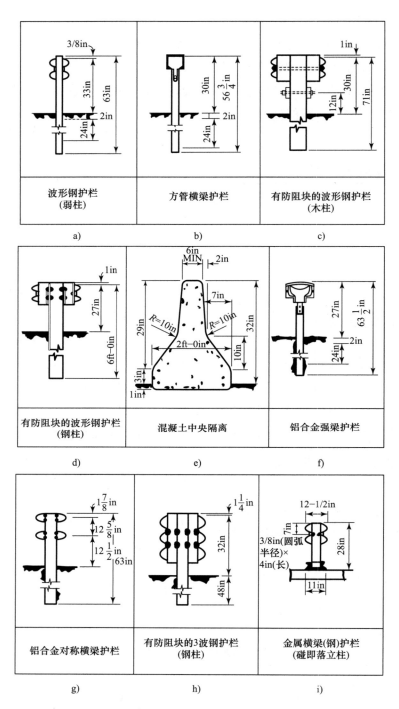

图 27.17   常见的中央和路侧隔离（Barrier）[⊖]的类型

资料来源：Adapted from *A Policy on Geometric Design of Highways and Streets*, 6th Edition, American Association of State Highway and Transportation Officials, Washington, D.C., 2011.

⊖   Barrier，通常译作"护栏"，但英文语境下的"Barrier"其实是泛指隔离交通流的空间或构造，而"护栏"只是"Barrier"中的一种"物理隔离构造"。实际上，分隔标线、立柱、预制块等都可以称作"Barrier"。这里的原文是"Barrier"。——译者注

各种设计的主要区别在于护栏在受到冲击时的变形和防止车辆穿越隔离的隔离强度。

例如，方管横梁变形量大。碰撞时，方管横梁的几根立柱会变形，使梁的变形量达到 10 ~ 12ft，碰撞的车辆会被轻轻调直，并被引导到护栏的长度方向，回到行车道上。显然，这种类型的护栏在狭窄的中间带处不能使用，因为它很可能偏移到对向交通车道上。

变形量最小的是混凝土中央或路侧隔离。这类阻隔物几乎是刚性的，几乎不可能撞开它们。因此，它们被用于狭窄的车行路中间带（特别是在城市自由流公路上），以及几乎没有位移余量的路侧。在与这样的隔离相撞时，车辆几乎立即被调直，与隔离的摩擦使车辆停止。

护栏设计的细节是至关重要的。末端处理必须谨慎。车辆与护栏的钝端相撞时，将面临极大的危险。因此，大多数波形梁和方管梁护栏都是弯曲的，远离行车道，其末端埋在路侧。即使这样做，车辆也能（在一定程度上）撞到埋在地下的一端，用一个或多个车轮"爬上"护栏。各种缓冲装置也可用于保护此类隔离的末端。混凝土隔离的端部是倾斜的，但通常由缓冲装置保护，如沙桶或水桶或机械缓冲器。

道路护栏（guardrail）与桥梁栏杆（bridge railings）和桥台的连接也很重要。由于大多数护栏都会发生变形，不能有效隔离固定物体，可以想象它们会将车辆"导向"此类物体并发生危险碰撞。因此，在道路护栏与桥梁栏杆或桥台相接的地方，它们被固定在桥梁栏杆或桥台上，以确保引导侵入的车辆远离物体。

27.5　总结

本章简要介绍了道路的关键功能和几何特性。在道路的几何设计中，有许多细节比本章所陈述的要多。应直接查阅现行的 AASHTO 标准，即《道路几何设计标准》，了解具体的设计实践和政策的更详细介绍。

参考文献

[1]　*A Policy on Geometric Design of Highways and Streets*, 6th Edition, American Association of State Highway and Transportation Officials, Washington, D.C., 2011.

[2]　Kavanagh, B.F., *Surveying With Construction Applications*, 4th Edition, Prentice-Hall, Upper Saddle River, NJ, 2001.

[3]　*Highway Capacity Manual, 6th Edition: A Multimodal Guide for Mobility Analysis*, National Research Council, Transportation Research Board, Washington, D.C., 2016.

习题

27-1. 两条切线的交点（P.I.）是桩号 11500 + 66。曲线半径为 1000ft，偏转角为 60°。求曲线的长度，P.C. 和 P.T. 的桩号，以及曲线的所有其他相关特性（弦长 LC、M、E）。

27-2. 在一条设计速度为 60mile/h 的道路上设计一条 6° 的曲线。将使用螺旋线过渡。确定螺旋线的长度，以及 T.S.、S.C.、C.S. 和 S.T. 的适当桩号。原始切线的偏转角为 40°，P.I. 位于桩号 15100 + 26 处。

27-3. 正在为一条设计速度为 65mile/h 的道路设计一条 5° 的曲线（在内侧车道的中心线处测量）。曲线在 2% 的上坡路段，驾驶人的反应时间可取 2.5s。在保持足够的停车视距的情况下，任何路侧的物体与内侧车道中心线最近的距离是多少？

27-4. 在设计速度为 60mile/h 的道路上，半径为 1200ft 的曲线，适当的超高是多少？该道路的最大设计超高为 6%。

27-5. 为了达到 10% 的超高，应该使用多长的超高渐变段？10% 的超高？设计速度为 70mile/h，考虑采用三车道横断面（12ft 宽车道）。通过将所有 3 条车道围绕路面的内侧边缘旋转来实现超高。

27-6. 找出以下每个设施的最大允许坡度和坡长的临界值。

1）位于山岭地区的远郊道路，设计速度为60mile/h。

2）位于丘陵地区的远郊干道，设计速度为45mile/h。

3）位于平原地区的城市干道，设计速度为40mile/h。

27-7. 一条1000ft的竖曲线被设计为连接一个+4%的坡度和一个–5%的坡度。V.P.I.位于桩号1500 + 55，已知高程为500ft。求以下结果。

1）V.P.C.和V.P.T.的桩号。

2）V.P.C.和V.P.T.的高程。

3）沿竖曲线每隔100ft的各桩号的高程。

4）曲线上高点的位置和高程。

27-8. 找出下列情况下曲线的最小长度。

驶进坡度	驶离坡度	设计速度	反应时间
3%	8%	45mile/h	2.5s
–4%	2%	65mile/h	2.5s
0%	–3%	70mile/h	2.5s

27-9. 在设计速度为70mile/h的设施上，要设计一条竖曲线来连接一个–4%的坡度和一个+1%的坡度。由于经济原因，将提供一条最小长度的曲线。在确定视距时可使用2.5秒的驾驶人反应时间。曲线的V.P.I.位于桩号5100 + 22，高程为1285ft，求V.P.C.和V.P.T.的桩号和高程，曲线的高点，以及沿曲线100ft间隔的桩号参数。

28

容量和服务水平分析: 自由流公路和多车道公路的基本路段

本章的内容涵盖了不间断流多车道公路段的容量和服务水平分析。在扰流区域（匝道、交织段）影响之外的自由流公路段和距最近的交通信号灯足够远（约 2mile）的多车道公路段，可视为不间断流设施（Uninterrupted flow facilities）。

28.1 涵盖的设施类型

自由流公路是唯一提供纯粹不间断交通流的设施。自由流公路的所有入口和出口均使用匝道，旨在让此类流向机动不干扰自由流公路的交通流。没有平面交叉口（无论是信控还是非信控），没有出入道，也不允许在限界（Right-of-way）⊖ 内泊车。提供完全的接入控制。自由流公

路一般按双向提供的车道总数分类，例如一条六车道的自由流公路在每个方向有 3 条车道。常见的类别是四车道、六车道和八车道的自由流公路，尽管在主要城市地区的一些自由流公路段可能在特定路段有十车道或更多车道。

如果信号灯间隔小于 2mile，多车道地面道路应被归类为城市街道（干道）并进行分析。多车道道路上可以存在不间断交通流，如果该路段与最近的信号灯距离至少有 2mile。

多车道公路段按车道数和提供的中间带类型分类。地面多车道道路通常由四车道或六车道的路线组成。它们可以是不分幅（Undivided）的（即没有中间带，但有双黄实线分隔两个车流方向），或分幅（Divided）的，有物理中

⊖ 这里是指道路用地范围，相当于中国的"红线范围"。另外，"Right-of-way"有时指通行路权。——译者注

间带分隔两个方向的车流。在郊区，还使用了第三种中间带的处理方式：双向左转车道。这种处理方式需要有奇数的车道，最常见的是 3 条、5 条或 7 条。中间的车道被用作两个方向的连续左转车道[⊖]。

地面多车道公路的中间带处理对运行有很大影响。除了在中间隔离带上有开口的地方，物理中间隔离带可以防止街区中段的左转。在不分幅道路上的任何一点都可以进行街区中段左转。在提供双向左转车道的情况下，允许街区中段左转，不受限制，等待转向的车辆在特殊车道上转向，对直行车辆的影响甚微。

在容量分析程序方面，自由流公路和多车道公路的基本路段都是按自由流速度（FFS）来分类的。根据定义，FFS 是在校准的速度 – 流率曲线上流率为零时的对应速度。在实际应用中，它是流率小于约 1000veh/h/ln 时，交通流的平均速度。

图 28.1 展示了一些常规的自由流公路和多车道的道路。

a) 典型的八车道自由流公路

b) 分幅的远郊多车道公路

c) 分幅的郊区多车道公路

d) 不分幅的郊区多车道公路

图 28.1　典型的自由流公路和多车道公路段

资料来源：Photo a) courtesy of J. Ulerio; b), c), d), f) Used with permission of Transportation Research Board, National Research Council, "Highway Capacity Manual," *Special Report 209, 1994*, Illustrations 7-1 through 7-4, pg 7-3; e) Used with permission of Transportation Research Board, National Research Council, *Highway Capacity Manual*, Dec 2000, Illustration 12-8, pg 12-6.

　⊖　这里的"连续左转车道"（Continuous left-turn lane），指的是中间那条左转车道在全路段均作为转向车道使用，而不作为直行车道使用。——译者注

e) 有双向左转的多车道公路　　　　　　　　　f) 不分幅的远郊多车道公路

图 28.1　典型的自由流公路和多车道公路段（续）

资料来源：Photo a) courtesy of J. Ulerio; b), c), d), f) Used with permission of Transportation Research Board, National Research Council, "Highway Capacity Manual," *Special Report 209, 1994*, Illustrations 7-1 through 7-4, pg 7-3; e) Used with permission of Transportation Research Board, National Research Council, *Highway Capacity Manual*, Dec 2000, Illustration 12-8, pg 12-6.

28.2　自由流公路和部分多车道公路的路段类型

自由流公路由四种类型的路段组成。其中，三种是交通流中的高扰流区域，由本书第 29 章和第 30 章中讨论的单独方法处理。交织段（Weaving segments）涉及交通流在一段公路上有效地相互交叉，而没有交通控制设施的帮助（除了指路或警告标志）。合流段（Merge segments）发生在入口匝道或其他路段，两条或更多的独立车流在此合流，形成单一交通流。分流段（Diverge segments）出现在出口匝道或其他路段，在这些路段中，单一交通流分离成两条或多条独立交通流。图 28.2 呈现了合流、分流和交织段以及它们的运行影响区。

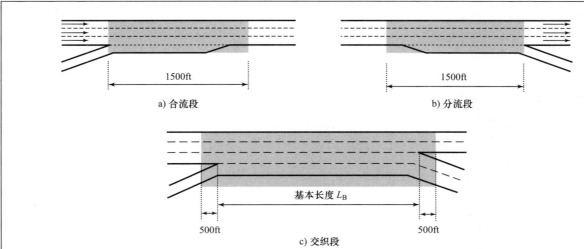

图 28.2　自由流公路和部分多车道公路的路段类型

资料来源：Reprinted with permission from *Highway Capacity Manual, 6th Edition: A Guide for Multimodal Mobility Analysis*, Transportation Research Board, National Academy of Sciences, Courtesy of the National Academies Press, Washington, D.C., 2016.

合流段的影响范围在合流点的下游1500ft处。对于分流段，影响区域延伸至分流点的上游1500ft处。对于交织段，影响区域延伸到段首上游和段尾下游的500ft处。

自由流公路基本路段是指不属于合流、分流或交织影响区的所有部分。应该注意的是，在多车道公路上也可能存在合流、分流和交织段。

28.3 自由流公路和多车道公路的通用速度－流率特性

自由流公路和多车道公路基本路段的容量分析程序基于在基准条件下运行的各种自由流速度的路段的标定速度－流率曲线。在2016年版《道路容量手册》（HCM）中，此类路段只有一个基准条件：交通流只由小客车组成。所有其他因素，如车道宽度和横向净距、驾驶人群体、匝道或路侧接入口密度等，在建立任何特定情况下的基准速度－流率曲线时都已被考虑在内。

图28.3展示了该方法中使用的速度－流率曲线的通用形式。该图展示了一个宽泛的流率范围，在这个范围内，平均速度保持不变，即保持在FFS。现代驾驶人在自由流公路和多车道公路上以相对较高的流率保持较高的平均速度。在大多数情况下，流率对平均速度没有影响，最高可达1000pc/h/ln，在某些情况下还会高很多。

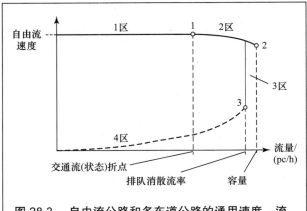

图 28.3 自由流公路和多车道公路的通用速度－流率曲线

1区是曲线上以FFS为主的部分。2区是曲线中流率增加导致速度下降的部分。第2点代表了在容量下的运行，这是很不稳定的。超过容量的额外需求流会导致堵塞，并形成排队。3区是驶离排队时的交通流，或排队消散流。在大多数情况下，它小于容量，通常采用的默认值比容量小5%～10%。4区是排队时的不稳定交通流。

图28.4展示了2004年I-405（洛杉矶）的实际速度－流率数据，清楚地显示了曲线的三个不同区域：不饱和流（在达到容量之前）、排队消散流和排队时的过饱和流。

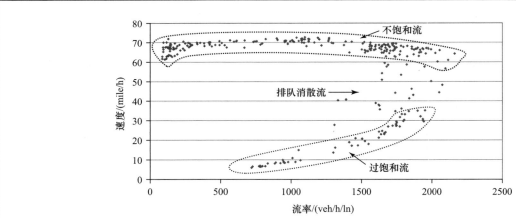

图 28.4 加州的速度－流率数据

资料来源：Reprinted with permission from *Highway Capacity Manual, 6th Edition: A Guide for Multimodal Mobility Analysis*, Transportation Research Board, National Academy of Sciences, Courtesy of the National Academies Press, Washington, D.C., 2016.

注意，排队消散流率不是一个明确的数值，而是一个离散的点范围。通常采用的是一个平均值，但消散流率会随着时间的推移产生很大变化。

28.4　自由流公路和多车道公路的服务水平

对于自由流公路和多车道公路，用于定义服务水平的有效衡量指标是密度。使用密度，而不是速度，主要是基于图28.3和图28.4中描述的速度－流率关系的模型。由于平均速度在大部分流率范围内保持不变，并且FFS与容量速度之间的总差异相对较小，基于速度来定义五个服务水平的边界会有问题。

如果流率变化而速度保持相对稳定，那么考虑到 $v = S \times D$ 的基本关系，密度在整个流率范围内一定是变化的。因此，它是描述服务质量的一个妥当指标。

对于不间断流设施，服务水平 E 和 F 之间的密度边界被定义为到达容量时的密度。对于自由流公路和多车道公路，容量的密度约为45pc/mile/ln。

其他服务水平的界限由公路容量和服务质量委员会（HCQSC）判断设定，以提供合理的密度和服务流率范围。表28.1展示了自由流公路和多车道公路基本路段的服务水平标准，它们是相同的。

这些服务水平的一般运行条件可以描述如下。

- **服务水平 A**，用来描述自由流的运行状态。在这样的低密度情形下，每辆车的运行受其他车辆存在的影响较小。在该服务水平下，速度不受流率的影响，运行处于 FFS 状态。换道、合流和分流的机动很容易完成，因为在车道交通流中存在许多大间隙。短时间的车道阻塞（Blockages）可能会导致服务水平有所下降，但不会对交通造成严重影响。在该服务水平下，车辆之间的平均间距至少为480ft，或大约24个车长。

- **服务水平 B**，驾驶人开始对交通流中其他车辆的存在有所反应，尽管仍然是在 FFS 下运行。在交通流中机动仍然相对容易，但驾驶人必须更加警惕地寻找车道交通流的间隙。交通流仍然有足够的间隙来抑制大多数小的车道扰动（disruptions）的影响。车辆之间的平均间距至少为293ft，或大约15个车长。

- **服务水平 C**，其他车辆的存在开始限制交通流中的机动性。仍然保持在 FFS 下运行，但驾驶人需要调整行动方式，以找到可以用来通过或合流的间隙。在该服务水平下，驾驶人需要大幅提高警惕。虽然交通流中仍有足够的间隙来抑制轻微车道阻塞的影响，但任何严重拥堵都可能导致堵塞和排队。车辆之间的平均间距至少为203ft，或大约10个车长。

- **服务水平 D**，平均速度随着流率增加而开始下降的范围。在该范围内，密度随着流率的增加而加速恶化。在 D 级服务水平下，流量的

表 28.1　自由流公路和多车道公路基本路段的服务水平标准

服务水平（LOS）	自由流公路基本路段的密度范围 / (pc/mile/ln)	多车道公路基本路段的密度范围 / (pc/mile/ln)
A	≥0，≤11	≥0，≤11
B	>11，≤18	>11，≤18
C	>18，≤26	>18，≤26
D	>26，≤35	>26，≤35
E	>35，≤45	>35，≤45
F	>45，需求超过容量	>45，需求超过容量

小幅增加就会迅速引发堵塞。此时，在交通流中进行机动是相当困难的，驾驶人往往需要耗费一段时间寻找间隙才能成功通过或合流。交通流抑制轻微车道扰动影响的能力受到严重限制，大多数这样的阻塞会导致排队，除非很迅速地消除。车辆之间的平均间距至少为151ft，或大约7个车长。

• **服务水平E**，代表在容量附近的运行。服务水平E的最大密度限制是在容量下运行。对于这样的运行，交通流中很少或没有可用的间隙，任何由换道或合流机动引起的扰动都会在交通流中产生冲击波。即使是最小的车道扰动，也可能导致大范围的排队。此时，在交通流中进行机动是非常困难的，因为其他车辆必须避让，以应对换道或合流的车辆。车辆之间的平均间距至少为117ft，或大约6个车长。

• **服务水平F**，描述了在堵塞点上游形成排队的运行情况。这种堵塞可能是由事故或事件引起的，也可能发生在到达需求持续超过该路段容量的地方。实际的运行条件变化很大，而且会受到短期的干扰。当车辆在队列中"顿挫"（Shuffle）时，它们时而静止，时而在短距离内快速移动。服务水平F也被用来描述堵塞点，即需求流率（v）超过容量（c）的地方。事实上，堵塞点的运行通常还不错，因为车辆从队列中释放。然而，正是由于堵塞点的容量不足导致了排队，将这种状况描述为服务水平F是妥当的。

注意，在表28.1中，当密度高于45pc/mile/ln或"需求超过容量"，即 $v/c > 1.00$ 时，被视作LOS F。因为在这种情况下无法预测密度。综上，在分析中，当需求超过容量时，就出现LOS F，密度将高于45pc/h/ln。

28.5 基准速度－流率曲线

在2016年版HCM中，2010年版HCM的离散速度－流率曲线被一个程序所取代，该程序为特定路段制定了一个基准FFS以供使用。这适应

了一个现状，即表征每条曲线的FFS是一个连续变量，而不是一系列离散选项。它也反映了2016年版HCM中实施的几种新调整方法的发展。

然而，从本质上讲，2016年版HCM仍然是基于2010年版HCM中校准的曲线，因为没有收集或分析新的数据。综上，2010年曲线校准的几个问题依旧存在[2]。

• 多车道公路的速度－流率曲线已经超过25年没有用新数据进行标定。

• 在HCQSC的指导下，公路速度－流率曲线被"调整"，以保证多车道公路的服务流率总是低于具有相同FFS的自由流公路。

• 虽然2010年的曲线的速度恒定部分比以前的版本要小，特别是在FFS的高值时，但实际数据显示，它们应该更小。所做的主观调整表明，在LOS C和D，服务流率被曲线过度预测。

所有这些问题都被传递到2016年的曲线中。图28.5展示了2016年版HCM中使用的速度－流率曲线的形式。

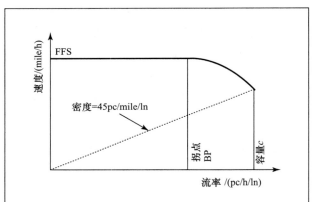

图28.5　自由流公路和多车道公路的速度－流率曲线的基准形式
资料来源：Reprinted with permission from *Highway Capacity Manual, 6th Edition: A Guide for Multimodal Mobility Analysis*, Transportation Research Board, National Academy of Sciences, Courtesy of the National Academies Press, Washington, D.C., 2016.

为一个分析路段制定具体的曲线包括确定FFS、拐点流率BP和容量 c。曲线的所有其他元素都遵循一个标准公式。

28.5.1 速度－流率曲线的基准方程式

所有速度－流率曲线的方程都有两部分：①对于流率值小于或等于拐点流量的情况 BP，速度是常数 FFS；②对于拐点和容量 c 之间的流率，采用标准公式的曲线。基准速度－流率曲线的公式如下：

$$S = \text{FFS}_{\text{adj}} \qquad\qquad\qquad v_{\text{p}} \leqslant \text{BP}$$

$$S = \text{FFS}_{\text{adj}} - \left[\frac{\left(\text{FFS}_{\text{adj}} - \dfrac{c_{\text{adj}}}{45}\right)(v_{\text{p}} - \text{BP})^a}{(c_{\text{adj}} - \text{BP})^a}\right] \quad v_{\text{p}} > \text{BP}$$

（28-1）

式中　FFS_{adj}——调整后的自由流速度（mile/h）；

c_{adj}——调整后的容量（pc/h/ln）；

BP——拐点流率（pc/h/ln）；

a——校准常数。

表 28.2 展示了这些参数的确定方式。

自由流公路和多车道公路在基准曲线上有一些明显区别。最大的区别是，自由流公路的断点是可变的，基于 FFS 和 SAF。对于多车道公路，所有曲线都在 1400pc/h/ln 处中断。这可能代表了这些设施运行特性的实际差异，但更可能是多车道的标定与自由流公路的标定相比年代久远，后者使用的是最近的数据。

一般来说，速度调整系数（SAF）和容量调整系数（CAF）可以应用于自由流公路的基本路段，但不能应用于多车道公路，因为对于此类公路尚无针对这些影响（天气、事件、工作区、驾驶人群体）的专门研究。SAF 和 CAF 的确定将在本章后面的内容中讨论。

表 28.2　确定特定速度－流率曲线的参数

参数	自由流公路基本路段	多车道公路基本路段
FFS/（mile/h）	测量或预测①	测量或预测①
FFS_{adj}/（mile/h）	FFS × SAF	FFS
SAF②	见注②	无需调整
c/（pc/h/ln）	2200 + 10（FFS−50） $c \leqslant 2400\text{pc/h/ln}$ 和 $55 \leqslant \text{FFS} \leqslant 75$	1900 + 20（FFS−45） $c \leqslant 2300\text{pc/h/ln}$ 和 $45 \leqslant \text{FFS} \leqslant 70$
c_{adj}/（pc/h/ln）	c × CAF	c
CAF③	见注③	无需调整
BP	$[1000 + 40 \times (75-\text{FFS}_{\text{adj}})] \times \text{CAF}^2$	1400pc/h/ln
a	2.00	1.31

注：① 预测 FFS 的方法将在本章的后续内容中讨论。

② SAF = 速度调整系数，考虑到恶劣天气、事件、工作区和驾驶人群体的影响，SAF 在本章的后续内容中讨论。

③ CAF = 容量调整系数，考虑到恶劣天气、事件、工作区和驾驶人群体的影响，CAF 在本章的下一节中讨论。

资料来源：Modified from *Highway Capacity Manual, 6th Edition: A Guide for Multimodal Mobility Analysis*, Transportation Research Board, Washington, D.C., 2016, Exhibit 12-6, pg 12-10.

28.5.2 测量或预测自由流速度

一个设施的自由流速度最好通过现场测量来确定。考虑到自由流公路和多车道公路的速度－流率关系的形状，当流量小于或等于1000veh/h/ln时，测得的平均速度可被视为代表 FFS。

当考虑新建设施或重新设计的设施时，不可能测量 FFS。即使是现有的设施，进行实地调研的时间和成本也可能是不值得的。

对于这种情况，已经开发了一些模型，使分析人员能够根据所调研路段的特点来估算 FFS。

估算自由流公路的 FFS

自由流公路的 FFS 可估算为：

$$FFS = 75.4 - f_{LW} - f_{LC} - 3.22TRD^{0.84} \quad (28\text{-}2)$$

式中 FFS——自由流公路的自由流速（mile/h）；
f_{LW}——车道宽度的速度调整值（mile/h）；
f_{LC}——右侧横向净距的速度调整值（mile/h）；
TRD——总匝道密度（匝道/mile）。

车道宽度的基准条件是平均宽度为 12ft 或以上。对于较窄的车道，基准 FFS 要按表 28.3 中的系数减少。

表 28.3　对自由流公路自由流速度的车道宽度调整值

车道宽度 /ft	f_{LW}/（mile/h）
≥ 12	0.0
11	1.9
10	6.6

数据来源：Reprinted with permission from Transportation Research Board, National Research Council, *Highway Capacity Manual*, National Academy of Sciences, Courtesy of the National Academies Press, Washington, D.C., 2000.

自由流公路基本路段的右侧横向净距基准值是大于或等于 6ft，在中间带或左侧是大于或等于 2ft。

表 28.4 给出了右侧横向净距小于 6ft 的调整值。对于中间横向净距小于 2ft 的情况没有提供调整，因为这种情况极少存在。

表 28.4　自由流公路自由流速度的横向净距调整值

右路肩横向净距 /ft	自由流速度减少值 f_{LC}/（mile/h） 单向车道数			
	2	3	4	≥ 5
≥ 6	0.0	0.0	0.0	0.0
5	0.6	0.4	0.2	0.1
4	1.2	0.8	0.4	0.2
3	1.8	1.2	0.6	0.3
2	2.4	1.6	0.8	0.4
1	2.0	2.0	1.0	0.5
0	3.6	2.4	1.2	0.6

资料来源：Reprinted with permission from Transportation Research Board, National Research Council, *Highway Capacity Manual*, National Academy of Sciences, Courtesy of the National Academies Press, Washington, D.C., 2000.

在评估自由流公路右侧是否存在"障碍物"时，应谨慎对待。障碍物可能是连续的，如护栏或挡土墙，也可能是间隔布置的，如灯杆和桥墩。在某些情况下，驾驶人可能已经习惯了一些障碍物，而这些障碍物对 FFS 的影响可能很小。

右侧的障碍物主要影响驾驶人在右侧车道的行为。驾驶人对这些障碍物"闪离"（Shy away），在车道上进一步向左偏移。邻近车道上的驾驶人也可能在一定程度上向左偏移，以应对车辆在右车道上的位置。总体效果是导致车辆在横向上比正常情况下更接近对方，从而使交通效率降低。这与窄车道的效果相同。由于主要影响在右车道，对 FFS 的总影响随着车道数量的增加而下降。

匝道密度是调研路段中点 ±3mile 内的匝道总数除以 6mile。匝道密度是与调研路段附近的土地使用活动强度相关的替代指标。在现实中，在经常有上下匝道的地方，驾驶人会以较低的速度行驶，在交通流中产生扰动。

估算多车道公路的 FFS

多车道公路的 FFS 可按以下方式估算：

$$FFS = BFFS - f_{LW} - f_{LC} - f_M - f_A \quad (28-3)$$

式中　FFS——多车道公路的速度（mile/h）；

　　BFFS——基准自由流速度（mile/h）；

　　f_{LW}——车道宽度的速度调整值（mile/h）；

　　f_{LC}——总横向净距的速度调整值（mile/h）；

　　f_M——中间带类型的速度调整值（mile/h）；

　　f_A——接入点的速度调整值（mile/h）。

HCM 中对用于式（28-3）的基准 FFS 没有过多指导。如果设计速度是已知的，则可以以它作为合理替代值。限速值可用作一个粗略的估计：限速小于 45mile/h 时，BFFS 可以粗略估计为限速 +7mile/h，限速大于 45mile/h 时，则为限速 +5mile/h。在完全没有任何其他信息的情况下，作为最后的方法，可以使用默认值 60mile/h。

多车道公路的基准车道宽度为 12ft，与自由流公路的情况相同。对于更窄的车道，FFS 要按表 28.3 中的数值减少。这种调整对多车道公路和自由流公路来说是一样的。

对于多车道公路，横向净距（Lateral clearance）的调整基于总横向净距，也就是车行路右侧和车行路左侧（中间）的横向净距之和。虽然这似乎是一个简单的概念，但有以下细节必须注意。

- 6ft 的横向净距是基准条件。因此，即使实际存在更大净距，右侧或左侧的横向净距也不会大于 6ft。因此，总横向净距的基准值是 12ft（右侧 6ft，左侧或中间 6ft）。

- 对于不分幅的多车道公路，没有左侧或中间的横向净距。然而，对于中间带的类型，包括不分幅的情况，有一个单独的调整。为了避免重复计算不分幅公路的影响，不分幅公路的左侧或中间的横向净距假定为 6ft。

- 对于有双向左转车道的多车道公路，左边或中间的横向净距也视为 6ft。

- 对于分幅的多车道公路，左边或中间的横向净距可以根据中央隔离的位置、间隔物体（灯杆、墩台等）或与对向交通车道的距离来确定。如前所述，最大值为 6ft。

表 28.5 展示了多车道公路上总横向净距对 FFS 的调整。

表 28.5　多车道公路上总横向净距的自由流速度调整值

四车道的多车道公路		六车道的多车道公路	
总横向净距 /ft	自由流速度减少值 f_{LC}/（mile/h）	总横向净距 /ft	自由流速度减少值 f_{LC}/（mile/h）
≥ 12	0.0	≥ 12	0.0
10	0.4	10	0.4
8	0.9	8	0.9
6	1.3	6	1.3
4	1.8	4	1.7
2	3.6	2	2.8
0	5.4	0	3.9

资料来源：Reprinted with permission from Transportation Research Board, National Research Council, *Highway Capacity Manual*, National Academy of Sciences, Courtesy of the National Academies Press, Washington, D.C., 2000.

中间带类型的调整见表28.6。不分幅的断面降低了1.6mile/h，而分幅的多车道公路，或有双向左转车道的多车道公路，代表了基准条件。

表 28.6　多车道公路中间带类型的自由流速度调整值

中间带类型	自由流速度减少值 f_M/（mile/h）
不分幅	1.6
双向左转（TWLTL）	0.0
分幅	0.0

资料来源：Reprinted with permission from Transportation Research Board, National Research Council, *Highway Capacity Manual*, National Academy of Sciences, Courtesy of the National Academies Press, Washington, D.C., 2000.）

对基准FFS的一个重要调整与接入密度（Access-point density）有关。接入密度是指每英里非信控出入道（Driveways）或车行路（Roadways）的平均数量，它们在车行路的右侧提供驶入多车道公路的接入（基于主体交通方向）。

其他交通量小的出入道或入口，由于某些原因，不影响驾驶人的行为，不应包括在接入口密度中，调整值见表28.7。

表 28.7　多车道公路上接入口密度的自由流速度的调整值

接入密度 /（接入点 /mile）	自由流速度减少值 f_A/（mile/h）
2	0.0
10	2.5
20	5.0
30	7.5
≥ 40	10.0

资料来源：Reprinted with permission from Transportation Research Board, National Research Council, *Highway Capacity Manual*, National Academy of Sciences, Courtesy of the National Academies Press, Washington, D.C., 2000.

例题 28-1：确定自由流速度

表28.8描述了一条自由流公路的基本路段和一条多车道公路的基本路段。根据给出的信息，估计每条路段的自由流速度。

表 28.8　确定 FFS 的例题

参数	自由流公路基本路段	多车道公路基本路段
车道数	6	4
车道宽	12ft	11ft
横向净距，右侧	4ft	2ft
断面形式	NA	不分幅
基准自由流速度	NA	65.0mile/h
匝道 /mile	4	NA
接入点 /mile	NA	20

式（28-2）和式（28-3）分别用于估计自由流公路和多车道公路基本路段的FFS。自由流公路基本路段的FFS计算公式为：

$$FFS = 75.4 - f_{LW} - f_{LC} - 3.22TRD^{0.84}$$

式中　f_{LW}——0.0mile/h（表28.3，12ft 车道）；

　　　f_{LC}——0.8mile/h（表28.4，4ft 净宽，单向三车道）；

　　　TRD——4 匝道 /mile（给定）。则：

$$FFS = 75.4 - 0.0 - 0.9 - 3.22(4^{0.84}) = 64.3mile/h$$

多车道公路基本路段的 FFS 计算公式为：

$$FFS = BFFS - f_{LW} - f_{LC} - f_M - f_A$$

式中　f_{LW}——1.9mile/h（表28.3，11ft 车道）；

　　　f_{LC}——0.9mile/h（表28.5，总横向净宽 = 2 + 6 = 8ft，四车道）；

　　　f_M——1.6mile/h（表28.6，不分幅）；

　　　f_A——5.0mile/h（表28.7，20 接入口 /mile 和 BEFS = 65mile/h（假定）。则：

$$FFS = 65.0 - 1.9 - 0.9 - 1.6 - 5.0 = 55.6mile/h$$

28.5.3 容量调整系数和速度调整系数

绝大多数的容量或服务水平分析都是在假定的条件下进行的，其中包括以下内容：

- 天气良好；
- 没有交通事件或事故；
- 没有工作区；
- 驾驶人是熟悉设施的常用用户。

多年来，当这些假设条件中的一个或多个不存在时，人们特别关注评估这些条件的影响。2016 年版 HCM 引入了 CAF（Capacity Adjustment Factor）和 SAF（Speed Adjustment Factor）来进行调整。

正常容量值可乘以 CAF，以反映恶劣天气、事件或事故造成的车道阻塞、工作区以及不是有关设施的经常使用者的驾驶群体的影响。同样地，FFS（或基准速度估算）可以通过 SAF 来调整，以反映这些情况对速度的影响。

在任何情况下，有四个组成部分影响 CAF 的应用，三个组成部分影响 SAF 的应用。表 28.9 列出了这些因素。

表 28.9　CAF 和 SAF 中考虑的因素

条件	CAF	SAF
天气	Yes	Yes
事件	Yes	No
驾驶人群体	Yes	Yes
工作区	Yes	Yes

注意，只建议基于事件对容量进行调整。由于缺乏相关研究，不能基于事件对速度进行调整。

如式（28-4）所示，在任何特定情况下，有可能对一个以上的因素应用 CAF 和 SAF：

$$CAF = CAF_w \times CAF_I \times CAF_{DP} \times CAF_{WZ}$$
$$SAF = SAF_w \times SAF_{DP} \times SAF_{WZ}$$

（28-4）

式中　CAF_W——恶劣天气下的容量调整系数；

SAF_W——恶劣天气下的速度调整系数；

CAF_I——事件容量调整系数；

CAF_{DP}——非标准驾驶人群体容量调整系数；

SAF_{DP}——非标准驾驶人群体速度调整系数；

CAF_{WZ}——工作区容量调整系数；

SAF_{WZ}——工作区速度调整系数。

虽然允许使用多个系数，但应该非常谨慎，因为这些调整系数中的每一个都是单独研究和校准的。实地校准没有考虑过几个系数的影响是否完全符合乘法关系，因为它们对运行的影响可能有重叠。换言之，在一个有周末驾驶人[⊖]的雪天，用这些系数来估计工作区的容量和 FFS 可能并不妥当。

如表 28.9 所示，CAF 用于修正基准条件下的估算容量，SAF 用于修正 FFS。这两者反过来又影响到任何特定应用中的速度 - 流率曲线的基准公式。

恶劣天气的调整

表 28.10 和表 28.11 展示了各种恶劣天气下的 CAF 和 SAF。它们基于 NCHRP 对容量分析中使用的默认值的全面调研[3]。

基于交通事件的 CAF

表 28.12 展示了基于交通事件的 CAF。这些数值基于 NCHRP 对默认值的调研[3]。

⊖ 这里指不熟悉该路段的驾驶人。——译者注

表 28.10　恶劣天气下的容量调整系数（CAF）

天气	确定条件	对于未调整的 FFS 的 CAF/（mile/h）				
		55	60	65	70	75
中雨	> 0.10 ~ 0.50in/h	0.94	0.93	0.92	0.91	0.90
大雨	> 0.25in/h	0.89	0.88	0.86	0.84	0.82
小雪	> 0.00 ~ 0.05in/h	0.97	0.96	0.96	0.95	0.95
中小雪	0.05 ~ 0.10in/h	0.95	0.94	0.92	0.90	0.88
中大雪	> 0.10 ~ 0.50in/h	0.93	0.91	0.90	0.88	0.87
大雪	> 0.50in/h	0.80	0.78	0.76	0.74	0.72
严寒	< −4°F	0.93	0.92	0.92	0.91	0.90
一般低能见度	0.50 ~ 0.99mile	0.90	0.90	0.90	0.90	0.90
中等低能见度	0.25 ~ 0.49mile	0.88	0.88	0.88	0.88	0.88
最低能见度	< 0.25mile	0.90	0.90	0.90	0.90	0.90
普通天气	以上均无	1.00	1.00	1.00	1.00	1.00

资料来源：Reprinted with permission from *Highway Capacity Manual, 6th Edition: A Guide for Multimodal Mobility Analysis*, Transportation Research Board, National Academy of Sciences, Courtesy of the National Academies Press, Washington, D.C., 2016.

表 28.11　恶劣天气下的速度调整系数（SAF）

天气	确定条件	对于未调整的 FFS 的 SAF/（mile/h）				
		55	60	65	70	75
中雨	> 0.10 ~ 0.25in/h	0.96	0.95	0.94	0.93	0.93
大雨	> 0.25in/h	0.94	0.93	0.93	0.92	0.91
小雪	> 0.00 ~ 0.05in/h	0.94	0.92	0.89	0.87	0.84
中小雪	0.05 ~ 0.10in/h	0.92	0.90	0.88	0.86	0.83
中大雪	> 0.10 ~ 0.50in/h	0.90	0.88	0.86	0.84	0.82
大雪	> 0.50in/h	0.88	0.86	0.85	0.83	0.81
严寒	< −4°F	0.95	0.95	0.94	0.94	0.92
一般低能见度	0.50 ~ 0.99mile	0.96	0.95	0.94	0.94	0.93
中等低能见度	0.25 ~ 0.49mile	0.95	0.94	0.93	0.92	0.91
最低能见度	< 0.25mile	0.95	0.94	0.93	0.92	0.91
普通天气	以上均无	1.00	1.00	1.00	1.00	1.00

资料来源：Reprinted with permission from *Highway Capacity Manual, 6th Edition: A Guide for Multimodal Mobility Analysis*, Transportation Research Board, National Academy of Sciences, Courtesy of the National Academies Press, Washington, D.C., 2016.

表 28.12 交通事件影响的 CAF

车道数	事件数	如下事件影响下的 CAF				
		关闭路肩	关闭 1 条车道	关闭 2 条车道	关闭 3 条车道	关闭 4 条车道
2	1.00	0.81	0.70	NA	NA	NA
3	1.00	0.83	0.74	0.51	NA	NA
4	1.00	0.85	0.77	0.50	0.52	NA
5	1.00	0.87	0.81	0.67	0.50	0.50
6	1.00	0.89	0.85	0.75	0.52	0.52
7	1.00	0.89	0.88	0.80	0.63	0.63
8	1.00	0.89	0.89	0.84	0.66	0.66

资料来源：Reprinted with permission from *Highway Capacity Manual, 6th Edition: A Guide for Multimodal Mobility Analysis*, Transportation Research Board, National Academy of Sciences, Courtesy of the National Academies Press, Washington, D.C., 2016.

应该注意的是，表 28.12 中的 CAF 只适用于那些在事件中保持开放的车道。例如，一个单向的四车道自由流公路段，由于交通事件，有 2 条车道关闭，只有 2 条车道开放。从表 28.12 来看，剩下的 2 条车道只能承载其正常容量的 0.50。由于事件而关闭的 2 条车道不能处理任何车辆。

自 1985 年以来，HCM 中的驾驶人群体的调整形式一直在变化。在 2016 年版 HCM 之前，它被应用于需求流量。2016 年版 HCM 对这一特性的 FFS 和容量都进行了调整。

标准分析程序假定有一个熟悉设施及其周围环境的常规驾驶人群体，即主要是通勤者。在周末或休闲交通可能成为主要需求问题的情况下，一直都有调整的考虑。表 28.13 展示了不同驾驶人群体的 CAF 和 SAF。

驾驶人群体的调整系数是根据前几版 HCM 中给出的驾驶人群体对需求流率的调整范围推算出来的。中间范围的定义完全是判断性内插的结果。还应注意的是，没有大量研究数据来支撑这些具体数值。

基于工作区的调整

工作区调整的方法与其他类别的 CAF 和 SAF 有很大不同。相反，我们提供了一个完整的方法来预测工作区的容量和 FFS。CAF 和 SAF 是根据这些分析结果确定的。该方法基于一个全国性的工作区运行调研[4, 5]。

表 28.13 非标准驾驶人群体的 CAF 和 SAF

驾驶人熟悉状况分类	CAF	SAF
全部驾驶人熟悉场景	1.0000	1.000
大部分驾驶人熟悉场景	0.968	0.975
熟悉和不熟悉场景的驾驶人对半	0.939	0.950
大部分驾驶人不熟悉场景	0.898	0.913
全部驾驶人不熟悉场景	0.852	0.863

资料来源：Reprinted with permission from *Highway Capacity Manual, 6th Edition: A Guide for Multimodal Mobility Analysis*, Transportation Research Board, National Academy of Sciences, Courtesy of the National Academies Press, Washington, D.C., 2016.

工作区的容量和 FFS 都基于车道关闭严重性指数（Lane Closure Severity Index，LCSI），其定义如下：

$$LCSI = \frac{1}{OR \times N_0} \quad (28-5)$$

式中 OR——开放车道比 N_0/N；

N——正常运行时的车道数（无工作区）；

N_0——开放的通过工作区的车道数。

表 28.14 展示了 LCSI 数值的正常范围。

表 28.14　LCSI 的数值范围

正常运行时的 车道数 N	开放的通过工作区 的车道数 N_0	开放车道比 OR	LCSI
3	3	1.00	0.33
2	2	1.00	0.50
4	3	0.75	0.44
3	2	0.67	0.75
4	2	0.50	1.00
2	1	0.50	2.00
3	1	0.33	3.00
4	1	0.25	4.00

资料来源：Reprinted with permission from *Highway Capacity Manual, 6th Edition: A Guide for Multimodal Mobility Analysis*, Transportation Research Board, National Academy of Sciences, Courtesy of the National Academies Press, Washington, D.C., 2016.

工作区容量基于对工作区排队消散率的预测（Queue Discharge Rate From The Work Zone, QDR_WZ）。研究发现，在工作区实地观察堵塞前的容量是非常困难的。不过，当堵塞已经发生时，排队的情况相对容易观察。排队消散估计为：

$$QDR_{WZ} = 2093 - (154LCSI) - (194 f_{BR}) - (179 f_{AT}) + (9 f_{LAT}) - (59 f_{DN})$$
（28-6）

式中　QDR_{WZ}——来自工作区的排队消散率（pc/h/ 开放车道）；

$\quad$ LCSI——车道关闭严重性指数（表 28.14）；

$\quad f_{BR}$——隔离类型调整系数（混凝土或其他刚性隔离为0，交通锥或其他柔性隔离为1）；

$\quad f_{AT}$——区域类型调整系数（城市为0，远郊为1）；

$\quad f_{LAT}$——与护栏的横向净距调整系数（0 ~ 12ft）；

$\quad f_{DN}$——昼夜调整系数（白天为0，夜间为1）。

一旦估算出排队消散率，工作区的容量就可估算为：

$$c_{WZ} = QDR_{WZ} \left(\frac{100}{100 - \alpha_{WZ}} \right)$$
（28-7）

式中　α_{WZ}——从容量到 QDR 的减少百分比；

$\quad c_{WZ}$——工作区容量（pc/h/ 开放车道）。

α_{WZ} 的值应进行当地校准。如果无法校准，可以使用默认值13.4%。基本上，该默认值假定一个工作区的 QDR 比其容量小 13.4%。

一旦估算出工作区的容量，就可估算 CAF_{WZ}：

$$CAF_{WZ} = C_{WZ}/c$$
（28-8）

其中，c 是自由流公路的基准容量（pc/h/ln），基于其 FFS。工作区的 FFS 估算为：

$$FFS_{WZ} = 9.95 + (33.49 f_{SR}) + (0.53SL_{WZ}) - (5.60LCSI) - (3.84 f_{BR}) - (1.71 f_{DN}) - (8.7TRD)$$
（28-9）

式中　SL_{WZ}——工作区限速（mile/h）；

$\quad f_{SR}$——限速比（SL/SLWZ）；

$\quad$ SL——自由流公路基准限速（mile/h）；

$\quad$ LCSI——车道关闭严重性指数（表 28.14）；

$\quad f_{BR}$——隔离类型调整系数（同上）；

$\quad f_{DN}$——昼夜调整系数（同上）；

$\quad$ TRD——总匝道密度（匝道 /mile）。

同样，一旦估算出 FFS_{WZ}，就可以估算出 SAF_{WZ}：

$$SAF_{WZ} = \frac{FFS_{WZ}}{FFS}$$
（28-10）

其中，FFS 是工作区外自由流公路的自由流速度。

由于所采用的方法，CAF_{WZ} 或 SAF_{WZ} 很少会被这样应用。相反，工作区的容量和 FFS 将直接从所述方法中计算得到，工作区被视为一个单独的路段进行分析。

例题 28-2：工作区分析

考虑自由流公路上的长期工作区的情况。该自由流公路有 8 条车道（每个方向 4 条车道），其中 2 条车道因重大维修作业而关闭。自由流公路本身在工作区外的 FFS 为 70mile/h。工作区由混凝土隔离划定，距离行车道边缘 0ft。该工作区位于远郊地区，运行的关键时期在白天。通过工作区的限速为 45mile/h，而自由流公路的限速为 70mile/h。自由流公路上的总匝道密度为 3 匝道 /mile。在这些条件下，估计工作区的容量和 FFS。

从表 28.14 来看，这种情况下的 LCSI 是 1.00（4 条车道，2 条开放）。现在应用式（28-6）、式（28-7）和式（28-9）来估算工作区的容量和 FFS。工作区的队列消散率计算如下：

$$QDR_{WZ} = 2093 - (154LCSI) - (194f_{BR}) + (9f_{LAT}) - (179f_{AT}) - (59f_{DN})$$

式中 LCSI——1.00（表 28.14）；
f_{BR}——0（混凝土隔离）；
f_{LAT}——0ft（给定）；
f_{AT}——1（远郊）；
f_{DN}——0（白天）。

那么：

$$QDR_{WZ} = 2093 - (154 \times 1) - (194 \times 0) + (9 \times 0) - (9 \times 0) - (179 \times 1) - (59 \times 0)$$
$$= 1760pc/h/开放车道$$

然后用式（28-7）来估算工作区的容量：

$$c_{WZ} = QDR_{WZ}\left(\frac{100}{100 - \alpha_{WZ}}\right)$$

使用 α_{WZ} 的默认值 13.4%，则工作区的容量为：

$$c_{WZ} = 1760 \times [100 / (100 - 13.4)] = 2032pc/h/开放车道$$

因为工作区有两条开放的车道，它将能够处理总计 $2032 \times 2 = 4064pc/h$。注意，该容量仍然以 "pc/h" 为单位，必须转换为 "veh/h"，使用本章后面讨论的方法考虑卡车的影响。

式（28-9）用于估计工作区的 FFS：

$$FFS_{WZ} = 9.95 + (33.49f_{SR}) + (0.53SL_{WZ}) - (5.60LCSI) - (3.84f_{BR}) - (1.71f_{DN}) - (8.7TRD)$$

式中 f_{SR}——70/45 = 1.56；
SL_{WZ}——45mile/h（给定）；
LCSI——1.00（表 28.14）；
f_{BR}——0ft（给定）；
f_{DN}——0（白天）；
TRD——3 匝道 /mile（给定）。
则：

$$FFS_{WZ} = 9.95 + (33.49 \times 1.56) + (0.53 \times 45) - (5.60 \times 1) - (3.84 \times 0) - (1.71 \times 0) - (8.7 \times 3) = 55.3mile/h$$

注意，此时的 FFS_{WZ} 高于工作区的限速。

关于 CAF 和 SAF 的最后说明

正如最初所指出的，大多数容量和服务水平分析是在假设"通常"条件下进行的，也就是说，天气良好，没有事件，没有工作区，以及典型的驾驶人群体和对设施熟悉的常用用户。这些因素的存在，使分析人员能够基于正常条件思考周期性或长时间中断的可能影响。

这些因素可以应用于自由流公路，但不建议用于多车道公路。这是 HCQSC 的判断，因为这些因素背后几乎所有的研究和数据都源于自由流公路。从逻辑上讲，人们期望在多车道公路上找到类似的影响，但到目前为止，还没有这样的数据成果。

最后，这些因素在此作为自由流公路基本路段分析方法的一部分。后面的章节会提到，它们也可以应用于自由流公路上的交织、合流和分流路段。

28.5.4 选择自由流速度的样本曲线

2016 年版 HCM 提供了选定的 FFS 值的基准曲线：自由流公路为 55mile/h、60mile/h、65mile/h、70mile/h 和 75mile/h，多车道公路为 45mile/h、50mile/h、55mile/h、60mile/h、65mile/h 和 70mile/h，如图 28.6 和图 28.7 所示。

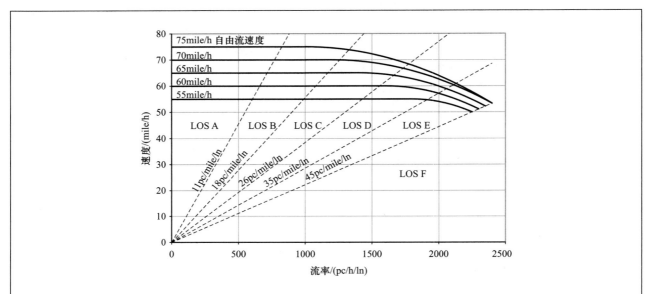

图 28.6   自由流公路的速度 – 流率基准曲线示例
资料来源：Reprinted with permission from *Highway Capacity Manual, 6th Edition: A Guide for Multimodal Mobility Analysis*, Transportation Research Board, National Academy of Sciences, Courtesy of the National Academies Press, Washington, D.C., 2016.

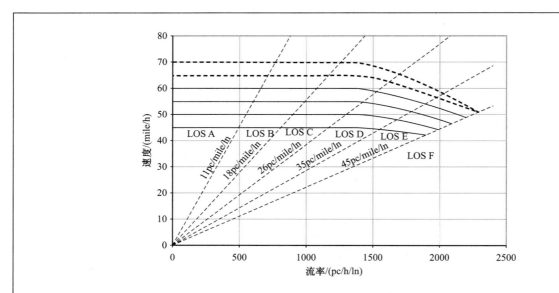

图 28.7   多车道公路的速度 – 流率基准曲线示例
资料来源：Reprinted withpermission from *Highway Capacity Manual, 6th Edition: A Guide for Multimodal Mobility Analysis*, Transportation Research Board, National Academy of Sciences, Courtesy of the National Academies Press, Washington, D.C., 2016.

这些曲线也展现了服务水平。LOS 的边界是由密度（pc/mile/ln）定义的，见表 28.1。在速度－流率图上，密度边界代表从原点开始的均匀斜率（注意 $D = v/S$）。每个 LOS 边界与每个速度－流率曲线的交点定义了在符合定义的 LOS 的运行条件下所能容纳的最大流率。这些被称为"最大服务流率"，并分别在表 28.15 和表 28.16 中展示了自由流公路和多车道公路的情况。

表 28.15　自由流公路的最大服务流率（MSF）

（单位：pc/h/ln）

FFS/ (mile/h)	服务水平				
	A	B	C	D	E
75	820	1310	1750	2110	2400
70	770	1250	1690	2080	2400
65	710	1170	1630	2030	2350
60	660	1080	1560	2010	2300
55	600	990	1430	1900	2250

注：所有数值都四舍五入到最接近的 10pc/h/ln。
资料来源：Reprinted with permission from *Highway Capacity Manual, 6th Edition: A Guide for Multimodal Mobility Analysis*, Transportation Research Board, National Academy of Sciences, Courtesy of the National Academies Press, Washington, D.C., 2016.

表 28.16　多车道公路的最大服务流率（MSF）

（单位：pc/h/ln）

FFS/ (mile/h)	服务水平				
	A	B	C	D	E
70	760	1260	1700	2020	2300
65	710	1170	1630	2000	2250
60	660	1080	1550	1980	2200
55	600	990	1430	1850	2100
50	550	900	1300	1710	2000
45	290	810	1170	1550	1900

注：所有数值都四舍五入到最接近的 10pc/h/ln。
资料来源：Reprinted with permission from *Highway Capacity Manual, 6th Edition: A Guide for Multimodal Mobility Analysis*, Transportation Research Board, National Academy of Sciences, Courtesy of the National Academies Press, Washington, D.C., 2016.

注意，任何给定的 LOS 和 FFS 的最大服务流率在自由流公路上总是比多车道公路高。从历史上看，2016 年以前版本的 HCM 中并非总是如此。在标准层面上，将自由流公路变成地面多车道公路就能提高容量的建议（以及暗示和操作），是完全不合逻辑的。

虽然这些曲线是为了提供信息和见解，但 HCM 方法假定专业人员会根据手头的实际条件绘制具体的速度－流率曲线，并对适用的 FFS 进行准确估计。

28.6　基准曲线在自由流公路和多车道公路容量和 LOS 分析中的应用

上一节描述了为特定的自由流公路段或多车道公路段的一些实际条件制定速度－流率曲线的过程。基准曲线的制定要考虑以下实际条件：

- 车道宽度（Lane widths）
- 侧向净距（单侧和双侧）[Lateral clearance(s)]
- 匝道或接入点的总密度（Total ramp or access point density）
- 中间带的类型（多车道公路）[Type of median（multilane highways）]
- 驾驶人群体（Driver population）

虽然基准曲线的开发将处理这些条件，但有两个主要的额外实际条件未包括在基准曲线中：重型车辆的存在和高峰小时系数（PHF）。基准曲线基于以 "pc/h/ln" 为单位的流率制定。实际条件包括以 "veh/h" 为单位的需求流量，其中包括重型车辆，如卡车、巴士和休旅车。它们的运行特性与小客车不同，对容量和速度都会产生严重的不利影响。然而，对重型车辆的调整是通过使用调整系数（f_{HV}），将以 "pc/h" 为单位的交通流转换为以 "veh/h" 为单位的交通流（反之亦然），在方程的需求方面进行的。

然而，有三种不同类型的应用，都需要进行这种转换：

- 运行分析（Operational analysis）
- 设计分析（Design analysis）
- 服务流率和服务流量分析（Service flow rate and service volume analysis）

除此以外，HCM 还定义了"方案分析"（Planning Analysis）。然而，这包括以 AADT 作为需求输入来开始分析，而不是以高峰小时流量来分析。方案分析从使用第 5 章所述的传统程序——将 AADT 转换为一个方向的设计小时流量（Directional Design-Hour Volume，DDHV）开始。

28.6.1 运行分析

最常见的分析形式是运行分析。在这种形式的分析中，所有交通、道路和控制条件都被定义为现有的或预测的公路路段，并确定预期的服务水平和运行参数。

基本方法是将现有或预测的需求流量转换为理想条件下的当量流率：

$$v_p = \frac{V}{PHF \times f_{HV} \times N} \qquad （28-11）$$

式中 v_p——理想条件下每条车道的流率（pc/h/ln）；

   V——需求流量（veh/h）；

   PHF——高峰小时系数；

   f_{HV}——重型车辆的调整系数；

   N——一个方向的车道数。

计算结果以两种方式之一使用。v_p 的计算值可以输入为所调研路段制定的速度 - 流率基准曲线的公式中。将采用式（28-1）的形式，并得到对输入流率的平均速度的预测。然后，密度可计算为 $D = v_p/S$，并与表 28.1 中的 LOS 标准相比较。另外，也可以将所开发的速度 - 流率基准曲线以图形形式输入 v_p 值，以确定平均速度和 LOS。这两种方法都将在本章末尾用例题来说明。

28.6.2 设计分析

在设计分析中，用现有的或预测的需求流量来确定提供特定服务水平所需的车道数。车道数的计算方法是：

$$N_i = \frac{DDHV}{PHF \times MSF_i \times f_{HV}} \qquad （28-12）$$

式中 N_i——提供服务水平 i 所需的车道数（单向）；

   DDHV——单向设计小时流量（veh/h）；

   MSF_i——表 28.15（自由流公路）和表 28.16（多车道公路）中 LOS i 的最大服务流率（pc/h/ln）；

   f_{HV}——重型车辆的调整系数。

28.6.3 服务流率和服务流量分析

确定既有条件下各种服务水平的服务流率和服务流量通常是有用的。然后可以将各种需求水平与这些估计值进行比较，以迅速确定预期的服务水平。一个给定的服务水平的服务流率的计算方法是：

$$SF_i = MSF_i \times N \times f_{HV} \qquad （28-13）$$

式中 SF_i——服务水平 i 的服务流率（veh/h）；

   MSF_i——服务水平 i 的最大服务流率（pc/h/ln）；

   N——单向车道数；

   f_{HV}——重型车辆的调整系数。

每个服务水平的最大服务流率 MSF_i 取自表 28.15（用于自由流公路）和表 28.16（用于多车道公路）。然而，这些表格只提供了以 5mile/h 为增量的 FFS 值。如果所调研的路段有一个中间的 FFS，则必须构建该路段的速度 - 流率曲线图，并加上 LOS 线，以获得数值。

服务流率是以高峰小时内的峰值流率来表示的，通常为 15min 的分析期。将服务流率转换为整个高峰小时的服务量通常是很方便的。这可以用高峰小时系数来完成：

$$SV_i = SF_i \times PHF \qquad (28\text{-}14)$$

式中　SV_i——服务水平 i 的整个高峰小时的服务流量（veh/h）。

所有其他变量定义同前。

28.7 重型车辆调整系数及相关问题

运行分析、设计分析和服务流量分析的共同特点是需要确定一个调整系数（f_{HV}），以考虑交通流中重型车辆的存在。虽然从形式上看，这种调整与 2016 年以前版本的 HCM 相似，但 2016 年版 HCM 在处理重型车辆方面有很大不同。

2016 年以前版本的 HCM 处理了三类不同的重型车辆：卡车、巴士和休旅车。2016 年版 HCM 只涉及两个类别：单体卡车（Single-Unit Truck，SUT）和拖挂车组合（Tractor-Trailer，TT）。所有巴士和休旅车现在都被归类为 SUT。此外，2016 年版 HCM 并没有单独处理这两类卡车，而是从可能出现的卡车组合来看待交通流。

28.7.1 小客车当量

重型车辆调整系数 f_{HV} 实际上是小客车当量 E_{HV} 的代数运算。小客车当量是一个概念，它提出在交通流中每出现一辆重型车辆，就会取代 E_{HV} 辆小客车。

思考以下情况：某交通流包含 15%（0.15）的重型车辆，每辆重型车从交通流中取代 3.0（E_{HV}）辆小客车。如果交通流的流量是 3000veh/h，那么以小客车当量表示的流量是多少？计算是比较简单的。在 3000veh/h 的流量中，15% 或 450veh/h 是重型车辆。其余的，即 2550veh/h，是小客车。每辆重型车相当于 3.0 辆小客车。因此，相当于小客车的交通流是：

$$
\begin{array}{r}
450 \times 3.0 = 1350 \\
\underline{2550 \times 1.0 = 2550} \\
3900\text{pc/h}
\end{array}
$$

3000veh/h 的现场交通流的运行情况等同于 3900pc/h。

重型车辆调整系数旨在将既有条件下以"pc/h"为单位的交通量转换为以"veh/h"为单位的交通量，即 $v_{veh/h} = v_{pc/h} \times f_{HV}$。因此，重型车辆调整系数被标定为 $f_{HV} = v_{veh/h}/v_{pc/h}$。然而，校准需要定义"veh/h"和"pc/h"的当量流率。这需要做大量工作，而且可以用许多不同的方法来完成，具体取决于所需结果。

不过，f_{HV} 与 E_{HV} 之间的关系是相对简单的。上面的例子可用来说明这一点。根据定义，重型车辆调整系数的计算方法是：

$$f_{HV} = \frac{v_{veh/h}}{v_{pc/h}} \qquad (28\text{-}15)$$

对于上面的例子，得出 $f_{HV} = 3000/3900 = 0.76923$。以式（28-15）为起点，可以用公式来代替用于计算 v（pc/h）的过程，那么：

$$f_{HV} = \frac{v_{veh/h}}{[v_{veh/h} \times P_{HV} \times E_{HV}] + [v_{veh/h} \times (1 - P_{HV}) \times 1]}$$

式中　P_{HV}——重型车辆的比例，给定为 0.15；
　　　E_{HV}——重型车辆当量，给定为 3.0。

$$
\begin{aligned}
f_{HV} &= \frac{3000}{[3000 \times 0.15 \times 3.0] + [3000 \times (1 - 0.15) \times 1]} \\
&= \frac{3000}{1350 + 2550} = 0.76923
\end{aligned}
$$

我们现在可以用该系数来进行原来的计算，也就是说，知道了以"pc/h"为单位的流率，就可以将它的单位转换为"veh/h"，如：

$$v_{veh/h} = 3900 \times 0.76923 = 3000\text{veh/h}$$

然后，f_{HV} 的公式可以通过代数方式简化，得到整个 HCM 中使用的通用公式：

$$f_{HV} = \frac{1}{1 + P_{HV}(E_{HV} - 1)} \quad (28-16)$$

其中所有参数定义同前。

多年来，人们使用了许多不同的方法来定义混合交通流与只有小客车的交通流的等效性：

- 在 1965 年版 HCM 中，Powell Walker 开发了一种基于小客车超越卡车和小客车超越其他小客车的相对数量的方法。该方法不是基于观察到的超车行为，而是基于测量到的卡车和客车的速度分布的超车影响。该方法是为双车道远郊公路开发的，但也被应用于多车道设施。校准从未被记录下来。几年后，Werner 使用加拿大双车道公路的更多现代数据校准了该方法 [6]。

- Walker 方法的一个修改是使用一类车辆对交通流中其他车辆造成的相对延误。

- 对于 1985 年版 HCM，Krammas 和 Crowley [7] 根据在交通流中观察到的小客车跟随小客车、小客车跟随卡车、卡车跟随小客车以及卡车跟随卡车的相对时距，对平原地形的当量进行了校准。该方法被应用于一般地形路段的当量。

- 对于 1985 年版 HCM，Linzer、Roess 和 McShane [8] 使用模拟输出来确定混合车流和仅小客车流中的等效 v/c 比率，用于确定特定坡度上卡车的当量。

- 2000 年，Webster 和 Elefteriadou [9] 使用新的模拟来开发修订的小客车当量，根据经济等价，即卡车使用与小客车使用产生的路面成本，修改了早期的工作。

这些只是用于定义卡车的当量和校准小客车当量的几个思路。其他思路包括根据交通流的速度或密度（混合流与小客车流）来定义当量。所有这些方法都有缺陷。当量的概念并不简单或直观，而且几乎不可能制定一个没有缺陷的方法。

对于 2016 年版 HCM，已经开发了一个全新的建模方法和概念。利用卡车和小客车在纵坡和更平缓的地形上性能的固有运动学关系，可以开发和比较仅有客车的交通流和混合交通流的速度 – 流率曲线。在 2016 年版 HCM 中，当量是基于容量的，也就是说，使用当量可以从只有客车的容量中估计出混合流的容量。当然，容量是速度 – 流率曲线上的一个点，通过比较容量来校准的当量，与考虑速度 – 流率连续体中的一系列点而产生的当量不同。这种方法在 2016 年版 HCM 中首次被采纳。在本书出版时，关于这种方法的校准的研究论文还没有发表。

2016 年版 HCM 与以前版本的 HCM 的另一个区别是，后者的方法侧重于维持坡度末端的交通流的速度 – 密度状态（因为这是卡车性能最差的地方），而前者的新方法考虑了卡车和客车在整个坡度上的空间平均速度，这样显然更快。

2016 年版 HCM 提出了在各种情况下重型车辆的小客车当量。使用了单辆重型车当量，并为具有不同比例的重型车辆的交通流编制了表格，其中卡车的混合比例为：

- 70%SUT，30%TT（默认混合）；
- 50%SUT，50%TT（等量混合）；
- 30%SUT，70%TT（重型混合）。

此外，小客车当量已被校准：

- 一般地形的延伸段（平原或丘陵）；
- 特定纵坡。

所提出的程序一般来说对确定服务水平是足够的。在某些情况下，如果有许多卡车与长和 / 或陡峭的纵坡结合在一起，则该方法所预测的平均速度可能过高。对于这些情况，2016 年版 HCM 包含一个详细的模型，用于直接预测混合交通流的平均速度（空间平均）。后一个模型不包括在本文中。对于这些内容，应直接查阅 2016 年版 HCM [1]。

28.7.2　一般地形路段的小客车当量

通常，如果一个路段中，没有一个坡度大于3%且坡长超过0.25mile的纵坡，并且没有一个坡度小于3%且坡长超过0.50mile的纵坡，就可将该路段看作一般地形路段。一般地形路段的定义有以下两类。

- **平原地形**：平原地形由短的纵坡组成，坡度一般小于2%。平面和立面的结合允许卡车和其他重型车辆在交通流中保持与小客车相同的速度。
- **丘陵地形**：丘陵地形是指平面和立面方向的任何组合，使卡车和其他重型车辆的速度大幅低于小客车的速度，但并不迫使重型车辆在相当长的距离内以爬坡速度运行。爬坡速度被定义为重型车辆在特定坡度上所能维持的最低速度，无论其长度如何。

2016年以前版本的HCM中存在的那一类山区地形已经被取消了。构成山区的任何一系列坡度都应作为一系列具体的坡度进行分析。

卡车的小客车当量不取决于卡车的组合，见表28.17。

表 28.17　一般地形路段的重型车辆的小客车当量

小客车当量	地形类型	
	平原	丘陵
E_{HV}	2.0	3.0

数据来源：Reprinted with permission from *Highway Capacity Manual, 6th Edition: A Guide for Multimodal Mobility Analysis*, Transportation Research Board, National Academy of Sciences, Courtesy of the National Academies Press, Washington, D.C., 2016.

28.7.3　特定坡度的小客车当量

2016年版HCM为特定坡度的重型车辆提供了小客车当量（E_{HV}）。表28.18展示了交通流中典型的重型混合的当量：70%SUT和30%TT。当重型车辆的确切组合不详时，将其作为默认组合。注意，巴士和休旅车都包括在SUT的范畴内。研究表明，SUT的重量功率比平均为65lb/hp，而TT平均为130lb/hp[译注]。

表28.19展示了比典型组合包含更多拖挂车（TT）的卡车组合的小客车当量样本。备选组合包括50%SUT和50%TT，以及30%SUT和70%TT。前者更可能发生在城市地区，而后者更可能发生在远郊地区。

注意，没有单独的下坡表格。所有下坡都是用坡度≤0%的纵坡类别的小客车当量来估计的。

28.7.4　组合纵坡

表28.18和表28.19中给出的小客车当量是基于已知长度的恒定坡度。但是，在大多数情况下，公路的线形是一系列组合纵坡，也就是一系列不同纵坡的上坡和/或下坡。在这种情况下，必须使用一个等效的统一纵坡来输入表28.18或表28.19。寻找等效统一纵坡的一个简单方法是平均纵坡法。平均纵坡定义为：

$$G_{AV} = \left(\frac{总高差}{总长度} \right) \times 100 \qquad (28\text{-}17)$$

式中　G_{AV}——平均纵坡（%）；

总高差——从组合纵坡的起点到终点的总高差（ft）；

总长度——组合纵坡的总长度（ft）。

⊖　65lb/hp ≈ 39.5kg/kW，130lb/hp ≈ 79.0kg/kW。注意，重量功率比与比功率互为倒数。——译者注

表 28.18　在特定坡度上的典型重型车辆组合的小客车当量

纵坡（%）	坡长/mile	卡车占比（包括巴士和休旅车）							
		2%	4%	5%	6%	8%	10%	15%	≥ 20%
≤ 0	ALL	2.39	2.18	2.12	2.07	2.01	1.96	1.89	1.85
2	0.125	2.67	2.32	2.23	2.17	2.08	2.03	1.95	1.89
	0.375	3.63	2.82	2.64	2.52	2.35	2.25	2.10	2.02
	0.625	4.12	3.08	2.85	2.69	2.49	2,36	2.18	2.08
	0.875	4.37	3.21	2.96	2.78	2.56	2.42	2.22	2.11
	1.250	4.53	3.29	3.02	2.84	2.60	2.45	2.24	2.13
	≥ 1.500	4.58	3.31	3.04	2.86	2.61	2.46	2.46	2.14
2.5	0.125	2.75	2.36	2.27	2.20	2.11	2.04	1.95	1.90
	0.375	4.01	3.02	2.80	2.65	2.46	2.33	2.15	2.06
	0.625	4.66	3.35	3.08	2.88	2.64	2.48	2.36	2.15
	0.875	4.99	3.52	3.21	3.00	2.73	2.56	2.32	2.19
	1.250	5.20	3.64	3.30	3.08	2.79	2.60	2.35	2.22
	≥ 1.500	5.26	3.67	3.33	3.10	2.80	2.62	2.36	2.23
3.5	0.125	2.93	2.45	2.34	2.26	2.16	2.09	1.98	1.92
	0.375	4.86	3.46	3.16	2.96	2.69	2.53	2.30	2.18
	0.625	5.88	3.99	3.59	3.32	2.98	2.76	2.46	2.31
	0.875	6.40	4.75	3.81	3.51	3.12	2.88	2.55	2.38
	1.250	6.74	5.15	3.96	3.63	3.21	2.96	2.60	2.42
	≥ 1.500	6.83	5.27	3.99	3.66	3.24	2.98	2.62	2.44
4.5	0.125	3.13	2.56	2.43	2.21	2.13	2.01	2.01	1.95
	0.375	5.88	3.99	3.59	2.98	2.76	2.46	2.46	2.31
	0.625	7.35	4.75	4.22	3.39	3.10	2.71	2.71	2.51
	0.875	8.11	5.15	4.54	3.60	3.27	2.83	2.83	2.61
	≥ 1.000	8.33	5.27	4.63	3.66	3.33	2.87	2.87	2.64
5.5	0.125	3.27	2.69	2.53	2.42	2.28	2.19	2.95	1.98
	0.375	7.09	4.62	4.11	3.76	3.31	3.04	2.66	2.47
	0.625	9.13	5.68	4.97	4.49	3.88	3.51	3.00	2.74
	0.875	10.21	6.24	5.43	4.88	4.18	3.76	3.18	2.89
	≥ 1.000	10.52	6.41	5.57	5.00	4.27	3.83	3.24	2.93
6	0.125	3.51	2.76	2.59	2.47	2.32	2.22	2.08	2.00
	0.375	7.78	4.98	4.40	4.01	3.51	3.20	2.78	2.56
	0.625	10.17	6.23	5.42	4.87	4.17	3.75	3.18	2.88
	0.875	11.43	6.88	5.95	5.32	4.53	4.04	3.39	3.06
	≥ 1.000	11.81	7.08	6.11	5.46	4.64	4.13	3.45	3.11

资料来源：Reprinted with permission from *Highway Capacity Manual, 6th Edition: A Guide for Multimodal Mobility Analysis*, Transportation Research Board, National Academy of Sciences, Courtesy of the National Academies Press, Washington, D.C., 2016.

表28.19 特定坡度上的非典型重型车辆组合的小客车当量

纵坡（%）	坡长/mile	30%SUT 和 70%TT（重型混合）				50%SUT 和 50%TT（等量混合）			
		卡车占比（包括巴士和休旅车）							
		2%	5%	10%	15%	2%	5%	10%	15%
≤ 0	ALL	2.62	2.30	2.12	2.04	2.67	2.31	2.11	2.02
2	0.125	2.62	2.30	2.12	2.04	2.67	2.31	2.11	2.02
	0.375	3.76	2.78	2.38	2.22	3.76	2.77	2.36	2.20
	0.625	4.47	3.08	2.54	2.34	4.32	3.01	2.49	2.29
	0.875	4.80	3.22	2.61	2.39	4.57	3.11	2.55	2.33
	1.250	5.00	3.30	2.66	2.42	4.71	3.17	2.58	2.36
	≥ 1.500	5.04	3.32	2.67	2.43	4.74	3.19	2.59	2.36
2.5	0.125	2.62	2.30	2.12	2.04	2.67	2.31	2.11	2.02
	0.375	4.11	2.93	2.46	2.28	4.10	2.92	2.44	2.26
	0.625	5.04	3.32	2.67	2.43	4.84	3.23	2.61	2.38
	0.875	5.48	3.51	2.77	2.50	5.17	3.37	2.69	2.43
	1.250	5.73	3.61	2.83	2.54	5.36	3.45	2.73	2.47
	≥ 1.500	5.80	3.64	2.84	2.55	5.40	3.47	2.74	2.47
3.5	0.125	2.62	2.30	2.12	2.04	2.67	2.31	2.11	2.02
	0.375	4.88	2.93	2.63	2.41	4.89	3.25	2.62	2.39
	0.625	6.34	3.32	2.97	2.64	6.05	3.75	2.89	2.58
	0.875	7.03	3.51	3.12	2.76	6.58	3.97	3.01	2.67
	1.250	7.44	3.61	3.22	2.82	6.88	4.10	3.09	2.72
	≥ 1.500	7.53	3.64	3.24	2.84	6.95	4.13	3.10	2.73
4.5	0.125	2.62	2.30	2.12	2.04	2.67	2.31	2.11	2.02
	0.375	5.80	3.64	2.84	2.55	5.83	3.65	2.84	2.55
	0.625	7.90	4.53	3.32	2.90	7.53	4.38	3.24	2.83
	0.875	8.91	4.96	3.56	3.07	8.32	4.72	3.42	2.97
	≥ 1.000	9.19	5.08	3.62	3.11	8.53	4.81	3.47	3.00
5.5	0.125	2.62	2.30	2.12	2.04	2.67	2.31	2.11	2.02
	0.375	6.87	4.10	3.09	2.73	6.97	4.14	3.11	2.74
	0.625	9.78	5.33	3.76	3.21	9.37	5.16	3.67	3.14
	0.875	11.20	5.94	4.09	3.45	10.49	5.65	3.93	3.34
	≥ 1.000	11.60	6.11	4.18	3.51	10.80	5.78	4.01	3.39
6	0.125	2.62	2.30	2.12	2.04	2.67	2.31	2.11	2.02
	0.375	7.48	4.36	3.23	2.73	7.64	4.43	3.26	2.85
	0.625	10.87	5.79	4.01	3.39	10.45	5.63	3.92	3.33
	0.875	12.54	6.51	4.40	3.67	11.78	6.20	4.24	3.56
	≥ 1.000	13.02	6.71	4.51	3.75	12.15	6.36	4.85	3.62

资料来源：Reprinted with permission from *Excerpts from Highway Capacity Manual, 6th Edition: A Guide for Multimodal Mobility Analysis*, Transportation Research Board, National Academy of Sciences, Courtesy of the National Academies Press, Washington, D.C., 2016.

例题 28-3 ： 组合纵坡计算

考虑一个由 3000ft 的 4% 纵坡和 1000ft 的 2% 纵坡组成的组合纵坡。组合纵坡的坡度是多少？

$$上坡（4\% 坡度）= 0.04 \times 3000 = 120.0\text{ft}$$
$$上坡（2\% 坡度）= 0.02 \times 1000 = 20.0\text{ft}$$
$$总高差 = 200 + 120 = 140.0\text{ft}$$
$$总长度 = 3000 + 1000 = 4000\text{ft}$$

则：

$$G_{AV} = \left(\frac{140}{4000}\right) \times 100 = 3.5\%$$

4000ft 长的 3.5% 纵坡的小客车当量可在已有的表格中查到。

组合纵坡的困难在于，它是一种近似的方法。卡车的运行及其对交通流的影响取决于公路段的确切立面。当组合纵坡的总长度为 4000ft 或更少时，或者当单一坡度不超过 4% 时，平均纵坡技术仅是一种合理近似。

在 2016 年以前版本的 HCM 中，为涉及较长或较陡的组合纵坡的情况提供了一个替代方法。它的基础是找到一个恒定的坡度值，使卡车在纵坡末端的速度相同。由于目前的混合流运行模式不再依赖卡车在纵坡末端的速度，这种方法不再可行。2016 年，当存在较长或较陡的组合纵坡时，用户必须直接应用混合流模型，而不是使用表格中的小客车当量值。详细的混合流模型在本章中未提及，但可以在 2016 年版 HCM[1] 的第 25 章和第 26 章中找到。

28.7.5　重型车辆调整系数 f_{HV}

一旦获得适当的小客车当量 E_{HV}，重型车辆调整系数就可以用式（28-16）计算得出。

28.8　例题

例题 28-4 ： 一条老城区自由流公路的运行分析

在一个大城市地区，有一段老自由流公路有以下特性：

- 4 条车道（每个方向有 2 条车道）；
- 车道宽度为 10ft ；
- 路侧的侧向障碍物距离路面边缘 0ft ；
- 匝道总密度 = 5 匝道 /mile ；
- 丘陵地形；
- 卡车占比（典型混合）= 2% ；
- 高峰小时系数（PHF）= 0.95。

目前高峰方向的高峰小时需求为 3000veh/h。估算自由流公路在高峰小时的服务水平是多少？

求解

第 1 步：估算自由流公路的自由流速度

任何运行分析的第一步都是确定所调研路段的自由流速度。由于这是一个自由流公路段，用式（28-2）来估算

FFS ：

$$FFS = 75.4 - f_{LW} - f_{LC} - 3.22 TRD^{0.84}$$

式中　f_{LW}——6.6mile/h（表 28.3，10ft 车道）；
　　　f_{LC}——3.6mile/h（表 28.4，0ft 净距，2 车道）；
　　　TRD——5 匝道 /mile（给定）。

则：

$$FFS = 75.4 - 6.6 - 3.6 - 3.22(5^{0.84}) = 52.8\text{mile/h}$$

第 2 步：确定该路段的速度 – 流率方程

使用式（28-1）：

$$S = FFS_{adj} \qquad\qquad\qquad\qquad\qquad v_p \leqslant BP$$

$$S = FFS_{adj} - \left[\frac{\left(FFS_{adj} - \dfrac{c_{adj}}{45}\right)(v_p - BP)^a}{(c_{adj} - BP)^a}\right] \qquad v_p > BP$$

定义该曲线所需的所有参数都是用表 28.2 计算的。注意，该分析并不表明存在天气、事件、驾驶人群体或工作区的问题。因此，CAF 和 SAF 可以取值 1.00。从表 28.2 来看：

$$c = 2200 + 10(\text{FFS} - 50)$$
$$= 2200 + 10(52.8 - 50)$$
$$= 2228\text{pc/h/ln}$$
$$\text{BP} = 1000 + 40(75 - \text{FFS}_{\text{adj}})\text{CAF}^2$$
$$= 1000 + 40(75 - 52.8)1^2 = 1888\text{pc/h/ln}$$
$$a = 2.00\ (\text{表}28\text{-}2)$$

则：

$$S = 52.8 \qquad\qquad\qquad v_p \leqslant 1888$$
$$S = 52.8 - \left[\frac{\left(52.8 - \dfrac{2228}{45}\right)(v_p - 1888)^2}{(2228 - 1888)^2}\right] \quad v_p > 1888$$

第 3 步：将需求流量转换为小客车当量的流率

以 "veh/h" 为单位的需求流量必须转换为以小客车当量为单位的流率，以便在校准的速度 – 流率方程中使用。使用式（28-11）可以进行转换：

$$v_p = \frac{V}{\text{PHF} \times N \times f_{\text{HV}}}$$

式中　V——3000veh/h（给定）；

　　　　PHF——0.95（给定）；

N——2（四车道自由流公路）；

　　　　f_{HV}——用式（28-16）计算。

$$f_{\text{HV}} = \frac{1}{1 + P_{\text{HV}}(E_{\text{HV}} - 1)}$$

式中　P_{HV}——0.02（给定）；

　　　　E_{HV}——3.0（表 28.17，丘陵地形）。

则：

$$f_{\text{HV}} = \frac{1}{1 + 0.02(3 - 1)} = 0.962$$
$$v_p = \frac{3000}{0.95 \times 2 \times 0.962} = 1641\text{pc/h/ln}$$

第 4 步：求解交通流的速度和密度，并确定服务水平

用第 2 步中经过校准的速度 – 流率方程来确定交通流的速度。由于需求流率 1641pc/h/ln < 1888pc/h/ln，交通流的预期速度将是 FFS 或 52.8mile/h。

交通流密度的计算方法是：

$$D = \frac{v_p}{S} = \frac{1641}{52.8} = 31.1\text{pc/mile/ln}$$

从表 28.1 来看，这个密度对应 LOS D 的运行状况（26 ~ 35pc/mile/ln）。结果表明，该自由流公路段预计将在 LOS D 下运行，这在一个大城市地区通常是可以接受的。对一个两条车道的自由流公路段来说，3000veh/h 的需求量并不是特别高。运行状况不佳主要源于该段自由流公路的几何要素（车道宽度、横向净距）存在缺陷。

例题 28-5：多车道公路段的运行分析

一条四车道多车道公路段，有完整的中间带，高峰小时最繁忙的方向有 2600veh/h 的车流量。它有以下特性：

- 12ft 宽车道；
- 在路侧和中间带有 4ft 的净距；
- 10 个接入点 /mile；
- 10% 的卡车，标准混合；
- PHF = 0.88。

该路段为 3.5% 的持续坡度，全长 1.25mile。基准 FFS 可取 65mile/h。上坡和下坡时的预期服务水平是多少？

第 1 步：估计多车道公路的自由流速度

多车道公路的 FFS 用式（28-3）估算：

$$\text{FFS} = \text{BFFS} - f_{\text{LW}} - f_{\text{LC}} - f_{\text{M}} - f_{\text{A}}$$

式中　BFFS——65.0mile/h（给定）；

　　　　f_{LW}——0.0mile/h（表 28.3，12ft 车道）；

　　　　f_{LC}——0.9mile/h（表 28.4，4+4=8ft 总横向净距）；

　　　　f_{M}——0.0mile/h（表 28.6，中间带）；

　　　　f_{A}——2.5mile/h（表 28.7，10 个接入点 /mile）。

则：

$$\text{FFS} = 65.0 - 0.0 - 0.9 - 0.0 - 2.5 = 61.6\text{mile/h}$$

第 2 步：确定该路段的速度 – 流率方程

使用式（28-1）计算：

$$S = \mathrm{FFS}_{\mathrm{adj}} \qquad\qquad v_{\mathrm{p}} \leqslant \mathrm{BP}$$

$$S = \mathrm{FFS}_{\mathrm{adj}} - \left[\frac{\left(\mathrm{FFS}_{\mathrm{adj}} - \dfrac{c_{\mathrm{adj}}}{45}\right)(v_{\mathrm{p}} - \mathrm{BP})^{a}}{(c_{\mathrm{adj}} - \mathrm{BP})^{a}} \right] \quad v_{\mathrm{p}} > \mathrm{BP}$$

该方程的关键值从表 28.2 中选择或计算。注意，对于多车道公路，可以不采用 CAF 或 SAF。

则：

$$c = 1900 + 20(\mathrm{FFS} - 45) = 1900 + 20(61.6 - 45)$$
$$= 2232\mathrm{pc/h/ln}$$
$$\mathrm{BP} = 1400\mathrm{pc/h/ln}$$
$$a = 1.31$$

则：

$$S = 61.6 \qquad\qquad v_{\mathrm{p}} \leqslant 1400$$

$$S = 61.6 - \left[\frac{\left(61.6 - \dfrac{2232}{45}\right)(v_{\mathrm{p}} - 1400)^{1.31}}{(2232 - 1400)^{1.31}} \right] \quad v_{\mathrm{p}} > 1400$$

第 3 步：将需求流量转换为小客车当量的流率

使用式（28-11）将需求流量转换为小客车当量的流率：

$$v_{\mathrm{p}} = \frac{V}{\mathrm{PHF} \times N \times f_{\mathrm{HV}}}$$

式中　V——2600veh/h（给定）；

　　　　PHF——0.88（给定）；

　　　　N——2 条车道（单向）。

$$f_{\mathrm{HV}} = \frac{1}{1 + P_{\mathrm{HV}}(E_{\mathrm{HV}} - 1)}$$

式中　P_{HV}——0.10（给定）；

　　　　E_{HV}——2.96（表 28.18，3.5% 坡度，1.25mile，10% 卡车）。

则：

$$f_{\mathrm{HV}} = \frac{1}{1 + 0.10(2.96 - 1)} = 0.836$$

$$v_{\mathrm{p}} = \frac{2600}{0.88 \times 2 \times 0.836} = 1767\mathrm{pc/h/ln}$$

第 4 步：求解交通流的速度和密度，并确定服务水平

使用为该段标定的方程式，输入 v_{p} 值，以找到交通流速度的估计平均速度。注意，由于 v_{p} 大于 1400pc/h/ln 的拐点，使用方程的曲线部分：

$$S = 61.6 - \left[\frac{\left(61.6 - \dfrac{2232}{45}\right)(1767 - 1400)^{1.31}}{(2232 - 1400)^{1.31}} \right]$$
$$= 57.5\mathrm{mile/h}$$

现在可以计算出密度为：

$$D = \frac{v_{\mathrm{p}}}{S} = \frac{1767}{57.5} = 30.7\mathrm{pc/mile/ln}$$

从表 28.1 来看，这是 LOS D（26～35pc/mile/ln）。因此，该路段的运行情况相对较差。同时，交通流的速度和密度都在稳定范围内。这是否可以接受，取决于该地点的具体情况，如开发环境、安全记录、用户和居民的意见。

例题 28-6：一个设计应用

一条新的自由流公路正在设计中，通过远郊地区。根据预测，高峰小时的 DDHV 为 2700veh/h（单向）。预计将出现以下情况：

- PHF = 0.85；
- 用户群体熟悉该设施；
- 15% 卡车，重型混合（30%SUT 和 70%TT）；
- TRD = 0.50 匝道 /mile。

该道路的很长一段是在平原地形上，但有一个 2mile 的路段是在持续坡度 4.5% 的纵坡上。如果目标是在高峰期提供 LOS C 的运行，LOS D 是绝对的最小值，那么必须提供多少条车道？

这个例子要求确定该道路设施三个不同路段所需的车道数：①一个长的平原地形路段；②一个 2mile、坡度 4.5% 的上坡路段；③一个 2mile，坡度 4.5% 的下坡路段。

第 1 步：估计自由流公路的自由流速度

FFS 用式（28-2）估算。由于这是一个设计应用，假定车道宽度和横向净距是标准的，即分别为 12ft 和 6ft。这样就不用对这些要素进行调整。

$$\mathrm{FFS} = 75.4 - f_{\mathrm{LW}} - f_{\mathrm{LC}} - 3.22\mathrm{TRD}^{0.84}$$
$$\mathrm{FFS} = 75.4 - 0.0 - 0.0 - 3.22(0.5^{0.84}) = 74.8\mathrm{mile/h}$$

第 2 步：确定各路段的速度 - 流率曲线

速度 - 流率曲线将再次采用式（28-1）的形式。

表 28.2 用来计算或确定关键参数。注意，设计总是在天气良好、无事件、无工作区的状况下进行。问题陈述中还规定，用户群体熟悉这些路段。因此，没有 CAF 或 SAF 需要应用。

那么：

$$c = 2200 + 10(\text{FFS} - 50)$$
$$= 2200 + 10 \times (74.8 - 50)$$
$$= 2448 \text{pc/h/ln} > 2400 \text{pc/h/ln}$$

使用 2400pc/h/ln
$$\text{BP} = [1000 + 40(75 - \text{FFS}_{adj})]\text{CAF}^2$$
$$= [1000 + 40(75 - 74.8)] \times 1^2 = 1008 \text{pc/h/ln}$$
$$a = 2.00$$

则：

$$S = 74.8 \qquad\qquad v_p \leq 1008$$

$$S = 74.8 - \left[\frac{\left(74.8 - \dfrac{2400}{45}\right)(v_p - 1008)^{2.00}}{(2400 - 1008)^{2.00}} \right] \qquad v_p > 1008$$

$$S = 74.8 - \left[\frac{21.5(v_p - 1008)^2}{1937664} \right] \qquad v_p > 1008$$

第 3 步：确定该路段 LOS C 和 LOS D 的最大服务流率

从表 28.1 中可知，LOS C 的最大密度为 26pc/mile/ln，LOS D 的最大密度为 35pc/mile/ln。我们需要的是产生这些密度值的曲线上的速度 – 流率点。最好通过绘制先前校准的曲线，并从原点构建代表 26pc/mile/ln 和 35pc/mile/ln 的斜率来完成。该曲线最好用电子表格来绘制，如图 28.8 所示。

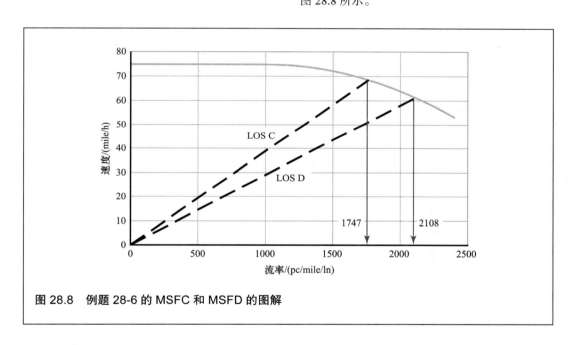

图 28.8 例题 28-6 的 MSFC 和 MSFD 的图解

从图 28.8 中，可以确定以下数值：

- MSF_C = 1747pc/h/ln
- MSF_D = 2108pc/h/ln

近似的数值也可以通过表 28.15 内插得到。在这种情况下，鉴于 FFS 非常接近 75mile/h，而该数值已包括在表中，因此插值是次要的。在这种情况下，在图中量取比内插法更方便，它用于检查从图中确定的数值。

第 4 步：确定重型车辆调整系数 f_{HV}

式（28-12）用于确定提供目标 LOS 所需的车道数。然而，该方程包括对 PHF 的调整（已给出），以及重型车辆调整系数，而后者没有给出。事实上，由于我们考虑的是一个平原地形段，一个 4.5% 的上坡和一个 4.5% 的下坡，该参数可能有三个不同的值。

重型车辆调整系数用式（28-16）计算：

$$f_{HV} = \frac{1}{1 + P_{HV}(E_{HV} - 1)}$$

E_{HV} 有三个不同的值：

- E_{HV}（平原）= 2.0（表 28.17）；
- E_{HV}（上坡）= 3.11（表 28.19，4.5%，2mile，15% 卡车，70%TT – 重型混合）；
- E_{HV}（下坡）= 2.04（表 28.19，<0%，2mile，

15% 卡车，70%TT – 重型混合）。

则：

$$f_{\text{HV,平坡}} = \frac{1}{1+0.15(2.0-1)} = 0.870$$

$$f_{\text{HV,上坡}} = \frac{1}{1+0.15(3.11-1)} = 0.734$$

$$f_{\text{HV,上坡}} = \frac{1}{1+0.15(2.04-1)} = 0.865$$

第 5 步：求解提供 LOS C 或 LOS D 所需的车道数

式（28-12）用于计算所需车道数。我们有两个目标服务水平需要考虑，并有三个不同的路段：

$$N_i = \frac{\text{DDHV}}{\text{PHF} \times \text{MSF}_i \times f_{\text{HV}}}$$

$$N_{\text{C,平坡}} = \frac{2700}{0.85 \times 1747 \times 0.870} = 2.09 \text{车道}$$

$$N_{\text{C,上坡}} = \frac{2700}{0.85 \times 1747 \times 0.734} = 2.48 \text{车道}$$

$$N_{\text{C,下坡}} = \frac{2700}{0.85 \times 1747 \times 0.865} = 2.10 \text{车道}$$

$$N_{\text{D,平坡}} = \frac{2700}{0.85 \times 2108 \times 0.870} = 1.73 \text{车道}$$

$$N_{\text{D,上坡}} = \frac{2700}{0.85 \times 2108 \times 0.734} = 1.82 \text{车道}$$

$$N_{\text{D,下坡}} = \frac{2700}{0.85 \times 2108 \times 0.865} = 1.74 \text{车道}$$

注意，这些结果都是小数。建造只能按整车道。为了提供 LOS C，所有三个路段都需要提供 3 条车道（每个方向）。如果愿意接受 LOS D，所有三个路段都可以用 2 条车道（每个方向）来满足。

建设六车道自由流公路而不是四车道自由流公路的最终决定显然有巨大的经济后果。建设成本较高，而且必须占用更宽的红线范围。增长预期将是决定中的一个关键因素。如果预计交通量会有很大增长，则很可能会选择六车道方案。

该问题说明了一些进入决策的实际考虑。HCM 分析并没有提供一个最终的答案。相反，它展示了提供各种服务水平所需要的东西，成本、环境影响、社会影响、增长模式和其他考虑因素都需要包括在现有的选项中。

例题 28-7：评估增长

一条六车道城市自由流公路测得的 FFS 为 65mile/h，地形起伏较大。交通包括 10% 的卡车（标准混合）。其他标准条件适用，因此没有 CAF 或 SAF 需要应用。该设施的 PHF 为 0.92。目前的交通量为 3600veh/h（单向），预计在未来 20 年内将以每年 6% 的速度增长。

该设施目前的 LOS 是多少？5 年后可望达到什么水平？10 年后？15 年后？20 年后？

一般方法

这些问题可以通过参照例题 28-4 和 28-5 所示的五种独立运行分析来回答。这将是一个很麻烦的过程。有一个更简单的方法：确定五个稳定服务水平的服务流率（Service Flow Rates，SF）和服务流量（Service Volumes，SV），并将 0、5、10、15、20 年的实际流量与结果直接比较，以确定 LOS。

第 1 步：确定重型车辆调整系数

重型车辆调整系数 f_{HV} 在所有服务流率和服务流量的计算中一定会用到。重型车辆调整系数用式（28-15）计算：

$$f_{\text{HV}} = \frac{1}{1+P_{\text{HV}}(E_{\text{HV}}-1)}$$

式中 P_{HV}——0.10（给定）；
E_{HV}——3.0（表 28.17，丘陵地形）。

则：

$$f_{\text{HV}} = \frac{1}{1+0.10(3-1)} = 0.833$$

第 2 步：计算 LOS A～E 的服务流率

使用式（28-13）计算服务流率：

$$\text{SF}_i = \text{MSF}_i \times N \times f_{\text{HV}}$$

式中 N——3（给定）；
f_{HV}——0.833（在第 1 步中计算）。

65mile/h FFS 的最大服务流率从表 28.15 中得到：

LOS A = 710pc/h/ln，LOS B = 1170pc/h/ln，LOS C = 1630pc/h/ln，LOS D = 2030pc/h/ln，LOSE = 2350pc/h/ln，那么：

$$SF_A = 710 \times 3 \times 0.833 = 1744 \text{veh/h}$$

$$SF_B = 1170 \times 3 \times 0.833 = 2924 \text{veh/h}$$

$$SF_C = 1630 \times 3 \times 0.833 = 4073 \text{veh/h}$$

$$SF_D = 2030 \times 3 \times 0.833 = 5073 \text{veh/h}$$

$$SF_E = 2350 \times 3 \times 0.833 = 5873 \text{veh/h}$$

第3步：计算 LOS A ~ E 的服务流量

由于目前的需求量是以整小时的容量表示的，而不是以流率表示的，它不能直接与服务流率进行比较。要么需求流量必须被转换为流率，要么每个服务流率必须被转换为服务流量。两者都是通过使用 PHF 来实现的。服务流量计算为：

$$SV_A = 1774 \times 0.92 = 1632 \text{veh/h}$$

$$SV_B = 2924 \times 0.92 = 2690 \text{veh/h}$$

$$SV_C = 4073 \times 0.92 = 3747 \text{veh/h}$$

$$SV_D = 5073 \times 0.92 = 4667 \text{veh/h}$$

$$SV_E = 5873 \times 0.92 = 5403 \text{veh/h}$$

第4步：确定目标年的服务水平

目前的车流量为 3600veh/h。与第3步中计算的服务流量相比较，得出 LOS C。

预计交通量将以每年 6% 的速度增长。因此，确定 5 年、10 年、15 年和 20 年后的 LOS 需要计算出这些年的预期需求量：

$$V_N = V_0 \times 1.06^N$$

$$V_5 = 3600 \times 1.06^5 = 4818 \text{veh/h(LOS E)}$$

$$V_{10} = 3600 \times 1.06^{10} = 6447 \text{veh/h(LOS F)}$$

$$V_{15} = 3600 \times 1.06^{15} = 8628 \text{veh/h(LOS F)}$$

$$V_{20} = 3600 \times 1.06^{20} = 11546 \text{veh/h(LOS F)}$$

这些结果有点吓人。这条公路将在第 10 年饱和失效，而且很可能更早。以流量表示，该设施的容量 SV_E 是 5403veh/h。要想知道该设施确切的失效时间，就让年数未知，并将需求量设定为 5403veh/h：

$$5403 = 3600 \times 1.06^N$$

$$N = 7.3 \text{年}$$

当然，在这之前，运行会严重恶化。目前的 LOS 是 C，但在 5 年内，它已经恶化到 E。必须立即开始计划处理这个设施上的交通增长的极端问题。3 条车道的全小时容量为 5403veh/h，表明每小时车道容量为 5403/3 = 1801veh/h/ln。在 20 年内，需求量为 11546veh/h，每个方向需要 11546/1801 = 6.4 条车道！该解决方案显然不切实际。必须寻求创新的替代方案：

- 能否通过更好的区域（开放）控制来降低增长速度？
- 是否有可以考虑的公共运输选项？
- 能否对替代设施进行改进以处理部分交通？
- 能否调整工作时间，将需求分散到一天中更多的时间里？

再次说明，HCM 分析为我们提供了非常有用的信息。然而，它并不能解决问题。我们必须利用分析产生的解读来帮助制定合理的解决方案，以解决快速发展的交通问题。

例题 28-8：使用 CAF 和 SAF

如果我们希望关注恶劣天气事件中的运行：中度（中等）降雨，例题 28-4 的结果会有什么变化？如果设施位于经常发生中度降雨的地区，这将是要应对的事情，因此在评估运行和实施设计时需要予以考虑。

第1步：确定适用的 CAF 和 SAF

中度（中等）降雨的 CAF 来自表 28.10，SAF 来自表 28.11。两者都取决于设施的基准 FFS（未调整的），在例题 28-4 中估计为 52.8mile/h，则：

- CAF（中雨）= 0.94（表 28.10）；
- SAF（中雨）= 0.96（表 28.11）。

CAF 和 SAF 用于调整设施在良好天气下运行的容量 c 和 FFS 的估计。两者都是在例题 28-4 中计算的。如前所述，FFS 求解为 52.8mile/h，容量 c 求解为 2228pc/h/ln。现在用 CAF 和 SAF 来修正这些数值：

$$FFS_{adj} = FFS \times SAF = 52.8 \times 0.96 = 50.7 \text{mile/h}$$

$$c_{adj} = c \times SAF = 2228 \times 0.94 = 2094 \text{pc/h/ln}$$

第 2 步：确定该路段调整后的速度 - 流率方程

该方程的基准形式仍然是式（28-1），但必须使用 FFS_{adj} 和 c_{adj} 的调整值。此外，曲线中的拐点值也会受到影响，见表 28.2，则：

$$BP = 1000 + 40(75 - FFS_{adj})CAF^2$$
$$= 1000 + 40(75 - 50.7)0.94^2 = 1859pc/h/ln$$

则，速度 - 流率方程变成：

$$S = 50.7 \qquad\qquad\qquad\qquad\qquad v_p \leqslant 1859$$

$$S = 50.7 - \left[\frac{\left(50.7 - \frac{2094}{45}\right)(v_p - 1859)^{2.00}}{(2094 - 1859)^{2.00}} \right] \qquad v_p > 1859$$

$$S = 50.7 - \left[\frac{4.2 \times (v_p - 1859)^2}{55225} \right] \qquad v_p \leqslant 1859$$

第 3 步：确定交通流的速度、密度和 LOS。

例题 28-4 中计算出 v_p 的适当值为 1641pc/h/ln。将其放入该路段的方程中，可以看出速度将是 FFS_{adj} 或 50.7mile/h，因为 1641pc/h/ln 小于 1859pc/h/ln 的拐点。

可计算出密度为：

$$D = \frac{v_p}{S} = \frac{1641}{50.7} = 32.4pc/mile/ln$$

从表 28.1 来看，这就是 LOS D，与原问题相同。因此，当存在持续的中度降雨时，设施的 LOS 没有发生明显变化，尽管速度比天气好的时候低一点，密度高一点。

28.9　总结

2016 年版 HCM 对自由流公路和多车道公路基本路段的分析引入了一些新方法。新方法不是依靠一套标准的速度 - 流率曲线，而是着重于开发适用于所调研路段的特定速度 - 流率曲线。

对于自由流公路，它提供了额外的灵活性来处理恶劣的天气、交通事件、工作区和非标准的驾驶人群体。这种灵活性是通过使用 CAF 和 SAF 实现的。对于自由流公路，这些调整也贯穿于分析交织、合流和分流路段的方法。

参考文献

[1] *Highway Capacity Manual, 6th Edition: A Guide for Multimodal Mobility Analysis*, Transportation Research Board, Washington, D.C., 2016.

[2] Roess, R.P., "Speed-Flow Curves for the Highway Capacity Manual 2010, " *Transportation Research Record 2257*, Transportation Research Board, Washington, D.C., 2011.

[3] Zegeer, J., J. Bonneson, R. Dowling, P. Ryus, M. Vandehey, W. Kittelson, N. Rouphail, B. Schroeder, A. Hajbabaie, B. Aghdashi, T. Chase, S. Sajjadi, R. Margiotta, and L. Elefteriadou. *Incorporating Travel Time Reliability in the Highway Capacity Manual*. SHRP 2 Report S2-L08-RW-1. Transportation Research Board, Washington, D.C., 2014.

[4] Yeom, C., A. Hajbabaie, B. Schroeder, C. Vaughan, X. Xuan, and N. Rouphail. *Innovative Work Zone Capacity Models from Nationwide Field and Archival Sources*. Presented at the 94th Annual Meeting of the Transportation Research Board, Washington, D.C., 2014.

[5] Hajbabaie, A., C. Yeom, N. Rouphail, W. Rasdorf, and B. Schroeder. *Freeway Work Zone Free-Flow Speed Prediction from Multi-State Sensor Data*. Presented at the 94th Annual Meeting of the Transportation Research Board, Washington, D.C., 2014.

[6] Werner, A., "Effect of Recreational Vehicles on Highway Capacity, " *M.S. Thesis*, University of Calgary, Calgary, Canada, April 1974.

[7] Krammas, R., and Crowley, K., "Passenger Car Equivalents for Trucks on Level Freeway Segments, " *Transportation Research Record 1194*, Transportation Research Board, Washington, D.C., 1988.

[8] Linzer, E., Roess, R., and McShane, W., "Effect of Trucks, Buses, and Recreational Vehicles on Freeway Capacity and Service Volume, " *Transportation Research Record 699*, Transportation Research Board, Washington, D.C., 1979.

[9] Elefteriadou, L., Torbic, D., and Webster, N., "Development of Passenger Car Equivalents for Freeways, Two-Lane Highways, and Arterials, " *Transportation Research Record 1572*, Transportation Research Board, Washington, D.C., 1997.

习题

28-1. 估算具有以下特点的四车道不分幅多车道公路的自由流速度：

- 基准自由流速度 = 60mile/h；
- 平均车道宽度 = 11ft；
- 两侧净距 = 3ft，道路两侧均是；
- 15 接入点 /mile，道路两侧均是；
- 可以假设天气良好，无事件，无工作区，用户熟悉该道路。

28-2. 估计一条六车道郊区自由流公路的自由流速度，车道宽 12ft，右侧横向净距 2ft，3.5 匝道 /mile。可以假设在正常情况下，即天气良好，无事件，无工作区，用户熟悉该道路。

28-3. 在分析 1000ft 的 2% 上坡路段和 1500ft 的 3% 上坡路段时，将使用什么平均纵坡？

28-4. 一条在丘陵地形上运行的自由流公路，其交通组成为 15% 的卡车（标准混合）。如果观察到的高峰小时需求量为 3200veh/h（单向），那么对应的小客车当量是多少？

28-5. 找出具有以下特性的八车道自由流公路的上坡和下坡服务流率和服务流量：

- 11ft 宽车道；
- 2ft 右侧横向净距；
- 4.2 匝道 /mile；
- 3% 的卡车（标准混合）；
- 天气良好，无事件，无工作区，用户熟悉该路段；
- PHF = 0.92；
- 该路段的持续坡度为 3.5%，长度为 1.5mile。

28-6. 一条现有的六车道公路，现场测量的自由流速度为 45mile/h，高峰小时车流量为 4000veh/h，其中卡车占 10%（50%SUT 和 50%TT），PHF = 0.88。这条公路位于常规的丘陵地形。该路段可能的服务水平是什么？可以假设天气良好，无事件，无工作区，用户熟悉该路段。

28-7. 在平原地形的郊区设计一段长的郊区自由流公路。在平坦路段之后是一个 4.5% 坡度的纵坡，长度为 2.0mile。如果 DDHV 是 2500veh/h，15% 的卡车（标准混合），在①上坡，②下坡，③平原路段需要多少车道来提供 LOS C？车道宽度和横向净距可分别假设为 12ft 和 6ft。匝道密度预计为 1.0 匝道 /mile。PHF = 0.92。可以假设天气良好，无事件，无工作区，用户熟悉该道路。

28-8. 一条老的城市四车道自由流公路有以下特性：

- 11ft 宽的车道；
- 没有横向净距（0ft）；
- 4.5 匝道 /mile；
- 5% 的卡车（标准组合）；
- PHF = 0.90；
- 丘陵地形。

目前该设施的高峰小时需求流量为 2100veh/h，预计每年增长 3%。目前的 LOS 是什么水平？5 年后的预期 LOS 是什么水平？10 年后？20 年后？为了避免饱和堵塞（LOS F），何时需要对该设施进行实质性改进和 / 或新建替代路线？可以假设天气良好，无事件，无工作区，用户熟悉该道路。

28-9. 一条六车道的休闲型自由流公路具有以下特性：

- 12ft 宽的车道；
- 6ft 的横向净距；
- 2 匝道 /mile；
- 10% 的卡车（标准混合）；
- PHF = 0.95；
- 平原地形；
- 高峰小时需求流量 = 4000veh/h。

由于该设施为附近滑雪场的休闲用户服务，高峰期出现在周末，小到中雪是正常的天气模式。如果几乎所有用户都不熟悉该道路，那么在高峰期的预期 LOS 是什么水平？

28-10. 一条六车道远郊自由流公路的工作区有一条车道长期关闭。该工作区由混凝土隔离保护，护栏紧贴在行车道的边缘（横向净距 0ft）。自由流公路上的限速是 70mile/h，但通过工作区的限速是 50mile/h。该地区的总匝道密度为 1 匝道 /mile，关注的关键时期在白天。这个工作区的预期 FFS 和容量是多少？

容量和服务水平分析: 自由流公路和多车道公路的交织段

第 28 章介绍并说明了自由流公路和多车道公路基本路段的容量和服务水平分析方法。然而，这些设施的路段，如果存在交织、合流和 / 或分流的机动，就会因这些机动而出现额外的扰流。因为在交通流中存在这种额外的扰流，所以不能用基本路段技术进行简单分析的操作。

虽然对交通流中的"扰流"（Turbulence）没有公认的衡量指标，但交织、合流和分流路段的最突出特点是这些机动造成的额外换道。扰流的其他因素包括驾驶人需要更加警惕，速度变化更加频繁，以及平均速度可能比类似的基本路段低一些。

图 29.1 呈现了交织路段所涉及的基本机动。交织是指在没有信号灯或其他控制设施的帮助下，一个流向必须沿着某设施段长度穿过另一个流向的路径（指路和 / 或警告标志除外）。当一个合流区后面紧跟着一个分流区时，就会出现这种情况。从合流区左肢进入且从分流区右肢离开的交通流，必定在分流点与从合流区右肢进入且从左肢离开的交通流路径交叉。根据该路段的具体几何形状，这些机动可能需要变换车道才能成功完成。此外，该路段中的其他车辆（即那些不从道路的一侧穿行到另一侧的车辆）也可能会进行额外换道，以避开该路段中的集中扰流区域。

流向 A-D 和 B-C 必定会在入口和出口三角区（Gore areas）之间相互交叉路径。这些被称为**交织流向**。流向 A-C 和 B-D 相互不交叉，但可能涉及额外的换道以避开扰流。这些被称为**非交织**或**外侧流向**。

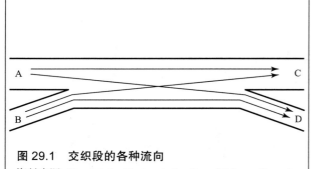

图 29.1　交织段的各种流向

资料来源：Reprinted with permission from *Highway Capacity Manual, 6th Edition: A Guide for Multimodal Mobility Analysis*, Transportation Research Board, National Academy of Sciences, Courtesy of the National Academies Press, Washington, D.C., 2016.

交织与单独的合流和分流机动之间的区别很模糊。当分流段"紧随"合流段时，就会出现交织现象。"紧随"的含义并没有很好的明确定义。2000 年版《道路容量手册》（HCM）[1] 采用统一的 2500ft 长度作为交织运行的最大长度。最近的研究 [2] 表明，该长度是变化的。然而，在某些情况下，交织段的合流端和分流端相距甚远，足以独立运行。在这种情况下，合流段和分流段被分开处理（见第 30 章），它们之间的路段被视为自由流公路或多车道公路基本路段。

即使合流和分流之间的距离小于最大值，该运行的分类也取决于相关布置的细节。例如，一条单车道、右侧的入口匝道，其后紧随一条单车道、右侧的出口匝道，只有在这两个匝道由一条连续的辅助车道（Auxiliary lane）连接的情况下，才被看作交织段。如果入口匝道和出口匝道有独立的、不连续的加速和减速车道，则分别被视为独立的合流和分流区域，与它们之间的距离无关。1965 年版 HCM[3] 承认在长达 8000ft 的距离内有交织机动，但这是基于一个单一的数据点，随后长度超过 2500ft 的交织机动不再纳入考虑。

尽管车道变换和其他扰流因素在交织、合流和分流路段的性质相似，但分析交织路段的方法与分析合流和分流路段的方法不同，在本书的不同章节中处理。这主要是研究历史的偶然性，因为从概念上讲，所有情况下都会出现类似的特性。根据赞助机构的要求，在不同时期使用不同的数据库对这些主题进行了研究。从 2010 年版 HCM 开始，为了使这些方法更加一致，特别是在服务水平的衡量和标准方面，投入了大量精力。

HCM 的交织段分析方法是为自由流公路校准的。这些方法可以谨慎地应用于不受控制⊖的交织机动的多车道公路，因此通常被视作近似结果。

29.1　交织段的服务水平标准

衡量交织段的有效性指标是密度。这与自由流公路和多车道公路的方法一致。服务水平标准见表 29.1。注意，自由流公路和多车道公路的交织段有不同标准。多车道公路的边界条件比自由流公路的密度高一些，反映了用户对多车道公路的期望值较低。这与基本路段的标准有些不一致，自由流公路和多车道公路基本路段的标准是一样的。

表 29.1　交织段的服务水平标准

服务水平	密度范围 /（pc/mile/ln）	
	自由流公路	多车道公路
A	0 ~ 10	0 ~ 12
B	> 10 ~ 20	> 12 ~ 24
C	> 20 ~ 28	> 24 ~ 32
D	> 28 ~ 35	> 32 ~ 36
E	> 35 ~ 43	> 36 ~ 40
F	> 43 或超过容量	> 40 或超过容量

资料来源：Reprinted with permission from *Highway Capacity Manual, 6th Edition: A Guide for Multimodal Mobility Analysis*, Transportation Research Board, National Academy of Sciences, Courtesy of the National Academies Press, Washington, D.C., 2016.

⊖　这里的不受控制是指没有信号灯、"STOP"标志、"YIELD"标志等交通控制。——译者注对于交织路段，LOS F 发生在两种情况下：①当需求超过该路段的容量，即 $v/c > 1.00$ 时；②当密度超过自由流公路或多车道公路的最大值时，视情况而定。因此，在某些情况下，有可能出现 $v/c < 1.00$，却被描述为 LOS F 的情况。当然，这并不常见。

服务水平适用于交织段的影响范围，定义为从合流点到分流点的基本长度，加上上游和下游的 500ft，如图 29.2 所示。

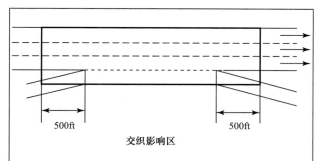

图 29.2 交织影响区示意
资料来源：Reprinted with permission from Transportation Research Board, National Research Council, modified from *Highway Capacity Manual*, National Academy of Sciences, Courtesy of the National Academies Press, Washington, D.C., 2000.

29.2 将需求流量转换为流率（pc/h）

交织分析的程序依赖于在基准或理想条件下用以小客车为单位的需求流率来校准算法。因此，在使用该方法之前，必须将组合需求流量转换为以 "pc/h" 为单位的流率。

该转换通过式（29-1）实现：

$$v_i = \frac{V_i}{PHF \times f_{HV}} \qquad (29\text{-}1)$$

式中　　v_i——流向 i 的流率（pc/h）；
　　　　V_i——流向 i 的全小时流量（veh/h）；

　　　　PHF——高峰小时系数；
　　　　f_{HV}——重型车辆调整系数。

重型车辆系数是采用自由流公路和多车道公路基本路段的系数，用第 28 章中介绍的方法和数值计算得出。

29.3 交织区分析方法的发展简史

自 20 世纪 60 年代后期以来，对交织区一直有大量研究，但目前程序的许多参数仍然依赖于，至少是部分依赖于判断。这主要源于收集有关交织机动的全面数据非常困难，而且成本很高。交织区覆盖了相当长的长度，通常需要从高处的有利位置进行录像，通常使用飞机，或在时间上单独观察进入和离开终端，并对车辆进行图像匹配。此外，有众多变量影响交织运行，因此，需要大量反映这些变量的测点来提供一个符合统计学要求的数据库[⊖]。

第一项聚焦于交织区的调研[4]引出了 1985 年版 HCM（第 3 版）。遗憾的是，由于后来会修订基本断面模型，为了保持一致，交织区模型也要修订。它依赖于当时的公共道路局（Bureau of Public Roads）在 20 世纪 60 年代末收集的 48 组数据，以及另外 12 组专门为研究收集的数据。所产生的方法复杂且需要迭代。在 20 世纪 70 年代末，作为所有自由流公路相关方法研究的一部分进行了修改[5]。1980 年，运输研究委员会（TRB）发布了一套临时分析程序[6]，其中包括修改后的交织分析程序。它还包括一个独立开发的方法，它通常会产生大不相同的结果。后者的方法在随后的研究中被记录下来[7]。为了解决这两种方法之间的差异，在 20 世纪 80 年代初进行了另一项研究，使用由 10 个地点组成的新数据库[8]。这项研究产生了第三种方法，与前两种方法有很大

　⊖　随着无人机的普及，该问题大概将不复存在。——译者注

不同。随着 1985 年版 HCM 出版日期的临近，这三种方法被判断性地合并，使用 20 世纪 80 年代的 10 个测点进行总体验证[9]。在 20 世纪 80 年代和 90 年代，一些调研继续探究各种交织区分析方法，但没有形成共识[10-13]。

因此，作为 2000 年版 HCM 研究的一部分，委托进行一项新的研究，基于一些新的数据，但主要是模拟，这并不奇怪[14]。遗憾的是，模拟方法不太成功，TRB 的公路容量和服务质量委员会（HCQSC）认为研究得到的一些趋势是反直觉的。2000 年版 HCM 的方法是对早期程序的进一步判断性修改的结果[15]。

本章介绍的交织段分析方法来自国家合作公路研究计划项目（NCHRP3-75），自由流公路交织段分析[2]。该程序是为 2010 年版 HCM 开发的，并在 2009 年夏季会议上得到 HCQSC 的正式批准。在稍作修改后，该方法在 2016 年版 HCM 中仍然有效。

29.4 交织区的车流组成

在典型的交织区可能存在四种车流。根据定义，相互交叉的两个流向被称为交织流，而没有交叉的流向被称为非交织流或外侧流，如图 29.1 所示。

为了简化对交织段车流的描述，多年来形成了一组简单的符号：交织流使用下标"w"，而外部或非交织流使用下标"o"。两个外部或交织流中较大的流被赋予第二个下标"1"，而较小的流则使用下标"2"。因此：

- v_{o1} = 较大的外侧流（pc/h），同等基准条件；
- v_{o2} = 较小的外侧流（pc/h），同等基准条件；
- v_{w1} = 较大的交织流（pc/h），同等基准条件；
- v_{w2} = 较小的交织流（pc/h），同等基准条件。

图 29.3a 展示了一个如何使用这些名称的例子，同时也说明了一个交织。图 29.3b 称为交织

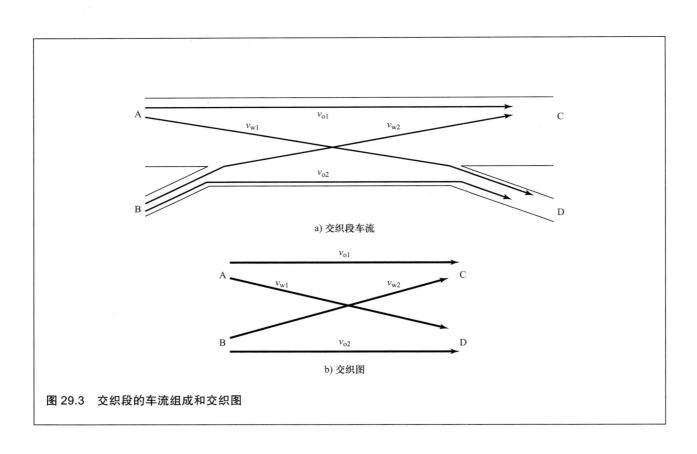

a) 交织段车流

b) 交织图

图 29.3 交织段的车流组成和交织图

图。它以路段形式显示了交织流和非交织流，以及它们在车行路上的相对位置。按照惯例，它总是以交通从左到右的方式绘制。它是一种方便的形式，以一致的方式说明各组成部分的流量，以供分析。在分析算法中使用的其他关键变量，可以从所述的基本变量中计算出来：

- v_w = 交织的总流率 = $v_{w1} + v_{w2}$（pc/h）；
- v_{NW} = 非交织的总流率 = $v_{o1} + v_{o2}$（pc/h）；
- v = 交织段的总流率 = $v_w + v_{NW}$（pc/h）；
- VR = 流量比 = v_w/v；
- R = 交织比 = v_{w2}/v_w。

29.5　描述交织段的关键几何变量

有三个几何变量对交织运行质量的影响很大：

- 车道配置（Lane configuration）；
- 交织区的长度（ft）；
- 交织区的宽度（车道数）。

每个变量都对必须或可能发生的换道量以及换道（Lane-changing）的强度有影响。

29.5.1　车道配置

车道配置是指入口和出口分支相互"连接"的方式。这是一个关键特性，因为它决定了交织车辆最终必须进行多少次换道才能成功完成交织机动。这些都是强制性换道，因为交织车辆必须从其入口段到其所需的出口段。根据定义，这些车道变换必须在交织路段内进行。

根据入口和出口车道的数量和位置，以及交织段内车道的数量，可能存在许多车道配置。交织段有两种分类方式：

- 单侧交织段与双侧交织段；
- 匝道交织段与主线交织段。

在单侧交织段中，交织流向基本上被限制在设施一侧的车道上，通常（但不完全）是右侧。在双侧交织段，至少有一个交织流向必须使用设施两侧的车道。单侧交织路段的交织扰流是相对局部的，而在双侧交织路段，交织扰流可能蔓延到设施的大部分或所有车道。在更具体的术语中，适用以下定义。

- **单侧交织路段（One-sided weaving segment）**是指没有交织机动需要两次以上换道的路段。

- **双侧交织路段（Two-sided weaving segment）**是指一个交织机动需要换道三次或更多，或设施一侧的单车道匝道与设施另一侧的单车道匝道紧随衔接。

匝道交织段（Ramp-weave segment）很常见，它有一个标准特性：一个单车道的入口匝道之后是一个单车道的出口匝道（在设施的同一侧），并由一条连续的辅助车道连接。在主线交织段中，至少有三个入口和出口分支有一条以上车道。在匝道交织段，匝道的设计速度通常低于，有时明显低于主体设施的设计速度。正因如此，入口匝道和出口匝道的车辆在穿越交织段时大多需要加速或减速。

在主线交织段（Major weave segments），入口和出口分支的设计标准通常更接近于主体设施的标准。因此，路段内的加速和减速比匝道交织段少。图29.4说明了其中的一些特性。

图29.4a展示了一个单侧匝道交织段。由一个入口匝道和一个出口匝道组成，并由一条连续的辅助车道连接，每一辆交织的车必须至少变换1次车道：入口匝道车辆从辅助车道到设施的右侧车道，出口匝道车辆从设施的右侧车道到辅助车道。由于两个匝道都在自由流公路的右侧，这些车道变换在某种程度上被限制在设施的一侧。图29.4b是一个主线交织段，因为在四个入口和出口分支中，三个有两条或以上的车道。然而，交织车道变换的重点还是在设施的一侧（右

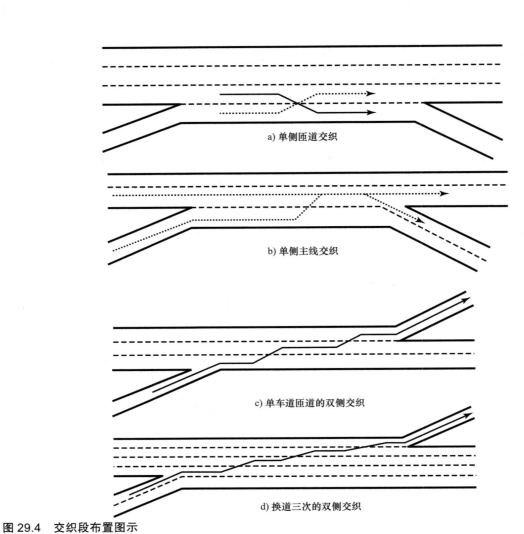

图 29.4 交织段布置图示

资料来源：Reprinted with permission from *Highway Capacity Manual, 6th Edition: A Guide for Multimodal Mobility Analysis*, Transportation Research Board, National Academy of Sciences, Courtesy of the National Academies Press, Washington, D.C., 2016.

侧）。图 29.4c 是最常见的双侧配置。在这种情况下，道路左侧的出口匝道紧随其右侧的入口匝道，相反的布局也会产生类似的配置。匝道到匝道的车辆必须横穿整个设施，并将在一段时间内占用该路段的每条车道。图 29.4d 是一个主线交织区，同样是因为三个入口和出口分支有两条或以上车道。这显然也是一个双侧布置，因为匝道到匝道的车辆必须横穿设施的大部分车道，至少要变换

车道 3 次。

单侧交织布置的数字特性

三个数字描述符已经被定义为量化配置的关键参数。需要注意的是，这些定义只适用于单侧交织路段，其中匝道到设施和设施到匝道的流向是交织流向：

LC_{RF} = 匝道至设施的交织车辆为成功完成匝道至设施的机动而必须进行的最少换道次数；

LC_{FR} = 设施到匝道的交织车辆为成功完成设施到匝道的机动而必须进行的最少换道次数；

N_{WL} = 可以通过一次换道或不换道完成交织机动的车道数[注]。

图 29.5 说明了这些关键参数。LC_{RF} 和 LC_{FR} 的值是通过假设每辆交织车在最接近其期望出口的车道上进入该路段，并在最接近其入口的车道上离开该路段而确定的。在图 29.5a 中，所有从匝道到设施的车辆从辅助车道进入，从设施的最右边车道离开。设施到匝道的车辆从设施的最右边车道进入，从辅助车道离开。两种车流中的每辆车都必须进行一次换道，以成功地完成他们所需的机动动作。对于这种情况，$LC_{RF} = LC_{FR} = 1$。任何在非最右边车道的设施车道上进入或离开的交织车辆，都必须进行两次或更多次换道。因此，只有辅助车道和设施的右边车道可以通过一次换道完成交织，即 $N_{WL} = 2$。

图 29.5b 是一个主线交织段。假设从右到左的车辆从入口匝道的左边车道进入，从左边出口分支的右边车道离开。该配置需要进行一次车道变换，即 $LC_{RF} = 1$。从左分支到右分支的穿梭车辆有一个更简单的任务。车辆从左边入口分支的右边车道进入，从右边入口分支的左边车道离开，

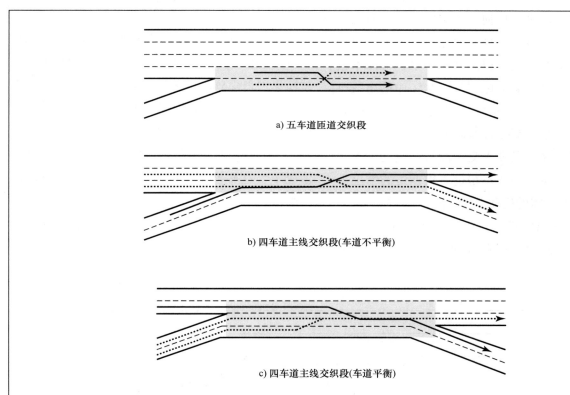

a) 五车道匝道交织段

b) 四车道主线交织段(车道不平衡)

c) 四车道主线交织段(车道平衡)

图 29.5　（交织区）配置参数图解

资料来源：Reprinted with permission from *Highway Capacity Manual, 6th Edition: A Guide for Multimodal Mobility Analysis*, Transportation Research Board, National Academy of Sciences, Courtesy of the National Academies Press, Washington, D.C., 2016.

⊖ N_{WL} 参数，原文中存在 N_{WV} 和 N_{WL} 两种符号表达，经核对 2016 年版 HCM 后，译者统一采用了与 2016 年版 HCM 一致的符号，即 N_{WL}。——译者注

可以不做任何车道变换。出现这种情况是因为两条入口分支的车道合并成一条车道。在这种情况下，$LC_{FR}=0$。如图29.5b中的虚线所示，从左到右的交织车辆也可以在左分支的第二条车道上进入，在右分支的左车道上离开，只需进行一次换道。正因如此，交织车辆可以从中间两条车道中的任何一条进入该段，并在不超过一次换道的情况下交织，即$N_{WL}=2$。

图29.5c也是一个主线交织段。它最明显的特性是在出口三角区：车道平衡。当离开出口三角区的车道数比进入出口三角区的车道数多一条时，出口三角区就符合车道平衡。在这种情况下，有4条车道接近出口三角区，但有5条车道离开它。一条接近段车道在出口处分成了两条。这为该车道的使用提供了极大的灵活性。在该车道上驶入的车辆可以进入任何一个出口分支，而无需变换车道。从右边入口分支的左边车道进入并从左边出口分支的右边车道离开的车辆，可以不进行车道变换，即$LC_{RF}=0$。如图29.5c中的虚线所示，车辆也可以通过一次变换车道从右分支的右车道进入，从左分支的右车道离开，即$LC_{FR}=1$。因此，交织车辆可以进入交织段最右侧的三条车道中的任何一条，并在不超过一次换道的情况下成功完成他们所需的机动动作，即$N_{WL}=3$。

就单侧交织段而言，LC_{FR}和LC_{RF}的值通常为0或1。在某些情况下，也可能出现2。N_{WL}的值可能是2或3，没有其他值。

双侧交织配置的数字特性

在双侧配置中，匝道到设施和设施到匝道的机动不是交织流。在这种配置中，匝道到匝道的车辆与设施到设施的车辆交织在一起。虽然设施上的车辆实际上在这样的路段上交织，但它们的主要流向，不必在该路段上做任何车道变换。

因此，在双侧交交织配置中，只有匝道到匝道的车辆被视作"交织"。成功地从匝道到匝道所需的最小换道次数LC_{RR}是关键特性。在图29.4c、d中，该数值分别是2和3。根据定义，在所有双侧交织路段，N_{WL}被设置为"0"。

29.5.2　交织区的长度

虽然（车道）配置对必须在交织区范围内进行的换道数量有很大影响，但路段的长度是决定路段内换道强度的关键因素。由于所有必要的换道必须发生在交织区的入口和出口之间，路段的长度控制着换道的强度。如果在交织区内必须进行1000次换道，那么在路段长度为1000ft的情况下，这些换道的强度将是长度为500ft时的一半。

图29.6展示了测量交织段长度的两种潜在方法。这两种方法都代表了1965年至2000年版

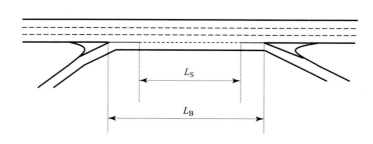

图29.6　测量交织段的长度

资料来源：Reprinted with permission from *Highway Capacity Manual, 6th Edition: A Guide for Multimodal Mobility Analysis*, Transportation Research Board, National Academy of Sciences, Courtesy of the National Academies Press, Washington, D.C., 2016.

HCM 中使用的长度定义的变化。

这些长度被定义为：

L_S = 短长度（Short length）（ft），任何禁止或不鼓励换道的分隔标线（Barrier markings）的终点之间的距离。

L_B = 基本长度（Base length）（ft），在匝道行车道的左边缘和设施行车道的右边缘相交的各自三角区的点之间的距离。

虽然逻辑上表明基本长度是最好的衡量指标，但所有为该方法校准的算法在使用短长度时的结果明显更好。因此，该方法在所有元素中都以短长度作为输入参数。这并不是说在交织路段的分隔标线上没有换道现象。通常来说，在实线上可以观察到变换车道行为，事实上，甚至可以观察到标线三角区的变换车道行为。然而，这种填充标线确实部分起到了威慑作用，而且大多数车道变换确实发生在虚线上。

在某些情况下，没有使用分隔标线，两个长度是一样的。如果对未来的情况进行分析，适当的长度应基于当地或机构关于交织段标记的政策。如果连这个都没有，可以使用一个默认值（基于制定方法时使用的数据库），其中 $L_S = 0.77 \times L_B$。

29.5.3　交织区的宽度

交织区的总宽度是指可供所有交通流使用的车道总数 N。该路段的宽度对驾驶人可以选择的换道总数有影响。

29.6　交织区分析的计算程序

交织区计算程序在运行分析模式下使用最容易（即指定所有几何和交通条件），分析的结果是确定服务水平和交织段容量。图 29.7 中的流程图呈现了该程序的各个步骤。

与大多数分析方法一样，第 1 步总是要明确所研究的路段及其需求流率。对于一个在役的场景，这些将基于测量数值。对于未来的场景，几何形状将基于拟议的方案或设计，而需求流率（和特性）将基于预测。在无法获得所有信息的情况下，可以使用默认值。这些默认值可以基于区域或机构政策，或国家建议。这类建议包含在 2016 年版 HCM 中。

第 2 步已经讨论过。所有需求流量必须转换为等效理想条件下的流率（pc/h）。这是用式（29-1）和第 28 章中用于自由流公路和多车道公路的基本路段的调整系数求解得到的。

该方法的其余部分基于四种类型的模型：

- 预测交织段中发生的总换道率的算法。这包括交织车辆和非交织车辆所做的必要和可选的车道变换。总换道率是对扰流的衡量，反映了需求流率和构造特性。
- 预测交织段内交织车辆和非交织车辆的平均速度的算法，假设是稳定的运行，即不是 LOS F。
- 预测交织段在理想和既有条件下的容量的算法。
- 估算交织运行存在的最大长度的算法。较长的路段，即使存在明显的交织构造，交通流也像合流和分流运行一样独立运行。在这种情况下，使用第 30 章中介绍的合流和分流方法，分别分析入口和出口的三角区。

29.6.1　交织计算中使用的参数

在整个方法中，有非常多的变量被用作输入、输出或中间值。在一个地方统一定义会便利很多，而不是将它们分散在整个章节中。图 29.8 呈现并定义了用于分析单侧交织段的变量。图 29.9 是对双侧交织段的分析。如前所述，单侧和双侧交织段中，交织流与非交织流的基本定义是不同的，这影响了方法论的几个部分。

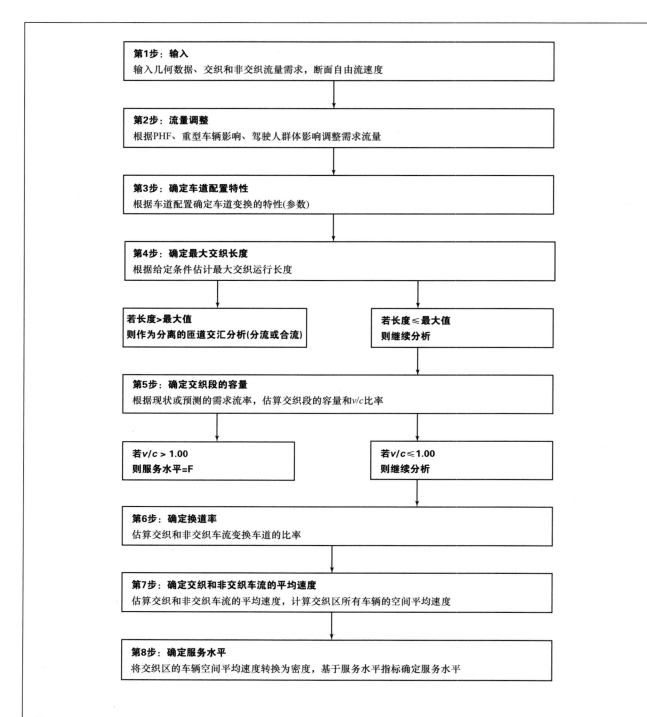

图 29.7　交织段分析方法的流程图

资料来源：Reprinted with permission from *Highway Capacity Manual, 6th Edition: A Guide for Multimodal Mobility Analysis*, Transportation Research Board, National Academy of Sciences, Courtesy of the National Academies Press, Washington, D.C., 2016.

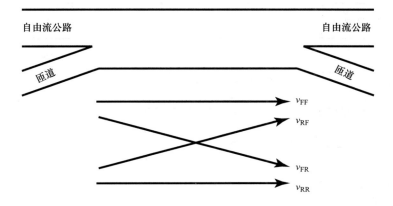

v_{FF} = 自由流公路至自由流公路的需求流率（pc/h）；

v_{RF} = 交织段内匝道至自由流公路的需求流率（pc/h）；

v_{FR} = 交织段内自由流公路至匝道的需求流率（pc/h）；

v_{RR} = 交织段内匝道至匝道的需求流率（pc/h）；

v_W = 交织段的交织需求流率（pc/h），$v_W = v_{RF} + v_{FR}$；

v_{NW} = 交织段的非交织需求流率（pc/h），$v_{NW} = v_{FF} + v_{RR}$；

v = 交织段的总需求流率（pc/h），$v = v_W + v_{NW}$；

VR = 流量比，v_W/v；

N = 交织段内的车道数；

N_{WL} = 可进行一次或不换车道的交织机动车道数；

S_W = 交织段内交织车辆的平均速度（mile/h）；

S_{NW} = 交织段内非交织车辆的平均速度（mile/h）；

S = 交织段内所有车辆的平均速度（mile/h）；

FFS = 交织段的自由流速度（mile/h）；

D = 交织段内所有车辆的平均密度，以每英里每条车道的小客车为单位（pc/mile/ln）；

W = 交织强度系数；

L_s = 交织段的长度（ft），根据短长度计算；

LC_{RF} = 一辆交织车辆从入口匝道到自由流公路必须进行的最少换道次数；

LC_{FR} = 一辆交织车辆从自由流公路到出口匝道必须进行的最少换道次数；

LC_{MIN} = 所有交织车辆成功完成交织机动所需的最小换道率，以每小时换道次数为单位，= $(LC_{RF} \times v_{RF})$ + $(LC_{FR} \times v_{FR})$；

LC_W = 交织段内交织车辆的总换道率（lc/h）；

LC_{NW} = 交织段内非交织车辆的总换道率（lc/h）；

LC_{ALL} = 交织段内所有车辆的总换道率（lc/h），$LC_{ALL} = LC_W + LC_{NW}$；

ID = 立交密度 (Interchange Density)，即以每英里立交为单位，交织中心前后 3mile 内的立交数量除以 6（int/mile）

图 29.8 单侧交织的相关变量

资料来源：Reprinted with permission from *Highway Capacity Manual, 6th Edition: A Guide for Multimodal Mobility Analysis*, Transportation Research Board, National Academy of Sciences, Courtesy of the National Academies Press, Washington, D.C., 2016.

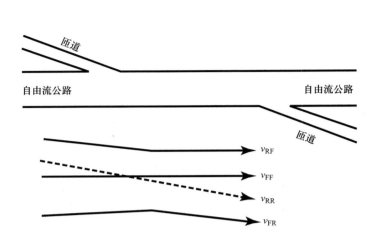

v_W = 交织段内的总交织需求流率（pc/h），$v_W = v_{RR}$；

v_{NW} = 交织段内非交织需求总流率（pc/h），$v_{NW} = v_{FR} + v_{RF} + v_{FF}$；

LC_{RR} = 匝道间车辆为完成交织机动必须进行的最少换道次数；

LC_{MIN} = 所有交织车辆成功完成交织机动必须进行的最小换道率（lc/h），$= LC_{RR} \times v_{RR}$

所有其他变量定义如图 29.8 所示。

图 29.9　双侧交织段的相关变量

资料来源：Reprinted with permission from *Highway Capacity Manual, 6th Edition: A Guide for Multimodal Mobility Analysis*, Transportation Research Board, National Academy of Sciences, Courtesy of the National Academies Press, Washington, D.C., 2016.

29.6.2　流量调整（第 2 步）

前面介绍的式（29-1）用于将所有需求流量的组成部分转换为同等基准（或理想）条件下的需求流率。

29.6.3　确定车道配置特性（第 3 步）

有两个参数可以量化配置特性对换道的影响。其一是在不超过一次车道变换的情况下，可以完成交织机动的车道数 N_{WL}，这在前面已经讨论和定义过；其二是 LC_{MIN}，它被定义为交织车辆为成功完成所有交织机动而必须变换车道的最小换道率，即每小时变换车道数（lc/h）。它很容易从 LC_{FR}、LC_{RF} 和 LC_{RR} 的值中确定，这些值在前面也已经定义过。

对于单侧交织段：

$$LC_{MIN} = (LC_{FR} \times v_{FR}) + (LC_{RF} \times v_{RF}) \quad (29-2)$$

对于双侧交织段：

$$LC_{MIN} = LC_{RR} \times v_{RR} \quad (29-3)$$

其中所有变量定义如图 29.8 和图 29.9 所示。

LC_{MIN} 有效量化了所有交织车辆为成功到达预期目的地而必须进行的每小时换道率。它不是该路段的总换道率，后者在本方法中稍后确定。总换道率包括交织车辆的可选换道和非交织车辆的所有换道。LC_{MIN} 的重要性在于，它是布置的一个主要功能，迫使所有这些车道变换都在交织段的范围内进行。可选换道是指，不管是由交织车辆还是非交织车辆进行的，都可以在交织段内进行，但也可以很容易地在交织段的上游或下游进行。

29.6.4 确定最大交织长度（第4步）

"交织"意味着参与这种机动的车辆是利用车道的长度来完成其机动的。然而，当路段的长度足够长时，入口处的合流和出口处的分流在物理上是分开的，不存在交织。从分析上看，这种情况被视为独立的合流段和分流段，它们之间有可能存在一定长度的基本路段。

然而，定义"最大长度"，可以用两种不同的解释来达成。通常来说，它是指交织扰流不再对该段的运行或容量产生影响的长度。一是根据与基本设施的运行等效性来确定最大长度，二是根据容量等效性来确定最大长度。遗憾的是，前者比后者的距离长很多。然而，如果使用运行定义，所产生的交织段的容量可能大幅超过类似设施基本段的容量。因此，该方法将最大交织长度的确定建立在容量等效性的基础上。以下回归方程已被校验：

$$L_{MAX} = [5728(1+VR)^{1.6}] - [1566N_{WL}] \qquad (29-4)$$

其中所有变量定义如图29.8和图29.9所示。

该模型表明，最大交织长度随着VR（流量比）的增加而增加。这是很合理的，因为当总交通量中更多的车辆在交织时，交织的影响预计会延伸到更远的距离。最大交织长度随着N_{WL}的增加而减小。这个变量只能是2或3（双侧交织的N_{WL}被定义为"0"除外），代表可以通过一次或更少的车道变换完成交织机动的车道数。在相同的流量和交织车辆分流的情况下，N_{WL}为3的路段比N_{WL}为2的路段换道的次数少。

一旦估算出来，所研究路段的实际交织长度（短长度定义）必须与最大值进行比较：

- 若$L_{MAX} \geq L_S$，则继续使用交织方法进行分析。
- 若$L_{MAX} < L_S$，则使用第30章中介绍的合流和分流分析方法。

应该注意的是，式（29-4）是针对自由流公路进行校准的。它对于多车道公路和C-D（集散）车行路上的交织段也有较高的近似性。

29.6.5 确定交织段的容量（第5步）

该方法需要在调查运行参数和服务水平之前确定容量，因为用于估计交织段内密度和速度的模型只对交通流稳定的情况有效，也就是说，LOS不是F。当需求流率超过该路段的容量时，就会出现LOS F。因此，从逻辑上讲，必须知道容量，以确定是否存在稳定的车流。只有这样才能对密度和速度做出有效的估计。

以下两种情况时，交织段会出现堵塞。

- 当总需求流率超过该段的总容量时，预计交织段会发生堵塞。在实践中，当自由流公路交织段的密度达到43pc/mile/ln（多车道公路为40pc/mile/ln）时，就会出现这种堵塞。
- 当总的交织流率超过该段处理交织流的容量时，交织段就会出现堵塞。以下标准定义了一个交织段可容纳的最大交织流率（总的，两个交织流）：

  ✧ 2400 pc/h，当$N_{WL} = 2$车道时；
  ✧ 3500 pc/h，当$N_{WL} = 3$车道时。

基于堵塞密度的交织段容量

43pc/mile/ln（用于自由流公路）的堵塞密度是自由流公路基本路段校准的堵塞密度（45pc/h/ln）的逻辑延伸。考虑到交织路段存在的额外扰流，合乎逻辑的假设是堵塞会在较低的密度下发生。此外，该方法背后的研究[2]发现在更高的密度下没有稳定的运行。幸运的是，该方法不需要在达到堵塞密度之前进行试错计算。一个相对简单的回归关系被标定出来，该关系估计了发生该密度时的容量。

由于交织段的扰流，以及一些交织段的车道因现有分流而不能充分利用，由 43pc/h/ln 的密度控制的容量必须小于设施基本段的车道容量，自由流速度与交织段相同。因此，估计该容量的算法基本上是对设施基本容量的一种推导：

$$c_{IWL} = c_{IFL} - [438.2(1+VR)^{1.6}] + [0.0765L_S] + [119.8N_{WL}]$$

$$\text{（29-5）}$$

式中　c_{IWL}——理想条件下交织段每车道的容量（pc/h/ln）；

　　　c_{IFL}——自由流速度与交织段相同的设施基本段的每条车道的容量（pc/h/ln）。

所有其他变量定义同前。

理想条件下的设施基本容量值取自第 28 章，但为方便起见在表 29.2 中再次给出。

现在必须将理想条件下每条车道的交织段容量转换为既有条件下交织段的总容量：

$$c_{W1} = c_{IWL}Nf_{HV} \qquad \text{（29-6）}$$

式中　c_{W1}——基于堵塞密度的交织段容量（veh/h）。

所有其他变量定义同前。

基于最大交织流率的交织段容量

在整个交织段的密度达到 43pc/h/ln 之前，交织车辆的数量有可能达到其容量。在这种情况下，对该段容量的有效控制就是前面提到的交织流率的极限值。由于交织车辆的比例是需求的交通特性（即在任何给定的分析中都是固定的），交织扰流可能导致堵塞，而非交织车辆仍有"容量"可用。在这种类型的堵塞中，入口匝道的车辆在匝道上排队，而出口匝道的车辆在接近的设施段排队。在最远的外侧车道可能存在较自由的车流。基于最大交织流率，交织段的容量为：

$$c_{IW} = \frac{2400}{VR}\text{，当 } N_{WL} = 2 \text{ 时}$$

$$c_{IW} = \frac{3500}{VR}\text{，当 } N_{WL} = 3 \text{ 时} \qquad \text{（29-7）}$$

式中　c_{IW}——理想条件下交织段的容量（pc/h）。

所有其他变量定义同前。

注意，式（29-5）定义了理想条件下每条车道的交织容量，不同的是，式（29-7）定义了理想条件下交织段的总容量。当然，这必须转换为既有条件下的数值：

$$c_{W2} = c_{IW}f_{HV} \qquad \text{（29-8）}$$

表 29.2　用于式（29-5）的设施基本容量值 c_{IFL}

自由流公路		多车道公路和 C-D（集散）道路	
FFS/(mile/h)	容量/(pc/h/ln)	FFS/(mile/h)	容量/(pc/h/ln)
≥ 75	2400	≥ 65	2300
70	2400	60	2200
65	2350	55	2100
60	2300	50	2000
55	2250	45	1900

式中　c_{W2}——基于最大交织流率的交织段容量（veh/h）。

所有其他变量定义同前。

交织段的最终容量和 v/c 比率

由于有两个控制交织段容量的方法，实际容量基于式（29-6）和式（29-8）中计算的两个数值中的最小值：

$$c_W = \min(c_{W1}, c_{W2}) \qquad （29\text{-}9）$$

在容量调整系数适用于设施的情况下，交织段的容量调整为：

$$c_{Wadj} = c_W CAF \qquad （29\text{-}10）$$

有效需求与容量的比率只是总需求流率与估计容量的比率。在此方法中，需求流率 v 在同等理想条件下以"pc/h"表示，而容量 c_W 在既有条件下以"veh/h"表示。因此，为了找到合适的比率，必须进行转换，使两者以相同的单位表示：

$$v/c = \frac{v \times f_{HV}}{c_{Wadj}} \qquad （29\text{-}11）$$

其中所有变量定义同前。

容量的最终估计

如果 v/c 比率超过 1.00，则确定为 LOS F，所有计算终止。如果 v/c 比率小于或等于 1.00，则继续计算，求解交织段内的速度和密度。

29.6.6　确定交织段内的总换道率（第 6 步）

在交织段内有以下三种类型的换道机动。

- 交织车辆的**必要**换道：这些车道变换是成功完成交织机动所必须的。它们代表了在确定的需求下，在交织段可以存在的绝对最小的换道率。

根据定义，这些换道必须在交织段的范围内进行。这一点在前面已经讨论过，这种换道率被定义为 LC_{MIN}，并在方法的第 3 步中确定。

- 交织车辆的**可选**换道：这涉及交织车辆的车道变换，这些车辆选择在不是最接近其期望目的地的车道上进入该路段，和 / 或在不是最接近其入口的车道上离开该路段。这样的进入和离开需要在交织段内进行额外的车道变换，并且会增强扰流效应。

- 非交织车辆的**可选**换道：非交织车辆不需要在交织段内变换车道，但他们或许会选择变换车道以规避扰流。

虽然 LC_{MIN} 是基于路段车道布置和需求流率组成来求解的，但后两类可选换道是根据参考文献 [16] 中开发的回归方程来估计的。总的换道率是分别为交织车辆和非交织车辆确定的。

交织车辆的总换道率

交织车辆在交织路段的总换道率估计为：

$$LC_W = LC_{MIN} + 0.39[(L_S - 300)^{0.5} N^2 (1 + ID)^{0.8}]$$
$$（29\text{-}12）$$

式中　LC_W——交织段内交织车辆的总换道率（lc/h）；

　　　N——交织段内的车道数；

　　　ID——立交密度 [立交 / 英里（interchanges/mile）]。

其他变量定义同前。

"L_S–300"这一项很有意思。它表明，对短于 300ft 的路段来说，交织车辆不做任何可选的车道变换。由于方程的第二项不能是负数（LC_W 永远不能小于 LC_{MIN}），对于所有交织长度小于 300ft 的路段（希望是非常罕见的事件），L_S 必须设置为 300ft。

该方程的形式是符合逻辑的。随着长度的增加，交织车辆有更多的距离和时间去选择变换车道。随着车道数 N 的增加，有更多潜在的车道变换可进行。

立交密度 ID 是交织分析中特有的。虽然 ID 在 2000 年版 HCM 中被用来预测自由流公路基本段的 FFS，但在 2010 年版 HCM 和 2016 年版 HCM 中，ID 被总匝道密度取代。然而，交织方法是在该变化之前进行校准的。较高的 ID 会产生更多的换道，因为交织车辆会受上游或下游的扰流影响而进行调整（换道）。

对于交织路段，ID 考虑的是交织段中间的上下游各 3mile 的设施段。在这 6mile 的范围内，交织段本身算作一个立交计入。

将式（29-12）应用于多车道公路的交织段时，ID 被分析方向上的路侧接入点的密度所取代。在这个密度中，只应考虑重要的无信控的接入点。式（29-12）对多车道公路交织段也有较高的近似性。

非交织车辆的总换道率

由于没有非交织车辆必须在交织段内进行换道，所有这些换道都是可选的。这使它们比交织车辆的换道更难预测，而交织车辆的换道是与交织段的配置和需求流率相关的。该方法有两个基本方程，用于估计非交织车辆换道率：

$$LC_{NW1} = (0.206 v_{NW}) + (0.542 L_S) - (192.6 N)$$

$$LC_{NW2} = 2135 + 0.223 (v_{NW} - 2000)$$

$$(29-13)$$

式中 LC_{NW1}——第一个估计值，非交织车辆换道率（lc/h）；

LC_{NW2}——第二个估计值，非交织车辆换道率（lc/h）。

所有其他变量定义同前。

第一个方程涵盖了大多数情况。它提出了一组合乎逻辑的趋势。随着非交织车流的增加，非交织车辆的换道会增加。随着路段长度的增加，非交织车辆的换道也会增加，因为这些车辆有更多的距离和时间来进行这种机动。非交织车

辆换道随着交织段中车道数量的增加而减少。这一点不太明显。随着交织段宽度的增加，非交织车辆有更好的机会与外侧车道上的交织车辆隔离。这将倾向于减少他们在这些车道外进行换道的愿望。第一个方程有一个主观判断的最小值"0"。

遗憾的是，这两个方程是非常不连续的。因此，关键是要有一种方法，在不扭曲结果的情况下，实现从一个方程到另一个方程的平稳过渡。这是用一个换道指数 I_{NW} 来完成的：

$$I_{NW} = \frac{L_S ID v_{NW}}{10000} \qquad (29-14)$$

其中所有变量定义同前。该指数意在解释何时使用式（29-13）的第二个表达式。它适用于长距离、高立交密度和/或高非交织流共同在这些车辆中产生的换道次数远超正常预期的情况。在标定这些算法时[16]，第一个方程适用于 $I_{NW} \leqslant 1300$ 的情况，第二个方程适用于 $I_{NW} \geqslant 1950$ 的情况。对于介于两者之间的数值，使用两个方程的线性内插，因此：

$$LC_{NW} = LC_{NW1} \qquad I_{NW} \leqslant 1300$$

$$LC_{NW} = LC_{NW2} \qquad I_{NW} \geqslant 1950 \text{ 或 } LC_{NW1} > LC_{NW2}$$

$$LC_{NW} = LC_{NW1} + (LC_{NW2} - LC_{NW1}) \left(\frac{I_{NW} - 1300}{650} \right)$$

$$1950 > I_{NW} > 1300$$

$$(29-15)$$

交织段的总换道率

任何交织段的总换道率都是交织车辆的换道率与非交织车辆的换道率之和：

$$LC_{ALL} = LC_W + LC_{NW} \qquad (29-16)$$

式中 LC_{ALL}——交织段的总换道率（lc/h）。

所有其他变量定义同前。

29.6.7 确定交织段内车辆的平均速度（第7步）

交织段方法的核心是估计交织段内的平均速度。交织车辆和非交织车辆的平均速度是分别估算的，因为它们受不同因素的影响，在某些情况下可能有很大不同。估计的速度，加上已知的需求流率，将产生一个密度估计，用于确定服务水平。因此，虽然速度是交织段的次要绩效指标，但必须通过计算速度值来获得密度的估计值——交织路段的主要有效性指标。

交织车辆的平均速度

预测交织段中交织车辆的平均速度的一般算法与2000年版HCM中的算法基本相同：

$$S_W = S_{MIN} + \left(\frac{S_{MAX} - S_{MIN}}{1 + W}\right) \quad (29\text{-}17)$$

式中　S_W——交织车辆的平均速度（mile/h）；

　　　S_{MIN}——交织段内预计的最小平均速度（mile/h）；

　　　S_{MAX}——交织段内预计的最大平均速度（mile/h）；

　　　W——交织强度系数。

交织车辆的最大速度是设施的自由流速度（或通过SAF调整）。最小平均速度设定为15mile/h。交织强度系数W的计算方法是：

$$W = 0.226\left(\frac{LC_{ALL}}{L_S}\right)^{0.789} \quad (29\text{-}18)$$

其中所有变量定义同前。"LC_{ALL}/L_S"这一表达式本质上是衡量长度上的换道强度——每英尺交织段长度上的换道总数。因此，换道行为成为衡量交织强度的主要指标，则：

$$S_W = 15 + \left(\frac{FFS \times SAF - 15}{1 + W}\right) \quad (29\text{-}19)$$

其中所有变量定义同前。

用（1 + W）项代替W，是因为W可以小于或大于1.00。除以一个可以小于或大于1.00的数字会产生不一致的算术结果。（1 + W）确保所有分母都大于1.00，而且随着W的增加，速度也会降低。

非交织车辆的平均速度

根据以下算法，非交织车辆的平均速度被视为自由流速度的减少：

$$S_{NW} = FFS \times SAF - (0.0072 LC_{MIN}) - (0.0048 v/N) \quad (29\text{-}20)$$

其中所有变量定义同前。

随着v/N的增加，非交织车辆速度明显下降。更令人惊讶的是LC_{MIN}在方程中的出现。由于这是一个回归方程，它是对交织扰流的测量。对于非交织车辆速度，它是一个比其他指标，如W或LC_{ALL}更强的统计预测。

所有车辆的平均速度

鉴于对交织车辆的平均速度和非交织车辆的平均速度的估计，所有车辆的空间平均速度可以计算为：

$$S = \frac{v_W + v_{NW}}{\left(\dfrac{v_W}{S_W}\right) + \left(\dfrac{v_{NW}}{S_{NW}}\right)} \quad (29\text{-}21)$$

其中所有变量定义同前。

29.6.8 确定交织段的密度和服务水平（第8步）

交织段分析的最后一项计算是将平均速度和需求流率转换为密度的估计值，利用表29.1来确定服务水平。

$$D = \frac{(v/N)}{S} \quad (29\text{-}22)$$

其中D是密度，单位为pc/mile/ln，所有其他变量定义同前。

该方法的结果是估算出交织段内所有车辆的平均速度和平均密度，并根据交织段的几何特性和需求特性确定当下的服务水平。同时也确定了交织段在既有条件下的容量。这些信息提供了对该路段预期运行特性的重要解读，以及对现有或潜在问题的解读。

29.7 交织段分析的例题

例题 29-1：匝道交织区的分析

图 29.10 是一条六车道自由流公路上的典型匝道交织段（每个方向 3 条车道）。该分析是为了确定预期的服务水平和图示既有条件下的容量。

求解：

第 1 和 2 步：将所有需求流量转换为同等基准条件下的流率（pc/h）

使用式（29-1）将每个组成需求流量转换为同等基准条件下的需求流率（pc/h）：

$$v_i = \frac{V_i}{\text{PHF} \times f_{\text{HV}}}$$

式中　PHF = 0.9（给定）。

重型车辆系数 f_{HV} 是用式（28-15）和从表 28.17（都在第 28 章）中选择的 E_{HV} 值来计算的，适用于平原地形的卡车系数（$E_{\text{HV}} = 2$）。卡车的比例 P_{HV}，给定为 10% 或 0.10，那么：

$$f_{\text{HV}} = \frac{1}{1 + P_{\text{HV}}(E_{\text{HV}} - 1)} = \frac{1}{1 + 0.10(2-1)} = 0.909$$

和

$$v_{o1} = \frac{3500}{0.90 \times 0.909} = 4278\text{pc/h}$$

$$v_{o2} = \frac{100}{0.90 \times 0.909} = 122\text{pc/h}$$

$$v_{w1} = \frac{600}{0.90 \times 0.909} = 733\text{pc/h}$$

$$v_{w2} = \frac{500}{0.90 \times 0.909} = 611\text{pc/h}$$

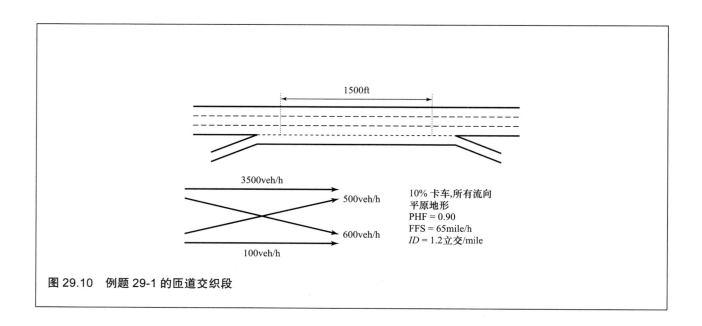

图 29.10　例题 29-1 的匝道交织段

现在可以计算和/或汇总分析中的其他关键变量：

$$v_W = v_{w1} + v_{w2} = 733 + 611 = 1344 \text{pc/h}$$

$$v_{NW} = v_{o1} + v_{o2} = 4278 + 1222 = 4400 \text{pc/h}$$

$$v = v_{NW} + v_W = 1344 + 4400 = 5744 \text{pc/h}$$

$$VR = v_W / v = 1344 / 5744 = 0.233$$

$$R = v_{w2} / v_W = 611 / 1344 = 0.455$$

$$L_S = 1500 \text{ft}(\text{给定})$$

第 3 步：确定配置特性

确定布置的两个关键变量是：N_{WL}，即在不超过一次车道变换的情况下可以成功进行交织机动的车道数；LC_{MIN}，即所有交织车辆为成功完成其机动必须进行的最少换道次数。

通过查看现场图纸（图 29.10）并与图 29.5 比较，可以确定交织车道的数量，即 N_{WL}。作为一个匝道交织，N_{WL} 的值是 2。LC_{MIN} 的值由式（29-2）计算得出：

$$LC_{MIN} = (LC_{FR} \times v_{FR}) + (LC_{RF} \times v_{RF})$$

式中 LC_{FR}——从自由流公路至匝道的车辆成功进行交织机动所需的最少换道次数，根据图 29.10，该值取 1；

  v_{FR}——自由流公路至匝道的需求流率（pc/h）= $v_{w1} = 733 \text{pc/h}$；

  LC_{RF}——匝道至自由流公路的车辆成功进行交织机动所需的最少换道次数，根据图 29.10，该值取 1；

  v_{RF}——匝道至自由流公路的需求流率 (pc/h) = $v_{w2} = 611 \text{pc/h}$。

那么：

$$LC_{MIN} = (1 \times 733) + (1 \times 611) = 1344 \text{ lc/h}$$

第 4 步：确定最大交织长度

使用式（29-4）估计该段可被视为"交织段"的最大长度：

$$L_{MAX} = [5728(1+VR)^{1.6}] - [1566N_{WL}]$$

$$L_{MAX} = [5728(1+0.233)^{1.6}] - [1566 \times 2]$$

$$L_{MAX} = [8008] - [3132] = 4876 \text{ft}$$

由于该段的实际长度为 1500ft，远小于最大值，可看

作交织段运行，可以继续分析。

第 5 步：确定交织段的容量

交织段的容量可以通过在 43pc/h/ln 的密度下的整体运行来确定，该密度被视作交织段发生堵塞的密度，或者根据交织段处理交织流率的容量来确定。前者是用式（29-5）估算的。它是基于自由流速度为 65mile/h 的自由流公路基本路段的每车道容量，即 2350pc/h/ln（表 29.2）：

$$c_{IWL} = c_{IFL} - [438.2(1+VR)^{1.6}] + [0.0765L_S]$$
$$+ [119.8N_{WL}]$$

$$c_{IWL} = 2350 - [438.2(1+0.233)^{1.6}] + [0.0765 \times 1500]$$
$$+ [119.8 \times 2]$$

$$c_{IWL} = 2350 - 612.7 + 114.8 + 239.6$$

$$= 2092 \text{pc/h/ln}$$

c_{IWL} 的值必须用式（29-6）转换为既有条件下的容量：

$$c_{W1} = c_{IWL} N f_{HV}$$

$$c_{W1} = 2092 \times 4 \times 0.909 = 7607 \text{veh/h}$$

基于 $N_{WL} = 2$ 的最大交织需求流率的容量，用式（29-7）估算：

$$c_{IW} = \frac{2400}{VR} = \frac{2400}{0.233} = 10300 \text{pc/h}$$

该值还必须用式（29-8）转换为既有条件下的数值：

$$c_{W2} = c_{IW} \quad f_{HV} = 10300 \times 0.909 = 9363 \text{veh/h}$$

极限容量显然是以密度条件为基础的，即 7607veh/h。与任何容量一样，这是以该段在不发生堵塞的情况下所能容纳的最大需求流率来定义的。这必须与既有条件下的需求流率进行比较。总的需求流率 v，在之前的计算中是 5744pc/h（根据给定的流量）。这已经是一个流率，但必须转换为混合车 veh/h 的流率：

$$v = v_{pc/h} \times f_{HV} = 5744 \times 0.909 = 5221 \text{veh/h}$$

由于需求流率小于该路段的容量（$v/c = 5221/7607 = 0.686$），会以稳定状态运行，该路段不存在 LOS F。可以继续进行分析，以估计该段的密度、服务水平和速度。

第 6 步：确定换道率

为了估计交织段的速度和密度，必须估计该路段的总换道率。交织车辆和非交织车辆的换道率是分别估算的。交织车辆的换道率用式（29-12）来计算：

$$LC_{W} = LC_{MIN} + 0.39[(L_{S} - 300)^{0.5} N^{2}(1 + ID)^{0.8}]$$

$$LC_{W} = 1344 + 0.39[(1500 - 300)^{0.5} 4^{2}(1 + 1.2)^{0.8}]$$

$$LC_{W} = 1244 + 0.39(34.64 \times 16 \times 1.88)$$

$$= 1334 + 406.4 = 1740 lc/h$$

非交织车辆的换道率由式（29-13）计算得到。使用这些公式需要确定非交织换道指数，如式（29-14）所定义：

$$I_{NW} = \frac{L_{S} ID v_{NW}}{10000} = \frac{1500 \times 1.2 \times 4400}{10000} = 792$$

对于该值，使用 $I_{NW} \leqslant 1300$ 的式（29-13）：

$$LC_{NW} = (0.206 v_{NW}) + (0.542 L_{S}) - (192.6 N)$$

$$LC_{NW} = (0.206 \times 4400) + (0.542 \times 1500) - (192.6 \times 4)$$

$$LC_{NW} = 906.4 + 813.0 - 770.4 = 949 lc/h$$

该路段的总换道率是交织车辆换道率和非交织车辆换道率之和，即：

$$LC_{ALL} = LC_{W} + LC_{NW} = 1740 + 949 = 2689 lc/h$$

第7步：确定交织和非交织车辆的平均速度

使用式（29-18）和式（29-19）估计交织段中交织车辆的平均速度。式（29-18）用于求出交织强度系数 W：

$$W = 0.226\left(\frac{LC_{ALL}}{L_{S}}\right)^{0.789} = 0.226\left(\frac{2689}{1500}\right)^{0.789} = 0.3582$$

然后：

$$S_{W} = 15 + \left(\frac{FFS \times SAF - 15}{1 + W}\right)$$

$$= 15 + \left(\frac{65 \times 1 - 15}{1 + 0.3582}\right) = 51.8 mile/h$$

使用式（29-20）估计交织段中非交织车辆的平均速度：

$$S_{NW} = FFS \times SAF - (0.0072 LC_{MIN}) - (0.0048 v/N)$$

$$S_{NW} = 65 \times 1 - (0.0072 \times 1344) - \left(0.0048 \times \frac{5744}{4}\right)$$

$$S_{NW} = 65.0 - 9.7 - 6.9 = 48.4 mile/h$$

这些结果表明，在交织段内，交织车辆实际上比非交织车辆的行驶速度要快一些。虽然这对匝道交织段来说有点不寻常，但考虑到该段内自由流公路的车流占主导地位，也是完全可能的。非交织车辆可能挤在自由流公路的两条外侧车道上，以避免交织扰流，因此可能比交织车辆的速度略低（且密度更高）。

该段所有车辆的平均速度由式（29-21）计算得出：

$$S = \frac{v_{W} + v_{NW}}{\left(\frac{v_{W}}{S_{W}}\right) + \left(\frac{v_{NW}}{S_{NW}}\right)} = \frac{1344 + 4400}{\left(\frac{1344}{51.8}\right) + \left(\frac{4400}{48.4}\right)}$$

$$= \frac{5744}{25.94 + 90.91} = 49.1 mile/h$$

第8步：确定交织段的密度和服务水平

交织段的平均密度由式（29-22）计算得出：

$$D = \frac{(v/N)}{S} = \frac{(5744/4)}{49.1} = 29.2 pc/mile/ln$$

从表29.1来看，这是 LOS D，但非常接近 LOS C/D 的界限 28pc/h/ln。

讨论

该路段的容量为 7607veh/h（流率），需求流率为 5221veh//h，在 LOS D 的较好部分运行是可以接受的。在达到容量之前，需求流率尚可增加 7607 - 5221 = 2386veh/h，即 45.7%。

例题 29-2：主线交织区的分析

对图 29.11 所示的自由流公路交织区进行分析，以确定所示条件下的预期服务水平和交织区容量。为方便起见，所有需求流量均已转换为等效基准条件下的流率，单位为 "pc/h"。为便于参考，使用以下数值进行这些转换：

- PHF = 0.95
- f_{HV} = 0.93

求解

第 1 和 2 步：将所有需求流量转换为等效基准条件下的流率（pc/h）

由于所有需求都是在等效基准条件下以 "pc/h" 为单位的流率，不需要进一步转换。关键的分析变量汇总如下：

$$v_W = 800 + 1700 = 2500 \text{pc/h}$$
$$v_{NW} = 1700 + 1500 = 3200 \text{pc/h}$$
$$v = 2500 + 3200 = 5700 \text{pc/h}$$
$$v/N = 5700/3 = 1900 \text{pc/h/ln}$$
$$VR = 2500/5700 = 0.439$$
$$L_S = 2000 \text{ft(给定)}$$

注意，这是一个主线交织段。从左到右的交织可以不变换车道（$LC_{FR} = 0$），而从右到左的交织需要变换车道（$LC_{RF} = 1$）。这 3 条车道均可以在不换道或者仅换一条车道就成功进行交织机动，即 $N_{WL} = 3$。

第 3 步：确定配置的特性

作为布置特性之一的 N_{WL}，被确定为 3。需要的第二个布置特性是 LC_{MIN}，由式（29-2）确定：

$$LC_{MIN} = (LC_{FR}v_{FR}) + (LC_{RF}v_{RF})$$
$$LC_{MIN} = (0 \times 1700) + (1 \times 800) = 800 \text{lc/h}$$

第 4 步：确定最大交织长度

最大交织长度用式（29-4）估算得出：

$$L_{MAX} = [5728(1+VR)^{1.6}] - (1566N_{WL})$$
$$L_{MAX} = [5728(1+0.439)^{1.6}] - (1544 \times 3) = 5556 \text{ft}$$

由于交织段的实际长度只有 2000ft，属于这个限制范围，可以继续将该段作为交织段进行分析。

第 5 步：确定交织段的容量

为了确定是否稳定运行，必须确定交织段的容量。容量可以通过两种方式确定：可以由 43pc/h/ln 的堵塞密度来限制，或者由交织段能容纳的最大交织流量来决定。根据 43pc/h/ln 的堵塞密度确定的容量，可以用式（29-5）来估计：

$$c_{IWL} = c_{IFL} - [438.2(1+VR)^{1.6}] + (0.0765L_S) + (119.8N_{WL})$$
$$c_{IWL} = 2400 - [438.2(1+0.439)^{1.6}] + (0.0765 \times 2000) + (119.8 \times 3)$$
$$c_{IWL} = 2400 - 784.5 + 153 + 359.4 = 2128 \text{pc/h/ln}$$

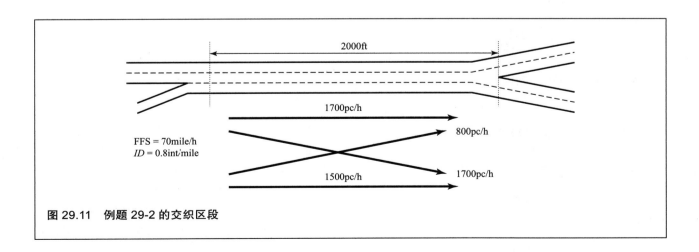

FFS = 70mile/h
ID = 0.8int/mile

2000ft
1700pc/h
800pc/h
1500pc/h
1700pc/h

图 29.11　例题 29-2 的交织区段

这个容量是以同等理想条件下的"pc/h/ln"来表示的。由于该段有 3 条车道，交织段的总容量为 $2128 \times 3 = 6384$pc/h。这个数值仍然在等效的理想条件下。它可以通过乘以适当的 f_{HV} 系数来转换为既有条件下的"veh/h"。在这种情况下没有必要这样做，因为需求流率已经用等效的理想条件表示，可以直接与容量进行比较。

在 $N_{WL} = 3$ 的情况下，用式（29-7）估计该段的容量，该段容量受最大交织流率的限制：

$$c_{IW} = \frac{3500}{VR} = \frac{3500}{0.439} = 7973\text{pc/h}$$

由于该值大于密度所限制的容量，采用较小的值。在同等理想条件下，交织段的容量为 6384pc/h。由于总需求流率是 5700pc/h，容量是足够的。$v/c = 5700/6384 = 0.893$，这意味着需求流率很接近容量。如果需求量增加 10.7%，将造成 LOS F 的情况。由于运行仍处于稳定区域（尽管很勉强），可以继续分析以确定 LOS。

第 6 步：确定换道率

为了估计交织段的速度、密度和服务水平，必须用式（29-12）~ 式（29-16）确定交织段内的总换道率。对交织车辆和非交织车辆的换道率分别进行估计。式（29-12）用于估计交织车辆的换道率：

$$LC_W = LC_{MIN} + 0.39[(L_S - 300)^{0.5} N^2 (1+ID)^{0.8}]$$
$$LC_W = 800 + 0.39[(2000-300)^{0.5} 3^2 (1+0.8)^{0.8}]$$
$$LC_W = 800 + 0.30 \times (41.23 \times 9 \times 1.6) = 1032\text{lc/h}$$

式（29-13）用于估计非交织车辆的换道率。有两个方程，必须计算换道指数，以解释这些方程的结果。该指数是用式（29-14）计算得出的：

$$I_{NW} = \frac{L_S ID v_{NW}}{10000} = \frac{2000 \times 0.8 \times 3200}{10000} = 512 < 1300$$

因为指数小于 1300，所以使用式（29-13）的第一个表达式：

$$LC_{NW} = (0.206 v_{NW}) + (0.542 L_S) - (192N)$$
$$LC_{NW} = (0.206 \times 3200) + (0.542 \times 2000) - (192 \times 3)$$
$$LC_{NW} = 659.2 + 1084.0 - 576.0 = 1167\text{lc/h}$$

交织段的总换道率是交织车辆与非交织车辆的换道率之和：

$$LC_{ALL} = 1032 + 1167 = 2199\text{lc/h}$$

第 7 步：确定交织和非交织车辆的平均速度

使用式（29-18）和式（29-19）估计交织段内交织车辆的平均速度。式（29-18）确定了交织强度系数 W：

$$W = 0.226 \left(\frac{LC_{ALL}}{L_S}\right)^{0.789} = 0.226 \left(\frac{2199}{2000}\right)^{0.789} = 0.244$$

然后：

$$S_W = 15 + \left(\frac{FFS \times 1 - 15}{1+W}\right) = 15 + \left(\frac{70 \times 1 - 15}{1+0.244}\right)$$
$$= 59.2\text{mile/h}$$

使用式（29-20）估计该段非交织车辆的平均速度（SAF = 1.0）：

$$S_{NW} = FFS - (0.0072 \times LC_{MIN}) - (0.0048 \times v/N)$$
$$S_{NW} = 70 - (0.0072 \times 800) - (0.0048 \times 1900)$$
$$= 55.1\text{mile/h}$$

该情况下，非交织车辆的速度比交织车辆慢 5mile/h 以上。这也算合理。交织车辆在该路段占主导地位（3200pc/h vs. 2500pc/h），而且布置有利于交织车辆。

所有车辆的平均速度用式（29-21）计算得出：

$$S = \frac{v_W + v_{NW}}{\left(\frac{v_W}{S_W}\right) + \left(\frac{v_{NW}}{S_{NW}}\right)} = \frac{2500 + 3200}{\left(\frac{2500}{55.1}\right) + \left(\frac{3200}{59.2}\right)}$$
$$= \frac{5700}{45.37 + 54.05} = 57.3\text{mile/h}$$

第 8 步：确定密度和服务水平

交织段的密度用式（29-22）计算得出：

$$D = \frac{(v/N)}{S} = \frac{1900}{57.3} = 33.1\text{pc/mile/h}$$

从表 29.1 来看，LOS 为 D。

讨论

此时，交织段稳定地运行在 LOS D，但距 LOS E 边界不远。虽然速度看起来是可以接受的，但需求量几乎是容量的 90%，而且在这个地方的需求增长空间很小。毋庸置疑，几乎任何交通增长都会导致这段路达到容量。随着需求的增长，运行将迅速恶化。即使只是预期的自然增长（而不是由新开发引起的增长），也应该立即关注该路段的潜在改善。

参考文献

[1] *Highway Capacity Manual*, Transportation Research Board, Washington, D.C., 2000.

[2] Roess, R., et al, "Analysis of Freeway Weaving Sections, " *Final Report*, National Cooperative Highway Research Program Project 3- 75, Polytechnic University, Brooklyn NY, 11201, January 2008.

[3] "Highway Capacity Manual, " *Special Report* 87, Transportation Research Board, Washington, D.C., 1965.

[4] Pignataro, L., et al., "Weaving Areas—Design and Analysis, " *NCHRP Report 159*, Transportation Research Board, Washington, D.C., 1975.

[5] Roess, R., *et al*., "Freeway Capacity Analysis Procedures, " *Final Report*, Project No. DOT-FH-11-9336, Polytechnic University, Brooklyn, NY, 1978.

[6] "Interim Procedures on Highway Capacity, " *Circular 212*, Transportation Research Board, Washington, D.C., 1980.

[7] Leisch, J, "Completion of Procedures for Analysis and Design of Traffic Weaving Areas, " *Final Report*, Vols 1 and 2, U.S. Department of Transportation, Federal Highway Administration, Washington, D.C., 1983.

[8] Reilly W., *et al*., "Weaving Analysis Procedures for the New Highway Capacity Manual, " *Technical Report*, JHK & Associates, Tucson, AZ, 1983.

[9] Roess, R., "Development of Weaving Area Analysis Procedures for the 1985 Highway Capacity Manual, " *Transportation Research Record 1112*, Transportation Research Board, Washington, D.C., 1987.

[10] Fazio, J., "Development and Testing of a Weaving Operational Design and Analysis Procedure, " *Master's Thesis*, University of Illinois at Chicago, Chicago IL, 1985.

[11] Cassidy, M. and May, A., Jr., "Proposed Analytic Technique for Estimating Capacity and Level of Service of Major Freeway Weaving Sections, " *Transportation Research Record 1320*, Transportation Research Board, Washington, D.C., 1992.

[12] Ostrom, B., *et al*., "Suggested Procedures for Analyzing Freeway Weaving Sections, " *Transportation Research Record 1398*, Transportation Research Board, Washington, D.C., 1993.

[13] Windover, J. and May, A., Jr., "Revisions to Level D Methodology of Analyzing Freeway Ramp-Weaving Sections, " *Transportation Research Record 1457*, Transportation Research Board, Washington, D.C., 1995.

[14] "Weaving Zones, " *Draft Report*, NCHRP Project 3-55（5）, Viggen Corporation, Sterling, VA, 1998.

[15] Roess, R. and Ulerio, J., "Weaving Area Analysis in the HCM 2000, " *Transportation Research Record*, Transportation Research Board, Washington, D.C., 2000.

[16] Roess, R. and Ulerio, J., "Capacity of Ramp-Freeway Junctions, " *Final Report*, Polytechnic University, Brooklyn, NY, 1993.

习题

29-1. 考虑图 29.12 中所示的一对匝道，可以假设没有匝道间的交通流。

考虑到现有的需求流量和其他既有条件，预计该路段的服务水平如何？如果存在问题，是哪些因素造成的困难？

29-2. 考虑图 29.13 中的交织段。所有需求都显示为等效基准条件下的流率，单位为"pc/h"。

1）描述该段的关键特性。

2）这些条件下的预期服务水平是什么？

3）在同等的理想条件下，交织段的容量是多少？

4）如果所有需求包括 10% 的卡车在丘陵地形中，并且假设所有驾驶人都熟悉该设施，PHF = 0.92，那么在既有条件下该路段的容量是多少？

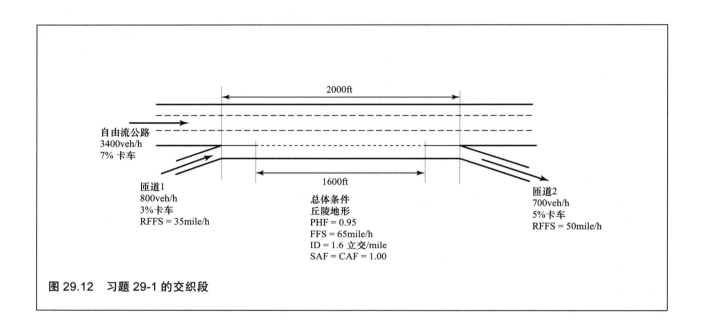

图 29.12　习题 29-1 的交织段

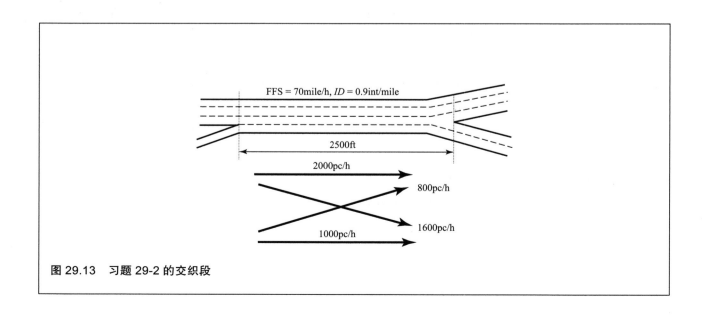

图 29.13　习题 29-2 的交织段

29-3. 考虑图 29.14 中所示的交织段。对于所示的需求，预期的服务水平是什么？交织段的容量是多少？如果有的话，你会建议做哪些改进？你可以假设标准条件适用，并且 SAF = CAF = 1.00。

29-4. 图 29.15 所示的交织段位于 CD 车行路（集散道路）上，是自由流公路立交的一部分。对于所示的需求，求解该段的预期服务水平和容量。如果有的话，你会建议哪些改进措施？标准条件适用，即 SAF = CAF = 1.00。

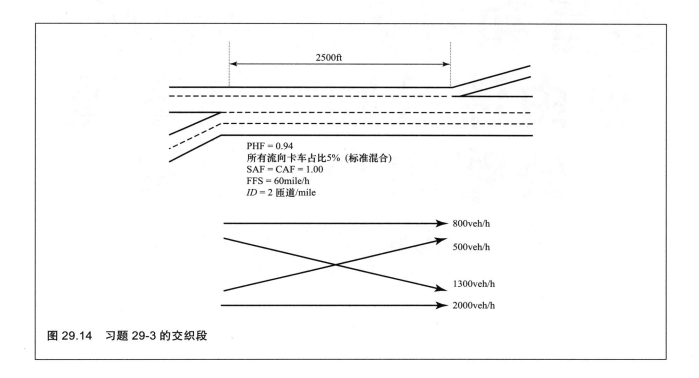

图 29.14 习题 29-3 的交织段

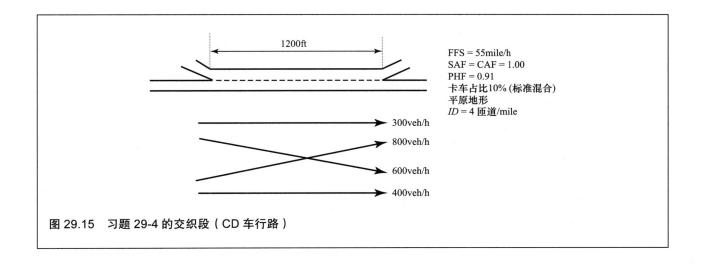

图 29.15 习题 29-4 的交织段（CD 车行路）

容量和服务水平分析: 自由流公路和多车道公路的合流段和分流段

第 28 章介绍了分析自由流公路和多车道公路的基本路段的方法。第 29 章重点分析了这些设施上的交织段,并介绍了专门考虑扰流特点的方法,以及扰流如何影响其交通运行。本章重点讨论自由流公路和多车道公路上另外两种类型的扰流区域:合流段和分流段。这种路段通常涉及入口匝道和 / 或出口匝道,但在没有匝道的情况下,合流和分流机动也可能发生在主要的合流点和分流点。

第 29 章介绍的交织段的程序特别量化了交织和非交织车辆穿越该段时的换道行为的"扰流"(Turbulence)。对于合流段和分流段,目前的方法没有专门考虑换道的问题。相反,模型根据速度和密度预测由扰流引起的宏观结果,但没有对换道活动进行具体预测。这一根本区别主要是由这些方法学的原始调研方式和时间造成的。本章的方法论来自 1993 年对匝道运行的全国性调研[1]。关于交织路段的基本研究是在十多年后进行的,并受益于比 1993 年更先进的数据收集和归纳技术。

30.1　服务水平标准

衡量合流和分流路段有效性的是密度。这与自由流公路和多车道公路的方法一致。服务水平标准见表30.1。

表 30.1　合流段和分流段的服务水平标准

服务水平	密度 / (pc/mile/ln)
A	0 ~ 10
B	> 10 ~ 20
C	> 20 ~ 28
D	> 28 ~ 35
E	> 35
F	需求超过容量

与交织段的情况一样，当需求超过合流或分流段的容量时，即当 $v/c > 1.00$ 时，就会发生 LOS F。LOS E 的极限被定义为该段的容量。对于合流和分流区域，预测密度反映了"合流 / 分流影响区"，包括 1 号和 2 号车道（自由流公路的最右车道和次右车道）以及分流上游 1500ft 或合流下游 1500ft 距离的加速或减速车道。这些影响区域如图 30.1 所示。

注意，图 30.1 侧重于由单车道、右侧入口、出口匝道产生的合流和分流段。本章介绍的基本方法是针对这些情况进行校准的。其他合流和分流布置被视为特殊情况，通过对基本方法的调整进行分析。

在某些情况下，这些定义会导致不止一个影响区的重叠。例如，如果一个入口匝道后面不到 3000ft 有一个出口匝道，则这两个 1500ft 的影响区至少会有部分重叠。在这种情况下，重叠区采用各种方法的最不利的密度或服务水平。匝道和交织段和 / 或基本段之间的其他重叠也作类似处理：采用最不利的运行预测结果。

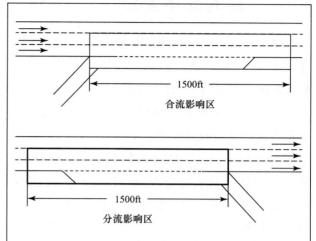

图 30.1　合流段和分流段的影响范围

30.2　转换需求流量

合流段和分流段的程序依靠的是在基准或理想条件下以小客车为单位的需求流率校准的算法。因此，与第 29 章的交织段程序一样，需求流量的换算方法是：

$$v_i = \frac{V_i}{\text{PHF} \times f_{\text{HV}}} \qquad (30\text{-}1)$$

式中　　v_i ——组成 "i" 的流率（pc/h）；

　　　　V_i ——组成 "i" 的需求量（veh/h）；

　　PHF ——高峰小时系数；

　　f_{HV} ——重型车辆调整系数。

重型车辆调整系数与自由流公路和多车道公路基本路段的相同。它们用第 28 章中介绍的方法和数值求得。

30.3 合流段和分流段分析中涉及的基本变量

如图30.1所示，合流和分流区域的分析程序聚焦于合流或分流影响区，包括分流点上游1500ft或合流点下游1500ft范围内的第1和第2车道（紧邻路肩车道及其比邻车道）自由流公路车道以及加速或减速车道。

分析程序提供了估计这些影响区域的密度的算法。将估计的密度与表30.1的指标进行比较，以确定服务水平。由于合流和分流区域的分析集中在只包括自由流公路最右边的两条车道的影响区域，方法中的一个关键步骤是估计合流或分流上游段交通在车道上的分配。具体来说，需要确定紧邻合流或分流上游的第1和第2车道的接近需求流率的富余度。图30.2展示了分析方法中涉及的关键变量。

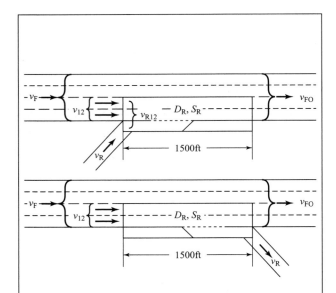

图30.2　合流和分流分析的关键变量

资料来源: Reprinted with permission from *Highway Capacity Manual, 6th Edition: A Guide for Multimodal Mobility Analysis*, Transportation Research Board, National Academy of Sciences, Courtesy of the National Academies Press, Washington, D.C., 2016.

图30.2中的变量定义如下：

v_F——紧邻合流或分流交汇处（Merge or diverge junction）上游的自由流公路需求流率，在同等基准条件下，单位为 "pc/h"。

v_{12}——紧邻合流或分流交汇处上游的自由流公路第1和第2车道的自由流公路需求流率，在同等基准条件下，单位为 "pc/h"。

v_R——匝道需求流率，在同等基准条件下，单位为 "pc/h"。

v_{R12}——进入合流影响区的总需求流率，$v_R + v_{12}$，在同等基准条件下，单位为 "pc/h"。

v_{FO}——在自由流公路下游继续行驶的总驶离需求流率，在同等基准条件下，单位为 "pc/h"。

D_R——匝道影响区的平均密度，单位为 "pc/mile/ln"。

S_R——匝道影响区所有车辆的空间平均速度，单位为 "mile/h"。

除了用于确定其自由流速度的设施的标准几何特性和用于将等效基准条件下的需求流量（以 "veh/h" 为单位）转换为 "pc/h" 的调整外 [式（30-1）]，在合流和分流分析中还有两个重要的几何变量：

- L_a 或 L_d = 加速或减速车道的长度（ft）；
- RFFS = 匝道的自由流速度（mile/h）。

加速或减速车道的长度是从匝道和主线第1车道的接触点到加速或减速车道的开始或结束点距离。该定义包括加速或减速车道的渐变部分，对平行和直接（渐变）车道都是一样的。图30.3说明了加速和减速车道的长度测量。

匝道的自由流速度最好在现场观察，但可以估计为匝道上限制最严的元素的设计速度。许多匝道包括复合平面曲线或一些独立的平面或立面曲线。自由流速度一般由其中线形最不利处的设计速度 [或最大安全运行速度（maximum safe operating speed）] 控制。

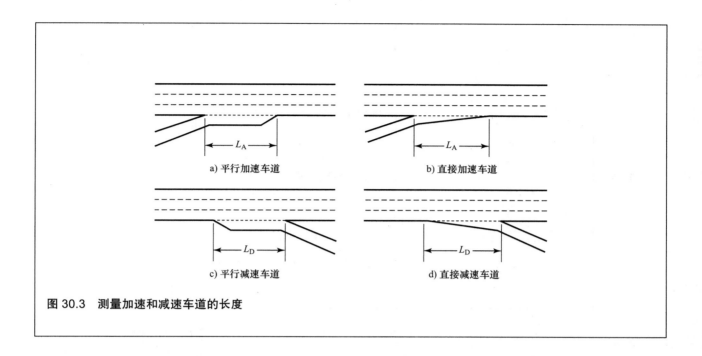

图 30.3 测量加速和减速车道的长度

30.4 合流段和分流段的计算程序

图 30.4 是合流或分流交汇处分析方法的流程。它说明了以下五个基本步骤。

1）指定要分析的交汇处的所有交通和道路数据：高峰小时需求、PHF、交通组成、驾驶人群体，以及现场的几何细节，包括设施和匝道的自由流速度。使用式（30-1）将所有需求流量转换为等效基准条件下的流率，单位为 "pc/h"。

2）使用规定的适当算法，确定紧邻合流或分流交汇处上游的设施的第1和第2车道的需求流率。

3）确定需求流率是否超过交汇处任何关键元素的容量。如果需求超过容量，则为 LOS F，分析完成。

4）如果确认运行是稳定的，则确定匝道影响区域内所有车辆的密度。然后使用表 30.1 来确定基于匝道影响区的密度的服务水平。

5）如果确认交通为稳定运行，则确定匝道影响区域内所有设施的车道上的车辆速度，并作为性能（绩效）的次要衡量指标。

一旦指定了合流或分流交汇处的所有输入特性，所有需求流量都被转换为同等基准条件下的流率，方法的其余部分就可以完成了。

应该注意的是，合流和分流段的基本方法是基于单车道、右侧的出入口匝道。还有许多其他类型的布置，包括多车道的出入口匝道交汇处（On- andOff-ramp Junctions），左侧匝道，主线的合流和分流段，以及五车道（单向）设施段的匝道。这些都作为"特殊情况"来处理，在本章的后面会提到。这些情况涉及对每个案例的基本方法的逻辑修正。在少数情况下，有大量的数据库可以用来校准这些修正。在多数情况下，这些修正是基于理论模型与公路容量和服务质量委员会（HCQSC）的知情判断。

30.4.1 估计车道1和2的需求流率（第2步）

分析的起点是确定紧邻合流或分流交汇处上游的设施的第 1 和第 2 车道（最右边的两条车道）的需求流率。这是通过一系列基于回归的算法来完成的，这些算法是在全国范围内对匝道－自由流公路交汇处的调研中开发的[1]。

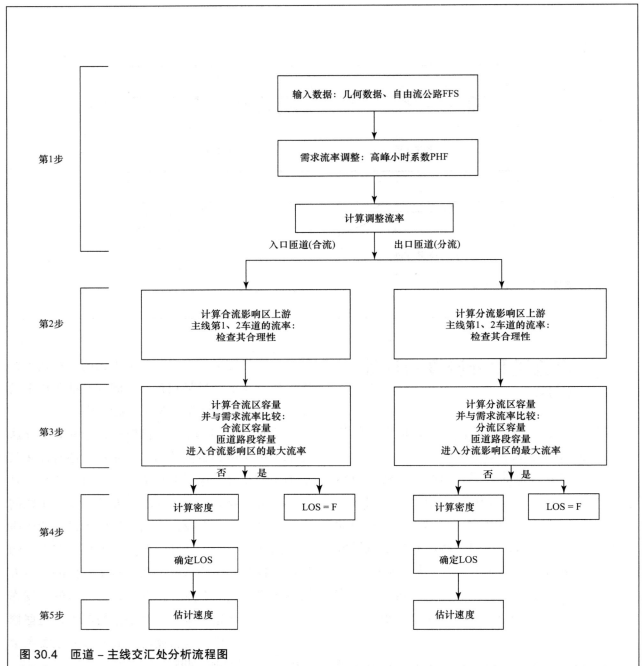

图 30.4　匝道 – 主线交汇处分析流程图

资料来源：Reprinted with permission from *Highway Capacity Manual, 6th Edition: A Guide for Multimodal Mobility Analysis*, Transportation Research Board, National Academy of Sciences, Courtesy of the National Academies Press, Washington, D.C., 2016.

基本算法

对于合流区，紧邻交汇处上游的第 1、2 车道的富余流量被简单地计算为接近设施总流量的比例：

$$v_{12} = v_F \times P_{FM} \qquad (30\text{-}2)$$

式中　P_{FM}——紧邻合流点上游的第 1、2 车道上的接近车辆的富余比例（小数）；

v_F——接近合流区的流率（pc/h）。

P_{FM} 的值随设施上的车道数、需求流率水平、相邻匝道的比邻程度（在某些情况下）、加速车道的长度（在某些情况下）以及匝道的自由流速度（在某些情况下）变化。

用于估计紧邻分流点上游的第 1、2 车道的需求流率的一般方法，与用于合流区的方法有些不同。因为在该点上，假定所有匝道交通都在第 1、2 车道。综上，认为第 1、2 车道的流率是出口匝道的流率加上主线直行流率的一部分。

$$v_{12} = v_R + (v_F - v_R)P_{FD} \qquad (30\text{-}3)$$

式中 P_{FD}——紧邻分流点上游的第 1、2 车道上剩余的自由流公路车辆比例（小数）；

v_R——出口匝道需求流率（pc/h）；

v_F——接近自由流公路车辆的需求流率（pc/h）。

根据具体情况，P_{FD} 的值随自由流公路流率、匝道流率以及（在某些情况下）相邻的上游和下游匝道的活动（程度）变化。

确定 P_{FM} 和 P_{FD} 的值

确定 P_{FM} 和 / 或 P_{FD} 适用值的主表是表 30.2，其中列出了计算公式。表 30.3 列出了表 30.2 中各种公式的选择标准。

选择一个合适的公式来计算 P_{FM} 和 / 或 P_{FD} 的适用值，乍一看似乎相当复杂。公式反映了以下关键特性。

• 对于四车道自由流公路（每个方向 2 条车道），这个公式很简单，因为只有第 1、2 车道存在，而且所有需求都必须在这 2 条车道上。因此，P_{FM} 或 P_{FD} 的值是 1.00。

• 对于六车道和八车道设施，人们认为留在第 1、2 车道的流率取决于与相邻的上游和下游匝道的距离和流率。如果匝道之间的距离不足以让驾驶人进行两次换道以到达外侧车道，那么从附近的上游匝道进入主线的驾驶人更有可能留在第 1、2 车道上。同样，如果驾驶人知道他 / 她必须在附近的下游匝道出口，那么他更有可能进入第 1、2 车道，而不是沿主线驶向下游。尽管这些都是合乎逻辑的预期，但关于匝道口的数据库只足以为六车道自由流公路的少数情况建立这些关系。

表 30.2 确定 P_{FM} 和 P_{FD} 值的公式

自由流公路车道数*	$P_{FM}=$	公式编号	$P_{FD}=$	公式编号
4	1.000	30-4	1.000	30-10
6	$0.5775 + 0.000028L_a$	30-5	$0.760 - 0.000025v_F - 0.000046v_R$	30-11
	$0.7289 - 0.0000135(v_F + v_R) - 0.003296\text{RFFS} + 0.000063L_{UP}$	30-6	$0.717 - 0.000039v_F + 0.604(v_u/L_{UP})**$	30-12
	$0.5487 + 0.2628(v_D/L_{DN})$	30-7	$0.616 - 0.000021v_F + 0.124(v_D/L_{DN})$	30-13
8	$0.2178 - 0.000125v_R + 0.01115(L_a/\text{RFFS})$ 若 $v_F/\text{RFFS} \leqslant 72$	30-8	0.436	30-14
	$0.2178 + 0.000125v_R$ 若 $v_F/\text{RFFS} > 72$	30-9		

注：* 总数量。每个方向的车道数是表中值的一半，也就是说，八车道自由流公路每个方向有 4 条车道。v_D = 相邻下游匝道的流率（pc/h）；v_U = 相邻上游匝道的流率（pc/h）；L_{UP} = 到上游相邻匝道的距离（ft）；L_{DN} = 到下游相邻匝道的距离（ft）；所有其他变量定义同前。

** 该公式仅适用于 v_u/LUP 小于或等于 0.20 时；若不是，则用式（30-11）代替。

表 30.3　从表 30.2 中为六车道自由流公路选择合适的公式

上游相邻匝道	主体匝道	下游相邻匝道	采用公式
无		无	30-5
无		入	30-5
无		出	30-7 or 30-5
入	入口匝道	无	30-5
出	（上匝道）	无	30-6 or 30-5
入		入	30-5
入		出	30-7 or 30-5
出		入	30-6 or 30-5
出		出	30-6, 30-7, or 30-5
无		无	30-11
无		入	30-11
无		出	30-13 or 30-11
入	出口匝道	无	30-12 or 30-11
出	（下匝道）	无	30-11
入		入	30-12 or 30-11
入		出	30-12, 30-13, or 30-11

- 对于六车道自由流公路，模拟相邻匝道的影响可能有如下四种情况：①上游相邻出口匝道对主体入口匝道的影响；②下游相邻出口匝道对主体入口匝道的影响；③上游相邻入口匝道对主体出口匝道的影响；④下游相邻出口匝道对主体出口匝道的影响。无法界定上游或下游入口匝道对主体入口匝道的影响，也无法界定上游出口匝道或下游入口匝道对主体出口匝道的影响。

- 对于八车道自由流公路，该方法的数据库不足以支持对相邻匝道的影响开展统计学上的估计。因此，对于八车道自由流公路，没有提供这种公式。

表 30.2 可以直接用于四车道或八车道自由流公路的任何合流或分流分析，因为每种情况只有一个公式。表 30.3 需要为六车道自由流公路的各种合流或分流分析选择适当的公式。图 30.5 进一步说明了对六车道自由流公路需要做出的选择。

图 30.5a、c 描述了考虑到相邻上游和 / 或下游匝道的公式的配置。图 30.5b、d 描述了不考虑相邻的上游和 / 或下游匝道的影响的配置。这并不意味着缺乏具体公式的配置没有这种影响，也不是说八车道自由流公路的匝道没有这种影响。

只是说还没有足够的统计数据来支持这些影响的研究，以校准相应的公式。

六车道自由流公路的等效距离

即使是图 30.5a、c 中呈现的配置，也不能确定可预估邻近匝道交通的具体影响。对于这些情况，与相邻的上游距离 L_{UP} 或相邻的下游距离 L_{DN} 是关键。在某些距离上，匝道之间的距离很远，相邻匝道交通的影响不再可测量。

对于六车道自由流公路，孤立入口匝道使用式（30-5），而孤立出口匝道则使用式（30-11）。这些公式也是其他没有合适的公式可用的配置的默认公式。

表 30.3 显示，对于某些配置，可能有一个以上的公式可用。对于上游有相邻出口匝道的入口匝道，可用式（30-6）或式（30-5）。对于这种情况和其他需要选择的配置，适用公式取决于主体匝道与相邻匝道之间的等效距离 L_{EQ}。等效距离被定义为两个公式产生相同的 P_{FM} 或 P_{FD} 值的距离。

由于表 30.2 中有 4 个公式考虑了相邻的上游或下游匝道的具体影响，有 4 个等效距离 L_{EQ}，见表 30.4。

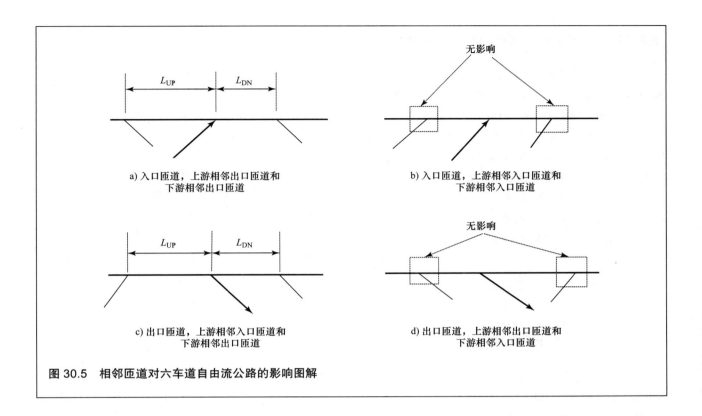

a) 入口匝道，上游相邻出口匝道和
下游相邻出口匝道

b) 入口匝道，上游相邻入口匝道和
下游相邻入口匝道

c) 出口匝道，上游相邻入口匝道和
下游相邻出口匝道

d) 出口匝道，上游相邻出口匝道和
下游相邻入口匝道

图 30.5 相邻匝道对六车道自由流公路的影响图解

表 30.4 对于六车道自由流公路的等效距离公式

布置	可选公式	公式	公式编号
入口匝道，上游相邻出口匝道	30-5 30-6	$L_{EQ} = 0.214(v_F + v_R) + 0.444L_a + 53.32\text{RFFS} - 2403$	30-15
入口匝道，下游相邻出口匝道	30-5 30-7	$L_{EQ} = \dfrac{v_D}{0.1096 + 0.000107L_a}$	30-16
出口匝道，上游相邻入口匝道	30-11 30-12	$L_{EQ} = \dfrac{v_U}{0.071 + 0.000023v_F - 0.000076v_R}$	30-17
出口匝道，下游相邻入口匝道	30-11 30-13	$L_{EQ} = \dfrac{v_D}{1.15 - 0.000032v_F - 0.000369v_R}$	30-18

对于任意场景，选择适当的公式是基于匝道之间的实际距离和等效距离的比较：

• 若 L_{UP} 或 $L_{DN} \geq L_{EQ}$，则使用孤立匝道的基准公式 [式（30-5）用于入口匝道，式（30-11）用于出口匝道]。

• 若 L_{UP} 或 $L_{DN} < L_{EQ}$，则使用特定布置的指定公式 [式（30-6）或式（30-7）为入口匝道，

式（30-12）式（30-13）为出口匝道]。

有时，一个主体匝道也可能同时处于上游相邻匝道和下游相邻匝道影响的范围。这些程序不支持同时考虑三个匝道的序列。因此，需要两种解决方案：一种是与上游相邻匝道结合，另一种是与下游相邻匝道结合。选用 P_{FM} 或 P_{FD} 值最大的方案。

例题 30-1：为 P_{FM} 或 P_{FD} 选择公式

最好用例子来解释选择合适公式的过程。考虑图 30.6 所示的两个匝道序列。这两个序列都在六车道自由流公路上。所有匝道的加速或减速车道的长度为 400ft。

对于图 30.6a 所示匝道序列，一个匝道有一个上游相邻的入口匝道和一个下游相邻的出口匝道。从表 30.3 来看，上游匝道不影响主体匝道，通常默认用式（30-5）计算 P_{FM}。然而，下游匝道可能会影响主体匝道，因此式（30-7）或式（30-5）可能适用。判断必须基于等效距离 L_{EQ}。通过表 30.4，使用式（30-16）可以求解等效距离：

$$L_{EQ} = \frac{v_D}{0.1096 + 0.000107L_a}$$
$$= \frac{400}{0.1096 + (0.0000107 \times 400)}$$
$$= 3512\text{ft} > 1000\text{ft}$$

因为到下游匝道的实际距离小于等效距离，所以将采用针对下游匝道的式（30-7）。

因此，紧连主体匝道上游的第 1、2 车道的富余流量由式（30-5）式（30-7）确定。结果由产生 P_{FM} 最大值的公式决定。

在图 30.6b 所示匝道序列中，匝道有一个相邻的上游匝道和一个相邻的下游匝道。从表 30.3 来看，考虑到上游匝道，可以用式（30-11）或式（30-12）来估计第 1、2 车道的富余流量。同样，两者的选择取决于等效距离。通过表 30.4，式（30-17）用于估计等效距离：

$$L_{EQ} = \frac{v_U}{0.071 + 0.000023v_F - 0.000076v_R}$$
$$= \frac{500}{0.071 + (0.000023 \times 2200) - (0.000076 \times 1000)}$$
$$= 10870\text{ft} > 800\text{ft}$$

因为到上游匝道的实际距离是 800ft，大幅小于等效距离，所以使用包括上游匝道影响的式（30-12）。

如果考虑下游匝道，P_{FD} 的值可以用式（30-11）或式（30-13）来计算。注意，必须检查等效距离。通过表 30.4，式（30-18）用于查找这种情况下的等效距离：

$$L_{EQ} = \frac{v_D}{1.15 - 0.000032v_F - 0.000369v_R}$$

在此，有必要注意这个公式中使用的是什么值。有几个是直接的：$v_D = 800\text{pc/h}$；$v_R = 1000\text{pc/h}$。自由流公路的流率 v_F，取自主体匝道的上游。在这种情况下，它包括进入自由流公路的 2200pc/h 和进入上游匝道的 500pc/h。在主体匝道的上游断面，$v_F = 2200 + 500 = 2700\text{pc/h}$，则：

$$L_{EQ} = \frac{800}{1.15 - (0.000032 \times 2700) - (0.000369 \times 1000)}$$
$$= 1152\text{ft} < 1500\text{ft}$$

因为实际距离超过了等效距离，所以使用一般默认的式（30-11）。我们再一次有两个潜在的解决方案。当考虑上游匝道时，使用式（30-12）；当考虑下游匝道时，则使用（30-11）。使用的结果将是两个 P_{FD} 值中较高的一个。

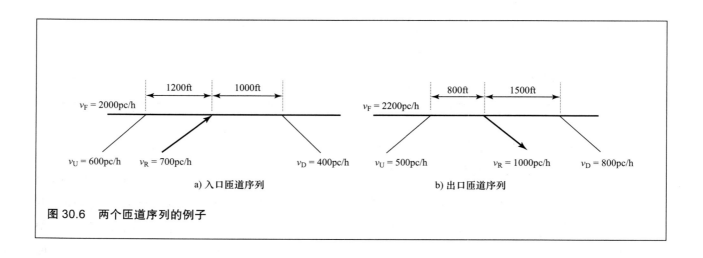

图 30.6　两个匝道序列的例子

很明显，这些解决方案有时会变得非常详细。为了找到 P_{FM} 或 P_{FD} 的适当值，必须选择正确的公式。在这种情况下，每个主体匝道都涉及两个潜在的解决方案，将采用最不利的预测结果。

本章末尾更完整的例题将进一步说明如何进行选择，以及这些选择如何影响合流和分流段分析的结果。

计算紧邻主体匝道上游（断面）的 v_{12}

一旦计算出 P_{FM} 和 / 或 P_{FD} 的适当值，式（30-2）（合流段）和式（30-3）（分流段）将直接用于估计自由流公路第 1、2 车道的流率。

检查结果的"合理性"

一旦完成第 1、2 车道的流率预测，就有必要对结果进行"合理性"检查。因为所使用的算法基于回归公式，结果有时会导致不合逻辑的车道分配。这可能发生在现场条件接近或超出用于回归的校准数据库的边界时。车道分配的估计结果必须满足以下两个条件：

- 外侧车道的平均流率不得超过 2700pc/h/ln；
- 外侧车道的平均流率不得超过第 1、2 车道的平均流率的 1.5 倍。

很明显，自由流公路的规模决定了外侧车道的数量（outer lanes）。对于四车道自由流公路（每个方向有 2 条车道），没有外侧车道，所有车辆都在第 1、2 车道行驶。对于六车道自由流公路（每个方向有 3 条车道），有一条外侧车道（第 3 车道）。对于八车道自由流公路（每个方向有 4 条车道），有 2 条外侧车道（第 3、4 车道）。

如果预估的车道分配违反了这些准则中的任何一项或两项，则必须调整第 1、2 车道的流率，以适应这些限制。如果外侧车道的平均流率超过 2700pc/h/ln，则设定为 2700pc/h/ln，第 1、2 车道的流率重新计算为：

$$v_{12} = v_F - 2700 N_O \qquad （30-19）$$

其中，N_O 是外侧车道的数量。如果外侧车道的平均流率超过 1.5 倍的第 1、2 车道的平均流率，则外侧车道的流率被设定为 1.5 倍的第 1、2 车道的平均流率，重新计算第 1、2 车道的流率：

$$当 N_O = 1 时， \quad v_{12} = \frac{v_F}{1.75}$$

$$当 N_O = 2 时， \quad v_{12} = \frac{v_F}{2.50} \qquad （30-20）$$

$$当 N_O > 2 时， \quad v_{12} = \frac{2v_F}{(1.5N_O + 2)}$$

在两个限制都被违反的情况下，需要修正到符合两个准则。

30.4.2 估计合流或分流段的容量（第 3 步）

合流区和分流区的分析程序，是根据需求流率与关键容量值的比较来确定有关路段是否失效（LOS F）。

通常来说，道路的基本容量不受合流或分流活动的影响。正因如此，必须在合流或分流的上游和 / 或下游检查道路基本段的容量。同时必须检查匝道容量是否足够。

当需求流超过这些容量中的任何一个时，预计会出现失效，服务水平被确定为 F。

进入匝道影响区的总流率也要检查。虽然为这个流率设置了一个最大期望值，但如果没有超过其他容量值，则超过该期望值并不意味着服务水平为 F。如果只违反了这个最大值，则预期服务质量将低于该方法所预测的服务质量。表 30.5 中给出了容量值。

表 30.5 所示的自由流公路和多车道公路容量值与第 28 章中使用的自由流公路基本路段的值相同。为方便起见，在此重复这些数值。请注意，在第 28 章中，容量显示为每车道值。表 30.5 将这些值乘以适当的车道数（单向），同样是为了方便使用。表 30.5 中的其他数值可以近似适用于多车道公路的合流或分流段。

表 30.5　检核匝道的容量值

| FFS/(mile/h) | 自由流公路上下游路段的容量 a | | | | 进入合流影响区的最大期望流率（v_{R12}）b | 进入分流影响区的最大期望流率（v_{12}）b |
| | 单向的车道数 | | | | | |
	2	3	4	> 4		
≥ 70	4800	7200	9600	2400/ln	4600	4400
65	4700	7050	9400	2350/ln	4600	4400
60	4600	6900	9200	2300/ln	4600	4400
55	4500	6750	9000	2250/ln	4600	4400

注：a. 需求超过这些容量会导致 LOS F。
　　b. 需求超过这些值并不导致 LOS F，说明运行情况可能比该方法预测的要差。

| FFS/(mile/h) | 多车道公路或 C-D 道路上下游路段的容量 a | | | 进入合流影响区的最大期望流率（v_{R12}）b | 进入分流影响区的最大期望流率（v_{12}）b |
| | 单向的车道数 | | | | |
	2	3	> 3		
≥ 60	4400	6600	2200/ln	4600	4400
55	4200	6300	2100/ln	4600	4400
50	4000	6000	2000/ln	4600	4400
45	3800	5700	1900/ln	4600	4400

注：a. 需求超过这些容量会导致 LOS F。
　　b. 需求超过这些值并不导致 LOS F，说明运行情况可能比该方法预测的要差。

| 匝道 FFS S_{FR}/(mile/h) | 匝道路段的容量 | |
	单车道匝道	双车道匝道
> 50	2200	4400
>40 ~ 50	2100	4200
>30 ~ 40	2000	4000
≥ 20 ~ 30	1900	3800
< 20	1800	3600

注：一个匝道路段的容量并不能确保其在自由流公路或其他高速度交汇处有相同的容量。交汇处的容量必须根据本表的标准进行检查。
资料来源：Reprinted with permission from *Highway Capacity Manual, 6th Edition: A Guide for Multimodal Mobility Analysis*, Transportation Research Board, National Academy of Sciences, Courtesy of the National Academies Press, Washington, D.C., 2016.

应与表 30.5 的容量标准进行比较的具体检核点汇总如下。

- 对于合流区，最大设施流率发生在合流区

的下游。因此，设施容量与下游设施流率进行比较（$v_{FO} = v_F + v_R$）。

- 对于分流区，最大设施流率发生在分流区

的上游。因此，设施容量是与紧邻的上游道路流率 v_F 相比较。

- 当车道在合流或分流处增加或减少时，上游（v_F）和下游（v_{FO}）设施流率必须与容量标准进行比较。

- 对于合流区，进入匝道影响区的流率为 $v_{R12} = v_{12} + v_R$。这个总和要与表 30.5 中的最大理想流率进行比较。

- 对于分流区，进入匝道影响区的流率是 v_{12}，因为已经包括了出口匝道的流量。它将直接与表 30.5 中的最大理想流量进行比较。

- 所有匝道流率 v_R，必须与表 30.5 中给出的匝道容量进行检核。

匝道容量的检核对分流区来说是最重要的。分流段很少发生失效，除非其中一个分流肢的需求流超过了容量。这种情况最可能发生在匝道上。还应注意的是，表 30.5 中展示的双车道匝道的容量可能有很大误导性。它们指的是匝道本身，而不是与主线的交汇处。例如，没有证据表明双车道的入口匝道交汇处能比单车道的入口匝道交汇处容纳更大流量。一个双车道的入口匝道不太可能处理超过 2250 ~ 2400pc/h 通过合流区。对于更高的入口匝道需求，双车道匝道将必须与主线交汇处的车道增加相结合。

表 30.5 中的容量以理想或基准条件下的"pc/h"为单位。当然，如第 28 章和第 29 章所述，它们可以用重型车辆调整系数转换为以"veh/h"为单位。然而，由于所有需求量已经被转换为以"pc/h"为单位的流率，直接将转换后的需求流率与表 30.5 中确定的理想容量进行比较是很方便的。还应该注意的是，容量调整系数（CAF）可以应用于表 30.5 中的任何一个容量（见第 28 章相关讨论）。

如果上游自由流公路流量、下游自由流公路流量或匝道流量超过容量，则合流或分流段的 LOS 为 F，分析结束。如果需求流小于这些要素的容量，则继续分析以确定适当的服务水平。

30.4.3　确定匝道影响区的密度和服务水平（第 4 步）

如果所有设施和匝道容量检核表明，在合流或分流区普遍存在稳定的车流，则匝道影响区的密度可以用合流区的式（30-21）和分流区的式（30-22）来估计：

$$D_R = 5.475 + 0.00734v_R + 0.0078v_{12} - 0.00627L_a \tag{30-21}$$

$$D_R = 4.252 + 0.0086v_{12} - 0.009L_d \tag{30-22}$$

其中所有变量定义同前。在这两种情况下，匝道影响区的密度取决于进入该区的流率（合流区为 v_R 和 v_{12}，分流区为 v_{12}），以及加速或减速车道的长度。由式（30-21）或式（30-22）计算的密度直接与表 30.1 的标准进行比较，以确定预期服务水平。

30.4.4　确定预期速度指标（第 5 步）

尽管它不是有效性指标，而且确定预期速度也不是估计密度所必需的（就像交织区的情况一样），但有一个平均速度作为额外的指标或作为系统分析的输入往往很方便。由于匝道附近的速度行为（包括匝道影响区的 1500ft 路段）与基本路段不同，为合流区和分流区分别提供了以下三种算法。

- 匝道影响区内的平均速度估计算法，包括影响区 1500ft 长度内的第 1、2 车道和加速或减速车道。

- 在匝道影响区 1500ft 范围内的外侧车道（如果有的话）的平均速度的估计算法。

- 将上述内容合并为匝道影响区 1500ft 范围内所有车道的平均空间平均速度的算法。

表 30.6 汇总了合流段的算法，表 30.7 汇总了分流段的算法。

表 30.6 估计合流段的速度

平均速度	估算公式	
匝道影响区	$S_R = \text{FFS} \times \text{SAF} - (\text{FFS} \times \text{SAF} - 42)M_S$ $M_S = 0.321 + 0.0039e^{(v_{R12}/1000)} - 0.002(L_a \times \text{RFFS} \times \text{SAF}/1000)$	（30-23）
外侧车道	$S_o = \text{FFS} \times \text{SAF}$ $\qquad\qquad\qquad\quad v_{oa} < 500\text{pc/h}$ $S_o = \text{FFS} \times \text{SAF} - 0.0036(v_{oa} - 500)$ $\quad v_{oa} = 500 \sim 2300\text{pc/h}$ $S_o = \text{FFS} \times \text{SAF} - 6.53 - 0.0006(v_{oa} - 2300)$ $\quad v_{oa} > 2300\text{pc/h}$	（30-24）
所有车道	$S = \dfrac{v_{R12} + v_{oa}N_o}{\left(\dfrac{v_{R12}}{S_R}\right) + \left(\dfrac{v_{oa}N_o}{S_o}\right)}$	（30-25）

表 30.7 估计分流段的速度

平均速度	估算公式	
匝道影响区	$S_R = \text{FFS} \times \text{SAF} - (\text{FFS} \times \text{SAF} - 42)D_S$ $D_S = 0.883 + 0.00009v_{12} - 0.013\text{RFFS} \times \text{SAF}$	（30-26）
外侧车道	$S_o = 1.097\text{FFS} \times \text{SAF}$ $\qquad\qquad\qquad v_{oa} < 1000\text{pc/h}$ $S_o = 1.097\text{FFS} \times \text{SAF} - 0.0039(v_{oa} - 1000)$ $\quad v_{oa} \geqslant 1000\text{pc/h}$	（30-27）
所有车道	$S = \dfrac{v_{12} + v_{oa}N_o}{\left(\dfrac{v_{12}}{S_R}\right) + \left(\dfrac{v_{oa}N_o}{S_o}\right)}$	（30-28）

表 30.6 和表 30.7 中的大多数变量都与以前的定义相同。首次出现的变量定义如下：

S_R——匝道影响区内车辆的平均速度（mile/h）；

S_o——匝道影响区 1500ft 长度内外侧车道（若有）的车辆平均速度（mile/h）；

S——匝道影响区 1500ft 长度内所有车辆的平均速度（mile/h）；

M_S——合流段的比例系数；

D_S——分流段的比例系数；

v_{oa}——外侧车道（若有）的平均流率（pc/h/ln）。

注意，如果自由流公路主线上只有两条车道（四车道自由流公路），那么所有车辆都在匝道影响区，只需要表 30.6 和表 30.7 中的第一个公式。

30.4.5 对基准程序的最后总结

正如在开始讨论计算程序时指出的，这里提出的方法只直接适用于自由流公路或多车道公路右侧的单车道入口或出口匝道的基准场景。由于有许多合流和分流配置不符合这些条件，有各种"特殊情况"将在下一节讨论。

30.5 合流和分流分析的特殊情况

合流和分流分析程序主要是针对单车道、右侧入口、出口匝道进行校核的。为了能用这些程序分析广泛的合流和分流的几何布置，我们对其进行了修正。这些"特殊应用"包括以下情况：

- 双车道，右侧出入口匝道；
- 五车道（单向）自由流公路段的出入口匝道；
- 单车道、左侧出入口匝道；
- 主线合流和分流区；
- 车道减少和车道增加。

"主线合流和分流区"是一个非常广泛的类别，几乎包括了不属于基准场景或所列其他特殊应用的任何合流或分流布置。

30.5.1 双车道入口匝道

图 30.7 展示了双车道入口匝道的典型几何形状。两条车道在合流点汇入自由流公路。实际上，有两条加速车道。首先，匝道右侧车道汇入匝道左侧车道；随后，匝道左侧车道汇入自由流公路右侧车道。这两条加速车道的长度如图 30.7 所示。

对入口匝道的一般程序在两个方面进行了修改。当估计紧邻匝道上游的第 1、2 车道的需求流（v_{12}）时，使用标准公式：

$$v_{12} = v_F \times P_{FM}$$

然而，不是使用标准公式来求解 P_{FM}，而是使用以下数值：

- $P_{FM} = 1.000$，四车道自由流公路；
- $P_{FM} = 0.555$，六车道自由流公路；
- $P_{FM} = 0.209$，八车道自由流公路。

此外，在密度公式中，考虑用双车道合流区的两个车道的有效长度替代加速车道的长度：

$$L_{aEFF} = 2L_{A1} + L_{A2} \tag{30-29}$$

其中，L_{A1} 和 L_{A2} 的定义如图 30.7 所示。

偶尔，双车道匝道会用在下游自由流公路段增加一条或两条车道的地方。根据这种合流区的细节，它们可以被视为车道增加或主线合流区。

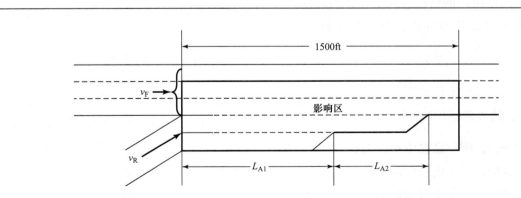

图 30.7 典型的双车道入口匝道

资料来源：Reprinted with permission from Transportation Research Board, National Research Council, *Highway Capacity Manual*, National Academy of Sciences, Courtesy of the National Academies Press, Washington, D.C., 2000.

30.5.2 双车道出口匝道

图 30.8 说明了双车道出口匝道的两种常见几何形状。第一种是典型的双车道入口匝道交汇处的镜像，提供两条减速车道；第二种是提供单一的减速车道，匝道左侧车道从分流点起始，没有单独的减速车道。

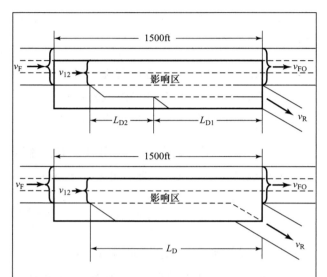

图 30.8 双车道出口匝道的典型几何形状

资料来源：Reprinted with permission from Transportation Research Board, National Research Council, *Highway Capacity Manual*, National Academy of Sciences, Courtesy of the National Academies Press, Washington, D.C., 2000.

与双车道入口匝道的情况一样，标准程序也适用于双车道出口匝道的分析，但有两处修正。在标准方程中，

$$v_{12} = v_R + (v_F - v_R)P_{FD}$$

以下是 P_{FD} 的数值：

- $P_{FD} = 1.000$，四车道自由流公路；
- $P_{FD} = 0.450$，六车道自由流公路；
- $P_{FD} = 0.260$，八车道自由流公路。

另外，密度公式中的减速车道的长度被替换为等效长度，计算方法如下：

$$L_{dEFF} = 2L_{D1} + L_{D2} \quad (30\text{-}30)$$

其中，L_{D1} 和 L_{D2} 的定义如图 30.8 所示。该修正只适用于图 30.8 上部所示的几何形状的情况。在只有一条减速车道的情况下，不做任何修正即可使用。

30.5.3 五车道自由流公路段（单向）的入口匝道和出口匝道

在美国的一些地区，单向五车道自由流公路段并不少见。分析这种路段的右侧匝道的程序相对简单：对该路段的第 5 车道（最左边的车道）的需求流进行估计。从接近自由流公路的总流率中扣除，剩下的流率在该路段的右四车道。一旦做了这个扣除，该路段就可以像八车道自由流公路（单向四车道）上的匝道一样进行分析。表 30.8 给出了确定第 5 车道（v_5）流量的简单算法，即：

$$v_{4EFF} = v_F - v_5 \quad (30\text{-}31)$$

而问题的其余部分则使用 v_{4EFF} 作为四车道（单向）自由流公路段的接近流进行分析。

很明显，在单向五车道以上的自由流公路段存在匝道的情况下，也可以采取类似的方法（有些确实存在，尽管很罕见）。然而，"外侧车道"的流量估计尚无已校准的方法，必须基于当地的现场观察进行估计。

30.5.4 左侧出入口匝道

在美国的大部分地区都不同程度地存在左侧出入口匝道。在 20 世纪 70 年代，Leisch[2] 开发了一种修正分析程序，适用于左侧匝道。

该程序遵循以下步骤。

- 估计既有条件下的 v_{12}，就像匝道在自由流公路的右侧一样。
- 为了估计自由流公路最左边两条车道的富余流量（四车道的 v_{12}，六车道的 v_{23}，八车道的 v_{34}），将结果乘以表 30.9 中选择的适当系数。

表 30.8 估算五车道自由流公路段第 5 车道的需求流

入口匝道		出口匝道	
v_F/(pc/h)	v_5/(pc/h)	v_F/(pc/h)	v_5/(pc/h)
≥ 8500	2500	≥ 7000	$0.200v_F$
7500 ~ 8499	$0.295v_F$	5500 ~ 6999	$0.150v_F$
6500 ~ 7499	$0.270v_F$	4000 ~ 5499	$0.100v_F$
5500 ~ 6499	$0.240v_F$	< 4000	0
< 5500	$0.220v_F$		

表 30.9 通过转换 v_{12} 以估计左侧匝道布置下的富余流量

$v_{xy} = v_{12} \times f_{LH}$		
调整系数 f_{LH}		
估算内容	对于入口匝道	对于出口匝道
V_{12}，四车道自由流公路（单向 2 车道）	1.00	1.00
V_{23}，六车道自由流公路（单向 3 车道）	1.12	1.05
V_{34}，八车道自由流公路（单向 4 车道）	1.20	1.10

- 使用自由流公路最左边两条车道的需求流而不是 v_{12}，检查容量并估计匝道影响区的密度，无需进一步修改方法。

- 速度算法应被视为只是对左侧匝道的非常粗略的估计。对"外侧车道"的速度预测可能不适用。

30.5.5 车道增加和车道减少

许多合流和分流交汇处涉及增加一条车道（在合流区）或减少一条车道（在分流区）。一般来说，这些区域的分析是相对简单的，应用以下的一般原则。

- 由于单车道匝道增加一条车道（在合流区）或减少一条车道（在分流区）时，匝道的容量由其自由流速度决定，并采用表 30.5 的指标对匝道路段进行分析，自由流公路基本路段的服务水平指标适用于上游和下游的路段，这些路段将有不同的车道数。

- 由于双车道匝道导致车道增加或车道减少时，它被视为一个主线的合流或分流区，采用下一节所述的技术。

30.5.6 主线合流区和分流区

当两条多车道车行路连接成一条自由流公路或多车道公路段时，就形成了一个主线合流区。当一条自由流公路或多车道公路路段分离成两条多车道的下游车行路时，就会出现一个主线分流区。这些多车道合流和分流的情况可能是主要的自由流公路立交的一部分，也可能涉及与地面街道的重要多车道匝道连接。这些路段的典型特性是，它们通常被设计成可容纳相对较高的速度，这在某种程度上改变了合流和分流运行的动态特性。

在一个主线合流区，可能会减少一条车道，或者下游路段的车道数可能与接近合流区的总车道数相同。同样，在分流区，可能会增加一车道，或者离开分流区的车道总数可能与接近设施段的车道数量相等。图 30.9 展示了这些布置。

对主线合流区和分流区的分析一般限于对接近和离开设施路段的需求 – 容量平衡的检查。没有提供服务水平的判定标准。

对于主线分流区，已经开发了一种算法，来粗略估计自由流公路分流上游 1500ft 路段的所有接近车道的车流密度：

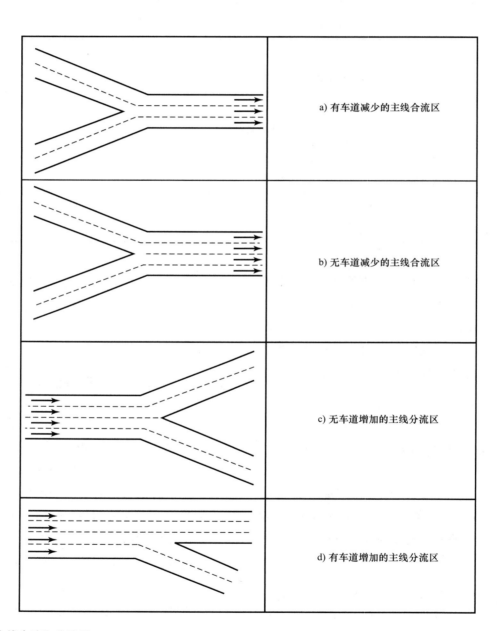

图 30.9　主线合流和分流区

$$D = 0.0109 \left(\frac{v_F}{N} \right) \quad (30\text{-}32)$$

式中 D——所有自由流公路车道的密度，从分流点到分流点上游 1500ft 处（pc/mile/ln）；

v_F——自由流公路接近段的需求流率（pc/h）；

N——接近分流点的自由流公路车道数。

这充其量是一个近似值，通常不用于确定分流区的服务水平。

30.6 总结

2016 年版 HCM 中用于合流和分流路段的方法与 2000 年版 HCM 中最初的版本相比基本没有变化，只是增加了应用容量调整系数（CAF）和速度调整系数（SAF）。这些系数已在第 28 章中介绍和讨论。

该方法着重于匝道的三个潜在组成部分中的两个：匝道 - 自由流公路交汇处、匝道路段。当一条匝道连接两条自由流公路（或多车道公路）时，会有两个匝道 - 自由流公路交汇处。

该方法不处理匝道 - 街道交汇处。这种交汇处通常是信控交叉口，或由"STOP"或"YIELD"标志控制。必须采用适当的方法来分析这种交汇处。当一个出口匝道 - 街道交汇处预计失效时（即 LOS F），匝道上会出现排队，很可能溢出到匝道交汇处。在这种情况下，匝道不会像本章的方法所预期的那样运行。当入口匝道 - 街道交汇处发生失效时，进入匝道的需求将受到限制，而匝道 - 自由流公路交汇处的运行情况可能比本章的方法所预期的要好。

无论如何，所讨论的方法是非常详细的，主要是基于全国范围内中等规模的数据库的回归分析。重要的是要仔细遵循该方法，以避免遗漏过程中的关键步骤。

30.7 合流和分流分析的例题

例题 30-2：孤立匝道的分析

图 30.10 展示的是通往一条繁忙的城市八车道自由流公路的匝道。对该合流区的分析是为了确定在所示的既有条件下可能的服务水平。

求解

第 1 步：将所有需求流量转换为同等理想条件下的

流率（pc/h）

接近合流区的自由流公路和匝道流量必须用式（30-1）转换为同等基准条件下的流率（pc/h）。在这种情况下，请注意两者的卡车百分比和 PHF 是不同的。根据第 28 章，在丘陵地形中，卡车的小客车当量 $E_{HV} = 3.0$。

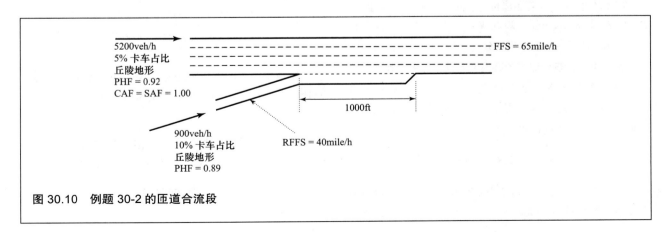

图 30.10 例题 30-2 的匝道合流段

对于匝道需求流：

$$f_{HV} = \frac{1}{1+P_{HV}(E_{HV}-1)} = \frac{1}{1+0.10(3-1)} = 0.833$$

$$v_R = \frac{V_R}{PHF \times f_{HV}} = \frac{900}{0.89 \times 0.833} = 1214pc/h$$

对于自由流公路的需求流：

$$f_{HV} = \frac{1}{1+P_{HV}(E_{HV}-1)} = \frac{1}{1+0.05(3-1)} = 0.909$$

$$v_R = \frac{V_F}{PHF \times f_{HV}} = \frac{5200}{0.92 \times 0.909} = 6218pc/h$$

第2步：确定合流后紧邻上游的第1、2车道富余的需求流率

表30.2给出了 P_{FM} 的数值，即在合流后紧邻上游的第1、2车道上富余的自由流公路车辆比例。对于一个八车道自由流公路（每个方向有4条车道），根据 $v_F/RFFS$ 的值，用式（30-8）或式（30-9）来估计 P_{FM}，即6218/40 = 155.45。由于该值超过72，使用式（30-9），则有：

$$P_{FM} = 0.2178 - 0.000125v_R$$
$$= 0.2178 - (0.000125 \times 1214) = 0.066$$
$$v_{12} = v_F P_{FM} = 6218 \times 0.066 = 410pc/h$$

必须检查该预测的"合理性"。第1、2车道的平均流率是410/2 = 205pc/h，从任何判断来看都很低。这使两个外侧车道（第3、4车道）的流率为6218–410 = 5808pc/h，或5808/2 = 2904pc/h/ln。这违反了2700pc/h/ln的最大合理限制，也违反了1.5规则：2819 > 1.5 × 205 = 308pc/h/ln。因此，第1、2车道的预期流率，必须用式（30-20）进行修正：

$$v_{12} = \frac{v_F}{2.50} = \frac{6218}{2.50} = 2487pc/h$$

用上述 v_{12} 值，外侧车道将承载6218–2487 = 3732pc/h，或3731/2 = 1857pc/h/ln，现在满足了两个"合理性"标准。本例将使用该值继续进行分析。

第3步：检查合流区的容量并与需求流率相比较

为了确定该路段是否会失效（LOS F），必须参考表30.5中的容量值。对于合流段，关键容量检查是在下游的自由流公路段进行的，其中：

$$v_{FO} = v_F + v_R = 6218 + 1214 = 7432pc/h$$

从表30.5来看，当FFS为65mile/h时，四车道自由流公路段的容量为9400pc/h。由于9400 > 7432，预计不

会因下游总流率而出现失效。

还必须检查自由流速度为40mile/h的单车道匝道的容量。从表30.5来看，这样的匝道容量为2000pc/h。由于这比匝道的需求流率1214pc/h要大，该要素也不会失效。进入合流影响区的总流率为：

$$v_{R12} = v_R + v_{12} = 1214 + 2487 = 3701pc/h$$

由于单车道合流区的最大理想进入流率为4600pc/h，这个因素也是可接受的。

第4步：估计匝道影响区的密度和服务水平

由于预计运行稳定，用式（30-21）来估计匝道影响区的密度：

$$D_R = 5.475 + 0.00734v_R + 0.0078v_{12} - 0.00627L_a$$
$$D_R = 5.475 + (0.00734 \times 1214) + (0.0078 \times 2487)$$
$$- (0.00627 \times 1000)$$
$$D_R = 5.475 + 8.91 + 19.40 - 6.27 = 27.5pc/mile/ln$$

从表30.1的标准来看，这是 LOS C，但接近 LOS D 的边界 28pc/mile/ln。

第5步：估计速度参数

虽然表30.6的算法不是用来确定服务水平的，但可以用来估计所关注的速度参数：

$$M_S = 0.321 + 0.0039e^{(v_{R12}/1000)}$$
$$- 0.002(L_a \times RFFS \times SAF/1000)$$
$$M_S = 0.321 + [0.0039e^{(3701/1000)}]$$
$$- [0.002(1000 \times 40 \times 1.00/1000)]$$
$$M_S = 0.321 + 0.158 - 0.080 = 0.399$$
$$S_R = FFS \times SAF - (FFS \times SAF - 42)M_S$$
$$= 65 \times 1 - (65 \times 1 - 42) \times 0.399 = 59.8mile/h$$
$$S_O = FFS \times SAF - 0.0036(v_{OA} - 500) = 65 \times 1$$
$$- [0.0036(1857 - 500)] = 60.1mile/h$$

匝道影响区的平均速度为59.8mile/h，而外侧车道的平均速度为60.1mile/h，所有车辆的平均速度为：

$$S = \frac{v_{R12} + v_{OA}N_O}{\left(\frac{v_{R12}}{S_R}\right) + \left(\frac{v_{OA}N_O}{S_O}\right)} = \frac{3701 + (1857 \times 2)}{\left(\frac{3701}{59.8}\right) + \left(\frac{1857 \times 2}{60.1}\right)}$$
$$= \frac{7415}{61.9 + 61.8} = 59.9mile/h$$

讨论

还有几点可能值得关注。检查自由流公路流率的车道分布 v_F 是否合理，并进行相应的调整。在这种情况下，估计2487pc/h使用第1、2车道，而6218-2487 = 3731pc/h，使用第3、4车道。这并不意外，因为有大量的匝道流量（1214pc/h）从匝道进入。

检查下游基本自由流公路段的LOS也是有用的。它

在四条车道上的总流率为7240pc/h，即1810pc/h/ln。使用 FFS = 65 的标准速度 – 流率曲线（见第28章），这就是 LOS D。

考虑到匝道影响区的LOS被确定为C，这意味着什么？这意味着自由流公路的总流率是整体服务水平的决定因素。这是合理的，因为让次要流向（在这种情况下指入口匝道）成为设施整体运行的控制因素是不可取的。

例题 30-3：自由流公路匝道序列的分析

图30.11展示了一个六车道自由流公路（每个方向有3条车道）上的一系列3个匝道。所有3个匝道都要进行分析，以确定在所示的既有条件下的预期服务水平。

该例子有很多元素。匝道的序列是"出 – 入 – 出"。

因为这些匝道位于一个六车道自由流公路上，有可能一个匝道的运行会受到其他匝道的影响。为了简单起见，本例的解决方法是在计算的每一步中同时处理所有3个匝道。

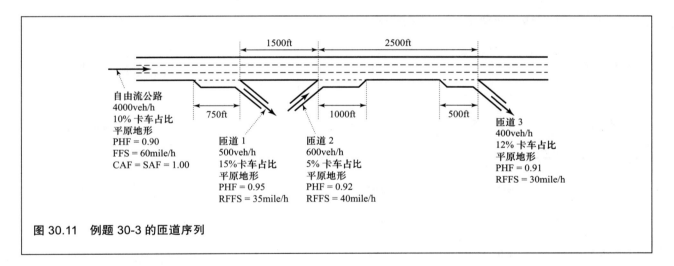

图 30.11　例题 30-3 的匝道序列

求解

第 1 步：将所有需求流量转换为同等基准条件下的流率（pc/h）

在应用任何模型进行匝道分析之前，必须将所有需求流量转换为同等基准条件下的流率（pc/h）。这可以用式（30-1）来完成。每个流向的高峰小时系数和卡车百分比都已给出。重型车辆系数是使用第28章的 E_{HV} 值计算的。对于平原地形（所有元素都是），所有流向的 $E_{HV} = 2$。没有适用的 CAF 或 SAF，也就是说，它们的值是 1.00。

虽然 E_{HV} 对所有元素都是一样的，但每个需求流量中卡车的比例是不同的。因此，重型车辆调整系数 f_{HV} 将有4个不同的值。这4个调整系数的计算结果见表30.10。

表 30.10　例题 30-3 的重型车辆调整系数的计算

$$f_{HV} = \frac{1}{1+P_{HV}(E_{HV}-1)}$$

元素	P_{HV}	E_{HV}	f_{HV}
自由流公路	0.10	2	$\frac{1}{1+0.10(2-1)} = 0.909$
匝道 1	0.15	2	$\frac{1}{1+0.15(2-1)} = 0.870$
匝道 2	0.05	2	$\frac{1}{1+0.05(2-1)} = 0.952$
匝道 3	0.12	2	$\frac{1}{1+0.12(2-1)} = 0.893$

使用式（30-1）将需求流量转换为以"pc/h"为单位的流率。表30.11呈现了这些计算。注意，所有高峰小时系数在问题陈述中都已给定。

第2步：确定序列中每个匝道上游的第1、2车道的流率

这是该问题最有趣的部分。必须从表30.2中选择适当的公式来计算每个匝道的v_{12}。这至少要考虑到上游和下游相邻匝道在每种情况下的影响，并使用选择表（表30.3）。

匝道1： 第一个匝道是三匝道序列的一部分，可以描述为"无–出–入"（没有上游相邻的匝道，相邻的下游

入口匝道）。使用表30.2，对于一个六车道自由流公路和所示序列，应使用式（30-11）来确定v_{12}。

$$v_{12(1)} = v_{R1} + (v_{F1} - v_{R1})P_{FD}$$

$$P_{FD} = 0.760 - 0.000025v_F - 0.000046v_R$$

$$P_{FD} = 0.760 - (0.000025 \times 4889)$$
$$- (0.000046 \times 605)P$$

$$P_{FD} = 0.760 - 0.122 - 0.028 = 0.610$$

$$v_{12(1)} = 605 + (4889 - 605) \times 0.610 = 2613\text{pc/h}$$

表 30.11　例题 30-3 的需求流率计算　　　　　　（单位：pc/h）

$$v_i = \frac{V_i}{\text{PHF} \times f_{HV}}$$

元素	流量 /（veh/h）	高峰小时系数（PHF）	f_{HV}	流率 /（pc/h）
自由流公路	4000	0.90	0.909	$\frac{4000}{0.90 \times 0.909} = 4889\text{pc/h}$
匝道 1	500	0.95	0.870	$\frac{500}{0.95 \times 0.870} = 605\text{pc/h}$
匝道 2	600	0.92	0.952	$\frac{600}{0.92 \times 0.952} = 685\text{pc/h}$
匝道 3	400	0.91	0.893	$\frac{400}{0.91 \times 0.893} = 492\text{pc/h}$

必须检查算出的车道分配（流率）是否合理。一个六车道自由流公路只有一条外侧车道，它将承载4889-2613 = 2276pc/h，低于2700pc/h，高于1.5 × (2613/2) = 1960pc/h。预测的车道分配不合理，必须用式（30-20）进行调整：

$$v_{12(1)} = \frac{v_{F1}}{1.75} = \frac{4889}{1.75} = 2794\text{pc/h}$$

这是后续计算中要使用的数值。

匝道2： 第二个匝道是入口匝道，可以描述为"出–入–出"序列的一部分。从表30.2来看，有三个公式可能适用：式（30-6），考虑了上游匝道的影响；式（30-7），

考虑了下游匝道的影响；式（30-5），将匝道视为孤立的。甚至有可能其中两个都适用，在这种情况下，使用产生较大v_{12}估计值的公式。要确定其中哪一个适用，需要使用表30.4中的公式计算的等效距离。

在思考是否必须考虑上游匝道的影响时，使用式（30-15）：

$$L_{EQ} = 0.214(v_R + v_F) + 0.444L_a + 53.32\text{RFFS} - 2403$$

注意，对于匝道2，紧连自由流公路的流率是开始的自由流公路流率减去匝道1的出口匝道流率：

$$v_{F2} = v_{F1} - v_{R1} = 4889 - 605 = 4284\text{pc/h}$$

因此：

$$L_{EQ} = 0.214(685 + 4284) + (0.444 \times 1000)$$
$$+ (53.32 \times 40) - 2403$$
$$L_{EQ} = 1063 + 444 + 2132 - 2403 = 1237\text{ft}$$

因为到上游匝道的实际距离是 1500ft > 1237ft，所以不应考虑上游匝道的影响，采用式（30-5）。

为了确定是否必须考虑下游匝道的影响，用式（30-16）计算 L_{EQ}：

$$L_{EQ} = \frac{v_D}{0.1096 + 0.000107 L_a}$$
$$= \frac{492}{0.1096 + (0.000107 \times 1000)}$$
$$= \frac{492}{0.2166} = 2271\text{ft}$$

到下游匝道的实际距离是 2500ft > 2271ft。因此，也不考虑下游匝道的影响，而采用式（30-5）。通过对这些等效距离的确定，可以看出匝道 2 可以被视作一个孤立匝道。只有式（30-5）适用于 $v_{12(2)}$ 的估计。

$$v_{12(2)} = v_{F2} \times P_{FM}$$
$$P_{FM} = 0.5775 + 0.000028 L_a$$
$$P_{FM} = 0.5775 + (0.000028 \times 1000) = 0.6055$$
$$v_{12(2)} = 4284 \times 0.6055 = 2594\text{pc/h}$$

这个分配也必须进行合理性测试。外侧车道承载 4284－2594 = 1690pc/h < 2700pc/h，也小于 1.5 × (2594/2) = 1946pc/h。因此，预测的车道分布是合理的，可使用。

匝道 3：第三个匝道现在被视作"入－出－无"序列的一部分。从表 30.2 中，使用式（30-11）或式（30-12）。为了确定哪一个合适，用式（30-16）（表 30.4）来计算 L_{EQ}。在应用这个公式时，注意 v_{F3} 包括来自匝道 2 的上行流量，因此：

$$v_{F3} = v_{F2} + v_{R2} = 4284 + 685 = 4969\text{pc/h}$$
$$L_{EQ} = \frac{v_U}{0.071 + 0.000023 v_F - 0.000076 v_R}$$
$$L_{EQ} = \frac{685}{0.071 + (0.000023 \times 4969) - (0.000076 \times 492)}$$
$$= 4628\text{ft}$$

因为到上游匝道的实际距离只有 2500ft < 4628ft，所

以用式（30-12）来考虑匝道 2 对匝道 3 的车道分配（流量）的影响：

$$v_{12(3)} = v_{R3} + (v_{F3} - v_{R3})P_{FD}$$
$$P_{FD} = 0.717 - 0.000039 v_F + 0.604\left(\frac{v_U}{L_{UP}}\right)$$
$$P_{FD} = 0.717 - (0.000039 \times 4969) + 0.604\left(\frac{685}{2500}\right)$$
$$= 0.688$$
$$v_{12(3)} = 492 + (4969 - 492) \times 0.688 = 3572\text{pc/h}$$

注意，应检查预测的车道分配是否合理。外侧车道流量为 4969－3572 = 1397pc/h/ln < 2700pc/h/ln，也小于 1.5 × (3572/2) = 2681pc/h/ln。因此，该分配是合理的，可使用。

汇总比邻的 3 个匝道上游的 v_{12} 计算结果：

$$v_{12(1)} = 2794\text{pc/h}$$
$$v_{12(2)} = 2594\text{pc/h}$$
$$v_{12(3)} = 3572\text{pc/h}$$

第 3 步：检核容量

现在必须检核表 30.5 的容量和限制值，以知晓运行是否稳定或是否存在 LOS F。自由流公路流率检核是在匝道 2 和匝道 3 之间进行的，因为这是自由流公路总流率最大的地方（v_{F3}）。这些检核在表 30.12 中进行。注意，自由流公路的 FFS 是 60mile/h。

没有一个需求流超过表 30.5 的容量或限制值。因此，预计整个路段的运行是稳定的。

第 4 步：确定每个匝道影响区的密度和服务水平

匝道影响区的密度估算，入口匝道用式（30-21），出口匝道用式（30-22）：

$$D_{R1} = 4.252 + 0.0086 v_{12(1)} - 0.009 L_{d(1)}$$
$$D_{R1} = 4.252 + (0.0086 \times 2794) - (0.009 \times 750)$$
$$= 21.53\text{pc/mile/ln}$$
$$D_{R2} = 5.475 + 0.0073 v_{R2} + 0.0078 v_{12(2)} - 0.0062 L_{a(2)}$$
$$D_{R2} = 5.475 + (0.0073 \times 685) + (0.0078 \times 2594)$$
$$- (0.0062 \times 1000) = 24.51\text{pc/mile/ln}$$
$$D_{R3} = 4.252 + 0.0086 v_{12(3)} - 0.009 L_{d(3)}$$
$$D_{R3} = 4.252 + (0.0086 \times 3572) - (0.009 \times 500)$$
$$= 30.47\text{pc/mile/ln}$$

从表 30.1 来看，匝道 1 为 LOS C，匝道 2 为 LOS C，匝道 3 为 LOS D。

第 5 步：确定每个匝道的速度

如同例题 30-2，表 30.6 和表 30.7 的算法可用于估计每个匝道影响区内的空间平均速度，以及每个匝道影响区 1500ft 范围内所有自由流公路车道的空间平均速度。鉴于这些计算的长度，这里没有列出。每一个计算都将遵循例题 30-2 中说明的顺序，结果罗列在表 30.13 中。

表 30.12　例题 30-3 的容量检核

分项	需求流量 /（ pc/h ）	容量 /（ pc/h ）（ 表 30.5 ）
v_{F3}	4969	6900（ FFS = 60mile/h ）
$v_{12(1)}$	2794	4400
$v_{R12(2)}$	2594 + 658 = 3279	4600
$v_{12(3)}$	3572	4400
v_{R1}	605	2000（ RFFS = 35mile/h ）
v_{R2}	685	2000（ RFFS = 40mile/h ）
v_{R3}	492	1900（ RFFS = 30mile/h ）

表 30.13　例题 30-3 的速度估算结果

分项	匝道 1	匝道 2	匝道 3
匝道影响区的平均速度 S_R /（ mile/h ）	47.8	53.4	45.4
外侧车道的平均速度 S_o /（ mile/h ）	61.5	64.3	63.1
所有车道的平均速度 S /（ mile/h ）	52.8	56.3	49.2

讨论

注意匝道 1、2 的影响区有 500ft 的重叠距离（1500 + 1500 = 3000ft）。对于该重叠部分，将使用具有最高密度和最低 LOS 的影响区。在这种情况下，匝道 3 具有最差的 LOS D。这作为重叠区的控制值。

同样，检核与控制（或最大）的自由流公路总流率相关的基本自由流公路服务水平是很有趣的，这发生在匝道 2 与匝道 3 之间。该段的每条车道的需求流率是 4969/3 = 1656pc/h/ln。从第 28 章和 60mile/h 的 FFS 来看，服务水平为 D，与匝道 3 的服务水平相比，也是 D。因此，自由流公路和匝道序列的运行在某种程度上是平衡的，这是一个令人满意的状况。

参考文献

[1] Roess, R, and Ulerio, J., "Capacity of Ramp-Freeway Junctions, " *Final Report*, Polytechnic University, Brooklyn, NY 1993.

[2] Leisch, J., *Capacity Analysis Techniques for Design and Operation of Freeway Facilities*, Federal Highway Administration, U.S. Department of Transportation, Washington, D.C., 1974.

习题

30-1. 考虑图 30.12 中所示的一对匝道，可以假设没有匝道间的流动。

1）基于实际需求流量和其他既有条件，预计这一段道路的服务水平是什么？如果存在问题，会是哪些因素造成的困难？

2）注意，该路段与例题 29-1 相同，只是在后者中，两个匝道由一条连续的辅助车道连接，形成一个匝道交织段。将例题 29-1 的交织段解决方案与本题的 1) 部分进行比较，本题是一个匝道序列。你会推荐哪一个？为什么？

30-2. 思考图 30.13 所示的匝道，这里没有适用 CAF 或 SAF 的条件。

1) 预计合流区的服务水平将达到什么水平？

2) 附近有一个新开发项目，使匝道的车流量增加到 1000veh/h，这对服务水平有什么影响？

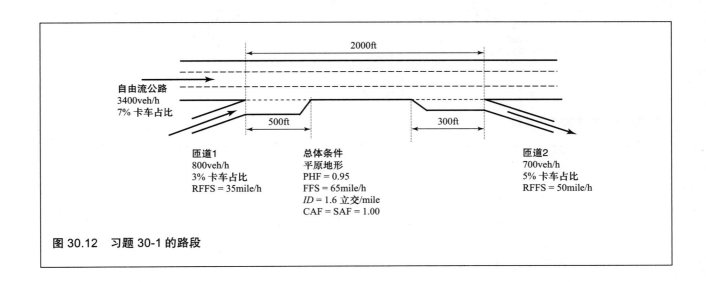

图 30.12　习题 30-1 的路段

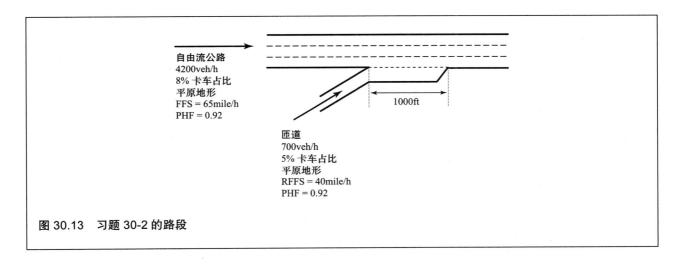

图 30.13　习题 30-2 的路段

30-3. 图 30.14 展示了一条老旧自由流公路上的两个连续匝道，可以假设匝道与匝道之间的流率为 150veh/h。

1) 所示条件下的预期服务水平是什么？

2) 目前正在考虑以下改进计划：

• 用一条连续的辅助车道连接两个匝道，形成一个交织段；

• 在自由流公路上增加第三条车道，将加速和减速车道的长度延长到 300ft；

• 在入口匝道处增加一条车道，继续经过下游自由流公路段的出口匝道。匝道的减速车道保持 200ft 长。

在这三个改进措施中，你建议选择哪一个？为什么？

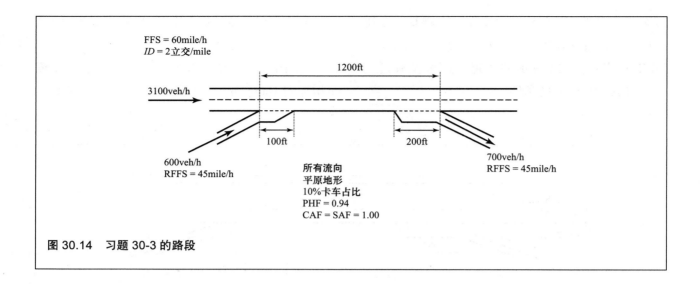

图 30.14　习题 30-3 的路段

自由流公路和远郊公路的运行和分析

本章广泛涵盖了关于自由流公路（城市和远郊环境中，Urban and Rural Environments）和其他类型的远郊公路（Rural Highway）设施的整体运行和分析的主题。

2016 年版《道路容量手册》（HCM）[1] 现在包括一个复杂的自由流公路设施分析方法，以及使用该方法评估主动运输和需求管理（Active Transportation and Demand Management，ATDM）策略和管控车道的能力。尽管这些都太过复杂，无法在本章详细阐述，但仍将作简要概述。

本章对以下关于自由流公路和远郊公路设施的主题进行了概述：

1）自由流公路和远郊公路的标线；

2）自由流公路和远郊公路的标志；

3）自由流公路和远郊公路的限速设置；

4）自由流公路上的管控车道（Managed Lanes）；

5）自由流公路的 ATDM 策略，包括匝道计量（Ramp Metering）；

6）2016 年版 HCM 的自由流公路设施评估方法。

对每个问题的处理将相对简单，有从业者可能关注此类问题的更多细节，这部分内容可提供适当的参考。

31.1 自由流公路和远郊公路上的交通标线

自由流公路和远郊公路上的交通标线包括车道线、边缘标线和出入口匝道三角区的专用标线。此外，在远郊公路上出现的平面交叉口，同样使用第 4 章中的交叉口标线。在远郊双车道公路上，中心线与标志一起用于指定超车和非超车区（Passing and Non-Passing Zones）。无论哪种情况，具体的标线标准和指南都可以在当前版本的《统一交通控制设施手册》（Manual on Uniform Traffic Control Devices，MUTCD）中找到。在编写本书时，目前的版本（可在 FHWA 网站查询）是

2009 年版，修订至 2012 年 [2]。

31.1.1 自由流公路主线标线

图 31.1 展示了自由流公路上典型的主线标

线。车道线用于标示车辆的正确横向位置。

车道线（Lane Line）是白色虚线，其尺寸和间距在 MUTCD 中有规定。所有自由流公路段都必须设置边缘标线。右边的边缘标线是单白实线，而左边的边缘标线是单黄实线。

图 31.1　自由流公路主线标线示意
照片由 R. Roess 和 J. Ulerio 提供

31.1.2 远郊公路标线

远郊公路的标线惯例因具体的几何布置、需求流量（年平均日交通量，AADT）和其他因素而有所不同。同样，最新标准主要参考 MUTCD[2]。

中心线

中心线是所有类型公路上的重要标线，因为它们将对向的车流分开。保持对向车辆的明确分离是最重要的安全因素。然而，并不是所有道路都需要中心线，特别是在远郊地区的低流量道路。MUTCD 的通用指南包括以下内容。

- 中心线**应**（强制性标准，Mandatory Stan-

dard）设置在所有铺设有 3 条或更多交通车道的双向街道或公路上。

- 中心线**宜**（指南，Guidance）设置在所有行驶宽度超过 18ft 且 AADT ≥ 3000veh/day 的远郊干道和集散道路上。

在 18ft 或更窄的双车道道路上，通常不使用中心线。在这种狭窄的道路上，大多数驾驶人会驾驶车辆保持在道路中心线附近，只有在对向车辆接近时才会偏移到边缘位置。在这种狭窄的道路上使用中心线会形成两条 9ft（或更窄）的车道。尽管并不推荐这样的车道宽度，但在许多地形限制的三级地方远郊道路（Tertiary Local Rural Roads）上仍然存在。在交通需求显著的地方，应该避免使用这样的车行路宽度。

边缘线

MUTCD 规定了以下标准。

- 边缘线**应**（强制性标准，Mandatory Standard）设置在具有以下特点的铺面道路上：自由流公路、快速路或远郊公路，其行车道（Traveled Way）宽度 ≥ 20ft 且 AADT ≥ 6000veh/day。
- 边缘线**宜**（指南，Guidance）设置在行车道宽度 ≥ 20ft 且 AADT ≥ 3000veh/h 的远郊公路上。

在双车道远郊公路上控制超车的中心线

双车道远郊公路的独特之处在于超车机动（Passing Maneuver）发生在对面行车道上。如果驾驶人没有从标线和标志中得到关于何时何地可以安全地进行这种机动的具体信息，就会导致潜在的高风险场景。这种独有的特性也意味着，当交通量大时，一个方向的交通会与对向的交通相互影响。

图 31.2 展现了在双车道远郊公路上用于标示安全和不安全超车区（Passing Zones）的标线。

单黄虚线表示两个方向均允许超车。双黄实线的中心线表示两个方向都禁止超车。黄色虚实线的中心线表示允许从有虚线的一侧超车，禁止从有实线的一侧超车。

在任何地点是否允许超车的决定都基于超车视距的概念。超车机动涉及使用对向交通车道，因此通常是高风险的。安全超车机动的必要视距包括以下四个距离要素。

- 感知 – 反应距离，当驾驶人决定进行超车机动时，以及当超车车辆侵入对向车道时，超车动作开始时，所通过的距离。
- 占道通行距离，超车车辆在占用左侧（或对向）车道时通过的距离。
- 返回距离，超车车辆返回其行驶车道时，与对向潜在接近的车辆之间的距离。
- 缓冲距离，超车车辆与对向车辆之间的最小缓冲距离，以保证双方驾驶人的安全和舒适。

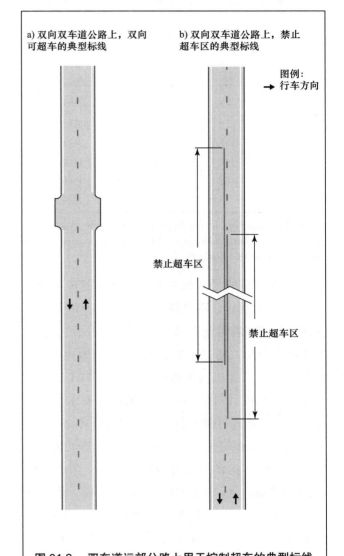

a) 双向双车道公路上，双向可超车的典型标线
b) 双向双车道公路上，禁止超车区的典型标线

图例：
→ 行车方向

禁止超车区

禁止超车区

图 31.2　双车道远郊公路上用于控制超车的典型标线
资料来源：*Manual of Uniform Traffic Control Devices*, Federal Highway Administration, Washington, D.C., 2009, as updated through May 2012, Figure 3B-1, pg 350.

如果允许超车，超车的驾驶人必须能够看到对向车道的距离是上述所有要素之和。距离的计算很复杂，取决于一些假设值，包括超车的、被超车的和接近的对向车辆的速度、加速度以及其他因素。

MUTCD 规定了最小超车视距的标准。当双车道、双向远郊公路上的视距达不到这些标准时，必须设置"禁止超车"区，见表 31.1。

表 31.1   MUTCD 双车道、双向远郊公路的超车视距要求

第 85 百分位速度或限制速度（mile/h）	最小超车视距 /ft
25	450
30	500
35	550
40	600
45	700
50	800
55	900
60	1000
65	1100
70	1200

资料来源：*Manual of Uniform Traffic Control Devices*, Federal Highway Administration, Washington, D.C., 2009, as updated through May 2012, Table 3B-1, pg 352.)、

需要注意的是，虽然 MUTCD 规定在不符合表 31.1 的标准时，**不允许**设立超车区，但并没有规定在符合标准时允许超车。有许多方法可以估计安全超车视距，其中许多方法产生的数值比表 31.1 的标准更大。当机构的视距要求比表 31.1 所示的要求更严格时，可以根据自己的视距要求禁止超车。然而，他们可能不会采用**不那么严格**的标准。

还应注意的是，**必须**在每个"禁止超车"（No Passing）区的开始处设置专用的三角形"No Passing Zone"标志（W14-3，MUTCD，禁止超车标志）。这一点很关键，因为在恶劣的天气里，路面上的标线往往很难看到（在下雪时则看不到），而且随着时间的推移，也可能会被磨损。

三车道公路的特殊标线

三车道的远郊公路并不少见。它们存在于双车道公路会带来容量限制的地区，但由于路权（用地）的可用性或成本问题，难以提供完整的四车道道路的情况。

这种道路在 20 世纪 40 年代和 50 年代经常使用。在最初的形式中，三车道公路每个方向都有一条专用车道，中间的超车道可供任何方向的车辆使用。然而，后来发现这种布置非常危险。在双车道公路上超车时，驾驶人会立即意识到进入对向交通车道进行超车所涉及的风险。在三车

道道路上时，驾驶人则不大会考虑到对面的超车车辆可能同时在使用中间车道。最初的三车道道路经历了非常高的事故率和高死亡率。

目前的做法是在一个方向划出两条车道，在另一个方向划出一条车道。黄色标线将两个方向明确分开。在许多情况下，可将两个方向的车道数定期颠倒，以便给两个方向的驾驶人提供合理的超车机会。在转换地点会使用特殊的过渡标线。

图 31.3 展示了典型的三车道远郊公路标线模式，而图 31.4 则说明了中间车道方向被调转的过渡标线。

注意，在图 31.3a 中，允许从单车道方向超车。但是，黄色标线清楚地表明，驾驶人将进入对向车道。总体上，实践证明这种标线形式通常是安全的。在可以相对频繁地为两个方向（交替）提供超车机会的情况下，图 31.3b 中的标线模式是首选。

图 31.4 中的"缓冲区"必须至少有 40ft 的长度。标线的渐变部分的长度取决于发布的限制速度。当限速 ≥ 45mile/h 时，渐变段的长度为：

$$L = WS \qquad (31\text{-}1)$$

当限速 < 45mile/h 时，渐变段的长度为：

$$L = \frac{WS^2}{60} \qquad (31\text{-}2)$$

式中　L——渐变段的长度（ft）；

　　　W——中心车道的宽度（ft）；

　　　S——第 85 百分位速度或限速（mile/h）。

作为通用规则，在城市地区，渐变车道的最小长度应为 100ft，在远郊地区应为 200ft。缓冲区的长度应至少为 50ft。

"视距受限区"是根据表 31.1 中给出的视距，或根据当地政策确定的数值。

31.1.3　匝道交汇处标线

匝道交汇存在于所有自由流公路交汇处和所有类型的远郊公路上，在提供分层分离立交的

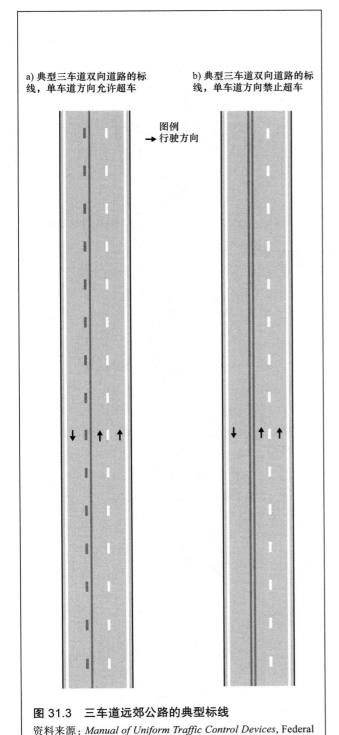

a) 典型三车道双向道路的标线，单车道方向允许超车

b) 典型三车道双向道路的标线，单车道方向禁止超车

图例
→ 行驶方向

图 31.3　三车道远郊公路的典型标线

资料来源: *Manual of Uniform Traffic Control Devices*, Federal Highway Administration, Washington, D.C., 2009, as amended through 2012, Figure 3B-3, pg 352.

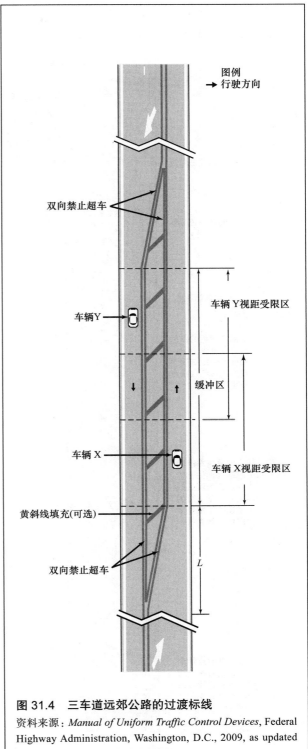

图例
→ 行驶方向

双向禁止超车

车辆Y

车辆 X视距受限区

车辆 X

黄斜线填充(可选)

双向禁止超车

车辆 Y视距受限区

缓冲区

L

图 31.4　三车道远郊公路的过渡标线

资料来源: *Manual of Uniform Traffic Control Devices*, Federal Highway Administration, Washington, D.C., 2009, as updated through 2012, Figure 3B-5, pg 355.

地方。在城市地区的主干道上也会少量存在一些分层分离的立交。

图 31.5 展示了用于出口匝道的典型标线，图 31.6 展示了用于入口匝道的典型标线。

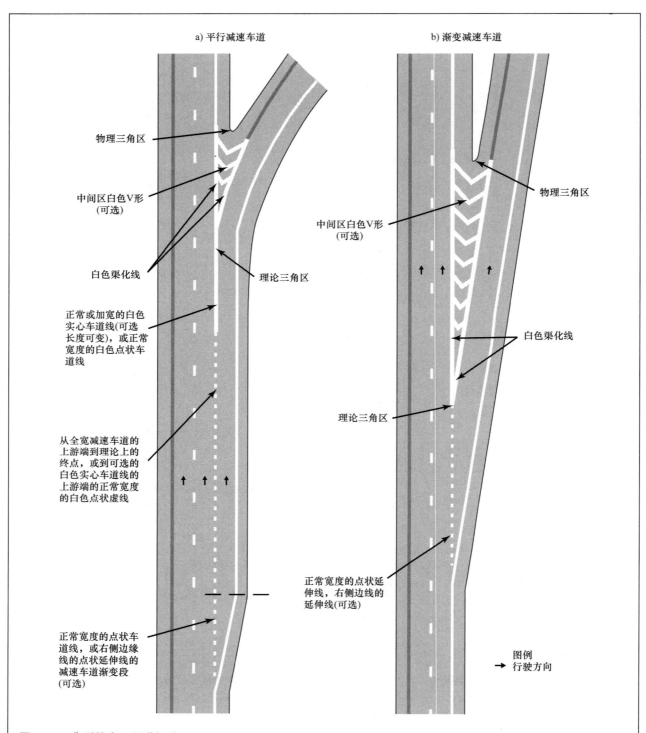

图 31.5　典型的出口匝道标线

资料来源: *Manual of Uniform Traffic Control Devices*, Federal Highway Administration, Washington, D.C., 2009, as updated through 2012, Figure 3B- 8, pg 358.

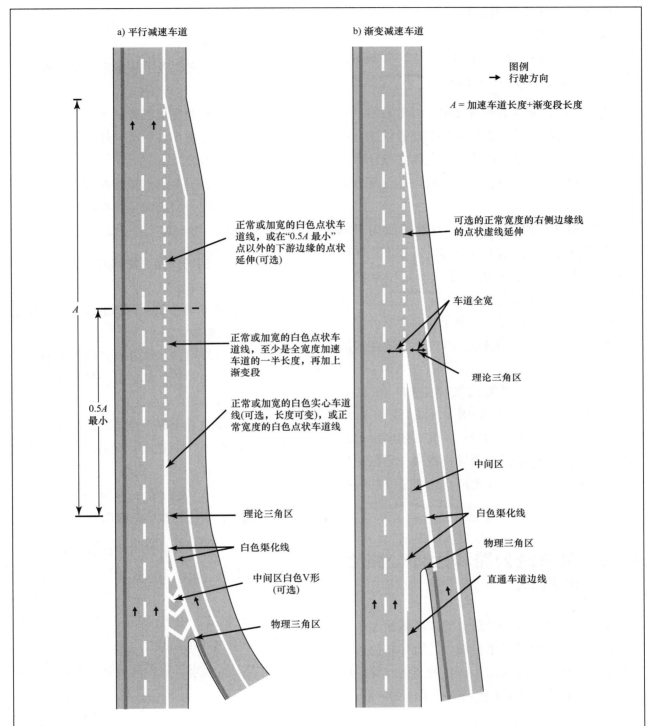

a) 平行减速车道

b) 渐变减速车道

图例
→ 行驶方向

A = 加速车道长度+渐变段长度

正常或加宽的白色点状车道线，或在"0.5A 最小"点以外的下游边缘的点状延伸(可选)

可选的正常宽度的右侧边缘线的点状虚线延伸

A

0.5A
最小

正常或加宽的白色点状车道线，至少是全宽度加速车道的一半长度，再加上渐变段

正常或加宽的白色实心车道线(可选，长度可变)，或正常宽度的白色点状车道线

车道全宽

理论三角区

中间区

白色渠化线

物理三角区

直通车道边线

理论三角区

白色渠化线

中间区白色V形(可选)

物理三角区

图 31.6　典型的入口匝道标线

资料来源：*Manual of Uniform Traffic Control Devices*, Federal Highway Administration, Washington, DC., 2009, as updated through 2012, Figure 3B-9, pg 360.

两种常用的基本设计类型：

- 平行加速或减速车道（平行式）（Parallel Acceleration or Deceleration Lanes）
- 渐变加速或减速车道（直接式）（Tapered Acceleration or Deceleration Lanes）

平行式设计是这两种设计中比较常见的。它为合流或分流的驾驶人提供了根据交通状况选择合流或分流的确切地点的能力。直接式设计将车辆引向一个较小的区域，在该区域内进行所有合流或分流机动。

如图31.5和图31.6所示，点状虚线用于标明自由流公路（或公路）车道与匝道车道之间的边界。对于平行式，在距三角区一定距离的地方，可以使用实线渠化。这是一个可选且经常使用的标线。在这种情况下，渠化线通常延伸到三角区和匝道渐变部分的开始/结束之间的距离的25%～30%。

三角区本身是用渠化线划定的。在出口匝道三角区的内部通常用V形标线来标示（图31.5）。V形标线的位置——其点朝向接近的驾驶人——是为了视觉上引导侵扰到三角区的驾驶人回到适当的车道（匝道或自由流公路的右侧车道）上。

31.2　自由流公路和远郊公路上的标志

自由流公路和远郊公路上的大多数标志是为驾驶人提供方向或路径指引的。其他标志包括禁令标志（主要是速度限制）和各种类型的警告标志。第4章对这类标志的使用进行了详细讨论。

这里还提供了关于路线编号系统（Route Numbering Systems）和显示的补充讨论，以及关于设置方向指引的惯例。

31.2.1　位置参考标志

位置参考标志是沿公路设置的一个定位系统。以前（现在也经常）被称为"里程牌/里程碑"（Mileposts），它们表示从指定的终端到公路上的里程数。

它们为事故和紧急情况提供了一个有效的定位系统，并经常被用作自由流公路和其他远郊公路的出口编号的基础。

该编号系统在一个州内是连续的。每个州都有自己的编号系统，因此编号顺序在州界处重新开始。按照惯例，"0mile"位于以下地点。

- 对于南北向的公路：南部的州界或在州内开始的公路的最南端。
- 对于东西向的公路：西部的州界或在州内开始的公路的最西端。

公路名称中使用的基本方向只用两个轴：南北向或东西向。每条公路都是根据州内路线的大致走向来分类的，由其端点决定。

- 如果一条连接公路端点的直线形成一条与水平面呈45°和135°的直线，则被归类为南北向公路。
- 如果这样定义的直线形成一个＜45°或＞135°的角度，则被归类为东西向公路。

注意，一条南北向公路可能包含个别东西向路段，反之亦然。道路走向仅表达道路的总体方向⊖。

MUTCD规定，在所有自由流公路设施和"位于有连续参考桩的路线上"的快速公路上必须设置里程牌。它们也可以被放置在所有其他等级的远郊公路上。

沿路线每隔1mile都要设置里程牌。每隔0.10mile可以设置一个中间或强化型里程牌。图31.7展现了英里牌和十分位里程牌。

⊖　因为道路总体走向与局部方向有别，在表述具体点的方位时，可能会出现一些困扰。——译者注

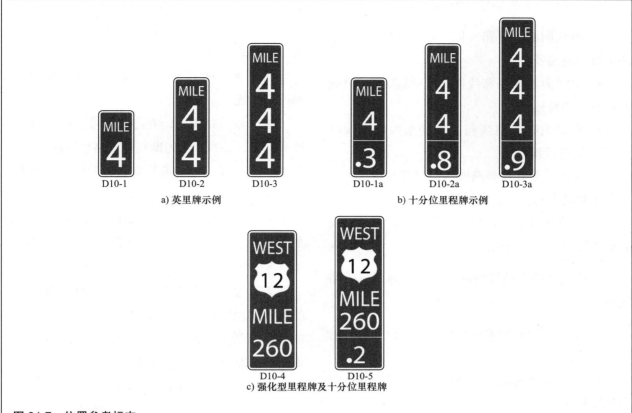

a) 英里牌示例

b) 十分位里程牌示例

c) 强化型里程牌及十分位里程牌

图31.7 位置参考标志

资料来源：*Manual on Uniform Traffic Control Devices*, Federal Highway Administration, Washington, D.C., 2009, as amended through 2012, Figures 2H-2, 2H-3, and 2H-4, pgs 295 and 296.

31.2.2 路线编号系统和路线标志

美国境内道路有以下四个编号系统：

- 艾森豪威尔国家州际和国防道路系统（州际系统）[The Eisenhower National System of Interstate and Defense Highways（the Interstate System）]

- 国家道路系统（国道）（The U.S. Route System）

- 州级道路系统（州道）（State Highway Systems）

- 县级道路系统（县道）（County Road Systems）

州际和国家（U.S.）道路系统由 AASHTO 根据各州公路部门的建议，按照公布的政策进行编号[3, 4]。州级和县级公路系统由具有管辖权的机构根据各州制定的标准和准则进行编号。

全国最古老的道路编号系统是国家（U.S.）道路系统。该系统最初是由美国州公路协会（AASHO，AASHTO 的前身）和各州公路机构的代表举行的一系列会议产生的。这些会议在 1923 年至 1927 年间举行，最终于 1926 年 11 月 11 日建立了国家（U.S.）道路系统[5]。

在国家（U.S.）道路系统之前，存在着一个命名松散的国家道路网络（如林肯公路），每条命名路线都由私人组织和驾驶人俱乐部赞助。最初的国家道路系统旨在用一个更加有序的系统来取代这些路线，预计将包括大约 50000mile 的远郊道路。当该系统启用时，它包含了超过 75000mile 的道路。

国家（U.S.）的编号系统遵循以下准则：

- 南北向的主要路线以"1"结尾的一位或两位数字的编号；
- 南北向的次要路线以"5"结尾的一位或两位数字的编号；
- 横贯大陆的路线和主要的东西向路线以10的倍数进行编号；
- 所有主要和次要路线的编号都是按从东到西和从北到南的数字顺序排列；
- 分支路线是三位数字的编号，后两位代表它们所连接的主要路线。

其中一些约定被采纳或修改为州际系统的路线命名：

- 所有东西向的主要路线都用一位或两位的偶数编号；
- 所有南北向的主要路线都用一位或两位的奇数编号；
- 所有分支路线都用三位数字编号，后两位表示它们所连接的主要路线。

最后一条约定导致多条路线拥有相同的三位数路线编号。例如，州际公路 I-495 和 I-695 存在于几个不同的地方，但都连接到 I-95，即东海岸的主要南北向州际公路。

图 31.8 说明了纽约与华盛顿特区之间的东海岸州际系统。

有编号的路线由印有路线编号的适当的盾形牌来标识，并有一个辅助板显示路线的基本方向。图 31.9 展示了标准的盾形牌设计。州际和国家系统都有一个标准设计，在全国范围内使用。

每个州都有一个独特设计的盾牌用于其内部。县级公路的盾牌在全国范围内都是一样的，但县名会作为盾牌设计的一部分出现。

当有编号的路线重合（共线）时，两条路线的编号都使用相应的盾形牌进行标识。所有路线的盾形牌都设置在共同的位置。由于道路走向标识路线的总体方向，有可能在某段公路上有多个路线编号和不同的道路走向标识。

例如，纽约州公路的一个路段（南北向路线，I-87）与跨西切斯特快速路的一个路段（东西向路线，I-287）共线。在一个方向上，该段既是"I-87 北向"又是"I-287 西向"。

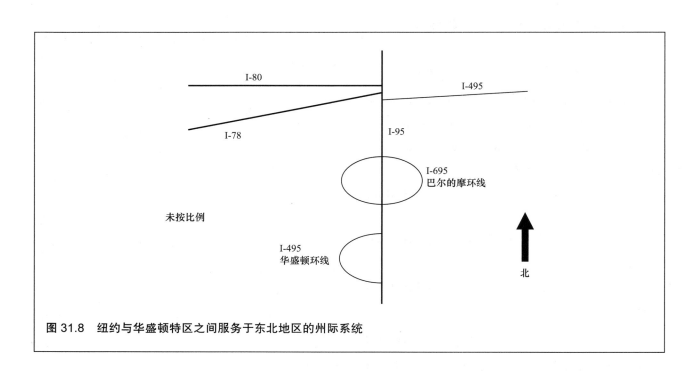

图 31.8　纽约与华盛顿特区之间服务于东北地区的州际系统

图 31.9　盾形路线标志

资料来源: *Manual on Uniform Traffic Control Devices*, Federal Highway Administration, Washington, D.C, 2009, as updated through 2012, Figure 2D-3, pg 143.

31.2.3　立交编号系统

在自由流公路和一些快速路上，立交的编号采用以下两种方法之一。

- **里程牌编号**：出口编号是最接近立交处的里程牌编号。
- **顺序编号**：出口按顺序编号，1 号出口从州内最西边或最南边的立交开始。

根据 MUTCD 的规定，里程牌编号现在是首选系统，许多州，甚至大多数州都已经从立交的顺序编号转换为里程牌系统。里程牌编号为驾驶人提供了更多信息。有了已知的出口号和最近的里程牌，驾驶人就可以估计到他 / 她期望的目的地的距离。里程牌编号还有一个明显优势：在道路中增加新立交时，不会影响其他出口的编号。

在共线路段，里程牌和出口号只对一条路线连续。就等级而言，州际路线优先于所有其他系统，其次是（按顺序）国家路线、州级路线和县级路线。当两条具有相同优先权的路线重合时，主要的公路将优先于次要的公路。当两条路线的优先权完全相同时，由具有管辖权的公路机构决定哪些里程牌和出口号是连续的。

应该注意的是，所有路线和出口编号系统都可以并入指路标志，为驾驶人提供额外的信息。

31.2.4　路线标志组件

路线标志组件（Route Sign Assembly）是指任何一个或多个路线编号标志的设置。在有编号的路线重合、分离或相交的地方，路线标志组件的正确设计和展示是方向指引的一个关键元素。图 31.10 展现了一个典型的案例，编号路线在一个城镇的入口处合并，在出口处分离。驾驶人必须得到明确的指引，知道如何沿着给定的路线穿过城镇，以及在哪里转向进入其中一条相交的路线。

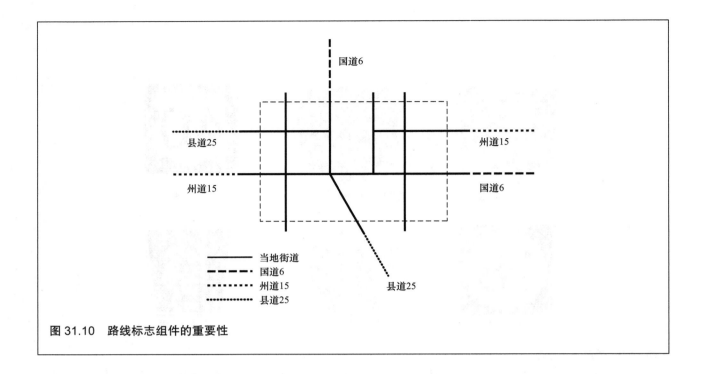

图 31.10　路线标志组件的重要性

图 31.10 是许多远郊社区的典型路线。有编号的公路和道路提供了进入社区的通道，但在经过时也会与当地街道系统合并。驾驶人可能需要在穿过社区时多次转向，以遵循他 / 她所期望的路线。

MUTCD 定义了以下五种路线标志组件。

- **交汇处组件**：用于指示即将与另一条编号路线相交的交叉口。

- **路线转向预告组件**：用于指示必须在即将到来的交叉口转向，以保持在指定路线上。

- **方向指示组件**：用于指示在编号路线的交叉口，以及在编号路线的起点或终点，为保持路线的连续性而必须进行的转向机动。

- **确认或确信组件**：在驾驶人通过编号路线的交叉口后使用。在很短的距离内，此类组件让驾驶人确认他 / 她是在预计的路线上。

- **寻路组件**：用在通往编号路线的非编号路线上。"To"（到）辅助板与编号路线的路线盾形标志一起使用。

MUTCD 对路线标志组件的确切位置和布置给出了相对明确的指南。这些细节应该直接查阅该手册。

图 31.11 展示了两个使用路线标志组件的典型例子。两个例子都只展示了一个方向的标志。交叉口的每个接近段都会有类似的标志。

这两个例子都是针对从南边驶来的驾驶人。遇到的组件顺序如下。

- 两个例子中的第一个组件都是交汇处的组件。注意，这两个例子使用了两种不同的风格。第一个例子使用的是比较常用的显示方式，而且比较简单，因为只有一条相交路线。第二个例子展示了一个较大的标志，用来强调即将到来的交汇处将有两条编号路线。两种设计都可以使用。

- 接下来遇到的标志是典型的方向指路标志（用于常规道路），不属于路线标志组件。遇到的第三个标志是指向标志组件。这些标志的标准位置在交叉口的远端（出口）。在其中一幅插图中（左），在交叉口的近端（进口）重复设置一次。

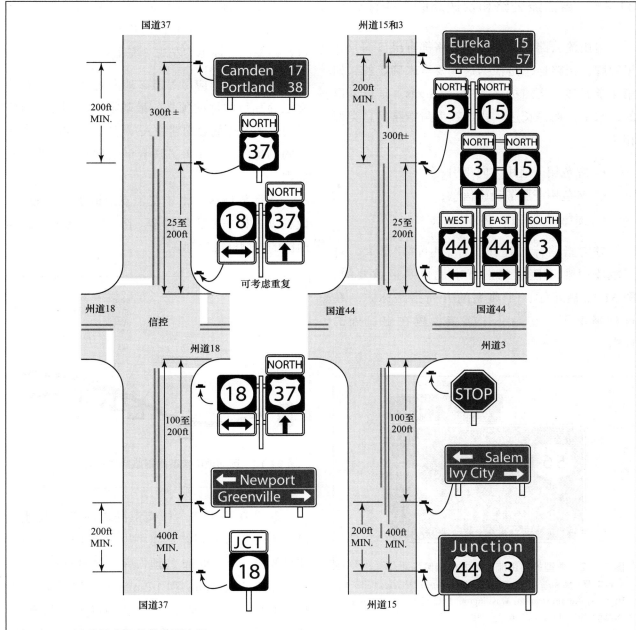

图 31.11　路线标志组件的典型应用

资料来源：*Manual of Uniform Traffic Control Devices*, Federal Highway Administration, Washington, D.C., 2009, as updated through 2012, Figure 2D- 6, pg 149.

• 一旦通过交叉口，在交叉口的 200ft 范围内就会有一个确认标志，以保证驾驶人确认他们行驶在期望的路线上。

• 最后一个标志是目的地距离标志，它是可选的，不属于路线标志组件。

注意，在这两个例子中，都没有使用预告转向标志（路线转弯时使用），因为驾驶人不需要在路口转向，就可以沿着相同编号的路线行驶。

MUTCD 中包含了许多其他路线标志组件及其使用的例子，应参考这些例子以获得更多指南。

31.2.5　自由流公路和快速路的指路标志

自由流公路和大多数快速路都有出口编号和里程牌，指路标志是根据这些要素来确定的。如第4章所述，指路标志（Guide Signs）是长方形的，水平方向是长边。背景颜色与指路信息类型相关：

- 绿色用于通用方向指引；
- 蓝色用于服务设施信息；
- 棕色用于名胜/休闲地点。

方向指路标志在此类标志中占比最大，对车辆安全和不困惑的运行来说也是最重要的。图31.12展示了一个典型的方向指路标志。在这种情况下，它是一个直接设置在出口处的标志。

图31.12　典型的自由流公路方向指路标志

资料来源：*Manual of Uniform Traffic Control Devices*, Federal Highway Administration, Washington, D.C., 2009, as amended through 2012, Figure 2E-6, pg 220.

该标志提供了大量信息：

- 该匝道通往国道56号公路西向（使用国道盾形标志）。选择这条路线到达的主要目的地是Utopia市或镇。
- 出口编号是211A。假设这是一个里程牌编号的出口，则该出口位于里程牌211处。211A出口指的是通往国道56号公路西向的匝道。毫无疑问，还有一个211B出口，可以通往国道56号公路东向。

- 出口标签（Exit tab）位于标志的右边（右上），表明这是一个右侧的出口。对于左侧的出口，标签位于标志的左边（左上）。

通常来说，应尽可能多地向驾驶人提供有关交汇处和目的地的预告。最基本的原则是"困惑中的驾驶人是危险的驾驶人"。然而，在城市和远郊的场景中，应用该方法会催生截然不同的指路标志。

在远郊地区，由于交汇点之间的距离较长，设置预告标志要容易得多。图31.13展示了远郊地区的典型标志序列。

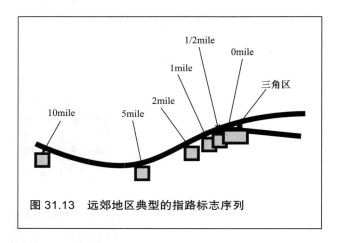

图31.13　远郊地区典型的指路标志序列

假设在标志和主体交汇处之间没有其他出口，第一个方向指路标志可以远至10mile以外。如果放置一个10mile的预告牌，典型的顺序是在5mile、2mile、1mile和1/2mile处，以及匝道本身位置的标志。在匝道之间的距离允许的情况下，第一个预告标志应该距离出口至少2mile。当匝道之间的距离小于2mile时，第一个预告标志设置在前一个交汇点之后不远的位置。这是因为，为一个出口设置特定的预告标志，如果"不按顺序"设置，会非常混乱。

在出口匝道的位置，要设置图31.12所示类型的大标志。该标志一般设置在右侧（右侧出口匝道）的标志杆上，悬臂伸出，或正好在三角区的下方。典型的做法是在三角区放置一个图31.14所示的小型标志，为了安全起见，一定要安装在"碰即落"的标志杆上。

图 31.14　带速度警告牌的三角区出口标志
资料来源: *Manual on Uniform Traffic Control Devices*, Federal Highway Administration, Washington, D.C., 2009, as amended through 2012, Figure 2E-28, pg 222.

E5-1a

E13-1P (Optional)

图 31.14 的出口标志可以使用或不使用速度警告牌。通常来说，如果匝道上的安全速度比主路慢 10 ~ 15mile/h 以上，则使用警告牌是合适的。

在城市地区，（设置）指路标志必须非常谨慎。因为交汇处往往间隔很近，几乎没有机会放置出口预告标志。在许多情况下，第一个，或许也是唯一的一个出口预告标志，必须放在前一个交汇点的位置附近。为了避免在前一个出口处出现混乱，采用了一种被称为"标志离散"（Sign Spreading）的技术，将前一个出口的标志与即将到来的出口的预告标志分开⊖。图 31.15 说明了这个概念。

注意，7 号出口的标志被置顶（Overhead）在三角区上方的一个悬臂杆上。8 号出口的预告标志没有放在同一位置，而是放在另一个置顶支架上（本例中是一个跨线桥），在 7 号出口的不远处。

图 31.16 展示了在一段城市自由流公路上的一系列间隔很近的出口的指路标志。由于距离较近，每个出口只使用一个预告标志，每个预告标志的显示都采用了标志离散技术。使用出口序列

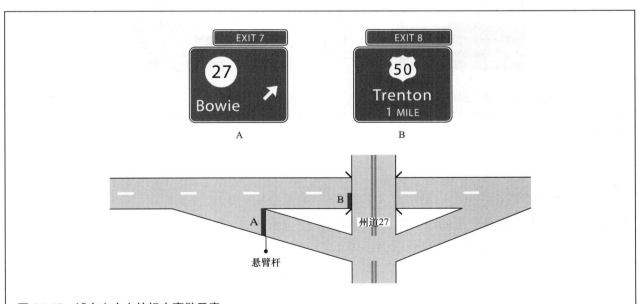

图 31.15　城市立交上的标志离散示意
资料来源: *Manual on Uniform Traffic Control Devices*, Federal Highway Administration, Washington, D.C., 2009, as amended through 2012, Figure 2E-1, pg 184.

⊖　亦即在当前出口的出口标志序列中，不要出现下一个出口的预告信息。——译者注

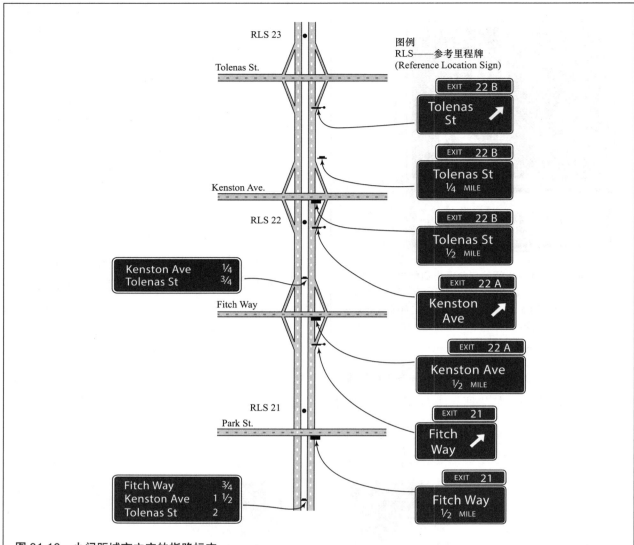

图 31.16　小间距城市立交的指路标志

资料来源：*Manual on Uniform Traffic Control Devices*, Federal Highway Administration, Washington, D.C., 2009, as amended through 2012, Figure 3E30, pg 224.

编号，可能因为有不止一个出口最接近一个里程牌。编号为22A和22B是交汇处两个独立的出口。很可能是在该设施上增加了一个出口后，不得不用A和B来指定。

注意，还有一些额外的标志，称为"出口序列"（Exit sequence）标志，显示了多个即将到来的交汇处的距离。注意，这些标志上没有出口编号，以避免编号顺序上的混乱。这种标志用于为即将到来的出口提供额外预告，而不会引入混乱

的重叠数字序列。

图31.17展示了两条自由流公路之间的典型苜蓿叶立交的指路标志。图中只展示了立交的一个象限（为北行车辆）。对于SB、EB和WB接近段也需要类似标志。复杂的立交标志会变得非常昂贵。图31.17所示的一个象限需要设置8个标志，其中一些需要昂贵的标志支承结构。

整个立交需要大约32个标志，以及很多标志支承结构。

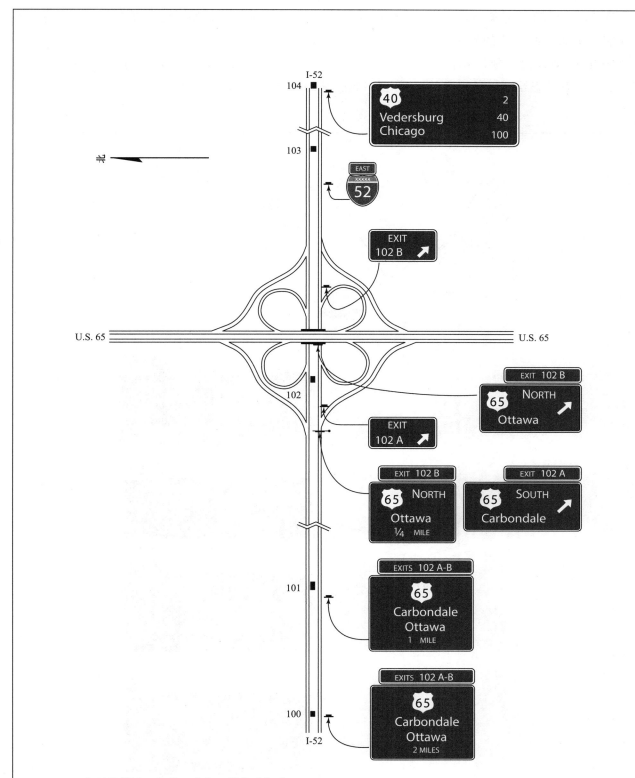

图 31.17　典型苜蓿叶立交的一个象限的指路标志

资料来源：*Manual of Uniform Traffic Control Devices*, Federal Highway Administration, Washington, D.C., 2009, as amended through 2012, Figure 2E-36, pg 231.

图 31.18 说明了两条州际公路（I-50 西向和 I-79 南向）的主线分流的标志。在 2mile、1mile 和 1/2mile 处都设置了预告标志。这些标志是图形式的，清楚地显示了三条引道的车道是如何在分流点分流的。这使接近的驾驶人可以提前进入适当的车道。

分流点的最后一个标志用箭头表示每条编号的路线可以使用哪两条车道。

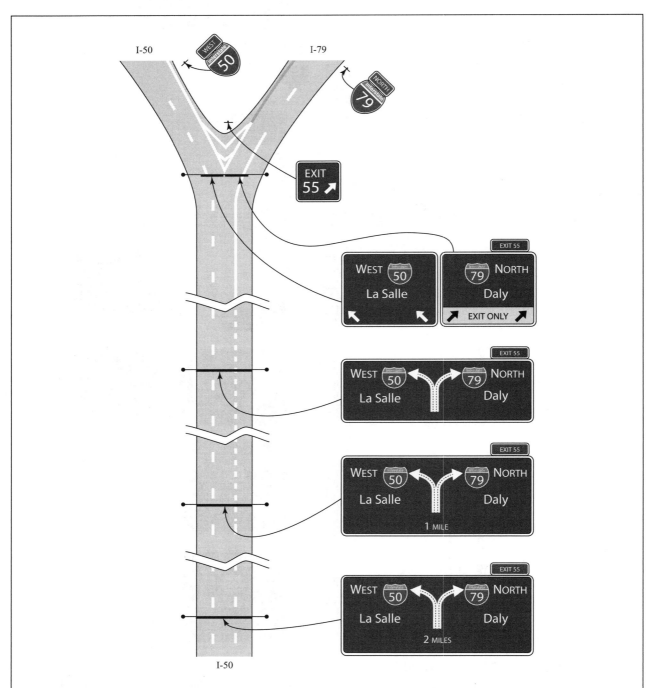

图 31.18　州际公路主要分流点的图形标志

资料来源：*Manual of Uniform Traffic Control Devices*, Federal Highway Administration, Washington, D.C., 2009, as amended through 2012, Figure 2E-10, pg 202.

目的地指路标志的总体原则是尽可能保持信息的简单和易懂。有关服务信息和名胜 / 休闲标志应用的其他原则和图示，请参考第 4 章。

31.2.6　常规道路的指路标志

除自由流公路和快速路外，其他道路的指路标志主要包括前面讨论的路线标志组件和目的地标志。在这些设施上，可能涉及也可能不涉及编号的路线。在不涉及编号路线的情况下，目的地名称成为传达信息的主要手段。目的地预告标志

一般放置在距交叉口至少 200ft 的地方，目的地确认标志位于通过交叉口后不远的地方。图 31.19 展示了常规道路（conventional roads）的指路标志。

31.2.7　远郊公路的警告标志

请参考第 4 章关于警告标志（Warning signs）及其应用的完整讨论。在自由流公路和快速路上，最经常使用的警告标志是用于警告横穿动物、路线的意外变化或限速的变化。在传统的远郊公路上，会根据需要使用全域警告标志。

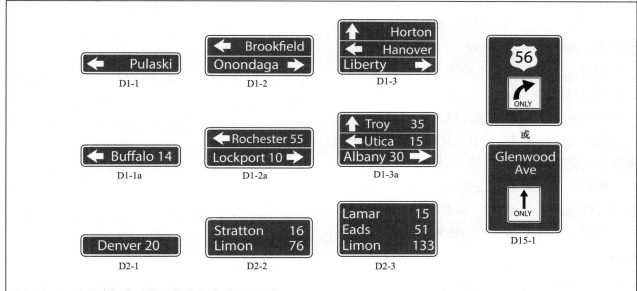

图 31.19　常规车行路上使用的目的地和距离标志

资料来源：*Manual on Uniform Traffic Control Devices*, Federal Highway Administration, Washington, D.C., 2009, as amended through 2012, Figure 2D-7, pg 155.

31.3　制定并设置远郊公路的限制速度

第 4 章简要讨论了一般的速度限制以及标志条款。在自由流公路、快速路和其他远郊公路上，限速通常是沿线的（Linear type），即适用于指定公路的特定路段。在一些地方的远郊社区，可能

会对当地道路实行区域限速（Area speed limit）。

MUTCD 要求在以下地点设置沿线限速标志（Linear speed limit signs）：

- 从一个限速点到另一个限速点的变化；

- 在主要交叉口之后和其他有必要提醒驾驶人适用的速度限制的地方。

在实际操作中，后者的要求通常被解释为限速标志应位于变化点和主要入口处的 1000ft 范围内。"主要"入口位置包括自由流公路和快速路的所有入口匝道，以及其他远郊公路的重要地面交叉口。

在州法定限速生效的地方，应间续设置标志，提醒驾驶人注意该规定。标志的设置应遵循上述沿线速度限制的相同规则（从技术上讲，州级限速就是区域限速）。一般的指导原则是，在没有主要入境点的情况下，应至少每隔 1mile 就设置限速标志。在州与州之间的交界处，将放置表明所进入的州的法定限速的标志和 / 或任何沿线限速的变化。

为自由流公路、快速路或远郊公路设置适当的限速，需要进行大量判断。设定速度限制的一般理念是，大多数驾驶人并不是"自杀性"的。在没有任何控制措施的情况下，他们通常会选择在现有条件下安全的速度范围。使用这种方法，速度限制通常被设定在自由流交通的第 85 百分位速度，四舍五入到最接近的 5mile/h。

然而，交通工程师还必须考虑到其他因素，鉴于这些因素可能（要求）慎重地采用较低限速。这些因素大多涉及驾驶人可能难以辨别的情况，包括：

- 设施路段的设计速度（任何速度限制都不应超过设施的设计速度）；
- 道路几何形状的细节，包括视距；
- 路侧开发强度和路侧环境；
- 历史事故；
- 观察到的步距速度——驾驶人占比最高的 10mile/h 跨度。

虽然为了安全，可能需要低于第 85 百分位速度的限速，但应该知晓这种限速更难执行。通常需要加强执法，以获得（驾驶人的）较好遵守。

有许多类型的限速可以应用。除了主要的限速（Primary Speed Limit）外，还可以采用其他限速：

- 卡车限速（Truck speed limits）
- 夜间限速（Night speed limits）
- 最低速度限制（Minimum speed limits）

卡车限速只适用于卡车（根据各州的车辆和交通法规的定义）。它们通常是在卡车以主要限速运行涉及安全问题的情况下引入的。这通常发生在有许多长下坡的路段，如果卡车以主要限速运行，可能会导致"失控"。这也可能发生在有大量路侧入口的地方。在这种情况下，以主要限速行驶的卡车的停车视距可能不足以保障安全。

夜间限速经常用于恶劣地形，因为夜间能见度降低，若按主要限速行驶会变得不安全。夜间限速标志在黑色背景上有白色反光文字。

最低限速的使用是为了减少交通流中个别车辆速度的差异。它们通常适用于自由流公路，而在其他类型的公路上则很少使用。最低限速很难执法，在因需求或因事故 / 事件而存在大量交通的情况下，所有速度都可能降低到低于发布的最低速度的水平。

所有适用的限速标志应设置在同一地点。一般情况下，在任何给定的公路段上，都不应该有超过三种速度限制。关于限速标志及其设置的图示，见第 4 章。

31.4 自由流公路上的管控车道

自由流公路上的管控车道（Managed lanes）[6,7] 已经成为城市和郊区运营机构的常用工具，在这些地区，自由流公路的拥堵已经成为一个系统性问题。管控车道是通过建造额外的车道，或重新配置现有的可以监测和主动管控车流的车道来构建的。通常来说，有以下三种车道被普遍使用。

- 多乘员车辆（High-Occupancy Vehicle，HOV）车道：车道的使用被限制在至少载有 x 人的车辆。至少需要 2 个人，但限制在 3 个或 4 个人也是常见的。在某些情况下，进入该车道所需的人数可以根据一天中的不同时间而变化。这种车道可能允许也可能不允许巴士和／或出租车（有乘客）进入。

- 多乘员收费（High-Occupancy Toll，HOT）车道：车道只允许搭载至少 x 人的车辆使用（如 HOV 车道），但其他车辆可以付费（Fee or Toll）使用该车道。在简单的 HOV 车道使用率不高的地方，这种车道很常见。这也是一种创收手段。

- 快速收费（Express Toll，ET）车道：车道的使用是付费的，对载客率没有限制。这些车道是创收的，依靠的是一些驾驶人愿意为更快的行程付费。收费通常根据一天中的时间和／或交通状况而变化。

在所有这些场景下，必须对车道进行设置和管控，以创造条件，让使用限制车道的驾驶人能够获得更快和更少压力的驾驶环境。

在物理设计方面有广泛的选择。最简单的设计是用交通标志将单车道或双车道与正常使用的车道分隔开来，可以是简单的双隔离线（Double Barrier Line），也可以是较宽的标线区域（2～5ft）。其他设计元素是在管控车道和一般使用车道之间设置物理隔离（Physical Barriers）。

在所有场景下，驾驶人被限制在指定的交汇点区域可以进入或离开管控车道。在使用简单分隔标线隔离车道的地方，间断性划出一个区域，允许进入和离开管控车道的车道变换。在其他有较宽隔离物的区域，必须提供连接匝道（Slip Ramps）——有时是简单的标线，有时是物理边界。

图 31.20 展示了目前使用的管控车道和普通车道之间的一些典型隔离类型。图 31.21 展示了进出管控车道的各种设计。

管控车道会主动监测交通状况，必须提供技术来收费，并确保不符合条件的车辆不能使用该车道。常见的技术包括驾驶人获得编码的车窗贴纸，当车辆从上方的传感器下通过时，可以高速读取（车辆信息）。车牌摄影机也经常被用来识别那些没有适当贴纸的车辆，以便使用车道。

对于简单的 HOV 车道，这种技术是不需要的，只要根据使用规定通过简单的直接观察来执法就可以。然而，车牌摄影机经常被使用，并且可以设置成同时监测车辆中的人数。

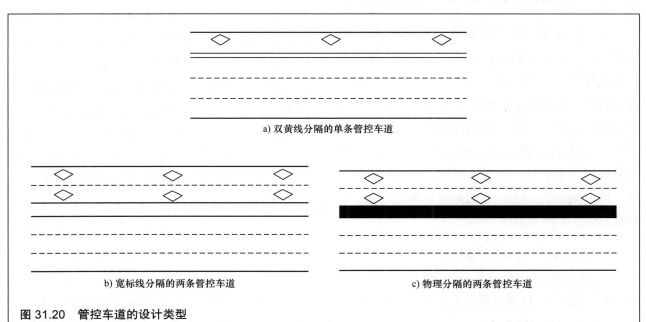

a) 双黄线分隔的单条管控车道

b) 宽标线分隔的两条管控车道　　　　c) 物理分隔的两条管控车道

图 31.20　管控车道的设计类型

资料来源：Reprinted with permission from *Analysis of Managed Lanes on Freeway Facilities*, NCHRP Web-Only Document 191, National Cooperative Highway Research Program, Transportation Research Board, National Academy of Sciences, Courtesy of the National Academies Press, Washington, D.C., 2014.

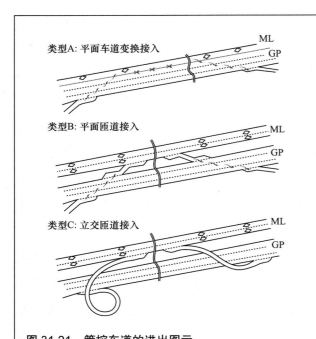

类型A：平面车道变换接入

类型B：平面匝道接入

类型C：立交匝道接入

图31.21 管控车道的进出图示
资料来源：Reprinted with permission from *Analysis of Managed Lanes on Freeway Facilities*, NCHRP Web-Only Document 191, National Cooperative Highway Research Program, Transportation Research Board, National Academy of Sciences, Courtesy of the National Academies Press, Washington, D.C., 2014.

31.5 主动运输和需求管控策略

主动运输和需求管控策略（Active Transportation and Demand Management，ATDM）涵盖了广泛的措施，可以应用于自由流公路和快速路，以及城市街道系统。它们通常是整个系统或设施管控的一部分，以控制拥堵和运行。本节提供了应用于自由流公路、快速路和其他远郊公路的ATDM的一般概述。对于自由流公路和快速路设施，以下类型的ATDM正被越来越多地使用，特别是在郊区和城市地区：

- 管控车道（Managed Lanes）（见上一节）
- 动态匝道计量（Dynamic Ramp Metering）
- 动态车道和路肩使用控制（Dynamic Lane and Shoulder Use Controls）
- 动态限速（Dynamic Speed Limits）
- 排队警告系统（Queue Warning Systems）

- 动态定价策略（Dynamic Pricing Strategies）
- 动态出行者信息系统（Dynamic Traveler Information Systems）

如前所述，管控车道，包括HOV、HOT和快速收费车道，经常与动态定价策略一起实施。在这种情况下，使用管控车道的费率可以根据一天中的不同时间或一周内不同日期，以及对交通状况的实时监测而动态变化。

匝道计量是一项在过去20年中被多次探索和测试的技术。在开始时，匝道入口的驶入率被设定为允许每小时有 x 辆车进入自由流公路。现代系统使用动态匝道计量，每个匝道的驶入率是根据实时交通状况信息设置的。

匝道计量（Ramp metering） 本身就是一个复杂的内容。联邦公路管理局（FHWA）的手册[8]对该内容提供了一个有用的概述。匝道计量有一个简单的目标：限制和控制进入自由流公路或快速路的交通流，以避免产生合流瓶颈。关键的运行要素包括动态驶入率（在任何时候允许多少"veh/h"进入），以及对从受控匝道分流的车辆的影响评估。后者是至关重要的。不允许在控制点进入自由流公路的车辆去其他地方——下一个匝道、邻近的干道、当地街道等。这种分流带来的一些影响可能需要协调应对。

动态速度控制（Dynamic speed control） 利用可变限速标志（variable speed limit signs），并试图使交通流以更均匀的速度行驶，与更高的通行量保持一致。为了限制交通流中各个速度的范围，不同的限速可以应用于不同的车道。最简单的动态车道使用控制形式，是允许在拥堵期间使用铺面路肩（硬路肩）作为行驶车道。需要有可变的信息标志，并且必须注意清楚地标记匝道口和车道，以避免危险冲突。

排队警告系统（Queue warning systems） 以短周期间隔监测下游交通状况，并使用软件来确定下游排队何时形成，包括其在任何特定时间的大致规模。然后，使用可变信息标志将预告的信息传递给驾驶人。

出行者信息系统（Traveler information systems）提供交通状况的实时通报，并在条件允许的情况下提供或不提供替代路线指引。

31.6 自由流公路设施的分析

2000年版HCM引入了一种方法，允许对较长的自由流公路设施的连续路段进行分析，这些路段可能包括单独的自由流公路基本路段、交织段、合流段和分流段。然而，2000年版HCM缺乏大量的计算细节，而且该方法没有包括在道路容量软件（Highway Capacity Software, HCS）中。因此，该方法在很大程度上被忽略了。

该方法在2010年版HCM中得到了极大扩展，并为其应用开发了软件。在2016年版HCM中，该方法被进一步扩展，并开发了一个新章节来详细说明其在各种布置可靠性分析中的应用，包括管控车道和ATDM。该方法过于复杂，无法在此完整阐述，但对其程序结构的概述是值得的。实施这些方法的主要软件是最新版本的FREEVAL。

任何设施分析都必须从定义所涉及的自由流公路长度开始，同时还要有所有相关的几何和交通数据。由于整个方法依赖于对各个路段的分析，必须先将自由流公路设施划分为不同路段，再进行分段分析。

使用第28章中的交织段、合流段和分流段的定义来划分路段是相对简单的。任何不属于这些类别的路段都划分为自由流公路基本路段。

然而，为了进行分析，必须将路段进一步细分为段。除了路段之间的界限外，还必须在几何或交通条件发生变化的所有地点建立路段。由于匝道口的影响范围在入口匝道的下游1500ft和出口匝道的上游1500ft，较长的加速或减速车道必须被视为影响范围外的自由流公路基本路段。这将包括额外的车道（加速或减速车道）。在减速车道开始之前或减速车道结束之后，将建立单独的自由流公路基本路段。如果几何形状发生变化，如上坡或下坡，或一般地形从平原变为丘陵（反之亦然），或增加或减少车道，一个自由流公路基本路段可能必须被分为独立的路段。图31.22展示了自由流公路设施的分段过程。

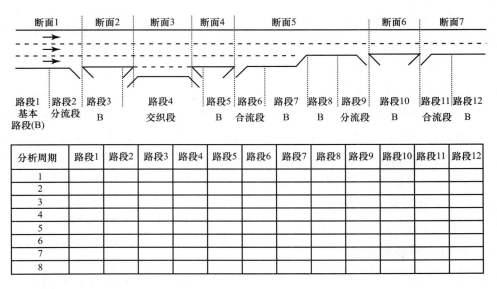

图31.22 自由流公路设施分段和时间的分析 – 空间定义

资料来源：Reprinted with permission from *Highway Capacity Manual, 6th Edition: A Guide for Multimodal Mobility Analysis*, Transportation Research Board, National Academy of Sciences, Courtesy of the National Academies Press, Washington, D.C., 2016.

图 31.22 也说明了自由流公路设施方法的分析结构。一般来说，使用 15min 的时间段建立一个时间 – 空间分析区域，并建立各个路段。更长的时间段亦可，但结果将缺乏使用标准 15min 时间段所能提供的细节。

复杂方法首先是分析时空分析区域内的各个单元。如果发现运行稳定（即不是 LOS F），则将结果输入。然而，如果任何单元在 LOS F 状态下运行，一系列复杂的模型就会通过时间和空间的影响追踪堵塞点，必要时可改变相邻和附近单元格的结果。有鉴于此，定义时间和空间区域时，必须使其边界（即第一行或最后一行、第一列或最后一列）不存在 LOS F 结果。分析空间必须涵盖任何失效及其向非边界单元的传播。

必须为分析区域的每个单元输入需求流率。分析结果将是该空间内所有路段和时间段的速度和 LOS 预测，包括任何堵塞的时间和空间影响。根据平均密度，还为整个设施的每个 15min 时间段提供总体 LOS——除非有任意单元处于 LOS F，该时间段的所有单元都被记作 LOS F。2016 年版 HCM 第 11 章详细描述了如何应用自由流公路设施方法来估计全年的通行时间可靠性。该方法包括根据区域和国家的平均水平来衡量天气和事件影响的能力。如果当地有关于这些特性的数据，可以输入这些数据——这显然是一个漫长且烦琐的过程。虽然可靠性涵盖了一整年，但它可以被限制在分析年的一天中的一个确定的时期。

通行时间（Travel Time）的可靠性主要以通行时间指数（Travel Time Index，TTI）来衡量。TTI 是指"从定义设施的一端到另一端通行时间的百分位时间"除以"从定义设施的一端到另一端的自由流通行时间"。因此，根据使用的百分位通行时间，有几个版本的 TTI。常用的百分位数是第 95 百分位数、第 80 百分位数和第 50 百分位数。例如，某设施可靠性分析产生了以下通行时间：

$$TT_{95} = 45min$$

$$TT_{80} = 41min$$

$$TT_{50} = 34min$$

自由流通行时间 = 30min

那么：

$$TTI_{95} = \frac{45}{30} = 1.50$$

$$TTI_{80} = \frac{41}{30} = 1.37$$

$$TTI_{50} = \frac{34}{30} = 1.13$$

显然，TTI 值越高，在分析所涉及的一天的指定时间内，全年的通行时间就越不"可靠"。业界对通行时间的可靠性已经有了很多讨论。然而，联邦机构现在正以它作为衡量国家公路项目整体有效性的标准，这使从业者对估计该值的方法开展了广泛研究。

也有人质疑一整年的可靠性到底有多大意义。大多数驾驶人，当被问及（这一问题）时，真的想知道的是在特定的日子和时间，特定的出行（涵盖许多设施）的通行时间存在什么概率。

参考文献

[1] *The Highway Capacity Manual, 6th Edition: A Guide for Multimodal Mobility Analysis*, Transportation Research Board, Washington, D.C., 2016.

[2] *Manual of Uniform Traffic Control Devices*, Federal Highway Administration, Washington, D.C, 2009, as amended through 2012.

[3] "Purpose and Policy in the Establishment and Development of United States Numbered Highways," American Association of State Highway and Transportation Officials, Washington, D.C., revised September 15, 1970.

[4] "In the Establishment of a Marking System of Routes Comprising the National System of Interstate and Defense Highways," American Association of State Highway and Transportation Officials, Washington, D.C., August 14, 1954, revised August 10, 1973.

[5] Weingroff, P.E., "From Names to Numbers: The Origins of the U.S. Numbered Highway System," *AASHTO Quarterly*, American Association of State Highway and Transportation Officials, Washington, D.C., Spring 1997.

[6] Wang, Y., et al "Analysis of Managed Lanes on Freeways," *NCHRP Web-Only Document 191*, National Cooperative Highway Research Program, Transportation Research Board, Washington, D.C.

[7] *Guide for Highway Capacity and Operations Analysis of Active Transportation and Demand Management Strategies*, Federal Highway Administration, Washington, D.C., 2014.

[8] *Ramp Management and Control Handbook*, Federal Highway Administration, Washington, D.C., January 2006.

习题

31-1. 一条三车道远郊公路有 12ft 宽的车道，限速为 55mile/h。在有单车道的方向不允许超车。在中央车道方向要转换的地方，过渡和缓冲标线的最小长度是多少？

31-2. 一条位于郊区的快速路的设计速度为 65mile/h，第 85 百分位速度为 72mile/h。与同一地区的类似公路相比，它的事故率很高。你会建议什么速度限制？在提出这样的建议之前，你希望得到哪些额外信息？

31-3. 这个课堂项目应分配给各组，每组至少有两人。选择你所在地区的一段 5mile 长的自由流公路或远郊公路。对该路段进行双向调查，记下现有的所有交通标志和标线。评估这些标志和标线的有效性，并提出可使（标志）与驾驶人更好交互的改进建议。就你的发现写一份报告，并在适当的地方附上照片来说明你的意见。

31-4. 下图是一条州道自由流公路和一条县道之间的菱形立交。县道的交叉口是 "STOP" 标志控制的。请指出你将设置哪些指路标志和路线标志，并说明其位置。为每个标志准备一张粗略的草图，以表明其准确的内容。请注意，在这个地方的 25mile 范围内，州道 50 上没有其他出口。

31-5. 列出目前在美国自由流公路上使用的管控车道类型，并简要说明每种车道的目的。

31-6. 列出目前使用的 ATDM 的类型，并简要说明其目的。

31-7. 沿着郊区自由流公路 15mile 的路段进行的可靠性研究表明，通行时间如下：

$$TT_{95} = 33.0min$$
$$TT_{80} = 27.0min$$
$$TT_{50} = 15.0min$$
$$自由流速度 = 70mile/h$$

根据这些信息，计算出相关的通行时间指数，并对结果的意义进行评论。

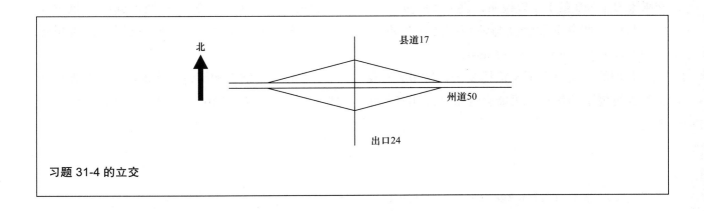

习题 31-4 的立交

附 录[⊖]

附录 A　重要名词的简要说明

一个行业的术语定义对行业意义重大，所谓名正才能言顺。

随着行业的发展，会有新的术语出现，会有旧的术语需要重新定义。一个实体存在多个术语或者一个术语存在不同含义，这样的情况普遍存在，只是程度不同。因此，在合适的时间自上而下地梳理行业术语是重要且必要的。

这里将本书涉及的一些名词通过**附录 A（24 条）**和**附录 B（140 条）**予以说明，供读者参考。

其中一些名词的译文与惯用中文存在差异，比如 Freeway、Driveway、Transit 等。

名词的含义与上下文语境相关，这里是在交通工程语境下的解释，可能会与某些通用场景中的含义有别。另外，英文在世界范围内本身也存在差异，比如北美洲、欧洲、大洋洲的表述习惯就不尽相同，这里的译文和表述主要是基于美国联邦文献而言。事实上，美国的各州之间也存在一些不同。

显然，名词及其译文并不可能完全统一，系统梳理也非易事，这里呈现的是译者个人观点。在译文过程中，译者亦尽量周全落实审稿人梁康之先生的意见，并努力查阅不同的文献进行统筹，但其中必然存在错漏，也恳请读者批评指正。

如若通过辨析和探讨，能加深对一些概念的理解，向着名正言顺的方向努力，亦是好事。

名词（英文、中文）	简要说明
Access vs. Driveway 接入口 vs. 出入道	都是路侧地产进出道路的通道（点）； Access 为统称，从宏观上表述某道路路侧存在接入，可以理解为接入点； Driveway 更具体的指接入点的那段道路（一般在公路路权之外）； 本书将 Access 译作接入口，将 Driveway 译作出入道
Accident vs. Crash 事故 vs. 碰撞	虽然"事故"（Accident）是一个常用词，但专业用语正在改变，强调的是"碰撞"（Crash），而不是事故。这种区别是根本性的。事故是不可避免地发生的事情，并促进了关于此类事件的可接受程度的对话（和心态）。"碰撞"是可以通过设计、技术和有计划的努力来避免的事件
Breakdown vs. Jam 拥堵 vs. 堵塞	Breakdown 指车流缓速行驶或导致排队； Jam 多指车流速度为零的堵塞状态，也泛指缓速或堵塞的状态； 两者区别不太明显
Curb Space vs. Roadside 路缘空间 vs. 路侧	路缘空间指道路范围内靠近边线的部分； 路侧指道路范围外比邻道路的部分
Divided & Undivided 分幅 & 不分幅	指道路横断面上两个方向的交通流是否被物理设施分隔。有物理分隔的称作分幅，没有物理分隔的称作不分幅
Facility vs. Device 设施 vs. 设备	Facility 一般是"道路"的含义，指道路交通设施的总体； Device 一般指交通控制设施中的信号灯、照明等设备； 中文的"设施"可能有上述两种含义，且多为后者
Flow Rate vs. Volume 流率 vs. 流量	流率，以小于 1h 时间间隔计算（通常为 15min）的小时流量强度； 流量，在给定的时间间隔（通常为 1h、1 天）内，通过车道或道路的给定点或断面的车辆或其他道路使用者的总数； 二者的区别详见第 5 章的 5.2.1
Lane Drop vs. Lane Reduction 车道减少 vs. 车道减少	两者差别甚微，实际文献中也存在混用； 前者所减少车道的后续有分流去向，后者则是该车道终止且没有后续去向；对主线来说，车道都减少了
Major Street & Minor Street 主路 & 次路	一般是在开展交叉口分析时，表述相互交汇的两条道路的相对主次关系，并非道路等级
Mobility & Accessibility 流动性 & 可及性	有的文献译作机动性和可达性，本书译作流动性和可及性； 流动性强调快速通过，可及性强调进入路侧地块的便利程度
Parking vs. Stopping 泊车 vs. 停车	在北美的交通工程行业中，根据非行驶车辆的状态，通常将其区分为 Parking、Standing、Stopping，详见第 4 章的 4.3.1； Parking 和 Stopping 含义不同，本书分别译作泊车和停车
Program vs. Project 计划 vs. 项目	一般来说，Program 通常是系统的计划，由多个 Projects 组成，Project 则多指单一项目
Public Transportation vs. Transit 公共运输 vs. 大众运输	前者指运输的属性是公众的而非私人的，广泛包括航运、船运等； 后者亦指为公众服务的集约运输方式，但主要指地表交通方式，HCM 和绿皮书中的 Transit 包含了巴士、有轨电车、轻轨等交通方式； 从 U.S DOT 下属的 FTA 职责来看，基本还是强调其公共、集约运输的含义，FTA 职责包括了轮渡 [The Federal Transit Administration（FTA）provides financial and technical assistance to local public transit systems, including buses, subways, light rail, commuter rail, trolleys and ferries]
Queue vs. Platoon 排队 vs. 车队	Queue 指车辆在停止或接近停止的缓行状态（拥堵状态）下的排队； Platoon 指成组紧凑行驶的车列，这些车辆间的时距很小，车列行进速度很大程度上取决于头车（通常发生在大流量、不能超车且头车较慢时）
Space vs. Headway 间距 vs. 时距	Space 一般指空间上的距离，Headway 专指时间上的间隔，中文文献通常称之为车头时距。因为车辆间"时距"的测量参考点不一定是车头，也可以是车尾，或者某个妥当的参考点，故译作"时距"
Study vs. Research 调研 vs. 研究	Study 指通过现场踏勘、收集数据、开展分析，偏重于已有知识的应用； Research 通常指基础理论方面的科学研究，偏重于对未知的探索
Surveillance vs. Monitoring 监控 vs. 观测	通常来说，前者包括"监"和"控"，后者仅包括"监"，不涉及"控"

（续）

名词（英文、中文）	简要说明
Transportation vs. Traffic 运输 vs. 交通	Transportation（运输）是目的，是人与物的移动； Traffic（交通）是状态，是人与物移动的过程或状态； 因为需要运输而产生了交通，通过交通达成运输的目的； 此处强调英文语境下两个名词含义的不同。关于"交通"和"运输"在中英文互译时，谁对应谁还有一些争论，但这不是最重要的，最重要的是针对这两个词汇能达成明确定义和规范使用
"Traffic Control Devices" vs. "Traffic Safety Devices" 交通控制设施 vs. 交通安全设施	2023 年版 MUTCD（11th）对"Traffic Control Devices"的定义为：在街道、公路、行人设施、自行车道、步行道或为公共出行而开放的车行路上，通过颜色、形状、符号、文字、声音以及触觉信息，为给道路使用者传递法规、警告、指引信息为主要目标的所有设备，包括标志、信号灯、标记（路面标线、文字、箭头的总称）、渠化设施或其他设施； 由此不难看出，"交通控制设施"比较明确地体现了，用"控制设施"向道路使用者传递信息，从而达成控制"交通流"的目标； 本书全文未提及"Traffic Safety Devices"，与本书比较相关的 *Traffic Engineering Handbook* 中出现过 2 次，但含义并不明确； 实际上，"交通安全设施"是一个边界不明晰的概念，试问，交通系统中哪个设施与安全无关？
Bus 巴士 or 公交车	在英文语境下有 Transitvehicle 的表述，其含义广泛包括众多的"大众运输车辆/公共交通车辆"，而 Bus 特指 7 座以上，以固定线路运行的机动车，本书将 Bus 译作巴士
Capacity 通行能力 or 容量	本书译作容量，详见附录 B
Freeway 自由流公路 or 高速公路	通常译作"高速公路"，本书译作"自由流公路"，详见附录 B
Traffic Stream 交通溪流 or 交通流	本书第 5 章在描述交通流总体时，使用了 Traffic Stream 而非 Traffic Flow，译者解读为，原作者以此强调交通流如水，为了体现其与 Traffic Flow 的差异，在该章中将其译作"交通溪流"
Truck 卡车 or 货车	卡车着重于形态，货车着重于功能； 在交通工程中强调卡车的外形尺寸及动力特性，故译作卡车更妥当； 比如，运输货物的 Van 是货车，但不是卡车。关于美国交通工程行业对车辆的分类可参见 *Traffic Monitoring Guide*

附录 B 部分名词的译文及含义

名词（英文、中文）	名词说明
Access 接入口	路网中路侧地块机动车进出道路的点，一般流量较小。Access 多是宏观角度的表述，注意与 Driveway 的区别
Actuated Signal 感应信号灯	通过交叉口内的检测器取得当前交通需求和运行的信息，在一个周期的基础上改变信号灯配时的一个或多个方面，通常需要更多的投入
Alternative Intersection 替代交叉口	指有别于典型交叉口的特殊交叉口类型，通常涉及对左转流向的特殊处置。可以考虑译作"替代交叉口""非常规交叉口""替选交叉口"等，含有备选方案的意思，本书译作"替代交叉口"； 译者建议，对于此类特殊形式交叉口要坚持"非必须不使用"的原则
Approach 接近段	一般指交叉口与上游基本段之间的部分，中文文献中通常用"进口道"。此处译作"接近段"，一来表述"接近"的动态含义，二来表述一段路而非一个断面的含义。有时也指接近某个"位置"前的一段路
Approach Delay 接近延误	交叉口延误的一种，在停等延误（Stopped-time delay）的基础上增加减速和加速导致的延误
Approach Speed 接近速度	指车辆接近某个"位置"（比如交叉口、坡顶、平曲线等）时的速度

（续）

名词（英文、中文）	名词说明
Bandwidth Capacity 带宽容量	带宽容量指可以在不停车的情况下通过一系列信控点的车辆数量（协调信号灯的绿波通行容量）
Barrier ①栅（信控分析图）； ②隔离、分隔（物理设施）	① 周期中的一个参考点，在此点上，每个环的一个相位必须到达一个共同的终点，以确保不同环中不会同时出现选择和时间冲突的流向； ② 为防止车辆驶入或驶出某段道路而设计的实物或路面标线（不少文献将 Barrier 等同于"护栏"，其实并不妥当）
Breakdown 拥堵或失效	① 从非拥堵状态向拥堵状态的过渡，通常表现为车速下降并伴有车辆排队形成； ② 在至少 15min 的持续时间内，车速突然下降至少 25%，低于自由流速度，导致瓶颈上游出现车辆排队现象
Bus 巴士	一般指载客人数超过 7 人，且通常按照固定线路和固定时刻表运行的机动车，通常用于公共运输。很多文献译作公交车或公共汽车，本书译作巴士
Capacity 容量	系统要素的容量指在既有的道路、环境、交通和控制条件下，在给定的时间段内，可以合理地预期人或车通过某个点或车道或道路标准断面的最大可持续小时流率。中文文献中多表述为"通行能力"，本书译作"容量"
Change Interval 转换时段	转换时段是信控术语，是一个指定流向的"黄灯"显示。它是"绿灯"到"红灯"过渡的一部分，即将失去"绿灯"的流向会得到一个"黄灯"信号，而所有其他流向则是"红灯"信号。该时段是为了让那些在"绿灯"消失时无法安全停车的车辆能够合法地进入交叉口
Channelization 渠化	一般指通过标线、交通岛等控制设施规范交通流通行路径以提升安全和效率
Clearance Interval 清空时段	清空时段是信控术语，是一个给定流向从"绿灯"到"红灯"过渡的一部分。在清空时段，所有流向都是"红灯"信号。该时段是为了让在"黄灯"时合法进入交叉口的车辆能在冲突车流被放行之前安全通过交叉口
Compound Left Turn 复合左转	在信号灯周期的一部分是保护左转，而在周期的另一部分是允许左转。周期中保护左转部分和允许左转部分可以按任何顺序设置。根据顺序的不同，这种相位也被称为"保护＋允许"或"允许＋保护"
Compound Phase 复合相位	通常指包含复合左转的信号灯相位
Congestion 拥堵	① 当需求接近或超过系统容量时产生的交通运行状况，其特点是车辆密度高，车辆速度低于期望速度； ② 公路系统在用户预期出行时间方面的表现与实际系统表现之间的差异，例如，在远郊社区看似拥堵的交叉口，在大都市地区可能根本不会造成困扰
Control Delay 控制延误	因交通控制设施（如信号灯"STOP"和"YIELD"标志）的存在而造成的延误，包括车辆在交叉口前减速所造成的延误、在交叉口接近段处停车所消耗的时间、车辆在队列中向上移动所消耗的时间以及车辆加速到所需速度消耗的时间
Crash Modification Factors 碰撞修正系数	在道路安全手册（HSM）中，基于碰撞历史数据对 SPF 函数取值进行调整的系数。CMFs 是一个条件与另一个条件相比的有效性比率。CMFs 与 SPF 预测的碰撞频率相乘，以说明现场条件与指定基本条件之间的差异
Critical Movement 关键流向	在关键流向分析（Critical Movement Analysis，CMA）中，控制交叉口信号灯配时的流向或流向组，指需求强度最高的流向
Curb Space 路缘空间	道路上靠近边线的部分（路内）。与之相近的路侧空间则是指道路以外的临近道路的空间。路缘空间暗含了有 Curb（侧石），是一个封闭断面，有别于开放式断面
Cycle 周期	在本书中，一般指信号灯周期
Cycle Length 周期长度	在本书中，指信号灯周期长度
Deadhead 空驶	通常指拖车车头在没有拖挂载货车辆（挂车）时的无效行驶

（续）

名词（英文、中文）	名词说明
Delay 延误	驾驶人、乘客、自行车骑行人或行人以理想速度行驶所需的时间之外的额外行驶时间，另见特定类型的延误（如控制延误和排队延误）
Demand Starvation 需求匮乏或需求欠缺	某个节点（接近段、断面、车道），由于上游的输出小于其容量，致使其容量未能充分发挥的状态。对该节点而言就是需求匮乏
Distributed Intersection 分布式交叉口	由两个或两个以上交叉口组成的交叉口群，由于其间距和交通流向的移位或分布，在运行上相互依存，因此最好作为一个整体进行分析
Diverge Segment 分流段	单一的交通流分离成两个或多个独立交通流的路段
Double-Alternating Progression 双交替进程	协调信号灯系统中的一种进程状态（21.6 节）
Driveway 出入道	指连接路侧地块与道路，供机动车通行的那段道路，以达成接入的功能。有别于 Access，有时也被混用。或者可以考虑译作"接入巷""接入道"
Dual Entry Feature 双重进入功能	在信号灯配时方案中，有需要同时启动的相位。即使只有一个相位被调用，也可以同时开始调用的相位
Equity Offset 平衡偏移	指协调信号中，上下游信号之间的偏移过程中，为了次路及其他流向的进程质量的平衡而选择的某种偏移方案（21.6 节）
Flexible Progression 灵活进程	协调信号灯系统中的一种进程状态（21.6 节）
Flow Rate 流率	在少于 1h 的给定时间间隔内（通常为 15min），车辆或其他道路使用者通过车道或道路的给定点或断面的等效小时通过量。这是一个交通强度指标，注意与交通量（Volume）的区别
Follow-Up Headway 跟进时距	在次要道路连续排队的情况下，一辆车从次路驶出到下一辆车使用同一个主路时距驶出的时间。亦即，次路使用主路同一个间隙连续驶出的两辆车之间的时距，有时也称 Follow-Up Time
Forward Progression 正向进程	协调信号灯系统中的一种进程状态（21.6 节）
Free-Flow Speed（FFS） 自由流速度	① 在车流量较小（通常小于 1000veh/h/ln）的情况下，当驾驶人可以自由地以自己想要的速度行驶，不受其他车辆或下游交通控制设施的限制时，所测得的特定路段上的平均速度； ② 密度和流率均为零时的理论速度
Freeway 自由流公路	惯用词汇为"高速公路"。但"高速"在某种意义上是一种状态而非属性。此类道路的关键特征是分幅布置、单向 2 条以上车道、完全控制接入，所有出入都通过匝道以分流或合流的方式进行。这样做的目的是保障主线车流始终保持非间断流（Uninterrupted Flow 或 Free-Flow）的状态，以高速、安全运行，达成高效的通过性干线运输功能。经过与审稿人的充分讨论，决定在本书中将 Freeway 译作"自由流公路"，以体现此类设施的属性； 另外，如 TEH 中的表述，"世界各地都在使用各种术语定义来描述和分类不间断交通流设施（如 freeway、motorway、expressway、limited-access road、controlled access road 等），这些术语的使用可能因地区而异，在某些情况下，这些术语的定义可能发生重叠"
Gap-reduction 间隙减少	感应信号灯时段长度调整的某个逻辑
Gore Area 三角区	分合流区两个独立流向交汇处形成的三角形区域
Grade-Separation 分层分离 / 高差分离	指相交道路在竖向上分离，上跨或下穿，有文献译作"跨线"
Green Ratio 绿信比	绿灯时间与信号灯周期的比值
Headway 时距	指连续的车辆沿车道经过某一点的时间间隔，在车辆上的共同参考点之间测量。中文文献大多称之为"车头时距"，其实前后车之间的"时距"参考点不一定是车头，也可以是车尾，故而译作"时距"

（续）

名词（英文、中文）	名词说明
High-type Pavement 高等级路面	一般指水泥和沥青路面（亦可大致理解为硬化路面），与 Low-type Pavement（压实土或固结碎石路面等）对应
Highway 公路或道路	公路和 Highway 的指向略有不同，并非完全对应，且英文文献中的 highway 很多时候是泛指所有道路。现有文献中的 highway 有公路和道路两种译文，具体译文根据上下文语境确定
Incremental Delay 增量延误	增量延误方程基于 Akcelik 方程，包括车辆非均匀到达交叉口以及多个信控周期中可能存在过饱和周期导致的延误
Interchange 立体交叉（立交）	将交汇处的各流向全部或部分通过分层分离而避免冲突（非平面相交）
Interrupted Flow 间断流	指被信控、"STOP" 或 "YIELD" 标志等控制设施控制，道路空间不能全时使用，而是遵循某些规则分时段使用的道路，指设施的属性而不是交通流的状态
Interrupted Flow Facility 间断流设施	间断流设施指那些将固定的外部中断纳入其设计和运行中的设施
Interval ①时段；②间隔	① 在信控语境中，译作"时段"，比如 Red interval 译作红灯时段； ② 在非信控语境中，大多译作"间隔"
Junction 交汇、交汇处、交汇点	两条道路交叉、相遇、合并或分离的地点。这是一个统称，强调交汇这个属性，不确定是 Interchange 还是 Intersection。在 MUTCD 的标志中缩略语为 "JCT"
Lagging Green 延后绿灯	初始方向的车辆（所有流向）被停止，而对向的车辆继续拥有绿灯。多指给大流量左转流向额外分配的绿灯时间
Lane Changing 换道 / 变道	车辆越过车道边线，从一条车道转换到另外一条车道的过程
Lane Configuration 车道配置	某道路设施上，各种功能车道的具体布置情况，或称作"车道布置"
Lane Drops 车道减少	指道路上的直行车道数量减少一条或多条的位置
Leading Green 先行绿灯	信控术语，指在通常方案的基础上，某些相位的绿灯信号提前开启
Leading Lefts 先行左转	信控术语，一般指基于先行绿灯实现左转流向先放行的方案
Linear Speed Limits 沿线速度限制	指沿着道路路线方向的限速，有别于区域限速（Areawide Speed Limits）
Low-Type Pavement 低等级路面	渗透型路面或压实土路面等，与 High-type Pavement 对应
Major Weaving Segment 主线交织段	交织段的一种类型，在主线交织段中，至少有三个入口和出口分支有一条以上车道
Merge Segment 合流段	多个独立的交通流汇流成一个交通流的路段
Metering Plan 计量方案	一般指控制入口匝道或支路进入主线交通流数量的措施，通常采用信号灯控制
Modal Speed 模速度	开展速度统计时，一组速度样本中，发生概率最大的那个速度值。因为单个值没有统计意义，所以通常指分布曲线上的峰值
Operating Speed 运行速度	指某道路设施上，车辆的通行速度特征值
Overflow Delay 溢出延误	指当单个相位或一系列相位的容量小于到达流率时发生的额外延误

（续）

名词（英文、中文）	名词说明
Overhead Signs 置顶标志	位于车道正上方，驾驶人抬头可见的标志。这里强调其位置，不强调支承形式，可以通过门架或悬臂支架等方式实现
Parallel Acceleration or Deceleration Lanes 平行式加减速车道	与主线车道夹角为"0"的加减速车道
Parking Generation 泊车生成	指交通出行活动衍生出泊车需求的情形，泊位需求通常与地块建筑面积和建筑功能有关
Passenger Car 小客车	与 JTG B01—2014《公路工程技术标准》保持一致，译作"小客车"，汽车领域文献通常译作"乘用车"
Pattern 模态或特征	指某种状态的规律表述（图形化），比如一周 7 天的 ADT 曲线
Perception–Reaction Time 感知–反应时间	感知–反应时间通常包括感知、辨识、决策、响应四个过程，一些文献也表述为"PIEV"时间，即 Perception、Identification、Emotion 和 Volition
Performance 绩效或性能	对于系统运行质量的描述，译作性能或绩效，具体根据上下文选择
Permitted Left Turns 允许左转	信控术语，与对向直行车流同时放行的左转，左转车辆需要在直行车流中寻找安全可接受的间隙并通过
Permitted Phase 允许相位	信控术语，存在相互冲突的交通流，需要根据规则判断通行路权。一般是次要流向（非优先）中的车辆等待主要流向（优先）中的可接受间隙并通过
Phase 相位	信控术语，一个周期内分配给特定交通流向（或多个交通流向）的绿灯、黄灯和红灯时段
Platoon Flow 车列流	通常指车流以队列形式成组行进的状态，队列内的车头时距较小，队列行进速度与头车相关。注意与 Queue（排队）和 Fleet Vehicles（车队）区分
Prevailing Conditions 既有条件	分析期间的几何、交通、控制和环境条件，有时根据上下文译作"当下条件""实际条件""现状条件"
Progression 进程	指某事物行进或发展的过程，本书中主要有两个含义：①交通流行进状态；②协调信控时，一些列信号灯的动态协调过程
Progression Factor 进程系数	估算信控延误时，用于调整因车流进程导致不同结果的系数，系数取值根据进程质量水平确定
Progression Speed 进程速度	本书指协调信号灯系统中"绿波"的传递速度
Protected Left Turns 保护左转	信控术语，通常指不存在相互冲突的机动车左转交通流（如对向直行），拥有独立通行路权，但可能存在冲突的行人流
Protected Phase 保护相位	信控术语，通常指不存在相互冲突的机动车左转交通流，拥有独立通行路权的信控相位，但可能存在冲突的行人流
Public Transportation Systems 公共运输系统	面向公众的运输系统（包括航空、轨道和巴士等），通常的典型特点：使用人不拥有载具、按照固定线路和时刻表运行，注意与 Transit 有细微差别
Queue Discharge 排队消散	指交通事件导致了车辆排队，排队下游交通缓解后，排队消散的过程
Queues 排队	指车流因事件或控制在车道内依次停车排队的状况
Raised Pedestrian Crosswalks 凸起式人行横道	在竖向上高出路面的人行横道，用以表示行人的优先通行权，并能适当限制机动车的速度
Ramp Metering 匝道计量	当主线流量过大（或其他原因）时，为了保障主线交通流的妥当运行，对匝道入口进行流量控制的方法，一般采用信号灯控制

（续）

名词（英文、中文）	名词说明
Random Delay 随机延误	超出统一延误的额外延误，因为流量是随机分布的，而不是在独立的交叉口均匀分布
Red Interval 红灯时段	在信号周期内，特定相位或车道组的信号灯为红色的时间段
Regression to the Mean 均值回归	统计学概念，观测样本数值围绕长期均值波动的现象
Regulatory Signs 禁令标志	也称"法规标志"
Right-of-Way ①通行权；②道路用地	① 通过显示标志或信号灯指示，允许车辆或行人以合法方式优先于其他车辆或行人通行； ② 用于提供公共道路的土地
Ring Barrier Diagram 环栅图	信号配时中，表述相位及相序的一种图示
Ring Diagram 环流图	表达信号灯控制的一种图示，此处的 Ring 源于控制技术
Road 道路	道路是两地之间的陆上大道、路线或通道，已铺设路面或以其他方式进行了改良，可供步行或某种形式的运输工具（包括机动车、手推车、自行车或马）通行
Road Diets 道路瘦身	在过度机动化的背景下，将部分机动车道的空间用作其他道路功能（人行道、非机动车道等）的策略
Roadway 车行路/道路	HCM 的定义：公路上经过改良、设计或通常用于车辆行驶和泊车的部分，但不包括人行道、护堤或路肩，即使这些人行道、护堤或路肩可供自行车或其他人力车辆使用。Roadway 通常指供机动车通行的道路，因此需要考虑车辆的动力特性及轨迹，这有别于行人步行。 从绿皮书的道路断面功能区划分看，道路上行车道与路肩的范围合称 Roadway，即行车道 + 路肩（Traveled way+Shoulder）。 有时 Roadway 也泛指 Road，英文文献中存在混用的情况。 对于考虑机动车特性的地方，为了明确其含义，译作车行路。泛指时为了行文通顺，译作道路
Roadway Systems 车行路系统或道路系统	美国文献中使用 Roadway system 时，多半是在探讨机动车出行问题，参见 Roadway
Rotaries 转盘	在探讨现代环岛时，对早期某些环形道路的称谓。美国早期的转盘维持了一般无控制交叉口的"右侧优先"让行规则，因此转盘处环内车辆须让行环外车辆，这导致了不必要的拥堵问题（环内拥挤后堵塞）。后来引入了环岛（Roundabout）理念后，在合流处执行环外车辆让行环内车辆的规则（在这个问题上，中国的交通规则要有利很多，因为一直是环外让行环内的规则）
Roundabouts 环岛	Roundabout 指的是现代环岛，有别于以往的交通圈和转盘（让行规则发生了改变，速度控制理念发生了改变）。注意区分环岛（Roundabouts）、交通圈（Traffic Circles）和转盘（Rotaries）
Running Speed 行车速度	注意区分 TravelSpeed 和 Operating speed，见 Running Time
Running Time 行车时间	仅计算车辆在路途中行驶的时间，不含中途停等时间，与 Running Speed 对应，而 Travel Timing 则是包括行驶和停等时间
Safety Performance Functions（SPFs） 安全绩效函数	HSM 中基于经验贝叶斯方法构建的用于评估和预测事故频率的函数。SPFs 是一个回归函数，用于估计特定场地类型（指定的基本条件）的平均碰撞频率，是年平均日交通量（AADT）的函数，在路段的情况下，是路段的长度（L）。每个 SPF 的基准条件是指定的，可能包括车道宽度、有无照明、有无转向车道等条件
Saturation Headway 饱和时距	① 在信控交叉口，车辆间的平均时距，发生在队列中的第四辆车之后，一直持续到初始队列中的最后一辆车通过交叉口； ② 在全向"STOP"控制交叉口，在特定情况下，假定队列连续不断，在给定接近段上相继驶离的车辆之间的时间间隔
Semi-Actuated Control 半感应式信号灯	一般用于存在明显主次路的交叉口，比如主路流量大，导致次路车辆需要有明确的信号灯相位才能驶出，于是在次路设置感应设备以保障必要的服务

（续）

名词（英文、中文）	名词说明
Signal Face 信号面	通常一个信号面包括 3 ~ 5 个灯头，最多的时候有 6 个，最常见的是红、黄、绿三个灯头
Signal Progressions 信号灯进程	指协调信号灯系统的进程类型，或者说信号灯协调系统中一系列相关的信号灯变化的过程，比如绿灯相位持续向下游推进
Signalized Intersections 信控交叉口	指有"信号灯"控制的平面交叉口
Sneakers 潜行者	对于信控交叉口的允许左转相位，左转车流因对向直行车流过大，以至于在绿灯时段未能通过，直到红灯亮起，对向直行车停下时才通过交叉口。这种车辆通常被称为"潜行者"，类似于"拖尾"，但"拖尾"尚未有明确定义，故而译作"潜行者"
Space 间距	在分析微观交通流时，交通车道上连续车辆之间的空间距离，从车辆的某个共同参考点测量，如前保险杠或前轮
Speed Bumps 减速带	交通宁静化措施，也称减速条
Speed Humps 减速丘	交通宁静化措施，也称减速垄，通常在纵向尺寸上比减速带大一些
Speed Tables 减速台	减速台是平顶的减速带，通常在平坦的部分用砖或其他质地的材料建造
Split Phasing 分离相位	一种相位序列，其中一个相位服务于一个接近段上的所有流向，第二个相位服务于对向接近段上的所有流向（信控中的逐口放行方案）。或许这里的"分离"（split）的意思是将通常成对放行的交通流向分开
Stable Flow 稳态流	指相对稳态的交通流，在流密速曲线上密度小于临界密度的部分。此时的交通流的特性为"高速和低密度"，抗干扰能力较好
STOP Line 停止线	出于控制需要车辆停车等候时，指定停车最前端位置的横向标线
Stopped-Time Delay 停等延误	车辆停在信号灯或"STOP"标志控制的交叉口，等待通过的时间。之前采用过停车延误和停止延误，停止延误可能会被误读为停止了延误，停车延误可能会被误读为停车不顺利而导致延误，最后采用停等延误，表达停车等待过程中发生了延误
Street 街道	街道是建筑环境中的公共大道。它是在城市环境中与建筑物毗邻的一块公共用地，人们可以在此自由集会、交往和活动。街道可以是一块平整的泥土地，但更常见的是铺设坚硬耐用的路面，如柏油路面、混凝土路面、鹅卵石路面或砖路。也可以用沥青铺平部分路面，嵌入栏杆，或以其他方式满足非行人交通的需要。 　　最初，"Street"一词仅指铺设的道路（拉丁文 via strata），至今有时仍被非正式地用作"Road"的同义词，但城市居民和城市规划者在现代对其进行了重要的区分：道路的主要功能是交通，而街道则为公众交流提供便利。街道的例子包括步行街、小巷和市中心过于拥挤、道路车辆无法通过的街道。相反，高速公路和机动车道也是道路的一种，但很少有人将其称为街道。 　　简言之，"Road"多强调通行功能，"Street"多强调公众交流功能
Study 调研	大多译作调研，部分地方译作研究（没有实地调研的某种分析），注意与 Research 的区分，Study 偏于应用和实践，Research 偏于探索和发现
Tapered Acceleration or Deceleration Lanes 直接式加减速车道	与主线车道夹角不为"0"的加速或减速车道，便于匝道车辆加速，但合流切入点相对固定，分流时驾驶人操作更方便
Through Movement 通过交通或直通流向	对于既定的某个路段或节点，有别于转向进入当地街道或路侧地块的交通，这些交通仅是路过并去往更远的目的地，结合上下文，有时亦可译作"过境交通"
Time-in-Queue Delay 排队延误	车辆在信号灯或"STOP"标志控制的交叉口加入排队末端，到驶过停止线通过该交叉口的时间
Traffic 交通	人与物移动的过程或状态，为了达成运输目的而发生的过程，以及这个过程中的状态

（续）

名词（英文、中文）	名词说明
Traffic Circles 交通圈	① 一般指用于支小路（居民区）的交通宁静设施（Traffic calming），尺寸很小的环形交叉口，通过水平方向的几何元素限制车辆通行轨迹和速度； ② 有时也指美国早期的环形交叉口，但通行规则维持"让右"，即环内车辆让行环外车辆，这会导致环形道路锁死，目前正在修改中
Traffic Engineering 交通工程	交通工程是土木工程的一个分支，涉及人和货物在道路上的安全和有效的流动。在设计公共和私有的运输解决方案时，都必须考虑如下元素：交通流、道路几何、人行道、自行车设施、共用车道标记、交通标志、交通灯等
Traffic Stream 交通溪流或交通流	本书第 5 章似乎是为了强调交通流如水，用了"交通溪流"一词。其余章节有少量该词汇，为了行文流畅译作"交通流"。某些文献似乎用"Traffic Stream"表示总体，"Traffic flow"表示单个流向，比如交叉口各条车道上的"Traffic flow"共同组成了"Traffic Stream"
Transit 大众运输	Transit 旨在达成集约化的运输，有别于其他运输方式的几个主要特征：既定站点、既定路线、既定时刻表、面向多人、载具不属于乘坐人； 绿皮书中的"Transit"包含了巴士、有轨电车、轻轨等交通方式； 大多数中文文献将 Transit 译作"公共交通"，本书将其译作"大众运输"； 注意与 Public transportation 区分。Public Transportation（公共运输），含义上更宏观、更宽泛；Transit（大众运输 / 公共交通），定义和指向更明确
Transportation 运输	运输（Transportation）有别于交通（Traffic），运输是目的，交通是达成运输目的的过程和状态
Transportation Demand 运输需求	交通运输最根本的需求，运输需求与土地使用模式以及现有的运输系统和设施直接相关，比如某企业需要将原材料运送到工厂，将成品运送到商场，又比如某个人想要去某个地方
Transportation Facility 运输设施	一般指为达成运输目的而建设的具体设施，比如公路、铁路和港口等
Travel Speed 通行速度	公路段长度除以通过该路段的所有通行时间，包括过程中的停等延误时间
Travel Time 通行时间	指某次出行从起点到终点之间的所有时间，包括行驶、停等、延误等时间，注意与 Running Time（行车时间）区分
Travel Time Delay 通行延误	指通过一段公路的实际行程时间，与驾驶人预期或期望的行程时间之间的差异。这更像是一种哲学概念，因为没有明确准确的方法来确定驾驶人在特定路段的预期行程时间。出于这个原因，它很少被用于评估公路段的拥堵情况
Trip Generation 出行生成	人类需要离开或抵达某地而产生了交通出行，与地块面积和属性相关
Two-Way Street 双向街道	一条街道上接纳并承载两个方向的交通流，有时译作"双行街道"，但双行似乎没有体现两个方向的意思
Uniform Delay 统一延误	统一延误指周期内所有车辆经历的平均延误，包括那些在排队清空后到达的没有经历延误的车辆
Uninterrupted Flow 不间断流	完全控制接入，没有信号灯、"STOP"或"YIELD"标志等可能导致交通中断的控制设施的道路。纯粹的不间断流设施只有 Freeway，在分析中也会将信控间距大于 2mile 的多车道公路视作不间断流设施，指设施的属性而不是交通流的状态
Uninterrupted Flow Facility 不间断流设施	不间断流设施对交通流没有外部中断，纯粹的不间断流主要存在于高速公路上，这里没有平交路口，没有交通信号灯，没有停止或减速标志，也没有交通流本身以外的其他中断因素
Unsignalized Intersections 非信控交叉口	不设置信号灯控制的交叉口
Volume 流量	单位时间内通过某断面的交通量，一般以小时或天为单位

附录 C　常用单位转换

　　本书译文保留了原书的单位制（美制），故将书中常用单位的"美制"与"国际单位制"（SI）之间的对应和转换关系整理成表，以便于读者查阅。

　　美国交通专业相关手册，多采用双单位制，两套系统即非"硬转换"也非"软转换"，而是各自独立运行。"绿皮书"建议，使用时各自在独立的单位制下运行，不要进行转换。比如关于车道宽度规定的条款，美制单位规定 12ft，SI 规定 3.6m，但这两个值并不完全相等，只在各自单位体系下适用。

美制		美制→ SI	美制← SI	SI	
单位名称	符号	美制→ SI	美制← SI	符号	单位名称
inches 英寸	in	25.4	0.039	mm	millimeters 毫米
feet 英尺	ft	0.305	3.281	m	meters 米
miles 英里	mi	1.609	0.621	km	kilometers 千米
square inches 平方英寸	in^2	645.2	0.0016	mm^2	square millimeters 平方毫米
square feet 平方英尺	ft^2	0.093	10.764	m^2	square meters 平方米
square miles 平方英里	$mile^2$	2.590	0.386	km^2	square kilometers 平方千米
feet per second 英尺 / 秒	ft/s	0.305	3.281	m/s	meters/second 米 / 秒
miles per hour 英里 / 时	mile/h	1.609	0.621	km/h	kilometers/hour 千米 / 时
feet per second sq 英尺 / 秒 ^{2}	ft/s^2	0.305	3.281	m/s^2	meters/square second 米 / 秒 ^{2}
gallons 加仑	gal	3.785	0.264	L	liters 升
pounds 磅	lb	0.454	2.205	kg	kilograms 千克
poundforce 磅力	lbf	4.448	0.225	N	newton 牛顿
horsepower（metric） 马力（米制）	hp	745.7	0.0013	W	watt 瓦特
pounds/horsepower 磅 / 马力	lb/hp	0.608	1.644	kg/kW	kilograms/kilowatt 千克 / 千瓦

附录 D　行业部分参考文献

　　英文文献的名称译作中文时可能会出现不一致，这里的译文与已有的相关中文文献并不完全统一，读者需要通过英文名称予以对应。这里罗列了与本书相关的部分北美地区交通工程行业文献。

No.	文献名称及译文
1	A Policy on Geometric Design of Highways and Streets（Green Book）[AASHTO] 《道路几何设计标准》（绿皮书）
2	Highway Capacity Manual，HCM[TRB] 《道路容量手册》
3	Highway Safety Manual，HSM[AASHTO] 《道路安全手册》
4	Manual on Uniform Traffic Control Devices，MUTCD [FHWA] 《统一交通控制设施手册》
5	Parking Generation[ITE] 《泊车生成》
6	Traffic Engineering Handbook，TEH[ITE] 《交通工程手册》
7	Traffic Signal Timing Manual，TSTM[FHWA] 《交通信号灯配时手册》
8	Transit Capacity Manual，TCM[TRB] 《大众运输容量手册》
9	Transportation Planning Handbook，TPH[ITE] 《运输规划手册》
10	Trip Generation[TRB] 《出行生成》
11	Uniform Vehicle Code and Model Traffic Ordinance[FHWA] 《统一车辆法典和示范交通条例》
12	Traffic Monitoring Guide，TMG[FHWA] 《交通观测指南》
13	Manual of Transportation Engineering Studies，MTES[ITE] 《运输工程调研手册》